T0349447

Handbuch Medienwissenschaft

Herausgegeben von
Jens Schröter

Unter Mitarbeit von
Simon Ruschmeyer
und Elisabeth Walke

Verlag J. B. Metzler
Stuttgart · Weimar

Der Herausgeber
Jens Schröter ist Professor für Medienwissenschaft
an der Universität Siegen.

Gedruckt auf chlorfrei gebleichtem, säurefreiem und alterungsbeständigem Papier

Bibliografische Information der Deutschen Nationalbibliothek
Die Deutsche Nationalbibliothek verzeichnet diese Publikation in der Deutschen
Nationalbibliografie; detaillierte bibliografische Daten sind im Internet
über http://dnb.d-nb.de abrufbar.

ISBN 978-3-476-02412-1

© 2014 J. B. Metzler'sche Verlagsbuchhandlung
und Carl Ernst Poeschel Verlag GmbH in Stuttgart
www.metzlerverlag.de
info@metzlerverlag.de

Einbandgestaltung: Willy Löffelhardt/Jessica Joos
Satz: typopoint GbR, Ostfildern
Druck und Bindung: Kösel, Krugzell · www.koeselbuch.de

Printed in Germany
April 2014

Verlag J. B. Metzler Stuttgart · Weimar

Inhalt

Einleitung

In den letzten Jahren hat sich das Gebiet der Medienwissenschaften stark erweitert und dabei ausdifferenziert. Neue Institute, neue Studiengänge, eine sehr hohe Nachfrage nach Studienplätzen – die Medienwissenschaften sind beliebt. Das ist wohl eine Reaktion auf die gesellschaftlich zunehmend wichtige Rolle der Medien, womit neben dem Fernsehen v. a. das omnipräsente Internet und die mobilen Medien gemeint sein dürften. Die Gesellschaft beschreibt sich selbst als Informations-, Wissens- oder Mediengesellschaft, und immer neue Medienentwicklungen beflügeln die Phantasie oder schüren Ängste. Die Medienindustrie boomt (oder scheint es doch zumindest zu tun), was einer der großen Anreize für viele junge Menschen ist, Medienwissenschaften zu studieren. Angesichts dieser Ausgangslage hat ein Handbuch den Zweck, den Stand der Diskussion, die verschiedenen Positionen und Differenzierungen des Fachs orientierend darzustellen. Einerseits macht die Lebendigkeit und Vielfalt der Medienwissenschaft dies zu einem aufregenden und interessanten Unterfangen, andererseits ist das wegen der oft betonten ›Dynamik‹ des Fachs sehr schwierig. Diese Dynamik ist seit längerem auch als ›Krise des Fachs‹ benannt worden (so z. B. in einem Artikel in der *Frankfurter Allgemeinen Zeitung*, vgl. Jungen 2013).

Die Diskussionen über den Status der Medienwissenschaft und über ihre Kohärenz oder Heterogenität begleiten das Fach schon seit längerer Zeit. Daher geht diese Einleitung zunächst in die Fachgeschichte zurück, um Überlegungen abzuleiten, wie ein ›Handbuch Medienwissenschaft‹ aufgebaut werden kann.

Zur Geschichte der Medienwissenschaft und ihrer Selbstreflexion

Die Diskussion um die Frage, ob die Medienwissenschaft eine spezifische Disziplin sei oder werden solle, oder ob es sich dabei um einen interdisziplinären und folglich heterogenen ›Versammlungsort‹ sehr verschiedener Gegenstände, Theorien und Methoden handele, begleitet das Feld von Anfang an. Es ist hier nicht möglich, die Geschichte der ›Medien-

wissenschaft‹ – oder gar der ›Medienwissenschaften‹ – aufzuarbeiten. In Ansätzen wurde dies an anderer Stelle geleistet (s. Kap. I.2; vgl. Hickethier 2000; Leschke 2003; Malmberg 2005; Filk 2009, 171 ff.; Paech 2011; Pias 2011). An diesen Rekonstruktionen wird jedoch *erstens* deutlich, dass die Medienwissenschaft verschiedene Wurzeln hat. Einerseits waren dies die Philologien, aus denen viele der heute zentralen ästhetischen, historischen und hermeneutischen Impulse kamen (vgl. Kreuzer 1977; Hickethier 2000). Andererseits waren es die Publizistik und die Kommunikationswissenschaft, die sozialwissenschaftliche Methoden beisteuerten. Publizistik bzw. Kommunikationswissenschaft bilden, zumal in Deutschland, bis heute aber auch eigene Fächer, von denen sich die ›kulturwissenschaftliche Medienwissenschaft‹ abzusetzen sucht (vgl. Schäfer 2000; Tholen 2003, 38; Schüttpelz 2006; zu ihrer Selbstbeschreibung als ›Kulturwissenschaft‹ vgl. Schönert 1996; Tholen 2003; Böhme/Matussek/Müller 2007, 179 ff.).

Zweitens kann die Medienwissenschaft, wie insbesondere Claus Pias (2011, 16 f.) betont hat, auf eine Frage konzentriert werden, nämlich die nach den medialen Bedingungen – eine Frage, die in verschiedenen Disziplinen geteilt wird. Das macht aber fragwürdig, warum es eine eigene, institutionalisierte Disziplin ›Medienwissenschaft‹ überhaupt gibt und weiter geben sollte. Vielleicht verhält es sich so, dass sich die Disziplin herausgebildet hat, um einen Versammlungsort zu bilden, an dem »Wissenschaftler [und Wissenschaftlerinnen] verschiedenster Disziplinen […] miteinander reden können« (ebd., 19), um die mediale Frage zu klären. Dann könnte es aber sein, dass diese Interdisziplin in Zukunft gleichsam wieder in die einzelnen Disziplinen zurückgenommen wird, weil diese die Diskussion der medialen Frage nun auf ihrem Terrain weiterführen – auszuschließen ist das jedenfalls nicht.

Apropos Zukunft: Im Jahr 1988 wurden in den *Ansichten einer künftigen Medienwissenschaft* (Bohn/Müller/Ruppert 1988a) – einem, wie Joachim Paech (2011, 52) unterstreicht, Gründungsdokument der Disziplin – grundlegend und detailliert die Fragen nach der Möglichkeit und Rolle einer Medienwissenschaft diskutiert. Während sie im erwähnten Ar-

tikel aus der *Frankfurter Allgemeinen Zeitung* (vgl.
Jungen 2013), ziemlich genau 25 Jahre später, als im
Verschwinden begriffen wird, wird sie in diesen Texten von 1988 noch als ›kommende Disziplin‹ angekündigt (doch wurden schon in den 1980er Jahren
medienwissenschaftliche Institute geschlossen, vgl.
Paech 1987; also scheint selbst die Rede von ihrem
Verschwinden eine stete Begleiterin der Medienwissenschaft zu sein). Es lohnt sich daher, hier etwas
ausführlicher darauf einzugehen.

Auch im Vorwort zu den *Ansichten einer künftigen Medienwissenschaft* wird betont, dass der Entwicklungsprozess bis 1988 »noch zu keiner breit
durchgesetzten Epistemologie der Medienwissenschaft geführt« habe (Bohn/Müller/Ruppert 1988b,
7). Bereits hier wird also die mangelnde disziplinäre
Einheit konstatiert. Allerdings verrät sich im Wort
›noch‹ die Hoffnung, dass es zu einer einheitlichen
Epistemologie einst kommen könnte. In leichter
Spannung dazu wird ebenfalls festgestellt: »Daß wir
mitten im Prozeß der Ausdifferenzierung stehen, ist
jedenfalls unumstritten« (ebd.). Einerseits gilt die
Hoffnung also einer »gefestigte[n] Disziplin mit einem etablierten Kanon von Gegenständen und Methoden« (ebd., 9), die sich aus einer »medienwissenschaftlichen Selbstverständigungsdebatte« (ebd., 8)
ergeben mag. Andererseits wird eine Ausdifferenzierung des Feldes beschrieben oder – was nicht das
Gleiche ist – Medienwissenschaft als »eklektizisti-
sche Sammelbezeichnung für […] Unterfangen medienbezogener Art« (Kübler zitiert nach ebd., 9) bezeichnet. Die rasche Medienentwicklung und ständig neue Fragestellungen scheinen die Stabilisierung
zu *einem* Fach zu verhindern (vgl. ebd., 19). Der Text
zieht folgendes Fazit:

> »Wenngleich es aus wissenspraktischen Gründen man-
> chem wünschen[s]wert erscheinen mag, die disziplinäre
> Abgrenzung […] begrifflich klarer und sachlich ›härter‹
> vornehmen zu können, liegt in den ›offenen Grenzen‹
> der Medienwissenschaft, im status quo u.E. eben auch
> eine große Chance: die Chance, tatsächlich ein Ort der
> Interdisziplinarität zu sein« (ebd., 21).

Es bleibe daher zu hoffen, dass »interdisziplinäre Bezüge erhalten und ausgebaut werden« (ebd., 22).

Die »aufgeregten Zyklen der Selbsterfindung«
(Leschke 2003, 67) der Medienwissenschaft stellen
sich mithin als Relation dreier Vorgänge dar:

- Es geht *erstens* um die epistemische (theoretische,
  methodologische) und institutionelle Herausbildung einer eigenständigen Medienwissenschaft –
  und darum, ob dies machbar oder überhaupt
  wünschenswert sei.

- Es geht *zweitens* um die Frage der inneren Ausdifferenzierung der Medienwissenschaft und darum, ob diese Ausdifferenzierung die ›Medienwissenschaft‹ wieder in neue Teildisziplinen auflösen werde.

- Es geht *drittens* um das Verhältnis der ›Medienwissenschaft‹ zu ihren Nachbardisziplinen. Ist die
  Medienwissenschaft ein ›Ort der Interdisziplinarität‹? Wenn ja: Wie passt das zu ihren Verselb-
  ständigungstendenzen? Entwickeln andere Disziplinen – auch dieser von Pias (2011) pointiert formulierte Gedanke taucht schon 1988 auf – nicht
  jeweils eine eigene Medienforschung? Wozu dann
  also noch Medienwissenschaft (zumal wenn diese
  sich stark binnendifferenziert)?

Auch Hans-Dieter Kübler betont in seinem Text aus
den *Ansichten einer künftigen Medienwissenschaft*,
dass die »sich allmählich konturierende und konso-
lidierende Medienwissenschaft« (1988, 31) über ihre
Gegenstände, ihre Theorien und Modelle eine Verständigung erzielen solle. Er unterstreicht, dass die
»wichtigste und vordringlichste Aufgabe« dabei die
Selbstverständigung über »Methodologie und Methodik« (ebd., 35) sei. Allerdings fährt er fort:

> »Solche theoretischen und methodischen Abklärungen
> dürften künftig verstärkt erforderlich sein; vor allem
> wären sie dann unabdingbar, wenn sich die Medienwis-
> senschaft als eigenständige, klar konturierte und respek-
> tierte Disziplin im ohnehin eng besetzten Konzert der
> Wissenschaften konstituieren und behaupten will – wo-
> rüber, also über Sinn, Erfordernis und Ertrag einer sol-
> chen Absicht man durchaus geteilter Meinung sein kann.
> In ihrer gegenwärtigen Forschungs- und Lehrpraxis
> operiert sie nämlich, soweit erkennbar, eher als unspezi-
> fische, eklektische Sammelbezeichnung für alle jene Un-
> terfangen medienbezogener Art, die sich nicht den an-
> gestammten Wissenschaften, insbesondere der Litera-
> turwissenschaft einerseits, der Publizistikwissenschaft
> andererseits zu- oder unterordnen wollen bzw. können.
> Entsprechend aleatorisch fällt die Wahl der angewende-
> ten Methoden aus, eine Tradition oder gar ein Kanon
> existiert weder hinsichtlich spezifischer Gegenstände
> noch innerhalb wie immer abzugrenzender Teildiszipli-
> nen. *Und das ist nicht nur gut so, es ist auch notwendig*«
> (ebd., 32; Herv. d.V.).

Der Schluss dieses Zitats legt nahe (ähnlich wie das
oben zitierte Vorwort), dass die interdisziplinäre
Öffnung und die manchmal ›eklektische‹ Heterogenität der Medienwissenschaft keineswegs nur ein zu
überwindender »Entstehungsherd« (Foucault 1993,
76) oder ein zerfaserndes Endstadium, sondern der
durchaus sinnvolle Normalfall der *Interdisziplin* Medienwissenschaft sein könnte (zum Begriff der ›In-

terdisziplin‹ mit Bezug auf Visual Culture auch Mitchell 2003; vgl. Engell/Vogl 2002, 9 und generell zur Interdisziplinarität vgl. Lamont 2009, 202 ff.). Denn vielleicht ist es eine »ungerechtfertigte Unterstellung, paradigmatische Integration sei ein Zeichen von Reife und erstrebenswert für jede Disziplin« (Luhmann 1992, 453, Fußnote). Vielleicht konnte die (transdisziplinäre) Frage nach den Medien überhaupt nur aus einer interdisziplinären »shadow discipline« entstehen (Chandler 2009, 737; er erwähnt ausdrücklich »media studies«).

Auch kann man sich fragen, wie eine Vereinheitlichung der Disziplin ohne »Majorisierungsversuche und Überwältigungsstrategien« (Leschke 2003, 84; vgl. Klein 1993, 206) eigentlich gelingen sollte. Von wem sollte ein solcher Versuch ausgehen? Ein Kandidat ist der Wissenschaftsrat (http://www.wissenschaftsrat.de/home.html). In der Tat hat dieser schon im Jahr 2007 das vieldiskutierte und umstrittene Papier »Empfehlungen zur Weiterentwicklung der Kommunikations- und Medienwissenschaften« vorgelegt. In dem Papier, das allerdings eher als Diskussionsanstoß gemeint war, wurde jedoch auch konzediert: »Dass [in der Diskussion der Kommunikations- und Medienwissenschaften] die Ränder unscharf bleiben, muss kein Manko sein, es entspricht vielmehr dem dynamischen Wandlungsprozess des Feldes« (Wissenschaftsrat 2007, 7; vgl. auch die zahlreichen Kommentare dazu im Rahmen der Jahrestagung 2007 der Gesellschaft für Medienwissenschaft, vgl. GfM 1; vgl. Bergermann 2007).

Auch der Text von Knut Hickethier aus den *Ansichten einer künftigen Medienwissenschaft* mit dem programmatischen Titel »Das ›Medium‹, die ›Medien‹ und die Medienwissenschaft« (1988) behandelt die Spannung zwischen disziplinärer Stabilisierung, infradisziplinärer Binnendifferenzierung und interdisziplinärer Öffnung bzw. Versammlung:

> »Die Vielfalt der einzelnen, meist individuellen medienwissenschaftlichen Anfänge drängt [...] nach einer Konsolidierung eines Fachs, das sich seiner Gegenstände noch nicht sicher ist. Dennoch gibt es auch eine nun schon bald zwanzigjährige [!] Entwicklung dessen, was sich Medienwissenschaft nennt oder sich doch dazu zählt« (ebd., 51).

Besonders wichtig ist Hickethiers Hinweis (vgl. ebd., 55), dass der Versuch, die systematische Kohärenz der Medienwissenschaft aus einem zuvor definierten ›System der Medien‹ zu deduzieren, sowohl epistemisch als auch institutionell zum Scheitern verurteilt ist (Hickethier kritisiert hier Werner Faulstichs Ansatz, vgl. auch Faulstich 2004). Dies gilt schon,

weil sich das Feld der Medien fortlaufend verschiebt und ändert, weswegen eine Einhegung der Wissenschaft die Forschung eher blockiert: »Die Bildung eines Systems mit überschneidungsfrei sich voneinander abgrenzenden Subsystemen, das ein konsensfähiges Ordnungsgefüge für die Wissenschaft stiftet und das zugleich Forschungsimpulse gibt, erscheint [...] nicht möglich« (Hickethier 1988, 56).

Er vermutet weiterhin: »Die wachsende Gegenstandsbreite wird dazu führen, daß sich innerhalb der Medienwissenschaft Teildisziplinen verselbständigen« (ebd., 57). Schließlich betont er aber auch: »Neben einer sich verselbständigenden Medienwissenschaft wird es dennoch auch weiterhin eine Medienforschung in den verschiedenen anderen Disziplinen geben und geben müssen« (ebd., 65). Diese Medienforschung in den Nachbardisziplinen kann dann einerseits als Schnittstelle zur Medienwissenschaft fungieren, sie kann aber andererseits auch drohen, sie überflüssig zu machen. Hickethier schlägt deshalb eine Lösung vor, die zwischen Verselbständigung und interdisziplinärer Verbindung vermittelt: »Die Erforschung der Medien muß immer auf dem Stand der neuesten fachwissenschaftlichen Methoden und Ergebnisse sein. Verselbständigung und Integration in den [sic] bestehenden Wissenschaften sind deshalb notwendig« (ebd., 66).

Die Medienwissenschaft, ihre Binnenstruktur, ihre Institutionalität und ihre Medialität

Die ›Verselbständigung von Teildisziplinen‹ scheint Realität geworden zu sein, wenn auch auf differenzierte Weise: Während ältere Disziplinen wie die Filmwissenschaft ihre relative Autonomie innerhalb der Medienwissenschaft behalten (wobei immer auch diskutiert wird, ob die Filmwissenschaft nicht eine eigene Disziplin außerhalb der Medienwissenschaft ist), kristallisieren sich andere Felder neu heraus. So laufen etwa viele am Klang orientierte Forschungen (oft im Dialog mit der Musikwissenschaft) unter dem Titel ›Sound Studies‹. Diese Beispiele sind nicht zufällig gewählt: Sie orientieren sich an den Arbeitsgruppen, die sich innerhalb der Gesellschaft für Medienwissenschaft (GfM), dem Dachverband der kulturwissenschaftlich orientierten Medienwissenschaft, herausgebildet haben (s. Kap. I.3). Gegenwärtig (Anfang 2014) gibt es 17 solcher Arbeitsgruppen mit Namen wie »Filmwissenschaft« oder »Audi-

tive Kultur und Sound Studies« (vgl. GfM 2). Die
Website der GfM hält fest:

> »Die Arbeitsgruppen der GfM stellen das eigentliche
> Zentrum der Gesellschaft dar: hier werden die Fachbe-
> reiche definiert, die die Gesellschaft ausmachen, hier fin-
> den – z. B. in den von den AGs ausgerichteten Panels
> während der Jahrestagungen – die inhaltlichen Ausei-
> nandersetzungen statt, hier werden wesentliche Grenz-
> ziehungen zu anderen Fachgesellschaften vorgenom-
> men«.

Einerseits kann man die vieldiskutierte (und teilweise befürchtete) Binnendifferenzierung der Medienwissenschaft gut an diesen Gruppen ablesen, andererseits werden mit ihnen auch ihre Grenzen zu
den mit ähnlichen Problemen befassten Nachbardisziplinen abgesteckt. Eine Disziplin erschließt sich
wesentlich über ihre institutionelle Rahmung (weswegen man auf der Website der GfM ja auch Selbst-
verständigungspapiere findet) oder – um es medienwissenschaftlich genauer zu formulieren – über ihre
medialen Performanzen, also z. B. über Websites, die
zugleich ihre Binnendifferenzierung wie die Mechanismen ihrer Grenzziehungen ausstellen und anschlussfähig halten.

Zugleich zeigt die Liste (zur Liste, s. u.) der Arbeitsgruppen eine gewisse kategoriale Heterogenität.
So stehen Arbeitsgruppen, die sich auf ein technisches Medium beziehen (z. B. ›Filmwissenschaft‹
und ›Fotografieforschung‹ – interessant ist hier
bereits der Unterschied der Selbstbeschreibung als
›Wissenschaft‹ einerseits und als ›Forschung‹ andererseits), neben solchen, die sich auf ökonomische (›Medienindustrien‹), kulturelle (›Populärkultur und Medien‹, ›Gender/Queer Studies und
Medienwissenschaft‹) oder disziplinäre Aspekte
(›Medienphilosophie‹) beziehen. Das zeigt keineswegs einen Mangel an, sondern verdeutlicht, dass
sich die Entwicklung einer Wissenschaft – und die
Medienwissenschaft ist keine *so* junge Wissenschaft
mehr – in heterogenen Schüben und Verzweigungen
vollzieht.

Auch die tabellarische Aufstellung im Strategie-
papier »Kernbereiche der Medienwissenschaft« (Gesellschaft für Medienwissenschaft 2008), die gleichsam das Feld der Medienwissenschaft umreißt, versammelt eine heterogene Vielfalt (vgl. auch Schmidt
2002, 55). Dies festzustellen, bedeutet keineswegs in
»typischer Manier die Heterogenität der Forschung
[zu] feiern«, wie Geert Lovink (2011, 168) in einem
kritisch gegen die ›Medienwissenschaft‹ gerichteten
Text bemerkt, sondern lediglich das Offenkundige
zu benennen.

Die in der kurzen Betrachtung der GfM-Website
anklingende Rolle von Institutionen wie der GfM
und ihrer Arbeitsgruppen bzw. ihrer medialen Präsentationen und Infrastrukturen lenkt den Blick auf
die – wie man sagen könnte – *materielle Kultur der*
Disziplinenbildung und -stabilisierung selbst. Schon
daher ist die Forderung Hickethiers (2003, 134) –
»Medienwissenschaft muss sich verbandspolitisch
stärker artikulieren« – der Disziplin gegenüber keineswegs äußerlich oder sekundär. In diesem Sinne
ist es ein großer Erfolg, dass die GfM in den letzten
Jahren so viele Mitglieder aufnehmen konnte, dass
deren Zahl die der Mitglieder des kommunikationswissenschaftlichen Fachverbands, der Deutschen
Gesellschaft für Publizistik und Kommunikation
(DGPuK), deutlich übersteigt. Auch dies ist kein
Anzeichen für das gelegentlich befürchtete bevorste-
hende Verschwinden der Medienwissenschaft (vgl.
Jungen 2013).

Ein anderes Beispiel für die Institutionalität der
Disziplin wären die Institute (oder die Departments,
›Teams‹ und, wie im Falle Weimars, die Fakultät) für
Medien bzw. Medienwissenschaft an den deutschsprachigen Hochschulen. Institute für Medienwissenschaft entwickeln bezüglich der Denominationen
ihrer Professuren in der Regel eine Ausdifferenzierung, die bestimmte Aspekte der Ausdifferenzierung
des Fachs abbildet und damit zugleich stabilisiert.
Allerdings ist auch zu beobachten, dass schrump-
fende Etats bei gleichzeitig ›wachsender Gegenstandsbreite‹ (Hickethier) zur Ausschreibung immer
generalistischer angelegter Professuren führt (›Die
bzw. der zu Berufende soll das Fach in seiner ganzen
Breite in Forschung und Lehre vertreten‹), weil für
die institutionelle Binnendifferenzierung nicht genug Mittel vorhanden sind.

Schließlich sind drittmittelgeförderte Großfor-
schungseinrichtungen wie DFG-Sonderforschungs-
bereiche (SFB) oder DFG-Graduiertenkollegs für
die Herausbildung einer Disziplin wichtig. Sie heben
bestimmte Fragen und Begriffe heraus, realisieren
mehr oder weniger erfolgreiche interdisziplinäre
Versammlungen, rekrutieren Nachwuchs und bestimmen nicht zuletzt durch ihren, teilweise schon
quantitativ, aber auch oft qualitativ verblüffenden
Publikations-Output in erheblichem Maße die mediale Performanz der Disziplin. Der Erfolg der Medienwissenschaft seit Mitte der 1990er Jahre war darum nicht zufällig begleitet von verschiedenen SFBs
(›Bildschirmmedien‹ und ›Medienumbrüche‹ in Siegen; ›Medien und kulturelle Kommunikation‹ in
Köln) oder den Graduiertenkollegs (›Intermediali-

tät‹ in Siegen; ›Automatismen‹ in Paderborn; ›Mediale Historiographien‹ in Weimar etc.).

›Dynamik‹ ist eines der häufigsten Wörter auf der Website der GfM: von der »Dynamik und Vielgestaltigkeit der gegenwärtigen Medienwissenschaft«, der »dynamischen Entwicklung des Fachs« ist die Rede; es heißt: »Zugleich haben sich sowohl die Medien selbst als auch die Medienwissenschaft innerhalb der letzten beiden Jahrzehnte äußerst dynamisch entwickelt. Bereits einige kurze Stichworte zur Genese des Faches: [sic] Medienwissenschaft können diese Dynamik verdeutlichen.« Doch scheint es, dass die Dynamik zwischen disziplinärer Stabilisierung, infradisziplinärer Binnendifferenzierung und interdisziplinärer Öffnung bzw. Versammlung (mit dem Resultat ggf. transdisziplinärer Fragestellungen) mitnichten spezifisch für die ›Medienwissenschaft‹ ist. Ohne dass hier die umfangreiche Diskussion zur Theorie der Disziplinarität und Interdisziplinarität auch nur umrissen werden könnte, sei auf einen bemerkenswerten Aufsatz von Robert Post (2009) verwiesen, der nicht nur einen hilfreichen Überblick zum Thema gibt, sondern zwei hier besonders relevante Punkte betont.

(1) *Erstens* artikuliert sich in der oben skizzierten Debatte um die Medienwissenschaft ein deutlich sichtbarer Wunsch nach disziplinärer Homogenität, einem »Zuschnitt« (Jungen 2013), einer »breit durchgesetzten Epistemologie« (Bohn/Müller/Ruppert 1988b, 7), einer »integralen Medienwissenschaft« (Tholen 2003, 38 f.), der »Medienwissenschaft als Einzeldisziplin mit fest umrissenen Inhalten, Methoden und Aufgaben« (Rusch 2002a, 7), einer »integrative[n] Form« (Rusch 2002b, 71) sowie einer »Medienwissenschaft […] als einheitliche[r] Disziplin« (Viehoff 2002, 13), einer »Zentrierung einer Begrifflichkeit, die ihr Feld im Kreis der Wissenschaften einsichtig beschreibt« (Schanze 2002a, v), einer »einheitliche[n] Epistemologie« (Schanze 2002b, 260). Post (2009, 751) unterstreicht in anderem Zusammenhang, dass dies charakteristisch für *alle* Disziplinen ist und als regulative Idee im Sinne Kants verstanden werden kann (auch wenn es Disziplinen geben mag, in denen Einheitlichkeit leichter zu erreichen scheint als in anderen, vgl. Leschke 2003, 75). Die gewünschte disziplinäre Einheit bleibt ein erstrebenswertes Ideal, ein Stachel, der Selbstverständigungsdebatten motiviert – aber letztlich unerreichbar. Denn de facto stellt sich die Lage anders dar:

> »And yet, of course, most of us realize that the ›notion of disciplinary unity is triply false: minimizing or denying differences that exist across the plurality of specialties grouped loosely under a single disciplinary label, undervaluing connections across specialties of separate disciplines, and discounting the frequency and impact of cross-disciplinary influences‹« (Post 2009, 751; er zitiert Klein 1993, 190).

Ob der Versuch, die Spannung zwischen disziplinärer ›Zentrierung‹ (Schanze) und infra- wie interdisziplinärer Zerteilung durch das Konzept der regulativen Idee aufzulösen, gelungen ist oder nicht, sei dahingestellt. Jedenfalls scheint diese Spannung nicht ein ›Problem‹ der Medienwissenschaft allein zu sein. Sie ist konstitutiv für die Disziplinarität von Disziplinen überhaupt (zum Begriff der ›Disziplinarität‹ vgl. Messer-Davidow/Shumway/Sylvan 1993).

(2) *Zweitens* unterstreicht Post die oben schon angedeutete Materialität der Disziplinen, und zwar im (weiteren) institutionellen – »Questions of disciplinarity are […] frequently entangled with questions of departmental politics« – und im (engeren) medialen Sinn: »Disciplinary publications« are important gatekeepers of diciplinary norms« (Post 2009, 753). Ohne dass dies hier detailliert entfaltet werden könnte, zeigt schon der obige Hinweis auf die Website der GfM, die die Binnendifferenzierung der Medienwissenschaft präsentiert und Anschlüsse an die alten oder Optionen für neue Differenzierungen einräumt, die eminente Rolle solcher Medien und ihrer organisatorisch-institutionellen Einbindungen für die Performanz einer Disziplin. Gerade aus Sicht der Medienwissenschaft, wenn deren »einzig konsensfähige[r] Schlachtruf […] *The Medium is the Message*« (Grampp 2011, 184; Herv. i.O.) lautet, muss das zentral sein. Wie Pias (2011, 23) generell bemerkt: »Jedes Nachdenken über Medien ist eben selbst Teil einer kontingenten Mediengeschichte.«

- So kann schon die Emergenz der Medienwissenschaft überhaupt als Effekt der Medienentwicklung beschrieben werden. Vor allem müssen die universitären Disziplinen irgendwann auf die unüberhörbar werdenden Mediendiskurse (vgl. Kümmel/Löffler 2002; vgl. Filk 2009, 20), auf die öffentliche Problematisierung der Medien reagieren. Mit dem Aufkommen der Massenpresse entstand um 1916 zunächst die Zeitungswissenschaft (als Abspaltung von der Wirtschaftswissenschaft). Die erste Welle einer – dann auch so genannten – Medienwissenschaft hängt mit der immer wichtigeren Rolle von Film und v. a. Fernsehen seit den 1960er Jahren zusammen (vgl. z. B. Hickethier 1988, 59). Der zweite große Schub, der Medienwissenschaft als Studienfach unabweisbar machte, ist wohl auf die Ausbreitung des Computers und der digitalen Medien seit Beginn der 1990er Jahre zurückzuführen (vgl. Tholen 2003, 37). Die verschiedenen ›generationellen Schübe‹ (vgl. Pias 2011, 7–11) der Medienwissenschaft sind also auch Medienumbrüche.

- Sodann bedient sich die Medienwissenschaft technischer Medien, um ihre Gegenstände zu konstituieren. Paech (2011) unterstreicht etwa in seiner historischen Darstellung immer wieder die Rolle, die der Videorecorder (aber auch der Fotokopierer, vgl. ebd., 38 f. und Mort 1989) als Bedingung der Möglichkeit sowohl für Theater-, Film-, und Fernsehwissenschaft einnahm – ein Gedanke, der mindestens bis Schanze (1972) zurückgeht.

- Schließlich benötigt die Medienwissenschaft bestimmte Medien, um als (Inter-)Disziplin zu existieren. Zeitschriften wie die *Zeitschrift für Medienwissenschaft* sind selbst mediale (und serielle, vgl. Csiszar 2012) Performanzen der Medienwissenschaft (vgl. Filk 2009, 31 und 162 f.). Die allzu oft problematisierte Binnendifferenzierung der Medienwissenschaft ist so gesehen auch *Effekt* ihrer vorgängigen institutionellen Stabilisierung. Mit dieser Stabilisierung entstehen neue Stellen, neue Dissertationen, Tagungen sowie eine große Menge an Publikationen, wie z. B. Monographien, neue Zeitschriften oder Sammelbände. Die dadurch auftretende Vergrößerung und Ausdifferenzierung des Wissens destabilisiert nun wiederum die Einheit der Disziplin (bis möglicherweise neue Institutionalisierungen greifen, und so weiter): »Unidisciplinary competence is a myth, because the degree of specialization and the volume of information that fall within the boundaries of a named academic discipline are larger than any individual can master« (Klein 1993, 188). Das ist ein ›Problem‹, das durch die weitere Akkumulation von Information durch immer neue (und speicher- wie distributionsmächtigere) mediale Performanzen, z. B. in *Digital Humanities* oder *E-Humanities*, nicht kleiner, sondern größer wird. Auch in diesem Sinne ist die u. a. von der *Frankfurter Allgemeinen Zeitung* (vgl. Jungen 2013) behauptete Krise der Medienwissenschaft tatsächlich eine »Krise des Erfolgs« (Pias 2011, 15; vgl. zu disziplinären Krisen auch Klein 1993, 198 f.) – hier aber eines medientechnischen ›Erfolgs‹, der *alle* Disziplinen fundamental affiziert.

Nach diesen Überlegungen stellt sich nun deutlicher die Frage: Welche Rolle spielt bei all dem ein ›Handbuch Medienwissenschaft‹?

Das Medium ›Handbuch‹

»Whereas classics remind us of our origins and may not be immediately relevant, handbooks are there to orient research here and now. It is the *Weltanschauung* of handbooks that, in this sense, seems to reflect more directly what is considered of prime importance in the field at the present« (Malmberg 2005, 28). Handbücher sind neben den von Malmberg genannten ›Klassikern‹ und neben Einführungen (s. Kap. I.4; vgl. Pias 2011, 21) mediale Performanzen, die teilhaben an der Produktion der Disziplin, ihrer Selbstbeschreibungen und Genealogien. Sie sind Teil von *Kanonisierungsprozessen* (zu diesem komplexen Feld vgl. nur Kollmar-Paulenz 2011). Malmberg unterstreicht, dass Handbücher einen Gegenwartsbezug haben, den Stand der Dinge zu einem bestimmten Zeitpunkt gleichsam zu arretieren versuchen, um, so Malmberg, die Forschung zu orientieren. Nach den obigen Überlegungen zur Disziplinarität fordert die unaufhörlich beschworene turbulente ›Dynamik‹ der Medienwissenschaft geradezu ein vorübergehendes Innehalten mit Anspruch auf mittelfristige Haltbarkeit, eine Präsentation der heterogenen und zerklüfteten Textur der Disziplin. Für Einführungskurse im Bachelorstudium, aber auch zum Einstieg in vertiefende Seminare im Masterstudium verspricht eine solche Orientierung hilfreich zu sein. Ein Handbuch ist in diesem Sinne eine Art Karte für ein unübersichtliches Gelände. Ein Ansatz dazu war das 2002 erschienene, von Helmut Schanze herausgegebene *Metzler Lexikon Medientheorie/Medienwissenschaft*. Zwölf Jahre voll wirbelnder ›Dynamik‹ sind seither vergangen, weshalb die Herausgabe dieses, ganz anders angelegten Handbuchs unvermeidlich schien.

Wie sollte nun ein Handbuch binnenstrukturiert sein – zumal wenn es um die ›dynamische‹ Medienwissenschaft, jenes »kaum noch auf den Begriff zu bringende Konglomerat« (Jungen 2013), geht? Hickethier warnte schon früh:

>»Eine Systematik der Medien der Gegenstandskonstitution einer Wissenschaft zugrundelegen zu wollen, widerspricht […] dem Prinzip einer dynamischen Wissenschaftskonzeption, weil sie zwangsläufig zur Festschreibung eines Gegenstandskanons führt, der dann aufgrund eines vorher festgelegten Systems nur noch auszufüllen ist. […] Einer solchen Fixierung stünden […] die rapiden Veränderungen, denen die Medien selbst unterworfen sind, ebenso wie der Wandel der Erkenntnisinteressen der Wissenschaften selbst entgegen« (1988, 56).

Ein Aufbau gemäß einer vorher festgelegten, aus ›ersten‹ Prinzipien deduzierten Systematik scheint also fragwürdig und zweckwidrig, weil sie – statt die Lage abzubilden – hochgradig exkludierend wirken kann. Im Extremfall kommt es so weit, dass bestimmte Positionen als »irrational, ›Unsinn‹, krankhaft oder als bloßes Geschwafel« ausgeschlossen werden, wie Faulstich (2004, 14 f.), andere Autoren paraphrasierend, bemerkt. So zieht Faulstich denn auch eine Grenze zwischen ›Medientheorien‹ und ›Pseudo-Medientheorien‹ – eine Grenzziehung, die zwar ein legitimes Ergebnis von Einführungen und Überblicksdarstellungen sein kann, aber eben auch exkludierend ist. Eine der Positionen, die von Faulstich als ›Pseudo-Medientheorie‹ bezeichnet wird, ist die Medienarchäologie Friedrich Kittlers. Nun mag man zu Kittlers Werk stehen wie man will, aber im Jahr 2004 einen schulbildenden Ansatz, der noch in der Abwehr eine ganze Reihe wichtiger Forschungen hervorgebracht hat, zu exkludieren, ist zumindest fragwürdig.

Ebenso unhaltbar ist es, eine von Vorannahmen freie Beschreibung dessen, was ist, zu behaupten. Die Herausgabe eines Handbuchs ist ein notwendig situiertes Unterfangen, das selbst wenn man kein vorgängiges System oder Raster über die vorfindliche Situation legen will, unweigerlich zu blinden Flecken und Auslassungen führt (wofür der Herausgeber hier bereits um Entschuldigung bittet). Schon 1988 hieß es im Vorwort zu den *Ansichten einer künftigen Medienwissenschaft*: »Darin liegt ein ›Credo‹ dieser Aufsatzsammlung: daß es der Fachentwicklung gut tut, nicht mehr unter Hinweis auf die Dynamik [!] und Ungefestigtheit der Disziplin davon auszugehen, daß einstweilen alles gleichermaßen richtig, alles gleichermaßen produktiv, alles gleichermaßen berechtigt sei« (Bohn/Müller/Ruppert 1988b, 8). Aber wiederum stellt sich die Frage: Nach welchen Kriterien kann man ausschließen, was ›nicht richtig‹ ist? Welche Schwerpunkte sollte man setzen? Welches Gremium entscheidet darüber? Offensichtlich sind gewisse Ansätze in den Augen mancher (oder schlicht durch die Menge der sich darauf beziehenden Texte) sehr ›produktiv‹, während sie von anderen als irrelevant eingestuft werden.

Es scheint mithin keine Alternative zu einem nur leicht systematisierten, unvermeidlich situierten Überblick zu geben (vgl. auch Leschke 2003, 69). Das ist die vielleicht unbefriedigende, nach Auffassung des Herausgebers aber integerste Art, mit einem letztlich nicht lösbaren Problem umzugehen. In diesem Sinne folgt das vorliegende Handbuch einer Anregung Bruno Latours. Er versucht, die scheinbar sich aufdrängende »Wahl […] zwischen Gewißheit und Durcheinander, zwischen der Willkürlichkeit

irgendeiner a priori zu treffenden Entscheidung und dem Morast endloser Unterschiede« (2007, 62) zu umgehen und stattdessen eine Liste von Kontroversen aufzustellen (vgl. ebd., 55 f.; zur medialen Form der Liste, die offenkundig auch – aber nicht nur – dieses Handbuch strukturiert vgl. Stäheli 2011): »Um etwas Ordnung zurückzugewinnen, besteht daher die beste Lösung darin, Verbindungen *zwischen* den Kontroversen zu ziehen, anstatt zu versuchen zu entscheiden, wie eine bestehende Kontroverse zu klären wäre« (Latour 2007, 45; Herv. i.O.).

Aufbau dieses Handbuchs

So gliedert sich das vorliegende Handbuch entlang einer Liste von ›dynamischen‹ Kontroversen, die man in die Felder der Kontroversen um die theoretische Modellierung, also »Medientheorien« (Teil II), der Kontroversen um die Gegenstände, also »Einzelmedien« (Teil III), und der Kontroversen um die Grenzen des disziplinären Feldes selbst, also »Schnittstellen« (Teil IV), ordnen kann.

Teil I, welcher das Handbuch eröffnet, enthält zwei Beiträge, die sich aus der oben erläuterten disziplinentheoretischen Diskussion fast zwangsläufig ergeben: einen zu den Fachgesellschaften sowie einen als Überblick über einige (nicht alle) Einführungen in die Medienwissenschaft und zur Frage, wie diese das disziplinäre Feld segmentieren und formatieren. Zur ersten Orientierung finden sich in Teil I zudem zwei Beiträge, die eine historische Übersicht über den Medienbegriff einerseits und die Medienwissenschaft andererseits bieten.

In Teil II geht es um eine Reihe teils sich überlappender, teils sich ignorierender und teils in offenem Konflikt miteinander liegender Felder, die von bestimmten – durch keine Metasystematik zu vereinheitlichenden – Theoriesprachen und Begriffsapparaten strukturiert werden und denen lediglich gemeinsam ist, den Begriff des Mediums zu umkreisen, der sich dabei in seiner ganzen Heterogenität zeigt (zum Medienbegriff s. Kap. I.1; vgl. außerdem u. a. Knilli 1979; Kümmel-Schnur 2008). Man könnte sagen, dass es sich hier um verschiedene Varianten allgemeiner Medientheorien handelt, die je verschiedene medienanalytische Methoden vorschlagen. Die Heterogenität des Medienbegriffs wird immer wieder beklagt, so z. B. von Schmidt (2002, 56), der die Heterogenität der Medienforschung auf die verschiedenen Medienbegriffe zurückführt; allerdings hat auch seine Synthese keinen Konsens darüber erzielen können (zur Heterogenität des Gegenstandsbereichs der Medienwissenschaft im Vergleich zur Literaturwissenschaft vgl. Leschke 2003, 75). Jedoch ist *erstens* unklar, wie eine Homogenisierung des Begriffs ohne – frei nach Foucault – medienwissenschaftliche Diskurspolizei gelingen sollte; und *zweitens* könnte es durchaus sein, dass die beklagte Heterogenität und die regulative Idee, sie irgendwann zugunsten einer konsensuellen Einheit aufzuheben, der Grund für die Produktivität dieser Diskussion und das Movens der medienwissenschaftlichen Forschung ist (vgl. Engell/Vogl 2002, 10).

Daher findet man ähnliche Strukturen auch in anderen Disziplinen: Die Kommunikationswissenschaft etwa scheint »arge Identitätsprobleme« zu haben und ist »weit davon entfernt […], über eine ›klare, einhellig akzeptierte Definition‹ […] ihres Zentralbegriffs ›Kommunikation‹ zu verfügen« (Maletzke, zit. in Schmidt 2002, 60). Vielleicht ist das ›Medium‹ frei nach Star und Griesemer (1989) ein ›boundary object‹, d. h. ein diskursives Element, das aus verschiedenen Richtungen besetzt werden kann und gleichwohl einen minimal-homogenen Kern besitzt (›in der Mitte sein‹ im allgemeinsten Sinn) und gerade daher ein Forschungsfeld zusammenhalten wie ausdifferenzieren kann: »[W]e find that scientific work neither loses its internal diversity nor is consequently retarded by lack of consensus. Consensus is not necessary for cooperation nor for the successful conduct of work« (ebd., 388; siehe auch 393 zur Definition von ›boundary object‹; vgl. auch Galison 1997, 781, der betont, dass es die »disunity« ist, welche die Stärke einer Wissenschaft ausmachen kann; vgl. auch Wissenschaftsrat 2007, 11).

Dabei scheinen einige der dargestellten ›allgemeinen Medientheorien‹ näher am Kern der Medienwissenschaft zu liegen und in diesem Sinne ›genuine‹ Medientheorien zu sein. Andere sind offensichtlich ›fremden‹ Disziplinen entlehnt (zu ›Derivaten‹ und ›Interpretationen‹ vgl. Leschke 2003, 69 f.). Mit beiden Theorietypen (und ihren Schnittmengen) wird gearbeitet. Auf der Website der GfM ist zu lesen, dass Medienwissenschaft eine »Theorie der Medien« erarbeitet, »die unter Rückgriff auf Forschungen in anderen Disziplinen die Merkmale des Medialen/der Medialität im Allgemeinen zu bestimmen versucht« (vgl. GfM 3; angezeigt scheint aber der Plural ›Theorie*n* der Medien‹). Daher werden die Theorien in diesem Handbuch nicht künstlich hierarchisiert, sondern immer wieder Verbindungen *zwischen* den Kontroversen aufgezeigt (auch übergreifend zwischen den Teilen I–IV).

Teil III umfasst eine (zweifelsohne selbst kontroverse) Liste von ›Einzelmedien‹, ohne diese Liste einer vorgängigen Systematik (wie sie Hickethier zu Recht schon 1988 verworfen hat) zu unterstellen. Es werden knappe historische Abrisse der Entwicklung des jeweiligen Mediums (mit Verweisen auf die entsprechende Literatur) gegeben sowie Darstellungen der an sie anknüpfenden speziellen Einzelmedientheorien und der von ihnen vorgeschlagenen medienanalytischen Methoden. Manche der Medien sind etabliert bzw. zentral und in diesem Sinne wieder ›genuin‹, andere sind eher randständig oder abwegig. Auch hier sollten Vorentscheidungen bei der Auswahl reduziert werden, und auch hier spielen Verbindungen zwischen den Einzelmedien bzw. Einzelmedientheorien eine wichtige Rolle. Angesichts ihrer drastisch gestiegenen Bedeutung wurde den digitalen Medien (in ihren verschiedenen Ausformungen) besonderer Raum eingeräumt. Gerade mit Blick auf die aktuellen Abhörskandale und die Frage nach der sicheren Verschlüsselung von Daten schien ein Ausblick in die Zukunft der Quantencomputer und der Quantenkryptographie lohnenswert.

Während Teil II und III auf die disziplinäre Binnendifferenzierung (in steter Spannung zu Versuchen ihrer Homogenisierung) bezogen werden können, listet Teil IV eine Reihe von »Schnittstellen zu Nachbardisziplinen« auf, wie es in dem GfM-Papier »Kernbereiche der Medienwissenschaften« heißt. Das Papier führt aus:

> »In der interdisziplinären Zusammenarbeit entstanden zudem spezifische Theorieentwicklungen und Beschreibungsmodelle wie etwa in den Bereichen der Medieninformatik, des Medienrechts, der Medienwirtschaft, der Medienethik, der Medienpädagogik und der Medienpsychologie. Diese Theorieansätze haben dabei z. T. eine eigenständige interdisziplinäre Methodologie entwickelt, deren Verknüpfung ertragreiche Forschungsperspektiven eröffnet hat« (Gesellschaft für Medienwissenschaft 2008).

Teil IV knüpft an diese Anregung an und listet eine Reihe von solchen Schnittstellen zu Nachbardisziplinen auf. Denn auch andere Disziplinen haben analog zur Medienwissenschaft und deren »integrale[r] Transdisziplinarität« (Leschke 2003, 71) vergleichbare Fragen nach den Medien bzw. der Medialität entwickelt. Das gilt auch für »shadow disciplines« (Chandler 2009, 737) bzw. ›Undisziplinen‹ (vgl. Mitchell 2003, 40) wie die Visual Culture, Gender Studies, Cultural Studies oder Postcolonial Studies. Manchmal wurden sie durch die Medienwissenschaft dazu angeregt oder befinden sich in aktiver

Kooperation mit ihr. Manchmal entstehen aus den Berührungen neue Felder.

Die Schwierigkeiten der Gliederung des heterogenen Feldes der ›Medienwissenschaft‹ oder der ›Medienwissenschaften‹ zeigen sich deutlich an der Entscheidung, die Theaterwissenschaft in den Schnittstellen unterzubringen, während die Filmwissenschaft im Beitrag zum Einzelmedium ›Film‹ in Teil III auftaucht. Grundlage dieser Entscheidung war die Tatsache, dass es eine eigene Gesellschaft für Theaterwissenschaft gibt (http://www.theater-wissenschaft.de/), die Filmwissenschaft aber als AG innerhalb der GfM vertreten ist. Auch kann man sich fragen, warum das Kapitel über die Schnittstelle zur Politikwissenschaft eben ›Politikwissenschaft‹ heißt und nicht ›Medienpolitologie‹ – in strenger systematischer Symmetrie zur Schnittstelle zur Soziologie, die ›Mediensoziologie‹ genannt wurde. So traurig unsystematisch es ist: Der Begriff ›Mediensoziologie‹ ist etabliert, der Begriff ›Medienpolitologie‹ hingegen ist nicht eingeführt. Viele vergleichbare Entscheidungen mussten getroffen werden.

Abschließend bleibt zu erwähnen, dass dieses Handbuch einen klaren Schwerpunkt auf die deutschsprachige Diskussion legt, ohne dabei aber den Blick in die europäischen Nachbarländer, die USA und teilweise auch andere Teile der Welt ganz zu vernachlässigen (zu diesem Problem vgl. Malmberg 2005). Dies soll nicht abermaliger Ausdruck eines ›deutschen Sonderwegs‹ der Medienwissenschaft sein (vgl. Pias 2011, 14 f.; vgl. Hickethier 2003, 134, der die prinzipielle Internationalität der Medienwissenschaft betont), obwohl die ›kulturwissenschaftliche Medienwissenschaft‹ und die eigentümliche Spaltung in Medien- und Kommunikationswissenschaft eher ein Phänomen des deutschsprachigen Raums sind. Vielmehr ist dies erneut der medialen Tatsache des begrenzten Informationsgehaltes einer gedruckten Publikation geschuldet. Es muss hier der Hinweis auf die zahlreichen Überblicksdarstellungen zur amerikanischen, britischen, französischen etc. Debatte genügen (vgl. u. a. Downing 2004; Durham/Kellner 2009; Kolker 2008; Nerone 2013). Allerdings hat die starke Rezeption bestimmter deutscher Positionen (etwa Friedrich Kittlers) z. B. in den USA in den letzten Jahren wiederum dafür gesorgt, den Sinn für die Eigenständigkeit und Bedeutung der ›kulturwissenschaftlichen Medienwissenschaft‹ zu stärken.

Fazit

Bei allen Schwierigkeiten der Definition und der Gliederung der ›Medienwissenschaft‹ ist dieses Handbuch ein eindeutiges Plädoyer für eine eigenständige medienwissenschaftliche oder medienkulturwissenschaftliche Disziplin. Das Papier des Wissenschaftsrats betont »die Universalität des Medialen: der Umstand, dass es ohne Medien keine Kommunikation und ohne Kommunikation keine Gesellschaft, keine Kultur, keine Ökonomie geben kann« (2007, 11). *The medium is the message.* Solange die gesellschaftliche Selbstbeschreibung so zentral um Medien orientiert bleibt, solange Medien ein wichtiges ›Problem‹ sind (inklusive der möglichen zukünftigen Einführung eines Medienfachs an den Schulen), solange wird die Medienwissenschaft unverzichtbar bleiben. Und ihre Heterogenität ist zunächst »einfach die Form, in welcher Wissenschaften auf die Komplexität von Welt reagieren« (ebd.). Insofern sich die Medialität der Welt ständig verändert, erweitert und verkompliziert, steht kaum zu erwarten, dass die »Medienwissenschaft […] sich als historisch relativierte [begreift] und […] zu gegebener Zeit zielstrebig […] die eigene Auflösung […] betreiben« wird (Faulstich 1979, 18, der bereits 1979 betonte, dass eine solche Entwicklung absehbar wäre). Vielmehr stellt die Medienwissenschaft »offenbar ein Milieu dar, in dem Erfindungen gedeihen« (Leschke 2003, 76), was doch überaus erfreulich ist.

Danksagung

Der Herausgeber dankt dem Metzler Verlag für die Anfrage, dieses Handbuch zu realisieren sowie für die großzügige personelle und logistische Unterstützung. Besonderer Dank gilt Frau Ute Hechtfischer, ohne deren so freundliche wie geduldige Kompetenz das Projekt nicht zu machen gewesen wäre. Ebenso unmöglich wäre es ohne Simon Ruschmeyer und Elisabeth Walke gewesen, welche die Erstellung des Handbuchs unermüdlich unterstützt haben. Es sei allen Autorinnen und Autoren gedankt für ihre hervorragenden Beiträge und für die Geduld mit unserem Lektorat, unseren Nachfragen und unserer Kritik. Ich danke Frau Martina Busse und Frau Rosemarie Klein für Korrekturen und allen, die die Einleitung nochmals kritisch gelesen haben. Am Ende trage ich allein für alle Fehler, Auslassungen und Mängel die Verantwortung.

Literatur

Bergermann, Ulrike: Media mainstreaming? Zur Debatte um das Papier des Wissenschaftsrats zur Forschung und Lehre in den Kommunikations- und Medienwissenschaften. In: *Medienwissenschaft Rezensionen/Reviews* 4 (2007), 390–399.

Böhme, Hartmut/Matussek, Peter/Müller, Lothar: *Orientierung Kulturwissenschaft. Was sie kann, was sie will.* Reinbek bei Hamburg 2007.

Bohn, Rainer/Müller, Eggo/Ruppert, Rainer: *Ansichten einer künftigen Medienwissenschaft.* Berlin 1988a.

Bohn, Rainer/Müller, Eggo/Ruppert, Rainer: Die Wirklichkeit im Zeitalter ihrer technischen Fingierbarkeit. In: Dies. 1988b, 7–28.

Chandler, James: Introduction: Doctrines, disciplines, discourses, departments. In: *Critical Inquiry* 35/4 (2009), 729–746.

Csiszar, Alex: Serialität und die Suche nach Ordnung. Der wissenschaftliche Druck und seine Probleme während des späten 19. Jahrhunderts. In: *Zeitschrift für Medienwissenschaft* 7/2 (2012), 19–46.

Downing, John (Hg.): *The SAGE Handbook of Media Studies.* Thousand Oaks, CA 2004.

Durham, Meenakshi Gigi/Kellner, Douglas M. (Hg.): *Media and Cultural Studies: Keyworks.* Hoboken 2009.

Engell, Lorenz/Vogl, Joseph: Vorwort. In: Dies. u. a. (Hg.): *Kursbuch Medienkultur. Die maßgeblichen Theorien von Brecht bis Baudrillard.* Stuttgart 2002, 8–11.

Faulstich, Werner: Einleitung. Thesen zum Verhältnis von Literaturwissenschaft und Medienwissenschaft. In: Ders. (Hg.): *Kritische Stichwörter Medienwissenschaft.* München 1979, 9–25.

Faulstich, Werner (Hg.): *Grundwissen Medien.* München 2004.

Filk, Christian: *Episteme der Medienwissenschaft. Systemtheoretische Studien zur Wissenschaftsforschung eines transdisziplinären Feldes.* Bielefeld 2009.

Foucault, Michel: Nietzsche, die Genealogie, die Historie. In: Ders.: *Von der Subversion des Wissens.* Frankfurt a. M. 1993, 69–90.

Galison, Peter: *Image and Logic. A Material Culture of Microphysics.* Chicago 1997.

Gesellschaft für Medienwissenschaft: *Kernbereiche der Medienwissenschaft* (2008), http://www.gfmedienwissenschaft.de/gfm/webcontent/files/GfM_MedWissKernbereiche2.pdf (11.01.2014).

GfM 1: http://www1.slm.uni-hamburg.de/de/service/medienzentrum/projekte/gfm-tagung-2007.html (06.01.2014).

GfM 2: http://www.gfmedienwissenschaft.de/gfm/arbeitsgruppen/index.html (06.01.2014).

GfM 3: http://www.gfmedienwissenschaft.de/gfm/selbstverstaendnis/index.html (08.01.2014).

Grampp, Sven: Hundert Jahre McLuhan. In: *Zeitschrift für Medienwissenschaft* 4/1 (2011), 183–187.

Hickethier, Knut: Das »Medium«, die »Medien« und die Medienwissenschaft. In: Bohn/Müller/Ruppert 1988, 51–74.

Hickethier, Knut: Binnendifferenzierung oder Abspaltung – Zum Verhältnis von Medienwissenschaft und Germanistik. Das ›Hamburger Modell‹ der Medienwissenschaft. In: Heinz B. Heller/Matthias Kraus/Thomas

Meder/Karl Prümm/Hartmut Winkler (Hg.): *Über Bilder Sprechen. Positionen und Perspektiven der Medienwissenschaft.* Marburg 2000, 35–56.

Hickethier, Knut: Film und Fernsehen als Gegenstände der Medienwissenschaft. In: *Zeitschrift für Literaturwissenschaft und Linguistik* 132 (2003), 133–135.

Jungen, Oliver: Irgendwas mit Medien. In: *Frankfurter Allgemeine Zeitung* 1 (2013), N5.

Klein, Julie Thompson: Blurring, cracking and crossing: Permeation and the fracturing of discipline. In: Ellen Messer-Davidow/David R. Shumway/David Sylvan (Hg.): *Knowledges. Historical and Critical Studies in Disciplinarity.* Charlottesville, Virginia 1993, 185–211.

Knilli, Friedrich: Medium. In: Werner Faulstich (Hg.): *Kritische Stichwörter Medienwissenschaft.* München 1979, 230–251.

Kolker, Robert (Hg.): *The Oxford Handbook of Film and Media Studies.* Oxford 2008.

Kollmar-Paulenz, Karénina u. a. (Hg.): *Kanon und Kanonisierung. Ein Schlüsselbegriff der Kulturwissenschaften im interdisziplinären Dialog.* Basel 2011.

Kreuzer, Helmut (Hg.): *Literaturwissenschaft – Medienwissenschaft.* Heidelberg 1977.

Kübler, Hans-Dieter: Auf dem Weg zur wissenschaftlichen Identität und methodologischen Kompetenz. Herausforderungen und Desiderate der Medienwissenschaft. In: Bohn/Müller/Ruppert 1988, 29–50.

Kümmel, Albert/Löffler, Petra (Hg.): *Medientheorie 1888–1933.* Frankfurt a. M. 2002.

Kümmel-Schnur, Albert: Medien. Protokoll einer Disziplinierung. In: Stephan Moebius/Andreas Reckwitz (Hg.): *Poststrukturalistische Sozialwissenschaften.* Frankfurt a. M. 2008, 401–419.

Lamont, Michèle: *How Professors Think. Inside the Curious World of Academic Judgement.* Cambridge, Mass. 2009.

Latour, Bruno: *Eine neue Soziologie für eine neue Gesellschaft. Einführung in die Akteur-Netzwerk-Theorie.* Frankfurt a. M. 2007.

Leschke, Rainer: Von der Erfindung der Medienwissenschaft als regelmäßiger Übung. In: *Zeitschrift für Literaturwissenschaft und Linguistik* 132 (2003), 67–89.

Lovink, Geert (2011): Medienwissenschaften. Diagnose einer gescheiterten Fusion. In: *Zeitschrift für Medienwissenschaft* 4/1 (2011), 159–176.

Luhmann, Niklas: *Die Wissenschaft der Gesellschaft.* Frankfurt a. M. 1992.

Malmberg, Tarmo: Nationalism and internationalism in media studies – Europe and America since 1945 (2005), http://www.uta.fi/cmt/yhteystiedot/henkilokunta/tarmomalmberg/index/05-11-28_Amsterdam.doc (05.01.2013).

Messer-Davidow, Ellen/Shumway, David R./Sylvan, David: Introduction: Disciplinary ways of knowing. In: Dies. (Hg.): *Knowledges. Historical and Critical Studies in Disciplinarity.* Charlottesville, Virginia 1993, 1–21.

Mitchell, W. J. T.: Interdisziplinarität und visuelle Kultur. In: Herta Wolf (Hg.): *Diskurse der Fotografie. Fotokritik am Ende des fotografischen Zeitalters*, Bd. 2. Frankfurt a. M. 2003, 38–50.

Mort, Joseph: *The Anatomy of Xerography. Its Invention and Evolution.* Jefferson, NC u. a. 1989.

Nerone, John (Hg.): *Media History and the Foundations of Media Studies, Bd. 1. The International Encyclopedia of*

Media Studies. Hg. von Angharad N. Valdivia. Malden, Mass. 2013.

Paech, Joachim: Es war einmal: Medienwissenschaft in Osnabrück. In: *TheaterZeitSchrift* 22 (1987), 30–40.

Paech, Joachim: Die Erfindung der Medienwissenschaft. Ein Erfahrungsbericht aus den 1970er Jahren. In: Claus Pias (Hg.): *Was waren Medien?* Zürich 2011, 31–56.

Pias, Claus: Was waren Medien-Wissenschaften? Stichworte zu einer Standortbestimmung. In: Ders. (Hg.): *Was waren Medien?* Zürich 2011, 7–30.

Post, Robert: Debating disciplinarity. In: *Critical Inquiry* 35/4 (2009), 749–770.

Rusch, Gebhard: Vorwort. In: Ders. (Hg.): *Einführung in die Medienwissenschaft.* Wiesbaden 2002a, 7.

Rusch, Gebhard: Medienwissenschaft als transdisziplinäres Forschungs-, Lehr- und Lernprogramm. In: Ders. (Hg.): *Einführung in die Medienwissenschaft.* Wiesbaden 2002b, 69–82.

Schäfer, Gudrun: »Sie stehen Rücken an Rücken und schauen in unterschiedliche Richtungen«. Zum Verhältnis von Medienwissenschaft und Publizistik- und Kommunikationswissenschaft. In: Heinz B. Heller/Matthias Kraus/Thomas Meder/Karl Prümm/Hartmut Winkler (Hg.): *Über Bilder Sprechen. Positionen und Perspektiven der Medienwissenschaft.* Marburg 2000, 23–34.

Schanze, Helmut: Fernsehserien. Ein literaturwissenschaftlicher Gegenstand? In: *Zeitschrift für Literaturwissenschaft und Linguistik* 2/6 (1972), 79–94.

Schanze, Helmut: Vorwort. In: Ders. (Hg.): *Metzler Lexikon Medientheorie/Medienwissenschaft.* Stuttgart 2002a, v–viii.

Schanze, Helmut: Medienwissenschaften. In: Ders. (Hg.): *Metzler Lexikon Medientheorie/Medienwissenschaft.* Stuttgart 2002b, 260.

Schmidt, Siegfried J.: Medienwissenschaft und Nachbardisziplinen. In: Gebhard Rusch (Hg.): *Einführung in die Medienwissenschaft.* Wiesbaden 2002, 53–68.

Schönert, Jörg: Literaturwissenschaft – Kulturwissenschaft – Medienkulturwissenschaft: Probleme der Wissenschaftsentwicklung. In: Renate Glaser/Matthias Luserke (Hg.): *Literaturwissenschaft – Kulturwissenschaft. Positionen, Themen, Perspektiven.* Opladen 1996, 192–208.

Schüttpelz, Erhard: Die ältesten in den neuesten Medien. Folklore und Massenkommunikation um 1950. In: Nicola Glaubitz/Andreas Käuser (Hg.): *Medieninnovationen und Medienkonzepte.* Marburg 2006, 33–49.

Stäheli, Urs: Das Soziale als Liste. Zur Epistemologie der ANT. In: Friedrich Balke/Maria Muhle/Antonia von Schöning (Hg.): *Die Wiederkehr der Dinge.* Berlin 2011, 83–101.

Star, Susan Leigh/Griesemer, James R.: Institutional ecology, ›translations‹ and boundary objects: Amateurs and professionals in Berkeley's museum of vertebrate zoology, 1907–39. In: *Social Studies of Science* 19/3 (1989), 387–420.

Tholen, Georg Christoph: Medienwissenschaft als Kulturwissenschaft. Zur Genese und Geltung eines transdisziplinären Paradigmas. In: *Zeitschrift für Literaturwissenschaft und Linguistik* 132 (2003), 35–48.

Viehoff, Reinhold: Von der Literaturwissenschaft zur Medienwissenschaft. Oder: vom Text- über das Literatursystem zum Mediensystem. In: Gebhard Rusch (Hg.): *Einführung in die Medienwissenschaft.* Wiesbaden 2002, 10–35.

Wissenschaftsrat: *Empfehlungen zur Weiterentwicklung der Kommunikations- und Medienwissenschaften in Deutschland,* Mai 2007, http://www.wissenschaftsrat.de/download/archiv/7901-07.pdf (03.02.2014).

Jens Schröter

I. Medienbegriff und Medienwissenschaft

1. Medienbegriff

Es gibt Zyniker, die behaupten, die Medienwissenschaft sei das Paradebeispiel für eine postmoderne Disziplin, die ständig über den Tellerrand blickt, ohne den eigenen Teller genau zu kennen, also ohne sich über die eigenen Gegenstände, das eigene Forschungsgebiet, die eigene Begrifflichkeit und die eigenen Absichten ausreichend orientiert und verständigt zu haben. Alle möglichen Wissensgebiete – Psychoanalyse, Motivgeschichte, Technikgeschichte, Eschatologie, soziologische Systemtheorie und viele andere mehr – mussten und müssen zu ihrer Konturierung herhalten, Eklektizismus natürlich inbegriffen. In der Tat spricht einiges dafür, dass dieser Befund zutrifft – gerade heute, da die Thesen Herbert Marshall McLuhans, des schillernden Urahns medienwissenschaftlicher Begriffsschöpfung, aber eben auch der Begriffsverwirrung, eine gewisse Renaissance erleben. Dem kanadischen Medientheoretiker, einem Eklektiker wie er im Buche steht, gilt alles Mögliche als Medium: Licht, Geld, Straße, Papier, Kleidung, Eisenbahn, Rad, Stein, Sprache, Schrift oder die Wohnung, um nur eine kleine Auswahl zu nennen (vgl. McLuhan 2001; s. Kap. II.4). Diese Medien sind nun wahrlich allgegenwärtig und haben noch dazu, folgt man McLuhan, gleichsam magische Kräfte: Sie erweitern diverse Funktionen des menschlichen Organismus, sie machen die ganze Welt zum Dorf, und die Nachrichteninhalte werden zur vernachlässigbaren Größe, weil die Medien selbst als die wichtigste Nachricht daherkommen. Die Werke McLuhans, die mit solchen Thesen aufwarten, bieten durchaus eine anregende Lektüre und zeugen von einer stupenden Gelehrsamkeit des Autors, eine Quelle für exakte medienwissenschaftliche Begriffsbestimmungen darf man allerdings nicht erwarten. Aber – und hier liegt das Problem – gerade das tun nach wie vor viele an Medien interessierte Laien und auch Wissenschaftler. So verwundert es in dieser Hinsicht nicht, dass sich das »Grundproblem bei der Gegenstandsbestimmung der Medienwissenschaft […] als die Unfähigkeit zu einer präzisen, kritisch-rationalen und möglichst eindeutigen Sprache [zeigt]« (Faulstich 2002, 22).

Es bedeutete andererseits, das Kind mit dem Bade auszuschütten, wenn die Klage über den »terminologischen Metaphernsalat« (ebd.) McLuhans und seiner Epigonen dazu führen sollte, definitorische Transparenz und Funktionalität des Medienbegriffs herstellen zu wollen, ohne die Ursachen des »Metaphernsalats« zu reflektieren. So wischen beispielsweise die soziologisch orientierten Kommunikationswissenschaftler der 1960er und 1970er Jahre den vermeintlichen Unsinn beiseite und präsentieren eine terminologische *tabula rasa*, indem sie sich an den frühen Definitionen der amerikanischen empirischen Kommunikationsforschung orientieren und ausschließlich diejenigen technischen Massenkommunikationsmittel als Medien bezeichnen, mit denen Aussagen öffentlich, indirekt und einseitig einem Publikum vermittelt werden. Mit solchen Minimaldefinitionen sind aber vor allem die Empiriker unter den Kommunikationsforschern dieser Zeit nicht lange einverstanden und fordern Nachbesserung: Für den Medienbegriff gelte gleichermaßen, was für jede wissenschaftliche Begriffsbildung selbstverständlich sei. Der Begriff müsse im Hinblick auf eine konsistente Verwendung eindeutig bestimmt werden können, er müsse sich von verwandten Termini abgrenzen lassen und seine Begriffsmerkmale sollten weitgehend operationalisierbar sein, also zum Beispiel in der empirischen Forschung verwendet werden können (vgl. Maletzke 1998, 31 f.). Die kommunikationswissenschaftliche Arbeit am Medienbegriff steht in dem vorliegenden *Handbuch Medienwissenschaft* naturgemäß nicht im Zentrum, zur Abgrenzung des medienwissenschaftlichen Medienbegriffs ist es aber nicht unwichtig, die Grundlagen dieser Begriffsverwendung zumindest ansatzweise zu kennen.

Die Medienwissenschaften, die sich parallel zu dieser Entwicklung in Deutschland in erster Linie aus den philologischen Disziplinen herausbilden, arbeiten hingegen – wenn sie nicht einfach den eng gefassten kommunikationswissenschaftlichen Massenmedienbegriff übernehmen – lange Zeit und weitgehend ohne eine eigenständige explizite Begriffsdefinition. Erst ab den 1990er Jahren erkennt die eher geisteswissenschaftlich orientierte Medienforschung immer häufiger die Unschärfe in der

Theoriebildung, die ein unzureichend definierter Medienbegriff mit sich bringt. Und wie es sich für die philologischen Disziplinen gehört, folgt dieser Erkenntnis des Mangels sogleich der historische Blick zurück, um bei der Klärung des aktuellen Problems auch begriffsgeschichtliche Aspekte berücksichtigen zu können. In diesem Sinne argumentiert beispielsweise Friedrich Kittler: 1986 vermutet er in seinem Buch *Grammophon, Film, Typewriter*, dass es den Begriff ›Medium‹ vor der Erfindung von Grammophon und Kinematograph, als die Schrift noch das einzige Nachrichtenmedium gewesen sei, nicht im Zusammenhang mit Kommunikationsmedien gegeben habe (vgl. Kittler 1986, 13; s. auch Kap. II.13).

Die Geschichte des Medienbegriffs zeigt, wie die Geschichte jedes anderen Fachbegriffs, dass Begriffe nie für sich alleine stehen, sondern immer mit ähnlichen oder konkurrierenden Begriffen in Verwendungszusammenhängen und Traditionen verknüpft sind und dadurch bestimmte logische oder inhaltliche Folgerungen nahelegen. Aus der Medienbegriffsgeschichte lassen sich daher Aspekte herausarbeiten, die für die Konturierung des medienwissenschaftlichen Medienbegriffs von Bedeutung sein können. So zielen, um nur ein Beispiel vorwegzunehmen, die beiden schon sehr früh gebräuchlichen Verwendungsweisen von Medium mit den Bedeutungen ›Mitte‹ und ›Mittel‹ auf völlig unterschiedliche Aspekte des Medienbegriffs. ›Mitte‹ bedeutet entweder den Zustand der Ausgewogenheit, der eine Neutralität der Vermittlung garantiert oder aber die Eigenschaft der prägenden Allgegenwart des Mediums, also in*mitten* von allem zu sein – der Medienbegriff kommt dann dem soziologischen Milieubegriff sehr nahe. Als ›Mittel‹ ist das Medium dagegen ein dem Vermittlungszweck und damit dem Benutzer mehr oder weniger unterworfenes Ding. Hier spielt der Handlungsaspekt eine vorrangige Rolle. Mit diesen beiden Bestimmungen werden äußerste Markierungen im Bedeutungsspektrum des Medienbegriffs gesetzt, deren Überschreitung zu benachbarten Begriffen, etwa zu Milieu oder Werkzeug führt. Auf eine Verknüpfung der Bedeutungsaspekte kommt es nun an; das Ausblenden eines der beiden führt zu charakteristischen Schieflagen, die man bei einigen Autoren beobachten kann. Hartmut Winkler weist in einem anderen Zusammenhang auf die daraus resultierende hartnäckige Lagerbildung hin und zeigt, dass sie zu einer defizitären Medienforschung führt (vgl. Winkler 1999, 222).

Dieses Beispiel sollte nicht zu der Schlussfolgerung verleiten, die Begriffsgeschichte hätte ein Interesse daran, sämtliche Bedeutungstraditionen und Verwendungsweisen zu bewahren. Das Gegenteil ist der Fall: Wer die Verwendungs- und Verweistraditionen eines Begriffs genau kennt, kann begriffliche Innovationen besser einschätzen und eigene Vorschläge umso nachhaltiger in die Diskussion einbringen. Die genaue Kenntnis der Geschichte von Wörtern und Begriffen führt in der Regel zu einer exakteren Bewertung ihrer terminologischen Gegenwart. Aus diesem Grund sollten darüber hinaus bei der Betrachtung der Medienbegriffsgeschichte auch die nicht-terminologischen Verwendungsweisen im allgemeinen Sprachgebrauch sowie die Metaphorisierungsstrategien berücksichtigt werden, die häufig zu terminologischen Innovationen führen, wie im Folgenden deutlich werden wird.

Der wahrnehmungstheoretische Medienbegriff

Das Wort ›Medium‹ erscheint als fachsprachlicher Begriff im Deutschen zuerst in Wörterbüchern des 16. Jahrhunderts und hat dort die Bedeutung ›Vermittelndes‹ oder ›Zwischenmittel‹, jeweils mit Beispielen aus dem Bereich der Sinneswahrnehmung. In dieser wahrnehmungstheoretischen Bedeutung ist der Terminus *medium* bereits in der lateinischen Gelehrtensprache etabliert und wird in mittelalterlichen Texten der Scholastik über die aristotelische Theorie der Wahrnehmung (Aisthesis) gebraucht.

Die Wahrnehmungslehre des Aristoteles erklärt jede Sinneswahrnehmung mit einer durch ein Medium vermittelten Wirkung des wahrgenommenen Objekts auf das wahrnehmende Subjekt. Sie geht dabei nicht – wie die voraristotelischen Wahrnehmungsmodelle – von Farbteilchen aus, die vom Gegenstand zu den Augen schweben. Sie erklärt sich die Sinneswahrnehmung vielmehr dadurch, dass Schwingungen, die von der Farbe des Objekts hervorgerufen werden, durch das Medium an das Sinnesorgan weitergeleitet werden. Beim Sehen beispielsweise spielen nach dieser Theorie drei subjektunabhängige Faktoren eine Rolle: ein farbiges Objekt, ein durchscheinendes Medium – das sogenannte *medium diaphanum*, beispielsweise Luft oder Wasser – und Licht. Die Farbe des Objekts bewirkt bei ausreichender Helligkeit im durchscheinenden Medium eine qualitative Veränderung, bei der das Medium die Farben des jeweiligen Wahrnehmungsobjekts annimmt. Im Sinnesorgan wird die Farbe dann entsprechend rekonstruiert. Dabei ist das Medium, das jegliche Farbe annehmen und weitergeben kann, als solches farblos neutral. Hier wird deutlich, dass die mittelalterliche Rezeption Bedeutungen akzentuiert, die schon zu römischer Zeit dominierten: Mitte, Ausgewogenheit, Mittelpunkt und der Raum oder die Substanz zwischen zwei oder mehr Objekten. Aus der Mitte, der räumlichen Beziehung zwischen Objekt, wahrnehmendem Subjekt und Medium, lässt sich eine funktionale Beziehung ableiten, getreu der aristotelischen Wahrnehmungstheorie: Das Medium erscheint aus dieser Perspektive vorrangig als Vermittler (Funktion), dessen qualitative Eigenschaften sich im ausgewogenen Zustand (Mitte) befinden. Im Deutschen hat sich wie in den übrigen europäischen Sprachen diese funktionale Interpretation durchgesetzt (vgl. Hoffmann 2002, 24–35).

In einigen (frühneuhochdeutschen) Schriften des Paracelsus taucht der aisthetische Medienbegriff durchaus häufig auf. Paracelsus beschreibt etwa magische Medien, zum Beispiel Wachsbilder, die als Instrumente magischer Angriffe auf unliebsame Personen dienen. Das sind Verwendungsweisen, bei denen der Medienbegriff bisweilen nicht deutlich vom Werkzeug- oder Instrumentbegriff abgegrenzt werden kann. Auch der aisthetische Medienbegriff spielt bei Paracelsus eine Rolle: Schon Aristoteles rückt durchaus die Materialität der Vermittlungsinstanz in den Blick, und Paracelsus folgt ihm in dieser Hinsicht nicht nur, sondern betont noch deutlicher die spezifischen Medieneigenschaften. Die Wahrnehmungsmedien, die *media diaphana*, stehen zwar mehr oder weniger im Schatten der Vermittlung, die sie leisten. Im Idealfall, wenn sie völlig farblos und transparent sind, gehen sie in der Vermittlung auf und werden selbst nicht wahrgenommen. Indem aber Paracelsus beispielsweise Kristalle als Medien bezeichnet, die dem Menschen Geister und andere Erscheinungen zu zeigen vermögen, metaphorisiert er nicht einfach nur den aisthetischen Medienbegriff. Er bezieht sich gerade auch auf die Eigenarten bestimmter Kristalle, die eben nicht wie ein ideales diaphanes Medium den Zweck der ungetrübten Wahrnehmung erfüllen, sondern durch ihre spezifischen materiellen Eigenschaften den Wahrnehmungsgegenstand in der Repräsentation verfärben, verzerren, vergrößern oder verkleinern. Gerade weil solche Medien sinnlich Wahrnehmbares auf eine Weise zeigen können, wie es die Natur dem Auge üblicherweise nicht offenbart, liegt für Paracelsus die Überlegung nahe, dass sie vielleicht auch übersinnliche Dinge wahrnehmbar machen können. Folgerichtig führt er seine Metapher weiter, indem er sogenannte himmlische Kristalle und Medien erwähnt – damit meint er beispielsweise Träume –, die zeigten, was in den himmlischen Sphären verborgen sei. Schon bei diesen frühen Verwendungsweisen wird also deutlich, dass die impliziten Mediendefinitionen schwanken zwischen der Bestimmung einer als rein instrumentell verstandenen und sich der Wahrnehmung entziehenden Mediensubstanz einerseits und der Beobachtung verfälschender Effekte, die andererseits die Mediensubstanz wieder ins Blickfeld rücken. Mit der Bildung von bestimmten Medienmetaphern, wie beispielsweise dem Traum als Medium, tritt das Merkmal der Materialität, und damit der Wahrnehmbarkeit des Mediums selbst, allerdings wieder in den Hintergrund (vgl. Hoffmann 2002, 35–45).

Einige Verwendungsweisen des Medienbegriffs in ästhetischen Theorien, etwa bei Friedrich Schiller und Gotthold Ephraim Lessing, sind eng verwandt mit der aisthetischen Variante. Diese Theorien übertragen einerseits den Aspekt der Wahrnehmung in den Bereich der Erkenntnis, lenken andererseits den Blick häufig auch auf die instrumentelle Bestimmung des Mediums.

Der Medienbegriff in der frühen Optik und Akustik

Ähnliche Konstellationen finden sich auch in den eher technischen Ausprägungen der Optik und Akustik. In diesen Bereichen wird den Medienspezifika eine noch größere Aufmerksamkeit zuteil als in der Aisthesislehre und der Ästhetik. Das stellt sich in der Entwicklung der Optik, der Akustik und den Naturwissenschaften allerdings nicht von Anfang an so dar. Die optischen Medien beispielsweise führen lange Zeit ein wissenschaftliches Schattendasein. Erst ab dem Übergang vom 15. zum 16. Jahrhundert bekommen die Refraktionsmedien, also die optischen Linsen, eine völlig neue wissenschaftliche Bedeutung und werden zum paradigmatischen Modell des Sehens und der Erkenntnis. Die Camera obscura etwa, eine dunkle Kammer, in die Licht durch eine Refraktionslinse eintritt, schiebt sich als neutrale und trennende Instanz zwischen Subjekt und Wahrnehmungsobjekt und führt so zu einem neuen Verständnis von Wahrnehmung und nicht-analogischer Erkenntnis. Gleichzeitig wird ihr die Aufgabe der objektiven Abbildung der Wirklichkeit zugewiesen. Auch der Begriff der Refraktionsmedien wird schon bald auf vielfältige Weise metaphorisiert, beispielsweise durch Johann Wilhelm Ritter, einen Naturwissenschaftler der Frühromantik. Die Brechung eines Lichtstrahls an einem Prisma ist für ihn Sinnbild der Entstehung des vielgestaltigen Lebens aus einer ursprünglichen göttlichen Einheit heraus. Die Umkehrung dieser Lichtbrechung wird bei Ritter zur optischen Erkenntnismetapher, denn der Mensch sei, wenn er das Leben in seiner Gesamtheit begreife, in der Lage, die gestreuten Lebensstrahlen wie in einer Linse zu bündeln und so eine Ahnung der ursprünglichen Einheit zu erlangen (vgl. Hoffmann 2002, 49–62).

Der Universalgelehrte Athanasius Kircher überträgt im 17. Jahrhundert den Wahrnehmungs- und Naturmedienbegriff, ähnlich wie zuvor Paracelsus, einerseits zwar wieder in den grenzenlosen Raum der Metaphysik, andererseits erweitert er aber auch in der profanen physischen Welt die Geltung des Medienbegriffs. Zum Beispiel auf in Wände verlegte Systeme von Sprechrohren zur Kommunikation innerhalb eines Hauses oder auf Apparaturen, die zur Verstärkung und Weiterleitung von Tönen und Lauten oder auch zu deren Geheimhaltung dienen. Dabei stellt Kircher mit seiner Aufspaltung des Medienbegriffs in *medium physicum* und *medium mathematicum* die Wahrnehmung und ihre Mediensubstanzen und -apparaturen geometrisch dar und berechnet sie.

Die optischen und akustischen Medien und die mit ihnen sich durchsetzenden analytischen Wahrnehmungsmodelle lenken den Blick einerseits verstärkt auf die Aspekte der deutlichen Trennung, also der technischen Unterbrechung des vormals als natürlich-analogisch beschriebenen Wahrnehmungsvorgangs, und andererseits auf die verbesserte Vermittlungsleistung. Immer wichtiger wird auch das Moment der Täuschung durch Medien, weil mit den Medienapparaten eben auch Aspekte der medialen Widerständigkeit gegen eine reibungslose Vermittlung bewusster und besser beobachtbar werden. Die durch den antiken Lehrsatz der Wahrnehmung von Gleichem durch Gleiches garantierte Zuverlässigkeit und Wahrheit der Sinneswahrnehmung und die disqualifizierende und pathologisierende Einschätzung verzerrender Effekte gewisser (optischer) Medien gehören endgültig der Theorievergangenheit an. Dennoch steht die *harmonia mundi*, die Verbundenheit aller Kreaturen, immer noch im begrifflichen Zentrum – die technisch-analytische Ausdifferenzierung der Medien scheint nach einem kompensatorischen Diskurs zu verlangen, der die medialen Artefakte in einen eschatologischen Zusammenhang

integriert, um der Gefahr einer Zersplitterung und Sinnstreuung durch Medientechniken Einhalt zu gebieten. Ein solcher Versuch, die neuen Apparate und das alte Weltbild zu versöhnen, kann aber nicht verhindern, dass mit den analytisch-geometrischen Modellen objektiver Wahrnehmung gleichzeitig auch entsprechende Modelle der gesicherten Erkenntnis entstehen. Im Verlauf dieser Entwicklung wandelt sich insbesondere der Refraktionsmedienbegriff vom wissenschaftlichen Stiefkind zum wirkungsmächtigen Terminus und zur häufig verwendeten Metapher (vgl. Hoffmann 2002, 62–70).

Der naturphilosophische Medienbegriff

Als in der Naturphilosophie die raumfüllenden Medien, also die sogenannten Fluida wie Luft, Wasser und der Äther, besondere Bedeutung erlangen, wird der aisthetische Medienbegriff zum Spezialfall eines allgemeinen Medienbegriffs. Die Äthertheorien, die alle mehr oder weniger ein subtiles Element nach dem Modell von René Descartes beschreiben, definieren in diesem Zusammenhang hauptsächlich zwei Grundfunktionen: Der Raum wird als ein mit Materie gefülltes Plenum gedacht, und die Wirkung von Kräften soll durch diese Materie vermittelt werden, wäre dann also eine nach mechanistischen Prinzipien erfolgende Nahewirkung. Im 18. Jahrhundert erfährt diese Vorstellung eines raumfüllenden Äthers eine breite Akzeptanz, was zu ihrer Durchsetzung als Paradigma in der Wellentheorie des Lichts und auch in der elektromagnetischen Theorie führt. Darüber hinaus wird der physikalische Kraftbegriff immer häufiger auch mit psychischen Phänomenen in Zusammenhang gebracht. Damit weitet sich der engere terminologische Medienbegriff und erhält so eine quasi allumfassende Gültigkeit im Zusammenhang mit geistigen und natürlichen Vermittlungsprozessen. Im Verlauf dieses Paradigmenwechsels wird auch die begriffsbildende Potenz der Medienmetapher immer wichtiger für die Bedeutungsentwicklung des Medienbegriffs. Die neuen Paradigmen in Naturwissenschaft und Wahrnehmungstheorien nobilitieren den Medienbegriff, indem sie den Gebrauchsbereich erweitern und dadurch seine Metaphernfähigkeit steigern.

So ist beispielsweise mit den innovativen Verwendungen bei Johann Gottfried Herder und Georg Wilhelm Friedrich Hegel eine der oben skizzierten Entwicklung ähnliche, metaphorische Expansion des Medienbegriffs festzustellen. Folgt man den beiden Philosophen, führt der Weg des Begriffs von den zahlenmäßig begrenzten aisthetischen Medien über die raumfüllenden Medien, die gleichzeitig auch körperdurchdringend sind, zu den Wahrnehmungs- und Erkenntnismedien im menschlichen Organismus, von da aus zu den Medien ›Sprache‹ und ›Begriff‹ und schließlich zum Denken. Da Medien nun überall zu finden sind und all diese Einzelmedien bei Herder und Hegel über das zentrierende Leitmedium der Gottessprache organisiert werden, scheint die Vorstellung von transzendenten göttlichen Botschaften tatsächlich der Realität medialer Immanenz weichen zu müssen, bei der Medien durch Medien offenbar werden. Dieser metaphorisch befruchtete, neue Medienbegriff beinhaltet gleichermaßen das Moment der einzelnen, als instrumentell und transzendent verstandenen Vermittlung und das Moment der ewigen, allumfassenden, immanenten Vermittlung. Im neuen Medienbegriffsaspekt der Immanenz ist die alte Vorstellung der medialen Transzendenz aufgehoben in einer Mediensystematik, die bruchlos sämtliche aisthetischen, physiologischen und symbolischen Medialstufen vom simplen Wahrnehmungsreiz bis zur Begriffsbildung abbildet. Zur raumfüllenden Eigenschaft tritt eine damit verknüpfte Funktionalität, denn wenn Medien Körper und Raum durchdringen, sind sie nicht nur passive Umwelt – sie haben bestimmte Aufgaben, sie vermitteln beispielsweise zu höheren Seins- und Erkenntnisstufen. Während einer solchen Progression bleibt aber auch die vermittelnde Instanz nicht gleich. Sie transformiert sich und geht – dialektisch gesehen – in der übergeordneten Medialstufe auf. Medienimmanenz weist in diesen neuen Verwendungsweisen letztendlich auf die mediale Bedingung jeglicher Form von Wahrnehmung und Erkenntnis hin (vgl. Hoffmann 2002, 73–93). Die Einheit des aktiven und passiven Moments findet sich auch im Reflexionsmedienbegriff einiger Autoren der Romantik wie beispielsweise Novalis, Clemens Brentano und Friedrich Schleiermacher (vgl. ebd., 94–107).

Bedeutungsverengung des Medienbegriffs im 19. Jahrhundert

Im Verlauf des 19. Jahrhunderts unterliegt der Begriff einem erstaunlichen Wandel, den in erster Linie eine Bedeutungsverengung in der frühen Psychiatrie, in der Physik und im Okkultismus ausmacht: Während einer Zeitspanne von ungefähr fünfzig Jahren wird im Mesmerismus, einer frühen Form der Seelenheilkunde, und wenig später in der Physik der Äthermedienbegriff aufgegeben. Von besonderer erkenntnistheoretischer Bedeutung ist dabei der neue elektromagnetische Feldbegriff, der sich nach der Verdrängung der Substanztheorie etabliert. Elektrische und magnetische Felder im physikalischen Sinne lassen sich demnach nicht mehr, wie noch in den Äthermodellen, als eine Summe von Teilen, von Materie auffassen, sondern als ein System von Relationen. Die Betonung des Relationalen der elektromagnetischen Kraftfelder führt nun zu einer Bedeutungsverengung, weil in diesem Zusammenhang nicht mehr von einer Vermittlung durch ein Medium die Rede sein kann. Allerdings hat der materielle Medienbegriff in einer Nische der technischen Physik weiterhin Bestand, man bezeichnet immer noch Glaslinsen als Medien. Der Medienbegriff verengt sich in der Physik also gewissermaßen wieder auf seinen alten Geltungsbereich, nämlich auf den der Aisthesis. Die Parapsychologie reproduziert diese Begriffsbewegung und -verengung, indem sie behauptet, dass unter den Bedingungen rein psychisch – also ohne Äthervermittlung – wirkender Kräfte als Medium nur noch der Körper des Menschen übrig bliebe. In der Esoterik legt man eben auf Transzendenz und Instrumentalität großen Wert, und da die ätherischen Medien, die ja ebenfalls als Medien des Übersinnlichen in Frage kommen, von der Physik für nicht existent erklärt wurden, muss die okkult handelnde Person eben kurzerhand selbst als Vermittler herhalten.

Gerade die disziplinenübergreifende, denkgeschichtliche Umwälzung erlaubt es, die Medienbegriffe in den so verschiedenen Gebieten der Physik und des Okkultismus zu vergleichen, denn der Paradigmenwechsel, in dessen Verlauf die Fluidum- und Äthermodelle verschwinden, verläuft nahezu synchron in beiden Bereichen und verweist durch diese Gleichzeitigkeit auf eine enge, wenn auch nicht kausale Verbindung. Der Medienbegriff kommt durch diese Entwicklung in Bedrängnis, war er doch über Jahrhunderte hinweg mit der Vorstellung einer grobstofflich-partikularen oder einer feinstofflich-universalen Vermittlung von Wirkungen verknüpft. Der allgemeine erkenntnistheoretische Umbruch markiert für den Medienbegriff die vorläufige Endstation eines langen gemeinsamen Weges, der sich nun trennt. Anders als in der Physik gelingt in der Parapsychologie der Nachweis natürlich nicht, dass die Wirkungsvermittlung ohne stoffliche Basis funktioniert: Das Medium in der Physik ist leer von Materie, nicht aber frei von Kräften. Das Medium des Spiritismus – also der entsprechend disponierte Mensch – ist dagegen Materie und vermittelt angeblich Kräfte. Der gewissermaßen entleerte Medienbegriff in der Physik wird zu einem Relationsbegriff, wohingegen der spiritistische Medienbegriff ein Dingbegriff bleibt (vgl. Hoffmann 2002, 122–136).

In einem parallelen Zug dieser Entwicklung wird die Sprache als Mitteilungsmedium paradigmatisch für den Medienbegriff, bei gleichzeitiger Verdrängung der ausschließlichen Referenz auf den technischen Apparat, also das physische Medium (vgl. ebd., 147–148). Die Sprache als Erkenntnismedium, als Medium des Denkens und als Darstellungsmedium, besetzt hier gewissermaßen eine Leerstelle. Als Kommunikationsmedium schließlich liefert die Sprache das Modell für den erneut technologisch gewendeten und mehr oder weniger auf die funktional-instrumentelle Bedeutung verengten Medienbegriff ab der Mitte des 19. Jahrhunderts – also im Zusammenhang mit der Fotografie, mit den neuen Apparaten der Schallaufzeichnung und mit der Telegrafie. Der Medienbegriff changiert seitdem »zwischen Sprachapriori und Technikapriori« (Mersch 2006, 219).

Der kommunikationstechnologische Medienbegriff

Mit der Erfindung dieser Apparaturen und Geräte und ihrer Nachfolger Kinematograph, Schallplatte, Rundfunk und Fernsehen bis hin zu den digitalen Medien wird die beschriebene begriffliche Verengung gewissermaßen zementiert. Die aisthetischen, ästhetischen und naturphilosophischen Begriffsbestimmungen verlieren sich und veralten allmählich. Aber der neue kommunikationstechnologische Medienbegriff ist noch nicht in Sicht. Mit dem Übergang vom 19. zum 20. Jahrhundert findet sich in Lexika und Wörterbüchern im Grunde nur noch der spiritistische Medienbegriff (vgl. Hoffmann 2002, 27). Obwohl nun im Zusammenhang mit den zukünftigen Massenmedien zu dieser Zeit noch niemand von ›Medien‹ spricht, bereitet sich dennoch eine »unheilige Allianz« von Technik und Okkultismus vor (Mersch 2006, 26). Der medienbegriffliche Rest der immateriellen Funktionalität, der nach der Verabschiedung des Bezugs auf die Materie in der elektromagnetischen Feldtheorie übrig geblieben ist, findet mit der Bezeichnung körperloser, elektrifizierter Vermittlung bei den neuen, zum Teil schon

mit elektrischem Strom betriebenen Übertragungsapparaten ein Äquivalent, wobei »die Elektrizität als Inbegriff des Diaphanen den Platz des einstigen Kristalls besetzte, der das Licht ungehindert passieren lässt« (ebd.). Das Wort ›Medium‹ wartet gewissermaßen nur darauf, endlich wieder zu seinem vollen Recht, quasi zu seiner verlorenen Hälfte zu kommen und dabei die begrifflichen Aspekte der Aisthesis und der Kommunikation aus der okkulten Schmuddelecke zu befreien. Allerdings verschwindet dadurch der erst im Magnetismus und Spiritismus in den Vordergrund getretene Mysteriencharakter des Medienbegriffs nicht wieder: In vielen Medientheorien des 20. Jahrhunderts – und gerade in denen europäischer und insbesondere deutscher Provenienz – verbindet sich die Idealisierung der technisch-mathematisch ermöglichten Medialität – vor allem des Computers, der als Medium, das alle anderen Medien beinhalte und sozusagen verrechne – mit entsprechenden apokalyptischen oder euphorisch-affirmativen Konnotationen. Der Medienwissenschaft, die sich in den späten 1980er Jahren unter diesen Prämissen formierte, geht es nicht zuletzt auch darum, der eigenen Disziplin den politischen und kritischen Geist der Philologien und Sozialwissenschaften früherer Jahre auszutreiben, freilich ohne den totalisierenden Gestus im Bezug auf die Gesellschaft aufzugeben. Auch in diesem Sinne ist der erste Satz in Friedrich A. Kittlers einflussreichem Buch *Grammophon, Film, Typewriter* zu verstehen: »Medien bestimmen unsere Lage, die (trotzdem oder deshalb) eine Beschreibung verdient« (Kittler 1986, 3).

Die Bedeutung der Unterscheidung analog/digital für den Medienbegriff

Seit den 1960er Jahren wird der Medienbegriff auch im Zusammenhang mit dem (digitalen) Computer benutzt; ab den 1980er Jahren wird dann mit der Einführung der Compact Disc (CD) erstmals die Unterscheidung zwischen analogen und digitalen Medien nicht nur für Computerspezialisten virulent (vgl. Schröter 2004, 15). Im Hinblick auf diesen neuen Tonträger hat sich umgangssprachlich und im Allgemeinverständnis eine Opposition herausgebildet, die folgendermaßen umrissen werden kann: Im Unterschied zur analogen Schallplatte, deren Klangbild als natürlich, aber auch defizitär erscheint – etwa weil die analoge Abtastung des Tonträgers vielfältigen zufälligen Störungen ausgesetzt sein kann oder das Vinyl im Lauf der Zeit Beschädigungen aufweist und somit gewissermaßen auf natürliche Weise altert –, wird der CD-Klang als brillant, exakt, hyperreal und damit künstlich, mithin als nicht natürlich beschrieben (vgl. ebd., 16). Über dieses historisch erste populäre Beispiel aus dem Bereich der Tonträger hinaus und mit einer unspezifischeren Begrifflichkeit auf den Punkt gebracht lautet diese Opposition: »Mit digital bezeichnet man die ziffernmäßige, diskrete, diskontinuierliche Darstellung von Daten und Informationen im Unterschied zu auf Ähnlichkeitsbeziehungen (physikalischen Größen) beruhenden, kontinuierlichen analogen Darstellungsformen« (Loleit 2004, 204), wobei die Aspekte der Zeit, der Geschwindigkeit, der Störanfälligkeit und der Exaktheit sowohl der Repräsentation als auch der Kopien zusätzlich wichtige Kriterien für diese Unterscheidung darstellen.

Das sogenannte Binärprinzip, also letztendlich die Möglichkeit der rechnergestützten Repräsentation durch die grundlegende simple Unterscheidung zweier Operationen in elektronischen Schaltkreisen zwischen den Schaltpositionen 1 (elektrischer Strom fließt) und 0 (elektrischer Strom fließt nicht), ist die Grundlage dieser Opposition. In der Medientheorie wurde diese Opposition bisweilen mit einem stark überhöhenden Gestus als fundamentale Unterscheidung im Sinne eines Paradigmenwechsels in der Medienforschung und vor allem in der Mediengeschichte bezeichnet (vgl. Schröter 2004, 17). Trotz dieser zum Teil radikalen Bewertungen, die auch in der öffentlichen Diskussion und vor allem in der Wirtschaft vorgenommen werden, ist zumindest im Hinblick auf den Medienbegriff die Frage angebracht, ob hier wirklich ein fundamentaler Bruch behauptet werden kann. Denn in der aisthetischen Tradition, in welcher der Medienbegriff – wie oben gezeigt – steht, ist das Medium ohnehin eine Instanz, die idealerweise im Akt der Wahrnehmung aufgeht: Der Wahrnehmungsgegenstand erscheint dann und nur dann in seiner reinen Form, wenn beispielsweise das Medium des Sehens im wahrsten Sinne des Wortes von der Bildfläche verschwindet. Wenn nun die binären Operationen im Computer und die Prozessoren thematisch werden, verändert das aus aisthetischer Sicht durchaus nicht viel: Wie auch immer die Repräsentation der Erscheinungen im Computermedium bewerkstelligt wird, es zählt in erster Linie die Erscheinung an der wahrnehmbaren Oberfläche; einer Oberfläche, die im Übrigen trotz allem analog strukturiert sein muss. Denn die Sinneswahrnehmung erfolgt nun einmal analog, weil die menschli-

chen Sinne nur kontinuierliche Schwingungen rezipieren können. Das Argument aus dieser Perspektive zuspitzend, kann man mit einigem Recht behaupten, dass die digitalen Medien aus begriffshistorischer Sicht nicht viel mehr sind als »neue Aggregatzustände ihrer analogen Vorläufer«, die »durch ihr digitales Sampling, ihre digitale Simulation zugleich beendet wie fortgesetzt werden« (Schröter 2004, 24).

Dementsprechend bringt das neue Universalmedium ›Computer‹ begrifflich durchaus relevante technische Verbesserungen mit sich, die sich aber nur zum Teil direkt auf die wahrnehmbare Oberfläche auswirken: die Genauigkeit der Reproduktion bestehender Daten, die Möglichkeit ihrer exakten Kopie sowie die höhere Geschwindigkeit der Aufnahme und der Reproduktion. Wobei die exakte Reproduktion von Daten nicht zwingend mit einer exakteren Repräsentation von Natur und in der äußeren Realität gegebener Objekte einhergehen muss: Der Aspekt der Täuschung, der von Anfang an im Medienbegriff enthalten ist, bleibt trotz aller technischen Verbesserungen nicht nur erhalten, er wird sogar dominant. Der Grund für diese starke Akzentuierung liegt auf der Hand: Die hyperreale Repräsentation, die Exaktheit der Kopien, also die perfekte Simulation, lassen selbstverständlich auch eine perfektere Täuschung zu, und im digitalen Sampling oder in der digitalen Fotografie gehören Konstruktion und Simulation von Wirklichkeit nun einmal zu den grundlegenden Operationen.

Kumulative Definitionen

In einer Gegenbewegung zur Affirmation und Festschreibung eines technologisch-funktional verengten Medienbegriffs und unter dem Eindruck der Geschichte des Medienbegriffs sind seit dem Jahr 2000 einige Anstrengungen unternommen worden, die Bedeutungspalette und die unterschiedlichen Verwendungsweisen des Medienbegriffs in den Geistes- und Sozialwissenschaften darzustellen (vgl. z.B. Münker/Roesler 2008). Neu dabei ist die unter anderem auch aus der oben skizzierten Medienbegriffsgeschichte folgende Einsicht, dass die unterschiedlichen Bestimmungen des Medienbegriffs aufgrund der zahlreichen Verweise auf benachbarte Wissensgebiete und Begriffe notwendigerweise disparat und vielgestaltig sind. Diese Vielfalt wird nun nicht mehr als Makel oder als Begriffsreste überkommener Anschauungen betrachtet, sondern als willkommener

Hinweis auf »innere Spannungen« des Begriffs (vgl. Winkler 2004, 9). Bestandteile solcher kumulativer Basisdefinitionen sind in der Regel unter anderem die folgenden Aspekte, unter denen nähere Bestimmungen subsumiert werden: Medien als Instrumente gesellschaftlicher Vernetzung, Medien als unsichtbare, in der Vermittlung aufgehende Instanzen, Medien als technische Apparate, Überwindung raum-zeitlicher Distanzen durch Medien, symbolischer Charakter der Medien (vgl. exemplarisch ebd.).

Das medienbegriffliche Paradoxon als Programm

Im Anschluss an die skizzierte Medienbegriffsgeschichte formuliert Dieter Mersch eine subtile und vielversprechende negative Begriffsbestimmung: Da sich – wie bereits in der aristotelischen Wahrnehmungstheorie vorgezeichnet – das Medium, das Wahrnehmung erst ermöglicht, der Wahrnehmung entzieht, ist eine exakte wissenschaftliche Begriffsbestimmung äußerst schwierig, wenn nicht unmöglich (s. Kap. II.18). Das verschwindende Medium ist seitdem eine Konstante in der komplexen Geschichte dieses Begriffs bis hin zum seit dem Ende des 19. Jahrhunderts und mehr oder weniger bis heute vorherrschenden Begriffsverständnis, bei dem das oben erwähnte Sprach- und Technikapriori dominiert. In dieser Eigenschaft ähnelt das der genauen Beobachtung nicht zugängliche Medium der Sprache, die sich – zumindest in der Tradition beispielsweise der Heideggerschen Sprachphilosophie – ebenfalls einer Thematisierung entzieht, weil die Reflexion der Sprache immer nur im Sprachmedium selbst möglich ist. »Die Philosophie der Sprache vermag daher nicht die Sprache – so wenig wie eine Philosophie der Medien die Medien selber –, sondern stets nur die Bahnungen solcher Modifikationen zu entdecken […]« (Mersch 2006, 223). Dem Philosophen Jacques Derrida folgend, gilt es in einer Dekonstruktion der medialen Oberflächenphänomene die Spuren dieser Bahnungen zu entdecken, die bei aller Unbestimmbarkeit Aufschluss über das Medium geben können, also »seinem Verschwinden im Erscheinen […] beizukommen, die seine Medialität buchstäblich aus der Reserve locken, herausfordern und aufbrechen und jene Umrisse dekuvrieren, die sich im Schein der nicht nur technischen Perfektionen hartnäckig verhüllen« (ebd., 224 f.). Wie in der Dekonstruktion von Texten sind es die Bruchstellen, Paradoxien und dysfunktionalen Vermittlungen, die die Struktur und Funktion des Medialen offen legen können. Das Medium dergestalt, etwa durch paradoxe Interventionen, auf den Punkt zu bringen ist freilich eine Strategie der Kunst.

Literatur

Faulstich, Werner: *Einführung in die Medienwissenschaft*. München 2002.
Hoffmann, Stefan: *Geschichte des Medienbegriffs*. Hamburg 2002.
Kittler, Friedrich A.: *Grammophon, Film, Typewriter*. Berlin 1986.
Loleit, Simone: »The mere digital process of turning over leaves«. Zur Wort- und Begriffsgeschichte von »digital«. In: Jens Schröter/Alexander Böhnke (Hg.): *Analog/Digital – Opposition oder Kontinuum? Zur Theorie und Geschichte einer Unterscheidung*. Bielefeld 2004, 193–214.
Maletzke, Gerhard: *Psychologie der Massenkommunikation*. Hamburg 1963.
Maletzke, Gerhard, *Kommunikationswissenschaften im Überblick*. Opladen 1998.
McLuhan, Marshall: *Understanding Media*. London 2001 (1964).
Mersch, Dieter: *Medientheorien zur Einführung*. Hamburg 2006.
Münker, Stefan/Roesler, Alexander: *Was ist ein Medium?* Frankfurt a. M. 2008.
Schröter, Jens: Analog/Digital – Opposition oder Kontinuum. In: Ders./Alexander Böhnke (Hg.): *Analog/Digital – Opposition oder Kontinuum? Zur Theorie und Geschichte einer Unterscheidung*. Bielefeld 2004, 7–30.
Winkler, Hartmut: Die prekäre Rolle der Technik. Technikzentrierte vs. »anthropologische« Mediengeschichtsschreibung. In: Claus Pias (Hg.): *[Medien]ⁱ. Dreizehn Vorträge zur Medienkultur*. Weimar 1999, 221–238.
Winkler, Hartmut: Mediendefinition. In: *Medienwissenschaft Rezensionen/Reviews* 1 (2004), 9–27.

Stefan Hoffmann

2. Medienwissenschaften und ihre Geschichte

Die Medienwissenschaften gehören zu jenen Disziplinen, deren Vorgeschichte immer noch erheblich länger ist als ihre Geschichte, und sie ist so jung, dass sich daran in absehbarer Zeit wohl kaum etwas ändern wird. Zugleich hat man es seit dem Aufkommen der Kommunikationswissenschaften in den 1930er Jahren in den USA, das der Begründung einer institutionalisierten Medienwissenschaft gegen Ende der 1980er Jahre immerhin um einige Jahrzehnte vorausging, mit einem wissenschaftlichen Feld zu tun, in dem wissenschaftstheoretische und methodische Differenzen mit den Grenzen von Disziplinen weitgehend simultan laufen. Dass für die Aufrechterhaltung eines solchen weitgehend wissenschaftstheoretisch codierten Schismas zweier Disziplinen wiederum Überschneidungen im Gegenstandsbereich in Kauf genommen werden müssen, wird offenbar ebenso allgemein wie fraglos akzeptiert. Allerdings wird diese methodisch codierte Unterscheidung von den Kommunikationswissenschaften nicht vollkommen konsequent durchgehalten, denn hier sorgt insbesondere der Teilbereich der Publizistik und dessen Geschichte für eine Art impliziten Methodenpluralismus.

Die Publizistik, die auf die Zeitungswissenschaft und die entsprechende Institutsgründung durch Bücher 1916 in Leipzig zurückgeht, ist wesentlich einem Einzelmedium bzw. einem spezifischen Diskurs verpflichtet und generiert deshalb eben auch historisches und genretheoretisches Wissen. Dieses steht aber der Beschreibung der Kommunikationswissenschaft als einer empirischen Sozialwissenschaft entgegen, da in der Publizistik wesentlich geisteswissenschaftliche Methoden zum Zuge kommen. Insofern funktioniert die Ausdifferenzierung von Medien- und Kommunikationswissenschaften primär anhand methodischer Parameter und wissenschaftstheoretischer Orientierung (zur Kommunikationswissenschaft s. auch Kap. II.7 und IV.13). Sekundär lässt sich darüber hinaus so etwas wie eine Aufteilung des Gegenstandsbereichs feststellen: So befasst sich die Kommunikationswissenschaft neben der Journalismusforschung dominant mit Fragen der Kommunikator- sowie der Medienwirkungs- und Mediennutzungsforschung. Die Medienwissenschaft hingegen konzentriert sich auf die kulturellen, sozialen und ästhetischen Funktionen von Medien, Medientechnologien und Mediensystemen. Zwar geht die Aufteilung der Gegenstands- und Forschungsbereiche zum Teil, wie etwa in der Rezeptionsforschung und der Mediennutzungsforschung, auf die vorherrschende methodische Modellbildung der Kommunikationswissenschaften zurück. In Teilen, vor allem aber in der Journalismusforschung, lässt sie sich jedoch nur rein fachgeschichtlich erklären, da gerade die Zeitung als prominentes Massenmedium (vgl. Schramm 1960, 3) zunächst einmal Modellcharakter für eine Erforschung der Massenmedien hatte.

Diese teilweise nicht unerheblichen Interferenzen im Gegenstandsbereich, wie etwa im Bereich der traditionellen Massenmedien, Film, Rundfunk und Fernsehen, aber auch im Bereich der Neuen Medien, die in den Gegenstandsbereichen beider Disziplinen auftauchen, werden kaum wahrgenommen. Das liegt vor allem daran, dass die Forschungen beider Disziplinen aufgrund ihrer weitgehenden methodischen Inkompatibilität und den daraus resultierenden vollkommen unterschiedlichen Fragestellungen in der jeweils anderen Disziplin systematisch nicht anschlussfähig sind. Allenfalls im Bereich der Heuristik können so Medien- und Kommunikationswissenschaften auf die Forschungsresultate der jeweils anderen Disziplin überhaupt zurückgreifen. Daher verfügt die Differenz von Kommunikations- und Medienwissenschaften über eine immerhin von der Organisationslogik des gegenwärtigen Wissenschaftssystems aufrechterhaltene, und d. h. über eine enorme Stabilität.

Vorgeschichte

Entstanden sind Medien- und Kommunikationswissenschaften in vollkommen unterschiedlichen Kontexten, so dass gerade auch die historischen Berührungspunkte beider Disziplinen eher spärlich sind. Während die frühen kommunikationswissenschaftlichen Ansätze im Zusammenhang einer sozial- und politikwissenschaftlich motivierten Wahl- und Kommunikationsforschung aufkamen und sich der damit verbundenen Medienanalyse verdanken, unterscheidet sich der Ansatzpunkt der frühen, wenigstens implizit medienwissenschaftlich orientierten Reflexionen davon grundlegend: Denn diese vortheoretischen medienwissenschaftlichen Reflexionen sind vor allem als Teil eines generellen Enkulturalisierungsprozesses von Medien in komplexen modernen Sozialsystemen zu begreifen.

Grundsätzlich werden neue Medien historisch zunächst einmal als kulturelle Fremdkörper begriffen, die in ein historisch etabliertes differenziertes System von kulturell anerkannten und damit naturalisierten Medien eindringen. Die Implementation von neuen Medien in bestehende Mediensysteme ist dabei ein kulturell keineswegs risikoloser Prozess, ändern sich dadurch doch die technischen und ästhetischen sowie unter Umständen auch die sozialen Konditionen kultureller Reproduktion. Grundsätzlich geht es bei diesem ersten Stadium des Implementationsprozesses eines neuen Mediums zunächst einmal darum, die Funktionen und Inhalte dieses neuen Mediums in Relation zu den vorhandenen Medien abzuklären. Dies geschieht in einem Diskussionsprozess, der zwischen den Vertretern und Akteuren der vorhandenen Medien und den an dem jeweils neuen Medium Interessierten stattfindet. Diese Phase ›Primärer Intermedialität‹ (vgl. Leschke 2003, 33–67), die jedes kulturell relevante Medium bei seinem Eintritt in ein historisch gegebenes Mediensystem durchläuft, ist zunächst einmal ein vortheoretischer, vergleichender und deshalb insbesondere mit Analogien operierender Differenzierungsprozess, in dem allerdings das kulturelle Label eines Mediums innerhalb des jeweiligen Sozialsystems festgelegt wird. Man hat es daher noch nicht explizit mit medienwissenschaftlicher Forschung oder Theoriebildung zu tun, sondern eher mit einer vorbereitenden kritischen Diskussion im Zuge des Enkulturalisierungsprozesses eines neuen Mediums.

Medienwissenschaft setzt in diesem Sinne zunächst einmal auf kulturellen Diskussionen und Auseinandersetzungen um Medien auf. Dieser vorwissenschaftliche Diskussionsprozess in der Phase ›Primärer Intermedialität‹ prägt jedoch zugleich nicht unwesentlich die Ausrichtung und Fragestellungen einer auf sie aufbauenden Medienwissenschaft. Medienwissenschaft orientiert sich an kulturellen Auseinandersetzungen um Medien, wobei die Akteure in dieser vorwissenschaftlichen Phase vor allem den Kulturwissenschaften oder aber der Medienproduktion selbst zuzurechnen sind. Diese kulturellen Auseinandersetzungen um neue kulturell relevante Medien sind jeweils für jedes Medium spezifisch zu bestimmen und eröffnen den Prozess der Enkulturalisierung des jeweiligen Mediums. So ist die vorwissenschaftliche Auseinandersetzung mit dem Medium Film vornehmlich im Zeitraum von 1895 bis in die 1920er Jahre, die für das Fernsehen demgegenüber in den 1950er und 1960er Jahren anzusiedeln.

Diese charakteristische Provenienz der Handlungsträger in der vorwissenschaftlichen Phase der Medienwissenschaft prägt zugleich ganz elementar den Gegenstandsbereich und die Fragestellung einer sich auf der Basis dieser Diskussionen entwickelnden Medienwissenschaft. Es geht um die Bestimmung des Repertoires, der Inhalte und der Ästhetik des neuen Mediums. Wirkungsfragen oder aber ökonomische Konsequenzen medialer Transformationen werden demgegenüber allenfalls am Rande behandelt. Insofern dominiert noch vor der Ausdifferenzierung einer eigenständigen Medienwissenschaft eine kunst- und kulturwissenschaftliche, ästhetische und philologische Orientierung, die in der Folge die Medienwissenschaften letztlich prägen sollte.

Deutlicher wurde das Profil der Medienwissenschaften im Bereich der Filmwissenschaft. Hier ist ein nahezu paradigmatischer Prozess der Integration eines neuen Mediums in ein historisches Mediensystem zu beobachten, an dessen Beginn die verschiedenen Stadien des Entwurfs eines Dispositivs Kino und an dessen Ende nicht nur eine Enkulturalisierung des Mediums, sondern zugleich das Entstehen der vergleichsweise eigenständigen Teildisziplin Filmwissenschaft steht. Dass diese wiederum weitgehend nach dem Vorbild der Philologien organisiert ist und analoge Strategien der Wissensproduktion verfolgt, wird aus dem Entstehungsprozess dieses medienwissenschaftlichen Teilbereichs unmittelbar verständlich.

Allerdings ist es mit der Filmwissenschaft nur dem Einzelmedium Film gelungen, ein weitgehend autonomes und auch von außen deutlich als eigenständig erkennbares Feld medienwissenschaftlicher Wissensproduktion hervorzubringen, lange bevor das Entstehen einer Disziplin Medienwissenschaften in Umrissen absehbar war (s. Kap. III.12). Alle anderen Einzelmedien haben zwar wissenschaftliche Reflexionen angestoßen, allerdings vermochten diese Bereiche, selbst wenn sie wie die Fernsehforschung durchaus ähnliche Interessen verfolgten, es nicht, den Status eigenständiger Teildisziplinen zu erlangen. Sie gingen vielmehr von Anfang an als Teilbereich in einer generellen medienwissenschaftlichen Reflexion auf, auch wenn man, wie etwa bei Rudolf Arnheims (1936) Analyse des Rundfunks und in der Fernsehforschung, teilweise noch nach dem Modell der Filmwissenschaft zu agieren suchte.

Einen der Filmwissenschaft vergleichbaren Status einer vorauseilenden Teildisziplin, also den eines Bereiches, der sich, noch bevor die umfassende Disziplin sich selbst durchsetzen konnte, wissenschaftlich ausdifferenziert hatte, erlangte im Kontext der Kommunikationswissenschaften die Zeitungswissenschaft bzw. Publizistik. Lehnte Emil Dovifat (1998, 467) noch 1928 eine allgemeine Kommunikations- und Medienwissenschaft aufgrund der mangelnden Homogenität und Überschaubarkeit des Gegenstandsbereiches einer solchen Disziplin mit Nachdruck ab, so gehen die Ansätze der Massenkommunikationsforschung seit den 1940er Jahren von einem System von Einzelmedien, also »radio, press, film, and other channels of communication« (Lasswell 1948, 117), als dem quasi natürlichen Gegenstand der *Media Analysis* aus.

Bereits vor diesem Übergang der Kommunikationswissenschaften von der Reflexion von Einzelmedien hin zu einer Analyse der Konditionen von Mediensystemen erweiterten auch die in der medienwissenschaftlichen Tradition stehenden Autoren den Gegenstandsbereich der Medienreflexion auf das Mediensystem oder zumindest wesentliche Teile davon. Sobald Fragen der sozialen oder kulturellen Folgen von Massenmedien für Sozialsysteme thematisiert wurden, macht die Konzentration auf ein spezifisches Medium nur noch wenig Sinn. So geht bereits die gesamte Medienreflexion der Frankfurter Schule quasi spontan von einem System von Medien aus. Ähnlich formuliert auch Vannevar Bush 1945 seine Fragen zur Wissensorganisation und Wissensproduktion als das Problem, ein System von Einzelmedien entsprechend den Bedürfnissen wissenschaftlicher Kommunikationsprozesse zu organisieren. Insofern kann davon ausgegangen werden, dass die Medien spätestens in den 1940er Jahren einen Komplexitätsgrad erreicht haben, der dazu zwang, systematische Zusammenhänge von Medien in den Blick zu nehmen. Dieser von der Dynamik des Gegenstandsbereichs her getriebene Komplexitätsschub bildet sowohl die Grundlage der künftigen Medienwissenschaft wie auch die einer sich aus der Massenkommunikationsforschung entwickelnden Kommunikationswissenschaft.

Medienkritik und Medienphilologie

Wenn das Mediensystem vor dem Hintergrund ästhetischer, soziologischer und kultureller Fragestellungen zwar als ein zusammenhängendes System analysiert wird, zugleich aber noch keine medienwissenschaftlichen Paradigmen vorhanden sind, von denen ausgegangen werden könnte, ist die wissenschaftliche Reflexion und Analyse auf die vorhandenen Bezugsdisziplinen wie etwa Ästhetik und Soziologie zurückgeworfen. Gleichzeitig wird dadurch die

Struktur und Funktion einer Medienkulturwissenschaft bereits weitgehend präformiert. Das Bezugssystem Kunst sorgt für eine tendenzielle normative Deklassierung des Gegenstandsbereichs, die Soziologie für die Massenaffinität, die im Gegensatz zu einer individuen- und kulturzentrierten Kunst steht, und die kulturelle Präformation durch ein massenfernes, individualistisches Reproduktionsmodell wie in der Kunst sorgt für die Identifikation des Medialen als Unkultur und industrielle Entgleisung. Die Reflexion des Mediensystems als Kulturindustrie durch die Frankfurter Schule verwundert vor diesem wissenschaftstheoretischen Hintergrund kaum (s. Kap. II.9). Eher erstaunten schon die im Kontext der Toronto School entstandenen, eher affirmativ orientierten Medienreflexionen, die sich offensichtlich von der normativen Ausstattung der Frankfurter Schule, die wenigstens Marshall McLuhan in seiner »Mechanischen Braut« (1996) noch weitgehend und dabei recht intuitiv teilte, massiv entfernten (s. Kap. II.4). Die Assoziation mit einer wirtschaftshistorischen Reflexion, wie Harold Innis sie vermittelte, sorgt offenbar für ein vollkommen anderes Theoriedesign als die an einer marxistischen Politökonomie ausgerichteten kulturkritischen Reflexionen der Frankfurter Schule.

Nicht zuletzt die Position der Medien unterscheidet sich in beiden Konstellationen nahezu vollständig: Während die Medien bei McLuhan zur Allursache aufsteigen und damit zum universellen Erklärungsmodell avancieren, bleiben die Medien im Zusammenhang der Frankfurter Kulturkritik abhängige Variablen einer kapitalistischen Ökonomie und Ausdruck der Industrialisierung einer als Alterität des Ökonomischen begriffenen Kultur. Diese Differenz zwischen der eher affirmativen Medienwissenschaft der Toronto School und einer Medienwissenschaft, die sich wesentlich als Medienkritik begriff, ließ sich weder systematisch aufheben, noch wurde sie ausgetragen, sondern durch Temporalisierung und Historisierung stillgestellt. Der Frankfurter Schule gelang es, die medienwissenschaftlichen Reflexionen, sofern sie an den Rändern der Kulturwissenschaften – also etwa im Rahmen der Musik-, Kunst- und Literaturwissenschaften sowie auch in der Soziologie – überhaupt angestellt wurden, vom Ende der 1960er Jahre bis zum Beginn der 1980er Jahre weitgehend zu dominieren. Diese Dominanz sprang in der Folge dann auch auf die populären Bereiche der Medienkritik und den Medienjournalismus über und prägte das elementar sozio-kulturelle Bild der Medien. Mit dem Erstarren in einer redundant und reflexhaft ausfallenden Medienkritik (vgl. etwa Holzer 1980) fiel die Leistungsfähigkeit des medienkritischen Paradigmas der Frankfurter Schule zunehmend schwächer aus. Zugleich steigerte sich der medienwissenschaftliche Erklärungsbedarf angesichts einer enorm gewachsenen Medialisierung der Wirklichkeit (s. Kap. II.21). Dabei traf diese rasante Zunahme der Medienproduktion, der Programme und der Speichermedien auf eine weitgehend unkritische und vorbehaltlose Akzeptanz des Publikums. Hinzu kam, dass im Zuge der Postmoderne popkulturelle Phänomene auch in kulturwissenschaftlichen Umgebungen zunehmend auf Akzeptanz stießen, so dass dem kritischen Impuls sukzessive der Boden entzogen war und die abstrakte Kritik zunehmend handlungsunfähig und analytisch vorausschaubar wurde.

Weitgehend unbeeinträchtigt von der veränderten Akzeptanz populärkultureller Phänomene in weiten Teilen der Bevölkerung konstituierte sich an den Rändern der Literaturwissenschaften und der Kunst- und Musikgeschichte seit Beginn der 1970er Jahre eine Medienphilologie, die Sinnsetzungsstrukturen in populärkulturellen Phänomenen des Mediensystems untersuchte. Diese vorzugsweise interpretierende Medienwissenschaft, die ihren Gegenstand ähnlich wie die Gegenstände der Literatur- und Kunstwissenschaften behandelt, hat sich als ziemlich elastisch erwiesen, gelang es ihr doch, alle bis dato eingetretenen medienwissenschaftlichen Paradigmenwechsel mitzumachen, indem sie sie in Sinnsetzungsoperationen integrierte. Insofern änderte sich die Medienphilologie, die insbesondere im Kontext des Mediums Film entstanden war, weniger strukturell als dass sich der Kontext der Sinnsetzungsoperationen verschob: Er wandelte sich von einem kulturkritischen Fokus hin zu formästhetischen, werkorientierten, mediengeschichtlichen oder aber anthropologischen und ethnologischen Interpretationen. Daran, dass interpretiert wurde, änderte sich jedoch nichts, ja der Gegenstand der Interpretationen wurde sogar noch ausgeweitet, und es entstand eine Art der Technophilologie bzw. eine Technohermeneutik.

Paradigmatische Öffnung und Institutionalisierung der entstehenden Medienwissenschaft

In dieses von dem erschlaffenden kritischen Paradigma hinterlassene theoretische Vakuum konnten dann genauso gut die affirmativen und der Popkul-

tur affinen Thesen der Toronto School wie die eher philosophisch ausgerichteten des Französischen Poststrukturalismus vorstoßen, was dann zu einer paradigmatischen Öffnung der entstehenden Medienwissenschaft führte. Mit dem Übergang von einem paradigmatischen Monismus zu einem paradigmatischen Pluralismus verhielt sich die beginnende Medienwissenschaft im Prinzip analog zu den anderen Kulturwissenschaften. Sie gab dadurch die Behauptung eines Sonderstatus auf und wurde zugleich in den Kulturwissenschaften nahezu unbegrenzt anschlussfähig. Dieser generellen Anschlussfähigkeit der Medienwissenschaft ist letztlich auch ihr Erfolg in den 1980er und 1990er Jahren zu verdanken: Medienwissenschaft fungierte zunächst als Kompensation philologischer Defizite wie der Medienvergessenheit der Literatur- und Kunstwissenschaften und diente damit als willkommenes Supplement vorhandener Disziplinen. So fand sie Eingang ins System der Kulturwissenschaften und dafür war ihre enorme Offenheit und Anschlussfähigkeit essentiell. Zugleich reduzierte diese paradigmatische Öffnung das Identitätspotential der Medienwissenschaften. Die offenen Grenzen der im Entstehen und in der Institutionalisierung begriffenen Medienwissenschaft sind daher zugleich mit dem Risiko einer vergleichsweise beschränkten Unterscheidbarkeit verbunden, was sich gerade gegen Ende des Institutionalisierungsprozesses der Medienwissenschaft mit Nachdruck bemerkbar machen sollte.

Eine vergleichbare Akzeptanz und Anschlussfähigkeit hätte die Kommunikationswissenschaft im Bereich der Kulturwissenschaften grundsätzlich nicht erzielen können. Denn die wissenschaftstheoretische Differenz der Kommunikationswissenschaft als ein vornehmlich empirisch agierendes Wissenssystem unterlief jede Anschlussmöglichkeit auf kulturwissenschaftlichem Terrain, es sei denn, man positionierte sie in bestimmten Stadien wissenschaftlicher Reflexion, indem man sie etwa in einem heuristischen Sinne nutzte. Umgekehrt erwiesen sich die kulturwissenschaftlich orientierten Medienwissenschaften, die sich in den 1980er Jahren als wissenschaftliches Feld noch keine Autonomie erarbeitet hatten – sondern nach wie vor im Weichbild der Philologien, Kunst- und Sozialwissenschaften angesiedelt waren –, gerade im Kontext dieser Bezugswissenschaften als enorm erfolgreich, zumal die Philologien dadurch ihre fällige paradigmatische Erneuerung über ihre Medialisierung erreichen konnten. Umgekehrt konnten sich die Medienwissenschaften, wenn man einmal die betreffenden Teilbereiche der Kulturwissenschaften als eine solche nimmt, nahezu problemlos an die paradigmatischen Entwicklungen und Entwürfe der Kulturwissenschaften anschließen: Als erstes theoretisches Modell, was sich nahezu synchron in allen Kulturwissenschaften einschließlich der Medienwissenschaft durchsetzen konnte, lassen sich die Cultural Studies festhalten (s. Kap. IV.23).

Zugleich entwickelte die Medienwissenschaft an den Rändern der Literaturwissenschaften durchaus eigene Paradigmen und definierte sich nicht ausschließlich über eine schlichte Erweiterung des Gegenstandsbereiches der traditionellen Philologien, wie jetzt darzustellen sein wird.

Institutionalisierte Medienwissenschaft

Insofern sind die Medienwissenschaften bereits im Moment ihrer Institutionalisierung zu Beginn der 1990er Jahre vollkommen mit den anderen Kulturwissenschaften synchronisiert und das heißt, es herrscht eine verblüffend vollständige Kompatibilität und Anschlussfähigkeit. Die Durchlässigkeit zwischen den traditionellen Kulturwissenschaften zeigt sich nicht zuletzt an den Akteuren, die in den Medienwissenschaften auftreten, sind diese doch in den meisten Fällen selbst Migranten zwischen den betreffenden Wissenssystemen und Disziplinen. Auch die Institutionalisierung der Medienwissenschaft an den Universitäten erfolgte analog zu der wissenschaftsstrategischen Positionierung der Medienwissenschaft auf dem Wege einer Ergänzung des jeweiligen Spektrums in der Binnendifferenzierung der Philologien und der Kulturwissenschaften: Medienwissenschaftliche Fragestellungen und Gegenstände wurden so zunächst zu einer Teildisziplin der vorhandenen Kulturwissenschaften. Von dieser Position am Rand und als Supplement der Kulturwissenschaften sollten die Medienwissenschaften sich erst sukzessive emanzipieren und als eigenständige Disziplin und nicht nur als Teildisziplin institutionalisieren können.

Unerlässliche Voraussetzung einer solchen Institutionalisierung der Medienwissenschaften als eigenständiger Disziplin ist die Ausweisung eines eigenständigen Gegenstandsbereichs, der für disziplinäre Kenntlichkeit und die Anerkennung durch andere Disziplinen sorgen kann. Diese Ausdifferenzierung eines eigenständigen Objektbereichs erfolgte zunächst in drei Bereichen: der Medientechnologie, der Intermedialitätsforschung und den nicht dem Kunstsystem zuzurechnenden medienwissenschaftlichen Objekten.

Die Medienwissenschaft musste also an den Rändern der Literatur- und Kunstwissenschaften nicht nur eigene Paradigmen entwerfen, sondern sie benötigte einen im Kern eigenständigen Gegenstandsbereich, der deutlich von dem der traditionellen Philologien zu unterscheiden war. Den größten Affront und damit zugleich die größte Aufmerksamkeit generierte die Insistenz auf der Technizität des Medialen. Denn die Medienvergessenheit der Kulturwissenschaften machte sich insbesondere an der vollständigen Ignoranz fest, mit der der Technik und ihren Folgen begegnet wurde. Die Übertragung der klassischen Dichotomie von Körper und Seele auf das Verhältnis von Medientechnik und medialen Inhalten disqualifizierte quasi automatisch das Technische als irrelevant und in jedem Fall als geistlos. Die Konstituierung eines Gegenstandsbereichs auf einem Terrain, das über die denkbar weiteste Differenz zum Objektbereich der Kulturwissenschaften verfügte und methodisch von ihr noch nicht einmal dem Ansatz nach einholbar war, garantierte per se eine sichtbar solide Eigenständigkeit, die daher auch in der Lage war, einer Disziplin auf die Füße zu helfen und sie aus dem Schattendasein der Subdisziplinen und Nischen der Kulturwissenschaften zu befreien.

Wichtig an dem technischen und technikhistorischen Aspekt der Medienwissenschaft sind daher nicht in allererster Linie die Ergebnisse, die die technische Formatierung des Gegenstandsbereiches der Medienwissenschaft hervorgebracht hat, sondern vor allem die Tatsache, dass es damit strategisch gelungen ist, die Eigenständigkeit der Disziplin sinnenfällig und damit durchsetzungsfähig zu machen. Dass Friedrich A. Kittler diese wiederum gegen Ende seiner akademischen Wirksamkeit bestritt, hat vielmehr mit dem Versuch, die eigene Eigenständigkeit unter Beweis zu stellen, denn mit ernsthaften wissenschaftstheoretischen Reflexionen, in denen er ohnehin nie wirklich stilsicher agierte, zu tun. Mit der Formatierung der Kulturwissenschaft versucht Kittler, die Medienwissenschaft als eine Art Meta-Kulturwissenschaft zu etablieren, wobei er aber ignoriert, dass das hierfür Erforderliche nicht nur der Medienwissenschaft, sondern auch dem eigenen Paradigma abgeht. Dabei ist das wissenschaftstheoretische Kalkül, das diese Konstituierung eines eigenständigen Gegenstandsbereichs der Medienwissenschaft begleitete, durchaus bemerkenswert, bestand es doch gerade nicht in jener lang angekündigten »Austreibung des Geistes aus den Geisteswissenschaften« (Kittler 1980; s. Kap. II.13), sondern aus einem Einschleichen des Geistes in die Technik: Kurz, es handelte sich um das Kalkül einer Technohermeneutik. Die Medienwissenschaft hat begonnen, sich das Andere von Kultur- und Kommunikationswissenschaften auf dem Wege der Interpretation anzueignen. Selbst bei der Ausdehnung des Terrains der Kulturwissenschaften um den neu eroberten Gegenstandsbereich der Medienwissenschaft bleibt also der methodische Primat der Kulturwissenschaften erhalten, und das sorgt nicht zuletzt für die Kompatibilität medienwissenschaftlicher Analysen mit den Kulturwissenschaften und jene letztlich nahezu untilgbare Fremdheit gegenüber den Ingenieurwissenschaften. Denn selbst, wenn die Inauguration des eigenen medienwissenschaftlichen Terrains, die aufgrund des Abgesangs vornehmlich auf die Literaturwissenschaften und des gleichzeitigen Kokettierens mit jenen Ingenieursleistungen, die die Medientechnologien hervorbrachten, stets mit gehörigem Aplomb geschah, blieb doch methodisch alles beim Alten. Das jedoch wurde nicht laut proklamiert, sondern eher verhalten praktiziert.

Die Technohermeneutik geht implizit von einer Deutbarkeit des Technischen aus, und nicht zuletzt deshalb avanciert etwa Martin Heideggers Vortrag von 1953 »Die Frage nach der Technik« (1991) zum privilegierten Referenztext dieser interpretatorischen Auseinandersetzung mit Medientechnologien. Die Deutungen des Medientechnischen gehorchen dabei – nicht zuletzt aus dem Interesse, die eigene Bedeutung nach Kräften zu steigern – einem apokalyptischen Impuls: Sie kokettieren allesamt mit dem Ende des Menschen in der Medientechnologie. Symbolisch wird eine solche Entmachtung des Menschen und in der Folge natürlich auch der Kulturwissenschaft illustriert am Beispiel des Mediums Computer als einer Erweiterung des Zentralnervensystems: »Es kommt heute darauf an, die elektronischen Extensionen des Menschen nicht als dem Menschen äußerliche Apparaturen zu begreifen. Elektronik ist die globale Erweiterung unseres zentralen Nervensystems [...]. Der Mensch – und auch sein Stolz: Phantasie, Kunst – zerfällt in Physiologie und Datenverarbeitung, die nur durch eine Medientheorie wieder zu integrieren wäre« (Bolz 1994, 9).

Die Rekonstruktion der Mediengeschichte anhand der Leitmotive einer Dialektik von Verfalls- und Erlösungsgeschichte ließ sie durchaus auch für ein kulturwissenschaftliches Gehör kompatibel werden. Die Deutbarkeit der medientechnischen Welt steht dabei gar nicht einmal so sehr in Frage, denn das hat die Technohermeneutik zweifelsfrei unter Beweis gestellt. Das, was in Frage steht, ist vielmehr der Sinn solcher Bemühungen. Wenn Medien in derartigen Deutungshorizonten etwa zu zweckentfremdetem Kriegsmaterial – »Unterhaltungsindustrie ist in jedem Wortsinn Mißbrauch von Heeresgerät« (Kittler 1986, 149) – werden, dann wird der funktionale Kontext und der mögliche Einfluss solcher Deutungsoperationen evident.

Markant ist bei dieser Technohermeneutik, dass der Flirt mit der naturwissenschaftlichen Rationalität niemals wirklich ernst genommen wird. »Neue Medien und Computer sind Technologien, in denen sich eine rigorose Mathematisierung der Welt vollzieht. Wort und alphabetische Notation verlieren an Bedeutung, und an die Stelle des Literarischen tritt das Numerische. Das ist das Ende des alteuropäischen Menschen [...]« (Bolz 1993, 179). Denn, obwohl die medial stimulierte Apokalypse in Termini naturwissenschaftlicher Rationalität, ja gar als Bedrohung des ›Menschen‹ durch diese gedacht wird, werden die Obligationen einer solchen Übernahme niemals wissenschaftlich ernstgenommen, indem sie etwa durch eine korrespondierende naturwissenschaftliche Methodik eingelöst worden wären, sondern es bleibt beim kulturell kompatiblen Deutungsdiskurs. Dieser Deutungsdiskurs ist nun wiederum naturwissenschaftlich nicht kompatibel und wahrt daher die traditionelle Distanz von Natur- und Kulturwissenschaften. Der damit ziemlich einseitig bleibende Flirt mit dem Gespenst einer durch die naturwissenschaftliche Rationalität drohenden Übernahme hat so vor allem die Funktion, den eigenständigen Ort und zugleich die Unausweichlichkeit der Medienwissenschaft sinnenfällig werden zu lassen. Und als solche war sie dann auch durchaus erfolgreich.

Allerdings birgt ein solches auf die Markierung eines eigenständigen medienwissenschaftlichen Terrains hin kalkuliertes Anbändeln mit einem konkurrierenden Wissenssystem durchaus auch Risiken, die die Medienwissenschaften dann in der Folge zu spüren bekamen. So droht zum einen die ausgefallene Apokalypse letztlich auf ihre Propagandisten zurückzufallen, und damit implizit auch das für die Medienwissenschaft zunächst erfolgreich reklamierte Terrain wieder zur Disposition zu stellen. Zum anderen birgt die Deutung des Technischen durchaus auch immanente Risiken. Denn Technologien sind keineswegs in der von kulturellen Gegenständen her gewohnten Weise deutungsfähig: Die

Polyvalenz des technischen Objekts ist nämlich im Gegensatz zu der kultureller Gegenstände manifest begrenzt. Selbst wenn man zur Deutung von Technologien noch die sozio-historischen Kontexte, in denen sie sich bewegen, hinzuzieht, handelt es sich bestenfalls um die Polyvalenz sozio-historischer Tatbestände. Und die ist in jedem Fall gegenüber der Polyvalenz noch des kleinsten Gedichts, die keineswegs vollkommen zu Unrecht Anspruch auf so etwas wie Unendlichkeit erhebt, merklich geschrumpft. Insofern inhäriert einem solchen Gründungsakt der Medienwissenschaft eine Art immanentes Verfallsdatum: Die Deutbarkeit der technischen Horizonte der Medien veraltet und erschöpft sich in einem ungleich schnelleren Maße als etwa die Deutungsmöglichkeiten des medialen Contents. Damit temporalisiert sich die Etablierung des medienwissenschaftlichen Gegenstandsbereiches quasi selbst. Medienwissenschaft als Technohermeneutik ist damit fundamental vorübergehender Natur und dieser wissenschaftstheoretisch veranlasste Befund scheint sich ja durchaus in den aktuellen medienwissenschaftlichen Entwicklungen zu bestätigen (s. z. B. Kap. II.15). Dennoch verdankt die Medienwissenschaft, und mit ihr die Kulturwissenschaften, diesem spezifischen Modus der Konstituierung eines Objektbereichs nicht nur ihre Eigenständigkeit, sondern eben auch eine ganze Reihe von Aufschlüssen über die technische Bedingtheit und Provenienz kultureller Daten und nicht zuletzt eine enorme Aufmerksamkeit für die Belange einer vergleichsweise jungen Disziplin.

Die Implementation zusätzlicher Gegenstandsbereiche

Wenn jedoch dieses Reklamieren eines eigenen Gegenstandsbereichs sein Verfallsdatum immer schon in sich trug, dann war die Etablierung weiterer Objektbereiche von enormer Bedeutung für die Nachhaltigkeit der Gründung der Medienwissenschaften. Dieser zweite Modus der Legitimation eines medienwissenschaftlichen Feldes war nicht wie der technischer Deutungsdiskurse prinzipieller, sondern eher supplementärer Natur und stand damit durchaus in der institutionellen Tradition der medienwissenschaftlich eingefärbten Subdisziplinen, aus denen die Medienwissenschaft ja letztlich auch entstanden ist. Dieser zweite Konstituierungsmodus der Medienwissenschaft war dem ersten technikaffinen Ansatz nicht nur nachgelagert, sondern er fiel zugleich auch

systematisch schwächer aus. Allerdings war eine grundsätzliche Begründung und Etablierung eines medienwissenschaftlichen Feldes auch nicht mehr vonnöten, sondern es ging vornehmlich um die Persistenz eigenständiger medienwissenschaftlicher Ansätze und Reflexionen sowie um die Aufrechterhaltung ihrer Legitimation.

Diese zweite Besetzung eines medienwissenschaftlichen Feldes, seine supplementäre Legitimation, war quasi zwischen den Disziplinen positioniert und beschäftigte sich zunächst einmal vor allem mit dem, was zwischen die bestehenden kulturwissenschaftlichen Stühle fiel. Das medienwissenschaftliche Feld wurde in diesem Zusammenhang in einem umfassenden Sinne interdisziplinär verortet: Es ging nicht mehr um die einzelmediale Ergänzung eines Objektbereichs, wie es etwa die Filmwissenschaft vorexerziert hat, sondern es ging um eine interdisziplinäre, kulturwissenschaftlich geprägte Verortung von jenen Medienprodukten, die immer schon mehr als nur ein Medium verwenden oder referieren – und das sind letztlich ziemlich viele. Man hat es bei Literaturverfilmungen, oder aber der Transformation von Filmen zu Computerspielen und umgekehrt, mit Medienprodukten zu tun, deren einzelmediale Integrität zunehmend fraglich wurde und die daher neu verortet werden mussten. Es geht also um das, was dann unter dem Titel ›Intermedialität‹ bekannt wurde (s. Kap. II.22). Dieses Konzept einer intermedialen Medienwissenschaft ist dabei quasi implizit durch beständige Grenzverletzungen der Philologien und der Filmwissenschaft entstanden. Phänomene wie die Analyse von Literaturverfilmungen innerhalb der Literaturwissenschaften oder aber der Filmwissenschaft setzten zwangsläufig eine disziplinäre Grenzüberschreitung voraus. Zugleich waren die intermedialen Phänomene, von denen man an den diversen Schnittstellen der Medienwissenschaft sehr schnell weitere entdeckte, präsent und ihre Zahl wuchs mit der sukzessiven Verdichtung des Mediensystems zusätzlich an. Insofern bestanden kaum Zweifel, dass hier ein lohnender Gegenstandsbereich für eine Disziplin liegen könnte. Denn für die diversen Phänomene der Intermedialität gibt es außerhalb der Medienwissenschaften keinen wissenschaftssystematischen Ort und insofern sind sie zweifellos geeignet, die Funktion und Leistung der Medienwissenschaften unter Beweis zu stellen.

Zugleich ist die Anschlussfähigkeit einer auf Intermedialitätsanalysen fußenden Medienwissenschaft quasi naturwüchsig gegeben. Da sich Intermedialitätsanalysen ganz offensichtlich mit dem beschäftigen, was die anderen Disziplinen übriggelassen haben oder aber wenn sie mit den eigenen disziplinären Instrumenten nicht mehr verlässlich klar gekommen sind, muss die Medienwissenschaft den Konnex zu den anderen Disziplinen nicht mehr selbst herstellen, sondern sie findet ihn vor: Sie übernimmt eigentlich nur die Grenzüberschreitungen der anderen Disziplinen und fängt sie in einem neuen disziplinären Kontext auf. In diesem Sinne ist die Medienwissenschaft nichts weiter als eine Art institutionalisierter Reparaturbetrieb, der die von den Kulturwissenschaften gelassenen Lücken füllt. Sie kann dadurch zwar auf ein entsprechendes Wohlwollen rechnen, wird jedoch gleichzeitig die kulturwissenschaftlichen Bindungen nie los. Insofern schreibt die intermediale Anlage der Medienwissenschaft deren supplementären Status quasi fest.

Zugleich entsteht im Kontext der Intermedialitätsdebatte die Notwendigkeit, das Mediensystem umfassend zu rekonstruieren: Die ›sekundäre Intermedialität‹ (vgl. Leschke 2003, 306–317) verweist immer schon auf mehr als ein Medium und lässt damit die Einzelmedienontologien (vgl. ebd., 73–159) obsolet werden. An ihre Stelle rückt das Mediensystem. Es ist daher der natürliche Referenzpunkt von Intermedialitätsanalysen, die über das eigene Objekt hinaus generelle Aussagen aus ihren Analysen ableiten wollen. Gerade der Zusammenhang des Mediensystems lässt sich allein von den Philologien und der Kunstwissenschaft, aber genauso gut auch von der Filmwissenschaft her nicht sinnvoll rekonstruieren, sondern es ist hier im Zuge intermedialer Reflexionen den Medienwissenschaften ein vollständig eigener Gegenstandsbereich zugewachsen. Insofern sind es nicht die Intermedialitätsanalysen selbst, die eine eigenständige Medienwissenschaft konstituieren, sondern vielmehr die aus diesen abgeleiteten generellen Annahmen, die auf ein allgemeines Mediensystem verweisen. Unterstützt wurde diese Tendenz außerdem durch die Entwicklung des Mediensystems selbst, die mit der Digitalisierung zu einer rasant zunehmenden Integration des Mediensystems bei gleichzeitiger Auflösung der Einzelmedien führte. Das gegenwärtige postkonventionelle Mediensystem, dessen einzelne Stufen – Produktion, Produkte, Programme, Archive, Repertoires, Distributionskanäle, Plattformen und Rezeptionsmodi – transversal vernetzt sind, lässt sich insofern nur noch intermedial erfassen, so dass die Medienwissenschaft hier über so etwas wie einen Strukturvorteil verfügt.

Die Kommunikations- und die Sozialwissenschaften haben demgegenüber immer schon auf einen systematischen Zusammenhang der Medien verwiesen und nicht zuletzt in den Termini der Frankfurter Schule, die diesen Zusammenhang als Verblendungszusammenhang denkt, hat das Mediensystem durchaus auch Eingang in die Kulturwissenschaften gefunden. Allerdings wurde der Zusammenhang des Mediensystems nicht systematisch als ein kulturell-ästhetischer Zusammenhang rekonstruiert und auch die Intermedialitätsansätze mussten sich erst langsam von der normativen Codierung von Medien und damit der normativen Bewertung des Medienwechsels lösen. Die Ausgangsfrage nach der Analyse der Literaturverfilmung und damit des intermedialen Verhältnisses von Literatur und Film war ja nicht zuletzt die der ästhetischen Valenz der jeweiligen medialen Produkte, wobei die der Literatur über jeden Zweifel erhaben und nur die des jeweils neuen Mediums in Frage stand. Der zunächst rein negativ im Horizont der Intermedialitätsanalysen aufscheinende kulturelle Zusammenhang des Mediensystems und die sich daraus entwickelnde Idee von Medienkulturen bildeten die Grundlage für eine eigenständige kulturelle Beschreibung und Analyse von aktuellen und historischen Mediensystemen, und sie waren zugleich eine weitere Legitimation der Medienwissenschaft, denn die kulturelle Formatierung des Gegenstandsbereichs Mediensystem konnte von keinem anderen Wissenssystem auch nur einigermaßen seriös vertreten werden.

Zugleich sorgte die Intermedialitätsanalyse nicht nur für eine systematische Vernetzung der Medienwissenschaft innerhalb der Kulturwissenschaften, sondern sie bietet sich als Wissenschaft des Mediensystems und der Medienkulturen geradezu als Integrations- und Ankerpunkt der Kulturwissenschaften an. Damit aber hat sich die Medienwissenschaft als eigenständiges Wissenssystem mit einem prinzipiell nicht abzuschließenden Objektbereich und einer integralen Vernetzung innerhalb der Kulturwissenschaften etabliert.

Allerdings bleibt ein Großteil der Intermedialitätsanalysen noch so weit in der Logik der Kulturwissenschaften befangen, dass sie zumindest implizit vergleichsweise fraglos deren normative Standards übernehmen: Intermedialitätsanalysen beschäftigen sich, wie die Interpretationen der Philologien und Kunstwissenschaften auch, vornehmlich mit Material, das dem Kunstsystem zuzuordnen ist. Zwar erodierten im Zuge von Popkultur und Postmoderne die engen Schranken des traditionellen Kunstsystems, dennoch blieb der Fokus der meisten Analysen dem Kunstsystem – und wenn nicht diesem selbst, dann doch wenigstens seinen zentralen Parametern – verpflichtet. Autorschaft, Ästhetik und sinnsetzende Interpretation dominierten die Perspektiven, unter denen dann eben auch massenattraktives Medienmaterial in den Blick genommen wurde. Dass aus einer solchen ›importierten‹ Perspektive dann auch systematische Verzerrungen resultieren können, daran erinnerten zuerst die Cultural Studies, die sich ohne solche perspektivischen Verengungen dem medialen Material zu nähern suchten. Die Orientierung an massenmedialem Material und seinem konkreten Gebrauch korrigierte nicht zuletzt auch die theoretischen Verzerrungen, die von einer eindeutigen Dominanz ästhetisch interpretativer Fragestellungen ausgingen. Zugleich mit dieser normativen Fokussierung des medialen Materials, die mit den zu beobachtenden, nur begrenzt interpretationsbedürftigen Programmen nur in Ausnahmefällen nämlich dann, wenn eklatanter Interpretationsbedarf herrschte, etwas anzufangen verstand, wurden auch die medialen Rezeptionsprozesse insbesondere massenattraktiven Materials weitgehend ignoriert und erst von den Cultural Studies wieder in den Blick gerückt. Diese Bedeutung des Rezipienten für die Cultural Studies erklärt auch, warum die ebenfalls auf Mediennutzung orientierte Kommunikationswissenschaft in jüngerer Zeit die Cultural Studies für sich entdeckt hat (DgPuK-Jahrestagung 2009: »Medienkultur im Wandel«, http://www.dgpuk2009.uni-bremen.de/).

Perspektiven und Dynamiken der Medienwissenschaft

Medienwissenschaft verschob so die Grenzen der Philologien und Kunstwissenschaften in zumindest drei Dimensionen: Sie erweiterte den Objektbereich zunächst ins Technische, indem sie es interpretierbar machte, dann in die Zwischenräume der Philologien, indem sie deren Interferenzen zugänglich machte, und danach über die normativen Ausgrenzungen hinaus, indem sie serielles, standardisiertes und mit kontrollierten Varianzen operierendes Material zum Gegenstand wissenschaftlicher Analysen werden ließ. Allerdings bewegt sich Medienwissenschaft in diesen drei Modi nach wie vor an den Rändern etablierter Wissenschaften. Sie ergänzt und kompensiert geflissentlich vor allem die Defizite und Leerstellen kulturwissenschaftlicher Reflexion,

und ihre Identität ist letztlich genau dadurch geprägt: sich nämlich mit dem Übriggebliebenen zu beschäftigen, das allerdings den nicht ganz unentscheidenden Vorzug aufweist, zumindest qua Masse bedeutsam und einflussreich zu sein.

Zugleich sind inmitten dieses notorischen Verfahrens der Selbstbegründung der Medienwissenschaft durch systematische Grenzüberschreitung Fragestellungen aufgetaucht, die einen anderen als den kompensatorischen Modus der Medienwissenschaft ahnen lassen. Denn dass sich eine Medialitätsforschung, die zwar an der Grenze von Medienwissenschaft und Philosophie operiert und sich mit der Frage nach der Struktur und Funktion von Medialität an sich beschäftigt, dennoch zweifellos im Zentrum einer Disziplin Medienwissenschaft befindet, dürfte einigermaßen als gesichert gelten (s. Kap. IV.2). Dass das Mediale dann stets in irgendwelchen Relationen wie etwa der von Medium und Form oder der von Transparenz und Intransparenz wiedergefunden wird, dass also die Bestimmung des Medialen nicht aus sich, sondern aus dem Kontrast gegenüber einem wie auch immer gearteten anderen heraus erfolgt, ist für die Eigenständigkeit der Bestimmung noch kein systematischer Nachteil. Insofern lässt sich die in der Medienwissenschaft so hartnäckig gestellte Frage nach der Medialität als ein Versuch beschreiben, die Identität von Medienwissenschaft in einem wie auch immer gearteten Kern der Disziplin, der dann durch das Mediale bestimmt wird, zu finden. Allerdings ist auffällig, dass die Medienwissenschaft mit einem solchen Versuch einer ontologischen Grundlegung ihrer Disziplin ziemlich allein steht. Die meisten Disziplinen geben sich offenbar mit entschieden weniger zufrieden. Sie begnügen sich mit der offenen Bestimmung von Feldern, von denen man meint, dass sie zur Disziplin gehören könnten, und operieren ansonsten mit unscharfen Rändern. Insofern scheint die Insistenz auf einer Wesensbestimmung des Medialen, auf die die Medienwissenschaft seit McLuhan so erpicht ist, selbst Ausdruck eines bestimmten Entwicklungsstadiums einer Disziplin zu sein. Sie gehört nämlich einer Phase an, in der man noch meint, dass eingespielte institutionelle Praktiken allein nicht genügen könnten und dass man für eine Wissenschaft zumindest ein identifizierbares Gravitationszentrum benötige. Jene einigermaßen abgeklärte institutionelle Selbstverständlichkeit, die sich offenbar erst einstellt, nachdem all die Versuche, die Identität einer Wissenschaft über die ontologische Bestimmung eines Gegenstandes bestimmen zu wollen, aufgegeben worden sind, hat die Medienwissenschaft augenscheinlich noch nicht erreicht.

Zugleich beginnen sich mit jenem ebenso omnipräsenten wie transversal vernetzten postkonventionellen Mediensystem und dem an diesen strukturellen Veränderungen geschulten Blick gerade auch für historische Medienkulturen jene offenen Felder einer einigermaßen etablierten Disziplin abzuzeichnen, auf denen sich eine normalisierte Medienwissenschaft aller Voraussicht nach künftig tummeln wird.

Literatur

Arnheim, Rudolf: *Rundfunk als Hörkunst* [1936]. München/Wien 1979.

Bolz, Norbert: *Am Ende der Gutenberg-Galaxis.* München 1993.

Bolz, Norbert: Computer als Medium – Einleitung. In: Ders./Friedrich Kittler/Christoph Tholen (Hg.): *Computer als Medium.* München 1994.

Bush, Vannevar: As we may think. In: *Atlantic Monthly* 176 (1945), 101–108.

Dovifat, Emil: Wege und Ziele der zeitungswissenschaftlichen Arbeit [1928]. In: Bernd Sösemann (Hg.): *Emil Dovifat. Studien und Dokumente zu Leben und Werk.* Berlin/New York 1998, 464–477.

Heidegger, Martin: *Die Technik und die Kehre* [1953]. Pfullingen 1991.

Holzer, Horst: *Medien in der BRD. Entwicklungen 1970–1980.* Köln 1980.

Kittler, Friedrich: *Austreibung des Geistes aus den Geisteswissenschaften. Programme des Poststrukturalismus.* Paderborn/Wien/Zürich 1980.

Kittler, Friedrich: *Grammophon, Film, Typewriter.* Berlin 1986.

Lasswell, Harold D.: The structure and function of communication in society [1948]. In: Schramm 1960, 117–130.

Leschke, Rainer: *Einführung in die Medientheorie.* München 2003.

McLuhan, Marshall: *Die mechanische Braut. Volkskultur des industriellen Menschen. Verlag der Kunst.* Amsterdam 1996 (engl. 1951).

Schramm, Wilbur: *Mass Communications.* Urbana/Chicago/London ²1960.

Rainer Leschke

3. Medienwissenschaftliche Fachgesellschaften

Fachgesellschaften sind Standesorganisationen, die institutionsübergreifend und weitgehend institutionsunabhängig ein Forum für die Selbstverständigung einer wissenschaftlichen Disziplin oder eines wissenschaftlichen Feldes schaffen, den innerdisziplinären Austausch unter Vertreterinnen und Vertretern eines Fachs fördern und gegenüber wissenschaftspolitischen Akteuren wie Ministerien oder nationalen Forschungsfördergesellschaften die Interessen des an den Universitäten in ihrem nationalen oder kulturellen Einzugsbereich tätigen wissenschaftlichen Personals vertreten.

Für Deutschland nimmt für das Feld der Medienwissenschaft mit kulturwissenschaftlichem Profil die ›Gesellschaft für Medienwissenschaft‹ (GfM, www.gfmedienwissenschaft.de) diese Funktion wahr. Vergleichbare nationale Gesellschaften gibt es in allen größeren europäischen Ländern und den USA. Die nationalen Fachgesellschaften sind hinsichtlich Struktur und Funktion von supranationalen Netzwerken wie der europäischen Forschungsorganisation NECS – European Network for Cinema and Media Studies – zu unterscheiden. Mitunter übersteigt die Reichweite nationaler Fachgesellschaften aber auch ihr Standortland. So gehören der GfM zahlreiche Forscher/innen aus Österreich, dem deutschsprachigen Teil der Schweiz und den Niederlanden an.

Fachgesellschaften sind in der Regel parteipolitisch, konfessionell und weltanschaulich neutral, in Übereinstimmung mit dem in der Moderne mehr oder minder ausdrücklich etablierten Ideal einer ›Wertfreiheit‹ und Unabhängigkeit der Wissenschaft und ihrer Institutionen. Fachgesellschaften sind in Deutschland üblicherweise in Form eingetragener Vereine organisiert, wobei der Zusammensetzung des Vorstandes eine Funktion der Repräsentation der ganzen Disziplin bzw. des ganzen Feldes zukommt. Zu den Arbeitsinstrumenten von Fachgesellschaften zählen die Publikation von Fachzeitschriften, die gezielte Information ihrer Mitglieder über disziplinpolitisch relevante Entwicklungen, Stellenausschreibungen, Tagungen etc. sowie die regelmäßige Durchführung von disziplin- oder feldweiten Tagungen, die üblicherweise im Jahresrhythmus durchgeführt werden. Diese Fachgesellschaftstagungen dienen in der Regel der Präsentation von Forschungsergebnissen und Forschungsprojekten, der Selbstdarstellung und der Sichtung des wissenschaftlichen Nachwuchses, der Anbahnung von Forschungskooperationen sowie der

Pflege und Festigung der sozialen Beziehungen unter Wissenschaftler/innen. Den Jahrestagungen kommt eine entscheidende Rolle bei der Karriereplanung zu, wobei in den USA die Universitäten die Jahrestagungen oft auch für Rekrutierungsgespräche nutzen. An den Jahrestagungen nehmen überdies in der Regel die wichtigsten Verlage teil, deren Repräsentanten die Tagungen auch zur Akquisition neuer Buchprojekte nutzen. Fachgesellschaften leisten mit ihrer Arbeit einen wesentlichen Beitrag für den inneren Zusammenhalt und die äußere Wahrnehmbarkeit einer wissenschaftlichen Disziplin oder eines wissenschaftlichen Feldes.

Die Gesellschaft für Medienwissenschaft wurde 1985 unter dem Namen ›Gesellschaft für Film- und Fernsehwissenschaft‹ (GFF) gegründet. Die Gründer der Gesellschaft waren Forscher/innen, die sich mit Geschichte und Ästhetik der audiovisuellen Medien befassten und sich mit ihrem Ansatz durch die Deutsche Gesellschaft für Publizistik und Kommunikationswissenschaft (DGPuK), einem Zusammenschluss von Zeitungswissenschaftlern und Kommunikationsforschern, nicht in der angemessenen Weise repräsentiert sahen. Die GFF führte in der Folge Jahrestagungen durch, die üblicherweise von einem gastgebenden Institut und einer federführenden Professur ausgerichtet wurden und aktuelle Forschungsthemen der Film- und Fernsehwissenschaft ins Zentrum stellten. Der Teilnehmerkreis war dabei weitgehend auf Professor/innen, Postdoktoranden und fortgeschrittene Promovenden eingeschränkt. Die Gesellschaft publizierte die Ergebnisse der Jahrestagung jeweils in Buchform, ferner gab sie einen Mitgliederbrief heraus, der einmal im Jahr erstellt wurde. Sitz der Gesellschaft war dabei jeweils ein für das Fach maßgebliches Institut, so etwa das Institut für Medienwissenschaft der Philipps-Universität Marburg sowie das entsprechende Institut an der Universität Hamburg zwischen 1999 und 2007.

Bei der Jahrestagung 2000 in Kiel erfolgte im Anschluss an eine intensiv geführte vorbereitende Diskussion die Umbenennung der Gesellschaft in ›Gesellschaft für Medienwissenschaft‹ (GfM). Mit dieser Umbenennung deklarierte die Gesellschaft den Anspruch, das ganze Feld der kulturwissenschaftlichen Medienwissenschaft zu repräsentieren und den Begriff ›Medienwissenschaft‹ für einen Forschungsansatz zu reklamieren, der Geschichte und Ästhetik der Medien (und dabei namentlich des Films und des Fernsehens) ins Zentrum stellte.

Auf der Jahrestagung 2007 wurde ein neuer Vorstand gewählt, der sich aus Professoren und Nachwuchskräften zusammensetzte, die am größten me-

dienwissenschaftlichen Institut an einer deutschen Universität, dem 2002 gegründeten Institut für Medienwissenschaft der Ruhr-Universität Bochum, tätig waren. Der neue Vorstand änderte das Format der Jahrestagung und öffnete diese verstärkt für den wissenschaftlichen Nachwuchs. Er baute die Internetpräsenz der Gesellschaft stark aus, richtete auf der Plattform der Gesellschaft eine Studiengangdatenbank ein, die sämtliche der weit über 50 medienwissenschaftlichen Studiengänge im deutschsprachigen Raum umfasste und damit auch die gegenseitige Anerkennung von Abschlüssen und die Mobilität der Studierenden im Rahmen der Bachelor- und Master-Studiengänge sicherte. Ferner wurde ein wöchentlicher Newsletter mit Stellenausschreibungen und Tagungsankündigungen eingerichtet. Im Auftrag des Vorstandes konzipierte zudem eine Arbeitsgruppe, die danach in die Redaktionsgruppe überging, die *Zeitschrift für Medienwissenschaft* (www.zfmedienwissenschaft.de), eine Fachzeitschrift, die nach weniger als zwei Jahren Vorlaufzeit zur Jahrestagung 2009 in Wien in ihrer ersten Ausgabe präsentiert werden konnte. Seither erscheint die Zeitschrift zwei Mal pro Jahr und arbeitet nach dem *peer review*-Verfahren, d. h. alle Aufsätze werden anonym von externen Gutachtern bzw. Gutachterinnen bewertet und ggf. werden Überarbeitungsvorschläge gemacht. Die auf eine Darstellung der Leitthemen des ganzen Feldes der Medienwissenschaft angelegte Konzeption der *Zeitschrift für Medienwissenschaft* entfaltete ein starkes Bindungspotential. Im Verbund mit den weiteren beschriebenen Maßnahmen trug die Zeitschrift dazu bei, dass der Mitgliederbestand der Gesellschaft für Medienwissenschaft von 270 Mitgliedern im Herbst 2007 auf mehr als 1000 Mitglieder im Frühjahr 2013 anstieg. Die Gesellschaft für Medienwissenschaft zählt damit mittlerweile auch mehr Mitglieder als die Deutsche Gesellschaft für Publizistik und Kommunikationswissenschaft, wobei die fortschreitende Ausdifferenzierung der Medienforschung in medienwissenschaftliche einerseits und kommunikationswissenschaftliche Ansätze andererseits unter anderem in der Tatsache zum Ausdruck kommt, dass die Zahl der Doppelmitgliedschaften in den beiden Fachgesellschaften derzeit weniger als zwei Dutzend beträgt.

Die GfM erfüllt eine beratende Funktion gegenüber wissenschaftspolitischen Akteuren auf mehreren Ebenen. So versieht sie gegenüber der Deutschen Forschungsgesellschaft, dem Wissenschaftsrat und anderen Organen die Aufgabe, das Profil der kulturwissenschaftlichen Medienwissenschaft in Abgrenzung von anderen Forschungsfeldern zu schärfen und Entscheidungsträgern wissenschaftspolitisch handlungsrelevante Ausdifferenzierungen der Forschungslandschaft deutlich zu machen. Die Gesellschaft erfüllt überdies eine beratende Funktion im Bereich der Akkreditierung von Studiengängen, wo sie den Universitäten und Akkreditierungsagenturen bei der Findung geeigneter Gutachter behilflich ist. Sie berät überdies die in ihr organisierten medienwissenschaftlichen Institute, so etwa in der Frage des rechtlichen Status der Medienarchive, die sich seit den 1990er Jahren zu unabdingbaren Arbeitsinstrumenten der Lehre und Forschung entwickelt haben. Die Gesellschaft wird ihrerseits von wissenschaftspolitischen Akteuren konsultiert, so etwa von der Deutschen Forschungsgemeinschaft (DFG), die der GfM ein Nominationsrecht für die Fachkollegiaten einräumt, d. h. für die gewählten Fachgutachter, die für eine Amtsperiode von jeweils vier Jahren gewählt sind und Forschungsanträge im Fachkollegium der DFG vertreten und für den Senat evaluieren müssen. Aufgrund ihres stark angewachsenen Mitgliederbestandes verfügt die kulturwissenschaftliche Medienwissenschaft seit 2011 nicht mehr nur über einen, sondern über zwei Fachkollegiaten, die jeweils die Teilbereiche Filmwissenschaft und allgemeine Medienwissenschaft vertreten.

Neben der GfM sind die wichtigsten nationalen Fachgesellschaften für Filmwissenschaft bzw. kulturwissenschaftliche Medienwissenschaft in Europa die AFECCAV (›Association Française des Enseignants et Chercheurs en Cinéma et Audiovisuel‹) in Frankreich und CUC (›Comitato Universitario di Cinema‹), die Gesellschaft für Medienforschung und Mediensemiotik in Italien. Während die AFECCAV mittlerweile – neben einer auch für internationale Teilnehmer mit Verbindungen zu Frankreich geöffneten Jahrestagung – ebenfalls eine Zeitschrift herausgibt, die nach dem *peer review*-Verfahren arbeitet (*Cahiers de l'AFECCAV*), beschränkt sich das CUC in Italien auf die Ausrichtung einer jährlichen Fachgesellschaftstagung.

Die älteste und größte Fachgesellschaft im Feld der Film- und Medienkulturforschung ist die amerikanische ›Society for Cinema and Media Studies‹ (www.cmstudies.org), die es seit 1960 gibt und die mittlerweile über 2500 Mitglieder zählt. Ursprünglich gegründet als ›Society of Cinematologist‹ (erstmals umbenannt wurde sie 1969 in ›Society for Cinema Studies‹ und 2002 schließlich erneut in ›Society for Cinema and Media Studies‹), führt die SCMS Jahrestagungen in wechselnden nordamerikanischen Großstädten durch, wobei einzelne Tagungen auch schon in Kanada (Ottawa, 1997), Großbritannien (London,

2005) und Japan (Tokyo, 2009) durchgeführt wurden. Die SCMS gibt überdies das *Cinema Journal* heraus, eine *peer review*-Zeitschrift, die von der University of Texas Press verlegt wird und als wichtigste filmwissenschaftliche Publikationsplattform in der englischsprachigen Welt gilt. Die SCMS vertritt in erster Linie die wissenschaftspolitischen Interessen von Lehrenden und Forschenden an nordamerikanischen Universitäten. Ihre Reichweite geht aber noch stärker als im Fall der GfM über den nationalen Kontext hinaus. So hat die SCMS zahlreiche Mitglieder kanadischer, europäischer, südamerikanischer, asiatischer und ozeanischer Herkunft, die dem US-amerikanischen Forschungskontext aufgrund ihrer Ausbildung oder ihrer Interessenslagen verbunden sind.

Als dezidiert supranationales Forschungsnetzwerk in Abgrenzung und Ergänzung zu den nationalen Fachgesellschaften, aber auch als europäisches Gegengewicht zur nordamerikanischen ›Society for Cinema and Media Studies‹, versteht sich das Forschungsnetzwerk NECS – ›European Network for Cinema and Media Studies‹ (www.necs.org), das im Februar 2006 in Berlin von einer Gruppe von deutschen, englischen, niederländischen, skandinavischen, spanischen und zentraleuropäischen Forscher/innen gegründet wurde und mittlerweile über 1200 Mitglieder zählt. NECS führt seit der Auftaktveranstaltung in Wien 2007 jedes Jahr internationale Tagungen an wechselnden europäischen Standorten durch, so in Budapest 2008, in Lund/Schweden 2009, in Istanbul 2010, in London 2011, in Lissabon 2012 und in Prag 2013. NECS hat die Rechtsform eines eingetragenen Vereins nach deutschem Vereinsrecht, während der Vorstand sich aus Repräsentanten jener Universitäten zusammensetzt, welche die administrative Hauptlast des Netzwerks tragen. Von 2006 bis 2011 hatte NECS seinen administrativen Sitz an der Ruhr-Universität Bochum; seit 2011 teilen sich die Universiteit van Amsterdam und die Universität Stockholm diese Aufgabe. NECS fungiert überdies als Herausgeberin der Zeitschrift *NECSus*, einer *peer review*-Zeitschrift, die seit 2011 von Amsterdam University Press im *open access*-Verfahren verlegt wird (www.necsus-ejms.org). Die Ausdifferenzierung der Medienforschung in Medienwissenschaft und Kommunikationswissenschaft, die auf der nationalen Ebene durch die Unterscheidung von GfM und DGPuK zum Ausdruck kommt, reproduziert sich auch auf der europäischen Ebene, wo ECREA (›European Communications Research and Education Association‹) das kommunikationswissenschaftliche Pendant zu NECS bildet.

Vinzenz Hediger

4. Einführungen in die Medienwissenschaft

Eine Rundreise zur Einführung

Betrachtet man die Flut medienwissenschaftlicher Publikationen, die sich seit der Millenniumsschwelle (zumindest im deutschsprachigen Raum) unaufhörlich ausbreitet, könnte man durchaus zu dem Schluss gelangen, die allerorts wuchernden Grundlagendiskussionen, Selbstvergewisserungen, Systematisierungen und Kanonisierungsbestrebungen der Medienwissenschaft seien ihr eigentlicher Gegenstand oder doch zumindest ihre Lieblingsbeschäftigung. Die wachsende Zahl an Einführungen und Überblicksdarstellungen, an Kompendien, an Lexika, Texten und Textsammlungen zu Grundlagendiskussionen, Begriffsgeschichten und Handbüchern (wie dasjenige, das Sie gerade vor sich haben) legt hiervon beredtes Zeugnis ab. Inzwischen gibt es sogar Meta-Metatexte (wie denjenigen, den sie gerade lesen), die einzig dem Zweck dienen, die vielen derzeit auf dem Büchermarkt zirkulierenden Einführungen in die Medienwissenschaft zu systematisieren, also Orientierungswissen über Orientierungsliteratur bereitzustellen (vgl. auch Grampp/Seifert 2005).

Selbstredend kann man diese Tendenzen dahingehend interpretieren, dass die Medienwissenschaft, wie heterogen ihre Methoden und Gegenstände auch immer sein mögen, in den akademischen Institutionen angekommen und aufgenommen ist und Orientierungsliteratur eine folgerichtige Begleiterscheinung darstellt, nicht zuletzt für die notwendige Orientierung der inzwischen doch sehr vielen Medienwissenschaftsstudenten. Nichtsdestotrotz herrscht aber (noch?) weitgehend Unklarheit über die grundlegenden Methoden, den genuinen Gegenstand der Medienwissenschaft bzw. darüber, ob man so etwas überhaupt benötigt. Durchaus könnte ja die Chance der Medienwissenschaft in der Offenheit, dem nomadischen und tollkühnen Denken bestehen, darin unterschiedliche, gar widersprüchliche Konzepte nebeneinander her und gegeneinander laufen zu lassen. Diese Unklarheit zeigt sich, sogar besonders deutlich, in der Einführungsliteratur. Der Leser wird in den jeweiligen medienwissenschaftlichen Einführungsbüchern sehr unterschiedlich über das informiert, was Medienwissenschaft ist und was sie leisten soll. Das kann durchaus – und entgegen der Genremaxime dieser Art von Literatur – zur Desorientierung führen. Allein schon deshalb

scheint es nicht völlig abwegig, das Feld der Einführungsliteratur zu kartographieren.

Nicht alle Einführungen, die auf dem Markt sind, sollen im Folgenden vorgestellt werden. Statt auf Vollständigkeit zielt vorliegender Text darauf, den unterschiedlichen Zugriffen medienwissenschaftlicher Einführungsliteratur anhand einiger Beispiele Kontur zu verleihen. Die meisten der ausgewählten Bücher tragen im Übrigen nicht den Titel ›Einführung in die Medienwissenschaft‹. Dass sie dennoch hier untersucht werden, liegt an ihrem explizit formulierten Anspruch, in das medienwissenschaftliche Forschungsfeld einführen zu wollen. Das gilt insbesondere für die vielen hier untersuchten Einführungen in die Medien*theorie*. Diese sind deshalb so interessant, weil sich dort die Frage nach der Legitimität einer medienwissenschaftlichen Forschungsperspektive am dringlichsten stellt, geht es doch in der Theorie immer auch um Arbeit an Basisbegriffen, maßgeblichen Paradigmen und der generellen Zielrichtung medienwissenschaftlicher Forschung.

Die Einführungen werden nicht chronologisch geordnet nach ihrem Erscheinungsdatum vorgestellt. Erstens wäre mit solch einer Anordnung der Eindruck einer wie auch immer gearteten Entwicklungslogik nahegelegt. Doch gerade dies gilt es zu vermeiden. Im Diskursfeld der Einführungen geht es, wie bereits betont, sehr heterogen zu. Zweitens sind die vorgestellten Publikationen so gut wie alle noch auf dem Markt, wurden also nicht voneinander abgelöst und konkurrieren damit immer noch untereinander auf idealer wie ökonomischer Ebene. Aus diesem Grund folgt die Darstellung nicht einer temporalen Logik, sondern einer spatialen Anordnung. Konkreter formuliert: Wir werden eine ›Rundreise‹ durch verschiedene Städte der Republik unternehmen. Die Reise geht von Berlin zunächst in den Norden nach Lüneburg, über Hamburg nach Paderborn, Köln und Siegen, von dort aus weiter Richtung Osten nach Weimar, um dann schlussendlich wieder in die bundesrepublikanische Hauptstadt zurückzukehren.

Diese Kopplung von Einführungsliteratur und Forschungsstandort ist insofern wenig problematisch, da die Autor/innen bzw. Herausgeber der jeweiligen Einführungen zumeist eindeutig einer Universität zuzuordnen sind oder dies zumindest zum Zeitpunkt der Erstveröffentlichung waren (zu den diversen medienwissenschaftlichen Forschungsstandorten vgl. auch die Landkarte in Strategiekommission 2008, 5). Zwar heißt das nicht zwangsläufig, dass an dieser Universität nur der jeweiligen Einführung entsprechend gelehrt wird. Dennoch ist es durchaus als Hinweis zu verstehen, wie dort Medienwissenschaft zumindest auch, wenn nicht hauptsächlich, gelehrt wird.

So hat, um nur ein Beispiel zu nennen, die Medienwissenschaft, die in Hamburg gelehrt wird, ein ganz anderes Selbstverständnis als die Medienwissenschaft in Weimar (ein kurzer Blick auf die jeweiligen Homepages dürfte das schnell ersichtlich machen). Diese Differenz spiegelt sich auch in den Einführungsbänden sehr deutlich wider, die Forscher aus Hamburg respektive aus Weimar verfasst oder herausgegeben haben.

Berlin – *Medientheorien. Eine Einführung* (Daniela Kloock/Angela Spahr)

Trotz aller Heterogenität und Unklarheit über den Medienbegriff sind sich die Einführungen zumindest darin einig, dass die Welt immer mehr zu einer ›Medien‹-Welt geworden ist. Einsatzpunkt ist meist ein Narratem, das in seiner Evidenz augenscheinlich nicht weiter begründungspflichtig ist und da lautet: Vor allem im Laufe des 20. Jahrhunderts und endgültig mit der alle Lebenslagen durchdringenden elektronischen Digitalisierung werden kulturelle Prozesse maßgeblich durch Medientechniken geprägt. Daraus wird dann abgeleitet: Der Orientierungsbedarf, die Funktionsweise dieser Prozesse zu verstehen, ist gestiegen, vor allem in der Wissenschaft. Die Einführungen schicken sich an, über maßgebliche bisher in der Wissenschaft geleistete Orientierungen zu orientieren.

Bereits der 1997 erstmalig publizierte (und inzwischen in der vierten Auflage vorliegende) UTB-Band *Medientheorien. Eine Einführung* von Daniela Kloock und Angela Spahr folgt dieser Logik mustergültig. Das Buch widmet sich in Einzelkapiteln sauber unterteilt und chronologisch geordnet vor allem den ›Stammesvätern‹ und ›Heroen‹ der Medientheorie: Von Walter Benjamin und Marshall McLuhan geht es über Vilém Flusser, Paul Virilio bis zu Friedrich A. Kittler. Dass diese Autoren zumindest in der deutschsprachigen Forschungslandschaft überhaupt zu ›Helden‹ der *Medientheorie* werden konnten, daran hat Literatur, wie die Einführung von Kloock und Spahr, nicht unerheblichen Anteil; wurde hier doch zuallererst Kanonisierungs- bzw. Eingemeindungsarbeit geleistet. In der Einleitung weisen die Autorinnen auch selbst darauf hin: »Im folgenden wird *erstmals* eine Zusammenstellung von Ansätzen

unternommen, deren Gemeinsamkeit am ehesten die Bezeichnung ›kulturwissenschaftliche‹ Medientheorien treffen könnte« (Kloock/Spahr 2000, 9; Herv. d. V.). Obwohl die vorgestellten »Ansätze heterogen« (ebd., 11) seien, fänden, laut Kloock und Spahr, kulturwissenschaftliche Medientheorien ihre Gemeinsamkeit erstens darin, Medien als »technische Artefakte« (ebd.) zu fassen, zweitens »als konstitutive Faktoren von Kultur« (ebd., 8), also als Mittel, die das »Weltbild und die Wahrnehmungsmuster prägen« (ebd.), ja »präformieren« (ebd., 11). Genau damit soll das Unterscheidungskriterium gefunden sein, das die kulturwissenschaftliche Medientheorie von solchen Theoriebildungen abgrenzt, wie sie beispielsweise in der Kommunikationswissenschaft oder den Philologien betrieben werden. Dort würden die Medien als neutrale oder limitierende Kommunikationskanäle verstanden und primär deren Inhalte analysiert. Dagegen gehe es in der »genuine[n] Medientheorie« (ebd., 9) um sehr viel mehr, nämlich um die »Effekte der Medien *schlechthin*« (ebd.; Herv. d. V.).

Angesichts »wachsende[r] Bedeutung von Medientechnologie in allen Teilen der Gesellschaft« (ebd., 8) mahnen die Autorinnen dazu, sich mit Theorien zu befassen, die sich mit dieser wachsenden Bedeutung von Medientechnologie bereits beschäftigt haben. Der Band will den »Einstieg« zu diesen mitunter recht sperrigen Theorien »erleichtern« (ebd.). Tatsächlich werden die jeweiligen Theorieansätze sehr wohlwollend vorgestellt und dem Leser (vor-)strukturiert. Dies verstehen Kloock und Spahr als »Arbeit an einer zukünftigen kulturwissenschaftlichen Medientheorie« (ebd., 11). Stellenweise liest sich das so, als wollten die Autorinnen solch eine ›zukünftige Medientheorie‹ als neues Paradigma installieren, das die gesamte Geisteswissenschaft medientechnisch informieren und neu justieren soll.

Explizit formulieren Kloock und Spahr dies jedoch sehr viel bescheidener: Die kulturwissenschaftliche Medientheorie soll als »Basis für interdisziplinäre Forschung« (ebd., 12) dienen. So verstanden wäre Medienwissenschaft eine Art interdisziplinäre Plattform für Medienforschungen unterschiedlicher Fächer und Disziplinen, wie beispielsweise Geschichte, Soziologie oder auch Filmwissenschaft. Ihr genuiner Beitrag bestünde darin, Theorien einzuspeisen, die immer wieder die Relevanz der Medientechnologie zur Erforschung kultureller Prozesse starkmachen. Medienwissenschaft selbst wäre also gar kein Fach, geschweige denn eine eigenständige Disziplin, sondern ein (temporäres?) Mittel zur Vernetzung von Forschungsinteressen wie zur Irritation kulturwissenschaftlicher Forschung durch Insistieren auf die Relevanz der Medientechnik für kulturelle Prozesse.

Lüneburg – *Einführung in die Medienwissenschaft* (Werner Faulstich)

Ganz anders sieht die Lage 2002 aus, zumindest in Lüneburg. Dort lehrt und forscht bereits seit 1989 Werner Faulstich. Seitdem hat er (unter anderem) knapp ein Dutzend Einführungen in diverse medienwissenschaftliche Forschungsbereiche verfasst. In seiner 2002 erschienenen *Einführung in die Medienwissenschaft* macht er gleich zu Beginn unmissverständlich klar, was eine der wichtigsten Aufgaben seiner Einführung sein soll, nämlich Kritik und Ausschluss vermeintlich unwissenschaftlicher »Pseudo-Medientheorien« (Faulstich 2002, 26). Diese an und für sich rühmliche Zielrichtung – was wäre Wissenschaft ohne begründete Kritik und Reflexion von Forschungsstandards? – dürfte jedoch den ein oder anderen angehenden Medienwissenschaftsstudenten in Verwirrung stürzen oder zumindest in die Bredouille bringen. Dann nämlich, wenn solch ein angehender Student nicht nur in der Einführung von Faulstich geblättert haben sollte, sondern zusätzlich auch in der von Kloock und Spahr. Sind doch dort genau die Autoren als ›maßgebliche‹ Ideengeber für die medienwissenschaftliche Forschung versammelt, die Faulstich aus der (medien-)wissenschaftlichen *community* exkommunizieren will.

Bei Kloock und Spahr ausführlich behandelte Autoren wie Marshall McLuhan, Vilém Flusser oder Friedrich A. Kittler produzierten, so Faulstich recht deutlich, »gigantische Luftblasen […], irrationale Konzepte, bestenfalls philosophische Visionen oder literarische Entwürfe« (ebd., 27). Genau deshalb müsse verhindert werden, dass ihre Konzepte zur Grundlegung der Medienwissenschaft erkoren werden. Hier wird man sich wohl prinzipiell entscheiden müssen – beide Vorstellungen von Medienwissenschaft gleichzeitig zu akzeptieren dürfte, zumindest nach Maßgabe einer zweiwertigen Logik, schwierig sein.

Ein weiterer fundamentaler Unterschied besteht darin, dass Faulstich, im Gegensatz zu Kloock und Spahr, von einem vorab festgelegten Medienbegriff ausgeht. Bei Kloock und Spahr kann der Medienbegriff je nach vorgestelltem Ansatz sehr unterschiedlich ausfallen. Diese Heterogenität der unterschiedlichen Medienbegriffe wird dort aber nicht als Problem, sondern vielmehr als Chance verstanden. Im Gegensatz dazu geht Faulstich von einer Mediendefinition aus, die das Zentrum medienwissenschaftlicher Forschung bilden soll. Faulstich definiert: »*Ein Medium ist ein institutionalisiertes System um einen organisierten Kommunikationskanal von spezifischem Leistungsvermögen mit gesellschaftlicher Dominanz*« (ebd., 26; Herv. i.O.). Diese Definition ist einerseits zwar weit genug, um alle möglichen Dinge zu Medien werden zu lassen (wie beispielsweise auch die »Frau« [ebd., 199] oder den »Park« [ebd., 202]). Andererseits ist dennoch klar: Medien sind etwas eindeutig Gegebenes, Institutionelles, ja Statisches. Für spekulative Entwürfe, etwa die Vorstellung, dass Medien Körperausweitungen (McLuhan), hybride, historisch wandelbare Phänomene (Benjamin) oder konstitutive Faktoren der Kultur in der Weise sind, dass deren Wahrnehmbarkeit durch die jeweils vorherrschenden Medientechnologien unhintergehbar präformiert ist (Kittler) – also genau für solche Perspektiven, die bei Kloock und Spahr die Grundlagen medienwissenschaftlicher Forschung ausmachen –, ist bei Faulstich kein Platz.

Bei diesen recht fundamentalen Differenzen ist es erstaunlich, dass es einen Punkt gibt, in dem sich Faulstich und Kloock/Spahr doch einig sind, nämlich bei der Beantwortung der Frage, als was Medienwissenschaft forschungslogisch konzipiert werden soll: Auch bei Faulstich soll Medienwissenschaft keine eigene Disziplin mit eigenem Objektbereich und einem klaren Set an Basismethoden sein. Explizit heißt es in seiner Einführung: Medienwissenschaft sei eine »integrative Einheit unterschiedlicher Disziplinen« (ebd., 56). Integriert werden sollen so theoretisch, methodologisch sowie historisch unterschiedlich ausgerichtete Gebiete wie »Publizistikwissenschaft, literaturwissenschaftliche Medienwissenschaft und Einzelwissenschaften wie Film-, Buch- oder Theaterwissenschaft« (ebd.).

Ist Medienwissenschaft bei Kloock und Spahr als interdisziplinäre Plattform konturiert, also als etwas, das zwischen den Fächern vermittelt, so ist Medienwissenschaft bei Faulstich ein »transdisziplinäre[s]« (ebd.) Forum, das über den Fächern angesiedelt ist und je nach deren Problem- und Interessenslage neu ausgerichtet wird. Quer zur vergleichsweise engen Definition dessen, was ein Medium sein darf, setzt Faulstich also eine hohe Variabilität und Dynamik, wie und mit welchen Interessen in der Medienwissenschaft ein Problem untersucht wird. Jedenfalls fungiert in beiden Einführungen ›Medienwissenschaft‹ als ein übergreifendes ›Vernetzungsvehikel‹ zwischen bereits etablierten Disziplinen.

Hamburg – *Einführung in die Medienwissenschaft* (Knut Hickethier)

Diese Vorstellung steht in fundamentalem Gegensatz zu einer Bestrebung, die in der knapp 50 km von Lüneburg gelegenen Hansestadt Hamburg dominiert. Dort wurde, maßgeblich initiiert durch Knut Hickethier, eine Medienwissenschaft etabliert, die als ›Hamburger Schule‹ in die noch recht jungen Annalen der Medienwissenschaft einging. Hickethiers knapp ein Jahr nach Faulstichs *Einführung in die Medienwissenschaft* unter demselben Titel (und im Jahr 2010 in zweiter Auflage) veröffentlichtes Buch zeugt deutlich von dieser Differenz. Dort wird dezidiert »das Eigenständige« (Hickethier 2003, 2) der Medienwissenschaft *als* Disziplin hervorgehoben und damit der Vorstellung von Medienwissenschaft als eine trans- oder interdisziplinäre Plattform, die über oder zwischen den etablierten Fächern zu situieren wäre, eine klare Absage erteilt. Dementsprechend ist Hickethier darum bemüht, den Gegenstandsbereich der Medienwissenschaft sowie deren Zugriffsweise von denen anderer Fächer scharf abzugrenzen.

Zunächst einmal wählt er eine pragmatische Begrenzung des Gegenstandsbereichs: Vor allem gehe es in der Medienwissenschaft um die »technisch-apparativen Medien Film, Fernsehen, Radio und Internet« (ebd., 3). Daran anschließend wird auf die geisteswissenschaftliche, insbesondere philologische Tradition des Fachs aufmerksam gemacht. Daraus resultiere eine spezifische Zugriffsweise des Fachs, die sich durch mindestens fünf Merkmale auszeichne: Medienwissenschaft beziehe sich vorrangig

- auf ›Medientexte‹, also auf *Produkte* von Medien wie Fernsehen (z. B. Fernsehserien),
- genauer noch auf deren *ästhetische* Elemente (z. B. Stil und Narration); primär kämen dabei
- *fiktionale* Medienangebote (z. B. Spielfilme) in den Blick (vgl. ebd., 13 ff.). Zudem untersuche man in der Medienwissenschaft nicht eine möglichst hohe Anzahl an Medientexten, sondern
- ausgewählte Medientexte *exemplarisch* und setze diese
- *historisch* ins Verhältnis zu anderen Medientexten (vgl. ebd., 335 f.).

Zur entscheidenden Abgrenzungsfolie wird bei Hickethier die Kommunikationswissenschaft erkoren.

Zwar habe diese nahezu denselben Gegenstand wie die Medienwissenschaft, bearbeite jedoch mediale Phänomene in soziologischer Tradition. Und das heißt bei Hickethier: Kommunikationswissenschaft greift unter Zuhilfenahme primär quantitativer Analysemethoden auf ihren Gegenstand zu, kümmert sich sehr viel mehr als die Medienwissenschaft um ökonomische und institutionelle Rahmenbedingungen, betreibt gern empirische Wirkungsforschung, interessiert sich also weit mehr für den Rezipienten als für die spezifische Formen der ›Medientexte‹ (s. Kap. I.2) und bevorzugt die Erforschung von Gegenwartsphänomenen gegenüber der historischen Tiefendimension medienwissenschaftlicher Forschung.

So gesehen geht es Faulstich um die (transdisziplinäre) Integration der beiden geschilderten Forschungstendenzen unter dem Signum Medienwissenschaft, Hickethier hingegen umgekehrt um die Abgrenzung von Kommunikations- und Medienwissenschaft. Diese vergleichsweise schematische und grobschlächtige Gegenüberstellung hat zumindest zwei Vorteile: Erstens verleiht sie der Medienwissenschaft eine klare Kontur als Disziplin, was gerade wissenschaftspolitisch für die Etablierung medienwissenschaftlicher Studiengänge sicherlich von Vorteil wäre. Zweitens gibt gerade ein Beharren auf der Differenz zwischen kommunikations- und medienwissenschaftlicher Forschung, zumindest was den deutschsprachigen Bereich betrifft, ein durchaus realistisches Bild von dem gegenwärtig doch immer noch fundamentalen Unterschied der beiden Forschungsperspektiven – trotz aller Schnittmengen und anderslautenden Bekundungen (vgl. dazu neben Faulstich 2002 aus kommunikationswissenschaftlicher Perspektive Stöber 2008).

Das sollte aber wiederum nicht zur Folgerung verleiten, Hickethier gebe generell ein angemessenes Bild der Medienwissenschaft wieder. Seine Einführung – wie notwendigerweise jede Einführung – bildet ein selektives und präjudizierendes Bild ab. Das kann man allein schon daran erkennen, dass besonders die Emphase, die Kloock und Spahr auf die Medien*technik* setzen, um die traditionelle Geisteswissenschaft zu irritieren, und die dort das entscheidende Innovationspotenzial der Medienwissenschaft bildet, bei Hickethier zugunsten eines vergleichsweise sanften Anschmiegens an die geisteswissenschaftliche Tradition zurückgenommen ist. Ist die Medienwissenschaft bei Kloock und Spahr eine Irritationsinstanz geisteswissenschaftlicher Forschung, so ist sie bei Hickethier ›nur‹ deren Ausweitung auf weitere Gegenstände. Damit stehen sich die beiden

Einführungen aus Hamburg und Berlin hinsichtlich der Positions- und Funktionsbestimmung der Medienwissenschaft recht unversöhnlich gegenüber.

Paderborn – *Basiswissen Medien* (Hartmut Winkler)

Der Paderborner Medienwissenschaftler Hartmut Winkler konstatiert gleich zu Beginn seines Buches *Basiswissen Medien* (2008, 7): Es gebe »keinen Konsens« in der Medienwissenschaft, »um die theoretische Basis« werde »durchaus gestritten«. Das aber wiederum sieht Winkler nicht als Problem. Im Gegenteil sogar: Das Fehlen eines Konsenses sei genaugenommen ein »Reichtum« (ebd.). Dementsprechend will Winkler die Vielfalt der Medienwissenschaft vorstellen und nicht ein Fach mit einem eindeutigen Gegenstand und ineinandergreifenden Forschungsansätzen justieren.

Zur Darstellung der konstatierten Vielfalt wählt Winkler eine recht ungewöhnliche Form: »Um den Mosaik-Charakter zu betonen, geht das Buch in Modulen vor: Pro Seite wird genau ein Modell, ein Stichwort oder ein Gedanke andiskutiert« (ebd.). Allein schon diese Anordnung zeugt davon, dass im *Basiswissen Medien* eigentlich keine stabile Basis für das Wissen um Medien gelegt werden soll. Vielmehr zielt diese Einführung von Anfang an auf Vielfalt und damit verbunden auf eine kreative wie kritische Auseinandersetzung mit den skizzierten Modellen. Wie Faulstich geht auch Winkler dabei von einem Medienbegriff aus, um das Feld zu konturieren. Im Gegensatz zu Faulstich wird die Mediendefinition jedoch in sehr viele, mitunter untereinander inkompatible oder doch zumindest schwer zu integrierende Aspekte ausdifferenziert. Diese Aspekte werden im Folgenden anhand von »Einzelmodellen« (ebd.) – pro Seite genau ein Modell – ›andiskutiert‹.

Trotz aller Feier der Vielfalt: Der Paderborner Autor hat durchaus gewisse Vorstellungen davon, was die ›richtige‹ Medienwissenschaft ausmacht. Zunächst einmal ist Winkler sichtlich darum bemüht, die – aus seiner Sicht – extrem einseitige Betonung des Einflusses der Medientechnik auf die Kultur zu vermeiden, wie man sie etwa bei Kloock und Spahr finden kann. Diese mediendeterministische Tendenz will er zugunsten eines Modells des zyklischen Wechselspiels zwischen Prägekraft der Medientechnik und Einschreibung der Kultur in Medien verabschieden (vgl. ebd., 103 f.). Zudem limitiert Winkler (obwohl er durchaus andere Vorstellungen anführt) das, was

Medien sein sollten und was nicht: »Die wohl plausibelste Definition der Medien ist, dass sie ein *symbolisches Probehandeln* erlauben« (ebd., 63; Herv. i. O.). Am Ende des Buches heißt es zudem: »Medien sind gesellschaftliche Maschinen der Semiose« (ebd., 313). Autos, Waschmaschinen, Raketen, Hämmer, computergestützte Rechenoperationen, aber auch Faulstichs ›Park‹ wären damit keine Medien. Dieser Mediendefinition würde zwar wohl Hickethier zustimmen, Faulstich, Kloock und Spahr jedoch eher nicht (genauso wenig wie etliche andere Medienwissenschaftler). Trotz dieser klaren und durchaus strittigen Parteinahme konturiert Winkler in seinem *Basiswissen Medien* die Medienwissenschaft als ein produktiv umkämpftes und gerade aufgrund seiner Vielfalt zur Positionierung herausforderndes Forschungsfeld.

Köln – *Einführung in die Medienkulturwissenschaft* (Claudia Liebrand u. a.)

Zumindest an einem entscheidenden Punkt ist Winklers Einführung mit der Vorstellung einer Medienwissenschaft »Kölner Prägung« (Bohnenkamp/Schneider 2005, 42) kompatibel: Auch in Köln will man Medien und Kultur in ihrem Wechselspiel begreifen. Um dieses Wechselspiel zu akzentuieren, heißt der von Claudia Liebrand und weiteren Mitarbeiterinnen der Uni Köln herausgegebene Sammelband denn auch konsequenterweise *Einführung in die Medienkulturwissenschaft* (2005).

Im Unterschied zu Winklers *Basiswissen Medien* wird dort sehr viel mehr Wert auf Homogenität und Operationalisierbarkeit eines Fachs namens Medienkulturwissenschaft gelegt, wie es bis dato in Köln unterrichtet wird. Zwar steht in dieser Einführung nicht eine klare Mediendefinition im Zentrum, vielmehr wird ganz im Gegenteil explizit auch hier die Vielfalt gepriesen: »Was als Medien verstanden wird, ist immer abhängig von der theoretischen Perspektive« (ebd., 43). Zudem werden verschiedene Paradigmen medienwissenschaftlicher Forschung vorgestellt. Das Feld reicht hier von systemtheoretischer bzw. konstruktivistischer Theorie- und Begriffsbildung über semiotische und gesellschaftskritische bis diskursanalytische Ansätze. Jedoch werden Basisbegriffe, Paradigmen, historiographische Zugriffe auf Medien und Lektüren von Medientexten so vorgestellt, dass nicht nur die Reichweite und Produktivität der Medienkulturwissenschaft auf unterschiedlichen Ebenen veranschaulicht wird, sondern ebenso deren Anschlussfähigkeit untereinander.

Im Gegensatz zu den meisten anderen Einführungen wird hier zudem eine Facette des Medienbegriffs stark gemacht, die verdeutlicht, warum für eine Medienwissenschaft der Plural konstitutiv ist: »Aussagen über Medien sind nur möglich in einem Medienvergleich […]« (ebd., 44). Medienwissenschaft ist demnach notwendigerweise Medienkomparatistik. Das hat wiederum Folgen für die Bestimmung dessen, was Medien überhaupt sein können: In der Medienkulturwissenschaft ›Kölner Prägung‹ gibt es folglich keine stabilen Einheiten, die man als Medien bezeichnen könnte. Sie wirken und bilden sich zuallererst im Prozess von Konkurrenz und Vergleichsoperationen.

Siegen – *Einführung in die Medientheorie* (Rainer Leschke)

In Siegen wird auch vergleichend beobachtet. Aber es werden weniger Medien selbst ins Verhältnis zueinander gesetzt als vielmehr unterschiedliche Medientheorien. Durch die Einnahme solch einer Metaperspektive erhofft sich Rainer Leschke in seiner *Einführung in die Medientheorie* (2003) Aufschluss darüber zu erhalten, was Medienwissenschaft ist, ohne selbst normativ festlegen zu müssen, was sie sein soll (vgl. Leschke 2003, 324). Solch eine Beobachtung zweiter Ordnung – man beobachtet, wie und was andere als Medien beobachten – sei gerade im medienwissenschaftlichen Forschungsfeld sinnvoll. Gebe es doch, wie Leschke schreibt, »weder einen verlässlichen Ursprung noch einen auch nur halbwegs exakt zu bezeichnenden Ort der Medienwissenschaften[,] und auch der Gegenstand der Medienwissenschaften hat sich […] als recht flexibel erwiesen« (ebd., 11). Dies ist jedoch für eine Publikation, die in das medienwissenschaftliche Forschungsfeld einführen will, eine durchaus schwierige Lage. Stellt sich doch so die Frage, wie dieses Feld dann überhaupt noch fassbar sein sollte. Leschke selbst schlägt folgende Lösung vor: »Theorien können […] als Einheiten betrachtet werden, so dass Medienwissenschaften sich zumindest als eine Abfolge, wenn nicht gar als eine Ordnung von Theorien darstellen« (ebd., 20). So unterscheidet der Siegener Forscher recht elegant fünf Theorietypen und korrespondierend dazu fünf Phasen, die für und in der Medienwissenschaft relevant seien:

- Die erste Phase bildet die *Primäre Intermedialität.* Bei der Einführung eines als ›neu‹ und sozial relevant eingeschätzten Mediums entfaltet sich eine Diskussion um dieses ›neue‹ Medium. Dabei wird das ›neue‹ Medium mit etablierten Medien verglichen und zumeist in Differenz zu diesen gesetzt, um Qualitäten und Merkmale des Mediums zu bestimmen.
- In der zweiten Phase geht es weniger um solch eine vergleichende Definition als vielmehr um die möglichst umfassende Beschreibung der spezifischen Beschaffenheit eines Mediums. Dementsprechend nennt Leschke diese Phase *Einzelmedienontologie.*
- In der dritten Phase entstehen *Generelle Medientheorien*. Diese kümmern sich um *medienübergreifende* Aspekte. Die jeweilige Spezifik der Einzelmedien wird dabei größtenteils ausgeblendet zugunsten der Untersuchung von Funktionsweisen eines Mediensystems.
- Darauf folgt die vierte Phase, die *Generelle Medienontologie.* Auf dieser Ebene geht es darum, die Effekte der Medien bzw. des Mediensystems aus den Eigenschaften und dem ›Eigensinn‹ der Medien selbst abzuleiten und sie gerade nicht (wie noch in der *Generellen Medientheorie*) als Ausdruck und Effekt vorgängiger gesellschaftlicher Konstellation anzusehen.
- Die fünfte Phase schließlich bildet die sogenannten *Sekundären Intermedialitätstheorien.* Gegenüber den vorhergehenden Theorietypen wird der Gegenstand noch einmal erweitert, aber auch anders perspektiviert: Der Fokus liegt auf dem Wechselspiel unterschiedlicher Medien.

Vergleichsweise elegant ist dieses Systematisierungsangebot Leschkes aus drei Gründen: Erstens wird das unübersichtliche medienwissenschaftliche Feld nach unterschiedlichen Ebenen und Ausrichtungen systematisch differenzierbar und damit als relativ geordneter Bereich fassbar. Zeigen lässt sich aus dieser Perspektive zweitens eine sukzessive Genese der aufeinanderfolgenden Phasen (womit jedoch keinerlei Präferenz für eine der Phasen einhergeht, geschweige denn eine teleologische Verlaufsform angenommen wird). Die Genese der aufeinanderfolgenden Phasen impliziert nicht einmal, dass die einzelnen Phasen auf einen gemeinsamen Nenner gebracht werden müssen. Ganz im Gegenteil sogar: Die unterschiedlichen Phasen sind, wie Leschke betont, »strukturell in unterschiedliche Stränge dissoziiert, die sich prinzipiell einer Synthetisierung widersetzen« (ebd., 28). Drittens ist mit dem Phasenmodell keine historische Ablösung der einen Phase durch die nächste impliziert. Haben sich die Phasen zwar, so die Annahme, historisch nacheinander etabliert, *koexistieren* sie jedoch bis dato in ihrer Heterogenität weiterhin nebeneinander. Damit erklären sich auch die vielen Widersprüchlichkeiten und Kampfzonen, die dem medienwissenschaftlichen Forschungsfeld seine Kontur geben. Diese strukturierend nachzuzeichnen und durchaus auch, wie Leschke selbst schreibt, »ketzerisch[…]« (ebd., 323) polemisch zu kommentieren, das sei Hauptanliegen der *Einführung in die Medientheorie*. Oder wie Leschke es selbst am Ende seines Buches festhält: Wichtig sei vor allem, sich »Strategien zuzulegen, die wenigstens vor einem Übermaß an Unsinn schützen« (ebd., 224).

Zumindest zeigen sich aus dieser Metaperspektive im heterogenen medienwissenschaftlichen Feld nicht nur Binnendifferenzierungen, sondern auch Abgrenzungen nach außen. Was Medienwissenschaft alles sonst noch nicht sein mag, sie ist zumindest auch nicht Kommunikationswissenschaft (die Leschke ganz ähnlich charakterisiert wie Hickethier und aus ganz ähnlichen Gründen gegen die Medienwissenschaft abgrenzt). Zudem ist der Siegener Meta-Medientheoretiker trotz aller Kritik und Polemik gegen die materialistischen Medientheorien von McLuhan, Flusser oder Kittler, die bei ihm unter dem Typus der *Generellen Medienontologie* firmieren, zumindest an einem Punkt auf einer Linie mit Kloock und Spahr, deren Einführung ja vor allem von diesen Autoren handelt: Durch deren Insistieren auf der Prägekraft der Medientechnologie sei, »*zum ersten Mal* die Möglichkeit für eine *eigenständige* Disziplin Medienwissenschaft« (ebd., 27; Herv. d. V.) eröffnet worden. Mag der medienwissenschaftliche Diskurs auch heterogen und unübersichtlich sein, mag er sich durch untereinander inkompatible Theoriemodelle auszeichnen, klar ist zumindest aus dieser Perspektive, wo der ›Feind‹ steht, nämlich in der Kommunikationswissenschaft, und wo sich das ›Kraftzentrum‹ der Medienwissenschaft befindet, nämlich in den Gefilden medienmaterialistischer Positionen.

Weimar – *Kursbuch Medienkultur* (Claus Pias u. a.)

Reisen wir nun in den Osten der Republik, an die Bauhaus-Universität in Weimar, genauer noch an die Fakultät Medienkultur. Dort entstand 1999 eine kommentierte Anthologie mit dem Titel *Kursbuch Medienkultur*, die inzwischen bereits in der sechsten Auflage vorliegt (vgl. Pias 2000/2008). In diesem

›Kursbuch‹ sollen, so der Untertitel, »[d]ie maßgeblichen Theorien« medienwissenschaftlicher Forschung versammelt sein. Hierbei handelt es sich also primär um eine Textsammlung, was diese Publikation von den anderen hier vorgestellten unterscheidet. Jedoch folgt diese Anthologie einem bestimmten Ordnungsprinzip. Zudem wird in den Kommentaren, in den einführenden Passagen zu den Texten, wie bereits im Titel, der Anspruch formuliert, mit der Sammlung medienwissenschaftliches Grundlagenwissen zu vermitteln. Das rückt die Anthologie wiederum nah an die anderen hier diskutierten ›Einführungen‹ heran, macht sie also mit diesen vergleichbar.

Im *Kursbuch Medienkultur* finden sich auch unter anderem Texte all derjenigen Autoren, die Kloock und Spahr ebenfalls in ihrem Einführungsbändchen behandeln. Daneben wurden weitere Texte in der Anthologie aufgenommen, deren Autoren vielleicht nicht als genuine Medientheoretiker im Sinne Kloocks und Spahrs gelten, jedoch durchaus in vereinzelten Texten Fragen nach medialen Prozessen stellen. So finden sich etwa Sigmund Freuds »Notizen zum Wunderblock« in der Anthologie, genauso wie Niklas Luhmanns Text zur Unwahrscheinlichkeit der Kommunikation oder Ausschnitte aus Roland Barthes' Mythenanalyse, Texte also, in denen allesamt Medien(-begriffe) eine wichtige Rolle spielen.

Bereits der Aufbau des Bandes verrät, dass hier nicht systematisch Theorietypen vorgestellt werden sollen (wie bei Leschke) oder in chronologischer Abfolge die maßgeblichen Theoretiker (wie bei Kloock und Spahr). Ebenso wenig ist eine systematisierende Gesamtschau des Faches angestrebt (wie etwa bei Hickethier oder – mit Abstrichen – auch bei Liebrand). Genauso wenig geht es um den Ausschluss von (Pseudo-)Theorien (wie etwa bei Faulstich). Vergleichbar ist die Struktur noch am ehesten mit Winklers Einführung, in der Medienwissenschaft in Einzelmodellen Struktur gewinnt. Im *Kursbuch Medienkultur* werden die unterschiedlichen Modelle jedoch zu Themenkomplexen verbunden, die auf sehr unterschiedlichen Ebenen liegen. So gibt es ein Kapitel, in dem eine konkrete Debatte um die Prägekraft massenmedialer Codierung dokumentiert wird, ein anderes, in dem ein medialer Gegenstand (die Schrift) zur Diskussion steht, aber auch ein Kapitel, in dem eine spezifische Zugriffsweise (die Kybernetik) vorgestellt wird. Statt einer Gesamtschau des Fachs soll so eine »Topographie von Fragen« (Engell/Vogl 1999, 11) vorgestellt werden,

die sich mit unterschiedlichsten Gegenständen kreu-
zen lassen. Das Spektrum reicht hier von Registern
der Hochwasserstände, über Fernrohre und Literatur bis hin zu kybernetischen Computerprozessen.
Wichtig ist den Herausgebern: »Medien, Medien-
Kultur und Medien-Effekte« sollen als »etwas begriffen werden, das nicht einfach als überschaubarer
Gegenstand existiert oder passiert, sondern Probleme aufwirft und zu denken gibt« (ebd.). Eine so
verstandene Medienwissenschaft ist weniger an klaren Gegenstandsdefinitionen, Systematisierungen,
kanonischen Paradigmen oder universellen Problemlösungsstrategien interessiert, vielmehr an Problematisierungen, Irritationen und Neuperspekti-
vierungen.

Darüber hinaus machen die Herausgeber des
›Kursbuchs‹ (analog zu Leschke) darauf aufmerksam, dass Medienwissenschaft keinen klaren Ursprung, kein eindeutiges Set an Paradigmen habe,
geschweige denn einen einheitlichen Medienbegriff. Das wiederum mündet nicht in harscher Kritik
an medienwissenschaftlicher Forschung (im Gegensatz wiederum zu Leschke) oder gar in einer Absage
an dieselbe. Vielmehr wird gerade die Variabilität
der Medienbestimmungen und -perspektiven als
Chance begriffen:

> »Vielleicht könnte ein erstes medientheoretisches
> Axiom daher lauten, daß es keine Medien gibt, keine
> Medien jedenfalls in einem substanziellen und histo-
> risch stabilen Sinn. Medien sind nicht auf Repräsentati-
> onsformen wie Theater und Film, nicht auf Techniken
> wie Buchdruck oder Fernmeldewesen, nicht auf Symbo-
> liken wie Schrift, Bild oder Zahl reduzierbar und doch
> in all dem virulent. Weder materielle Träger noch Sym-
> bolsysteme oder Techniken der Distribution reichen
> hin, für sich allein den Begriff des Mediums zu absor-
> bieren« (ebd., 10).

Aus dieser Perspektive wird dann noch einmal klar,
warum die Vielfältigkeit und Heterogenität der medienwissenschaftlichen Forschung eher begrüßt als
abgelehnt wird. Der einzige Konsens, der hier ausgemacht wird, ist derjenige, dass Medien, was immer
sie auch sonst noch sein mögen und tun, »das, was
sie speichern, verarbeiten und vermitteln, jeweils
unter Bedingungen stellen, die sie selbst schaffen
und sind« (ebd.). Medien sind also hier (wie schon
bei Kloock und Spahr) zentrale, unhintergehbare
Agenten kultureller Prozesse.

Berlin – *Medientheorien.*
Eine philosophische Einführung
(Alice Lagaay/David Lauer)

Kehren wir zurück nach Berlin, wo unsere Reise ihren Ausgangpunkt genommen hat. Dort entstand
1997 ein Band mit dem Titel *Medientheorien. Eine
Einführung* (Kloock/Spahr 1997/2000). Sieben Jahre
später wird ein Buch publiziert, das den Titel *Medientheorien. Eine philosophische Einführung* (2004)
trägt. Im Untertitel wird also bereits eine Spezialisierung angekündigt. Folgerichtig heißt es im Vorwort,
es gehe in den behandelten Medientheorien um deren »spezifisch philosophische Signatur« (Lagaay/
Lauer 2004, 8). Elf zentrale zeitgenössische Medientheorien sollen in Einzelstudien dargestellt werden,
vorrangig von Nachwuchswissenschaftlern, die im
Umfeld der Berliner (Medien-)Philosophin Sybille
Krämer an der Schnittstelle zwischen Philosophie
und Medientheorie arbeiten. Darunter sind Ansätze
von inzwischen kanonisierten Autoren wie McLuhan
oder Kittler zu finden, aber auch jüngere Autoren
wie Hartmut Winkler, Mike Sandbothe oder Lev
Manovich werden berücksichtigt. Die Auswahl der
Autoren wird mit einer Formulierung begründet,
die sich beinahe wörtlich bereits in der Einführung
von Kloock und Spahr findet. Lautet dort der Grund
für die Aufnahme bestimmter Theorien in einem
Band über Medien, sie seien »als konstitutive Faktoren von Kultur« (Kloock/Spahr 2000, 8) zu verstehen, so heißt es bei Lagaay und Lauer (2004, 12;
Herv. i. O.) – den Gegenstand noch etwas auswei-
tend: »[E]s geht um Medien als konstitutive Faktoren von Selbst, Gesellschaft und Kultur *überhaupt*«.

Auch Lagaay und Lauer konstatieren: Es gibt
keinen einheitlichen Medienbegriff. Jedoch machen
sie zumindest eine Tendenz aus: »Im Verlaufe seiner
jüngsten Karriere scheint der Medienbegriff sich
einerseits zunehmend auszuweiten (praktisch alles
kann, wie die Dinge stehen, als Medium thematisiert
werden) und anderseits zunehmend tiefer angesetzt
zu werden« (ebd., 7). Dieses ›Tieferlegen‹ bedeutet,
laut Lagaay und Lauer: Der Begriff habe sich »als
Bezeichnung für konstitutive Faktoren des menschlichen Selbst- und Weltverhältnisses überhaupt«
etabliert und sei damit zu einem »diskurskonsti-
tuierenden Schlüsselbegriff […]« aufgestiegen
(ebd.). Daraus ziehen die Autoren einige Konsequenzen:

- Erstens avanciert der Begriff ›Medien‹ so verstanden nahezu zwangsläufig auch zum Schlüsselbegriff der Philosophie.

- Zweitens ist der Medienbegriff nicht (mehr) auf Technologien bzw. technisch-audiovisuelle Medien beschränkt (wie etwa bei Hickethier) oder auf symbolisches Probehandeln (wie etwa bei Winkler).
- Drittens werden gerade die Autoren, die bereits bei Kloock und Spahr behandelt werden, einer philosophischen Re-Lektüre unterzogen.

Dabei tritt der Band mit dem Anspruch an, zum einen ältere medientheoretische Autoren zu rehabilitieren, die als unwissenschaftlich oder doch zumindest als konfus gelten (vgl. etwa die bereits weiter oben angeführte Beurteilung einiger Medientheorien bei Faulstich). Zum anderen werden Autoren wie McLuhan nicht mehr als Medienmaterialisten bzw. Technikdeterministen gelesen (wie noch bei Kloock und Spahr). Vielmehr werden sehr moderate Lesarten vorgeschlagen, die diese Autoren anschlussfähiger an die Diskussion um das Wechselspiel von Kultur und Medien machen, wie sie sich explizit bei ebenfalls in dem Band vorgestellten Autoren wie Winkler, Sandbothe oder Manovich finden lassen (und auch in den Einführungen aus Paderborn und Köln eingefordert werden).

Der Medienwissenschaft wird bei dieser moderaten Neujustierung eine bestimmte Funktion zugewiesen: Sie sei ein integrierendes und »transdisziplinäres Unternehmen« (ebd., 11). Damit verstehen die Herausgeber das Unternehmen Medienwissenschaft ganz ähnlich wie Kloock und Spahr, aber auch wie Faulstich (obwohl dessen, wie Lagaay und Lauer es nennen, ›empirische Medienwissenschaft‹ explizit von den eigenen Bemühungen abgesetzt wird, vgl. ebd., 14). Medienwissenschaft ist auch hier eine Plattform, von der aus traditionelle Disziplinen herausgefordert werden und die Frage nach der Medialität der kulturellen Selbst- und Weltwahrnehmung immer wieder neu gestellt wird. Ein Fach oder eine Disziplin ist die Medienwissenschaft, trotz der vielen medienwissenschaftlichen Institute im Lande, damit jedoch auch hier nicht.

Perspektiven

Medienwissenschaft ist keine Disziplin, sondern ein heterogenes Forschungsfeld – diese Einschätzung findet sich mal forscher, mal zurückhaltender formuliert und quer zu aller differenten Perspektivierung des medienwissenschaftlichen Forschungsfeldes nahezu in allen hier vorgestellten Einführungen.

Abgesehen von Hickethiers *Einführung in die Medienwissenschaft*, in der Medienwissenschaft als Disziplin Kontur annimmt, wird in allen anderen hier behandelten Einführungen nicht nur die extreme Heterogenität des medienwissenschaftlichen Feldes und die Offenheit des Medienbegriffs konstatiert. Darüber hinaus – und hier noch sehr viel wichtiger: Uneinheitlichkeit und Offenheit werden zumeist als Mehrwert und Chance der Medienwissenschaft begriffen. Sei es, dass diese Offenheit bis in die Form der Darstellung hinein übernommen wird (wie bei Winkler und Pias), eine metatheoretische Systematisierung erhält (wie bei Leschke), trans- bzw. intermedial gewendet (Faulstich, Kloock/Spahr, Lagaay/Lauer) oder zu einer Medienkulturwissenschaft umgebaut wird (Liebrand). Vielleicht könnte von daher, in Anlehnung an Engell und Vogl formuliert, ein erstes Axiom der Einführungsliteratur lauten: Es gibt keine Medienwissenschaft, keine Medienwissenschaft jedenfalls in einem substanziellen und historisch stabilen Sinn. Für das Gros der Einführungsliteratur scheint das jedenfalls kein Problem zu sein, im Gegenteil sogar.

Just in dem Jahr, in dem mit Hickethiers Einführung ein Buch erscheint, das der Tendenz zum freien Flottieren im medienwissenschaftlichen Forschungsfeld Einhalt gebieten und Medienwissenschaft als Disziplin etablieren will, spekuliert der Literaturwissenschaftler Stephan Porombka in einem kurzen Text über den möglichen Sinn und Zweck dieser Offenheit:

> »[D]as kann man schlimm finden. Man kann darin aber auch einen Mechanismus entdecken, der gerade den Medienwissenschaften auf paradoxe Weise ihre Lebendigkeit sichert. Fast lässt sich angesichts der Ausdifferenzierung der Forschungsfelder und Begrifflichkeiten von einer *Wild Science* reden, die man institutionell nicht und begrifflich schon gar nicht in den Griff bekommt [...]. Keine Frage, wilde Wissenschaften produzieren immer auch Unbrauchbares, Überflüssiges, Leeres. Aber auch das wissen die Beobachter komplexer Systeme, darauf verzichten kann man nicht« (Porombka 2003, 355).

Wie stark sich die medienwissenschaftlichen Einführungen auch sonst voneinander unterscheiden mögen, so findet sich doch genau in dieser Funktionsbestimmung der Medienwissenschaft ein breiter Konsens.

Ob man es in Zukunft schlimm finden wird oder nicht, bleibt ungewiss. Darüber wird wohl die Forschungspraxis selbst, ebenso wissenschaftspolitische Interessen wie auch die Studentenzahlen einer Fachrichtung namens Medienwissenschaft entscheiden.

Vielleicht spielt ebenso die Definitionsmacht weiterer (oder ausbleibender) Einführungen in die Medienwissenschaft eine gewisse Rolle. Über deren Zukunft kann man sich freilich schon jetzt Gedanken machen, ohne allzu kühn ins Blaue hinein zu spekulieren. Denn es zeichnen sich doch schon heute vergleichsweise klar mindestens drei sehr unterschiedliche Tendenzen ab, die als mögliche Zukunft der Medienwissenschaft bzw. der medienwissenschaftlichen Einführungsliteratur kurz benannt werden sollen.

(1) Die erste Tendenz folgt weiterhin der Maxime ›Flottiere frei!‹. Die Medienwissenschaft bleibt dementsprechend die wilde Wissenschaft, von der weiter oben ausführlich die Rede war. Das wird mancherorts durchaus immer noch als Chance oder gar Alleinstellungsmerkmal gefeiert. Unter dem Titel *Was mit Medien… Theorie in 15 Sachgeschichten* veröffentlichten zwei Absolventen des Weimarer Medienkultur-Studiengangs 2008 in der UTB-Reihe einen Band, der das mustergültig veranschaulicht (vgl. Heinevetter/Sanchez 2008). Dort werden gesättigt mit vielen Beispielen aus der popkulturellen Sphäre zum Großteil Thesen und Konzepte derjenigen Autoren vorgestellt, die bereits in der Anthologie *Kursbuch Medienkultur* zu finden sind und damit in einer Publikation, die wie keine zweite die Heterogenität medienwissenschaftlicher Zugriffe begrüßt und in ihrer Sammlung unterschiedlichster Zugriffe abbildet.

(2) Die zweite Tendenz ist einer ganz anderen Maxime verpflichtet. Sie lautet kurz und bündig: ›Ordne Dich unter!‹ Auch diese Tendenz ist in bereits existierenden Einführungen ausfindig zu machen. So lässt sich der Untertitel von Lagaays und Lauers Buch *Medientheorien. Eine philosophische Einführung* auch so verstehen, dass es dabei eigentlich gar nicht um eine Einführung in ein medientheoretisches Forschungsfeld geht, sondern vielmehr um die Überführung medientheoretischer Verlautbarungen in die Philosophie. Solche Tendenzen ließen sich problemlos für nahezu alle traditionellen sozial- und geisteswissenschaftlichen Fächer zeigen. Ein kurzer Blick in neuere Einführungen in die Geschichts-, Literatur- und Kunstwissenschaft oder auch die Soziologie dürfte genügen, um einsichtig zu machen, dass auch dort das Thema ›Medien‹ angekommen ist. So gut wie immer gibt es dort ein eigenes Kapitel über ›Medien‹. Das heißt zunächst einmal: Medien werden zunehmend zu einem wichtigen Begriff in allen kulturwissenschaftlichen Disziplinen. Das dürfte den Medienwissenschaftler

eigentlich freuen. Jedoch – und das ist die Kehrseite dieser Entwicklung – wenn die Medialität der Geschichte, die Medialität der Gesellschaft, der Kommunikation, des philosophischen Denkens, der Kunstproduktion usw. Bestandteil des jeweiligen disziplinären Nachdenkens geworden ist, stellt sich unweigerlich die Frage, warum denn dann noch eine eigenständige Medienwissenschaft nötig sein sollte. Sind doch ihre Ansätze und Fragen in den traditionellen Sozial- und Geisteswissenschaften längst angekommen und dort eingemeindet worden. Medienwissenschaft und dementsprechend Einführungen in die Medienwissenschaft sind so verstanden eine Art Hilfsmittel zur disziplinären Selbstreflexion und Neujustierung *gewesen*. Damit wäre die Medienwissenschaft aber eben auch eine »vorübergehende Sache« (Seel 2003, 15), wie es bezeichnenderweise ein Philosoph pointiert formuliert.

(3) Die dritte Tendenz ist weniger pessimistisch als solch ein Abgesang, steht aber ebenso im Gegensatz zum selbstbewussten Schwadronieren über allgegenwärtige Medialitätsphänomene. Hier herrscht vielmehr die Leitmaxime: ›Verknüpfe und schreibe um in Bescheidenheit!‹ Bescheidenheit betrifft hier zunächst einmal die Reichweite der Medien selbst. An Winklers Einführung lässt sich das gut zeigen: Dem Autor geht es, wie oben bereits dargelegt, unter anderem um die Beschränkung des Gegenstandes ›Medien‹. Nicht alles, sondern nur Prozesse symbolischen Probehandelns sollen unter den Begriff ›Medien‹ fallen (s. Kap. II.14). Der Wille zur Beschränkung findet sich beispielsweise auch in neueren Publikationen Rainer Leschkes zur Medienmorphologie. Dort wird der Geltungsbereich medienwissenschaftlicher Forschung auf das Formenreservoir der Massenmedien beschränkt (vgl. auch Leschke 2010, 25; s. Kap. II.17). Zudem gilt für beide Ansätze: Der Fokus wird verlagert von der Beobachtung der materiellen Grundlagen hin zum praktischen Umgang mit medialen Apparaturen und Infrastrukturen. Damit ist die materielle Grundlage von Kommunikations-, Wahrnehmungs- und Erkenntnisprozessen zwar nicht obsolet; jedoch wird sehr viel mehr Wert auf die Beobachtung konkreter Operationalisierung und Prozesslogik medialer Phänomene gelegt, als das bei den Autoren der Fall ist, die Kloock und Spahr in ihrer Einführung versammeln. Diese Beobachtungsverschiebung zeigt sich auch in der medienwissenschaftlich inspirierten Forschung zur Kulturtechnik, wie auch in der Auseinandersetzung mit der zur sogenannten Akteur-Netzwerk-Theorie (zu beiden Forschungssträngen vgl. Maye 2010; s. Kap. II.19

und II.15). So geht es dieser zunächst im Kontext der Wissenschaftsforschung (s. Kap. IV.26) entstandenen Theorie doch primär um Operationslogiken, genauer um eine prozesslogische Verknüpfung unterschiedlicher Elemente bzw. Akteure in und durch Netzwerke.

Was nun die Akteur-Netzwerk-Theorie so interessant für die Medienwissenschaft zu machen scheint, ist die Annahme, dass bei der Verknüpfung unterschiedlicher Akteure – und das können Menschen, aber auch beispielsweise technologische Apparaturen sein – Veränderungen geschehen, die sowohl mit der Beschaffenheit der Akteure als auch mit der Logik der Netzwerkverbindung zu tun haben. Die Gruppierung der Akteure und die permanente Neujustierung des Netzwerkes bestimmen so gesehen die Handlungsmacht wie die Identität der Akteure. Das ist im Grunde eine eloquentere, wissenschaftstheoretisch ambitionierte und prozessual gewendete Umformulierung des medienwissenschaftlichen Basisaxioms vom Medium, das die eigentliche Botschaft sei. Aus dieser Perspektive wäre die Medienwissenschaft der Zukunft die Wissenschaft von der Vernetzung. Im Jahr 2013 ist ein Band erschienen, der genau solch eine Umschreibung bereits im Titel vollzieht. Der Band, der von Medienwissenschaftlern aus Siegen herausgegeben wurde, trägt den Namen *Akteur-Medien-Theorie* (vgl. Thielmann/Schüttpelz 2013).

Solange jedoch noch kein Medium bereitsteht, mit dessen Hilfe verlässlich die Geister der Zukunft gerufen werden könnten, bleibt die Frage unbeantwortet, ob das tatsächlich der Weg der Medienwissenschaft und ihrer (noch oder doch nicht mehr zu schreibenden) Einführungen sein wird. Mit Medien jedenfalls dürfte diese Zukunft wohl schon zu tun haben.

Literatur

Bohnenkamp, Björn/Schneider, Irmela: Medienkulturwissenschaft. In: Liebrand u. a. 2005, 35–48.

Engell, Lorenz/Vogl, Joseph: Einleitung. In: Pias u. a. 2008, 8–11.

Faulstich, Werner: *Einführung in die Medienwissenschaft.* München 2002.

Grampp, Sven/Seifert, Jörg: Wo die wilden Kerle wohnen. Streifzüge durch die medientheoretische Einführungsliteratur. In: *MEDIENwissenschaft. Rezensionen/Reviews* 1 (2005), 15–37.

Heinevetter, Nele/Sanchez, Nadine: *Was mit Medien... Theorie in 15 Sachgeschichten.* Paderborn 2008.

Hickethier, Knut: *Einführung in die Medienwissenschaft.* Stuttgart/Weimar 2003.

Kloock, Daniela/Spahr, Angela: *Medientheorien. Eine Einführung* [1997]. München ²2000.

Lagaay, Alice/Lauer, David (Hg.): *Medientheorien. Eine philosophische Einführung.* Frankfurt a. M./New York 2004.

Leschke, Rainer: *Einführung in die Medientheorie.* München 2003.

Leschke, Rainer: *Medien und Formen. Eine Morphologie der Medien.* Konstanz 2010.

Liebrand, Claudia u. a. (Hg.): *Einführung in die Medienkulturwissenschaft.* Münster 2005.

Maye, Harun: Was ist eine Kulturtechnik? In: *Zeitschrift für Medien- und Kulturforschung* 1 (2010), 121–135.

Pias, Claus u. a. (Hg.): *Kursbuch Medienkultur. Die maßgeblichen Theorien von Brecht bis Baudrillard* [2000]. Stuttgart ⁶2008.

Porombka, Stephan: Nach den Medien ist in den Medien. Einige Anmerkungen zur aktuellen Medienwissenschaft. In: *Zeitschrift für Germanistik* 13/2 (2003), 350–356.

Seel, Martin: Eine vorübergehende Sache. In: Stefan Münker/Alexander Roesler/Mike Sandbothe (Hg.): *Medienphilosophie. Beiträge zur Klärung eines Begriffs.* Frankfurt a. M. 2003, 10–15.

Stöber, Rudolf: *Kommunikations- und Medienwissenschaften. Eine Einführung.* München 2008.

Strategiekommission der Gesellschaft für Medienwissenschaft: Kernbereiche der Medienwissenschaft (4.10.2008), http://www.gfmedienwissenschaft.de/gfm/webcontent/files/GfM_MedWissKernbereiche2.pdf (3.10.13).

Thielmann, Tristan/Schüttpelz, Erhard (Hg.): *Akteur-Medien-Theorie.* Bielefeld 2013.

Winkler, Hartmut: *Basiswissen Medien.* Frankfurt a. M. 2008.

Sven Grampp

II. Medientheorien

1. Implizite Medientheorien in der Philosophie

Philosophischer Status des Medialen

Der Begriff ›Medium‹ bildet eine basale Kategorie der gesamten abendländischen philosophischen Tradition. Seine impliziten Spuren aufzulesen hieße, von nahezu allen Disziplinen der Philosophie zu handeln, seien es die Ontologie, die Ästhetik oder Epistemologie genauso wie die Ethik oder Politik. Ebenso wird die Logik medial gedacht wie die Sprache, das Bild, der Begriff, die Kunst, die Technik, die Gerechtigkeit, das Gute usw. Gleichermaßen spielen die Vermittlung oder ›Vermittelung‹ wie die Mediation, die ›Mitte‹ oder das Mittel in der geschichtlichen Überlieferung eine tragende Rolle, so dass ohne Übertreibung gesagt werden kann, dass das ›Mediale‹ überhaupt der Grundstoff des philosophischen Denkens darstellt. Dennoch soll versucht werden, in systematischer Absicht einige Grundlinien seit der Antike zu ziehen, und zwar so, dass das Schicksal früher Konzeptionen durch die vielfältigen historischen Zäsuren und Paradigmenwechsel hindurch bis heute weiterverfolgt werden kann. Es gehört jedoch zu den Grundstellungen der Geschichte der Metaphysik, zwischen einem Medialen und einem Nichtmedialen zu unterscheiden, wobei ersteres der menschlichen Welt (*thesis, ethos*) zugerechnet wird, letzteres der Natur (*physis*). Immer wird dabei ein Vorrang des Unmittelbaren behauptet, so dass wir es gleichzeitig mit einer Hierarchie zu tun bekommen, die erst die jüngeren, expliziten Medienphilosophien umdrehen oder aufheben werden. Der Status des Medialen wird dann im Sinne eines ›ursprungslosen Ursprungs‹ neu geordnet, wobei die Differenz gleichsam ins Innere der Mediation eingezogen wird und zwischen Sprachapriori und Technikapriori verläuft.

›Metaxy‹-Welt der antiken Philosophie

Geht man in die Geschichte zurück, tauchen in den frühen antiken Philosophien Dimensionen des Medialen vor allem in vierfacher Hinsicht auf:

- mit Blick auf ein ›Drittes‹ zwischen den klassischen Unterscheidungen und ihrer dichotomen Ordnung bis hin zur Auszeichnung eines ›Zwischen‹ oder ›Dazwischenseins‹ (*to metaxy, in medio*);
- in Ansehung der Beziehung zwischen Denken und Vernunft einerseits (*nous* und *logos*) und den Mitteln ihrer Artikulation und des Schließens andererseits wie z.B. Verfahren der Rhetorik oder die Lehre von den Syllogismen;
- im Hinblick auf die Beziehung zwischen Sein und Wahrheit und ihrer Darstellbarkeit durch Kulturtechniken wie der Sprache, der Schrift, der Diagrammatik und des Bildes (s. Kap. III.1 und III.2) sowie schließlich
- in Bezug auf die Herstellung oder Hervorbringung (*poiesis*) von etwas, was nicht Natur ist, mit der *techné* als ihrer höchsten Tugend im Unterschied zur *praxis*, deren Zweck in sich selbst liegt und deren Ziel die *eudaimonia*, die Glückseligkeit ist, die nicht wiederum medial realisiert werden kann.

Alle vier Bereiche lassen sich unterschiedlichen Grundfragen zuordnen, wobei das ›Dritte‹, das ›Dazwischensein‹ besonders auf die Grenzen der klassischen Ontologie verweist und wiederum in unterschiedlichen Formen auftritt – in der Mathematik als das ›Inkommensurable‹ (die nicht rationalen Verhältnisse, die die Geometrie sprengen), in der Logik als *paradoxa* (dessen, was nicht ›gemeint‹ (*doxein*) werden kann), bei Platon in den Figuren des *eros* und der *chora* (Raum, Ort) sowie bei Aristoteles in einem zwar stofflich gedachten, aber sonst nicht näher bestimmbaren Zwischenbereich, der die Wahrnehmung ermöglicht, ohne selbst wahrnehmbar zu sein (*Diaphane*: ›Durchscheinende‹). Eric Voegelin hat in seinem Buch *Anamnesis* sogar eine ganze ›Metaxy-Welt‹ des antiken Denkens ausgemacht, wozu ebenfalls die *methexis* (Teilhabe), das *epekeina tes ousias* (Transzendenz des Höchsten), das *apeiron* (Grenzenlose), aber auch die *kinesis* (Bewegung), *taxis* (Ordnung) oder überhaupt jener Bereich gehört, in dem der Mensch eine Bewegung vom Göttlichen her und zum Göttlichen hin erfährt und der gewöhnlich mit Hermes und dem *hermeneuein*, dem

Götterboten und der Auslegung oder Übersetzung verbunden wird (vgl. Voegelin 2005, 267 ff.; s. Kap. IV.1).

Von Anfang an ringt so die Philosophie in unterschiedlichen Perspektiven mit dem Phänomen des Medialen, ohne es freilich als solches zu thematisieren. Einige dieser Themen sind bis heute wirkmächtig geblieben und in die Karriere des Medienbegriffs eingegangen: Zu denken ist etwa an die Übersetzungsproblematik, wie sie bei Walter Benjamin (1974b) maßgeblich erscheint und in die Translationsbegriffe des Medialen Eingang gefunden hat (vgl. Gadamer 1960; Debray 2003; s. Kap. II.16), sodann an die Mittelbegriffe der Logik (*medius terminus*), die im Vollzug eines Schlusses ›untergehen‹ – sie werden bei Hegel im Sinne einer dialektischen Medialität des Begriffs überhaupt bestimmend (vgl. Bahr 1999) –, ferner an die Frage der *chora*, dem Vorsemiotischen, Raumgebenden, das erst die Plätze dessen definiert, worin etwas erscheinen kann, bzw. den Zeichen ihre Positionen und Orte zuordnet – man denke an die entsprechenden Verwendungen des Ausdrucks bei Julia Kristeva (1972) und Jacques Derrida (2005). Dennoch haben wir es in erster Linie lediglich mit Einsatzstellen oder Eröffnungen der Medienproblematik zu tun; sie besitzen vornehmlich noch eine indirekte Kontur, während das Mediale *als* das Mediale nicht eigens reflektiert wird. Zwei gewichtige Ausnahmen lassen sich allerdings anführen:

- Die Frage des Seins und seiner angemessenen Verkörperung durch Wort, Zahl, Buchstabe und Bild (vgl. Haase 2009) sowie der von ihr abgeleiteten Frage nach dem Verhältnis zwischen *physis* (Natur) und *techné* (Kunstfertigkeit), aus der, von Platon ausgehend, die tendenziellen Abwertungen des Medialen bis zu den modernen Medienkritiken hervorgegangen sind.
- Die Frage nach der *aisthesis* (Wahrnehmung) und besonders der Beziehung zwischen dem Sichtbaren und der Sichtbarkeit, wie sie bei Aristoteles eingeführt wird und im eigentlichen Sinne den Medienbegriff erst in die Philosophie und die verschiedenen Wissenschaften, allen voran die Naturwissenschaften, gebracht hat. Ihre Fäden lassen sich bis zur Äthertheorie und ihren verschiedenen Metaphorisierungen (vgl. Hoffmann 2002; Kümmel-Schnur/Schröter 2008), zur Milieutheorie (vgl. Spitzer 1968; McLuhan 1970) und den phänomenologisch orientierten Kunsttheorien (vgl. Alloa 2011) weiter verfolgen (vgl. Mersch 2006).

Platons Medienkritik

Mit Bezug auf Sein, Wahrheit und Technik lassen sich wiederum drei Schlüsselszenen bei Platon ausmachen:

- das »Höhlengleichnis« der *Politeia*, das zum Dispositivbegriff geführt hat,
- die Schrifttheorie im *Phaidros* mit der ambigen Kategorie des *pharmakons* und deren Diskussion bei Derrida (1995, 73 ff.; 84 ff.), sowie schließlich
- die Kritik des Bildes (*eikon*), wie sie ebenfalls nachdrücklich in der *Politeia* formuliert wird und die als fester Topos in unterschiedlichen philosophischen Bildtheorien wiederholt worden ist, um erst allmählich unter dem Eindruck des *pictorial* oder *iconic turn* revidiert zu werden (vgl. Mitchell 1995; Boehm 2006).

Das »Höhlengleichnis« (Platon 1998b, 514a-517c), das in seiner Anordnung auf verblüffende Weise der Projektionsmaschine des Kinos gleicht (vgl. Baudry 1986), thematisiert in erster Linie den Aufstieg des Denkens von den Vorstellungen (*phantasmata*) zu den Ideen (*idea*) und insbesondere der Idee des Höchsten (*kalokagathos*: das Schöngute) durch eine stete Blickumwendung. Sie ist weniger als Selbstreflexion im Sinne René Descartes' *Mediationes* zu verstehen als vielmehr im Sinne eines angeleiteten Erziehungsprozesses (*paideia*), wofür die Sokratischen *dialogoi* Modell stehen. Sie stellen die Wahrheit (*aletheia*) im Verlaufe einer stets sprachlich geführten Dialektik (*dialegesthai*: besprechen, unterreden, lesen) allererst heraus. Die Abwertung des Sinneseindrucks und die Aufwertung der Dialogizität der Sprache als eigentliches Medium der Erkenntnis sind damit bereits angezeigt.

Die Schrifttheorie im *Phaidros* (vgl. Platon 1998a, 274b-278d) setzt ebenfalls dort an, weil sie die ›tote‹ Schrift gegen die ›Lebendigkeit‹ der Rede ausspielt, die allein wahrheitsfähig sei. Im Mythos von deren Erfindung – zu der die gleichermaßen die Erfindung der Zahl und des Spiels gehört – wird diese zwar für ihre Gedächtnisfunktion gelobt, weil sie die Tradierung der Wahrheit erlaube; gleichzeitig weist der König Thamus, dem sie zur Prüfung vorgelegt wird, auf die Ambivalenz ihres *pharmakons* (Heilmittel, Gift) hin, weil das, was Erinnerung stifte, zugleich auch Vergessenheit schaffe. Das Mediale wird hier zum Mangel, zur Uneigentlichkeit; doch bildet das eigentliche Motiv der platonischen Kritik die Differenz zwischen der *Natürlichkeit* des Dialogs, durch den erst Wissen im Prozess entsteht, und der *Technizität* des

Mediums, das selbst nicht am Wahrheitsgeschehen beteiligt ist. Ähnliches gilt für das Bild (*eikon*), auf das Platon immer wieder zu sprechen kommt, besonders aber im Kontext seiner *mimesis*-Lehre (Nachahmung) und der Verbannung der Künstler aus dem Idealstaat (vgl. Platon 1998b, 597a ff.). Das Bild gilt dabei ausschließlich als *Abbild*; allerdings muss man noch zwischen *mimesis eikastiké* und *mimesis phantastiké* unterscheiden, wobei erstere die Ähnlichkeit oder Ebenbildlichkeit meint, während letztere von Friedrich Schleiermacher bezeichnenderweise mit ›trugbildnerische Kunst‹ übersetzt wurde, die das Verdikt des Banns in aller Schärfe trifft. Bilder täuschen notwendig, weil sie uns eine Existenz vorspiegeln, die es nicht gibt, und damit die eigentliche Idee verbergen, statt sie zu offenbaren – hingegen gibt es die Wahrheit allein im Dialektischen und folglich in der Sprache, denn die Wahrheit, so auch Aristoteles, ist eine Funktion des Satzes und seiner Begründungen. In nahezu der gesamten Geschichte der Philosophie wird dieses Urteil Schule machen.

Aristoteles' Aisthesislehre und die Folgen

Von Aristoteles führt ein ganz anderer Weg zur Entdeckung des Medialen. In seiner Schrift *Peri psychés* (Über die Seele) entwickelt er zu Anfang eine Wahrnehmungstheorie, die an zentraler Stelle mit Bezug auf das Sehen und die Berührung des Auges durch den erblickten Gegenstand die beiden Ausdrücke *metaxy* (Zwischenheit) und das *Diaphane* (Transparenz) einführt, wobei er keinen Zweifel daran lässt, dass beide als Stoffe zu verstehen sind (vgl. Aristoteles 2011, 418b). Jedoch besteht eine Schwierigkeit in der Auslegung des aristotelischen Textes im besonderen Verständnis der *aisthesis* (Wahrnehmung) im Griechischen, die nicht aktivisch aufgefasst werden darf, sondern passivisch: Die Gegenstände sondern gleichsam Partikel ab, die durch den nichtleeren Raum übermittelt werden müssen, um auf den Sehsinn zu treffen. Der Raum ›dazwischen‹ (*metaxy*) fungiert also als eigentliches Medium, das Aristoteles mit Blick auf die Anschauung und ältere Wahrnehmungsmodelle das *Diaphane* nennt. Es ist selbst nicht sichtbar, sondern einzig erfahrbar, wie es heißt, durch Färbung oder Eintrübung. Die Idee des Medialen als sich nicht selbst mitvermittelnden Vermittlung, die nur durch Störung kenntlich wird, ist hier geboren.

Hinzu kommt, dass mittelalterliche Kommentatoren das aristotelische *metaxy* ins Lateinische ›Medium‹ übersetzten. Von dort aus hat sich dann der Begriff in die frühneuzeitliche Physik, insbesondere die Optik fortgeschrieben, und es ist aufschlussreich, dass sämtliche Philosophen des 16. bis 18. Jahrhunderts den Ausdruck im selben Kontext mit ähnlichen Konnotationen verwenden, nämlich in Bezug auf Stoffe, die Licht zu brechen vermögen und entsprechend die Wahrnehmung verzerren. Der Geist bedarf hingegen keines Mediums, um tätig zu werden, er ist, kraft seines rationalen Vermögens, sich selbst durchsichtig. Die ursprüngliche Unterscheidung von Medium und Natur wandelt sich so zur Differenz zwischen der tendenziell opaken Medialität der Stoffe und der unmittelbaren Luzidität des Geistes. »Es scheint nämlich keine Wirksamkeit ohne Körper zu bestehen«, heißt es beispielsweise in Francis Bacons *Novum Organon*: »Bei den Lichtstrahlen, den Tönen, der Wärme und einigen andern in die Ferne wirkenden Dingen werden wahrscheinlich die in der Mitte befindlichen Körper bestimmt und verändert, zumal da ein besonderes Medium für die Uebertragung der Wirkung erforderlich ist« (Bacon 1870, 299–300).

Ähnlich bemerkt Thomas Hobbes in seinen *Grundzügen der Philosophie*, dass die Ursache des Lichts einerseits die Lichtquelle ist, andererseits der Grad der »Durchsichtigkeit« des Mediums, das seine Ausbreitung zu begünstigen wie zu hemmen vermag: Denn das »dünnere Medium« sei dasjenige, »in welchem sich einer Bewegung oder der Entstehung einer solchen weniger Widerstand entgegenstellt« als im »dichtere[n]« (Hobbes 1949, 215). Man kann verwandte Beobachtungen auch bei John Locke und Gottfried Wilhelm Leibniz finden: Immer betreffen sie das Licht oder auch im übertragenen Sinne das ›Licht‹ des Verstandes und seine möglichen Frakturen, wobei es um den Gegensatz zwischen den Medien der Wahrnehmung, die diese ›verunreinigen‹, und der Vernunft geht, die unverstellt erkennt und einzig durch die Angewiesenheit auf das Wort zu Irrtümern gelangt (vgl. Locke 1872).

›Äther‹ des Geistes: Sprache als Medium des Denkens

Interessanterweise verstärkt sich der metaphorisierende Gebrauch des Ausdrucks in dem Augenblick, wo das Medium einer Übertragung des Lichts auch auf das Vakuum und den leeren kosmischen Raum ausgeweitet wird und zu einem generell vermittelnden Prinzip, dem Äther, avanciert – dessen Existenz zu Beginn des 20. Jahrhunderts allerdings endgültig bestritten wurde. Als verallgemeinerter ›Äther‹ versteht etwa Johann Gottfried Herder die Sprache als den ›Stoff‹ des Geistes (vgl. Herder 1892, 190 f.), doch wird er die Sprachkritik der Aufklärung umkehren und das Denken überhaupt an die Sprache als seinem Medium binden. Es gibt dann keine ›reine‹ Vernunft mehr, sondern alles Auffassen, Erkennen, Wissen ist schon sprachlich vermittelt: Das Wort *logos* schließe bereits die Bedeutungen der Sprache und der Vernunft ein, wird gleichlautend auch Johann Georg Hamann schreiben (vgl. 1967, 222; 224). Herder wie ebenfalls Hamann inaugurieren so eine Position, die von Wilhelm von Humboldt über Friedrich Nietzsche bis zu Martin Heidegger reichen wird und die Sprache als eigentliche Medialität und Konstituens ausweist.

Pate steht dafür vor allem Herders Schrift *Vom Empfinden und Erkennen der menschlichen Seele*, wobei nicht die Sprache selbst die Idee stiftet, sondern abermals ein ›Drittes‹, ein ›Dazwischen‹, das gleich einem universellen Fluidum beide trägt und in dessen ›innerem‹ wie ›äußerem Aether‹ wir ebenso wahrnehmen wie wir uns sprechend in ihm bewegen und uns über die Welt verständigen. Es handelt sich also um einen zweistufigen Medialisierungsprozess: Vom Wahrnehmungsobjekt zum Sinnesreiz und vom Sinnesreiz zum Gedanken – Nietzsche wird diesen Gedanken in seinem frühen Essay *Ueber Wahrheit und Lüge im außermoralischen Sinne* weiter ausarbeiten und daraus eine doppelte Maskierung machen, die schließlich die Medialität der Rede, wie Paul de Man sie rekonstruiert hat, aus der Figur der »Prosopopöie« denkt (vgl. Nietzsche 1999; Man 1987). Noch haben wir bei Herder aber nicht die Radikalität und Zuspitzung Nietzsches oder der Dekonstruktion (s. Kap. II.2) erreicht, dennoch kann bereits für ihm kein Ding ›ohne Mittler‹ gedacht werden, in dessen Funktionalität das ›Wort‹ tritt: »Sprache ist also für die Vernunft ein solches Medium von Absonderungen, Bildern, Karaktern, Geprägen, als das Licht dem Auge war, und selbst das Licht in diesem höheren Sinne nur Sprache, nur Wort vom Munde des Schöpfers, Hauch eines Geistes […]. Die Seele übt also ihre Kräfte würklich durch ein Gedankenmedium, durch eine wahre eigentliche Gottessprache« (Herder 1892, 287).

Gleichzeitig wandelt sich damit auf grundlegende Weise die Bestimmung des Medialen: Nicht länger dominiert der Gegensatz von Natur und Geist oder Transparenz (*Diaphanes*) und Opazität (Stofflichkeit), vielmehr entspringt alle Mediation selbst schon aus einer Duplizität von Ermöglichung und Einschränkung – denn das, was schafft, bedarf der Grenze als seiner ›Bedingung‹, wie umgekehrt die Grenze gestattet, dem so Hervorgebrachten eine Kontur oder Prägung zu verleihen. Wir sind auf diese Weise mit einer Figur konfrontiert, deren kardinales Bild der ›Kanal‹ ist – ein Ausdruck, der schon im 18. Jahrhundert virulent war – und der die doppelte Funktion besitzt, die Ströme durch Einschnürung und Eingrenzung zu lenken wie gleichzeitig zu beschleunigen. Nicht nur wird die Kanalisierung später in der Informationstheorie (s. Kap. II.6) zum tragenden Instrument medialer Übermittlung, vielmehr lässt sich seine Figuration bis zum Begriff des ›Dispositivs‹ ausdehnen, wie ihn Michel Foucault in die Diskussion eingebracht hat, und dessen ›heterogene Ensembles‹ Regime erzeugen, für die die nämliche Gleichzeitigkeit von Kontrolle und Gesetzlichkeit wie auch der Produktion der Macht und der Macht als produktives Prinzip charakteristisch erscheint (vgl. Foucault 1978, 119 ff.).

Von der Hegelschen Ästhetik zur Universalpoetik

Es ist kein Zufall, dass vor allem dieser Medienbegriff – das Medium als Konstituens und Duplizität von Eröffnung und Verschließung – für die Ästhetik als Kunstphilosophie maßgeblich geworden ist: So zuerst in der Ästhetik Hegels, die die Kunst aus der ›Verkörperung‹ und damit der innigen Verschränkung zwischen Materialität und Idee dachte (vgl. Hegel 1979). Hegel buchstabiert konsequent das Mediale als Darstellungsproblem aus, doch so, dass er weiterhin am Topos einer platonischen Medienkritik festhält, indem er die genuine Ambiguität aller künstlerischen Darstellungsweise betont: Im Material entäußere sich der Geist, werde Wirklichkeit, um umgekehrt in seiner Angewiesenheit auf das Material erneut verunreinigt zu werden. Die Materialität der Kunst entfremdet und verstellt, so dass der Begriff sie zuletzt abstreifen muss, um zu werden, was er ist: Notwendig müsse deshalb die Kunst untergehen und durch die Philosophie überwunden werden: »Die eigentümliche Art der Kunstproduktion und ihrer Werke«, so die berühmte Formulierung Hegels vom ›Ende der Kunst‹, »füllt unser höchstes Bedürfnis nicht mehr aus; wir sind darüber hinaus, Werke der Kunst göttlich zu verehren und sie anbeten zu können; der Eindruck, den sie machen, ist besonnenerer Art, und was durch sie in uns erregt wird, bedarf noch eines höheren Prüfsteins und anderweitiger Bewährung. Der Gedanke und die Reflexion hat die schöne Kunst überflügelt« (Hegel 1979, 23 f.). Entsprechend totalisiert das hegelsche System die Vernunft zu einem ›Metamedium‹, das alle anderen Medien in sich fasst und zum Abschluss bringt – einen in die Computerisierung gewendeten Hegelanismus hat später wieder Friedrich Kittler vertreten, wenn er eine analoge Verrechnung dem zuschreibt, was er ›UDM‹ nennt: Die universelle diskrete Turingmaschine (vgl. Kittler 1998, 204; s. Kap. II.13).

Gleichwohl hat die Romantik diese Totalisierung umzukehren gewusst und im Gegenzug gerade wieder die Kunst zum Universalmedium erhoben. Das System Hegels bildet keine Ausnahmeerscheinung, sondern ist Resultat eines Reflexivwerdens des Medialen um 1800, weshalb die nachhegelsche Zeit den Medienbegriff zu entstofflichen beginnt und nicht mehr das Sinnliche, sondern die Sprache oder genauer: die Poesie zum Grundprinzip aller Mediation erhebt. »Die Kunst ist eine Bestimmung des Reflexionsmediums«, heißt es darum bei Walter Benjamin, »wahrscheinlich die fruchtbarste, die es empfangen hat« (Benjamin 1974a, 62). Tatsächlich kann man erst seit dem frühen 19. Jahrhundert und der Idee der Universalpoetik bei Friedrich Schlegel (1956) und anderen vom Beginn einer Medientheorie *avant la lettre* sprechen. Sie legt zugleich die weiteren Perspektiven fest. Denn nicht nur haben wir es mit einer Invertierung der gesamten hegelschen ›Vernunftreligion‹ und ihrer medialen Dialektik zu tun, sondern gleichzeitig mit einer Auszeichnung der poetischen Funktion der Sprache, die bis zu ihrer Ablösung durch die Digitalisierung das entscheidende Kriterium medientheoretischer Erörterungen bleiben wird. Noch Heidegger wird in seinem *Ursprung des Kunstwerks*, dort, wo er die Kunst aus der Dichtung ableitet, dieselbe Apotheose vollziehen (vgl. Heidegger 1972, 59 f.).

Philosophien des Medialen im 20. Jahrhundert

Ab der Jahrhundertwende bzw. dem Übergang vom 19. ins 20. Jahrhundert und den vielen neuen technischen Erfindungen, die auch die Philosophie herausfordern, kann dann nicht länger mehr von ›impliziten‹ Medientheorien in der Philosophie gesprochen werden, vielmehr wird das Mediale explizit und unter anhaltende Reflexion gestellt.

Obzwar die industrielle Revolution die kulturellen Parameter hin zu einer ›technologischen Kultur‹ verschoben hat, deren Realisation sich erst mit dem sogenannten ›Informationszeitalter‹ durchsetzen wird, ist es, mit wenigen Ausnahmen, bezeichnenderweise nicht die Technik, die diese Art von Medienreflexion anleitet, sondern vor allem das, was Richard Rorty in den 1960er Jahren retrospektiv den »linguistic turn« genannt hat (1967). Im Besonderen rechnet er dazu die sprachphilosophische Wende seit Gottlob Frege (1962) und Ludwig Wittgenstein (1989), den amerikanischen Pragmatismus und den hermeneutischen Universalismus seit Heidegger und Hans-Georg Gadamer (1960). Vorbereitet durch Nietzsches ›Perspektivismus‹ (vgl. Abel 1986), der die Interpretation, das permanente ›Umlügen‹ und ›Umgestalten‹ der Wirklichkeit postulierte, und durch die Semiotik (s. Kap. II.2) von Charles S. Peirce, die kein ›Außen‹, kein Zeichen-Anderes mehr anerkannte, sondern einzig eine unendliche Reihe von sich beständig reinterpretierenden ›Interpretanten‹ (vgl. Peirce 1983), gibt es nunmehr kein anderes Denken, Verstehen, Wahrnehmen oder Erkennen mehr, das nicht bereits durch das Nadelöhr der Sprache, ihrer Zeichen oder der symbolischen Ordnungen und ihren Signifikantenketten hindurchgegangen sein wird. Medienphilosophie (s. Kap. IV.2) formuliert dann vor allem einen Konstruktivismus des Medialen, für den die sprachliche Wirklichkeitskonstitution – sowohl in ihrer Propositionalität als auch Figuralität und später Performativität – Modell steht: Das Digitale, das die Medientheorien seit den 1980er Jahren beherrscht, bildet daraus bestenfalls ein Derivat.

Wollte man seither die medientheoretisch relevanten Philosopheme aufzählen, käme man nicht mehr zu einem Ende: Das 20. Jahrhundert, so lässt sich ohne Übertreibung sagen, ist das Jahrhundert der Medienphilosophien, auch wenn diese *expressis verbis* sich erst in den 1970er Jahren unter Einfluss des französischen Strukturalismus und Poststrukturalismus ausbilden. Zu nennen wären hier vor allem Derridas *Grammatologie* (1974), Vilém Flussers *Kommunikologie* (2003) sowie schließlich Niklas Luhmanns systematische Unterscheidung zwischen »Medium« und »Form« (1997, 195; s. Kap. II.11), um nur die Einflussreichsten zu nennen. Ausdrücklich suchen sie eine allgemeine Theorie des Sozialen und Kulturellen wie auch eine Theorie und Geschichte der Wissenschaften und der Künste unter den Prämissen eines weitreichenden Medienaprioris mit Begriffen wie ›Différance‹, ›Skripturalität‹, ›Code‹, ›Kulturtechnik‹ (s. Kap. II.19) oder ›Dispositiv‹ sowie aus der Computertechnologie entlehnten Ausdrücken wie ›Schaltung‹, ›Interface‹ und ›Algorithmus‹ zu etablieren – und laufen damit Gefahr, in einen neuen Hegelianismus zu verfallen (vgl. Mersch 2006).

Anleihen machen diese Versuche indessen bei der strukturalen Psychoanalyse Jacques Lacans und ihrer vermeintlichen Beziehung zur Kybernetik (vgl. Lacan 1991; s. Kap. II.12) sowie bei der Heideggerschen Technikphilosophie, die insofern eine Perspektivenverschiebung induziert, als sie die Technik selbst als ein Denken und, im Anklang an die ursprüngliche antike Begrifflichkeit, die *techné* als eine Weise des »Wahrheitsvollzugs« auffasst (Heidegger 1962, 12 ff.). Von hier aus scheint dann der Weg nicht weit, das Mediale überhaupt von seiner paradigmatischen Bindung an die Sprache zu entkoppeln, an die es seit mehr als 200 Jahren gefesselt war, um den Prozess der medialen Konstitution, sei es als Interpretation oder Übersetzung, technisch zu deuten und auf die Trias von Übertragen, Speichern und Berechnen zu beziehen (vgl. Kittler 1993, 170). Verbunden ist damit nicht nur eine Rationalitätskritik im Gewand von Medialität, sondern auch eine Umdeutung des Anthropologischen: Nicht länger wird der Mensch durch die Sprache und als *zoon logon* (als sprachbegabtes, vernunftbegabtes Tier) bestimmt, das des Medialen bedarf, um sich eine ›Welt‹ zu schaffen, vielmehr wird die Dominanz klassischer Kategorien wie Sinn, Vernunft, Wahrheit, Subjektivität, Intentionalität usw. an eine nicht mehr instrumentell bestimmte Technik als dem eigentlichen Ort des Medialen abgetreten – doch bleibt fraglich, ob diese Transkription noch der Kritik gerecht wird, die Heidegger vorschwebte. Technik – in Gestalt eines »Gestells« (Heidegger 1962, 19 ff.) – bietet für ihn gerade keinen Ausweg aus der Metaphysik, sondern im Gegenteil deren äußerste Erfüllung. Stattdessen hat er bis zum Schluss die Sprache privilegiert: Sie sei, heißt es schon im *Brief über den Humanismus* wie auch später in *Unterwegs zur Sprache*, das »Haus des Seins« (Heidegger 1975, 111 f.; 115), durch das wir beständig denkend hindurchgehen. Nicht das ›Gestell‹ der Technik, sondern das ›Gehäuse‹ der Sprache umgibt uns als Medium der Medien, als Milieu, als ›Umgebung‹.

Literatur

Abel, Günther: Wissenschaft und Kunst. In: Josef Simon/ Mihailo Djuric (Hg.): *Kunst und Wissenschaft bei Nietzsche*. Würzburg 1986, 9–25.

Alloa, Emmanuel: *Das durchscheinende Bild*. Berlin/Zürich 2011.

Aristoteles: *Über die Seele*. Übers. und hg. von Gernot Krapinger. Stuttgart 2011.

Bacon, Francis: *Neues Organon*. Übers. und erl. von J. H. von Kirchmann. Berlin 1870 (Philosophische Bibliothek, Bd. 32).

Bahr, Hans-Dieter: Medien-Nachbarschaften I: Philosophie. In: Joachim-Felix Leonhard: *Medienwissenschaft. Ein Handbuch zur Entwicklung der Medien und Kommunikationsformen*. Berlin 1999, 273–281.

Baudry, Jean-Louis: The apparatus: Metapsychological approaches to the impression of reality in cinema. In: Philip Rosen (Hg.): *Narrative, Apparatus, Ideology. A Film Theory Reader*. New York/Oxford 1986, 299–318.

Benjamin, Walter: Der Begriff der Kunstkritik in der deutschen Romantik. In: Ders.: *Gesammelte Schriften* I.1. Frankfurt a. M. 1974a.

Benjamin, Walter: Die Aufgabe des Übersetzers. In: Ders.: *Gesammelte Schriften* IV.1. Frankfurt a. M. 1974b, 9–21.

Boehm, Gottfried (Hg.): *Was ist ein Bild?* München 2006.

Debray, Guy: *Einführung in die Mediologie. Facetten der Medienkultur*. Bern 2003.

Derrida, Jacques: *Grammatologie*. Frankfurt a. M. 1974.

Derrida, Jacques: *Dissemination*. Wien 1995.

Derrida, Jacques: *Chora*. Wien 2005.

Flusser, Vilém: *Kommunikologie*. Frankfurt a. M. ³2003.

Foucault, Michel: *Dispositive der Macht*. Berlin 1978.

Frege, Gottlob: *Funktion, Begriff, Bedeutung*. Göttingen 1962.

Gadamer, Hans-Georg: *Wahrheit und Methode*. Tübingen 1960.

Haase, Frank: *Medium Heraklit*. München 2009.

Hamann, Johann Georg: *Schriften zur Sprache*. Frankfurt a. M. 1967.

Hegel, Georg Wilhelm Friedrich: Vorlesungen über die Ästhetik, 3 Bde. In: Ders.: *Werke in 20 Bänden*, Bde. 13–15. Frankfurt a. M. 1979.

Heidegger, Martin: *Die Technik und die Kehre*. Pfullingen 1962.

Heidegger, Martin: Der Ursprung des Kunstwerks. In: Ders.: *Holzwege*. Frankfurt a. M. ⁵1972, 7–68.

Heidegger, Martin: Über den ›Humanismus‹. In: Ders.: *Platons Lehre von der Wahrheit*. Bern ³1975, 53–119.

Herder, Johann Gottfried: *Sämmtliche Werke*, Bd. 8. Hg. von Bernhard Suphan. Berlin 1892.

Hobbes, Thomas: *Grundzüge der Philosophie. Erster Teil: Lehre vom Körper*. Übers. von Max Frischeisen-Köhler. Leipzig 1949.

Hoffmann, Stefan: *Geschichte des Medienbegriffs*. Archiv für Begriffsgeschichte. Hamburg 2002.

Kittler, Friedrich A.: Geschichte der Kommunikationsmedien. In: Jörg Huber u. a.: *Raum und Verfahren, Interventionen*. Basel/Frankfurt a. M. 1993, 169–188.

Kittler, Friedrich A.: Fiktion und Simulation. In: Gente Barck u. a. (Hg.): *Aisthesis, Wahrnehmung heute oder Perspektiven einer anderen Ästhetik*. Leipzig ⁶1998, 196–213.

Kristeva, Julia: Zu einer Semiologie der Paragramme. In: Helga Gallas (Hg.): *Strukturalismus als interpretatives Verfahren*. Darmstadt/Neuwied 1972, 163–200.

Kümmel-Schnur, Albert/Schröter, Jens (Hg.): *Äther. Ein Medium der Moderne*. Bielefeld 2008.

Lacan, Jacques: Psychoanalyse und Kybernetik oder Von der Natur der Sprache. In: Ders.: *Das Seminar Buch II: Das Ich in der Theorie Freuds und in der Technik der Psychoanalyse*. Weinheim/Berlin 1991, 373–390.

Locke, John: *Versuch über den menschlichen Verstand. In vier Büchern*. Übers. und erl. von J. H. von Kirchmann. Berlin 1872.

Luhmann, Niklas: *Die Gesellschaft der Gesellschaft*. Frankfurt a. M. 1997.

Man, Paul de: *Allegorien des Lesens*. Frankfurt a. M. 1987.

McLuhan, Marshall: *Die magischen Kanäle*. Frankfurt a. M. 1970.

Mersch, Dieter: *Medientheorien zur Einführung*. Hamburg 2006.

Mitchell, W. J. T.: *Picture Theory. Essays on Verbal and Visual Representation*. Chicago 1995.

Nietzsche, Friedrich: Über Wahrheit und Lüge im außermoralischen Sinne. In: Ders.: *Sämtliche Werke. Kritische Studienausgabe*, Bd. 1. München 1999.

Peirce, Charles S.: *Phänomen und Logik der Zeichen*. Hg. von Helmut Pape. Frankfurt a. M. 1983.

Platon: Phaidros. In: Ders.: *Sämtliche Dialoge*, Bd. 2. Hamburg 1998a.

Platon: Politeia/Der Staat. In: Ders.: *Sämtliche Dialoge*, Bd. 5. Hamburg 1998b.

Rorty, Richard: *The Linguistic Turn: Recent Essays in Philosophical Method*. Chicago/London 1967.

Schlegel, Friedrich: *Schriften und Fragmente*. Zsgest. und eingel. von Ernst Behler. Stuttgart 1956.

Spitzer, Leo: Milieu and Ambiance. In: Ders.: *Essays in Historical Semantics*. New York [2]1968, 179–316.

Voegelin, Eric: *Anamnesis. Zur Theorie und Geschichte der Politik* [1966]. Freiburg 2005.

Wittgenstein, Ludwig: *Tractatus logico-philosophicus*. Kritische Edition. Hg. von Brian McGuinness/Joachim Schulte. Frankfurt a. M. 1989.

Dieter Mersch

2.   Semiotik/Dekonstruktion

Semiotik ist die Lehre von den Zeichen. Sie systematisiert die Möglichkeiten, Prozesse anhand von Kennzeichen und Anzeichen zu analysieren. Seit der Antike ist die verbindliche logische Form des Zeichenbegriffs geläufig, nach der es sich bei Zeichen um Gegenstände handelt, die für andere Gegenstände stehen (*aliquid stat pro aliquo*, wie die bündige Formel der Scholastik lautet). 1690 generalisierte John Locke in seinem *Essay Concerning Humane Understanding* (1700/1988) den in der Medizin gebräuchlichen Terminus semiotiké (σημιωτικὴ) als allgemeine ›doctrine of signs‹ (ebd.).

Aber erst im 20. Jahrhundert entwickelte sich die Semiotik zu der vielstimmigen ›Transdisziplin‹, die – ähnlich wie die Kybernetik (s. Kap. II.6) und die Systemtheorie (s. Kap. II.11) – die Grenzen zwischen Strukturwissenschaften und empirischer Forschung einerseits, zwischen Natur- und Geisteswissenschaften andererseits programmatisch überschreitet (vgl. Nöth 2000). Die moderne Semiotik lässt sich als Problematisierung der künstlichen Erkenntnisgrenzen verstehen, die im 19. Jahrhundert mit der fachdisziplinären Ausdifferenzierung der modernen Wissenschaften gezogen worden sind.

Dabei ist der Grundgedanke der Semiotik ebenso einfach wie überzeugend: Das wirkliche Geschehen ist nicht monokausal zu erklären, sondern Folge komplexer Gegenstandskonstellationen; ein einzelner bestimmter Gegenstand ist nie die allein entscheidende Ursache eines beobachtbaren Geschehens, sondern kann allenfalls ›Indikator‹ für den ursächlich wirkenden Komplex sein. Daher mögen sich zwar in den Einzelwissenschaften abstrakte naturgesetzliche Zusammenhänge formalisieren lassen; für die Diagnose, Erklärung und Prognose wirklichen Geschehens aber braucht es eine fachübergreifende semiotische Kompetenz und also auch eine entsprechend fachübergreifende Lehre. So überzeugend diese Begründung der semiotischen Transdisziplinarität auch heute noch ist, sie motiviert einen Fehlschluss: Da es sich beim Zeichenbegriff, dem Augustinischen ›Quid-pro-quo‹, um einen gegenstandsabstrakten Funktionsbegriff handelt, kann es einem leicht so vorkommen, als habe man mit der Semiotik *den* epistemologischen Schlüssel in der Hand.

So lassen sich die Überlegungen Charles Sanders Peirce', der um 1900 die moderne Semiotik begründete, durchaus im Sinne einer alles erklärenden Zeichenontologie interpretieren. Da Peirce in seiner Begründung der Zeichenkategorien relationenlogisch ansetzt und konsequenterweise keine vorgängigen Substanzialitäten und Gegenständlichkeiten unterstellt, kann man die von ihm gefundenen Kategorien als Grundkategorien der Wirklichkeit verstehen, aus denen dann logischerweise eine pansemiotische Auffassung der Welt und eine Allzuständigkeit der Semiotik folgt (vgl. Peirce 1903/1998). Peirce' umfassende Gelehrsamkeit in Mathematik, Natur- und Sozialwissenschaften tut ein Übriges, diesen Eindruck zu vermitteln. In der Peirce-Rezeption und der Peirce-Kritik ist diese ontologisch-pansemiotische Lektüre seiner Überlegungen besonders wirksam gewesen.

Und auch der zweite Diskursbegründer der modernen Semiotik, Ferdinand de Saussure, beförderte mit seiner strukturalen Theorie der Sprache die intellektuelle Schlüsselattitüde der modernen Semiotik. In einem genialen Zug der strukturalen Abstraktion löste Saussure die notorische Inkommensurabilität sprachwissenschaftlicher Einzelforschungen auf. Um 1900 fiel die Erforschung sprachlicher Phänomene in die Zuständigkeit ganz unterschiedlicher Fächer, und entsprechend stellte sich das Wissen über Sprache als ein Sammelsurium von Befunden dar, für deren Zusammenhang es kein facheinheitliches Konzept gab. Saussure löste das Problem für die Sprachwissenschaft dadurch, dass er die vielfältigen manifesten Sprachphänomene (die konkrete Lexik und Grammatik, die Physiologie der Lautgebung und die sozialen Funktionen der Sprache – in Saussures Terminologie: die *langage*) zur epiphänomenalen Oberfläche einer zugrunde liegenden, einheitlichen Sprachstruktur (*langue*) machte, die nicht aus beobachtbaren Einheiten, sondern aus funktionalen Differenzen besteht, aus Zuordnungsregeln, die zwischen den epiphänomenalen Gegebenheiten der menschlichen Rede vermitteln und damit die Diskretheit dieser Gegebenheiten allererst begründen (vgl. Saussure 1916/1967).

Saussures Lösung hatte zwei komplementäre Effekte. Einerseits demonstrierte sie das wissenschaftliche Potenzial der Struktur- und Systemperspektive. Andererseits machte sie darauf aufmerksam, dass alle Struktureffekte im Grunde sprachlicher Natur sind. Wenn nämlich das phänomenale Substrat der Sprache gegenüber der zugrunde liegenden Struktur bloß ein Epiphänomen war, dann bedeutete das im Umkehrschluss, dass alle Strukturevidenzen, die in der Welt beobachtbar sind, mit linguistischen oder quasilinguistischen Mitteln aufgeklärt werden konn-

ten. Die linguistische Perspektive konnte auf diese Weise zur analytischen Leitperspektive der Moderne werden.

Am deutlichsten hat diesen universalistischen Anspruch der Semiotik Charles W. Morris vertreten, der seine behaviouristische Semiotik explizit als Erfüllung des einheitswissenschaftlichen Programms des logischen Empirismus ansah (vgl. Morris 1938). Und noch heute ist dieser Anspruch innerhalb des semiotischen Diskurses lebendig (vgl. Posner u. a. 1997–2004).

Medienwissenschaft und Semiotik

Die Medienwissenschaft steht zur Semiotik in einem nachbarschaftlich gespannten Verhältnis. Einerseits forscht die Medienwissenschaft ähnlich wie die Semiotik disziplinenübergreifend, und sie beschäftigt sich vor allem mit jenen kulturellen Praktiken, die auch die Semiotik, zumal in ihrer kulturwissenschaftlichen Hochphase in den 1960er und 1970er Jahren, besonders interessierten: die Unterhaltungsmedien, die politische Kommunikation und der Prestigekonsum in der Industriegesellschaft. Andererseits ist die Medienwissenschaft oft als ein Unternehmen begründet worden, das sinn- und bedeutungs*skeptisch* nach den ›Materialitäten der Kommunikation‹ statt nach den vermeintlich manifesten Bedeutungsstrukturen fragt (vgl. Gumbrecht/Pfeiffer 1988). Umgekehrt hat die Semiotik in Reaktion auf die Konjunktur der medienwissenschaftlichen Thematik seit den 1980er Jahren ihren Kanon der Einzelsemiotiken um das Forschungsfeld einer ›Mediensemiotik‹ erweitert (vgl. Bentele/Hess-Lüttich 1985; Nöth 1997). Zugleich lässt sich beobachten, dass viele medienwissenschaftliche Untersuchungen mit semiotischen Methoden arbeiten und dass Arbeiten, die sich als Beiträge zur Mediensemiotik verstehen, vor allem medienwissenschaftliche Literaturquellen zitieren.

In dieser gespannten Nachbarschaft zwischen Semiotik und Medienwissenschaft stellt sich vor allem die Frage nach grundbegrifflichen Verhältnissen bzw. Prioritäten. Beruht die Medialität eines Sachverhalts auf seiner Semiotizität und muss seine Medialität entsprechend semiotisch rekonstruiert werden (vgl. Winkler 2008)? Sind Medien also eine besondere Art von Zeichen? Oder sind umgekehrt Zeichenprozesse immer medial bedingt? Bedarf die Semiotik also einer medienwissenschaftlichen Aufklärung?

Aus semiotischer Sicht lässt sich die Frage folgendermaßen beantworten: Die Medienwissenschaft untersucht Kommunikationstechnologien, Kulturtechniken und Apparate der Bedeutungsvermittlung (bzw. deren Störung). Die konstitutive Technizität des medienwissenschaftlichen Gegenstands kann prinzipiell nicht beobachtet werden, wenn man nicht die spezifisch ausgerichtete Struktur dieser Technizität berücksichtigt, die im Bedeutungsphänomen begründet ist. Und dieses Bedeutungsphänomen ist formal durch das semiotische Quid-pro-quo bestimmt. Dieses Quid-pro-quo aber lässt sich nur in semiotischen Kategorien beschreiben. Die Medienwissenschaft kann daher die *Materialität* der Kommunikation nur in den Blick nehmen, wenn sie deren Spezifikum, nämlich die Materialität der *Kommunikation* zu sein, berücksichtigt. Die entscheidenden Bestimmungsgründe dessen, was als Materialität der Kommunikation ›zählt‹, bestehen in der Absicht, Bedeutungsphänomene mitzuteilen oder deren Mitteilung zu unterbinden, und in der Erwartung, Bedeutungsphänomene mitgeteilt zu bekommen oder der Enttäuschung dieser Erwartung. Und diese entscheidenden Bestimmungsgründe der Medien lassen sich nur durch eine Analyse erhellen, die mit semiotischen Kategorien operiert und die zugrunde liegenden Regelapparate der Bedeutungszuordnung rekonstruiert.

Aus medienwissenschaftlicher Perspektive würde man dem entgegnen, dass die semiotischen Kategorien gegenstandsabstrakt konstruiert sind und den gegenständlichen Differenzen der medialen Praktiken, der in ihnen fungierenden Apparate, Performanzen und Sinnesvermögen nicht gerecht werden können. Die Semiotik setzt aus medienwissenschaftlicher Perspektive systematisch ›zu spät‹ an, nämlich bei den erlernten Interpretationsregeln, die bestimmen, welche denkbaren Bedeutungen bewusst festgestellte Wahrnehmungstatsachen haben können. Die Prozessualität der Formübertragung in materiell verschalteten Apparaturen und die körperlich-leiblich auszuagierenden Kulturtechniken der Medienwahrnehmung verschwinden in der semiotischen Perspektive. Das Situativ-Faktische des kommunikativen Geschehens wird von der Semiotik überhaupt nicht als Determinante von Interpretationsresultaten gesehen. Die Semiotik ist Opfer eines Regelmythos und tut so, als seien die symbolischen Strukturen, mit denen man semiotisch gewisse Regelmäßigkeiten des gesellschaftlichen Verhaltens modellhaft erklären kann, eo ipso real.

Die relative Gültigkeit der semiotischen und medienwissenschaftlichen Argumente lässt sich durch eine Unterscheidung zwischen semiotischen und medialen Gegenständen näher bestimmen: Mediale Gegenstände sind Artefakte, die um ihrer Wahrnehmbarkeit willen hergestellt werden (s. Kap. II.3). Man bemerkt, das etwas ein medialer Gegenstand ist, weil er zu kaum etwas anderem zu gebrauchen ist, als dazu, ihn wahrzunehmen. Seine Wahrnehmbarkeit ist das, was ihn aus allen anderen Gegenständen heraushebt. Das kann man feststellen, ohne den mindesten Begriff davon zu haben, was diese Wahrnehmbarkeit ›soll‹. Zeichen dagegen sind nicht wahrnehmbar, sondern bloß denkbare Gegenstandsbezüge. Manche solcher Gegenstandsbezüge sind durch die Wahrnehmungsform eines Gegenstands begründet (Ikonizität; zur Kritik vgl. Goodman 1995), andere durch wiederholt beobachtbare funktionale Verbindungen (Indexikalität), andere wiederum beruhen auf dem Wissen, dass sie konventionell gelten (Symbolizität).

So wird der folgende medial-semiotische Zusammenhang formulierbar: Mediale Gegenstände sind unabhängig von ihrer möglichen Semiotizität als solche erkennbar: Man kann wahrnehmen, dass etwas ein Bild, ein geformter Klang, ein Text, eine Geste, ein mathematisches Objekt ist, *ohne* zugleich zu verstehen, welche Gegenstandsbezüge die artifiziell präsentierten Objekte, Expressionen, Konventionen, Anregungen und Abstraktionen zur Geltung bringen sollen (s. Kap. III.1). Aber mediale Gegenstände können, wie alle anderen Gegenstände auch, solche Gegenstandsbezüge ›indizieren‹. Und wer die Absicht hat, ikonische, indexikalische oder symbolische Gegenstandsbezüge zur Geltung zu bringen, der wird dazu mediale Gegenstände verwenden, die sich der Wahrnehmung aufdrängen. Das Motiv, semiotische Gegenstandsbezüge zur Geltung zu bringen, ist zweifellos die stärkste Produktivkraft der Medienproduktion. Die artifiziell aufwendigsten, global aufmerksamkeitsträchtigsten Medienobjekte werden semiometrisch minutiös abgesichert. Kein Blockbuster ohne vorauseilende Begleitforschung, dass dessen ›Sinn‹ auch das ›Sinnbedürfnis‹ des größtmöglichen Publikums trifft. Gleichwohl kann die Verwirklichung einer intendierten Zeicheninterpretation durch eine entsprechende mediale Geltung nur motiviert, aber nicht kausal determiniert werden.

Die Semiotik hat in ihren wirkmächtigsten Varianten, der *strukturalen*, der *behaviouristischen* und der *kritischen* Semiotik, allerdings immer auf der Basis konkreter Zeichensysteme und konkreter Zeichenverwender argumentiert. Die strukturale Semiotik hat die natürliche Sprache und ihre Darstellungspraktiken, Rede und Schrift, zum Prototyp der Semiose gemacht und unter diesem Gesichtspunkt das gesamte Zeichengeschehen als sprachanaloge Funktion analysiert: Alle ästhetisch motivierten Artefakte wurden und werden von der strukturalen Semiotik unterschiedslos als ›Texte‹ ›gelesen‹. Man analysiert auf diese Weise, welche Elemente des öffentlichen Diskurses durch Darstellungen aufgerufen werden bzw. welche Diskurselemente sozusagen verantwortlich sind für den Eindruck, etwas Bestimmtes gezeigt zu bekommen. Zwar stellen natürliche Sprachen offenbar die höchste zu erreichende Allgemeinheit semiotischer Verbindlichkeit dar, gleichwohl ist auch festzuhalten, dass Diskurselemente Darstellungen nicht konstituieren können, sondern umgekehrt selbst darstellungsbedürftig sind.

Aus Sicht einer kritischen Semiotik, wie sie am prominentesten von Umberto Eco entwickelt worden ist (vgl. Eco 1972; 1984), geht es darum, mit Hilfe der semiotischen Analyse die Irrationalität der Gesellschaft gegen sich selbst auszuspielen. Konventionelle Zeichen präsentieren eine scheinbar rationale Ordnung der Dinge. Die Systematisierung der Zeichen wird zur Waffe gegen diesen Schein, indem gezeigt werden kann, dass alle Zeichenbedeutung auf einer unabschließbaren Vielheit relativer Codes beruht. Unter der Oberfläche der Zeichendarstellungen verbirgt sich ein Chaos von Codes, das die semiotische Analyse zu entbinden und so die Verhältnisse zum Tanzen zu bringen hat. Das Ecosche Projekt einer ›semiotischen Guerilla‹ (vgl. Eco 1972, 441) ist durch sein strategisches Verhältnis zum Zeichenbegriff die medienwissenschaftlich reflektierteste Form der Semiotik, indem sie den Modellcharakter des Zeichens anerkennt und als solchen verwendet. Gleichwohl ist auch im kritischen Verständnis Ecos die Integrität der Darstellung ein semiotisch abgeleitetes und abzuleitendes Phänomen. Der kritische Impuls erscheint auf unkritische Weise verabsolutiert, das Interesse an Rationalität archetypisiert.

Der zeichenkritische Impuls weist über die von Eco begründete Semiotik kultureller Codes hinaus und ist in einem Diskurs entfaltet worden, der sich programmatisch jenseits der klassischen Semiotik begreift: die Dekonstruktion.

Dekonstruktion: Beschreibung und Einordnung

Im allgemeinen wissenschaftlichen Sprachgebrauch wird ›Dekonstruktion‹ als Schlagwort für eine Vielzahl von Ansätzen und Programmen in verschiedenen Disziplinen (vor allem in der Philosophie und Literaturwissenschaft) verwendet, die durch das Bemühen um eine radikale Kritik der Mechanismen der Sinnrepräsentation und -produktion durch zeichenhafte Strukturen und Prozesse geeint sind.

Im Besonderen meint der Ausdruck die Kritik, die Jacques Derrida am metaphysischen Identitäts- und Präsenzdenken geübt hat. Laut Derrida ist die abendländische Philosophie seit ihren Anfängen von der Idee bestimmt, das viele Besondere und Verschiedene nach Maßgabe eines allgemeinen, mit sich selbst identischen ›Einen‹ zu denken. Als dieses ›Eine‹, die vereinheitlichende Größe, wird der im räsonierenden Subjekt bzw. dessen mündlicher Rede unmittelbar anwesende (sozusagen nicht-mediale, nicht durch Medien irgendwelcher Art vermittelte) Sinn bestimmt. Derrida dekonstruiert die Vorstellung unmittelbar gegebener, d. h. sich selbst gegenwärtiger, ›erfüllter‹ und ›sicherer‹ Bedeutung, indem er in exemplarischen Lektüren aufzeigt, dass und wie gewisse Annahmen und Aussagen philosophischer Texte ihrem eigenen Sinn (ihrer Argumentation und Intention) zuwiderlaufen. Nach Derridas Vorbild geschieht Dekonstruktion somit immer als Demonstration, welche die Brüchigkeit und Unvollständigkeit, Mehrdeutigkeit oder gar Widersprüchlichkeit eines Textes (generell gesprochen: eines Zeichenzusammenhangs) sichtbar macht.

Die Relevanz der Dekonstruktion für medienwissenschaftliche Arbeiten ergibt sich weniger aus der Tatsache, dass prinzipiell alle Zeichenzusammenhänge, und d. h. sämtliche ›Inhalte‹ von Medien (literarische Texte, Werbeanzeigen, Filme, TV-Sendungen usw.), einer dekonstruktiven ›Lektüre‹ als Text zugeführt werden können. Die Dekonstruktion ist für die Medienwissenschaft zunächst von konzeptioneller und fachgeschichtlicher Bedeutung, weil sie in ihren frühen Formulierungen durch Derrida eine (eher implizite) Antwort auf veränderte medienhistorische Gegebenheiten sowie eine (sehr explizite) theoretische Auseinandersetzung mit zwei basalen Medien des menschlichen Zeichengebrauchs darstellt: der Stimme und der Schrift.

Angesichts der in den 1960er Jahren sich abzeichnenden Revolution der elektronischen Medien- und Computertechnik spricht Derrida (1974, 16–48) vom »Ende des Buchs«, das zugleich der »Anfang der Schrift« ist. Die neuen Informations- und Kommunikationsmittel entheben die (gedruckte) Schrift ihrer kulturellen Vormachtstellung, womit eine Dekonstruktion des herkömmlichen westlichen Schrift- und Zeichenverständnisses möglich und notwendig wird – exemplarisch für den Anschluss der Medienwissenschaft an diesen Punkt ist Kittlers (1993, 225; s. Kap. II.13) Aussage: »Ohne Computertechnik keine Dekonstruktion, sagte Derrida […]«. Traditionell sieht das abendländische Denken in der (phonetischen) Schrift ein bloßes Repräsentationsmittel der mündlichen Rede, einen von der ›natürlichen‹, ›lebendigen‹ (Laut-)Sprache abgeleiteten ›technischen‹, ›leblosen‹ Zusatz. Dagegen plädiert Derrida für eine erweiterte und verallgemeinerte Auffassung von Schrift, die neben der geschriebenen auch die gesprochene Form der Sprache, ja: menschliche Zeichensysteme aller Art einschließt. So verstanden, meint der Ausdruck ›Schrift‹ nicht mehr ein Hilfsmittel zur grafischen Aufzeichnung mündlicher Rede; er benennt für Derrida die Möglichkeitsbedingung von semiotischen Strukturen und Prozessen überhaupt.

Klassische sprachphilosophische Positionen von Platon bis Hegel, aber auch die moderne Semiotik und Linguistik einschließlich Saussure sind laut Derrida logo- bzw. phonozentrischen Grundannahmen verhaftet: Sie privilegieren die (Laut-)Sprache vor der Schrift, insofern sie die vom Subjekt einer Aussage intendierte Bedeutung vorzüglich im gesprochenen Wort repräsentiert sehen. Zwar fungiert auch die Stimme als Medium, d. h. als vermittelnde Instanz von Sinn. Aufgrund ihrer spezifischen Phänomenalität garantiert sie für den Logo- bzw. Phonozentriker aber eine »absolute Nähe […] zur Idealität des Sinns« (Derrida 1974, 25). In der Stimme ist das Bedeutete des Ausgesagten gewissermaßen unmittelbar präsent; im ›Sich-selbst-sprechen-hören‹ vernimmt und versteht das sprechende Subjekt das von ihm Gesagte; so scheint eine absolute Transparenz des Sinns verwirklicht zu sein. Gegen den abendländischen Logo- und Phonozentrismus, der selbst ein Effekt der (nach dem Ideal einer perfekten Lautschrift konzipierten) Alphabetschrift sei, erinnert Derrida mit Bezug auf Saussures *Cours de linguistique générale* (orig. 1916) daran, dass Sinn nie direkt gegeben, d. h. nie in einzelnen Zeichen als positiver, mit sich selbst identischer und von nichts anderem abhängiger Gehalt gegenwärtig ist. Vielmehr kommt jedem aktualisierten Zeichen (und zwar ungeachtet seiner Phänomenalität bzw. medialen Substanz, sei sie lautlicher, grafischer oder sonstiger Art) Bedeutung erst durch die differentielle Beziehung zu, die es mit allen übrigen, nicht aktualisierten Zeichen des jeweiligen Systems unterhält. Aus dekonstruktiver Perspektive ist Sinn deshalb nicht ein Faktum einfacher Präsenz und Identität, sondern der ›schillernde‹ Effekt vielfacher, durch Präsenz wie Absenz strukturierter Differenzen.

Die philosophischen Quellen des dekonstruktiven Denkens sind vielfältig. Zur Hauptsache verdankt sich Derridas Ansatz Martin Heideggers ›Destruktion‹ der Geschichte der Ontologie, Emmanuel Levinas' Ethik der Alterität und der Phänomenologie Edmund Husserls (s. Kap. II.3) sowie der Psychoanalyse Sigmund Freuds (s. Kap. II.12) und eben der strukturalen Linguistik Saussures. Deren zentrale Thesen und Argumente greift Derrida auf und (ver-)wendet sie über ihre ursprüngliche Anlage und Bestimmung hinaus für eine Kritik des abendländischen Identitäts- und Präsenzdenkens. Als fundamentale Analyse der Metaphysik knüpft die Dekonstruktion an die philosophische Tradition des Westens an und macht sie zum Gegenstand einer intensiven Befragung. Dabei stellt sie sich nicht außerhalb dieser Tradition (was nach Derrida auch nicht möglich wäre), sondern arbeitet in ihr selbst gegen ihre Voraussetzungen und Folgerungen an, um sie gleichsam in ihrem Inneren zu erschüttern. Daher – und weil sie sich Wesensbestimmungen prinzipiell entzieht – ist die Dekonstruktion auch keine Theorie oder Methode herkömmlicher Art, die neben anderen im Feld der Wissenschaft eingeordnet werden könnte. Sie stellt »ein nicht abgeschlossenes, nicht abschließbares und nicht vollständig formalisierbares Ensemble von Regeln des Lesens, Interpretierens und Schreibens« dar (Derrida 1997, 27).

Die Dekonstruktion bietet also keine feststehenden Verfahren an, die sich ›mechanisch‹ auf verschiedene Problemstellungen anwenden ließen, um in reproduzierbarer Weise Resultate hervorzubringen. Stets singuläre Lektüre je spezifischer (philosophischer) Texte, schreibt sie diese um und fort, ohne damit jemals zu einem notwendigen, endgültigen Schluss zu kommen. Gleichwohl gibt es typische ›Regeln‹ dekonstruktiven Arbeitens, vor allem das Aufdecken, Umkehren, Verschieben und Überschreiten binärer Oppositionen (etwa Präsenz/Absenz oder Stimme/Schrift), über welche sich kulturelle, soziale, geschlechtliche usw. Hierarchien konstituieren und perpetuieren (s. Kap. IV.24 und IV.25). Zudem lassen sich zwei verschiedene (in der

Praxis üblicherweise zusammen auftretende) Stile der Dekonstruktion unterscheiden: ein vorwiegend historisch-genealogisch interpretierender sowie ein scheinbar unhistorischer Stil, der auf die Darstellung von Paradoxien abzielt (vgl. Derrida 1991, 44). So lässt sich die Dekonstruktion wohl am ehesten definieren als eine infrage stellende Haltung oder Geste, die bei der Lektüre eines Textes wirksam wird, um die in ihm herrschende begriffliche Ordnung von innen heraus aufzubrechen.

Überblick über die Entwicklung

Das Projekt der Dekonstruktion entsteht in den 1960er Jahren aus Derridas Beschäftigung mit dem Problem von »Genesis und Struktur« in der Phänomenologie (Derrida 1976, 236–258) und findet seinen ersten Höhepunkt mit den drei im Jahr 1967 veröffentlichten Büchern *Die Stimme und das Phänomen*, *Die Schrift und die Differenz* und *Grammatologie*. In eingehenden Lektüren von Platon, Rousseau, Hegel, Husserl, Heidegger u. a. arbeitet Derrida den Logo- und Phonozentrismus der westlichen Philosophie heraus und unternimmt seine Fundamentalkritik des Zeichenbegriffs, die ihn zum erweiterten Konzept der Schrift als der »gemeinsamen Wurzel« aller sprachlicher Strukturen und Prozesse führt (Derrida 1974, 90; 99). In Aussicht gestellt wird eine künftige allgemeine Wissenschaft der Schrift, eine ›Grammatologie‹, welche die dem metaphysischen Zeichenbegriff verhafteten Disziplinen der Linguistik und Semiotik übersteigen und ersetzen soll (vgl. ebd., 130–170).

Die prominentesten ›Begriffe‹ des dekonstruktiven Denkens entstammen dieser frühen Schaffensphase Derridas. Sie dürfen aber nicht als gewöhnliche philosophische Konzepte (miss-)verstanden werden, wollen sie doch gerade der Unmöglichkeit einer sicheren Vereindeutigung und Vergegenwärtigung von Sinn – einer endgültigen Festlegung von Bedeutung in begrifflichen Definitionen – Rechnung tragen.

Besonders wirkmächtig ist Derridas Neologismus ›différance‹ geworden, dessen les-, aber nicht hörbare Differenz zum gängigen französischen Wort *différence* bereits die dekonstruktive Umwertung von Schrift und Stimme anzeigt. Derrida versucht, in dem Ausdruck zu bündeln, was jeder Struktur und jedem Prozess der Bedeutung und Bezeichnung (egal in welchem Medium) als Möglichkeitsbedingung vorangeht. *Différance* kann daher u. a. das

»Spiel der Differenzen« eines Zeichensystems, als dessen Effekt Sinn entsteht, meinen (Derrida 1990, 151), aber auch die verräumlichende und verzeitlichende Bewegung, welche die »Artikulation des gesprochenen Wortes und der Schrift – im geläufigen Sinne –« ausmacht (Derrida 1974, 110). Als Gegenstück zum metaphysisch belasteten Begriff des Zeichens schlägt Derrida den Ausdruck ›Spur‹ (*trace*) vor, der statt der scheinbar statischen, stabilen Struktur eines Zeichensystems die Bewegung der *différance* betont, statt der vermeintlichen Identität und Präsenz von Sinn im Zeichen das jedem Bezeichnungsakt inhärente differentielle Moment von An- und Abwesenheit, statt der vorgeblichen Idealität von Sinn die sinnlich wahrnehmbare Verräumlichung und Verzeitlichung des Gesprochenen, Geschriebenen usw. Derrida wertet damit – in der Terminologie Saussures – den Signifikanten vor dem Signifikat auf. Da sich das Signifikat (d. h. die Bedeutung oder der Sinn eines Zeichens) laut Derrida erst als Spur von Signifikanten formt, befindet es sich »*immer schon in der Position des Signifikanten*« (Derrida 1974, 129; Herv. i. O.). Es gibt kein ›transzendentales Signifikat‹, d. h. keinen letzten, gesicherten Bezugspunkt von Bedeutung. Jedes Signifikat entpuppt sich als Signifikant eines Signifikanten. Was gemeinhin für ein Merkmal von Schrift gehalten wird, nämlich ein sekundärer Zusatz, ein von der ›ursprünglichen‹ Sphäre des Bedeutens abgeleitetes und dem Sinn ›äußerliches‹ Hilfsmittel zu sein, gilt im Grunde für alle sprachlichen Zeichen (vgl. ebd., 78). Schriftlichkeit ist folglich – in einem nicht historischen Sinne – ›ursprünglicher‹ als jedes gesprochene und auch geschriebene Wort, weshalb Derrida die allen Bezeichnungsakten vorausliegende Bewegung des differentiellen Verweisens von Signifikanten auch »Ur-Schrift« (*archi-écriture*) nennt (ebd., 105 und passim).

Mit dem skizzierten Zeichen- und Sprachverständnis liegt die Dekonstruktion quer zu rationalistischen Ansätzen, insbesondere solchen der strukturalistischen, pragmatischen und sprachanalytischen Tradition. Im Gegensatz zu diesen Denkrichtungen besteht Derrida auf der prinzipiell unabschließbaren Sinnverschiebung in der Sprache. Damit etwas als Zeichen funktioniert, muss es in unterschiedlichen Situationen wiederholt werden, d. h. sich von einem Kontext lösen und in einen anderen wechseln können. Kein Kontext aber kann den Sinn eines Zeichens jemals vollständig festlegen. Die von Derrida ›Iterabilität‹ genannte Möglichkeit der Wiederholung von Zeichen (von *tokens* im Sinne von Peirce) ist also nicht nur Voraussetzung ihrer Identitätsstiftung (als *types*), sondern impliziert zugleich ihre Bedeutungsvarianz. Wie Derrida (2001) in Auseinandersetzung mit der Sprechakttheorie von John L. Austin zeigt, unterläuft die Iterabilität der Zeichen die Unterscheidung von ›eigener‹ und ›fremder‹ Rede, ›aufrichtigem‹ und ›unaufrichtigem‹ Sprachgebrauch, performativen und konativen Sprechakten usw. Allen Zeichen bzw. sprachlichen Äußerungen kommt deshalb letztlich der Charakter von Zitaten zu.

Nach den konzeptionell radikalen, formal aber konventionellen zeichen- und medientheoretischen Erörterungen der ersten Phase schlägt sich das dekonstruktive Moment seit Mitte der 1970er Jahre auch in der Textgestalt nieder. Derrida (1997, 34) experimentiert mit »weniger linearen textuellen Konfigurationen, gewagteren logischen und topischen, ja typographischen Formen«, z. B. in *Glas* (orig. 1974), in welchem er zwei Textstränge zu Hegel und Jean Genet parallel führt, oder in *Die Postkarte* (orig. 1980), deren erster Band sich als Sammlung philosophischer (Liebes-)Briefe gibt. Spätestens ab Ende der 1980er Jahre werden Derridas Arbeiten stilistisch wieder konventioneller und machen nun bis dahin eher unterschwellig gebliebene Themen explizit. Es dominieren jetzt dekonstruktive Auseinandersetzungen mit Fragen der Politik, der Ethik, der Religion und des Rechts. In diesem Zuge erfährt die Dekonstruktion, »die im Grunde stets Rechtsfragen, Fragen der Rechtmäßigkeit und der Berechtigung, Fragen, die das Recht betreffen, aufwirft« (Derrida 1991, 30), eine begriffliche Reformulierung. »Die Dekonstruktion«, heißt es nun, »ist die Gerechtigkeit«, und zwar als die Möglichkeit, geltendes Recht – den Text des Gesetzes – zu dekonstruieren und Gerechtigkeit zu schaffen (ebd.). Zwar werden Zeichen und Medien auch in den Texten der mittleren und späten Schaffensphase Derridas immer wieder thematisch (z. B. in *Marx' Gespenster*, orig. 1993; *Dem Archiv verschrieben*, orig. 1995; *Echographien*, orig. 1996), jedoch nicht mehr in der Ausführlichkeit und nicht mit derselben theoretischen Wirkung wie in den frühen Werken.

Wirkung und Rezeption

Die dekonstruktiven Arbeiten Derridas haben von Beginn an und über die Grenzen der philosophischen Debatten hinaus eine enorme Wirkung entfaltet, weshalb die Dekonstruktion als eine der prägen-

den Denkrichtungen neuerer Zeit gelten darf. Ihre Reichweite zeigt sich z. B. darin, dass sie innerhalb der Philosophie so unterschiedliche Autoren wie Judith Butler, Jean-Luc Nancy, Simon Critchley, Catherine Malabou und Richard Rorty beeinflusst hat. Das dekonstruktive Denken wurde von Anfang an aber auch scharf kritisiert (vor allem von Seiten der sprachanalytischen Philosophie, aber auch von marxistischen Theoretikern oder Vertretern der Kritischen Theorie, s. Kap. II.9, wie Jürgen Habermas). Nicht selten erschöpfte sich die Kritik an der Dekonstruktion jedoch in Polemik oder ging an der Sache vorbei. So wurden Derrida u. a. Obskurantismus, Irrationalismus und Nihilismus vorgeworfen – Vorwürfe, die sich bei näherer Kenntnis seines Werks als haltlos, oder auf einem grundlegenden Miss- bzw. Unverständnis seines Vorhabens beruhend, herausstellen.

Eine der ersten Folgen der Dekonstruktion war es, dass Derridas radikale Kritik des Zeichen- und des Strukturbegriffs Ende der 1960er Jahre entscheidend zum Niedergang strukturalistischer Programme beigetragen hat. In vielen geistes-, sozial- und kulturwissenschaftlichen Fächern beförderten Derridas dekonstruktive Argumente aber die theoretischen und praktischen Auseinandersetzungen mit den facheigenen Begriffen und Gegenständen – zuvorderst in solchen Disziplinen, die mit Fragen von Repräsentation und Identität beschäftigt sind, also etwa in der Literaturwissenschaft, den Gender Studies und den Postcolonial Studies (s. Kap. IV.24 und IV.25). Beeinflusst wurden u. a. aber auch die Kunstwissenschaft, Filmwissenschaft, Soziologie, Theologie, Politische Theorie oder die Rechtswissenschaft.

Weil die Dekonstruktion nach Derrida keine Theorie oder Methode im herkömmlichen Sinne darstellt, ist ihre Rezeption durch andere Autoren keine Frage einer Übernahme feststehender Verfahren für neue Objekte oder Problemstellungen. Bleibt es nicht bei der einfachen Übernahme von Derridas Vokabular oder der Nachahmung seines Schreibstils, kommt durch die geglückte Übertragung der dekonstruktiven Geste auf ihr ursprünglich fremde Zusammenhänge etwas Originäres zustande, das sich Derridas Projekt streng genommen nur noch dem Namen nach zurechnen lässt. Dies zeigt das Beispiel der sogenannten Yale School of Deconstruction: Inspiriert von Derridas frühen Schriften entwickelten Literaturwissenschaftler der Yale University (besonders Paul de Man und J. Hillis Miller) eine Lesepraxis oder ›Ethik des Lesens‹ (Miller), welche die rhetorische und figurative Dimension und Funktion literarischer Texte in den Mittelpunkt des Interesses rückt, um in ihnen inhärente Ungereimtheiten und Widersprüche aufzudecken. Anders als die Dekonstruktion Derridas neigt dieser – in den 1970er und 1980er Jahren an US-amerikanischen Universitäten außerordentliche erfolgreiche – Interpretationsstil aber dazu, Texte ahistorisch und unter Ausblendung möglicher Kontexte zu lesen.

Wie in den bereits genannten Fächern wurde die Dekonstruktion auch im medienwissenschaftlichen Forschungsfeld so breit und vielfältig rezipiert, dass die folgenden wenigen Beispiele davon nur einen ersten Eindruck zu geben vermögen. Analytisch lassen sich drei Arten der Rezeption unterscheiden:

- Bestimmte Texte Derridas können als Belege für die eigene Arbeit genommen werden;
- bestimmte Argumente und Konzepte Derridas können in der eigenen Forschung fort- und umgeschrieben werden;
- Derridas wissenschaftlicher Gestus kann zum Vorbild einer eigenen dekonstruktiven Theorie und Praxis werden.

In der Literatur treten diese drei Arten freilich meist gemischt auf. Die erste Rezeptionsform dominiert erwartungsgemäß in solchen medienwissenschaftlichen Arbeiten, die sich in theoretischen oder historischen Untersuchungen den Themenkomplexen Zeichen, Schrift und Sprache widmen. Dabei wird zumeist auf Derridas frühe, grammatologische Arbeiten verwiesen. Paradigmatisch hierfür sind die Diskussionen um elektronisches Lesen und Schreiben aus den 1990er Jahren. Führende Autoren wie Jay D. Bolter (1991) und George P. Landow sahen in den verschiedenen Formen computerisierter Schriftlichkeit (Textverarbeitung, Hypertext usw.) eine maschinelle Implementierung der u. a. von Derrida beschriebenen, unabschließbaren Bewegung des differentiellen Verweisens sprachlicher Zeichen oder meinten – mit einer Formel Landows gesprochen – gar eine ›Konvergenz‹ von zeichenkritischer Theorie und Technologie zu erkennen. Die zweite Rezeptionsform, die Derridas dekonstruktives Projekt medienwissenschaftlich fortzusetzen versucht, macht sich häufig an bestimmten seiner Wortschöpfungen fest. So interpretiert z. B. Bernard Stiegler (2009) die *différance* als eine historische ›Logik‹, die der Technikentwicklung zugrunde liege. Stiegler kann die Mediengeschichte so in Etappen gliedern, welche technologischen ›Stufen‹ der *différance* korrespondieren und durch verschiedene Grade der Exteriori-

sierung bzw. ›Grammatisierung‹ des Denkens gekennzeichnet sind. Die dritte Rezeptionsform kann mit der gelungenen Aneignung von Derridas dekonstruktivem Gestus zu höchst unterschiedlichen Arbeiten und Forschungsergebnissen führen. Einen unverkennbar eigenen Stil der Dekonstruktion pflegt etwa Avital Ronell: In ihren Studien, die teilweise nicht nur durch die sprachliche, sondern auch durch die typographische Gestaltung herausfordern (*Das Telefonbuch*, 2001), untersucht Ronell die ›geisterhaften‹ Effekte der (Medien-)Technik, die das Lesen, Schreiben, Sprechen und Hören ständig ›heimsuchen‹. Wie sich das Spiel der *différance* nicht stillstellen lässt, so gibt es auch »kein Abschalten des Technischen« (Ronell 2001, 9).

In der jüngeren deutschsprachigen Medienwissenschaft scheint die zweite, fortführende Rezeptionsform vorzuherrschen. Trotz Friedrich Kittlers früher methodischer Absage an den »franko-amerikanischen Dekonstruktionismus«, der im Gegensatz zu Foucaults ›berechenbarer‹ Diskursanalyse eben »unendliche« Interpretationseffekte zeitige (Kittler 1985, 410 f.), wurde Derrida – vor allem mit seiner Zeichenkritik – zu einer wichtigen Referenz vieler medienwissenschaftlicher Texte, nicht zuletzt derjenigen Kittlers. Eines der ersten größeren Werke deutscher Sprache, das sich auf Derridas grammatologische Analysen stützt, ist Michael Wetzels *Die Enden des Buches oder die Wiederkehr der Schrift* (1991), das aus zeichentheoretischer Perspektive den Monopolwechsel vom Buch hin zu den technischen Medien des 19. und 20. Jahrhunderts untersucht. Sonja Neef hat Derridas Problematisierung des Schriftbegriffs in *Abdruck und Spur* (2008) in eine facettenreiche Dekonstruktion des historischen wie systematischen Verhältnisses von Handschrift und Druckschrift überführt. An Derridas Schriftbegriff knüpfen auch Cornelia Vismanns grundlegende Studien über die Medien der Rechtsprechung an (*Akten*, 2001; *Das Recht und seine Mittel*, 2012), die zugleich ausführliche Auseinandersetzungen mit seinen dekonstruktiven Überlegungen zum Recht, zum Gesetz und zum Archiv darstellen. In allgemeiner medientheoretischer Hinsicht sind besonders die Arbeiten von Georg Christoph Tholen und Dieter Mersch zu nennen. Tholen gründet seine ›Metaphorologie der Medien‹ (*Die Zäsur der Medien*, 2002) u. a. auf Derridas dekonstruktive Lektüre der Metapher im philosophischen Diskurs. Den von Derrida beschriebenen ›Entzug der Metapher‹ deutet Tholen als den Grundzug von Medialität: die im Akt der medialen Übertragung sich entziehende Metaphorizität der Medien, die etwas erst zu sehen, hören usw. gibt. Dieter Mersch (2008) hat es unternommen, die Dekonstruktion in Richtung einer ›negativen Medientheorie‹ weiterzudenken (s. Kap. II.18). Der fundamentalen ›Unbestimmbarkeit‹ von Medien soll diese durch (nach Derridas dekonstruktiver Praxis modellierte) ›paradoxe Manöver‹ und ›Differenzstrategien‹ beikommen, um die Struktur des Medialen im Vollzug der Medien reflexiv aufzuzeigen.

Probleme und Desiderate

Die Anlage der Dekonstruktion (d.h. keine Theorie oder Methode herkömmlicher Art zu sein) bringt einige Besonderheiten mit sich, die – wenigstens nach den üblichen Maßstäben wissenschaftlichen Arbeitens – auch als Probleme aufgefasst werden können. So ist die Dekonstruktion nach Derrida, weil sie keine festgelegten analytischen und argumentativen Vorgehensweisen kennt, nicht als allgemeine Praktik lehr- und lernbar, sondern nur in der je konkreten Praxis an je spezifischen Beispielen nachzuvollziehen. Aus demselben Grund lässt sie sich nicht ›als solche‹ kritisieren. Zwar mögen dekonstruktiver Stil oder Gestus generell missfallen, aber sachliche Einwände können immer nur bestimmte dekonstruktive Lektüren betreffen (und so sie treffen, haben sie die Dekonstruktion damit strenggenommen nicht aus-, sondern fortgesetzt). Da dekonstruktives Denken gegen die Fixierung von Sinn arbeitet und das Spiel sprachlicher Differenzen freizusetzen versucht, enttäuscht es in der Regel die Erwartung nach eindeutigen Untersuchungsergebnissen.

Dekonstruktive Lektüren kennen nicht die ›eine richtige‹ Deutung eines Textes. Sie erlauben keine endgültigen Schlüsse, man wird mit ihnen also nie wirklich fertig. Auch kann jede Dekonstruktion nur so aussagekräftig wie das ihr zugrunde liegende Material sein. Weil sie aus dem gedanklichen ›In-Bewegung-Versetzen‹ bestehender Werke schöpft, sind philosophische Texte ihr erster und bevorzugter Gegenstand und bleibt ihre Übertragung auf die Untersuchung etwa populärkultureller Phänomene zumindest fragwürdig. Die Frage nach der Übertragbarkeit dekonstruktiver Lektüren lässt schließlich Desiderate formulieren. Wohl ist die Dekonstruktion stets fallbezogen, muss sie ihre Tauglichkeit also immer für jeden Gegenstand von neuem unter Beweis stellen. Weil Derrida das dekonstruktive Denken aber in Auseinandersetzung mit sprachlichen bzw. schriftlichen Texten entwickelte, gilt dies insbesondere für nichtsprachliche ›Texte‹. Zu klären ist daher die Reichweite der Dekonstruktion etwa für die bildende Kunst (vgl. Derrida 1992; Brunette/ Wills 1994), audiovisuelle Medien wie den Film (vgl. Brunette/Wills 1989) oder den Bereich technischer ›Schriften‹, d.h. für Hard- und Software.

Literatur

Bentele, Günther/Hess-Lüttich, Ernest W. B. (Hg.): *Zeichengebrauch in Massenmedien. Zum Verhältnis von sprachlicher und nichtsprachlicher Information in Hörfunk, Film und Fernsehen*. Tübingen 1985.

Bolter, Jay David: *Writing Space. The Computer, Hypertext, and the History of Writing*. Hillsdale 1991.

Brunette, Peter/Wills, David: *Screen/Play. Derrida and Film Theory*. Princeton 1989.

Brunette, Peter/Wills, David (Hg.): *Deconstruction and the Visual Arts. Art, Media, Architecture*. Cambridge, Mass. u. a. 1994.

Derrida, Jacques: *Grammatologie*. Frankfurt a. M. 1974 (frz. 1967).

Derrida, Jacques: *Die Schrift und die Differenz*. Frankfurt a. M. 1976.

Derrida, Jacques: Semiologie und Grammatologie. Gespräch mit Julia Kristeva. In: Peter Engelmann (Hg.): *Postmoderne und Dekonstruktion*. Stuttgart 1990, 140–164.

Derrida, Jacques: *Gesetzeskraft. Der »mystische Grund der Autorität«*. Frankfurt a. M. 1991.

Derrida, Jacques: *Die Wahrheit in der Malerei*. Wien 1992.

Derrida, Jacques: Punktierungen – die Zeit der These. In: Hans-Dieter Gondek/Bernhard Waldenfels (Hg.): *Einsätze des Denkens. Zur Philosophie von Jacques Derrida*. Frankfurt a. M. 1997, 19–39.

Derrida, Jacques: *Limited Inc*. Wien 2001.

Eco, Umberto: *Apokalyptiker und Integrierte*. Frankfurt a. M. 1984 (ital. 1964).

Eco, Umberto: *Einführung in die Semiotik*. München 1972 (ital. 1968).

Goodman, Nelson: *Sprachen der Kunst*. Frankfurt a. M. 1995.

Gumbrecht, Hans Ulrich/Pfeiffer, K. Ludwig (Hg.): *Materialität der Kommunikation*. Frankfurt a. M. 1988.

Kittler, Friedrich A.: Literatur und Literaturwissenschaft als Word Processing. In: Georg Stötzel (Hg.): *Germanistik – Forschungsstand und Perspektiven. Vorträge des Deutschen Germanistentages 1984*. Berlin 1985, 410–419.

Kittler, Friedrich A.: Es gibt keine Software. In: Ders.: *Draculas Vermächtnis. Technische Schriften*. Leipzig 1993, 225–242.

Locke, John: *Versuch über den menschlichen Verstand*. Hamburg 1988 (engl. 1700).

Mersch, Dieter: Tertium Datur. Einleitung in eine negative Medientheorie. In: Stefan Münker/Alexander Roesler (Hg.): *Was ist ein Medium?* Frankfurt a. M. 2008, 304–321.

Morris, Charles W.: *Foundations of the Unity of Science: Towards an International Encyclopedia of Unified Science*. Chicago 1938.

Neef, Sonja: *Abdruck und Spur. Handschrift im Zeitalter ihrer technischen Reproduzierbarkeit*. Berlin 2008.

Nöth, Winfried (Hg.): *Semiotics of the Media. State of the Art, Projects, and Perspectives.* Berlin/New York 1997.

Nöth, Winfried: *Handbuch der Semiotik.* Stuttgart ²2000.

Peirce, Charles Sanders: Nomenclature and divisions of triadic relations, as far as they are determined [1903]. In: The Peirce Edition Project (Hg.): *The Essential Peirce. Selected Philosophical Writings.* Bd. 2. Bloomington 1998, 289–300.

Posner, Roland/Robering, Klaus/Sebeok, Thomas A. (Hg.): *Semiotik/Semiotics: Ein Handbuch zu den zeichentheoretischen Grundlagen von Natur und Kultur.* 4 Bde. Berlin u. a. 1997–2004.

Ronell, Avital: *Das Telefonbuch. Technik, Schizophrenie, elektrische Rede.* Berlin 2001.

Saussure, Ferdinand de: *Grundfragen der Allgemeinen Sprachwissenschaft.* Berlin 1967 (frz. 1916).

Stiegler, Bernard: *Technik und Zeit.* Bd. 1: Der Fehler des Epimetheus. Zürich 2009.

Tholen, Georg Christoph: *Die Zäsur der Medien. Kulturphilosophische Konturen.* Frankfurt a. M. 2002.

Vismann, Cornelia: *Akten. Medientechnik und Recht.* Frankfurt a. M. ²2001.

Vismann, Cornelia: *Das Recht und seine Mittel. Ausgewählte Schriften.* Frankfurt a. M. 2012.

Wetzel, Michael: *Die Enden des Buches oder die Wiederkehr der Schrift. Von den literarischen zu den technischen Medien.* Weinheim 1991.

Winkler, Hartmut: Zeichenmaschinen. Oder warum die semiotische Dimension für eine Definition der Medien unerlässlich ist. In: Stefan Münker/Alexander Roesler (Hg.): *Was ist ein Medium?* Frankfurt a. M. 2008, 211–221.

Till A. Heilmann (Dekonstruktion)/Jochen Venus (Semiotik)

3. Phänomenologische Medientheorien

Vergleichbar mit der Entwicklung des Medienbegriffs (s. Kap. I.1) gibt es auch innerhalb phänomenologischer Ansätze explizite und implizite Medientheorien. Implizite Medientheorien sind solche, die dem heutigen Verständnis nach bereits mediale Vorgänge thematisieren, ohne diese mit dem Wort ›Medium‹ in direkte Verbindung zu bringen. Hinzu kommt, dass wiederum der Medienbegriff – implizit oder explizit – dabei selbst Verschiedenes meinen kann: Etwa natürliche Medien, symbolische Medien, technische Medien (im Falle der Phänomenologie zumeist das Bild, obwohl es auch Arbeiten zu Klangmedien gibt, vgl. z. B. Ihde 2007, Kap. 6) oder auch den Leib als Medium (entsprechend einer ›Säkularisierung‹ des magischen Begriffs vom Menschen als Medium). Darüber hinaus können phänomenologische Medientheorien solche sein, die auf Autoren zurückgehen, die institutionell der Phänomenologie zugerechnet werden, ohne dass dabei eine dezidiert phänomenologische Position vertreten wird, wie es zugleich auch Autoren gibt, die institutionell nicht der Phänomenologie zugehören, aber dennoch einen phänomenologischen Ansatz vertreten.

Zuletzt ist zu berücksichtigen, dass unter ›Phänomenologie‹ selbst eine Vielzahl von Ansätzen und mithin konträre Positionen zusammengefasst werden. Hierfür ist symptomatisch die, in der sprachanalytischen Philosophie oftmals anzutreffende, Gleichsetzung von ›Kontinentaler Philosophie‹ mit Phänomenologie, um darüber alle nicht sprachanalytischen Ansätze und gerade auch solche in den USA vertretenen, die einem vermeintlich homogenen ›angelsächsischen‹ Denkraum zugeschrieben werden, auszugrenzen. Gleichwohl lässt sich aus dieser Abgrenzung doch etwas entnehmen, was als Grundzug phänomenologischer Medientheorie gelten kann: Phänomenologie räumt dem Phänomen einen Vorrang ein, woraus sich das ergeben kann, was der französische Philosoph Maurice Merleau-Ponty (2003) das »Primat der Wahrnehmung« nannte. Vorrang genießt das Phänomen oder dessen Wahrnehmung dann vor der Sprache oder einer dem Phänomen jenseits seiner Wahrnehmung zugewiesenen Bedeutung. Dass diese Auffassung nicht unproblematisch ist, zeigen bereits Ansätze innerhalb der institutionalisierten Phänomenologie und bei ihrem Hauptvertreter Edmund Husserl, für den auch Sprache und Logik selbst zu den Themen der

Phänomenologie gehören. Jedoch wird Sprache und Logik dann wiederum als Phänomen oder im Ausgang von der phänomenalen Welt behandelt, was letztlich wieder den Unterschied zum bedeutungsimmanenten Ansatz der sprachanalytischen Philosophie und im Weiteren auch der Semiotik (s. Kap. II.2) markiert.

Über die Abgrenzung der Phänomenologie zu Positionen des sogenannten *linguistic turn* hinaus sind im Bereich der Medientheorie aber die Auseinandersetzungen mit medienhistorischen Ansätzen entscheidend, die der Phänomenologie eine Vernachlässigung der medialen Entstehungsbedingungen von Wahrnehmung vorwerfen (vgl. Kittler 1998). Bei näherer Betrachtung zeigt sich jedoch, dass diese Kritik bereits durch die Phänomenologie vorweggenommen wurde – und zwar durch Husserls Nachfolger Martin Heidegger, der nicht mehr allein die phänomenale Welt zum Thema macht, sondern auch die Herstellung von Welt in Form der Technik. Hierdurch wird der von Heidegger vermiedene, von anderen Phänomenologen im Anschluss an Husserl jedoch verwendete Begriff der ›Lebenswelt‹ problematisch und medientheoretisch vielleicht gar unhaltbar, insofern der ursprünglich aus der Biologie kommende und dann vor allem von Wilhelm Dilthey in hermeneutischer Absicht auf den Menschen übertragene Begriff eine Natürlichkeit der Welt suggeriert und ihre technisch-mediale Bedingtheit verschleiert.

Bevor im Folgenden ein entsprechender Mittelweg zwischen der Vielzahl an Medienbegriffen, Autoren und Systematiken beschritten wird, kann es hilfreich sein, sich dem (im institutionellen Sinne) ›vorphänomenologischen‹ Phänomenologiebegriff zuzuwenden, der zu den Kerngedanken der phänomenologischen Bewegung und ihres Medienverständnisses führen kann. Nicht nur Philosophen, sondern auch Materialforscher sprechen von Phänomenologie, und zwar dann, wenn sie die typischen Verhaltenseigenschaften eines Werkstoffes unter gegebenen Bedingungen (Temperatur, Druck etc.) beschreiben: Holze, Metalle und Glas brechen etwa alle anders, aber alle in der ihnen jeweils charakteristischen Weise, so dass deren Phänomenologie zwar empirische Objekte beschreibt, diese aber übergreifend oder in ihrer Besonderheit ›allgemein‹. Phänomenologie heißt hier, wie auch für die philosophischen Theorien, die Regelmäßigkeit eines auftretenden Phänomens in Absehung von Unterschieden zu bestimmen.

Anders als für jene physikalische Phänomenologie ist das Problem für die philosophische Phänomenologie aber dasjenige, dass das Objekt der Beschreibung als Referenz des Phänomens nicht gegeben ist. Im Ausgang vom optisch-physikalischen Verständnis spricht so auch der Schweizer Mathematiker Johann Heinrich Lambert im 18. Jahrhundert im zweiten Band des *Neuen Organon* aus dem Jahr 1777 von Phänomenologie als der Lehre des Scheins, den es aufzuklären gelte; einem Ansatz aus dem letztlich Immanuel Kant das Konzept des ›transzendentalen Scheins‹ gewinnt, worin das Phänomen jedoch nur noch metaphorische Bedeutung hat, insofern damit der Gebrauch verstandesmäßiger Grundsätze über die Grenzen des Verstandes hinaus gemeint sind (vgl. Kittler 2002, 118–125). Positiv gewendet wird dies dann durch Georg Wilhelm Friedrich Hegel in der *Phänomenologie des Geistes* aus dem Jahr 1807, der einen Durchgang der Vernunft durch den Schein als dialektische Bedingung für seine Herausbildung ansieht. Auch wenn die Herkunft der Phänomenologie hier ebenfalls kaum zu erkennen ist, nähert sich Hegel zumindest dem modernen Verständnis von Phänomenologie als Wahrnehmungsanalyse an, insofern auch die Positionen von Subjekt und Objekt als zu überwindende Stationen der Geistesentwicklung behandelt werden, an deren Stelle der Geist – oder für die moderne Phänomenologie dann die Wahrnehmung – selbst tritt.

Die Phänomenologie, wie sie Husserl Anfang des 20. Jahrhunderts begründet, führt ihre Auseinandersetzungen jedoch weniger mit der physikalischen Optik als mit der Psychologie des vorausliegenden Jahrhunderts. Zentral ist Husserls Argumentation gegen den von ihm sogenannten Psychologismus, der Vorstellungen zu etwas rein Subjektivem und Innerpsychischem erklärt. Auch Husserl geht zwar vom Bewusstsein aus, versteht dieses aber mit Franz Brentano als ›intentional‹, d. h. als strukturell auf etwas gerichtet. Intentionalität kann zwar auch Perspektivität meinen, mit dem Terminus wird aber vor allem darauf abgehoben, dass das Bewusstsein kein psychischer Container ist, in dem Inhalte ausgetauscht werden, sondern dass Wahrnehmung selbst aus diesen Inhalten besteht und es kein ›leeres‹ Bewusstsein geben kann. Vorrangig von Interesse sollte für die Phänomenologie daher die Wahrnehmungsbeschreibung sein. Tatsächlich hat Husserl in seinen veröffentlichten Schriften vor allem an der Begründung von Phänomenologie gearbeitet und kaum selbst phänomenologische Beschreibungen publiziert. Seine diesbezüglichen Texte finden sich vor allem in seinen Vorlesungsmanuskripten und Nachlassnotizen.

Systematisch gesehen, bedeutet Phänomenologie zu betreiben also, sich der Logik der Phänomene als solcher (und nicht als Logik der Sprache) zuzuwenden, weshalb ›Phänomenologie‹ begrifflich auch auf ›Phänomenlogik‹ verdichtet werden kann. Der Zusatz der ›Logik‹ im nichtsprachlichen Sinne (griech. *logos* muss nicht mit ›Sprache‹ übersetzt werden, sondern kann allgemein auch ›Vernunft‹ bedeuten) ist elementar, da es bei einer phänomenologischen Betrachtung eben nicht allein um das Phänomen und dessen etwaige Kontemplation oder Reflexion im Sinne eines Phänomenalismus geht, welcher dann in einem Bewusstseinsstrom aufgeht, sondern um (übersubjektive) Regelmäßigkeiten. Über das Phänomen und seine Logik kann eine phänomenologische Position im systematischen Sinne zuletzt dadurch unterschieden werden, dass infolge des Wahrnehmungsprimats das Phänomen als solches nicht aus seinen etwaigen Ursachen heraus erklärt wird. Seine Faktizität genießt damit Vorrang vor seiner Herkunft oder anders gesagt: Phänomenologische Theorien ziehen die Beschreibungen einer Erklärung vor, weshalb sie oftmals als unhistorisch kritisiert werden.

Tatsächlich trifft die Kritik fehlender (medien-) historischer Erklärungen zwar auf die Mehrheit phänomenologischer Positionen in Vergangenheit und Gegenwart zu; da die historische Argumentation aber nicht das Anliegen der Phänomenologie ist und methodisch vielleicht auch gar nicht auf phänomenologischem Wege zu leisten (vgl. Günzel 2009), ergibt sich daraus weniger ein Nachteil von Phänomenologie, als dass damit der Unterschied zu anderen Ansätzen begründet wird, vor allem auch zu anderen Medientheorien: Mediale Phänomene werden so nicht aus ihren Ursachen erklärt, wie dies etwa durch die Kanadische Schule der Medientheorie erfolgt, die Medien im Kontext ihres historischen Auftretens untersucht (s. Kap. II.4). Zwar werden auch hier phänomenale Aspekte behandelt – so etwa wenn Marshall McLuhan davon ausgeht, dass es einen Wandel von der Kultur des Hörens zur Kultur des Sehens gab; hierfür werden aber Gründe angegeben, wie insbesondere die Einführung der Druckerpresse, die Bild und Text für das Auge in Umlauf brachte. Vorrangig für phänomenologische Ansätze bleibt jedoch, dass es sich in beiden Fällen um Modi der Wahrnehmung handelt; oder in einem seit jüngerer Zeit hierfür verwendeten Begriff: Phänomenologisch interessiert nicht das Medium, sondern die Medialität des Mediums.

Edmund Husserl

Eine oftmals geäußerte Kritik hingegen trifft auf die Phänomenologie nicht zu: Subjektivismus. Wie bereits Hegels Phänomenologie des Geistes zeigt, wird der Standpunkt des Subjekts vielmehr selbst als ein Phänomen angesehen, das es zugunsten der phänomenalen Welt aufzugeben gilt. Edmund Husserl selbst spricht etwa von einer ›Durchstreichung des Subjekts‹, an dessen Stelle nichts anderes als die reinen Phänomene treten sollen. Dies ist insofern bedeutsam, als Husserl damit, ohne das Wort ›Medium‹ zu verwenden, eine medientheoretische Position aus phänomenologischer Sicht formuliert: Was Phänomenologen an einem Medium interessiert, ist weder die vermittelte Bedeutung noch der Sender als Ursache oder der Empfänger, der die Botschaft deutet, sondern zunächst die Erscheinungshaftigkeit und weitergehend die Besonderheit der Übertragung oder die Regelmäßigkeit der Vermittlungsform. Im weitesten Sinne kann dies bereits auf natürliche Medien angewandt werden: So ist für Husserl die optische Erscheinung eines Gegenstandes im Wasser oder in der Luft nicht einmal eine falsche (vergrößerte, verzerrte) und einmal eine richtige Wahrnehmung, sondern beides sind Wahrnehmungen und beide gehören zur Phänomenologie des betreffenden Objekts. Gleiches gilt für den Unterschied zwischen gesehenen und vorgestellten Objekten. Auch diese sind nicht einmal wahr und einmal falsch, vielmehr sind beide Dinge gleichen ›Inhalts‹ (*noema*); was sich unterscheidet ist vielmehr der Zustand (*noesis*), wie etwa Sehen, Vorstellen, Wünschen etc.

Zeitnah zu Husserl hat der Gestaltpsychologe Fritz Heider in seinem Aufsatz »Ding und Medium« von 1926 einen vergleichbaren Ansatz zur Beschreibung der Vorgänge in natürlichen Medien vorgelegt: Auch wenn er nicht zur phänomenologischen Bewegung zuzurechnen ist und die Wiederentdeckung seiner Medientheorie seitens der Systemtheorie durch Niklas Luhmann (2001) erfolgt (s. Kap. II.11), so rekurriert doch auch Fritz Heider auf einen Unterschied zwischen Inhalt oder dem ›Ding‹ und dem, was er eine bzw. dessen ›falsche Einheit‹ im Medium nennt – eben das, was Luhmann später ›Form‹ (im Unterschied zum Medium) nennen wird. Anders als Husserl meint er damit aber nicht die Weise der Gerichtetheit, sondern – vielleicht phänomenologisch noch konsequenter – die Erscheinungsweise eines Dings, die natürliche Medien vermitteln: So kann ein Gegenstand etwa auch gar nicht gesehen werden, wenn er das Auge berührt, sondern seine Wahrnehmung ist durch die falsche Einheit einer Lichterscheinung gegeben, in der die Reflexionen kurzfristig zu einer Gestalt gekoppelt sind. Luhmann (2005) selbst hat daher nicht zu Unrecht eine Nähe von Phänomenologie und Systemtheorie konstatiert: Auch für diese ist die einem System vermittelte Umwelt nicht falsch oder wahr, sondern vielmehr werden die Umweltwahrnehmungen mit den symbolischen Medien des Systems zu dessen Stabilisierung kommuniziert. Und gerade an der Systemtheorie, die von einem Standpunkt des Subjekts absieht, lässt sich verdeutlichen, dass Wahrnehmung universeller gefasst werden kann als individuelle Wahrnehmung: So hat der deutsche Begriff gegenüber dem lateinischen Begriff der Perzeption, der englischen und französischen Wahrnehmungskonzepten unterliegt, den Vorteil, nicht allein einen sinnlich-rezeptiven Aspekt, sondern auch einen aktiven Aspekt (z. B. ›Wahrnehmung von Möglichkeiten‹) bezeichnen zu können, der mithin überindividuell ist.

Deutlich wird der systematische Grundzug phänomenologischer Medientheorie an dem wohl einzigen Beispiel Husserls für ein Medium im technischen Sinne: Dem Bild (vgl. auch Därmann 1995, Teil II). In einem posthum veröffentlichten Vorlesungstext von 1905/06 weist Husserl (2006) darauf hin, dass das Medium ›Bild‹ sich von einer reinen Vorstellung nicht allein durch die Gerichtetheit unterscheidet, sondern dass im Falle des Phantasiebildes die Erfahrung einer einfachen Differenz gemacht wird, im Falle des Bildmediums aber diejenige einer doppelten (ikonischen) Differenz. Die erste Differenzerfahrung, die in beiden Fällen vorliegt, ist diejenige zwischen dem Bild als Erscheinung und dem Bild als Sujet, d. h. seiner Bedeutung; oder anders gesagt: In beiden Fällen liegt die Erfahrung des Unterschieds von *noesis* und *noema* selbst vor. Nur beim technischen Medium Bild wird darüber hinaus auch die Differenzerfahrung zwischen dem Bildträger und der Bilderscheinung gemacht.

Husserl veranschaulicht seinen Ansatz anhand von Fotografien: Das Fotopapier oder die Postkarte als Bildträger kann altern, Risse aufweisen oder Farben aufweisen, die dem wahrgenommenen ›Bildobjekt‹ (so Husserls Wort für das Phänomen) nicht zukommen: Die Personen auf dem Bild altern nicht, haben nicht selbst die Risse und Farben, die das Foto aufgrund des verwendeten Papiers hat. Entscheidend ist dabei nicht – dies könnte gegen Husserl eingewendet werden –, dass der Unterschied damit aus einer Ursache erklärt wäre, sondern dass unabhängig davon eine bewusstseinsmäßige Unterscheidung zwischen der Erscheinungsweise des Papiers (›vergilbt‹) und derjenigen des Bildobjekts gemacht werden kann oder auch unweigerlich gemacht wird, sobald die Wahrnehmung ›Bild‹ besteht. Husserl meint damit also auch nicht, dass es die eine ohne die andere Erfahrung geben kann, sondern vielmehr, dass das Medium ›Bild‹ sich durch diesen Widerstreit (so sein deutsches Wort für ›Differenz‹) zweier Auffassungen oder Wahrnehmungsweisen auszeichnet. Ein Medium im technischen Sinne, so ließe sich nach Husserl formulieren, liegt also immer dann vor, wenn der (doppelte) Unterschied erfahren wird.

Maurice Merleau-Ponty

Einer der wichtigsten Vertreter der Phänomenologie in Frankreich war Maurice Merleau-Ponty, der in seinen Arbeiten viele Ansätze Husserls übernimmt. Wie Husserl zielt er auf eine Durchstreichung des (cartesianischen) Subjekts, beharrt in seinem Frühwerk allerdings darauf, dass es ein letztes Fundament der Wahrnehmung gibt, das er mit dem von Husserl übernommenen deutschen Begriff ›Leib‹ bezeichnet und in Ermangelung eines französischen Terminus als ›Eigenkörper‹ (frz. *corps propre*) übersetzt. Wiederum wird hierbei eine Medientheorie formuliert, ohne den Begriff des Mediums zu verwenden: So argumentiert Merleau-Ponty in *Phänomenologie der Wahrnehmung* von 1945 in Radikalisierung der Anschauungslehre Kants, dass der menschliche Leib die Bedingung der Möglichkeit jedweder Erfahrung ist und daher den Status eines absoluten Mediums hat (vgl. Merleau-Ponty 1966; Bermes 2000). Anders als bei Kant ist beispielsweise Raum nicht aufgrund der Notwendigkeit, Dinge in Ausdehnung und Anordnung zu denken, ›apriori‹, sondern weil der Leib selbst schon Räumlichkeit strukturiert. Entsprechend sind die Dimensionen oder Kardinalachsen nicht qualitativ ebenbürtig, sondern unterscheiden sich: Aufgrund seines Leibes erfahren Menschen vor allem den räumlichen Unterschied von Vorne und Hinten als Sehfeldgrenze oder von Oben und Unten durch den aufrechten Gang etc. Hubert Dreyfus (1985) hat von hier aus mit Merleau-Ponty gegen die Möglichkeit künstlicher Intelligenz argumentiert: Solange ein Programm keinen Leib hat, würde es lebenspraktisch ›dumm‹ bleiben, gerade weil es mit Problemen wie der fehlenden Rückwärtssicht nicht umgehen muss und so kein Verständnis von Perspektivität entwickeln könne. Insgesamt deutet die

Leibphänomenologie die vermeintlichen Nachteile perspektivischer Existenz positiv. Merleau-Ponty etwa spricht gar davon, dass Gott die Erfahrung räumlicher Tiefe (als Erfahrung der Voraussicht) verwehrt bleibe, da er alles zugleich nebeneinandergeordnet in der Breite erfahren müsse.

Wie auch Husserl diskutiert Merleau-Ponty darüber hinaus technische und auch künstlerische Medien: Zu diesen gehören zum einen das Kino und zum anderen die Malerei, insbesondere das Werk Cézannes. Beiden Bildmedien wird infolge des Wahrnehmungsprimats, wie auch des Leibaprioris, zugesprochen, entweder (wie im Falle des Kinos) Modifikation ursprünglicher Wahrnehmung zu sein oder (wie im Falle impressionistischer Kunst) die ursprüngliche Form der Wahrnehmung zu thematisieren. Cézanne ist für Merleau-Ponty damit weniger Künstler denn selbst Phänomenologe, der Medien nutzt, um Wahrnehmungsforschung zu betreiben (vgl. Günzel 2011).

Im Spätwerk kommt es bei Merleau-Ponty dann zu einer relevanten Umstellung, nicht nur für seine Rezeption im Poststrukturalismus, sondern auch für die explizite Hinwendung der Phänomenologie zu Fragen des Mediums: Der Begriff des Eigenkörpers tritt zugunsten von ›Fleisch‹ (frz. *chair*) zurück. ›Fleisch‹ ist jedoch nicht nur ein weiteres Wort für ›Leib‹, sondern signalisiert eine theoretische Umstellung: Gemeint wird damit nicht mehr allein der (lebende) menschliche Körper, sondern eine universelle Sinnlichkeit, die einerseits auch andere Lebewesen (wie insbesondere Tiere) umfassen kann und andererseits auch eine Entgrenzung von Wahrnehmung (als Leib ohne Haut) meint. Entsprechend zeigen Nachlasstexte Merleau-Pontys (1994, 342) Reflexionen etwa über das Phänomen der »Television«, also eine Thematisierung von Apparaturen, die das Sehen an einem anderen Ort ermöglichen. Im Ausgang von Merleau-Pontys Überlegungen wird Paul Virilio (1989, 26) später daher treffend auch von Überwachungssystemen und anderen Liveübertragungsvorgängen als der »Teletopologie« einer ›Sehmaschine‹ reden. Georg Christoph Tholen (2002) schließlich entwickelt daraus eine Theorie des Mediums als dem Ort ›Dazwischen‹, womit er auch auf das aristotelische Konzept der Wahrnehmungsvermittlung in natürlichen Medien als *metaxy* (dem ›Dazwischen-Zusammen‹) rekurriert.

Martin Heidegger

Die vielleicht radikalste Wende von einem impliziten Verständnis des menschlichen Leibes als Medium hin zur Phänomenologie technischer Medien findet sich allerdings bei Martin Heidegger, der 1928 auf den Lehrstuhl Husserl in Freiburg nachfolgte. Wie Merleau-Ponty erkennt Heidegger in seinem ein Jahr zuvor veröffentlichten Hauptwerk *Sein und Zeit* zunächst dem menschlichen Körper als ›Dasein‹ eine fundamentale Vermittlungsfunktion zu, woraus nicht nur die Struktur der sinnlichen Welt erwächst, sondern auch die der Geschichte, insofern das Da-Sein durch eine ›Erstreckung‹ charakterisiert sei. Das heißt die später durch Merleau-Ponty herausgehobene Qualität der (räumlichen) Tiefendimension wird bei Heidegger als (mediale) Voraussetzung für jegliche Erfahrung von Zeitlichkeit gedeutet. Die eigentliche Relevanz Heideggers für die Medientheorie besteht aber in einem anderen Aspekt seiner Arbeit und findet sich vor allem in den Texten, die mit der von Heidegger selbst sogenannten Kehre seines Denkens entstehen und auf die Frage der Technik abheben. Vorbereitet findet sich dieser Kerngedanke gleichwohl in *Sein und Zeit*, wenn Heidegger die ›eigentliche‹ von einer ›vulgären‹ Zeitlichkeitsauffassung unterscheidet und mit letzterer diejenige der metrischen Zeiteinteilung identifiziert, mit ersterer hingegen die des erstreckten und so in sich selbst zeitlichen Daseins (dessen ursprüngliche Erfahrung durchaus mit derjenigen der ›Dauer‹ nach Henri Bergson vergleichbar ist). Schon hier legt Heidegger nahe, dass nicht die Verkennung des Zeitphänomens eine phänomenologische Herausforderung ist, sondern das Vergessen seiner Herkunft aus dem Verwendungszusammenhang von Zeitmessgeräten.

Diesen genealogischen Gedanken erweitert Heidegger dann später für das Sein insgesamt, insofern es gegen ein mithin doppeltes Vergessen anzudenken gelte: das Seinsvergessen selbst und die Herstellungsbedingungen dieses Vergessens. Hierzu bringt Heidegger (1954) den Begriff des ›Gestells‹ ein, mit dem er den griechischen Terminus *téchne* (für ›Herstellung‹ oder ›Sachkundigkeit‹ im Sinne des Herstellungswissens) neu überträgt und gleichfalls radikalisiert, wenn er den Menschen als durch die Technik gestellt sieht, d. h. wie ein Wildtier dem Jäger ausgeliefert. Mehr noch als die uneigentliche Zeitlichkeit wird dann eine uneigentliche Räumlichkeit als Modus heutiger Lebenswelt ausgemacht: Telefon und Fernsehen führten unweigerlich in den Zustand der ›Ent-Fernung‹. Ganz im Sinne der kurz darauf von McLuhan geäußerten Thesen zum *Global Village* meint Heidegger damit nicht, dass Menschen weiter auseinandergerückt würden, sondern dass die Distanz zwischen ihnen im Mediengebrauch nicht mehr als Entfernung oder zurückzulegendem Weg erfahrbar ist. Sieht McLuhan diese Entwicklung jedoch durchweg positiv oder zumindest als unausweichlich an, so bewertet Heidegger sie negativ und rät zur Besinnung auf die ursprüngliche, nicht durch technische Medien bedingte Kommunikation.

Dominierte in der Rezeption Heideggers zunächst und in Anlehnung auch an Vertreter der Kritischen Theorie, wie insbesondere den Heidegger-Schüler Günther Anders, zunächst die pessimistische Bewertung der neuen Medialität und ihrer technischen Gründe, so wird in jüngerer Zeit vor allem die methodische Nähe Heideggers zu strukturalistischen Ansätzen herausgestellt: Im Begriff des Gestells kann so durchaus eine Vorwegnahme der Konzepte von Apparatus und Dispositiv gesehen werden, mit denen Medien- und Kulturwissenschaft die Präsentations- und Rezeptionssituationen im Kino (so bei Jean-Louis Baudry, s. Kap. II.12) bzw. historische Herstellungsbedingungen von Wissen (so bei Michel Foucault, s. Kap. II.13) analysiert werden.

Heideggers ›Kehre‹ wird im Hinblick auf die traditionelle Phänomenologie höchst ambivalent bewertet: Friedrich Kittler (2003) hat darin eine regelrechte Abkehr vom Primat der Wahrnehmung entdeckt, womit Heideggers späte Medientheorie, systematisch betrachtet, also nicht mehr phänomenologisch, sondern postphänomenologisch oder gar antiphänomenologisch wäre, insofern die Genealogie von Medien und damit die Erklärung der Entstehung von Phänomenen nun Vorrang vor der Beschreibung von Wahrnehmung erhält. Doch eine andere Einschätzung hat durchaus Berechtigung, der zufolge gar Michel Foucault – als einer der wohl deutlichsten Kritiker der Phänomenologie – noch zur Phänomenologie zuzurechnen wäre: Der späte Heidegger, wie auch Foucault in *Die Ordnung der Dinge* und Kittler in seinen späten Schriften, beharrt auf der Erfahrungsmöglichkeit eines ursprünglichen Seins in Form von Sprache. Dieses von Heidegger so bezeichnete ›Haus des Seins‹ wird in je unterschiedlicher Weise von allen dreien als universelles Kommunikationsmedium (anstelle des Leibes) anerkannt, das selbst nicht weiter begründbar ist, d. h. das nicht auf ein anderes Medium oder eine Technik zurückgeführt werden kann. Für Heidegger und Foucault sind es besondere Formen der Dichtung, die die Philosophie mit nichtmetaphysischen Mitteln fortsetzen bzw. gegenüber der Verwissenschaftlichung von Sprache durch Linguistik deren Ursprung bewahren. Kittler selbst sieht das aus der Mathematisierung der Welt hervorgehende Gestell über die Musik als Harmonielehre mit der Einführung des phonetischen Alphabets zur Aufzeichnung der Homerschen Gesänge verschränkt, worin schließlich durch das geschlossene System frei kombinierbarer Elemente, die alles repräsentieren können, der Computer vorgedacht ist, so dass dieser nicht mehr dem eigentlichen Sein konträr gegenüberstehend zu sehen ist, sondern vielmehr selbst das Sein ist.

Für die phänomenologische Medientheorie entscheidend können dementgegen andere Ansätze Heideggers über die Alternative ›Abkehr von Fragen der Wahrnehmung‹ oder ›Festhalten an einer ursprünglichen Erfahrung‹ hinausführen: Wie schon bei Husserl und Merleau-Ponty, so sind entscheidende Medienreflexionen in Auseinandersetzung mit dem Bild zu finden. Tatsächlich sind es Heideggers Überlegungen zum Bild, die einer phänomenologischen wie zugleich medienhistorischen Betrachtung den Weg bahnen können: In seinem Aufsatz »Die Zeit des Weltbildes« von 1938 findet sich eine zweistufige Überlegung, in der Heidegger in einem ersten Schritt die Rede vom (politischen) Weltbild wörtlich nimmt und die Metapher auf die Bedeutung einer (bildlichen) Vorstellung von Welt zurückführt (vgl. Heidegger 1994). In einem zweiten Schritt historisiert er die Möglichkeit von der ›Welt als Vorstellung‹ (wie sie sich prominent bei Schopenhauer findet) selbst, indem er behauptet, dass die Rede von (inneren) Repräsentationen (der äußeren Welt) erst mit Descartes üblich und also erst in der Neuzeit eingeführt wurde. Freilich wirft dieser selbst nicht historisch ausgeführte Hinweis zunächst mehr Fragen auf, als er Antworten liefert. Jedoch konnten hieran bereits viele bildgeschichtliche Untersuchungen anschließen, die den Grund dieser Wende in der Kartographie sehen, die zur Unterstützung der Entdeckungs- und Kolonialisierungsreisen auf die metrischen Darstellungen des Ptolemaios zurückgriffen und in Form der Mercatorprojektion die Welt im Bild der Karte als messbares Kontinuum darstellten, das den gesamten Raum der Erde repräsentiert (vgl. Farinelli 1996); während im Gegenzug die Landschaftsmalerei als ein Bereich identifiziert wird, der die Darstellung ursprünglicher Erfahrung für sich reklamiert (vgl. Casey 2006). Andere Autoren haben die »Zeit des Weltbildes« auch auf die Einführung der Zentralperspektive in der Malerei bezogen (vgl.

Belting 2008, 23). Unter phänomenologischen Gesichtspunkten ist dabei entscheidend, dass die Frage nach der Veränderung von Wahrnehmung und die Darstellungspraxis nicht voneinander zu trennen sind und die historischen Veränderungen medialer Bedingungen gerade deshalb beobachtbar sind, weil sie Wahrnehmungsmodifikationen mit sich bringen.

Vilém Flusser

Die gelungene Verbindung von Technikgeschichte und Phänomenologie zu einer Medientheorie kann vor allem Vilém Flusser zugeschrieben werden, der sich, wie viele Phänomenologen vor ihm, eingehend mit Fragen des Bildes befasst hat. Mit Ausnahme von Roland Barthes' Essay *Die helle Kammer* von 1980, in der die Zeitlichkeitserfahrung von Fotografien als ein ›Es-ist-so-Gewesen‹ bestimmt wird, hat Flusser mit seinem Plädoyer *Für eine Philosophie der Fotografie* von 1983 den wohl ersten Entwurf zu einer phänomenologischen Theorie der Fotografie vorgelegt. Zentral sind dabei zwei Aspekte, die auch seine generelle Medientheorie strukturieren: der praktische Aspekt der Herstellung von Fotografien oder Bildern allgemein als einer aktiven Wahrnehmung und das durch sie entstehende ›Universum‹, welches jeweils eine kulturhistorische Zäsur markiert. Der erste Aspekt verdichtet sich in dem, was jeden Mediengebrauch nach Flusser auszeichnet: die Geste. Mit einem Konzept, das wiederum auf Heidegger zurückgeht, kann von einer jeweiligen Form der ›Zuhandenheit‹ des Mediums als ›Zeug‹ gesprochen werden: Medien definieren sich für Flusser (1991) so weniger über den Apparat, als darüber, was Menschen damit machen und wie sie sich typischerweise in dessen Gebrauch verhalten. Fotografieren etwa ist für Flusser zunächst – der Jagd ähnlich – ein Lauern, Pirschen und Schleichen, mit dem das Objekt gesucht, umkreist und von verschiedenen Standpunkten aus in den Blick genommen wird. Die Geste des Fotografierens ist für ihn daher selbst zutiefst theoretischer Natur und die konkreteste Form von Phänomenologie, weshalb er (vgl. 1989, 35) die Geste als die des »phänomenologischen Zweifels« bestimmt, eingedenk der Wortbedeutung von Skepsis als ›Umschau‹. In dem aus der Praxis hervorgehenden ›fotografischen Universum‹ werden dann jegliche (auch nicht fotografische) Elemente wie das Ergebnis einer solchen phänomenologischen Annäherung betrachtet – jedoch mit der Tendenz zur Gleichgültigkeit gegenüber der Perspektive.

Führt diese Theorie also tendenziell zunächst in einen wiederum der Kritischen Theorie (s. Kap. II.9) vergleichbaren Kulturpessimismus, so hat Flusser dann im Ausgang von der Bestimmung eines Mediums qua Geste an anderer Stelle eine phänomenologische Mediengeschichte vorgelegt: Wie zuvor schon Phänomenologie selbst als mediale Praxis der Fotografie gedeutet wurde, so greift Flusser (1990) hierbei auf die phänomenologische Methode der ›eidetischen Variation‹ oder ›eidetischen Reduktion‹ zurück. Für Husserl war dies das Mittel, um aus den einzelnen Phänomenen deren übergreifende Logik herauszuarbeiten: Variation heißt dabei, in freier phantasiemäßiger Abwandlung alle Aspekte eines Phänomens zu modifizieren, bis sich eine Denkunmöglichkeit einstellt – Jean-François Lyotard (1993, 21) illustriert das einleuchtend am Beispiel der Farbe. Farbe kann ohne räumliche Ausdehnung nicht vorgestellt werden – also gehört die räumliche Ausdehnung zum Wesen, dem ›eidos‹ des Phänomens ›Farbe‹. Anders als Husserl, der diese Leistung beim einzelnen Phänomenologen liegen sieht, meint Flusser, dass die eidetische Reduktion bereits durch die Mediengeschichte hindurch stattgefunden hat, was insbesondere durch die Reduktion der Dimensionen zum Ausdruck kommt. So konstatiert er einen fortlaufenden Verzicht von der Skulptur über das Bild zur Schrift und schließlich zu Rechenoperationen, mit denen die vierdimensionale Raumzeitlichkeit zunächst auf drei, dann zwei, dann eine und zuletzt null Dimensionen reduziert wird. Die Gegenwart markiere den Umschlagspunkt, an dem aus der Nulldimension durch Computation nun die vorher reduzierten Dimensionen wieder neu entstehen.

Boris Groys

Zur jüngeren Generation phänomenologischer Positionen innerhalb der Medientheorie gehört der Kunstphilosoph und Kurator Boris Groys. Auch wenn Groys wiederum kein Vertreter einer phänomenologischen Schule im engeren Sinne ist, so zeugt doch vor allem sein Medienbegriff davon, dass auch er von einem Primat der Wahrnehmung ausgeht. Nicht zuletzt zeigt dies seine Kritik an McLuhans Kernsatz vom ›Medium als Botschaft‹. Groys (2000, 88–101) rekonstruiert, dass McLuhans These letztlich auf eine Beschreibung des Kubismus durch Clement Greenberg (s. Kap. II.5) zurückgeht und – so die Kritik von Groys – auch nur hierauf zutrifft. Denn die kubistische Avantgarde hat durch die Dekonstruktion der Zentralperspektive in Form der Abwicklung von Raumkörpern zu geometrischen Plandarstellungen zwar paradigmatisch das Medium (Zentralperspektive) zur Botschaft erhoben, aber letztlich bleibt dies auf die Kritik an der seit der Renaissance üblich gewordenen ›illusionistischen‹ Darstellungsform beschränkt. Dies ist nicht wenig, aber für Groys ist damit noch keine Rechtfertigung gegeben, deshalb alle Medien »Unter Verdacht« – nämlich den Verdacht illusionistischer Täuschung – zu stellen. Der gleichnamige Titel seines Buches kritisiert so auch von McLuhan inspirierte Kunstausstellungen, in der nicht mehr das Werk zentral ist, sondern zusehends den Medien zur Präsentation desselben der Vorrang gegeben wird. (In erster Linie ist dabei an die auf Sockeln positionierten Fernseher oder Beamer zu denken, die nicht mehr kaschiert werden oder selbst zum Werk erhoben sind.) Groys' positives Medienverständnis ist entsprechend dasjenige der Transparenz: Wie der menschliche Leib in der Wahrnehmung als deren Ermöglichungsbedingung solange unthematisch bleibt, wie keine Störung oder Irritation vorliegt, so besteht ein gelungener Einsatz oder Gebrauch von Medien darin, dass sie nicht auffällig werden.

Lambert Wiesing

Als derzeit prominentester Vertreter phänomenologischer Medientheorie, der sich selbst auch ausdrücklich in der Tradition Husserls sieht, ist Lambert Wiesing zu nennen. Wie andere Phänomenologen ist das von ihm vorrangig analysierte Medium dasjenige des Bildes als der, von ihm mit einem weniger bekannten Terminus Husserls sogenannten, »artifiziellen Präsenz«. Dabei vertritt Wiesing (2005) einen Ansatz, der sich von konkurrierenden Positionen deutlich unterscheidet: Hierzu gehört vor allem sein Beharren darauf, dass sich Bilder nicht semiotisch als eine Art von Zeichen rubrizieren lassen, die nur auf ikonische anstelle symbolischer Weise repräsentieren. Vielmehr sind Bilder ihrer Natur nach keine Zeichen, sondern – wie Husserl zeigte – besondere Wahrnehmungen in Form der Differenzerfahrung von Bildträger und Bildobjekt und/oder Bildobjekt und Bildsujet (d. h. dem von der Semiotik behaupteten Aspekt der Zeichenhaftigkeit). Dabei ist Wiesing nicht unkritisch gegenüber dem phänomenologischen Ansatz und hält etwa gerade dem von Groys vorgebrachten Transparenzgedanken entgegen, dass Transparenz zwar ein notwendiges, aber kein hinreichendes Kriterium ist, um Bilder im Besonderen und Medien im Allgemeinen von anderen Dingen zu unterscheiden; womit sich erst eine Kritik der bei McLuhan anzutreffenden Indifferenz von Medium und Werkzeug leisten lässt.

Die phänomenologische Medientheorie gründet Wiesing dabei auf die anthropologische Bildtheorie des Husserl-Schülers Hans Jonas (1994), wonach es Menschen vorbehalten sei, Bilder (absichtlich) herzustellen und als solche erfahren zu können. Bilder eröffnen dabei einen Bereich, in dem Dinge (als intentionale Objekte) dem zeitlichen Verfall enthoben sind. Eben dies macht Wiesing zum hinreichenden Kriterium für Medien: Medien erzeugen eine ›artifizielle Selbigkeit‹ jenseits ihrer materiellen Realisation (vgl. Wiesing 2005, Kapitel 8). Mit anderen Worten: Auch bei Nutzung von Kopien, die einander gleichen, ist deren Phänomenologie doch eine, die Leser, Hörer, Seher annehmen lässt, sie lesen, hören, sehen nicht Unterschiedliches, sondern alle Dasselbe (wenn sie es auch unterschiedlich interpretieren mögen). Medienhistorischen Ansätzen kann Wiesing daher entgegenhalten, dass kein Rekurs auf die Genese (oder Entstehung von Medien) die Geltung (im Sinne der Medialität) erklären kann, sondern vielmehr erlaubt erst die besondere Erscheinungs- und Erfahrungsweise, Medien(inhalte) von anderen Dingen in der Welt zu unterscheiden.

Wie jüngste Publikationen von Wiesing zeigen, nähert er sich dabei auf ungewöhnliche Weise Martin Heidegger an, der in *Sein und Zeit* ebenfalls schon an einer Verschränkung von Phänomenologie und Anthropologie bei gleichzeitiger Überwindung des neuzeitlichen Repräsentations- und Subjektdenkens arbeitete: So schlägt Lambert Wiesing (2009) einen *perceptual turn* vor, mit dem das Subjekt nicht mehr als konstruktiver Ursprung der Außenwelt gedacht wird, sondern als ein durch Wahrnehmung konstituiertes ›Mich‹. Bildern (oder allgemein Medien) kommt dabei die Rolle zu, Partizipationspausen von gewöhnlicher Wahrnehmung und den Zusammenhängen der Lebenswelt zu ermöglichen. Vor allem aber rekurriert Wiesing in *Sehen lassen. Die Praxis des Zeigens* (2012) auf Heideggers Definition des Phänomens in *Sein und Zeit*: In dem hierfür einschlägigen siebten Paragraphen übersetzt Heidegger das griechische *phainomenon* als das »Sich-an-ihm-selbst-zeigende« oder schlicht als das »Offenbare«, das die Vorbedingung dafür ist, dass Phänomene (oder Bilder) als Repräsentationen verwendet werden können (wie etwa das Symptom einer Krankheit, mit dem aus der Oberflächenerscheinung auf die Tiefenursache geschlossen wird). Jedoch geht Wiesing mit (dem späten) Heidegger über (den frühen) Heidegger hinaus, wenn die Präsentation nicht mehr allein dem Bild zugeschrieben wird, sondern einer menschlichen wie technischen Praxis des Zeigens als einem ›Sehen-lassen‹. Zeigen ist demnach vom semiotischen Begriff des Zeichens zu unterscheiden, weil nicht das Bild (selbst) auf etwas verweist (und daher Zeichen ist), sondern mittels einer (an sich nicht zeichenhaften) Erscheinung etwas gezeigt wird. Hiermit bestätigt sich letztlich die nichtpsychische Auffassung von Intentionalität seitens der Phänomenologie: Das Zeigen (mittels Phänomenen oder Medien) ist ein öffentlicher Vorgang, medial vermittelt und nicht ein privater Vorgang oder ein bloß innerpsychisches Ereignis.

Literatur

Belting, Hans: *Florenz und Bagdad. Eine westöstliche Geschichte des Blicks.* München 2008.

Bermes, Christian: Medialität – anthropologisches Radikal oder ontologisches Prinzip? Merleau-Pontys Ausführungen der Phänomenologie. In: Ders./Julia Jonas/Karl-Heinz Lembeck (Hg.): *Die Stellung des Menschen in der Kultur. Festschrift für Ernst Wolfgang Orth.* Würzburg 2000, 42–58.

Casey, Edward: *Ortsbeschreibungen. Landschaftsmalerei und Kartographie* [2002]. München 2006.

Därmann, Iris: *Tod und Bild. Eine phänomenologische Mediengeschichte.* München 1995.

Dreyfus, Hubert: *Die Grenzen künstlicher Intelligenz. Was Computer nicht können* [1972/79]. Königstein i.Ts. 1985.

Farinelli, Franco: Von der Natur der Moderne. Eine Kritik der kartographischen Vernunft. In: Dagmar Reichert (Hg.): *Räumliches Denken.* Zürich 1996, 267–301.

Flusser, Vilém: *Für eine Philosophie der Fotografie* [1983]. Göttingen ⁴1989.

Flusser, Vilém: Eine neue Einbildungskraft. In: Volker Bohn (Hg.): *Bildlichkeit. Internationale Beiträge zur Poetik.* Frankfurt a. M. 1990, 115–126.

Flusser, Vilém: *Gesten. Versuch einer Phänomenologie.* Düsseldorf 1991.

Groys, Boris: *Unter Verdacht. Eine Phänomenologie der Medien.* München 2000.

Günzel, Stephan: Archivtheorie zwischen Diskursarchäologie und Phänomenologie. In: Knut Ebeling/Ders. (Hg.): *Archivologie. Theorien des Archivs in Philosophie, Medien und Künsten.* Berlin 2009, 153–162.

Günzel, Stephan: Maurice Merleau-Ponty. In: Kathrin Busch/Iris Därmann (Hg.): *Bildtheorien aus Frankreich. Ein Handbuch.* München 2011, 299–311.

Heidegger, Martin: Die Frage nach der Technik. In: Ders.: *Vorträge und Aufsätze.* Stuttgart 1954, 9–40.

Heidegger, Martin: Die Zeit des Weltbildes [1928]. In: Ders.: *Holzwege.* Frankfurt a. M. 1994, 75–114.

Heider, Fritz: Ding und Medium. In: *Symposion* 1 (1926), 109–157.

Husserl, Edmund: *Phantasie und Bildbewusstsein* [1980]. Hamburg 2006.

Ihde, Don: *Listening and Voice. Phenomenologies of Sound.* New York ²2007.

Jonas, Hans: Homo Pictor. Die Freiheit des Bildens. In: Gottfried Boehm (Hg.): *Was ist ein Bild?* München 1994, 105–124.

Kittler, Friedrich A.: Phänomenologie versus Medienwissenschaft (1998), http://hydra.humanities.uci.edu/kittler/istambul.html (18.10.2012).

Kittler, Friedrich A.: *Optische Medien. Berliner Vorlesungen 1999.* Berlin 2002.

Kittler, Friedrich A.: Heidegger und die Medien- und Technikgeschichte. Oder: Heidegger vor uns. In: Dieter Thomä (Hg.): *Heidegger-Handbuch. Leben – Werk – Wirkung.* Stuttgart/Weimar 2003, 500–504.

Luhmann, Niklas: Das Medium der Kunst. In: Ders.: *Aufsätze und Reden* [1986]. Stuttgart 2001, 198–217.

Luhmann, Niklas: Intersubjektivität und Kommunikation. Unterschiedliche Ausgangspunkte soziologischer Theoriebildung. In: Ders.: *Soziologische Aufklärung 6. Die Soziologie und der Mensch* [1986]. Wiesbaden ²2005, 162–179.

Lyotard, Jean-François: *Die Phänomenologie.* Hamburg 1993 (frz. 1954).

Merleau-Ponty, Maurice: *Phänomenologie der Wahrnehmung.* Berlin 1966 (frz. 1945).

Merleau-Ponty, Maurice: *Das Sichtbare und das Unsichtbare, gefolgt von Arbeitsnotizen.* München 1994 (frz. 1964).

Merleau-Ponty, Maurice: *Das Primat der Wahrnehmung.* Frankfurt a. M. 2003 (frz. 1946).

Tholen, Georg Christoph: *Die Zäsur der Medien. Kulturphilosophische Konturen.* Frankfurt a. M. 2002.

Virilio, Paul: *Die Sehmaschine.* Berlin 1989 (frz. 1988).

Wiesing, Lambert: *Artifizielle Präsenz. Studien zur Philosophie des Bildes.* Frankfurt a. M. 2005.

Wiesing, Lambert: *Das Mich der Wahrnehmung. Eine Autopsie.* Frankfurt a. M. 2009.

Wiesing, Lambert: *Sehen lassen. Die Praxis des Zeigens.* Frankfurt a. M. 2012.

Stephan Günzel

4. Die Kanadische Schule

Der Begriff der ›Kanadischen Schule‹ bezieht sich auf eine locker verbundene, interdisziplinäre Gruppe von Wissenschaftlern, die grundlegende und international einflussreiche Beiträge für eine allgemeine Medientheorie lieferten. Als eine Schule kann diese Gruppe jedoch nur rückblickend und in einem eher unkonventionellen Sinn bezeichnet werden. In den meisten Fällen trafen diese Wissenschaftler in den 1950er und 1960er Jahren an der Universität von Toronto im Kontext wöchentlicher Seminare (The Culture and Communication Seminars) bzw. im Zusammenhang der Herausgabe einer jährlichen Publikation (*Explorations*, 1953–1959) aufeinander. Diese Aktivitäten wurden durch ein Stipendium der Ford Foundation gefördert, das Marshall McLuhan und der Anthropologe Edmund Carpenter für ihr Forschungsprojekt »Veränderungen von Sprach- und Verhaltensmustern im Kontext neuer Kommunikationsmedien« erhalten hatten. Das geförderte Projekt fußte in zentralen Punkten auf den Arbeiten von Harold Innis. In diesem Zusammenhang ergänzten Wissenschaftler wie Tom Easterbrook (Wirtschaftswissenschaften), Jaqueline Tyrwhitt (Architektur und Städtebau) und Carl Williams (Psychologie) McLuhans und Carpenters interdisziplinär angelegte Untersuchung von Medientechnologien als anthropologische und kulturelle Phänomene. Sie bauten diese Studie auf Unterscheidungen, wie der von Oralität und Literalität, der von visuellem und akustischem Raum, sowie Harold Innis' Unterscheidung der Raum- und Zeitbindung von Medien auf. Das Spektrum der Forscher und Disziplinen, die gemeinhin mit der Kanadischen Schule verbunden werden, ist jedoch viel weiter und schließt neben Harold Innis (Politische Ökonomie) vor allem so bedeutsame Autoren wie Eric Havelock (Klassische Philologie), Walter Ong (Literaturwissenschaft) und Derrick de Kerckhove (Literatur- und Kunstwissenschaft) ein.

Wenn man in der Medientheorie von einer ›Kanadischen Schule‹ spricht, so verdankt sich das vor allem einer deutschen medienwissenschaftlichen Perspektive, die auf Friedrich Kittlers Text *Optische Medien* (2002, 21) zurückgeht, wo er den Begriff irrtümlich Arthur Krokers Text *Technology and the Canadian Mind: Innis, McLuhan, Grant* (1984) zuschreibt. In Nordamerika ist jedoch die Gruppe von Wissenschaftlern, deren Wege sich mit McLuhan kreuzten, eher unter dem Titel ›Toronto School of Communication‹ bekannt. Diese Bezeichnung tauchte zuerst 1968 in einer Fußnote des Werkes *Literacy in Traditional Societies* von Jack Goody (1968, 1; vgl. auch Kerckhove 1989, 73) auf. Beide Bezeichnungen, die ›Kanadische Schule der Medientheorie‹ und die ›Toronto School of Communication‹, beziehen sich zwar weitgehend auf dieselben wissenschaftlichen Texte und Ideen, aber dennoch werden in beiden Fällen unterschiedliche Schwerpunkte gesetzt. Wenn man von einer ›Toronto Schule‹ spricht, so betont man einen spezifischen, regional geprägten Zugang zu den Problemen von Kommunikation und Medien. Wenn man von einer ›Kanadische Schule‹ spricht, dann unterstellt man einen grundlegenderen Zugang oder, wie Dieter Mersch (2006, 90–130) es beschreibt, eine ›allgemeine Medientheorie‹ bzw. die Formulierung eines Begriffs von Medien und Medialität, wie er heute in der Kultur- und Medientheorie allgemein Verwendung findet.

Dabei stellt das, was im deutschsprachigen Raum als ›Kanadische Schule‹ bekannt geworden ist, nur einen Aspekt der Kommunikations- und Medienwissenschaften in Kanada dar. Anders als in den medien- und kommunikationswissenschaftlichen Instituten der USA, die sich vor allem mit empirischen Forschungsfragen und der Ausbildung von Journalisten und Kommunikationsexperten beschäftigen, ist Medienwissenschaft in Kanada eine integrative Mischung kulturkritischer Traditionen, einschließlich des Marxismus (s. Kap. II.8), der Frankfurter Schule (s. Kap. II.9), des Feminismus (s. Kap. IV.25), des französischen Post-Strukturalismus (s. Kap. II.2; II.10; II.12; II.13), der Phänomenologie (s. Kap. II.3), der Birmingham Schule der Cultural Studies (s. Kap. IV.23) und der Soziologie (s. Kap. IV.19). Mit dieser kritischen Ausrichtung ziehen kommunikations- und medienwissenschaftliche Institute in Kanada politisch interessierte und in der Bürgerrechtsbewegung engagierte Studierende an, wobei allerdings die Grundlagen der Medientheorie, wie sie McLuhan und Innis legten, weitgehend marginalisiert zu werden drohen.

Harold A. Innis

Harold Innis' (1894–1952) Arbeiten repräsentieren (zusammen mit jenen Havelocks) die erste Generation der ›Kanadischen Schule‹ bzw. einer allgemeinen Medientheorie. Innis erwarb seinen PhD in Politischer Ökonomie 1920 an der Universität Chicago und nahm im selben Jahr eine Stelle im Institut für politische Ökonomie an der Universität Toronto an, wo er bis zu seinem Tod blieb. Seine wissenschaftliche Entwicklung ist durch zwei Phasen gekennzeichnet: In der ersten, die von 1923 bis in die frühen 1940er Jahre reicht, befasste Innis sich hauptsächlich mit der Kanadischen Wirtschaftsgeschichte und der Entwicklung seiner ›Staples‹-These. Diese These ist vor allem in den Untersuchungen *A History of the Canadian Pacific Railway* (1923), *The Fur Trade in Canada* (1930/1956) und *The Cod Fisheries* (1940) entwickelt worden. In diesen Texten untersucht Innis die Wirtschaftsgeschichte Kanadas als eine Geschichte der Ressourcen-Ausbeutung und des Exports.

Die zweite Phase in Innis' Entwicklung widmet sich vor allem der Untersuchung von Kommunikation und Medien und steht im Zusammenhang mit dem Band *Empire and Communications* (1950) sowie der Essay-Sammlung *The Bias of Communication* (1951). Aus der Rückschau lässt sich die erste Phase von Innis' wissenschaftlicher Entwicklung als Keimzelle seiner späteren kommunikations- und medienwissenschaftlichen Forschungen begreifen. So führen sowohl Robert E. Babe (2000) als auch Kroker (1984) aus, dass Innis die ›Canadian Pacific Railroad‹ als ein Medium auffasst, durch das sich die europäische Zivilisation in Nordamerika verbreitet. Laut Babe (2000, 59) beruhe Innis' Ressourcen-These auf der Idee, dass »[t]he extraction or production of staples creates environments, or ecosystems, that *mediate* human relations and otherwise affect a people's thoughts and actions« (Herv. i. O.; dt.: »die Produktion oder Ausbeutung natürlicher Ressourcen Umwelten oder Öko-Systeme erzeugt, die einerseits die menschliche Beziehungen und andererseits die Überlegungen und Handlungen eines Volkes beeinflussen«). Innis' Betonung elementarer Güter wie Fisch, Pelze, Nutzholz und Weizen bringen ihn dazu zu erkennen, dass jeder dieser Grundstoffe eine eigene Form der ›Mediation‹ repräsentiert, die Transportsysteme, Sozialstruktur, Wirtschaft, Politik, Kultur und Technologie auf besondere Art miteinander verbindet. Der Aufstieg eines neuen Grundstoffes erzwang eine systematische Rekonfiguration existierender sozialer, kultureller, politischer und ökonomischer Formationen (vgl. ebd., 64 f.).

In *Empire and Communications* wandelte sich Innis' Interesse von dem, was man die Materialität der Kanadischen Wirtschaftsgeschichte nennen könnte, zu einem Interesse an der Erforschung der Materialität der Kommunikation. Innis vertrat dabei die Position, dass die Geschichte von Zivilisationen als eine Geschichte von Medien aufgefasst werden könne. In diesem Sinne sind daher die Charakteristika der großen Nationen – Ägypten, Babylonien, Griechenland, Rom, Europa und Nord Amerika –, die die westliche Geschichte bestimmt haben, nichts anderes als die Eigenschaften bestimmter Medien. Aus dieser Perspektive identifiziert Innis dann den Untergang großer Nationen mit dem Wechsel von einem Kommunikationsmedium zu einem anderen: Dem Untergang Ägyptens ging der Wechsel vom Stein zu Papyrus voraus. Die Größe der antiken griechischen Kultur hat ihren Ursprung in der oralen Tradition und ihr Untergang läuft parallel zur Entwicklung des Alphabets und dem Wechsel von der Oralität zur Literalität. Nicht zuletzt bedeutet der Fall des römischen Imperiums den Untergang von Papyrus und die Einführung von Pergament und Papier. Damit führt Innis zugleich das allen Mitgliedern der ›Kanadischen Schule‹ gemeinsame Arbeiten mit Analogien oder Homologien zwischen der Materialität eines gegebenen Mediums und Mustern der zugehörigen Gesellschaften und Kulturen ein. Jedes Kommunikationsmedium, schreibt Innis, erzeugt ›Wissensmonopole‹, deren Macht darauf beruht, wie ein bestimmtes Medium Ideen und Informationen organisiert. Wie McLuhan in seiner Einleitung zu *The Bias of Communication* schreibt, konnte Innis, »[o]nce [he] […] had ascertained the dominant technology of a culture […] be sure that this dominant form and all its causal powers were necessarily masked from the attention oft that culture by a physic mechanism ›protective inhibition‹ as it were« (Innis 1951, XII; dt.: »sobald er die dominante Technologie einer Kultur einmal erfasst hatte […], sicher sein, dass diese der Grund und die formende Kraft ihrer gesamten Struktur war. Er konnte ebenfalls sicher sein, dass diese dominante Form und alle ihre ursächlichen Kräfte notwendig aus dem Bewusstsein einer Kultur durch einen psychischen Selbstschutzmechanismus verdrängt wird«).

Für Innis scheint es, »that the subject of communication offers possibilities in that it occupies a crucial position in the organization and administration of government and in turn of empires and of Western civilization« (Innis 1950, 5; dt.: »als verfüge Kommunikation über eine entscheidende Stellung bei der Organisation und Administration von Regierungen und dem Wechsel von Imperien sowie in der westlichen Zivilisation«). Die Medien, mit denen Kommunikation organisiert und verteilt wird, tragen also wesentlich zu der Natur einer Zivilisation bei. Auf dieser Grundlage stellte Innis die Bedeutung von Medien für eine Kultur am Beispiel der Konzepte von Zeit und Raum dar. Ian Angus (1993, 26) geht davon aus, dass die zentrale Aussage von Innis' Kommunikationstheorie in der Reflexion der Kontinuität einer Kultur in den zwei Dimensionen der Zeit (Dauer in der Zeit) und des Raums (Ausdehnung über Land und See) bestehe. Jedes Kommunikationsmedium ist auf eine dieser Dimensionen ausgerichtet: »Media that emphasize time are those that are durable in character [...]. Media that emphasize space are apt to be less durable and light in character, such as papyrus and paper« (Innis 1950, 7; dt.: »Medien, die die Zeit betonen, sind diejenigen, die wie Pergament, Ton und Stein einen dauerhaften Charakter aufweisen [...]. Medien, die den Raum betonen, können demgegenüber wie Papyrus und Papier weniger dauerhaft und leichter sein«). Die Bedeutung dieser Unterscheidung ist nicht ausschließlich eine Frage der Effizienz oder Dauer, sie betrifft vielmehr die Natur der sozialen Welt (vgl. Angus 1993). In Abhängigkeit von ihrem dominanten Kommunikationsmedium sind Gesellschaften entweder zeit- oder raumgebunden. Zeitgebundene Gesellschaften sind in ihrer Reinform orale Kulturen: Sie betonen die Kontinuität, das Kollektiv und praktisches Wissen. Alternativ dazu legen raumgebundene Gesellschaften, also diejenigen, die von Papier oder elektronischen Medien kontrolliert werden, »[a] high value to abstract knowledge and to exercising control over space, but place relatively little value on, even denigrate, tradition continuity« (Babe 2000, 73; dt.: »einen hohen Wert auf abstraktes Wissen und die Ausübung von Kontrolle über Räume, aber vergleichsweise wenig Wert auf Tradition und Kontinuität, ja sie verunglimpfen beides geradezu«).

Die Erkenntnisse, die Innis im Zusammenhang seiner mediengeschichtlichen Rekonstruktionen erzielte, wurden in den Essays von *The Bias of Communication* weiterentwickelt. In dem Aufsatz »Minerva's owl« (»Die Eule der Minerva«, 1947) untersucht Innis, wie verschiedene Medien den Charakter des Wissens der letzten 4000 Jahre beeinflusst haben und wie sich Wissensmonopole um diese Medien herum entwickeln, bis sie dann durch die Einführung neuer Medien wieder beiseitegeschoben werden. In dem Essay »The bias of communication« kommt Innis wieder auf die Beziehung von raum- und zeitgebundenen Medien zurück: »Jedes einzelne Kommunikationsmittel spielt eine bedeutende Rolle bei der Verteilung von Wissen in Zeit und Raum, und es ist notwendig, sich mit seinen Charakteristiken auseinanderzusetzen, will man seinen Einfluß

auf den jeweiligen kulturellen Schauplatz richtig beurteilen. [...] An seiner relativen Betonung von Zeit oder Raum [...] zeigt sich deutlich seine Ausrichtung auf die Kultur, in die es eingebettet ist« (Innis 1997, 95).

In den abschließenden Essays von *The Bias of Communication* entwickelt Innis seine Modernitätskritik, deren Grundlage die mediale Tendenz bildet, die Innis wie folgt erläutert: »Ich möchte für die mündliche Tradition Partei eingreifen, besonders wie sie sich in der griechischen Zivilisation offenbart hat« (ebd., 182). Aus dieser Perspektive ist Innis' Sicht auf die Moderne geradezu tragisch: »Wissenschaft, Technologie und mechanisiertes Wissen drohen die Voraussetzungen für die Gedankenfreiheit, und mit ihnen für die westliche Zivilisation, zu zerstören« (ebd., 182). In »A plea for time« (»Ein Plädoyer für die Zeit«, 1950) drückt Innis seine Kritik noch detaillierter aus. Seine Idealisierung des antiken Griechenlands wird an der idealen Balance zwischen oralen und schriftlichen Traditionen deutlich: »Durch die Stärke der mündlichen Überlieferung in Griechenland, die die Durchschlagskraft schriftlicher Medien in Zaum hielt, entstand ein Zeitalter kulturellen Schaffens, das niemals seinesgleichen gefunden hat« (ebd., 122 f.). Im Gegensatz dazu seien die Medien des 20. Jahrhunderts überwiegend raumbasiert (eine These, die angesichts von Entwicklungen wie dem Film, etwas verwundert), was zu einer Art oberflächlicher und für die Entwicklung von Kultur schädlicher Gegenwartsorientierung führe. Die Lösung dieser Krise der Modernität verlange nach einer Balance zwischen den raumbasierten dominanten Medien und den zeitgebundenen Medien. Nur dann könnten wir wieder herstellen, was im Fortschrittsoptimismus der Massenkultur verloren gegangen sei.

Wie Angus deutlich macht, ist Innis' Perspektive durch die Erfahrungen in den Schützengräben des Ersten Weltkriegs geprägt worden: »In short, he is a member of that generation of people who came to maturity in, and immediately after, the First World War – a generation to whom we owe so much for the development of critical thought« (Angus 1993, 22; dt.: »Er ist ein Angehöriger einer Generation, die während oder kurz nach dem Ersten Weltkrieg erwachsen wurde, einer Generation, der wir sehr viel an kritischem Denken verdanken«). Die Ereignisse des Zweiten Weltkriegs begleiten Innis' Arbeiten zu Problemen der Kommunikation und scheinen seine kritischen Anschauungen noch weiter verstärkt zu haben. Dementsprechend sieht Angus Innis' Modernitätskritik in einer Reihe mit Edmund Husserl,

Martin Heidegger und der Frankfurter Schule (s. Kap. II.9).

Die Bedeutung von Innis' Beiträgen zu der Kanadischen Schule kann kaum überschätzt werden. Wie McLuhan schrieb, ist *Die Gutenberg-Galaxie* (1995/ 1962) nur »eine erklärende Fußnote« (McLuhan 1995, 63) zu Innis' Werk. Innis war der Erste, der Geschichte als eine Geschichte erfolgreicher Medientechnologien beschrieb und mit dieser Mediengeschichte die Idee einer ›vergleichenden Medientheorie‹ einführte, die Wissenschaftler dabei unterstützt, ihre eigenen Medien gleichsam ›von außen‹ zu sehen, um ihre Vorurteile als die Vorurteile derjenigen Medien zu erkennen, durch die sie die Welt sehen (vgl. Angus 1993).

Eric A. Havelock

Eric Havelock (1903–1988) verließ 1947, ein Jahr nach McLuhans Ankunft, die Universität Toronto, um nach Harvard zu gehen. Seine Arbeiten wurden von Innis erst nach Havelocks Abreise entdeckt. Havelock spielt wie Innis eine bedeutende Rolle in der Geschichte der Kanadischen Schule. Im Kontext von Arbeiten über Homer sowie die von Milman Parry und Albert Lord aufgezeichneten Aufführungen mündlicher epischer Poesie in Jugoslawien, entwickelte Havelock die fundamentale Unterscheidung zwischen Oralität und Literalität.

Diese Unterscheidung liegt McLuhans Denken zugrunde und taucht explizit wieder in den Arbeiten Walter Ongs auf. Havelock baute auf Lord und Parrys Entdeckung von Mustern einer ›formelhaften oralen Komposition‹ in den Homer zugeschriebenen Epen und zeitgenössischen jugoslawischen Aufführungen auf. Er versuchte, die ›Parry-Lord These‹ auszubauen, wonach die Epen Homers quasi die Textaufzeichnungen mündlicher Aufführungen waren. Poetische Erzählungen und ihre Aufführung sind in oralen Kulturen nicht zu trennen, weil ohne Schrift die mündliche Aufführung das wesentliche Mittel ist, mit dem die Kultur kodiert, bewahrt und übertragen wird: »The only possible verbal technology available to guarantee the preservation and fixity of transmission was that of the rhythmic word organised cunningly in verbal and metrical patterns« (Havelock 1963, 42 f.), um das Gedächtnis und die Aufführung zu unterstützen (dt.: »Die einzige verfügbare verbale Technologie, um die Erhaltung und Zuverlässigkeit der Übertragung zu garantieren, war die der rhythmischen Sprache, die geschickt durch

verbale und metrische Muster strukturiert wird«). Diese ›tribale Enzyklopädie‹ kodierte nicht nur alle diejenigen Aspekte der Gesellschaft, die nicht durch ihre Werke und ihr Umfeld, seine Formen und Muster übertragen wurden, sondern sie definierte ebenso ihre formale Sprache. In einem für die ›Kanadische Schule‹ typischen Schritt wird dieser linguistische ›mnemotechnische Apparat‹ ähnlich wie später die Technik des Schreibens als weitgehend homolog mit dem Denken und anderen kulturellen Mustern und Werten angesehen.

> »Control over the style of a people's speech, however indirect, means control also over their thought. The two technologies of preserved communication known to man, namely the poetised style with its acoustic apparatus and the visual prosaic style with its visual and material apparatus, each within their respective domains control also the content of what is communicable. [...] This amounts to saying that the patterns of his thought have historically run in two distinct grooves, the oral and the written« (Havelock 1963, 142; dt.: »Kontrolle über den Stil der Sprache einer Nation, wie indirekt auch immer, bedeutet zugleich Kontrolle über ihr Denken. Die beiden der Menschheit bekannten Technologien der Speicherung von Kommunikation, insbesondere der poetische Stil mit seinem akustischen Apparat und der prosaische Stil mit seinem visuellen und materiellen Apparat, kontrollieren jeder in seinem Bereich den Inhalt dessen, was kommunizierbar ist. [...] Auf dieser Grundlage lässt sich sagen, dass die Muster [menschlichen] Denkens sich historisch in zwei unterschiedlichen Spuren entwickelt haben, der oralen und der schriftlichen«).

Das mündliche Epos und seine Aufführung konstruiert ein Selbst in Übereinstimmung mit dem epischen Abenteuer, ein Selbst, das »must stop identifying itself successively with a whole series of polymorphic vivid narrative situations« (ebd., 200; dt.: »sich selbst in eine endlose Serie von Stimmungen [...] sukzessive sich selbst mit einer ganzen Serie polymorpher lebendiger Situationen identifizierend« splittet). Mit anderen Worten fehlt der Identität in oralen Kulturen eine ›innere Konsistenz des Selbst‹, also eine Idee vom Selbst als »consciousness which is self-governing and which discovers the reason for action in itself rather than in imitation of the poetic experience« (ebd.; dt.:»einem Bewusstsein, welches selbstbestimmt [...] reflexiv, nachdenklich [und] kritisch ist«). Diese und andere Charakterisierungen des Selbst sind von Havelock in *The Muse Learns to Write* (1986) weiterentwickelt worden. Allerdings erfuhren Oralität und Literalität ihre einflussreichste Bestimmung in Walter Ongs *Orality and Literacy* (*Oralität und Literalität*, 1987).

Marshall McLuhan

Marshall McLuhan (1911–1980) ist das bekannteste Mitglied der ›Kanadischen Schule‹ und es gelang ihm aufgrund seiner führenden Rolle in der ›Explorations-Gruppe‹ sowie später im Centre for Culture and Technology (1963 in Toronto gegründet), viele andere Mitglieder der Schule sowohl physisch als auch intellektuell zusammenzubringen (vgl. Marchand 1998). Bevor er an die Universität von Toronto kam, hatte McLuhan in Kanada an der Universität von Manitoba und in Großbritannien an der Universität Cambridge studiert und in den USA in St. Louis und Madison, Wisconsin, wo er zum Katholizismus konvertierte, gelehrt. McLuhan ist insbesondere durch seine Slogans, die viel über die Struktur und Dynamik seines Denkens verraten und die über eine Klarheit verfügen, an der es seinen Texten bisweilen gebricht, bekannt geworden.

Von McLuhans populärstem Slogan, »Das Medium ist die Botschaft« (1992, 17), ist gesagt worden, dass er die Grundlage für die Medienwissenschaften gelegt habe. Er unterstreicht die umfassende kulturelle und philosophische Bedeutung von Medien. Dabei macht der Spruch auf etwas aufmerksam, das durch eine bloße Begriffsdefinition leicht übersehen werden kann und das bis dahin von der Philosophie und den Humanwissenschaften weitgehend vernachlässigt worden ist. »[F]or 2500 years«, schreibt McLuhan, »the philosophers of the Western world have excluded all technology from the matter of form« (McLuhan u. a. 1987, 429; dt.: »Während 2500 Jahren haben die Philosophen der westlichen Welt die Technologie aus ihren Überlegungen ausgeschlossen«). Zusammen mit Heidegger und Innis war McLuhan einer der ersten, die untersuchten, wie Medien und Technologien eine grundlegende menschliche und kulturelle Bedeutung erlangen konnten. Diese Botschaft der Medien ist sicherlich mannigfaltig und komplex, allerdings drückt sie sich in der physischen und kulturellen Umformung der Gesellschaft, aber vor allem des Bewusstseins und der Wahrnehmung aus. An diese Rolle der Technik haben in der deutschen Diskussion v. a. Friedrich Kittler und seine Schüler – trotz aller sonstigen Differenzen zu McLuhan – angeschlossen (s. Kap. II.13).

Nach den McLuhan-Forschern Norm Friesen und Richard Cavell kündigt der Slogan, »das Medium ist die Botschaft«, »das Ende der Hermeneutik an und ist die Totenglocke der traditionellen kritischen Modelle innerhalb der humanwissenschaftlichen Forschung, die als provokanter Ursprung einer institutionalisierten Medienwissenschaft dienen kann« (Friesen/Cavell, in Vorb.). Die hermeneutisch-humanistische Forschung, von der Friesen und Cavell sprechen, würde quasi tautologisch darauf bestehen, dass die Botschaft die Botschaft ist. Oder aber dass die Botschaft zumindest eine Vermittlung der Wahrnehmung oder Intention eines Autors ist, eine Botschaft, die wiederhergestellt oder durch eine zeitliche und räumliche ›Horizontverschmelzung‹ verstanden werden kann. Für McLuhan geht es bei dem, was durch und mit Medien angestoßen wird, nicht um ein Verstehen oder die Wiederherstellung von Intentionen, sondern um den Mediengebrauch, also die Anwendung oder die Erzeugung umfassender kultureller Konsequenzen. Als ein Ergebnis davon ersetzte die operationale Sprache von Effekten, die inventarisiert, sowie Ausdehnungen des Körpers und der Wahrnehmung, die verinnerlicht oder entäußert werden sollten, die hermeneutische Sprache des Verstehens, des Verständnisses und der Kommunikation.

In der unkonventionellen Entgegensetzung zweier Begriffe, nämlich ›Medium‹ und ›Botschaft‹, in »das Medium ist die Botschaft« wird zugleich die binäre Struktur und ›Methode‹ im Denken McLuhans deutlich: Das Verhältnis von zwei Ausdrücken, wobei einer dem anderen übergeordnet ist, wird plötzlich verkehrt und aus dieser Verkehrung wird dann eine umfassende Rekonfiguration von Aussagen, Formen und Wahrnehmungsmustern abgeleitet. Dies geschieht im Allgemeinen durch die ›Beschleunigung‹ oder ›Ausweitung‹ der übergeordneten Aussage bis hin zu ihrem Extrempunkt. Bezugnehmend auf die gestaltpsychologische Wahrnehmungstheorie beschreibt McLuhan diese Verhältnisse als Figur-Grund-Relationen, eine Methode, die er auch auf viele andere binäre Oppositionen in seinen Arbeiten wie etwa ›Klischee und Archetyp‹ (vgl. McLuhan/Watson 1971), ›Auge und Ohr‹ (vgl. McLuhan 1992, 100), ›heiß und kalt‹ (vgl. ebd., 35), ›auditiver (akustischer) und taktiler (visueller Raum)‹ (vgl. McLuhan/Powers 1995, 28) sowie ›Ausweitung und (Selbst-)Amputation‹ (vgl. McLuhan 1992) anwendet. Die gleichzeitige Wahrnehmung von Figur und Grund ist zum umfassenden Verständnis der beiden durch die Opposition gekennzeichneten Zustände sowie ihrer Wechselwirkung aufeinander erforderlich und es ist gleichzeitig, wie McLuhan wiederholt betont, derjenige Ort, ›wo die Action ist‹. McLuhans viele Oppositionen stellen den Versuch dar, bei seinen Lesern ein Bewusstsein für diesen Zusammenhang zu schaffen.

Diese Dynamik von Gegensätzen, von wechselseitiger und simultaner Wahrnehmung ist in dem posthum erschienenen Band *Laws of Media: The New Science* (1988) von McLuhans Sohn Eric, basierend auf McLuhans Notizen, zu einer quasi naturalistischen Methodologie ausgearbeitet worden. Obwohl diese Dynamik gelegentlich als Dialektik bezeichnet wird, handelt es sich im Vergleich zur idealistischen Dialektik Hegels oder materialistischen Marx' bzw. der negativen Dialektik Adornos grundsätzlich um eine undialektische Bewegung. Statt der Aufhebung von zwei einander entgegengesetzten kulturellen, historischen oder materiellen Zuständen in einen Dritten, der dann die Synthese bildet, konzentriert sich McLuhan ausschließlich auf die Dynamik innerhalb der beiden Zustände der Binäroppositionen.

Die Gutenberg-Galaxis. Das Ende des Buchzeitalters (1995/1962) ist der Titel von McLuhans zweitem und bei weitem ›akademischsten‹ Buch. Dabei bezieht sich McLuhan mit dem Ausdruck ›Gutenberg-Galaxis‹ auf eine für das Zeitalter des Buchdrucks eigentümliche Konstellation von sensorischen und kulturellen Eigenschaften. Dieses Zeitalter erstreckt sich von Gutenberg in der Mitte des 15. Jahrhunderts bis hin zum Auftauchen elektronischer Medien wie Marconis Radio am Ende des 19. Jahrhunderts (s. Kap. III.13) und es ist zugleich dasjenige Zeitalter, das noch am ehesten mit der Betonung der Schriftlichkeit und der Unterdrückung von Oralität in Verbindung gebracht werden kann. McLuhan versuchte zu zeigen, wie unterschiedlich mediale Formen bis hin zu den »Formen des Denkens und der Erfahrungsorganisation in Gesellschaft und Politik« (McLuhan 1995, 1 f.) ausfallen können. So folgerte er etwa, dass »die Newtonschen Gesetze der Mechanik, die in der Typographie Gutenbergs schon latent vorhanden waren, [...] von Adam Smith auf die Gesetze der Produktion und des Verbrauchs übertragen wurden« (ebd., 331). McLuhan ging davon aus, dass die der Schriftlichkeit innewohnende und bereits von Havelock bemerkte Tendenz, so etwas wie ein autonomes Selbstbewusstsein hervorzubringen, durch den Buchdruck noch enorm ausgeweitet wurde. Das Ergebnis ist der ›typographische Mensch‹, das autonome, rationale Individuum, der Bürger mit einer eigenständigen Individualität, privaten Gedanken, einem spezialisierten Wissen und einer individualisierten Perspektive. Die Charakteristika der aufkommenden ›Marconi Galaxy‹, die durch Simultaneität und Pluralität gekennzeichnet ist und als ebenso ursprüngliche wie einheitliche Stammesgemeinschaft beschrieben wird, sind all diesen Eigenschaften entgegengesetzt.

Der Gegensatz von akustischem und visuellem Raum ist eine für McLuhans Denken unabdingbare Opposition, wiewohl sie vielleicht nicht so bekannt ist wie die Gegensätze von ›Ausdehnung und Amputation‹ oder ›heiß und kalt‹ (der letzte Gegensatz bezieht sich auf ›Auflösung‹ von Medien, also darauf, wie viel Information sie liefern und wie viel von den Mediennutzern noch ergänzt werden muss). Zugleich ist diese Opposition eine der Grundlagen für die Zusammenarbeit McLuhans mit anderen Mitgliedern der Toronto School, insbesondere aber mit Edmund Carpenter. Der Gegensatz setzt eine sehr eigenständige Vorstellung von Raum (und ebenso von Zeit) voraus, wie sie von Innis' Idee raum- und zeitgebundener Medien nahegelegt wird. Gleichzeitig passt dieses Konzept aber auch sehr gut zu McLuhans Arbeiten von den 1950er Jahren bis hin zu seinen letzten Publikationen. »Nach Gutenberg [wandelte sich] [...] die Vorstellung von Raum und Zeit [...] derart, daß man in ihnen Behälter sah, die mit Gegenständen oder Tätigkeiten ausgefüllt werden müssen« (ebd., 134).

Dieser visuelle Raum lässt sich durch die distanzierte, analytische und perspektivische Orientierung des Auges skizzieren. Der akustische Raum hat, wie McLuhan und Carpenter erläutern, »no point of favored focus. It's a sphere without fixed boundaries, space made by the thing itself, not space containing the thing. It is not pictorial space, boxed in, but dynamic, always in flux, creating its own dimensions moment by moment« (Carpenter/McLuhan 1960, 67; dt.: »keinen privilegierten Fokus. Er ist eine Sphäre ohne festgelegte Grenzen, ein Raum, wie er von dem Gegenstand selbst erzeugt wird, und kein Raum, in dem der Gegenstand sich befindet. Es handelt sich um keinen begrenzten bildlichen, sondern um einen dynamischen, immer in Bewegung befindlichen Raum, der von Moment zu Moment seine eigenen Dimensionen entwirft«). Diese Differenzierung zweier Raumtypen passt nicht nur ausgezeichnet zu den anderen Unterscheidungen und Verzweigungen in McLuhans Denken, sondern man kann sie auch als die grundlegende Unterscheidung von McLuhans Arbeiten ansehen, die für ihn beides ist: »[M]etaphor and materiality, a fundamentally dynamic site of dialogue, translation, and exchange« (Cavell 2003, 27; dt.: »Metapher und Materialität, ein grundlegender, dynamischer Ort des Dialogs, der Übersetzung und des Austauschs«).

Die »Extensions of man« (McLuhan 1964) beziehen sich auf McLuhans These, wonach »alle Medien [...] Erweiterungen bestimmter menschlicher Anlagen, seien sie physisch oder psychisch, [sind]. Das Rad ist eine Erweiterung des Fußes, [...] das Buch ist eine Erweiterung des Auges, [...] die elektrische Schaltungstechnik eine Erweiterung des Zentralnervensystems [...]« (McLuhan/Fiore 1984, 26–40; s. Kap. IV.3). Die Idee, wonach Medien und Technologien tatsächlich gedankliche oder physische ›Vergegenständlichungen‹ oder Prothesen darstellen (eine Idee, die schon Ernst Kapp im 19. Jahrhundert hatte und die später z. B. von Arnold Gehlen oder von Sigmund Freud, s. Kap. II.12, aufgegriffen wird), betonen die performativen und anthropologischen Dimensionen in McLuhans Denken und dehnen seine Definition von Medien auf jegliche andere Technologie vom Rad bis zur elektronischen Platine aus. Ausdehnungen und (Selbst-)Amputationen befinden sich wie jede andere von McLuhans Oppositionen in einer permanenten Dynamik von Dämpfung und Verstärkung. »Eine solche Verstärkung«, erläutert McLuhan, »kann das Nervensystem nur mit Betäubung oder Blockierung der Wahrnehmung ertragen« (McLuhan 1992, 58), und es ist diese Betäubung oder Blockade, die dann als ›Amputation‹ oder ›(Selbst-)Amputation‹ begriffen wird. Eine bedeutende Nuance in dieser Opposition ist, dass der eine Teil dieses Gegensatzes nicht automatisch in sein Gegenteil übergeht, wenn er bis zum Äußersten getrieben wird. Stattdessen nehmen die Intensitäten von Ausdehnung und Amputation jeweils proportional zu oder ab, was McLuhan dann als virtuelle Austauschbarkeit bezeichnet. McLuhans Betonung der Opposition von Ausdehnung und Begrenzung eröffnet vielfältige Beziehungen zu Denkmustern wie dem von Freuds »Prothesengott« (Freud 1970, 87) bis hin zu neueren Trends der philosophischen Anthropologie und des Trans- oder Posthumanismus. Die philosophische Anthropologie sieht das Individuum als Mängelwesen, das Kultur benötigt, um sich als menschliches Wesen entwickeln zu können, wohingegen der Posthumanismus den ›Menschen‹ als ein Wesen sieht, das sich selbst überwinden oder durch seine ›Prothesen‹ radikal neu definiert werden kann. McLuhans Insistenz darauf, dass Ausdehnung zugleich immer auch Beschränkung bedeutet, unterstreicht eine Differenzierung in seiner Auffassung von Technologie, die es so weder in der anthropologischen noch in der post-anthropologischen Bestimmung des Menschen und seiner Ausweitungen gibt.

›Verkehr‹ wird von McLuhan als Thema von Innis übernommen und auf seine Vorstellung von Medien als Ausweitungen des Menschen angewandt (vgl.

dazu Neubert/Schabacher 2013). In seiner Behandlung dieser Fragestellung stützt sich McLuhan sowohl in der *Gutenberg-Galaxis* als auch in *Understanding Media* auf Innis' wissenschaftliches Interesse an der Ausübung politischer Macht. McLuhan benutzt historische Beispiele, um zu zeigen, dass »die Römische Straße [...] eine Papierroute in jedem Sinne« (McLuhan 1995, 77) war, die zum Transport von Papyrus-Rollen, Manuskripten und schließlich auch des immer häufiger produzierten gedruckten Wortes verwendet wurde, um Rom die politische und später auch die religiöse Kontrolle zu ermöglichen. McLuhan erläutert, dass »der springende Punkt der Beschleunigung durch das Rad, die Straße und das Papier [...] die Erweiterung der Macht in einem immer gleichartigeren und gleichförmigeren Raum« (McLuhan 1992, 112) ist. Im Verlauf der Zeit erfuhren die Technologien des Transports und Einschreibung eine schrittweise Beschleunigung und verstärkten die Ausdehnung über weite, eher visuell definierte Räume hinweg. In jedem Fall ändert sich das mit der erheblich größeren Geschwindigkeit elektronischer Übertragung: »Heute, da ein großer Teils des Verkehrs in der Information selbst besteht« (ebd., 124), ist eine historische Bruchstelle erreicht, an der eine neue Konfiguration einsetzt. Elektrische Geschwindigkeit lässt überall Zentren entstehen und alle vorhergehenden Formen der Beschleunigung wie Straße und Schiene werden überholt. McLuhan führt an, dass das, »was nun auftaucht, [...] ein Gesamtfeld allumfassenden Bewußtseins« (ebd., 126), »die neue Welt des globalen Dorfes« (ebd., 113) ist.

Wie auch die anderen Slogans McLuhans arbeitet auch das ›globale Dorf‹ mit den Gegensätzen binärer Oppositionen, nämlich mit der Spannung zwischen global und beschränkt, Zentrum und Peripherie, Innen und Außen. Er führt zugleich viele andere Themen seiner Arbeiten zusammen und weist starke utopische Konnotationen auf. Aufbauend auf seinen Annahmen über elektrische Schaltkreise als Ausweitungen des menschlichen Nervensystems, erläutert McLuhan, dass »[e]lectricity makes possible [...] an amplification of human consciousness on a world scale« (McLuhan 1969, 17; dt.: »Elektrizität eine Ausweitung des menschlichen Bewusstseins im Weltmaßstab ermöglicht«). Und dass ein solches elektrifiziertes »global consciousness« (ebd.) sich in einer neuen Gesellschaft realisieren wird: »As such, the new society will be one mythic integration, a resonating world akin to the old tribal echo chamber where magic will live again« (ebd.; dt.: »als eine mythische Integration [, als] eine resonierende Welt, die sich ähnlich verhält wie die alten Echokammern von Stammesgesellschaften, wo das Magische wiederaufleben wird«). Kurz, das globale Dorf wird eher als ein akustischer denn als ein visueller Raum, also als eine Überwindung des Gegensatzes von Zentrum und Peripherie realisiert werden.

Walter J. Ong

Walter J. Ong (1912–2003) und Derrick de Kerckhove (*1944) haben beide als Studenten McLuhan, wenn auch an unterschiedlichen Orten und Zeiten, kennengelernt. Ong machte seinen Master im Jahr 1941 an der Universität St. Louis bei McLuhan und de Kerckhove arbeitete mit McLuhan im Toronto der 1970er Jahre zusammen. Beide arbeiteten nach McLuhans Tod in den 1980er und 1990er Jahren an Themen, die oben bereits diskutiert worden sind. Ong ist insbesondere für seine Arbeit *Oralität und Literalität. Die Technologisierung des Wortes* (1987) bekannt geworden und de Kerckhove mit seinem Buch *The Skin of Culture* (1995/1997). Vor *Oralität und Literalität* stellte Ong größere Untersuchungen darüber an, wie der Buchdruck Erziehungsprozesse und die Organisation des Wissens veränderte. *Oralität und Literalität* enthält eine ausgezeichnete Einführung in einige der zentralen Themen der ›Kanadischen Schule‹ und behauptet gleichzeitig, dass es keine ›Schule‹ der Oralität und der Literalität gibt.

Ong strukturiert und verdeutlicht die zwar verlockenden, aber eben auch teilweise vagen Charakterisierungen und Beschreibungen von McLuhan und Innis, indem er zum Beispiel den Begriff der »sekundären Oralität« (Ong 1987, 10) einführt, wo McLuhan noch mit Bildern wie denen einer stammesgesellschaftlichen Echokammer arbeitet. Ong (ebd., 136) definiert »sekundäre[.] Oralität« als die gegenwärtige Wiederkehr oraler Formen und Ausdrücke durch das »Telefon, […] Radio, […] Fernsehen und [die] verschiedenen Klangaufzeichnungsgeräte«. Diese Oralität schließt eine Betonung emphatischer Äußerungen, eine »Mystik der Partizipation« (ebd.) und eine »Förderung des Gemeinschaftssinns« (ebd.) ein. Weil sekundäre Oralität jedoch auf einer etablierten literalen Kultur basiert, geht Ong davon aus, dass diese Eigenschaften »mehr zufällig[.] und selbstverständlich[.]« (ebd.) eingesetzt werden als in den »primären oralen Kultur[en]« (ebd.), also solchen, die nicht mit Literalität konfrontiert worden sind: »Wir [wenden] uns nach außen, weil wir schon

[durch die Literalität] nach innen gerichtet sind« (ebd.). Statt mit der dynamischen Spannung von McLuhans Oppositionen oder dem Rätselhaften einzelner Details von Innis' Argumentation schließt Ong sein Buch mit folgender, sehr deutlicher Unterscheidung von Oralität und Literalität:

> »Auf hochinteriorisierten Bewußtseinsstufen ist das Individuum weniger unbewußt den gemeinschaftlichen Strukturen verbunden. Solche Bewußtseinsstufen hätte das Bewußtsein wahrscheinlich ohne das Schreiben niemals erreicht. […] Das Schreiben führt Trennung und Entfremdung, aber ebenso eine höhere Einheit ein. Es beflügelt das Selbstgefühl und begünstigt eine bewußtere Interaktion zwischen Personen« (ebd., 176).

Obwohl Ongs begriffliche Unterscheidungen überzeugend erscheinen mögen, haben sich begriffliche Abgrenzungen wie die obigen vor dem Hintergrund anthropologischer Forschung als durchaus problematisch herausgestellt. Zugleich ist es wichtig sich zu vergegenwärtigen, dass allein schon aufgrund ihrer größeren Komplexität Innis' Detailversessenheit und McLuhans Dynamik von Gegensätzen als relativ schwierig erscheinen mögen. So kann beispielsweise die gedruckte Seite nach McLuhan manchmal geradezu ›emphatisch oral‹ sein, anstatt notwendig visuell und linear zu sein, was McLuhans »theory of orality and literacy (and the spaces they produce)« (Cavell 2003, 54), wie Cavell sagt, »more nuanced than Ong's« erscheinen lässt.

Derrick de Kerckhove

Derrick de Kerckhove, der von 1983 bis 2008 Direktor des »McLuhan Program in Culture and Technology« an der Universität Toronto war, hatte die Gelegenheit, Zusammenhänge zwischen McLuhans Beobachtungen und neueren technologischen Entwicklungen wie der virtuellen Realität, der Cyberkultur und des Internets herzustellen. Kerckhove behauptet, Aussagen von McLuhan über Kybernetik und die Ausweitungen des Menschen zitierend, dass von McLuhan so etwas wie »[v]irtual reality was foreseen, in this passage, some three decades before the idea was even considered. McLuhan did not need to see a system to know that the purpose of computerization was to turn hardware into software, to hand over the reins of physical power to thought« (Kerckhove 1997, 40; dt.: »virtuelle Realität bereits dreißig Jahre, bevor solche Ideen überhaupt erwogen worden waren, vorausgesehen worden ist. McLuhan [wusste], dass die Absicht der Informatisierung der

Gesellschaft in der Übertragung der Macht von der Materie auf das Denken bestand«). Anstatt solche rückblickenden Bestätigungen dazu zu nutzen, ein neues Licht auf McLuhans Denken zu werfen, nimmt de Kerckhove diese neuen Phänomene zum Anlass, den Stil und Tenor von McLuhans Texten zu wiederholen. Gleichzeitig unternahm er wenig dagegen, dass der Einfluss dieser Arbeiten von anderen Entwicklungen der Kanadischen Kommunikations- und Medienwissenschaft zunehmend zurückgedrängt wurde.

Fazit

In den 1980er Jahren waren, wenn man überhaupt von einem eigenständigen kanadischen medienwissenschaftlichen Ansatz sprechen kann, die Medienwissenschaften entweder an einer marxistischen politischen Ökonomie oder aber an den Cultural Studies orientiert, die sich beide auf den Inhalt von Medien konzentrierten. Ohne konkrete empirische Grundlagen und ohne eine kreative Weiterentwicklung ihrer Positionen konnte die Medientheorie McLuhans und der mit ihm verbundenen Wissenschaftler nicht von den empirischen Sozialwissenschaftlern, die die kanadischen kommunikationswissenschaftlichen Institute inzwischen dominieren, aufgenommen werden. Selbst heute identifizieren sich nur wenige Kommunikations- und Medienwissenschaftler mit einer Medientheorie im Sinne McLuhans. So scheint es, dass, wenn es überhaupt noch Elemente einer ›Kanadischen Schule‹ der Medientheorie gibt, sie ausschließlich an der Peripherie des medien- und kommunikationswissenschaftlichen Mainstreams in Kanada zu finden sind.

In der deutschen Diskussion wurde in der beginnenden Mediendebatte der 1980er Jahre McLuhan deutlich rezipiert, so in Bezug auf die Rolle der Technik bei Friedrich Kittler (s. Kap. II.13), obwohl Kittler und seine Schüler die letztlich anthropologische Vorstellung von Technik als einer Extension des Menschen nicht teilen. Bücher wie *Am Ende der Gutenberg-Galaxis* von Norbert Bolz (1993) rekurrieren schon im Titel unmissverständlich auf McLuhans Thesen, um sie mit verschiedenen anderen theoretischen Elementen im Rahmen ›postmodernistischer‹ Medientheorie zu verbinden (s. Kap. II.10). In jüngerer Zeit wurde McLuhan erneut verstärkt rezipiert – 2007 fand unter Beteiligung von Kerckhove eine große Tagung in Bayreuth statt, aus der ein umfangreicher Sammelband hervorging, in dem McLuhan

einer ganzen Reihe von Relektüren und Kritiken unterzogen wird (vgl. de Kerckhove/Leeker/Schmidt 2008). Auch Innis' und McLuhans Beschäftigung mit Fragen des Verkehrs wurde wieder aufgegriffen (vgl. Neubert/Schabacher 2013). An diesen und weiteren Beispielen kann man sehen, dass die grundlegenden Fragen, die die Vertreter der Kanadischen Schule aufgeworfen haben, für die aktuelle deutsche medienwissenschaftliche Diskussion virulent bleiben.

Literatur

Angus, Ian: Orality in the twilight of humanism: A critique of the communication theory of Harold Innis. In: *Continuum: The Australian Journal of Media & Culture* 7/1 (1993), 16–43.

Babe, Robert E.: *Canadian Communication Thought: Ten Foundational Writers*. Toronto 2000.

Bolz, Norbert: *Am Ende der Gutenberg-Galaxis. Die neuen Kommunikationsverhältnisse*. München 1993.

Carpenter, Edmund/McLuhan, Marshall: *Explorations in Communication: An Anthology*. Boston 1960.

Cavell, Richard: *McLuhan in Space: A Cultural Geography*. Toronto ²2003.

Freud, Sigmund: Das Unbehagen in der Kultur. In: Ders.: *Abriß der Psychoanalyse. Das Unbehagen in der Kultur*. Frankfurt a. M./Hamburg 1970, 63–130.

Friesen, Norm/Cavell, Richard: *Media TransAtlantic: Media Theory between Canada and Germany*. Toronto (in Vorb.).

Goody, Jack: Introduction. In: Ders (Hg.): *Literacy in Traditional Societies*. Cambridge, Mass. 1968.

Havelock, Eric A.: *Preface to Plato. A History of the Greek Mind*. Cambridge, Mass. 1963.

Havelock, Eric A.: *The Muse Learns to Write. Reflections on Orality and Literacy from Antiquity to the Present*. New Haven/London 1986.

Innis, Harold A.: *A History of the Canadian Pacific Railway*. London/Toronto 1923, http://gutenberg.ca/ebooks/innis-historyofthecpr/innis-historyofthecpr-00-h.html (29.04. 2013).

Innis, Harold A.: *The Cod Fisheries. The History of an International Economy*. Toronto 1940.

Innis, Harold A.: *Empire and Communications*. Toronto 1950.

Innis, Harold A.: *The Bias of Communication*. Toronto 1951.

Innis, Harold A.: *The Fur Trade in Canada: An Introduction to Canadian Economic History* [1930]. Toronto 1956.

Innis, Harold A.: *Kreuzwege der Kommunikation*. Ausgewählte Texte. Hg. von Karlheinz Barck. Wien/New York 1997.

Kerckhove, Derrick de: McLuhan and the Toronto School of Communication. In: *Canadian Journal of Communication*, Special Issue 1989, 73–79.

Kerckhove, Derrick de: *The Skin of Culture: Investigating the New Electronic Reality* [1995]. London 1997.

Kerckhove, Derrick de/Leeker, Martina/Schmidt, Kerstin (Hg.): *McLuhan neu lesen. Kritische Analysen zu Medien und Kultur im 21. Jahrhundert*. Bielefeld 2008.

Kittler, Friedrich A.: *Optische Medien. Berliner Vorlesung 1999*. Berlin 2002.

Kroker, Arthur: *Technology and the Canadian Mind*. Montréal 1984.

Marchand, Philip: *Marshall McLuhan: The Medium and the Messenger*. Toronto 1998.

McLuhan, Marshall: *Understanding Media: The Extensions of Man*. New York 1964.

McLuhan, Marshall (1969): The Playboy Interview: Marshall McLuhan. In: *Playboy Magazine* 3 (1969), http://www.cs.ucdavis.edu/~rogaway/classes/188/spring07/mcluhan.pdf (17.06.2013).

McLuhan, Marshall: *Die magischen Kanäle: Understanding Media*. Düsseldorf 1992.

McLuhan, Marshall: *Die Gutenberg-Galaxis. Das Ende des Buchzeitalters*. Bonn u. a. 1995 (engl. 1962).

McLuhan, Marshall/Fiore, Quentin: *Das Medium ist Massage*. Frankfurt a. M./Berlin/Wien 1984.

McLuhan, Marshall/McLuhan, Corrine/Molinaro, Matie/Toye, William: *Letters of Marshall McLuhan*. Toronto/New York 1987.

McLuhan, Marshall/McLuhan, Eric: *Laws of Media. The New Science*. Toronto 1988.

McLuhan, Marshall/Nevitt, Barrington: *Take Today: The Executive as Dropout*. New York 1972.

McLuhan, Marshall/Powers, Bruce R.: *The Global Village. Der Weg der Mediengesellschaft in das 21. Jahrhundert*. Paderborn 1995.

McLuhan, Marshall/Watson, Wilfred: *From Cliché to Archetype*. New York 1971.

Mersch, Dieter: *Medientheorien zur Einführung*. Hamburg 2006.

Neubert, Christoph/Schabacher, Gabriele (Hg.): *Verkehrsgeschichte und Kulturwissenschaft. Analysen an der Schnittstelle von Technik, Kultur und Medien*. Bielefeld 2013.

Ong, Walter J.: *Oralität und Literalität. Die Technologisierung des Wortes*. Opladen 1987.

Norm Friesen/Darryl Cressman (übersetzt von Rainer Leschke)/Jens Schröter (Schlussabsatz)

5.   Medientheorien des High Modernism

Explizit medientheoretische Ansätze sind in den klassischen Kunstwissenschaften nicht formuliert worden. Implizit zeichnen sich diese jedoch im Nachdenken über die Verhältnisbestimmung von Kunst, Bild, Form und Medium ab. Die Impulse für dieses Nachdenken sind von den Provokationen der Abstraktion, von der Integration audiovisueller Medien in die Bildende Kunst sowie von der kulturwissenschaftlichen Ausweitung des Aufgabengebiets der Kunstwissenschaft im Sinne einer Bildwissenschaft (s. Kap. IV.7) ausgegangen, welche, so die Forderung, auch nicht-künstlerische, populäre Bilder wie Medienbilder zu reflektieren habe. Insbesondere im Zuge der kontrovers geführten amerikanischen Diskussion um den High Modernism und dessen Revision seit den 1960er Jahren wurden Fragen nach dem Medium, der Medienspezifik, der Intermedialität und der Postmedialität im engeren Sinn, d. h. dezidiert bezogen auf die Bildende Kunst, prominent. Von hier aus lässt sich eine Medientheorie des High Modernism konturieren, auch wenn die Protagonisten dieser Diskussionen selbst kaum theoretische Ansprüche gestellt haben.

Clement Greenbergs Medientheorie der Malerei

»Die Geschichte der Avantgarde-Malerei ist die Geschichte ihrer schrittweisen Anerkennung der Widerständigkeit ihres Mediums« (Greenberg 1997, 75). In dieser These gipfelt die ›Meistererzählung‹, mit der der Kunstkritiker Clement Greenberg die medientheoretische Diskussion um die Kunst der (europäischen) Moderne und des (amerikanischen) Modernismus de facto eröffnet hat. Von Hause aus Literaturkritiker und in den 1930er Jahren erstmals mit einer Rezension von Brechts *Dreigroschenroman* aufgetreten, hat Greenbergs formalistische Perspektive auf das Medium und die Medienspezifik den amerikanischen Kunstdiskurs bis in die frühen 1960er Jahre hinein geprägt. In seinen Texten – insbesondere in »Towards a newer Laocoon« (1940), »American type painting« (1955) und »Modernist painting« (1960) – verfolgt er sowohl eine systematische als auch eine historische Argumentation. Systematisch möchte Greenberg die verschiedenen Künste auf ihre Medienspezifik hin befragen und mediale Charakteristika benennen, die weder mit den Gattungsunterscheidungen der Bildenden Kunst, noch mit bloß materialen Bestimmungen der verschiedenen Künste konvergieren.

»Dank ihres Mediums ist jede Kunst einzigartig und ganz und gar sie selbst« (Greenberg 1997, 72), heißt es bereits 1940 in »Towards a newer Laocoon«. Der Titel dieser Veröffentlichung verrät die Herkunft seines Ansatzes. Greenberg knüpft bei Lessings Überlegungen zu *Laokoon oder über die Grenzen von Poesie und Dichtung* (1766) an. Deutlicher noch als Lessing, dessen Unterscheidung von Raum- und Zeitkünsten, Malerei und Poesie, letztlich noch auf dem Vergleich der Darstellungsträger und nicht der Medien beruht, fragt Greenberg tatsächlich nach den ›medialen‹ Bedingungen der Möglichkeit von Kunst, insbesondere für die Malerei, insofern ihn die Darstellungsträger – bei der Malerei etwa die Leinwand qua Fläche bzw. Flächigkeit (*flatness*) – nicht primär in materieller Hinsicht interessieren, sondern in ihrer bildgenerierenden Funktion (›Darstellungsträger‹ meint hier die materiale Grundlage von Darstellungen, also in der Malerei beispielsweise die Leinwand oder die Holztafel; ›Medium‹ hingegen bezeichnet den in bildlichen Gebrauch genommenen Darstellungsträger, also die Leinwand oder die Holztafel in ihrer durch die Darstellung vollzogenen Transformation). Greenberg formuliert gewissermaßen eine bildtheoretisch zugespitzte Medientheorie avant la lettre. Dabei versteht er Lessings Schrift nicht nur als eine frühe zeichentheoretische Thematisierung von Malerei und Dichtung im Vergleich, sondern, wie Karlheinz Stierle dies später aus der Perspektive einer semiotischen Ästhetik heraus formuliert hat, als den »Gipfelpunkt der in das Verhältnis von Medium, Werk und ästhetischer Erfahrung eindringenden Reflexion des 18. Jahrhunderts« (Stierle 1984, 37). Für die Moderne des späten 19. Jahrhunderts und vor allem für die abstrakten Avantgarden des 20. Jahrhunderts spitzt sich in Greenbergs Augen diese Reflexion als mediale Selbst-Reflexion der Künste dann aber noch einmal entschieden zu. »Die realistische oder naturalistische Kunst pflegte das Medium zu verleugnen, ihr Ziel war es, die Kunst mittels der Kunst zu verbergen; der Modernismus wollte mittels der Kunst auf die Kunst aufmerksam machen. Die einschränkenden Bedingungen, die das Medium der Malerei definieren – die plane Oberfläche, die Form des Bildträgers, die Eigenschaften der Pigmente – [...] [werden] als positive Faktoren, die nun offen anerkannt wurden, [betrachtet]« (Greenberg 1997, 267 f.).

Die mediale Selbstbestimmung der Kunst stellt für Greenberg das systematische Leitmotiv seiner Medientheorie dar; als *self-definition* oder *self-criticism* bezeichnet, darf man einen Rückgriff auf kantische Motive der philosophischen Selbstkritik vermuten. Diese Selbstkritik – auf die Künste übertragen – wird bei Greenberg aber zugleich historisiert, ja als Motor bzw. Bewegungsgesetz der jüngeren Kunstgeschichte aufgefasst. Indem die modern-avantgardistische Malerei Kritik am Medium im Medium betreibe, beziehe sie sich wesentlich auf sich selbst, führe an sich selbst den Modus malerischer Selbstreferenz vor. Dabei dränge sie zu einer immer stärker werdenden Reinheit (*purity*) in der Selbstaussage, zu einer immer größeren Reduktion (*reductionism*), einer Elementarisierung und Essentialisierung insbesondere der Kategorie der Fläche (*flatness*), wie sie Greenberg bei Manet inauguriert, bei Cézannes protokubistischer Aufteilung der Fläche, beim (analytischen) Kubismus und schließlich bei den amerikanischen Erben der Pariser Avantgarde, d. h. in der ›reinen‹ Abstraktion der New York School eines Jackson Pollock oder Barnett Newman, in letzter Konsequenz realisiert sah.

Jenseits der Idee von Medienspezifik

Seit den 1960er Jahre erhob sich gegen dieses Modell einer Medientheorie des High Modernism entschiedene Kritik, die sich nicht zuletzt an dem bei Greenberg nicht wirklich geklärten Verhältnis zwischen historischer und systematischer Argumentation entzündete. In dem Maß, in dem in der zeitgenössischen amerikanischen Kunst die Paradigmen des Abstrakten Expressionismus – mit dem Aufkommen der Pop Art und der Minimal Art, später mit der Concept Art und schließlich mit den dezidiert postmodernen Varianten z. B. der Appropriation Art – in Frage gestellt wurden, geriet auch Greenbergs Plädoyer für die Malerei der New York School unter Druck. Sein Modernismus-Verständnis wurde nun immer öfter unter den deutlich negativ akzentuierten Stichworten *formalism*, *purism* und *dogmatism* diskutiert. Dabei richtete sich die Kritik zum einen gegen das geschichtsteleologische Denken, gegen die lineare Lesart einer Kunstgeschichte, die – im Zuge der (Post-)Strukturalismusrezeption der amerikanischen Kunstkritik – als Metaerzählung charakterisiert und dekonstruiert werden sollte (vgl. Danto 1993, 19 ff.). Greenberg musste sich immer häufiger die Frage gefallen lassen, was nach der vermeintlich

letzten Reduktion, der Reduktion auf die leere Leinwand, im Modus der medialen Selbstreflexion noch
zu erreichen sei (vgl. Duve 1990, 244 ff.).

Zum anderen wurde aber auch die systematische
Perspektive Greenbergs, die Fokussierung auf die
reine, mediale Selbstbestimmung, kritisiert. Fraglich
sei, ob das Medium, ob mediale Transparenz und
Selbstkritik als Imperativ der Kunst – bzw. ›guter‹
Kunst – tatsächlich haltbar seien. Greenbergs Votum
für die Medienspezifik des Modernismus zeuge vielmehr von einem durchaus problematischen Puris-
mus, wie sich, so Rosalind Krauss in einer Volte gegen ihren früheren Mentor, an dessen sublimatori-
schem *misreading* der Malerei Pollocks zeigen lasse,
welches die materiellen und abjekten Aspekte der
klassischen *drippings* zugunsten des rein Optischen
(*opticality*) ausgeblendet habe (vgl. Krauss 1993,
Kap. VI). Hal Foster, seit 1990 Mitherausgeber der
Zeitschrift *October*, die als Zentralorgan der amerikanischen *New Art History* gelten darf, resümierte
1984, rückblickend auf den Modernismus: »The de-
constructive impulse […] must be distinguished
from the self-critical tendency of modernism. This is
crucial to the postmodernist break, and no doubt the
two operations are different: self-criticism, centered
on a medium, does tend (at least under the aegis of
formalism) to the essential or ›pure‹, whereas deconstruction, on the contrary, decenters, and exposes
the ›impurity‹ of meaning« (Foster 1984, 199 f.). *Impurity*, die Vermischung, Entgrenzung, Intermedialität (s. Kap. II.22) und Hybridisierung der Künste
sind die Stichworte, die die medientheoretischen
Überlegungen der amerikanischen Kunstkritik seit
den 1970er Jahren bestimmt haben.

Es gehört zu der Wirkmacht von Greenbergs Medientheorie des High Modernism, dass noch deren
Überwindung ihren Stempel trägt. Während Greenberg selbst das Argument der Medienspezifik seit
Mitte der 1960er Jahre zurückstellte, eher wieder die
Kriterien einer klassischen Kunstkritik in Anspruch
nahm (Qualität, Intuition) und in radikaler Weise
für das Auge als Instanz votierte (vgl. Lüdeking 1997;
Jones 2005), führten seine Kritiker die Medienreflexion des High Modernism ex negativo fort. In einem
ersten Schritt zeigte sich das bei den kontroversen
Diskussionen um den Minimalismus, an denen mit
Michael Fried und Rosalind Krauss zwei Autoren
beteiligt waren, die beide den Greenbergschen Modernismus als Ausgangspunkt ihrer intellektuellen
Entwicklung verstanden. Donald Judds Bestimmung des *specific objects* als eines Phänomens zwischen Malerei und Skulptur rief noch einmal die

Frage nach der Medienspezifik von Malerei und
Skulptur auf, auch wenn sich hier bereits das ›Dazwischen‹ im Sinne der intermediären Künste der
1960er Jahre etablierte. Das *specific object* bot die
Möglichkeit, dem Greenbergschen Medienpurismus
zu entgehen, obgleich die zunehmend phänomenologisch geprägte Argumentation am minimalisti-
schen Objekt Greenbergs klassische Medien- (und
Gattungs-)Unterscheidungen (Malerei, Skulptur)
beibehielt. Die – sei's positiv, sei's negativ konnotierten – Auseinandersetzungen von Krauss und
Fried mit dem Minimalismus bestätigen denn auch,
dass dieser im Sinne der von Foster (1995) sogenannten ›Crux des Minimalismus‹ dem medienre-
flexiven Modernismus Greenbergs bei aller Tendenz
zur Überschreitung und Hybridität dennoch verbunden blieb.

In einem zweiten Schritt wurde die Auseinandersetzung mit der Medientheorie des High Modernism in den 1970er und 1980er Jahren bezeichnenderweise aber auch in die Diskussion um die sogenannten neuen Medien in der Bildenden Kunst
überführt. Dabei ging es nicht primär darum, nun
auch für die Medien Fotografie, Film, Video etc. eine
eigene Medienspezifik zu behaupten, wiewohl auch
dies gelegentlich geschah, um Greenbergs einseitiger
Bezugnahme auf die Malerei (bzw. auf Malerei und
Skulptur) andere Akzente entgegensetzen zu können. Genauer richtete sich der Blick aber auf die Art
und Weise, wie gerade die neuen Medien – aufgrund
ihrer materiellen Heterogenität sowie des Stellenwerts ihres apparativen Dispositivs – die Rede von
der Medienspezifik insgesamt obsolet erscheinen
ließen. Rosalind Krauss hat dies in exemplarischer
Weise für die Fotografie verfolgt. Statt nach dem Me-
diumsspezifikum der Fotografie zu fragen, interessierte sich Krauss für das Fotografische, d. h. für die
Fotografie als theoretisches Objekt (vgl. Dobbe
2007). »In becoming a theoretical object, photography loses its specifity as a medium« (Krauss 1999a,
292), heißt es bei ihr im Rückgang auf Walter Benjamin. Das Fotografische, bei Krauss weitgehend mit
dem Indexikalischen gleichgesetzt, betont weniger
das Medium Fotografie als vielmehr die Verfahrens-
weise des Abdrucks von Realität, wobei es für das
Fotografische in diesem Sinne keineswegs notwendig ist, dass es sich in Fotografien realisiert, wie
Krauss' wiederholte Bezugnahme auf Duchamps
Arbeiten zeigt, etwa auf die Staub-Spuren im Kontext der Diskussion um »Das Große Glas«, aber auch
auf die Schattenformationen in »Tu m'« oder den
Abdruck in »With my Tongue in My Check«.

In den 1960er Jahren hat die theoretisch formulierte Wendung von der Fotografie zum Fotografischen, laut Krauss, dann aber auf breiter Front und explizit ihren Eingang in die Kunst gefunden, womit zugleich deren Transformation von einer medienspezifisch differenzierten Kunst zur Kunst-im-Allgemeinen eingeleitet wurde. Hatte Greenberg noch nach dem Medienspezifikum der Kunst, etwa und insbesondere der Malerei gefragt, so sieht Krauss hier – einem Gedanken Thierry de Duves folgend – mit der Preisgabe der Medienspezifik zugleich das Generische als Leitmotiv der jüngeren Auseinandersetzungen um die Kunst etabliert. »For photography converges with art as a means of both enacting and documenting a fundamental transformation whereby the specifity of the individual medium is abandoned in favor of a practice focussed on what has to be called art-in-general, the generic character of art independent of a specific, traditional support« (Krauss 1999a, 294). Eben weil die Kunst, dieser Lesart entsprechend, insgesamt fotografisch geworden ist, erübrigte sich die weitere Diskussion um die Medienspezifik.

Die Neu-Erfindung des Mediums bei Rosalind Krauss

In den späten 1990er Jahren hat Rosalind Krauss interessanterweise zu einer von vielen Rezensenten mit Erstaunen konstatierten Rehabilitierung der vormals so gescholtenen Idee der Medienspezifik angesetzt, allerdings in der paradoxen Konstellation einer Neu-Erfindung des Mediums im Zeitalter der »Post-Medium-Condition« (vgl. Krauss 1999a; 1999b). Von der Beobachtung ausgehend, dass die Gegenwartskunst mit der Dominanz der multimedialen Installationen und der Medienkunst nunmehr als postmedial charakterisiert werden kann, sieht sie bei Künstlern wie James Coleman, Tacita Dean oder William Kentridge eine Medienpraxis realisiert, die in gezielter Weise auf scheinbar veraltete Medien zurückgreift. Während Kentridge beispielsweise das anachronistische Medium des Animationsfilms in Anspruch nimmt, um seine »drawings for projection« zu realisieren, operiert Coleman bewusst mit den Konventionen der Dia-Installation, des Fotoromans und der Laterna magica, um neue Formen des Erzählens zu erfinden. Im Rückgriff auf veraltete kommerzielle Bildmedien versuchen Kentridge und Coleman, die Konventionen ihres Gebrauchs produktiv zu wenden. Krauss' Konzept der

Neuerfindung der Medien im Zeitalter der »Post-Medium-Condition« verbindet dabei die Benjaminsche Hoffnung auf »das utopische Potenzial veralteter Technologien« (Neuner 2001, 92) mit dem »Medienmodell des amerikanischen Philosophen Stanley Cavell, [...] [nach dessen Einschätzung, M. D.] ein künstlerisches Medium nicht durch eine Essenz, sondern durch ein Bündel von Konventionen bestimmt [wird], das dem Künstler einen ›improvisatorischen‹ Spielraum eröffnet« (ebd.). Den Essentialismus des High Modernism vermeidend, gelingt es Krauss auf diese Weise, die Idee der Medienspezifik mit der Perspektive auf die historisch wandelbaren Konventionen des Gebrauchs von Medien zu verbinden.

Rückblickend kann man festhalten, dass die Auseinandersetzungen um die Konturen, die Legitimität und die Begrenztheiten der Medientheorie des High Modernism die amerikanische Kunstkritik des 20. Jahrhunderts in entscheidender Weise geprägt und zu einer immer wieder neu angesetzten Befragung des Erbes der Moderne veranlasst haben. Auch haben sie einen entscheidenden Einfluss auf die entstehende Medientheorie gehabt (zur Rolle, die Greenberg für McLuhan gespielt hat, vgl. Groys 2000, 93–101). Dabei mag erstaunen, dass – anders als im deutschen Sprachraum – nur selten die Medienreflexion explizit mit der Bildreflexion des *iconic* bzw. *pictorial turn* zusammengebracht worden ist. Ein Grund hierfür könnte in den unterschiedlichen Wissenskulturen liegen. Während in Deutschland die Debatten über die Verhältnisbestimmung von Medium und Bild wesentlich von den »systematischen Interessen aus der Philosophie und historischen Grundlegungen der Kunstwissenschaften getragen werden, gehen in den Diskurs der anglo-amerikanischen Visual Culture Studies überwiegend Ergebnisse und Impulse der Cultural Studies und Dekonstruktion ein« (Frank/Sachs-Hombach 2006, 184). Insofern wäre dem Bildbegriff der Medientheorie des High Modernism genauso wie dem Bildbegriff der Kritik dieser Medientheorie genauer nachzufragen, will man nicht anhaltend mit einem an vielen Stellen doch deutlich materialistisch geprägten Medienbegriff operieren.

Literatur

Danto, Arthur C.: Greenberg, le grand récit du modernisme et la critique d'art essentialiste. In: *Les Cahiers du Musée National d'Art Moderne* 45/46 (1993), 19–29.

Dobbe, Martina: *Fotografie als theoretisches Objekt. Bildwissenschaft – Medienästhetik – Kunstgeschichte.* München 2007.

Duve, Thierry de: The monochrome and the blank canvas. In: Serge Guilbault (Hg.): *Reconstructing Modernism. Art in New York, Paris and Montreal 1945–1964.* Cambridge, Mass. 1990, 244–310.

Foster, Hal: Re: Post. In: Brian Wallis (Hg.): *Art after Modernism. Rethinking Representation.* Boston/New York 1984, 189–201.

Foster, Hal: Die Crux des Minimalismus. In: Gregor Stemmrich (Hg.): *Minimal Art. Eine kritische Retrospektive.* Dresden/Basel 1995, 589–633 (engl. 1986).

Frank, Gustav/Sachs-Hombach, Klaus: Bildwissenschaft und Visual Culture Studies. In: Klaus Sachs-Hombach (Hg.): *Bild und Medium. Kunstgeschichtliche und philosophische Grundlagen der interdisziplinären Bildwissenschaft.* Köln 2006, 184–196.

Greenberg, Clement: *Die Essenz der Moderne. Ausgewählte Essays und Kritiken.* Hg. von Karlheinz Lüdeking. Amsterdam/Dresden 1997 (Original: *The Collected Essays and Criticism.* Hg. von John O'Brian, 4 Bde. Chicago/London 1986–1993).

Groys, Boris: *Unter Verdacht. Eine Phänomenologie der Medien.* München/Wien 2000.

Jones, Caroline A.: *Eyesight Alone. Clement Greenberg's Modernism and the Bureaucratization of the Senses.* Chicago 2005.

Krauss, Rosalind: *The Optical Unconscious.* London 1993.

Krauss, Rosalind: Reinventing the medium. In: *Critical Inquiry* 25/2 (1999a), 289–305.

Krauss, Rosalind: *»A Voyage on the North Sea«. Art in the Age of the Post-Medium-Condition.* London 1999b.

Lüdeking, Karlheinz: Vorwort. In: Ders. (Hg.): *Clement Greenberg. Die Essenz der Moderne. Ausgewählte Essays und Kritiken.* Amsterdam/Dresden 1997, 9–28.

Neuner, Stefan: Rosalind Krauss' Neue Medien. Ein Blick in die jüngsten Publikationen der amerikanischen Kunstkritikerin. In: *Camera Austria* 74 (2001), 92–93.

Stierle, Karlheinz: Das bequeme Verhältnis. Lessings ›Laokoon‹ und die Entdeckung des ästhetischen Mediums. In: Gunter Gebauer (Hg.): *Das Laokoon-Projekt. Pläne einer semiotischen Ästhetik.* Stuttgart 1984, 23–58.

Martina Dobbe

6. Informationstheorie/ Kybernetik

Der Mathematiker und Ingenieur Claude Elwood Shannon (1916–2001) veröffentlichte im Jahr 1948 den zweiteiligen Artikel »A Mathematical Theory of Communication«, in dem er, aufbauend auf Vorarbeiten von Norbert Wiener, William G. Tuller, Ralph Hartley, Harry Nyquist u. a., die Messung des Informationsgehalts von Signalen in der Nachrichtentechnik beschrieb. Dabei ging es Shannon ausdrücklich nicht um Bedeutungen der Nachrichten, sondern einzig um das Problem der Signalübertragung. Sein Kommunikationsmodell besteht aus sechs Komponenten:

- Eine ›Informationsquelle‹, die Nachrichten produziert. Diese Nachrichten können zeichenbasiert, also diskret (z. B. Telegraphie, s. Kap. III.9) oder kontinuierlich (z. B. analoges Telefon, s. Kap. III.9), sein.
- Ein ›Transmitter‹, der die Nachrichten in Signale umwandelt, z. B. in elektrische Spannungsänderungen. Diese Signale können ebenfalls diskret (z. B. elektrische Pulse) oder kontinuierlich (z. B. Schwingungen) sein.
- Der ›Übertragungskanal‹, über den die Signale geleitet werden.
- Die Übertragung in einem physikalischen Kanal wird durch eine ›Störungsquelle‹ beeinträchtigt.
- Der ›Receiver‹, der die empfangenen Signale wieder in eine Nachricht zurückwandelt.
- Das ›Ziel‹ ist die Instanz, welche die Nachricht empfängt.

Die Kombination von Quelle und Transmitter wird als ›Sender‹ bezeichnet, der Receiver und das Ziel bilden den ›Empfänger‹. Ein ›Kommunikationssystem‹ besteht aus Sender, Kanal und Empfänger. Das System ist ›diskret‹, wenn sich sowohl Nachrichten als auch Signale aus klar voneinander unterscheidbaren Zeichen zusammensetzen. Eine endliche Menge diskreter Zeichen wird als ›Alphabet‹ bezeichnet. Bei der elektrischen Morsetelegraphie besteht die Nachricht aus Strichen und Punkten, das Signal aus elektrischen Spannungsänderungen, die durch einen geschlossenen (Morsetaster gedrückt) oder offenen (Morsetaster nicht gedrückt) Stromkreis erzeugt werden.

Bei einem ›kontinuierlichen‹ Kommunikationssystem sind sowohl Nachricht als auch Signal kontinuierlich, z. B. Analogradio oder -fernsehen. In einem gemischten System gibt es beide Formen, z. B.

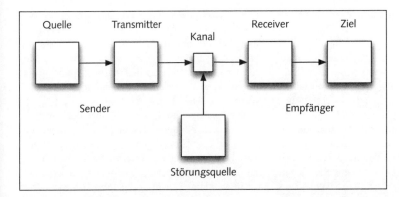

Abb. 1: Kommunikations-
modell nach Shannon

digitaler Rundfunk, bei dem die kontinuierlichen Luftdruckänderungen des Schallsignals in binäre Spannungspulse gewandelt werden. Da inzwischen die meisten Kommunikationssysteme digitalisiert sind, gibt es nahezu keine kontinuierlichen Kommunikationssysteme mehr.

Transmitter oder Receiver werden als ›Signalwandler‹ bezeichnet. Bei diskreten Systemen wird die diskrete Nachricht durch den Transmitter in ein diskretes Signal übersetzt. Ein ›Code‹ ist eine eindeutige Abbildung von einem Alphabet A in ein anderes Alphabet B. Den Vorgang dieser Abbildung bezeichnet man als ›Codierung‹.

Im Fall der diskreten Nachrichtenübertragung besteht das Alphabet einer Nachricht aus einer endlichen Menge Zeichen $A = \{Z_1, \ldots, Z_n\}$. Der Empfänger weiß zwar, welches Zeichenrepertoire der Sender benutzt, er kann aber keine Aussage über das nächste gesendete Zeichen treffen. Er kennt, z. B. aus Erfahrung vergangener Nachrichten, lediglich die Wahrscheinlichkeit p_i, mit der das i-te Zeichen von A auftritt. Dabei gilt für jedes Zeichen $p_i \leq 1$, die Summe aller p_i ergibt 1, d. h. irgendein Zeichen des Alphabets wird mit Sicherheit gesendet. Im Spezialfall sind die Auftrittswahrscheinlichkeiten aller Zeichen identisch, d. h. $p_i = p = 1/n$.

Shannon führte in Anlehnung an Ralph Hartley und John Tukey als Bestimmungsgröße für den Informationsgehalt das ›Bit‹ ein, Abkürzung für *Binary Digit*. Der Informationsgehalt eines Zeichens in Bit kann veranschaulicht werden als die minimale Anzahl von Ja-/Nein-Fragen, die gestellt werden müssen, um das Zeichen zu identifizieren. Die nachweislich beste Fragestrategie besteht darin, den in Frage kommenden Zeichenvorrat in jedem Schritt zu halbieren, bis das gesuchte Zeichen gefunden ist. Zwei Zeichen sind mit einer Frage, vier Zeichen mit zwei Fragen, acht Zeichen mit drei Fragen usw. aufteilbar.

Allgemein wird die Anzahl der durchschnittlich benötigten Binärfragen bei einem Alphabet mit n Zeichen als Logarithmus von n zur Basis 2 berechnet: $H = \log_2 n$.

Dies gilt allerdings nur, solange die Auftrittswahrscheinlichkeiten aller Zeichen identisch sind. In der Regel sind die Zeichen jedoch ungleich verteilt. So tritt in der deutschen Sprache das Zeichen ›E‹ deutlich häufiger auf als ›J‹. Der Informationsgehalt I eines empfangenen Zeichens, gemessen in Bit, ist umso größer, je geringer die Wahrscheinlichkeit seines Eintreffens ist:

$$I = \log_2 \frac{1}{p_i}$$

Der durchschnittliche Informationsgehalt H eines Zeichens berechnet sich als Summe der Auftrittswahrscheinlichkeit der einzelnen Zeichen multipliziert mit ihrem Informationsgehalt, also als der gewichtete Mittelwert:

$$H = \sum_{i=1}^{n} p_i \cdot \log_2 \frac{1}{p_i}$$

Dieser Wert wird als ›Informationsgehalt‹ oder ›Entropie‹ einer Nachrichtenquelle bezeichnet, in Analogie zu einer schreibgleichen Formel in der physikalischen Thermodynamik. Sie bezeichnet die durchschnittliche Menge an Ungewissheit auf Seiten des Empfängers, die durch den Empfang des Zeichens beseitigt wird. Dies ist eine Verallgemeinerung unseres Spezialfalls der Gleichverteilung, für den gilt:

$$H = n \cdot \frac{1}{n} \cdot \log_2 \frac{1}{\frac{1}{n}} = \log_2 n$$

In einem Alphabet mit 26 gleichverteilten Buchstaben sind im Durchschnitt also $\log_2 26 = 4{,}7$ Fragen notwendig, um das nächste gesendete Zeichen zu identifizieren (die tatsächliche Entropie des deutschen Alphabets liegt mit 4,06 Bit/Zeichen deutlich darunter).

Ein einfacher Code benötigt entsprechend 5 Bit, um ein solches Zeichen zu repräsentieren. Dieser Code behandelt alle Zeichen als gleichwahrscheinlich, ohne die Struktur der Schriftsprache zu beachten, die manche Buchstaben vor anderen deutlich bevorzugt.

Bei der ›Entropiecodierung‹ hingegen werden die Auftrittswahrscheinlichkeiten berücksichtigt und die durchschnittliche Länge von Nachrichten verkürzt, indem wahrscheinlicheren Zeichen kürzere Codewörter zugewiesen werden. Dabei muss darauf geachtet werden, dass der Code ›präfixfrei‹ ist, d. h. dass kein kurzes Codewort der Anfang eines längeren ist. Der Shannon-Fano-Code von 1949 war der erste Vorschlag einer präfixfreien Entropiecodierung, die jedoch nicht immer optimale Ergebnisse, d. h. kurzmöglichste Codewörter lieferte. Der 1951 von David Huffman vorgeschlagene Huffman-Code ist bei einer gegebenen Nachricht der nachweisbar kürzeste präfixfreie Code, dessen durchschnittliche Wortlänge der Entropie des kodierten Alphabetes entspricht. Da er zudem einfach zu berechnen ist, wird er in gängigen Kompressionsalgorithmen wie JPEG und MPEG als letzter Schritt eingesetzt, um die für die Übertragung benötigte Zeichenzahl so gering wie möglich zu halten.

Im Gegensatz zur Entropiecodierung werden Codeworte bisweilen künstlich verlängert, um sie robuster gegenüber Störungen zu machen. Zeichen sind ›redundant‹, wenn sie der Nachricht keine Information hinzufügen. Lässt sich aus einem Wortanfang der Rest des Wortes ableiten, so enthalten die letzten Buchstaben keine weiteren Informationen und könnten ausgelassen werden. Geschickt gewählte redundante Kodierung sorgt aber dafür, dass Übertragungsfehler erkennbar, bei höherer Redundanz sogar korrigierbar sind. Allgemein ist ›Redundanz‹ eines Codes C für das Alphabet A die Differenz zwischen der durchschnittlichen Wortlänge von C und der Entropie von A. Die bahnbrechende Leistung von Shannons Theorie war der Nachweis, dass durch hinreichend redundante Codes eine fehlerfreie Nachrichtenübertragung in einem beliebig gestörten Kanal möglich ist.

Shannon beschränkte seine Untersuchungen dabei ausdrücklich auf Fragen der Übertragung von Signalen unter Ausklammerung ihrer Bedeutung. Der Mathematiker Warren Weaver schlug 1949 vor, das Modell auch auf Untersuchungen des Transports von Bedeutungen und ihren handlungssteuernden Wirkungen auszudehnen, indem ein »semantischer Empfänger« zwischen Receiver und Ziel, sowie ein »semantisches Rauschen« zwischen Quelle und

Transmitter eingefügt wird (vgl. Shannon/Weaver 1976). Mit diesen Anmerkungen legte er die Grundlage für eine allgemeine Informationstheorie mit Anwendungen jenseits der Signaltheorie. Das Modell der Kommunikation als Transport von Informationen in gestörten Kanälen ist seitdem als Shannon/Weaver-Modell bekannt.

Nicht zuletzt durch die Metapher der Entropie, und um nichts anderes als eine Metapher handelt es sich bei dieser Namensgebung, erhielt dieser Informationsbegriff große Aufmerksamkeit auch außerhalb der mathematischen Signaltheorie. Information wurde in allem gesucht und gefunden, vom Aufbau der Gene über die kognitiven Leistungen des Menschen bis zur Informationsvermittlung in pädagogischen Prozessen. Die Erfolge dieser Sichtweisen sind umstritten; während Befürworter von der Kraft eines universellen Informationsbegriffs bei der Vereinheitlichung der Wissenschaften sprechen, sehen Kritiker in der Mathematisierung insbesondere der Sozial- und Geisteswissenschaft wenig Erkenntnisgehalt. Unbestreitbar ist der wegweisende Einfluss in denjenigen Disziplinen, die sich mit der maschinellen Verarbeitung von Informationen beschäftigen, allen voran die Nachrichtentechnik und die Informatik. Dabei zogen sie ihre Inspiration nicht allein aus der Informationstheorie, sondern ebenso aus der zeitgleich aufsteigenden Kybernetik.

Kybernetik

Der Begriff ›Kybernetik‹ leitet sich ab von dem griechischen Wort *kybernétes*: Steuermann. Norbert Wiener führte ihn 1947 als Bezeichnung für die Wissenschaft vom Steuern dynamischer Systeme ein. Zentraler Topos der Kybernetik ist die Rückkopplungskette bzw. der Regelkreis, bestehend aus den folgenden Komponenten:

- Der ›Sollwertgeber‹ gibt die gewünschte ›Zielgröße‹ oder ›Sollwert‹ an den Regler weiter.
- Der ›Regler‹ vergleicht Ist- und Sollwert und gibt eine Steuergröße an das Stellglied.
- Das ›Stellglied‹ vermittelt zwischen Regler und Regelstrecke, indem es die Steuer- in eine Stellgröße umwandelt, die direkt auf die Regelstrecke einwirkt.
- Die ›Regelstrecke‹ ist das zu steuernde System. Es enthält den zu steuernden Parameter, die ›Regelgröße‹.
- Die ›Störung‹ beeinflusst die Regelgröße des Systems auf unvorhersehbare Weise.

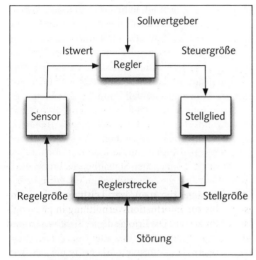

Abb. 2: Kybernetischer Regelkreis

- Der ›Sensor‹, auch ›Messglied‹, misst die Regelgröße und gibt das Ergebnis als ›Istwert‹ an den Regler weiter.

Das Ziel eines Regelkreises ist die ›Homöostase‹, ein stabiler Zustand, in dem die Regelgröße des Systems den Zielvorstellungen des Sollwertgebers entspricht. Immer wieder als typisch herangezogene Beispiele sind das Thermostat zur Regulierung einer Heizung und der Fliehkraftregler für den Druckausgleich in einer Dampfmaschine.

Zwischen 1946 und 1953 organisierte die Josiah Macy Jr. Foundation eine Tagungsreihe mit dem Ziel, eine interdisziplinäre Theorie und Wissenschaft des menschlichen Geistes zu begründen. An den Macy-Konferenzen nahmen zahlreiche namhafte Wissenschaftler teil, darunter Warren McCulloch, John von Neumann, Walter Pitts, Gregory Bateson, Margret Mead, Norbert Wiener und Heinz von Foerster. Die diskutierten Themen umfassten die Verhältnisse von Computer und Geist, Organismen und Maschinen, Robotik, Informationstheorie und Kommunikation. Dem Titel der Konferenzreihe »Circular Causal, and Feedback Mechanisms in Biological and Social Systems« wurde 1949 zu Ehren von Wieners Arbeiten ein »Cybernetics« vorangestellt. Die Macy-Konferenzen gaben wichtige Impulse und Inspirationskraft für die Entwicklung einer interdisziplinären Kybernetik.

Wiener betont die strukturelle Vergleichbarkeit von Neuronen und Relais, von Gedächtnis und Speicher, von Gehirn und Computer, von menschlichem Verhalten und maschinellen Prozessen. Daraus ergeben sich Anwendungen einer allgemeinen Theorie der Regelkreise auf Biologie und Physiologie, auf Psychologie und Psychopathologie, auf Anthropologie und Soziologie, auf Politologie und Wirtschaftswissenschaften. In jeder Disziplin, in der es im weitesten Sinne um die Verarbeitung von Informationen ging, wurden Messgrößen und Regelkreise aufgespürt, mit denen der Informationsgehalt messbar, vorhersehbar und kontrollierbar werden sollte. Der britische Psychiater Ross Ashby beschrieb Organismen als homöostatische Systeme, die ihren Blutkreislauf oder die Körpertemperatur über Regelkreise stabilisieren, und begründete damit die Biokybernetik. Hier wurden Maschinen gebaut, um mit ihnen die Funktionsweise des menschlichen Körpers und Geistes studieren zu können. Stafford Beer entwarf 1971 mit *Cybersyn* das Modell eines kybernetisch gelenkten Staates, mit dem die Verwaltung von Chile per Fernschreiberanbindung durch einen Zentralcomputer in Santiago gesteuert werden sollte.

Informationsästhetik

Grundlage der Informationsästhetik ist das 1933 von dem amerikanischen Mathematiker George David Birkhoff eingeführte Maß für die makroästhetische Qualität von Formen als Quotienten von Ordnung O und Komplexität (Complexity) C: $M_{\ddot{A}} = {}^O/_C$.

Das ästhetische Maß einer künstlerischen Produktion ist demnach umso größer, je stärker das verwendete Material geordnet und je weniger komplex es ist, wobei als künstlerisches Material jedes elementare Zeichen wie Farben, Formen, Wörter oder Töne in Frage kommt. Maximale Ordnung mit einfachsten Mitteln ist das Rezept zur Optimierung ästhetischer Formen. Bei der ästhetischen Analyse von Polygonen ergibt sich die Ordnung aus dem Umstand, ob Vertikal- oder Rotationssymmetrie vorliegt, ob die Figur im Gleichgewicht ist, ob sie gänzlich oder zum Teil horizontal und vertikal orientiert ist und ob sie ›freundlich‹ ist. Die Komplexität im Nenner bestimmt sich aus der Anzahl der verschiedenen Geraden, auf denen die Polygonseiten liegen. Ein Quadrat ist demnach mit $M_{\ddot{A}}=4$ ästhetischer als ein Dreieck ($M_{\ddot{A}}=3$) und als ein Rechteck ($M_{\ddot{A}}=2$).

Max Bense entwickelt aus dem Birkhoffschen makroästhetischen Ansatz seine Formel für Mikroästhetik als M = R/H = Redundanz/Entropie, die an Begriffen der Informationstheorie orientiert ist. Die Redundanz ist dabei die statistische Ordnung, die

Entropie die statistische Komplexität. Bense gilt damit als Wegbereiter einer universellen ›Informationsästhetik‹, die er auch als ›abstrakte Ästhetik‹ bezeichnete (vgl. Bense 1969).

Eine solche Ästhetik versteht sich dabei gänzlich am Werk orientiert, unter Ausblendung des Betrachters, Käufers oder Kritikers. Es geht ihr weder um eine Ästhetik des Gefallens noch um spekulative oder metaphysische Aussagen über das Wesen der Kunst. Aus diesen Überlegungen heraus entwarfen Künstler wie Georg Nees, Frieder Nake oder Michael Noll Algorithmen für eine generative Ästhetik, die als wegweisend für die Computerkunst gelten und die zentralen Topoi der Kunsttheorie wie ›Werk‹, ›Original‹, ›Künstler‹ und ›Kunst‹ radikal in Frage stellen.

Informationspsychologie und Kybernetische Pädagogik

Die Kybernetische Pädagogik basiert auf der Beobachtung, dass Lehr-/Lernprozesse als Vermittlung von in Zeichen und Superzeichen codierte Informationen interpretiert werden können. Hierzu liefert die Informationspsychologie empirisch ermittelte Daten über die Kanalkapazität der menschlichen Sinnesmodalitäten, Verarbeitungsgrößen des Gehirns sowie die Speichermöglichkeiten des Gedächtnisses. Die durchschnittliche Informationsverarbeitung beträgt demnach 15 +/– 3 Bit pro Sekunde, das Kurzzeitgedächtnis umfasst 80 +/– 28 Bit bei einer Aufnahmegeschwindigkeit von 0,7 Bit/s, wobei das Bewusstsein nicht mehr als 160 Bit verarbeiten kann.

Die Kybernetische Pädagogik, wie sie von Gordon Pask oder Helmar Frank vertreten wurde, fragte darauf aufbauend, wie Informationsübermittlungsprozesse zwischen Lehrer und Schüler optimiert werden können (vgl. Frank 1969). Im Gegensatz zur Informationsästhetik, die vom objektiv messbaren Informationsgehalt des Werkes ausgeht, konzentriert sich die Kybernetische Pädagogik auf den subjektiven Informationsgehalt einer Lehreinheit. Für verschiedene Schüler/innen hat die gleiche Nachricht einen je unterschiedlichen Neuigkeitswert und damit einen nur subjektiv bestimmbaren Informationsgehalt. Messbares Ziel des Unterrichts ist die Beseitigung der subjektiven Ungewissheiten durch gezieltes Vermitteln der fehlenden subjektiven Informationen. Die bevorzugte Methode dabei ist der programmierte Unterricht, der dem Schüler z. B. einen Lückentext präsentiert, den dieser selbständig ergänzen muss. Gelingt es ihm, die richtigen Wörter

in verschiedenen Satzkontexten einzufügen, haben diese für ihn keinen Neuigkeitswert mehr und damit auch keinen Gehalt an subjektiver Information – ein messbarer Lernfortschritt ist zu verzeichnen. Zu den Konsequenzen der Informationstheorie für den Unterricht gehört die Aufforderung, nicht zu viele (subjektive) Informationen auf einmal anzubieten, unnütze Informationen oder lange generell zu vermeiden, das Informationsvolumen der Hausaufgaben zu begrenzen und kurze, redundanzfreie Antworten auf klare Fragen zu fordern.

Das kybernetische Vermächtnis

Die Erfolge der Naturwissenschaften, das positivistische Wissenschaftsprogramm des Logischen Empirismus, der radikale Behaviorismus und nicht zuletzt der Computer lieferten Stichworte für neue Welterklärungsmodelle, die sich durch Rückgriff auf mathematisch-empirische Methoden als objektiv und ideologiefrei verstanden. Informationstheorie und Kybernetik gehörten dabei ebenso zum Repertoire wie Operations Research, Spiel- und Entscheidungstheorie.

Ihr Ziel war die objektive Beschreibung der Welt, ihre Utopie war das Ende der Utopien (vgl. Pias 2008). Max Bense brachte das epistemologische Projekt für die Ästhetik auf den Punkt: »Nur eine solche rational-empirische, objektiv-materiale Ästhetikkonzeption kann das allgemeine spekulative Kunstgeschwätz der Kritik beseitigen und den pädagogischen Irrationalismus unserer Akademien zum Verschwinden bringen« (Bense 1969, 8). Der Impetus dieser Aussage lässt sich problemlos auf die Programme einer Informationspsychologie oder einer Kybernetischen Pädagogik übertragen. Es ging um nicht weniger als die Schaffung eines stabilen, d. h. mathematisch-empirischen Fundaments als Gegenentwurf für die ideologischen oder spekulativen, d. h. hermeneutisch-phänomenologischen Rationalitäten der Geisteswissenschaften. Denn »nur antizipierbare Welten sind programmierbar, nur programmierbare sind konstruierbar und human bewohnbar« (ebd., 72).

Ihren Höhepunkt hatte die informationstheoretische Kybernetik in den 1950er und 1960er Jahren. Dennoch zeigten sich immer stärker die Grenzen der Analyse von Regelkreisläufen bei der Analyse kultureller Prozesse. Nahezu alle geisteswissenschaftlichen Disziplinen wandten sich daher in den 1970er Jahren von der ursprünglichen Kybernetik ab und anderen Theorien zu, die nicht selten ihr Vermächtnis weiterführten.

In der Epistemologie prägte Heinz von Foerster den Begriff der ›Kybernetik 2. Ordnung‹ für selbstreferentielle Systemtheorien, die den Beobachter mit in den Blick nehmen. Der in diesem Sinn u. a. von Humberto Maturana, Francisco J. Varela, Ernst von Glasersfeld, Paul Watzlawick und Siegfried J. Schmidt entworfene radikale Konstruktivismus ließ manche Grundbegriffe der informationstheoretischen Kybernetik im radikalen Konstruktivismus und in der späten Systemtheorie von Niklas Luhmann (s. Kap. II.11) überdauern, ohne auf den technischen Mathematismus der frühen Jahre zu bestehen.

Ein Revival hatte die technische Kybernetik in den 1990er Jahren mit dem Konzept des ›Cyberspace‹, dem Raum im kybernetischen System ›des Computers‹. Konzeptuell durch Autoren wie John Ford, Vernor Vinge oder John Brunner entwickelt und ab 1982 durch William Gibson als Begriff eingeführt, wurde er im Deutschen lange Zeit konsequent als ›Kyberspace‹ übersetzt. Speiste sich die ursprüngliche Kybernetik aus den automatisierten Rechenanlagen der frühen Computer, bezogen der Cyberspace und die ebenfalls kurzfristig wieder in Mode gekommenen Cyborgs ihre inspirierende Kraft aus dem Computernetz. Damit nährten ihre Autoren einmal mehr die Phantasien einer symbiotischen Verschmelzung von Mensch und Technik, die seit Julien Offray de La Mettrie, Mary Shelley, Karel Capek, Stanislaw Lem, Isaac Asimov und Joseph C. R. Licklider die Kulturgeschichte durchzogen. Norbert Bolz schrieb 1994: »Der Mensch ist eine Maschine mit vielen Interferenzen« (Bolz u. a. 1994, 12); und auch Friedrich Kittler interpretierte mediale und kulturelle Prozesse bevorzugt aus Sicht maschineller Operationen (s. Kap. II.13). Diese Sichtweise hat die deutschsprachige Medienwissenschaft mit Rückendeckung durch Autoren der französischen Postmoderne (s. Kap. II.10) in den 1990er Jahren maßgeblich geprägt.

Zum Zeitpunkt der Entstehung dieses Handbuchs sind die informationstheoretischen und kybernetischen Einflüsse auf die medienwissenschaftliche Theoriebildung verschwindend gering geworden, nicht zuletzt, weil die Versprechen nicht eingelöst wurden, den Menschen überzeugend in Informationsregelkreisläufen aufgehen zu lassen. Die Beschreibungen individueller, sozialer und kultureller Phänomene und Handlungen mit Hilfe mathematischer Strukturen wie Mengen, Relationen und Funktionen könnte nur gelingen, wenn die Phänomene in zuverlässige Messgrößen zerlegt und die Handlungen in klare Abbildungsvorschriften überführt würden. Dies wurde in der Geistesgeschichte regelmäßig versucht und ist ebenso regelmäßig gescheitert. Die in ihrem Anspruch unzulässig erweiterte Informationstheorie und die in ihrem Anspruch konsequent weitergeführte Kybernetik kann als bislang größte konzertierte Anstrengung gedeutet werden, den Unwegsamkeiten der *conditio humana* mit mathematisch-technischen Mitteln zu Leibe zu rücken. Diese Anstrengung hat zahlreiche technische Innovationen angetrieben und zum Teil beeindruckende selbstregulierende Systeme hervorgebracht. Ihre fruchtbarsten Anwendungen hatten und haben sie in der Beschreibung maschineller Prozesse – Informatik und Regelungstechnik sind direkte Nachfahren der Wissenschaft formaler Systeme. Für eine kulturwissenschaftlich orientierte Medienwissenschaft, die in diesem Handbuch vorgestellt wird, sind Informationstheorie und die frühe Kybernetik vor allem im Rückspiegel interessant. Hier erscheinen sie mit einem historisch einflussreichen, inzwischen aber ausschließlich zum Zweck der Abgrenzung zitierten Medienmodell von Sender-Kanal-Empfänger sowie einer verschliffenen Vorstellung von Regelkreisen. Epistemologisch stehen sie für den Versuch, soziale und kulturelle und damit auch mediale und semiotische Prozesse mittels formaler Methoden beschreibbar, verfügbar und beherrschbar zu machen. Dem Menschlichen des Menschen sind sie aber ebenso wenig näher gekommen, wie sie den Geist nicht aus den Geisteswissenschaften vertreiben konnten.

Literatur

Bense, Max: *Einführung in die informationstheoretische Ästhetik. Grundlegung und Anwendung in der Texttheorie.* Reinbek 1969.

Birkhoff, George David: *Aesthetic Measure.* Cambridge, Mass. 1933.

Bolz, Norbert/Kittler, Friedrich A./Tholen, Georg Christoph (Hg.): *Computer als Medium.* München 1994.

Frank, Helmar: *Kybernetische Grundlagen der Pädagogik.* Baden-Baden 1969.

Pias, Claus: Die kybernetische Utopie (2008), http://www.verbundkolleg-berlin.de/Kollegiatentage/Kollegiatentag 03/Kollegiatentag%20Pias%20Stand%2008_07_03.pdf (31.03.2012).

Shannon, Claude E.: A mathematical theory of communication. In: *The Bell System Technical Journal* 27/7+10 (Juli und Oktober 1948), 379–423; 623–656.

Shannon, Claude E./Weaver, Warren: *Mathematische Grundlagen in der Informationstheorie.* München 1976 (engl. 1949).

Wiener, Norbert: *Cybernetics: or Control and Communication in the Animal and the Machine.* Cambridge, Mass. 1948.

Wiener, Norbert: *The Human Use of Human Beings: Cybernetics and Society.* Boston 1950.

Jochen Koubek

7. Kommunikationswissen-schaftliche Medientheorien

Etwa seit dem Jahr 2000 lässt sich eine deutliche Zunahme an neu erscheinenden Hand- und Lehrbüchern im Bereich der Kommunikationswissenschaft verzeichnen. Obwohl sich alle Werke mit Kommunikation und Medien beschäftigen, sind die Einführungs- und Überblickwerke unterschiedlich strukturiert und inhaltlich ausgerichtet, operationalisieren sie Begriffe neu oder modifizieren sie bestehende Definitionen, referieren und betonen sie andere Grundlagen und Modelle, ordnen und systematisieren die Autoren Theorien und Forschungsansätze uneinheitlich. Das durchaus große Angebot an derartigen Fachbüchern ist sicherlich mehreren Tatsachen geschuldet:

- dem gesellschaftlichen Wandel, in dem Kommunikation und Medien immer bedeutsamer werden und der nicht losgelöst von (medien-)technologischen Prozessen betrachtet werden kann;
- dem Bedürfnis der Individuen nach größerer Orientierung und Sinnsuche in einer hochgradig mediatisierten Welt (s. Kap. II.21), in der Informations- und Medienkompetenzen immer stärker nachgefragt und eingefordert werden;
- dem diesen Entwicklungen und Bedarfen korrespondierenden breiten Angebot an Studiengängen im Bereich Information, Kommunikation und Medien und nicht zuletzt
- dem immer offensichtlicher werdenden Bemühen nach Kanonisierung des Faches Kommunikationswissenschaft und auch ihrer Abgrenzung zu anderen Wissenschaftsdisziplinen (vgl. Löffelholz/Quandt 2003, 14 ff.; Brosius/Haas 2009; s. Kap. I.2).

Gleichwohl wird in der Diskussion deutlich, dass eine Kanonisierung der Komplexität den Dynamiken der in der Kommunikationswissenschaft vorzufindenden Theorien sicherlich nicht gerecht werden würde. Insbesondere wenn man die international vorhandenen Theoriediskussionen mitbedenkt, kann inzwischen eine Theorienvielfalt konstatiert werden, die in kein begrenztes Raster passt. Deshalb können im Folgenden nur selektiv einige kommunikationswissenschaftliche Medientheorien dargestellt werden.

Historische Entwicklungen

Zunächst gilt es, sich bewusst zu machen, dass kommunikationswissenschaftliche Medientheorien zumeist *inter-* respektive *trans*disziplinär ausgerichtet sind, da die Ursprünge der Kommunikationswissenschaft in der Psychologie, der Philosophie, der Soziologie, in der Zeitungswissenschaft sowie auch in der Politikwissenschaft zu finden sind. Die Kommunikationswissenschaft entwickelte sich mit dem Aufkommen und der Etablierung der Massenmedien und damit der Massenkommunikation in der ersten Hälfte des 20. Jahrhunderts, wobei die USA durch die umfassenden Forschungstätigkeiten der ›Chicagoer Schule‹ die Vorreiterrolle übernahmen (vgl. Scannell 2011). In Deutschland rang die Zeitungswissenschaft bis in die 1930er Jahre um wissenschaftliche Anerkennung, und ihre Vertreter konnten im Zuge der Entwicklungen des Presse- und Rundfunkwesens zur Zeit des Nationalsozialismus und drohender Repressionen seitens der Machthaber nur eingeschränkt agieren (vgl. z.B. Averbeck 1999; s. Kap. III.7). In der Nachkriegszeit wurden dann sukzessive an den Universitäten Studiengänge eingerichtet, die sich der Analyse und Lehre der Mechanismen und Strukturen der Massenkommunikation beschäftigten. Sie hießen »Zeitungskunde«, »Zeitungswissenschaft«, »Publizistik« oder »Publizistikwissenschaft«. Die Gründungsväter der Kommunikationswissenschaft in Deutschland sind diesen Bereichen zuzuordnen, wobei anzumerken ist, dass sich die Publizistikwissenschaft nicht nur mit der Erforschung des Zeitungswesens beschäftigte, sondern schon in ihrer Frühzeit mit der des Hörfunks und auch des Films. Kommunikationswissenschaft in Deutschland entwickelte sich mit Blick auf die US-amerikanische Forschung und Theorieentwicklung von vornherein zu einer Querschnittswissenschaft, die bis heute Theoretiker und Empiriker unterschiedlicher Disziplinen versammelt, die allesamt das Fachgebiet mitgestalten. Bedauerlicherweise ist die Geschichte des Faches Kommunikationswissenschaft im deutschsprachigem Raum bislang noch nicht geschrieben worden (vgl. Neverla 2003), obgleich (oder: weshalb) es kontinuierlich (eher ermüdende als konstruktive) Selbstverständnisdebatten gibt.

Gegenstands- und Anwendungsbereiche

Betrachtet man das Spektrum vorherrschender kommunikationswissenschaftlicher Medientheorien, so lässt sich allgemein feststellen, dass sie sich im Wesentlichen auf die Analyse, Erklärung, Reflexion und Gestaltung ›kommunikativer Prozesse‹, ›Systeme‹ und ›Medien‹ konzentrieren. Die jeweiligen Reichweiten der kommunikationswissenschaftlichen Theorien variieren, vorrangig werden Theorien mittlerer Reichweite angewendet. Es handelt sich – folgt man dem Begründer dieses Terminus, dem Soziologen Robert K. Merton – dabei um »Theorien, angesiedelt zwischen den *kleinen Arbeitshypothesen*, die während der alltäglichen Forschungsroutinen im Überfluß entwickelt werden, und den *allumfassenden Spekulationen einschließlich eines theoretischen Globalschemas*, von dem man eine große Anzahl empirisch beobachteter Gleichförmigkeiten des sozialen Verhaltens herzuleiten hofft« (Merton 1995, 3; Herv. d.V.).

Begriffe sollten bei diesen Theorien logisch miteinander verknüpft und bescheiden, d.h. nicht »allübergreifend und grandios« (ebd.), angewendet werden. Es geht im Wesentlichen darum, ein in der Gesellschaft vorzufindendes soziales Phänomen zu beschreiben, zu erklären und nach eingehender empirischer Analyse deuten zu können, wobei man sich prinzipiell auf begrenzte Datenbereiche konzentriert. Die zu untersuchenden Phänomene in der Kommunikationswissenschaft gründen zumeist auf (a) Regelmäßigkeiten bei Beobachtungen im Alltag oder/und auch Besonderheiten (b) medientechnologischer oder/und (c) gesellschaftlicher Entwicklungen. Beispielhafte, zu untersuchende Phänomene sind etwa die Folgenden:

- *Beobachtungen des Alltags:* Im öffentlichen Raum wird zunehmend mittels Mobiltelefon privat kommuniziert.
- *Medientechnologische Entwicklungen:* Nachrichten können mittels Smartphones und Tablets in einem neuen Format und nahezu überall rezipiert werden.
- *Gesellschaftliche Entwicklungen:* Mit dem Fortschreiten des soziodemografischen Wandels verändert sich das Spektrum medialer Angebote.

Aus diesen Beobachtungen und Entwicklungen ergeben sich in der Regel konkrete Forschungsfragen und Erkenntnisinteressen. Die jeweiligen Erkenntnisinteressen variieren je nach Erklärungs- und Gültigkeitsanspruch sowie nach der Verwertungsintention.

Theorien und Modelle der Medienkommunikation

Die Themengebiete, die kommunikationswissenschaftlich bearbeitet werden, sind äußerst weit gestreut, da Menschen im Hinblick auf ihr soziales Zusammenleben und entsprechend dem Funktionieren von Gesellschaften auf Kommunikation – insbesondere auf die Bereitstellung von Information und Wissen sowie dessen Aneignung und Austausch – angewiesen sind. Menschen sind soziale Wesen, und seit jeher sind Wahrnehmungen und Mitteilungen für Vergemeinschaftung bedeutsam gewesen. Allerdings reicht in einer hochgradig modernisierten und zunehmend globalisierten Gesellschaft die Face-to-Face-Kommunikation zur Verständigung sowie zur Orientierung längst nicht mehr aus. Menschen nutzen verstärkt Medien, um am gesellschaftlichen und politischen Leben teilzunehmen und dieses mitbestimmen zu können. Diese Formen der Partizipation werden von ihnen auch in einer demokratisch verfassten Gesellschaft erwartet, um deren Existenz zu sichern und zu legitimieren. Daher ist es wichtig, dass keine Unwissenheit zwischen Regierten und Regierenden auftritt, da beide nur so handlungsfähig sind und bleiben. Zusammenfassend lässt sich festhalten, dass sich kommunikationswissenschaftliche Medientheorien im weitesten Sinne mit

- der *interpersonalen Kommunikation*,
- der *Kommunikation von Menschen mit Medien (und vice versa)* und
- mit den *Funktionen* und *der Bedeutung der Mediensysteme* für Individuen und Gesellschaft(en)

beschäftigen.

Kommunikationswissenschaftliche Medientheorien sind unterschiedlich komplex, wobei das Gros der vorhandenen Ansätze die Intention verfolgt, eine empirische Überprüfung zu ermöglichen. Vorstellungen über Kommunikation sowie Bezugsrahmen des Kommunikationsprozesses werden oftmals in Form von Modellen abgebildet. Auch diese variieren im Hinblick auf die Sachverhalte und strukturellen Gegebenheiten, die sie für die Erklärung der »vereinfachte[n] symbolische[n] Repräsentation der Wirklichkeit« (Bonfadelli 2005, 82) heranziehen. Im Unterschied zu vielen kommunikationswissenschaftlichen Theorien können Modelle der Kommunikation eher selten unmittelbar an der Realität geprüft werden. Heinz Bonfadelli (vgl. ebd., 82 ff.) differenziert zwischen Wort-Modellen (z. B. die Lasswell-Formel, s. u.) und Bild-Modellen (z. B. die

Informationsvermittlungstheorie von Shannon/ Weaver 1949; s. Kap. II.6) sowie Prozess- bzw. Fluss- und Strukturmodellen (z. B. Kommunikationsmodell von Gerbner 1956).

Theorien zur interpersonalen Kommunikation

Theorien zur interpersonalen Kommunikation (die auch soziale oder Face-to-Face-Kommunikation genannt wird) betrachten in der Regel Sprache als Medium der Kommunikation, das klassischerweise in Semantik (den Inhalt), Syntaktik (die Struktur) und Pragmatik (der Anlass, das Ziel) unterteilt wird (vgl. z. B. Witte 2007). Sprache wird als Zeichensystem und als spezielle Art des Handelns angesehen. Berücksichtigt werden bei der interpersonalen Kommunikation zumeist über verbale Zeichen (Sprache und Schrift) hinaus auch non-verbale Signale, die für das Verständnis des Kommunikations- und Interaktionsprozesses wesentlich sind. Im Zentrum der Betrachtungen steht ein Sender, der eine Botschaft an einen Empfänger vermittelt. Von Interesse ist es herauszufinden, inwieweit der Empfänger die Botschaft des Senders begreifen, verarbeiten und verstehen und nicht zuletzt darauf reagieren kann. Erich H. Witte (vgl. ebd.) identifiziert vier Grundmodelle der interpersonalen Kommunikation:

- Das Encoder-Decoder-Modell: Es konzentriert sich auf die Bedeutung der Botschaft.
- Das Intentionalitätsmodell: Es betont die Absicht und Zielsetzung, die der Sender verfolgt.
- Das Modell der Perspektivenübernahme: Es setzt den Empfänger der Botschaft ins Zentrum.
- Das Dialog-Modell: Es konzentriert sich auf die gemeinsame Aktivität von Sender und Empfänger.

Witte selbst entwickelte ein systemisches Konzept der interpersonalen Kommunikation, das insgesamt als Wort- und Bildmodell 15 Aspekte umfasst und vor allem die jeweilige Innenwelt (Persönlichkeitsmerkmale) von Sender und Empfänger sowie die komplexen Beziehungen der Akteure zu mikro-, meso- und makrosystemischen Umwelten mitberücksichtigt, die den Kommunikationsprozess seiner Auffassung nach direkt beeinflussen können. Determinanten des Prozesses besitzen demzufolge innerpsychische und außerweltliche Komponenten. So spielt etwa das Selbstbild, das sie im Laufe der Sozialisation ausgebildet haben, eine wesentliche Rolle (Mikrosystem). Ferner ist nicht unbedeutend, inwie-

weit die Akteure institutionell ein- oder angebunden sind, z. B. in Arbeits- und Organisationsstrukturen (Mesosystem). Schließlich ist auch die kulturelle Zugehörigkeit der Akteure mitzudenken, die Verständigungsprozesse mitprägt (Makrosystem). Dieses erweiterte Modell der interpersonalen Kommunikation von Witte erinnert nicht zufällig an das Kommunikationsmodell des Psychologen und Kommunikationswissenschaftlers Gerhard Maletzke (1971), der bereits in den 1960er Jahren auf psychologische und sozialpsychologische Dimensionen des Kommunikators und des Rezipienten sowie auf die vielfältigen Möglichkeiten von Rückkoppelungen sowohl bei ›lebensweltlicher‹ als auch bei der massenmedialen Kommunikation hingewiesen hat.

Theorien der Kommunikation von Menschen mit Medien (und vice versa)

Diese Theorien konzentrieren sich auf die kommunikativen Prozesse, die medienvermittelt oder mittels Medien erfolgen. Empfänger und Sender werden in diesem Kontext als Kommunikator und Rezipient bezeichnet. Diese Begriffe sollen eine »gewisse massenmediale Anonymität« (Stöber 2008, 40) ausdrücken. Die Anfangszeit der Erforschung massenmedialer Kommunikationsprozesse (1930er und 1940er Jahre in den USA) war primär soziologisch respektive sozialpsychologisch ausgerichtet. Es ging im Wesentlichen darum, das Wirkungs- und Manipulationspotenzial der Massenmedien (zunächst des Films und dann vor allem des Rundfunks) einschätzen und nachweisen zu können.

Einer der Pioniere auf diesem Forschungsgebiet war der Soziologe Paul Felix Lazarsfeld, der sich besonders für die Macht der Medien über die Individuen und die Gesellschaft sowie für die Reaktionen des Publikums auf bestimmte Medieninhalte interessierte. Er führte seinerzeit zahlreiche kommunikationswissenschaftliche Studien durch, begründete eine »administrative Kommunikationsforschung«, die »im Dienste externer, öffentlicher wie privater, Instanzen« (Scannell 2011, 33) agierte. Eng verknüpft mit der von ihm geleiteten Forschung – u. a. zu Meinungsbildungsprozessen im Wahlkampf – ist das sogenannte ›Zwei-Stufen-Fluss-Modell‹ der Kommunikation (Two-Step-Flow-Modell). Demnach wirken Massenmedien nicht direkt auf die Rezipienten ein, sondern zunächst informieren sie die Meinungsführer (*opinion leader*), die die Informationen in einem zweiten Schritt an die Rezipienten weitergeben. Durch diese zwischengeschaltete Stufe der Meinungsführer (in dem Fall Journalisten) und durch selektive Zuwendung zu Medieninhalten wird die Wirkung relativiert. Entsprechend kann gefolgert werden, dass Medien nicht direkt Meinungen und Einstellungen beeinflussen, sondern vielmehr bestehende Einstellungen und Überzeugungen nur bestätigen oder verstärken können.

Wer jeweils die Meinungsführerschaft übernimmt, hängt von den jeweiligen Themen ab und beschränkt sich nicht nur auf Journalisten und Redakteure (als die *gatekeeper*), sondern auch Rezipienten können in ihrem sozialen Umfeld bei Themen, die ihnen wichtig sind, und Problemlagen, die sie bewegen, meinungsführend und einflussnehmend agieren. Meinungsführerschaft setzt nicht unbedingt eine herausgehobene Position oder einen höheren sozialen Status voraus, sondern beruht im Allgemeinen auf den Kommunikations- und Kontaktfähigkeiten der *opinion leader* in ihrem sozialen Umfeld und ihrer sozialen Bezugsgruppen. Sie gelten gemeinhin als glaubwürdig, sachkundig und verfügen zumeist über einen Wissensvorsprung (vgl. Lazarsfeld/Berelson/Gaudet 1944).

Das Zwei-Stufen-Fluss-Modell spielte auch bei der ›Theorie der Schweigespirale‹, die Elisabeth Noelle-Neumann (1980) im Hinblick auf die Erklärung und Erforschung von politischen Meinungsbildungsprozessen entworfen hat, eine bedeutsame Rolle. Sie beschäftigte sich mit der Bildung der öffentlichen Meinung, der vor allem bei wertgeladenen, emotionalen und insbesondere moralisch aufgeladenen Themen, Verhaltensweisen und Einstellungen eine besondere Bedeutung zukommt. Um auf die Meinungsbildung einzuwirken, muss man sich öffentlich zeigen und seine Position äußern. Wenn gesellschaftliche Gruppen einen Wandel herbeiführen wollen, müssen sie folglich darauf hinarbeiten, dass ihre Position öffentlich ohne Gefahr der Isolation gezeigt werden kann, während umgekehrt die vorher gültige Position ohne Isolationsgefahr öffentlich *nicht* mehr vertreten werden kann.

Noelle-Neumann ging in ihren Studien der Frage nach, inwieweit insbesondere das Fernsehen gesellschaftskritisch sein kann und inwieweit es kollektive Einstellungen und auch das Bewusstsein von Menschen (etwa im Hinblick auf die Befürwortung der Todesstrafe und der Atomenergie) sowie das Wählerverhalten beeinflussen kann. In Anlehnung an Lazarsfeld/Berelson/Gaudet (1944) lautete eine ihrer Grundthesen, dass öffentliche Meinung durch Umweltbeobachtungen des Individuums und über die Kommunikation der Massenmedien erfolgt. Über die Beobachtungen von sozialer Umwelt und Medienberichterstattung versucht der Mensch einzuschätzen, welche Meinungen mehrheitlich in der Bevölkerung vorhanden sind. Wenn es eine Übereinstimmung zwischen eigener und perzipierter Mehrheitsmeinung gibt (Konsonanz), wird die eigene Meinung in der Öffentlichkeit geäußert, da keine Isolationsgefahr besteht. Bei Nichtübereinstimmung (Dissonanz) wird es hingegen schwieriger und unbequemer für den Einzelnen, sich öffentlich zu äußern. Hier setzt sich die sogenannte Schweigespirale in Gang: Immer mehr Personen schweigen, bilden aber faktisch die Mehrheitsmeinung und die (politische) Öffentlichkeit wird getäuscht.

Im Umfeld von Lazarsfeld und auch dem von Noelle-Neumann beschäftigte man sich primär mit (potentiellen) Wirkungsphänomenen, wenngleich erste Zweifel am Einfluss der Medien laut wurden. Kommunikation sollte nunmehr als Entwicklungsprozess verstanden werden, bei dem es die ›präkommunikative‹, die ›kommunikative‹ und die ›postkommunikative Phase‹ zu unterscheiden galt. Demzufolge ist der eigentlichen Medienzuwendung immer etwas vorgeschaltet (z. B. die Auswahlentscheidung für ein Programm). Zudem taucht der Rezipient nicht vollständig in ein Medienangebot ein, sondern wendet sich auch von ihm ab, wenn es nicht seinen Erwartungen entspricht. Des Weiteren wirkt die Medienzuwendung unterschiedlich stark nach, und die Informationsverarbeitung ist von unterschiedlicher Effektivität und Nachhaltigkeit. Es wurde immer deutlicher, dass die Wahrnehmung der Medieninhalte von vielen Faktoren determiniert wird (u. a. vom Vorwissen, den sozialen Einstellungen, dem *involvement* der Rezipienten). Sie ist dadurch zum Teil eingeschränkt und erfolgt vor allem selektiv (s. Kap. IV.23).

Dass die Zuwendung der Menschen zu den Medien und damit die Wirkmächtigkeit der Medien differenzierter zu betrachten sei, war das Anliegen der Vertreter des *Uses-and-Gratifcations Approach* (UGA) (vgl. u. a. Blumler/Katz 1974; Rosengren/Lawrence/Palmgreen 1985), des Nutzen- und Belohnungsansatzes. Ihr Modell einer nutzenorientierten, zumeist selektiven Zuwendung, stellte den Rezipienten in den Mittelpunkt der Betrachtungen, insbesondere seine psychosozialen Bedürfnisse, seine Motive der Mediennutzung, seine Erwartungen an die Medien und die Gratifikationen, die als Konsequenz aus der Mediennutzung hervorgehen. Einfache Stimulus-Response-Modelle wurden mit dieser (im Grunde) sozialpsychologischen Perspektive obsolet. In Abgrenzung zu den damals vorherrschenden Ansätzen zur Erklärung von Medienwirkungen attestierte dieses Modell dem Mediennutzer eine aktive Rolle im Kommunikationsprozess, und es wurde innerhalb der Kommunikationswissenschaft mit dem UGA ein entscheidender Paradigmenwechsel eingeleitet.

Eine der Grundannahmen des UGA ist, dass Rezeptionsmotive, Erwartungen und Medienverhalten prinzipiell zusammengedacht werden müssen. Der Rezipient sucht sich aktiv seine Medieninhalte aus, die seiner latenten oder situativen Bedürfnisbefriedigung gerecht werden. Er bestimmt, ob ein Kommunikationsprozess stattfindet, sein Selektionsverhalten wird zum konstituierenden Element der massenmedialen Kommunikation. Er prüft vor, während und nach der Rezeption, ob die Medienangebote für ihn ›passend‹ sind, und im positiven Fall wendet er sich erneut einem solchen Medieninhalt oder dem gleichen Inhalt (etwa bei Fernsehserien oder Shows) zu. Die UGA-Vertreter plädierten dafür, stets den Menschen in seinem sozialen Kontext zu sehen und zu berücksichtigen, dass dieser in der Regel um die funktionalen Alternativen zu den Massenmedien weiß. Niemand müsse sich den Medien aussetzen, denn Medienrezeption sei nur eines von mehreren Äquivalenten im Vorgang der Bedürfnisbefriedigung (vgl. auch Merten/Giegler/Uhr 1992, 79 f.). Der UGA wird irrtümlicherweise häufig in den Bereich der Medienwirkungsmodelle eingeordnet, obwohl er grundsätzlich handlungstheoretisch argumentiert. Dieser Ansatz blieb – wie alle zuvor genannten auch – nicht unumstritten, obgleich er über Jahrzehnte weiterentwickelt wurde und als Basismodell für viele andere komplexere Ansätze u. a. des handlungstheoretischen Nutzenansatzes von Karsten Renckstorf (1989; vgl. auch Renckstorf/Wester 2001) und des dynamisch-transaktionalen Ansatzes (DTA) von Werner Früh (1991) genutzt wurde.

Ein über Jahrzehnte bedeutsames und bis heute aktuelles Modell, das sich mit dem Einfluss von Medieninhalten auseinandersetzt, darf hier nicht unerwähnt bleiben: Die sogenannte Kultivierungshypothese von George Gerbner und Larry Gross (1976) von der Annenberg School for Communication in Philadelphia, Pennsylvania. Vertreter dieser Forschungsrichtung schrieben dem Fernsehen den Stellenwert eines *centralized system of storytelling* zu, das eine bestimmte Sicht der Wirklichkeit hervorrufen oder auch bestimmte Eindrücke dauerhaft verstärken kann, insbesondere durch die kontinuierliche Wiederholung des immer Gleichen (z. B. bei Gewalt-

darstellungen). Der zentrale Gedanke der Kultivierungshypothese ist die Formung grundlegender Einstellungen, Werte und Verhaltensmuster von Individuen und damit ihres Welt- und Selbstbildes. Kultivierungseffekte werden seit etwa 40 Jahren untersucht, zumeist indem Wenig- und Vielmediennutzer gegenübergestellt werden; das Themenspektrum der Kultivierungsforscher hat sich in dieser Zeit über die Wahrnehmung von Kriminalität und Gewalt hinaus deutlich erweitert.

Dieser Abschnitt zu den Theorien der Kommunikation von Menschen mit Medien (und vice versa) berücksichtigt lediglich einige klassische Theorieansätze, die sich mit der Wirkung der Massenmedien auf den Menschen beschäftigen und die den Umgang der Menschen mit den Medien zu erklären versuch(t)en (vgl. im Überblick z. B. auch Bonfadelli/Wirth 2005). Darüber hinaus existieren noch etliche andere Ansätze, die der *Wirkungs-* und *Nutzen*forschung zuzuordnen sind. Diese beiden Bereiche stellen die größten dar, während die Theorien und Modelle in den Bereichen der Kommunikator- und auch Medieninhaltsforschung deutlich überschaubarer sind. Ausgangspunkt für die Betrachtungen der referierten Theorien und Modelle sind vor allem sogenannte Distributionsmedien. Damit sind Medien gemeint, die sich mit ihren Botschaften und Inhalten an eine breite Zuschauer-, Hörer- oder/und Leserschaft, an die Masse, richten. Unter Massenkommunikation werden alle Formen von Kommunikation verstanden, bei denen Aussagen öffentlich durch technische Verbreitungsmittel indirekt und einseitig an ein disperses Publikum vermittelt werden (vgl. Maletzke 1971, 9). Sowohl Wirkungs- als auch Nutzentheorien orientieren sich am Publikum und den Medien, wobei den zu den Medien dazugehörigen institutionellen Gegebenheiten, der Produktion und Gestaltung von Medieninhalten, weniger Aufmerksamkeit geschenkt wird. Eine Ausnahme wären hier die ›Kultivierungsforscher‹, die sich z. B. ausführlicher mit den gewalthaltigen Programminhalten des Fernsehens und Darstellungspraktiken beschäftigt haben.

Theorien zu den Funktionen und der Bedeutung der Mediensysteme für Individuen und Gesellschaft(en)

Diese Theorien fokussieren tendenziell auf die politische Kommunikation und auf Zugangsweisen zu den Medien. Im Zentrum stehen politische Willensbildungsprozesse, und von Interesse ist es herauszufinden und zu erklären, welche Rolle Medien im Hinblick auf die Informations- und Wissensaneignung von Menschen spielen. Medien werden oftmals als die ›vierte Gewalt‹ im Staat bezeichnet, weil Presse und Rundfunk über ihre jeweilige Berichterstattung den Rezipienten mit politischem Wissen versorgen und weil sie öffentliche Diskussionen über das politische Geschehen anregen können. Nicht zuletzt verhelfen sie Menschen, sich eine Meinung zu einem bestimmten Problem zu bilden und eine Haltung zu einem Konflikt einzunehmen. Medien – nicht nur des öffentlich-rechtlichen Rundfunks – kommt eine Bildungsaufgabe zu, sie haben den Auftrag, die für die Bürger/innen relevanten Sachverhalte so aufzubereiten, dass sie ihre Interessen und Belange bedienen, dass sie sie verstehen und sich dazu positionieren. In der Öffentlichkeit – »als ein im Prinzip allen gleichermassen [sic] zugängliches Kommunikationsforum« (Donges/Imhof 2005, 153) – agieren verschiedene Akteursgruppen und Rolleninhaber: Sprecher, Vermittler und das Publikum. Patrick Donges und Kurt Imhof (ebd., 151 ff.) unterscheiden in Anlehnung an Friedhelm Neidhardt (1994) grob drei verschiedene Ebenen von Öffentlichkeiten, die in einem Pyramidenmodell hierarchisch visuell angeordnet sind:

- Im untersten Bereich, der *Encounter-Ebene*, kommuniziert das Publikum in seinen alltäglichen Lebenswelten: auf der Straße, am Arbeitsplatz und im Wohnbereich. Publikumsmitglieder sind Zuhörende sowie Zuschauer und sie können auch Sprecher-, aber keine Vermittlerfunktionen übernehmen.
- Im mittleren Bereich findet sich die *Themen- oder Versammlungsöffentlichkeit*, die zentrierte Interaktions- oder Handlungssysteme umfasst. Diese finden sich spontan zusammen oder sind organisiert worden. Die Rollen des Sprechers, Vermittlers und des Publikums sind hier eher festgelegt. Diese Öffentlichkeiten sind weniger disparat als die Gruppen, die sich auf der Encounter-Ebene begegnen, und zudem erreichen sie in der Regel eine größere Aufmerksamkeit.
- Im oberen Bereich, an der Spitze der Pyramide, befindet sich die vergleichsweise klein angelegte *Medienöffentlichkeit*, die aber als besonders einflussreich gilt. Hier agieren Menschen (z. B. Journalisten), die Themen aufbereiten und an Öffentlichkeiten verbreiten. Innerhalb der Medienöffentlichkeit übernehmen die Leitmedien (vgl. Müller/Ligensa/Gendolla 2009) eine zentrale Rolle, wohingegen sich die Folgemedien primär an der Berichterstattung der Leitmedien orientieren.

Obwohl davon ausgegangen werden kann, dass sich im Zuge der interaktiven Medien(-technologien) diese drei beschriebenen Öffentlichkeiten seit geraumer Zeit neu ordnen und strukturieren (auch im Hinblick auf ihre Einflussgrößen), bleibt zunächst noch das Pyramidenmodell – insbesondere für die Forschung – bedeutsam, in der wie beim ›Agenda-Setting-Ansatz‹ zwischen Medien-Agenda, Publikums-Agenda und Politik-Agenda differenziert wird (vgl. Dearing/Rogers 1996, 5). Bei diesem Ansatz wird davon ausgegangen, dass die Massenmedien nicht darüber bestimmen, *wie* Menschen über ein Thema denken, sondern sie nehmen Einfluss darauf, *worüber* Menschen nachdenken (vgl. Cohen 1963). Unter ›Agenda‹ versteht man allgemein eine Liste von Themen, Streitfragen und Ereignissen, die zu einem bestimmten Zeitpunkt in eine »hierarchy of importance« (Rogers/Dearing 1988, 565) gebracht werden können.

Kommunikationswissenschaftlich ist von Interesse, inwieweit dominante Themen der Medien-Agenda auf die Publikums-Agenda kommen. Zugleich möchte man auch in Erfahrung bringen, welche Themen bei den Menschen ganz weit oben rangieren und inwieweit sie es in die Medienöffentlichkeit oder die politische Öffentlichkeit schaffen. Den Begriff des Agenda-Settings führten die Kommunikationswissenschaftler Maxwell E. McCombs und Donald L. Shaw ein, die im Rahmen ihrer Untersuchung (der Chapel-Hill-Studie) im Vorfeld des US-amerikanischen Präsidentschaftswahlkampfes im Jahr 1968 empirisch belegen wollten, dass die Häufigkeit der Berichterstattung über ein Thema und die Art und Weise, wie Medien über ein Thema berichten, einen bedeutsamen Einfluss auf die öffentliche Meinung nimmt (vgl. McCombs/Shaw 1972). Die beiden Forscher fanden damals erstaunliche Zusammenhänge zwischen der Medien- und der Publikumsagenda, wobei die Datenlage und die Nicht-Berücksichtigung etwa der *real-world*-Indikatoren bemängelt wurden. Auch ist umstritten, ob der Agenda-Setting-Ansatz eine Theorie oder nur ein Forschungsparadigma darstellt.

Gleiches gilt für die im deutschsprachigen Raum immer populärer werdenden *Framing*-Konzepte, die sich nicht allein mit den Themen in der Medienöffentlichkeit, der Versammlungsöffentlichkeit und denen auf der Encounter-Ebene auseinandersetzen, sondern mit Deutungsangeboten und Mustern kognitiver Interpretationsleistungen in verschiedenen kommunikativen Sphären und Gruppen sowie Institutionen. Beim *Framing*-Ansatz konzentriert man sich auf die inhaltlichen – z. B. emotionalen, moralischen und ethischen – Aufbereitungen eines politischen Ereignisses oder Themas. *Frames* übernehmen in der Regel zwei Funktionen: die Selektion wahrgenommener Realitätsaspekte und die Strukturierung der Kommunikationstexte über diese Realität. *Frames* zeichnen sich nach Urs Dahinden (2006) in der Regel durch vier Elemente aus:

- Sie bieten zunächst eine *Problemdefinition* (1),
- die verbunden ist mit einer *Ursachenbeschreibung* (2).
- Des Weiteren wird eine *Bewertung* des Problems abgegeben (3), die auf moralischen oder anderen Werten beruhen kann
- und auch mit einer *Handlungsempfehlung* zur Lösung des Problems verbunden ist (4).

Framing bezeichnet all diejenigen Prozesse, bei denen Deutungsmuster in der Informationsverarbeitung aktiviert werden. Als Resultat solcher Prozesse entstehen *Frames*, die als empirisch identifizierbare Objekte im Bewusstsein von Individuen oder als Merkmale von Texten erkennbar sind. Man unterscheidet Medien- und Publikumsframes (manchmal auch Personenframes, vgl. Bonfadelli/Marr 2008, 134 f.) und interessiert sich vorzugsweise dafür, inwieweit das Publikum Deutungsrahmen der Medien zu einem bestimmten Ereignis oder Thema (*issue*) annimmt, transformiert oder ›uminterpretiert‹. *Frame*-Konzepte werden vor allem bei Themen angewendet, die schon längere Zeit in der öffentlichen Diskussion sind (z. B. Abtreibung, Atomenergie, Gentechnologie, sexueller Missbrauch).

An dieser Stelle kann festgehalten werden, dass sowohl beim Agenda-Setting-Ansatz als auch beim *Framing*-Ansatz Annahmen darüber gemacht werden, inwieweit (und wie letztlich) Menschen über medial vermittelte Themen nachdenken. Es gibt eine Vorstellung davon, welche Kriterien in etwa erfüllt sein müssen, damit ein Thema oder ein Ereignis zu einer Nachricht, respektive zu einem sogenannten *issue* wird, und dass aber auch das Wissen über das Thema oder Ereignis sowohl bei den Sprechern und Vermittlern als auch bei den Rezipienten entscheidend dazu beiträgt, sich zu dem Sachverhalt zu positionieren.

Seit den 1970er Jahren lässt sich allerdings beobachten, dass trotz gleicher Wissensbereitstellung in den Medien und einer intensiven Mediennutzung nicht alle Bevölkerungsschichten gleichermaßen gut informiert sind. Es ließ sich folgende Entwicklung feststellen: »Wenn der Informationsfluss in ein Sozialsystem wächst, tendieren die Bevölkerungsseg-

mente mit höherem sozioökonomischen Status und/oder höherer formaler Bildung zu einer rascheren Aneignung dieser Information als die status- und bildungsniedrigeren Segmente, sodass die Wissenskluft zwischen diesen Segmenten tendenziell zustatt abnimmt« (Tichenor/Donohue/Olien 1970, 159). Auch über einen längeren Zeitraum betrachtet, gleichen sich die Wissensniveaus nicht an. Die sogenannte ›Wissenskluft-Hypothese‹ (*Knowledge Gap Hypothesis*) beschäftigt Kommunikationswissenschaftler seit Jahrzehnten, und sie hat vor dem Hintergrund der Möglichkeiten der Informations- und Wissensbereitstellung im Internet noch an Bedeutung gewonnen, obwohl hier der gleiche Effekt eintritt, dass Menschen mit höherem Bildungsniveau auch Netzwerkmedien informationsorientiert nutzen und ihr Wissen verbessern wollen. Sie lernen effektiver, sind stärker an politischen Informationen interessiert und erhalten zudem mehr relevante Informationen auch über ihre persönlichen Netzwerke. Die Überwindung der Wissenskluft bleibt vorerst eine gesellschaftliche Aufgabe.

Herausforderungen und Ausblick

Die hier aufgeführten kommunikationswissenschaftlichen Medientheorien fokussieren sich auf die Bedeutung der Distributionsmedien, d. h. auf die klassischen Massenmedien, ihre Nutzung- und Wirkungsweisen. Die interaktiven Netzwerkmedien – ihre Akteursgruppen, ihre Kanäle, ihre besonderen Nutzungsweisen – erfordern ein Überdenken der klassischen Theorien und Modelle. Es werden hier auch bereits Neuerungen und Modifikationen vorgenommen, allerdings scheinen einige Konzepte noch diskussionswürdig bzw. sind in den Kommunikationswissenschaften noch nicht als *state of the art* angenommen worden. Bis zum Wendepunkt oder einem möglichen Paradigmenwechsel wird Harold D. Lasswells Formel, bei der sich jeder Stufe des Kommunikationsprozesses wissenschaftliche Modelle und Theorien zuordnen lassen, für das Verständnis medialer Kommunikation maßgeblich bleiben. Die Formel von 1948 lautet: »Who says what in which channel to whom with what effect?« (Lasswell 1948, 37). Die Kanäle der Kommunikation werden insbesondere durch die Hybridisierung der Medien vielfältiger und undurchsichtiger (z. B. beim Smart-TV), was den Nutzer vermutlich kaum stört, aber was deutlich schwieriger kommunikationswissenschaftlich zu untersuchen ist. Zudem verändern sich mit den Hybridmedien, die zunehmend mobil verfügbar sind (s. Kap. III.20), die Nutzungsweisen, und so können auch veränderte Gratifikationen und Wirkungen angenommen werden.

Literatur

Averbeck, Stefanie: *Kommunikation als Prozess. Soziologische Perspektiven in der Zeitungswissenschaft 1927–1943*. Münster/London 1999.

Blumler, Jay G./Katz, Elihu (Hg.): *The Uses of Mass Communications. Current Perspectives on Gratifications Research*. Beverly Hills/London 1974.

Bonfadelli, Heinz: Was ist öffentliche Kommunikation? In: Ders./Otfried Jarren/Gabriele Siegert (Hg.): *Einführung in die Publizistikwissenschaft*. Bern/Stuttgart/Wien ²2005, 73–101.

Bonfadelli, Heinz/Marr, Mirko: Kognitive Medienwirkungen. In: Bernad Batinic/Markus Appel: *Medienpsychologie*. Heidelberg 2008, 127–148.

Bonfadelli, Heinz/Wirth, Werner: Medienwirkungsforschung. In: Heinz Bonfadelli/Otfried Jarren/Gabriele Siegert (Hg.): *Einführung in die Publizistikwissenschaft*. Bern/Stuttgart/Wien ²2005, 561–602.

Brosius, Hans-Bernd/Haas, Alexander: Auf dem Weg zur Normalwissenschaft: Themen und Herkunft der Beiträge in »Publizistik« und »Medien & Kommunikationswissenschaft«. In: *Publizistik: Vierteljahreshefte für Kommunikationsforschung* 54/2 (2009), 168–190.

Cohen, Bernhard C.: *The Press and Foreign Policy*. Princeton, NJ 1963.

Dahinden, Urs:. *Framing. Eine integrative Theorie der Massenkommunikation*. Konstanz 2006.

Dearing, James W./Rogers, Everett M.: *Agenda-Setting*. Thousand Oaks, CA 1996.

Donges, Patrick/Imhof, Kurt: Öffentlichkeit im Wandel. In: Heinz Bonfadelli/Otfried Jarren/Gabriele Siegert (Hg.): *Einführung in die Publizistikwissenschaft*. Bern/Stuttgart/Wien ²2005, 147–175.

Früh, Werner: *Das dynamisch-transaktionale Modell. Theorie und empirische Forschung*. Opladen 1991.

Gerbner, George: Toward a general model of communication. In: *Audiovisual Communication Review* 4/3 (1956), 171–199.

Gerbner, George/Gross, Larry: Living with television: The violence profile. In: *Journal of Communication* 26/2 (1976), 173–199.

Lasswell, Harold D.: The structure and function of communication in society. In: Lyman Bryson (Hg.): *The Communication of Ideas. A Series of Addresses*. New York 1948, 32–51.

Lazarsfeld, Paul F./Berelson, Bernard/Gaudet, Hazel: *The People's Choice. How the Voter Makes up His Mind in a Presidential Campaign*. New York/London 1944.

Löffelholz, Martin/Quandt, Thorsten: Kommunikationswissenschaft im Wandel. Orientierung in einer dynamischen, integrativen und unübersichtlichen Disziplin. In: Dies. (Hg.): *Die neue Kommunikationswissenschaft. Theorien, Themen und Berufsfelder im Internet-Zeitalter. Eine Einführung*. Opladen 2003, 13–42.

Maletzke, Gerhard: *Psychologie der Massenkommunikation: Theorie und Systematik* [1963]. Hamburg ³1971.

McCombs, Maxwell E./Shaw, Donald L.: The agenda-setting function of mass media. In: *Public Opinion Quarterly* 36 (1972), 176–187.

Merten, Klaus/Giegler, Helmut/Uhr, Friederike: *Grundlegende Ansätze und Methoden der Wirkungsforschung*. Wiesbaden 1992.

Merton, Robert K.: *Soziologische Theorie und soziale Struktur*. Berlin 1995 (engl. 1949).

Müller, Daniel/Ligensa, Annemone/Gendolla, Peter (Hg.): *Leitmedien. Konzepte – Relevanz – Geschichte*. 2 Bde. Bielefeld 2009.

Neidhardt, Friedhelm: Öffentlichkeit, öffentliche Meinung, soziale Bewegungen. In: Ders. (Hg.): *Öffentlichkeit, öffentliche Meinung, soziale Bewegungen. Sonderheft der Kölner Zeitschrift für Soziologie und Sozialpsychologie* 34, Opladen 1994, 7–41.

Neverla, Irene: Kommunikationswissenschaft zwischen Komplexität und Kanonisierung. Überlegungen zu Bedingungsfaktoren und Aufgaben kommunikationswissenschaftlicher Selbstreflexion. In: Löffelholz/Quandt 2003, 59–68.

Noelle-Neumann, Elisabeth: *Die Schweigespirale. Öffentliche Meinung – unsere soziale Haut*. München/Zürich 1980.

Renckstorf, Karsten: Mediennutzung als soziales Handeln. Zur Entwicklung einer handlungstheoretischen Perspektive der empirischen (Massen-)Kommunikationsforschung. In: Max Kaase/Winfried Schulz (Hg.): *Massenkommunikation. Theorien, Methoden, Befunde. Sonderheft der Kölner Zeitschrift für Soziologie und Sozialpsychologie* 30. Opladen 1989, 314–336.

Renckstorf, Karsten/Wester, Fred: Mediennutzung als soziales Handeln: Eine handlungstheoretische Perspektive empirischer (Massen-)Kommunikationsforschung. In: Tilmann Sutter/Michael Charlton (Hg.): *Massenkommunikation, Interaktion und soziales Handeln*. Wiesbaden 2001, 146–181.

Rogers, Everett M./Dearing, James W.: Agenda-setting research: Where has it been, where is it going? In: James H. Anderson (Hg.): *Communication Yearbook 11*. Beverly Hills 1988, 555–594.

Rosengren, Karl Erik/Wenner, Lawrence A./Palmgreen, Philip (Hg.): *Media Gratifications Research. Current Perspectives*. Beverly Hills 1985.

Scannell, Paddy: *Medien und Kommunikation*. Hg. von Matthias Berg/Maren Hartmann. Wiesbaden 2011 (engl. 2007).

Shannon, Claude E./Weaver, Warren: *The Mathematical Theory of Communication*. Illinois 1949.

Stöber, Rudolf: *Kommunikations- und Medienwissenschaften. Eine Einführung*. München 2008.

Tichenor, Philip/Donohue, George/Olien, Clarice: Mass media flow and differential growth in knowledge. In: *Public Opinion Quarterly* 34/2 (1970), 159–170.

Witte, Erich H.: Interpersonale Kommunikation, Beziehungen und Gruppen-Kollaboration. In: Ulrike Six/Uli Gleich/Roland Gimmler (Hg.): *Lehrbuch Kommunikationspsychologie*. Weinheim 2007, 178–208.

Dagmar Hoffmann

8. Marxistische Medientheorien

Als sich die Medienwissenschaft gegen Ende des vorigen Jahrhunderts als neues akademisches Fach etablierte, war der Marxismus gerade verschwunden. Und das nicht nur aus einem Teil der Welt, wo man ihn als staatlich verordnete Weltanschauung konserviert hatte, sondern weithin auch aus den Universitäten der westlichen Länder, wo zuvor seit den 1960er Jahren ganz unterschiedliche marxistische Konzepte die Arbeit der Geistes- und Sozialwissenschaften mitbestimmt hatten. Von Ökonomie und Politik aber wollte die sich seit den 1980er Jahren formierende Medienwissenschaft zunächst nichts wissen. Ihr symbolisches Kapital erwuchs ihr vielmehr aus einer schwungvollen Abkehr von Fragen nach Produktionsverhältnissen, Ausbeutung, Herrschaft und Staat. Ihr Materialismus sollte sich allein auf die Medien und deren Technik konzentrieren. Modell standen vor allem die elektronischen Medien, die damals noch kaum einer als solche verstand. Mediale Apparaturen sollten nicht länger als Mittel für irgendjemandes Zwecke, sondern selbst als das allerwirklichste Sein aufgefasst werden. Norbert Bolz (1993, 7) brachte die Stimmung der aufstrebenden Medienwissenschaft übermütig zum Ausdruck, als er verkündete, es seien, »um das Funktionieren unserer sozialen Systeme zu verstehen, Software-Kenntnisse dienlicher als die Lektüre der Klassiker politischer Ökonomie«.

Poststrukturalismus, Konstruktivismus und Systemtheorie, die insbesondere in Deutschland zugleich den Zweck verfolgten, den Marxismus (und die Kritische Theorie, s. Kap. II.9) aus den Wissenschaften auszutreiben, prägen die Sprache dieses Fachs bis heute. Aus einigem Abstand wird allerdings erkennbar, dass auch der Marxismus eine der Quellen war, aus denen die erst viel später unter diesem Namen operierende Medienwissenschaft ihr Wissen schöpfte. In ihrer Morgenröte entdeckt man nicht nur Friedrich Nietzsche mit seiner Schreibkugel (vgl. Kittler 1986, 293–311), sondern ebenso den für seine unleserliche Handschrift berüchtigten Karl Marx.

Medientheorien, die sich auf Marx oder eine bestimmte marxistische Tradition beziehen, stammen historisch vor allem aus zwei Epochen. Die erste reicht von der russischen Oktoberrevolution 1917 bis zur Machtübernahme der Nazis bzw. zur Konsolidierung des stalinistischen Regimes in der Sowjetunion; die zweite umfasst die 1960er und frühen 1970er Jahre, die Zeit der Protestbewegung und der Neuen Linken. Inwieweit sich Medientheorien in Anbetracht etwa der ökonomischen Krisen der Gegenwart abermals mit Marx auseinandersetzen werden, bleibt zu sehen (vgl. z. B. Dyer-Witheford 1999; Mosco 2009; Schröter 2011; Fuchs/Mosco 2012).

Medientheorie bei Marx

Zunächst ein Blick zurück ins 19. Jahrhundert: Im Frühjahr 1845 schreibt Marx in sein Notizbuch, das menschliche Wesen sei kein dem einzelnen Individuum innewohnendes Abstraktum, sondern in seiner Wirklichkeit das Ensemble der gesellschaftlichen Verhältnisse (vgl. MEW 3, 6). Die Erzeugung dieser Wirklichkeit sei im Wesentlichen als materielle Praxis zu begreifen. Nicht zuletzt mit dem Begriff der Praxis bzw. der Arbeit, den er von Hegel übernimmt, im Unterschied zu diesem jedoch nicht als eine fortschreitende Objektivation des Geistes fasst, sondern auf die materielle Produktion von Verhältnissen bezieht, die ihrerseits den Geist hervorbringen, legt Marx das Fundament für eine Weltauffassung, die weit über den später sogenannten Marxismus hinaus die Geistes-, Gesellschafts- und Kulturwissenschaften beschäftigen wird.

Medientheoretisch bedeutsame, zumeist eher im Vorbeigehen notierte Einsichten finden sich in Marx' Schriften zuhauf. Dazu gehören Erläuterungen zur Entwicklung des Bewusstseins aus der Sprache, genauer: aus dem Sprechen (vgl. MEW 3, 30), oder die Auskunft: »Die Bildung der 5 Sinne ist eine Arbeit der ganzen bisherigen Weltgeschichte« (MEW 40, 541 f.). Und dazu gehört auch eine bemerkenswerte kunstgeschichtliche Notiz: Was die alten Griechen auf dem Boden ihrer Mythologie vollbracht haben, sei ganz undenkbar unter den Bedingungen von »Druckerpresse und gar Druckmaschine«, von »Lokomotiven und elektrischen Telegraphen« (MEW 42, 44 f.). Dass technische Medien Bewusstsein und Sprache, Denken und Handeln formen, ist in Marx' Auffassung von Geschichte und Gesellschaft implizit vorausgesetzt. Ausdrücklich zur Sprache kommt das bei ihm jedoch nur sporadisch. Technische Medien, so könnte man seiner Geschichtsauffassung gemäß vermuten, waren zu jener Zeit noch nicht hinreichend entwickelt, um sie auf den Begriff bringen zu können.

Anders als der Begriff der Vermittlung, den er ebenfalls von Hegel übernimmt, spielt der des Mediums bei Marx keine entscheidende Rolle; abgesehen vom zirkulierenden Medium Geld, auf das er in der Kritik der politischen Ökonomie zu sprechen kommt. Das sei zumindest am Rande kurz erwähnt: Die mediale Funktion bestimmt Marx als eine – und keineswegs die bedeutendste – von vier Funktionen des Geldes. Geld fungiert demnach als Wertmaß, als Zirkulationsmittel (d. h. als Medium), als Zahlungsmittel (vgl. MEW 23, 109–160) – und als Kapital. Spätestens diese vierte Funktion, in der das Geld als verselbständigte Form des Tauschwerts hervortritt (vgl. MEW 42, 183–188), kommt in kommunikations- bzw. medientheoretisch fundierten, mithin auf die Sphäre der Zirkulation fixierten Darstellungen des Geldes (vgl. Luhmann 1988; Hörisch 1996; s. Kap. III.5) bezeichnenderweise nicht mehr vor.

In der »Herstellung der Kommunikationen« (MEW 3, 53) erkennt Marx eine der Voraussetzungen der bürgerlichen Gesellschaft; entscheidend dabei sei die »Zusammendrängung von Zeit und Raum« (MEW 16, 127), die wiederum eine Verdichtung der sozialen Beziehungen bewirke. Ein relativ spärlich bevölkertes Land mit entwickelten Kommunikationsmitteln, schließt er daraus, besitze eine dichtere Bevölkerung als ein mehr bevölkertes Land mit unentwickelten Kommunikationsmitteln, »und in dieser Art sind z. B. die nördlichen Staaten der amerikanischen Union dichter bevölkert als Indien« (MEW 23, 373). Marx unterscheidet die »eigentliche Transportindustrie für Waren und Menschen« von der »Übertragung bloß von Mitteilungen, Briefen, Telegrammen etc.« (MEW 24, 60). Dass bei der Übertragung von Briefen weiterhin materielle Gegenstände von einem Ort zum andern transportiert werden, wohingegen die Botschaft eines Telegramms durch elektrische Signale übermittelt wird, diese für die Medientheorien des 20. Jahrhunderts so wichtige Unterscheidung drängt sich Marx noch nicht auf. Obgleich er selbst schon voraussieht, dass Telegraphendrähte bald den ganzen Erdball umspannen werden.

Kommunikationsmittel begreift der junge Marx zunächst als Motoren revolutionärer Veränderung. »Die Bourgeoisie«, lautet es im *Kommunistischen Manifest* von 1848, »reißt durch die rasche Verbesserung aller Produktionsinstrumente, durch die unendlich erleichterten Kommunikationen alle, auch die barbarischsten Nationen in die Zivilisation« (MEW 4, 466). Die Erweiterung und Beschleunigung der Kommunikationen werden in bescheidenem Umfang auch denen zuteil, die nichts als ihre Arbeitskraft zu verkaufen haben. Durch die von der kapitalistischen Industrie hervorgebrachten Kom-

munikationsmittel könnten sich schließlich auch »die Arbeiter der verschiedenen Lokalitäten miteinander in Verbindung setzen« (MEW 4, 471). In der Tat: Ohne beschleunigten Postverkehr und Telegraphie wäre die Internationale Arbeiterassoziation schwerlich zustande gekommen. Die fortschreitende Verbesserung der Kommunikationstechniken verhinderte andererseits nicht, dass sie binnen kurzem wieder zusammenbrach.

Je weiter Marx mit der Kritik der politischen Ökonomie vorankommt, desto kühler klingen bald seine Urteile über die stetig verbesserten Kommunikationen. Unter den Bedingungen kapitalistischer Produktion, erkennt er nun, dienen diese vor allem einem ökonomischen Zweck, nämlich der »Verkürzung der Zirkulationszeit« (MEW 25, 81), und in dieser Hinsicht habe sich im 19. Jahrhundert eine Revolution zugetragen, die sich an der industriellen Revolution des 18. Jahrhunderts durchaus messen lasse. Während die revolutionäre Vereinigung der Arbeiter bloße Möglichkeit bleibt, ist der Einsatz der Kommunikationsmedien im Gesamtprozess der kapitalistischen Produktion längst Wirklichkeit. Skeptisch beurteilt Marx in Anbetracht des sich immer dichter zusammenschließenden Verbunds der Kommunikationsmedien auch deren einst erhoffte Wirkung. In einem Brief aus dem Jahr 1871 teilt er mit: »Man hat bisher geglaubt, die christliche Mythenbildung unter dem römischen Kaiserreich sei nur möglich gewesen, weil die Druckerei noch nicht erfunden war. Grade umgekehrt. Die Tagespresse und der Telegraph, der ihre Erfindungen im Nu über den ganzen Erdboden ausstreut, fabrizieren mehr Mythen [...] in einem Tag, als früher in einem Jahrhundert fertiggebracht werden konnten« (MEW 33, 252).

Auf diesen beiden von Marx vorgezeichneten Wegen werden sich im Wesentlichen auch die Medientheorien fortbewegen, die sich auf ihn berufen. Je nach Beurteilung der gegebenen Situation wird dabei entweder die revolutionäre oder subversive Kraft der Medien hervorgehoben oder aber ihre Funktion im Dienst einer gesellschaftlichen Ordnung kritisiert, die es, nicht zuletzt auch durch eine Umfunktionierung der Medien selbst, zu verändern gelte. Allgemein lässt sich feststellen, dass als marxistisch zu bezeichnende Theorien der Medien deren soziale und politische Bewandtnis zur Sprache bringen. Medien werden als Produkt einer bestimmten geschichtlichen Epoche und zugleich als spezifische Produktivkraft im Kontext gegebener Produktionsverhältnisse aufgefasst, wobei sich die Theorien zumeist auf einzelne Medien beziehen und nicht als

Medientheorien schlechthin auftreten. Unterscheiden kann man zwischen solchen Theorien, die Kommunikationsmittel kurzerhand als Produktionsmittel auffassen, welche die Produzenten sich ebenso anzueignen hätten wie Fabriken, und solchen, die darüber hinaus auch auf die eigentümliche Produktivität der als Medien begriffenen Produktionsmittel reflektieren. Allein die letzteren kommen als Medientheorien in Betracht. Inwiefern sie als marxistisch gelten können, hängt wiederum davon ab, welche Rolle der Bezug auf Marx bei der Entwicklung der Medientheorie selbst spielt.

Sowjetische Medientheorie

Im russischen Revolutionsjahr 1917 schlägt Lenin vor, »die gesamte Volkswirtschaft nach dem Vorbild der Post zu organisieren« (1970, 513). Auf der Basis von »Fabriken, Eisenbahnen, Post, Telefon u. a.« könnten nun die meisten Funktionen der Staates »auf so einfache Operationen der Registrierung, Buchung und Kontrolle zurückgeführt werden, daß diese Funktionen alle Leute, die des Lesens und Schreibens kundig sind, ausüben können« (ebd., 506). Dazu brauche man sich den bereits fertig vorhandenen, »technisch hochentwickelten Mechanismus, den die vereinigten Arbeiter sehr wohl selbst in Gang bringen können« (ebd., 512), nur anzueignen. Der von Lenin imaginierte Umbau des Staates zu einem der Masse der Bevölkerung verfügbaren Kommunikationsapparat kann als eine Urszene dessen gelten, was im Verlauf des 20. Jahrhunderts an marxistischen oder im weiteren Sinn sozialistischen Medientheorien hervorgebracht werden sollte. Kurios erscheint allerdings, dass Lenin noch hundert Jahre nach der Entwicklung des elektrischen Telegraphen die vergleichsweise behäbige Post als Modell in den Sinn kommt.

In der frühen Sowjetunion gehen medientheoretische Überlegungen mit ästhetischen, politischen und pädagogischen einher. Während die Theoretiker der Kommunistischen Partei sich in erster Linie für die politische Funktion der Medien interessieren, die der Revolution sowie der Behauptung der eben errungenen Staatsmacht nützlich sein sollen, gehen die Gedanken der mit den Medien selbst befassten Künstler über solche Dienstanweisungen weit hinaus. Zuweilen reichen sie auch über das in den Grenzen des damals gebräuchlichen Marxismus Denkbare hinaus. Die ingeniösen Filmtheorien etwa Sergej Eisensteins und Dziga Vertovs, die sich beide auf einen proletarischen Klassenstandpunkt und auf eine wie auch immer anzuwendende Dialektik berufen, lassen sich kaum als marxistische Medientheorien begreifen. Der Marxismus wirkt hier vielmehr als Katalysator, der die Theorieproduktion vorantreibt, ohne selbst ins Produkt einzugehen. In den kulturpolitischen Kontroversen jener Zeit beschränkt sich der marxistische Anspruch zumeist auf die Frage nach einer genuin proletarischen Kultur und ihrem Verhältnis zur bürgerlichen Tradition. In der Literaturtheorie immerhin führen die Interventionen von Georg Lukács zu einer aus marxistischen Begriffen gebildeten ästhetischen Theorie, in der selbst die Festlegung auf den Realismus als Stilrichtung aus philosophischen Erwägungen und nicht aus strategischen Rücksichten erfolgt (vgl. Lukács 1955; Gallas 1971). Auf andere Medien und Künste werden die Ergebnisse dieser Auseinandersetzung schließlich in vulgarisierter Form übertragen. Zu einer theoretischen Anstrengung, wie sie Valentin Vološinov in der Sprachphilosophie unternimmt (vgl. Vološinov 1975), findet sich auf dem ohnehin erst schwer erkennbaren Feld der Medientheorie noch niemand bereit.

Einzelne Vorstöße aber gibt es durchaus. Zu nennen ist hier insbesondere der Schriftsteller Sergej Tretjakov, der die obligatorische Klassenfrage zum Anlass nimmt, die Literaturproduktion selbst neu zu bestimmen (vgl. Tretjakov 1972). Maßgeblich für einen proletarischen Schriftsteller sei nicht seine soziale Herkunft oder willkürliche Parteinahme. Solchen sachfremden Bestimmungen setzt Tretjakov den operierenden Schriftsteller entgegen, der in die Wirklichkeit eingreift, indem er sie mit seiner literarischen Produktion selbst mitgestaltet. Mit der ihm gestellten Aufgabe aber verändere sich auch die Literatur, die er hervorbringt. Die überlieferten Formen betrachtet Tretjakov als geschichtliche, die der gegenwärtigen Situation nicht ohne weiteres mehr angemessen seien. Wie Marx sich über Voltaire lustig macht, der noch im Zeitalter der Aufklärung ein Epos verfassen zu können glaube (vgl. MEW 26.1, 257), geht Tretjakov davon aus, dass der Schriftsteller unter den Bedingungen einer revolutionären Umgestaltung der Verhältnisse, und zwar auch der Kommunikationsverhältnisse, in denen die Massenpresse, Film und Radio eine führende Rolle spielen, sich nicht mehr auf die Bereitstellung von Romanen und Dramen alten Stils verlassen könne. Der Autor, so drückt es Walter Benjamin (1977) mit Bezug auf Tretjakov aus, begreift sich selbst als Produzent. Die Literatur, die er produziert, sei eine versachlichte,

d. h. den sachlichen Forderungen angemessen, die ihm die Wirklichkeit im Prozess ihrer Umgestaltung stellt.

Autoren wie Tretjakov und Benjamin geht es nicht um eine bloße Aneignung vorhandener Techniken, sondern um deren möglichen Gebrauch in revolutionärer Absicht; wobei diese Absicht nicht als willkürliche politische Zwecksetzung verstanden wird, sondern als der Versuch, den durch die Medien selbst gegebenen Möglichkeiten zur Wirklichkeit zu verhelfen.

Bertolt Brecht

In diesem Kontext stehen auch die Arbeiten des mit Tretjakov und Benjamin befreundeten Bertolt Brecht. Seine später als Radiotheorie bezeichneten Überlegungen zu einer möglichen Umgestaltung des Rundfunks zielen in die gleiche Richtung, wenngleich sie selbst ohne jeden revolutionären Enthusiasmus formuliert sind. Über das Radio in seiner gegenwärtigen Funktion spottet Brecht, es sei »ein kolossaler Triumph der Technik, nunmehr einen Wiener Walzer und ein Küchenrezept endlich der ganzen Welt zugänglich machen zu können« (1992b, 217). Überschätzt würden all die »Dinge und Einrichtungen, in denen ›Möglichkeiten‹ stecken« (ebd., 218), und zwar auch solche Möglichkeiten, die keineswegs zufällig unentdeckt und ungenutzt bleiben. Er selbst schlägt vor, »aus dem Rundfunk einen Kommunikationsapparat öffentlichen Lebens zu machen« (1992a, 557). Die Empfänger sollen sich zugleich auch als Sender betätigen können. Die technischen Möglichkeiten dazu sieht Brecht bereits vorgezeichnet. Ob die bisherigen Empfänger der Botschaften in ihrer prospektiven Funktion als Sender Kolossaleres mitzuteilen hätten als Wiener Walzer und Küchenrezepte, lässt er offen. Sein Vorbehalt gegen den Rundfunk bleibt allerdings über die historische Reichweite des Radios hinaus bedenkenswert: »Ein Mann, der was zu sagen hat und keine Zuhörer findet, ist schlimm daran. Noch schlimmer sind Zuhörer daran, die keinen finden, der ihnen etwas zu sagen hat« (1992b, 217).

Dass der Einsatz technischer Medien zuallererst die Reproduktion der bestehenden Produktionsverhältnisse befördert, steht für Brecht außer Frage. Gleichwohl setzt er Kommunikationsmittel und industrielle Produktionsmittel nicht in eins. Von Fabriken, erkennt er, unterscheiden sich Medienapparaturen nicht zuletzt dadurch, dass sie, ihrer eigenen Materialität zum Trotz, keine materiellen Dinge pro-

duzieren. Zudem werden sie auch unter Bedingungen kapitalistischer Produktion, nämlich zwecks steter Ausdehnung des Marktes, die Verteilung und Austausch von Informationen verlangt, bereits in beträchtlichem Umfang Gemeingut. Von ihrer Umfunktionierung seitens der Nutzer, wie man sie heute nennen würde, verspricht Brecht sich die Transformation auch der Produktionsverhältnisse, die den aus ihnen hervorgegangenen Kommunikationsverhältnissen nicht mehr angemessen seien. Es müsse darum gehen, »die gesellschaftliche Basis dieser Apparate zu erschüttern« (1992a, 557).

Die Erschütterungen, die in den 1930er Jahren tatsächlich erfolgen, machen solche Hoffnungen bald zunichte. Benjamin und Brecht fliehen vor den Nazis ins Exil, Tretjakov fällt dem stalinistischen Terror zum Opfer.

Walter Benjamin

Im Pariser Exil verfasst Benjamin seinen Aufsatz über »Das Kunstwerk im Zeitalter seiner technischen Reproduzierbarkeit«. Dieser erst seit den späten 1960er Jahren enthusiastisch rezipierte Text ist bis heute sicherlich das berühmteste Zeugnis marxistischer Medientheorie; berühmt nicht zuletzt deshalb, weil darin der Medientechnik selbst eine Aufgabe zugedacht wird, die das revolutionäre Proletariat zu erfüllen versäumt hatte. Bereits unter den Bedingungen kapitalistischer Produktion, meint Benjamin, lasse sich dem Film das Verdienst zuschreiben, »eine revolutionäre Kritik der überkommenen Vorstellungen von Kunst zu befördern« (1974, 492). Der kämpferische Gestus, mit dem er den Film vor dem Zugriff des Faschismus zu retten sucht, stellt sich im Nachhinein vielmehr als trotzige Zuversicht dar, welche die Verzweiflung über die reale geschichtliche Lage überspielen soll. Aufschlussreicher als nachfolgende medientheoretische Interpretationen ist die Auseinandersetzung mit Theodor W. Adorno, die Benjamin im Briefwechsel darüber geführt hat (vgl. Adorno/Benjamin 1994, 168–185; 384 f.).

Kritische Medientheorie, Debord und spätere Entwicklungen

Die Kritik der Kulturindustrie, die Adorno seinerseits einige Jahre später gemeinsam mit Max Horkheimer im kalifornischen Exil formuliert, gibt den Ton vor, in dem Marxisten – zumindest solche, die nicht den unerschrockenen Optimismus des inzwischen staatstragenden Marxismus teilen – über die gesellschaftlichen Verhältnisse im Allgemeinen und die Rolle technischer Medien im Besonderen urteilen (vgl. Horkheimer/Adorno 1987, 144–196). Weitaus radikaler und theoretisch anspruchsvoller, als es etwa schon in marxistisch getönten Filmkritiken der Weimarer Republik angeklungen war (vgl. Kracauer 1977; Balázs 1972, 186–217), wird hier der Medienverbund als ganzer als Produkt eines gegen sich selbst gekehrten Aufklärungsprozesses dargestellt. Die geschichtliche Katastrophe des Nazifaschismus und des Vernichtungskriegs gegen das Judentum ist von der Kritik der Kulturindustrie nicht wegzudenken. Hinzu tritt jedoch die Erfahrung, dass auch die erklärtermaßen freie Welt, die aus jener Katastrophe aufersteht, sich zu einem monopolistisch verwalteten Produktions- und Verteilungsapparat zusammenzieht. Technische Medien, so scheint es, bewähren sich darin lediglich als automatisierte Vollstreckungsbeamte (erst wenig bekannt ist bisher, dass Adorno damals auch eine großangelegte, indes unvollendet gebliebene Studie über das Radio unternommen hat; vgl. Adorno 2006).

Die Protestbewegungen, die sich in den 1960er Jahren in vielen Ländern der Welt formieren, sind nicht zuletzt als ein Protest gegen die von Adorno sogenannte verwaltete Welt zu verstehen, in der der Einzelne nur mehr als Arbeitskraftbehälter bzw. in der ihm zugeteilten Freizeit als Kunde ins Gewicht fällt (vgl. Marcuse 1994). In diesem Kontext ist auch das Wiederaufleben marxistischer Medientheorien zu sehen. Beeinflusst werden sie von der inzwischen als Frankfurter Schule bezeichneten Kritischen Theorie (s. Kap. II.9), den britischen Cultural Studies (s. Kap. IV.23) und der neueren französischen Philosophie (s. Kap. II.10). Auch viele ältere Arbeiten werden in dieser Zeit wieder- bzw. erstmals entdeckt: so die postum veröffentlichten Schriften Walter Benjamins (vgl. die umstrittene Doppelnummer der Zeitschrift *Alternative* 1967) oder etwa eine Studie des Schweizer Ökonomen Peter Bächlin über den Film als Ware aus dem Jahr 1945, die sich explizit auf die Marxsche Ökonomiekritik bezieht und den »Tauschwertcharakter der Filmware« (Bächlin 1975, 155) zu fassen sucht.

Eine Art Manifest der neumarxistischen Medientheorie legt Guy Debord, Mitgründer der Situationistischen Internationale, 1967 vor. Der Anfang des Marxschen *Kapital*, wo es heißt, dass der Reichtum der Gesellschaften, in denen kapitalistische Produktionsweise herrscht, als eine ungeheure Warensammlung erscheine (vgl. MEW 23, 49), liest sich bei ihm wie folgt: »Das ganze Leben der Gesellschaften, in welchen die modernen Produktionsbedingungen herrschen, erscheint als eine ungeheure Ansammlung von *Spektakeln*. Alles, was unmittelbar erlebt wurde, ist in eine Vorstellung entwichen« (Debord 1996, 13). Das Spektakel bestimmt Debord als »ein durch Bilder vermitteltes gesellschaftliches Verhältnis zwischen Personen« (ebd., 14). Jenes unter dem vieldeutigen Begriff ›Fetischismus‹ gefasste Als-ob der Warenproduktion, das Marx so darstellt, dass »das gesellschaftliche Verhältnis der Produzenten zur Gesamtarbeit als ein außer ihnen existierendes gesellschaftliches Verhältnis von Gegenständen« (MEW 23, 86) erscheine, verlegt Debord in die Virtualität von Spektakeln, die nunmehr statt der Gegenstände selbst für die Verdinglichung des Bewusstseins (vgl. Lukács 1971, 170–209) verantwortlich seien. Diese Analogie, die gemeinhin als ein Vorgriff auf spätere Simulationstheorien gedeutet wird, ist in der marxistischen Literatur umstritten. In seiner Beurteilung der Rolle des Tauschwerts – in dem Marx zufolge der Wert erscheint, der im Prozess seiner Verwertung sich wie ein automatisches Subjekt über die Köpfe der menschlichen Subjekte hinweg betätige (vgl. MEW 23, 169; vgl. Schröter 2011) – argumentiert Debord jedoch durchaus orthodox: »Der Tauschprozeß hat sich mit jedem möglichen Gebrauch identifiziert und diesen unter seine Botmäßigkeit gebracht. Der Tauschwert ist der Kondottiere des Gebrauchswerts, der schließlich den Krieg auf eigene Rechnung führt« (1996, 37 f.).

In akademischer Diktion werden solche Dinge in den folgenden Jahren auch in Westdeutschland diskutiert. Exemplarisch genannt seien hier Wolfgang Fritz Haugs *Kritik der Warenästhetik* (1971) sowie die frühen Arbeiten Dieter Prokops. Letztere sind bemerkenswert vor allem deshalb, weil Prokop im Rückgriff auf Alfred Sohn-Rethels Überlegungen zum Zusammenhang von Warenform und Denkform (vgl. Sohn-Rethel 1972, 30–122) so etwas wie eine Geldform der massenmedialen Kommunikation zu entwickeln sucht. Gemeint sind damit abstrakte Formen, welche die Botschaft der Massenmedien universell kommunizierbar machen. Prokop vermutet, dass sich, analog zum Geld, »in den Köpfen der Menschen und in der Gesellschaft die entsprechenden, die Abstraktion ebenso isoliert verkörpernden Instanzen herausbilden« (1974, 72).

Einen eher praktisch ausgerichteten und im Resultat weitaus optimistischeren Entwurf präsentiert einige Jahre zuvor Hans Magnus Enzensberger mit

seinem »Baukasten zu einer Theorie der Medien«
(1970). Mit Bezug auf Brechts Überlegungen zum
Rundfunk stellt er fest, dass in den industriell entwickelten Ländern die meisten Leute mit Geräten ausgestattet seien, die ihnen eine tatsächlich demokratische Verständigung über die Eigentums- und Herr-
schaftsverhältnisse erlaubten, die man ihnen als
demokratisch vorstellt. Bisweilen noch würden die
vielfältigen Möglichkeiten des Austauschs durch
mächtige politische und ökonomische Interessen re-
stringiert, eine wirksame Kontrolle der Kommunikationen sei aber schon jetzt nicht mehr möglich,
George Orwells düstere Vision des Jahres 1984 mediengeschichtlich überholt: »Die neuen Medien sind
ihrer Struktur nach egalitär. Durch einen einfachen
Schaltvorgang kann jeder an ihnen teilnehmen; die
Programme selbst sind immateriell und beliebig reproduzierbar« (Enzensberger 1970, 167; vgl. dazu
auch Negt/Kluge 1972).

Während er der damals von Marshall McLuhan in
Umlauf gebrachten Formel, das Medium sei die Botschaft, eine »provozierende Idiotie« bescheinigt und
dessen Theorie als »Medienmystik« (Enzensberger
1970, 177) abtut, betrachtet Enzensberger die Medien als letztlich zu allem dienstbare Geräte, mit denen sich nach Maßgabe gesellschaftlicher Verabre-
dung schalten und walten lasse. Jean Baudrillard
(1978) wirft ihm daher vor, sich in der Manier eines
Soziologen über Kommunikationsmedien herzu-
machen, deren Operationsweise ihm selbst ein
Mysterium bleibe. Der strategischen Illusion, in der
Enzensberger befangen sei, setzt er den Befund entgegen, dass Medien zwar eine Rede, jedoch keine
Antwort zuließen und somit der Isolierung jedes
Einzelnen vorarbeiteten; was sie hervorbrächten, sei
vielmehr eine systematische Nicht-Kommunikation.
Ein stärkeres Argument als die polemische Bekräfti-
gung der Tatsache, dass es auch mit Zuhilfenahme
technischer Medien nicht gelingen wollte, die Verhältnisse umzuwerfen, enthält die Kritik Baudrillards allerdings nicht. Sein im Ansatz steckengeblie-
bener Versuch, so etwas wie eine gesellschaftliche
Formanalyse der medialen Botschaft in Angriff zu
nehmen, bleibt denn auch vorerst der letzte. An Medientheorien wird fortan außer Sichtweite der Marxschen Kritik der politischen Ökonomie gearbeitet
(im weitesten Sinn marxistische Ansätze finden sich
seit den 1970er Jahren vor allem in den Medientheorien der Cultural Studies; s. Kap. IV.23).

Marx und die neuere Medientheorie

In den Schriften Friedrich Kittlers, der über das
deutsche Sprachgebiet hinaus als der bedeutendste
oder jedenfalls originellste Medientheoretiker des
ausgehenden 20. Jahrhunderts gelten darf, spielt
Marx keine Rolle. Hartmut Winkler vermutet allerdings, dass es Kittler tatsächlich um eine Zurück-
gewinnung dessen gehe, »was der soziale Prozeß in
die Technik hineingeschrieben hat« (1997, 358). Bei
der Universalmaschine Computer spätestens, die
scheinbar sämtliche Medienfunktionen in einem
einzigen, jedem besonderen Inhalt gegenüber
gleichgültigen Code bewältigen kann, könnte man
also fragen, ob der soziale Prozess hier nicht insge-
heim die von Marx analysierte Wertform der Ware
in die Technik hineingeschrieben hat (vgl. Hesse
2002). Fragen wie die nach der Wertform der Ware
aber werden in der Medientheorie bisher (noch)
nicht gestellt. Was sicherlich auch damit zusammenhängt, dass deren Theorieproduktion sich von einschlägigen Marx-Diskussionen seit langem entkoppelt hat. Dierk Spreens Versuch etwa, die Frage nach
der gesellschaftlichen Konstitution ökonomischer
Gegenstände in eine auf Technik fixierte Medientheorie wieder einzuführen, gelangt über eine diskursanalytische Bestandsaufnahme kaum hinaus
(vgl. Spreen 1998). Winklers *Diskursökonomie*
(2004; s. Kap. II.14), ein anderes Beispiel, verspricht
im Untertitel einen »Versuch über die innere Ökonomie der Medien«, eine in vieler Hinsicht auf-
schlussreiche Strukturanalogie. Der für die Marxsche Kritik der politischen Ökonomie entscheidende
Zusammenhang von Ware, Geld und Kapital aber
bleibt in der auf Tausch und Zirkulation zielenden
Darstellung außen vor. Einige vielversprechende
Ansätze zu einer medientheoretischen Wiederaneig-
nung der Schriften von Marx enthält ein Sammelband mit dem ironisch kalauernden Titel *Media
Marx* (Schröter u. a. 2006; vgl. schon die Textsammlungen von Mattelart/Siegelaub 1979; 1983).

An Enzensbergers »Baukasten« erinnernd, erscheinen am Rande der Theorieproduktion seit den
1990er Jahren auch auf die Medienpraxis selbst ausgerichtete Handbücher, denen bereits wenige theoretische Überlegungen hinreichen, um Anleitungen
zu einem wie auch immer emanzipatorischen Gebrauch dieser oder jener Medien zu geben. Zumeist
variieren sie nur die recht triviale und ebenso trüge-
rische Auskunft, dass die elektronischen Medien die
Möglichkeiten der Kommunikation und Interaktion
ins Unabsehbare ausdifferenziert hätten (vgl. Negro-

ponte 1995; Rheingold 2000 u. 2002; dazu die Kritik von Rörig 2006, 205–251). Was technische Medien im Vollzug des gesellschaftlichen Zusammenhangs leisten, darüber geben solche wohlmeinenden Ratgeber bestenfalls widerwillig Aufschluss. Anders als in den prophetisch klingenden Redensarten einer medial vernetzten ›Multitude‹ wird in der ebenfalls eher praktisch orientierten Debatte über die Bedeutung ›freier Software‹ auf die Marxsche Ökonomiekritik immerhin ausdrücklich Bezug genommen (vgl. Meretz 2001). Deren Kategorien sollen durch die freiwillige, unentgeltliche und allein am Gebrauchswert orientierte Arbeit, die die Hersteller der darum frei genannten Software in loser Kooperation leisten, tendenziell bereits außer Kraft gesetzt werden. Ob man es hier, wie auch bei der neuerdings diskutierten *Peer Produktion* (Siefkes 2010), mit dem Vorschein einer Wert und Kapital transzendierenden Produktionsweise zu tun habe, wird indessen bezweifelt (vgl. Heinrich/Nuss 2002).

Es sei »doch etwas äußerst Quälendes nach Gesetzen beherrscht zu werden, die man nicht kennt«, ahnte bereits Kafka (1992, 270), der es mit wenigen Ausnahmen selbst vermied, eine Schreibmaschine zu benutzen. Einsicht in die »gnadenlose[ ] Unterwerfung unter Gesetze, deren Fälle wir sind« (Kittler 1986, 5 f.), bedürfte vorweg der Einsichtnahme in die Katastrophengeschichte, als deren erster Zeuge in der Literatur Kafka gelten kann. Einer Medientheorie, die solche Einsicht zu gewinnen hofft, wäre die von Marx ins Notizheft gekritzelte Erkenntnis mit auf den Weg zu geben, dass »die Agenten der kapitalistischen Produktion in einer verzauberten Welt« (MEW 26.3, 503) leben; in einer Welt, die sie selbst stets aufs Neue reproduzieren, die sich darum aber keineswegs als die Domäne ihres Willens erweist. Unter dem Eindruck der ökonomischen Krise des Jahres 1857 schon realisiert Marx, dass das unternehmungslustige Subjekt nichts anderes sei als eine »beseelte einzelne Punktualität« (MEW 42, 382) in einem über seinen Kopf hinweg sich vollziehenden Prozess. Durch die Akkumulationsdynamik des Kapitals wäre die geschichtliche Eskalation der Medien erst zu begreifen. Unter den vielen Aufgaben, die sich einer an Marx interessierten Medientheorie heute stellen würden, wäre nicht die abwegigste eine immanente Kritik der avanciertesten Medientheorien selbst.

Literatur

Adorno, Theodor W.: *Current of Music. Elements of a Radio Theory* (= *Nachgelassene Schriften*, Bd. I.3). Hg. von Robert Hullot-Kentor. Frankfurt a. M. 2006.

Adorno, Theodor W./Benjamin, Walter: *Briefwechsel 1928–1940.* Hg. von Henri Lonitz. Frankfurt a. M. 1994.

Alternative, Nr. 56/57. Oktober/November 1967.

Bächlin, Peter: *Der Film als Ware* [1945]. Frankfurt a. M. 1975.

Balázs, Béla: *Der Geist des Films* [1930]. Hg. von Hartmut Bitomsky. Frankfurt a. M. 1972.

Baudrillard, Jean: Requiem für die Medien [frz. 1972]. In: Ders.: *Kool Killer oder Der Aufstand der Zeichen.* Berlin 1978, 83–118.

Benjamin, Walter: Das Kunstwerk im Zeitalter seiner technischen Reproduzierbarkeit (Dritte Fassung) [1936]. In: Ders.: *Gesammelte Schriften.* Bd. I. Hg. von Rolf Tiedemann und Hermann Schweppenhäuser. Frankfurt a. M. 1974, 471–508.

Benjamin, Walter: Der Autor als Produzent [1934]. In: Ders.: *Gesammelte Schriften.* Bd. II. Hg. von Rolf Tiedemann und Hermann Schweppenhäuser. Frankfurt a. M. 1977, 683–701.

Bolz, Norbert: *Am Ende der Gutenberg-Galaxis. Die neuen Kommunikationsverhältnisse.* München 1993.

Brecht, Bertolt: Der Rundfunk als Kommunikationsapparat. In: Ders.: *Werke. Große kommentierte Berliner und Frankfurter Ausgabe.* Bd. 21. Hg. von Werner Hecht. Frankfurt a. M. 1992a, 552–557.

Brecht, Bertolt: Radio – eine vorsintflutliche Erfindung? In: Ders.: *Werke. Große kommentierte Berliner und Frankfurter Ausgabe.* Bd. 21. Hg. von Werner Hecht. Frankfurt a. M. 1992b, 217–218.

Debord, Guy: *Die Gesellschaft des Spektakels.* Berlin 1996 (frz. 1967).

Dyer-Witheford, Nick: *Cyber-Marx. Cycles and Circuits of Struggle in High Technology Capitalism.* Urbana 1999.

Enzensberger, Hans Magnus: Baukasten zu einer Theorie der Medien. In: *Kursbuch* 20 (1970), 159–186.

Fuchs, Christian/Mosco, Vincent (Hg.): Marx is back. The importance of Marxist theory and research for critical communication studies today. In: *tripleC – Open Access Journal for a Global Sustainable Information Society* 10/2 (2012), 127–632, http://www.triple.c.at (25.05.2012).

Gallas, Helga: *Marxistische Literaturtheorie. Kontroversen im Bund proletarisch-revolutionärer Schriftsteller.* Neuwied/Berlin 1971.

Haug, Wolfgang Fritz: *Kritik der Warenästhetik.* Frankfurt a. M. 1971.

Heinrich, Michael/Nuss, Sabine: Freie Software und Kapitalismus. In: *Streifzüge* 1 (2002), http://www.streifzuege.org/2002/freie-software-und-kapitalismus (25.05.2012).

Hesse, Christoph: Neue Medien, alte Scheiße. Bausteine zur Theorie der verschalteten Welt. In: *Streifzüge* 1 (2002), http://www.streifzuege.org/2002/neue-medien-alte-scheisse (25.05.2012).

Hörisch, Jochen: *Kopf oder Zahl. Die Poesie des Geldes.* Frankfurt a. M. ⁵1996.

Horkheimer, Max/Adorno, Theodor W.: *Dialektik der Aufklärung. Philosophische Fragmente* [1947]. In: Max Horkheimer: *Gesammelte Schriften*, Bd. 5. Hg. von Gunzelin Schmid Noerr. Frankfurt a. M. 1987, 11–290.

Kafka, Franz: Zur Frage der Gesetze. In: Ders.: *Nachgelassene Schriften und Fragmente II (= Schriften, Tagebücher. Kritische Ausgabe.* Bd. 11). Hg. von Jost Schillemeit. Frankfurt a. M. 1992, 270–273.

Kittler, Friedrich A.: *Grammophon, Film, Typewriter.* Berlin 1986.

Kracauer, Siegfried: Die kleinen Ladenmädchen gehen ins Kino [1927]. In: Ders.: *Das Ornament der Masse. Essays.* Hg. von Karsten Witte. Frankfurt a. M. 1977, 279–294.

Lenin, Wladimir I.: Staat und Revolution [russ. 1917]. In: Ders.: *Ausgewählte Werke in sechs Bänden.* Bd. III. Hg. vom Institut für Marxismus-Leninismus beim ZK der SED. Berlin 1970, 461–584.

Luhmann, Niklas: *Die Wirtschaft der Gesellschaft.* Frankfurt a. M. 1988.

Lukács, Georg: *Probleme des Realismus.* Berlin 1955.

Lukács, Georg: *Geschichte und Klassenbewußtsein. Studien über marxistische Dialektik* [1923]. Neuwied/Berlin 1971.

Marcuse, Herbert: *Der eindimensionale Mensch. Studien zur Ideologie der fortgeschrittenen Industriegesellschaft.* München 1994 (engl. 1964).

Marx, Karl/Engels, Friedrich: *Werke.* 43 Bände. Hg. vom Institut für Marxismus-Leninismus beim ZK der SED (Bd. 43 vom Institut für Geschichte der Arbeiterbewegung Berlin). Berlin 1956–1990 [=MEW].

Mattelart, Armand/Siegelaub, Seth (Hg.): *Communication and Class Struggle 1: Capitalism, Imperialism.* New York u. a. 1979.

Mattelart, Armand/Siegelaub, Seth (Hg.): *Communication and Class Struggle 2: Liberation, Socialism.* New York u. a. 1983.

Meretz, Stefan: Produktivkraftentwicklung und Aufhebung. In: *Streifzüge* 2 (2001), www.streifzuege.org/2001/produktivkraftentwicklung-und-aufhebung (25.05.2012).

Mosco, Vincent: *The Political Economy of Communication.* London ²2009.

Negroponte, Nicholas: *Total Digital. Die Welt zwischen 0 und 1 oder Die Zukunft der Kommunikation.* München 1995.

Negt, Oskar/Kluge, Alexander: *Öffentlichkeit und Erfahrung. Zur Organisationsanalyse von bürgerlicher und proletarischer Öffentlichkeit.* Frankfurt a. M. 1972.

Prokop, Dieter: *Massenkultur und Spontaneität. Zur veränderten Warenform der Massenkommunikation im Spätkapitalismus.* Frankfurt a. M. 1974.

Rheingold, Howard: *The Virtual Community – Homesteading on the Electronic Frontier* [1993]. Cambridge, Mass. ²2000.

Rheingold, Howard: *Smart Mobs. The Next Social Revolution.* New York 2002.

Rörig, Horst: *Die Mär vom Mehr. Strategien der Interaktivität. Begriff, Geschichte, Funktionsmuster.* Berlin 2006.

Schröter, Jens: Das automatische Subjekt. Überlegungen zu einem Begriff von Karl Marx. In: Hannelore Bublitz u. a. (Hg.): *Unsichtbare Hände. Automatismen in Medien-, Technik und Diskursgeschichte.* München 2011, 215–256.

Schröter, Jens/Schwering, Gregor/Stäheli, Urs (Hg.): *Media Marx. Ein Handbuch.* Bielefeld 2006.

Siefkes, Christian: Peer Produktion: Wie im Internet eine neue Produktionsweise entsteht. In: *Widerspruch. Münchner Zeitschrift für Philosophie* 52 (2010), http://www.keimform.de/2011/peer-produktion/ (25.05.2012).

Sohn-Rethel, Alfred: *Geistige und körperliche Arbeit. Zur Theorie der gesellschaftlichen Synthesis.* Frankfurt a. M. 1972.

Spreen, Dierk: *Tausch, Technik, Krieg. Die Geburt der Gesellschaft im technisch-medialen Apriori.* Hamburg 1998.

Tretjakov, Sergej: *Die Arbeit des Schriftstellers. Aufsätze, Reportagen, Porträts.* Hg. von Heiner Boehncke. Reinbek 1972.

Vološinov, Valentin N.: *Marxismus und Sprachphilosophie.* Hg. von Samuel M. Weber. Frankfurt a. M./Berlin/Wien 1975 (russ. 1929).

Winkler, Hartmut: *Docuverse. Zur Medientheorie der Computer.* München 1997.

Winkler, Hartmut: *Diskursökonomie. Versuch über die innere Ökonomie der Medien.* Frankfurt a. M. 2004.

Christoph Hesse

9. Kritische Medientheorien

Dass (neue) Medien oder Medienformate immer auch kritisch beurteilt werden, ist nicht erst die ›Erfindung‹ einer Kritischen Medientheorie. Vielmehr betrifft dies die Auseinandersetzung mit und um Medien seit der Antike (Platon). Ebenso wenig lässt sich für die hier vorgestellte Kritische Medientheorie von einer Einheit des Diskurses sprechen. Obwohl sich einige der Protagonisten Kritischer Medientheorie durch ihre Arbeit am 1924 in Frankfurt gegründeten, im amerikanischen Exil fortgeführten Institut für Sozialforschung auch persönlich gut kannten, sich im Rahmen der dort entwickelten Kritischen Theorie gegenseitig beeinflussten und die prägende Erfahrung der Emigration teilten (Theodor W. Adorno, Günther Anders, Max Horkheimer, Herbert Marcuse), handelt es sich ebenso um eigenständige Positionen, die sich indes in ihrer Analyse medialer Dynamik in einem zentralen Punkt treffen: Nämlich in dem um 1940 neu aufkommenden Gedanken (Stichworte: ›Technische Reproduzierbarkeit‹, *Mass media*, Demoskopie), dass verschiedene Medien zu einem Verbund zusammenwachsen und darin einen sozialen Druck generieren können, der die Gesellschaft insgesamt heimsucht.

Während also zuvor in der kritischen Beurteilung medialer Phänomene vor allem einzelne Medien oder Gruppen – etwa: ›lesesüchtige Frauenzimmer‹ (Buch) oder gefährdete Kinder und Jugendliche (Film) – zum Thema werden, zeichnet die Kritische Medientheorie eine Mediendynamik aus, deren Welle der Faszination und Irritation von der Durchdringung des Sozialen durch Einzelmedien ausgeht, die sich in der Folge jedoch gegenseitig zu jener Wirkmacht ergänzen und aufschaukeln, die jede und jeden in ihren Bann zieht. So gesehen greifen Medien auf alle Teile, Zweige und Nischen der Gesellschaft aus, um diese mit ihrer Logik zu unterwandern bzw. innerhalb dieser Logik zu dominieren: Was ist oder sein soll, bestimmen die Medien, deren Prozesse, einmal angestoßen, in eine ebenso umfassende wie nachhaltige Selbstorganisation ausarten, die nicht oder kaum noch zu steuern/stoppen ist. Davon ausgehend rechnet Kritische Medientheorie in ihrer Beobachtung von Medienverhältnissen nicht nur mit einer solchen Dynamik, sondern ebenso mit dem vorauseilenden Gehorsam der Nutzer, die sich darin bewegen bzw. dem ausgesetzt sind; nicht der selbstbewusste, rationale Umgang der Subjekte mit den Techniken prägt die Wirklichkeit moderner Mediennutzung, sondern weit eher unbewusste Strukturen und Abläufe, die sich den Idealen reflektierter Handlungsmacht entziehen (in Kontrast dazu s. Kap. IV.23).

Obgleich jüngere Vertreter Kritischer Medientheorie (Hans Magnus Enzensberger, Alexander Kluge) diese Sichtweise einer ebenso omnipräsenten wie dauerhaften Einkreisung der Nutzer durch Medien teilen, wenden sie doch zugleich ein, dass auch der mächtigste Medienverbund sowohl auf Undichtigkeiten des Systems als auch auf Kompetenzen der Nutzer stößt, die mediale Kreisläufe stören können. Einen weiteren Einspruch bezüglich einer Kolonialisierung der Lebenswelt durch Massenmedien formuliert Jürgen Habermas im Rahmen seiner *Theorie des kommunikativen Handels*, die, obwohl sie Massenmedien eher beiläufig untersucht und auch keine dezidiert medientheoretischen Aussagen beabsichtigt, in diesem Zusammenhang zu erwähnen ist. Habermas, Assistent am Institut für Sozialforschung in den 1950er Jahren, legt dabei eine »ideale Sprechsituation« zu Grunde, in der Kommunikation weder »durch äußere kontingente Einwirkungen« noch »durch Zwänge« (Habermas 1971, 136 f.) behindert wird. Solche Idealität als Rationalität des ›herrschaftsfreien Diskurses‹ bildet nach Habermas die Maßgabe nicht allein sprachlicher Konsensbildung, sondern auch der massenmedialen Prozesse als Verlängerungen und Spezialisierungen sprachlichen Handelns. In diesem Sinne ist dem dort anzutreffenden autoritären Potential »das Gegengewicht eines emanzipatorischen Potentials eingebaut« (Habermas 1981, 573), d. h. die Verzerrung der Kommunikation an ein ihr innewohnendes Regulativ verwiesen.

Historisch gesehen lässt sich die – nach Umberto Eco (1984) – ›apokalyptische‹ Sicht auf Medien, die insbesondere am Anfang Kritischer Medientheorie steht, aus der Erfahrung der Autoren mit dem Nationalsozialismus als Indienstnahme und ›Gleichschaltung‹ von Medien im Rahmen allgegenwärtiger Propaganda ableiten. Sie stellt aber auch eine Reaktion auf die Industrialisierung und Ökonomisierung der Kultur als Vorherrschaft der Reklame dar, die diese Autoren während ihres Exils in den USA am Werk sahen. Insofern sie nun Ersteres als Auslöschung jeglicher Differenz in einer sich auf vorher unbekannte Weise der medialen Inszenierung bedienenden Diktatur brandmarken, erkennen sie in Letzterem eine strukturell ähnliche Bewegung, deren Stoßrichtung im Diktat der Warenform zu finden ist: Beide – politische Propaganda und konsumorientierte Reklame – realisieren einen ›Massenbetrug‹, in dem sie Medien sowohl auf diesen ausrichten als sie auch in ihm verbinden. Um dies systematisch zu erweisen, greift die frühe Kritische Medientheorie auf Karl Marx' Theorie der bürgerlichen Gesellschaft und Ideologiekritik, auf Sigmund Freuds Psychoanalyse sowie auch soziologisch-empirische Studien zurück. Beispielhaft und enorm einflussreich für eine solche Darstellung und Analyse massenmedialer Gesellschaften ist das »Kulturindustrie«-Kapitel aus Max Horkheimers und Theodor W. Adornos *Dialektik der Aufklärung*, das daher als Grundlegung der Kritischen Medientheorie zu werten ist.

Kulturindustrie (Horkheimer/Adorno)

Horkheimers und Adornos Sammlung ›philosophischer Fragmente‹ wurde von den Autoren 1944 im amerikanischen Exil abgeschlossen, zunächst in Teilen im gleichen Jahr und dann 1947 in der endgültigen Fassung unter dem Titel *Dialektik der Aufklärung* in Amsterdam publiziert. Dass das »Kulturindustrie«-Kapitel als zentraler Text der *Dialektik* bezeichnet werden kann, zeigt sich nicht zuletzt daran, dass insbesondere Adorno in späteren Publikationen – etwa »Prolog zum Fernsehen« (1953); »Résumé über Kulturindustrie« (1963) bis hin zu der postum veröffentlichten *Ästhetischen Theorie* (1970) – wiederholt auf diesen Text zurückkommt.

Dabei wird schon im Untertitel – »Aufklärung als Massenbetrug« – sowie den ersten Zeilen der Schrift deutlich, in welche Richtung die Analyse zielt: »Kultur heute schlägt alles mit Ähnlichkeit. Film, Radio, Magazine machen ein System aus. Jede Sparte ist einstimmig in sich und alle zusammen« (Horkheimer/Adorno 1996, 128): Im Rahmen ihrer medialen Verbreitung avanciert eine Kultur zum Paradigma des modernen Lebens, die, als Lebensstil und -welt der Massen, alles nach ihrer Maßgabe erschließt und organisiert, d.h. sich ähnlich macht. Im Mittelpunkt steht dort ein allgegenwärtiges System der Medien, das neben den damals neuen Techniken (Film, Rundfunk) auch die alten (Druck) einbezieht. Derart zusammengefasst, bildet sich eine »Kulturindustrie« (ebd., 128) aus, in der entweder der politische oder ökonomische Profit den Alltag nicht nur dominiert, sondern letztgültig bestimmt.

Während Marx im *Kapital* noch zwischen dem »Gebrauchswert« und »Tauschwert« der Dinge unterscheidet, hat sich für Horkheimer und Adorno in

der Kulturindustrie ein »Fetischcharakter der Warenwelt« (Marx) durchgesetzt, in dem allein die Entfremdung ursprünglich ist. Darin und dementsprechend spulen die Massenmedien ein Theater der Illusion ab, dessen Logik sich in der Hegemonie der Reklame/Propaganda perfektioniert, d. h. einen Zirkel aus »Manipulation und rückwirkendem Bedürfnis« (ebd., 173) sowohl schafft als auch schließt. So ist die Macht der Kulturindustrie total: Zuletzt bestehen die Beherrschten auf der »Ideologie, durch die man sie versklavt« (ebd., 142): Unbewusst, hier ist Freud der Stichwortgeber, passen sie sich den Verhältnissen an und in sie ein. Damit ist jedem Widerstand die Basis entzogen. Vor diesem Hintergrund einer allgemeinen, d. h. strukturellen Definition lassen sich nun drei Säulen unterscheiden, auf die sich das System stützt:

(1) Verwerfung des Anderen im Medienverbund: Im Medienverbundsystem aus Presse, Film, Radio und Fernsehen dominiert eine Geste des Ausschlusses all dessen, was sich nicht der herrschenden Logik der Verwertung, Kommerzialisierung etc. unterwerfen lässt. Dies zeigt sich in einer *totalen* Gleichförmigkeit der Medienerzeugnisse. Somit entsteht ein Kreislauf der Erlebniserregung und Steuerung von Aufmerksamkeit, in dem die technische Vernunft zur Maßgabe wird, d. h. als Richtlinie zur Lösung aller Probleme erscheint. Nach innen tritt diese Systematik als Ausprägung von Ideologien auf, insofern diese der technischen Rationalität scheinbar Sinn verleihen: Indem Ideologien einen äußeren Bezug – etwa hinsichtlich der ›Naturgesetze‹ des Marktes oder der ›Rassenlehre‹ – des Systems vortäuschen, rechtfertigen sie den Medienaufwand. Im selben Zug sichern sie den Fortbestand des Eigenen auf doppelt aggressive Weise: Dem Verbund der Medien als Abschottung gegen Anderes entspricht ein Zwangscharakter des Innen, in dem Ideologien sich den Mechanismen der Kulturindustrie sowohl unterwerfen als sich ihrer auch bis in die letzten Konsequenz (Diktatur) hinein bedienen: »Technische Rationalität heute ist die Rationalität der Herrschaft selbst« (ebd., 129).

(2) Aufklärung als Massenbetrug: Reklame – Ort und Treiber des Totalitären: Um den Zustand technischer Rationalität auf Dauer zu stellen sowie diesen lebenswert erscheinen zu lassen, bedarf es im Zentrum der Kulturindustrie eines Treibers, der zugleich Sperre – Ausgrenzung – und Erträglichkeit dieser Sperre ist, wenn er den zwanghaften Schein als schönen maskiert. Dieses Prinzip finden Horkheimer/Adorno in der Reklame als einer ›Sperrvor-

richtung‹ und ›Gebrauchsschönheit‹. Denn zum einen vermittelt die Reklame den Fetischcharakter der Ware und bewahrt darin die Kraft systematischer Selektion aus dem Geist der Ökonomie; was nicht Ware ist oder werden kann, existiert nicht. Zum anderen übernimmt die Reklame den in der Verwerfung des Anderen frei gewordenen Platz des Kunstwerks, da sie als solches auftritt oder gehandelt wird. So tritt an die Stelle der Irritation durch die experimentelle Machart des Kunstwerks eine Kunst der Illusion, deren Wesen die Manipulation und Profitsteigerung ist. In beiden Fällen wiederholt die Reklame den Selbstbezug der Kulturindustrie in reinster Form und avanciert darin zu deren Lebensnerv: Indem sie Immanuel Kants Maxime der Aufklärung auf ultimative Weise umkehrt, ist die Reklame als Kunst ›aufklärender‹ Unterhaltung nicht Aus-, sondern Eingang der Menschen in ihre ›selbst verschuldete Unmündigkeit‹. Das exakt ist der »Triumph der Reklame in der Kulturindustrie, die zwanghafte Mimesis der Konsumenten an die zugleich durchschauten Kulturwaren« (ebd., 176).

Zugleich droht in diesem Zwang als Verführung der Massen schon dessen weitere Eskalation: Die anfänglich noch harmlos auftretende Reklame, die lediglich vorgibt, die Ansprüche und Bedürfnisse einer Massen-/Mediengesellschaft zu erfüllen, trägt bereits den Kern der Propaganda als zum gegebenen Zeitpunkt fertig hervortretendes Merkmal der Diktatur: »Reklame wird zur Kunst schlechthin, mit der Goebbels ahnungsvoll sie in eins setzte [...] reine Darstellung der gesellschaftlichen Macht« (ebd., 172).

(3) Austreibung des Leibes: Weiterhin zeichnet sich die Kulturindustrie durch einen Körperkult aus, in dem der Körper zum Reklameabziehbild, zur propagandistischen Karikatur mutiert, also jeglicher Vitalität entblößt wird. Zwar preisen die Spektakel der Kulturindustrie den Körper pausenlos an, da sie ihn entweder positiv (als leuchtendes Vorbild) oder negativ (als abschreckendes Beispiel) zur Schau stellen sowie ihn im Starkult verklären. Doch liegt über diesen Inszenierungen eine klinische Friedhofsruhe, wenn es in ihnen permanent um die Ertüchtigung bzw. Perfektionierung des Körpers geht. So ist, schreiben die Autoren in einem der Entwürfe am Ende der *Dialektik*, der »Körper [...] nicht wieder zurückzuverwandeln in den Leib« (ebd., 248), d. h. er erstarrt zum Körperding ohne leibhaftes Begehren. Jegliche Sexualität fällt darin aus oder wandelt sich – bei aller möglichen Drastik ihrer Darstellung – zum Objekt der Kontrolle über sie. Damit dient die Serienproduktion des Sexuellen dessen

Verdrängung im Zuge eines Körperwahns/-kults, der, da er den individuellen Leib austreibt, den Körper standardisiert, d. h. zur Maschine macht. Auch dort ist die Katastrophe bereits absehbar – das Ziel des Körperwahns in der Kulturindustrie ist das »der Führer und ihrer Truppen« (ebd., 248).

In diesen Hinsichten verdichtet der Kulturindustrie-Text all das Misstrauen, das den um 1900 neu aufkommenden Medien entgegenschlägt, zu einem radikalen Panorama der Abrechnung, das sich in kurzen, z. T. apodiktischen Sätzen Luft macht. Dabei reduzieren Horkheimer und Adorno die Massenmedien auf Instrumente der Manipulation, die Anderes nicht bloß unterdrücken, sondern unmöglich machen. Folglich gehen die Autoren von einer im Grunde autonom funktionierenden Mediendynamik als unendlichem Kreislauf aus, der alle sozialen Verhältnisse und Schichten betrifft sowie maßgeblich prägt. Das ist zugleich der Boden für jene Ideologien, die diesen Zusammenhängen einerseits verwachsen, andererseits ihnen selbst unterworfen sind: Nationalsozialismus/Faschismus und Monopolkapitalismus folgen ein und derselben Struktur. Hier zeigt sich, dass die Kulturindustrie keine bestimmte Ideologie zur Folge hat oder unterstützt, sondern denjenigen entgegenkommt, die bereit sind, aus ihr radikal politisches oder ökonomisches Kapital zu schlagen. Dies gelingt umso besser, als die in der Kulturindustrie Eingeschlossenen deren Angebote zwar durchschauen, dennoch aber darauf beharren, d. h. sich schon vorauseilend in ihr Gewohntes schicken. So kommt der unbewusste Umgang der Nutzer mit den Techniken und Verfahren der Kulturindustrie allem Widerstand dagegen zuvor und es bleibt mithin eine offene Frage, wie der Verblendungszusammenhang zu durchbrechen wäre.

Indem Horkheimer und Adorno die Kulturindustrie als unterschiedslos bösartig beschreiben, widerspricht ihre Analyse denjenigen, die, angesichts neuer Medien und kurz zuvor, von der möglichen Emanzipation der Nutzer ausgingen (vgl. Walter Benjamin: »Das Kunstwerk im Zeitalter seiner technischen Reproduzierbarkeit«, 1936, und Bertolt Brechts zwischen 1927 und 1932 entwickelte ›Radiotheorie‹, Brecht 1967). Darin kann ihr Text auch als Antwort auf solche Hoffnungen/Vorschläge gelesen werden: Angesichts der ›Gleichschaltung‹ der Medien während der Hitlerdiktatur oder der Dauerpräsenz der Reklame im Monopolkapitalismus ist jeder Hoffnung auf eine Demokratisierung der Gesellschaft durch Medien eine Absage zu erteilen. Das mag zum einem gefährlich kulturpessimistisch oder technikfeindlich erscheinen sowie ebenfalls Elemente einer (bürgerlichen) Ideologie ins Spiel bringen und hat auch innerhalb der Kritischen Medientheorie Einspruch provoziert. Zum anderen schauen Horkheimer und Adorno genau hin und kommen dabei zu Resultaten, deren Umsicht bis heute imponiert. Denn obwohl die Analyse der Kulturindustrie diese lediglich als Verhängnis begreift, ist der Gedanke, dass Medien, bevor sie überhaupt explizite Steuerungs- und/oder Kontrollfunktionen übernehmen, sich dementsprechende Mentalitäten schaffen, von ungebrochener Relevanz.

Bewusstseins-Industrie (Enzensberger)

Der Begriff »Bewusstseins-Industrie« geht auf den Dichter und Essayisten Hans Magnus Enzensberger zurück (der ihn meist mit Bindestrich geschrieben hat). Er benutzt ihn u. a. in einem Text, der 1970 in der Zeitschrift *Kursbuch* erscheint und mit »Baukasten zu einer Theorie der Medien« betitelt ist. Dort geht der Autor auch auf Horkheimers und Adornos Kulturindustrie-Text ein, dem er jedoch eine Rückwärtsgewandtheit als Festhalten an den und Hochschätzung allein der bürgerlichen Medien attestiert, die dem Zeitalter neuer, elektronischer Medien nicht länger entspricht und gewachsen ist. Wichtiger ist Enzensberger somit die Frage, was eine kritische Theorie der Massen-/Mediengesellschaft sowohl mit den bisher geleisteten Analysen solcher Gesellschaften anzufangen weiß als auch, welchen Beitrag sie darüber hinaus zu leisten im Stande ist. In diesem Sinne lässt sich Enzensbergers Begriffsbildung nun einerseits als Anschluss an, andererseits als Distanzierung von Horkheimer/Adornos Thesen lesen.

Zugleich fällt Enzensbergers Diagnose zum Status quo ›sozialistischer‹ (marxistisch inspirierter) Medientheorie vernichtend aus: Allzu lange hat diese sich an der These der Manipulation von Massen durch Medien abgearbeitet (s. Kap. II.8). Darin hat sie zwar den zentralen Punkt jedweder Medienmacht getroffen, nichtsdestoweniger aber Wesentliches und Wegweisendes versäumt bzw. vernachlässigt. Anstatt also weiter die Kopplung von Massenmedien und Manipulation nur zu konstatieren und/oder zu beklagen, hätte eine Kritische Medientheorie sich auf deren Schwachstellen zu konzentrieren: »Störfaktoren können in den nicht abdichtbaren Nexus der Medien eindringen« (Enzensberger 1970, 162). Mehr noch: Sie sind dort immer schon am Werk.

Mithin leugnet Enzensberger keineswegs den im Begriff der Kulturindustrie erhobenen Befund einer Omnipräsenz medialer Verführung, zielt aber in seiner Umbildung des Begriffs auf eine Erweiterung dieser Zusammenhänge. Medientechniken, sagt er, sind nicht einfache Instrumente der Macht und Machtentfaltung. Vielmehr gestatten sie es ebenso, letztere in Frage zu stellen, sie sogar auszuhebeln: Schon das Radio zeige in seinen Effekten der Rückkopplung, dass jeder Empfänger auch zum Sender taugt. Damit ist das Problem eines emanzipatorischen Mediengebrauchs kein technisches: ›Informations-Quarantänen‹ werden errichtet, indem Medien und Nutzer auf solche Weise mobilisiert und eingespannt werden, nicht aber, weil Medien (deren Techniken sowie deren Potentiale der Mobilisierung) nur diese Form kennen und zulassen. Es gibt, notiert der Autor, »undichte Stellen im Informationsnetz« (ebd., 162), an denen die Vorhaben der Bewusstseins-Industrie scheitern.

Damit werden jene Aspekte von Medien interessant, von denen vermutet worden war, man könne sie emanzipatorisch wenden. Für Enzensberger liegen solche Versuche mit Brechts »Radiotheorie« und Benjamins »Kunstwerk«-Aufsatz vor: Wo der eine fordert, den ›Distributionsapparat‹ des Hörfunks in einen der Kommunikation zu verwandeln, betont der andere, dass sich in der Folge des Films eine ›Zertrümmerung der Aura‹ vollzieht, die zur Grundlage einer neuen, auch politischen Ästhetik genutzt werden könnte. Wichtig ist Enzensberger in diesen Zusammenhängen auch Marshall McLuhans Satz, dass das ›Medium die Botschaft‹ ist, da hier nicht stabile Sender-Empfänger-Verhältnisse, sondern Medien selbst, d. h. deren offene Dynamik, in den Vordergrund rücken. Nicht was gesendet wird, ist demnach entscheidend, sondern Medienprozesse, die, wie Enzensberger am Beispiel der Verlesung endloser ZK-Beschlüsse im TV ausführt, durchaus leer laufen können. Der Fehler besteht in diesem Sinne in dem »Irrglauben, Medien seien indifferente Instrumente, mit denen sich beliebige ›Botschaften‹ [...] übermitteln ließen« (ebd., 178).

Solche doppelte Undichtigkeit medialer Distribution als Ambivalenz einerseits der beteiligten Techniken, andererseits der Prozesse, die sich damit verbinden, motiviert den Autor, das Verfahren medialer Manipulation anders zu beurteilen bzw. zu gewichten: Es kommt darauf an, diese von ihrer Undichtigkeit her zu denken, d. h. sich von den Phantasmen der Schließung und zentralen Steuerung medialer Verhältnisse zu verabschieden. Denn wenn Offenheit ein wesentliches Strukturmerkmal von Medien ist und es zugleich sowie »zum ersten Mal in der Geschichte« so weit ist, dass »Medien die massenhafte Teilnahme an einem gesellschaftlichen und vergesellschafteten produktiven Prozeß möglich [machen], dessen praktische Mittel sich in der Hand der Massen selbst befinden« (ebd., 160), sollte diese Chance einer Mobilisierung genutzt werden. Medien können, so Enzensberger, darin zum Treiber kollektiver Strategien werden, deren Ziel darin besteht, die ›Interessen interessant‹ (Brecht) zu machen, d. h. deren Diskussion nicht nur den Sendern zu überlassen. In dieser Hinsicht empfiehlt er die Entwicklung offener »Schaltnetz[e]« oder »netzartige[r] Kommunikationsmodelle« (ebd., 161; 170), die den wechselseitigen Austausch, da sie ihn dezentral organisieren, gestatten sowie auf Dauer stellen. Allerdings führt eine solche Offenheit der Anschlüsse und Prozesse noch nicht zu einer demokratischen Mediennutzung. Darüber hinaus müssen, fährt Enzensberger fort, Strukturen der Selbstorganisation der Nutzer hinsichtlich einer sozialen Produktion geschaffen werden, welche die Mobilisierung als Interaktion der Teilnehmer in einen politischen Lernprozess einbetten.

In diesem Sinne ist auch die Bewusstseins-Industrie ein Ort der Manipulation, nicht aber, wie die von Horkheimer und Adorno beschriebene Kulturindustrie, darauf allein einseitig ausgerichtet. Im Gegenteil: Da die Struktur der Medien »nach Interaktion [verlangt]« (ebd., 182), lässt sich der Gedanke des Gegensatzes zwischen Produzenten und Konsumenten nicht länger aufrechterhalten bzw. wäre durch die Auffassung zu ersetzen, dass Medien als Mittel des Konsums und der Produktion zugleich die Konsumenten keineswegs von vornherein zur Passivität verurteilen.

Diesbezüglich ist Enzensbergers These nicht nur vielfach rezipiert, sondern ebenso als naiv und/oder ideologisch kritisiert worden (vgl. Baudrillard 1978). Wo die Form der Medien als übergreifender Code die Weltsicht dominiert, heißt es dazu, ist das Monopol des Senders nie vollends zu brechen. Enzensberger selbst hat sich in späteren Aufsätzen (vgl. 1991; 2000) von seinen Thesen zur Bewusstseins-Industrie teilweise distanziert. Das Fernsehen etwa erscheint ihm 1988 als ›Nullmedium‹, da es seine Zuschauer an den Nullpunkt der Kommunikation führt, d. h. sie keineswegs aktiviert oder emanzipiert, sondern in einer Leere und Selbstvergessenheit versinken lässt. Nichtsdestoweniger hat es darin die seltsame, fast schon surreale Qualität einer »buddhistischen

Maschine« (Enzensberger 1991, 102), die ihre Nutzer in der Identifikation mit dieser Selbstvergessenheit vor noch Schlimmerem (Drogen, Verbrechen, Langeweile) bewahren kann. Enzensbergers bislang letzte medientheoretische Wortmeldung betrifft das »digitale Evangelium« (2000), dessen Heilslehre der Autor zu relativieren trachtet: Entgegen den Prophetien von einer neuen, besseren Welt elektronischer Datenverarbeitung und -ströme, der Hoffnung auf flachere Hierarchien und demokratischere Lebensverhältnisse ist in dieser Welt vieles beim Alten geblieben und es konnten diverse Probleme (z. B. die Kluft zwischen Industrie-, ›Rand-‹ und ›Schwellenländern‹, die Krisen der Arbeits- und Finanzwelt, Verbrechen und Terrorismus) nicht nur mitnichten gelöst werden, sondern sie sehen sich sogar einer Potenzierung ausgesetzt.

Insgesamt bleibt Enzensberger bezüglich der Debatten um Medien bei seiner Strategie der Deeskalation: Medien, meint er, faszinieren und irritieren ihre Nutzer fortlaufend. Doch ist das kein Grund, in entweder hysterische Panikmache oder blinde Euphorie zu verfallen. Denn selbst wenn das Fernsehen als ›Nullmedium‹, als Verweigerung jeder Kommunikation bezeichnet werden muss oder das ›digitale Evangelium‹ sich als solches – als Glaubensfrage mehr denn als frohe Botschaft – entpuppt, ist doch immer schon und weiterhin von einer Kompetenz der Nutzer auszugehen, die, da zur ›Testleistung‹ (Benjamin) fähig, mehr als nur Hörige eines Senders sind.

Bewusstseinsindustrie II (Kluge)

Weitere Verwendung – wenn auch in anderer Schreibweise – findet Enzensbergers Begriff in einem Essay des Schriftstellers, Filme- und Fernsehmachers Alexander Kluge, der 1985 unter dem Titel »Die Macht der Bewusstseinsindustrie und das Schicksal unserer Öffentlichkeit« gedruckt wird. Darin argumentiert Kluge, dass das Projekt einer medialen Industrialisierung unseres Bewusstseins nicht nur noch weitgehend unabgeschlossen, sondern ebenso unklar bzw. unerforscht ist, worum es sich hierbei genau handelt; sichtbar sind vorläufig Prozesse, deren tatsächliche Reichweiten, Potentiale und Tendenzen keineswegs ab-, geschweige denn einzuschätzen sind. Nichtsdestoweniger stehen die Verantwortlichen in den Ministerien, Sendern, Redaktionen unter erheblichem Entscheidungs- und Zeitdruck, diese Unsicherheit einzudämmen. So aber führen ihre Versuche, die Mediendynamik ökonomisch, sozial und technisch berechenbar zu machen sowie zu halten, zu Gesetzen und Programmen, die als Instrumente der Beschränkung fungieren: »Die Vielstimmigkeit an geselligem Ausdruck, genannt Kommunikation, verkürzt sich zu der Dreiheit: Information, Unterhaltung, Bildung« (Kluge 1999, 172). Während Kommunikation prinzipiell von einer Vielfalt und Heterogenität geprägt ist und zehrt, wird sie in der Absicht, ihre Medien – die für Kluge vor allem Mittler sind – und deren Dynamik zu kontrollieren, auf den Nachrichten- und Wissenstransfer sowie den Genuss limitiert. Hervorragender Ausdruck solcher Verengung ist dann ein Primat der Sendung ohne Antwort, d. h. es etabliert sich ein medialer Monolog, der aktiv ignoriert, dass »es keine primären Monologe« gibt, »sondern selbst die Fähigkeit zu monologisieren aus zahlreichen Dialogen besteht« (ebd., 180).

In diesem Sinne geht Kluge davon aus, dass sich solche Unruhe nie völlig beherrschen lässt. Wohl verändern Medien, insbesondere neue Medien, die Kommunikation, Öffentlichkeit und Erfahrung der Menschen in einschneidender Weise, da sie diese im Programmschema des medialen Monologs verkürzen können. Doch bleibt ein Rest – selbst im Fernsehen, für Kluge Paradigma der Bewusstseinsindustrie, lassen sich (etwa während einer Talkshow) Momente klassischer Öffentlichkeit beobachten, in denen nicht der ›Programmwille‹ eines Senders, sondern der offene Dialog triumphiert.

Insgesamt skizziert Kluge die Bewusstseinsindustrie als einen umfassenden Medienverbund, der, da er Kommunikation verstümmelt, einerseits die »Rückantwort der Zuschauer« (ebd., 183) abschneidet, andererseits eine synthetische Welt schafft, deren Attraktivität in den scheinbar direkten Verbindungen sowie den von realen menschlichen Schwierigkeiten bereinigten Verhältnissen dieser Welt besteht. Gleichwohl sind dieses »Konzernprogramm« bzw. diese »Monokultur aus Synthetik« (ebd., 189, 191) in ihrem Versuch, Übersichtlichkeit auf Kosten der Vielfalt herzustellen, nicht vollkommen erfolgreich, da sich das Prinzip als Unruhe der Kommunikation aus deren Beschränkung nicht völlig ausgrenzen lässt. So aber, spitzt Kluge dies thesenförmig zu, ist in der Bewusstseinsindustrie eine »*dezentrale* Antwort« als »Rückbindung der Medien an die Formen der *Öffentlichkeit unter Anwesenden*«, d. h. die »aktive Beteiligung« (ebd., 194) der letzteren möglich.

Ähnlich wie Enzensberger behauptet Kluges Diagnose der Bewusstseinsindustrie, dass diese und deren Systematik zwar umfassend und rigide, nicht aber in jeder Hinsicht abzudichten ist. Es gibt »Nahtstellen« (ebd., 216), an denen die ökonomisch sowie politisch gewollte und daher von den Institutionen zugleich durchgesetzte wie überwachte Überschaubarkeit der Medienlandschaft in Unübersichtlichkeit umschlägt. Hier hätte sich nun eine Medienpraxis anzusiedeln, die, so Kluge, »die Partei des Unübersichtlichen« (ebd., 191) ergreift, d. h. die zentrale Steuerung der und in der Bewusstseinsindustrie dezentral beantwortet. Dabei, hält Kluge weiterhin fest, darf eine solche kritische Haltung nicht in bloßer Distanz zu den oder Abwehr der Mechanismen verharren, gegen die sie sich wendet: Um erfolgreich zu sein, muss die Kritik selbst auf den Markt gehen, d. h. »*Produktform*« (ebd., 195) annehmen: »Produkte«, erläutert Kluge dies in dem gemeinsam mit dem Sozialwissenschaftler Oskar Negt verfassten Buch *Öffentlichkeit und Erfahrung* (1972), »lassen sich wirksam nur durch Gegenprodukte widerlegen« (181).

Diesen Weg ist der Filme- und Fernsehmacher Kluge konsequent gegangen, insofern er in beiden Medien Produktionen ausführt, die, als Medienpraxis, gleichwohl im Rahmen seiner theoretischen Reflexionen zu sehen sind, d. h. an diese anschließen bzw. sie umsetzen, ohne sie schlichtweg zu illustrieren. Als ›Gegenprodukte‹ sind dabei vor allem jene TV-Sendungen interessant, die Kluge seit 1988 im Rahmen seiner Fernseh-Kulturmagazine – *10 vor 11*, *News & Stories*, *Primetime-Spätausgabe* – realisiert: Da die Arbeit des Autors hier direkt in die Programme der Privatsender SAT.1, RTL und VOX eingreift, schleust sie dessen kritische Theorie (deren ›Produktform‹) ins Zentrum der Bewusstseinsindustrie ein.

Exemplarisch lässt sich dies anhand der Interviews beobachten, die Kluge mit dem Lyriker, Dramatiker und Regisseur Heiner Müller für seine Magazine führt. Dabei ist der Begriff des Interviews jedoch gleich wieder einzuklammern, da es sich hier weder um das übliche Frage-Antwort-Spiel noch um den Versuch handelt, einem prominenten Autor möglichst exklusive Informationen zu entlocken. Vielmehr treffen sich Kluge und Müller in einem Dialog, in dem sie sich auch wechselseitig befragen (also jeder die Position des anderen einnehmen kann) und in dem das Gespräch einen eher assoziativen als zielorientierten Verlauf nimmt. Weiter hinzu kommen am Bildrand eingeblendete Textbänder/-tafeln, die zusätzliche Informationen vermitteln oder bestimmte Zitate und Sequenzen hervorheben, Fotografien, die das Gesagte begleiten, oder Statements etwa von Müllers Mitarbeiter am Theater. In der Folge etabliert sich ein Gefüge aus Bild-, Ton- sowie Textelementen, in dem zunächst offen bleibt, wessen Rede sich gerade wohin bewegt, wer wen befragt, was eine Information und was ein Kommentar dazu ist. Indem das Gesehene dabei an Überschaubarkeit verliert, tendiert es zur Unübersichtlichkeit, d. h. die kommunikative Textur gerät in eine Unruhe, die das Publikum irritiert. Anstatt die Sendung nur zu konsumieren, müssen die Zuschauer aktiv werden, sich einen eigenen Zugang erarbeiten. Darin erzeugt die TV-Sendung eine Distanz, wie sie sich in der ›Gutenberg-Galaxis‹ (McLuhan) zwischen Autoren und Lesern auftut: Gleich wie die Lektüre der Aktivität des Lesers bedarf, den sie zum ›erweiterten Autor‹ (Novalis) macht, sehen die Zuschauer sich mit einem Angebot konfrontiert, das sie zur Teilnahme in eigener Sache (Autorschaft) motiviert.

Obwohl also Kluges Sendungen den Produktionsverfahren des Massenmediums Fernsehen folgen, unterlaufen sie doch dessen Konventionen, insofern sie die Nähe im Gegenüber des Bildes mit einer Verschiebung dieser Gewohnheit in Richtung Schrift (Ferne) konfrontieren. Das zeigt sich gleichfalls in einer Form der Autorschaft, die bei Kluge zwar die Praktiken des Fernsehens nutzt, als individuelle Handschrift aber identifizierbar bleibt. Kluge hat das ein »Fernsehen der Autoren« (zit. n. Hickethier 2002, 208) genannt und damit der Auffassung widersprochen, in den TV-Produktionen regiere allein die ökonomische und/oder politische Auslastung der Apparatur. Darin eine Renovierung des Autors im traditionellen Sinne – ›Werkherrschaft‹ (Bosse) – zu sehen, wäre allerdings vorschnell. Denn wie die dezentrale Struktur der Gespräche Kluges mit Müller verdeutlicht, ist dort primär von einer steten Selbstmodifikation dieser Struktur auszugehen, in der ein Autor wohl einem Stil treu bleibt, nicht aber auf (s)einer Vorschrift beharrt.

Wie auch Enzensberger verortet Kluge eine Einseitigkeit der Kommunikation weniger in deren Medien als vielmehr in dem Programmschema, mit dem diese beherrscht werden sollen. Zugleich stellt die Ausweitung des Monologs zum Dialog kein technisches Problem dar, da es vor allem darauf ankommt, die willkürliche Einschränkung medialer Dynamik in Richtung auf die Offenheit (Vielfalt) dieser Dynamik zu unterwandern oder aufzubrechen. Demgemäß geht Kluges Kritische Medientheorie nun in eine Medienpraxis oder Produktform

über, die versucht, gegen die künstlich hergestellte Überschaubarkeit der Kommunikation zu deren Unübersichtlichkeit zurückzukehren, d. h. das Nutzungsverhalten des Publikums zu irritieren bzw. es darin zu aktivieren. Dies geschieht mithilfe einer Formensprache, deren Prinzip sich an der Welt des Buchs orientiert, wenn sie die vermeintliche Nähe der Fernsehbilder auf das und im Modell der Lektüre auf Umwege verweist und umleitet.

Welt als Phantom und Matrize (Anders)

Beide Begriffe stammen aus einem Essay des Philosophen Günther Anders, den er unter dem Titel »Die Welt als Phantom und Matrize. Philosophische Betrachtungen über Rundfunk und Fernsehen« 1956 im ersten Band seines Hauptwerks *Die Antiquiertheit des Menschen. Über die Seele im Zeitalter der zweiten industriellen Revolution* publiziert. Anders, der während des Exils u. a. in den USA lebte und dort zum erweiterten Kreis des Instituts für Sozialforschung gehörte, geht in der Behauptung solcher ›Antiquiertheit‹ davon aus, dass der Mensch seine technischen Errungenschaften nicht mehr kontrolliert, da er durch sie beherrscht wird; antiquiert ist der Mensch, weil er von der Technik überholt wurde und dieser nicht mehr gewachsen ist: »Die Freiheit der Verfügung über Technik [...] ist reine Illusion. Die Einrichtungen selbst sind Fakten; und zwar solche die uns prägen« (Anders 2010, 99).

So stehen die Apparaturen im Zentrum einer Welt der Produktion und des Konsums, die sich die passenden Nutzer erschaffen. Dies geschieht auf Basis einer Struktur der Medien, die bestimmte Weisen der Rezeption geradezu erzwingt, d. h. die Konsumenten automatisch zu ›Mitarbeitern‹ erzieht. Anders' Beispiel ist der Rundfunk (Radio und Fernsehen), dessen Technik es erlaubt, ein weit verstreutes Publikum dennoch mit ein und derselben Botschaft zu versorgen. Dabei spielt deren spezifischer Inhalt eine nur untergeordnete Rolle, wenn es primär darauf ankommt, die Erreichbarkeit der Zuschauer und Zuhörer zu sichern. Der Rundfunk gewährleistet dies, weil er es ermöglicht, dass »*die Ereignisse* [...] *uns besuchen*« (ebd., 110. Herv. i.O.), also das Publikum von jeglichem Aufwand frei ist; bequem kann es daheim verfolgen, was ihm mittels der Technik dorthin gebracht wird. So schaltet es das Gerät ein, ohne jedoch zu merken, welche Wirklichkeit (nämlich eine für den Konsum gereinigte) ihm dort präsentiert wird.

Auf diese Weise zugleich an- und abwesend mutiert die reale Welt zum Phantom – als Übertragung fußt sie auf einer Zurichtung von Geisterhand bzw. verdankt sich einer Form, mit der das »Original sich nach seiner Reproduktion richte[t]« (ebd., 111). Damit fungiert diese als dessen Matrize (Anders entlehnt den Begriff aus der Schallplattenherstellung, wo er den ersten Abdruck bezeichnet, der ein Musikstück, das selbst wiederum die Reproduktion einer Komposition ist, konserviert, d. h. zur Mutter aller später hergestellten Kopien wird). Nicht das Ereignis selbst tritt somit in den Fokus der Berichterstattung, sondern dieses wird, Anders zitiert den Philosophen und Vertreter des Idealismus Johann Gottlieb Fichte, zum ›Produkt des Setzens‹ im Rahmen medialer Aufmerksamkeitssteuerung: Was uns zu Hause besucht, gehört der Wirklichkeit nur insofern an, als wir es dieser zurechnen, d. h. vergessen, dass es sich um ein arrangiertes Schauspiel handelt. Dieses hat nur ein Ziel – die ›Seelen‹ der Verbraucher der Mediendynamik bzw. der dort sich entfaltenden Konsumwirtschaft/-industrie auszuliefern. Obwohl also die Nutzer sich in den eigenen vier Wänden souverän wähnen, obwohl sie meinen, der Rundfunk diene zu ihrer Information, haben sie doch nur »*eine Lüge, [die sich] wahrlügt*« (ebd., 195. Herv. i. O.) vor Augen oder Ohren. Dabei bleibt der Schein insofern undurchdringlich, als dass das Publikum sich zu Hause sicher fühlt, d. h. jede und jeder glaubt, ihre oder seine Individualität retten zu können. Tatsächlich aber, spitzt Anders dies zu, versammelt sich vor den Geräten ein Volk von »*Massen-Eremiten*« (ebd., 102. Herv. i. O.), deren phantasmatische und physische Trägheit jeglicher Irritation und Intervention vorausgeht, diese also jederzeit ausschließen: »*Geprägt werden immer schon Geprägte*« (ebd., 196. Herv. i. O.).

So markieren die Begriffe ›Phantom‹ und ›Matrize‹ die Koordinaten der ›Freiheitsberaubung‹ in einer Mediengesellschaft, die den Zuschauern und Zuhörern zwar ein Recht auf Persönlichkeit und Privatheit vorgaukelt, ihnen aber real keine Wahl lässt: Angefüllt mit vorgefertigten Waren, d. h. psychisch abgestumpft und physisch entkräftet, dämmert das Publikum im steten Kreislauf der Reproduktion – des Mediengeschehens und -angebots – dahin; da die Passivität der Rezipienten allgegenwärtig ist, ist mit deren Begehren nach Erfahrung nicht zu rechnen. Profit schlägt daraus allein eine Konsumindustrie, die, indem sie Phantome und Matrizen weniger herstellt als sie vielmehr konsequent für ihre Zwecke nutzt, sich selbst stützt und erhält.

Den modernen Mediengesellschaften wird, so Anders, »*[a]lles Wirkliche* [...] *phantomhaft, alles Fiktive wirklich*« (ebd., 142, Herv. i. O.). Demgemäß zum Original bestellt, ist die Prägekraft der Matrize ebenso total wie totalitär. In diesem Sinne geht auch Anders von einer bösartigen Mediendynamik aus, deren Strukturen so ähnlich schon von Horkheimer und Adorno beschrieben wurden. Dazu gehört dann ebenfalls die Auslieferung des Menschen an eine Maschinerie, die ihn und der er sich anpasst, in der er also will, was ihn unfrei macht. Jede Opposition ist darin zum Scheitern verurteilt bzw. findet gar nicht erst statt. Anders als Horkheimer/Adornos Abrechnung mit der Kulturindustrie sieht Anders diesen Verblendungszusammenhang jedoch erst mit dem Rundfunk, dessen Struktur des Broadcasting als Übermittlung im Zeichen des *one to many* komplett realisiert. Hier zeigt sich, was ein Medienbund zu leisten vermag. Im zweiten Band der *Antiquiertheit des Menschen*, der erst 1980 veröffentlicht wird, erneuert Anders die These einer durch Medien ›infantilisierten‹, d. h. entmündigten und gelenkten Menschheit.

Aktuell erscheint, gerade auch angesichts unzähliger Doku-Soaps, Reality-TV-Formate oder der Kriegsberichterstattung durch *embedded correspondents*, insbesondere Anders' Hinweis auf die nur scheinbar reale, absichtsvoll inszenierte Wirklichkeits*darstellung* des Fernsehens von ungebrochener Relevanz.

Eindimensionaler Mensch (Marcuse)

Herbert Marcuses einflussreiches Buch *Der eindimensionale Mensch* erscheint 1964 zuerst in den USA. Drei Jahre später wird es in deutscher Übersetzung gedruckt. Marcuse, der im amerikanischen Exil u. a. für das Institut für Sozialforschung arbeitete, versah den Text mit dem Untertitel »Studien zur Ideologie der fortgeschrittenen Industriegesellschaft« (Marcuse 1998). Im Brennpunkt der Analyse steht für den Autor in der Folge, dass die fortgeschrittene Industriegesellschaft »nicht als Gesamtsumme bloßer Instrumente funktioniert, die von ihren gesellschaftlichen und politischen Wirkungen isoliert werden können, sondern vielmehr als ein System, von dem das Produkt des Apparats wie die Operationen, ihn zu bedienen und zu erweitern, *a priori* bestimmt werden« (ebd., 17). Demnach sind Techniken nicht schlicht Mittel zur Verrichtung von Tätigkeiten, sondern bringen neuartige Lebensformen auch als Formen des Sozialen hervor und legitimieren diese. Das hat weitreichende Konsequenzen, wenn sich mit diesem Technikapriori eine, so Marcuses Argument, Eindimensionalität des Menschen sowie seiner Welt realisiert, weil dieser dazu keine Alternativen mehr kennt bzw. kennen will: Zu deutlich scheinen die Annehmlichkeiten alle Fragen, Befürchtungen, Proteste zu übertreffen; das System und dessen Systematik ist nicht nur allgegenwärtig, sondern wird auch als rational ausgewogen und gerechtfertigt erlebt. Unbemerkt und erschwerend basiert solche Rationalität jedoch auf einer Irrationalität, d.h. der Identifikation der Menschen mit ihrer Technik und deren Warenform. Wenn etwa das Auto (Marcuses Beispiel) zum Objekt der Identifikation werden kann, hat nicht der Mensch sich die Technik, sondern weit eher diese sich ihn einverleibt. Den Anreiz dazu schafft die Industriegesellschaft, indem sie die Reklame zum Lifestyle erhebt, also alles andere unattraktiv erscheinen lässt. Mit solcher Steuerung und Kontrolle ist für Marcuse »[t]echnologische Rationalität« zu »politischer Rationalität geworden« (ebd., 19), da sie den Leitfaden des Zusammenlebens an- und abgibt.

Zu der so ins Werk gesetzten Eindimensionalität tragen insbesondere Medien bei, weil in ihnen die Differenz »zwischen den Massenmedien als Instrumenten der Information und Unterhaltung und als Agenturen der Manipulation und Schulung« (ebd., 29) verschwindet. Somit sind Medien Techniken, deren Zweck es ist, die Mimesis der bereits im Rahmen der gesamten Industriegesellschaft »präparierte[n] Empfänger« (ebd.) an das und im Sinne des Systems noch einmal zu verstärken; sie stellen keine Öffentlichkeit her, sondern lenken diese maßgeblich in der suggestiven, auch hypnotischen Wiederholung der scheinbar rationalen Grundsätze der Industriegesellschaft, d.h. gemäß der Definition und dem Diktat vernünftiger Nützlichkeit. Zugleich erscheint nicht das Maß der Identifikation der Nutzer mit der Technik, sondern aller Widerstand als ›irrational‹ und steht damit unter Verdacht bzw. kommt gar nicht erst vor. In der Folge bleibt für Marcuse nur die von ihm dezidiert als Phantasie markierte Hoffnung, dass die »Abwesenheit aller […] Informations- und Unterhaltungsmedien« jene »traumatische Leere« (ebd., 256) stiften könnte, in der das System aus den Fugen gerät. So – jenseits aller Ablenkung, Zerstreuung, Steuerung und Kontrolle – hätten die Individuen die Chance, ihre ›Negation‹ zu überwinden, also zu sich zu finden. Einen zweiten Weg, der Entfesselung einer wahnhaften Vernunft sowie der darin

ebenso normierten wie verwalteten Kommunikation zu begegnen, sieht der Autor in der Kunst: Nur die »ästhetische Dimension« (ebd., 259) verfüge über die Möglichkeit, das Irrationale dieser Vernunft zu entlarven sowie zu wahrer Einsicht durchzudringen.

Auch Marcuses Bilanz der fortgeschrittenen Industriegesellschaft erneuert noch einmal (bis in die Begrifflichkeit hinein) die in Horkheimer/Adornos Kulturindustrie-Analyse erhobenen Vorwürfe eines gesamtgesellschaftlichen Verblendungszusammenhangs, in dem der Glaube an die Rationalität und Omnipotenz des Technischen mit dem kapitalistischen Profitstreben eine unheilvolle Allianz eingeht. Medien werden darin zu Mitteln der Manipulation und die Reklame deshalb zu dem Faktor, der alles sowohl zusammenhält als auch auf den Punkt bringt. Denn es ist gerade die dort be- und geförderte Identifizierung der Verbraucher mit den Produkten der technischen Warenwelt, die jeden Einspruch dagegen scheitern lässt.

Im Unterschied zu Horkheimer und Adorno ist Marcuse jedoch nicht gewillt, die Dynamik dieses Teufelskreises bloß aufzudecken und anzuprangern. Da er die Hoffnung auf eine mögliche Veränderung der Verhältnisse nicht aufgeben will, bringt Marcuse einerseits einen totalen Verzicht auf die Medien der ›Masseninformation‹, andererseits eine Produktivität der Kunst ins Spiel, die er in dem 1969 als Fortsetzung des *Eindimensionalen Menschen* geplanten *Versuch über die Befreiung* noch einmal unterstreicht: Da sich mit der Kunst ein »Einbruch des Ästhetischen ins Politische« (Marcuse 2008, 60) vollziehe, erkennt der Autor in ihrer Praxis die Avantgarde der Rebellion gegen das Kontinuum der Industriegesellschaft und zugleich eine Aufsprengung desselben.

Unterhaltungsindustrie: Amüsement zum/bis zum Tod (Postman)

Neil Postmans auch außerhalb der Medienwissenschaften populäres Buch *Amusing Ourselves to Death* erscheint 1985 in den USA und wird in deutscher Übersetzung unter dem Titel *Wir amüsieren uns zu Tode. Urteilsbildung im Zeitalter der Unterhaltungsindustrie* ausgeliefert. Postman, der schon 1983 ein *Verschwinden der Kindheit* in der Epoche des Fernsehens beobachtet hatte, rekonstruiert in *Wir amüsieren uns zu Tode* eine Geschichte der Medien, die, nach den Erfindungen der Schrift und des Buchdrucks, mit dem Auftauchen des TV einen weiteren signifikanten Umbruch ›erleidet‹. An die Stelle der

Schrift-/Buchkultur, der es gelungen war, eine weitgehend gebildete, an Wissen, Aufklärung und Diskussion interessierte Leserschaft hervorzubringen, tritt mit dem neuen Leitmedium deren Gegenteil: »Weder setzt das Fernsehen die Schriftkultur fort noch erweitert es sie. Es attackiert sie« (Postman 2008, 106). So steht das Fernsehen nicht in einer Tradition des gesellschaftlichen Fortschritts, sondern macht sich daran, dessen Erfolge zu tilgen. Seine Vorläufer in diesem Sinne findet das Fernsehen in der Fotografie und Telegraphie, da bereits Erstere die Welt im Bild ihres Kontexts entkleidet und daher zum ›Pseudo-Ereignis‹ gemacht, Letztere in einer Beschleunigung der Übermittlung für einen ersten Informationsüberfluss gesorgt habe.

Beides kulminiert dann in der Nutzung einer Technik, die, so Postman, zunächst von einem Medium zu unterscheiden wäre: Während die Technik lediglich Apparatur ist, bezeichnet das Medium die Art des Umgangs mit dieser Apparatur, d. h. die »soziale und intellektuelle Umwelt« (ebd., 107), die es durch seine Nutzung möglich macht und schafft. Mithin ist auch die Technik niemals neutral, sondern bildet die Voraussetzung dafür, dass Techniken – als Medien – die Welt verändern können. Für das Fernsehen gilt das auf eine Weise, die Postman als ›Superideologie‹ bezeichnet: »Problematisch am Fernsehen ist nicht, dass es uns unterhaltsame Themen präsentiert, problematisch ist, dass es jedes Thema als Unterhaltung präsentiert« (ebd., 110). Indem das Fernsehen somit alles als Entertainment vorführt und daher auch alles – sogar, wie Postman schreibt, Tragik und Barbarei, Mord und Unheil – in Unterhaltung verwandelt, führt es sein Publikum dazu, jeder Ernsthaftigkeit zu entsagen. Den tieferen Grund dafür sieht der Autor im Fernsehen als Leitmedium, also darin, dass dieses, da es zum bevorzugten Ort der (Selbst-)Verständigung seiner Nutzer avanciert, die Inszenierung der TV-Realität zum Modell einer Wirklichkeit werden lässt, in der »das Entertainment auf dem Bildschirm zur Metapher für jeglichen Diskurs wird. Es geht darum, das diese Metapher auch jenseits des Bildschirms dominiert« (ebd., 116): Als real, so ähnlich hatte es schon Anders gesehen, erkennt das TV-Publikum nur noch an, was seiner Fernsehroutine entspricht, also vor allem eine gute Show in Szene setzt. Deshalb werden Informationen als ›Infotainment‹ aufgemacht oder versuchen Politik und Politiker, die Gesetze der Unterhaltungsindustrie wenigstens nicht zu missachten bzw. diese in Selbstdarstellung (Fernsehduelle, Talkshows) und politische Praxis einfließen zu lassen.

Insgesamt hat sich, fasst Postman zusammen, mit dem Fernsehen und dessen Vorläufern aus dem 19. Jahrhundert eine »Guckguck-Welt« ohne Zusammenhänge durchgesetzt, »in der mal dies, mal das in den Blick gerät und sogleich wieder verschwindet« (ebd., 99). Das ist zwar jederzeit unterhaltsam, befördert aber eine allumfassende Passivität der Nutzer, in der nichts mehr von Belang und Bedeutung ist. In diesem Sinne ist von den großen literarischen Utopien des 20. Jahrhunderts dann auch nicht George Orwells Alptraum totaler Überwachung in *1984*, sondern Aldous Huxleys subtile Vision einer »schönen neuen Welt« (*Brave New World*) wahr geworden, in der die Menschen sich zu Tode amüsieren, d. h. noch nicht einmal merken, dass und wie man sie in jeder Hinsicht manipuliert.

So wiederholt Postmans Medienkritik, die am Ende seines Buches auch den Computer trifft, die von Horkheimer/Adorno, Anders und Marcuse schon einmal vorgetragene. Allerdings fällt seine Bilanz der Unterhaltungsindustrie weniger düster oder pessimistisch aus, wenn er vorschlägt, Medien nicht nur zu verdammen, da sie einer »Entmystifizierung« (ebd., 196) unterzogen werden können. Dazu setzt Postman zum einen auf die Produktion von TV-Sendungen, deren, wie bei Kluge, Sperrigkeit, Verfremdungs- und Überraschungseffekte, Komik und Surrealität die Superideologie des Fernsehens unterlaufen und das Publikum irritieren, also dessen Passivität stören sollen. Jedoch sind solche Arbeiten und deren Urheber, wendet der Autor ein, ständig gefährdet, entweder zu bloßen Varieténummern zu verkommen oder aber selbst Starruhm zu erlangen (Postmans Beispiel ist die britische Komikergruppe *Monty Python*). Darin passen sie der Unterhaltungsindustrie nur zu gut ins Konzept. Zum anderen hofft der Autor auf eine verbesserte – medienbewusste – Schulbildung, mit der künftige Generationen in die Lage versetzt wären, ihre Mediengewohnheiten in Fragen an die Medien umzukehren.

Fazit

In ihrer systematischen Analyse medialer Verhältnisse geht die Kritische Medientheorie von einer Verschränkung technischer mit gesellschaftlichen Dynamiken aus. Obwohl sie also bei medientechnischen Phänomenen ansetzt, sieht sie diese immer auch in soziale Bewegungen eingebettet, die Medientechniken zur Wirkung bringen. Einsatzpunkt ist dabei zunächst der Gedanke, dass einzelne Medien zu einem Medienverbund zusammenwachsen können, der die Gesellschaft ebenso umfasst wie durchdringt. Kulturindustrie als dieser Verbund folgt darin einer technischen Rationalität, die, da sie alle Produkte betrifft, sie einander ähnlich macht: Was in der Kulturindustrie vorherrscht, ist eine Gleichförmigkeit, die Unterschiede nicht einmal bekämpft, sondern ausschließt. Da sie darin den Nutzern jedwede Selbstbestimmung verweigert, wird das Medienverbundsystem der Kulturindustrie zum Hort der Unterdrückung als Manipulation. Denn da diese Ordnung der Medien im Wesentlichen am Unbewussten der Nutzer ansetzt, betrifft sie deren phantasmatische Trägheit bzw. hat einen vorauseilenden Gehorsam zur Folge, der den Verblendungszusammenhang sowohl sicher als auch auf Dauer stellt. Zugleich ist ein Entkommen aus diesem Kreislauf, wenn nicht überhaupt unmöglich, so doch höchst unwahrscheinlich geworden (Horkheimer/ Adorno, Anders, Marcuse).

Mit Enzensbergers Programmschrift, die vor allem solche einspurigen Positionen in Zweifel zieht, wird dann der Blick auf eine grundsätzliche Zwiespältigkeit der Medien frei, die deren emanzipatorische Nutzung einschließt: Wenn Medien wohl Botschaften transportieren, deren Ankunft aber keineswegs garantieren können, ist der Glaube an eine vollkommene, zentrale Ordnung der Manipulation nicht nur als ein solcher entlarvt, sondern es ist ebenso nötig, andere Modelle der Mediennutzung in Betracht zu ziehen und vorzuziehen. So entdeckt Enzensberger nicht zuletzt jene Vorschläge wieder, die bereits zuvor von einer möglichen Aktivierung des Publikums ausgegangen waren (Benjamin, Brecht). Kluge, dessen kritische Medientheorie immer auch in Wechselseitigkeit mit seiner Medienpraxis steht, geht nun wie Enzensberger davon aus, dass Medienverbünde oder Massenmedien zwar einen ebenso umfassenden wie mächtigen Druck ausüben können, dieser aber von innen heraus ausgehöhlt oder angegriffen werden kann: Es ist möglich, ›Produktformen‹ zu realisieren, die mediale Konventionen und Routinen stören, also das Publikum, da sie es zu irritieren vermögen, aus der Rolle eines Konsumenten heraus in die des Produzenten verschieben. Postmans These des omnipräsenten Entertainments erneuert Mitte der 1980er Jahre nochmals den Gedanken einer medialen Form (des Fernsehens), die, da sie alles in ihren Bann zieht, jede Andersheit zumindest verdrängt.

Obwohl die von Postman aktualisierte These des permanenten Manipulationsverdachts heute als überwunden gelten kann, ist sie doch gerade in der von Horkheimer und Adorno präsentierten Form medientheoretisch immer dann von Bedeutung, wenn es etwa gilt, die Strukturen, Potentiale und Prozesse der Meinungsmache zu reflektieren, die Medienkartelle (z. B. Silvio Berlusconis Holding Fininvest) oder Propagandakampagnen entfalten sowie in Szene setzen. Enzensberger und Kluge verweisen darüber hinaus auf und analysieren bereits frühzeitig einen Nutzertyp, der – als *Prosumer* (Alvin Toffler) oder ›Prosument‹ – aktuell, d. h. im Kontext insbesondere der Diskussionen um Social Media und Web 2.0, verstärkt das Interesse der Forschung findet. Und auch die gegenwärtig vor allem in den Kultur-, aber ebenso den Medienwissenschaften (vgl. Schröter/ Schwering/Stäheli 2006) erörterte Aktualität/›Rückkehr‹ des Marxschen Denkens kann auf Impulse der Kritischen Medientheorie nicht verzichten. Dazu kommen jene Publikationen, die zuletzt zu einer Revision des Konzepts der Kulturindustrie eingeladen haben (vgl. Becker/Wehner 2006; Prokop 2003). Dass die Kritische Medientheorie somit keineswegs schlicht überholten Phantasmen oder längst zerschlagenen Utopien anhängt, macht ihren Wert im und für den Diskurs der Medienwissenschaften aus.

Literatur

Anders, Günther: Die Welt als Phantom und Matrize. Philosophische Betrachtungen über Rundfunk und Fernsehen. In: Ders.: *Die Antiquiertheit des Menschen. Über die Seele im Zeitalter der zweiten industriellen Revolution.* Bd. 1 [1956]. München ³2010, 97–211.

Baacke, Dieter (Hg.): *Kritische Medientheorien. Konzepte und Kommentare.* München 1974.

Balke, Friedrich: Kulturindustrie. In: Ralf Schnell (Hg.): *Metzler Lexikon Kultur der Gegenwart.* Stuttgart/Weimar 2000, 270–272.

Baudrillard, Jean: Requiem für die Medien. In: Ders.: *Kool Killer oder Der Aufstand der Zeichen.* Berlin 1978, 83–118 (frz. 1972).

Becker, Barbara/Wehner, Josef (Hg.): *Kulturindustrie reviewed. Ansätze zur kritischen Reflexion der Mediengesellschaft.* Bielefeld 2006.

Behrens, Roger: *Kulturindustrie.* Bielefeld 2004.

Benjamin, Walter: Das Kunstwerk im Zeitalter seiner technischen Reproduzierbarkeit [1936]. In: Ders.: *Gesammelte Schriften*, Bd. I.2. Hg. von Rolf Tiedemann/Hermann Schweppenhäuser. Frankfurt a. M. 1991, 471–508.

Brecht, Bertolt: Radiotheorie. In: Ders.: *Gesammelte Werke in 20 Bänden*, Bd. 18. Frankfurt a. M. 1967, 117–134.

Eco, Umberto: *Apokalyptiker und Integrierte. Zur kritischen Kritik der Massenkultur.* Frankfurt a. M. 1984 (ital. 1964).

Enzensberger, Hans Magnus: Baukasten zu einer Theorie der Medien. In: *Kursbuch* 20 (1970), 159–186.

Enzensberger, Hans Magnus: Das Nullmedium oder Warum alle Klagen über das Fernsehen gegenstandslos sind. In: Ders.: *Mittelmaß und Wahn. Gesammelte Zerstreuungen.* Frankfurt a. M. 1991, 89–103.

Enzensberger, Hans Magnus: Das digitale Evangelium (2000), http://www.spiegel.de/spiegel/print/d-15376078.html (12.07.2012).

Habermas, Jürgen: Vorbereitende Bemerkungen zu einer Theorie der kommunikativen Kompetenz. In: Ders./ Niklas Luhmann: *Theorie der Gesellschaft oder Sozialtechnologie – Was leistet die Systemforschung.* Frankfurt a. M. 1971, 101–141.

Habermas, Jürgen: *Theorie des kommunikativen Handelns,* Bd. 2: *Zur Kritik der funktionalistischen Vernunft.* Frankfurt a. M. 1981.

Hagen, Wolfgang: Mediendialektik. Zur Archäologie eines Scheiterns. In: Rudolf Maresch (Hg.): *Medien und Öffentlichkeit. Positionierungen – Symptome – Simulationsbrüche.* München 1996, 41–65.

Hickethier, Knut: Von anderen Erfahrungen in der Fernsehöffentlichkeit. Alexander Kluges Kulturmagazine und die Fernsehgeschichte. In: Christian Schulte/Winfried Siebers (Hg.): *Kluges Fernsehen. Alexander Kluges Kulturmagazine.* Frankfurt a. M. 2002, 195–219.

Horkheimer, Max/Adorno, Theodor W.: *Dialektik der Aufklärung. Philosophische Fragmente* [1947]. Frankfurt a. M. ⁴⁶1996.

Kluge, Alexander: Die Macht der Bewusstseinsindustrie und das Schicksal unserer Öffentlichkeit [1985]. In: Ders.: *In Gefahr und größter Not bringt der Mittelweg den Tod.* Hg. von Christian Schulte. Berlin 1999, 165–221.

Leschke, Rainer: *Einführung in die Medientheorie.* Paderborn 2003.

Marcuse, Herbert: *Der eindimensionale Mensch. Studien zur Ideologie der fortgeschrittenen Industriegesellschaft* [1964]. München ³1998.

Marcuse, Herbert: *Versuch über die Befreiung* [1969]. Frankfurt a. M. 2008.

Negt, Oskar/Kluge, Alexander: *Öffentlichkeit und Erfahrung. Zur Organisationsanalyse von bürgerlicher und proletarischer Öffentlichkeit.* Frankfurt a. M. 1972.

Postman, Neil: *Wir amüsieren uns zu Tode. Urteilsbildung im Zeitalter der Unterhaltungsindustrie* [1985]. Frankfurt a. M. ¹⁸2008.

Prokop, Dieter: *Mit Adorno gegen Adorno. Negative Dialektik der Kulturindustrie.* Hamburg 2003.

Schröter, Jens/Schwering, Gregor/Stäheli, Urs (Hg.): *Media Marx. Ein Handbuch.* Bielefeld 2006.

Schwering, Gregor: Kulturindustrie. In: Schröter/Schwering/Stäheli 2006, 356–365.

Schwering, Gregor: Hans Magnus Enzensberger: ein Dichter als Beobachter der Medien. In: *text+kritik* 49/3 (2010), 100–113.

Gregor Schwering

10. Postmoderne Medientheorien

»This word has no meaning. Use it as often as possible«, schreibt 1987 die Tageszeitung *The Independent* nicht ganz ironiefrei über den Begriff der Postmoderne. Dies war schon seinerzeit sowohl Gegenwartsdiagnose als auch Vorausschau. Seit Jean-François Lyotard 1979 in seinem Bericht zur »Lage des Wissens in den höchstentwickelten Gesellschaften« von einem *postmodernen Wissen* gesprochen hatte, entwickelte sich ein »Passepartoutbegriff« (Eco 2003, 77), der eine radikale Pluralität in Denkstilen, Lebensentwürfen und Ästhetiken ausdrücken sollte. ›Die‹ Postmoderne ist damit selbst nur als Plural zu fassen, als eine Sammlung von Strategemen und Spielarten des (inszenierten) Bruchs mit Denkmustern und Leitbildern der Moderne. Ihre Ausweitung bis hin zu Phänomenen wie den »Saucen der Postmoderne« (Welsch 1994, 1) konterkarierte dabei je schon ernsthafte philosophische, medien- und kulturwissenschaftliche Untersuchungen. Und maßgebliche Autoren wie eben Lyotard, Jean Baudrillard, Gilles Deleuze, Luce Irigaray, Paul Virilio, Donna Haraway und andere agierten so gar nicht im Sinne einer neuen wissenschaftlichen ›Schule‹. Gemeinsam war ihnen jedoch ein ungewöhnlicher Denk- und Schreibstil, der zum Kennzeichen postmoderner Theorieproduktion werden sollte: Dazu gehört der Einsatz von Ironie, Mehrdeutigkeiten und Widersprüchen. Postmoderne Texte, so schreibt Charles Jencks (1987, 342), strebten im Anschluss und in der Weiterentwicklung des *linguistic turn* »Multivalenz« an, eine bewusste, prinzipielle Vieldeutigkeit, die den Effekt einer sich ständig modifizierenden Interpretation hervorbringen sollte. Es ist kaum verwunderlich, dass die wissenschaftliche Art und Qualität dieser Texte schnell zum Gegenstand auch kritischer Debatten avancierte – etwa als »eleganter Unsinn« (Sokal/Bricmont 1999).

Der bewusst spielerische Umgang mit wissenschaftlichen Disziplingrenzen sowie das Bedenken von Intertextualität und Intermedialität (s. Kap. II.22), sind dabei häufig philosophischen Ansätzen geschuldet, die unter dem – ebenfalls nicht trennscharfen – Begriff *Poststrukturalismus* (Münker/Roesler 2013) zusammengefasst werden, und deren Autoren daher meist auch der ›Postmoderne‹ zugeordnet werden. Im Anschluss an den Strukturalismus zielten diese auf eine grundsätzliche Infragestellung hergebrachter geisteswissenschaftlicher Konzepte wie ›Geist‹, ›Geschichte‹ oder ›Mensch‹, die sich mit einer Kritik an rationalistischen Absolutheitsansprüchen und einer radikalen Dezentrierung des Subjektbegriffs verbanden. Differenzbildungen, nicht Identitäten bilden auch hier den zentralen Bezugspunkt. Zugleich setzen sich die Positionen des Poststrukturalismus aber von der Rigidität des Strukturbegriffs ab, der weder historische Veränderungen noch singuläre Ereignisse zulässt. Sie bringen weiterhin ein explizites Unbehagen in Bezug auf einige zentrale Leitbilder des modernen Denkens seit der Aufklärung zum Ausdruck – ein Unbehagen, das auch den anhebenden Diskurs der Postmoderne kennzeichnen wird.

Dieses Unbehagen bezieht sich zuvorderst auf die umfassenden Ideengebäude des 18. und 19. Jahrhunderts, jene – so Lyotard – ›großen Erzählungen‹:

> »Die Grundidee der Moderne, daß es so etwas wie formulierbare Ziele der menschlichen Entwicklung gäbe: Freiheit, Rationalität, Wohlstand durch Technik, Aufklärung, Menschenrechte, auf die der *Fortschritt* abziele und an denen er zu messen wäre, haben sich als höchst fragwürdig erwiesen. Die Postmoderne, so könnte man auch sagen, reagiert darauf, daß wir das Vertrauen in ein einheitliches, allgemeines und für alle gültiges Wissen um das Wesen des Menschen und das Ziel seiner Geschichte verloren haben« (Liessmann 1999, 176; Herv. d.V.).

Diesen brüchig gewordenen ›Grundobsessionen‹ setzt das postmoderne Denken laut Wolfgang Welsch vor allem ein Leitmotiv entgegen – Pluralität. Die zentralistisch gedachten und hegemonial angelegten Modelle der Moderne seien einer Lebenswirklichkeit gewichen, die unterschiedliche, autonome und nicht auf Dominanz abgestellte ›Formen von Vernunft‹ nebeneinander zuließe. Die Grunderfahrung der Postmoderne sei mithin die eines »unüberschreitbaren Rechts hochgradig differenter Wissensformen, Lebensentwürfe, Handlungsmuster«. Sie trete ein für die »Vielheit heterogener Konzeptionen, Sprachspiele und Lebensformen« (Welsch 1987, 4 ff.) – und ruft damit scharfe Kritiker wie Jürgen Habermas auf den Plan, der solchen Ansätzen Beliebigkeit, Relativismus und einen (anti-emanzipatorischen und damit konservativen) Verrat am Projekt der Aufklärung vorwirft (vgl. Habermas 1994, 177 ff.).

Mit dieser groben Skizze ergibt sich natürlich keine belastbare Definition. ›Postmodern‹ soll hier auch nicht als ein eindeutig definiertes Attribut für eine spezifische Art von Medientheorie verstanden werden. Die Konsequenz, dennoch von ›postmodernen Medientheorien‹ zu sprechen (vgl. Pias 2003,

der von »poststrukturalistischen Medientheorien« spricht), ergibt sich vielmehr durch einen medienhistorischen Zusammenhang: Viele der bekanntesten Begrifflichkeiten und Konzepte postmodernen Denkens werden dort geprägt, wo sich Autoren mit den Effekten (elektronischer) Medien auf Wissen, Kultur und Gesellschaft beschäftigen. Das heißt, dass sich ein ›postmodernes Wissen‹ gerade dort abzeichnet, wo bestimmte neue Medientechnologien an der Konstitution und an der Verbreitung von Wissensformen beteiligt sind. Lyotard betreibt in seinem ›Bericht‹ also vor allem Medientheorie, wenn er auf die Effekte von Kybernetik und Digitalcomputer für die *condition postmoderne* zu sprechen kommt.

Dort ansetzend soll im Folgenden – so wie dies bei einem solch disparaten Feld gängige Praxis ist – eine Sammlung einiger von heutiger Warte aus relevanter Autoren und Begriffe vorgenommen werden, bei denen sich eine ähnliche intrinsische Verbindung von Medientheorie und postmodernem Denken ausmachen lässt. Damit eröffnet sich ein medientheoretisches Feld, das Denklinien des Poststrukturalismus mit den Möglichkeiten und Aktionspotenzialen vernetzter digitaler Medien verbindet. Zum einen lassen sich postmoderne Medientheorien als Teil der Genealogie aktueller Netzkulturen und ihrer Metaphoriken begreifen, aber auch als von deren Medientechniken inspirierte Effekte lesen. Doch zugleich entwickeln postmoderne Medientheorien auch ganz eigene Beschreibungspotenziale für diese Netzkulturen.

Jean-François Lyotard und das Ende der großen Erzählungen

Als Jean-François Lyotard 1979 jene bereits erwähnte »Gelegenheitsarbeit« (Reese-Schäfer 1989, 23) *Das Postmoderne Wissen* veröffentlicht, geht es ihm um mehr als die Diagnose einer Krise der bestehenden wissenschaftlichen Legitimationssysteme, jener ›großen Erzählungen‹ (vgl. Lyotard 1986). Denn er verbindet diese wissensgeschichtliche Analyse mit einem medienhistorischen Datum, das an die neuen Leitwissenschaften der Kybernetik und Informatik anknüpft. Im Kern von Lyotards Beschreibung steht damit eine umfassende Informatisierung, die mit ihren neuen Möglichkeiten der Speicherung, Verarbeitung und Übertragung von Daten nicht nur tiefgreifende Transformationen im Wissenshaushalt und Wissenschaftsverständnis, sondern schlechthin für die gesamten Kommunikations- und Verkehrsverhältnisse postindustrieller (›höchstentwickelter‹) Gesellschaften nach sich zieht. Diese Informatisierung betrifft das Zusammenspiel von Mensch und Informationsmaschinen, und es zeichnet sich ab vor dem Horizont eines *linguistic turn*, der »die Probleme der Kommunikation und die Kybernetik, die modernen Algebren und die Informatik, die Computer und ihre Sprachen, die Probleme der Sprachübersetzung und die Suche nach Vereinbarkeiten zwischen Sprachen – Automaten, die Probleme der Speicherung in Datenbanken, die Telematik und die Perfektionierung ›intelligenter‹ Terminals« nicht unbeachtet lassen solle (ebd., 20 f.).

Für die Forschung selbst bedeute dies, dass sie ihre Theorien und Modelle in der Informatik finde. Lyotard führt hier beispielhaft die Genetik und den DNA-Code an. Für die Diffusion von Erkenntnis hieße dies eine Übersetzung in ›Informationsquantitäten‹, die in Abhängigkeit von medientechnischen Verfahren stehe, die zugleich auch darüber entschieden, welche Arten von Wissen mangels Übersetzbarkeit aus dieser Distribution herausfallen. Die Präskriptionslogik der Informatik führe bestenfalls zu einer partizipativeren Kommunikation, schlimmstenfalls jedoch zu einer Ökonomisierung des Wissens, eines Umstellens von einer Bildung des Geistes auf die ›Wertform‹ von Erkenntnis (vgl. Lyotard 1986).

Im Zuge eben dieser Informatisierung dämmern damit aber nicht nur medientechnisch induzierte, weitgefächerte Artikulationsmöglichkeiten eines postmodernen Wissens herauf, sondern zugleich die Krise der *grands récits*. Wenn Wissenschaft den Anspruch hat, ›wahre‹ Aussagen zu treffen, muss sie ihr jeweiliges Verhältnis zu einem Metadiskurs klären, der diese Wahrheit legitimiert – sie muss ihre Spielregeln transparent machen. Um dieses Verhältnis zu beschreiben, greift Lyotard methodisch auf die Sprachpragmatik des späten Ludwig Wittgenstein zurück. Ähnlich wie Erzählen, Versprechen, Befehlen etc. bei diesem als unterschiedliche Sprachspiele gefasst werden, die ihre Regeln nicht aus sich selbst, sondern aus einem ›Vertrag‹ zwischen den Spielern erhielten, ließe sich auch Wissenschaft als ein spezifisches Sprachspiel beschreiben. Für die Moderne unterscheidet Lyotard dabei große ›narrative Monopole‹, besonders die Aufklärung (Immanuel Kant), die Hegelsche Geschichtsphilosophie, und den Marxismus (s. Kap. II.8). Sie alle nähmen Vereinheitlichungen im Namen einer übergreifenden Grundidee vor und marginalisierten oder verhinderten dadurch zugleich abweichende Forschungsergebnisse

sowie ältere Formen narrativer oder ›sophistischer‹ Erkenntnisproduktion. Sie delegitimierten sich jedoch in dem Moment, wenn auch das Leben des Geistes nur als eine Geschichte unter anderen angesehen würde (Hegel), und machten »einem immanenten, sozusagen ›flachen‹ Netz von Forschungen Platz, deren jeweilige Grenzen nicht aufhören, sich zu verschieben« (ebd., 116 f.). Oder sie zerfielen, wenn es der Wissenschaft nicht gelingt, ihren Anspruch auf eine universelle Metasprache zu begründen. Und wo die Zeit der großen Erzählungen vorbei ist, zeige sich die Verfasstheit des postmodernen Wissens als ein plurales Ensemble disparater, Geschichten erzählender und Einfälle produzierender Sprachspiele. Wissenschaft produziert mithin kein universales Referenzsystem für ›Wahrheit‹, aber dennoch können – im Rahmen der Regeln lokaler Sprachspiele – Wahrheiten und Erkenntnisse produziert werden.

Wenn diese Spiele jedoch nun unter den Bedingungen einer computerisierten Gesellschaft gespielt würden, dann blieben ganz verschiedene Entwicklungsszenarien für die postmoderne Wissensgesellschaft vorstellbar. Erstens eine Wissenschaft, die durch technische Performanz und Effizienz geprägt sei: »Also kein Beweis, keine Verifizierung von Aussagen und keine Wahrheit ohne Geld. Die wissenschaftlichen Sprachspiele werden Spiele der Reichen werden, wo der Reichste die größte Chance hat, recht zu haben« (ebd., 131). Oder aber zweitens als informatischer Dienst an einer ›Paralogie‹, d. h. im Versuch, an den differentiellen Übergängen verschiedener Sprachspiele, im sogenannten »Widerstreit« (Lyotard 1987) inkommensurabler, aber zu moderierender Denkarten, das Thema der Philosophie zu finden: »Die Philosophie ist ein Diskurs, dessen Regel darin besteht, seine Regel (und die anderer Diskurse) zu finden« (Lyotard 1985, 73). Dies wäre ein Dienst im Sinne eines offenen und lebendigen Austauschs und der Aneignung von Wissen: »Die Öffentlichkeit müsste freien Zugang zu den Speichern und Datenbanken erhalten« (Lyotard 1986, 192). Dann könne der mit navigatorischer und programmiersprachlicher Kompetenz ausgestattete Spieler unbeschränkt zugreifen auf den unerschöpflichen »Vorrat an Erkenntnissen, der der Vorrat der Sprache an möglichen Aussagen ist« (ebd., 193). Und diese Frage stellt sich heute angesichts von ›Datenkraken‹ wie Google oder Facebook (vgl. Röhle 2010; Leistert/Röhle 2011; Lovink 2012) und *Open Access*-Diskussionen (vgl. Apprich/Stalder 2012) aktueller denn je.

Jean Baudrillard und die Hyperrealität

Expliziter noch als Lyotard folgen die Schriften Jean Baudrillards medientheoretischen Überlegungen, die sich zunächst vor allem einer Auseinandersetzung mit marxistischen Theorien verdanken (s. Kap. II.8). In seinem kurzen Text »Requiem für die Medien« (Baudrillard 1978, 83 ff.) rechnet Baudrillard mit jenen Positionen ab, die versuchen, Medientheorie in die marxistische Gesellschaftstheorie zu integrieren und Medien dabei eine emanzipatorische Funktion zuzuschreiben (Walter Benjamin, Bertolt Brecht, Hans Magnus Enzensberger). Baudrillard weitet hierbei Marshall McLuhans Formel »The Medium is the Message« (s. Kap. II.4) auf die grundsätzliche Struktur medialer Prozesse aus. (Massen-)Medien seien eben keine »Techniken zur Verbreitung von Botschaften, sondern das Aufzwingen von Modellen« (ebd., 99). Sie ließen eine kritische Distanz zu medialen Phänomenen allemal fraglich erscheinen. Programmatisch hält er fest: »Es gibt keine Medientheorie« (ebd., 83).

Marxistische Medientheorien schlügen insofern fehl, da sie versäumten, den medialen Austausch gründlich genug zu hinterfragen. Denn sonst würde deutlich, dass die Struktur der Medien Austausch gerade verhindere und eine einseitige Kommunikationsform induziere. Während die marxistische Medientheorie oder die Kritische Theorie (s. Kap. II.9) ihre Emphase auf die Potenziale möglicher Rückkanäle und eine Emanzipation der Adressaten in massenmedialen Strukturen lege, sei es vielmehr entscheidend, die Ebene des abstrakten Codes zu betrachten, d. h. nach dem ›Wie?‹ und nicht nach dem ›Was?‹ der Kommunikation zu fragen. Ganz egal wie emanzipatorisch also die Inhalte: Auf der Ebene des Codes werde der ›symbolische Tausch‹, jene Ambivalenz echter Kommunikationsprozesse, ganz grundsätzlich verunmöglicht – bis hin zu den nur noch binär zu beantwortenden Fragen allgegenwärtiger Referenden (vgl. ebd., 93). Der mediale ›Terrorismus des Codes‹ ließe strukturell immer nur erwartbare und vorgefertigte Antworten zu und errichte damit Simulationsmodelle von Kommunikation, welche die kommunizierten Ereignisse selbst liquidierten. Baudrillards klassisches Beispiel ist die Fernsehübertragung des französischen Generalstreiks im Mai 1968. Schien die flächendeckende Übertragung der Berichterstattung zunächst den »Kulminationspunkt der Krise« zu bezeugen, sei sie in Wirklichkeit »der Moment ihrer Entspannung, der Moment, indem sie aufgrund ihrer Ausdehnung den Atem verlor, der

Moment ihrer Niederlage« (ebd., 100) gewesen. Die mediale Übertragung habe das Ereignis gleichsam kurzgeschlossen und abstrahiert und dadurch lokale und spontane Aktionsformen neutralisiert (vgl. ebd., 96).

Hier klingt bereits Baudrillards Theorie der Simulation an, die er in seiner Schrift *Der Symbolische Tausch und der Tod* (1991) entwickelt. Ereignisse erfahren ihre Verdopplung in ihrem eigenen medialen Szenario. Dabei verschmelzen sie bis zur Ununterscheidbarkeit mit jenen Zeichen und Modellen, die sie eigentlich repräsentieren sollten. In einer strukturellen Evolution immer abstrakterer Zeichenwelten (Simulakra) – von den ›Imitationen‹ der Vormoderne über die technischen ›Reproduktionen‹ des Industriezeitalters – sei damit eine Epoche erreicht, in der das ›Simulakrum dritter Ordnung‹ zur herrschenden Form postindustrieller Informationsgesellschaften avanciert sei. Deren Zeichenordnung sei referenzlos, die semantische Äquivalenz zwischen Signifikant und Signifikat sei indifferent geworden und bringe damit die Formen bekannter und vertrauter Realität zum Verschwinden. Ein Beispiel hierfür sei die Medienberichterstattung über den (ersten) Golfkrieg. Deren Bilder elektronischer Zielvorrichtungen und selbststeuernder Geschosse unterschieden sich durch nichts von den Bildwelten entsprechender Computersimulationen oder -spiele (s. Kap. III.19). Hierin liegt mithin der Kern jenes Simulationszeitalters, das Baudrillard auch als »Hyperrealität« bezeichnet: In ihr geht das medial codierte Modell – oder besser: ein sich selbst produzierendes und selbstbezügliches System von Modellen – jedwedem Ereignis voraus: »Jegliche Realität wird von der Hyperrealität des Codes und der Simulation aufgesogen. Anstelle des alten Realitätsprinzips beherrscht uns von nun an ein Simulationsprinzip. [...] Es gibt keine Ideologie mehr, es gibt nur noch Simulakren« (Baudrillard 1991, 8). Und so lassen sich paradox klingende Buchtitel wie *Das Jahr 2000 findet nicht statt* (Baudrillard 1990) ganz folgerichtig verstehen.

Wenn diese Diagnose einer »Indetermination des Realen und seiner Reinszenierung als totaler Medieneffekt« (Mersch 2006, 164) stimmt, bleibt zu fragen, von wo aus dann Baudrillard als Autor selbst diagnostizieren kann. Man sollte seine Texte daher zum einen als provokative, gern übertreibende Interventionen lesen, denen es eher um ein performatives Eingreifen als um Beweise oder Argumentationen geht – und die sich diese (für postmoderne Theorien typische) Strategien auch kritisch vorhalten lassen mussten (vgl. Blask 2002, 83 ff. und 129 ff.). Zum anderen sucht er jenseits der von ihm beschriebenen Totalität von Medien und Codes immer wieder auch nach destabilisierenden Phänomenen – etwa in situationistischen Interventionen (vgl. Baudrillard 1978, 19 ff.) und »Spektakeln« (Debord 1978), die aufgrund ihrer Unlesbarkeit nicht in der Herrschaft des Codes aufgingen und als produktive Störungen doch ein mögliches Außerhalb von Medien erzeugten.

Michel Serres und *Der Parasit*

Anders als Baudrillard konzipiert der Philosoph Michel Serres in seinen Schriften Störung und Rauschen nicht als Möglichkeiten des Ausbruchs aus einer Totalität medialer Code-Operationen. In seinen wissenschaftstheoretischen Texten wird das Rauschen (frz. *bruit parasite*) im Rückgriff auf die mathematische Informationstheorie (s. Kap. II.6) vielmehr wiederholt als das Konstituens von Kommunikation und Austausch überhaupt beschrieben. In seinen medientheoretisch aufschlussreichsten Bänden, der fünfteiligen *Hermes*-Reihe (1991–1994) und dem bekanntesten Werk *Der Parasit* (1981) konzipiert er Phänomene des Rauschens und der Störung nicht als akzidentielle, sekundäre oder supplementäre Prozesse, die einen gegebenen Kommunikationsweg stören. Denn noch bevor eine Botschaft an einen Adressaten übermittelt werden kann, müsse der Kanal für diese Vermittlung bereits mitreflektiert werden, müssten seine Störpotenziale bedacht und die Kommunikation im Hinblick auf diese Eigenschaften moduliert werden.

Kommunikativer Austausch bedeutet mithin, immer schon eine Figur des Dritten (die Störung, der Parasit) mitzudenken, um diese dann auszuschließen. Akte der Rauschunterdrückung avancieren somit zur Basis jeglicher (Kommunikations-)Beziehung: »Das Nicht-Funktionieren bleibt für das Funktionieren wesentlich. […] Vollkommene, optimale, gelungene Kommunikation bedürfte keiner Vermittlung […]. Wo Kanäle sind, ist auch Rauschen. Kein Kanal ohne Rauschen« (Serres 1981 120 f.). Hierin lässt sich eine medientheoretische Initialszene erkennen: »Das ist der Anfang der Medientheorie, jeder Medientheorie: ›Es gibt ein Drittes vor dem Zweiten […]. Es gibt stets ein Medium, eine Mitte, ein Vermittelndes‹« (Siegert 2007, 7 f.). Nunmehr sind nicht etwa die Kommunizierenden oder die Nachricht ausschlaggebend für den Austausch-

prozess, sondern »die Hindernisse, die überwunden, Störungen, die ausgeschaltet, Unterbrechungen, die einkalkuliert, Ableitungen, die ausgeglichen werden wollen« (Serres 1981, 12). Diese ›Parasiten‹ sind jedweder Kommunikationsbeziehung vorgängig, und sie initiieren ein dynamisches Prinzip, das ein ganzes Kommunikationssystem durch komplexe Rückkopplungsbeziehungen in Bewegung hält. Parasiten machen die Positionen im Kommunikationsschema uneindeutig: Störungen können auch als Botschaft interpretiert werden und Parasiten damit an die Stelle des Senders treten. Und eine Entstörungsoperation auf Seiten des Empfängers kann auch als eine »Störung der Störung« aufgefasst werden, womit auch dort ein parasitäres Element zum Vorschein komme (Schüttpelz 2003, 16). Parasiten führen damit eine ›Logik des Unscharfen‹ in duale und dialektisch operierende Schemata ein, die sich zu dynamischen Ordnungen ganzer Kommunikationsnetze ausweiten (vgl. Serres 1981, 83).

In *Hermes* geht Serres dynamischen Netzwerken als »abstrakte philosophische Struktur« von Kommunikation nach, die den Übergang von Linearität zu »Tabularität« anzeigen (Serres 1991, 12): Auch hier stellt er linear-geometrischen Modellen mit ihren kausal-logischen und dialektischen Argumentationsweisen (z. B. der abendländischen Rationalität und den exakten Wissenschaften) eine netzhafte Übermittlungsweise entgegen, die komplexe, interpretationsoffene und immer wieder neu ansetzende Denkarten ermögliche. Im Gegensatz zur klassischen Geometrie, die Punkte im Raum durch ein homogenes Koordinatensystem definiert, bezieht er sich auf die Struktur eines topologischen Netzwerkmodells, das allein von der Lage und Art seiner Knoten und Kanten her gedacht ist. Mit dem Modell des topologischen Netzes ließen sich verschiedenste Denkbewegungen *zwischen* und argumentative Verknüpfungen *von* Punkten (d. h. Thesen, Kommunikationspartnern etc.) entwickeln – flexible und zeitlich variierende ›Determinationsflüsse‹, die dem Netzwerk einen transformativen und dynamischen Charakter bei der Beschreibung und Kontextualisierung von Wissensobjekten verleihen (vgl. Serres 1991, 17 f.).

Mit seinen abstrakten wissenstheoretischen und wissensgeschichtlichen Modellen von ›Parasiten‹ und dynamischen Netzwerken bietet Serres somit – obwohl noch immer recht wenig rezipiert – einen konzeptuellen Rahmen nicht nur für eine neuere medienwissenschaftliche Bearbeitung von Stör- und Unfällen. Sie bilden auch bereits lange vor der Entstehung des World Wide Web eine allgemeine philosophische wissenschaftstheoretische Fundierung für eine Geschichte von Netzmedien, die nur allzu oft Gefahr läuft, schlichtweg die Reize des jeweiligen technischen *next big thing* zu affirmieren.

Paul Virilio und der *Rasende Stillstand*

Auch der Urbanist und Essayist Paul Virilio spricht in seinen medienhistorischen und kulturkritischen Texten – und darin Baudrillard nicht unähnlich – vom Verschwinden (vgl. Virilio 1986a): In seinem Fall ist dies die schrittweise Auflösung des Raumes, induziert von einer Reihe von ›Beschleunigungsrevolutionen‹. Unter dem Neologismus ›Dromologie‹ (von griech. *dromos*: Lauf, Wettlauf) versammelt Virilio in einem fragmentarischen, assoziativen und spekulativen Stil gehaltene Untersuchungen aus dem Schnittbereich von Technikphilosophie, Medientheorie, Militärgeschichte und Wahrnehmungsphilosophie. Geschwindigkeit und ihre Kontrolle sei nicht nur seit jeher und bis heute ein entscheidender politisch-ökonomischer Machtfaktor (vgl. Virilio 1980), sondern *der* Motor von Geschichte und kultureller Entwicklung. Sein vielleicht bekanntester Text *Krieg und Kino* (Virilio 1986b) verknüpft dies exemplarisch mit einer Geschichte visueller Wahrnehmung und automatisierter Bildmedien. Militärische Innovationen verknüpft er mit der Geschichte des Kinos – angefangen bei der Chronofotografie und dem Verschmelzen von Auge und Objektiv, bis hin zu den auch bei Baudrillard prominent zu findenden Drohnen und Marschflugkörpern. Wenn zudem höchste Geschwindigkeit, verwirklicht durch technische Medien, zum dringlichsten Ziel wird – sei es, um die optische Auflösung der Bilder von Freund und Feind zu erhöhen, oder sei es, um militärische Einheiten in ›Echtzeit‹ mittels rapider Kommunikationskanäle zu koordinieren –, dann klingt hier bereits Friedrich Kittlers späteres Diktum an, dass nämlich technische Medien vor allem »Mißbrauch von Heeresgerät« seien (Kittler 1991; s. Kap. II.13).

Diesen Zusammenhang von Medien und Geschwindigkeit baut Virilio zu einer groß angelegten Kulturanalyse aus. Wenn jedes Kommunikations- und Transportmittel schneller arbeite als seine Vorgänger, dann ließe sich auch kulturelle Entwicklung an unterschiedlichen Niveaus festmachen, die aus Revolutionen der Geschwindigkeit resultierten: Angefangen bei der Industrialisierung mit ihrer Techni-

sierung und Standardisierung von Transportmitteln und Kommunikationsmedien wie Telegraph oder Telefon ergebe sich ein zunehmendes Schrumpfen des Raumes: Einerseits führt die »Fluchtgeschwindigkeit« (Virilio 1996) technischer ›Vehikel‹ – Eisenbahn, Auto, Flugzeug, Raketen – dazu, dass sich Körper immer schneller durch den Raum bewegen können. Andererseits machen technische Medien eine ›Telepräsenz‹ möglich, die Bewegung zunehmend obsolet werden lässt, indem sie diese durch die imaginäre Bewegung in ›Echtzeit‹ operierender Bildmedien ersetzt. Sie führen schließlich – als teleologischer Endpunkt von Virilios dromologischem Modell – eine globale Simultaneität ein, in der alles und jeder immer schon zur gleichen Zeit überall ist oder sein könne: Die Lichtgeschwindigkeit elektronischer Kommunikationsmedien führe als ›absolute Geschwindigkeit‹ zu einer parallelen Implosion des Raums und Stillstellung des Körpers. Diesen Umschlag von Bewegungsexzessen in Bewegungslosigkeit fasst Virilio (1992) mit dem Begriff »rasender Stillstand«. Ob im Kinosessel, vor dem Fernseher oder – als Endpunkt der Entwicklung – im ›letzten Vehikel‹ einer Computersimulation: Das Subjekt und sein Blick werden immobilisiert, während die Rechen- und Übertragungskapazitäten digitaler Medien Transport, Raumempfinden und Zeitfluss – und damit schließlich auch sich selbst – ohne Verzögerung simulierbar machen.

Theorien der Neuen Medien: Norbert Bolz, Pierre Lévy und Mark Poster

Inspiriert von poststrukturalistischen Ansätzen wendet sich eine jüngere Forschergeneration ab Beginn der 1990er Jahre der expliziten Untersuchung von Computern als Medien (vgl. Bolz/Kittler/Tholen 1994) und der medientheoretischen Beschreibung des im Entstehen begriffenen Internets zu (s. Kap. III.15–18). Mag deren Idiom heute bereits wieder veraltet klingen, skizzieren diese meist stark affirmativ und techno-euphorisch gehaltenen Texte – stellvertretend sollen hier Norbert Bolz, Pierre Lévy und Mark Poster genannt sein – dennoch bereits maßgebliche Potenziale vernetzter Digitalmedien, in denen sich für die Autoren das Denken der Postmoderne materialisiert. Diese Potenziale werden teils auch heute noch debattiert (z. B. Direkte Demokratie), sind Science-Fiction geblieben (z. B. ›Biochips‹ zur Kopplung von Gehirn und Rechner) oder begegnen uns schlicht und pragma-

tisch z. B. in Software-Programmen führender Netz-
anbieter (etwa Wikipedia und Suchmaschinen).

Bevor Bolz zum medial omnipräsenten Stichwortgeber recht verstreuter Zeitgeistthemen wurde,
veröffentlichte er Ende der 1990er Jahre zwei Bände,
die neues medientheoretisches Terrain erschließen,
indem sie den ›Cyberspace‹ der Computermedien
als Bruch mit der Wissenstradition des Buches beschreiben. Sowohl seine *Theorie der Neuen Medien*
(1990) als auch *Am Ende der Gutenberg-Galaxis*
(1993) sind von der technischen Medienwissenschaft Kittlers inspiriert: »Sprache ist nicht mehr das
Haus unseres Seins – es ist aus Algorithmen erbaut«,
und Menschen würden zu Schaltmomenten in einer
Art techno-ökologischem Medienverbund (Bolz
1993, 7; vgl. 115). Anders als Kittler stellt er jedoch
nicht primär auf die Hardware digitaler Medien ab,
sondern widmet sich dem »Zauberwort der Postmoderne« (ebd., 115): dem ›Design‹ darauf laufender
Softwares, Benutzeroberflächen und deren Informationsästhetik, die kommunikative Anschlüsse erst
ermöglichten. Das ›Hypermedium‹ Computer nehme
alle anderen audiovisuellen und schriftbasierten Medien in sich auf und gebe sie als berechnete Bilder
auf Displays aus. So würden nicht nur Bücher zunehmend von Bildschirmen verdrängt; digitale, vernetzte Wissensspeicher, wie sie Theodor Nelson und
Vannevar Bush imaginierten, stützten ein Denken in
Konfigurationen anstatt in der linearen Rationalität
der Gutenberg-Galaxis. Und damit verändere sich
der Wirklichkeitsbegriff. Eine philosophische Nobilitierung des ›Scheins‹ digitaler Oberflächen vor der
abendländischen Frage nach dem ›Sein‹ sei damit
angezeigt (vgl. Bolz 1991).

Pierre Lévy (1990) beobachtet ganz ähnliche
Operationen, etwa wenn er den Effekten von vernetzten Hypertext-Strukturen im Vergleich zu klassischen Texten nachgeht. In *Cyberculture* (2001) re-
kapituliert er in einem gut sortierten Überblick über
zentrale (damalige) Diskurse und Entwicklungen
des Internets, von technischen Grundlagen bis hin
zu Fallbeispielen für die Interaktivität netzbasierter
Kommunikation und einer kritischen Diskussion
der Effekte globaler Informationsnetzwerke auf Politik, Musik, Kunst und Erziehung. Orientiert an Deleuze und Serres beschreibt er in *Becoming Virtual*
(1998) die Genese digitaler Netzkultur als einen Prozess der ›Virtualisierung‹ hin zu ›nomadischen‹ Gemeinschaften, die ganz neue, flexible Kollektivstruk-
turen produzierten. Hier erneuert sich ein Optimismus hinsichtlich der v. a. sozial verbindenden
Wirkungen verteilter und offen zugänglicher Kom-

munikationsnetze, die er bereits in *Kollektive Intelligenz* (1997, 26) formulierte:»Das technische Instrumentarium ist zwar ein unverzichtbarer Bestandteil
des Projekts ›Raum des Wissens‹, aber darüber
hinaus geht es darum, die sozialen Bindungen im
Prozeß des Lernens voneinander, der Entwicklung
der Einbildungskraft und Intelligenz und der syner-
getischen Nutzung von Kompetenzen neu zu erfinden«. Netzbasierte Kommunikation wird hier im
Unterschied zu Bolz vorrangig als ›anthropologischer Raum‹ gedacht.

Mark Poster schließt in *The Second Media Age*
(1995) die ›Befreiungsdiskurse‹ der Postmoderne-
Theorie und von computerbasierten Kommunikationssystemen v. a. im Hinblick auf (multiple) Identitätskonstruktionen miteinander kurz. Wie Bolz,
Lévy und Baudrillard skizziert auch Poster einen radikalen Bruch mit den Bedingungen der Moderne –
Informationstechnologie wird bei ihnen zum fundamentalen Motor gesellschaftlicher und ökonomischer Prozesse: Information ersetzt Produktion und
Simulationen die politische Ökonomie. Das Postulat
solch grundlegender Brüche mag eine hohe Suggestivkraft für eine junge Disziplin wie die Medienwissenschaft gehabt haben. Doch es gilt, auch Kontinuitäten und Latenzen zu reflektieren, die sich heute in
den Nutzungsweisen und Ökonomisierungen des
Internets niederschlagen. So lassen sich in den letzten Jahren vermehrt Forschungsprojekte erkennen,
die anhand von eher mikroperspektivisch angelegten Studien die rasante Auffächerung und den Wandel von Internettechnologien (u. a. an Instituten, die
sich wie z. B. das Lüneburger Centre for Digital Cultures oder das Amsterdamer Institute for Network
Cultures explizit mit digitalen Medien beschäftigen)
detailliert untersuchen. Auch Großbegriffe wie
›Simulation‹ interessieren inzwischen weniger als
Metapher für veränderte Weltwahrnehmungen, sondern auf der Ebene technischer Computersimulationen und ihrer Medien – etwa in Bezug auf ihren
epistemologischen Einfluss in den Naturwissenschaften (vgl. Gramelsberger 2010; 2011; Pias 2011;
Vehlken 2012). Und nicht zuletzt lassen Ansätze, in
denen Begriffe wie ›Evidenz‹ oder ›Ding‹ eine Renaissance erfahren (vgl. Harasser/Lethen/Timm
2009; Balke/Muhle/Schöning 2011), oder jüngst
Strömungen wie der ›Spekulative Realismus‹ (vgl.
Avanessian 2013) oder der ›Agentielle Realismus‹
(vgl. Barad 2012) vermuten, dass wir – in leichter
Abwandlung des Wortes von Bruno Latour (1995) –
ohnehin nie postmodern gewesen sind.

Literatur

Apprich, Clemens/Stalder, Felix: *Vergessene Zukunft. Radikale Netzkulturen in Europa.* Bielefeld 2012.

Avanessian, Armen (Hg.): *Realismus Jetzt. Spekulative Philosophie und Metaphysik für das 21. Jahrhundert.* Berlin 2013.

Balke, Friedrich/Muhle, Maria/Schöning, Antonia von (Hg.): *Die Wiederkehr der Dinge.* Berlin 2011.

Barad, Karen: *Agentieller Realismus.* Berlin 2012.

Baudrillard, Jean: *Kool Killer oder Der Aufstand der Zeichen.* Berlin 1978.

Baudrillard, Jean: *Das Jahr 2000 findet nicht statt.* Berlin 1990.

Baudrillard, Jean: *Der Symbolische Tausch und der Tod* [1982]. München 1991 (frz. 1976).

Blask, Falko: *Baudrillard zur Einführung* [1995]. Hamburg ²2002.

Bolz, Norbert: *Theorie der Neuen Medien.* München 1990.

Bolz, Norbert: *Eine kurze Geschichte des Scheins.* München 1991.

Bolz, Norbert: *Am Ende der Gutenberg-Galaxis: Die Neuen Kommunikationsverhältnisse.* München 1993.

Bolz, Norbert/Kittler, Friedrich A./Tholen Georg C. (Hg.): *Computer als Medium.* München 1994.

Debord, Guy: *Die Gesellschaft des Spektakels.* Hamburg 1978 (frz. 1967).

Eco, Umberto: *Nachschrift zum ›Namen der Rose‹* [1984]. München 2003.

Gramelsberger, Gabriele: *Computerexperimente. Zum Wandel der Wissenschaften im Zeitalter des Computers.* Bielefeld 2010.

Gramelsberger, Gabriele: *From Science to Computational Science. Studies in the History of Computing and its Influence on Today's Sciences.* Zürich 2011.

Habermas, Jürgen: Die Moderne – ein unvollendetes Projekt. In: Welsch 1994, 177–192.

Harrasser, Karin/Lethen, Helmut/Timm, Elisabeth (Hg.): *Sehnsucht nach Evidenz. Zeitschrift für Kulturwissenschaft* 1, 2009.

Jencks, Charles: *Die Postmoderne. Der neue Klassizismus in Kunst und Architektur.* Stuttgart 1987.

Kittler, Friedrich A.: Rock Musik. Ein Mißbrauch von Heeresgerät. In: Theo Elm/Hans H. Hiebel (Hg.): *Medien und Maschinen. Literatur im technischen Zeitalter.* Freiburg 1991, 245–257.

Latour, Bruno: *Wir sind nie modern gewesen.* Berlin 1995 (frz. 1991).

Leistert, Oliver/Röhle, Theo (Hg.): *Generation Facebook. Über das Leben im Social Net.* Bielefeld 2011.

Lévy, Pierre: *Les technologies de l'intelligence. L'avenir de la pensée à l'ère informatique.* Paris 1990.

Lévy, Pierre: *Kollektive Intelligenz.* Mannheim 1997 (frz. 1997).

Lévy, Pierre. *Becoming Virtual.* New York 1998.

Lévy, Pierre: *Cyberculture.* Minneapolis u. a. 2001.

Liessmann, Konrad Paul: *Philosophie der Modernen Kunst. Eine Einführung.* Wien 1999.

Lovink, Geert: *Das halbwegs Soziale. Eine Kritik der Vernetzungskultur.* Bielefeld 2012.

Lyotard, Jean-François: *Das Grabmal des Intellektuellen.* Graz/Wien 1985 (frz. 1984).

Lyotard, Jean-François: *Das Postmoderne Wissen. Ein Bericht.* Graz/Wien 1986 (frz. 1979).

Lyotard, Jean-François: *Der Widerstreit.* München 1987 (frz. 1983).

Mersch, Dieter: *Medientheorien zur Einführung.* Hamburg 2006.

Münker, Stefan/Roesler, Alexander: *Poststrukturalismus.* Stuttgart ²2013.

Pias, Claus: Poststrukturalistische Medientheorien. In: Stefan Weber (Hg.): *Theorien der Medien.* Konstanz 2003, 277–293.

Pias, Claus: On the epistemology of computer simulation. In: *Zeitschrift für Medien- und Kulturforschung* 1 (2011), 29–54.

Poster, Mark: *The Second Media Age.* Cambridge u. a. 1995.

Reese-Schäfer, Walter: *Lyotard zur Einführung* [1988]. Hamburg ²1989.

Röhle, Theo: *Der Google-Komplex. Über Macht im Zeitalter des Internets.* Bielefeld 2010.

Schüttpelz, Erhard: Die Frage nach der Frage, auf die das Medium eine Antwort ist. In: Albert Kümmel/Ders. (Hg.): *Signale der Störung.* München 2003, 15–29.

Serres, Michel: *Der Parasit.* Frankfurt a. M. 1981 (frz. 1980).

Serres, Michel: *Hermes 1: Kommunikation.* Berlin 1991 (frz. 1968).

Siegert, Bernhard: Die Geburt der Literatur aus dem Rauschen der Kanäle. Zur Poetik der phatischen Funktion. In: Michael Franz/Wolfgang Schäffner/Ders./Robert Stockhammer (Hg.): *Electric Laokoon. Zeichen und Medien, von der Lochkarte zur Grammatologie.* Berlin 2007, 5–41.

Sokal, Alan/Bricmont, Jean: *Eleganter Unsinn. Wie die Denker der Postmoderne die Wissenschaften mißbrauchen.* München 1999 (engl. 1998).

Vehlken, Sebastian: *Zootechnologien. Eine Mediengeschichte der Schwarmforschung.* Zürich/Berlin 2012.

Virilio, Paul: *Geschwindigkeit und Politik. Ein Essay zur Dromologie.* Berlin 1980.

Virilio, Paul: *Ästhetik des Verschwindens.* Berlin 1986a.

Virilio, Paul: *Krieg und Kino. Logistik der Wahrnehmung.* München/Wien 1986b (frz. 1984).

Virilio, Paul: *Rasender Stillstand.* München 1992 (frz. 1990).

Virilio, Paul: *Fluchtgeschwindigkeit. Essay.* München 1996 (frz. 1995).

Welsch, Wolfgang: *Unsere postmoderne Moderne.* Weinheim 1987.

Welsch, Wolfgang (Hg.): *Wege aus der Moderne. Schlüsseltexte der Postmoderne-Diskussion* [1988]. Berlin ²1994.

Sebastian Vehlken

11. Systemtheoretische und konstruktivistische Medientheorien

Niklas Luhmann, der bedeutendste Vertreter der differenzorientierten Systemtheorie, entwickelte seinen Kommunikations- und Medienbegriff aus einer skeptischen Haltung gegenüber verschiedenen in den 1960er und 1970er Jahren paradigmatischen Positionen ›kritischer‹ Theoriebildung (s. Kap. II.9). Insbesondere die produktive Auseinandersetzung mit Jürgen Habermas (vgl. Habermas/Luhmann 1971) prägte eine Kommunikationstheorie, die den Voraussetzungsreichtum der theoretischen Konkurrenz hinter sich lassen wollte: So wird sowohl die Vorstellung einer ›Übertragung‹ von Information als auch das Habermassche Ideal einer von Ratio geprägten und auf Konsens zielenden Kommunikationspraxis strikt abgelehnt (vgl. Luhmann 1995b, 113–115; Habermas 1981). Der detaillierten Ausarbeitung eines konstruktivistischen Kommunikationsbegriffes als dreistellige Selektion aus Information, Mitteilung und Verstehen (vgl. Luhmann 1995b) entspricht seine Zentralstellung in der Systemtheorie als soziale Letztinstanz: Eine systemisch verstandene Gesellschaft besteht ausschließlich aus Kommunikation, die wiederum an Kommunikation anschließt:»Nur die Kommunikation kann kommunizieren« (ebd., 109). Damit hängt ihr ›Gelingen‹ nicht mehr von inhaltlichen Parametern ab, sondern erfüllt sich ausschließlich in ihrer Fortsetzung – der ›Autopoiesis‹. Dieser Begriff, der dem Vokabular des Bio-Konstruktivisten Humberto R. Maturana (1982) entstammt, bezeichnet eben diesen Prozess der Selbstreproduktion eines Systems aus systemeigenen Elementen.

Diese Fortsetzung der Kommunikation ist jedoch keineswegs selbstverständlich. Aus einer evolutionären Perspektive ist die kommunikative Praxis einer modernen, also funktional in bestimmte Subsysteme (wie Wirtschaft, Politik, Kunst, Massenmedien etc.) differenzierten Gesellschaft sogar hochgradig unwahrscheinlich. Unwahrscheinlich ist erstens das ›Verstehen‹ einer Mitteilung, zweitens das ›Erreichen‹ räumlich entfernter Adressaten und drittens der ›Erfolg‹ der Kommunikation in dem Sinne, dass der – möglicherweise unliebsame – informative Gehalt eines Kommunikationsakts als Grundlage einer Anschlusshandlung akzeptiert wird (vgl. Luhmann 1981). An dieser »unsichtbar gewordene[n] Un-

wahrscheinlichkeit« setzt Niklas Luhmann seinen Medienbegriff an:»In dieser Theorie braucht man einen Begriff, der zusammen sämtliche Einrichtungen bezeichnet, die der Umformung unwahrscheinlicher in wahrscheinliche Kommunikation dienen, und zwar für alle drei Grundprobleme. Ich schlage vor, solche Einrichtungen als *Medien* zu bezeichnen« (ebd., 28).

Trotz dieser über das Bezugsproblem hergestellten Einheit bleibt der Luhmannsche Medienbegriff auf den ersten Blick disparat und zwingt zur Unterscheidung von mindestens vier Medientypen:

(1) Zunächst wird durch *Sprache* das wechselseitige Verstehen zwischen zwei Kommunikationsadressaten, dem handelnden Alter und dem erlebenden Ego ermöglicht (vgl. Luhmann 1984, 119f.). Zwar ist Kommunikation grundsätzlich auch auf der Grundlage von Wahrnehmungen möglich, etwa wenn Ego das Verhalten von Alter interpretiert und damit zwischen dem Mitteilungsaspekt (z.B. Eile) und einer Information (Alter hat keine Zeit für mein Anliegen) unterscheidet (vgl. ebd., 208f.). Doch erst die Sprache, die Kommunikationsprozesse aus der Abhängigkeit von Wahrnehmungsprozessen befreit, erlaubt es, kommunikative Absichten mehr oder weniger eindeutig mitzuteilen. Ferner ermöglicht sie der Kommunikation höhere Komplexitätsgrade: Nur sprachlich lassen sich Negationen zum Ausdruck bringen; auch über Abwesende und Abstraktionen lässt sich nicht im Modus der Wahrnehmung kommunizieren (vgl. Luhmann 1997, 205–213). Vor allem gestattet die Sprache jedoch den Rekurs auf frühere sprachliche Akte, wird damit selbstreflexiv und ermöglicht so erst die Autopoiesis sozialer Systeme (vgl. ebd., 212). Insgesamt ist das systemtheoretische Sprachmodell, das weitere Aspekte – etwa die Arbitrarität sprachlicher Zeichen – strukturalistischer Theoriebildung entnommen hat, weniger innovativ als die anderen Medienkonzepte Luhmanns und hat dementsprechend weniger Anschlüsse provoziert. Bedeutsam ist das Luhmannsche Sprachkonzept vor allem theorieintern, indem es die Kopplung zwischen sozialen und psychischen Systemen auf der Grundlage des Mediums Sinn erklärt (vgl. Luhmann 1984, 367–372; 1995c).

(2) Das Problem der kommunikativen Erreichbarkeit – über die unmittelbare Interaktion hinaus – bearbeiten die *Massenmedien*, die Luhmann als Funktionssystem der modernen Gesellschaft modelliert.

(3) Weniger intuitiv erscheint der theoretisch streng kontrollierte Begriff des *symbolisch generalisierten Kommunikationsmediums*, das die Erfolgs-

aussichten systemisch gebundener Kommunikationsofferten erhöht: Beispielsweise ist die Bereitschaft, einen Artikel über den systemtheoretischen Medienbegriff zu lesen (oder gar zu schreiben), ein voraussetzungsreicher kommunikativer Sonderfall, der nur durch die Steuerungsfunktion des Mediums Wahrheit erklärbar wird.

(4) Zusätzlich hielt in den 1980er und 1990er Jahren mit der *Differenz von Medium und Form* eine weitere hochabstrakte Begriffsbildung Einzug in die Systemtheorie (vgl. Luhmann 1986).

Massenmedien, symbolisch generalisierte Kommunikationsmedien und die Medium-Form-Unterscheidung werden im Folgenden ausführlich erläutert. Ihre Heterogenität verweist auf grundlegende Schwierigkeiten, die Ubiquität des Medialen in der Theoriearchitektur – die ja mit einem universalen Beschreibungsanspruch auftritt – unterzubringen: So erscheint der Medienbegriff gegenüber dem theorieinternen Geflecht von Evolutions-, Differenz- und Kommunikationstheorie, die sich in zirkulärer Struktur gegenseitig erläutern und begründen, auf den ersten Blick nachrangig. Tatsächlich eröffnet die Systemtheorie bis heute eine der fruchtbarsten, einflussreichsten und komplexesten, aber auch eine der umstrittensten Perspektiven auf den Medienbegriff (vgl. Jahraus u. a. 2012).

Massenmedien

Insofern die Systemtheorie Kommunikation als kleinste Einheit des Sozialen bestimmt, verweist sie (Medien-)Technik in die Umwelt der Gesellschaft: Genau wie etwa die psychischen Vorgänge eines Menschen werden Radiogeräte, Computer oder Fernsehtürme aus der Gesellschaft ausgeschlossen. Vor diesem Hintergrund mag es überraschen, dass Niklas Luhmann in seiner Schrift *Die Realität der Massenmedien* (1996) – die Resultat einer jahrzehntelangen, wenn auch sporadischen und publizistisch peripheren Auseinandersetzung mit dem Gegenstand ist (vgl. dazu Luhmann 1975; 1992; 1996; 1997) – zunächst eine technische Annäherung an die Massenmedien anbietet: »Mit dem Begriff der Massenmedien sollen im folgenden alle Einrichtungen der Gesellschaft erfaßt werden, die sich zur Verbreitung von Kommunikation technischer Mittel der Vervielfältigung bedienen« (Luhmann 1996, 10), also Fernsehen, Radio oder Buchdruck. Luhmanns These ist, dass die »Zwischenschaltung von Technik« (ebd.) zur Ausschaltung von Interaktion zugunsten eines Kommunikationsmodus führt, der Sender und Empfänger räumlich und zeitlich trennt, strukturell einseitig ist und erst dadurch die Emergenz eines nun nicht mehr technisch, sondern von seinen Sinngrenzen bestimmten Systems der Massenmedien ermöglicht.

Als Kommunikationssystem bestehen die Massenmedien also nicht aus Fernsehern und Radios, nicht aus den Menschen, die an ihrem Operieren beteiligt sind und ebenso wenig aus den Ereignissen, über die sie berichten – auch wenn all dies als Umwelt des Systems vorausgesetzt werden muss. Das System selbst besteht jedoch ausschließlich aus Kommunikation und den immateriellen Strukturen, die sie hervorbringen. Damit reihen sich die Massenmedien in die Riege sozialer Funktionssysteme ein, deren Struktur die Systemtheorie mit hohem begrifflichem Aufwand beschreibt. Der Grundgedanke ist dabei, dass die innere Struktur so unterschiedlicher gesellschaftlicher Sphären wie Recht, Wirtschaft, Liebe, Politik oder eben der Massenmedien in der modernen Gesellschaft auf einem bestimmten Abstraktionsniveau vergleichbar wird.

Ausgangspunkt der *Realität der Massenmedien* ist die vielzitierte »Verdopplung der Realität« (Luhmann 1996, 9) durch die Medien. Luhmann unterscheidet – begrifflich nicht unproblematisch – zwischen einer »realen Realität« (ebd., 12), womit die im System ablaufenden, selbstreferentiellen Operationen gemeint sind, und dem, »was *für sie* oder *durch sie für andere* als Realität *erscheint*« (ebd.). Dieser spezifische Realitätsbegriff, der auf den erkenntnistheoretischen Prämissen des Konstruktivismus beruht, stellt eine wesentliche Säule der systemtheoretischen Argumentation dar. Den gedanklichen Kern des (inzwischen hochgradig differenzierten und heterogenen) konstruktivistischen Diskurses formuliert der bereits erwähnte Bio-Epistemologe Humberto R. Maturana folgendermaßen (1982, 29): »Als autopoietische, geschlossene, strukturdeterminierte Systeme haben wir keinerlei Möglichkeit, irgendeine kognitive Aussage über eine absolute Realität zu machen«. Wirklichkeit ist also immer die Konstruktion eines Beobachters, der das Beobachtungsobjekt als Gegenstand des erkenntnistheoretischen Interesses ablöst (vgl. Foerster 1993). Damit weist der Konstruktivismus freilich auf eine jahrhundertealte philosophische Frage und insbesondere auf die Erkenntnistheorie Immanuel Kants zurück (vgl. Kant 1911, 7–26). Zugespitzt wird der konstruktivistische Grundgedanke von non-dualistischen Positionen, die die Differenz von konstruierter Wirklichkeit und erkenntnisunabhängiger Realität einbeziehen und damit den Realitätsbegriff deontologisieren (vgl. Schmidt 2002, 17).

Konstruktion bezeichnet hier entgegen dem umgangssprachlichen Wortgebrauch nicht einen planvoll und bewusst ablaufenden Prozess, sondern die Grundoperation menschlichen Denkens: Jede Erkenntnis ist auf Unterscheidungen angewiesen, denen kein Korrelat in der Außenwelt entspricht. Was ein Beobachter bzw. ein beobachtendes System für die Wirklichkeit hält, ist abhängig von einer erkenntnisleitenden Differenz, die es nur im System selbst gibt: Es gibt also so viele Realitäten wie Systeme. Auch wenn das Fernsehen stärker als das gedruckte Buch die Kontingenz seiner Selektionen verdeckt, der Zuschauer also eher als der Leser ein Wahrnehmungsmedium mit einem Kommunikationsmedium verwechseln könnte (vgl. Esposito 1999), ist der Fernseher kein ›Fenster zur Welt‹. Medien können kein Abbild der Realität vermitteln, sondern sind stets gezwungen zu konstruieren – Wirklichkeit wird erst durch Medien erzeugt. Diese Pointe ist als dezidierte Wendung gegen medienkritische Positionen zu verstehen, die eine beobachterunabhängige Realität – die dann von den Medien manipuliert oder verfälscht werden kann – als Maßstab voraussetzen. Hinter die Realitätskonstruktion der Medien kann niemand zurück: »Was wir über unsere Gesellschaft, ja über die Welt, in der wir leben, wissen, wissen wir durch die Massenmedien« (Luhmann 1996, 9).

Von der Ausdifferenzierung eines Systems der Massenmedien kann dann gesprochen werden, wenn sich auf Basis einer Sinngrenze (zur Umwelt) die Systemkonstruktion reflexiviert und autopoietisch rekursiviert. Die Systemgrenze wird durch die Leitdifferenz gewährleistet, die jedem massenmedialen Kommunikationsakt ihren Code einprägt. Luhmann schlägt für die Massenmedien als Leitdifferenz die Einheit der Differenz von Information und Nichtinformation vor. Kurz gesagt: Massenmedien beobachten ihre Umwelt daraufhin und berichten darüber, was für ihre im Einzelnen hochdifferenzierten Rezipientengruppen als informativ erscheint, wobei sie freilich auf »Vermutungen über Zumutbarkeit und Akzeptanz angewiesen« bleiben (Luhmann 1996, 11). Insofern der informative Gehalt einer Nachricht an ihre Aktualität gekoppelt ist, verwandeln die Massenmedien durch das Bekanntmachen von Neuheiten also laufend Information in Nicht-Information (vgl. ebd., 42).

Der Code liefert die Grundlage für das, was Luhmann im Anschluss an George Spencer Brown als *re-entry* (vgl. Luhmann 1996, 24; Spencer Brown 1969, 69) bezeichnet: Die Unterscheidung (System/Umwelt) tritt wieder in das durch sie Unterschiedene (System) ein. Mit dem *re-entry* ist also die Reflexivierung eines Systems beschrieben, das zwischen sich selbst und seiner Umwelt – zwischen *Selbstreferenz* und *Fremdreferenz* – differenzieren kann.

Diese, aufgrund ihres universalen Gültigkeitsanspruches hochabstrakten, Begrifflichkeiten lassen sich am Beispiel der Massenmedien leicht veranschaulichen. Kommunikation – auch die der Massenmedien – ist stets Resultat des Zusammenspiels von Funktionen (Selbstreferenz) und Themen (Fremd- bzw. Umweltreferenz, vgl. Luhmann 1996, 28–31). Themen – z. B. Wirtschaftskrisen, Lebensmittelskandale oder Auslandseinsätze der Bundeswehr – bezieht das System aus seiner Umwelt. Freilich können sie in ihrer Komplexität nicht einfach abgebildet werden, sondern müssen nach den Erfordernissen der Systemstrukturen funktional (re-) konstruiert werden. Was und wie berichtet wird, gibt also keineswegs die Umwelt vor: Die Tagesschau beginnt jeden Tag zur gleichen Zeit und dauert immer gleich lange, obwohl jeder Tag anders ist und sich die Vorgänge in der Umwelt des Systems nicht nach dem 20-Uhr-Termin richten (wobei Rückkopplungseffekte denkbar sind). Dabei bezieht sie sich – wie jede Nachrichtensendung – auf selbsterzeugte Ungewissheiten und spannt im Zuge dessen neue Erwartungshorizonte auf, die die Nachrichten von morgen oder übermorgen bedienen werden.

Dass die Massenmedien kein Spiegelbild ihrer überkomplexen Umwelt präsentieren können, sondern ›Realität‹ erst konstruieren müssen, erzeugt einen ständig mitlaufenden Manipulationsverdacht. Die Vorstellung, es gäbe einen militärisch-industriellen Komplex oder einen geheimen Drahtzieher im Hintergrund, dessen Interessen die Massenmedien vertreten, wird von Luhmann freilich verworfen. Stattdessen sind es die am Code informativ/nichtinformativ ausgerichteten Systemstrukturen, die den Selektionen der Massenmedien ihr Gepräge geben. Dabei bestimmen Nachrichtenfaktoren (vgl. Galtung/Ruge 1965) wie Konfliktträchtigkeit, Skandalisierbarkeit, Lokalbezug oder Neuheit über die Anschlussfähigkeit eines Ereignisses. Mit ihnen lassen sich vermeintliche Irrationalitäten des Systems erklären: Hunger in Afrika mag zwar weiterhin grassieren; dies kann jedoch als mehr oder weniger bekannt vorausgesetzt werden und wird daher nur in Ausnahmefällen informativ. Und der Tsunami, der 2011 Japan traf und 16.000 Todesopfer forderte, steht uns heute primär als Ursache eines nuklearen Unfalls vor Augen, weil sich in Deutschland eher Ängste vor einem Super-GAU aktualisieren lassen als vor einer Flutwelle.

Wesentliche Aspekte der *Realität der Massenmedien* sind von früher konstruktivistischer Theoriebildung bereits antizipiert worden (vgl. Schulz 1976; Marcinkowski 1993; Merten/Schmidt/Weischenberg 1994). Dem zentralen Projekt des Konstruktivismus, »von Was-Fragen auf Wie-Fragen umzustellen« (Schmidt 1994, 5), also den Beobachter bzw. die Operation des Beobachtens zu Lasten des Beobachtungsobjekts in den Vordergrund zu stellen, entspricht im Gefüge der Systemtheorie die Frage nach der binären Codierung. Der Vorschlag, die Differenz Information/Nichtinformation organisiere die Selektionen des Systems, ist freilich nicht unumstritten; leuchtet er für Nachrichtensendungen noch unmittelbar ein, muss sich Luhmann argumentativ weit strecken, um die Gültigkeit für die Programmbereiche Werbung und Unterhaltung plausibel zu machen. Zudem wurde immer wieder bemerkt, dass der Vorschlag mit dem Luhmannschen Informations- und Kommunikationsbegriff kollidiert, demzufolge sich jedes System nach Maßgabe des eigenen Codes selbst informiert (vgl. z. B. Görke 2008, 178).

Mit ähnlichen Problemen (vgl. Morsch 2008, 65) ist auch die Beschreibung der gesellschaftlichen Funktion der Medien behaftet: Deren Leistung bestehe darin, eine Art Hintergrundrealität zu konstruieren, auf die man sich von jedem sozialen Ort beziehen kann und die als soziales Gedächtnis Voraussetzungen für weitere Kommunikation schafft, »die nicht eigens mitkommuniziert werden müssen« (Luhmann 1996, 120), also an der »Beteiligung aller an einer gemeinsamen Realität« (Luhmann 1975, 29). Diese Funktionsbestimmung wird von Luhmann freilich selbst immer wieder modifiziert und bleibt letztlich vage: Medien steigern die Irritierbarkeit der Gesellschaft (vgl. Luhmann 1996, 150, 174), dirigieren ihre Selbstbeobachtung (vgl. ebd., 148) oder regulieren die öffentliche Meinung (vgl. Luhmann 1997, 1098).

Neben solcher Kritik, die theorieintern mit Luhmann gegen Luhmann argumentierte, regten sich vor allem Widerstände aus der empirienahen Medienforschung, die die praktische Tauglichkeit des systemtheoretischen Medienbegriffs in Frage stellt. Diese Einwände bilden die Grundlage der produkti-

ven Auseinandersetzung mit Luhmanns Begriff der Massenmedien in den vergangenen fünfzehn Jahren. Dabei wurden im konstruktivistischen Theorieraum Vorschläge entwickelt, Öffentlichkeit (vgl. Görke 2008), Journalismus (vgl. Weischenberg 1995; Kohring 2004) oder – bereits vor der *Realität der Massenmedien* – Publizistik (vgl. Marcinkowski 1993) als autopoietische Systeme zu modellieren, die freilich mit jeweils eigenen Problemen behaftet sind. Auch die Medienwirkungsforschung hat von konstruktivistischer Theoriebildung profitiert (vgl. Merten 1995). Im Blickpunkt der Forschung steht außerdem das Verhältnis der Systemtheorie zu ihrer einflussreichsten theoretischen Konkurrenz, der technikzentrierten Medientheorie (vgl. Morsch 2008; s. Kap. II.13). So sollte etwa der ›Medienkompaktbegriff‹ Siegfried J. Schmidts Aspekte von System- und Medientheorie harmonisieren und empirisch fundieren (vgl. Schmidt 2008). Alle Hoffnungen auf eine ›Supertheorie‹ (vgl. Maresch/Werber 1999) wurden indes enttäuscht: Eine produktive Auseinandersetzung mit den Friktionen zwischen System- und Medientheorie, die ihre ›blinden Flecken‹ jeweils im Lichte der theoretischen Konkurrenz offenbaren, bleibt vorerst ein Desiderat der Forschung.

Symbolisch generalisierte Kommunikationsmedien

Obwohl mithilfe der Sprache das Verstehen von Informationen erleichtert wird und die Massenmedien eine kommunikative Integration der Gesellschaft gewährleisten, bleibt die Anschlussfähigkeit spezifischer Kommunikationsofferten weiterhin prekär. Symbolisch generalisierte Kommunikationsmedien bearbeiten die Unwahrscheinlichkeit, dass ein Kommunikationsakt ›erfolgreich‹ ist (und werden dementsprechend auch Erfolgsmedien genannt). Erfolg meint dabei nicht, dass ein besseres Verstehen befördert oder gar ein Konsens hergestellt wird, sondern dass eine mitgeteilte Selektion »als Prämisse der weiteren Kommunikation zugrunde gelegt wird, was immer im individuellen Bewußtsein dabei vor sich gehen mag« (Luhmann 1997, 321).

Verbreitungsmedien, Erfolgsmedien und gesellschaftliche Evolution bedingen sich in Luhmanns Modell gegenseitig. Archaische Gesellschaftsformen konnten das Verhalten der Anwesenden – und damit den Erfolg von Kommunikation – auf der Grundlage eines gemeinsamen Erfahrungs- und Moralhorizontes in Interaktionssystemen kontrollieren. Erst die

Umstellung von Interaktion auf Fernkommunikation forciert die Differenzierung zwischen Mitteilung und Information auf der Empfängerseite (vgl. Luhmann 1984, 223; 127 f.), bricht also die Einheit von Medium und Botschaft auf und macht damit die Beschaffenheit von Kommunikation beobachtbar. Die dabei freigesetzten Kontingenzen beeinträchtigen die Erfolgsaussichten von Kommunikation erheblich: Schrift und Druck ermöglichen den Austausch zwischen Unbekannten, erschweren die Zurechnung der kommunizierten Selektionen, erlauben abstrakte Sinnzumutungen – und verschärfen damit das Problem der Unwahrscheinlichkeit erfolgreicher Kommunikation.

Mit dem Begriff des symbolisch generalisierten Kommunikationsmediums knüpft Luhmann an das theoretische Inventar Talcott Parsons' an. Dieser hatte in den 1950er und 1960er Jahren ein systemtheoretisches Modell vorgelegt, in dem symbolisch generalisierte Medien die Einheit des Unterschiedenen garantieren sollten, also auf die Frage antworteten, wie die kontingenten (wechselseitig abhängigen) Teile einer hochgradig differenzierten Gesellschaft vermittelt werden können. Die sozialen Systeme Wirtschaft, Politik, Kultur und Gemeinwesen koordinieren ihren Austausch mithin über die Kommunikationsmedien Geld, Macht, Einfluss und Wertbindung, die als Spezialsprache codierten Sinn übertragen können (vgl. Parsons 1963; 1970; 1975).

Dieser Entwurf wird von Luhmann aufgenommen und verallgemeinert. Dabei geht er von einem erweiterten Kontingenzbegriff aus, der als »das ›Auch-anders-möglich-Sein‹ des Seienden bezeichnet und durch Negation von Unmöglichkeit und Notwendigkeit definiert werden kann« (Luhmann 1974, 238). Unterschiedliche Systeme, ob Bewusstseinssysteme oder soziale Systeme, müssen einander intransparent bleiben und damit Kontingenz voraussetzen – ein Bekannter kann einer Bitte entsprechen oder nicht; eine politische Konjunkturmaßnahme kann in der Wirtschaft Resonanzen auslösen oder wirkungslos verpuffen. Anders als bei Parsons bearbeiten Medien damit nicht mehr ausschließlich Probleme des Tauschens, sondern Probleme von Kommunikation überhaupt: Sie motivieren die Annahme eigentlich unplausibler Selektionen – und machen es damit wahrscheinlich, dass solche Sinnzumutungen überhaupt formuliert werden.

Wichtige Kommunikationsmedien der modernen Gesellschaft sind Macht, Geld, Liebe, Recht und Wahrheit, die Luhmann in je eigenständigen Monographien behandelt hat (vgl. Luhmann 1982; 1988; 1990; 1993; 2000). Diese jeweils einem Funktionssystem zugeordneten und funktional äquivalenten Medien wirken gemäß dem griechischen Wortsinn symbolisch – sie erlauben es, Unterschiedenes unter einem bestimmten Gesichtspunkt als Einheit zu behandeln, und statten Kommunikation mit Annahmechancen aus. Dabei produzieren sie aber stets gleichzeitig diabolische Effekte, also neue Differenzen, etwa zwischen Zahlungsfähigen und Nicht-Zahlungsfähigen, (vgl. Luhmann 1997, 319 f.). Diese Transformation von Unwahrscheinlichkeit in Wahrscheinlichkeit kann nur gelingen, weil Medien eine spezifische Form der Zurechnung von Erleben und Handeln realisieren (vgl. ebd., 336): Beispielsweise bindet das Medium Wahrheit das Erleben, das Handeln bleibt jedoch kontingent, während das Medium Macht genau umgekehrt funktioniert.

Die Leistung der Medien besteht also darin, dass sie Selektionen auf generalisierter Ebene koordinieren und präfigurieren, so dass von der konkreten Situation symbolisch abstrahiert werden kann. Es ist im Supermarkt gleichgültig, ob man Obst, Gemüse oder Fisch kaufen möchte, solange man nur zahlen kann. Das Medium Geld steuert und beschränkt die Anschlussmöglichkeiten an einen wirtschaftlichen Akt und reduziert damit Kontingenz. Und auch die Liebe ist »kein Gefühl, sondern ein Kommunikationscode, nach dessen Regeln man Gefühle ausdrücken, bilden, simulieren, anderen unterstellen, leugnen und sich mit all dem auf die Konsequenzen einstellen kann, die es hat, wenn entsprechende Kommunikation realisiert wird« (Luhmann 1982, 23). Dabei validieren sich die Medien einerseits rekursiv selbst – dass Geld wiederverwendet werden kann, motiviert weitere Zahlungen; Liebe bringt Liebe hervor. Andererseits wird ihre Deckung durch ›symbiotische Mechanismen‹ extern abgesichert: Wirtschaft und Liebe dienen der Befriedigung physischer Bedürfnisse; Macht setzt die Verletzlichkeit des Körpers voraus (vgl. Luhmann 1984, 337–341).

Die Koordinierungs- und Strukturierungsleistung symbolisch generalisierter Kommunikationsmedien wird über fixierte ›Codes‹ und variable ›Programme‹ gesteuert. Die Codierung liegt immer in Form einer zweiwertigen Disjunktion vor, die allen Kommunikationsakten des Systems ihr Gepräge gibt: zahlen oder nicht-zahlen, wahr oder unwahr, legal oder illegal. Diese Unterscheidung ist nicht symmetrisch: Der positive Wert bezeichnet eine soziale Präferenz, die freilich an psychische Begehrlichkeiten – etwa nach knappen Gütern oder körperlicher Unversehrtheit – gekoppelt ist, während der negative Wert den Kontext reflektiert, der die Orientierung am Positivwert plausibilisiert. Der Code hebt die Kontingenz der Selektionen nicht auf, strukturiert sie jedoch vor und verstärkt die Erfolgsaussichten der präferierten Werte; Luhmann spricht in diesem Zusammenhang von der »Technisierung« der Medien (1997, 367). Zentrales Merkmal ausdifferenzierter Gesellschaften ist die Autonomie der Codewerte: Wahrheit lässt sich nicht durch Macht erzwingen, Liebe nicht mit Geld kaufen, Recht und Unrecht sind nicht von politischen Konjunkturen abhängig.

Dass trotz stabiler Codes, die alle Kommunikationsakte des Systems regulieren, Raum für Dissens bleibt, lässt sich mit der Variabilität der Programme erklären. Unter Programmen versteht Luhmann (ebd., 362) »eine Zusatzsemantik von Kriterien, die festlegen, unter welchen Bedingungen die Zuteilung des positiven bzw. negativen Werts erfolgt«. Beispiele wären Theorien im System Wissenschaft, Stilrichtungen im Bereich der Kunst oder Wahlprogramme in der Politik. So lässt es sich endlos über mutmaßliche Konsequenzen von Steuersenkungen oder über die Relevanz systemtheoretischer Medienbegrifflichkeiten streiten, obwohl – oder gerade weil – die Systemreferenz eindeutig ist.

Medium und Form

In den späteren Schriften Luhmanns wird mit der Unterscheidung von Medium und Form eine weitere Theoriefigur eingeführt, die zunächst in der Auseinandersetzung mit dem System Kunst erprobt wird (vgl. Luhmann 1986; 1995a, 165–214) und dann als »präsystemtheoretische Unterscheidung« (Luhmann 2002, 227) zur Grundlage der Beschreibung aller Operationen sowohl psychischer als auch sozialer Systeme ausgearbeitet wird. Die zugrundeliegenden Ideen entstammen George Spencer Browns *Laws of Form* (1969) und vor allem dem Aufsatz »Ding und Medium« des Psychologen Fritz Heider, der – 1926 erschienen – bis zu seiner Wiederentdeckung durch Luhmann kaum rezipiert wurde. Von Spencer Brown übernimmt Luhmann die Überzeugung, dass der Akt des Beobachtens mit dem Unterscheiden zusammenfällt: Man beobachtet ein Gemälde als Kunstwerk und schließt damit eine Reihe anderer Perspektiven aus. Die zugrunde gelegte Unterscheidung bildet den ›blinden Fleck‹ der Beobachtung, der nur durch eine Beobachtung der vorangegangenen Beobachtung – der sogenannten Beobachtung

zweiter Ordnung, die wiederum ihren eigenen ›blinden Fleck‹ produziert – sichtbar zu machen ist (vgl. Spencer Brown 1969). Beobachtete Formen haben daher niemals einen ontologischen Status, sondern sind als unterscheidungsabhängiges Konstrukt zu begreifen (s. o.) und insofern strikt relational.

Noch bedeutsamer ist die Vorarbeit Fritz Heiders. Heider unterschied zwischen Ding und Medium, um in der Tradition der aristotelischen Wahrnehmungslehre die Erkenntnis von Objekten zu erklären. Es ist »[n]icht alles, was uns umgibt, [...] für dieses Erkennen gleichwertig« (Heider 1926, 109): Dem ›Ding‹ steht das ›Andere‹ gegenüber, das es an die menschlichen Sinne vermittelt. So ist ein Glockenschlag hörbar, aber nicht die Luft, die die Schallwellen transportiert. Wahrnehmung ist in diesem Sinne Differenzerfahrung, wobei die eine Seite der Unterscheidung – das Medium – im Wahrnehmungsprozess unsichtbar und damit unbezeichnet bleibt. Luhmann greift direkt auf ein Beispiel Heiders zurück, wenn er schreibt, man höre die Uhr nur darum ticken, »weil die Luft selbst nicht tickt« (Luhmann 1986, 7). Form und Medium unterscheiden sich nach dem Grad der Abhängigkeit ihrer Elemente: Eine Schnur, deren Teile »in hohem Grade voneinander unabhängig« (Heider 1926, 118 f.) sind, lässt sich leicht in eine bestimmte Form legen, während die Teile einer Stange voneinander abhängen und sich kaum zur Schlangenlinie biegen lassen.

Dieser Grundgedanke wird bei Luhmann (1986, 6–11) als Differenz von loser und fester Kopplung neu konzeptionalisiert. Das lose gekoppelte Medium ist die Möglichkeitsbedingung der festen gekoppelten Form; es lässt eine Vielzahl, nicht aber eine beliebige Menge möglicher Formen zu. So lassen sich in trockenen Sand Buchstaben, Worte oder Sätze schreiben, wer jedoch eine Sandburg bauen will, stößt an die Grenzen des Mediums. Während bei Heider zwischen Ding und Medium keine materielle Einheit besteht – der Stern, den wir sehen, hat mit dem Äther (den Heider offenbar noch als Medium des Lichts annahm), der das Licht des Sterns an unsere Wahrnehmungsorgane übermittelt, nichts gemein –, teilen sich bei Luhmann Medium und Form die Elemente.

Diese Verschiebung erhöht die Reichweite der Denkfigur erheblich. Form und Medium sind nur in gegenseitiger Abhängigkeit denkbar: Druckerschwärze ist das Medium der Form Buchstabe, der Buchstabe ist ein Medium der Form Wort, das Wort ist Medium der Form Roman (aber auch der Formen Novelle, Zeitung, Brief) usw. Eine Form kann also ihrerseits wieder zum Medium für weitere Formbildungen werden, wenn sich etwa der ästhetische Wert eines Liebesromans erst aus der Differenz zu anderen Liebesromanen erschließt. Ein Medium ist immer nur Medium für eine Form, eine Form formiert stets ein Medium und stellt damit die eigene Kontingenz aus – es wären andere Formbildungen möglich: Eine Zahlung im Medium Geld könnte auch höher oder niedriger sein, ein Gedicht könnte immer auch andere Worte, einen anderen Versfuß oder ein anderes Sujet wählen.

Obwohl die Form damit auf das Medium zurückweist, bleibt das Medium als solches stets unbeobachtbar (vgl. Luhmann 1990, 181–189): Wenn eine Kette zur Sinuskurve gelegt wird, können sowohl die mathematische Kurve als auch die Kette als Form beobachtet werden – jedoch niemals als Medium. Wer die Kette, die ihrerseits Medium für die Form ›Sinuskurve‹ sein kann, beobachtet, beobachtet sie nicht als Medium, sondern als eigene Form, die wiederum ein eigenes Medium (z. B. Silber) voraussetzt. Dabei wird das Medium durch die Formierung nicht verbraucht, sondern zirkuliert im System, während die Form ereignishaft bleibt. Zeitlich stabiler als die Form ist also das Medium (vgl. Luhmann 1997, 200), das sich aber paradoxerweise nur in Formen realisiert: Sprache z. B. ist als Medium verfügbar, konstituiert sich jedoch nur im Modus vergänglicher sprachlicher Äußerungen und ist nur in dieser Form beobachtbar. Der Medienbegriff kann also »nicht die Ontologie eines Gegenstandes« beschreiben, sondern vielmehr die Entwicklung eines Beobachters, der »es gelernt hat, mit Hilfe der Differenz von Figur und Hintergrund, Ding und Medium sowie Selektion und Motivation zu beobachten, was sich der direkten Beobachtung entzieht« (Baecker 2002, 22).

Die Unterscheidung von Medium und Form ist auch theorieintern bedeutsam: Sie löst das in der Systemtheorie zentrale Konzept des Sinns vom Subjektbegriff und passt ihn so in die konstruktivistische Theoriearchitektur ein. Sinn wird nicht vom Subjekt erzeugt, das als »sinnhaft konstituierte Identität den Sinnbegriff schon voraussetzt« (Luhmann 1971, 29), sondern ist – verstanden als Differenz von Potentialität und Aktualität – nicht mehr transzendierbar (vgl. dazu ausführlich Luhmann 1995a, 166; Luhmann 1971; Esposito 2006, 57–62; Werber 2008, 175–178). Außerdem wurde mit der Hilfe der Differenz versucht, die Einheit des systemtheoretischen Medienbegriffs auf abstrakter Ebene zu begründen (vgl. dazu ausführlich Esposito 2006; Baecker 2002; 2008).

Schluss

Systemtheorie und Konstruktivismus setzen sich teilweise erheblich von den Standpunkten der gängigen Medientheorien ab. So birgt der Umstand, dass solch heterogene Medientechniken wie Buchdruck, Rundfunk oder Fernsehen in der Analyse der Massenmedien als Einheit behandelt werden, Irritationspotential. Die – individuellen und sozialen – Effekte spezifischer Medientechniken, die den Gegenstand einer ›klassischen‹ Medientheorie im Anschluss an Harold Innis und Marshall McLuhan bilden (s. Kap. II.4), rücken an den Rand des Blickfelds. Mit dem Verweis auf die Eigengesetzlichkeit von Kommunikation wird die Auffassung, (Medien-)Technik sei die Determinante von Sinn und Semantik – und damit vor allem der hinsichtlich seiner theoretischen Reichweite und seines schulbildenden Potenzials wohl bedeutendste theoretische Rivale, Friedrich Kittler (s. Kap. II.13) –, auf Abstand gehalten.

Noch deutlicher wird auf Grundlage des konstruktivistischen Wirklichkeitsbegriffs die Distanz gegenüber Positionen einer ›kritischen‹ Theorie markiert, die mehr oder weniger implizite Normvorstellungen mitführen (vgl. Luhmann 1996, 9 f.; s. Kap. II.9). Das systemtheoretische Projekt besteht nicht darin, die Gesellschaft zu verändern bzw. zu verbessern; Handlungsanweisungen lassen sich aus dem Modell selbst nicht ableiten. Vielmehr besteht das Projekt darin, eine adäquate Beschreibung der Gesellschaft anzufertigen, die den Voraussetzungsreichtum ihrer Konkurrenz hinter sich lässt. Systemtheoretische und konstruktivistische Medientheorie kommt vor allem in solchen Fällen zum Einsatz, in denen Funktionen und Sinnstrukturen von Kommunikation zur Debatte stehen. Dabei ist die Frage nach den Grundlagen sozialer Ordnung maßgeblich: Wieso funktionieren die Gesellschaft und ihre Medien so, wie wir sie täglich beobachten können?

Literatur

Baecker, Dirk: Beobachtung mit Medien. In: Claudia Liebrand/Irmela Schneider (Hg.): *Medien in Medien*. Köln 2002, 12–24.

Baecker, Dirk: Medienforschung. In: Stefan Münker/Alexander Rösler (Hg.): *Was ist ein Medium?* Frankfurt a. M. 2008, 131–143.

Esposito, Elena: Macht als Persuasion oder Kritik der Macht. In: Maresch/Werber 1999, 83–107.

Esposito, Elena: Was man von den unsichtbaren Medien sehen kann. In: *Soziale Systeme* 12 (2006), 54–78.

Foerster, Heinz von: *Wissen und Gewissen. Versuch einer Brücke*. Frankfurt a. M. 1993.

Galtung, Johan/Ruge, Mari H.: The structure of foreign news. In: *Journal of Peace Research* 2/1 (1965), 64–91.

Görke, Alexander: Perspektiven einer Systemtheorie öffentlicher Kommunikation. In: Carsten Winter u.a. (Hg.): *Theorien der Kommunikations- und Medienwissenschaft. Grundlegende Diskussionen, Forschungsfelder und Theorieentwicklungen*. Wiesbaden 2008, 173–192.

Habermas, Jürgen: *Theorie des kommunikativen Handelns*. Frankfurt a. M. 1981.

Habermas, Jürgen/Luhmann, Niklas: *Theorie der Gesellschaft oder Sozialtechnologie – Was leistet die Systemforschung?* Frankfurt a. M. 1971.

Heider, Fritz: Ding und Medium. In: *Symposion. Philosophische Zeitschrift für Forschung und Aussprache* 1/2 (1926), 109–157.

Jahraus, Oliver u. a. (Hg.): *Luhmann-Handbuch. Leben – Werk – Wirkung*. Stuttgart/Weimar 2012.

Kant, Immanuel: Kritik der reinen Vernunft [2. Auflage 1787]. In: *Kant's gesammelte Schriften*, Bd. 3. Berlin 1911.

Kohring, Matthias: Journalismus als soziales System. Grundlagen einer systemtheoretischen Journalismustheorie. In: Martin Löffelholz (Hg.): *Theorien des Journalismus. Ein diskursives Handbuch*. Wiesbaden 2004, 185–200.

Luhmann, Niklas: Sinn als Grundbegriff der Soziologie. In: Habermas/Luhmann (Hg.) 1971, 25–100.

Luhmann, Niklas: Einführende Bemerkungen zu einer Theorie symbolisch generalisierter Kommunikationsmedien. In: *Zeitschrift für Soziologie* 3 (1974), 236–255.

Luhmann, Niklas: Veränderung im System gesellschaftlicher Kommunikation und die Massenmedien. In: Oscar Schatz (Hg.): *Die elektronische Revolution. Wie gefährlich sind die Massenmedien?* Graz u. a. 1975, 13–30.

Luhmann, Niklas: Die Unwahrscheinlichkeit der Kommunikation. In: Ders.: *Soziologische Aufklärung 3: Soziales System, Gesellschaft, Organisation*. Opladen 1981, 25–34.

Luhmann, Niklas: *Liebe als Passion. Zur Codierung von Intimität*. Frankfurt a. M. 1982.

Luhmann, Niklas: *Soziale Systeme. Grundriß einer allgemeinen Theorie*. Frankfurt a. M. 1984.

Luhmann, Niklas: Das Medium der Kunst. In: *DELFIN* 8 (1986), 6–15.

Luhmann, Niklas: *Die Wirtschaft der Gesellschaft*. Frankfurt a. M. 1988.

Luhmann, Niklas: *Die Wissenschaft der Gesellschaft*. Frankfurt a. M. 1990.

Luhmann, Niklas: The form of writing. In: *Stanford Literature Review* 9 (1992), 25–42.

Luhmann, Niklas: *Das Recht der Gesellschaft*. Frankfurt a. M. 1993.

Luhmann, Niklas: *Die Kunst der Gesellschaft*. Frankfurt a. M. 1995a.

Luhmann, Niklas. Was ist Kommunikation? In: Ders.: *Soziologische Aufklärung 6: Die Soziologie und der Mensch*. Opladen 1995b, 109–120.

Luhmann, Niklas: Wie ist das Bewusstsein an Kommunikation beteiligt? In: Ders.: *Soziologische Aufklärung 6: Die Soziologie und der Mensch*. Opladen 1995c, 38–54.

Luhmann, Niklas: *Die Realität der Massenmedien*. Opladen 1996.

Luhmann, Niklas: *Die Gesellschaft der Gesellschaft*. 2 Bde. Frankfurt a. M. 1997.

Luhmann, Niklas: *Die Politik der Gesellschaft*. Frankfurt a. M. 2000.

Luhmann, Niklas: *Einführung in die Systemtheorie*. Heidelberg 2002.

Marcinkowski, Frank: *Publizistik als autopoietisches System. Politik und Massenmedien. Eine systemtheoretische Analyse*. Opladen 1993.

Maresch, Rudolf/Werber, Niels (Hg.): *Kommunikation, Medien, Macht*. Frankfurt a. M. 1999.

Maturana, Humberto R.: *Erkennen: Die Organisation und Verkörperung von Wirklichkeit*. Braunschweig/Wiesbaden 1982.

Merten, Klaus: Konstruktivismus als Theorie für die Kommunikationswissenschaft. Eine Einführung. In: *Medien Journal* 19/4 (1995), 3–20.

Merten, Klaus/Schmidt, Siegfried, J./Weischenberg, Siegfried (Hg.): *Die Wirklichkeit der Medien. Eine Einführung in die Kommunikationswissenschaft*. Opladen 1994.

Morsch, Thomas: Massenmedien. Zum verpassten Dialog zwischen System- und Medientheorie. In: *Kritische Berichte* 36/4 (2008), 62–66.

Parsons, Talcott: On the concept of political power. In: *Proceedings of the American Philosophical Society* 107 (1963), 232–262.

Parsons, Talcott: Some problems of general theory in sociology. In: John C. McKinney/Edward A. Tiryakian (Hg.): *Theoretical Sociology: Perspectives and Development*. Englewood Cliffs 1970, 26–68.

Parsons, Talcott: Social structure and the symbolic media of interchange. In: Peter M. Blau (Hg.): *Approaches to the Study of Social Structure*. New York 1975, 94–120.

Schmidt, Siegfried J.: Die Wirklichkeit des Beobachters. In: Merten/Schmidt/Weischenberg 1994, 3–19.

Schmidt, Siegfried J.: Was heißt »Wirklichkeitskonstruktion«? In: Achim Baum/Siegfried J. Schmidt (Hg.): *Fakten und Fiktionen. Über den Umgang mit Medienwirklichkeiten*. Konstanz 2002, 17–30.

Schmidt, Siegfried J.: Der Medienkompaktbegriff. In: Stefan Münker/Alexander Roesler (Hg.): *Was ist ein Medium?* Frankfurt a. M. 2008, 144–157.

Schulz, Winfried: *Die Konstruktion von Realität in den Nachrichtenmedien. Analyse der aktuellen Berichterstattung*. Freiburg/München 1976.

Spencer Brown, George: *Laws of Form*. London 1969.

Weischenberg, Siegfried: Konstruktivismus und Journalismusforschung. Probleme und Potentiale einer neuen Erkenntnistheorie. In: *Medien Journal* 19/4 (1995), 47–56.

Werber, Niels: Luhmanns Medien. Zur philosophischen Rezeption einer anti-philosophischen Medientheorie. In: Alexander Roesler/Bernd Stiegler (Hg.): *Philosophie in der Medientheorie*. München 2008, 171–198.

Matthias Plumpe

12. Psychoanalytische Medientheorien

Beschreibung und Einordnung

Psychoanalytische Medientheorien nutzen die Grundannahmen der um 1900 durch den Arzt und Neurologen Sigmund Freud entwickelten Psychoanalyse oder Teile psychoanalytischer Werke als Rahmen. Obgleich die Psychoanalyse primär ein therapeutisches Verfahren sowie eine Lehre von der Psyche in ihrer gesunden sowie erkrankten Form darstellt, wirkt sie seit ihrer Entstehung als allgemeine Kulturtheorie. Auf die Psychoanalyse geht heute weitgehend der Begriff des Unbewussten zurück: Im bewussten Handeln und Sprechen solle sich etwas nicht bewusst Kontrolliertes mitartikulieren, das bei Versprechern, Sinnentstellungen und Symptomen besonders deutlich hervortritt. Nach ihrer Begründung durch Freud entstehen Anfang des 20. Jahrhunderts zahlreiche Gegenentwürfe, unter denen Carl Gustav Jungs und Alfred Adlers Tiefenpsychologien hervorzuheben sind. In den Jahren nach Freuds Tod 1939 erlangt vor allem die Ichpsychologie und Selbstpsychologie im nordamerikanischen Raum Bedeutung, wohingegen Jacques Lacan in Frankreich eine programmatische Rückkehr zu Freud ausruft, die eine starke Orientierung an dessen Schriften vorsieht. Eine weitere Strömung der Psychoanalyse geht auf die Kinderanalytikerin und Entwicklungstheoretikerin Melanie Klein zurück. Von der Mitte des 20. Jahrhunderts bis heute hat die verstärkte Ausdifferenzierung der analytischen Schulen in die Bindungsforschung und die Objektbeziehungsforschung stattgefunden, während die ebenfalls einflussreiche Neuropsychoanalyse den Rahmen sowohl der freudianischen wie der lacanianischen Theorien verlässt.

Psychoanalytische Ansätze zählen zu den Basistheorien, die für die Herausbildung der Medienwissenschaften in ihrer heutigen Form unabdingbar sind. Zu den Gründen dafür zählt, dass die Psychoanalyse im breiteren theoretischen Feld, aus dem die Medienkulturwissenschaft in den 1980er Jahren hervorgeht, sowohl als Bezugsgröße (z. B. Dekonstruktion) wie als Kontrahentin (z. B. Diskursanalyse) wichtig ist. Die Wirkung der Psychoanalyse auf die Medienkulturwissenschaft hängt außerdem an ihren Erkenntnisverfahren und Objekten, die nicht nur der Psychiatrie und Medizin, sondern auch dem weiteren medienkulturellen Bereich entstammen. So

führt sie anders als viele Wissenschaften dieser Zeit neben den psychischen Krankheitssymptomen Populärkulturelles und Alltägliches (Witze, frühe Cartoons, Versprecher, Fehler, Phantasien) mit neuen Methoden der wissenschaftlichen Bearbeitung zu und untersucht weniger die im therapeutischen Gespräch übermittelten sprachlichen Inhalte, sondern die erratischen Formen und Bedingungen dieser Sinngenerierung, z. B. die Verdichtung und Verschiebung in den Produktionen der Träumenden. Die Psychoanalyse in ihrer Grundform bei Sigmund Freud und seinen unmittelbaren Nachfolgern ist nicht als Medientheorie angelegt. Als psychoanalytische Medientheorien lassen sich jedoch Richtungen und Ansätze wie die folgenden bezeichnen, die sich entweder durch ihre medienwissenschaftliche Rezeption als solche deutlich konturiert haben, oder aber es handelt sich um eigenständige Medientheorien, die Medienbegriffe und medienanalytische Methoden auf psychoanalytischer Basis entwickeln:

- die psychoanalytische Prothesentheorie
- die Medientheorie Jacques Lacans
- die psychoanalytische Film- und Kinotheorie
- das technische Unbewusste

Für psychoanalytische Medientheorien ist es kennzeichnend, dass sie weniger an einer vollständigen Bearbeitung einzelner Werke und der Übernahme geschlossener Argumentationen und Konzepte festzumachen sind, sondern dass sie sich verschiedener Theorieelemente mit eigener Intention bedienen (z. B. der Technikmetaphern in Freuds Werken). Sie können auch selbst ausgewählte Schauplätze in zentralen psychoanalytischen Schriften darstellen, die eine medientheoretische Lesart nahegelegt haben (z. B. Lacans verstreute Bemerkungen zum Bild). Außerdem werden psychoanalytische Medientheorien dadurch geprägt, dass sie die Grundzüge und Grundintention psychoanalytischer Annahmen medientheoretisch reformulieren und entsprechende Belege extrapolieren (die drei Ordnungen des Realen/Imaginären/Symbolischen bei Lacan und die Traumarbeit bei Freud).

Einen entscheidenden Beitrag zur historischen Situierung der Psychoanalyse leistet die Medienarchäologie (s. Kap. II.13), indem sie nicht nur den technischen und damit den mediengeschichtlichen Hintergrund speziell der Theorie Freuds als einer ihrer wesentlichen Entstehungsbedingungen herausarbeitet, sondern auch den Zusammenhang von Medientechnikgeschichte und psychischen Symptomen, vor allem des Wahns, mit aufgedeckt.

Die psychoanalytische Prothesentheorie

Die psychoanalytische Prothesentheorie basiert auf Sigmund Freuds Arbeit über *Das Unbehagen in der Kultur* (vgl. Freud 1930/1999). Freud beschreibt darin das Paradox moderner Gesellschaft, die zwar den Menschen durch wissenschaftlichen Fortschritt und Technik zunehmend von natürlichen Gefahren und körperlicher Mühsal befreit, ihn dabei aber nicht glücklicher macht, weil sie selbst wiederum Triebverzicht verlangt. In Stellvertretung der gesamten Kultur werden einzelne Techniken und aus heutiger Sicht verschiedene Medien in diesem Sinne als Prothesen definiert, d.h. als kulturelle Erweiterungen des Menschen und seines Körpers, die zwar göttlichen Machwerken ähneln, ihren behelfsmäßigen Charakter jedoch nie ganz verlieren. Der Mensch ist deshalb zu einer Art »Prothesengott« geworden (ebd., 451): Motoren schickt er wie seine Muskeln in beliebige Richtungen, Schiff und Flugzeug meistern die für den menschlichen Körper schlecht zugänglichen Elemente Wasser und Luft, während Brille, Fernrohr und Mikroskop die Sehfähigkeit erweitern. Fotografie und Phonographie treten als Speichermedien der Seh- und Höreindrücke auf. Die Schrift ist die Sprache der Abwesenden, das Telefon die Rede der geliebten Abwesenden und das Wohnhaus soll der Ersatz für den Mutterleib sein (vgl. ebd., 449 f.).

Technische Prothesen nehmen hier eine Mittlerposition zwischen den körperlichen Extremitäten, den Wahrnehmungsorganen und den Elementen bzw. der Umwelt ein und ihre unvollkommene Vervollkommnung des Menschen lässt den abwertenden Ausdruck ›Prothese‹ naheliegend erscheinen. Handelt es sich bei den Prothesengott-Passagen aus dem *Unbehagen in der Kultur* auch um ein frühes und klassisches Exempel anthropomorpher Medienauffassungen, so ist der psychoanalytische Prothesenbegriff doch nicht ohne Weiteres etwa der Organprojektionsthese Ernst Kapps und auch nicht Marshall McLuhans Begriff der Medien als Extensionen des Körpers gleichzustellen (s. Kap. II.4). Freud hat letzteren zwar mit beeinflusst, aber konzeptuell bleibt sein Prothesenbegriff der psychoanalytischen Kulturtheorie und deren Begriffsensemble (Triebbegriff, dynamisches Unbewusstes) verpflichtet.

Die Medientheorie Jacques Lacans

Die Medientheorie Jacques Lacans setzt sich aus verschiedenen Teilen seines Werkes zusammen, die Medien und Medialität auf je unterschiedliche Weise betreffen: Schematisch dargestellt handelt es sich dabei um

(1) die Ausführungen zu Sprache, Kybernetik und Psychoanalyse,

(2) das Spiegelstadium und die Bildtheorie sowie

(3) die theoretische Gesamtanlage, basierend auf den drei Ordnungen des Realen, des Imaginären und des Symbolischen.

(1) Lacan skizziert, dass sich Kybernetik und strukturale Psychoanalyse eigentlich auf dieselben Wirkungsprinzipien beziehen (vgl. Lacan 1991). Im Rahmen seiner Sprachtheorie untersucht er selbst diese Prinzipien als Wirkung von bezeichnenden Entitäten bzw. Signifikanten. ›Signifikant‹ heißt das Bezeichnende, und an dieser Stelle sind damit an sich völlig bedeutungslose Elemente und zugleich auch materielle Einheiten gemeint, die zu einem differentiellen System zusammengeschlossen wurden. In der Technikentwicklung, der Informationstheorie Claude E. Shannons und speziell der Kybernetik Norbert Wieners sieht Lacan die von ihm selbst als Sprache erforschten Prinzipien ebenfalls behandelt und parallel zur Lautsprache in Gestalt elektronischer Schaltungen realisiert. Ein aus kybernetischer sowie psychoanalytischer Sicht wichtiger Mechanismus ist die einfache Tür, die Lacan als unabkömmliches Medium kennzeichnet. Türen sind als Mechanismen zur hinreichenden Unterscheidung von zwei Zuständen zu verstehen. Informatische Türen bzw. Schaltungen und auf ihnen basierende Maschinen, d.h. Computer, ersetzen aber nicht einfach das menschliche Gedächtnis oder imitieren die psychische Verarbeitung und Kognition, sondern Lacan entwickelt beide – psychisches Geschehen und digitale Maschine – als Geschwisterformen des Symbolischen. Er analogisiert dafür Pläne elektronischer Schaltungen (Strom fließt/Strom fließt nicht) mit den im Gedächtnis bewahrten Subjekt-Objekt-Konstellationen (Informationen über An- und Abwesenheit). Er konstatiert dabei einen bestehenden Unterschied zwischen Mensch und Maschine: Basiert die menschliche Psyche auf der drängenden Qualität des Unbewussten und dem Begehren, so kann in der Maschine das aus der Syntax Ausgeschlossene und Fehlerhafte – also das der Maschine nicht Bekannte – nicht bewegt und nicht bearbeitet werden, sondern verfällt einfach (vgl. ebd., 390).

Nach Lacan hat die Zirkulation des Wortes eine Symbolwelt bedingt, in der wiederum »algebraische Kalküle« (ebd., 64) und Maschine, also Struktur abgelöst von menschlicher Aktivität, möglich sind. Daraus folgt das Fazit der strukturalen Analyse mit dem vielleicht größten Echo in der Medientheorie: »Die symbolische Welt, das ist die Welt der Maschine« (ebd.).

(2) Wichtiger Bezugspunkt für Bild- und Filmtheorien ist vor allem Lacans erstmals 1936 vorgestellte Theorie des Spiegelstadiums. Lacan geht dabei von einer auch entwicklungstheoretisch und durch vergleichende Säuglingsbeobachtung (Mark Baldwin) erforschten Phase der Entwicklung aus, in der Menschen im Unterschied zu Affen ein spezifisches Verhalten ihrem eigenen Spiegelbild gegenüber an den Tag legen. Kinder betrachten sich nicht mehr nur interessiert wie ein neues Gegenüber oder prüfen ihr Bild, sondern sie begrüßen es begeistert und suchen den Spiegel mit »jubilatorischer Geschäftigkeit« immer wieder auf (Lacan 1996, 63). In der Theorie des Spiegelstadiums lässt die sichtbare Freude auf einen prinzipiell unbeobachtbaren Entwicklungsvorgang schließen, der grundlegende Funktion für die Ausbildung der Ichfunktion und die Möglichkeit des bewussten Selbstbezugs hat. Wenn der Säugling sein Bild im Spiegel erkennt, dann geschieht der Annahme nach weit mehr, als dass er erstmals eine visuelle Vorstellung seiner ganzen Erscheinung bekommt. Vielmehr setzt er etwas – auch als Bild – zusammen, das es in Synthese vorher gar nicht gegeben hat. Der Säugling setzt mit Wahrnehmung der gespiegelten Einheitlichkeit seines Selbst seine Person als Einheit und damit als Ich.

Mit Bezügen zur Malerei (Hieronymus Bosch) erläutert Lacan, dass man sich ähnlich wie bei Melanie Klein den psychischen Zustand des Kindes eigentlich als unorganisiert und dissoziiert vorzustellen habe und dass es aufgrund seiner mangelnden psychischen und somatischen Reife anfänglich ein lediglich zerstückeltes Bild seines Körpers haben könne (vgl. ebd., 67). Über diese ursprüngliche psychische Desintegration wird die imaginäre und gewissermaßen scheinhaft-behelfsmäßige Ganzheit des Ich hinprojiziert, die jedoch ein Leben lang für Störungen anfällig bleibt. Eine wichtige Differenzierung, die auf Lacan zurückgeht, ist diejenige, dass zwischen Bild und Blick zwar eine notwendige Beziehung besteht, aber der Blick nicht einfach auf das (Spiegel-)bild trifft, sondern dass das scheinbare Abbild umgekehrt ein Resultat der Tätigkeit des ver-

mittelnden Blicke(n)s nicht nur des Säuglings, sondern zugleich des Blicks eines Dritten (Erwachsenen) ist. Damit ist es unter einem erweiterten Sprachbegriff, der bei Lacan durch eine solche triadische Struktur ausgedrückt wird, immer auch als sprachlich und sogar stimmlich mitbedingt aufzufassen (vgl. Dolar 2007). Unter Verweis auf die Arbeiten des Physikers Henri Bouasse (Experiment mit dem umgekehrten Blumenstrauß) erweitert Lacan die Theorie des Spiegelstadiums und differenziert die strukturale Bildtheorie im Rahmen seiner Seminare vielfach aus (vgl. Lacan 1990).

(3) Bereits die Gesamtanlage der Theorie Lacans, basierend auf den drei Ordnungen Reales, Imaginäres, Symbolisches, verkörpert eine Form der Medientheorie. Insgesamt kann die unter Bezug auf Ferdinand de Saussure, Roman Jakobson und Claude Lévi-Strauss erfolgende linguistische und d. h. strukturalistische Umformulierung der Psychoanalyse, wie Lacan sie vornimmt, als Versuch verstanden werden, Medialität zu denken. Die Funktionsweisen der Seele bzw. Psyche lassen sich bei Lacan nicht mehr ausschließlich im Sinne individualpsychologischer Entitäten, sondern als allgemeine Strukturen verstehen, die in der Sprache vermittelt sind, ohne die sie nicht konzeptualisiert und erfahren werden können.

Um die verschiedenen Dimensionen der Sprache auszudrücken, arbeitet Lacan die Begriffstrias aus und immer wieder um. Das Symbolische ist einerseits nur eine der drei Ordnungen neben dem Realen und dem Imaginären, andererseits aber ist es das wichtigste Register, weil es das Gesetz und den Geltungsbereich der Sprache – in ihren bewusst wahrnehmbaren wie in ihren unbewussten Funktionsweisen – absteckt, dabei jedoch nicht mit der gesprochenen, bewusst artikulierten Lautsprache in eins fällt, die neben der symbolischen gerade auch eine imaginäre und reale Dimension hat. Deswegen erscheint es auch verkürzt, das Symbolische aus der Begriffstrias herauszulösen und in die Nähe eines positivistisch verengten Schriftbegriffs zu rücken, wie es im Anschluss an die mediengeschichtliche Historisierung der Psychoanalyse als Medientheorie analoger Schriftlichkeit mitunter geschieht. Als paradigmatisches Beispiel für die Dimension des Imaginären gilt die auf Ähnlichkeit und Entsprechung bauende Beziehung zwischen Subjekt und Spiegelbild. Das Reale lässt sich zunächst nur dadurch kennzeichnen, dass es weder dem Imaginären noch dem Symbolischen entspricht. Es deckt sich jedoch auch nicht vollständig mit einem physikalischen Begriff des Materiellen, sondern kann lediglich negativ definiert werden.

Psychoanalytische Film- und Kinotheorie

Die Geschichte der psychoanalytischen Film- und Kinotheorie ist in weiten Teilen davon bestimmt, dass scheinbar naheliegende Parallelen wie diejenige zwischen dem im Kinodunkel rezipierten Film und dem nächtlichen Traum betont und die kinematographische Erfahrung, das Bewegtbild oder die filmische Erzählung mit ihren psychoanalytischen ›Entsprechungen‹ in der einen oder anderen Weise kurzgeschlossen oder auch kontrastiert werden. In der Kinotheorie der 1960er und 1970er Jahre dominiert die Engführung des psychischen Apparates der Metapsychologie mit der Apparatur des Kinos. Aus gesellschafts- und ideologiekritischen Erwägungen heraus entwickelt neben Marcelin Pleynet vor allem Jean-Louis Baudry eine eigenständige psychoanalytische Medientheorie, die das Kino durch die Analogisierung des psychischen mit dem kinematographischen Apparat auf seine ideologieproduzierenden Effekte hin untersuchen will (vgl. Baudry 1970). Ähnlich stellt auch Jean-Louis Comolli die aus der Perspektive der Apparatustheorie problematischen Aspekte der kinematographischen Technik – vor allem die Realitätseindruck erheischende Zentralperspektive – in den Vordergrund und nicht so sehr den konkreten filmischen Inhalt.

Mit dieser Konzentration auf die technische Form der Sinnerzeugung ordnen sich die Ansätze der Apparatustheorie trotz ihrer starken Vereinfachungen in die Reihe der Vorläufer materialistischer Medienkulturtheorie ein. Bei Baudry tritt bald der Begriff des kinematographischen Dispositivs in den Vordergrund, mit dem er die Anordnung des Kinos als Grundlage des spezifisch filmischen Realitätseindrucks in Anknüpfung an Platon und Freud beschreibt (vgl. Baudry 1994). Das Kino ist laut Baudry jedoch weder Verdopplung der Realität noch schlicht ›Äquivalent‹ des Traums, wie häufig in der Filmgeschichte (z. B. Hollywood als ›Traumfabrik‹) behauptet (vgl. ebd., 1073). Während sich die Vorstellungen im Traum unter Abwesenheit der Wahrnehmung als Realität präsentieren können, von denen sich der Träumende nicht distanzieren kann und die damit ›Mehr-als-Reales‹ werden, erweckt das Kino einen Realitätseindruck, der vom Zuschauer aktiv wahrgenommen wird (vgl. ebd., 1064).

Jedoch meint Baudry, dass es der Wunsch (der Menschen) sei, Vorstellung und Wahrnehmung wie im Traum ununterscheidbar zu machen, der die Geschichte der Erfindung des Kinos angetrieben habe, um eine »Simulationsmaschine« zur Transformation von Gedanken in Wahrnehmungseindrücke zu bauen (vgl. ebd., 1071).

In der psychoanalytischen Film- und Kinotheorie haben immer wieder Ansätze konkurriert, die Film und Kino auch aufgrund ihrer technischen Basis als Apparatur auffassen, die Bewusstsein schafft, Affekte strukturiert etc. (vgl. Apparatustheorie bei Baudry u. a.), und solchen, die den Film verstärkt als Text, Narrativ und Bildercode begreifen und hiervon ausgehend auf die Rekonstruktionsleistungen des Zuschauers abstellen. So legt Christian Metz die wahrscheinlich bekannteste Arbeit psychoanalytischer Filmtheorie als einen Gegenentwurf zur Apparatustheorie vor, wenn er explizit den konkreten Film als begehrtes Objekt des Zuschauers wieder in den Blick rücken will (vgl. Metz 2000). Dafür adaptiert er Lacans Begriff des Signifikanten und das Register des Symbolischen speziell in Form der *cinematic codes* für die Filmanalyse und arbeitet stark mit der Theorie des Spiegelstadiums sowie mit dem Begriff der primären Identifikation, die er aber gerade nicht eins zu eins auf die Filmbetrachtung überträgt. Freuds Behandlung der kindlichen Schaulust und die Thesen zur Geschlechtswerdung sowie Lacans Spiegelstadium bilden außerdem die Grundlage für die Analysen der feministischen Filmtheorie nach Laura Mulvey (s. Kap. IV.25), derzufolge im Hollywoodkino strukturell die männliche Schaulust bedient wird (vgl. Mulvey 1995). Feministische Filmtheorien leisten außerdem die Übertragung der Theorie des Spiegelstadiums auf die Akustik (vgl. Silverman 1988). Gilles Deleuzes und Félix Guattaris Radikalisierung des psychoanalytischen Wunschbegriffes und Deleuzes Kino-Theorie lassen sich in ihrer Reichweite und Eigenständigkeit nicht mehr unter die psychoanalytischen Medientheorien subsumieren.

Das technische Unbewusste

Freuds Schriften enthalten eine Vielzahl an Metaphern, Gleichnissen und Beschreibungen technischer Medien um 1900, die jedoch bei ihm selbst nicht im Vordergrund stehen, sondern dort noch Illustrationscharakter haben. Sie dienen sowohl dazu, die Äußerungsformen des Unbewussten zu veranschaulichen, als auch ein allgemeines Wissen über das psychoanalytische Setting zu generieren. So empfiehlt Freud, der Analytiker habe sich zu verhalten wie der aufnehmende Part des Telefons (vgl. Ronell 2001). Das technische Unbewusste stellt ein Bündel theoretischer Strategien dar, die metaphorische Verwendung der Medien wiederum als Signal des engen und von der Psychoanalyse und den Philologien unterschätzten Wechselspiels zwischen psychoanalytischen Techniken und Objekten mit den gesellschaftlich-technischen Bedingungen der Zeit zu lesen.

Auf Jacques Derridas Aufsatz über »Freud und den Schauplatz der Schrift« geht die These zurück, dass der Bogen von den technischen Bildern des psychischen Apparates im »Entwurf einer Psychologie« hin zu einem Kinderschreibgerät, dem Wunderblock, von Freud nicht ohne Grund geschlagen wird (vgl. Derrida 1972). Wahrnehmung und Gedächtnis funktionieren rätselhafterweise im selben System, das heißt es muss einerseits einen Bereich in der Psyche geben, der Neues aufnehmen kann und somit frisch bleibt, und andererseits etwas, das ›Dauerspuren‹ aufzuheben imstande ist: Der Wunderblock kann beide Anforderungen mittels der aufnahmefähigen Folie und den bewahrenden Inskriptionen in der darunterliegenden Wachsschicht einlösen. Derrida deutet diese Konzeption nun schon in einem Vorgriff auf die Medientheorie als Vermögen der Schrift an. Nach Joseph Vogl lässt sich bei Freud eine allgemeine Verschiebung von der Signalverarbeitung hin zur Einschreibung ausmachen (vgl. Vogl 1999). Dominierten im Frühwerk thermodynamische Prinzipien, die Elektrizitätslehre (Herkunft des psychischen Apparats aus dem Geist des Elektromagnetismus) und Schaltungstechnik, dienen in der Traumlehre besonders optische Medien als Hintergrund, die wiederum vom Wunderblock als allgemeinem Schriftmodell abgelöst werden.

Die Medienarchäologie Friedrich Kittlers hat sich auch durch Freilegung des technischen Unbewussten bei Freud konturiert, das heißt durch das Aufzeigen der medientechnischen Bedingtheit psychoanalytischer Arbeit (s. Kap. II.13). An der Psychoanalyse Freuds offenbart sich medienarchäologisch gesprochen der Medienwandel um 1900, denn »Kino und Grammophon bleiben das Unbewusste des Unbewussten« (Kittler 1995, 359). Einen hervorragenden Stellenwert erhält in der Archäologie des technischen Unbewussten das Verhältnis von Schrift und Psychoanalyse einerseits und das Verhältnis von Kino/Film und Psychoanalyse andererseits. Während die Schrift schon in der *Traumdeutung* einen

zentralen Stellenwert einnimmt, finden das Kino und Bewegtbild keine Erwähnung; dies auch deshalb, weil das Kino die »psychophysische Voraussetzung« (ebd., 349) der Psychoanalyse bildet und darum nicht von ihr selbst artikuliert werden kann.

Im technischen Unbewussten erfährt jener in der psychoanalytischen Filmtheorie bewegte Zusammenhang von Kino und Psyche also eine Wendung und schließlich seine medienhistorische Erklärung. Stellt Freuds Hypostase der Schrift nach Kittler eher ein Signum für das Ende des Schriftmonopols als dessen Begreifen dar, so verhält es sich mit der Medienreflexivität Jacques Lacans gänzlich anders. Freuds Materialismus kennt nur die Informationstechnik seiner Zeit und beschreibt laut Kittler die Psyche zwar nicht mehr als ›Ursprung‹, aber eben doch nur als psychischen Apparat im Hinblick auf die verfügbaren Übertragungs- und Speichermedien. Die Verarbeitung durch das »technische Universalrechenmedium Computer« (Kittler 1993, 63) kommt dagegen bei Freud noch nicht vor, denn nur Lacan hat verstanden, dass die technischen Medien inklusive einer »schreibmaschinisierten Schrift« (ebd., 64) den psychischen Apparat bilden. Mediengeschichte und Psychoanalyse verhalten sich in der Medienarchäologie als Doppelgänger: Indem Technik als Unbewusstes der Geschichte und Sinnproduktion entdeckt wird, erfährt das anthropologisch missverstandene Unbewusste eine Technologisierung bzw. eine Art Rückübersetzung in die Technik, deren Effekt es zunächst gewesen sein soll.

Probleme und Desiderate

Ein innerhalb der Medienkulturwissenschaft wenig diskutiertes Problem psychoanalytischer Medientheorien besteht darin, dass psychoanalytische Konzepte und Methoden meist nicht von vornherein für den kulturwissenschaftlichen Gebrauch bestimmt sind, sondern in der klinischen Praxis entwickelt und von dieser getragen werden. Entsprechend verändern sich die Begriffe und Erkenntnisverfahren zum Teil sogar sehr stark, wenn sie vollständig aus dem Erfahrungskontext der ›Redekur‹ gelöst werden. Aus dieser im deutschsprachigen Raum wenig erkannten Problemlage mag insgesamt auch resultieren, dass die eingehende Beschäftigung mit zahlreichen Autor/innen in der Medienkulturwissenschaft ausgeblieben ist, die in der Klinik überaus wichtig sind (v. a. Melanie Klein, Wilfred Bion, Françoise Dolto, Serge Leclaire, Sandor Ferenczi).

Ein Desiderat besteht zudem darin, Lacans Adaption der Semiologie Ferdinand de Saussures im Lichte ihrer Neubeurteilung durch die medienwissenschaftliche Sprachforschung erneut zu untersuchen. Desiderat ist vor allem die medientheoretische Bearbeitung der psychoanalytischen Geschlechtertheorien geblieben (Michèle Montrelay, Maria Torok, Françoise Dolto, Joan Riviere, Edith Seifert und auch nicht erschöpfend Julia Kristeva, Luce Irigaray, Joan Copjec). Bislang wurde in der Medienforschung der kritische Austausch zwischen der Gendertheorie und den psychoanalytischen Theorien der Geschlechtswerdung zu wenig beachtet (Monique David-Ménard).

Wirkung, Rezeption

Jacques Lacans Medientheorie bildet – eingebettet in andere Lektüren – ein Fundament vieler medienkulturwissenschaftlicher Arbeiten, nicht zuletzt vermittelt über Kittlers weitreichenden Zugriff auf sie. Mit Ausnahme des technischen Unbewussten hat sich die Wirkung der psychoanalytischen Medientheorien in den letzten Jahren jedoch nicht verbreitet, insbesondere nicht diejenige der psychoanalytischen Filmtheorie. Dennoch lässt sich ein konstanter Einfluss psychoanalytischen Denkens auf die Medienkulturwissenschaft ausmachen, vor allem weil Lacan eine jenseits der KI (=Künstlichen Intelligenz) bislang einzigartige Verbindung von Computerfunktionen und psychischen Vorgängen aufgezeigt hat. Slavoj Žižeks Auseinandersetzungen mit Kino, Film und Populärkultur stellen in den deutschsprachigen Medienwissenschaften eine weniger einflussreiche Rezeption psychoanalytischer Medientheorien dar (vgl. z. B. Žižek 1991 und 2002). Freuds anthropomorphe Beschreibung der Techniken als Prothesen wird selbst nicht aktiv genutzt, aber als Vorwegnahme medienanthropologischer Entwürfe gewürdigt.

Literatur

Baudry, Jean-Louis: Cinéma: effets idéologiques produits par l'appareil de base. In: *Cinéthique* 7–8 (1970), 1–8.
Baudry, Jean-Louis: Das Dispositiv. Metapsychologische Betrachtungen des Realitätseindrucks [1975]. In: *Psyche* 11/48 (1994), 1047–1074.
Derrida, Jacques: Freud und der Schauplatz der Schrift [1967]. In: Ders.: *Die Schrift und die Differenz*. Frankfurt a. M. 1972, 302–350.
Dolar, Mladen: *His Master's Voice*. Frankfurt a. M. 2007.
Freud, Sigmund: Das Unbehagen in der Kultur [1930]. In: Ders.: *Gesammelte Werke XIV*. Frankfurt a. M. 1999, 419–506.
Kittler, Friedrich A.: *Aufschreibesysteme 1800/1900* [1985]. München 1995.
Kittler, Friedrich A.: Die Welt des Symbolischen – eine Welt der Maschine. In.: Ders.: *Draculas Vermächtnis. Technische Schriften*. Leipzig 1993, 58–80.
Lacan, Jacques: *Freuds technische Schriften. Das Seminar Buch I* [1975]. Weinheim/Berlin 1990.
Lacan, Jacques: *Das Ich in der Theorie Freuds und in der Technik der Psychoanalyse. Das Seminar Buch II* [1978]. Weinheim/Berlin 1991.
Lacan, Jacques: Das Spiegelstadium als Bildner der Ichfunktion [1966]. In: Ders.: *Schriften I*. Weinheim/Berlin 1996, 61–70.
Metz, Christian: *Der imaginäre Signifikant. Psychoanalyse und Kino* [1977]. Münster 2000.
Mulvey, Laura: Visuelle Lust und narratives Kino [1975]. In: Liliane Weissberg (Hg.): *Weiblichkeit als Maskerade*. Frankfurt a. M. 1994, 48–65.
Ronell, Avital: *Das Telefonbuch* [1989]. Berlin 2001.
Silverman, Kaja: *The Acoustic Mirror. The Female Voice in Psychoanalysis and Cinema*. Indiana 1988.
Vogl, Joseph: Technologien des Unbewußten. Zur Einführung. In: Lorenz Engell/Ders. (Hg.): *Kursbuch Medienkultur. Die maßgeblichen Theorien von Brecht bis Baudrillard*. Stuttgart 1999, 373–376.
Žižek, Slavoj: *Liebe Dein Symptom wie Dich selbst! Jacques Lacans Psychoanalyse und die Medien*. Berlin 1991.
Žižek, Slavoj: *Was Sie schon immer über Lacan wissen wollten und Hitchcock nie zu fragen wagten* [1992]. Frankfurt a. M. 2002.

Anna Tuschling

13. Medienarchäologie

Dem Alltagssprachverstand zufolge zielt Archäologie darauf ab, verschüttetes Wissen an die Oberflächen aktueller Aufmerksamkeit zu heben. Weil die Oberflächen weit und die Tiefen unterschiedlich tief geschichtet sind, gilt diese Basisoperation als prinzipiell unabschließbar, als ein auf vielfältige Bereiche übertragbarer Prozess, dessen Geltungsbereich von der Kulturgeschichte technischer Artefakte bis hin zur Auslotung seelischer Abgründe in der Psychoanalyse reicht (zu den entsprechenden Konjunkturen vgl. Ebeling/Altekamp 2004; zur Psychoanalyse vgl. Rohrwasser u. a. 1996).

Die Semantik der wissenschaftlichen Archäologie und ihrer grabungstechnischen Erschließung unzugänglicher Schichten hat zwei Implikationen, die gerade die Geistes- und Kulturwissenschaften maßgeblich prägen sollten. Sie nobilitiert erstens die Vertikale, weil nur dem Verborgenen und daher schwer Zugänglichen das Wissenswerte innewohnt. Dem steht zweitens die Einschätzung zur Seite, dass sich das derart Entlegene in beruhigender Entfernung zum eigenen Standpunkt befindet und damit über vormalige Lebensformen zwar in Kenntnis setzt, aber nicht im Sinne einer stärkeren Lesart affiziert oder gar *informiert*. Was immer man etwa über die untergegangenen Reiche ägyptischer Pharaonen oder die Ernährungsgewohnheiten steinzeitlicher Pfahlbautenbewohner wissen kann, es betrifft die Gegenwart mitsamt ihren Lebensverhältnissen und Befindlichkeiten kaum (zu der Erschließung aus den Segmenten des Mülls vgl. Schmidt 2004). Mit genau diesem Anspruch jedoch tritt Medienarchäologie in ihrer deutschen Ausrichtung an und vermag daraus ihr enormes Provokationspotential zu ziehen. Wie kaum eine andere Sache ist sie umkämpft und bleibt umstritten, verhandelt sie doch mehr oder weniger unterschwellig die Sache des Menschen – und das in einer Lage, die vermeintlich ganz im Zeichen postpostmoderner Beliebigkeiten steht. Ihr Fokus auf Institution und Materialität des Archivs wird zum Unterscheidungsmerkmal gegenüber irgendwelchen Erinnerungskulturen.

> »Medienarchäologie hat zum einen die Genealogie jener Apparaturen zum Gegenstand, die jenseits der Hermeneutik – parergonal – an Bildern und Texten *am Werk* sind; zum anderen inkorporiert jener Begriff auch die konkrete Institution des Archivs als unvorgängliches Dispositiv dieses Wissens. Gegenüber Auslotungen der Erinnerungskultur gilt hier der präzise Blick auf die Materialitäten ihrer Speicher« (Ernst 2007, 32).

Begriffsbestimmung und Problematik der Medienarchäologie

Die Formulierung ›Medienarchäologie‹ ist eng verknüpft mit den Arbeiten des Medienwissenschaftlers Siegfried Zielinski, dessen Buch die *Archäologie der Medien. Zur Tiefenzeit des technischen Hörens und Sehens* aus dem Jahr 2002 die Kopplung von Medien und Archäologie expressis verbis vornimmt (vgl. Zielinski 2002; Andriopoulos/Dotzler 2002; zu den Verwendungen im Vorfeld vgl. Wetzel 1989). Aktuelle Schwerpunkte medienarchäologischen Arbeitens bilden das Seminar für Medienwissenschaft an der Berliner Humboldt-Universität (Wolfgang Ernst), das Institut für Kultur und Ästhetik Digitaler Medien an der Leuphana-Universität Lüneburg (Wolfgang Hagen, Claus Pias, Martin Warnke), die Bauhaus-Universität mit ihrer Fakultät für Medien (Lorenz Engell, Bernhard Siegert) oder mit einer deutlich künstlerischen Ausrichtung das Institut für Medienarchäologie (IMA) im österreichischen Hainburg an der Donau. Auch das Weimarer Archiv für Mediengeschichte ist diesem Programm weitgehend verpflichtet.

Medienarchäologie bezeichnet weniger einen fest umrissenen Gegenstandsbereich als eine Methode: die einer weitergeführten Diskursanalyse, wie sie Michel Foucault in seiner *Archäologie des Wissens* aus dem Jahr 1969 für den akademischen Betrieb so folgenreich entworfen hat (vgl. Ernst 2002; 2008). Genau mit dieser Beleihung von Foucaults Ansatz handelte sich die Medienarchäologie auch jene Schwierigkeiten ein, die ihre Rezeption fortan begleiten sollten. Ihr theoretisches und methodisches Zentrum ist die Rede vom ›historischen Apriori‹, deren ganze Ambivalenz Foucault selbst zum Ausdruck brachte. Beide Wörter, die nebeneinandergestellt den Eindruck einer historischen Transzendentalwissenschaft ergeben, müssen ›schrill‹ wirken, so Foucault, koppeln sie doch zwei Aspekte, die gemeinhin getrennt voneinander verhandelt werden: mit dem ›Apriori‹ den Anspruch auf eine allgemeingültige Bedingung der Möglichkeit alles Wissens und mit dem ›historischen‹ zugleich seine zeitliche Limitierung (zu einer prägnanten Beschreibung von Foucaults Unternehmen mit einer Perspektivierung auf die Wissensgeschichte vgl. Rheinberger 2007, 104 ff.).

Berühmt, vielleicht gar berüchtigt, konnte im Zuge seiner Absetzbewegung von Begriffs-, Ideen- oder Mentalitätsgeschichte der Anspruch werden, nicht Gültigkeitsbedingungen für Urteile, sondern Realitätsbedingung für Aussagen liefern zu wollen.

»Es handelt sich nicht darum, das wiederzufinden, was eine Behauptung legitimieren könnte, sondern die Bedingungen des Auftauchens von Aussagen, das Gesetz ihrer Koexistenz mit anderen, die spezifische Form ihrer Seinsweise und die Prinzipien freizulegen, nach denen sie fortbestehen, sich transformieren und verschwinden« (Foucault 1981, 184).

Die Schrillheit des ›historischen Apriori‹ überträgt sich bei der Anwendung auf die Medienarchäologie – weniger als semantische Extravaganz, sondern in der Grundsätzlichkeit der Frage, wie weit man einem solchen Apriori der Medien folgen will oder glaubt folgen zu müssen. Friedrich Kittler hat im Anschluss an Michel Foucault und Jacques Lacan die dafür wohl radikalste Formel gewählt und so überrascht es nicht, wenn sich die Diskussion um die Medienarchäologie vorrangig an ihm und an Vertretern seiner Schule abarbeitet. Seine Thesen vom Technischen, das allem Menschlichen vorgängig sei, haben provoziert und manche seiner Sätze haben selbst den Charakter eines epistemologischen Bonmots angenommen: »Medien«, so verfügt er etwa, »bestimmen unsere Lage, die (trotzdem oder deshalb) eine Beschreibung verdient« (Kittler 1986, 3). Als anti-aufklärerisch oder gar anti-humanistisch wurde gebrandmarkt, dass er dem Menschen und einer ihm eigenen Form der Sinnkonstitution keine Chance mehr lassen und stattdessen alles dem Diktat technischer Medien überantworten würde. Damit waren die Bastionen der Geisteswissenschaften betroffen und zwar derart, dass selbst den diversen Umbauversuchen eines doch im weitesten Sinne hermeneutischen Fundaments – etwa durch Ideologiekritik und Sozialverwissenschaftlichung, durch den Anschluss an Marxismus und Psychoanalyse (s. Kap. II.8 und II.12) – der Boden entzogen wurde: »Es gibt erstens keinen Sinn, wie Philosophen und Hermeneutiker ihn immer nur zwischen den Zeilen gesucht haben, ohne physikalischen Träger. Es gibt zum anderen aber auch keine Materialitäten, die selbst Informationen wären und Kommunikation herstellen könnten« (Kittler 1993, 161).

Das Setzen auf die physikalischen Träger weist dem Literaturwissenschaftler seinen Weg zu den Medien, beginnend zunächst mit solchen, die der Literatur selbst zugrunde liegen oder sie affizieren. Vorschub geleistet wurde solchen Umbaubemühungen durch institutionelle Rahmenbedingungen wie etwa die legendäre Tagung Materialities of Communication, die 1987 in Dubrovnik stattfand (vgl. Gumbrecht/Pfeiffer 1988). Kittlers Habilitationsschrift Aufschreibesysteme 1800/1900 zeichnet nach, in welchem Maß vermeintliche Selbstverständlichkeiten

Effekte kultur- und medientechnischer Programmierung und damit Gegenstand eines epistemologisch verfestigten Selbstmissverständnisses werden können (vgl. Kittler 1985; zur Kontroverse über die Annahme als Habilitationsleistung vgl. Gesellschaft für Medienwissenschaft 2012).

> »Von den Leuten gibt es immer nur das, was Medien speichern und weitergeben können. Mithin zählen nicht die Botschaften oder Inhalte, mit denen Nachrichtentechniken so genannte Seelen für die Dauer einer Technikepoche ausstaffieren, sondern (streng nach McLuhan) einzig ihre Schaltungen, dieser Schematismus von Wahrnehmbarkeit überhaupt« (Kittler 1986, 5).

Die technische Verpflichtung nicht nur der Seelen, sondern der Seelentheorien begründet Kittlers Bewunderung für den französischen Psychoanalytiker Lacan. Nicht nur, dass er mit psychoanalytischen Kategorien des Realen, Imaginären und Symbolischen Strukturmomente bestimmter Medien (Phonograph, Film und Schreibmaschine) herausstellt und damit der Psychoanalyse ihre technischen Voraussetzungen weist: »Klar fallen die methodischen Distinktionen einer modernen Psychoanalyse zusammen mit technischen Distinktionen der Medien. Jede Theorie hat ihr historisches Apriori« (ebd., 28). In performativer Stimmigkeit können derlei Erdungen der Theorie als »Friedrich Kittlers Technosublime« gehandelt werden (Clarke 1999). Und mehr noch: Lacan gebührt zudem der Ruhm, der Erste gewesen zu sein, der seine Veröffentlichungspolitik strikt nach den Positionen im Mediensystem ausgerichtet hat. »Die Schriften hießen Schriften, die Seminare Seminar, das Radiointerview Radiophonie und die Fernsehsendung Télévision« (Kittler 1986, 251). Berühmt sollte auch einer jener von Kittler zitierten Seminarsätze werden, demzufolge die Menschen »unendlich mehr, als sie denken können, Subjekte [oder Untertanen] von Gadgets und Instrumenten aller Art [sind], die vom Mikroskop bis zur Radio-Television Elemente ihres Daseins werden« (Lacan nach Kittler 1986, 251).

Dem Nachweis solcher Effekte folgen Affekte, die Kittler nicht zuletzt durch seine oft eigenwillige Performanz vehement zu schüren wusste – ein Aspekt, dem Geoffrey Winthrop-Young (2005) gleich zwei Exkurse widmet: »Kittlerdeutsch« und »Vom Kriege«. Kittler-Deutsch ist demzufolge die Sprache, in der diese Form der Medienarchäologie angeschrieben wurde – mit dem reflektierten Vermeiden des reflexiven ›Selbst‹ von Theodor Adornos Frankfurter Schule, im Duktus kalter Ingenieurshaftigkeit, mit unverhohlener Bewunderung für den technischen

Sachverstand der deutschen Wehrmacht, der anglo-amerikanischen Nachrichtentechnik und in Geringschätzung all jener Massenmedien (mitsamt ihrer Theorien), die nach einem vielbemühten Satz des letzten Chefs der obersten Heeresleitung, Erich Ludendorff, lediglich Missbrauch von Heeresgerät darstellen. Statt auf Kommunikation und herrschaftsfreien Dialog – wie es in den zahllosen Invektiven gegen Jürgen Habermas heißt – setzt Kittler auf die Techniken der Übertragung, auf Interzeption, also das Eindringen in technisch geschlossene und kryptographisch geschützte Regelkreise, sowie auf ein nachrichtentechnisch informiertes Konzept von Kommunikation, das wie bei Claude E. Shannon und Warren Weaver in ihrer *Mathematical Theory of Communication* frei von psychologischen Altlasten sein kann, weil es keinen Menschen adressieren muss. Mit Ralph Hartley, dem amerikanischen Elektroingenieur und Mitarbeiter an den für die Ausbildung der Informationstheorie maßgeblichen Bell Labs, gesagt, ist es für die Messbarkeit eines elektrischen Übertragungssystems Voraussetzung, »to eliminate the psychological factors involved and to establish a measure of information in terms of purely physical quantities« (Hartley 1928, 536; s. Kap. II.6).

Die Praxis der Medienarchäologie

Wie deterministisch aber soll jenes Apriori gefasst werden, demzufolge »technische Vermittlungsverhältnisse gesellschaftlichen, kulturellen und epistemologischen Strukturen vorausgesetzt sind« (Spreen 1998, 7)? An der Frage, ob es eine technikfreie Sinnkommunikation gibt, entzünden sich die Gemüter ebenso wie an der Frage, ob und wie weit man einem informationstheoretischen Materialismus zu folgen bereit sei. »Die Medienarchäologie ist explizit antihermeneutisch angelegt, denn gefragt wird nach den Effekten medialer Technik unter Bedingungen steigender Komplexität – in der hochtechnischen Konditionierung ist der Mensch und sein Sinnverstehen eben nicht mehr Maß der Dinge« (Hartmann 2003, 59; zur Kritik an Kittlers medientechnischem Apriori vgl. auch Winkler 2000; s. Kap. II.14). Umstritten ist bei der Übertragung von Foucaults Ansatz auf die Medien dessen Zuständigkeit für alles, was sich nicht im Aussageraum der Schrift bewegt. Auch die vermeintliche Unzuständigkeitserklärung Foucaults für technische Medien in Kittlers kurz nach den *Aufschreibesystemen 1800/1900* erschienener Monographie *Grammophon, Film, Typewriter* ist

ein Allgemeinplatz geworden, der vor allem einem Neueinsatz der Medienarchäologie Raum schaffte. »Weshalb seine historischen Analysen alle unmittelbar vor dem Zeitpunkt haltmachten, wo andere Medien und andere Posten das Büchermagazin durchlöcherten. Für Tonarchive oder Filmrollentürme wird Diskursanalyse unzuständig« (Kittler 1986, 13).

Für wie plausibel oder für wie strategisch man diese Unzuständigkeitserklärung auch halten mag, in ihrer Praxis befragt Medienarchäologie die Apparate nach und an den Orten ihrer Entstehung, nicht an dem ihrer größten Wirksamkeit: Sie kann und sie muss daher Medien am Rande berücksichtigen, unbeschadet von Einschaltquoten und Verkaufserfolgen, von Marktreifen und Breitendurchsetzung, weil sich gerade in diesen Bereichen jenes Wissen manifestiert, das aus Sicht der Medienarchäologie mehr Auskunft über Wissensordnungen erlaubt, als es die Programmgestaltung und die sozialwissenschaftlich erhebbaren Daten über Nutzungsverhalten oder Medienwirkungsforschung je vermögen. Medienarchäologie betreibt in diesem Selbstverständnis daher keine Musealisierung verschollen gegangener Apparate als eine Art historiographischen Selbstzweck, sondern sie tritt an, jenes spezifische Wissen zu heben, das intrinsisch mit ihnen verbunden ist und an ihnen haftet: Welchem theoretischen Selbstverständnis Medien auch immer geschuldet sein mögen, es sind vor allem Antwortversuche auf wissensgeschichtlich belangbare Fragekonstellationen, die so in den Blick geraten.

Diese sind so sehr gesättigt und getränkt mit Wissen, dass es sich lohnt, sie als Gegenstand einer eigenen Wissensgeschichte und daher im Rahmen einer historischen Epistemologie in den Blick zu nehmen. So fand etwa 2008 an der Ruhr-Universität Bochum die Jahrestagung der Gesellschaft für Medienwissenschaft unter dem Titel »Was wissen Medien?« statt. Weil eine Wissensgeschichte nicht erfolgs- oder perfektionsorientiert zu sein braucht, kann sie den Blick auf Prototypen lenken, die nie in Serie gingen, auf Utopien der Kommunikation, die nie die Realität erreichten, auf Schaltskizzen und Blaupausen, die unverbaut und damit Projekt blieben, sowie auf Programmatiken und Manifeste, die nie ihre Umsetzung fanden. Sie nimmt ökonomisch maßgebliche Übergänge wie den vom Relais zur Röhre und von der Röhre zum Transistor in den Blick, aber auch das Basteln bloßer Evidenzerzeugungsapparaturen, von unscheinbaren Drahtgebilden, von Wellenmaschinen und Klangrädern, von Apparaten zur Handhabung akustischer Phänomene mit sonderbar klingenden Namen wie dem Strobilion, dem Osisographen und anderen Vorrichtungen (vgl. dazu stellvertretend Siegert 1993). All die genannten Dinge, ob gebaut oder beschrieben, ob projektiert oder geträumt, folgen keiner disziplinären Hegung, und entsprechend vielfältig sind ihre Anlässe und Einsatzgebiete. So betreffen Strategien zur Sichtbar- oder Fühlbarmachung des Klanges nicht nur die Pädagogik für Hörbehinderte mit ihren Ferntastapparaten und den Versuchen, das Radio als Fernsehen für die Taubstummen umzusetzen; sie bereiten darüber hinaus auch einer neuen Experimentalästhetik und ihrer Programmatik den Weg (zu den Apparaturen, v. a. aber zur Begründung ihrer Relevanz vgl. Rieger 2009; für Planspiele der Nutzanwendung vgl. Panconcelli-Calzia 1933; 1961).

Ein Beispiel, das der scheinbar so unproblematisch sichtbaren Kinematographie und ihrer Gründungsgeschichte gilt, macht das deutlich (s. Kap. III.12). Während die üblichen Kinogeschichten die Genealogie der bewegten Bilder in der bunten Welt von Varietébelustigungen situieren (und sich dabei durchaus selbst der Archäologie verschreiben wie in C. W. Cerams *Eine Archäologie des Kinos* aus dem Jahre 1965), die mit ihren vielfältigen Lauf- und Lebensrädern die Trägheit des menschlichen Auges überwinden und daher als Prä-Kinematographie belangt werden konnten, verweist sie Kittler fernab aller Unterhaltung an die Physiologie, also an jene Disziplin, die als Leitwissenschaft des 19. Jahrhunderts mit ihrem Anliegen, ein Wissen von lebenden Organismen zu erheben, zwangsläufig auf Registrierungstechniken wie den Kinematographen angewiesen war (vgl. aber auch Ceram 1965). Diese Historiographie des Kinos hat ihren Auftakt nicht in den oftmals erzählten Pioniertaten von Thomas Alva Edison oder den Brüdern Lumière, auch nicht in den Arbeiten des französischen Physiologen Étienne-Jules Marey oder des britischen Fotopioniers Eadweard Muybridge, sondern in den auf einen ersten Blick wenig spektakulären Untersuchungen der Brüder Weber über das menschliche Gehen aus dem Jahre 1836 (vgl. dazu Weber/Weber 1892 ff.). Um es mit Kittler selbst und im Pathos des Textes »Der Mensch, ein betrunkener Dorfmusikant« zu sagen: »So sei es denn – zum zweitenmal nach Emil Du Bois-Reymond – feierlich ausgesprochen: Wilhelm und Eduard Weber, also weder Marey noch Muybridge, weder Edison noch die Brüder Lumière, haben das Programm namens Film programmiert« (Kittler 2003, 39). Und nur nebenbei sei im Namen der Weber-Brüder auch noch eine Gründungsnarration der

analogen Tonaufzeichnung in Erinnerung gerufen. Während diese üblicherweise mit Edison auf das Jahr 1877 (erste Vorführung) oder 1878 (Datum der Patentlegung) datiert wird, bringt Giulio Panconcelli-Calzias historiographische Richtigstellung unter dem Titel »Wilhelm Weber – als gedanklicher Urheber der glyphischen Fixierung von Schallvorgängen (1827)« mit dem Jahr 1827 ein deutlich früheres Datum ins Spiel (vgl. Panconcelli-Calzia 1938).

Wenn es der Anspruch der Medienarchäologie wäre, andere Geschichten und Geschichten anders zu erzählen, wäre der Verweis auf die Weber-Brüder als Ahnherren des Kinos und nebenbei eben auch der Phonographie ein im besten Sinne medienarchäologischer Befund. Dieser bliebe Ansätzen verschlossen, die ausschließlich auf die Abfolge technischer Realisierungen gerichtet sind (vgl. dazu etwa Hiebel u. a. 1999). Was über solche personal belangbaren Einzelbefunde deutlich wird (und was die oftmals anekdotische Berichterstattung zu verstellen droht), sind zwei Aspekte: Mit den anderen Wissenssorten und ihren jeweiligen Anliegen wird das inter- und transdisziplinäre Potential deutlich, das für solche Arbeiten kennzeichnend ist. Aber es wird noch ein weiterer Punkt deutlich, der einer Medienarchäologie ihren Platz und ihre Legitimation im Disziplinenumfeld der Kulturwissenschaften weist: Im Gegensatz zur teleologisch angelegten Technikentwicklungs- oder Verlaufsgeschichte ist sie nicht nur für die technische Umsetzung zuständig, sondern auch für gedankliche Vorwegnahmen, für die Verschränkung von Science und Fiction sowie für den Ort von Gedankenexperimenten und Gedankenspielen, die sich nicht, wie man meinen könnte, in der Beliebigkeit des bloß Ausgedachten erschöpfen, sondern die denkbar genau über die Systematik von Wissensordnungen informieren können, weil sie selbst von dieser Systematik informiert sind (vgl. dazu Macho/Wunschel 2004; Kluitenberg 2011; Schröter 2004). Sie ist mit oder trotz der Datierung und Systematisierung von Gedankendingen eine zutiefst historische Wissenschaft, die einen Allgemeinplatz der Medienökologie in die Tat umsetzt bzw. ausbuchstabiert – den Befund, dass jede System-/Umweltbeziehung ihre je eigenen Medien hat und die Bestimmung solcher Umwelten sich nicht auf die Fixierung auf eine teleologisch ausgerichtete Jetztzeit versteifen kann, die dann morgen auch schon wieder vergangen ist (zu den Verfallslogiken der Medien vgl. Pias 2011). Die Medienarchäologie kennt keine Sieger- oder Verlierermedien, auch kein Vergessen von Medien, sondern lediglich Umschichtungen von

Systemplätzen. Diese Grundsätzlichkeit ist in ihren methodischen Konsequenzen vielleicht aufschlussreicher als all die Dramatisierungen und Spiegelfechtereien, die Schaukämpfe und Geplänkel der doch weitgehend ideologisch gebliebenen Frage, wie weit man dem technischen Apriori Folge leistet und wie viel Autonomie man dem Menschen einräumt.

Lässt man derlei Narzissmen einmal außer Acht, wird man am Medienbegriff trotz oder gerade wegen seiner enormen Streubreite die Programme unserer Individualisierung ablesen können. Medien machen den Menschen nicht überflüssig, wie es Kittlers Kritiker gerne fürchten, sondern bringen ihn als diskursives Phänomen überhaupt erst zum Erscheinen. Dies gilt für die Programmierungen jener Individualität, die Kittler im *Aufschreibesystem 1800* beschrieben hat. Und es gilt auch für jene Steigerungsimperative, die in der Moderne das Individuum an Medien, an Techniken und Apparate verweisen, um in solchen Verweisstrukturen Kriterien für die Leistungsfähigkeit des Menschen oder Kriterien für das Hintertreffen abzuleiten, in das der Mensch gegenüber den Medien zunehmen geraten soll. Auch wenn der Mensch nicht mehr als Maß aller Dinge gelten soll, wie es im Umfeld der Auseinandersetzung um Kittler diskutiert wird, so kam und so kommt eine anthropologische Datenverarbeitung natürlich nicht umhin, sich an den Vorgaben und Dispositiven einer jeweils technisch realisierten Datenverarbeitung auszurichten – auch wenn diese im Rufe steht, den Menschen vollends zu kassieren (vgl. dazu etwa Kittler 1990, 196).

Weil moderne Individualität auf Steigerung und weil deren Angebbarkeit auf Zahlen angewiesen ist, die Bestände und Leistungen erhebbar, damit auch untereinander vergleichbar machen, ist in solchen Positionierungen weniger die Gleichschaltung der Endanwender zu beargwöhnen, sondern der unaufgeregte Befund, dass erst in der Nähe und im Vergleich zu quantifizierbaren Vorgaben einer technischen Datenverarbeitung auch diejenige des Menschen greif- und verhandelbar wird (vgl. dazu Rieger 2001; 2012). Wenn also, wie in Diskussionen zu Beginn des letzten Jahrhunderts, menschliche Träume, freie und literarisch induzierte Vorstellungsverläufe formalisiert, weil auf die Frequenz von Durchsatzraten gebracht werden, liegt der Vergleich mit den Datendurchsätzen der Kinematographie doch nachgerade auf der Hand. Die Folge ist eine Medienkonkurrenz der eigenen Art, die den Menschen nicht kassiert, sondern selbst in den Status eines Mediums erhebt (zum Stellenwert des Frequenzbegriffs vgl. Hagen 2011).

Die Zukunft der Medienarchäologie

Vielleicht ist es nicht das geringste Verdienst der Medienarchäologie, bei den Bestimmungsbemühungen um den Stand von Mensch und Medien die hartnäckige Veranlagung eines Wesens mit überzeitlich gültigen anthropologischen Zuschreibungen selbst als eine Episode des Wissens auszuweisen, wie es Foucault für die *Ordnung der Dinge* vorgenommen hat. Ein Blick in den von Erkki Huhtamo und Jussi Parikka herausgegebenen Band *Media Archeology. Approaches, Applications, and Implications* aus dem Jahr 2011 scheint das zu bestätigen – als erster, dezidiert so ausgewiesener Beitrag zur Medienarchäologie auf dem amerikanischen Markt, wie die Herausgeber eigens betonen. In einer selbstreflexiven Wendung unternehmen sie eine Medienarchäologie der Medienarchäologie, die, wie in solchen Fällen erwartbar, eine Reihe anderer Protagonisten für das Unternehmen Medienarchäologie benennt: Neben direkten Verweisen auf die Formulierung selbst (wie etwa bei dem Franzosen Jacques Perriault in seinen *Mémoires de l'ombre et du son: Une archéologie de l'audio-visuel* von 1981) solche, die in der Sache angelegt sind, wie bei Walter Benjamin, Siegfried Giedion, Ernst Robert Curtius, Dolf Sternberger, Aby M. Warburg oder Marshall McLuhan, die so kurzerhand zu Medienarchäologen avant la lettre erklärt werden. Das Projekt selbst wird zu einem institutionell noch kaum verfestigten Sammelbecken von Bestrebungen, die im Bedürfnis nach einer anderen Mediengeschichtsschreibung übereinkommen:

> »Although this term does not designate an academic discipline (there are no public institutions, journals, or conferences dedicated to it), it has appeared in an increasing number of studies, and university courses and lectures have also been given under this heading. As their highly divergent syllabi and reading lists testify, there is no general agreement about either the principles or the terminology of media archaeology. Yet the term has inspired historically tuned research and is beginning to encourage scholars to define their principles and to reflect on their theoretical and philosophical implications. [...]

> On the basis of their discoveries media archeologists have begun to construct alternate histories of suppressed, neglected, and forgotten media that do not point teleologically to the present media-cultural condition as their ›perfection‹. Dead ends, losers, and inventions that never made it into a material product have important stories to tell« (Huhtamo/Parikka 2011, 2 f.).

Wie aber steht es um die Zukunft der Medienarchäologie als einer akademischen Noch-nicht-Disziplin? Die unpolemische Verwendung im anglo-amerikanischen Kontext, aber auch Öffnungen hin zur Kulturtechnikforschung (s. Kap. II.19) und ihrer theoretischen Verankerung in der Actor-Network-Theory (s. Kap. II.15), wie sie im deutschsprachigen Kontext zunehmend zu beobachten waren, sprechen Bände und könnten wegweisend sein – nicht zuletzt, weil sie einem Medienbegriff geschuldet sind, der deutlich pluraler angelegt ist als in den ursprünglichen Entstehungszusammenhängen. Medien erscheinen dort nicht ausschließlich als technische Apparate, die im Kontext ihrer oftmals weltkriegsgetakteten Erfindungs- oder epistemologischen Anwendungsgeschichten situiert werden, sondern in unterschiedlichen Formen des Gebrauchs, als Social Media etwa, wie sie unlängst Gegenstand des zweiten medienwissenschaftlichen Kolloquiums der DFG waren, das unter dem Titel »Neue Massen« vom 2.–4. Februar 2012 in Lüneburg stattfand. Die Beschäftigung mit ihnen erfolgt global und sie erfolgt mit Blick auf Phänomenbereiche wie das hoch ausdifferenzierte Feld der Computerspiele und auf die Vielfalt sozialer Organisationsformen, die als politisch-utopisches Potential dem Internet gerne attestiert wird. Die Fixierung auf den Menschen, den abzuschaffen vordringlichstes Ziel oder den abschaffen zu wollen die große Provokation war, ist anderen Spielformen und Denkweisen gewichen. Vor allem die Auflösung kategorial verbürgter Seinsgrenzen hat dazu beigetragen, die Dinge einander anzunähern und zu entdramatisieren, anstatt sie getrennt voneinander zu sortieren und gegeneinander auszuspielen (zur Notwendigkeit neuer Begriffsbestimmungen unter postbiologischen Bedingungen vgl. Bühler 2013; s. Kap. II.15).

Wie weit die Fluktuation zwischen den Seinsarten gediehen ist und wie deutlich Heterogenität als Tugend pragmatischer Entdramatisierung in Erscheinung tritt, zeigen Autoren wie Eugene Thacker, der unter dem Titel *Biomedia* den Medienbegriff in den Bereich des Lebens und des Lebendigen verlängert, oder Jussi Parikka, der unter dem Titel *Insect Media* nicht weniger als eine *Archeology of Animals and Technology* schreibt (vgl. Thacker 2004; Parrika 2010). Eine solche Biologisierung und Universalisierung des Medienbegriffs lässt ingenieurwissenschaftlichen Hagiographien nur wenig Raum – wie auch die Disziplinenverbünde aus Transgenetik, Bioinformatik und synthetischer Biologie längst daran arbeiten, scheinbar ontologisch verbürgten Differenzen ihre Grenzen aufzuweisen, unter den Gegebenheiten des Posthumanismus den Artbegriff zu problematisieren und stattdessen ungeachtet aller Aufregungen um Cyborgs von Mischgesellschaften zu handeln (zu den posthumanistischen Implikationen des Artendiskurses vgl. Heise 2010; zur Ausgestaltung einer Mischgesellschaft vgl. Caprari u. a. 2005).

So konnten etwa im Zuge der Genetik, die mit ihrer Anleihe an die Semantik des Codes, der Codierung und des ›Buchs des Lebens‹ als Transferinstanz dient, Überlegungen angestellt werden, die ausgerechnet einer Biologisierung des Gedächtnisses und seiner Leitkategorie, des Archivs, galten. Ein signifikantes Beispiel war ein Wettbewerb, der anlässlich der Milleniumsfeiern von der *New York Times* und dem Museum of Natural Science ausgelobt wurde und der unter dem Titel »New York Times Capsule« nach Strategien fragte, wie der Ist-Zustand der Jahrtausendwende für eine Nachwelt überliefert werden könnte. Der Beitrag des Virtual Reality Apologeten Jaron Lanier wurde von der Jury zwar abgelehnt, bleibt in seinen Prämissen aber nichtsdestotrotz aussagekräftig, schlicht weil er die Lage der Medienarchäologie auf wenig explizite und unfreiwillige Weise kommentiert: In Gestalt sogenannter *Cockroachlibraries* erwägt Lanier eine Form biologischer Datenspeicherung, die auf der Grundlage transgener Manipulationen an Kakerlaken erfolgt. Das Projekt »bestand darin, alle Nummern der New York Times von 1999 zu digitalisieren, sie durch Genmanipulation in die DNS von New Yorker Kakerlaken einzuschleusen, und so die binäre Computerkodierung mit der [quaternären] DNS-Kodierung, die die vier Basen A, T, G, C (Adenin, Thymin, Guanin und Cytosin) enthält, zu kodieren« (Codognet 2003, 228). Die Vorteile der *Cockroachlibraries* sind vielfältig, da sie als unzerstörbar und daher bestens geeignet gelten, als postapokalyptische Speicher mögliche Katastrophen zu überleben. Es war gerade diese Eigenschaft der Kakerlaken, die bei Atombombenversuchen auf dem Bikiniatoll zutage trat und dem Tier eine eindrucksvolle Karrieren als Radioaktivitätsdetektor bescherte (vgl. dazu etwa Drummond 2010); darüber hinaus wären sie ökonomisch sinnvoll, weil zunehmend kostengünstiger als digitale Speicher und sie würden im Laufe der Zeit nicht zuletzt natürlicher Teil ihrer kulturellen Umwelt – die Insel Manhattan mutierte so zu einem Ökosystem der Datenspeicherung, zu einem gelebten und lebendigen Archiv. Die Tiere übernehmen das Archiv und naturalisieren damit ausgerechnet jene bis dato kulturelle Instanz, in deren Zeichen die Medienarchäologie als Disziplin antrat und ihren Lauf nahm.

Literatur

Andriopoulos, Stefan/Dotzler, Bernhard (Hg.): *1929. Beiträge zur Archäologie der Medien*. Frankfurt a. M. 2002.

Bühler, Benjamin: Bioreaktor. In: Ders./Stefan Rieger: *Kultur. Ein Machinarium des Wissens*. Berlin 2014 (im Druck).

Caprari, Gilles/Colot, Alexandre/Siegwart, Roland/Halloy José/Deneubourg, Jean-Louis: Animal and robot. Mixed societies. Building cooperation between microrobots and cockroaches. In: *IEEE Robotics & Automation Magazine* 6 (2005), 58–65.

Ceram, C. W.: *Eine Archäologie des Kinos*. Darmstadt 1965.

Clarke, Bruce: Friedrich Kittlers Technosublime (1999), http://www.electronicbookreview.com/thread/criticaleco logies/future-anterior (22.08.2012).

Codognet, Philippe: Transgene Archive. In: Sven Spieker (Hg.): *Bürokratische Leidenschaften. Kultur- und Mediengeschichte im Archiv*. Bd. 13. Berlin 2003, 223–242.

Drummond, Katie: Nuke-hunting robo-roaches enlisted for animal army (2010), http://www.wired.com/danger room/2010/02/nuke-hunting-robo-roaches-enlisted-for-animal-army/ (24.08.2012).

Ebeling, Knut/Altekamp, Stefan (Hg.): *Die Aktualität des Archäologischen in Wissenschaft, Medien und Künsten*. Frankfurt a. M. 2004.

Ernst, Wolfgang: *Das Rumoren der Archive. Ordnung aus Unordnung*. Berlin 2002.

Ernst, Wolfgang: Die Methode: Medienarchäologie. In: Ders.: *Das Gesetz des Gedächtnisses. Medien und Archive am Ende (des 20. Jahrhunderts)*. Berlin 2007, 30–41.

Ernst, Wolfgang: Was ist ein Medium? (Medienarchäologische Definition) (2008), http://www.keshma.net/doku. php/research:glossary:medienarchaeologie (08.06.2012).

Foucault, Michel: *Archäologie des Wissens*. Frankfurt a. M. 1981 (frz. 1969).

Gesellschaft für Medienwissenschaft: Aufschreibesysteme 1980/2010. In memoriam Friedrich Kittler. In: *Zeitschrift für Medienwissenschaft* 6/1 (2012), 114–192.

Gumbrecht, Hans Ulrich/Pfeiffer, K. Ludwig (Hg.): *Materialität der Kommunikation*. Frankfurt a. M. 1988.

Hagen, Wolfgang: Geist und Frequenz – Anmerkungen zum Anthropischen Prinzip. In: Friedrich Balke/Bernhard Siegert/Joseph Vogl (Hg.): *Takt und Frequenz, Archiv für Mediengeschichte*. München 2011.

Hartley, Ralph V. L.: Transmission of information. In: *Bell Systems Technical Journal* 7 (1928), 535–563.

Hartmann, Frank: Medienarchäologie: Friedrich Kittler. In: Stefan Weber (Hg.): *Theorien der Medien. Von der Kulturkritik bis zum Konstruktivismus*. Konstanz 2003, 58–64.

Heise Ursula K.: *Nach der Natur. Das Artensterben und die moderne Kultur*. Berlin 2010.

Hiebel, Hans H./Hiebler, Heinz/Kogler, Karl/Walitsch, Herwig: *Große Medienchronik*. München 1999.

Huhtamo, Erkki/Parikka, Jussi (Hg.): *Media Archeology. Approaches, Applications, and Implications*. Berkeley/Los Angeles 2011.

Kittler, Friedrich A.: *Aufschreibesysteme 1800/1900*. München 1985.

Kittler, Friedrich A.: *Grammophon, Film, Typewriter*. Berlin 1986.

Kittler, Friedrich A.: Fiktion und Simulation, In: Karlheinz Barck/Peter Gente/Heidi Paris/Stefan Richter (Hg.): *Aisthesis. Wahrnehmung heute oder Perspektiven einer anderen Ästhetik*. Leipzig 1990, 196–213.

Kittler, Friedrich A.: *Draculas Vermächtnis. Technische Schriften*. Leipzig 1993.

Kittler, Friedrich A.: Der Mensch, ein betrunkener Dorfmusikant. In: Renate Lachmann/Stefan Rieger (Hg.): *Text und Wissen. Technologische und anthropologische Aspekte*. Tübingen 2003, 29–43.

Kluitenberg, Eric: On the archaeology of imaginary media. In: Huhtamo/Parikka 2011, 48–69.

Macho, Thomas/Wunschel, Annette (Hg.): *Science & Fiction. Über Gedankenexperimente in Wissenschaft, Philosophie und Literatur*. Frankfurt a. M. 2004.

Panconcelli-Calzia, Giulio: Das Telefon für Taubstumme. In: *Radiowelt* 11 (1933), 332.

Panconcelli-Calzia, Giulio: Wilhelm Weber – als gedanklicher Urheber der glyphischen Fixierung von Schallvorgängen (1827). In: *Archiv für die gesamte Phonetik* Bd. II, 1. Abteilung, Heft 1 (1938), 1–11.

Panconcelli-Calzia, Giulio: *3000 Jahre Stimmforschung. Die Wiederkehr des Gleichen*. Marburg 1961.

Parikka, Jussi: *Insect Media. An Archeology of Animals and Technology*. Minneapolis/London 2010.

Pias, Claus (Hg.): *Was waren Medien*? Zürich 2011.

Rheinberger, Hans-Jörg: *Historische Epistemologie zur Einführung*. Hamburg 2007.

Rieger, Stefan: *Die Individualität der Medien. Eine Geschichte der Wissenschaften vom Menschen*. Frankfurt a. M. 2001.

Rieger, Stefan: *Schall und Rauch. Eine Mediengeschichte der Kurve*. Frankfurt a. M. 2009.

Rieger, Stefan: *Multitasking. Zur Ökonomie der Spaltung*. Berlin 2012.

Rohrwasser, Michael/Steinlechner, Gisela/Vogel, Juliane/ Zintzen, Christiane: *Freuds pompejanische Muse. Beiträge zu Wilhelms Jensens Novelle ›Gradiva‹*. Wien 1996.

Schmidt, Dietmar: Abfall und Vorgeschichte. Entdeckungen der Prähistorie im 19. Jahrhundert. In: Ebeling/Altekamp 2004, 263–282.

Schröter, Jens: *Das Netz und die Virtuelle Realität. Zur Selbstprogrammierung der Gesellschaft durch die universelle Maschine*. Bielefeld 2004.

Siegert, Bernhard: *Relais. Geschicke der Literatur als Epoche der Post. 1771–1913*. Berlin 1993.

Spreen, Dierk: *Tausch, Technik, Krieg. Die Geburt der Gesellschaft im technisch-medialen Apriori*. Hamburg 1998.

Thacker, Eugene: *Biomedia*. Minneapolis/London 2004.

Weber, Wilhelm/Weber, Eduard: Die Mechanik der menschlichen Gehwerkzeuge. Eine anatomisch-physiologische Untersuchung (1836). In: *Wilhelm Weber's Werke*. Hg. von der königlichen Gesellschaft der Wissenschaften zu Göttingen. Bd. 6. Berlin 1892 ff.

Wetzel, Michael: Von der Einbildungskraft zur Nachrichtentechnik: Vorüberlegungen zu einer Archäologie der Medien. In: Peter Klier/Jean-Luc Evard (Hg.): *Mediendämmerung. Zur Archäologie der Medien*. Berlin 1989, 16–17.

Winkler, Hartmut: Die prekäre Rolle der Technik. Technikzentrierte versus ›anthropologische‹ Mediengeschichtsschreibung. In: Heinz B. Heller u. a. (Hg.): *Über Bilder sprechen. Positionen und Perspektiven der Medienwissenschaft.* Marburg 2000, 9–22.

Winthrop-Young, Geoffrey: *Friedrich Kittler zur Einführung.* Hamburg 2005.

Zielinski, Siegfried: *Archäologie der Medien. Zur Tiefenzeit des technischen Hörens und Sehens.* Reinbek bei Hamburg 2002.

Stefan Rieger

14. Diskursökonomie

Die Diskursökonomie betont die strukturbildende Kraft der Kommunikationsakte. Diese Akte werden analog zu den Akten der Ökonomie (also z. B. dem Warentausch oder der symbolischen Funktion des Geldes; s. Kap. III.5) konzeptualisiert. Die Diskursökonomie konstatiert eine »innere Ökonomie« (Winkler 2004, 7) der Medien und des Symbolischen. Diese Verschränkung einer ökonomischen mit einer diskurstheoretischen Perspektive ist dabei nicht als metaphorisch oder analogisierend zu begreifen: Einerseits organisieren sich Zeichen zunehmend ökonomisch-warenhaft (maßgeblich über Zirkulation), andererseits organisiert sich die Ökonomie zunehmend zeichenhaft (vgl. auch Adelmann u. a. 2006). Das Konzept der Diskursökonomie geht im Wesentlichen auf die Arbeiten Hartmut Winklers zurück (vgl. Lauer 2004; Margreiter 2007, 196–201), wobei insbesondere das 2004 veröffentlichte Buch *Diskursökonomie. Versuch über die innere Ökonomie der Medien* zu nennen ist. Das Projekt der Diskursökonomie ist als ein sprach- und medienphilosophischer Zugriff auf das Mediale als einem zeichenhaft organisierten Formzusammenhang zu verstehen. Speziell die Frage, in welchem Verhältnis (fiktionales) ›Probehandeln zu tatsächlichem Handeln‹ steht, ist zentral: »Im Gegensatz zum tatsächlichen Mord ist der Mord auf der Bühne reversibel; dies ermöglicht jenes Probehandeln, das in direkter Polarität zum tatsächlichen Handeln die wohl wichtigste Bestimmung des Symbolischen ist« (Winkler 2004, 220). Daraus resultiert die Frage, wie und zu welchen Bedingungen das so bestimmte Symbolische ›manifest‹ wird und ins Tatsächliche eingreift, d. h. wie die Verbindung von Zeichen, Niederlegungen, Praktiken und Technik zu veranschlagen ist. Dieser Beitrag ist in vier Schritte gegliedert: Zunächst soll der schon von ihrem Namen her nahegelegte Bezug der ›Diskursökonomie‹ auf die Diskurstheorie kurz diskutiert werden. Dann geht es um die Rolle des ›Ökonomischen‹, verstanden als Zirkulation und Tausch. Die Betonung von Zirkulation und Tausch wirft die Frage auf, wie Diskurse ihre Kontinuität herstellen. Und schließlich wird Winklers sich daraus ergebende Beschreibung der (Medien-)Technik und ihrer Geschichte skizziert.

Diskursökonomie

Als theoretische Bezugsgröße scheint sich die Diskurstheorie Michel Foucaults aufzudrängen, insofern dort die ›Dispositive‹ als strikt überindividuell gedacht werden und (symbolische) Aussagen mit (tatsächlichen) Praktiken, Räumen und anderen materiellen Größen verbinden. So nennt Foucault (1978, 119–120) ein Dispositiv ein »entschieden heterogenes Ensemble, das Diskurse, Institutionen, architekturale Einrichtungen, reglementierende Entscheidungen, Gesetze, administrative Maßnahmen, wissenschaftliche Aussagen, philosophische, moralische oder philanthropische Lehrsätze, kurz: Gesagtes ebensowohl wie Ungesagtes umfaßt«.

Winkler (1999a, 144–145; 2004, 206–209) hat aber die Diskursanalyse, zumindest in ihrer Anwendung als theoretische ›Wunderwaffe‹, kritisiert – allzu leicht scheinen dort sprachliche, textuelle Ebenen einerseits und materielle Praktiken andererseits enggeführt zu werden: »Müßte man nicht unterscheiden zwischen Symbolischem und Tatsächlichem, dem reversiblen Mord auf der Bühne und dem irreversiblen in der ›Realität‹?« (Winkler 1999a, 145). Diese doppelte Perspektive – auf ›Symbolisches und Tatsächliches‹ oder ›Diskurs und Praxis‹ oder ›Praktiken und Technik‹ – durchzieht Winklers gesamte Argumentation.

Diskursökonomie

In seiner *Diskursökonomie* bestimmt Winkler – ausgehend von der Benjaminschen Diagnose der technischen Reproduzierbarkeit und unterschiedlichen Modellen der ›Wiederholung‹ (vgl. Parr 2004) – Zeichen, ähnlich wie Waren, als in Tauschakte eingebunden und zirkulierend. Wesentliches Moment einer solchen Zirkulation ist die jeweilige Kontextentbindung, also der Wechsel der Verwendungszusammenhänge. Ein Zeichen wird somit zu großen Teilen »Effekt seiner Verschickung und Verschickbarkeit, Effekt seiner Fähigkeit, Räume zu durchqueren und in heterogenen Kontexten eine Rolle zu spielen« (Winkler 2004, 93).

Wo bei Krämer (2008) in ähnlicher Betrachtungsweise das Medium vor allem im Sinne eines ›Übertragungsmodells‹ (dort als Botenfunktion thematisiert) verhandelt wird, betont Winkler, dass das Zeichen sich im Verlauf seiner Verwendung in unterschiedlichen Kontexten verändert und dennoch die Spuren seiner Verwendung in sich trägt. Zeichen werden also keineswegs sekundär verschickt: »Das Zeichen selbst ist die Klammer, die die unterschiedlichen Kontexte zusammenzieht, und die technischen Medien exekutieren nur, was als Kontextwechsel im Zeichen immer schon angelegt ist« (Winkler 2004, 168).

Die Zirkulation generiert nun die Sphäre des Intersubjektiven, insofern die Summe der einzelnen Austauschakte als strukturbildend zu verstehen ist – sie bilden (analog zur ökonomischen Infrastruktur) eine Netzstruktur aus und leisten damit einen »Beitrag zur Vergesellschaftung« (ebd., 95). Ein so gefasster Modus der Zirkulation steht erkennbar in engem Zusammenhang mit dem ›Tausch‹ – der wiederum eng mit dem Begriff der Kommunikation verknüpft ist (s. Kap. II.8). Interessant ist hier der historische Rückgriff auf das Konzept des Ideenumlaufs, den Winkler und Georg Stanitzek durch die Wiederveröffentlichung von Josias Ludwig Goschs *Fragmente über den Ideenumlauf* (2006) von 1789 eröffnen. Mit Verweis auf Armand Mattelart (1996) stellt Winkler die Sphäre des Ökonomischen als strukturbildend heraus – Zeichen und Waren werden als kommensurabel qualifiziert: »Kommunikation also umfasst symbolische wie außersymbolische Register; die Ebene der Infrastruktur [...], daneben Akte des Tauschs und Austauschs, weiter die Tatsache der Verbindung, die Relation und in bestimmten Fällen auch das Ausgetauschte selbst [...]« (Winkler 2004, 72). Der Tausch ist die Basis für eine Situation, in der das Symbolische zum Materiellen werden kann (beispielsweise im Übergang vom Text zum Buch). Diese Idee, Strukturierung und Generierung von Gesellschaft über den Akt (warenhaften) Transports als Kommunikation, rekurriert auch auf die Kanadische Schule (z. B. Harold Innis, vgl. dazu Barck 1997; McLuhan 1995; s. Kap. II.4). Die Vernetzung bezieht sich auf Strukturmuster des Realen wie des Symbolischen, bezieht diese aufeinander und ›öffnet‹ damit die konstatierte Grenze von Ökonomie und Medien: Bedeutungen und ökonomische Zwänge zirkulieren von einem System ins andere. Winklers Formulierung wirft die Frage auf, was das Tauschäquivalent innerhalb beispielsweise moderner technischer Massenmedien sein könnte. Die ›schlichteste‹ Weise wäre es, das Symbolische gegen Geld zu tauschen; interessanter jedoch werden Tauschakte, die den Tausch in wesentlich komplexeren Ökonomien zu fassen versuchen: Hier greifen dann beispielsweise Ansätze, die die Aufmerksamkeitsökonomie (vgl. Franck 2004) oder auch Zugangsökonomien (vgl. Rifkin 2007) in den Blick nehmen.

Trotz der reale Praktiken strukturierenden Rolle der (auch symbolischen) Zirkulation argumentiert Winkler jedoch, dass das Symbolische weiterhin den Ort der Reflexion und des Probehandelns darstellt. Das Zeichen ist nicht ›nur‹ materiell. Wäre dem so, würde das Symbolische im Realen aufgehen. Da das (zirkulierende) Zeichen aber auch abstrakt und formal vorliegt, nimmt es vom Tatsächlichen Abstand und kann so dem Tatsächlichen als Ebene der Reflexion gegenübertreten (vgl. Winkler 2004, 255). So beschreibt die Diskursökonomie zwei Arten von Handlung – eine irreversible, auf das Materielle abzielende Handlungsform und eine reversible, das Symbolische adressierende Handeln. Der Widerstreit zwischen dem Symbolischen (als ›Probehandeln‹) und den Praktiken (als dem ›Manifesten‹) taucht in der Diskursökonomie immer wieder auf: »Wenn alles Symbolische praktisch werden muss, geht die Pointe des Symbolischen, ein Probehandeln zu ermöglichen, das von tatsächlichen Konsequenzen zunächst entkoppelt ist, verloren; es implodiert der Unterschied zwischen Probehandeln und Handeln, virtuell und real, Konjunktiv und Indikativ« (ebd., 199).

Zirkulation und ›Einschreibung/ Niederlegung‹

Aus der Betonung der Zirkulation resultiert bei Winkler ein Modell, das zu klären versucht, wie die Diskurse ihre Kontinuität organisieren (vgl. ebd., 110–130). Winkler folgt darin Ferdinand de Saussures Unterscheidung von gesprochener Sprache (*parole*) und dem Sprachsystem (*langue*), eine Unterscheidung, die er aber prozessualisiert (vgl. Winkler 1997, 29 ff.). Der Vorschlag Winklers zielt nun (verkürzt gesagt) darauf ab, die Persistenz des Diskurses als ein zyklisch wiederkehrendes Wechselspiel von fluider, zirkulativer artikulatorischer Praxis und – in Anlehnung an Sigmund Freud (s. Kap. II.12) – ›verdichtender‹ Niederlegung zu begreifen (vgl. ebd., 129 ff.). Aus dem Wechselspiel von ›aussprechen – aufschreiben – lesen/aussprechen – wiederaufschreiben – …‹ entsteht eine Kontinuität des Diskurses, die auf der Seite der Niederlegung auch die materielle Persistenz des Diskurses in Form von ›Monumenten‹ sicherstellt. Man könnte also versuchen, das Ökonomische ebenso als Zyklus von fluider, zirkulativer Praxis (z. B. Tauschhandlungen) und monumentaler Niederlegung (Besitz, Kapital) zu beschreiben.

Der Ort einer solchen Niederlegung der fluiden, zirkulativen Praxis muss dabei aber nicht ding- oder objekthaft sein, sondern kann auch das Gedächtnis des Subjekts bzw. das intersubjektive Gedächtnis der Gesellschaft sein (vgl. Winkler 2004, 123). Die Fundierung seines Modells in der Differenz von fluide artikulierter ›Sprache‹ und niedergelegter, ›monumentalisierter Schrift‹ macht aber auch ein Paradox augenfällig: Monumente müssen wiederholt betrachtet bzw. gelesen werden und diese Wiederholung organisiert sich an einer monumentalen Instanz. Der Text muss wiederholt gelesen werden, die Sprache immer wieder gesprochen werden. Daraus generiert sich eine soziale Praxis, die beide Systeme (fluide Praxis und Monument) miteinander verwebt: »Monumente können Wiederholungen ersetzen, weil sie selbst gesellschaftliche Maschinen zur Initiierung von Wiederholung sind. Diskurse erreichen ihre Kontinuität, indem sie Instanzen der Beharrung schaffen, die neben den Diskursen (und in Spannung zu ihnen) persistieren« (ebd., 127). Ansätze, die die ›Mechanismen‹ der Konventionalisierung, der Iteration oder der Stereotypenbildung betonen, sind hier in hohem Maße anschlussfähig (vgl. dazu z. B. Winkler 1992); ebenso aber auch Konzepte zur (kognitionspsychologischen) Schema-Theorie, Postulate der kulturwissenschaftlichen Gedächtnistheorie (vgl. Assmann/Assmann 1994), aber auch beispielsweise der Semiologie (vgl. Eco 2002; s. Kap. II.2) und Filmologie (vgl. Morin 1958).

Medien, Technik, Symbolisches

Trotz dieser Begründung des Ansatzes in der Sprache erhebt die Diskursökonomie auch den Anspruch, andere Medien und ihre Genese beschreiben zu können. Medientechnologien sind nach Winklers Modell auf genau dieselbe Weise zu beschreiben.

- Einerseits bestehen sie zwischen Zirkulation/ Tausch und Einschreibung/Niederlegung: Medien sind zum einen ›fluide Diskurse‹, die den kommunikativen Akt in den Mittelpunkt stellen, der wiederum an den menschlichen Akteur gekoppelt ist. Zum anderen begreift das Modell Medientechnik – also ›materielle Niederlegungen‹ – als bestimmend für die Medialität.
- Andererseits bestehen Medien zwischen dem Symbolischen und dem Tatsächlichen: Sie sind in ihrem technischen Funktionieren ein Teil einer Sphäre des Tatsächlichen. Ebenso sind sie aber auch »ein Reich der Zeichen, das […] gerade nicht real sein will« (Winkler 2004, 200; vgl. hierzu auch Stauff 2005, 181–202).

Wichtig zum Verständnis der Diskursökonomie ist also deren Versuch, den Stellenwert der Materialität von Technik als ein ›Gegenüber‹ des Symbolischen zu klären. Dabei erweist sich nun die besondere Pointe der Diskursökonomie – nämlich nicht ausschließlich zeichenorientiert zu argumentieren, sondern ebenso das ›Verhältnis von Symbolischem und Technischem‹ neu zu bestimmen. So konturiert Winkler (2004, 94) die ›Übertragung‹ als »Urszene« des Medialen (s. Kap. III.6; vgl. auch Krämer 2008). Als ›Gegengewicht‹ zur Übertragung (als Konsequenz der Zirkulation und des Tausches) wird nun im Folgenden das Moment der Speicherung (als Konsequenz der Niederlegung und ›Monumentalisierung‹) insofern relevant, als hierüber die materielle Seite des Medialen, also das Technische, aufscheint. Im Rahmen der Diskursökonomie ist von einem Zusammenhang zwischen Medienpraktiken und -systemen auszugehen: »Das jeweils aktuelle Mediensystem geht zurück auf Praxen (Seite der Einschreibung), umgekehrt bestimmen die Mediensysteme den Raum, in dem Medienpraxen allein stattfinden können« (Winkler 2004, 131). Die Diskursökonomie versucht, den Gegensatz zwischen einerseits – wie Winkler (1999b) sagt – ›anthropologischen Theorien‹, die die Technik aus Diskursen hervorgehen lassen bzw. Technik als neutral ansetzen, und andererseits technikdeterministischen Ansätzen (wie z. B. dem Friedrich Kittlers; s. Kap. II.13), die die Diskurse durch die Technik ausdeterminiert sehen, zu unterlaufen. Die Zeichen-Zirkulation von fluide zu manifest und zurück generiert die Technik (als materielle, manifeste Komponente der Zirkulation), die wiederum die anschließenden Praktiken und Diskurse zumindest limitiert.

Winkler zeichnet hier einen Weg, in dem Technik einen ›Umweg‹ über evozierte Erfordernisse oder Bedürfnisse nimmt: » […] nicht Diskurs mündet in System (und nicht Praxis in Technik), sondern Praxen/Diskurs münden in Bedürfnis/Defizit und dann erst in Technik. Und zwar vermittelt über den sozialen Raum als ganzen« (2004, 142). In den Praktiken mit den Medien treten Defizite auf, die sich (durch eine Reihe von Vermittlungsschritten) wiederum als neue Technologie ›niederlegen‹. Daher kann Winkler letztlich die ganze Mediengeschichte als ›Wunschgeschichte‹ reformulieren. Neue (Medien-)Technologien antworten auf Wünsche, die von der vorhergehenden medientechnologischen Entwicklung hervorgebracht wurden, wobei die ›Antworten‹ meist eher utopisch bleiben und bald erneut Wünsche freisetzen. Die Entstehung der technischen Bilder am Ende des 19. Jahrhunderts antwortet auf die ›Sprachkrise‹: »Zwischen der Sprachkrise um 1900 und der technischen Entwicklung des Films besteht ein Zusammenhang; der zunächst wortlose Film tritt exakt in jene Bresche, die die Sprachkrise aufreißt« (ebd.). Die Entwicklung der digitalen Medien antwortet wiederum auf die Einsicht, dass das Konkretionsversprechen der technologischen Bilder uneingelöst blieb (vgl. Winkler 1997, 209 ff.).

Die Diskursökonomie ist ein produktiver Ansatz, um eine Medientheorie der Zirkulation in ihrem Verhältnis zur (materiellen) Niederlegung und damit das Verhältnis zwischen dem Symbolischen und dem Technischen, aber auch dem Probehandeln und dem Handeln zu beschreiben. Davon ausgehend kommt sie zu einer Neuformulierung der Mediengeschichte als Wunschgeschichte.

Literatur

Adelmann, Ralf u. a. (Hg.): *Ökonomien des Medialen. Tausch, Wert und Zirkulation in den Medien- und Kulturwissenschaften.* Bielefeld 2006.

Assmann, Aleida/Assmann, Jan: Das Gestern im Heute. Medien und soziales Gedächtnis. In: Klaus Merten/Siegfried J. Schmidt/Siegfried Weischenberger (Hg.): *Die Wirklichkeit der Medien. Eine Einführung in Kommunikationswissenschaften.* Opladen 1994, 114–140.

Barck, Karlheinz (Hg.): *Harold A. Innis – Kreuzwege der Kommunikation. Ausgewählte Texte.* Wien/New York 1997.

Eco, Umberto: *Einführung in die Semiotik.* München 2002 (ital. 1968).

Foucault, Michel: *Dispositive der Macht. Über Sexualität, Wissen und Wahrheit.* Berlin 1978.

Franck, Georg: *Ökonomie der Aufmerksamkeit. Ein Entwurf* [1998]. München 2004.

Krämer, Sybille: *Medium, Bote, Übertragung. Kleine Metaphysik der Medialität.* Frankfurt a. M. 2008.

Lauer, David: Hartmut Winkler. Die Dialektik der Medien. In: Alice Laagay/Ders. (Hg.): *Medientheorien. Eine philosophische Einführung.* Frankfurt a. M. 2004, 225–248.

Margreiter, Reinhard: *Medienphilosophie. Eine Einführung.* Berlin 2007.

Mattelart, Armand: *The Invention of Communication.* Minneapolis 1996.

McLuhan, Marshall: *Die Gutenberg-Galaxis. Das Ende des Buchzeitalters* [1962]. Bonn 1995.

Morin, Edgar: *Der Mensch und das Kino. Eine anthropologische Untersuchung* [1956]. Stuttgart 1958.

Parr, Rolf: Wiederholen. Ein Strukturelement von Film, Fernsehen und neuen Medien im Fokus der Medientheorie. In: *kulturrevolution. zeitschrift für angewandte diskurstheorie* 47 (2004), 33–39.

Rifkin, Jeremy: *Access – Das Verschwinden des Eigentums. Warum wir weniger besitzen und mehr ausgeben werden* [2000]. Frankfurt a. M. 2007.

Stanitzek, Georg/Winkler, Hartmut (Hg.): *Josias Ludwig Gosch. Fragmente über den Ideenumlauf* [1789]. Berlin 2006.

Stauff, Markus: *Das neue Fernsehen. Machtanalyse, Gouvernementalität und digitale Medien*. Münster 2005.

Winkler, Hartmut: *Der filmische Raum und der Zuschauer. ›Apparatus‹ – Semantik – ›Ideology‹*. Heidelberg 1992.

Winkler, Hartmut: *Docuverse. Zur Medientheorie der Computer*. München 1997.

Winkler, Hartmut: Dierk Spreen: Tausch, Technik, Krieg. Die Geburt der Gesellschaft im technisch-medialen Apriori. Rezension und Erwiderung in einigen Punkten. In: *Medienwissenschaft Rezensionen/Reviews* 2 (1999a), 138–145.

Winkler, Hartmut: Die prekäre Rolle der Technik. Technikzentrierte vs. »anthropologische« Mediengeschichtsschreibung. In: Claus Pias (Hg.): *[Medien]ˡ. Dreizehn Vorträge zur Medienkultur*. Weimar 1999b, 221–238.

Winkler, Hartmut: *Diskursökonomie. Versuch über die innere Ökonomie der Medien*. Frankfurt a. M. 2004.

Rolf F. Nohr/Jens Schröter

15. Akteur-Medien-Theorie

Vermitteln, übersetzen, erfinden, enthüllen, verschleiern Medien etwas? Oder sind sie neutrale Zwischenglieder, die Bedeutung nur transportieren? Haben wir es bei der Entwicklung von Medien mit einem technischen Apriori oder einem sozialen Apriori zu tun? Solche von der Akteur-Netzwerk-Theorie (ANT) aufgeworfenen Fragen hat sich die Medienwissenschaft in den letzten Jahren zu eigen gemacht (vgl. Seier 2009; Engell/Siegert 2013) und ein ›kooperatives Apriori‹ formuliert: Medien werden kooperativ geschaffen und wirken zugleich als Bedingung für die Handlungsmacht (*agency*) von Akteuren (vgl. Schüttpelz 2013). Die Akteur-Medien-Theorie (AMT) eignet sich daher vor allen Dingen dazu, Medienprozesse entlang einer Handlungskette darstellbar zu machen.

Als die Akteur-Netzwerk-Theorie Anfang der 1980er Jahre am Centre de Sociologie de l'Innovation (CSI) der Pariser *École des Mines* entwickelt wurde, war eine solche medienwissenschaftliche Inanspruchnahme noch nicht absehbar. Denn die Akteur-Netzwerk-Theorie ist keine monolithische Theorie, sondern eine empirische Praxis. Sie ermöglicht eine Darstellungsweise, die das Soziale und das Technische ineinander einbettet. Dabei nivelliert sie die Unterscheidung in menschliche und nicht-menschliche Akteure und hebt im Gegenzug die Rolle von Medien hervor, auch wenn diese häufig nicht explizit werden. Die Akteur-Netzwerk-Theorie lässt Nicht-Medien nicht zu (vgl. Espahangizi 2011). Sie ist somit eine Nicht-Nicht-Medien-Theorie – oder in Folge von Bejahung durch doppelte Verneinung eine Akteur-Medien-Theorie (zum ›negativen Beitrag‹ der Akteur-Netzwerk-Theorie vgl. Latour 2006c).

Die Akteur-Medien-Theorie vereint zwei Theoriebereiche, die von den Hauptvertretern der Akteur-Netzwerk-Theorie – Michel Callon, Bruno Latour, Madeleine Akrich und John Law einerseits sowie Antoine Hennion und Cécile Méadel andererseits – getrennt behandelt wurden. Während sich die erstgenannten Autoren auf die zum Einsatz kommenden Mittler ›für etwas‹ fokussieren, stellen letztgenannte die Mittler ›für jemanden‹ in den Mittelpunkt ihrer Betrachtung (vgl. Thielmann 2013a).

Die Akteur-Medien-Theorie ermöglicht auf diese Weise die ›Hilfsmedien‹ der soziotechnischen Strukturen verschiedener Medienprozesse freizulegen (vgl. Becker/Cuntz/Kusser 2008) und traditionelle Massenmedien durch die Handlungsmacht ihrer

›Agenturen‹ zu analysieren (vgl. Thielmann 2013b): Deutlich wird dies, um nur ein Beispiel herauszugreifen, in der Prozessanalyse der quantitativen Fernsehforschung. Das Messinstrument (GfK-Meter) tritt hier als ›Akteur‹, als Hilfsmedium, auf, das ein disperses Fernsehpublikum zu einem berechenbaren Maß kondensiert, welches damit als erkennbare Größe in Erscheinung tritt (vgl. Wieser 2013). »Die abstrakte und aus dem Zusammenhang gerissene Definition des ›Fernsehpublikums‹ als eine taxonomische Gemeinschaft mag zwar epistemologisch gesehen begrenzt sein, doch gleichzeitig steigert sie die Möglichkeiten der Institutionen« (Ang 2001, 476; s. Kap. IV.13). Die Bestimmung und Bestimmbarkeit des ›Fernsehzuschauers‹ steht demzufolge in einer Wechselbeziehung zu ›Agenturen‹ wie der Gesellschaft für Konsumforschung (GfK) oder der Arbeitsgemeinschaft Fernsehforschung (AGF), die analytische Bestandteile der Institution ›Fernsehen‹ geworden sind.

ANT als Medientheoriebaukasten

Die Akteur-Netzwerk-Theorie ist in ihrer Struktur wie ein Netzwerk aufgebaut. Daher konnte sich der Begriff ›Akteur-Netzwerk-Theorie‹ trotz vieler Widerstände so schnell durchsetzen. Er konnte auch nicht durch die vorgeschlagene ›Aktanten-Rhizom-Ontologie‹ (vgl. Latour 2006c) ersetzt werden (mit dem Begriff des Aktanten soll deutlich werden, dass auch nicht-menschliche Wesen als Akteure einzubeziehen sind) und ist metatheoretisch wie ein Medium angelegt (vgl. Crease u. a. 2003). Sie kann daher keine Aussagen über *ein* Medium, sondern nur über Hilfsmedien treffen. Dies ist die Krux der Rede von der »Entgrenzung der Medien« (Seier 2009, 132).

Die Akteur-Netzwerk-Theorie besteht aus vielen einzelnen Theoriebausteinen, die je nach vorhandener Problemstellung miteinander kombinierbar sind. Man kann in diesem Zusammenhang auch von einem »Medientheoriebaukasten« (Thielmann 2008, 207) sprechen. Dies hat zur Folge, dass die Akteur-Netzwerk-Theorie in ihrer ›Gesamtheit und Vielschichtigkeit‹ vermutlich gar keine Anwendung finden kann. Die einzelnen Teile können aber sehr wohl ineinandergreifen; sie sind als gleichrangig zu betrachten; und sie sind jeweils für/in sich schlüssig und funktionsfähig.

So kann sie aus geografischer und (raum-)philosophischer Sicht beispielsweise ›nur‹ die Oligoptiken (die Orientierungs- bzw. Knotenpunkte im Sinne der Netzwerkmetapher) in den Fokus rücken (vgl. Harman 2009; Paßmann/Thielmann 2013). Der Begriff ›Oligoptikum‹ ist dem französischen Wort *oligo-élément* (dt. Spurenelement) entlehnt und wird von Latour (2007, 302 ff.) als Gegenentwurf zum Panoptikum Foucaults (1994, 251 ff.) entwickelt.

Eine Medienpraxeologie und -historiographie mit Hilfe der Akteur-Netzwerk-Theorie wird hingegen die Verbindungslinien innerhalb eines Netzwerks verfolgen. Im Zuge des soziotechnischen Prozesses werden einzelne Verbindungslinien eliminiert, und Erfindungen, Episteme, Artefakte etc. treten jeweils als Blackbox in Erscheinung, also als scheinbar stabile, abgeschlossene, selbstgenügsame Einheit (vgl. Latour 1987; 2006b; Kümmel-Schnur 2013). Dieses Kappen der Vermittlung (zwischen dem Sozialen und Technischen) wird als ›Reinigungsarbeit‹ (vgl. Latour 2008) beschrieben. Auch die medienwissenschaftliche Rede von (scheinbar) stabilen und klar abgegrenzten Einzelmedien wie z. B. ›dem Fernsehen‹ ist so gesehen bereits Ergebnis einer Reinigungsarbeit (zur modernistischen Rede von der ›Reinheit‹ von Medien s. Kap. II.5).

Grundlegende Beiträge der ANT

Am Anfang stehen die wegweisenden Studien von Callon (2006) und Law (1986). Latours medienethnologische bzw. techniksoziologische Schriften, die daran anknüpfen, richten sich auf die Vermittlung und Kopplung von Personen, Artefakten und Zeichen (durch ›Mediatoren‹). Latour zeichnet die Logistik nach, durch die Maßstabswechsel möglich werden. Aus medienwissenschaftlicher Perspektive kann dadurch sowohl

- anhand der Vergleichsanalyse mehrerer kleinteiliger medialer Übersetzungsketten (vgl. Schüttpelz 2006, 93) als auch
- durch die Nachverfolgung akkumulativer Technikentwicklung (vgl. Thielmann 2008) eine soziotechnische Kultur- und Mediengeschichte geschrieben werden, die auf dem Konzept von Mediation basiert (s. Kap. II.20).

Gemeinsames Ziel beider Vorgehensweisen ist es, den Kitt all jener Allianzen aufzuspüren, die notwendigerweise den soziotechnischen Prozess von der Invention über die Innovation zur Diffusion begleiten.

Eine soziotechnische Medien- und Kulturgeschichte macht sichtbar, dass man historisch immer wieder »Objekte erfinden [musste], die *mobil*, aber auch *unveränderlich, präsentierbar, lesbar* und miteinander *kombinierbar* sind« (Latour 2006a, 266; Herv. i.O.) – diese Objekte nennt Latour ›immutable mobiles‹ bzw. die ›unveränderlichen mobilen Elemente‹. Je artifizieller und abstrakter die eingeschriebenen Zeichen (Inskriptionen), desto größer ist ihre Fähigkeit, sich mit anderen zu assoziieren und so ›an Realität zu gewinnen‹ (vgl. Latour 2002), denn für die Akteur-Netzwerk-Theorie ist umso ›realer‹, was stärker vernetzt ist.

Latours exemplarischer Aufsatz »Der ›Pedologen-Faden‹ von Boa Vista« (1996) zeigt, dass in seinem Mediatorenverständnis die Aufzeichnungs- und Wiedergabemedien nicht von Transformationen zu trennen sind. Der Maßstabswechsel vollzieht sich durch die Übersetzung von Dingen in Zeichen, d.h. durch die Transformation des Großen (am Beispiel dieses Aufsatzes: des Urwaldes) zum Kleinen (z.B. Millimeterpapier), auf dem Diagramme und Zeichen abgebildet werden. Latour spricht im Zusammenhang solcher ›Operationsketten‹ wissenschaftlichen Wissens von ›zirkulierender Referenz‹. In dem Beispiel des »Pedologen-Fadens« soll dies Folgendes bedeuten: Bodenwissenschaftler (Pedologen) gehen in den Urwald mit einer Forschungsfrage. Sie vermessen den Urwald mit verschiedenen Messinstrumenten und notieren bzw. speichern die Werte. Dabei wandeln sich Dinge zu Zeichen und der Maßstab verändert sich. Es findet eine Transformation des großen Urwalds in kleine, flache, mobilisierbare Notizen (z.B. auf einem Papier-Zettel) statt. Diese Notizen bzw. Messergebnisse werden immer weiter transformiert, bis am Ende als Resultat ein wissenschaftlicher Aufsatz über den Urwald-Boden steht. Dieser Aufsatz verweist auf den Boden im Urwald (Referenz). Zukünftige Wissenschaftler/innen müssen nun im Prinzip die Möglichkeit haben, alle Transformationsschritte, die vom Urwald-Boden zum Aufsatz führten, in umgekehrter Reihenfolge wieder abzuschreiten, z.B. um festzustellen, ob die Ergebnisse in dem Aufsatz korrekt sind oder nicht. Latour zeigt also detailliert, wie die Produktion und Stabilisierung wissenschaftlichen Wissens operiert: Ob es sich nun um Ratten, Chemikalien oder Erdklumpen handelt; sie werden in Laboratorien (und manchmal auch im Feld) untersucht und am Ende sozusagen zu Papier, nämlich einem Aufsatz in einer wissenschaftlichen Fachzeitschrift transformiert. Kijan Espahangizi (2011) hinterfragt allerdings das Konzept der *immutable mobiles*: Einerseits ist es auf Zeichenträger im engeren Sinne eingeengt, andererseits wirft es

die Frage auf, was die *immutable mobiles* überhaupt mobil und unveränderlich macht (vgl. auch Schröter 2011).

Die medientechnische Entwicklung geht dabei einher mit der Herausbildung und Durchsetzung von Netzwerkstrukturen: Die Steigerung der Mobilität von Medien und ihre Kombination zu flachen, kombinierbaren, standardisierten und reproduzierbaren *immutable mobiles* führt zu einer Akkumulation in *centers of calculation*, die Inskriptionen kollektiv zur Rechenschaft ziehen. Diese *centers of calculation* können als zentrale Punkte in sternförmigen Netzwerken verstanden werden. Informationen fließen in die Zentren, wo sie verarbeitet, in diesem Sinne ›zur Rechenschaft gezogen‹ werden. Aus den Zentren fließen Befehle etc. Auf diese Weise werden solche ›Rechen(schafts)zentren‹ in die Lage versetzt, Kontrolle über Raumdistanzen auszuüben und die Peripherie zu beherrschen (vgl. Latour 2009). In Bezug auf das oben genannte Beispiel könnte das z.B. ein Forschungszentrum sein, dass dann politischen Machtzentralen (Regierungen etc.) Empfehlungen gibt, wie mit dem Urwald weiter zu verfahren ist. Andere solcher Rechen(schafts)zentren könnten militärische Einrichtungen sein – immer geht es darum, dass *immutable mobiles* aus bestimmten Regionen in die Zentren geschickt, dort angesammelt und zu Wissen bzw. Handlungsanweisungen verarbeitet werden.

Ein weiterer wichtiger Beitrag der Akteur-Netzwerk-Theorie findet sich in Madeleine Akrichs Aufsatz »Die De-Skription technischer Objekte« (2006). Alle technischen Objekte, auch jene, die nicht wie Computer im engeren Sinne programmiert sind, sind durch eine Handlungsprogrammanleitung, ein ›Skript‹, strukturiert, welches Akrich ausdrücklich mit den Handlungsanweisungen in einem Drehbuch vergleicht (neuerdings wird zunehmend der Begriff der ›Affordanz‹ benutzt). Technische Objekte werden für ›implizite Nutzer‹ designt (vgl. Schröter 2010). Daher kann Akrich von einer In-Skription durch einen Ingenieur, Designer, Programmierer etc. sprechen, die durch die analytische Arbeit der De-Skription (zurück von den Dingen zu den Worten) sichtbar gemacht wird. Das macht die Akteur-Netzwerk-Theorie gerade für die historische Analyse von ›Urszenen‹ medientechnischer Entwicklungen (vgl. Rohrhuber 2013; Schröter 2013) wie auch für die Gegenwartsanalyse ›neuer Medien‹ interessant. Diese De-Skription der Arten und Weisen, wie das Objekt benutzt werden *soll*, muss verbunden werden mit der (ethnographischen) Beobachtung, wie das technische Objekt *wirklich* benutzt wird. Auch können Störungen und Zusammenbrüche, ein *breaching* (vgl. Garfinkel 1967), hilfreich sein, um die Skripte zu verstehen. Das Skript ist aus Sicht der Science and Technology Studies (STS) das Hauptelement von Mensch-Technik-Interaktionen, denn es ist eine wesentliche Grundlage aller zukünftigen Transformationen des Objekts.

Probleme des Netzwerk-Begriffs

Zunächst scheint es problematisch, den Netzwerkbegriff im Sinne der Akteur-Netzwerk-Theorie zu verwenden:

* So steht sie in einem missverständlichen Verhältnis zur sozialen Netzwerkanalyse und Netzwerktheorie (vgl. z. B. Stegbauer 2008);
* zudem sollte man nicht dem Trugschluss unterliegen, dass die Akteur-Netzwerk-Theorie die Analyse technischer Netzwerke in besonderer Weise favorisiert.

Latour (2007) hat dies selbst erkannt und daher auch den Begriff des Arbeits- oder Handlungsnetzes (*worknet, action net*) favorisiert. Damit hat er deutlich gemacht, dass nach seinem Verständnis Netzwerke immer nur prozessuale und performative Akteur-Netzwerke und somit ganz im Sinne der Ethnomethodologie »ongoing accomplishments« sind (Garfinkel 1967, vii; vgl. auch Passoth/Wieser 2011).

Um die Problematik zu unterlaufen, dass Akteure und Netzwerke immer nur in ihrer soziotechnischen Verflechtung und Untrennbarkeit als Akteur-Netzwerke in Erscheinung treten, wird daher aus sozialtheoretischer Perspektive die *agency* (als Handlungsinitiative) zum Initialbegriff und zur Grundlage der Akteur-Netzwerk-Theorie. So verwendet Callon (2005, 4) den Begriff des »socio-technical agencements«, um zu unterstreichen, dass im Französischen *agencement* Agentschaft (*agency*) und Anordnung (*arrangement*) wortspielerisch zusammenfallen.

Erhard Schüttpelz (2013) schlägt für die Medientheorie vor, den Begriff der ›Agentur‹ sozialtheoretisch umzudeuten:

* Die Agentur ist im ökonomischen und rechtlichen Sinne als »Zusammenfügung von delegierten Handlungen« (ebd., 13) zu verstehen;
* die Analyse von Handlungsdelegationen beinhaltet immer auch die Delegation an Medien. Eine Akteur-Medien-Theorie schließt also an eine

›Agenturtheorie der Medien‹ an (vgl. Schanze 1994).

Dadurch sind zunächst zwei Forschungsfelder der Akteur-Netzwerk-Theorie umrissen, die in ihrer gegenseitigen Verschränkung den systematischen Ansatzpunkt einer Akteur-Medien-Theorie bilden: Medien der Agentschaft und Agenturen der Medien.

Medien der Agentschaft/Hilfsmedien

Im Begriff des ›Hilfsmediums‹ zeigt sich die Doppelrolle der Medien als transparente Zwischenglieder oder Intermediäre (*intermediaries*), die Handlungsmacht über- und weitertragen auf der einen und Mittler oder Mediatoren (*mediators*), die selbst eine Eigenmacht in sich tragen, auf der anderen Seite (vgl. Latour 2007, 66 f.; Thielmann 2013b).

Diese Perspektive ist für medien- und kunstwissenschaftliche Analysen fruchtbar. So zeigt Ann-Sophie Lehmann (2012), dass die Malsubstanz ›Öl‹ nicht nur als Bindemittel dient – als Intermediär, der Bedeutung bloß transportiert. Sie ist ebenso eine »verzauberte Technologie« (ebd., 81 f.), die eine aktive Rolle im Malsystem einnimmt, indem sie den gesamten Malprozess steuert. Als Mediator transformiert Öl die zu transportierende Bedeutung.

Auch die digitalen Verheißungen der Internetkultur haben am hilfsmedialen Charakter, der Latours Netzwerkverständnis prägt, nicht rütteln können:

> »A network [...] is more like what you record through a Geiger counter that clicks every time a new element, invisible before, has been made visible to the inquirer. To put it at its most philosophical level [...], I'd say that network is defined by the series of little jolts that allow the inquirer to register around any given substance the vast deployment of its *attributes*. Or, rather, what takes any *substance* that had seemed at first self-contained (that's what the word means after all) and transforms it into what it needs to *subsist* through a complex ecology of tributaries, allies, accomplices, and helpers« (Latour 2011, 799; Herv. i.O.).

Während die Akteur-Netzwerk-Theorie sich als »Soziologie der Übersetzung« (Callon 2006) versteht, definiert sich die Akteur-Medien-Theorie durch die Historiographie und Praxeologie untergeordneter Medien(-Systeme), eben der Hilfsmedien, die für delegierte Handlungen konzipiert sind. Damit stellt die Akteur-Medien-Theorie »Agenturen der Dienstbarkeit« (Krajewski 2011, 155) in den Mittelpunkt der Betrachtung. Dadurch erscheinen z. B. Beistelltische, Drehtüren, Kleiderständer, Lastenaufzüge als Delegierte vormals menschlicher Handlungen (stumme Diener). Solche »Quasi-Objekte des Service« haben gemäß Krajewski den Status eines Mediums. Ihnen gelingt es nämlich, »dichotomisch geschiedene Bereiche zu verknüpfen, zwischen dem Getrennten zu vermitteln und kraft seiner Übersetzungsarbeit das Entlegene zu verbinden« (ebd., 159). Die Akteur-Medien-Theorie reformuliert, dass sich die Akteur-Netzwerk-Theorie mit der Analyse von Hilfsmedien befasst und dabei selbst ein Hilfsmedium ist – ein ›Denkwerkzeug‹ (vgl. Amann/Hirschauer 1997). Es dient dazu, disziplinäre und wissenschaftstheoretische Trennungen einzuebnen, die ehedem grundlegender Natur zu sein schienen (vgl. Law 2011).

Die Trennung zwischen dem Technischen und Sozialen wird in der Akteur-Netzwerk-Theorie im Allgemeinen durch die Beschreibung von Operations-, Übersetzungs- oder Transformationsketten und in der Akteur-Medien-Theorie im Besonderen durch die Darlegung von Delegationsketten ersetzt. Deren personale wie materiale, subjekt- wie objekthafte Bindeglieder treten primär durch ihre ›mediale‹ Verknüpfungsleistung hervor. Insofern sind in den Akteur-Netzwerk-Theorie-Darstellungen alle technischen und sozialen Abläufe an Hilfsmedien gebunden; »wissenschaftliche, technische, organisatorische Tatbestände« gehen »erst aus den Operationsketten mit ihren Medien hervor, etwa die ›Referenz‹ einer wissenschaftlichen Argumentation« (Schüttpelz 2013, 15; der Verweis auf die ›Referenz‹ einer wissenschaftlichen Argumentation‹ bezieht sich auf das oben genannte Beispiel des ›Pedologenfadens von Boa Vista‹). Auf diese Weise treten Medien *en passant* auf, ohne dass sie ontologisch vorbestimmt wären.

Dieser Umstand trägt unter Medienwissenschaftlern zu einiger Verwirrung bei. Denn die Fokussierung auf die Verkettungen unterschiedlicher Elemente stellt ein gemeinsames Medium und damit auch ein gemeinsames ›Wesen‹ in Frage (vgl. Balke 2011). Die Akteur-Netzwerk-Theorie untergräbt damit festgefahrene ›Glaubensgrundsätze‹ der Medienwissenschaft. Aus medienwissenschaftlicher Sicht stellt die Akteur-Medien-Theorie somit den Versuch dar, der Diskussion um eine ›Medienspezifik‹ zu entrinnen, aber dabei dennoch den Eigensinn der Medien im Fokus zu behalten (vgl. Thielmann 2013a). Die Akteur-Medien-Theorie löst dazu die bekannten Einteilungen in Medien, wie z. B. ›Film‹ und ›Fernsehen‹, zugunsten kleinteiligerer Rekonstruktionen und Handlungszusammenhänge auf.

Gerade weil man »den Anteil ›der Medien‹ an der Verkettung von Handlungsinitiativen« nicht vorab definieren kann, sind die von der Akteur-Netzwerk-Theorie dargelegten Abläufe »auf ihre Weise medialisiert, und bilden dabei auch eigenständige Medien heraus: Messinstrumente, Standardisierungen, Papierverkehr, Monitore, Signalapparate« (Schüttpelz 2013, 15). Das heißt, die so skizzierten und zugleich hervorgerufenen Hilfsmedien sind Gegenstände, aber auch eine Hervorbringungsleistung der Akteur-Netzwerk-Theorie. In Hennions Untersuchung hingegen treten bei der Handlungsverknüpfung in/von/zu Massenmedien (Plattenproduzenten, Werbeagenturen etc.) die menschlichen Mediatoren und deren *attachments* in den Vordergrund (vgl. Hennion 1983; 1989; Gomart/Hennion 1999; Hennion/Méadel 2013).

Agenturen der Medien

Hilfsmedien dienen dazu, eine Ordnungsstruktur und einen gemeinsamen Raum heterogener Elemente zu schaffen (vgl. Stäheli 2011) – seien diese sozialer und nicht-sozialer, menschlicher und nichtmenschlicher, technischer und nicht-technischer Art. Einen solchen Ordnungsraum stellt für die Medienwissenschaft insbesondere die Agentur dar.

Die soziotechnischen Objektanalysen der Akteur-Netzwerk-Theorie untersuchen die Medialisierungen und die Hilfsmedien eines solchen heterogenen Gefüges des *agencement*. In der Untersuchung klassischer Medien, wie z. B. dem Massenmedium Fernsehen, dreht sich hingegen die Forschungsperspektive um. Aus Sicht der Akteur-Medien-Theorie sind diese im Hinblick auf ihre Handlungsstruktur bzw. das *agencement* ihrer Hilfsmedien zu analysieren, wodurch beispielsweise Machtbeziehungen der Institution Fernsehen sichtbar gemacht werden können (vgl. Teurlings 2013; hier ist ein Anschluss an die Production Studies möglich, vgl. Caldwell 2008). Die Folge ist, dass die Agentur selbst zum omnipräsenten organisatorischen Behelfsmittel für das Verständnis von Massenmedien wird. Diese grundlegende handlungstheoretische Perspektive wird häufig unterprivilegiert und z. B. von Law (2011, 37, Fn. 36) in eine Fußnote verbannt. Dabei lässt diese Perspektive die Akteur-Netzwerk-Theorie erst zu einer umfassenden Medientheorie werden. Denn mit der Fokussierung auf das *agencement* ist unweigerlich auch die organisatorische und soziale Eingebundenheit der Medien verbunden. Die Agentur kann daher als bevorzugte organisatorische Syntax der Akteur-Medien-Theorie gelten.

In der Akteur-Netzwerk-Theorie treten Menschen als soziale Agenten in Aktion. Geht man davon aus, dass Menschen diejenigen sozialen Strukturen, die sie verinnerlicht haben und die Teil ihrer selbst sind, reproduzieren (vgl. Mutch 2002), dann werden Medienagenturen ein zentrales Analyseobjekt der Akteur-Medien-Theorie. Die Akteur-Medien-Theorie unterstreicht damit, dass die Medien- und Marktförmigkeit der analysierten Artefakte und Praktiken zusammengedacht werden müssen (vgl. Hennion/Méadel 2013).

Mit der Fokussierung auf das Agenturgeschäft wird die Vermittlungsleistung der Medien betont. Zudem tritt die unterschiedliche Funktion von Mittlern (*mediators*) und Zwischengliedern (*intermediaries*) zu Tage. Für Agenturen gilt: »Jeder Mittler ist ein Mittler für seine Aufgabe, aber ein Zwischenglied für alle anderen« (Hennion/Méadel 2013, 361). Medienarbeit in Agenturen ist dadurch gekennzeichnet, dass man die Arbeit der anderen als nachrangig und bloße Anwendung von Technik betrachtet. Dies zeugt von einem individuellen und sozialen Bewusstsein für die netzwerkartige Struktur arbeitsteiliger Prozesse in und mit Medien. Es geht einer Akteur-Medien-Theorie daher nicht allein darum, Netzwerke sichtbar zu machen, die zuvor im Verborgenen agierten – das war und ist originäre Aufgabe der Akteur-Netzwerk-Theorie; im Zentrum der Analyse steht, wie und auf welche Weise kommunikative und mediale Netze als unhintergehbare Konstitutionen von Alltag in Erscheinung treten. Hier kommt der ethnomethodologische Theorieanspruch der Akteur-Medien-Theorie zum Tragen, nicht mehr, wie in der Akteur-Netzwerk-Theorie (vgl. Law 2011), nur beschreiben, sondern auch erklären zu wollen.

In der organisatorischen Syntax der Agentur spiegelt sich ein stabilisierendes Regelsystem von »accounting practices« (Garfinkel 1967, 1), die Individuen als Mitglieder einer gesellschaftlichen Gruppe alltäglich vollziehen (vgl. auch Law 1996). Moderne Agenturen sind in diesem Sinne beispielsweise ›soziale Netzwerke‹ wie Facebook oder Twitter. Sie sind als Plattformen zu verstehen, die Formulare (z. B. die Struktur der Interfaces, die bestimmte Informationen verlangen und andere ausschließen) zur Verfügung stellen, mit deren Hilfe Alltagshandlungen zurechenbar- und rechenschaftsfähig gemacht werden können (vgl. Thielmann 2012). Aber auch klassische Agenturen wie in der Musik-/Werbebranche oder im Journalismus (vgl. Hemmingway 2007; Plesner

2009) bieten sich als Untersuchungsgegenstand an. Sie stellen einen begrenzt beobachtbaren Ordnungsraum für theoretisch unendliche Mittlerketten dar. Musik ist beispielsweise in dieser Sichtweise eine Musikgerätepraxis, die über Spezifikationen (Standards, Vorschriften) verfügt, die als Verzeichnis verschiedener musikalischer Eigenschaften realisiert werden (vgl. Garfinkel 2008).

Zu den Vermittlungseigenschaften von Musik gehört insbesondere auch die Organisation der Gruppe, welche die »accumulated mediations – styles, grammar, systems of taste, programs, concert halls, schools, entrepreneurs, and so on« konstruiert (Hennion 2003, 82). Insofern lassen sich sämtliche kontierungsfähige (»account-able«) Medienphänomene – nicht nur die ›sozialer Medien‹ – als ›Hinweis auf‹ oder ›Dokument für‹ zugrundeliegende Sozialstrukturen lesen (vgl. Garfinkel 1967, 1; 78). Digitale Medien lassen nur die dokumentarischen Methoden der Akteure (vgl. Mannheim 1964) evidenter hervortreten, da die Medienmaterialitätserfahrung eine gemeinsam geteilte ist.

Akteur-Netzwerk-Web-Theorie

Vor allem die Analyse von *big data*-Phänomenen macht den Einsatz digitaler Hilfsmittel (*devices*) notwendig (s. Kap. III.18; s. Kap. IV.21; IV.22). Derartige *devices* präformieren allerdings auch die zu analysierenden Daten und erschweren so die Analyse von Netzstrukturen (vgl. Law u. a. 2011). Aus diesem Grund hat sich in den Sozialwissenschaften eine kritische Würdigung der Konzeption von Hilfsmedien etabliert. Noortje Marres und Esther Weltevrede (2013) problematisieren z. B. die Durchlässigkeit der Unterscheidung zwischen Objekten und Methoden digitaler Sozialforschung. Der Zugang zur Netzanalyse war und ist – ob es sich um technische Netze wie das Internet handelt oder nicht – nur durch Hilfsmedien möglich, durch die sich im Prozess der Sichtbarmachung (durch Web-Crawler und -Scraper) der Analysegegenstand verändert und also zu verschwinden droht.

Die Analyse der digitalen Restrukturierung sozialer Existenzen markiert derzeit ein weiteres Forschungsfeld der Akteur-Netzwerk-Theorie. Das Forschungsinteresse an digitalen Medien bezieht sich dabei vor allem auf deren Spurerzeugung, die leicht erfasst, aufgezeichnet, wiedergegeben und scheinbar jederzeit wiedergewonnen werden kann (vgl. Venturini/Latour 2010). Dem MACOSPOL-Forschungsverbund (www.mappingcontroversies.net) um Bruno Latour, Richard Rogers, Tommaso Venturini u. a. geht es darum, die Handlungsmacht von Datensätzen und Softwareprogrammen durch eine Vielzahl von detaillierten Kartierungen zu erfassen und darzustellen (vgl. Latour 2010; Venturini 2012). Rogers und die »Digital Methods Initiative« (www.digital methods.net) zielen darauf ab, medienimmanente Erklärungen durch die Aufdeckung von dahinter verborgenen Softwareprozessen ›tiefer zu legen‹. Medienplattformen werden mittels algorithmischer Dekonstruktion analysiert. Durch die *common sense*-Formen und -Praktiken der Datenbergung (*crawling, querying, scraping, parsing* etc.) drängt sich für Latour u. a. (2012) nahezu eine medientheoretische Notwendigkeit auf, die vorher (s. o.) gemachte strikte Unterscheidung von Netzwerkanalysen und Akteur-Netzwerk-Theorie zu widerrufen. Diese theoretische und methodische Fusion scheint zu einer Theorie der *actor network webs* zu führen (vgl. Law 2011).

Digitale Daten sind in Bezug auf die Darstellung der Transformations- und Übersetzungskette transparent, kohärent und repräsentativ. Ihre Darstellungsweise bleibt immer nah an den sozialen Akteuren. Die Nachzeichnung und Rückverfolgung kollektiver Phänomene ist jederzeit möglich – sofern die Mittler ihrem digitalen Charakter treu bleiben. Deshalb sehnen sich Venturini und Latour (2010) eine vollständig digitale Welt herbei. Diese bedürfte nicht länger einer sozialwissenschaftlichen Unterscheidung von Mikro-Interaktionen und Makro-Strukturen. Sie wäre vielmehr mit quali-quantitativen Methoden direkt zugänglich und erfassbar. Hier zeigt sich ein tendenziell unreflektiertes und unkritisches Verhältnis zu Methoden der Digital Humanities (s. Kap. IV.22), das zu hinterfragen ist.

Digitale Medienplattformen bieten hier die Möglichkeit, das sozialtheoretische Problem zu lösen, sich zwischen einer Analyse auf der Mikroebene sozialer Akteure und der Makroebene sozialer Aggregate entscheiden zu müssen. Dies gelingt, indem beides (Mikro- und Makroebene) als je unterschiedliche Art der Navigation durch Datensätze gelesen wird (vgl. Latour u. a. 2012; November u. a. 2013). Bereits der Gedanke an ein ›Individuum‹ oder eine ›Gesellschaft‹ wird als Artefakt der Art und Weise konturiert, wie wir digitale Daten anhäufen (vgl. Latour 2011). Laut Latour (und entgegen manch anderslautender Einschätzung) hat Digitalität vor allem die Materialität von Netzwerken stärker hervortreten lassen: »[T]he more digital, the less *virtual* and the more *material* a given activity becomes« (La-

tour 2011, 802; Herv. i.O.). Sein Netzwerkverständnis (ein Netzwerk ist für Latour eine Form der Handlungs-Redistribution) fällt mit der Rematerialisierung von Netzwerken durch digitale Technologien zusammen. Die Akteur-Netzwerk-Theorie ist so auf dem Weg, sich zu einer Materialtheorie von Datennetzen zu entwickeln. Dadurch werden letztlich die medienwissenschaftlichen Theoriebestandteile gestärkt. Die ›German Media Theory‹ findet mit Rückgriff auf Friedrich Kittler ein neues Anschlussgebiet vor (vgl. Bunz/Lovink/Burkhardt 2013; s. Kap. II.13; s. Kap. II.19). Gleichwohl hat sich nichts daran geändert, dass bürokratische Routinen für das Verständnis von Datennetzen ebenso bedeutsam sind wie materielle Widerstände und Gleichungen.

Schüttpelz (2007) wiederum stellt die Isomorphie von sozialen und technischen Netzwerken in Frage und sieht darin keinen medientheoretischen Erkenntnisgewinn. Latour erhebt hingegen ›soziale Medien‹ und eine veränderte ›digitale Datenlandschaft‹ zu Impulsgebern und Indikatoren einer ›neuen‹ Sozialtheorie. Diese Sozialtheorie begreift Individuum und Gesellschaft als Aggregate eines bidirektionalen Kontinuums. Die vielfältigen und vollständig umkehrbaren Aggregatzustände sind dabei gemäß Latour (2011) selbst virulent geworden durch die wachsende Bedeutung von:

- Datenlandschaften,
- On-Screen-Navigationsverfahren und
- die Akteur-Netzwerk-Theorie

Hierin kommt die adaptive Fähigkeit der Akteur-Netzwerk-Theorie zum Ausdruck, aktuelle Medienentwicklungen nicht nur zu analysieren, sondern als integrale Bestandteile der Theorie zu begreifen. Darin liegt die eigentliche Stärke des Netzwerksbegriffs für die Medientheorie. »The Net's secret weapon is that it doesn't care what kind of medium it runs over« (Doctorow 2011, 95). Insofern entpuppt sich die Akteur-Netzwerk-Web-Theorie nur mehr als Spezialfall der Akteur-Medien-Theorie.

AMT und STS

Die Science and Technology Studies (s. Kap. IV.26) haben im Anschluss an die Akteur-Netzwerk-Theorie weitere theoretische Konzepte entwickelt, die in eine Akteur-Medien-Theorie integrierbar sind (vgl. auch Hoof 2011; Cuntz 2013). So ermöglicht es der Begriff des »boundary objects« (Star/Griesemer 1989), epistemische/technische Objekte an der Peripherie oder außerhalb von Medienpraktiken zu verorten und damit Grenzen zwischen »communities of practice« (Wenger 1998) zu markieren. Grenzobjekte initiieren Kooperationen ohne Konsens. Im Rahmen der Akteur-Medien-Theorie besteht die Aufgabe solcher Hilfsmedien darin, grenzüberschreitendes Wissen zu vermitteln und mediale Selbstbeschreibungsformeln, also z. B. die unaufhörliche Lobpreisung ›Neuer Medien‹ als ›neu‹, zu unterlaufen. Dies gelingt nach Schüttpelz (2013, 41), indem man »die jeweiligen medialen ›Grenzobjekte‹ (z. B. Kataloge, Diagramme, Organigramme, Formulare) in den Kategorien eines anderen ›Grenzobjekts‹ und seiner Verfahren« darstellt (z. B. Sammlungen, Suchmaschinen, Skizzen, Entwürfe, Standardisierungen, Medieninnovationen, Social Media etc.). Aus wissenschaftstheoretischer und sozialwissenschaftlicher Perspektive hingegen besteht die Weiterentwicklung darin, mit Hilfe der Akteur-Medien-Theorie ›medienzentrierte‹ Analysen vorzunehmen.

Dies ist dem Umstand geschuldet, dass die Akteur-Netzwerk-Theorie handlungsorientierte Ausdifferenzierung von Medien erzeugt: In mikrobiologischen Laboratorien z. B. sind dies Gefäße, intermediäre Milieus (Kulturmedien) sowie Fixierungstechniken. Insbesondere das Material Glas und seine Anschlussmedien, wie Glas umhüllende Papierschachteln, werden so als immerwährende Hilfsmedien konturiert, die einer historischen Pfadabhängigkeit und spezifischen Funktionsabhängigkeit unterliegen (vgl. Espahangizi 2011). Gerade bei nicht-inskribierten Objekten (also solchen, die nicht im engeren Sinne Zeichenträger sind – nach Espahangizi die Gefäße in Laboratorien) wird deutlich, dass für die Akteur-Netzwerk-Theorie das Verhältnis von Behälter und Inhalt bedeutungstragend ist. Damit fügt sie dem the medium is the message-Diskurs eine weitere Variante hinzu. Insofern ist zwar ein Teil der Akteur-Netzwerk-Theorie schon immer Medientheorie gewesen, die Science and Technology Studies aber gerade erst auf dem Weg dazu, sich ihrer medientheoretischen Desiderate bewusst zu werden (vgl. Couldry 2012; Wajcman/Jones 2012).

Drawing Things Together

Die Akteur-Medien-Theorie hebt erstens hervor, dass die durch die Akteur-Netzwerk-Theorie kenntlich gemachten Akteur-Netzwerke in allen Medien beobachtbar sind. Sie stehen in keinem notwendigen Zusammenhang mit technischen Netzwerken. Das ›Zusammenfallen‹ von sozialen und technischen Netzwerken ist allen Medien inhärent, denn die Akteur-Netzwerk-Theorie »behandelt alle Phänomene in den sozialen und natürlichen Welten als kontinuierlich generalisierten Effekt derjenigen Beziehungsnetze, innerhalb derer sie verortet sind« (Law 2011, 21).

Abschließend kann man sagen, dass es das Ziel des heuristischen Programms der Akteur-Medien-Theorie ist, die einzelnen Mediatisierungs- und Medialisierungsschritte als solche beschreibbar zu machen. Das geschieht in Form von

- mikroanalytischen Medienethnographien: Die medienwissenschaftliche Weiterentwicklung der Akteur-Netzwerk-Theorie und von Latours medienpraxeologischem Apriori »to follow the actors« (2007, 28; vgl. auch Latour/Woolgar 1979; Latour 1987) befolgt die Maxime ›Folge den Mittlern!‹ (vgl. Schüttpelz 2013) oder ›Follow the Medium‹ (vgl. Rogers 2009). Sie zielt darauf ab, alle Größen zum Vorschein zu bringen, die andere Größen hervorbringen, koordinieren, steuern, anzeigen, ausweisen, ergänzen, unterstützen untermauern, oder auch ausschließen und auslöschen (s. Kap. IV.4);
- medienhistorischen Makroanalysen: Schüttpelz (2007; 2009) vertritt, wie oben schon angedeutet, eine Mediengeschichte der longue durée, die erstens Formkonstanzen über Transformationen hinweg und zweitens mediale Erfindungen auf ihre Rekombination verschiedener Handlungsinitiativen hin untersucht (s. Kap. II.20).

Zudem wird zweitens deutlich, dass die Akteur-Netzwerk-Theorie nicht nur eine Theorie und Analysemethode ist, sondern auch ein Werkzeug, eine Sichtweise und eine Ontologie. Sie hat mithin selbst medialen Charakter. Ein Großteil der Akteur-Netzwerk-Theorie-Kritik bezieht sich auf die vermeintlich haltlose und zirkuläre Mediendefinition der Akteur-Netzwerk-Theorie. Diese Kritik übersieht jedoch, dass es der Akteur-Netzwerk-Theorie nur am Rande um die Beobachtung von Medien, in erster Linie aber um ›Medien (in) der Beobachtung‹ geht (vgl. Gürpinar 2012).

Ein Verständnis der Akteur-Netzwerk-Theorie als Akteur-Medien-Theorie kann somit auch scheinbar medienfernen Disziplinen helfen, die Akteur-Netzwerk-Theorie besser zu verstehen. Sie ist im klassisch medientheoretischen Sinne immer weniger ein ›Baukasten‹ (vgl. Enzensberger 1970) von Begriffen und Konzepten, als vielmehr eine ›Werkzeugkiste‹ (vgl. Law 2011) digitaler Softwaretools: Sie bedarf einer Vielzahl von ›digitalen Hilfsmedien‹ (*multilayered toolkits*, ein Patchwork von Kartierungen), um den behelfsmedialen Charakter von Datennetzen zu erforschen (vgl. Venturini 2012).

Dabei geht es Latour – was von den Science and Technology Studies übersehen wird (vgl. Schulz-Schaeffer 2011) – um die Durchsetzung des Bloorschen Prinzips der Reflexivität (vgl. Bloor 1991). Nach Bloors Prinzip sollte die Form der Erklärung (durch Hilfsmedien) mit der Form des Untersuchungsgegenstands (Medien der Delegation und Hilfesuche) korrespondieren. In dieser Selbstanwendung soziomedialer Erkenntnisse auf den Erkenntnisprozess kommt der reflexive Charakter der Soziologie wissenschaftlichen Wissens und der beobachtenden Medien zum Ausdruck.

Die Akteur-Medien-Theorie ist damit mehr als eine Vermittlungstheorie: Neben der Materialität der Medien betont sie die Rechenschaftsfähigkeit des Medialen, wie es in Diagrammen, Formularen, Karten oder Listen seinen Ausdruck findet (vgl. Thielmann 2013a). Zudem stellt sie ästhetische Eigenschaften (Formkonstanz über Variationen hinweg, Symmetrieprinzipien, optische Konsistenz etc.) in den Mittelpunkt der Betrachtung epistemischer Prozesse. Schließlich bildet sie selbst Medien heraus, d. h. erst in der Darstellung konstituiert sich der Gegenstand, den es zu untersuchen gilt. Medien sind schlichtweg eine »irreduzible Größe« (Schüttpelz 2013, 57) und nicht auf das Soziale, Semiotische, Naturalisierte oder Technische zurückzuführen.

Der Gewinn einer Betrachtung medialisierter Abläufe durch die Akteur-Medien-Theorie besteht darin,

- nicht vorab festzulegen, wo man ›die Medien‹ in einer Handlungsverknüpfung findet;
- dass der Anteil ›der Medien‹ an der Verkettung von Handlungsinitiativen nicht fixiert ist;
- darin zeigt sich aber zugleich auch eine Schwierigkeit der Akteur-Medien-Theorie: Denn ›die Medien‹ lassen sich in einer Handlungsverknüpfung und als Ergebnis miteinander verketteter Handlungsinitiativen nur durch Hilfsmedien analysieren. Damit wird eine Theorie von Medienprozessen und -praktiken zwar handhabbar, verliert aber auch ihren Allgemeingültigkeitsanspruch. Die Akteur-Medien-Theorie untersucht kleinteilige und lokale Prozesse – Aussagen z. B. über Ontologien von Medien kann und will sie nicht treffen.

Die *Größe* ›der Medien‹, welche die traditionelle Medienwissenschaft doch stets stillschweigend vorausgesetzt hat, ist so auf das Niveau eines Hilfsmediums geschrumpft: auf notwendige, leidtragende und ›beiseite stehende‹ Medien einer Handlungsverflechtung. Medien entpuppen sich durch diese Darstellungsweise als eine Vielzahl irreduzibler, subalterner, sich wechselseitig bedingender und unterstützender Mediatoren bzw. Hilfsmedien, als involvierte Intermediäre und sich gruppierende Agenturen, die zugleich Untersuchungsgegenstände und Untersuchungsinstrumente der Akteur-Medien-Theorie sind. Doch gerade diese ›neue Bescheidenheit‹ der Medientheorie verspricht die Funktionsweise von Medien realistischer betrachten zu können.

Literatur

Akrich, Madeleine: Die De-Skription technischer Objekte (engl. 1992). In: Belliger/Krieger 2006, 407–428.

Amann, Klaus/Hirschauer, Stefan: Die Befremdung der eigenen Kultur. Ein Programm. In: Dies. (Hg.): *Die Befremdung der eigenen Kultur. Zur ethnographischen Herausforderung soziologischer Empirie*. Frankfurt a. M. 1997, 7–52.

Ang, Ien: Zuschauer, verzweifelt gesucht. In: Ralf Adelmann u. a. (Hg.): *Grundlagentexte zur Fernsehwissenschaft. Theorie, Geschichte, Analyse*. Konstanz 2001, 454–483.

Balke, Friedrich: Einleitung. In: Ders./Maria Muhle/Antonia von Schöning (Hg.): *Die Wiederkehr der Dinge*. Berlin 2011, 7–16.

Becker, Ilka/Cuntz, Michael/Kusser, Astrid: In der Unmenge. In: Dies. (Hg.): *Unmenge – Wie verteilt sich Handlungsmacht?* München 2008, 7–34.

Belliger, Andréa/Krieger, David J. (Hg.): *ANThology. Ein einführendes Handbuch zur Akteur-Netzwerk-Theorie*. Bielefeld 2006.

Bloor, David: *Knowledge and Social Imagery*. Chicago/London ²1991.

Bunz, Mercedes/Lovink, Geert/Burkhardt, Marcus (Hg.): *After Kittler: Neue deutsche Medientheorien*. Lüneburg 2013.

Caldwell, John: *Production Culture: Industrial Reflexivity and Critical Practice in Film and Television*. Durham 2008.

Callon, Michel: Why virtualism paves the way to political impotence. A reply to Daniel Miller's critique of ›The Laws of the Markets‹. In: *Economic Sociology. European Electronic Newsletter* 6/2 (2005), 3–20.

Callon, Michel: Einige Elemente einer Soziologie der Übersetzung: Die Domestikation der Kammmuscheln und der Fischer der St. Brieuc-Bucht (engl./frz. 1986). In: Belliger/Krieger 2006, 135–174.

Couldry, Nick: *Media, Society, World: Social Theory and Digital Media Practice*. Cambridge 2012.

Crease, Robert u. a.: Interview with Bruno Latour. In: Don Ihde/Evan Selinger (Hg.): *Chasing Technoscience: Matrix for Materiality*. Bloomington 2003, 15–26.

Cuntz, Michael: Die Ketten der Sängerin. Zu Hergés *Bijoux de la Castafiore*. In: Thielmann/Schüttpelz 2013, 691–739.

Doctorow, Cory: Shannon's law. In: Holly Black/Ellen Kushner (Hg.): *Welcome to Bordertown: New Stories and Poems of the Borderlands*. New York 2011, 90–132.

Engell, Lorenz/Siegert, Bernhard (Hg.): *Zeitschrift für Me-

dien- und Kulturforschung 2 (2013), Schwerpunkt: ANT und die Medien.

Enzensberger, Hans Magnus: Baukasten zu einer Theorie der Medien. In: *Kursbuch* 20 (1970), 159–186.

Espahangizi, Kijan: ›Immutable Mobiles‹ im Glas. Grenzbetrachtungen zur Zirkulationsgeschichte nicht-inskribierter Objekte. In: David Gugerli u. a. (Hg.): *Nach Feierabend. Zürcher Jahrbuch für Wissensgeschichte 7, Schwerpunktthema Zirkulationen.* Zürich 2011, 105–125.

Foucault, Michel: *Überwachen und Strafen. Die Geburt des Gefängnisses.* Frankfurt a. M. 1994.

Garfinkel, Harold: *Studies in Ethnomethodology.* Englewood Cliffs, NJ 1967.

Garfinkel, Harold: *Toward a Sociological Theory of Information.* Hg. von Anne Warfield Rawls. Boulder, CO 2008.

Gomart, Émilie/Hennion, Antoine: A sociology of attachment: Music amateurs and drug addicts. In: John Law/John Hassard (Hg.): *Actor Network Theory and After.* Oxford 1999, 220–247.

Gürpinar, Ates: *Von Kittler zu Latour. Beziehung von Mensch und Technik in Theorien der Medienwissenschaft.* Siegen 2012.

Harman, Graham: *Prince of Networks: Bruno Latour and Metaphysics.* Melbourne 2009.

Hemmingway, Emma: *Into the Newsroom: Exploring the Digital Production of Regional Television News.* London 2007.

Hennion, Antoine: The production of success: An anti-musicology of the pop song. In: *Popular Music* 3 (1983), 159–193.

Hennion, Antoine: An intermediary between production and consumption: The producer of popular music. In: *Science, Technology and Human Values* 14/4 (1989), 400–424.

Hennion, Antoine: Music and mediation. Toward a new sociology of music. In: Martin Clayton u. a. (Hg.): *The Cultural Study of Music: A Critical Introduction.* New York 2003, 80–91.

Hennion, Antoine/Méadel, Cécile: In den Laboratorien des Begehrens: Die Arbeit der Werbeleute (frz. 1988). In: Thielmann/Schüttpelz 2013, 341–376.

Hoof, Florian: Ist jetzt alles ›Netzwerk‹? Mediale ›Schwellen- und Grenzobjekte‹. In: Ders./Eva-Maria Jung/Ulrich Salaschek (Hg.): *Jenseits des Labors. Transformationen von Wissen zwischen Entstehungs- und Anwendungskontext.* Bielefeld 2011, 45–62.

Krajewsky, Markus: Quasi-Objekte. In: Harun Maye/Leander Scholz (Hg.): *Einführung in die Kulturwissenschaft.* München 2011, 145–166.

Kümmel-Schnur, Albert: Zirkulierende Autorschaft. Ein Urheberrechtsstreit aus dem Jahre 1850. In: Thielmann/Schüttpelz 2013, 201–234.

Latour, Bruno: *Science in Action: How to Follow Scientists and Engineers through Society.* Cambridge, Mass. 1987.

Latour, Bruno: Der ›Pedologen-Faden‹ von Boa Vista – eine photo-philosophische Montage (frz. 1993). In: Ders.: *Der Berliner Schlüssel. Erkundungen eines Liebhabers der Wissenschaften.* Berlin 1996, 191–248.

Latour, Bruno: *Die Hoffnung der Pandora. Untersuchungen zur Wirklichkeit der Wissenschaft.* Frankfurt a. M. 2002 (engl. 1999).

Latour, Bruno: Drawing Things Together: Die Macht der unveränderlich mobilen Elemente (engl. 1986). In: Belliger/Krieger 2006a, 259–308.

Latour, Bruno: Über technische Vermittlung: Philosophie, Soziologie und Genealogie (engl. 1994). In: Belliger/Krieger 2006b, 483–528.

Latour, Bruno: Über den Rückruf der ANT (engl. 1999). In: Belliger/Krieger 2006c, 561–572.

Latour, Bruno: *Eine neue Soziologie für eine neue Gesellschaft. Einführung in die Akteur-Netzwerk-Theorie.* Frankfurt a. M. 2007 (engl. 2005).

Latour, Bruno: *Wir sind nie modern gewesen. Versuch einer symmetrischen Anthropologie.* Frankfurt a. M. 2008 (frz. 1991).

Latour, Bruno: Die Logistik der *immutable mobiles* (engl. 1987). In: Jörg Döring/Tristan Thielmann (Hg.): *Mediengeographie. Theorie – Analyse – Diskussion.* Bielefeld 2009, 111–144.

Latour, Bruno: Learning to navigate through controversial datascapes. The MACOSPOL platform. Final report, Paris 2010, http://cordis.europa.eu/documents/document library/116654541EN6.pdf (12.04.2013).

Latour, Bruno: Networks, societies, spheres: Reflections of an actor-network theorist. In: *International Journal of Communication* 5 (2011), 796–810.

Latour, Bruno/Jensen, Pablo/Venturini, Tommaso u. a.: The whole is always smaller than its parts – a digital test of Gabriel Tarde's Monads. In: *British Journal of Sociology* 63/4 (2012), 590–615.

Latour, Bruno/Woolgar, Steve: *Laboratory Life. The Social Construction of Scientific Facts.* London 1979.

Law, John: On the methods of long distance control: Vessels, navigation and the portuguese route to India. In: Ders. (Hg.): *Power, Action and Belief: A New Sociology of Knowledge?* London 1986, 234–263.

Law, John: Organizing accountabilities: Ontology and the mode of accounting. In: Rolland Munro/Jan Mouritsen (Hg.): *Accountability: Power, Ethos and the Technologies of Managing.* London 1996, 283–306.

Law, John: Akteur-Netzwerk-Theorie und materiale Semiotik (engl. 2009). In: Tobias Conradi/Heike Derwanz/Florian Muhle (Hg.): *Strukturentstehung durch Verflechtung. Akteur-Netzwerk-Theorie(n) und Automatismen.* Paderborn 2011, 21–48.

Law, John/Ruppert, Evelyn/Savage, Mike: The double social life of methods. In: *CRESC Working Paper Series* 95 (2011), http://www.cresc.ac.uk/sites/default/files/The%20 Double%20Social%20Life%20of%20Methods%20 CRESC%20Working%20Paper%2095.pdf (12.04.2013).

Lehmann, Ann-Sophie: Das Medium als Mediator. Eine Materialtheorie für (Öl-)Bilder. In: *Zeitschrift für Ästhetik und Allgemeine Kunstwissenschaft* 57/1 (2012), 69–88.

Mannheim, Karl: Beiträge zur Theorie der Weltanschauungs-Interpretation (1921/1922). In: Ders.: *Wissenssoziologie.* Neuwied 1964, 91–154.

Marres, Noortje/Weltevrede, Esther: Scraping the social? Issues in live social research. In: *Journal of Cultural Economy* 6/3 (2013), 313–335.

Mutch, Alistair: Actors and networks or agents and structures: Towards a realist view of information systems. In: *Organization* 9/3 (2002), 477–496.

November, Valérie/Camacho-Hübner, Eduardo/Latour, Bruno: Das Territorium ist die Karte. Raum im Zeitalter digitaler Navigation (engl. 2009). In: Thielmann/Schüttpelz 2013, 583–614.

Paßmann, Johannes/Thielmann, Tristan: Beinahe Medien: Die medialen Grenzen der Geomedien. In: Regine Buschauer/Katharine S. Willis (Hg.): *Locative Media. Medialität und Räumlichkeit – Multidisziplinäre Perspektiven zur Verortung der Medien*. Bielefeld 2013, 71–103.

Passoth, Jan-Hendrik/Wieser, Matthias: Medien als soziotechnische Arrangements. Zur Verbindung von Medienund Technikforschung. In: Hajo Greif/Matthias Werner (Hg.): *Vernetzung als soziales und technisches Paradigma*. Wiesbaden 2011, 101–122.

Plesner, Ursula: An actor-network perspective on changing work practices: Communication technologies as actants in newswork. In: *Journalism: Theory, Practice & Criticism* 10/5 (2009), 604–626.

Rogers, Richard: *The End of the Virtual: Digital Methods*. Amsterdam 2009.

Rohrhuber, Julian: Intractable mobiles. Patents and algorithms between discovery and invention. In: Thielmann/ Schüttpelz 2013, 265–305.

Schanze, Helmut: Ansätze zu einer Agenturtheorie der Medien unter besonderer Berücksichtigung des Fernsehens. In: Ders. (Hg.): *Medientheorien – Medienpraxis. Fernsehtheorien zwischen Kultur und Kommerz*. Siegen 1994, 79–86.

Schröter, Jens: Zur Analyse multimedialer Systeme. In: Jürgen Schläder/Franziska Weber: *Performing Inter-Mediality. Mediale Wechselwirkungen im experimentellen Theater der Gegenwart*. Leipzig 2010, 202–219.

Schröter, Jens: Das automatische Subjekt. Überlegungen zu einem Begriff von Karl Marx. In: Hannelore Bublitz u. a. (Hg.): *Unsichtbare Hände. Automatismen in Medien-, Technik- und Diskursgeschichte*. München 2011, 215–256.

Schröter, Jens: Von der Farbe zur Nicht-Reproduzierbarkeit. In: Thielmann/Schüttpelz 2013, 235–263.

Schulz-Schaeffer, Ingo: Akteur-Netzwerk-Theorie. Zur KoKonstitution von Gesellschaft, Natur und Technik. In: Johannes Weyer (Hg.): *Soziale Netzwerke. Konzepte und Methoden der sozialwissenschaftlichen Netzwerkforschung*. München ²2011, 277–300.

Schüttpelz, Erhard: Die medienanthropologische Kehre der Kulturtechniken. In: Lorenz Engell u. a. (Hg.): *Kulturgeschichte als Mediengeschichte (oder vice versa)?* Weimar 2006, 87–110.

Schüttpelz, Erhard: Ein absoluter Begriff. Zur Genealogie und Karriere des Netzwerkkonzepts. In: Stefan Kaufmann (Hg.): *Vernetzte Steuerung. Soziale Prozesse im Zeitalter technischer Netzwerke*. Zürich 2007, 25–46.

Schüttpelz, Erhard: Die mediengeschichtliche Überlegenheit des Westens. Zur Geschichte und Geographie der *immutable mobiles* Bruno Latours. In: Jörg Döring/Tristan Thielmann (Hg.): *Mediengeographie. Theorie – Analyse – Diskussion*. Bielefeld 2009, 67–110.

Schüttpelz, Erhard: Elemente einer Akteur-Medien-Theorie. In: Thielmann/Ders. 2013, 9–78.

Seier, Andrea: Kollektive, Agenturen, Unmengen: Medienwissenschaftliche Anschlüsse an die Actor-NetworkTheory. In: *Zeitschrift für Medienwissenschaft* 1 (1/2009), 132–135.

Star, Susan Leigh/Griesemer, James R.: Institutional ecology, ›translations‹ and boundary objects: Amateurs and professionals in Berkeley's museum of vertebrate zoology, 1907–39. In: *Social Studies of Science* 19/3 (1989), 387–420.

Stäheli, Urs: Das Soziale als Liste. Zur Epistemologie der ANT. In: Friedrich Balke u. a. (Hg.): *Die Wiederkehr der Dinge*. Berlin 2011, 83–101.

Stegbauer, Christian (Hg.): *Netzwerkanalyse und Netzwerktheorie: Ein neues Paradigma in den Sozialwissenschaften*. Wiesbaden 2008.

Teurlings, Jan: Unblackboxing production: What media studies can learn from actor-network theory. In: Marijke de Valck/Ders. (Hg.): *After the Break: Television Theory Today*. Amsterdam 2013, 101–116.

Thielmann, Tristan: Der ETAK Navigator: Tour de Latour durch die Mediengeschichte der Autonavigationssysteme. In: Georg Kneer u. a. (Hg.): *Bruno Latours Kollektive. Kontroversen zur Entgrenzung des Sozialen*. Frankfurt a. M. 2008, 180–219.

Thielmann, Tristan: Taking into Account. Harold Garfinkels Beitrag für eine Theorie sozialer Medien. In: *Zeitschrift für Medienwissenschaft* 6/1 (2012), 85–102.

Thielmann, Tristan: Digitale Rechenschaft. Die Netzwerkbedingungen der Akteur-Medien-Theorie seit Amtieren des Computers. In: Ders./Schüttpelz 2013a, 377–424.

Thielmann, Tristan: Jedes Medium braucht ein Modicum. Zur Behelfstheorie von Akteur-Netzwerken. In: *Zeitschrift für Medien- und Kulturforschung* 2 (2013b), 111–127.

Thielmann, Tristan/Schüttpelz, Erhard (Hg.): *Akteur-Medien-Theorie*. Bielefeld 2013.

Venturini, Tommaso: Building on faults: How to represent controversies with digital methods. In: *Public Understanding of Science* 21/7 (2012), 796–812.

Venturini, Tommaso/Latour, Bruno: The social fabric: Digital traces and quali-quantitative methods. In: Ewen Chardronnet (Hg.): *Proceedings of Future en Seine 2009. The Digital Future of the City. Festival for Digital Life and Creativity*. Paris 2010, http://www.medialab.sciences-po. fr/publications/Venturini_Latour-The_Social_Fabric. pdf (12.04.2013).

Wajcman, Judy/Jones, Paul K.: Border communication: Media Sociology and STS. In: *Media, Culture & Society* 34/6 (2012), 673–690.

Wenger, Etienne: *Communities of Practice. Learning, Meaning and Identity*. Cambridge, Mass. 1998.

Wieser, Matthias: Wenn das Wohnzimmer zum Labor wird. Medienmessung als Akteur-Netzwerk. In: Jan-Hendrik Passoth/Josef Wehner (Hg.): *Quoten, Kurven und Profile – Zur Vermessung der sozialen Welt*. Wiesbaden 2013, 231–254.

Tristan Thielmann/Jens Schröter

16. Mediologie

Von Régis Debray in seinen akademischen Quali-
fikationsschriften 1991 bzw. 1994 als Neologismus
geprägt, steht »Mediologie« für eine neue Wissen-
schaftsdisziplin, »die sich mit den höheren sozialen
Funktionen und deren Beziehung zu den technischen Strukturen der Übertragung beschäftigt« (Debray 1999, 67). Analog zur Soziologie des Auguste
Comte, die im 19. Jahrhundert den neuen Gegenstand der sozialen Relationen (Gesellschaft) erschloss, widmet sich die Mediologie nicht einfach
den ›Medien‹, sondern der Logik von Medienkulturen. Methodischer Ansatzpunkt dabei ist das System
Transmission/Transport und dessen Revolutionen
im historischen Verlauf, Forschungsthema sind die
Korrelationen zwischen symbolischer Form, kollektiver Organisation und den historischen Kommunikationstechnologien (vgl. Debray 2000; 2001).

Als transdisziplinärer Ansatz ist Mediologie weder Medientheorie noch Kommunikationswissenschaft, nimmt aber Erkenntnisse und methodische
Elemente von beiden auf. Dabei distanziert sie sich
von Traditionen wie der auf Ebene der reinen Zeichenhaftigkeit operierenden Semiologie (Ferdinand
de Saussure, Roland Barthes) und assoziiert sich
eher mit der angloamerikanischen Tradition der
pragmatischen Semiotik in der Folge von Charles
S. Peirce (s. Kap. II.2) oder auch der Medienphilosophie Marshall McLuhans (s. Kap. II.4). Als kulturwissenschaftliche Reorientierung unter Bedingungen der Informationsgesellschaft verortet die Mediologie ihre Fragen im Zwischenraum von Erkenntnis,
Ästhetik und Technik. Diese richten sich auf die
Rolle von Bildern in unserer Kultur, auf die Konsequenzen der Digitalisierung, auf die Dimensionen
der Wissensgesellschaft sowie ganz allgemein auf
kulturelle Morphologie.

Transmettre – Übertragen

Forschungsthematisch tritt an die Stelle von inter-
subjektiver Kommunikation die kulturelle Übertra-
gungsleistung (*transmission culturelle*), das heißt sozial, politisch, ökonomisch geprägte Übermittlungsprozesse und deren Bedingungen (das sind explizite
Formen wie Materialitäten sowie implizite Regeln
wie kulturelle Codes). Gegenstand der Mediologie
bilden also nicht kommunikative Phänomene per se,
sondern Übermittlungsprozesse als kulturelle Tie-

fendimension. Zur Erläuterung dieser zentralen
These, dass Übertragen mehr bedeutet als Kommunizieren, zieht Debray gern folgendes Zitat von Paul
Valéry heran: »Der größte Triumph des Menschen
(und einiger anderer Gattungen) über die Dinge ist,
dass er es verstanden hat, die Wirkungen und
Früchte der Arbeit vom Vortag auf den nächsten Tag
zu übertragen. Die Menschheit ist erst auf der Masse
dessen, was andauert, groß geworden« (Debray
2003, 13).

Die audiovisuellen Massenmedien, als das medienkulturelle Ereignis im 20. Jahrhundert bezeichnet,
setzen das Prinzip der Sendung ins Zentrum der Alltagskultur. Das Sendeprinzip war und ist eine Karikatur des Potenzials technokultureller Interaktion
im Geiste der Kulturindustrie einerseits, der politisch gelenkten Sozialkontrolle andererseits. Diese
Beobachtung ist seit Bertolt Brechts Bemerkungen
aus den frühen 1930er Jahren zum Rundfunk als
bloß zuteilendem Distributionsapparat gültig geblieben (s. dazu Kap. II.8). Die strukturelle Anlage von
Medien als Organen der Verkündigung hat auch Régis Debray als ideologische Verkürzung kritisiert, in
der Parallelisierung der Funktionen von Kanzel und
Presse bzw. Prediger und Journalisten, aber auch von
Theologie und Technik bzw. katholischer Mission
und Telematik (vgl. Debray 1994, 38). Dagegen setzt
er die Funktion des Übertragens, die analysiert werden muss, um auf den Begriff zu bringen, was er das
›Mediologische‹ nennt: Übertragung im nicht essen-
tialistischen Sinn (Transport einer Ware von einem
Ort zum anderen), sondern als Transformation kultureller Form, die durch ein Zusammenspiel von
technischen und ideologischen Fragen zustande
kommt.

›Transmittieren‹ oder ›Übertragen‹ ist der treffende deutsche Begriff, da er die konzeptionelle
Doppeldeutigkeit in sich trägt, mit der ein Kulturgut
von einer Generation zur nächsten ebenso ›übertragen‹ wird wie eine Machtposition in der Politik an
einen Nachfolger oder ein Ereignis wie ein Fußball-
spiel im Fernsehen etc. (während Überlieferung eher
historisch und Übermittlung eher räumlich konnotiert ist). Das Konzept der symbolischen Übertragung erinnert an Marshall McLuhans Theoretisierung der Medien als ›Übersetzer von Erfahrungen‹
und als ›Agenten der Hybridität‹. McLuhan konzentrierte sich auf die Effekte der Medien und ihre
Funktion innerhalb eines kulturellen Gefüges, das
ohne sie nicht so wäre, wie es ist (nicht in Form von
Leitmedien, sondern als epistemische Funktion eines *Media Environment*). Die Konkretisierungsleis-

tung der Mediologie zielt nun auf das Ersetzen und Ergänzen der begrifflichen Konzeption von Kommunikation durch Transmission, von Botschaft durch Schaltung, von Transport durch Transformation. Sie vertritt ein starkes Votum für das Körperliche und das Technologische bzw. die medialen Infrastrukturen als Ermöglichungsbedingung von Medien – in Debrays Worten:

> »Als mediologische Methode bezeichne ich die von Fall zu Fall vorzunehmende Erstellung von möglichst verifizierbaren Korrelationen zwischen den symbolischen Aktivitäten einer Gruppe von Menschen (Religion, Ideologie, Literatur, Kunst etc.), deren Organisationsformen und deren Modi, Spuren zu erfassen, zu archivieren und zirkulieren zu lassen. […] Das heißt, die Dynamik des Denkens läßt sich nicht von der physischen Beschaffenheit der Spuren trennen« (Debray 1999, 67).

Mediosphären

Als Guerillatheoretiker und revolutionärer Kämpfer an der Seite von Che Guevara in Bolivien wurde Debray im deutschen Sprachraum zunächst im Kontext der linksradikalen Politik wahrgenommen (vgl. Debray 1967). Später, in akademisch avancierter Position, fragt er wiederum danach, warum bestimmte Ideen weltverändernd wirken. Die Antwort wird nicht im besseren Argument oder in der passenderen Handlungsanweisung gesucht, sondern in einem Zusammenspiel mehrerer kulturtechnischer Faktoren, welche die jeweilige ›Mediosphäre‹ bilden. Das wäre jene spezifische Ordnung, die jeweils in Abfolge der kulturellen Entwicklung und in Abhängigkeit von Technologien unterschiedliche Milieus für kulturelle Kommunikationen bildet. Denn Gedanken und Ideen werden nicht einfach nur symbolisch vermittelt, sondern ständig historisch übersetzt und damit immer auch transformiert und technisch recodiert. Glaubenssysteme, symbolische Ordnungen, Kanäle und Schaltungen bilden ein materiales Ensemble, jenes mediale Milieu, in dem Gedanken zur Wirkung kommen. Darin identifiziert der Mediologe den ausgeschlossenen Dritten unserer großen Erzählungen, »le tiers-exclu de nos grands récits« (Debray 1994, 31). Das Erbe der Programmatik von Michel Foucaults *Archäologie des Wissens* ist offensichtlich, in der es heißt: »Man muß jene dunklen Formen und Kräfte aufstöbern, mit denen man gewöhnlich die Diskurse der Menschen miteinander verbindet« (Foucault 1973, 184).

Bekanntlich unterschied Foucault zwischen dem ›transzendentalen Apriori‹ Kants (der philosophischen Gültigkeitsbedingung für Urteile) und einem ›historischen Apriori‹ als einer Realitätsbedingung für Aussagen: Letzteres wäre die Bedingung des Auftauchens von Aussagen als solche. Ideen sind damit nie ›reine‹ Texte, Gedanken materialisieren sich stets in einer medial spezifischen Umwelt. Dies bedeutet mehr als die bloße Anwesenheit von Zeichen und eine arbiträre Form ihrer Verknüpfung und Interpretation. Während sich die semiologische Analyse genau darauf beschränkt und sprachliche Zeichen bzw. Codes absolut setzt, um Texte als entkörperlichte Formen des Wissens zu analysieren, setzt die mediologische Analyse beim materialen Ensemble und damit grundlegend tiefer an. Ein Gedanke materialisiert sich in einem Text, weil es Drucktechnik und das Distributionsnetz des Buchhandels, die Autorschaft und die Leser, Buchläden und Bibliotheken gibt – das ist für Debray jene Mediosphäre, die als Ganze für die Funktion ihrer einzelnen Elemente sorgt:

> »Powerful ideas need intermediaries. Then I began to realize that these systems of belief – ideologies as we used to call them – are also part and parcel of the material delivery system by which they are transmitted: if a book like *Das Kapital* had an influence, then it was because the technologies of print, the networks of distribution, and libraries worked together to create a fertile milieu – what I call a ›mediosphere‹ for its operation« (Debray 1995).

Jede Mediosphäre ist historisch kontingent, das heißt es gibt eine von der jeweiligen Kulturtechnik abhängige Abfolge spezifischer, menschliche Denk- und Ausdrucksform beherrschender Ordnungen, die makroperspektivisch in drei Entwicklungsphasen aufgegliedert werden:

- die Ordnung der ›Logosphäre‹ (nach Erfindung der Schrift),
- die Ordnung der ›Graphosphäre‹ (nach Erfindung des Drucks) und
- die Ordnung der ›Videosphäre‹ (nach Erfindung audiovisueller Medien), die sich nunmehr im Übergang zur ›Numerosphäre‹ der digitalen Medien befindet (vgl. Debray 1991, 534 f.).

Nicht der Inhalt bestimmter Medien, sondern eine Dialektik von Technologie und Kultur bestimmt das Wirkungsprinzip einzelner Medienkulturen. Dieser Ansatz könnte dem Verdacht eines Technikdeterminismus ausgesetzt werden. Jedoch wird die Technologie hier nicht deterministisch gefasst, denn erst in ihrem Zusammenwirken mit Kultur, und das bedeutet im Gebrauch durch ihre Nutzer, bedingen sie die jeweils relevante Medienumwelt. Die mediologische Pointe zielt über eine Kultur der sprachlich bzw. schriftlich vermittelten Kommunikationsprozesse hinaus: Welche Technologien, welche historische Agenda und welche kulturellen Praktiken ermöglichen Kommunikationen? Wie verändern sich dabei die beteiligten Akteure und Adressaten der einzelnen kommunikativen Akte? Formen und Funktionen der kulturellen Transmission – ein auf die Mediosphäre bezogenes Tableau von Funktionen und Vektoren – treten vor diejenigen von Kommunikation im engeren Sinne einer sprachlich (verbal wie textuell) codierten Verständigung. Zwei aus der Reihe vieler möglicher kritischer Fragen stellen sich dennoch an das mediologische Konzept: die nach dem Effekt des Medialen als kulturverändernder Macht und die nach dem Medium als solchem im Spannungsfeld zwischen der Materialität (den Schaltungen) und der Botschaft (dem Sinn).

Kommunikation und Transmission

Indem sie sich auf das ›Medio‹ – im Französischen *l'entre-deux*, das Dazwischen, das Interface, das Intermediale, letztlich die Mediatisierung (s. Kap. II.21) – als Bedingung der Möglichkeit von Kultur bezieht, unterläuft die Mediologie die Vorgaben einer Soziologie der Massenmedien ebenso wie medienwissenschaftliche Vorstellungen eines empirisch tragfähigen Medienbegriffs. Das brachte Debray die harsche Kritik ein, als »Papst einer nichtexistenten Wissenschaft« aufzutreten (Bourdieu 1998, 71 f.). Doch die Mediologie bringt eher eine neue Forschungslogik ins Spiel, indem sie das untersucht, was bestimmte Zeichenprozesse ermöglicht. Das in der Semiologie völlig ausgeblendete Technische bildet dazu eine erste und unverzichtbare Grundlage. Eine zweite ist die Distanzierung des Subjekts als souveränem Autor von Botschaften, die kommuniziert werden, zugunsten eines Systems medialer Dispositive – um Wilhelm von Humboldt zu paraphrasieren: Die Sprache übt Gewalt gegen uns aus, wir sind ihr gegenüber nicht souverän und ebenso wenig gegenüber unserer Mediosphäre. Kommunikative Präsenz von Subjekten ist von kulturellen Überlieferungs-, Übermittlungs- und Übertragungsleistungen (nicht nur von Botschaften, sondern auch von Besitztum oder von Macht) bestimmt. Dabei bildet Transmission (*Transmettre*, vgl. Debray 1997) die begriffliche Ergänzung und Erweiterung zu Kommunikation; diese wird als synchrone Präsentierung aufgefasst

(Transport von Informationen im Raum: ›Kommunizieren‹), jene als diachrone Präsentierung (Transport von Informationen in der Zeit: ›Übermitteln‹). Präsentierungen und Transmissionen wären demnach zwei sich ergänzende, grundlegende Mediatisierungsleistungen (vgl. Debray 2003, 11).

Damit wird das Modell einer primär textbasierten Kulturleistung problematisiert. Autoren und ihre Texte sind beide als das Produkt einer kulturellen Praxis (Buchkultur) anzusehen und nicht als deren Begründer. Texte wiederum sind keine autonomen Gebilde, da sie in Abhängigkeit von medientechnischen Systemen, kulturellen Praktiken und politischen Institutionen – oder von Geschichte, von Diskursen und von Politik – funktionieren.

Die neuen Medientechnologien sind als Verstärker und Prothesen menschlicher Sinne oder auch »Extensions of Man« zu begreifen (nach McLuhan 1964). Sie sind zugleich auch mehr als das, weil sie die menschlichen Sinne nicht nur ausweiten, sondern auch transformieren. Letztlich ist damit ein primärer Zustand (Sinnlichkeit ganz ohne Medien oder ein Außerhalb der Mediasphäre) nicht mehr vorstellbar. Es sind entwicklungsgeschichtlich die ›Exteriorisierungen‹ oder die konkreten Außeninstanzen, die sogenannten Operationsketten des menschlichen Existierens, die bereits Ebenen der Primärerfahrung bereitstellen; Debray ist hier erkennbar beeinflusst von paläontologischen Theoriebildungen zur menschlichen Existenz (vgl. Leroi-Gourhan 1980; s. Kap. II.15 und II.19).

Im Theorem vom Medium als der Botschaft (vgl. McLuhan 1964) fallen das ›Was‹ und das ›Wie‹ der Übermittlung zusammen, denn nicht immer ist die Botschaft explizit. Technik, deren Anwendung nie neutral ist, wird zum Medium, weil ihr Einsatz die Stellung des Menschen in der Welt transformiert. Technik ist notwendig, nicht aber hinreichend zum Begreifen menschlicher Existenz. Es gibt nicht nur ein ›Dazwischen‹ in Verhältnissen von Mensch und Welt, oder von Mensch und anderen Menschen, sondern vor allem eine vielschichtige und permanente Produktion von Zeichen und Ereignissen, »also Mediationen, die sowohl technischer als auch sozialer und kultureller Natur sind« (Debray 1999, 72).

Zum Medienbegriff

Warum bezeichnet Debray den Begriff ›Medium‹ als den »falschen Freund des Mediologen« (1994, 22)? Er kritisiert die Reduktion von Code, Kanal und

Botschaft in der Begrifflichkeit bei McLuhan (vgl. ebd., 96). Die definitorische Warnung vor der substantialistischen Falle – die darin besteht, ein Medium zu einem Quasi-Subjekt zu machen – mündet hingegen in der Programmatik, den Gegenstand der Mediologie in seiner ganzen Komplexität zu erforschen. Wenn somit das Technische, das Symbolische und das Politische als ›dreiseitiger Körper‹ der Forschungslogik gefasst wird, dann ergibt sich der Forschungsgegenstand als eine Schnittstelle, die noch kultur- und sozialgeschichtliche Dimensionen umfasst (die Bedeutung von Technik, Mystik und Politik bzw. die Geschichte der Handwerker, Kleriker, Soldaten; vgl. Debray 1999). Was das bedeutet, ist nichts weniger als eine Verabschiedung des Mediums als einem zentralen Begriff medientheoretischer Forschungslogik; Mediologie soll mehr als nur eine bessere Beforschung der Medienlandschaft sein. McLuhans Auffassung von Medien als Ausweitungen des Menschen und die daran anknüpfenden Vorstellungen einer Prothesentheorie der Medien wird von der mediologischen Position letztlich auch verworfen. Sie zielt auf den ›Zwischenraum‹ von Ästhetik und Technik, von sinnlichem Effekt und den Mitteln des Herstellens und den Infrastrukturen als Bedingung ihrer Möglichkeit, ohne die beiden Bereiche auseinanderzudividieren.

›Medien‹ sind damit ein imaginärer Gegenstand der Mediologie (vgl. Debray 2006), ebenso wenig greifbar wie ›Gesellschaft‹ als imaginärer Gegenstand der Soziologie: Man kann ihr nie begegnen, lediglich ihren Institutionen. Und so darf keinem Medium die Rolle eines quasi-transzendentalen Subjekts zugesprochen werden. Mediologie zielt vielmehr auf mediale Dispositive als Resultat von kulturellen Praktiken, und das im Gegensatz zur mono-medialen Repräsentation in der epistemischen Exklusivität einer Lesbarmachung von Welt. Man kann sich das als ein Ensemble vorstellen, nicht nur von Technik und Menschen, sondern auch von historischen Konstellationen, von Netzwerken, von Prozessen und von Milieus innerhalb kultureller Kollektive. Gelegentlich nannte Debray (1998) die Mediologie auch einen »Parcours des quatre ›M‹ – message, médium, milieu, mediation«. An anderer Stelle wird eine eher verlegene Klärung des ›Konzepts Medium‹ mittels tabellarischer Übersicht versucht, die technische wie organische Dispositive anführt sowie Mittel und Akteure der Zeichenzirkulation (vgl. Debray 2008, 26 f.); der Erkenntniswert erscheint hier eher gering.

Mediologie als Methode

Die methodologische Fragestellung lässt sich anekdotisch eröffnen. Debray zitiert ein angeblich chinesisches Sprichwort, das sinngemäß lautet: Wenn ein weiser Mann auf den Mond zeigt, dann schaut nur der Dummkopf auf den Zeigefinger. Genau das aber identifiziert er mit der Methode des Mediologen: Ein methodisch absichtsvoller Dummkopf zu sein, der sich auf das Naheliegende konzentriert. Er wendet den Blick nicht dorthin, wo der Finger hinzeigt, sondern betrachtet die Geste des Zeigens selbst und analysiert deren Umstände. Er interessiert sich für die Herkunft und die Absicht dieser Geste, und das bedeutet eine Weigerung, vorab eine *causa finalis* anzuerkennen (der Mond als das, worauf gezeigt wird).

Nun ist dies ja nicht viel anderes als eine Metapher für die üblicherweise vergessene oder unterschlagene materiale Ermöglichungsbedingung von Medialität. Herkunft der Geste bedeutet Berücksichtigung der historischen Dimension, wie die Geschichte von Betrachtungsweisen, die Veränderung von Weltwahrnehmung in Abhängigkeit von Ideologien, die Kontingenz von unterschiedlich eingesetzten Technologien. Wenn der Mediologe sich also ›dumm‹ stellt, dann sichert er sich damit die Chance auf materiale Erkenntnis, wo andere sich bzw. den Gegenstand ihrer Analyse der Intentionalität von Autoren oder gleich dem vorherrschenden Diskurs (einer Methode, einer Schule, einer Ideologie) unterordnen. Er nimmt eine Distanz in Anspruch, die in der Phänomenologie ihr ebenso berühmtes wie problematisches Vorbild hat (s. Kap. II.3). Es ist problematisch, weil die Phänomenologie (nach Edmund Husserl) Wahrnehmungen in deren textliche Wiedergabe zwängt, als Philosophie der Wahrnehmung aber auf das ausgeht, was dem Phänomenologen ›sich zeigt‹, ohne dabei auf Datenträger und Apparate oder deren Bedingungen zu reflektieren.

Das betrifft gerade etwa Sichtbarkeit als kulturelle Konstruktion. Es geht dabei um eine spezifische Verschiebung von eingespielten Grenzen, um eine Bewegung weg von der Objektfixierung und hin zur vermittelnden Geste. Debray schafft an der Stelle, wo er auf den ausgestreckten Zeigefinger Bezug nimmt, einen Bezug zu Marcel Duchamp und das museale Ausstellungswesen. Der Künstler hybridisierte den Umgang mit Medien der Kunst, z. B. im spielerischen Übergang vom Künstler zum Ingenieur, wenn er mit seinem Werk »Rotorelief« (optische Scheiben, die auf einem Phonographen abgespielt eine Illusion von Räumlichkeit erzeugten) statt Kunst zu machen, es mit einer Patentanmeldung versucht hat. Aber auch auf andere Weise provozierte er die grundlegenden Prinzipien von Sichtbarkeit. Was gibt es in einem Museum zu sehen? Strenggenommen doch vor allem die Tatsache, dass es etwas zu sehen gibt. So bleibt der modernen Kunst jenseits aller Gestaltung nur der reflexive Verweis auf die Wahrnehmung der Wahrnehmung selbst. Wenn also Duchamp ohne äußere Veränderung ein Pissoir als *Ready-Made* ins Museum stellt, dann ist das eben nicht im traditionellen Sinn Kunst, die etwas zu sehen vorgibt, sondern nur mehr im übertragenen Sinn, indem gezeigt wird, dass es etwas zu sehen gibt.

> »Sie werden erkennen, dass ein Museum eine Ansammlung von ausgestreckten Zeigefingern ist, ›Achtung: Das hier gibt es zu sehen.‹ [...] Unsere Zeit ist geprägt von einer Ausdehnung der Museologie, die mit einem Rückzug der Ästhetik einhergeht, und einer zunehmenden Pracht der Ausstellungsräumlichkeiten, bei gleichzeitigem Verschwinden der materiellen Werke. Man weiß immer weniger, was ein Kunstwerk ist, und immer besser, was ein Museum ist« (Debray 2007, 142 f.).

Die mediologische These mag so interpretiert werden, dass es in der Kunst weniger um ein Werk geht, das sich aufgrund seiner intrinsischen Qualitäten durchsetzt, sondern um den Übertragungsvektor, der eine Idee zur Durchsetzung bringen kann oder auch nicht. Dieser Vektor resultiert aus Kräften der Übermittlung in Raum und Zeit, die sich in kulturellen und technologischen Formen manifestieren. Im Zentrum steht dann wie schon in der Medientheorie der ›Toronto School of Communication‹ (Harold Innis, Marshall McLuhan) die Frage nach der Grammatik der Medien als anonyme Geschichte der Denkmuster. Die Betonung des technologischen Wandels von Kommunikation ist eine Seite der Medaille; die andere ist die, Kultur und Technik nicht als Entgegensetzung zu behandeln. Als Überlieferung in der Zeit und als Übermittlung im Raum spielen beide Kräfte zusammen in den konkreten Formen der Mediatisierung. Zugleich sind es die Mittel im Vollzug des Denkens: »Interferenzen, Schaltungen, Regulationen« (Debray 1991, 18). Die mediologische Methode ist zwischen Technik-, Sozial- und Geistesgeschichte angesiedelt und zielt weniger auf das ›Erscheinen‹ von etwas, um dessen phänomenologische Oberfläche zu durchdringen. »Indem der Mediologe nicht sucht, was dahinter ist, sondern was dazwischen passiert, sieht er sich gezwungen, seinen Hocker zwischen drei Lehnstühlen aufzustellen: zwischen dem des Historikers, des Se-

miologen und des Soziologen – eine unbequeme, aber unumgängliche Position« (Debray 1999, 73).

Visiomorphose – Ökologie des Blicks

Die methodische Ausrichtung der Mediologie ist entsprechend den drei mediologischen Zäsuren (Schrift, Druck, Video) von einem rekonstruktiven Gestus geprägt. Getragen wird dieser Ansatz gleichwohl von der letzten mediologischen Zäsur, dem Wechsel von der Mediosphäre des Drucks zu jener der elektronischen Bilder. Debray siedelt diese Zäsur zwischen 1960 und 1980 an, wie schon bei McLuhan, also rund um die Einführung des Farbfernsehens. Fernsehen – »die im Moment am besten funktionierende Sortiermaschine des Seins« (Debray 2007, 337) – unterwirft die Gesellschaft unterschiedslos einer »Visiomorphose« (ebd., 339), einer neuen Ökologie des Sehens und des Sichtbarmachens. Diese setzt sich aus einer Überwindung des kinematographischen Dispositivs einerseits und der Öffnung eines postskriptoralen Denk- und Lebensstils andererseits zusammen: Bestand die Kultur des Films mit seinen technischen Vorläufern (Theater, Laterna magica) in einer Rezeption von reflektiertem Licht, so ändert sich mit der Kathodenstrahlröhre etwas Grundlegendes. Statt reflektiertem Licht wird ein von Fernseh- und Computerbildschirmen ausgestrahltes Licht rezipiert. Statt mit einem Eingriff von außen ist das Publikum des Fernsehzeitalters konfrontiert mit der ontologischen Zweideutigkeit »einer Art Emanation der Dinge aus sich selbst heraus« (ebd., 289).

Dass mit der ›Visiomorphose‹ eine genuine Gestalt des von Textualität geleiteten intellektuellen Diskurses tendenziell veraltet, verbindet sich mit dem Verlust an intellektueller Macht der auf Schrift gegründeten Eliten. Wenn an die Stelle abstrakter Repräsentation (Druck, Buchkultur) eine konkrete Präsentation realer Ereignisse (Ton, Licht) tritt – die Realaufzeichnung anstelle repräsentativer Rekonstruktion –, dann sinkt das Bedürfnis nach Lesbarkeit von Welt zugunsten der Angebote der Bildapparatur. Damit greift ein neuer, umfassender medialer Stil des Bildes: *Iconic Turn.* Der moderne Mensch stand vor dem Bild, der postmoderne Mensch steht inmitten des Visuellen.

Debrays Abhandlung zur abendländischen Bildbetrachtung endet mit einem Plädoyer für das Unsichtbare. Denn das Bild kennt keine Negation, keine Thematisierung von Gegensatz und Verneinung.

Eine Kultur der Bilder tendiert zur Affirmation. In dieser Auffassung trifft sich Debray mit der Frankfurter Schule und ihrer Kritik der Kulturindustrie (vgl. Horkheimer/Adorno 2012; s. Kap. II.9). Und obwohl er sich, wie vor ihm McLuhan, jegliches Moralisieren verbietet, scheint gerade hier, in der Feststellung vom Verschwinden des Unsichtbaren, eine moralische Wertung durch. Die Medienkultur arbeitet unentwegt daran, Unsichtbares sichtbar zu machen. Die Gegenbewegung ist bekannt, sie führt von Jean-Jacques Rousseau zu Immanuel Kant und mündet nun abermals in einer Aktualisierung des biblischen Bilderverbots: Je weniger es konkret zu sehen gibt, desto stärker ist die Rolle der Einbildungskraft.

Gegen diese Tendenz zum lakonischen Kulturpessimismus wäre dann doch eine mediologische Präzisierung einzufordern. Zwar unterscheidet Debray zwischen Bildern und Visualisierungen, zwischen Ideogrammen, Diagrammatik und technischen Bildern. Doch das kritische Motiv weicht letztlich der Enttäuschung: »Wie soll man die Welt um sich herum klar sehen können, ohne seitlich, ober- und unterhalb ›unsichtbare Dinge‹ anzunehmen« (Debray 2007, 389)? Das skopische Regime resultiert offenbar aus der Ordnung der Massenmedien, die sich aber auch als vergänglich erweist. Den neuen digitalen Bilderwelten liegt ein anderer kultureller Code zugrunde, eine neue Art und Weise, wie wir uns Vorstellungen von der Welt machen und diese begreifen – in dem, was als ›kodifizierte Welt‹ bezeichnet wurde (vgl. Flusser 2008), in der Technobilder für jene neue Einbildungskraft stehen, die nicht zwischen Mensch und Welt, sondern genaugenommen zwischen Menschen und den für kulturelle Reproduktion zunehmend dysfunktional gewordenen Textwelten angesiedelt ist. Von dieser neuen Problematik, die sich auf Interfaces und auf neue Gebrauchskulturen bezieht, ist mit der Mediologie Debrayscher Prägung wenig in Erfahrung zu bringen.

Wirkung und Ausblick

War die Mediologie ursprünglich als eine in Gründung befindliche ›Disziplin‹ angelegt, so wird sie inzwischen eher als eine transdisziplinäre ›Methode‹ wahrgenommen: von Debray selbst im Rahmen der Philosophie, von Daniel Bougnoux und Louise Merzeau in jenem der Kommunikationswissenschaft oder von Catherine Bertho-Lavenir in dem der Geschichtswissenschaft (vgl. Mersmann/Weber 2008). Während die Mediologie jene kulturellen

Übermittlungsphänomene auf den Begriff zu bringen sucht, die von der Semiologie, von der Kritik der Ideologien bzw. von den ›großen Erzählungen‹ der Moderne vernachlässigt wurden, so sind konkrete Formen der Massenmedien wie der neuen Medien in Debrays Ansatz kein Thema, ja er bestreitet sogar deren epistemische Relevanz, womit er sich im deutlichen Gegensatz zu den anderen Mediologen befindet.

Wenn es um die ästhetischen Formatierungen aus dem Zusammenwirken von Techniken und Institutionen, Codes und Konventionen, Programmen und Apparaten geht, befindet sich die Mediologie in deutlicher Nähe zu Bruno Latour und der Akteur-Netzwerk-Theorie (ANT). Die Schwierigkeiten einer breiteren Rezeption der Mediologie sind hiermit angedeutet: Einerseits vertritt die neue Soziologie der ANT einen strukturell ähnlichen Theorieansatz (vgl. Latour 2007), der aber in den Kultur- und Medienwissenschaften ungleich prominenter diskutiert wird (s. Kap. II.15). Andererseits gibt es bei anderen französischen Mediologen eine stärker medienwissenschaftliche Orientierung, die auch aktuelle Medienanalysen umfasst, konkret die Digitaltechnologie und deren hybride Medienkultur, in der neue Mittel und Akteure der Zeichenzirkulation auftreten (vgl. Arnaud/Merzeau 2009). Die Association pour le Développement de la Recherche en Médiologie – AD.REM – lässt mit ihrer seit 1996 herausgegebenen Zeitschrift *Cahiers de médiologie* jedenfalls erkennen, dass die Mediologie als Analysemethode der *transmission culturelle* rege diskutiert wird.

In einer technisierten und globalisierten Welt der digitalen Netzwerke spielen traditionelle Transmissionsleistungen immer noch eine Rolle, doch ohne Zweifel werden neuartige Transformationspraktiken und Übersetzungsverhältnisse aufgewertet. Damit sind alternative Epistemologien, künstlerische Artikulationen, Kulturtransfer und Translation neu zu diskutieren (vgl. exemplarisch Bourriaud 2009). Besonders ›Übersetzung‹ als kulturwissenschaftliches Konzept stellt eine Herausforderung für die mediologische ›Transmission‹ dar. Eine weitere wäre im Zusammenhang der medienanthropologischen Diskussion des Wissenswandels die neue Form der ›Nachweltpolitik‹ in der globalen Online-Kultur, was für die jetzt entstehenden Mikrosozialitäten den Wegfall gesellschaftlich gesicherter Herkunfts-Ziele zugunsten selektiver zukunftsgerichteter Pragmatiken bedeutet (vgl. Faßler 2012). Die Diskussion, inwieweit das Konzept der ›Übertragung‹ in der elektronischen Synchronkultur relativiert wäre, steht noch offen.

Fazit: Obwohl von Debray gelegentlich als ›eine originelle Erkenntnisform zur Erkundung der Medialität kultureller Übermittlung‹ bezeichnet, ist die Mediologie letztlich weniger eine Disziplin im Gründungsstadium denn ein offenes Projekt im Zeitalter der Neuorientierung von Medien- und Kulturwissenschaft. Eine gewisse Rezeption hat die Mediologie bereits im Kontext des ehemaligen Forschungskollegs 427 *Medien und kulturelle Kommunikation* an der Universität Köln erfahren (vgl. Bartz u. a. 2012). Dennoch bleibt zu fragen, ob sie einst mehr gewesen sein wird als bloß ein weiteres jener Argumentationsbiotope, die gebunden sind an eine konkrete Person und deren Kontext, und die immer auftauchen, um bald wieder zu verschwinden? Das wird sich zeigen, aber letztlich wird ihre internationale Bedeutung auch von der Bereitschaft abhängen, die Grenzen des französischen Binnendiskurses mehr als nur punktuell zu durchbrechen.

Literatur

Arnaud, Michel/Merzeau, Louise (Hg.): *Hermès – Numéro. 53: Traçabilité et réseaux*. Paris 2009.

Bartz, Christina u. a. (Hg.): *Handbuch der Mediologie. Signaturen des Medialen*. München 2012.

Bourdieu, Pierre: *Über das Fernsehen*. Frankfurt a. M. 1998.

Bourriaud, Nicolas: *Radikant*. Berlin 2009.

Debray, Régis: *Revolution in der Revolution*. München 1967.

Debray, Régis: *Cours de médiologie générale*. Paris 1991.

Debray, Régis: *Manifestes médiologiques*. Paris 1994.

Debray Régis: Revolution in the revolution, interview. In: *Wired* 3/1 (1995), www.wired.com/wired/archive/3.01/debray.html (19.06.2012).

Debray, Régis: *Transmettre*. Paris 1997.

Debray, Régis: Histoire des quatre M. In: Louise Merzeau (Hg.): *Les cahiers de médiologie 6: Pourquoi des médiologues?* Paris 1998.

Debray, Régis: Für eine Mediologie. In: Claus Pias u. a. (Hg.): *Kursbuch Medienkultur*. Stuttgart 1999, 67–75.

Debray, Régis: *Transmitting Culture*. New York 2000.

Debray, Régis: Malaise dans la transmission. In: Daniel Bougnoux/Françoise Gaillard (Hg.): *Les cahiers de médiologie 11: Communiquer/Transmettre*. Paris 2001.

Debray, Régis: *Einführung in die Mediologie*. Bern 2003.

Debray, Régis: Le médiologue et les médias. In: *Médium* 8 (2006), 3–15.

Debray, Régis: *Jenseits der Bilder. Eine Geschichte der Bildbetrachtung im Abendland*. Berlin 2007.

Debray, Régis: Die Geschichte der vier »M«. In: Mersmann/Weber 2008, 17–39.

Faßler, Manfred: *Kampf der Habitate. Neuerfindungen des Lebens im 21. Jahrhundert*. Wien/NewYork 2012.

Flusser, Vilém: *Kommunikologie weiter denken. Die Bochumer Vorlesungen*. Frankfurt a. M. 2008.

Foucault, Michel: *Archäologie des Wissens*. Frankfurt a. M. 1973.

Hartmann, Frank: *Mediologie. Ansätze einer Medientheorie der Kulturwissenschaft*. Wien 2003.

Horkheimer, Max/Adorno, Theodor W: *Dialektik der Aufklärung. Philosophische Fragmente* [1947]. Frankfurt a. M. 2012.

Latour, Bruno: *Eine neue Soziologie für eine neue Gesellschaft*. Frankfurt a. M. 2007.

Leroi-Gourhan, André: *Hand und Wort. Die Evolution von Technik, Sprache und Kunst*. Frankfurt a. M. 1980.

McLuhan, Marshall: *Understanding Media. The Extensions of Man*. New York 1964.

Mersmann, Birgit/Weber, Thomas (Hg.): *Mediologie als Methode*. Berlin 2008.

Frank Hartmann

17. Medienmorphologie

Es gibt keine Medien. Zumindest nicht mehr. Das jedenfalls behauptet der Medienmorphologe Rainer
Leschke. Zum einen sei das so, weil sich das Konzept
Medien in Theorie wie Praxis »totgesiegt« (Leschke
2010a, 8) habe. Alles scheint medialisiert (s. Kap.
II.21), alles als Medium bestimmbar, dementsprechend der Begriff wissenschaftstheoretisch bedenk-
lich unscharf und kaum mehr operationalisierbar.
Zum anderen läge das an der flächendeckenden
Digitalisierung der (Medien-)Welt. Eine Differenzierung nach Medien sei schlichtweg obsolet geworden: »Die Einzelmedien [...] sind, soviel scheint
sicher, in den transversalen Verknüpfungen des
Mediensystems verschwunden« (Leschke 2010a, 8).
Spannender allerdings als diese doch nicht mehr
ganz taufrische Einschätzung (vgl. z.B. bereits Kittler 1993, 188) ist die Konsequenz, die Leschke daraus zieht. Sie mündet nämlich in einem durchaus
ungewöhnlichen Vorschlag: Medienwissenschaftler
sollen nicht mehr Medien untersuchen, sondern
Formen. Medienmorphologie ist insofern die Lehre
von der medialen Form. Oder genauer formuliert:
Medienmorphologie ist die theoretische Grundlegung einer vergleichenden medienübergreifenden
Strukturanalyse von Formprozessen. Im Folgenden
soll knapp skizziert werden, wie Leschke historisch
und theoretisch diese Umstellung auf mediale Formen hergeleitet hat, was genau eigentlich unter medialen Formen zu verstehen sein soll und welche
Versprechen mit einer medienmorphologischen
Neuperspektivierung einhergehen.

Anleihen und Abgrenzungen

Medienmorphologie ist neu. Recht besehen, gibt es
sie erst seit 2010, nämlich genau ab dem Zeitpunkt,
an dem Rainer Leschkes Buch *Medien und Formen.
Eine Morphologie der Medien* veröffentlicht wurde.
Darin wird die medienmorphologische Programma-
tik auf knapp 300 Seiten in dichter Form vorgestellt.
Dementsprechend ist Medienmorphologie zum ei-
nen eng an den Siegener Medientheoretiker geknüpft.
Zum anderen befinden sich die Rezeption, Weiter-
verarbeitung und mögliche Traditionsbildung dieses
Ansatzes noch in einer ungeschriebenen Zukunft.
Vor seinem medienmorphologischen Manifest hat
Leschke primär an einer metatheoretischen Be-
standsaufnahme des medienwissenschaftlichen Dis-

kursfeldes gearbeitet und dieses Feld ein ums andere
Mal kritisch durchmessen (vgl. v.a. Leschke 2003).
Seine Medienmorphologie hingegen ist keine Theorie über Theorien mehr, sondern ein eigenständiger Vorschlag, wie in Zukunft Medienwissenschaft
betrieben werden sollte.

Leschke schließt hierfür weniger an explizit medientheoretische Entwürfe an. Vielmehr greift er auf
ein kulturphilosophisches Großunternehmen zurück,
nämlich auf die *Philosophie der symbolischen Formen*, die Ernst Cassirer bereits in den 1930er Jahren
entwarf. Cassirers *Philosophie der symbolischen Formen* wird zwar im medienwissenschaftlichen Diskursfeld immer wieder gern anzitiert, jedoch kaum
detailliert rezipiert. Leschke hingegen arbeitet diesen Entwurf ausführlich wie kritisch durch, um so
seiner Morphologie der Medien Kontur zu verleihen.

Unter ›symbolischen Formen‹ fasst Cassirer »ein
Set von nicht hierarchisierbaren, verschiedenen
Weisen des Weltzugangs« (Leschke 2010b, 37) zusammen. Das heißt erstens: Cassirer konzipiert eine
Erkenntnistheorie ›pluralistischer‹ Weltzugänge.
Mythos bzw. Religion, Kunst und Wissenschaft bilden bei ihm solch ein stabiles Set an nicht aufeinander reduzierbaren Weltzugängen. Das impliziert
zweitens: Diese Weisen des Weltzugangs sind, wie
Cassirer selbst schreibt, »nicht mehr als passive Abbilder eines gegebenen Seins, sondern als selbstge-
schaffene [...] Symbole« (Cassirer 1923, 3) zu verstehen. Symbolische Formen haben also konstruktiven
Charakter. Sie sind kulturell etablierte »*Medien* der
Welterkenntnis *und* Welterzeugung« (Brauns 2008,
51; Herv. d.V.), wie Jörn Brauns Cassirers Ansatz in
ein medienwissenschaftliches Vokabular übersetzt.
Cassirers *Philosophie symbolischer Formen* ist aus
dieser Perspektive eine Art Medienphilosoph *avant
la lettre*. Verhandelt der Kulturphilosoph doch im
Kontext der symbolischen Formen bereits eine Lieb-
lingsfrage vieler gegenwärtig virulenter medienphilosophischer Entwürfe, nämlich die nach den medialen Bedingungsmöglichkeiten unseres Weltzugangs.

Leschke jedoch interessiert sich weniger für so ge-
artete transzendentale Höhenflüge. Gerade den
»Universalitätsanspruch« (Leschke 2010b, 41) will er
hinter sich lassen, den Cassirer mit den symbolischen Formen als einem letztlich »invariante[n] und
ontologisierbare[n] Ensemble« (ebd., 38) von An-
schauungsformen des menschlichen Geistes verbindet. Leschke verordnet den symbolischen Formen
eine Art pragmatische Kur: Er übernimmt Cassirers

»Konstruktionsprinzip« (ebd., 39), wirft aber die damit verbundenen ontologischen Implikationen über Bord. Formen werden konzipiert als kulturelle, historisch wandelbare und variabel relationierbare Darstellungs- und Anschauungsmittel. Formen stellen so Ordnung und Orientierung bereit, ohne symbolisch überfrachtet werden zu müssen. »Von den symbolischen Formen bleibt also nur die Form, das Symbolische geht auf das Konto des Universalitätsanspruchs« (Leschke 2010b, 41).

Medienmorphologie ist aus dieser Perspektive zunächst einmal ein Abrüstungsprojekt, das die »Philosophie symbolischer Formen« ›erdet‹. Eine besondere Art von ›Erdung‹ fanden Cassirers symbolische Formen indes bereits knapp 80 Jahre vor der Geburt der Medienmorphologie. In seinem berühmten Aufsatz »Die Zentralperspektive als ›symbolische Form‹« (1927) führt der Kunstwissenschaftler Erwin Panofsky den universalistischen Blickwinkel Cassirers auf die konkrete Analyse historischer Sachverhalte zurück. Panofsky zeigt in diesem Aufsatz, inwieweit die Einführung und Durchsetzung der Zentralperspektive in der bildenden Kunst eine Darstellungs- und Anschauungsform etabliert, die die neuzeitliche Raumkonzeption von denen der Antike und des Mittelalters unterscheidet. Denn: Die einzelnen dargestellten Objekte in der Zentralperspektive sind, im Gegensatz zu vorhergehenden Darstellungskonventionen, innerhalb eines homogenen Systemraums relationiert und auf den Beobachtungsstandpunkt eines Subjekts ausgerichtet. Die Zentralperspektive wird in diesem Kontext von Panofsky als symbolische Form verstanden, weil sie eine sinnfällige Manifestation der neuzeitlichen »Weltvorstellung« (Panofsky 1927/1974, 110) sei.

Panofskys Wendung zur symbolischen Form als sinnfälligem Ausdruck eines Weltbildes kritisiert Leschke – analog zur Kritik an Cassirer – als unnötige »symbolische […] Überfrachtung« (Leschke 2010a, 107). Jedoch führen Panofskys Ausführungen implizit einige Veränderungen des Konzepts der symbolischen Formen mit, die sie augenscheinlich für die Grundlegung einer Medienmorphologie interessant machen. Die Zentralperspektive als symbolische Form zu verstehen, bedeutet zunächst einmal eine Ebenenverschiebung. Geht es doch dabei nicht um eine von Cassirers Universalformen, sondern um eine ›lokale‹, ›historisch‹ etablierte und ›variable Form‹. Damit erhält die Zentralperspektive eine Formatgröße und Eigenschaften, die sie als Kandidat für eine pragmatische Wendung der symbolischen Formen geeignet macht. Zweitens geht es in Panofskys Beschreibungen der Zentralperspektive um die ›formale‹ Relationierung von Objekten und Subjekten, also um Strukturverhältnisse, nicht um Motive oder den Bedeutungsgehalt von Bildern. Diesem ›strukturellen‹ Zugang folgt auch das medienmorphologische Projekt Leschkes. Drittens ist Panofskys Zugriffsweise durch die Gegenüberstellung von antiker und neuzeitlicher Raumkonzeption eben auf einen ›Vergleich‹ angelegt. Diese Zugriffsweise ist für die Medienmorphologie ebenfalls zentral, denn Formbestimmung erfolgt hier aufgrund von Vergleichsoperationen.

In der Medienmorphologie geht es also

- um lokale, historisch variable Formen,
- um strukturelle Prozesse und
- um Formanalysen im Modus des Vergleichs.

Medienmorphologie passt so gesehen begriffsgeschichtlich wunderbar in die Tradition des Verständnisses von Morphologie. Soll doch, wie bereits Johann Wolfgang Goethe Ende des 18. Jahrhunderts im Hinblick auf medizinische Untersuchungen schreibt, Morphologie als »*vergleichende* Anatomie« (Goethe 1795/1977, 269; Herv. d.V.) biologischer Formen betrieben werden.

Form als medienmorphologischer Grundbegriff

Welcher Art sind aber die Formen, die für einen *Medien*morphologen von Interesse sind (im Gegensatz zu einem Morphologen, der, etwa wie Goethe, Schädelknochen untersucht)? Leschke gibt einige Beispiele für medienmorphologisch interessante Formen: Neben der bereits genannten Zentralperspektive sind das etwa dramaturgische Exposition, Projektions- und Montageformen, Levelstrukturen, Splitscreen, Schuss-Gegenschuss, Schnappschuss oder auch Lichtblitz (vgl. Leschke 2010a, 15, 32, 83, 161; Leschke 2010b, 42 f.). So heterogen diese Beispiele auch sein mögen, gemeinsam ist ihnen: Sie allesamt sind Anschauungs- und Darstellungsmittel, die in ›medialen‹ Kontexten konventionalisiert wurden und dort Ordnungs- wie Orientierungsleistungen erbringen. Ein Medienmorphologe beschäftigt sich also vornehmlich mit Formen, die in Medien zu finden sind, also mit medialen Formen (im Gegensatz etwa zu höfischen Umgangsformen oder Schädelknochen). Medien wiederum werden näher bestimmt als Dispositive. Ein Dispositiv organisiert »unterschiedliche Praktiken, Contentrepertoires,

Formate und Technologien zu einem Komplex, der dann insgesamt dasjenige ausmacht, was ein Medium sein soll« (Leschke 2010a, 181).

Mediale Formen etablieren sich also in einer spezifischen dispositiven Konstellation und sind demgemäß auch von deren jeweiligen technologischen Konditionen und Praktiken abhängig. Doch haben sich mediale Formen einmal etabliert, bilden sie zum einen Eigensinn aus, d. h. sie erzwingen autologisch »die Selektion von Anschlüssen« (Leschke 2010a, 149). Ist einmal die Levelstruktur im Computerspiel etabliert, dürfte es schwierig sein, daran ohne weiteres ein offenes Ende anzuschließen, muss doch die Aufgabe gelöst werden, bevor das Level abgeschlossen wird. Zum anderen bleiben die etablierten Formen zumeist nicht auf ihre jeweiligen medialen Kontexte beschränkt, vielmehr »wuchern« (Leschke 2010b, 42) sie über diese hinaus. Solche »Adaptions- und Rekonfigurationsprozeduren« (Leschke 2010a, 15) bilden ja längst eher die Regel als die Ausnahme. Levelstrukturen etwa sind seit geraumer Zeit nicht mehr nur gängige Konventionen des Computerspiels, sondern ebenso in Filmen und Fernsehserien auszumachen. Solche Mediengrenzen überschreitenden Phänomene, die gemeinhin unter dem Label ›Intermedialität‹ interpretiert werden (s. Kap. II.22), bekommen aus medienmorphologischer Perspektive eine klare Stoßrichtung. Denn: Eine zentrale Leistung medialer Formen sei es, »Mediengrenzen zu überspringen und damit formalästhetische Vernetzungen ins Mediensystem einzuziehen« (Leschke 2010a, 27). Als »Querverstrebungen des Mediensystems« (Leschke 2010b, 42) übernehmen mediale Formen also die Funktion, unterschiedliche Medien zusammenzubinden, Ordnung herzustellen und gleichzeitig das mediale Gefüge durch die permanenten Wanderungsbewegungen der medialen Formen dynamisch zu halten. Diesen Stabilisierungs- und Dynamisierungsprozessen strukturanalytisch nachzugehen, ist das erklärte Ziel der Medienmorphologie.

Solch eine Perspektive beinhaltet u. a. einen (medien-)historischen Clou: Denn wenn es zutrifft, dass die vormals ausdifferenzierten und klar unterschiedenen Medien, wie Fernsehen, Film oder Radio, nunmehr unter den Bedingungen technologischer Digitalisierung in einem »transversal verknüpften Mediensystem« vernetzt und also ihre Grenzen verschwunden sind (doch zumindest am verschwinden sind), dann macht die Kategorie ›Medien‹ tatsächlich, wie Leschke am Ende von *Medien und Formen* schreibt, für die Untersuchung medialer Kontexte »kein[en] Sinn mehr« (Leschke 2010a, 304). Kann doch diese Kategorie dann keine Binnendifferenzierung mehr leisten und dementsprechend bleibt keinerlei Orientierungswert übrig. Damit schlägt jedoch die Stunde der medialen Form. Denn sie ist eine Kategorie, die die Möglichkeit offenhält, Stabilisierungs- und Dynamisierungsprozesse im transversal vernetzten Mediensystem nachvollziehbar zu machen. Sind doch Formen innerhalb solch eines Mediensystems durchaus noch zu lokalisieren, ihre Wanderungen durch verschiedene Kontexte wie ihre diversen Rekonfigurationen zu beobachten und mit anderen Formen zu vergleichen. Oder in Anlehnung an den Kybernetiker Gregory Bateson knapper formuliert: Mediale Formen sind dann die einzigen Unterschiede, die noch einen Unterschied machen. Mediale Form ist so gesehen die Ordnungs- und Orientierungskategorie, die der Medienwissenschaft zur ›strukturellen‹ Analyse einer medialen Lage übrig bleibt, in der es keine Medien mehr gibt.

Mehrwert und Desiderat

Damit ist bereits ein wichtiger Mehrwert solch einer Perspektive formuliert: Bietet die Morphologie der Medien doch die Möglichkeit, weiterhin konkret mediale Prozesse zu analysieren, jenseits von Allgemeinplätzen wie der Beschwörung einer opak gewordenen digitalisierten Medienwelt oder einem raunenden Verweis auf Medialität als einem Entzugsphänomen (s. Kap. II.18), jenseits aber auch von schlichten Inhaltsanalysen oder Motivinterpretationen. Was die Medienmorphologie dabei ungemein sympathisch wirken lässt, ist etwas, das im medientheoretischen Kontext nicht gerade häufig auf der Tagesordnung steht, nämlich Bescheidenheit: »Die Aussagen, die im Rahmen einer Theorie medialer Formen überhaupt getroffen werden können, betreffen den Komplex des Systems der Massenmedien, die in ihm vorgesehenen Produktions- und Rezeptionsmodi sowie vielleicht noch die Wechselbeziehung zu anderen Systemen, insbesondere zum Kunstsystem als prominentem und privilegiertem Formenreservoir medialer Formen – *das war's dann aber auch*« (Leschke 2010a, 25; Herv. d.V.). Im Gegensatz zu den universalistischen Ansprüchen vieler anderer (Medien-)Theorien ist die Medienmorphologie explizit eine »Theorie mittlerer Größe« (ebd., 26).

›Theorie mittlerer Größe‹ bedeutet in diesem Kontext zunächst einmal schlicht den Verzicht darauf, alles erklären zu wollen und zu können. Zudem ist eine Theorie mittlerer Größe konstitutiv eine Theorie »mit offenen Rändern« (Leschke 2010a, 24), d. h. anschließbar an sehr unterschiedliche Theorieangebote wie etwa der Feldtheorie Pierre Bourdieus oder der Konzeption epistemischer Dinge bei Hans-Jörg Rheinberger (vgl. ebd., 77 f., 295). Jedoch bedeutet ›offene Ränder‹ nicht beliebiger Anschluss an irgendwelche Theorieangebote. So scheint beispielsweise eine auf den ersten Blick naheliegende Kopplung der Kategorie mediale Form mit der Medium/Form-Unterscheidung Niklas Luhmanns, zumindest aus Leschkes eigener Sicht, ausgeschlossen (vgl. ebd., 13 ff.). ›Mittlere Größe‹ wiederum meint nicht, man müsse sich auf singuläre Phänomene konzentrieren. Gerade dadurch, dass Medienmorphologie sich von der Interpretation einzelner Objekte löst und Formrelationen untersucht, will sie »transferierbares Strukturwissen« (ebd., 59) hervorbringen. Mit den medialen Formen ist denn auch genau solch eine Kategorie mittlerer Größe gefunden. Geht es doch dabei nicht um eine transzendentale Kategorie wie Medialität oder symbolische Form. Vielmehr bleiben mediale Formen trotz aller Eigendynamik immer auch von anderen Faktoren, wie z. B. technologischen oder ökonomischen, abhängig und treten überdies in variablen Relationen in Erscheinung. Nicht zuletzt hat eine Theorie, die auf mittlere Größe angelegt ist, die Möglichkeit, sich selbst am konkreten Untersuchungsmaterial auszurichten und immer wieder neu zu justieren, was gerade im Hinblick auf die permanente Veränderung der medialen Lage durchaus als Vorteil zu werten sein dürfte.

Doch gerade letztgenannter Vorteil einer Theorie mittlerer Größe steht im Fall der Medienmorphologie noch weitgehend aus. Leschke selbst verlässt, zumindest in seinem programmatischen Entwurf *Medien und Formen*, so gut wie nie die Höhen der Theoriegenese, wo er sich permanent kritisch zu nahezu allen in der Medienwissenschaft der letzten Dekaden kursierenden Theorieangeboten äußert. Medienmorphologie ist so gesehen, im Gegensatz zu dem, was ihr Grundbegriff mediale Form verspricht, recht unanschaulich. Für einen programmatischen Entwurf ist solch eine Herangehensweise durchaus nachvollziehbar, jedoch entheben kurze Verweise auf Levelstrukturen, dramaturgische Formen oder Lichtblitze nicht von der Notwendigkeit, ein medienmorphologisches Analysemodell am Material genauer zu entfalten. Dabei könnte auch noch einmal präzisiert werden, was denn eigentlich eine me-

dienmorphologisch inspirierte Analyse medialer Formprozesse leisten kann, über den Nachweis hinaus, dass solche Prozesse eben mit einem medienmorphologischen Instrumentarium rekonstruierbar sind. Doch ein kürzlich erschienener Band zu medialen *Formen der Figur* (Leschke/Heidbrink 2010), ebenso ein (angekündigter) Sammelband zur *Form als medientheoretische[m] Grundbegriff* (Leschke/Venus 2014) geben Anlass zur Hoffnung, dass dieses Desiderat bald der Vergangenheit angehören könnte.

Literatur

Brauns, Jörg: Ernst Cassirer als Medienphilosoph. Das Denken der Mannigfaltigkeit. In: Alexander Roesler/ Bernd Stiegler: *Philosophie in der Medientheorie. Von Adorno bis Žižek*. München 2008, 41–55.

Cassirer, Ernst: Philosophie der symbolischen Formen. Teil 1 [1923]. In: Ders.: *Gesammelte Werke. Hamburger Ausgabe*. Bd. 11. Hamburg 1998 ff.

Goethe, Johann Wolfgang von: Erster Entwurf einer allgemeinen Einleitung in die vergleichende Anatomie, ausgehend von der Osteologie [1795]. In: Ders.: *Sämtliche Werke*. Bd. 17. München 1977, 231–269.

Kittler, Friedrich A.: Geschichte der Kommunikationsmedien. In: Jörg Huber/Alois Martin Müller (Hg.): *Raum und Verfahren*. Basel/Frankfurt a. M. 1993, 169–188.

Leschke, Rainer: *Einführung in die Medientheorie*. München 2003.

Leschke, Rainer: *Medien und Formen. Eine Morphologie der Medien*. Konstanz 2010a.

Leschke, Rainer: Die Figur als mediale Form. Überlegungen zur Funktion der Figur in den Medien. In: Leschke/Heidbrink 2010b, 29–49.

Leschke, Rainer/Heidbrink, Henriette (Hg.): *Formen der Figur. Figurenkonzepte in Künsten und Medien*. Konstanz 2010.

Leschke, Rainer/Venus, Jochen (Hg.): *The Shape that Matters. Form als medientheoretischer Grundbegriff*. Bielefeld 2014 (im Druck).

Panofsky, Erwin: Die Perspektive als »symbolische Form« [1927]. In: Ders.: *Aufsätze zu Grundfragen der Kunstwissenschaft*. Berlin ²1974, 99–167.

Sven Grampp

18. Negative Medientheorien

Das Anliegen negativer Medientheorie kann zufolge ihres Hauptvertreters, dem Medienphilosophen Dieter Mersch, zugespitzt werden auf die Forderung, den Begriff ›Medium‹ in der Medientheorie nicht mehr zu verwenden und letztlich ganz zu verabschieden (vgl. Mersch 2006b). Mit dem Begriff ›Medium‹ würde die Existenz von etwas vorausgesetzt, dem die Leistung der Übertragung von Information zugeschrieben wird. Ganz im Gegenteil sollte nach Mersch entweder von Medialität die Rede sein – also von Vorgängen, in denen Über- und Vermittlung geschieht – oder an die Stelle der Theorie des Mediums das Aufzeigen der medialen Prozesse selbst treten. Hierzu gehören die Störungen in der Übertragung ebenso wie das In-Beziehung-Setzen von Sender und Empfänger. Während ›positive‹ Medientheorien jedoch das Gelingen der Übertragung und Vermittlung fokussieren, so hebt die negative Medientheorie das Nichtgelingen dieser Vorgänge im Sinne der ›Alterität‹ hervor.

Mersch (2006a, 227 f.) selbst definiert den von ihm vertretenen Ansatz wie folgt:

> »Die Problematik, vor die sich eine ›negative Medientheorie‹ gestellt sieht, ist […] in Kürze diese: Wenn es ›Medien‹ gibt, weil es Alterität gibt; wenn ihre Position darin liegt, sich zu Anderem in Beziehung zu setzen und Bezüge zu ermöglichen, wenn es ihre Aufgabe ist, zu vermitteln, zu konstruieren oder etwas allererst zur Darstellung oder Erscheinung zu bringen – wenn also, anders gewendet, nichts von einer Gegenwart kündet ohne die Medialität eines Mediums und das ›Ereignis‹ […] nicht stattfindet, […] dann bliebe die Medialität des Mediums auf immer verschlossen und wir die Opfer ihres Zaubers. Doch kann durch Einsatz ›medialer Paradoxa‹ der Zauber wenigstens partiell aufgebrochen und das Medium in seine Reflexion gestellt werden. Das ist schließlich auch der Grund, weshalb die Kunst der Medientheorie mehr zu *zeigen* hat, als umgekehrt die Medientheorie der Kunst zu *sagen* hätte. Denn mittels paradoxer Interventionen bringen Künste die medialen Bedingungen und Strukturen ebenso ins Spiel, wie sie sie in negativer Weise auf sich selbst anwenden, sie verkehren und gerade dadurch zum Vorschein kommen lassen«.

Unter den klassischen Positionen der Medientheorie am nächsten steht Mersch damit derjenigen Jean Baudrillards, der sein »Requium für die Medien« aus *Pour une critique de l'economie politique du signe* von 1972 mit dem Satz beginnt: »Es gibt keine Medientheorie« (Baudrillard 1978, 83), und damit auch zu verstehen gibt, dass die Reflexion von Kommunikationsvorgängen nicht im Modus herkömmlicher

Theorie geschehen kann. Baudrillard radikalisiert damit zum einen Marshall McLuhans Leitsatz vom ›Medium als (seiner eigenen) Botschaft‹ (s. Kap. II.4) wie er zum anderen die von Hans Magnus Enzensberger im Anschluss an Bertolt Brecht geforderte Umkehrung von Sender- und Empfängerinstanz kritisiert. Hielten letztere nach wie vor daran fest, Medien könnten Inhalte transportieren, resignierte McLuhan als Theoretiker vor der Macht der Medien. Über beide hinaus fordert Baudrillard daher eine Theorie, die selbst als Praxis subversiv ist und nicht die Medienformate oder Kommunikationswege affirmiert, sondern den Code selbst verändere. Nach Mersch, der diesbezüglich an Baudrillard jedoch nicht explizit anschließt, kann das genau die Kunst leisten.

Insofern der Aufweis medialer Prozesse maßgeblich durch (selbst-)reflexive Kunst geschehen kann, vertritt Mersch (2002c) keine Position, wie sie etwa bei Lorenz Engell (2005) anzutreffen ist, wonach Medienphilosophie vorrangig keine Philosophie ›über Medien‹ ist, sondern eine Philosophie die Medien selbst betreiben oder die in ihnen zu finden ist (s. Kap. II.23), sondern er wählt einen Mittelweg: Künstlerische Medienreflexion kann für Mersch die theoretische und diese die künstlerische unterstützen bzw. ergänzen (so gesehen besteht eine starke Nähe zur Rolle des Mediums im *High Modernism*, s. Kap. II.5). Der Ansatz negativer Medientheorie bezieht sich dem Projekt nach vor allem auf die Spätphilosophie und das Kunstverständnis von Theodor W. Adorno in der *Negativen Dialektik* von 1966 bzw. in der 1970 postum erschienenen *Ästhetischen Theorie*. Adorno ist zugleich auch zentrale Referenz und Protagonist der kritischen Medientheorie (s. Kap. II.9). Während in der kritischen (Medien-)Theorie jedoch die Massenmedien im Vordergrund stehen, denen Adorno und andere tendenziell ablehnend gegenüberstehen, so wird in medienästhetischer Perspektive ein durchaus ›positives‹ Verständnis an den Tag gelegt: Es geht um den Aufweis der Unversöhnlichkeit von denkendem Subjekt und natürlichem Objekt oder auch vom sprachlichen Begriff und vorhandener Sache mittels Kunst.

In philosophischer Hinsicht wird damit die dialektische Annahme Hegels kritisiert, die Negation einer Position könne durch eine weitere Negation aufgehoben und zu einer neuen These versöhnt werden. Anstatt solcherart die materielle Welt oder die Natur doch wieder dem Geist zu unterstellen, bzw. dem Subjekt einzuverleiben – woraus sich für Adorno nicht nur die Entfremdung des Menschen und die Verdinglichung der Natur, sondern auch die Vernichtungspolitik des 20. Jahrhunderts erklärt –, soll das Auseinanderfallen der beiden Momente deutlich gemacht und die Spannung zwischen ihnen ausgehalten werden. Bei Adorno wie zum Teil auch bei Mersch leistet dies vor allem die Avantgardekunst, welche zumeist mit Mitteln der Verbergung (statt Sichtbarkeit herzustellen), des Geräuschs (statt Hörbarkeit zu ermöglichen) oder anderer paradoxer Operationen arbeitet, um festgefügte Kunstbegriffe ebenso zu erschüttern wie auch der Kunst einen politischen Impetus zurückzuerstatten. So besteht für Adorno die einzige Möglichkeit einer ›Kunst nach Auschwitz‹ darin, auf Darstellung, Konkretion, Harmonie etc. zu verzichten, denn für Adorno (1955, 31) ist es ›barbarisch‹ »nach Auschwitz ein Gedicht zu schreiben«, gar sei jegliche »Kultur nach Auschwitz, samt der dringlichen Kritik daran«, so Adorno dann in *Negative Dialektik* (1966, 359), »Müll«.

Ästhetisch drückt sich die Möglichkeit einer Kunst nach der Kunst etwa in Adornos Präferenz für die Zwölftonmusik Arnold Schönbergs aus sowie nach Mersch in den Werken John Cages, die von Bearbeitung des Materials, Zufallsprozessen und Störgeräuschen gekennzeichnet sind. Eine (politische) Reflexion der Kunst macht Mersch selbst an Jasper Johns *Flag* von 1955 fest: ein Bild, das nicht mehr als Kunst tituliert werden könne, sondern vielmehr Pop ist und in deren Perspektive nun auch die Politik erscheint (und kritisiert wird).

Medienreflexiv sind für Mersch (2008a, 309 ff.) jedoch vor allem anamorphotische Darstellungen, wie der Totenschädel in Hans Holbeins *Die Gesandten* von 1533, die bereits für Jacques Lacan (1978, 92 ff.) als Beispiel dienten, um den Doppelcharakter von Bildern als Gesehen und Sehend in Analogie zur psychischen Situation vorzuführen, oder Michael Snows Experimentalfilm *Presents* von 1980, in dem der weibliche Akt als klassisches Setting der Kunstgeschichte vorgeführt und entzogen wird, insofern das perspektivische Bild zunächst aus einer vertikalen Linie heraus aufgespannt wird, um im Verlauf schließlich zu einer horizontalen Linie gestaucht zu werden, in dem das (sichtbare) Bild verschwindet.

Von hier aus wird auch ersichtlich, welcher Ansatz den eigentlichen Gegenpol zur negativen Medientheorie nach Mersch bildet: Es ist der technizistische Ansatz von Friedrich Kittler (s. Kap. II.13), dem Mersch zum einen vorwirft, das Medium im Sinne der Hardware zu fetischisieren und den Vorrang medialer Prozesse zu vernachlässigen – ganz zu schweigen von medienästhetischen Fragen –, zum

anderen aber versucht Mersch, einen (ungebrochenen) Hegelianismus im Ansatz Kittlers nachzuweisen. Dies ist brisant, da Kittler selbst mit dem Projekt der *Austreibung des Geistes aus den Geisteswissenschaften* (1980) angetreten war. Für Mersch erfolgt dabei aber kein wirklicher Paradigmenwechsel, sondern nur eine Verschiebung des Ortes, an dem der Geist vermutet wird: Eben im Medium als Maschine, die nun an die Stelle des Begriffs getreten ist und Diskurse produziert, indem Medien von Kittler nicht nur als deren notwendige, sondern auch als deren hinreichende Bedingung angesehen werden.

In seiner Kritik am Medienmaterialismus rekurriert Mersch (2005) durchaus auf dieselben Autoren wie Kittler, nur dass er sie entgegengesetzt interpretiert: Namentlich sind dies Martin Heidegger und Jacques Derrida, die beide, vor allem aber Ersterer, von Kittler für ihr Denken der Sprache bzw. der Schrift als Medium in Anschlag gebracht werden (vgl. Kittler 2001, 216 ff.). In seiner *Medientheorie zur Einführung* (2006a) reklamiert Mersch hingegen einen Bereich der Sichtbarkeit und des Bildes im weitesten Sinne, dessen Erscheinungsweise oder Medialität nicht auf Sprache rückführbar oder reduzierbar ist (s. Kap. IV.7). Während für Kittler (2004) Bilder nur Ergebnisse von Algorithmen und Rechenprozessen sind (also auf Handlungsanweisungen, Codes und Programmierungen beruhen), kann die Erscheinung nach Mersch nicht durch eine Erklärung seines Entstehungsgrundes – als Rückführung auf eine Programmiersprache – eingeholt werden. Gar weist Mersch, der neben Philosophie auch Mathematik studiert hat, darauf hin, dass mit dem Halteproblem der Turingmaschine (die Unmöglichkeit, ein Programm zu haben, das entscheidet, wann ein anderes Programm den Vorgang des Lesens und Schreibens abbrechen sollte) belegt sei, dass nicht jedes Problem programmierbar oder in Sprache überführbar ist. Mersch zeigt an dieser Stelle seine Nähe zu phänomenologischen Medientheorien (s. Kap. II.3), wobei er jedoch darüber hinaus auch die Dekonstruktion in Anschlag bringt und mithin die Annahme in reiner Präsenz gegebener Phänomene ebenso in Zweifel zieht wie diejenige eines transparenten Mediums. Hingegen wird durch ›mediale Reflexivität‹ das Medium als Phänomen präsent. Der Titel von Snows Film *Presents* wird von Mersch daher als Reflexion auf die Unmöglichkeit der Anwesenheit gedeutet, die das Medium zu geben oder ›schenken‹ verspricht, insofern durch die Nichtpräsenz hindurch die Präsenz des Mediums aufgerufen wird.

Mersch schließt also auch an die Differenzphilosophie Derridas an, der die phonologozentristischen Modelle und Vorstellungen von Sprache der Struktur nach als Theologie enttarnt, insofern die Einheit von Gedanke und gesprochenem Wort laut dem Evangelium des Johannes nur ›bei Gott‹ sein kann (vgl. Derrida 1972; s. Kap. II.2 und IV.1). Präsentistische Sprachvorstellungen gehen solcherart nicht nur von reinem Sinn aus, sondern müssen auch jegliche Medialität der Übermittlung von Botschaften leugnen. Ein Denken der Schrift in Form einer allgemeinen Grammatologie soll nach Derrida daher an die Stelle logozentrischer Philosophie treten (vgl. Derrida 1974). Dabei geht es nicht einfach um die Effekte von Schrift auf Sprache, sondern vielmehr darum, auch gesprochene Sprache nach dem Modell der Schrift als phonetische Materialität aufzufassen. Die – nach Ferdinand de Saussure, an den Derrida u. a. anschließt – nur durch Differenzen gebildete Struktur der Sprache erlaubt keine stabile Präsenz des Sinns. Die vermeintliche Transparenz und Präsenz des Sinns beim Sprechen, die scheinbare Nähe von Sprechen und ›Geist‹ versucht Derrida gewissermaßen als Illusion sichtbar zu machen. Es geht daher nicht um die Umwertung der Hierarchie zwischen Schrift und Sprache, sondern darum, die Unmöglichkeit aufzuzeigen, dass die Differenz beherrscht und Präsenz erzwungen werden kann. So lässt Derrida die Schriften (u. a. über Theorien der Sprache) gegen sich selbst arbeiten, indem er auf die Darstellungseffekte der betreffenden Texte abhebt. Dieses Verfahren nennt er ›Dekonstruktion‹, und es zeigt entgegen der behaupteten Einheit und Punktualität von Sinn dessen Verstreuung im Text und *als Text*. Es ist dies die Dimension der Performanz von (Schrift-)Sprache oder allgemein von medialer Performativität.

In vergleichbarer Weise beschreibt Mersch (2002b, 106 ff.) Walter Benjamins Diagnose einer Zerstörung der Aura durch technische oder mediale Reproduktion: Gerade Telepräsenzsysteme, welche die Anwesenheit entfernter Sprecher ermöglichen sollen, können das Versprechen von Kommunikation nicht einlösen, da die Antworten strukturell durch die Vermittlungsweisen des Mediums schon vorgegeben sind und etwa nichts Überraschendes, sondern nur Erwartbares enthalten (so etwa beim Telefonieren mit einem Mobile-Device die Antwort auf die Frage nach dem Standort). Dagegen hält Mersch die eigene Performativität des Mediums, die sich in Störungen und Fehlern zeigt: »Festzuhalten wäre dagegen an dem, das sich der Wiederholung

widersetzt, das in der mechanischen Reproduktion unlesbar bleibt, das unterm Diktat technischer Allmacht Residuum eines Nichtdarstellbaren wäre: der Imperfektibilität der Abläufe, in der sich die spezifische Materialität der Apparate und die Performativität ihres Gebrauchs festhalten« (ebd., 107).

So eröffnet die Dekonstruktion auch eine Möglichkeit zum Denken der Gabe oder des Geschenks von Anwesenheit, insofern die Sprache qua Schrift in ihre Schranken gewiesen wird, so dass andere Medien(-prozesse) gleichberechtigt betrachtet werden können. Vor allem sind es nach Mersch Bilder, die nicht mehr aus der Warte des *linguistic turn* der Sprache oder auch aus Sicht der Semiotik einem an die Sprache angelehnten universellen Zeichensystem unterstellt werden sollen (vgl. Heßler/Mersch 2009). In einer frühen Studie wird diese Emanzipation am Zeichenverständnis Umberto Ecos (1977) festgemacht, wenn Mersch das Zeichen in (post-)strukturalistischer Hinsicht als »reine Leerstelle« (1993, 90) definiert und darüber auch die Möglichkeit des Nichtbezeichnens vorgedacht wird, an dessen Stelle das ›Zeigen‹ treten kann, also die Präsentation anstelle der Repräsentation. In jüngsten Publikationen spricht Mersch (2010a) daher auch von Posthermeneutik, indem Verstehen aus dem her gedacht wird, was nicht (durch Zeichen) verständlich ist.

In der negativen Medientheorie geht mit der Abwendung von der Sprache als absolutem Medium damit eine Hinwendung zur Präsenz einher, die gleichwohl nicht als neue Metaphysik verstanden wird. Hierfür leitend sind späte Texte Heideggers: Vor allem in der mit »Vom Ereignis« untertitelten Abhandlung *Beiträge zur Philosophie* wird dieser Aspekt vorweggenommen bzw. versteht Mersch diese aufgrund der erst postum erfolgten Publikation 1989 selbst als eine aktuelle Position neben derjenigen Derridas und anderer Poststrukturalisten. Der Band stellt das Kondensat der von Heidegger vollzogenen und von ihm selbst sogenannten Kehre dar, in der nicht mehr der Mensch als Dasein verstanden wird, das einen exklusiven Zugang zum Seienden hat, weil nur für diesen ihr Sein als Welt erschlossen ist, sondern in dem das Sein selbst gedacht werden soll, das selbst noch vor der ontisch-ontologischen Differenz von Sein und Seiendem liegt. Zwischenzeitlich hat Heidegger das im Spätwerk »Seyn« geschriebene Wort im Druck kreuzweise durchstreichen lassen (vgl. 1976, 411 f.): Die ›Umschreibung‹ wie auch die Durchstreichung sind der Dekonstruktion verwandte Strategien, welche die Eigendynamik und Performativität der Schrift gegenüber der Sprache betont – ›Sein‹/›Seyn‹ macht nur schriftbildlich oder in der Materialität der Schrift einen Unterschied, ebenso wie Derridas Schreibung des französischen Wortes ›différence‹ für Unterschied als ›différance‹ (vgl. 1988a). Für die negative Medientheorie von Mersch (2002a) insbesondere anschlussfähig ist dies aber auch, weil Heidegger mit der Durchstreichung des Wortes den Kern seiner (Seins-)Philosophie unausgesprochen sein lassen und im Unverfügbaren halten will. Eben dies ist ja die Empfehlung von Mersch für die Medientheorie: Der Verzicht auf das Wort ›Medium‹, an dessen Stelle die Phänomene der Medialität oder vielmehr ihr Entzug treten sollen. Das Medium zeigt sich nie, sondern vielmehr nur eine vielleicht unabschließbare Fülle heterogener Aspekte. Wie schon erwähnt, ist nach Mersch insbesondere die Kunst der Ort, an dem sich Medialität zeigen und entziehen kann.

Von Heidegger übernimmt Mersch dann auch den Begriff der ›Kluft‹ als deutsche Übersetzung von Differenz, womit zugleich auf das philosophische Problem des Anfangs verwiesen wird. Während für Heidegger die Philosophie mit und seit Platon an die Stelle des Anfangs oder Grundes des Seins immer nur etwas anderes gesetzt hat (wie Platon nach logozentristischer Art die ›Idee‹), so war gerade bei den Vorplatonikern ein Bewusstsein für die Abgründigkeit des Grundes vorhanden. Insbesondere Hesiod setzt an die Stelle einer Identifikation des Grundes mit Etwas selbst die Differenz als Chaos, was eben Klaffen oder Abgrund bedeutet, aber auch als Öffnung gelesen werden kann.

Wie schon eine negative Theorie von Adorno nicht um der Verneinung willen die Negation fokussiert, sondern um deren Aufhebung zu verhindern, so geht es auch im Falle der Kluft nicht darum, der angenommenen Grundlosigkeit den Vorrang zu geben, sondern darüber auf andere Formen der Beschreibung zu kommen und Reflexionsformen offenzulegen. Im Ausgang von Derrida ist dies in erster Linie die Spur (des Ereignisses). Für Derrida (1988b) hat das Denken (im Sinne) der Spur eine ethische Dimension, da damit die Überreste, wie etwa die Asche, in den Blick geraten. Zugleich räumt das Denken der Spur der Materialität einen Platz ein: Johns Flaggenbild ist als tachistisches Bild so nicht nur eine Reflexion auf den Popcharakter US-amerikanischer Politik, sondern unabhängig davon ein Bild, an dem sein Herstellungsprozess sichtbar wird.

Die jüngeren Arbeiten von Mersch gehen in unterschiedliche Richtungen: In der Bildtheorie liegt der Schwerpunkt vermehrt auf dem ›visuellen Denken‹ (vgl. Heßler/Mersch 2009) durch die Evokationen von Selbstreflexivität im Ikonischen; in der Medialitätsforschung bezieht er das Computerspiel mit ein und fragt nach der Vermittlungsform, wie sie bei interaktiven Medien sowohl aufgrund des Simulationsbildes als auch aufgrund der Entscheidungsstrukturen vorliegt (vgl. Mersch 2008b); medientheoretisch zieht er die Konsequenz aus der Negativität des Medialen für eine positive Beschreibung von Mediationsprozessen dadurch, dass er den Blick konsequent auf mediale Praktiken lenkt, die sich immer nur im Einzelfall – partiell und fragmentarisch – ›von innen‹ her beschreiben lassen, und in der Folge mit dem Begriff der ›medialen Praxis‹ Medialität und Performativität kurzschließt (vgl. Mersch 2010b).

Literatur

Adorno, Theodor W: Kulturkritik und Gesellschaft [1951]. In: Ders.: *Prismen. Kulturkritik und Gesellschaft.* Frankfurt a. M. 1955, 7–31.
Adorno, Theodor W.: *Negative Dialektik.* Frankfurt a. M. 1966.
Adorno, Theodor W.: *Ästhetische Theorie.* Frankfurt a. M. 1970.
Baudrillard, Jean: Requiem für die Medien. In: Ders.: *Kool Killer oder: Der Aufstand der Zeichen.* Berlin 1978, 83–118 (frz. 1972).
Derrida, Jacques: *Die Schrift und die Differenz.* Frankfurt a. M. 1972 (frz. 1967).
Derrida, Jacques: *Grammatologie* Frankfurt a. M. 1974 (frz. 1967).
Derrida, Jacques: Die différance [frz. 1968]. In: Ders.: *Randgänge der Philosophie.* Wien 1988a, 29–52.
Derrida, Jacques: *Feuer und Asche.* Berlin 1988b (frz. 1987).
Eco, Umberto: *Zeichen. Einführung in einen Begriff.* Frankfurt a. M. 1977 (it. 1973).
Engell, Lorenz: Medienphilosophie des Films. In: Mike Sandbothe/Ludwig Nagl (Hg.): *Systematische Medienphilosophie.* Berlin 2005, 283–296.
Heidegger, Martin: Zur Seinsfrage [1955]. In: Ders.: *Wegmarken.* Frankfurt a. M. 1976, 385–426.
Heidegger, Martin: *Beiträge zur Philosophie (Vom Ereignis).* Gesamtausgabe. Hg. von Friedrich-Wilhelm von Herrmann. Frankfurt a. M. 1989.
Heßler, Martina/Mersch, Dieter: Bildlogik oder Was heißt visuelles Denken? In: Dies. (Hg.): *Logik des Bildlichen. Zur Kritik der ikonischen Vernunft.* Bielefeld 2009, 8–62.
Kittler, Friedrich A. (Hg.): *Austreibung des Geistes aus den Geisteswissenschaften.* Paderborn u.a 1980.
Kittler, Friedrich A.: *Eine Kulturgeschichte der Kulturwissenschaft.* München ²2001.
Kittler, Friedrich A.: Schrift und Zahl. Die Geschichte des errechneten Bildes. In: Christa Maar/Hubert Burda (Hg.): *Iconic Turn. Die neue Macht der Bilder.* Köln 2004, 186–203.

Lacan, Jacques: *Die vier Grundbegriffe der Psychoanalyse. Das Seminar – Buch XI.* Olten/Freiburg i. Br. 1978 (frz. 1964).

Mersch, Dieter: *Umberto Eco zur Einführung.* Hamburg 1993.

Mersch, Dieter: *Was sich zeigt. Materialität, Präsenz, Ereignis.* München 2002a.

Mersch, Dieter: *Ereignis und Aura. Untersuchungen zu einer Ästhetik des Performativen.* Frankfurt a. M. 2002b.

Mersch, Dieter: *Kunst und Medium. Zwei Vorlesungen.* Kiel 2002c.

Mersch, Dieter: Negative Medialität. Derridas Différance und Heideggers Weg zur Sprache. In: *Journal Phänomenologie* 23 (2005), 14–22.

Mersch, Dieter: *Medientheorie zur Einführung.* Hamburg 2006a.

Mersch, Dieter: Mediale Paradoxa. Zum Verhältnis von Kunst und Medium. In: *Sic et non* 6/1 (2006b), http://www.sicetnon.org/index.php/sic/article/view/115/130 (04.01.2013).

Mersch, Dieter: Tertium datur. Einleitung in eine negative Medientheorie. In: Stefan Münker/Alexander Roesler (Hg.): *Was ist ein Medium?* Frankfurt a. M. 2008a, 304–321.

Mersch, Dieter: Logik und Medialität des Computerspiels. Eine medientheoretische Analyse. In: Jan Distelmeyer/Christine Hanke/Ders. (Hg.): *Game over!? Perspektiven des Computerspiels.* Bielefeld 2008b, 19–41.

Mersch, Dieter: *Posthermeneutik.* Berlin 2010a.

Mersch, Dieter: Meta/Dia. Zwei unterschiedliche Zugänge zum Medialen. In: *Zeitschrift für Medien- und Kulturforschung* 2 (2010b), 185–208.

Stephan Günzel

19. Medien und Kulturtechniken

Der Titel »Medien und Kulturtechniken« ist nicht so selbstverständlich, wie es auf den ersten Blick erscheinen mag. Forschungshistorisch ist es eher so, dass man die verbindende Konjunktion ›und‹ durch ein ›versus‹ ersetzen könnte – sowohl aus der Perspektive der Medien als auch aus der Perspektive der Kulturtechniken betrachtet. Was in den 1980er und 1990er Jahren in den Geistes- und Kulturwissenschaften unter dem Schlagwort der ›Medien‹ analysiert wurde, hatte meist eine »Austreibung des Geistes aus den Geisteswissenschaften« (Kittler 1980; s. Kap. II.13) zum Ziel. Es ging nicht nur um eine Rekontextualisierung der traditionellen Gegenstände der Geisteswissenschaften, die man der Geschichtswissenschaft, Kunstgeschichte, Literaturwissenschaft oder der Philosophie wegzunehmen gedachte, um sie auf dem Schauplatz der Medien neu aufzuführen (vgl. Siegert 2011, 96), sondern Kunst und Kultur sollten vor allem als durch Medien konstituiert, programmiert und kontrolliert gedacht werden. Was überhaupt als Kunst und Kultur sagbar und sichtbar werden konnte, musste den Flaschenhals der Medien passieren, die nicht bloß als Mittler von Botschaften, sondern als deren Ursache und eigentlicher Inhalt verstanden werden sollten. Aus dieser Perspektive betrachtet, gibt es historische Leitmedien, die je eigene Dispositive der Wahrnehmung und des Gebrauchs ausgebildet haben, deren Vorgaben die Medienrezeption der Benutzer oder sogar einer ganzen Epoche prägen. Demzufolge bestimmen nicht soziale oder kulturelle Praktiken den Gebrauch eines Mediums, sondern dessen technische Struktur. Im Anschluss an Marshall McLuhan, Vilém Flusser und andere Klassiker der Medientheorie wurden ›Inhalte‹ als Mittel zum Zweck der Medienverführung degradiert; das strategische Ziel von Unterhaltung – sei es als Buch, Hörspiel oder Film – bestand dementsprechend ganz alleine darin, Leute zu Lesern, Hörern und Zuschauern zu machen, sie also an Mediensysteme anzuschließen.

Kulturtechnikforschung verstand sich dagegen als einen pädagogischen Diskurs über als elementar klassifizierte soziokulturelle Praktiken (Lesen, Schreiben, Rechnen), die ganz ohne Medienanalyse auskamen und den sogenannten ›Menschen‹ als Ausgangs- und Endpunkt von Erziehung begriffen. Wenn Medien im pädagogischen und didaktischen Kontext der traditionellen Kulturtechnikforschung überhaupt vorkamen, dann ging es in der Regel um

Abweichungen einer medialen von einer primären Wirklichkeit und um die medienkritische Wertung dieser beiden Wirklichkeiten. Der Unterschied, den die Medien machen, wurde ganz selbstverständlich als Verlust beschrieben. ›Reduzierung‹, ›Sondierung‹ oder ›Deformation‹ der Primärerfahrung sind zum Beispiel typische Redewendungen für die negative Rolle der Medien in der traditionellen medienpädagogischen Forschung, in der es im Regelfall zu einer Verfallsgeschichte des Wirklichen und einer Hierarchisierung verschiedener Realitäten kommt (vgl. Doelker 1989, 70 ff.). Technische Medien erscheinen aus dieser Perspektive als sekundäre Medien, die sich an den scheinbar primären Medien – der Sprache und der sinnlichen Wahrnehmung – anlagern und diese potentiell verzerren.

Im aktuellen medienkulturwissenschaftlichen Diskurs bezeichnen ›Kulturtechniken‹ dagegen Praktiken und Verfahren der Erzeugung von Kultur, die an der Schnittstelle von Geistes- und Technikwissenschaften ansetzen und als Bedingung der Möglichkeit von Kultur überhaupt begriffen werden. Die in diesem Rahmen entwickelten Ansätze gehen weit über die geläufige Rede von den elementaren Kulturtechniken (Lesen, Schreiben, Rechnen) hinaus, da in erster Linie die historische Genealogie und operative Logik von Kulturtechniken im Zentrum der Forschung stehen. Erst in dieser aktuellen Neuorientierung der Forschung werden Medien und Kulturtechniken nicht mehr getrennt, sondern zusammen gedacht. Mit dem Hermann von Helmholtz-Zentrum für Kulturtechnik an der Humboldt-Universität zu Berlin, dem Internationalen Kolleg für Kulturtechnikforschung und Medienphilosophie (IKKM) an der Bauhaus-Universität Weimar sowie einigen Lehrstühlen mit entsprechender Nomination ist diese neue Kulturtechnikforschung mittlerweile institutionalisiert worden. Eine Schriftenreihe »Kulturtechnik« (Wilhelm Fink Verlag), eine Schriftenreihe »Daidalia – Studien und Materialien zur Geschichte und Theorie der Kulturtechniken« (diaphanes Verlag), die in der Folge dieser Institutionalisierung entstanden sind, veröffentlichen erste Ergebnisse. Kurz gefasst, verspricht ein erweiterter Begriff von Kulturtechniken eine reflexive Rückbesinnung auf Praktiken, aus denen die technischen Apparate, Instrumente und Artefakte der Kultur hervorgegangen sind. Nicht nur lassen sich Schriften, Bilder und Zahlen auf die Basisoperationen Schreiben, Zeichnen und Rechnen zurückführen, sondern ganz allgemein lässt sich festhalten, dass Medien und Künste späte Manifestationen kulturel-

ler Techniken sind. Kulturtechniken sind stets älter als die Artefakte und Abstraktionsleistungen, die aus ihnen hervorgehen (vgl. Macho 2003, 179).

Körpertechnik bei Marcel Mauss

Solche Einsichten der Kulturtechnikforschung rekurrieren explizit oder implizit immer wieder auf einen Vortrag über die »Techniken des Körpers«, den der Soziologe und Ethnologe Marcel Mauss am 17.05.1934 vor der Société de Psychologie gehalten hat. Der Begriff selbst wird in dem kurzen Vortrag allerdings gar nicht erwähnt, Mauss spricht ausschließlich über Körpertechniken, die der Ursprung aller Technik sein sollen: »Vor den Techniken mit Instrumenten steht die Gesamtheit der Techniken des Körpers« (Mauss 1989, 206). Ob die Körpertechniken unter die Kulturtechniken subsumiert oder umgekehrt die Kulturtechniken aus den Techniken des Körpers abgeleitet werden können, ist immer noch eine zentrale und umstrittene Frage für die aktuelle Kulturtechnikforschung, denn der Technik- und Medienbegriff ist davon direkt betroffen. Sollen Kulturtechniken primär als ein körperlich habitualisiertes Können aufgefasst werden, eventuell unterstützt von Werkzeugen und Instrumenten, die dann als Ausweitungen dieser Körpertechniken erscheinen, oder handelt es sich primär um Medientechniken, die immer neue Medien- und Kulturinnovationen erzeugen?

Ein erster Hinweis, dass der Mensch bei Mauss nicht das Maß aller Dinge ist, lässt sich aus der Beobachtung gewinnen, dass der Begriff ›Körpertechnik‹ bei Mauss dezidiert nicht im Kontext einer allgemeinen oder historischen Anthropologie eingeführt wird. Ganz im Gegenteil erzählt er stattdessen von Techniken der Jagd, der Körperpflege, der Fortpflanzung, der Adoleszenz, der Geburtshilfe, des Gehens und anderer Bewegungsformen, die primär durch Medien und kulturelle Kommunikation vermittelt sind. Es lassen sich aber gleichwohl vier allgemeine Grundsätze festhalten, die auch noch für die aktuelle Diskussion über Kulturtechniken entscheidend sind:

- Erstens sind Körpertechniken das »erste und natürlichste Instrument des Menschen« (Mauss 1989, 206), d.h. sie gehen den technischen Medien und Artefakten voran.
- Zweitens ist jede Technik des Körpers »eine traditionelle, wirksame Handlung«, es »gibt keine Technik und keine Überlieferung, wenn es keine Tradition gibt« (ebd., 205).

- Drittens sind Körpertechniken selbstreflexiv, so dass »der Handelnde sie als eine Handlung mechanisch-physischer oder physisch-chemischer Ordnung wahrnimmt und sie zu diesem Zwecke durchführt« (ebd., 205).
- Viertens sind Körpertechniken durch technische Medien und Erziehung vermittelt; die Nachahmung von Handlungen ist dagegen eindeutig sekundär.

Diese Umwertung der gewöhnlichen Hinsicht – wonach die Nachahmung dem Menschen angeboren sei, ihn von den übrigen Lebewesen unterscheide und er seine Kultur demnach durch Nachahmung erwerbe – wird durch eine Anekdote motiviert, die zwischen Hollywood und Paris angesiedelt ist. Marcel Mauss beobachtet auf den Pariser Boulevards, dass viele junge Französinnen ihre Gangart der Gangart von amerikanischen Filmschauspielerinnen angeglichen haben: »Dies war ein Gedanke, den ich verallgemeinern konnte. [...] Kurz gesagt, vielleicht gibt es beim Erwachsenen gar keine ›natürliche Art‹ zu gehen« (ebd., 203).

Körpertechnik und technische Medien

Es ist offenbar nicht so leicht zu entscheiden, ob Körpertechniken durch Medien vermittelt sind oder umgekehrt. Sicher ist nur, dass technische Medien und Körpertechniken in der Praxis untrennbar verschmolzen sind, denn erst deren Verbindung ermöglicht Handlungsmacht und Wirksamkeit. Körpertechniken sind daher nicht in eine teleologische Mediengeschichtsschreibung integrierbar, die von Fortschritt, Optimierung und Erfolg einer Technologie handelt (etwa: Rechnen → Kalkül → Computer), denn es geht der Kulturtechnikforschung nicht um die Verlängerung, Übersetzung oder Einbettung von Körpertechniken in Maschinen und Werkzeuge, sondern um die Beobachtung von zyklischen Übersetzungsketten zwischen Zeichen, Personen und Dingen. ›Technik‹ oder ›technisch‹ meint in diesem Sinne also eine je spezifische Art der Delegation (Verschiebung und Verteilung von Handlungsmacht), die nicht einfach nur auf ein technisches Medium verweist oder darin aufgeht, sondern eine Verkettung von Handlungen mit Macht und Wissen darstellt, die kulturschaffend wirksam ist.

Im Anschluss an Marcel Mauss ist daher eine »medienanthropologische Kehre« der Kulturtechnikforschung eingefordert worden (Schüttpelz 2006, 90), die eine ethnologische und medienanthropologische Begründung ihrer Gegenstände anstrebt und im Unterschied zu mediendeterministischen Positionen von der Priorität rekursiver Operationsketten vor den durch sie gestalteten Größen ausgeht. Gegen eine eurozentrische Medien- und Kulturgeschichtsschreibung soll unter Rückgriff auf Mauss, Bronislaw Malinowski, Claude Lévi-Strauss und andere Ethnologen das Differenz- und Dependenzverhältnis von Kulturen, Medien und Techniken genauer untersucht werden. Diese ›Kehre‹ ist also ganz explizit kein Rückschritt zu Theorien, die Medien als Auslagerung oder Extension ursprünglicher Körpertechniken denken, sondern ganz im Gegenteil sollen Kulturtechniken als rekursive Operationen verstanden werden, die weder auf den menschlichen Körper beschränkt sind noch zwingend daraus abgeleitet werden müssen. Bernhard Siegert gibt dafür ein einfaches Beispiel: Die Kulturtechnik des Kochens ist nicht aus einer Körpertechnik ableitbar, denn ohne Kochtopf kann man nicht kochen. Ein Kochtopf ist keine Ausweitung des Menschen, z. B. der hohlen Hand, sondern eine technische Hervorbringung, die es in der Natur nicht gibt und daher auch nicht durch Nachahmung angeeignet werden kann (vgl. Siegert 2011, 99 f.). Löffel, Töpfe, Krüge und Schalen sind Werke der Techné, nicht der Mimesis. Mediale Ausweitungen des Menschen in seine Umwelt geschehen also nicht einseitig und linear, sondern wechselseitig und rekursiv in einer zyklischen Vermittlung zwischen Zeichen, Personen und Dingen.

Die neue Kulturtechnikforschung betreibt eine posthumanistische und dezidiert antihermeneutisch geprägte Analyse kultureller Praktiken, die nichtmenschliche Handlungsmacht ins Zentrum der Aufmerksamkeit rückt. Dabei sind die Momente der Überlieferung, Traditionsbildung und Disziplinierung, die bereits Marcel Mauss betont, zentral für eine medienwissenschaftliche Forschung, die Kulturtechniken nicht mehr aus einer Evolution von Körpertechniken ableitet, sondern als das historische Apriori jeder Medien- und Kulturgeschichte begreift. Medien- und Kulturgeschichten sind also immer auch und zuerst Kulturtechnikgeschichten.

Schreiben als Kulturtechnik

Am Beispiel des Schreibens und der Schrift im weitesten Sinne lässt sich der Unterschied zwischen traditionellen Ansätzen und der neuen Forschungsperspektive besonders gut zeigen. Im Anschluss an die Arbeiten der Toronto School of Communication sowie Jacques Derridas Grammatologie sind bereits einige grundlegende Studien zum Verständnis der Schrift als einer Kulturtechnik im medienwissenschaftlichen Sinne entstanden, die zeigen, dass die phonetische Schrift nur einen sehr begrenzten Bereich der Schrift ausmacht und deren Begriff daher nicht auf Buchstabenschriften beschränkt werden darf. Insbesondere die grafisch-visuellen Dimensionen und die Performanz der Schrift werden in einem phonetischen Schriftverständnis, das auf die Vermittlung von gesprochener Sprache fixiert ist, unterschlagen. Während die phonetische Schrift traditionell als eine einfache und lineare Form von Repräsentation aufgefasst wird, ist Schreiben eine Kulturtechnik, die ein rekursives Netzwerk sichtbar werden lässt, in dem derjenige, der schreibt, und dasjenige, was aufgeschrieben wird, nicht immer schon gegeben sind, sondern sich allererst konstituieren. Die Zweidimensionalität der phonetischen Schrift fungiert nicht als bloßes Abbild von gesprochener Sprache, sondern bringt auch eine eigene Realität (Diskursoperatoren, formale Gliederungsebenen der Argumentation usw.) zur Darstellung, die nur buchstäblich existiert und mündlich nicht gegeben ist (vgl. Krämer 2003). Unter der Perspektive einer Kulturtechnik des Schreibens und der Schrift werden daher vor allem operationale Schriften wie Karten, Kataloge und Kalküle untersucht. Das sind Schriften, deren besondere Effektivität auf dem inneren Bezug beruht, den sie zu ihrem materiellen Zeichenträger unterhalten, und die aus diesem Grund stets mit einem gewissen Grad an Selbsttätigkeit ausgestattet sind (vgl. Siegert 2001). Die Kulturtechnik operationalen Schreibens ist dadurch gekennzeichnet, dass in ihr Darstellen und Herstellen zusammenfallen. Das Repräsentierte wird nicht einfach bloß abgebildet, sondern im Medium der Schrift hervorgebracht und manchmal sogar ausgeführt (Computerprogramme).

Potentiale und Probleme

Neben den sogenannten elementaren Kulturtechniken Lesen und Schreiben – deren Grund und Ziel traditionell in einer Selbst- und Bildungstätigkeit des Subjekts gesehen wurde – sind auch kulturprägende Bild- und Zahltechniken im Fokus der Aufmerksamkeit. Bauen, Entwerfen, Modellieren, Sammeln, Zählen, Zeichnen oder auch die Kalender- und Zeit-

rechnung sind nur eine kleine Auswahl aus den vielen möglichen Themen der Kulturtechnikforschung (vgl. die Artikel in Krämer/Bredekamp 2003). Diese Vielfalt der möglichen Gegenstände erscheint zugleich als programmatische Stärke und Schwäche. Viele Problemstellungen und Gegenstände, die bisher von der geisteswissenschaftlichen Forschung ausgeschlossen waren, werden jetzt zwar integriert; aber gerade weil es bisher keine allgemeine Fassung, keine verbindliche Theorie oder Programmatik der Kulturtechnikforschung gibt, ist die kulturtechnische Perspektive als eine scheinbar universalisierbare Hinsicht der Beobachtung einsetzbar, die nicht immer über eine ausreichende Schärfe und Genauigkeit in ihren Unterscheidungen verfügt. Auch fehlt es an Gegenbegriffen, d. h. es fällt schwer zu sagen, welche Prozesse und Tätigkeiten dezidiert nicht als Kulturtechniken zu begreifen sind. Das Konzept der Kulturtechnik kann daher als ein vielversprechendes, aber noch unterbestimmtes Kompositum angesehen werden. Sicher ist nur, dass es kulturtechnisches Handeln ohne technische oder symbolische Medien nicht geben kann. Die Betonung der Begriffe ›Rekursion‹, ›Wiederholung‹, ›Zirkularität‹ oder auch ›Selbstreferenz‹ in Bezug auf die Operationsweisen von Kulturtechniken legt außerdem nahe, dass sie ein Selbstverhältnis etablieren, das als Technik der Kultur und nicht als Kultur der Technik, des Körpers oder des Sozialen erscheint. Daher meint der Begriff im engeren Sinne keine beliebige Vielfalt von Techniken, die in einer Kultur gebraucht werden, sondern allein jene Techniken, mit deren Hilfe Kultur sich selbst als Kultur begreift (vgl. Macho 2008, 99 f.). Nicht alle Techniken sind daher Kulturtechniken, wie Erhard Schüttpelz behauptet (vgl. Schüttpelz 2006, 90), denn sonst könnte auch ganz einfach nur von ›Technik‹ oder ›Techniken‹ die Rede sein, das Kompositum (Kultur/Technik) wäre überflüssig.

Kontur gewinnen könnte das Konzept durch die Beobachtung von historischen Diskursen sowie aktuellen Redeweisen über Kulturtechnik, wobei der jeweils unterschiedliche Einsatz und die Relation der drei Begriffe ›Technik‹, ›Medium‹ und ›Kultur‹ von besonderem Interesse sind. Hierzu gibt es erste Ansätze in der Akteur-Netzwerk-Theorie (ANT), durch deren Konzepte die Kulturtechnikforschung erweitert werden kann (vgl. Belliger/Krieger 2006; s. Kap. II.15). Diese Erweiterung zielt auf eine allgemeine Theorie der Kulturtechniken als Theorie rekursiver Operationsketten. In einer solchen Theorie kann die Beziehung zwischen Personen, Dingen, Zeichen und Medien neu positioniert werden. Nicht nur Techniken und Systeme, sondern auch Personen (Akteure) und Artefakte (Aktanten) werden als Netzwerke konzipiert, die wiederum Effekte von Operationen sind, die aneinander anschließen, aufeinander aufbauen und auf sich selbst zurückkommen können. Die Bedeutung solcher vermittelter Operationsketten beinhaltet auch die rekursive Anwendung der Operation auf Resultate der Operation, d. h. die Wiedereinführung einer Unterscheidung in den Bereich, den sie zu unterscheiden erlaubt. In dieser Sichtweise erscheinen kulturelle Artefakte und Akteure nicht mehr als ontologische Entitäten, die auch unabhängig von Netzwerken und Operationsketten existieren würden, sondern ganz im Gegenteil werden Gegenstände, denen in der kulturellen Kommunikation ein Subjekt- oder Objektstatus zugesprochen wird, erst durch Kulturtechniken konstituiert, und diese bestehen nicht aus einer einzelnen Handlung oder Aktion, sondern aus einer ganzen Kette von Operationen, in die wiederum menschliche und nichtmenschliche Akteure verstrickt sind.

In solchen Operationsketten wird weder dem Kulturellen noch dem Technischen ein Vorrang eingeräumt, sondern erst deren Interaktion erlaubt die in den Geistes- und Kulturwissenschaften so verbreitete wie missverständliche Rede von sozialen oder kulturellen Praktiken, die dann nicht mehr länger als primär rituelle oder symbolische Praktiken jenseits von Technik und Medien begriffen werden können. In der Terminologie der ANT sind Kulturtechniken also Operationen, die als Netzwerke verteilter Handlungsmacht beschrieben werden und an denen menschliche und nichtmenschliche Akteure beteiligt sind. Eine so konzipierte allgemeine Fassung behauptet nichts weniger als das Apriori von Operationsketten vor den durch sie erzeugten Dingen, Personen und Artefakten. Einem solchen Verständnis von Kulturtechniken geht es erkennbar nicht mehr um die Vermittlung von Medienkompetenz, Hochkultur oder humanistischer Bildung, sondern um die historisch je unterschiedliche Konstitution von Kultur durch Techniken und Medien.

Literatur

Belliger, Andréa/Krieger, David J. (Hg.): ANThology. Ein einführendes Handbuch zur Akteur-Netzwerk-Theorie. Bielefeld 2006.

Doelker, Christian: Kulturtechnik Fernsehen. Analyse eines Mediums. Stuttgart 1989.

Kittler, Friedrich A. (Hg.): Austreibung des Geistes aus den Geisteswissenschaften. Programme des Poststrukturalismus. Paderborn/Wien/Zürich 1980.

Krämer, Sybille: Schriftbildlichkeit oder: Über eine fast vergessene Dimension der Schrift. In: Krämer/Bredekamp 2003, 157–176.

Krämer, Sybille/Bredekamp, Horst (Hg.): Bild, Schrift, Zahl. München 2003.

Macho, Thomas: Zeit und Zahl. Kalender- und Zeitrechnung als Kulturtechniken. In: Krämer/Bredekamp 2003, 179–192.

Macho, Thomas: Tiere zweiter Ordnung. Kulturtechniken der Identität und Identifikation. In: Dirk Baecker/Matthias Kettner/Dirk Rustemeyer (Hg.): Über Kultur. Theorie und Praxis der Kulturreflexion. Bielefeld 2008, 99–118.

Mauss, Marcel: Die Techniken des Körpers [1934]. In: Ders.: Soziologie und Anthropologie, Bd. 2. Frankfurt a. M. 1989, 197–220.

Schüttpelz, Erhard: Die medienanthropologische Kehre der Kulturtechniken. In: Archiv für Mediengeschichte – Kulturgeschichte als Mediengeschichte (oder vice versa?). Weimar 2006, 87–110.

Siegert, Bernhard: Kakographie oder Kommunikation? Verhältnisse zwischen Kulturtechnik und Parasitentum. In: Archiv für Mediengeschichte – Mediale Historiographien. Weimar 2001, 87–99.

Siegert, Bernhard: Kulturtechnik. In: Harun Maye/Leander Scholz (Hg.): Einführung in die Kulturwissenschaft. München 2011, 95–118.

Zeitschrift für Medien- und Kulturforschung 1 (2010), Schwerpunkt: Kulturtechnik.

Harun Maye

20. Modelle des Medienwandels und der Mediengeschichtsschreibung

Unter ›Mediengeschichte‹ lässt sich allgemein der Versuch verstehen, Innovationen, welche die Mittel der Kommunikation betreffen, im Hinblick auf deren zeitliches Auftreten innerhalb einer Geschichte der Menschheit zu gewichten und zu beschreiben. Dabei ist der Gedanke einer Geschichte und Geschichtlichkeit der Medien selbst jüngeren Datums, da er sich wirkmächtig erst anhand der neueren, technisch-apparativen Medien (Massenmedien) ausprägt (vgl. Hickethier 2004; Kittler 1993; zur Rolle der Medien in der Geschichtswissenschaft s. Kap. IV.6). Die Fragen nach der Geschichtlichkeit der Medien und ihres Wandels hat in den letzten Jahren größere Forschungsanstrengungen hervorgebracht, so z. B. das Graduiertenkolleg »Mediale Historiographien« an der Bauhaus-Universität Weimar (2005–2013) oder das Forschungskolleg »Medienumbrüche« an der Universität Siegen (2002–2009).

Historisch ist es Marshall McLuhan, der, aufbauend vor allem auf Harold Innis' Arbeiten (s. Kap. II.4), erstmals nachhaltig nach einer Geschichte der Medien fragt bzw. diese in *Die magischen Kanäle/ Understanding Media* (1994) konzipiert. Zuvor schon hatten etwa Walter Benjamin in seinem Aufsatz über das »Kunstwerk im Zeitalter seiner technischen Reproduzierbarkeit« (1939) oder auch Wolfgang Riepl (1913) mit dem Versuch, ein ›Grundgesetz‹ des Medienwandels zu formulieren, erste, noch skizzenhafte Ansätze zu einer übergreifenden Historiographie der Medien geliefert.

Von da aus ist die Geschichte der Medien oder die des sie betreffenden Wandels in äußerst vielfältiger Form erzählt worden. Es gibt kürzere und ausführliche Historiographien einzelner Medien/-techniken (etwa: Schrift, Druck, Film, Radio, Fernsehen, WWW), Medienformate (etwa: optische oder akustische Medien), Medienprodukte und -institutionen (etwa: Plakat, Buch, Kino, Sendeanstalten), verschiedener Medienepochen (etwa: ›Gutenberg-Galaxis‹, ›Massenmedien‹, ›digitales Zeitalter‹ oder auch ›von der Oralität zur Literalität‹, s. Kap. II.4) und Programme (vgl. Hickethier 1986) sowie auch unterschiedliche Projekte, die Geschichte der Medien insgesamt – von den Anfängen in der Antike oder davor bis zum Computer – zu rekonstruieren. Dazu kommen auch außerhalb der Medienwissenschaften (Auto-)Biographien, in denen Erfinder, Regisseure, Manager als Konstrukteure oder Medienmacher gewürdigt und damit zugleich die Geschichte (oder Teile davon) ›ihres‹ Mediums erzählt wird.

Diese differenten Weisen der Darstellung basieren auf verschiedenen ›Modellen‹, die als Möglichkeiten einer »Bewertung der Wichtigkeit« (Kuhn 1976, 196) einzelner Daten bzw. Datenlagen solche Darstellungen jeweils motivieren und organisieren (vgl. Faßler/Halbach 1998, 22 f.). Die Modelle entscheiden, welche Daten überhaupt in den Blick genommen werden (z. B. nur technische Entwicklungen oder auch soziale Vorkommnisse) und wie sie verknüpft werden – wird die Geschichte als eher kontinuierlicher, ›evolutionärer‹ Ablauf oder punktiert durch radikale Einschnitte dargestellt? Ein Beispiel dafür findet sich bei Vilém Flusser (1996, 10), der ganz explizit formuliert: »Das Modell ist eine aus fünf Stufen bestehende Leiter. Die Menschheit ist diese Leiter Schritt für Schritt aus dem Konkreten hinaus in immer höhere Abstraktionen emporgeklommen«. Nach seinem Modell kommen zuerst dreidimensionale (z. B. Skulpturen), dann zweidimensionale (Bilder), dann eindimensionale (Schrift – diese wird entlang einer Linie geschrieben) und schließlich null-dimensionale (Zahl, d. h. computergenerierte Daten) Medien. Dieses Modell organisiert die Daten so, dass eine Geschichte zunehmender medialer Abstraktion entsteht. Dabei steht manchmal explizit, manchmal implizit die Frage im Raum, ob es gewissermaßen ›Gesetze‹ gibt, nach denen der Medienwandel immer wieder auf ähnliche Weise verläuft.

Eines der ältesten Beispiele für die Formulierung eines solchen Gesetzes wurde bereits erwähnt. So konstatiert Riepls

> »*Grundgesetz der Entwicklung des Nachrichtenwesens*, daß die einfachsten Mittel, Formen und Methoden, wenn sie nur einmal eingebürgert und brauchbar befunden worden sind, auch von den […] höchst entwickelten niemals wieder gänzlich und dauernd verdrängt und außer Gebrauch gesetzt werden können, sondern sich neben diesen erhalten, nur daß sie genötigt werden, andere Aufgaben und Verwertungsgebiete aufzusuchen« (1913, 5; Herv. i. O.).

Somit laufen der Medienwandel und die sich dadurch ergebende Medienkonkurrenz keineswegs auf einen Verdrängungswettbewerb hinaus: Medien, deren Nutzen sich erwiesen hat, werden durch neue technische Errungenschaften nicht ausgelöscht, sondern erfahren eine Verschiebung und Neubewertung, mit denen sie sich weiter behaupten können. In diesem Sinne hat z. B. der Aufstieg des Fernsehens gerade nicht zum Aussterben des Kinos, sondern dazu geführt, dass Letzteres sich auf seinen Event-Charakter sowie seine besonderen Möglichkeiten der Aufführung (Großbildleinwand, Beschallung) hin orientierte. An diesem ersten Beispiel für die Annahme eines historischen Gesetzes ist zweierlei interessant. Erstens zeigt sich, dass die Denkfigur Riepls später wieder aufgegriffen wurde. Sie taucht explizit in der Medienarchäologie Kittlers (s. u.) wieder auf, wenn dieser bemerkt: »Neue Medien machen alte nicht obsolet, sie weisen ihnen andere Systemplätze zu« (1993, 178). Annahmen über Gesetzmäßigkeiten werden also offenbar in verschiedener Gestalt immer wieder aufgegriffen. Zweitens kann es zum Konflikt zwischen den postulierten Gesetzen und der Datenlage kommen. Obwohl Riepls Gesetz im oben genannten Fall von Film und Fernsehen plausibel erscheint, ist es auch umstritten, insofern sich innerhalb der Mediengeschichte vielfach Beispiele des Aussterbens bzw. der Verdrängung alter Medien durch neue anführen lassen (vgl. http://www.deadmedia.org/): So sind etwa mit der Einführung digitaler Medien die Ton- oder Videokassetten fast völlig vom Markt verschwunden, d. h. es lassen sich auch Daten finden, die das Gesetz ›falsifizieren‹. In dieser Spannung zwischen Datenlage und Modellierung operieren im Grunde alle medienhistorischen Modelle. Es kristallisieren sich sechs Schwerpunkte bzw. einflussreiche Modelle einer Historiographie der Medien oder des -wandels heraus (für einen anderen Strukturierungsvorschlag vgl. Fohrmann 2004, 12–16):

- Modelle, die versuchen möglichst nah an den Daten die Mediengeschichte in Form von Chroniken darzustellen und so die Orientierung an Modellen weitgehend zurückzunehmen;
- Modelle, die Mediengeschichte als sukzessive Ausweitung des Menschen betrachten;
- Modelle, die unter (mehr oder weniger freien) Rückgriff auf evolutionstheoretische Termini operieren und dabei die ›Gesellschaft‹ zum entscheidenden Faktor erheben;
- Modelle, die umgekehrt eine technische Eskalation in den Mittelpunkt rücken (Medienarchäologie);
- Modelle, die den Diskursen über Medien eine entscheidende Rolle zusprechen und schließlich
- Ansätze, die zwischen verschiedenen Modellen zu vermitteln suchen (u. a. ›Medienumbrüche‹).

Dabei liegt der Fokus der Darstellung auf dem deutschen Sprachraum, bezieht aber internationale Positionen mit ein. Im Fazit wird ein Ausblick auf die noch zu entwickelnde globale Öffnung der Mediengeschichte gegeben.

Chronik(en)

Im Rahmen einer Chronik tritt Geschichtsschreibung gewöhnlich als sukzessive ›Kette von Begebenheiten‹ (Benjamin) auf, die sich, von den Anfängen ausgehend, Stück für Stück in die Gegenwart hinein verlängert: In dieser Hinsicht orientiert sich die Chronik der Mediengeschichte zunächst anhand einer Datenlage, deren Korpus beispielsweise Erfindungen, Techniken und Medienprodukte sowie medienspezifische Formate oder ebensolche Institutionen umfasst. In ihrer konzentriertesten Form kann eine solche Übersicht die Form einer chronologischen Präsentation medientechnischer Innovationen ohne übergreifend-deutenden Kommentar annehmen. Ein Beispiel dafür ist die *Große Medienchronik* (1999), die Hans H. Hiebel u. a. vorgelegt haben. Dort unterscheiden die Autoren konsequent zwischen einzelnen Medien und -formaten (von der Schrift bis zum WWW), um deren historisch relevante Daten entlang dieser Trennungslinien und gemäß ihrer zeitlichen Abfolge zu staffeln. Ähnliches gilt für tabellarische oder lexikalische Aufarbeitungen der Mediengeschichte (vgl. Faulstich/Rückert 1993; Schanze 2002).

Solche Darstellungen folgen dem (positivistischen) Modell, möglichst modellfrei zu erscheinen – und die Daten gleichsam nur ›nackt‹ aufzuzählen. Dieses Modell der Chronik ist aber keineswegs neutral: Es zeigt beim Blick in die Geschichte, dass es eine Veränderung gegeben hat, die auf dem Zeitpfeil als ›Fortschritt‹ erscheint. Es lässt die Gegenwart als fortschrittlichste aller Zeiten sowie als den Punkt erscheinen, der, da er den Gipfel der Entwicklung markiert, als Basis zur Einschätzung auch zukünftiger Realitäten heranzuziehen ist. Allerdings ermöglichen Chroniken ihren weiteren Ausbau hin zu stärker problemorientierten, über die reine Datensammlung hinausgehenden Darstellungen.

Eine solche erweiterte Form der Chronik bietet etwa das *Handbuch der Mediengeschichte* (Schanze 2001a), dessen historischer Teil die Geschichte einzelner (Leit-)Medien gleichfalls strikt chronologisch erzählt. Ergänzt werden diese Übersichten durch eine »integrale Mediengeschichte« (Schanze 2001b), die zum einen beabsichtigt, die Ausblicke auf einzelne Medienfelder in ihrer zeitlichen Anordnung zu einer Übersicht zu verdichten, zum anderen aber auch Wechselwirkungen zwischen den Feldern sichtbar machen möchte, welche die Entwicklung von Medien gleichfalls kennzeichnen. Insofern damit neben der Historie eines Fortschritts auch Geschichten des Verfalls und/oder des Verschwindens von Medien und Medienpraktiken zur Diskussion stehen, erfährt das – jedoch weiterhin dominierende – Modell der Chronik eine Erweiterung durch eine mehrschichtige Darstellung.

Andere Formate einer systematischen Ausweitung, Bereicherung oder Zuspitzung chronologisch organisierter Mediengeschichte finden sich beispielsweise in Werner Faulstichs mehrbändiger *Geschichte der Medien* (1996 ff.) oder Jürgen Wilkes *Grundzüge der Medien- und Kommunikationsgeschichte* (2000). Während Faulstich das Konzept einer Medienkulturgeschichte (von der Antike bis heute) verfolgt, die Medien einerseits im Hinweis auf deren Zusammenspiel im Rahmen von Mediensystemen begreift, andererseits die Absicht verfolgt, Medien als Mittel vor allem der Gestaltung auszuweisen, die das Soziale, in das sie sich einschalten, massiv prägen, ist Wilke primär daran interessiert, Mediengeschichte anhand des Stichworts der ›Massenkommunikation‹ zu rekonstruieren. So besteht die Leistung seiner Chronik darin, den derart angelegten Maßstab auf seine Vor- und Frühgeschichte sowie dessen Zukunft hin zu befragen, d. h. ihn sowohl in den Ausprägungen der öffentlichen Kommunikation in der Antike oder des Mittelalters wiederzufinden als ihn auch im Zeitalter moderner und modernster Medien am Werk zu sehen.

Auch wenn sich das Modell der Chronik auf solche Weisen modifizieren, variieren oder strukturell erweitern lässt, so scheint doch, dass sich ein roter Faden als Entwicklung der Vergangenheit zu immer komplexeren Verhältnissen ausmachen lässt, der Anfang und Ende linear miteinander verknüpft. Bei allem möglichen Detailreichtum, aller möglichen Ausführlichkeit der Darstellung wird den Brüchen, Bruchstücken, Wucherungen, Fehlleistungen und Zufälligkeiten des medialen Wandels ein eher untergeordneter Platz zugewiesen. Jedoch könnte es sinnvoll sein, David Bloors (1976) wissenschaftstheoretisches Symmetrieprinzip (s. Kap. IV.26), nach dem sowohl die Fehler und Irrtümer als auch die wahren Erkenntnisse mit denselben Begrifflichkeiten beschrieben werden sollten, auch auf die Mediengeschichte anzuwenden. Das hieße, auch marginale, randständige, vergessene, gescheiterte Entwicklungen gleichrangig neben den erfolgreichen Entwicklungen darzustellen (vgl. Schüttpelz 2013, 25–32).

Geschichte technischer ›Ausweitungen‹ des Menschen

Die anfänglich kurz genannte Position von McLuhan kann als Beispiel dienen für eine Mediengeschichte, die diese im Rückgriff auf ältere Vorstellungen von Technik als Organersatz (basierend auf den Überlegungen Ernst Kapps) als fortschreitende Externalisierung von menschlichen Fähigkeiten beschreibt (s. Kap. IV.3). McLuhan (1994, 74) schreibt ausdrücklich, dass Medien »Ausweitungen unserer selbst« sind: Die Gliederung des zweiten Teils von *Understanding Media* (dt. *Die magischen Kanäle*) zählt eine ganze Reihe von Medien (jedenfalls in McLuhans Sinn) auf, beginnend mit gesprochener Sprache, Schrift, Straßen, Zahlen, Kleidung und Behausungen und endet mit der Automation. Obwohl nicht streng systematisch, scheint eine Art Chronik der Erweiterung des Menschen vorzuliegen – die in der Externalisierung des Gehirns als des höchstentwickelten Organs endet: »Mit dem Aufkommen der Elektrotechnik«, pointiert er, »schuf der Mensch ein naturgetreues Modell seines eigenen Zentralnervensystems, das er erweiterte und nach außen verlegte« (ebd., 76).

In diesem Sinne erscheinen Medien als Technologien, welche die Menschen vor allem entlasten: Wo früher z. B. aufwändige und langwierige Reisen oder Botengänge zu erledigen waren, überbrückt aktuell ein Telefon oder eine E-Mail leicht und schnell auch größte Entfernungen. Doch, so problematisiert McLuhan, gibt der Mensch sich, wenn er sich als omnipotenter Schöpfer solcher Errungenschaften und Fortschritte wähnt, einem narzisstischen Trugbild hin: Er übersieht die »Selbstamputation«, die mit Medien – »von der Sprache bis zum Computer« – einhergeht (ebd., 77): Medien erleichtern das Leben der Menschen, tendieren aber zugleich dazu, ihr Dasein fortschreitend zu überlagern. Was demnach schon Platons Schriftkritik beargwöhnt, nämlich dass die Schrift dazu tendiere, sich selbständig zu machen und dann an die Stelle des menschlichen Gedächtnisses zu treten, welches dadurch überflüssig wird, findet in den neuen/neuesten Medien seine ebenso zugespitzte wie radikale Einlösung: »Das Medienzeitalter macht […] unentscheidbar, wer Mensch und wer Maschine […] ist« (Kittler 1986, 219).

Evolution der Medien

Hier steht ein Modell und Ordnungsprinzip im Hintergrund, das sich gemeinhin mit der Geschichte der Entfaltung des Lebens auf der Erde verkoppelt. Dabei steht der Begriff ›Evolution‹ weiter dafür ein, dass diese Entwicklung keineswegs regellos oder zufällig verlief, da in ihr bestimmte Prinzipien erkannt werden können. Zwei solcher Prinzipien findet die Theorie der Evolution in den Mechanismen der Variation und Selektion (gelegentlich ergänzt um Stabilisierung), mit denen sich einerseits die große Vielfalt (Ausdifferenzierung) des Lebens, andererseits dessen Fortschritte erklären lassen (s. Kap. IV.5; vgl. Kutschera/Niklas 2004; zur Technikevolution allgemein vgl. Basalla 1988). ›Variation‹ bedeutet, dass – durch welche Gründe auch immer – eine Abweichung vom bisher Bekannten auftritt. ›Selektion‹ bedeutet, dass aus den zahlreichen, zu einem gegebenen Zeitpunkt vorliegenden Variationen eine ausgewählt wird bzw. eine sich durchsetzt. Und diese neue Variante stabilisiert sich durch ihre Auswahl – so lange bis eine neue Variation auftritt und der Prozess von neuem beginnt.

So kann die Übertragung des Begriffs auf die Historie der Medien dazu beitragen, in dieser nicht schlicht eine Wandlung von Zuständen, sondern auch eine diese Zustände übergreifende Dynamik auszuzeichnen (vgl. Rusch 2007; Stöber 2003). Dabei geht es darum, den Anteil der Medien am technokulturellen Fortschritt als Entwicklung des menschlichen Vermögens und Wissens, der Strukturen des Sozialen und der technischen Errungenschaften auf einem wenngleich weitgehend unebenen Weg, so

doch in Richtung auf die »wachsende (Selbst-)Erkenntnis, […] und erweiterte[n] Kompetenzen der (Selbst-)Gestaltung sozialer Wirklichkeit und der Naturbeherrschung« auszuloten (Rusch 2007, 66). Medien werden darin zu zentralen Faktoren eines solchen Fortschritts, da sie auf ihre Weise zu den Prinzipien der Variation und Selektion beitragen bzw. sie umsetzen: Sie erlauben und verstärken die Zirkulation/Ausdifferenzierung – Variation – von Informationen über unsere Lebenswelt und wirken somit auf diese ein. Zugleich sind sie in Sozialstrukturen eingelassen, die wiederum Medien steuern, d.h. etwa in politischer, kultureller, ökonomischer Hinsicht Selektionsdruck ausüben. Die Produkte aus beiden, sich wechselseitig bedingenden und beeinflussenden Prozessen stellen dann die Basis weiterer Variation/Selektion usw. In diesem Sinne lässt sich die Geschichte der Medien aus einer evolutionären Mediendynamik herleiten, in der sich der Wandel keineswegs durchweg linear, also auch auf »revolutionäre« (ebd., 83; Herv. i.O.) Weise vollzieht und doch insgesamt, d.h. aus Sicht primär einer übergeordneten Makrostruktur (der evolutionären Mediendynamik), nicht rein beliebig sowie unter zuletzt »progressiven« (ebd.; Herv. i.O.) Vorzeichen erfolgt. Mithin dominiert auch hier die Perspektive eines Werdegangs, der die Unwägbarkeiten der Mediengeschichte zwar nicht ausblendet, sie aber im Ganzen positiv wendet. In vergleichbarer Weise greifen auch etwas anders gelagerte Ansätze auf die evolutionstheoretischen Begriffe von Variation, Selektion und Stabilisierung zurück, um Mediengeschichte zu beschreiben, so z.B. die Systemtheorie (s. Kap. II.11; vgl. Luhmann 1997, Kapitel 2 und 3; Bickenbach 2004).

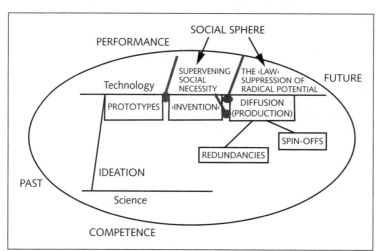

Abb. 1: Schematische Darstellung von Winstons Modell (2003, 14).

Ähnlich, wenn auch ohne direkte Nutzung der Termini von Variation und Selektion, operiert Brian Winstons (2003, 1–19) einflussreiches Modell der Mediengeschichte (Abb. 1).

Er unterscheidet vier Phasen: Ideation, Prototypen, dann die ›Erfindung‹ im eigentlichen Sinn und schließlich die Diffusion, also Verbreitung der neuen Medientechnik. Dabei intervenieren aus der »social sphere« (ebd., 3), also aus dem Raum der Gesellschaft, einerseits die »supervening social necessities« (ebd., 6; ›zwingende soziale Notwendigkeiten‹) und das »law of the suppression of radical potential« (ebd., 11; ›das Gesetz der Unterdrückung radikalen Potentials‹). Wie schon diese letzte Formulierung, aber auch das Schema in Abbildung 1, das laut Winston für alle Medienentwicklung gelten soll, illustrieren, formuliert er ein gesetzmäßiges Modell, das die beobachtbaren Daten zu ordnen sucht – sein Buch *Media Technology and Society* (2003) beschäftigt sich damit, dieses Modell auf alle möglichen medientechnischen Entwicklungen anzuwenden.

Ideation, der erste Schritt in seinem Modell, entspricht im Grunde dem Konzept der Variation; neues Wissen tritt auf und führt zu experimentellen Prototypen (zweiter Schritt). Dann greift die Selektion in Form der *supervening social necessities* zum ersten Mal: Gibt es Notwendigkeiten, z. B. militärischer oder kommerzieller Art, die Investitionen in die neuen Technologien erzwingen? Gibt es Geldgeber, privater oder politischer Natur, die glauben, eine Weiterentwicklung zu einem marktreifen Modell lohne sich? Wenn ja, kommt es zur ›Erfindung‹ im eigentlichen Sinn (dritter Schritt). Aus den Prototypen wird ein Typ selektiert, der sich aber dann noch auf dem Markt behaupten muss, dies aber nur kann, wenn einerseits weiter soziale Notwendigkeiten auftreten (d. h. wenn etwa potentielle Konsumenten glauben, dieses Gerät zu benötigen). Andererseits greift dann – so Winston – das *law of the suppression of radical potential*. Es geht darum, wie technologische Neuerungen ›gezähmt‹ werden, so dass deren revolutionäre Effekte nicht oder in nur abgemilderter Form zur Geltung kommen. Heutzutage werden z. B. die Potentiale digitaler Medien, Daten verlustfrei zu kopieren, mit rechtlichen Vorschriften, technischen Kopierschützen etc. gebremst, weil sonst die digitalen Güter (Musik, Filme) nicht mehr als Waren auf einem (kapitalistischen) Markt operieren könnten (s. Kap. IV.17). Weil bei Winston die *social sphere* bzw. die aus ihr hervorgehenden Beschleuniger (*social supervening necessities*) und Bremsen (*the law of the suppression of radical potential*) die Medient-

wicklung wesentlich steuern, wird sein Modell als gesellschaftszentriert bezeichnet. An Winstons Ansatz ist die etwas einseitige Konzentration auf ›soziale Faktoren‹ kritisiert worden (vgl. Schüttpelz 2006, 109), was man zu der Frage zuspitzen kann, ob wirklich in jedem Fall das *law of the suppression of radical potential* die disruptiven Potentiale neuer Medientechniken in den Griff bekommt – so scheint die Ausbreitung digitaler Medien mit ihren enormen Reproduktionspotentialen die Medienökonomie (s. Kap. IV.15) wie das Medienrecht (s. Kap. IV.17) letztendlich doch vor unbeherrschbare Probleme zu stellen.

Medienarchäologie: Die technische Eskalation der Medien

Die Medienarchäologie gehört zu den Modellen medienwissenschaftlicher Historiographie, die sich schon frühzeitig gegen die Sinnstiftungen des erzählend-hermeneutischen Diskurses zur Wehr setzen: Es sollen nicht die Imaginationen des Sinns oder Fortschritts, sondern die Materialitäten, nämlich die »Zahlenreihen, Blaupausen oder Schaltpläne« (Kittler 1986, 5), die Geschichte der Medien ordnen (s. Kap. II.13). Der Begriff der ›Archäologie‹ geht auf Michel Foucaults Buch *Archäologie des Wissens* (1995) zurück, in dem sich der Autor von den üblichen Methoden der Geschichtsschreibung absetzt und eine Historiographie etablieren will, die sich gegen die Zuweisung von Bedeutung auf die Beschreibung der diskursiven Ereignisse selbst stützt. Friedrich A. Kittler, dessen Bücher *Aufschreibesysteme 1800/1900* (1985/1995) und *Grammophon, Film, Typewriter* (1986) wegweisend für die Durchsetzung des Modells der Medienarchäologie waren, deutet diese Vorlage medienwissenschaftlich auf die Form einer Geschichtsschreibung hin, die jenes »Netzwerk von Techniken und Institutionen« beobachtet, »die einer gegebenen Kultur die Adressierung, Speicherung und Verarbeitung relevanter Daten erlauben« (Kittler 1995, 501). So folgt die Analyse der Geschichte einer Untersuchung der Datenverarbeitungssysteme und -mechanismen, die, so pointiert dies die Medienarchäologie, die historischen Epochen jeweils und immer schon bestimmen bzw. sie in jeder Hinsicht maßgeblich prägen: Von Medien muss als den »anthropologische[n] Aprioris« gesprochen werden, deren »Haustiere, Opfer, Untertanen« Menschen lediglich sind (Kittler 1986, 167; s. Kap. IV.3). Mehr noch: In dieser Hinsicht ist der

Mensch selbst eine Erfindung, deren, so fasst es Foucault (1991, 462), »junges Datum die Archäologie unseres Denkens ganz offen zeigt«.

Die Nachrichtentechniken haben die Menschen zu allererst »gemacht« (Kittler 1986, 306) – wie schon die Sprache beweist, die aus medienarchäologischer Perspektive ebenfalls als Technik erscheint (vgl. Weibel/Kittler 1992, 156). ›Aufschreibesysteme‹ sind somit weder nur Diskurse noch schlicht Archive, sondern Medien, die, indem sie Informationen übertragen, speichern, be- und verarbeiten, im Zentrum aller lebensweltlichen Prozesse stehen, die sie zugleich ausrichten wie formen: »Von den Leuten gibt es immer nur das, was Medien speichern und weitergeben können« (Kittler 1986, 5). Wenn das aber so ist, muss das »Phantasma vom Menschen als Medienerfinder« (ebd., 5 f.) verabschiedet werden – Medien können nicht aus der Gesellschaft hervorgehen (oder doch mindestens nicht von ihr reguliert werden). Demnach stellt sich die Frage nach ihrer Entstehung.

Eine zweite Provokation, welche die Medienarchäologie einer Historiographie der Medien zumutet, ist der Hinweis auf eine Logik der ›Eskalation‹, in der sich der Krieg als ›Vater‹ aller übertragungstechnischen Innovationen entpuppt. Wie sich nicht allein an den Beispielen des Radios und Computers unschwer zeigen lasse, ist, so Kittler, das Projekt der Entwicklung von Medien ein wesentlich rüstungstechnisches und zivile Mediennutzung damit korrekterweise als »Missbrauch von Heeresgerät« (ebd., 149) zu bezeichnen. Mediengeschichte in diesem Sinne liest sich als Prozess permanenter ›Mobilmachung‹, in der es im Rahmen einer steten Freund-Feind-Dialektik primär darauf ankommt, Entwicklungen auszugleichen sowie zu überbieten. Entscheidend am Konzept der Eskalation ist die Annahme, dass die Techniken »[o]hne Referenz auf den oder die Menschen […] einander überholt« haben, wie Kittler (1993, 178) am Ende seines exemplarischen Textes »Geschichte der Kommunikationsmedien« schreibt. An anderer Stelle präzisiert er:

> »Vater aller übertragungstechnischen Innovationen aber war der Krieg. In einer strategischen Kette von Eskalationen entstand der Telegraph, um die Geschwindigkeit von Botenposten zu überbieten, der Funk, um die Verletzlichkeit von Unterseekabeln zu unterlaufen, und der Computer, um die ebenso geheimen wie abhörbaren Funksprüche zu entschlüsseln« (Kittler 1999).

Dabei erscheint diese nach wie vor umstrittene These (vgl. Mersch 2006, 198 ff.; zu Virilios Berufung auf den Krieg vgl. auch ebd., 168 ff.) insofern plausibel, als vor allem das Militär bzw. die damit

verbundene Großforschung über die finanziellen und personellen Mittel verfügt, um komplexe neue Technologien aus der Taufe zu heben. Zuletzt aber bleibt auch diese medienhistorische Erzählung problematisch, da sich bei der Rekonstruktion der Genese von Medientechniken (etwa der Fotografie) einerseits zeigt, dass keineswegs in jedem Fall das Militär Ort der Entstehung neuartiger Verfahren war oder ist. Andererseits gerät diese Orientierung am Militär mit dem medialen oder medientechnischen Apriori in Konflikt, das die Vorgängigkeit der Medientechnologien vor *jeder* sozialen (menschlichen) Praxis betont: Wie passen beide Ansichten zusammen, wenn mit dem Militär nun eine spezifisch soziale Organisation in den Vordergrund zu rücken scheint? Schließlich bleibt manchmal unklar, was mit dem Verweis auf die militärischen Ursprünge eigentlich gezeigt werden soll: Bedeutet z. B. die Herausstellung der militärischen Herkunft der Digitaltechnik, dass heutige Nutzer solcher Technologien unterschwellig an militärische Praktiken gewöhnt werden?

Trotz solcher Ambivalenzen hat sich die Medienarchäologie als einflussreiches Modell der Mediengeschichtsschreibung behauptet bzw. kann Kittlers Arbeit als »Initialzündung des *medial turn* in Deutschland« (Mersch 2006, 189; Herv. i.O.) gelesen werden: Kittlers Vorlage aufnehmend, beginnen andere Autoren diese sowohl fortzusetzen als auch weiter auszubauen (exemplarisch vgl. Pias 2002; Ernst 2001; Dotzler 1996; Siegert 1993; Stingelin/Scherer 1991; Kittler/Tholen 1989). In jüngerer Zeit wird die Medienarchäologie entweder zu einer ›Wissenschafts-‹ oder ›Wissensgeschichte‹ weiterentwickelt, deren Augenmerk sich auf jene Archive und Formationen des Wissens richtet, die neue Medientechnologien allererst ermöglichen (vgl. etwa Rieger 2003; Hagen 2005). Oder sie wurde von dieser – manchmal unter Berufung auf die Akteur-Netzwerk-Theorie (s. Kap. II.15) – zunehmend ersetzt (vgl. Kassung 2007). Auch die Rolle, die das Patentwesen und Patente dabei spielen, wurde beschrieben (vgl. Kümmel-Schnur 2012). Zudem ist eine teilweise Verlagerung medienarchäologischer Fragestellungen in Richtung auf die Debatte um ›Kulturtechniken‹ zu beobachten (s. Kap. II.19), die auch eine neue ›praxeologische‹, an Verfahren wie der historischen Ethnographie (vgl. Wietschorke 2010) orientierte Mediengeschichte denkbar macht.

Indem die Medienarchäologie die Sinnfragen der Historiographie auf die Techniken, Institutionen und (zunehmend auf die) Praktiken verschiebt, (ver-)rückt sie nicht nur den Menschen aus dem Zentrum der Geschichte. Zugleich setzt sie gegen den Gedanken einer Kontinuität von Historie (die z. B. Winstons Ansatz prägt) auf Einschnitte von Epochenschwellen (etwa: 1800/1900 in Kittler 1995). Kittlers ins Englische übersetzte Schriften erlangen international wachsende Bedeutung, insbesondere in den USA (zur Rezeption vgl. z. B. Huhtamo/ Parikka 2011; Winthrop-Young 2011; Parikka 2012).

Es lassen sich aber auch Ansätze finden, die ohne Bezug auf Kittlers Arbeiten medienarchäologische Züge tragen: Jonathan Crarys viel rezipierte Studie zu den *Techniken des Betrachters* (1996) etwa, die das Sehen und dessen historische Konstruktion zum Thema macht, rekonstruiert die Entstehung bestimmter Medientechnologien (z. B. des Stereoskops) aus Feldern des historischen Wissens und nähert sich damit dem wissenschaftshistorischen Zweig der Medienarchäologie. Allerdings ist auch Crarys Ansatz kritisiert worden, insofern seine Anlehnung an das historische Modell von Foucault (1991) – ähnlich wie bei Kittler – eine Modellierung von Mediengeschichte in Form großer, sukzessiv aufeinander folgender ›Epochen‹ zur Folge hat, was zu erheblichen Problemen führt (vgl. Schröter 2009, 11–41). Hier taucht ein weiteres theoretisches Problem auf, das nicht identisch mit der Frage ist, ob man Mediengeschichte ausgehend vom Körper, der Gesellschaft, der Technik oder den Diskursen (s. u.) schreibt: Die Frage ist hier, ob man sich Mediengeschichte als eine Art sukzessive Abfolge von ›Epochen‹ oder ›Phasen‹ vorstellt oder eher als ein Nebeneinander verschiedener Entwicklungslinien, die sich auch verbinden können.

Mediendiskursanalyse

Foucaults verschiedene Arbeiten werden in der Mediengeschichtsschreibung aber noch auf eine andere Weise fruchtbar gemacht. Dabei wird nicht die Materialität der ›Zahlenreihen, Blaupausen oder Schaltpläne‹ einer je historisch spezifischen Technologie betrachtet, sondern vielmehr ›Diskurse‹ als »Ensembles diskursiver Ereignisse« (Foucault 1998, 37) verstanden, in denen eine Geschichtsschreibung es weniger mit einem kontinuierlichen Ablauf, als vielmehr mit Mengen diskursiver Praktiken zu tun hat: Deren »Regelhaftigkeit« (ebd., 38) zu untersuchen, ist dann Anliegen der Diskursanalyse nach Foucault: Sie beabsichtigt, sichtbar zu machen, was in der Produktion von Diskursen »zugleich kontrolliert, selek-

tiert, organisiert und kanalisiert wird« (ebd., 11; vgl. grundlegend auch Landwehr 2008).

Hinsichtlich der Übertragung dieses Modells auf die Analyse der Diskurse über Medien und deren Geschichte (vgl. etwa Dreesen/Kumiega/Spieß 2013; Rusch/Schanze/Schwering 2007; Dotzler 2006) ist nun darauf zu achten, dass das Sprechen über Medien – oder allgemeiner: ihre Darstellung – nicht allein bestimmten Regeln folgt, sondern gleichfalls andere Sprech- und Darstellungsweisen ausschließt, missachtet oder im Rahmen hegemonialer Diskurshoheit zu überwachen versucht; zur Diskussion steht, in der Debatte über Medien und deren Umbrüche, zugleich diskursive Regelmäßigkeiten wie Verknappungen am Werk zu sehen, die im Netz der Medienhistorie auf sowohl überraschende wie auch erhellende Weise verknüpft werden können: Der Computerspiel-Debatte des 21. Jahrhunderts gingen im 20. Jahrhundert die Debatten um die ›Gefährlichkeit‹ von Film und TV, im 18. Jahrhundert die Debatte um die ›Lesewut‹ voraus, insofern diese sich als ›Diskurse‹ in ihrer Kritik der Medien bereits ähnlich formierten. In diesen Hinsichten orientiert sich die historische Diskursanalyse der Rede über Medien und den Medienwandel an Ensembles, die zum einen als selbständige in ihrer Zeit zu beobachten sind, zum anderen den Blick auf irritierende, größere historische Zusammenhänge eröffnen. Exemplarisch wird eine solche Mediengeschichte anhand der Diskurse in dem Band *Einführung in die Geschichte der Medien* (vgl. Kümmel/Scholz/Schumacher 2004) vorgeführt. Im Vorwort heißt es programmatisch: »Die Geschichte der Medien wird häufig am Leitfaden technischer Erfindungen erzählt. Dieser Band macht den Vorschlag, anstelle technischer Erfindungen die Diskurse zu untersuchen, die aus bloßen Ereignissen in der Technik solche der Kultur machen. Im Diskurs, nicht in der Technik lösen Medien einander ab« (ebd., 7). Anhand von zehn verschiedenen historischen Fallbeispielen – Buchdruck, Lithographie, Fotografie, Telegraphie, Telefon, Film, Radio, Fernsehen, Video sowie Hypertext und Internet – zeigen die Autor/innen, wieder einem Gesetz der Mediengeschichte gleich, dass es beim Auftauchen eines jeden neuen Mediums zu immer »wiederkehrenden Mustern« in den Diskursen über die je ›neuen Medien‹ kommt: Selektion, Partizipation, Externalisierung, Wissensordnung, Speicherung, Präsenz und Aktualität (ebd., 8 f.): »Dieser Band erzählt keine Geschichte der Medien, er analysiert Mediendiskurse, ohne die neue Medien weder als neu erscheinen noch als potenzielle Gegenstände einer

Mediengeschichte in den Blick kommen würden«
(ebd., 9).

Aber kommen die technischen Medien und deren
Realiengeschichte darin nicht zu kurz, da sie nur
noch indirekt – sozusagen als ›Aufreger‹ – in Erscheinung treten? Dies kritisch reflektierend schlägt
nun Bernhard Dotzler (2006, 26) für die Mediendiskursanalyse eine Wechselseitigkeit der Verfahren
und Bereiche vor: »[W]ie das […] Moment der
medialen Limitation des Diskurses von der Diskursanalyse zur Technikanalyse überzugehen nötigt«, so
beschreibt er sein Modell einer avancierten Mediendiskursanalyse, »bedarf die Technikanalyse, um
mehr als bloß die Abschilderung von Artefakten zu
leisten, der Diskursanalyse« (am Beispiel der Geschichte des Internets vgl. auch Schröter 2004).

Vermittelnde Ansätze/Medienumbrüche

Wie die letzten Überlegungen von Dotzler schon
verdeutlichen, gab und gibt es immer wieder Versuche, Verbindungen zwischen den verschiedenen hier
auch überpointiert gegeneinander gesetzten, Modellen herzustellen (vgl. auch Flichy 1994). Es seien drei
Ansätze skizziert: Michael Gieseckes Versuch einer
Darstellung einer nicht-reduktionistischen Geschichte des Buchdrucks, Hartmut Winklers Versuch einer Mediengeschichte als Geschichte von
Wunschkonstellationen und das Konzept des ›Medienumbruchs‹.

Michael Gieseckes Studie zur Erfindung und
Durchsetzung des Buchdrucks erkennt in diesem
eine ›Schlüsseltechnologie‹, da sich »viele Veränderungen auf die Emergenz eines neuen Informations-
typs [des Buchdrucks] zurückführen lassen«, der
nun alte »Informationstypen wie ›Weisheit‹ oder
›Kunstfertigkeit‹« (1994, 501) überbietet, indem er
diese aus den Köpfen der Menschen gewissermaßen
herauslöst, d. h. sie prinzipiell allen zur Verfügung
stellt. Somit vollzieht sich mit dem Buchdruck eine
revolutionäre Umwälzung in Richtung auf eine nun
stetig zunehmende Öffentlichkeit der Kommunikation, deren Tendenz sich über die Massenmedien bis
in die Gegenwart der ›digitalen Plattform‹ fortsetzt.
Das signalisiert schon der Untertitel von Gieseckes
Buch, wenn er die Untersuchung als Fallstudie zur
»Durchsetzung neuer Informations- und Kommunikationstechnologien« ausweist: »So ist aus der Betrachtung der verschiedenen Stufen, in denen sich
die Einführung des Buchdrucks in die europäische
Gesellschaft des 15. und 16. Jahrhunderts abwickelt,

auch Nutzen für eine Analyse des […] Prozesses der
Einführung der elektronischen Medien in der Gegenwart zu ziehen« (ebd., 24). In der Konsequenz
kann die Etablierung der Drucktechnologie modellhaft auch für weitere Umwälzungen der Mediengeschichte stehen. Wesentlich dabei ist, dass es sich bei
der typographischen Kultur, so Giesecke, um ein
Phänomen handelt, in dem diverse »Medien und
Prozessoren zusammenwirken« (ebd., 57). Dieser
Medienwandel, das zeigt das Modell, ist nicht monokausal motiviert, sondern fußt auf mehreren, sozialen wie technischen Faktoren, die sich in ihrer Wechselwirkung gegenseitig verstärken. Diesbezüglich
sticht dann hervor, dass – mit »monotoner Regelmäßigkeit« (ebd., 60) – durch die Einführung und
Prämierung neuer Medien alte Kommunikationsformen eine deutliche Abwertung erfahren (als alternative Beschreibung der Geschichte des Buchdrucks vgl. Johns 1998).

Hartmut Winklers Buch *Docuverse* (1997; s. Kap.
II.14) modelliert den Medienwandel in Hinsicht auf
einen ›Mangel‹, auf den die jeweiligen Innovationen
der Mediengeschichte antworten. Dabei wird dieses
der strukturalen Psychoanalyse (nach Jacques Lacan, s. Kap. II.12) entlehnte Konzept von Winkler
medientheoretisch so umgedeutet, dass jedes Medium eine Leerstelle erzeugt, auf der die nächsten
Medien antworten. Mithin bringt etwa die ›Sprachkrise‹ des 19. Jahrhunderts den ›Wunsch‹ nach den
konkreter und weniger abstrakt darstellenden technischen Bildern hervor, deren scheinbare Realitäts-
nähe jedoch nach einem Jahrhundert der Wiederholung immer gleicher Stereotypen und Schemata
ebenfalls neue Bedürfnisse weckt. Dieses Begehren
nun bereitet wiederum den Computern, d. h. eher
strukturorientierten und -beherrschenden Techniken und Maschinen, den Weg. So gesehen gehorcht
Winklers Modell einer ähnlichen Logik der Eskalation wie der Vorschlag Kittlers. Nur ist hier nicht der
Krieg, sondern der ›Wunsch‹ der Vater aller Medien.
Inwiefern kann Winklers Vorschlag nun doch als
vermittelnder Ansatz zwischen gesellschafts- und
technikorientierten Modellen verstanden werden?

An anderer Stelle hat Winkler (1999) ausdrücklich versucht, zwischen technikzentrierter und ›anthropologischer‹ (d. h. gesellschafts- bzw. praxiszen-
trierter) Geschichtsschreibung zu vermitteln. Er
schlägt einen zyklischen und prozessualen Übergang zwischen beiden Seiten vor: Technik determiniert folgende Praktiken vielleicht nicht vollständig,
aber sie eröffnet zumindest Möglichkeiten und erzeugt Limitationen; die Praktiken nutzen die Tech-

nik und im Laufe der Zeit bilden sich aus diesen Praktiken wieder neue Techniken heraus. Das heißt weder die Technik noch die gesellschaftlichen Praktiken sind alleinige Ursachen, sie bedingen sich vielmehr gegenseitig. Bezieht man dies nun zurück auf seine Überlegungen in *Docuverse*, so kann man formulieren: Eine neue Medientechnik antwortet auf einen in den gesellschaftlichen Praktiken aufgetretenen Mangel, so lange bis die neuen Praktiken mit dem neuen Medium wiederum einen Mangel sichtbar werden lassen usw. (vgl. Schröter 2013).

Eine Modellierung unter Rückgriff auf den Begriff des Medienumbruchs (vgl. Käuser 2005) kommt von der Siegener Forschergruppe »Theorie der Medienumbrüche« (vgl. Glaubitz u. a. 2011), die den Namen ihres ›Tsunami-Modells‹ jener Meereswoge entlehnt, deren Ursache zunächst unentdeckt bleibt bzw. rückwirkend – mit Ankunft der Welle – rekonstruiert werden muss. Dieselbe Struktur, so die These, zeichnet Medienumbrüche aus: Sie rückt einen Prozess in den Vordergrund, der sich aus mehreren Elementen, Faktoren und Schritten zusammensetzt und dessen wesentliches Merkmal in einer Nachträglichkeit besteht, in der die Wirkung der Ursache gewissermaßen vorausgeht (vgl. Faßler/Halbach 1998, 19). Erst wenn bei der Einführung/Durchsetzung eines neuen Mediums im Publikum ein bestimmtes Rekognitionsniveau erreicht (das Medium im Alltag angekommen) ist, d. h. sich dessen diskursive ›Faszinationskerne‹ entfalten, setzt rückwirkend die Suche nach dem Ursprung sowie den Entwicklungslinien ein, mit denen sich die neue Technik etablieren und ausdifferenzieren konnte. Das Medium, zunächst nur wenigen Spezialisten als ›Technik‹ bekannt, wird nun Gegenstand des allgemeinen Interesses: Es löst öffentliche wie öffentlichkeitswirksame Diskurse, Debatten und Forschungen aus, die, da sie den möglichen Wert, das Potential und die Gefahren sowie die Vorläufer der Technik (›präemergentes Feld‹) abzuschätzen und einzugrenzen versuchen, danach trachten, die Innovation der existenten, sich in ihrer Mediennutzung allerdings schon wandelnden Kultur einzuverleiben. Medienumbrüche sind demnach, obwohl unterschwellig bereits wirksam, erst manifest im Rahmen jener Diskurse, die sowohl irritiert als auch steuernd auf das neue Medium reagieren – in dieser Betonung der Rolle der Diskurse ähnelt der Ansatz mediendiskursanalytischen Modellen. Doch betont dieses Modell stärker als jene den durch die Mediendiskurse ausgelösten Blick zurück in die Geschichte und die öffentlichen wie wissenschaftlichen Re-Konstruktionen jener historischen Abläufe, die zur heutigen Situation geführt haben. Technik und Diskurs hängen notwendig zusammen – einerseits gäbe es die Diskurse nicht ohne die technischen Entwicklungen; andererseits wird erst, wenn die Diskurse ›auffällig‹ genug sind, rückwirkend die Geschichte der Technik, die Datenlage, erzeugt.

Fazit und Ausblick auf globale Mediengeschichten

Geschichte ist nicht einfach gegeben, sondern es hängt von der theoretischen Modellierung ab, welche Prinzipien herangezogen werden, um entweder aus einer überfließenden und unbeherrschbaren Fülle von Daten ein beherrschbares Korpus auszufiltern und zu verbinden oder – im Fall sehr knapper Daten – jene wenigen Information sinnhaft zu verbinden und die Lücken zwischen ihnen extrapolierend zu füllen. Auch das Modell einer reinen Chronik ›nackter‹ Fakten ist ein Modell. Es wurden einige verschiedene Modelle dargestellt, die das Datenmaterial auf unterschiedliche Weise und ausgehend von verschiedenen Konzepten strukturieren.

In der neueren Diskussion, angeregt auch durch die Postcolonial Studies (s. Kap. IV.24), wird jedoch eine andere Limitation aller hier bislang diskutierten Modelle deutlicher, nämlich ihre Zentrierung um die europäische bzw. europäisch-amerikanische Mediengeschichte. Das lässt sich exemplarisch an dem schon erwähnten Text Kittlers zur »Geschichte der Kommunikationsmedien« zeigen. Ein paar Stichpunkte müssen hier genügen: Kittlers Geschichtsschreibung bleibt problematisch um die Schrift zentriert, was ein altes eurozentrisches Vorurteil über ›schriftlose‹ und damit angeblich ›geschichtslose‹ Kulturen wiederholt; zudem ist es ausgerechnet das griechische Vokalalphabet, dem eine paradigmatische Rolle zukommt; die Anteile anderer Kulturen an maßgeblichen Entwicklungen der Mediengeschichte bleiben zwar nicht ganz unerwähnt, treten aber zu sehr in den Hintergrund; die Entwicklung des Buchdrucks in China und Korea (vgl. auch Giesecke 1994, 127–134) wird zum bloßen »Vorläufer« (Kittler 1993, 177) des europäischen Buchdrucks; die eingeengte (computertechnische, binäre) Definition des Digitalen suggeriert, es gäbe in anderen, zumal ›primitiven‹, Kulturen keine digitalen Codierungen im Sinne diskreter und disjunkter Symbolsysteme (vgl. Goodman 1995) etc. (für eine interkulturelle Ausweitung von Kittlers Ansatz vgl. Nawata 2012).

Gegenüber solchen, gerade heute in einer globalisierten Medienkultur, eurozentrischen Verengungen und in Anschluss an geschichtswissenschaftliche Entwicklungen zur globalen Geschichte bzw. Verflechtungsgeschichte (vgl. z. B. Werner/Zimmermann 2002) gibt es neuere Bemühungen einer globalen Verflechtungsgeschichte der Medien. So hat z. B. Erhard Schüttpelz (2009) hinsichtlich der Frage nach der »medientechnischen Überlegenheit des Westens«, gestützt auf das Konzept der *immutable mobiles* nach Bruno Latour (s. Kap. II.15) und die historischen Arbeiten von Fernand Braudel einen Aufriss einer medienhistorischen Revision vorgelegt, bei der die Frage ist: »Wie lässt sich eine solche braudelsche Globalisierungsgeschichte auf die Mediengeschichte zwischen 1500 und 1800 übertragen?« (ebd., 90). Ohne diesen Entwurf hier im Detail diskutieren zu können, bleibt festzuhalten, dass dieses Projekt einer »logistischen Geschichte« erstens – mit Latour – menschliche und nicht-menschliche Akteure (bzw. Zeichen, Personen und Dinge, vgl. Schüttpelz 2006, 96–100) symmetrisch behandelt und auf diese Weise den Gegensatz zwischen um Gesellschaft oder Diskurse einerseits oder Technik andererseits zentrierten Mediengeschichten aushebelt. Zweitens würde sich eine solche Mediengeschichte von einer »Chronologie von Erfindungen« (Schüttpelz 2009, 91) absetzen und ausdrücklich die »evolutionistische […] Vorstellung von ›Stufen‹ und ›Stadien‹, die durch Brüche voneinander getrennt und durch eine kontinuierliche Steigerung derselben Prinzipien miteinander verbunden werden« (Schüttpelz 2006, 104), verwerfen. Stattdessen wäre das Bloorsche Symmetrieprinzip einzuhalten, um nicht nur die erfolgreichen, sondern auch »misslungene[n] und erfolglose[n] […] Erfindungen, Projekte, Techniken, Organisationsveränderungen und Wissensansprüche« (Schüttpelz 2013, 25) in die dadurch realistischere Darstellung mit einzubeziehen:

> »Latours Vorgehensweise ist Historikern und Medienhistorikern ohne weiteres vertraut – ungefähr so […] sehen die unbereinigten Zettel der Recherche aus, wenn man eine Erfindungsgeschichte oder Entwicklungsgeschichte, oder die Geschichte einer Kontroverse zu ordnen versucht. Die Kunst einer Mediengeschichte, die den Ansprüchen einer ANT [= Akteur-Netzwerk-Theorie] Genüge tut, besteht erst einmal darin, das Vertrauen in diese Zettel wiederherzustellen, mit anderen Worten: Geschichte so zu präsentieren, dass jeder Schritt wieder als indeterministischer Anlass für weitere Schritte kenntlich wird« (ebd., 28).

Eine solche Geschichte müsste drittens schließlich die »kontinentalen und interkontinentalen Verflechtungen« (Schüttpelz 2009, 92; vgl. auch 97 ff.) in den Blick nehmen. Auch wenn solche globalen, vergleichenden und ›logistischen‹ Mediengeschichten schwieriger zu formulieren sind (vgl. auch Hugill 1999; Mattelart 2000; Zielinski/Fürlus 2008; 2010), so scheinen sie der heutigen globalen (und zugleich lokal differenzierten) Medienkultur gegenüber angemessener zu sein.

Literatur

Basalla, George: *The Evolution of Technology.* Cambridge, Mass. 1988.

Benjamin, Walter: Das Kunstwerk im Zeitalter seiner technischen Reproduzierbarkeit [3. Fassung 1939]. In: Ders.: *Gesammelte Schriften,* Bd. I.2. Hg. von Rolf Tiedemann/ Hermann Schweppenhäuser. Frankfurt a. M. 1991, 471–508.

Bickenbach, Matthias: Medienevolution – Begriff oder Metapher? Überlegungen zur Form der Mediengeschichte. In: Fabio Crivellari u. a. (Hg.): *Die Medien der Geschichte. Historizität und Medialität in interdisziplinärer Perspektive.* Konstanz 2004, 109–136.

Bloor, David: *Knowledge and Social Imagery.* London 1976.

Crary, Jonathan: *Techniken des Betrachters. Sehen und Moderne im 19. Jahrhundert.* Dresden/Basel 1996 (engl. 1990).

Dotzler, Bernhard J.: *Papiermaschinen. Versuch über Communication & Control in Literatur und Technik.* Berlin 1996.

Dotzler, Bernhard J.: *Diskurs und Medium. Zur Archäologie der Computerkultur.* München 2006.

Dreesen, Philipp/Kumiega, Lukasz/Spieß, Constanze (Hg.): *Mediendiskursanalyse: Diskurse – Dispositive – Medien – Macht. Theorie und Praxis der Diskursforschung.* Heidelberg/New York 2013.

Ernst, Wolfgang: Medien@rchäologie (Provokation der Mediengeschichte). In: Georg Stanitzek/Wilhelm Voßkamp (Hg.): *Schnittstelle: Medien und kulturelle Kommunikation.* Köln 2001, 250–267.

Faßler, Manfred/Halbach, Wulf (Hg.): *Geschichte der Medien.* München 1998.

Faulstich, Werner: *Geschichte der Medien,* 6 Bde. Göttingen 1996 ff. Bislang erschienen: Bd. 1: *Das Medium als Kult. Von den Anfängen bis zur Spätantike (8. Jh.);* Bd. 2: *Medien und Öffentlichkeiten im Mittelalter 800–1400;* Bd. 3: *Medien zwischen Herrschaft und Revolte. Die Medienkultur der frühen Neuzeit (1400–1700);* Bd. 4: *Die bürgerliche Mediengesellschaft (1700–1830);* Bd. 5: *Medienwandel im Industrie- und Massenzeitalter (1830–1900).*

Faulstich, Werner/Rückert, Corinna: *Mediengeschichte im tabellarischen Überblick von den Anfängen bis heute.* Teil I und II. Bardowick 1993.

Flichy, Patrice: *Tele. Geschichte der modernen Kommunikation.* Frankfurt a. M. 1994.

Flusser, Vilém: *Ins Universum der technischen Bilder* [1985]. Göttingen ⁵1996.

Fohrmann, Jürgen: Der Unterschied der Medien. In: Ders./ Erhard Schüttpelz (Hg.): *Die Kommunikation der Medien.* Tübingen 2004, 5–19.

Foucault, Michel: *Die Ordnung der Dinge. Eine Archäologie der Humanwissenschaften.* Frankfurt a. M. [10]1991 (frz. 1966).

Foucault, Michel: *Die Archäologie des Wissens.* Frankfurt a. M. 1995 (frz.1969).

Foucault, Michel: *Die Ordnung des Diskurses.* Frankfurt a. M. 1998 (frz. 1972).

Giesecke, Michael: *Der Buchdruck in der frühen Neuzeit. Eine historische Fallstudie über die Durchsetzung neuer Informations- und Kommunikationstechnologien.* Frankfurt a. M. 1994.

Glaubitz, Nicola u. a.: *Eine Theorie der Medienumbrüche 1900/2000.* Siegen 2011.

Goodman, Nelson: *Sprachen der Kunst. Entwurf einer Symboltheorie.* Frankfurt a. M. 1995.

Hagen, Wolfgang: *Das Radio. Zu Geschichte und Theorie des Hörfunks – Deutschland/USA.* München 2005.

Hickethier, Knut: Programmgeschichte als Aufgabe. In: *Medien & Zeit* 1/4 (1986), 4–12.

Hickethier, Knut: Mediengeschichte. In: *quadratur* 5 (2004), 8–14.

Hiebel, Hans H. u. a.: *Große Medienchronik.* München 1999.

Hugill, Peter J.: *Global Communications since 1844: Geopolitics and Technology.* Baltimore 1999.

Huhtamo, Erkki/Parikka, Jussi (Hg.): *Media Archaeology: Approaches, Applications and Implications.* Berkeley u. a. 2011.

Johns, Adrian: *The Nature of the Book. Print and Knowledge in the Making.* Chicago 1998.

Kassung, Christian: *Das Pendel. Eine Wissensgeschichte.* München 2007.

Käuser, Andreas: Medienumbrüche und Sprache. In: Ralf Schnell/Georg Stanitzek (Hg.): *Ephemeres. Mediale Innovationen 1900/2000.* Bielefeld 2005, 169–191.

Kittler, Friedrich A.: *Grammophon, Film, Typewriter.* Berlin 1986.

Kittler, Friedrich A.: Geschichte der Kommunikationsmedien. In: Jörg Huber/Alois Martin Müller (Hg.): *Raum und Verfahren.* Basel/Frankfurt a. M. 1993, 169–188.

Kittler, Friedrich A.: *Aufschreibesysteme 1800/1900* [1985]. München [3]1995.

Kittler, Friedrich A.: Von der Implementierung des Wissens. Versuch einer Theorie der Hardware (1999), http://www.nettime.org/Lists-Archives/nettime-l-9902/msg00015.html (31.10.2013).

Kittler, Friedrich A./Tholen, Georg Christoph (Hg.): *Arsenale der Seele. Literatur und Medienanalyse seit 1870.* München 1989.

Kuhn, Thomas S.: *Die Struktur wissenschaftlicher Revolutionen.* Frankfurt a. M. [2]1976 (engl. 1962).

Kümmel-Schnur, Albert: Patente als Agenten von Mediengeschichte. In: Ders./Christian Kassung: *Bildtelegraphie. Eine Mediengeschichte in Patenten.* Bielefeld 2012, 15–38.

Kümmel-Schnur, Albert/Scholz, Leander/Schumacher, Eckhard (Hg.): *Einführung in die Geschichte der Medien.* München 2004.

Kutschera, Ulrich/Niklas, Karl J.: The modern theory of biological evolution: An expanded synthesis. In: *Naturwissenschaften* 91/6 (2004), 255–276.

Landwehr, Achim: *Historische Diskursanalyse.* Frankfurt a. M. 2008.

Luhmann, Niklas: *Die Gesellschaft der Gesellschaft.* 2 Bde. Frankfurt a. M. 1997.

Mattelart, Armand: *Networking the World, 1794–2000.* Minneapolis 2000.

McLuhan, Marshall: *Die magischen Kanäle/Understanding Media.* Basel 1994 (engl. 1964).

Mersch, Dieter: *Medientheorien zur Einführung.* Hamburg 2006.

Nawata, Yûji: *Vergleichende Mediengeschichte: am Beispiel deutscher und japanischer Literatur vom späten 18. bis zum späten 20. Jahrhundert.* Paderborn 2012.

Parikka, Jussi: *What is Media Archaeology?* New York 2012.

Pias, Claus: *Computer Spiel Welten.* München 2002.

Rieger, Stefan: *Kybernetische Anthropologie: Eine Geschichte der Virtualität.* Frankfurt a. M. 2003.

Riepl, Wolfgang: *Das Nachrichtenwesen des Altertums. Mit besonderer Rücksicht auf die Römer.* Leipzig/Berlin 1913.

Rusch, Gebhard: Mediendynamik. Explorationen zur Theorie des Medienwandels. In: *Navigationen* 1 (2007), 13–93.

Rusch, Gebhard/Schanze, Helmut/Schwering, Gregor: *Theorien der Neuen Medien. Kino – Radio – Fernsehen – Computer.* Paderborn 2007.

Schanze, Helmut (Hg.): *Handbuch der Mediengeschichte.* Stuttgart 2001a.

Schanze, Helmut: Integrale Mediengeschichte. In: Ders. (Hg.): *Handbuch der Mediengeschichte.* Stuttgart 2001b, 207–280.

Schanze, Helmut (Hg.): *Metzler Lexikon Medientheorie/Medienwissenschaft.* Stuttgart/Weimar 2002.

Schröter, Jens: *Das Netz und die virtuelle Realität. Zur Selbstprogrammierung der Gesellschaft durch die universelle Maschine.* Bielefeld 2004.

Schröter, Jens: *3D. Zur Geschichte, Theorie und Medienästhetik des technisch-transplanen Bildes.* München 2009.

Schröter, Jens: Von der Farbe zur Nicht-Reproduzierbarkeit. In: Tristan Thielmann/Erhard Schüttpelz (Hg.): *Akteur-Medien-Theorie.* Bielefeld 2013, 235–264.

Schüttpelz, Erhard: Die medienanthropologische Kehre der Kulturtechniken. In: *Archiv für Mediengeschichte* 6 (2006), 87–110.

Schüttpelz, Erhard: Die medientechnische Überlegenheit des Westens. Zur Geschichte und Geographie der immutable mobiles Bruno Latours. In: Jörg Döring/Tristan Thielmann (Hg.): *Mediengeographie. Theorie – Analyse – Diskussion.* Bielefeld 2009, 67–110.

Schüttpelz, Erhard: Elemente einer Akteur-Medien-Theorie. In: Tristan Thielmann/Ders. (Hg.): *Akteur-Medien-Theorie.* Bielefeld 2013, 9–67.

Siegert, Bernhard: *Relais. Geschicke der Literatur als Epoche der Post 1751 – 1913.* Berlin 1993.

Stingelin, Martin/Scherer, Wolfgang (Hg.): *HardWar/SoftWar. Krieg und Medien 1914 bis 1945.* München 1991.

Stöber, Rudolf: *Mediengeschichte. Die Evolution »Neuer« Medien von Gutenberg bis Gates. Eine Einführung.* 2 Bde. Opladen 2003: Bd. 1: *Presse – Telekommunikation.* Bd. 2: *Film – Rundfunk – Multimedia.*

Weibel, Peter/Kittler, Friedrich A.: Gespräch zwischen Peter Weibel und Friedrich A. Kittler. In: Robert Fleck (Hg.): *Zur Rechtfertigung der hypothetischen Natur der Kunst und der Nicht-Identität in der Objektwelt.* Köln 1992, 149–163.

Werner, Michael/Zimmermann, Bénédicte: Vergleich, Transfer, Verflechtung. Der Ansatz der Histoire croisée und die Herausforderung des Transnationalen. In: *Geschichte und Gesellschaft* 28 (2002), 607–636.

Wietschorke, Jens: Historische Ethnografie. Möglichkeiten und Grenzen eines Konzepts. In: *Zeitschrift für Volkskunde* 106 (2010), 197–224.

Wilke, Jürgen: *Grundzüge der Medien- und Kommunikationsgeschichte. Von den Anfängen bis ins 20. Jahrhundert.* Köln/Weimar/Wien 2000.

Winkler, Hartmut: *Docuverse. Zur Medientheorie der Computer.* München 1997.

Winkler, Hartmut: Die prekäre Rolle der Technik. Technikzentrierte versus ›anthropologische‹ Mediengeschichtsschreibung. In: Claus Pias (Hg.): *Medien. Dreizehn Vorträge zur Medienkultur.* Weimar 1999, 221–240.

Winston, Brian: *Media Technology and Society. A History from the Telegraph to the Internet.* London u. a. 2003.

Winthrop-Young, Geoffrey: *Kittler and the Media.* New York 2011.

Zielinski, Siegfried/Fürlus, Eckhard (Hg.): *Variantology 3. On Deep Time Relations of Arts, Sciences and Technologies in China and Elsewhere.* Köln 2008.

Zielinski, Siegfried/Fürlus, Eckhard (Hg.): *Variantology 4. On Deep Time Relations of Arts, Sciences and Technologies in the Arabic-Islamic World and Beyond.* Köln 2010.

Jens Schröter/Gregor Schwering

21. Mediatisierung/ Medialisierung

Zum Begriff der Mediatisierung und zum Ansatz der Mediatisierungsforschung

Im engeren Sinne verweist der Begriff der Mediatisierung auf keine geschlossene Theorie, sondern auf einen Ansatz der Medien- und Kommunikationsforschung, der durch einen bestimmten Zugang auf Phänomene von Medien und Kommunikation gekennzeichnet ist. Mediatisierung ist ein Konzept, um die Wechselbeziehung zwischen medienkommunikativem und soziokulturellem Wandel kritisch zu analysieren. Hierbei sind mit dem Mediatisierungsbegriff quantitative wie auch qualitative Aspekte verbunden. In quantitativer Hinsicht fasst Mediatisierung die zunehmende zeitliche, räumliche und soziale Verbreitung von medienvermittelter Kommunikation. In qualitativer Hinsicht wird mit Mediatisierung der Stellenwert der Spezifika verschiedener Medien im und für den soziokulturellen Wandel gefasst. Während mit einem solchen Gesamtverständnis einzelne Wissenschaftler/innen Mediatisierung als einen langfristigen Prozess des Wandels ansehen und letztlich die Menschheitsgeschichte als zunehmende Intensivierung oder Radikalisierung von Mediatisierung begreifen, beziehen andere Wissenschaftler/innen den Mediatisierungsbegriff auf Wandlungszusammenhänge seit der Etablierung der sogenannten klassischen Massenmedien (Printmedien, Kino, Radio, Fernsehen). Insgesamt ist der Begriff der Mediatisierung in beiden Fällen enger als der der Vermittlung (*mediation*) und grenzt sich somit von diesem als Wandlungsbegrifflichkeit ab: Während ›Vermittlung‹ ein generelles Moment von Kommunikation ist und somit auf einer sehr grundlegenden Ebene symbolischer Interaktion zu sehen ist, handelt es sich bei ›Mediatisierung‹ um ein spezifisches Konzept, das die Rolle von Medienkommunikation im weitergehenden soziokulturellen Wandlungsprozess reflektiert.

Im deutschsprachigen Raum wie auch im skandinavischen Raum wird der Begriff der Mediatisierung dabei teilweise synonym zu dem der Medialisierung gebraucht, insbesondere im Kontext der historischen Forschung wie der Forschung zu politischer Kommunikation. Das primäre Argument für diese Begriffsverwendung ist, dass der Ausdruck der Mediatisierung in der historischen Forschung belegt ist und dort die Aufhebung der Reichsunmittelbarkeit bezeichnet. Teilweise gab es auch Versuche, die Begriffe ›Mediatisierung‹ und ›Medialisierung‹ in dem Sinne abzugrenzen, dass der erste auf die Ebene des Alltagshandelns zu beziehen sei, der zweite auf die Ebene institutioneller Akteure. Solche Abgrenzungsversuche konnten sich gleichwohl nicht durchsetzen. In der englischsprachigen Kommunikations- und Medienforschung hat sich in den letzten Jahren dann der Begriff der Mediatisierung (*mediatization*) durchgesetzt.

Im Rahmen eines solchen allgemeinen Verständnisses von Mediatisierung lassen sich aktuell zwei Konkretisierungen des Mediatisierungsbegriffs ausmachen, nämlich erstens ein institutionalistischer und zweitens ein sozialkonstruktivistischer. Mit dem institutionalistischen Mediatisierungsbegriff werden Medien als mehr oder weniger eigenständige gesellschaftliche Institutionen mit eigenen Regelwerken begriffen. ›Mediatisierung‹ fasst dann die Anpassung von Kommunikation in verschiedenen sozialen Feldern bzw. Systemen wie beispielsweise dem der Politik oder der Religion an eine Medienlogik. ›Medienlogik‹ bezeichnet dabei im weitesten Sinne institutionalisierte Formate und Inszenierungsweisen von Medien, die auf der einen Seite nicht-mediale Repräsentationsformen aufgreifen, an die sich auf der anderen Seite aber nicht-mediale Akteure anpassen müssen, wenn sie in den Medien – hier verstanden als Massenmedien – repräsentiert sein wollen. Beim sozialkonstruktivistischen Mediatisierungsbegriff steht die Analyse der Stellung von (verschiedenen) Medien im Prozess einer sich wandelnden kommunikativen Konstruktion soziokultureller Wirklichkeit im Vordergrund. Mediatisierung fasst damit, wie sich einzelne Prozesse der kommunikativen Konstruktion von Wirklichkeit in bestimmten Medien konkretisieren (›objektivieren‹, ›verdinglichen‹, ›institutionalisieren‹) bzw. wie umgekehrt die so bestehenden Spezifika von Medien jeweils kontextualisierte ›Einflüsse‹ auf den Prozess der kommunikativen Konstruktion von soziokultureller Wirklichkeit haben.

Beide Varianten des Mediatisierungsbegriffs – die institutionelle wie auch die sozialkonstruktivistische – treffen sich trotz ihrer Unterschiede darin, dass sie eine Engführung des Mediatisierungskonzepts auf Medienwirkung ablehnen. Vielmehr zielt dieses wie eingangs formuliert darauf, Wechselverhältnisse bzw. Wechselbeziehungen zwischen medienkommunikativem und soziokulturellem Wandel zu fassen (s. Kap. II.20). Indem sich solche Wechselverhältnisse nicht abstrakt bestimmen lassen, versteht sich das Mediatisierungskonzept als Ansatz- und Ausgangspunkt für sowohl historische als auch auf die Gegenwart ausgerichtete empirische Forschungen verschiedenster Art. Hierbei geht es darum, mit Bezug auf den Mediatisierungsbegriff diese unterschiedlichen Forschungen zunehmend in eine Gesamtbetrachtung bzw. Gesamttheorie zu integrieren.

Zur Entwicklung der Mediatisierungsforschung und -theorie

Mediatisierung ist als Begriff mit Bezug auf Medienkommunikation bereits seit dem ersten Drittel des 20. Jahrhundert im wissenschaftlichen Diskurs zu finden (vgl. Averbeck-Lietz 2014). Früh sprach beispielsweise Ernst Manheim in seiner aufgrund des politischen Drucks in Nazideutschland dann wieder zurückgezogenen Habilitation *Die Träger der öffentlichen Meinung* (1933) von der »Mediatisierung menschlicher Unmittelbarbeziehung« (ebd., 11). Es ging ihm mit dem Begriff darum, die Veränderungen von Sozialbeziehungen in einer durch die Verbreitung von Medien gekennzeichneten Moderne zu charakterisieren. Jean Baudrillard hat in *Der symbolische Tausch und der Tod* (1982, 98) (postmoderne) Informationen in dem Sinne als mediatisiert charakterisiert, dass ›hinter‹ diesen keine weitere Realitätsebene mehr erfassbar sei (s. Kap. II.10). Jürgen Habermas bezeichnet in seiner *Theorie des kommunikativen Handelns* (1981) mit Mediatisierung einen Teilprozess der Kolonialisierung der Lebenswelt, wobei es ihm allerdings nicht um Kommunikationsmedien, sondern um symbolische generalisierte Medien wie Macht und Geld geht. Ulf Hannerz hat in dem von ihm herausgegebenen Band *Medier och kulturer* (1990) den Einfluss von Medien als solchen (d. h. jenseits ihrer Inhalte) auf Kultur als Mediatisierung bezeichnet. Oder John B. Thompson spricht in dem Band *The Media and Modernity* (1995) von einer »mediazation of culture«, womit er die zunehmend irreversible Vermittlung von Kultur durch institutionalisierte Massenmedien fasst. Diese Beispiele machen deutlich, dass der Begriff der Mediatisierung bzw. Varianten der Begrifflichkeit fest in die sozial- und kulturwissenschaftliche Begriffsbildung eingebunden sind. Gleichwohl handelt es sich bei solchen allgemeinen Begriffsverwendungen um keine weitergehende theoretische Verdichtung.

Letztere wurde in der im engeren Sinne zu verstehenden kommunikations- und medienwissenschaftlichen Forschung geleistet, vor allem im deutschsprachigen und skandinavischen Raum. Hierbei ist in den letzten Jahren eine zunehmende Internationalisierung der Forschungsdiskussion auszumachen (vgl. zum Folgenden vertiefend Hepp 2013a, 27–62). Wichtige Bezugspunkte waren dabei einerseits die Mediumstheorie in der Tradition von Harold Innis, Marshall McLuhan und Joshua Meyrowitz, andererseits die Kommunikationsökologie von David Altheide und Robert Snow. Von der Mediumstheorie (s. Kap. II.4) stammt der Gedanke, nicht allein bzw. primär Medieninhalte zu fokussieren, sondern vielmehr den Einfluss von Medien als solchen. Auch wenn die sehr direkten bzw. stark verallgemeinernden und dekontextualisierenden Annahmen der Mediumstheorie abgelehnt werden, ist dieser Grundgedanke ein wichtiger Bezugspunkt für die Mediatisierungsforschung. Im Hinblick auf den Begriffsapparat der Mediatisierungsforschung relevanter ist die Kommunikationsökologie von Altheide und Snow, weswegen sie hier knapp betrachtet werden soll. Ausgangspunkt ihrer Überlegungen ist eine Kritik an der damaligen US-amerikanischen Massenkommunikationsforschung, die den Blick auf Medieninhalte und ihre Publikumswirkung lenkte. Basierend auf grundlegenden Ansätzen des symbolischen Interaktionismus, der Ethnomethodologie und der Phänomenologie kritisieren Altheide und Snow diesen Zugang als nicht zielführend, weil so »die Rolle von Medien in unserem Leben« (Altheide/Snow 1979, 7) auf einzelne Wirkvariablen reduziert und der Gesamteinfluss nicht verstanden wird. Ihnen erscheint es vielmehr notwendig danach zu fragen, *wie* Medien als eine »Form von Kommunikation« (Altheide/Snow 1979, 9) unsere Sicht und unsere Interpretationen des Sozialen verändern. Hierzu entwickeln sie das Konzept der Medienlogik. Eine Medienlogik lässt sich – wie Altheide und Snow in kritischer Auseinandersetzung mit soziologischen Klassikern von Georg Simmel und Erving Goffman feststellen – nicht an einzelnen Inhalten festmachen, sondern an der Form von Medienkommunikation. Diese verstehen sie als einen »prozessualen Rahmen, *durch den* soziales Handeln geschieht« (Altheide/ Snow 1979, 15; Herv. i.O.) – in diesem Fall das soziale Handeln der Kommunikation. Die Medienlogik als Form zeigt sich insbesondere in den Formaten der Massenkommunikation, die Altheide und Snow als ein verbindendes Element im gesamten Vermittlungsprozess der Medienkommunikation ansehen. An diesem Grundverständnis von Medienlogik halten die beiden Autoren auch in späteren Publikationen fest, wenn sie eine Analyse der Formen

und Formate medialer Vermittlung einfordern, und Altheide selbst integriert dieses in seine übergreifende Theoriepublikation *An Ecology of Communication: Cultural Formats of Control* (1995). Sein Argument dabei ist, dass Ereignisse wie auch menschliches Handeln durch Veränderungen von Informationstechnologien und von Kommunikationsformaten beeinflusst werden.

Der institutionalistische Mediatisierungsbegriff

Auch wenn sich Altheide und Snow nicht des Begriffes der Mediatisierung sondern dem allgemeineren Konzept der Vermittlung (*mediation*) bedienen, sind deren Argumente der Bezugsrahmen für die Entwicklung des bereits genannten institutionalistischen Mediatisierungsbegriffs. Kent Asp (1990) war einer derjenigen, die als erstes Mediatisierung – oder, wie er schreibt: *Medialization* – mit der institutionellen Durchsetzung einer Medienlogik in Verbindung gebracht haben. So argumentiert er, dass bei einer Betrachtung der Rolle von Medien in der Gesellschaft drei ›Einflussfelder‹ berücksichtigt werden müssen: das des Marktes, das der Ideologie und das der medienbezogenen Normen. Dieses dritte ›Feld‹ lässt sich – und hier bezieht Asp sich direkt auf Altheide und Snow – am besten mit dem Begriff der ›Medienlogik‹ fassen. Diese ist für ihn ein *catch-all term*, um Dramaturgien, Formate, Routinen und Rationalitäten von Medien (der Massenkommunikation) zusammenfassend zu bezeichnen. Die Passung an eine ›Medienlogik‹ wird zum Schlüssel einer jeden (politischen) Ereignisberichterstattung: »[T]he extent to which the event ›fits‹ with media logic will decide whether or not the event will become news« (Asp 1990, 48).

Dieser Gedanke findet sich dann gewissermaßen als Forschungsprogramm des institutionalistischen Mediatisierungsbegriffs insbesondere im Bereich der politischen Kommunikation und der Massenkommunikationsforschung. Es geht hier im weitesten Sinne um die Frage, inwieweit sich mit der Verbreitung von Massenmedien verschiedene Bereiche von Kultur und Gesellschaft zunehmend an einer ›Medienlogik‹ orientieren (vgl. Vowe 2006; Meyen 2009). Arbeiten in einer solchen Tradition wurden im deutschsprachigen Raum beispielsweise an den Universitäten Bielefeld (u. a. Peter Weingart), Düsseldorf (u. a. Gerhard Vowe), Greifswald (Patrick Donges), Mainz (u. a. Hans Matthias Kepplinger) oder Zürich (u. a. Kurt Imhof) realisiert. Jenseits des deutschen Sprachraums wurden solche Argumentationen beispielsweise in Italien an der Universität Milano (Gianpietro Mazzoleni), in Dänemark an der Universität Kopenhagen (u. a. Stig Hjarvard) oder in Schweden an der Mid Sweden University in Sundsvall (Jesper Strömbäck) weiterentwickelt. Aber auch kommunikations- und mediengeschichtliche Untersuchungen bekennen sich in der Tendenz zu einem solchen Mediatisierungsbegriff, auch wenn sie selbst zur Vermeidung von Verwechslung mit historischen Mediatisierungsprozessen den Ausdruck der Medialisierung bevorzugen (u. a. Rudolf Stöber, Jürgen Wilke). Und jenseits der Kommunikations- und Medienwissenschaft finden sich ebenfalls in der Zeitgeschichte Arbeiten, die mit einer solchen Begrifflichkeit operieren (u. a. Frank Bösch).

Es war vor allem Stig Hjarvard, der in den letzten Jahren diesen Zugang auf Mediatisierung weiter zu einem institutionstheoretischen Ansatz verdichtet hat (vgl. Hjarvard 2008, 110). Sein institutionalistischer Mediatisierungsbegriff operiert dabei auf zwei Ebenen: Erstens fasst er die Beziehung zwischen Medien als Institutionen und anderen gesellschaftlichen Institutionen. Zweitens verortet er Mediatisierung historisch ab dem Zeitpunkt, an dem Medien als Massenmedien zu ›autonomen‹ gesellschaftlichen Institutionen geworden sind. Dies begreift er als die Voraussetzung dafür, dass Medieninstitutionen *als solche* andere soziale Institutionen beeinflussen können. Hjarvard fasst dann unter »Mediatisierung von Gesellschaft [...] den Prozess, in dem die Gesellschaft in zunehmenden Maße sich den Medien und ihrer Logik unterwirft oder von ihr abhängig wird« (Hjarvard 2008, 113, vgl. auch Hjarvard 2013, 21–23). Der Ausdruck der ›Medienlogik‹ bezieht sich dabei »auf den institutionellen und technologischen modus operandi der Medien, einschließlich der Art und Weise, in der Medien materielle und symbolische Ressourcen distribuieren und mithilfe von formellen und informellen Regeln operieren« (ebd.).

Wie die bisherige Darstellung zeigt, ist der institutionalistische Mediatisierungsbegriff vor allem der Massenkommunikationsforschung verbunden, also der Beschäftigung mit standardisierten und produzierten Medien. Vor diesem Hintergrund wurde dieser Begriff in jüngerer Zeit zunehmend kritisiert. Kritikpunkte sind dabei erstens, dass die These einer *einzelnen* Medienlogik kaum haltbar ist. Zweitens wurde darauf hingewiesen, dass falls so etwas wie eine Medienlogik besteht, diese allenfalls für bestimmte Felder (beispielsweise die Beziehung von Massenmedien und Politik) ausgemacht werden und

keinen allgemein gültigen Charakter haben kann. Ein dritter Kritikpunkt ist schließlich, dass der Begriff der Medienlogik eine unscharfe Metapher bleibt, die sehr unterschiedliche Aspekte von Medien fasst.

Der sozialkonstruktivistische Mediatisierungsbegriff

Der ›sozialkonstruktivistische Mediatisierungsbegriff‹ hat stärker seinen Ausgangspunkt im symbolischen Interaktionismus und der Wissenssoziologie genommen, bezieht gleichzeitig aber Grundüberlegungen der Mediumstheorie mit ein. Letztlich kann dieser Ansatz als Fortführung klassischer soziologischer Überlegungen begriffen werden, wie wir sie beispielsweise bereits bei Ernst Manheim (1933) finden (s. o.). In jüngerer Zeit sind hier insbesondere die Arbeiten von Friedrich Krotz zu nennen, der mit seinem Entwurf *Die Mediatisierung des kommunikativen Handelns* (2001, als Habilitationsschrift 1999) eine Konzeptionalisierung von Mediatisierung vorgelegt hat, die sich an handlungstheoretisch basierter Kommunikationsforschung und Cultural Studies orientiert. Hierbei begreift er Mediatisierung ähnlich wie Individualisierung und Kommerzialisierung als einen ›Metaprozess‹ des Wandels, d. h. als einen übergreifenden Orientierungsrahmen, um den Wandel von Kultur und Gesellschaft theoretisch fundiert zu beschreiben. In einer solchen langfristigen Perspektive erscheint die Menschheitsgeschichte dann als ein Prozess, »in deren Verlauf immer neue Kommunikationsmedien entwickelt wurden und auf unterschiedliche Weise Verwendung finden und fanden« (Krotz 2001, 33). Entscheidend sind dann aber nicht einfach die Medien für sich genommen, sondern der mit dem Medienwandel einhergehende Wandel von Kommunikationsformen: »In der Konsequenz entwickelten sich immer komplexere mediale Kommunikationsformen, und Kommunikation findet immer häufiger, länger, in immer mehr Lebensbereichen und bezogen auf immer mehr Themen in Bezug auf Medien statt« (Krotz 2001, 33, Herv. i. O.). Mit dieser Zugangsweise geht einher, dass eine kontextfreie Definition und damit auch Beschreibung von Mediatisierung kaum angemessen erscheint. Es muss also davon ausgegangen werden, dass zu unterschiedlichen Zeiten bzw. für unterschiedliche Bevölkerungsgruppen je verschiedene Mediatisierungsprozesse ausgemacht werden können, die es jeweils konkret zu beschreiben gilt. Die Annahme einer einheitlichen Medienlogik macht in einem solchen Blickwinkel wenig Sinn.

Auf diese Vielschichtigkeit von Mediatisierung machten auch andere Wissenschaftler/innen aufmerksam, die zwischen einem sozialkonstruktivistischen und institutionellen Mediatisierungsbegriff changieren. Winfried Schulz beispielsweise arbeitet in seinem 2004 im *European Journal of Communication* erschienenen, vielbeachteten Aufsatz »Reconstructing mediatization as an analytical concept« vier unterschiedliche Momente von Mediatisierung heraus: Extension (*extension*), Substitution (*substitution*), Verschmelzung (*amalgamation*) und Anpassung (*accommodation*):

- Mit dem Begriff der *Extension* bezeichnet Schulz den im Rahmen der Mediumstheorie konstatierten Gedanken, die Medien seien ›extensions of man‹, also Erweiterungen der Möglichkeiten kommunikativen Handelns im Hinblick auf Ort, Zeit und Ausdrucksmöglichkeiten. Mediatisierung bedeutet dann, dass sich die Möglichkeiten menschlichen kommunikativen Handelns über den Zeitverlauf gesteigert haben.

- *Substitution* fasst, dass Medien ganz oder teilweise soziale Aktivitäten und soziale Institutionen ersetzen. Schulz verweist auf Video- und Computerspiele, die Arten des Face-to-Face-Spielens ersetzen. Es geht also darum, wie medienvermittelte Formen von Kommunikation nicht-medienvermittelte ›verdrängen‹ (können), was ein weiteres Moment von Mediatisierung ist.

- Mit *Verschmelzung* wird beschrieben, dass sich medienbezogenes und nicht-medienbezogenes Handeln zueinander entgrenzen. Man kann beispielsweise an die Alltagswelt denken, in der wir nicht-medienbezogenes Handeln (Auto-Fahren) gemeinsam vollziehen mit medien-bezogenem Handeln (Radio-Hören) oder in der bei beruflichen Tätigkeiten nicht-medienbezogenes Handeln (handwerkliches Arbeiten) mit medienbezogenem Handeln (paralleles Terminmanagement mit dem Mobiltelefon) verschmilzt. Mediatisierung ist damit auch ein Prozess einer fortlaufenden ›Amalgamierung‹ von medienbezogenem und nicht-medienbezogenem Handeln.

- Schließlich ist die *Anpassung* zu nennen – und hier kommt der Begriff der ›Medienlogik‹ für Schulz ins Spiel. So konstatiert er, dass zunehmend das Handeln in verschiedenen Bereichen der Gesellschaft (Politik, Sport usw.) sich an einer ›Medienlogik‹ orientiert, die er vor allem als Inszenierungsweisen des Fernsehens beschreibt (vgl. Schulz 2004, 89).

Auch wenn Schulz' Aufzählung der Subprozesse von Mediatisierung unvollständig und zufällig wirkt, macht sie doch deutlich, dass Mediatisierung für ihn nur *unter anderem* die Durchsetzung einer solchen Logik ist, nicht aber mit dieser gleichgesetzt werden kann.

Solche Argumente der Komplexität und Widersprüchlichkeit von Mediatisierung werden durch verschiedene empirische Studien in der sozialkonstruktivistischen Tradition gestützt, bei denen weniger die Beziehung zwischen Massenmedien und Politik im Fokus stehen, sondern andere Bereiche von Kultur und Gesellschaft. Dabei geht es insbesondere um die alltagsweltliche Medienaneignung von Menschen bzw. deren kommunikative Praktiken. Zu nennen sind hier beispielsweise die Arbeiten von Andreas Hepp (Universität Bremen) zu Mediatisierung von Vergemeinschaftung, André Janssons (Universität Karlstad, Schweden) Studien zur Mediatisierung von Konsum, Hubert Knoblauchs (TU Berlin, Deutschland) Untersuchungen zur Mediatisierung von (populärer) Religion, Knut Lundbys (Universität Oslo, Norwegen) und Mia Lövheims (Universität Uppsala, Schweden) Studien zur Mediatisierung von Religion, um einige Vertreter/innen in dieser Forschungsrichtung zu nennen. Es geht hier vor allem darum, zu erfassen, wie sich das Wechselverhältnis von medienkommunikativem und sozialkulturellem Wandel in der alltagsweltlichen Kommunikationspraxis von Menschen konkretisiert und wie dies in Beziehung steht zu veränderten Prozessen der kommunikativen Konstruktion von Wirklichkeit. Betrachtet werden dabei nicht nur Massenmedien, sondern insbesondere auch sogenannte neue Medien des Internets und der Mobilkommunikation. Hierbei interessieren sich solche Studien für das gesamte ›Medienensemble‹, das gesamte ›Kommunikationsrepertoire‹ bzw. die gesamte ›kommunikative Vernetzung‹ verschiedener Gruppen von Menschen.

Mediatisierte Welten

Jüngere Theoretisierungsversuche innerhalb des sozialkonstruktivistischen Mediatisierungsbegriffs versuchen, Mediatisierung stärker in Rückbezug zur symbolischen Sozial- und Lebenswelt der Menschen zu verstehen. Exemplarisch dafür steht das Konzept der »mediatisierten Welten« (Krotz/Hepp 2012). Hierbei werden unter mediatisierten Welten ›kleine Lebens-Welten‹ (Benita Luckmann) oder ›soziale

Welten‹ (Tamotsu Shibutani; Anselm Strauss) verstanden, die in ihrer spezifischen Form auf konstitutive Weise durch medienvermittelte Kommunikation artikuliert werden. Als solche handelt es sich dabei um strukturierte Fragmente von Lebenswelten mit verbindlichen intersubjektiven Wissensvorräten und kulturellen Verdichtungen. Wir sind also beispielsweise mit der mediatisierten Welt der Familie, der Politik, des Spielens, der Börse usw. konfrontiert. Der Wandel von Mediatisierung wird auf diese Weise als eine Veränderung verschiedener mediatisierter Welten begriffen und entsprechend analytisch beschrieben. Solche Konzepte zielen darauf, den Mediatisierungsbegriff stärker an allgemeine sozialwissenschaftliche Ansätze der Beschreibung von Wandel anzuknüpfen und dabei auch die Spezifika von Technologien zu berücksichtigen. Wichtige Bezugsautoren sind u. a. Pierre Bourdieu, Norbert Elias oder Bruno Latour. Solche Theoretisierungen versuchen der Hauptkritik der bisherigen Forschung in der Tradition des sozialkonstruktivistischen Mediatisierungsbegriffs zu begegnen. Dies ist erstens die Kritik, dass dieser Begriff als solches kaum im empirischer Forschung operationalisierbar sei, und zweitens, dass er die Spezifik von Medien als Technologien und Organisationen nicht hinreichend berücksichtige.

Einen nachhaltigen Schub bekam die Diskussion um Mediatisierung über den institutionalistischen und sozialkonstruktivistischen Mediatisierungsbegriff hinweg um 2010, wobei insbesondere zwei Ereignisse katalysierend waren. Dies war zum einen die ›presidential address‹ von Sonia Livingstone im Jahr 2008 als Präsidentin der International Communication Association (ICA). In dieser beschrieb sie die mit dem aktuellen Medienkommunikationswandel zunehmende ›mediation of everything‹ als eine der zentralen Herausforderungen für die Kommunikations- und Medienwissenschaft und nannte den Ansatz der Mediatisierungsforschung als eine wichtige Möglichkeit des Umgangs mit dieser Herausforderung (vgl. Livingstone 2009). Zum anderen erschien im Jahr 2009 der von Knut Lundby herausgegebene Band *Mediatization: Concept, Changes, Consequences* der – über reine Lexikonartikel hinaus (vgl. z. B. Mazzoleni 2008) – zum ersten Mal eine Auswahl der wichtigsten internationalen Vertreter/innen der Mediatisierungsforschung versammelte und der als wichtiger Impulsgeber für eine Weiterentwicklung des Mediatisierungskonzepts angesehen werden muss. Hierbei gingen die Beiträge des Bandes deutlich über den deutschen und skandinavischen Sprachraum hinaus und schließen beispiels-

weise auch US-amerikanische Forscher/innen mit ein. Als Kernergebnis der in dem Band stattfindenden Diskussion kann angesehen werden, dass einfache Vorstellungen der linear zunehmenden Einflussnahme einer ›Medienlogik‹ nicht hinreichend sind, um den aktuellen Mediatisierungsprozess zu fassen. Ausgehend hiervon bestehen zwei Grundtendenzen, nämlich einerseits die der weiteren Ausdifferenzierung des Begriffs von ›Medienlogik‹ und dessen Ablösung von seiner ursprünglichen Orientierung auf traditionelle Massenmedien (und hier vor allem des Fernsehens; vgl. Hjarvard 2013). Auf der anderen Seite werden neue Begriffskonzepte eingeführt und eingefordert, um die Spezifika der sich wandelnden Medien im Prozess der sich verändernden Formen von Kommunikation und Interaktion bzw. der soziokulturellen Konstruktion von Wirklichkeit zu erfassen (vgl. Hepp 2012).

Zu aktuellen Entwicklungen

In den letzten Jahren nahm die Mediatisierungsforschung eine rasante Entwicklung. Diese kann vor allem darin gesehen werden, dass die bestehenden Theoriekonzepte als Basis für empirische Forschung genommen wurden, um so die »Debatte um Mediatisierung« (Couldry 2012, 134) weiter untermauert fortzuführen. Hierbei fallen zunehmend Großverbünde von Forschung in den Blick. Aktuell sind dies beispielsweise die Arbeiten des National Center of Competence in Research Democracy an der Universität Zürich zur Mediatisierung von Politik, die Projekte des an der Universität Bremen koordinierten Schwerpunktprogramms ›Mediatisierte Welten‹ zu Mediatisierung von Lebens- bzw. Sozialwelten oder die Forschung des Projektverbunds ›The Mediatization of Culture‹, der sich an der Universität Kopenhagen mit dem Stellenwert von digitalen Medien für Kulturwandel auseinandersetzt. Für die zunehmende Institutionalisierung der Mediatisierungsforschung und die damit verbundene Theoriearbeit steht auch der Aufbau einer Arbeitsgruppe ›Mediatization‹ in der European Communication Research and Education Association (ECREA) bzw. das Erscheinen von vier Themenheften der Zeitschriften *Communications: European Journal for Communication Research* (2010, 35/3), *Culture and Religion* (2011, 12/2), *Empedocles: European Journal for the Philosophy of Communication* (2012, 3/2) und *Communication Theory* (2013, 23/3). So unterschiedlich diese Zeitschriften jeweils ausgerichtet sind, sie stehen gerade in ihrer Vielfalt für die zunehmende Ausdifferenzierung der Mediatisierungstheorie, die damit interdisziplinärer wird und beispielsweise auch die Wissenssoziologie einbezieht (vgl. u. a. Krotz/Hepp 2012; Couldry 2012).

Für die zukünftige Mediatisierungsforschung zeichnet sich eine vierfache Herausforderung ab:

- Erstens gilt es mit Bezug auf die These der Langfristigkeit von Mediatisierungsprozessen auch historische Forschung stärker in die aktuelle Theoriedebatte zu integrieren. Will sich die Mediatisierungstheorie auch geschichtlich differenzierter entwickeln, ist eine ›historische Mediatisierungsforschung‹ notwendig, die über die bisherige Medien- und Kommunikationsgeschichte hinausgeht (vgl. Hepp 2013b; Averbeck-Lietz 2014).

- Zweitens ist die bisherige empirische Basis wie auch der Theoriehorizont der Mediatisierungsforschung zwar nicht mehr auf den deutschen und skandinavischen Raum ausgerichtet, aber doch noch stark ›westlich‹ orientiert. Vor dem Hintergrund der impliziten Annahme, dass Mediatisierungsprozesse in unterschiedlichen Regionen der Welt kontextualisiert auf je unterschiedliche Weise auszumachen sind, erscheint eine ›Ent-Westlichung‹ der Mediatisierungsforschung notwendig, wie sie generell für die Kommunikations- und Medienforschung eingefordert wird.

- Drittens besteht bei auf aktuellen Phänomenen der Mediatisierung ausgerichteten Studien eine Herausforderung darin, den Wandel empirisch angemessen zu erfassen. Dies bedeutet, einerseits in Langfristperspektive Mediatisierungsforschung zu betreiben (›diachrone Mediatisierungsforschung‹), andererseits aber auch, bestimmte Umbruchsituationen von Mediatisierung gewissermaßen im Querschnitt differenziert zu analysieren (›synchrone Mediatisierungsforschung‹). Für beide Formen der Mediatisierungsforschung gilt es, das methodische Instrumentarium weiterzuentwickeln.

- Schließlich besteht viertens eine große Herausforderung darin, die verschiedenen empirischen Arbeiten zu einzelnen Mediatisierungsphänomenen in eine übergreifende Theoriebildung zu integrieren, ohne dass letztere zu abstrakt wird und ihren kontextuellen Rückbezug verliert.

Diese vier Herausforderungen machen nicht nur deutlich, dass die Mediatisierungsforschung ein großes Entwicklungspotenzial hat. Ebenso wird deutlich, dass eine umfassende Theorie der Mediatisierung nur auf der Basis einer breiten, auch (trans-)kulturell bzw. (trans-)national vergleichenden und historisch geöffneten Forschung realisiert werden kann.

Literatur

Altheide, David L.: *An Ecology of Communication: Cultural Formats of Control*. New York 1995.

Altheide, David L./Snow, Robert P.: *Media Logic*. Beverly Hills 1979.

Asp, Kent: Medialization, media logic and mediarchy. In: *Nordicom Review* 11/2 (1990), 47–50.

Averbeck-Lietz, Stefanie: *Soziologie der Kommunikation. Die Mediatisierung der Gesellschaft und die Theoriebildung der Klassiker*. München 2014.

Baudrillard, Jean: *Der symbolische Tausch und der Tod*. München 1982 (frz. 1976).

Couldry, Nick: *Media, Society, World: Social Theory and Digital Media Practice*. Cambridge, Mass. 2012.

Habermas, Jürgen: *Theorie des kommunikativen Handelns*. Frankfurt a. M. 1981.

Hannerz, Ulf (Hg.): *Medier och kulturer*. Stockholm 1990.

Hepp, Andreas: *Medienkultur. Die Kultur mediatisierter Welten*. Wiesbaden [2]2013a.

Hepp, Andreas: The communicative figurations of mediatized worlds. In: *European Journal of Communication* 28/6 (2013b), 615–629.

Hjarvard, Stig: The mediatization of society. A theory of the media as agents of social and cultural change. In: *Nordicom Review* 29/2 (2008), 105–134.

Hjarvard, Stig: *The Mediatization of Culture and Society*. London 2013.

Krotz, Friedrich: *Die Mediatisierung des kommunikativen Handelns. Der Wandel von Alltag und sozialen Beziehungen, Kultur und Gesellschaft durch die Medien*. Opladen 2001.

Krotz, Friedrich/Hepp, Andreas (Hg.): *Mediatisierte Welten. Forschungsfelder und Beschreibungsansätze*. Wiesbaden 2012.

Livingstone, Sonia M.: On the mediation of everything. In: *Journal of Communication* 59/1 (2009), 1–18.

Lundby, Knut (Hg.): *Mediatization: Concept, Changes, Consequences*. New York 2009.

Manheim, Ernst: *Die Träger der öffentlichen Meinung. Studien zur Soziologie der Öffentlichkeit*. Brünn/Prag/Leipzig/Wien 1933.

Mazzoleni, Gianpietro: Mediatization of society. In: Wolfgang Donsbach (Hg.): *The International Encyclopedia of Communication*, Vol. VII. Oxford 2008, 3052–3055.

Meyen, Michael: Medialisierung. In: *Medien & Kommunikationswissenschaft*, 57/1 (2008), 23–38.

Schulz, Winfried: Reconstructing mediatization as an analytical concept. In: *European Journal of Communication* 19/1 (2004), 87–101.

Thompson, John B.: *The Media and Modernity. A Social Theory of the Media*. Cambridge, Mass. 1995.

Vowe, Gerhard: Mediatisierung der Politik? Ein theoretischer Ansatz auf dem Prüfstand. In: *Publizistik* 51/4 (2006), 437–455.

Für umfassende Hinweise danke ich Stefanie Averbeck-Lietz und Friedrich Krotz.

Andreas Hepp

22. Intermedialität, *remediation*, Multimedia

›Intermedialität‹, ›*remediation*‹ und ›Multimedia‹ bzw. ›Multimedialität‹ sind Begriffe, die in der einen oder anderen Weise alle auf Konstellationen oder Prozesse verweisen, bei denen mehrere Medien ins Spiel kommen. Bereits die verschiedenen Präfixe deuten darauf hin, dass sich mit diesen Begriffen, bei allen gegebenen Überschneidungen, unterschiedliche Bedeutungsschattierungen verbinden, die je andere Dimensionen und Qualitäten medialer Relationen in den Vordergrund rücken. In Anlehnung an Konzepte der Intertextualität (Beziehungen zwischen Texten) und in Erweiterung des *interart*-Begriffs (Beziehungen zwischen Künsten) bezeichnet ›Intermedialität‹ im weitesten Sinne Beziehungen zwischen Medien. Das Präfix ›inter‹ betont dabei das Moment eines ›medialen Dazwischen‹, eines ›inter-esse‹ (zwischen, inmitten, dazwischen sein, teilnehmen an), womit eine Mediengrenzen überschreitende Qualität von Konfigurationen, Verfahren und Prozessen aufgerufen ist, die als ›inter-mediale‹ bezeichnet werden. Im Rahmen des Intermedialitätsparadigmas richtet sich das Augenmerk demgemäß auf (ästhetische) Koppelungen und Brüche, auf Übergängigkeiten zwischen Medien, mediale Transformationsprozesse, Interaktionen und Interferenzen.

Das ›re-‹ der *remediation* hebt das Moment der Wieder-Aufnahme – der Re-Medialisierung – vorgängiger oder auch parallel verfügbarer medialer Formen, Strukturen und ›Inhalte‹ in jeweils anderen medialen Kontexten hervor. Das ›multi‹ des Multimedia- und Multimedialitätsbegriffs schließlich betont eine mediale ›Vielheit‹ innerhalb eines gegebenen Zusammenhangs. Hier also rückt die Kombination und somit eine ›Kopräsenz‹ (vgl. Wolf 2005, 254) verschiedener Medien bzw. medialer Formen oder Formate in den Vordergrund (Texte, statische und bewegte Bilder, Animationen, Töne usw.), die in ihrem Zusammenwirken eine solchermaßen multimediale Konstellation entstehen lassen. Demgemäß werden ›Multimedia‹ und ›multimedial‹ im alltagssprachlichen Gebrauch zumeist im weitesten Sinne auf einen ›Medien-Mix‹ bezogen (spätestens seit den 1990er Jahren gemeinhin in Verbindung mit computerbasierten Anwendungen).

In dieser Begriffstrias nimmt *remediation* insofern eine gewisse Sonderstellung ein, als sich dieser Begriff mit einem ganz bestimmten Ansatz verbindet, nämlich mit der breit rezipierten Studie *Reme-*

diation. Understanding New Media, mit der Jay David Bolter und Richard Grusin das Konzept 1999 in die Debatte eingeführt haben. Auch das Verhältnis zwischen *remediation* und ›Intermedialität‹ wirft kaum Fragen auf: *Remediation* lässt sich vielmehr mit Bolter selbst (2005, 13) als eine »particular form of intermediality« bezeichnen und somit im größeren Horizont der Intermedialitätsdebatte verorten.

Demgegenüber kann schon in Bezug auf ›Multimedia‹/›Multimedialität‹ von einer einheitlichen Begriffsbasis kaum die Rede sein. Die Lage spitzt sich zu, sobald es um genauere Bestimmungen des Intermedialitätsbegriffs geht, lässt sich dieser – schon von seiner allgemeinen Wortbedeutung her – doch potentiell mit jeglicher (auch multimedialen) Art der Beziehungen zwischen Medien und insofern mit synchron wie diachron unterschiedlichsten Ausprägungen, Funktionen und Ebenen medialer Interdependenzen und Interaktionen in Verbindung bringen. Die Frage, welche Arten von medialen Relationen unter ›Intermedialität‹ subsumiert werden sollen und wie diese im Einzelnen zu definieren und theoretisch zu fassen sind, ist demgemäß seit Aufkommen der Intermedialitätsdebatte in immer wieder anderer Weise beantwortet worden.

Als entsprechend weit gefächert erweist sich die Begriffs-, Definitions- und Forschungslage. Nach vereinzelten frühen Vorläufen in den 1980er Jahren und einer – zumindest im deutschsprachigen Raum – geradezu schlagartigen Verbreitung des Intermedialitätsbegriffs seit Anfang/Mitte der 1990er Jahre sind zahlreiche Intermedialitätsansätze entwickelt worden, die sich in Anlage und Zielrichtung z. T. überlappen, z. T. aber auch deutlich voneinander abweichen. Der Intermedialitätsbegriff hat sich insofern letztlich von Anfang an als ein *termine ombrello* (Eco) etabliert: als ein ›Schirmbegriff‹, der immer wieder unterschiedlich gebraucht, mit unterschiedlichen Theorieentwürfen belegt und unter den bereits in den 1990er Jahren eine Vielzahl heterogener Gegenstände und Fragestellungen subsumiert worden ist – eine Entwicklung, die sich in den dann folgenden Jahren fortsetzen sollte.

Dies hat der Durchsetzungskraft des Intermedialitätsparadigmas allerdings keinen Abbruch getan. Bei aller Kritik und Skepsis (vgl. z. B. Gumbrecht 2003; Leschke 2003) hat sich ›Intermedialität‹ seit den 1990er Jahren doch zu »one of the most productive terms in the field of [the] humanities« (Pethő 2011, 19) entwickelt. Dies belegen, neben einer »impressive number« (ebd.) relevanter Publikationen und Theoriedebatten in unterschiedlichsten disziplinären Kontexten, die fortschreitende Institutionalisierung und Internationalisierung der Intermedialitätsforschung, deren Wirkradius inzwischen weit über ihre frühen Hochburgen (neben dem deutschsprachigen Kontext Schweden und Kanada) hinausreicht. Nach einer zunächst zögerlichen Rezeption im englischsprachigen Raum und insbesondere im US-amerikanischen Kontext der traditionsreichen *interart(s) studies* – ein Teilgebiet der Komparatistik, das in den USA bereits in den 1950er/1960er Jahren verankert worden ist (zunächst noch unter dem Stichwort ›Literature and the Other Arts‹) – hat sich der Intermedialitätsbegriff seit der Jahrtausendwende auch in diesen Bereichen durchzusetzen begonnen (vgl. Clüver 2007). Er hat zudem seit Mitte der 2000er Jahre auch in englischsprachige Handbücher Eingang gefunden (vgl. Wolf 2005).

Dabei haben gerade die Mehrdimensionalität und Dynamik des Intermedialitätsbegriffs zu seiner transdisziplinären Anschlussfähigkeit beigetragen und ihn offen für Neuausrichtungen der Debatte gehalten. Nach der ersten Phase der Herausbildung intermedialitätstheoretischer Ansätze hat sich diese seit Anfang/Mitte der 2000er Jahre – auch in theoretisch-methodischer Hinsicht – nochmals erheblich weiterentwickelt und ausdifferenziert. Beim heutigen Stand der Forschung ist insofern, insgesamt betrachtet, nicht nur einer ganzen Bandbreite unterschiedlicher Begriffsverwendungen und Forschungsperspektiven, sondern auch verschiedenen historischen Stadien und je aktuellen Entwicklungen der Intermedialitätsdebatte Rechnung zu tragen.

Intermedialität und Einzelmedien: Grundlagen der Intermedialitätsforschung

In jüngerer Zeit ist nicht zuletzt eine der zentralen Prämissen der Intermedialitätsforschung in die Diskussion geraten und z. T. radikal hinterfragt worden. Aufgerufen ist hiermit die für die Intermedialitätsforschung grundlegende Annahme einer Abgrenzbarkeit von ›Einzelmedien‹, auf der letztlich sämtliche Intermedialitätskonzepte und schon die Begriffsbildung selbst aufbauen (unter ›Einzelmedien‹ werden dabei auch per se plurimedial strukturierte Medien wie Theater oder Film gefasst). Kern der Debatte war (und ist) der Konstruktcharakter von Medienbegriffen und medialen Grenzziehungen. Hierauf aufbauend hat sich – im Theoriehorizont W. J. T. Mitchells – zunehmend die Tendenz gezeigt, Annahmen media-

ler Differenzen zu dekonstruieren, denen für das Funktionsprinzip, Wirk- und Reflexionspotential intermedialer Strategien und Prozesse gemeinhin gerade entscheidende Relevanz zugeschrieben wird.

Vor diesem Hintergrund ist in neueren Beiträgen zum einen die Kategorie der Multimodalität stark gemacht worden (vgl. Elleström 2010, 11), auf deren Potential bereits Mitchells eigene Präzisierung seines bekannten Diktums von 1994 verweist: »All media are, *from the standpoint of sensory modality*, ›mixed media‹« (2005, 257; Herv. d.V.). Zum anderen hat sich das von Werner Wolf schon 1996 eingeführte Konzept ›konventionell als distinkt angesehener‹ Medien als anschlussfähig für eine »sozial- und funktionshistorisch geprägte Revision der Konzepte ›distinkter‹ Medien« (Müller 2010, 35) erwiesen. Auf dieser Grundlage lässt sich die Funktionslogik intermedialer Verfahren und Prozesse auf wandelbare Auffassungen oder ›Vorstellungen‹ von bestimmten Einzelmedien und deren Abgrenzbarkeit von anderen beziehen (vgl. Rajewsky 2008), die sich, wie dies Bertolt Brecht schon 1931 andeutet (vgl. Heller 1986), auf der Grundlage historisch-subjektiver Medienerfahrung, konventioneller Zuschreibungen und zudem stets in Abhängigkeit des zu einem spezifischen Zeitpunkt gegebenen medialen und generischen Relations*gefüges* herausbilden bzw. konstruiert werden (zum High Modernism und dazu, dass dort die Konstruktion ›reiner‹ Medien im Mittelpunkt stand, s. Kap. II.5). Dies impliziert ein dynamisches Konzept medialer Grenzziehungen (vgl. Rajewsky 2008), das diese als historisch wandelbare, nicht nur medial-materiell, sondern immer auch sozial und diskursiv bedingte, beobachterabhängige Konstrukte begreifbar werden lässt, die sich gerade auf dieser Grundlage in »inter-medialen Konfigurationen entfalten« können (Müller 2010, 25; vgl. in diesem Sinne auch Schröters Konzept der ›ontologischen Intermedialität‹, Schröter 1998). Sie können also im Zuge intermedialer Strategien und Prozesse umspielt, reflektiert und ausgestellt (z. B. Fotorealismus) oder auch unterlaufen, aufgelöst, modifiziert und verschoben werden. In diachroner Perspektive geht mit dieser Dynamik – etwa auf der Grundlage technologischen Wandels oder einer regelmäßigen Verwendung bestimmter medialer Mischformen (vgl. Wolf 2005, 254) – häufig eine Ausdifferenzierung bestehender (z. B. Stumm- vs. Tonfilm) oder auch die Herausbildung ›neuer‹, d. h. ihrerseits zu einem gegebenen Zeitpunkt konventionell als distinkt wahrgenommener Kunst- bzw. Mediengattungen einher (z. B. Oper, Comics, Klangkunst).

Ausdifferenzierungen des Intermedialitätsbegriffs

Versucht man, die Vielzahl der kursierenden Intermedialitätsansätze auf einen gemeinsamen Nenner zu bringen, so ist dies nur mit Hilfe eines sehr allgemein gehaltenen, ›flexiblen‹ (Wolf) Intermedialitätsbegriffs zu leisten, wie er eingangs eingeführt wurde. Auf dieser Grundlage ist es möglich, in einem ersten Schritt den Phänomenbereich des Inter- von dem des *Intra*medialen abzugrenzen, d. h. von Phänomenen, die nur *ein* konventionell als distinkt wahrgenommenes Medium involvieren, was sich als heuristisch hilfreich erwiesen hat (z. B. intertextuelle, Film-Film-, Malerei-Malerei-Bezüge usw.). Offenkundig ist jedoch zugleich, dass man sich mit einer so weit gefassten Definition von ›Intermedialität‹, die dem Begriff ja gerade *in* seiner Qualität als *termine ombrello* gerecht zu werden sucht, auf einer wenig aussagekräftigen Ebene bewegt: Man gelangt auf diese Weise weder – bzw. eben nur auf besagter sehr allgemein gehaltenen Ebene – zu einer einheitlichen Theoretisierbarkeit des gesamten Gegenstandsbereichs der Intermedialitätsforschung noch zu einer Präzisierung einzelner Phänomene selbst. Letzteres ist nur mit Hilfe spezifischer gefasster Konzepte zu leisten, die auf untergeordneter Ebene auf je unterschiedliche Erscheinungsformen bzw. Qualitäten des Intermedialen und/oder auf bestimmte Intermedialitätsauffassungen eingegrenzt sind. Es ist dies die Ebene, auf der die verschiedenen kursierenden Intermedialitätsbegriffe – sei es explizit oder implizit – ansetzen, worauf u. a. auch zahlreiche attributive Spezifizierungen des jeweiligen Intermedialitätsverständnisses hinweisen (transformationale, genealogische, primäre, sekundäre, figurative, diskursive Intermedialität usw.).

Vor diesem Hintergrund ist die 2001 noch als »grundlegend« ausgewiesene Frage, »was nun mit *dem* Begriff ›Intermedialität‹ tatsächlich gemeint ist« (Ochsner/Grivel 2001, 4; Herv. d.V.), in der neueren Debatte in Hinblick auf verschiedene Intermedialitätsbegriffe und deren *jeweiliges* heuristisches Potential reformuliert worden (vgl. Rajewsky 2005; in diesem Sinne ist inzwischen z. T. auch pluralisch von *intermedialities* die Rede, vgl. Pethő 2011, 19). Damit rücken zugleich je (fach-)spezifische Erkenntnisinteressen in den Vordergrund, die sich mit unterschiedlichen Intermedialitätsbegriffen verbinden.

Betrachtet man die derzeitige Forschungspraxis, kristallisieren sich in diesem Zusammenhang – grob gesprochen – zwei, in sich wiederum heterogen diskutierte Intermedialitätsauffassungen und Ausrichtungen der Debatte heraus, die im Folgenden skizziert seien.

Intermedialität als allgemeine Größe der Medienkultur. *Remediation*

Der eine Pol der Debatte zielt auf Aussagen über Medien und deren Funktionslogik als solche, auf allgemeine mediale Entwicklungen, (Transformations-) Prozesse und Dynamiken, d. h. auf übergreifende medientheoretische, medienphilosophische, medienhistorische bzw. -genealogische oder soziologische Fragestellungen. Hier wird ›Intermedialität‹ tendenziell – wenn auch mit unterschiedlichen Ausrichtungen – als ein kulturelles bzw. mediales Basisphänomen veranschlagt. So ist Intermedialität etwa von Sybille Krämer (2003, 82) als »epistemische Bedingung der Medienerkenntnis« ausgewiesen worden. Und auch André Gaudreault und Philippe Marion zufolge »[a] good understanding of a medium […] entails understanding its relationship to other media: it is through intermediality […] that a medium is understood« (2002, 15). Dabei gehen sie davon aus, dass »intermediality [is] found in any process of cultural production« (ebd., 16).

Eine entsprechende Auffassung von Intermedialität unterliegt auch der vielbeachteten, mediensoziologisch ausgerichteten Studie von Bolter und Grusin zu Prozessen der Remediatisierung. Mit *remediation* bezeichnen die Autoren intermediale Relationen, die sie (im Theoriehorizont McLuhans) als »representation of one medium in another« (2000, 45), als »the way in which one medium is seen by our culture as reforming or improving upon another« (ebd., 59) bzw. als »the formal logic by which new media refashion prior media forms« beschreiben (ebd., 273). Prozesse eines solchen medialen *refashioning* spielen sich, so Bolter und Grusin, im Kontext einer »constant dialectic« (ebd., 50) und eines allgegenwärtigen *struggle for cultural recognition* zwischen sämtlichen Medien ab; jedes Medium »responds to, redeploys, competes with, and reforms other media« (ebd., 55). Damit wird der zunächst anhand der ›Neuen‹ bzw. digitalen Medien entwickelte Ansatz generalisiert. Ganz im Sinne eines kulturellen bzw. medialen Basisphänomens heben die Autoren letztlich darauf ab, dass »*all* mediation is remediation« (ebd.) und dass mithin »a medium is that which remediates« (ebd., 65).

Ihre Thesen belegen Bolter und Grusin anhand zahlreicher Beispiele aus unterschiedlichsten media-

len Kontexten, die in eindrücklicher Weise eine allgegenwärtige Praxis der Remediatisierung belegen.
Sie alle zeigen, dass »[n]o medium today, and cer-
tainly no single media event, seems to do its cultural
work in isolation from other media, any more than it
works in isolation from other social and economic
forces« (ebd., 15). Zugleich veranschaulichen sie
eine grundsätzliche, Bolter und Grusin zufolge trans-
historisch und transmedial anzusetzende, prinzipiell
invariante »double logic of *remediation*«, die die Autoren in »our culture's contradictory imperatives for
immediacy and hypermediacy« (ebd., 5) lokalisieren.

Wenn das Medium als ›that which remediates‹
und ›*all* mediation‹ als ›remediation‹ definiert werden, dann ist folglich kein Medium und keine mediale Praxis *nicht* von Remediatisierungsprozessen
bestimmt, ist *remediation* kein besonderes Merkmal
bestimmter medialer Konfigurationen oder Mediengattungen, sondern mit der Medialität bzw. mit jeder
Medialisierung (s. Kap. II.21) bereits gegeben (vgl. in
anderem Zusammenhang Pfister 1985, 8). Genau
hierauf zielen Ansatz und Erkenntnisinteresse der
remediation. Damit werden allerdings notwendigerweise die Besonderheiten der einzelnen Verfahren
und Unterschiede zwischen diesen ausgeblendet,
denen z. B. aus Sicht der literatur- bzw. allgemein
kunstwissenschaftlichen Analysepraxis gerade entscheidende Relevanz zukommt. Hiermit sind wir
beim anderen Pol der Intermedialitätsdebatte.

Intermedialität und die Analyse einzelner Artefakte

Dieser zweite Pol der Debatte zielt auf ›Intermedialität‹ als Kategorie für die konkrete Analyse medialer
Konfigurationen, wobei künstlerische und ganz allgemein kulturelle Praktiken jeglicher Art in Frage
stehen (Texte, Filme, *performances*, Gemälde, Installationen, Comics, Computerspiele, Weblogs, Fir-
menlogos usw.). In diesen Bereich fällt die überwie-
gende Mehrzahl literatur- bzw. allgemein kunstwis-
senschaftlich ausgerichteter Ansätze.

Hier verschieben sich Erkenntnisinteresse und
Augenmerk auf konkrete mediale Praktiken (oder
auch bestimmte Gattungen, künstlerische Strömungen usw.), die in ihren je spezifischen historischen,
diskursiven, sozialen, kulturellen, politisch-ökomi-
schen, epistemologischen und medialen Zusammenhängen, aber vor allem auch in ihrer eigenen
›Verfasstheit‹ und Ästhetik und in ihrem jeweiligen
Wirkpotential in den Blick genommen werden.

Dementsprechend rücken gerade Differenzen zwischen unterschiedlichen Formen wie auch unterschiedliche Funktionen und je ›werk‹-spezifische
Funktionalisierungen intermedialer Strategien und
deren Rolle für die (Bedeutungs-)Konstitution medialer Konfigurationen in den Vordergrund. Aus
dieser Perspektive betrachtet ist etwa schon grundlegend zwischen generell ansetzbaren und je einzel-
›werk‹-spezifischen intermedialen Relationen zu unterscheiden. Dies wird besonders deutlich, führt
man sich z. B. Filme vor Augen, die, über eine grundsätzliche Remediatisierung von Fotografie und
Theater hinaus, im Sinne eines zusätzlichen, fakulta-
tiven Verfahrens eben auf die Fotografie oder auf
theatrale Elemente und Strukturen rekurrieren; so
etwa, bezogen auf die Fotografie, Michelangelo An-
tonionis *Blow up* (GB 1966) oder, bezogen auf das
Theater, Lars von Triers *Dogville* (Dänemark 2003).
Hier eröffnen sich zusätzliche, in diesen Fällen nicht
zuletzt hochkomplexe metamediale Bedeutungsdimensionen.

Ausgehend von unterschiedlichen Erscheinungsformen intermedialer Verfahren, mit denen man es
in der konkreten Analysepraxis immer wieder zu
tun hat, ist in literaturwissenschaftlich geprägten
Modellen (hier nach Wolf und Rajewsky) insofern
eine Differenzierung zwischen drei bzw. vier Phä-
nomenbereichen des Intermedialen vorgeschlagen
worden:

- Intermediale Transposition/Medienwechsel (z. B.
  Literaturverfilmungen oder andere Formen der
  Adapt(at)ion);
- Multi- bzw. Plurimedialität/Medienkombination,
  hier im weitesten Sinne verstanden, wobei die
  Analysepraxis offenkundig unterschiedlichen For-
  men und Intensitätsgraden medialer Zusammen-
  spiele bzw. medialer Mischformen Rechnung zu
  tragen hat (z. B. Comics, s. Kap. III.8);
- Intermediale Bezüge (hierunter fallen Phänomene wie die sogenannte filmische Schreibweise,
  Musikalisierung der Literatur oder etwa filmische
  Bezugnahmen auf Fotografie, Malerei, Theater
  usw., ebenso z. B. *tableaux vivants*, fotorealistische
  Malerei etc.);
- die Kategorie der Transmedialität, die, je nach
  Ansatz, mal als eine der Intermedialität beigeordnete (Rajewsky), mal als eine Subkategorie
  des Intermedialen (Wolf) behandelt wird. Unter
  ›Transmedialität‹ werden – im hier relevanten Begriffsverständnis (vgl. dagegen Meyer u. a. 2006) –
  mediale ›Wanderphänomene‹ (vgl. Rajewsky 2002,
  12) gefasst, deren konkrete Manifestationsform

natürlich notwendigerweise eine je medienspezifische ist, die sich aber, wie z. B. bestimmte Motive, Diskurstypen, Ästhetiken, Erzählstrukturen oder auch das Erzählen selbst, *across media*, also medienübergreifend, d. h. trans-medial beobachten lassen. Hierfür ließen sich zahlreiche Beispiele anführen: So kann man etwa Metaisierungsverfahren in literarischen Texten, Theater, Film, Malerei etc. vergleichen; oder die Montage von Einzelbildern in Film und Comic; oder die Bildorganisation gemäß den Regeln der Zentralperspektive in Gemälden, Fotos und Computerbildern; oder rhythmische Strukturen in Musik, Dichtung und (experimentellem) Film; oder z. B. Techniken der Perspektivsteuerung in Literatur, Theater, Film und Computerspielen usw.

Aus medienwissenschaftlicher Sicht hat in vergleichbarer Weise Jens Schröter (1998; 2008) vorgeschlagen, ›Intermedialität‹ in verschiedene ›Typen‹ aufzuteilen: synthetische, transmediale und transformationale/ontologische Intermedialität. Schröter leitet diese nicht primär aus konkreten intermedialen Phänomenen, sondern zuvorderst aus unterschiedlichen Intermedialitätskonzeptionen bzw. -diskursen her. Sie entsprechen aber dennoch in etwa den Kategorien der Multimedialität (so auch explizit Schröter 2008, 583), der Transmedialität und, unter Betonung eines ontologischen Moments, der intermedialen Bezüge. Nicht erfasst ist hier somit der Bereich des Medienwechsels, dessen ›Zugehörigkeit‹ zum Intermedialitätsparadigma in der Debatte de facto umstritten ist (vgl. Wolf 2005, 253).

Die hier aufgegriffenen Ansätze gehen von einem begrifflichen Zwei-Ebenen-Modell aus, das auf übergeordneter Ebene einen weit gefassten Intermedialitätsbegriff ansetzt und auf untergeordneter Ebene verschiedene, je enger gefasste Intermedialitätsbegriffe voneinander abgrenzt. Dabei geht es nicht um eine ausschließende Kategorisierung einzelner medialer Konfigurationen; vielmehr können dem jeweiligen konkreten Untersuchungsgegenstand, wie sich z. B. anhand von Literaturverfilmungen zeigen ließe, durchaus in mehrfacher Hinsicht Qualitäten des Intermedialen zuzuschreiben sein (vgl. Rajewsky 2002, 17 f.).

Im Unterschied hierzu sind des Weiteren Ansätze zu verzeichnen, die den Intermedialitätsbegriff von vornherein in einem enger gefassten Sinne veranschlagen, diesen also auf *einen* Phänomenbereich der Beziehungen zwischen Medien bzw. auf eine bestimmte Konzeption des Intermedialen eingrenzen.

In diesem Zusammenhang erlauben es verschiedene Umgangsweisen mit dem Multimedia-/Multimedialitätsbegriff, Differenzen zwischen Ansätzen aufzuzeigen, womit zugleich unterschiedliche Begriffs- und Diskurstraditionen in den Vordergrund rücken, die im Kontext der Intermedialitätsdebatte relevant werden.

Intermedialität, Multimedia/ Multimedialität und Digitalität

Zu nennen ist hier zunächst ein Diskussionszusammenhang, der sich mit dem im Kontext der avantgardistischen künstlerischen Praxis der 1960er Jahre (Fluxus, Happenings, experimentelle Computerkunst usw.) geprägten Begriff ›intermedia‹ verbindet. Die Bekanntheit dieses Begriffs verdankt sich zuvorderst einem polemischen, ideologisch aufgeladenen Manifest des anglo-amerikanischen Fluxus-Künstlers Dick Higgins von 1966 mit dem Titel »Intermedia«. Gleich im ersten, vielzitierten Satz gibt Higgins hier seiner Überzeugung Ausdruck, dass »[m]uch of the best work being produced today seems to fall *between media*« (Herv. d.V.). Wieder abgedruckt wurde dieser Beitrag in Higgins 1984, nun mit einem Nachtrag versehen, in dem Higgins den Begriff, in allerdings schiefer Analogiesetzung (vgl. Müller 1998), auf den 1812 bei Coleridge nachweisbaren Terminus *intermedium* zurückführt.

Als Begriff und Konzept zielt *intermedia* nun freilich gerade *nicht* auf die ganze Bandbreite von Phänomenen ›zwischen Medien‹, die im Kontext der Intermedialitätsdebatte verhandelt werden (vgl. in diesem Sinne auch Clüver 2007, 19). Vielmehr bezeichnet *intermedia* in einem spezielleren, doppelt eingegrenzten Sinne eine ganz bestimmte Spielart medialer bzw. künstlerischer Mischformen. Mit Higgins werden hier allein solche Mischformen relevant, in deren Rahmen es zu einer *conceptual fusion* verschiedener Kunstformen bzw. Medien komme, aus denen – zumindest solange noch keine Habitualisierung entsprechender Verfahren greift – etwas Drittes, ›Neues‹ hervorgehe (z. B. bestimmte Formen der visuellen Poesie und *performance art*). Hiervon grenzt Higgins (1984, 24) sog. *mixed media* ab, z. B. die Oper oder »paintings which incorporate poems«, in deren Rahmen die Kunstformen, laut Higgins, nicht untrennbar miteinander verschmelzen, sondern nebeneinander bestehen bleiben (»one knows which is which«). Diese Begriffe sind im Bereich der *interart studies* Anfang der 1990er Jahre

u. a. von Claus Clüver (hier allerdings ganz bewusst in adjektivischer Verwendung; vgl. Clüver 2007, 34) in ein dreigliedriges Modell überführt worden: von einem ›bloßen‹ Nebeneinander (*multimedia discourse/juxtaposition*) über ein Miteinander (*mixed-media discourse/combination*) bis hin zu einer Verschmelzung (*intermedia discourse/union* bzw. *fusion*) der beteiligten Künste bzw. Medien.

Die Grenzen zwischen *intermedia* und *mixed-media* und schließlich *multimedia configurations* mögen fließend und schon bei Higgins »schwer verständlich« sein (Schröter 1998, 130). Die kategoriale Unterscheidung zwischen einem *multi*medialen ›bloßen‹ Nebeneinander und einer *inter*medialen Fusion künstlerischer Formen hat sich aber auch in die Intermedialitätsdebatte hinein fortgesetzt. Insbesondere in deren medienwissenschaftlicher Ausprägung wurde sie gerade in frühen Ansätzen verschiedentlich als Definiens von ›Intermedialität‹ herangezogen (die Unterscheidung zwischen *multi-* und *mixed-media* dagegen gemeinhin fallen gelassen). So wird mit Jürgen E. Müller ein »mediales Produkt […] dann *inter*-medial, wenn es das *multi*-mediale Nebeneinander medialer Zitate und Elemente in ein konzeptionelles Miteinander überführt, dessen (ästhetische) Brechungen und Verwerfungen neue Dimensionen des Erlebens und Erfahrens eröffnen« (1998, 31 f.; Herv. i.O.). Auch Yvonne Spielmann grenzt im Rahmen ihres Mitte der 1990er Jahre eingeführten Konzepts einer ›transformationalen‹ Intermedialität *multi*mediale (»das gleichzeitige Auftreten verschiedener Kunstformen im Rahmen eines Integralmediums, wie dies im Theater, in der Oper und im Film vorkommt«; 2000, 61 f.) von *inter*medialen Konfigurationen bzw. Prozessen ab. Letztere setzen, so Spielmann, eine wechselseitige Durchdringung und Umformung oder Umarbeitung medienspezifischer Ausdrucksformen und somit Prozesse des Formwandels bzw. mediale ›Transformationsprozesse‹ voraus, im Zuge derer, nun mit Joachim Paech gesprochen, ein mediales Differenzial »figuriert« (1998, 25; 2002).

Auf der Folie von Ansätzen dieser Art wird in der neueren Debatte z. T. auch ein dreigliedriges Modell vertreten (so z. B. Kattenbelt 2008; Verstraete 2010), das – mit unterschiedlichen Detailformulierungen – neben Multi- und Intermedialität zusätzlich die Kategorie der Transmedialität erfasst. Letztere wird hier nun im Sinne des Medienwechsels verstanden, wie dies Hermann Herlinghaus bereits 1994 vorgeschlagen hatte.

Hinzu kommen Ansätze, die eine Unterscheidung zwischen ›Intermedialität‹, ›Multimedialität‹ und ›Transmedialität‹ wiederum ganz anders, nämlich im Sinne einer fortschreitenden Entwicklung medientechnischer Möglichkeiten verstehen. So etwa Freyermuth im Kontext der Angewandten Medienwissenschaft: ›Intermedialität‹ bezeichnet hier »die wechselseitige Bezogenheit der Medien, als ästhetische Konsequenz materiell separierter Speicherung mit mechanischen Mitteln«, ›Multimedialität‹ »die Addition analoger Medien, als ästhetische Konsequenz automatisierter (Re-)Produktion mit industriellen Mitteln«, und ›Transmedialität‹ »die Integration der Medien, als ästhetische Konsequenz der Softwarewerdung, i. e. Virtualisierung« (2007, 8).

Letzteres wiederum ist der Bereich, den die Medieninformatik und IT-Branche im Unterschied zum hier und zu den weiter oben aufgegriffenen Multimedia- bzw. Multimedialitätsbegriffen bereits seit Längerem mit dem Stichwort ›Multimedia‹ in Verbindung bringt: im Sinne von *Multiple Content Media* und mit dem Schlagwort ›Multimedia-PC‹ verbunden. Hier steht ›Multimedia‹ – z. T. von einem weiter gefassten Multimedialitätsbegriff abgegrenzt – für die »multimodale Aggregation digitaler Medien« (Hartmann 2008, 8), d. h. für die Aggregation bzw. Integration verschiedener digitaler Formate und Inhalte im Rahmen rechnergestützter Anwendungen, die mehrere Sinne des Menschen ansprechen (z. T. werden weitere Parameter für eine Definition des Begriffs herangezogen, etwa Multikodalität, Multifunktionalität, Interaktivität). Der so verstandene Multimedia-Begriff ist demnach auf Digitaltechnologien und den Computer als ›Integrationsmedium‹ bezogen. In dieser Form hat er, befördert durch damals neue Marketingkonzepte einschlägiger Computerfirmen, etwa seit Mitte der 1980er Jahre und verstärkt in den 1990er Jahren in den öffentlichen Diskurs Eingang gefunden (in Deutschland 1995 zum ›Wort des Jahres‹ gekürt). Innerhalb der Intermedialitätsdebatte haben die beiden letztgenannten Multimedia-/Multimedialitätsverständnisse allerdings (zumindest bisher) kaum Resonanz gefunden.

Festzuhalten ist vielmehr, dass in jüngerer Zeit die analog/digital-Differenz und die Frage nach der Tragfähigkeit der Intermedialitätskategorie im Zeitalter der Digitalisierung (erneut) umfassendere Diskussionen und Revisionsprozesse ausgelöst haben, in deren Zusammenhang gerade dem *Inter*medialitätsbegriff ein neuer Aufmerksamkeitsschub zuteilwurde (vgl. Paech/Schröter 2008; Blättler u. a. 2010). Zur Debatte standen auch hier die Virtualisierung und die damit einhergehende ›Entmaterialisierung‹

medialer Formen im Kontext des Digitalen, denen die Betonung der Materialität medialer Praktiken in ›herkömmlichen‹, an Analogmedien ausgerichteten Intermedialitätskonzepten gegenüberzustellen ist. In diesem Zusammenhang sind verschiedentlich Positionen vertreten worden, die intermediale Prozesse »in der ›generellen Virtualität des Materials‹« (Müller 2010, 18) verschwinden und somit das Ende des Intermedialitätsparadigmas eingeläutet sahen. In der neueren Forschung setzt sich dagegen zunehmend die Auffassung durch, dass intermediale Prozesse im Feld des Digitalen nicht verschwinden, sondern »*verschoben* wiederkehren« (Schröter 2008, 585), in gewandelter, virtueller Form also »weiterhin wirksam« sind (Müller 2010, 18). Auf der Grundlage konventioneller ›Vorstellungen‹, die sich mit den entsprechenden Analogmedien verbinden, bleiben die je involvierten medialen Formen als »deutlich unterscheidbare Effekte auf einer multimedialen Oberfläche« (Schröter 2008, 584) erkennbar bzw. werden – zumindest heute noch – auch weiterhin als solche konstruiert: »Wir hantieren selbstverständlich mit Bild-, Film-, Ton- und Schriftfiles in verschiedenen Dateiformaten« (ebd.).

Hier zeigen sich eine Re-Perspektivierung und Relevanzverschiebung der »Frage nach der Materialität« medialer Praktiken, die z. B. Müller 2008 noch »als Grundvoraussetzung für jeden Ansatz« ausgewiesen hatte, der auf »Interaktionen zwischen verschiedenen Medien« (36) zielt. 2010 relativiert er die Bedeutung der Materialitätskategorie mit Blick auf das ›digitale Zeitalter‹ und weist nun »neue, ›remedialisierte‹ Formen von Intermedialität« im Kontext digitaler Simulationsmedien als die »gegenwärtig [...] größte Herausforderung« (ebd., 18) für eine (medienwissenschaftlich ausgerichtete) Intermedialitätsforschung aus. Zugleich können die digitalisierten Formen, gerade weil sie von ihrer Materialität entkoppelt sind, freilich auch anders ge- bzw. »verformt und auf neue Weise miteinander verbunden werden« (Schröter 2008, 584; vgl. auch Spielmann 2004, die gerade aus diesem Grund dafür plädiert, die Remediatisierung von Intermedialität im Kontext des Digitalen im Zusammenhang mit ›Hybridisierung‹ zu betrachten).

Intermedialität, Intertextualität und der Begriff der ›Transformation‹

Kommt dem *intermedia*-Konzept avantgardistischer Prägung für Abgrenzungen zwischen Inter- und Multimedialität (im Sinne von Müller und Spiel-

mann) eine wichtige Vorläuferfunktion zu, so rückt damit zugleich der bereits mehrfach aufgegriffene ›Transformationsbegriff‹ in den Vordergrund, der in einer ganzen Reihe hier einschlägiger Intermedialitätskonzepte eine zentrale Rolle spielt. In diesem Zusammenhang wird die Tatsache relevant, dass die Herausbildung der Intermedialitätsdebatte mit einer Verschränkung ganz unterschiedlicher Diskussionszusammenhänge einherging. Zurückzukommen ist hier also auf den Entstehungskontext der Debatte, für den sich drei Stränge der Forschung als besonders bedeutsam erwiesen haben:

- Die Intermedialitätsdebatte knüpft erstens, wenn auch in deutlicher Erweiterung einschlägiger Forschungsperspektiven, an die *Interart Studies* an. Damit ist auch die bis in die Antike zurückreichende Traditionslinie kunst- und medienkomparatistischer Diskurse aufgerufen, in die sich schon die *Interart Studies* und in der Folge ebenso die Intermedialitätsforschung einschreiben: Von Simonides von Keos, Platon, Aristoteles und den *ut pictura poesis*- und *paragone*-Debatten der Antike, Frühen Neuzeit und des 18. Jahrhunderts über Konzepte des Gesamtkunstwerks (Karl Friedrich Eusebius Trahndorff 1827, Richard Wagner 1849–52) bis hin zu Diskussionen um die ›Wechselseitige Erhellung‹ (Oskar Walzel 1917) bzw. ›Wechselberührung‹ der Künste (Kurt Wais 1937) im frühen 20. Jahrhundert. Dies verweist zugleich auf die historische Reichweite des Gegenstandsbereichs der Intermedialitätsforschung.

- Sie baut zweitens auf einer Debatte speziell um Film und Literatur auf, die Anfang des 20. Jahrhunderts im Zuge der Auseinandersetzung mit dem damals neuen Medium des Films aufkam (vgl. die sog. ›Kino-Debatte‹ der 1910er/20er Jahre) und nach verschiedenen Zwischenstationen (wegweisend Walter Benjamin und Bertolt Brecht) in den 1970er Jahren in den philologischen Disziplinen, insbesondere der Germanistik, zur Herausbildung des Forschungsfelds ›Film und Literatur‹ führen sollte. Auf diesen Diskussionskontext sind Begriffe wie ›Literarisierung des Films‹ und ›filmische Literatur‹ sowie eine – im Vergleich zur *interart*-Forschung – frühe Diskussion um Film-Literatur-Beziehungen im Sinne medialer Verflechtungen zurückzuführen (vgl. Meixner 1977). Zugleich hat dieser Strang der Debatte im deutschen akademischen Kontext maßgeblich zur Etablierung der Medienwissenschaft als eigenständiger Disziplin beigetragen, die seit den 1970er Jahren immer vehementer eingefordert wurde und die ihrerseits eine zentrale Rolle in der Herausbildung der Intermedialitätsforschung spielen sollte.

- In Bezug auf den Transformationsbegriff ist nun allerdings vor allem hervorzuheben, dass sich die Intermedialitätsdebatte drittens aufbauend auf der Intertextualitätstheorie und genauer der (deutschsprachigen) Intertextualitätsdebatte der 1980er Jahre herausgebildet hat. Als begriffsprägend gilt ein 1983 publizierter Aufsatz des Slawisten Aage Hansen-Löve, »Intermedialität und Intertextualität. Probleme der Korrelation von Wort- und Bildkunst«, der mit seiner titelgebenden Komplementärstellung der Konzepte und mit der im Intermedialitätsbegriff implizierten Betonung einer *medialen* Differenz zwischen den Künsten entscheidende Ansatzpunkte geliefert hat. Dieses Vorgehen beginnt sich im Zuge der Verbreitung des Intermedialitätsbegriffs ab Anfang der 1990er Jahre durchzusetzen und ist spätestens 1995 gängiges Procedere. Hiermit geht eine Wieder-Einschränkung des metaphorisch entgrenzten Text- und Intertextualitätsbegriffs einher, auf dem das französische, von Julia Kristeva geprägte poststrukturalistische Intertextualitätsverständnis der 1960er/70er Jahre basiert: Entgegen Kristeva (1972) wird ›Intertextualität‹ im Rahmen der Intermedialitätsdebatte in der Regel für Text-Text-Relationen im engeren Sinne reserviert (und folglich als Teilbereich des *Intra*medialen konzipiert), ›Intermedialität‹ dagegen für die Bezeichnung von Relationen herangezogen, die mehrere Medien involvieren.

Mit der Herleitung des Intermedialitätsbegriffs aus dem der Intertextualität ist der eigentliche konzeptionelle Neuansatz der Intermedialitätsforschung für die Auseinandersetzung mit Interdependenzen zwischen verschiedenen Künsten/Medien benannt (wenn diese heute auch weit über ihre intertextualitätstheoretisch fundierten Anfänge hinausweist). Gleichzeitig gründet gerade hierin eine schon vom Ansatz her gegebene Disparität intermedialitätstheoretischer Konzepte. Denn als Grundlage für Bestimmungen des Intermedialitätsbegriffs wurde auf diese Weise eine Anfang der 1990er Jahre zwar allgemein anerkannte, aber schon ihrerseits überaus kontrovers diskutierte Kategorie herangezogen: »Intertextualität«, so resümiert Manfred Pfister, »ist die Theorie der Beziehungen zwischen Texten. Dies ist unumstritten; umstritten ist jedoch, welche Arten von Beziehungen darunter subsumiert werden sol-

len« (1985, 11). Die Herleitung des Intermedialitätsbegriffs aus dem der Intertextualität musste insofern unweigerlich zu einer Potenzierung der offenen Begriffslage führen: ›Die‹ Intertextualitätstheorie ist gleichermaßen als Begründungszusammenhang für weit gefasste Intermedialitätsverständnisse (›Beziehungen zwischen Medien‹) wie auch für je unterschiedlich konzipierte, enger gefasste Ansätze herangezogen worden, die allerdings auch ihrerseits z. T. auf Kristeva aufbauen.

So lassen sich ›transformationale‹ Intermedialitätsansätze auf die Kristevasche Konzeption von Intertextualität als »Absorption und Transformation eines anderen Textes« (Kristeva 1972, 348) zurückführen; explizit etwa bei Spielmann. Hier werden der bereits von Kristeva formulierte ›Übergang‹ (*passage*) von einem Zeichensystem in ein anderes und damit ein Transfer- oder Transpositionsprozess betont, mit dem eine – als »prozessuale Aktivität« (Spielmann 2004, 80) zu denkende – ›Transformation‹ des Ausgangs›texts‹ einhergeht. Auf dieser Grundlage wird Intermedialität als »Prozeß einer Differenzvermittlung« begreifbar (Spielmann 2000, 63). Zugleich wird aus dem Gedanken des Transfers bzw. der »Verschiebung eines Gestaltungselements oder Motivs von einem Medium in ein anderes« (ebd.) ein Verständnis von »Intermedialität [als] Konzept der *Vermischung*« (ebd., 60; Herv. d.V.) medialer Artikulationsformen abgeleitet, wobei, Spielmann folgend, freilich »der intermediale deutlich vom multimedialen Vermischungstyp« (2004, 80) abzugrenzen bleibt (s. o.). Hier verschränkt sich das aus der Intertextualitätstheorie hergeleitete Transfer- und Transformationsmodell mit dem auf mediale Mischformen bezogenen *intermedia*-Konzept Higginsscher Prägung.

Intermedialitätsansätze, die an enger gefasste, in kritischer Auseinandersetzung mit Kristeva entwickelte Intertextualitätskonzepte anschließen, beschreiten in dieser Hinsicht andere Wege. So betont z. B. die Kategorie ›intermedialer Bezüge‹ (Rajewsky, Wolf) in Anlehnung an einen ›kommunikativ-semiotischen‹ Intertextualitätsbegriff (vgl. Hempfer 1991, 19) das Moment der einzel- und/oder systemreferentiellen *Bezugnahme*. Ansätze dieser Art zielen darauf, entsprechende Verweisstrategien als fakultative Verfahren der Bedeutungskonstitution gegebener medialer Konfigurationen in den Blick zu nehmen, und grenzen dabei intermediale Bezüge gerade von medialen Mischformen ab. Diesem Konzept folgend konstituiert sich z. B. ein fotorealistisches Gemälde nicht qua Vermischung mit, sondern in Relation zur Fotografie, indem es mit seinen ›eigenen‹ medienspezifischen Mitteln und Instrumenten eine Qualität des Fotografischen imitiert bzw. inszeniert und auf diese Weise ein ›Als ob‹ (vgl. Heller 1986, 279) des Fotografischen entstehen lässt: Das Gemälde erscheint uns ›wie ein Foto‹; im Unterschied z. B. zu bestimmten Collage-Verfahren bleibt es aber dennoch materiell – und erkennbar – nichts als Malerei. Dies führt dazu, dass die Fotografie (bzw. bestimmte, historisch verankerte Vorstellungen derselben) als Bezugssystem in ihrer Analogie und Differenz ›mitrezipiert‹ wird, womit sich zusätzliche Bedeutungsdimensionen eröffnen. Dabei ergibt sich, aus dieser Sicht betrachtet, gerade aus der wahrnehmbaren medialen Differenz (hier zwischen Malerei und Fotografie) das besondere Wirk- und Funktionspotential dieser Art intermedialen Verfahrens.

Die hier einander gegenübergestellten Konzepte schließen sich nicht notwendigerweise gegenseitig aus. Sie zielen vielmehr auf unterschiedliche Fragestellungen und Dimensionen des Intermedialen und gehen dementsprechend von unterschiedlichen theoretischen Prämissen, Diskurs- und Begriffstraditionen aus (wobei auch ihrer jeweiligen fachlichen Provenienz und dem jeweiligen Gegenstandsbereich Rechnung zu tragen ist). Dies hat z. B. Joachim Paech in Bezug auf sein Konzept der ›intermedialen Figuration‹ explizit gemacht (vgl. 2002; vgl. auch bereits 1998). Dem von ihm vertretenen ›starken‹ Konzept von Intermedialität geht es im Anschluss an den Transformationsbegriff und an Luhmanns Medium-Form-Unterscheidung (s. Kap. II.11) um die Frage, »wie – unterschiedliche – Medien an der *Formulierung* von Formprozessen beteiligt sind« (Paech 2002, 298; Herv. d. V.). Im Fokus stehen damit, wie auch bei Spielmann, an der ›Formwerdung‹ beteiligte intermediale Transformationsprozesse als solche. Ein ›schwaches‹ Konzept begnüge sich dagegen mit »der Ästhetik der – [bereits] form/ulierten – Intermedialität in den literarischen, malerischen, filmischen etc. Formen« (ebd., 299). Damit sind Ansätze literatur- bzw. allgemein kunstwissenschaftlicher Provenienz aufgerufen, die – freilich auch hier unter Berücksichtigung performativer Konstitutionsprozesse – in der Tat auf die Analyse konkreter medialer Konfigurationen, auf deren Ästhetik und deren je spezifische Verfahren der Bedeutungskonstitution zielen. Den in den Augen Paechs ›schwachen‹ Intermedialitätskonzepten kommen hierfür durchaus erhebliche Stärken zu.

Hiermit schließt sich der Bogen zur Relevanz des jeweiligen Erkenntnisinteresses und heuristischen Potentials verschiedener, je spezifischer gefasster Intermedialitätsbegriffe. In der neueren Forschung zeigt sich in diesem Zusammenhang zunehmend die Tendenz, diese nicht (mehr) gegeneinander auszuspielen, sondern nebeneinander bestehen zu lassen oder auch aufeinander zu beziehen und ›zusammenzudenken‹ (vgl. z. B. Pethő 2011, 19). Rechnung getragen wird somit der Tatsache, dass ein und dasselbe Phänomen aus ganz unterschiedlichen Perspektiven und folglich mit unterschiedlichen Zielrichtungen und theoretischen Implikationen als intermediales in den Blick genommen werden kann. Damit einhergehend werden in der aktuellen Debatte verstärkt auch metatheoretische Fragestellungen aufgeworfen, die unterschiedliche Intermedialitätsansätze einbeziehen, so z. B. in Bezug auf eine ›Politik der Intermedialität‹ (vgl. Schröter 2010).

Literatur

Blättler, Andy/Gassert, Doris/Parikka-Hug, Susanna/Ronsdorf, Miriam (Hg.): *Intermediale Inszenierungen im Zeitalter der Digitalisierung. Medientheoretische Analysen und ästhetische Konzepte.* Bielefeld 2010.

Bolter, Jay David: Transference and transparency: Digital technology and the remediation of cinema. In: *Intermédialités/Intermediality* 6 (2005), 13–26.

Bolter, Jay David/Grusin, Richard: *Remediation. Understanding New Media* [1999]. Cambridge, Mass./London 2000.

Clüver, Claus: Intermediality and interarts studies. In: Jens Arcvidson u. a. (Hg.): *Changing Borders. Contemporary Positions in Intermediality.* Lund 2007, 19–37.

Elleström, Lars: The modalities of media: A model for understanding intermedial relations. In: Ders. (Hg.): *Media Borders, Multimodality and Intermediality.* Basingstoke 2010, 11–48.

Freyermuth, Gundolf S.: Einleitung. In: *Figurationen. Gender – Literatur – Kultur* 2 (2007), 6–8 [Themenheft Intermedialität/Transmedialität].

Gaudreault, André/Marion, Philippe: The cinema as a model for the genealogy of media. In: *Convergence* 8/4 (2002), 12–18.

Gumbrecht, Hans Ulrich: Why intermediality – if at all? In: *Intermédialités/Intermediality* 2 (2003), 173–178.

Hansen-Löve, Aage A.: Intermedialität und Intertextualität. Probleme der Korrelation von Wort- und Bildkunst – am Beispiel der russischen Moderne. In: Wolf Schmid/Wolf-Dieter Stempel (Hg.): *Dialog der Texte. Hamburger Kolloquium zur Intertextualität.* Wien 1983, 291–360.

Hartmann, Frank: *Multimedia.* Wien 2008.

Heller, Heinz B.: Historizität als Problem der Analyse intermedialer Beziehungen. Die ›Technifizierung der literarischen Produktion‹ und ›filmische‹ Literatur. In: Albrecht Schöne (Hg.): *Kontroversen, alte und neue: Akten des VII. Internationalen Germanisten-Kongresses Göttingen 1985*, Bd. X. Tübingen 1986, 277–285.

Hempfer, Klaus W.: Intertextualität, Systemreferenz und Strukturwandel: Die Pluralisierung des erotischen Diskurses in der italienischen und französischen Renaissance-Lyrik (Ariost, Bembo, Du Bellay, Ronsard). In: Michael Titzmann (Hg.): *Modelle des literarischen Strukturwandels.* Tübingen 1991, 7–43.

Herlinghaus, Hermann: *Intermedialität als Erzählerfahrung. Isabel Allende, José Donoso und Antonio Skármeta im Dialog mit Film, Fernsehen, Theater.* Frankfurt a. M. 1994.

Higgins, Dick: *Horizons. The Poetics and Theory of the Intermedia.* Carbondale/Edvardsville 1984.

Kattenbelt, Chiel: Intermediality in theatre and performance: Definitions, perceptions and medial relationships. In: *Cultura, Lenguaje y Representación/Culture, Language and Representation* 5 (2008), 19–29.

Krämer, Sybille: Erfüllen Medien eine Konstitutionsleistung? Thesen über die Rolle medientheoretischer Erwägungen beim Philosophieren. In: Stefan Münker/Alexander Roesler/Mike Sandbothe (Hg.): *Medienphilosophie. Beiträge zur Klärung eines Begriffs.* Frankfurt a. M. 2003, 78–90.

Kristeva, Julia: Wort, Dialog und Roman bei Bachtin. In: Jens Ihwe (Hg.): *Literaturwissenschaft und Linguistik. Ergebnisse und Perspektiven.* Bd. 3. Frankfurt a. M. 1972, 345–375 (frz. 1967).

Leschke, Rainer: *Einführung in die Medientheorie.* München 2003.

Meixner, Horst: Filmische Literatur und literarisierter Film. Ein Mannheimer Projekt zur Medienästhetik. In: Helmut Kreuzer (Hg.): *Literaturwissenschaft – Medienwissenschaft.* Heidelberg 1977, 32–43.

Meyer, Urs/Simanowski, Roberto/Zeller, Christoph (Hg.): *Transmedialität. Zur Ästhetik paraliterarischer Verfahren.* Göttingen 2006.

Mitchell, W. J. T.: There are no visual media. In: *Journal of Visual Culture* 4/2 (2005), 257–266.

Müller, Jürgen E.: Intermedialität als poetologisches und medientheoretisches Konzept. Einige Reflexionen zu dessen Geschichte. In: Jörg Helbig (Hg.): *Intermedialität. Theorie und Praxis eines interdisziplinären Forschungsgebiets.* Berlin 1998, 31–40.

Müller, Jürgen E.: Intermedialität und Medienhistoriographie. In: Paech/Schröter 2008, 31–46.

Müller, Jürgen E.: Intermedialität digital: Konzepte, Konfigurationen, Konflikte. In: Blättler u. a. 2010, 17–40.

Ochsner, Beate/Grivel, Charles: Einleitung. In: Dies. (Hg.): *Intermediale. Kommunikative Konstellationen zwischen Medien.* Tübingen 2001, 3–9.

Paech, Joachim: Intermedialität. Mediales Differenzial und transformative Figurationen. In: Jörg Helbig (Hg.): *Intermedialität. Theorie und Praxis eines interdisziplinären Forschungsgebiets.* Berlin 1998, 14–30.

Paech, Joachim: Intermedialität des Films. In: Jürgen Felix (Hg.): *Moderne Film Theorie.* Mainz 2002, 287–316.

Paech, Joachim/Schröter, Jens (Hg.): *Intermedialität Analog/Digital. Theorien – Methoden – Analysen.* München 2008.

Pethő, Ágnes: *Cinema and Intermediality. The Passion for the In-Between.* Newcastle 2011.

Pfister, Manfred: Konzepte der Intertextualität. In: Ulrich Broich/Ders. (Hg.): *Intertextualität. Formen, Funktionen, anglistische Fallstudien.* Tübingen 1985, 1–30.

Rajewsky, Irina O.: *Intermedialität.* Tübingen/Basel 2002.

Rajewsky, Irina O.: Intermediality, intertextuality, and remediation: A literary perspective on intermediality. In: *Intermédialités/Intermediality* 6 (2005), 43–64.

Rajewsky, Irina O.: Das Potential der Grenze: Überlegungen zu aktuellen Fragen der Intermedialitätsforschung. In: Dagmar von Hoff/Bernhard Spies (Hg.): *Textprofile intermedial.* München 2008, 19–47.

Schröter, Jens: Intermedialität. Facetten und Probleme eines aktuellen medienwissenschaftlichen Begriffs. In: *montage/av* 2 (1998), 129–154.

Schröter, Jens: Das Ur-intermediale Netzwerk und die (Neu-)Erfindung des Mediums im (digitalen) Modernismus. In: Paech/Schröter 2008, 579–601.

Schröter, Jens: The politics of intermediality. In: *Acta Universitatis Sapentiae, Film and Media Studies* 2 (2010), 107–124.

Spielmann, Yvonne: Aspekte einer ästhetischen Theorie der Intermedialität. In: Heinz B. Heller/Matthias Kraus/Thomas Meder (Hg.): *Über Bilder sprechen. Positionen und Perspektiven der Medienwissenschaft.* Marburg 2000, 57–68.

Spielmann, Yvonne: Intermedialität und Hybridisierung. In: Roger Lüdeke/Erika Greber (Hg.): *Intermedium Literatur. Beiträge zu einer Medientheorie der Literaturwissenschaft.* Göttingen 2004, 78–102.

Verstraete, Ginette: Introduction. Intermedialities: A brief survey of conceptual key issues. In: *Acta Universitatis Sapentiae, Film and Media Studies* 2 (2010), 7–14.

Wolf, Werner: Intermedialität als neues Paradigma der Literaturwissenschaft? Plädoyer für eine literaturzentrierte Erforschung von Grenzüberschreitungen zwischen Wortkunst und anderen Medien am Beispiel von Virginia Woolfs *The String Quartet.* In: *Arbeiten aus Anglistik und Amerikanistik* 21 (1996), 85–116.

Wolf, Werner: Intermediality. In: David Herman/Manfred Jahn/Marie-Laure Ryan (Hg.): *Routledge Encyclopedia of Narrative Theory.* London/New York 2005, 251–256.

Irina O. Rajewsky

23. Medientheorien der Medien selbst

Nach genuin medientheoretischer Grundannahme tragen sich alle Medien des Wahrnehmens, Übertragens, Speicherns und Verarbeitens selbst ein in das, was sie wahrnehmbar machen, übertragen, speichern und verarbeiten. Insofern ist, in starker Formulierung, das Medium selbst die Botschaft (vgl. McLuhan 1992, 17–34), arbeiten, in schwacher Formulierung, die Schreibzeuge mit an unseren Gedanken (vgl. Nietzsche 1975, 172) und setzt die Stube des Gelehrten die Gelehrsamkeit unter gewisse Bedingungen (vgl. Lichtenberg 1958, 102).

Die Medien selbst produzieren eine je nach Medium spezielle Form nicht nur des Handelns, sondern des Wissens; daher bezieht etwa die Frage ›Was wissen Medien?‹ ihre Relevanz. Medien wissen in diesem Sinne – implizit oder explizit – aber nicht nur etwas über die Welt außerhalb ihrer selbst. Da in dieser Welt auch die Medien als empirische Objekte und Prozesse vorkommen, als dinglich-technische Artefakte sogar, wissen sie mindestens auch etwas über sich selbst, die Medien. Zahlreich sind etwa die expliziten Darstellungen oder impliziten Hinweise, die Bilder und Texte in der Welt der Bilder und Texte vorkommen lassen (»selbstbewußtes Bild«, »Kamera-Bewußtsein«, »Allegorien des Lesens«; vgl. Stoichita 1998; Deleuze 1989; 1991; Man 1989).

Verallgemeinernd kann gesagt werden, dass jede Repräsentation oder Bearbeitung der Welt mit Hilfe von Medien eine mehr oder weniger wirksame Reflexion über diese Repräsentation oder Bearbeitung mit in ihr Produkt oder Resultat einträgt. Dies kann ein allgemeines Wissen über Medialität oder ›die‹ Medien sein – geprägt durch die ›Sichtweise‹ eines speziellen Mediums –, aber auch über konkrete einzelne, andere als das jeweils operierende Medium oder über das jeweilige Medium selbst. Diese Reflexion muss nicht thematisch, nicht selbst Gegenstand der Repräsentation sein. Sie kann auch und wird zumeist als implizit eingetragenes Wissen wirksam werden. Für die Produktion von Theorie bedeutet das in umgekehrter Perspektive, dass das Nachdenken über Medien stets selbst in und durch Medien stattfindet, zumeist in den Medien begrifflicher Argumentation und ihrer Niederlegung in der Form der Schrift, dass auch sie mithilfe äußerer, materieller Werkzeuge und Arbeitsmittel durchgeführt wird, die ihre Eigenschaften und Möglichkeiten der produzierten Theorie aufprägt.

Die Medien der Theoriebildung hegen ein eigenes Wissen, das in die formulierte Theorie mit einfließt und ihr möglicherweise eine immer schon eigene, unhintergehbare mediale Form gibt. Die Medien der Theoriebildung bilden also auch mit an der Theorie der Medien. Aus dieser Einsicht resultieren etwa Versuche, die Sicht beispielsweise des Films auf spezielle Medien freizulegen, das Telefon im Film, das Fernsehen im Film oder überhaupt Medien im Film zu untersuchen und dabei zugleich etwas (Neues) über diese Medien und auch über das Repräsentations- und Reflexionsmedium, also hier den Film, zu erfahren (vgl. z.B. Debatin/Wulff 1991). Letztlich könnte von hier aus Medientheorie überhaupt als eine spezifische Form eines intermedialen Zusammenspiels betrachtet werden, in dem Medien einander gegenseitig beobachten, reflektieren und kommentieren oder eben theoretisieren (vgl. Schröter 1998; s. Kap. II.22).

Da das Theorieschaffen im weitesten Sinne traditionell eine literarische Tätigkeit ist, an die Schrift und das Schreiben und seine Werkzeuge gebunden ist, steht auch die Medientheorie zunächst unter dem Zeichen der Schrift und des Schreibens. Das Aufkommen technischer, genauer: maschineller Schreibzeuge hat, namentlich mit Schreibmaschine und Computer, das theoretische Bewusstsein für diesen Umstand geschärft (vgl. Kittler 1986). Mit der stark zunehmenden Ausbreitung bildverarbeitender und bildgenerierender Maschinerien seit der Fotografie ist aber zugleich auch die Aufmerksamkeit dafür gestiegen, dass die literarische, schreibende und begriffsbasierte Theorieproduktion nicht die einzige Form ist, die die abstrakte Reflexion, zumal diejenige auf die Medien eben dieser Reflexion, annehmen kann.

In einer sehr weiten Annahme lässt sich sagen, dass Medien in allem, was sie tun, mindestens implizit stets mit reflektieren auf das, was sie tun. So tritt beispielsweise die Filmtheorie des Films selbst neben die ausdrückliche, schriftbasierte und als solche ausgewiesene Filmtheorie (s. Kap. III.12); und da die Filmtheorie des Films selbst die vermutlich am weitesten beachtete Version einer Medientheorie des Mediums, im Medium und durch das Medium selbst ist, soll sie hier als herausgehobenes Beispiel dienen (neben das aber auch andere treten werden).

Die Reflexivität von Kunst und Literatur

Die Auffassung, dass in Medienprozessen selbstbezügliche Funktionen grundlegend mit am Werk sind, die sich auf die Beschaffenheit und Möglichkeiten des Mediums selbst zurückbeziehen, auch da, wo von ganz anderem die Rede ist, ist dabei älter als die heutige, sich als solche ausweisende Medientheorie. Im Bezug auf die Sprache hat bereits Roman Jakobson sechs verschiedene Funktionen unterschieden, von denen drei auf die Sprache bzw. den Akt der sprachlichen Kommunikation selbst gerichtet sind (vgl. Jakobson 1979). Dies sind die

- *ästhetische* Funktion, die sich auf die Gemachtheit der sprachlichen Botschaft, des Textes bezieht;
- die *metasprachliche* Funktion, die sich auf die Regeln der verwendeten Sprache bezieht, und schließlich
- die *phatische* Funktion, die sich auf den Kommunikationskanal bezieht.

In der Annahme, dass speziell die ästhetische Kommunikation durch ein reflexives Moment gekennzeichnet ist, das, thematisch oder unthematisch, den Text, das Bild, die Geste oder den Klang mit bedenkt und an der Auslotung dessen, was das ästhetische Objekt oder der jeweilige Prozess leistet, wie es oder er funktioniert und aus welchen Gründen, kann Jakobson hier an eine verbreitete Grundlage speziell der modernen Ästhetik des 20. Jahrhunderts anschließen. Von Bertolt Brecht und Theodor W. Adorno bis Max Bense und weiter bis in die Postmoderne Jean-François Lyotards (vgl. Lyotard 1986a; 1986b) nimmt die moderne Ästhetik an, dass es speziell die Reflexion auf die eigene Bedingtheit, Gemachtheit, Künstlichkeit, Funktionalität und Materialität sei, die das Kunstobjekt und den Kunstprozess von anderen, nicht-ästhetischen unterscheide. Ein abstraktes Kunstwerk etwa – aber keineswegs nur ein solches – verhandelt weniger eine dargestellte Welt als vielmehr die Welt der künstlerischen Darstellung, ihrer Mittel und Wege, ihrer Bedingungen und Möglichkeiten selbst (s. Kap. II.5). Diese Selbstreflexion nimmt nicht notwendig bereits die Form ausdrücklicher Theoriebildung an, aber sie besitzt dieselbe Funktion, die die Theorie innerhalb der sprachlich gefassten Begriffswelt hat, im Bereich des Sinnlichen. Ein abstraktes Kunstwerk erzeugt ein Analogon zur Kunsttheorie im Medium der Kunst selbst. Aufgabe des kunsttheoretischen Textes ist es dann, diese begriffslose Analogform zur theoretischen Bewegung freizulegen, an den kunsttheo-

retischen Diskurs anzuschließen oder mit ihm vergleichbar zu machen, sie ›mit Begriffen aufzutun, ohne (sie) ihnen gleich zu machen‹ (Adorno).

In der ästhetischen Funktion bezieht das ästhetische Objekt sich also auf sich selbst, es ist Medium und Objekt der Reflexion zugleich. Aber es leistet dies in seiner Singularität und Unvertretbarkeit. Die Selbstreflexion, die speziell das moderne Kunstobjekt nicht nur anstellt, sondern die es geradezu ausmacht, ist so einzigartig wie das Objekt selbst. Wird die Reflexion dagegen weiter gefasst, bezieht sie sich nicht mehr nur auf das Objekt, die Mitteilung oder den Prozess, in dem sie selbst angestellt wird, sondern auf verallgemeinerbare Sachverhalte, auf Bedingungen, denen nicht nur dieses eine Objekt, dieser Text oder diese eine Mitteilung, sondern zahlreiche andere auch unterworfen sind. Sie bezieht sich auf die Regeln, denen das Anfertigen von Mitteilungen überhaupt gehorcht, daher spricht Jakobson nicht mehr von der ästhetischen, sondern von der metasprachlichen Funktion der Sprache.

Entsprechend können wir auch von metamedialen Zügen jenseits der Sprache ausgehen. So wie beispielsweise Poesie eine Kritik und Reflexion der Möglichkeiten und Funktionsweisen der Sprache leistet, die wiederum nicht explizit als Theorie vorgetragen wird, sondern implizit mit einem analogen, womöglich sogar konkurrierenden Anspruch zur Theoriebildung auftritt und eben nicht im Medium theoriesprachlicher Begrifflichkeit, sondern im poetischen Medium verfährt. Derlei metamediale Reflexionen sind nach Jakobson in jedem medialen Prozess und in allen medialen Operationen nachweisbar, aber sie kennzeichnen namentlich und thematisch die experimentellen und avantgardistischen Strömungen in der Kunst des 20. Jahrhunderts. Für die Literatur und Poesie können die Dichtungen Stéphane Mallarmés, der *Mann ohne Eigenschaften* Robert Musils oder die Stücke Samuel Becketts als solche Auseinandersetzungen mit Sprache und Sprechen, aber auch mit Klang- und Bühnenräumen gelten.

Die Reflexivität des Films

Jenseits der Literatur und der literarischen Medien nimmt hier der Film eine besonders gut erforschte Stellung ein. Schon in den 1970er Jahren stellte Bernhard Lindemann in seiner Untersuchung *Experimentalfilm als Metafilm* fest, dass der Experimentalfilm als Gattung an der Erstellung einer Filmtheorie mit den Mitteln des Films selbst arbeite, die durchaus in Konkurrenz zur geschriebenen, im engeren Sinne theorieförmigen Filmtheorie stehe (vgl. Lindemann 1977). In ähnlichem Sinne war auch vom Avantgardefilm unter dem Schlagwort ›Film als Film‹ die Rede (vgl. Hein 1977). Volker Pantenburg hat diese Auffassung in jüngster Zeit ausgebaut und vertieft. Für ihn ist speziell der Essayfilm Jean-Luc Godards und Harun Farockis »Film als Theorie« (Pantenburg 2006); ähnliche Annahmen werden auch zu den Arbeiten Chris Markers und Alexander Kluges sowie zur Gattung des Dokumentarfilms diskutiert (vgl. Meyer 2005).

Dass speziell der Film als ein technisches Bildmedium dazu neigt, selbstreflexive und metamediale Funktionen auszubilden und insofern (ein Analogon zur) Filmtheorie mit den Mitteln des Films selbst zu erarbeiten, bleibt jedoch keine auf den Avantgarde- und Essayfilm beschränkte Beobachtung. Im Zuge umfangreicher Forschung zur Selbstthematisierung und Selbstreflexivität des Films wurde in den 1980er und 1990er Jahren herausgearbeitet, wie sehr Spielfilme, auch solche der Genreproduktion, mit metamedialer Betrachtung befasst sind (vgl. Kirchmann 1996).

Dies beginnt natürlich mit dem Lieblingsobjekt zahlreicher Filmwissenschaftler, den selbstthematisierenden Filmen; Filmen, die vom Filmemachen oder in paradoxierender Weise von ihren eigenen Entstehungsbedingungen handeln. Geschieht dies in Bezug auf den jeweiligen Film selbst, so handelt es sich wiederum um eine thematisch, referentiell gewordene ästhetische Funktion. Das Paradebeispiel dafür ist zweifellos Federico Fellinis Film *8 ½*, den Christian Metz schon früh einer brillanten und beispielhaften Analyse unterzogen hat (vgl. Metz 1983); die Kette geht aber über hoch raffinierte Arbeiten in verschiedenen Genres von Hollywood über das internationale Arthousekino und den genuinen Autorenfilm bis weit in die Gegenwart hinein. Metasprachlich und mit einem theorieanalogen Verallgemeinerungsanspruch jedoch treten Selbstreflexionen des Films als Medium oftmals gerade da auf, wo sie nicht thematisch sind. Beispielgebend sei hier an die Reflexionen Stanley Kubricks erinnert, dessen Filme als systematische Ausforschung dessen gelesen werden können, was Farbe, Bewegung, Klang, Raum und Zeit, Rahmen und Rand im Medium des Films sind, wobei dieses Medium zugleich das Medium der Untersuchung selbst ist, sich folglich in die Untersuchung und ihre Resultate selbst einträgt und so zu durchaus eigenartigen Feststellungen gelangt (vgl. Engell 2010).

Die theorieartige Reflexion auf sich selbst ist aber schon im klassischen Hollywoodkino anzutreffen und erneut bezeichnenderweise keineswegs nur da, wo sie ausdrücklich wird, wie im Backstage-Musical. Immer wieder stellt etwa der Filmphilosoph Stanley Cavell fest, wie der Film auf sich selbst eingeht und dabei zu dezidierten Selbstauffassungen gelangt (vgl. Cavell 1979; 1978). In Howard Hawks' Film *Bringing Up Baby* beobachtet Cavell mehrere auffällige metonymische Requisiten, aber auch Aussagen im Dialog, durch die der Film selbst sich erstens in die erzählte Fiktion hineinspiegelt und zweitens darin als ein Illusions- und Verdoppelungsmedium betrachtet, das Objekte von äußerst eigenwilligem ontologischem Status produziert, die zwischen Anwesenheit und Abwesenheit, zwischen Wirksamkeit und Irrelevanz, zwischen Transparenz und Opazität, zwischen Verfügen und Versagen, zwischen Begehren und Entziehen beständig hin- und her oszillieren (vgl. Cavell 1981, 111–131). An einer anderen Stelle kann Cavell zeigen, dass der Film seine spezifische Beziehung zu sichtbaren Objekten reflektiert in der Entgegensetzung der hoch technischen und zugleich glamourösen wie unsichtbaren Objektwelt, die er selbst ist, und der abgründigen Nähe zu den Objekten und sogar den Substanzen, die die sichtbare Welt vor der Kamera ausmachen und mit denen er nahezu zu verschmelzen vermag (vgl. Cavell 1978).

Eine spezielle Funktion weist Cavell dabei der Komödie zu: die Komödie, in der das Medium (Cavell spricht vom Genre als Medium) zu sich selbst in Distanz gebracht wird (vgl. Cavell 2001). Mit Simon Critchley lässt sich dem anfügen, dass die Komödie, im Film oder in anderen Medien, damit exakt dieselbe Haltung einnimmt, wie sie für ein theoretisch-philosophisches distanznehmendes Reflektieren kennzeichnend ist; mit dem Zusatz, dass sie sich selbst mit in Frage stellen lassen kann und dass sie sich dabei ihrer eigenen Medialität, ihrer stofflich-materiellen Gebundenheit an ein Trägermedium, bewusst bleibt, also ihres Schreibzeugs, die das theoretische Reflektieren als begrifflichen Prozess nicht mit reflektiert (vgl. Critchley 2004).

Wohl am weitesten ausgebaut wurde der Gedanke einer Filmtheorie des Films selbst in Gilles Deleuzes zweibändiger Studie zum Kino (vgl. Deleuze 1989; 1991). Allerdings verlässt Deleuze das Paradigma der Metamedialität: Nicht den Verhandlungen des Films durch Film oder dem Arbeiten über Sprache und Regeln des Films im Film gilt sein Augenmerk. Für Deleuze beobachtet sich der Film nicht selbst von einer zweiten Ebene aus. Vielmehr vollzieht er,

ein unhintergehbar in Zeit und Bewegung gegrün-
detes Medium, eine Gedankenbewegung, wie sie in
der begrifflich-theoretischen, sprachlich codierten
Denkwelt herkömmlicher Theoriebildung und Philosophie so nicht erreichbar ist. Der Film macht
nämlich Bewegung durch Bewegung (statt durch be-
griffsförmige Sistierung) und Zeit durch Zeit (statt
durch ihre theorieförmige Ersetzung durch Raum-
kategorien) denkbar und zugleich darin sinnlich erfahrbar; der alte Gegensatz zwischen Theorie und
Erfahrung oder zwischen Körper und Denken, auf
den wir oben schon im Zusammenhang mit der Komödie gestoßen sind, wird also auch für Deleuze im
Fall des Films eingezogen (vgl. Deleuze 1991, 244–
277). Der Filmtheorie des Films selbst als einer
Theorie der Bewegung und der Zeit verleiht genau
diese Eingelassenheit in tatsächliche Bewegung und
Zeit ihr eigenes Gepräge, das sie von einer Theorie
im Sinne der literarischen Theorieproduktion unterscheidet (vgl. Engell 2003; Fahle 2005).

Probleme der Annahme einer Medientheorie der Medien selbst

In allen diesen Fällen jedoch handelt es sich erstens
um Medien der Repräsentation, um solche also, die
etwas darstellen, und zweitens um Aufzeichnungs-
oder Speichermedien, Medien also, die bleibende,
zeitresistente Spuren erzeugen, auf die dann ein späterer oder sogar der gleichzeitige Mediengebrauch
zurückgreifen kann. Die Reflexion der Medien auf
sich selbst kann hier die Form eines Zurückkom-
mens auf sich selbst annehmen. Wie aber verhält es
sich mit den zahlreichen anderen Medien, Medien
der Übertragung oder der Beobachtung beispielsweise, wie Telefon und Telegraph, wie Fernrohr und
Mikroskop, oder ephemere Medien wie Tanz und
Musik? Und eine zweite, nunmehr theoretisch begründete Komplikation stellt sich ein, die die Annahme einer Medientheorie der Medien selbst
grundsätzlich in Frage stellt. Sie liegt in der Feststellung, dass Medien – weit davon entfernt, sich selbst
durch Eintragung in die von ihnen prozessierten
Sachverhalte ablesbar und sichtbar zu machen – im
Gegenteil grundsätzlich transparent seien. Medien,
so namentlich die sehr wirksame, auf Fritz Heider
zurückgreifende Medientheorie Niklas Luhmanns,
sind grundsätzlich nicht beobachtbar, nicht aussage-
fähig und nicht aussagbar (s. Kap. II.11 und II.18).
Dies seien lediglich die Formen, die in und über Medien entstehen können (vgl. Heider 2004; Luhmann

1997, 190–202). Nur Formen, nicht aber Medien,
seien unterscheidungsfähig und unterscheidbar; da
aber Beobachtung (und schon gar Aussage oder
Darstellung) im Kern eine Unterscheidungsopera-
tion sei, könne sie nur Formen, nicht aber Medien
generieren (vgl. Luhmann 1997; Brauns 2002).

Die Leitunterscheidung von Medium und Form ist
demnach selbst eine Form, und daraus ergibt sich ein
Primat der Form für Luhmanns Theoriebildung. Formen fasst Luhmann dabei als feste und wirksame
Kopplungen von Elementen – beispielsweise Ereignisse, aber auch Buchstaben oder Bildpixel wären hier
vorstellbar –, Medien hingegen als lose Kopplungen
solcher Elemente. Medien seien lediglich potentiell,
seien Möglichkeitsräume, die die Bandbreite möglicher Formen, die aus und über einem Medium gebildet werden können, bestimmten. So sei ›die Sprache‹
ein Medium, das aber nur in der Form (einzelner,
konkreter) sprachlicher Äußerungen beobachtbar sei.
Auch Theorie wäre demnach eine Form und kann
sich als ein massives Unterscheidungsgeschehen auch
nur auf Formen beziehen bzw. generiert sie als Gegenstände ihres Tuns selbstreferentiell. Für die Medientheorie ergibt sich aus diesem Verständnis, dass
es erstens eine Medientheorie überhaupt nur schwerlich, nur auf Umwegen, geben kann – dass aber zweitens eine Medientheorie der Medien selbst völlig undenkbar und auch nicht sinnvoll ist.

Beide Einwände gegen eine Medientheorie der
Medien selbst können aber entkräftet werden, wenn
man den tautologischen und statischen Charakter
der Form-/Medium-Differenz bedenkt. Luhmann
benutzt den Begriff der ›Unterscheidung‹ insofern
tautologisch, als er damit sowohl die Operation des
Unterscheidens als auch den getroffenen – bei
Luhmann wie bei Spencer Brown stets binären –
Unterschied bezeichnet (vgl. Spencer Brown 2004).
Damit wird die Unterscheidung, auch die zwischen
Form und Medium, zu einer Differenz, die sich
selbst produziert. Tatsächlich jedoch unterscheiden
sich Form und Medium je nach Kopplungsgrad, je
nach Bindungseigenschaften zwischen den Elementen des Mediums. Diese sind nur relativ zueinander
bestimmbar und zudem muss beim Übergang vom
Medium zur Form eine Verdichtung oder Intensivierung des Kopplungsgeschehens eintreten, die nur
als Prozess oder Operation, in Zeit und Raum sich
vollziehend, vorstellbar ist. Der Unterschied zwischen Medium und Form mag eine Form sein; die
Herauslösung der Form aus dem Medium und
ihr Wiedereingehen im Medium jedoch sind dies
nicht.

Mag das Medium selbst auch nach strenger Lesart der Form-Medium-Differenz transparent und unthematisch und damit auch theorieunfähig bleiben, so ist doch sein als allmählicher Vorgang zu fassender Übergang in den Status der Form dies nicht. Vielmehr geht er einher mit einem mehr oder weniger langsamen, jedenfalls prozessualen Übergang des Mediums von einem Weniger zu einem Mehr an Sichtbarkeit und Theoriefähigkeit. Eine Medientheorie des Mediums selbst wäre dann eine Ausleuchtung des Zwischenraums zwischen – strenger, begrifflich-modellhafter – Theorie als Denkform und Medium als Bedingung der Möglichkeit dieser Denkform. Sie wäre formulierbar eben nicht in fest gefügten Theoriebegriffen, sondern immer (noch) involviert in die Operationen und Funktionsweisen des Mediums selbst. Und dieser Vollzugscharakter einer Medientheorie der Medien selbst wäre es auch, der sich im Fall der reinen Funktionsmedien einstellen kann, der Medien also, die nicht über Aufzeichnungs- und Speicherfunktionen verfügen, keine stabilen Objekte generieren, auf die eine Reflexion buchstäblich zurückgreifen oder sich zurückbeziehen könnte.

Die Fernbedienung

Ein Beispiel hierfür, insbesondere für die medienprozessuale Reflexion auf die Möglichkeit und den Ort einer Medientheorie der Medien wiederum selbst, ist im Gebrauch der Fernbedienung gesehen worden (vgl. Engell 2003). Der Gebrauch der Fernbedienung ist klarerweise eine Kette von Unterscheidungsoperationen. Der Tastendruck hebt eine Sendung, einen Ausschnitt, ein fließendes Bild aus der Masse anderer, parallel vorhandener, aber nicht angewählter und insofern auch (gerade) nicht sichtbarer Bilder heraus. Mithilfe der Fernbedienung und nur durch sie wird aus einer vorstrukturierten Anordnung von Bilderflüssen, die in Synchronizität und Sukzessivität (etwa: die Linie des Fernsehprogramms oder der einzelnen Sendung einerseits, die Relationen zu den anderen Programmen und Sendungen andererseits) vorgekoppelt sind, ein konkreter linearer Ablauf dessen, was auf dem jeweiligen Bildschirm tatsächlich erscheint. Im Tastendruck löst sich dabei eine Bilderscheinung auf dem Schirm mit einer anderen ab. Die jeweils nicht angewählten Bilder sind als nicht angewählte abwesend, sind Teil des bloßen Möglichkeitsraums dessen, was zur selben Zeit auch möglich gewesen wäre. Sie werden als nicht gesehene Bilder kein Teil der Form des konkreten Fernsehgeschehens. Trotzdem sind die jeweils nicht angewählten Bilder in einen Zusammenhang – eben die Sendung, das Programm – gestellt, der seinerseits zu einem späteren Zeitpunkt angewählt werden kann und wird. Innerhalb gewisser Grenzen erscheint darin, unterstützt durch die redundanten Grundzüge des Sendegeschehens (vgl. Cavell 2001; Luhmann 2004), sogar die einmal in der linear ablaufenden Zeit getroffene Programmwahl als dennoch reversibel in der Zeit. Insofern operationalisiert die Fernbedienung das Programmangebot in seiner Breite als Medium, die tatsächlich angewählte Sendung jedoch als Form, und erfasst darin sogar die Zeit einmal als transparentes Medium, nämlich dasjenige möglicher Kopplungen, und als erfahrbare Form, nämlich als linearer tatsächlicher Ablauf. Die Fernbedienung ist das Medium wiederum dieser Unterscheidung, also derjenigen zwischen Form und Medium.

Als solche thematisiert sie sich in jedem einzelnen Umschaltvorgang, und sie führt diese theoretische Unterscheidung als operationale in das Erleben und die Erfahrung der Benutzer ein, und zwar als reflexive Erfahrung, die sich auf die Organisation der Erfahrung bezieht: die Unterscheidung von Medium und Form, diesmal jedoch nicht von der Seite der Form her betrachtet, sondern von derjenigen des Mediums. Denn die Fernbedienung entfaltet einen eigenen Sog, der das Umschalten um des Umschaltens willen nahelegt. Das Herabsinken der – angewählten – Form ins Medium und die Rückkehr zu ihr durch neues Anwählen im Zuge des Weg- und Zurückschaltens haben einen eigenwertigen, nicht auf die Sendungsinhalte oder -ästhetiken bezogenen Grundzug, der ausschließlich dem Wechselspiel von Medium und Form dient. Durch die Fernbedienung wandelt sich das Fernsehen von einem Medium der Übertragung zu einem der Selektion und des ständigen Umschlags zwischen Medium und Form. Sie schreibt sich demnach – getreu der medientheoretischen Grundannahme – ein in das, was sie prozessiert. Ihr Funktionsort ist dabei jedoch nicht, wie zuvor gesehen, in der selbstreflexiv-ästhetischen Form nach Jakobson zu sehen, die sich auf die kommunizierte Botschaft, also hier: die fließenden Fernsehbilder, zurückbezieht; und auch nicht metasprachlicher oder metamedialer Art. Vielmehr ist sie phatischer Natur, d.h. sie bezieht sich auf das Funktionieren und Fortbestehen speziell dessen, was Jakobson den ›Kanal‹ nennt, also auf den materiellen und technischen Apparat und seine Handhabung, so wie er die

Übertragung – im Fall des Jakobsonschen Schemas – bzw. die Auswahl und das Umschalten im vorliegenden Fall trägt und ermöglicht (vgl. Jakobson
1979). Genau diese phatische Operation wird in der
Fernbedienung jedoch nicht nur geleistet, sondern
auch erschlossen und reflektiert, und insofern liefert
die Fernbedienung in ihrem Gebrauch zugleich ein
Theorieanalogon zu dem, was sie leistet. Weiter gefasst und verallgemeinert, wie es der Funktion von
Theorie entspricht, organisiert die Fernbedienung
dann einen Weltzugriff, der die Wirklichkeit mehr
oder weniger vollständig als ein Geschehen der Auswahl aus einer Menge an Möglichkeiten fasst, die
noch dazu in der beschriebenen Weise als teil-rever-
sibel in der Zeit erscheint.

Aber auch gänzlich andere theorieanaloge Reflexionen weit jenseits der Fixierung auf die Luhmannsche Form-Medium-Differenz scheinen der Fernbedienung und ihrem Gebrauch eingeschrieben zu
sein als Medientheorie dieses Mediums selbst. Etwa
thematisiert die Fernbedienung das Zusammenspiel
von Auge und Hand, wie es, ausgehend beispielsweise von Leroi-Gourhan, im Zuge einer instrumentellen Medientheorie herausgearbeitet werden kann
(vgl. Leroi-Gourhan 1987). Auch eine Reflexion auf
die Digitalität des Digitalen im Rückgriff auf den
Druck des Fingers auf die Taste und damit auf die
Medientheorie des Körpers (s. Kap. IV.3) kann hier
anschließen (vgl. Serres 1993, 11–110). Die in die
Zeige- und Auswahlhandlung sowie in die Wirksamkeit des tatsächlich Veränderungen auslösenden
Tastendrucks eingeschriebene Reflexion auf Indexikalität und Kausalität wären weitere Dimensionen
theoretischer bzw. theorieanaloger Art, wie sie sich
als Medientheorie des Mediums selbst in der Arbeit
mit dem Medium vollzieht. So entfaltet sich die Medientheorie der Fernbedienung ihrerseits als ein offener, aber keineswegs beliebiger Reflexions- oder
Denkraum, als ein vorgekoppeltes Medium reflexiver Formbildung, wie es oben in der Sprache als dem
klassischen Medium der Theoriebildung gesehen
wurde. Es setzt das Denken des Mediums, wie es sich
im tatsächlichen operativen Gebrauch vollzieht, unter die Bedingungen, die es selbst verkörpert, und
schafft ihm zugleich spezielle Möglichkeiten, die es
bevorzugt eröffnet und bereitstellt. Sollte dieser Ge-
samtraum in all seiner Differenziertheit eine spezifische Konsistenz aufweisen, die sich von derjenigen
anderer Theoriemedien, namentlich der Schrift und
des Schriftdenkens, unterscheidet, so wäre sie als die
spezielle Medientheorie der Fernbedienung selbst
darstellbar.

Dieser Gedanke von der Medientheorie der Fernbedienung kann im Übrigen – auch in der Medienevolution gut begründbar – dabei ausgeweitet werden auf andere Selektionsmedien, allen voran auf die
Computermaus in ihrer Kombination mit der Fens-
ter-Technologie und damit auf weite Teile der digitalen Medien überhaupt. Sie können, auch im Tastendruck, der ihnen als praktisch-mediale Operation in
vielen Fällen zu Grunde liegt, ebenfalls gelesen werden als theoretische und zugleich praktisch-techni-
sche Werkzeuge eines ständigen, wenngleich diskreten Operierens zwischen (abwesendem, transparen-
tem) Medium und (wirksamer, wahrnehmbarer)
Form. Genau wie bei der Fernbedienung, jedoch wesentlich deutlicher und in reichhaltigeren Erscheinungsformen, aktualisiert die Maus im Klick des
Tastendrucks die Selektionsbasiertheit der Compu-
terkommunikation. Sie behauptet darin den unhintergehbar grundlegenden Charakter der Unterscheidung von Medium und Form, genauer: des ständigen Übergehens und prozessualen Unterscheidens
zwischen ihnen, das im Erstehen und Vergehen der
Form aus dem und im Medium dieses Medium
selbst immer mitführt und mit bedenkt.

Literatur

Brauns, Jörg (Hg.): *Form und Medium*. Weimar 2002.

Cavell, Stanley: What becomes of things on film? In: *Cavell on Film*. Hg. von William Rothman. New York 1978, 1–11.

Cavell, Stanley: *The World Viewed*. Cambridge, Mass. 1979.

Cavell, Stanley: *Pursuits of Happiness. The Hollywood Comedy of Remarriage*. Cambridge, Mass. 1981.

Cavell, Stanley: Die Tatsache des Fernsehens. In: Ralf Adelmann (Hg.): *Grundlagentexte zur Fernsehwissenschaft. Theorie – Geschichte – Analyse*. Konstanz 2001, 44–74.

Critchley, Simon: *Über Humor*. Wien 2004.

Debatin, Bernhard/Wulff, H. J. (Hg.): *Telefon und Gesellschaft: Telefon und Kultur. Das Telefon im Spielfilm*. Berlin 1991.

Deleuze, Gilles: *Kino. Das Bewegungs-Bild*. Bd. 1. Frankfurt a. M. 1989.

Deleuze, Gilles: *Kino. Das Zeit-Bild*. Bd. 2. Frankfurt a. M. 1991.

Engell, Lorenz: Tasten, Wählen, Denken. Genese und Funktion einer philosophischen Apparatur. In: Stefan Münker/Alexander Roesler/Mike Sandbothe (Hg.): *Medienphilosophie. Beiträge zur Klärung eines Begriffs*. Frankfurt a. M. 2003.

Engell, Lorenz: *Kinematographische Agenturen*. In: Ders./Jiri Bystricky/Katerina Krtilova (Hg.): *Medien denken. Von der Bewegung des Begriffs zu bewegten Bildern*. Bielefeld 2010, 137–156.

Fahle, Oliver: *Bilder der Zweiten Moderne*. Weimar 2005.

Heider, Fritz: *Ding und Medium* [1926]. Berlin 2004.

Hein, Birgit (Hg.): *Film als Film: Vom Animationsfilm der*

zwanziger zum Filmenvironment der siebziger Jahre. Ausstellungskatalog Kölnischer Kunstverein 1977.

Jakobson, Roman: Die sechs Funktionen der Sprache. In: *Roman Jakobson. Poetik. Ausgewählte Aufsätze 1921–1971.* Hg. von Elmar Holenstein/Tarcisius Schelbert. Frankfurt a. M. 1979.

Kirchmann, Kay: Zwischen Selbstreflexivität und Selbstreferentialität. Überlegungen zur Ästhetik des Selbstbezüglichen als filmischer Modernität. In: *Arnoldshainer Filmgespräche,* Band 13: *Im Spiegelkabinett der Illusionen. Filme über sich selbst.* Frankfurt a. M. 1996.

Kittler, Friedrich A.: *Grammophon, Film, Typewriter.* Berlin 1986.

Leroi-Gourhan, André: *Hand und Wort. Die Evolution von Technik, Sprache und Kunst.* Frankfurt a. M. 1987.

Lichtenberg, Georg Christoph: *Aphorismen.* Göttingen 1958.

Lindemann, Bernhard: *Experimentalfilm als Metafilm.* Hildesheim 1977.

Luhmann, Niklas: *Die Gesellschaft der Gesellschaft,* Bd. 1. Frankfurt a. M. 1997.

Luhmann, Niklas: *Die Realität der Massenmedien.* Mannheim 2004.

Lyotard, Jean-François: *Das postmoderne Wissen.* Graz/Wien 1986a.

Lyotard, Jean-François: *Philosophie und Malerei im Zeitalter ihres Experimentierens.* Berlin 1986b.

Man, Paul de: *Allegorien des Lesens.* Frankfurt a. M. 1989.

McLuhan, Marshall: *Die magischen Kanäle.* Düsseldorf 1992 (engl. 1964).

Metz, Christian: La construction en abyme dans huit et demi de Federico Fellini. In: Ders.: *Essais sur la signification au cinema,* Bd. 1. Paris 1983, 225 ff.

Meyer, F. T.: *Filme über sich selbst. Strategien der Selbstreflexion im dokumentarischen Film.* Bielefeld 2005.

Nietzsche, Friedrich: *Briefwechsel. Kritische Gesamtausgabe.* Hg. von Giorgio Colli/Mazzino Montinari. Berlin 1975.

Pantenburg, Volker: *Film als Theorie. Bildforschung bei Harun Farocki und Jean Luc Godard.* Bielefeld 2006.

Schröter, Jens: Intermedialität. Facetten und Probleme eines aktuellen medienwissenschaftlichen Begriffs. In: *montage/av* 7/2 (1998), 129–154.

Serres, Michel: *Die fünf Sinne: Eine Philosophie der Gemenge und Gemische.* Frankfurt a. M. 1993.

Spencer Brown, George: *Laws of Form – Gesetze der Form.* Bremen 2004.

Stoichita, Victor: *Das selbstbewußte Bild. Ursprünge der Metamalerei.* München 1998.

Lorenz Engell

III. Einzelmedien

1. Basismedien: Bild, Klang, Text, Zahl, Geste

Basismedien sind elementare Mittel der menschlichen Kommunikation. Sie konstituieren – technik- und kulturspezifisch geformt, genretypisch kombiniert und institutionell eingebettet – historisch manifeste mediale Praktiken.

In der Medienwissenschaft werden Basismedien in der Form gegenstandsbezogener Wahrnehmungs- und Reflexionskategorien angesprochen, z. B. als ›Bild‹, ›Ton‹, ›Zahl‹ und ›Buchstabe‹ (vgl. Schanze 2001, 211 f.). Gegenwärtig besteht kein Fachkonsens über die Anzahl, die Benennung und die theoretische Begründung von Basismedien. Zwar herrscht Einigkeit darüber, dass das Bild als ein Basismedium behandelt werden muss und dass auch Klang- und Sprachmedialität zu berücksichtigen sind. Aber jenseits des Bildes laufen die Terminologien auseinander, so dass verschiedene mediale Aspekte in den Blick geraten und das einheitliche Prinzip der Basismedien offen bleibt. Während z. B. Helmut Schanze mit der Kategorie des Buchstabens das Ökonomieprinzip visueller Sprachdarstellung anvisiert, markiert Wolfgang Coy mit der Kategorie der Schrift den Unterschied dauerhafter sprachlicher Präsenz gegenüber der flüchtigen Rede (vgl. Coy 2002); Dieter Mersch dagegen hebt mit der Kategorie des Worts das Diskursive gegenüber dem Ästhetischen hervor (vgl. Mersch 2002).

Im vorwissenschaftlichen Verständnis von Medialität und in der medienwissenschaftlichen Einführungsliteratur dominiert die Vorstellung einer basismedialen Trias. Diese Trias wird terminologisch in Reihen wie: Töne – Texte – Bilder, Kunst – Musik – Literatur, Sichtbarkeit – Hörbarkeit – Lesbarkeit benannt. Die ›Zahl‹ wird selten als eine eigenständige Kategorie erwähnt. Sie wird vor allem dann als Basismedium reflektiert, wenn es darum geht, das gesamte Feld der Medialität kategorial zu umreißen (vgl. Schanze 2001; Mersch 2002). Vereinzelt wird darüber hinaus noch eine weitere Kategorie genannt: die Geste (vgl. Stöber 2008, 56; vgl. auch Flusser 1991; Bickenbach/Klappert/Pompe 2003; Fischer-Lichte/Wulf 2010). Die Kategorie der Geste

spielt gegenwärtig nicht nur in kulturtheoretischen Überlegungen zum Tier-Mensch-Übergangsfeld eine herausragende Rolle (vgl. Tomasello 2004), sie wird auch in der Philosophie breit diskutiert (vgl. Wiesing 2013).

Medienwissenschaftlich ist das basismediale Feld also uneinheitlich kategorisiert und theoretisch unzureichend reflektiert. Es gibt nur wenige Vorschläge, dieses Feld in seinem Zusammenhang zu diskutieren und seine Konstitutionslogik zu analysieren. Das liegt auch daran, dass jede der basismedialen Kategorien in einzelnen Fachwissenschaften auf zwar hohem Niveau, aber ohne gemeinsamen Begriffs- und Methodenapparat erforscht wird: Anthropologie, Kunstgeschichte, Musikwissenschaft, Literaturgeschichte und Linguistik, Mathematik und Philosophie entmutigen in ihrer fachlichen Differenziertheit und in ihrer interdisziplinären Inkommensurabilität den Versuch, sich dem begrifflichen Feld, das die basismedialen Kategorien umreißen, systematisch zuzuwenden.

Für die Medienwissenschaft ist aber eine integrale Begriffsbestimmung der Basismedien von herausragendem Interesse, denn im Gegensatz zu den unspezifischen Grundbegriffen ›Medium‹, ›Kommunikation‹ und ›Technik‹ bietet die begriffliche Klärung der Basismedien die Möglichkeit, den medienwissenschaftlichen Gegenstandsbereich einzugrenzen und die interne Anschlussfähigkeit von Forschungsergebnissen zu erhöhen.

Die Geschichte des medienwissenschaftlichen Diskurses kann in diesem Sinn als ein implizites Klärungsprojekt basismedialer Verhältnisse gelesen werden. Schon Marshall McLuhan fokussierte seine Begründung der kulturwissenschaftlichen Medienanalyse auf eine basismediale Frage, nämlich in welchem Verhältnis die medialen Praktiken zu den menschlichen Sinnen, insbesondere zum Sehen und zum Hören, stehen (s. Kap. II.4). So wichtig McLuhans Impuls war, so hat sich doch gezeigt, dass die kategoriale Gegenüberstellung von Mensch und Technik, wie sie für McLuhans Diskurs typisch ist, den technisch-sinnlichen Wechselbeziehungen medialer Praktiken nicht gerecht wird. In den 1990er Jahren motivierten Forschungsthemen wie ›Multimedialität‹ und ›Intermedialität‹ (s. Kap. II.22) die systematische Suche nach transmedialen Vergleichsparametern und gattungsunabhängigen Medienbegriffen. Dabei wurde deutlich, dass Medialität nicht allein technisch und dass die menschliche Verwendung von Medientechnologien nicht allein ästhetisch analysiert werden kann, sondern dass Technologie und Sinnlichkeit in medialen Praktiken konstitutiv verbunden sind. Medientechnologie verwirklicht sich in einem Körper- und Sinnesbezug und ist durch die Plastizitätsgrenzen menschlicher Wahrnehmung, Reflexion und Performanz konditioniert (s. Kap. IV.3). Innerhalb dieser Grenzen aber formen die kulturell verfügbaren Medientechnologien das allgemein geltende menschliche Selbst- und Wirklichkeitsverständnis.

Basismediale Kategorien, die dieser Wechselbeziehung von Mensch und Technik gerecht werden wollen, können daher weder auf biologisch feststehende Kompetenzen noch auf technisch beschreibbare Funktionspotenziale reduziert werden. Bilder sind daher nicht lediglich artifizielle Sichtbarkeiten, und Klänge sind nicht lediglich artifizielle Hörbarkeiten. Und umgekehrt determinieren Basismedien nicht, was Menschen sehen, hören und verstehen können. Zwischen den basismedialen Kategorien auf der einen Seite und den Kategorien der Sinnlichkeit und der Technik auf der anderen Seite besteht eine merkliche Distanz. Zwar ist auch in der Medienwissenschaft die Vorstellung weit verbreitet, dass »sich die Basismedien Bild und Ton von Gesicht und Gehör direkt ableiten lassen« (Schanze 2001, 210), aber das vorwissenschaftliche Medienvokabular und die vortheoretische Intuition legen nahe, dass dies nicht der Fall ist. Wenn z. B. in der Musik von ›Klangfarben‹ die Rede ist oder in der bildlichen Gestaltung von ›Farbtönen‹, so wird mit diesen klangmedialen und bildmedialen Kategorien – die sich metaphorisch auf den jeweils anderen, nicht direkt adressierten Sinn beziehen – deutlich, dass die subjektive Wahrnehmung von Bildmedialität oder Klangmedialität nicht in einem exklusiv visuellen oder auditiven Erleben aufgeht bzw. dass das visuelle und das auditive Erleben sich nicht auf die subjektive Feststellung optischer und akustischer Verhältnisse reduzieren lassen. Und in den Künsten finden sich dementsprechend Gestaltungsweisen mit optischem Material, die sich programmatisch als klangkünstlerische Unternehmungen verstehen, während es umgekehrt auch akustische Gestaltungsstrategien gibt, die das Klangbild imaginärer Naturkulissen evozieren wollen. Gleichwohl lässt sich die spezifische Nähe der Kategorien des Bildes und des Klangs zur

menschlichen Sensibilität für optische und akustische Reize nicht leugnen.

Diese eigenartig lose Kopplung zwischen den basismedialen Kategorien, den objektiven Artefakten und ihrer sinnlichen Wahrnehmung lässt sich mit Hilfe eines Funktionsbegriffs medialer Gegenstände erläutern, den Lambert Wiesing in die medientheoretische Diskussion eingeführt hat. Seines Erachtens besteht die Funktion medialer Gegenstände darin, die ›artifizielle Präsenz‹ von etwas zu ermöglichen (vgl. Wiesing 2008; s. Kap. II.3).

Differenzierung der Basismedien mit Wiesing

Wiesing hat vor allem anhand von vielen Beispielen aus der Bildmedialität gezeigt, dass Bilder als ›artifizielle Objektpräsenzen‹ bestimmt werden können. Wenn Menschen ein Bild wahrnehmen, ist ihnen zumute, als ob das Bildobjekt anwesend wäre, obwohl sie zugleich auch bemerken, dass diese Anwesenheit bloß dem Schein nach realisiert ist. Wiesing erläutert diesen phänomenologischen Ansatz ausschließlich an sichtbaren Bildern. Aber dafür gibt es keinen zwingenden Grund. Zwar ist der menschliche Sehsinn besonders dafür geeignet, die Anwesenheit eines bestimmten Objekts zu reflektieren und artifiziell zu präsentieren. Aber jede Funktion lässt funktionale Äquivalenzen zu. Auch durch geeignete akustische Reize lässt sich der Effekt erzielen, dass einem Wahrnehmenden zumute ist, als sei ein Objekt anwesend, während er sich zugleich wahrnehmend davon überzeugen kann, dass dies nicht der Fall ist.

Dieses Argument lässt sich analog für die anderen basismedialen Kategorien durchführen: Während Bilder artifizielle Präsenzen von Objekten und objektiven Verhältnissen sind, lassen sich Klänge als *artifizielle Präsenzen von Subjekten und subjektiven Zuständen* auffassen. Die spezifische Nähe zwischen dem Basismedium Klang und dem menschlichen Hörsinn liegt daran, dass die natürliche Wahrnehmungsform subjektiver Expressivität die hörbare eigene Stimme ist (vgl. Maye 2005; Dolar 2007). Gleichwohl gilt auch in diesem Fall, dass sich subjektive Expressivität auch auf sichtbare Weise artifiziell zur Geltung bringen kann.

Die Kategorie der Geste kann als *artifizielle Präsenz intentionaler Bezugnahme* verstanden werden. Gesten realisieren diese Bezugnahme nicht, stellen sie aber als Möglichkeit aus. Sie verwirklichen den Aufforderungscharakter, ohne den Kommunikation nicht stattfinden könnte, und sie verwirklichen den positiven oder negativen Antwortcharakter, ohne den Kommunikation nicht fortgesetzt werden könnte. Daher ist das Basismedium der Geste kommunikativ grundlegend und in der naturgeschichtlichen Phylogenese der menschlichen Fähigkeit zur kulturellen Vergesellschaftung offenbar das performative und wahrnehmbare Widerlager der Evolution des Gehirns und seines Potenzials, komplexe Reflexionen zu unterstützen (vgl. Tomasello 2004).

Die Kategorie des Texts lässt sich als *artifizielle Präsenz sozialer Statusfunktionen* begreifen. Sie umfasst alle Formen wahrnehmbarer Symbolizität. Texte präsentieren symbolische, auf gesellschaftlichen Konventionen beruhende Zusammenhänge. Auch diese Präsenz ist aber artifiziell, so dass Texte den sozialen Verpflichtungscharakter symbolischer Konventionen zugleich auch zur Disposition stellen. Und wiederum lässt sich Textualität nicht auf eine bestimmte Technizität ihres physischen Substrats oder auf eine bestimmte subjektive Praxis des Textverstehens reduzieren, handelt es sich beim Text doch um eine potenziell iterative Technik des Symbolisierens: Texte symbolisieren eine soziale Konvention; in welcher Materialität und welcher Form aber ein Text diese Funktion erfüllt, kann wiederum zum Gegenstand einer symbolisch festgehaltenen Konvention gemacht werden. Das Textmedium ermöglicht systematisch, seine Form zu bestimmen und umzubestimmen. Es bedarf der produktiven Interpretation und erlaubt seine subversive Lektüre. In der Geschichte der Textmedialität lässt sich dementsprechend von symbolischen Gebärden, eingekerbten Steinen und Tontafeln, über Bildschriften, Alphabetschriften bis hin zu Morsesignalschriften eine nahezu grenzenlose Vielfalt konventioneller Textmedialität beobachten (vgl. Haarmann 1990). Jacques Derrida hat sich von dieser iterativen Struktur der Symboltechnologie, welche die allgemeine Verbindlichkeit symbolischer Zusammenhänge lediglich artifiziell präsentiert, inspirieren lassen, die Form der Textualität als Grundstruktur gesellschaftlichen Daseins zu beschreiben (vgl. Derrida 1972; s. Kap. II.2).

Die Kategorie der Zahl lässt sich als *artifizielle Präsenz reiner Abstraktionen* bestimmen. Das Besondere an dieser basismedialen Kategorie ist, dass reine Abstraktionen überhaupt nur artifiziell präsent sein können. Würden Zahlen nicht artifiziell präsentiert werden, gäbe es diese mathematischen Objekte nicht. Insofern ist der Begriff der natürlichen Zahlen

missverständlich. Diese Zahlen sind nicht naturgegeben, vielmehr handelt es sich bei ihnen um ein grundlegendes System mathematischer Objekte, aus denen alle anderen Zahlensysteme konstruiert werden können (vgl. Gowers 2011). Die Zahlendarstellung realisiert sich historisch zunächst in verschiedenen Systemen gestischer und schriftlicher Repräsentation, die spezifische Möglichkeiten und Beschränkungen mathematischer Operationen implizieren (vgl. Ifrah 1986). Die theoretische Rationalisierung der Mathematik im 19. Jahrhundert und die darauf beruhende technologische Automatisierung der Rechenoperationen in der Computertechnologie des 20. Jahrhunderts haben die Zahl zu dem vielleicht zentralen Basismedium der Gegenwart werden lassen. Die Technologien der Zahlenpräsentation sind kulturell von zentraler Bedeutung, weil die reine Abstraktheit der Zahlen ihre transkulturelle Ordnungskraft begründet, so dass die Beherrschung mathematischer Technologien eine gesellschaftliche Machttechnik ersten Ranges ist.

Die Basismedien erweisen sich so als ein Ensemble artifizieller Präsenzen, die als Bindeglieder zwischen der Materialität der Medien und ihrer menschlichen Wahrnehmung und Beurteilung fungieren. Sowohl hinsichtlich der materiellen und psychischen Korrelate des Medialen als auch untereinander sind die Basismedien ›lose gekoppelt‹.

Basismedien als dekonstruktives Werkzeug nach Mersch

Die medienphilosophische Frage, die sich vor diesem Hintergrund stellt, nämlich wie sich dieses basismediale Feld loser Koppelungen und motivischer Nachbarschaften zwischen physischer Objektivität und psychischer Subjektivität konstituiert, scheint unbeantwortbar zu sein, denn es lassen sich in diesem Gebiet keine exakten gegenständlichen Bestimmungen beobachten, aus denen medienlogische Formen gleichsam herausgezogen und in ein folgerichtiges Konstitutionsargument gebracht werden könnten (über die Grenzen medialer Verbegrifflichung vgl. Wiesing 2008, 243). Dies ist der systematische Grund dafür, dass die Akteure historisch manifester medialer Praktiken nicht auf die basismedialen Bedingungen ihrer Praxis reflektieren können und entweder – ohne Begriff – rein mimetisch operieren oder mediale Praktiken mythisieren und in Ursprungsgeschichten und Vollendungsprojekten beschreiben.

Auch wenn sich also die Medien nicht basismedial rekonstruieren lassen, ist die basismediale Perspektive analytisch nicht funktionslos. Sie hat vor allem eine kritisch-analytische Kraft, um die Selbstmystifikation medialer Praktiken zu dekonstruieren und die vermeintlichen Funktionsgewissheiten der Medientechnologie und der Medienpsychologie zur Disposition zu stellen.

In diesem Sinn hat Dieter Mersch mediale Basiskategorien als ein dekonstruktives Werkzeug entfaltet (vgl. Mersch 2002; s. Kap. II.18). Dabei nutzt Mersch die gegenständliche Vagheit der Basismedien für eine radikal nichtgegenständliche Perspektive. In der Tradition der modernen Metaphysikkritik setzt Mersch gegen die gegenständliche Perspektive der normalwissenschaftlichen Einzelmedienforschung einen differenztheoretischen Ansatz. Differenztheoretische Ansätze, wie sie etwa auch von Jacques Derrida für die Philosophie und von Niklas Luhmann für die Soziologie entwickelt worden sind, haben gemeinsam, die Möglichkeit ontologisch unabhängiger Entitäten auszuschließen. Alles, was ist, ist nur in Differenz zu etwas anderem. Differenzen aber sind keine Gegenstände, keine Entitäten. Differenzen gibt es nur, weil und indem sie unterschieden werden. Dieses Unterscheiden aber hat keinen objektiven, ontologisch unabhängigen Grund. Differenztheoretische Gegenstandsanalysen zielen darauf ab, genau dies zu demonstrieren und die vermeintliche Gegenstandsgewissheit in der nachweisbaren Inkommensurabilität verschiedener Perspektiven auf einen Gegenstand aufzulösen.

In diesem Sinn geht Mersch in seinen Überlegungen von einer fundamentalen medialen Differenz aus, nämlich der Differenz zwischen ›aisthetischen‹ und ›diskursiven‹ Medien, aber in einem gleichsam dekonstruktionsbereiten Sinn: »Die Differenz ist zunächst heuristischer Art und dient allein analytischen Zwecken; ihre Grenzziehung wird zudem durch die wechselseitigen Überschreibungen der Topoi laufend verwischt und erschwert« (Mersch 2002, 153). Die beiden Seiten dieser Differenz verhalten sich zueinander also nicht in dem Schema abstrakter Negation, sondern in Form einer Inkommensurabilität, die sich nicht auf einen unzweifelhaften Begriff bringen lässt. Mersch markiert dies, indem er beide Seiten wiederum differenziell in je zwei sich zueinander inkommensurabel verhaltende ›Grundmedien‹ unterteilt, so dass vier mediale Differenzkategorien seine dekonstruktive Analyse der Medien anleiten: Bild/Ton (die aisthetischen Grundmedien) und Wort/Zahl (die diskursiven Grundmedien).

Die dekonstruktive Potenz dieses Kategorienapparats besteht darin, den Widerstreit zwischen der diskursiven Medienfunktion, distinkte Ordnungen zur Geltung zu bringen, und der aisthetischen Medienfunktion, jede Ordnung durch den ›Zauber des Ereignisses‹ zu stören, deutlich werden zu lassen. Der gegenständliche Schein der Medien (und der Wirklichkeit überhaupt) lässt sich differenztheoretisch als ein Effekt diskursiver Medialität analysieren, denn nur durch sprachliche Benennung und mathematische Formalisierung können Gegenstände stabil unterschieden und bezeichnet werden. Mersch konstatiert daher vor dem Hintergrund der phänomenalen Prävalenz einer gegenständlich strukturierten Wirklichkeit eine »*Überschreibung des Ästhetischen durch das Diskursive* in der Herrschaft der *Zahl*« (ebd., 162; Herv. i. O.). Demgegenüber bringt sich der Eigensinn des Ästhetischen in der Form von Störungen zur Geltung, welche die latente Petrifizierung der Wirklichkeit durch das Diskursive verhindern. Merschs negative Theorie der Mediendifferenz begründet einen medialen Widerstand gegen die mustergültige Funktionalität medialer Formate. Sie legitimiert die Inkommensurabilität medialer Praktiken und besänftigt die Verstehenswut.

Das medienanalytische Potenzial dieser Dekonstruktion besteht in der Aufdeckung von medialen Vorurteilsstrukturen und mythologischen Selbsttäuschungen medialer Akteure. Demgegenüber besteht die medienanalytische Grenze dieser Perspektive in einer Vergleichgültigung aller medialen Vorurteilsstrukturen. Die Negation medialer Gegenständlichkeit unterstellt, dass es keine Modellierung des Medialen geben könne, die sich unter bestimmten Bedingungen als zutreffend erweist. Die Vagheit basismedialer Gegenständlichkeit wird als Unbestimmbarkeit und universeller Entzug übertrieben. Und dem entspricht, dass die differenztheoretische Analyse basismedialer Kategorien systematisch keinen Ort der ›Geste‹ angeben kann. Gerade die Berücksichtigung des medialen Aufforderungscharakters aber, der in dem Basismedium der Geste vermittelt wird, ist für eine Analyse historisch manifester medialer Praktiken entscheidend.

Die Begrenztheit der differenztheoretischen Medienanalyse widerlegt nicht ihre Relevanz. Im Gegenteil bestätigt sich nur an ihr die differenztheoretische Einsicht in die differenzielle Konstitution der Wirklichkeit, weil sie ihre kritische Funktion selbst nur in Differenz zu einer gegenstandstheoretischen Perspektivierung der Medien entfalten kann. Die differenztheoretische Perspektivierung von Basismedien ist also systematisch durch eine gegenstandstheoretische Perspektivierung zu ergänzen.

Basismedien als Gegenstände 2. Stufe

Um dabei nicht hinter das Reflexionsniveau differenztheoretischer Einsichten zurückzufallen, kann an einen Gedanken Gottlob Freges angeknüpft werden, der erstmals logisch präzise den Begriff des Gegenstands von dem Begriff des Begriffs unterschieden hat (vgl. Frege 1892/2008). Frege entdeckte im Zuge seiner Grundlegung der Arithmetik, dass die Eigenschaft der Existenz nicht als Eigenschaft von Gegenständen aufgefasst werden kann, sondern als eine Eigenschaft von Begriffen konzipiert werden muss. So beschreibt etwa die Aussage, dass Einhörner nicht existieren, keinen singulären Gegenstand, sondern dass die Menge aller Gegenstände, die durch den Begriff des Einhorns gebildet wird, leer ist. Unter den Begriff der Existenz fallen also nicht Gegenstände vermöge ihrer Eigenschaften, sondern Begriffe vermöge ihrer Merkmale. Frege nennt den Begriff der Existenz daher einen ›Begriff zweiter Stufe‹.

Diese logisch revolutionäre Einsicht hat eine ontologische Implikation, die sich für das Verständnis von Basismedien fruchtbar machen lässt. Denn gemäß der logischen Form des Existenzbegriffs lässt sich die Tatsache, dass Menschen sich und ihre Wahrnehmungen als existent erleben, so interpretieren, dass Menschen über Begriffe bzw. Modelle ihrer Selbst und ihrer Umgebung verfügen müssen, als deren gegenständliche Verwirklichung sie sich und ihre Umgebung reflektieren. Die abstrakten Modelle des menschlichen Selbst und der Wahrnehmungsgegenstände aber müssen ihrerseits auf eine wahrnehmbare Weise verwirklicht sein, damit im wahrgenommenen Verhältnis zwischen ihnen und den Gegenständen, die ihren Modellmaßgaben entsprechen, die subjektive Feststellung der eigenen Existenz und der Existenz anderer anwesender Gegenstände reflexiv entstehen kann. Dem Begriff der Existenz als einem Begriff zweiter Stufe korrespondiert also in dieser Argumentation die gegenständliche Wirklichkeit von Gegenstandsmodellen, die man als Gegenstände zweiter Stufe oder als ›mediale Gegenstände‹ bezeichnen kann.

Mit einem solchen Begriff medialer Gegenstände ist es möglich, zwischen transkulturellen Basismedien und kulturspezifischen medialen Praktiken zu unterscheiden. Die Basismedien beruhen dabei auf dem funktionalen Zusammenhang zwischen menschlichem Sehen und Hören und der reflexiven Identifikation wahrnehmbarer Körper (1). Unter den physischen Gegenständen, die Menschen wahrnehmen können, gibt es Phänomene, die zwar nach außen deutlich begrenzt sind, aber zugleich über dynamische Wahrnehmungseigenschaften verfügen, die ein chaotisches Formenspiel konstituieren: Wasserstrudel, Nebelschwaden, Grasflächen, das Geräusch des Regens u. Ä. Man kann diese Phänomene unter den Begriff des Naturschauspiels zusammenfassen. Naturschauspiele erzeugen durch ihr chaotisches Formenspiel in der Wahrnehmung die Anmutung einer reflexiven Unbestimmtheit. Diese reflexive Unbestimmtheit ist konstitutiv für die Basismedien Zahl, Geste und Text. Denn auf je eigene Weise bringen diese Basismedien Abstraktionen zur Geltung. Die Abstraktheit der mathematischen Objekte, Bezugnahmen und Konventionen, die durch Zahlen, Gesten und Texte artifiziell präsentiert werden, muss an diesen Basismedien kenntlich sein. Es bedarf daher positiver Paradigmen der Unbestimmtheit, und diese positiven Paradigmen werden durch die Erfahrungen von Naturschauspielen gestiftet (2). Die Basismedien Zahl, Geste und Text setzen die menschliche Imagination frei und erlauben eine kulturelle Evolution und regionale Differenzierung höchst spezifischer medialer Praktiken, die sich vor allem auf audiovisuelle Künste und Technologien beziehen (3).

(1) Wahrnehmbare Körperlichkeit ist für Menschen eine Tatsache ihrer objektiven Existenz. Vermittelt wird diese Existenzerfahrung durch eine Gegenständlichkeit zweiter Stufe, die das gemeinsame Merkmal aller wahrnehmbaren Körper modellhaft zur Geltung bringt. Alle wahrnehmbaren Körper, wie immer sie auch sonst bestimmt sein mögen, teilen die Eigenschaften, nur unvollständig und von außen wahrnehmbar zu sein, während ihr Inneres ein Zusammenspiel von Teilen ist. Diese konstitutiven, begriffsbildenden Eigenschaften wahrnehmbarer Körper sind modellhaft in einer Medialität vergegenständlicht, welche die Wahrnehmung von Körpern perzeptiv begleitet und ihre Existenzanmutung vermittelt: die Medialität des sichtbaren Hintergrunds und des hörbaren Klangraums. In Gestalt z. B. des sichtbaren Himmels erscheint eine unvollständige, offenbar grenzenlos sich fortsetzende Fläche, die nicht selbst wiederum das Außen eines bestimmten Körpers zu sein scheint. Und mit dem Raumklang jeglicher Hörbarkeit erscheint eine äu-

ßere Innerlichkeit, ein erlebbarer Resonanzraum, der nicht selbst wiederum als das Innere eines bestimmten Körpers erlebt wird. Die Wahrnehmungseigenschaften des Himmels und des Resonanzraums konstituieren keine Gegenstandserfahrung erster Stufe, sondern die implizite, vorsprachlich reflektierte Wahrnehmung einer Gegenständlichkeit zweiter Stufe, eines medialen Modells, das der Wahrnehmende in allen Gegenständen, die er sehend und hörend unterscheiden kann, *gleichermaßen* als ›singulär‹ instanziiert erlebt. Die mediale Gegenständlichkeit der sichtbaren Himmelsfläche und der hörbaren Resonanz bildet als sinnlich erlebbare Form den Begriff der Menge aller Gegenstände, die wahrnehmbare Körper sind, und vermittelt wahrnehmenden Menschen und ihren Wahrnehmungsgegenständen die Existenzanmutung anwesender singulärer Körper. Sehen und Hören haben damit eine besondere Funktionalität in der Konstitution der körperlichen Existenzerfahrung und ein besonderes Verhältnis zu den Kategorien der äußeren Gestalt und des inneren Zustands von Körpern. Für die Wahrnehmenden selbst und ihre Körpererfahrung stellt sich dabei eine bemerkenswerte Differenz zu anderen Körpern ein. Die Betrachtung anderer Körper ist vergleichsweise differenzierter als die Selbstbetrachtung, wohingegen die spürbare Erfahrung der Selbstberührung und die hörbare Erfahrung der eigenen Stimme mit ihrem expressiven Potenzial eine intimere Erfahrung der eigenen Existenz verwirklichen. Auch wenn also die medialen Gründe der Existenzerfahrung gleichermaßen die Körper des Wahrnehmenden und des Wahrgenommenen instanziieren, ergibt sich aus der perspektivischen Differenz der Wahrnehmenden eine charakteristische existenzielle Sonderstellung der individuellen Selbsterfahrung, die allerdings noch nicht die kategoriale Trennung von Subjekt und Objekt begründet, die erst mit der gesellschaftlichen Durchsetzung allgemeiner Alphabetisierung zur dominanten Episteme wurde.

(2) Die sichtbaren und hörbaren Unterschiede zwischen wahrnehmbaren Körpern ermöglichen die Wahrnehmung von Ähnlichkeiten und Unähnlichkeiten. Verschiedene Körper können einander mehr oder weniger ›zum Verwechseln‹ ähneln oder ›ganz und gar‹ verschieden wirken, ohne doch ihren Status singulärer Körper zu verlieren. In der Wahrnehmung von Körpern ist auf diese Weise ihre abstrahierende Klassifikation angelegt. Diese Klassifikation setzt allerdings voraus, dass Menschen ihre aktuellen Wahrnehmungen von ihren ›situationsab-

strakten‹ imaginären Vorstellungen reflexiv unterscheiden können. Die reflexiven Ressourcen dieser Unterscheidung verwirklichen sich in medialen Gegenständen, die das projektive Vorstellen stimulieren. Ähnlich wie im Fall des sichtbaren Himmels und des hörbaren Resonanzraums lassen sich natürliche Wahrnehmungsgegenstände nennen, die als mediale Modelle die Instanziierung des Unterschieds zwischen Wahrnehmung und Imagination erlauben und so eine Existenz des Denkens erlebbar machen. Viele Naturschauspiele sind zugleich prägnant begrenzt und in sich dynamisch, so dass sie halb amorphe Gestaltanspielungen (wie etwa bei der Betrachtung von Wolken) prägnant zur Geltung bringen. Insbesondere die Ästhetik des Feuers und des Wassers verwirklichen in ihrer Dynamik einen robusten Aufforderungscharakter, die Formphantasie spielen zu lassen. Die perzeptive Faszination des sich eigentümlich gleichbleibenden Formwandels z.B. der Flammen und der Glut eines Lagerfeuers evoziert Fragmente von Wahrnehmungserinnerungen, ein unbestimmtes Dort und Dann. Man ist, fasziniert ins Feuer blickend, ›abwesend‹. Da diese Erfahrung ohne weiteres gemeinsam gemacht werden kann und von jedem, der daran teilnimmt, als gemeinschaftliche Praxis wahrnehmbar ist, stiften Naturschauspiele wie das gemeinsam erlebte Lagerfeuer, dessen Medialität zur Existenzerfahrung lebendiger Imagination führt, zugleich auch die Existenzerfahrung der gemeinschaftlichen Intentionalität. Das faszinierende, die Imagination stimulierende Naturschauspiel ermöglicht die Existenzerfahrung einer gemeinsamen Abwesenheit, die sich negativ reflektierend zur bestimmten Anwesenheit verhält. Das Naturschauspiel motiviert durch sein chaotisches Formenspiel zur ebenso konzentrierten wie zerstreuten Wahrnehmung: Die auftauchenden und verschwindenden Einzelformen sind zu instabil, um in ihren Formeigenschaften identifiziert zu werden, zugleich tauchen sie in variierter Form stets wieder neu auf, so dass man ihre Formidentität auf eigenartige Weise verpasst, ohne sie wirklich zu verpassen. Dabei folgt die Formvarianz keiner zu entdeckenden Regelmäßigkeit. Diese chaotische Ornamentik von Naturschauspielen erscheint auf diese Weise als ein wahrnehmbares Nichts. Dieses wahrnehmbare Nichts verwirklicht den ästhetischen Archetyp der leeren Menge, die das Fundament der gesamten Mathematik bildet und durch deren operative Produktivität alle möglichen mathematischen Objekte konstruierbar sind (vgl. Hoffmann 2011, 162 ff.). Auf diese Weise sind die reflexiven Bedingungen des Zählens und Klassifizierens erfüllt. Indem das Naturschauspiel im Zentrum der gemeinsamen Aufmerksamkeit steht, wird dieses Aufmerksamkeitsverhalten zum Paradigma körperlicher Hinwendung zu einem reflexiv intendierten Gegenstand. Die Existenzerfahrung gemeinschaftlicher Aufmerksamkeit stiftet den *common ground*, um den Aufforderungscharakter hindeutender ›Zeigegesten‹ zu verstehen und ihm mit dem eigenen Aufmerksamkeitsverhalten öffentlich wahrnehmbar zu entsprechen – oder *nicht* zu entsprechen. Auf diesem gestischen Fundament kann die Kommunikation von Bejahung und Verneinung aufsetzen und die Konventionalisierung kontingenter Textfunktionen entstehen.

(3) Auf diesem basismedialen Fundament vollzieht sich die kulturelle Differenzierung: Öffentlich wahrnehmbare Artefakte können auf konventionelle Weise als mediale Gegenstände verwendet werden, um kollektiv geltende Wirklichkeit in der individuellen Wahrnehmung nachvollziehbar werden zu lassen. Je nach der Mobilität und Zirkulationsreichweite solcher Artefakte kann so ein spezifischer Kommunikationsraum kultureller Konventionen entstehen. Dabei verwirklichen diese Artefakte ihre medialen Eigenschaften durch das ästhetische Potenzial natürlicher Wahrnehmungsgegenstände, wobei die Einheit der natürlichen Gegenstände medial keine konstitutive Rolle spielt. Mediale Gegenstände können artifiziell entweder durch Teilmengen gegenständlicher Wahrnehmungseigenschaften verwirklicht werden (wenn z. B. nicht alle sichtbaren Eigenschaften eines Bildträgers bildliche Geltung beanspruchen); sie können durch die Gesamtmengen einzelgegenständlicher Wahrnehmungseigenschaften verwirklicht werden (wenn z. B. eine Reiterstatue einen politischen Herrschaftsanspruch symbolisiert); oder sie können durch Wahrnehmungseigenschaften eines Ensembles natürlicher Gegenstände verwirklicht werden (wenn z. B. ein Roman in verschiedenen Teilen publiziert wird oder eine Gruppe von Personen ein Drama aufführt). Bemerkenswert an medialen Gegenständen ist, dass sie ebenso singulär sind wie natürliche Gegenstände erster Stufe, dass sie aber anders als natürliche Gegenstände differenzlos wiederholt werden können, da ihre gegenständliche Einheit eine abstrakte Formeinheit exemplifiziert (s. Kap. II.17). Auf diese Weise ist es möglich, dass verschiedene Menschen zu verschiedenen Zeiten und an verschiedenen Orten dasselbe wahrnehmen und begrifflich konstatieren können. So konstituieren sich durch mediale Gegenstände distributive Intentionalitätsgemeinschaften, die genau dann zu kollektiven Intentionalitätsgemeinschaften, d. h. personell irreduziblen Wir-Gruppen, werden, wenn in Bildern, Klängen, Texten und Aufführungen diese Wir-Gruppe dargestellt wird und so auf ein Modell ihrer selbst Bezug nehmen kann.

In der Analyse aktueller und historischer medialer Praktiken ermöglicht eine gegenstandstheoretisch konstituierte basismediale Perspektive die vergleichende Rekonstruktion genealogischer Bezüge und systematischer Brüche kultureller Entwicklungen sowie gesellschaftlicher Prozeduren der Selbstverständigung.

Literatur

Bickenbach, Matthias/Klappert, Annina/Pompe, Hedwig (Hg.): *Manus Loquens. Medium der Geste – Gesten der Medien*. Kön 2003.

Coy, Wolfgang: Analog/Digital – Bild, Schrift und Zahl als Basismedien. In: Peter Gendolla/Peter Ludes/Volker Roloff (Hg.): *Bildschirm – Medien – Theorien*. München 2002, 155–167.

Derrida, Jacques: *Die Schrift und die Differenz*. Frankfurt a. M. 1972.

Dolar, Mladen: *His Master's Voice. Eine Theorie der Stimme*. Frankfurt a. M. 2007.

Fehrmann, Gisela: Sprache im gestischen Dispositiv. Medialitätsspezifische Aspekte von Gebärdensprachen. In: Erika Fischer-Lichte/Christoph Wulf (Hg.): *Gesten. Inszenierung, Aufführung und Praxis*. München 2010, 58–77.

Fischer-Lichte, Erika/Wulf, Christoph (Hg.): *Gesten. Inszenierung, Aufführung und Praxis*. München 2010.

Flusser, Vilém: *Gesten. Versuch einer Phänomenologie*. Düsseldorf 1991.

Frege, Gottlob: Über Begriff und Gegenstand [1892]. In: Ders.: *Funktion, Begriff, Bedeutung. Fünf logische Studien*. Göttingen 2008, 47–60.

Gowers, Timothy: *Mathematik*. Stuttgart 2011.

Haarmann, Harald: *Universalgeschichte der Schrift*. Frankfurt a. M. 1990.

Hoffmann, Dirk W.: *Grenzen der Mathematik. Eine Reise durch die Kerngebiete der mathematischen Logik*. Heidelberg 2011.

Ifrah, Georges: *Universalgeschichte der Zahlen*. Frankfurt a. M. 1986.

Maye, Harun: Stimme. In: Claudia Liebrand/Irmela Schneider/Björn Bohnenkamp/Laura Frahm (Hg.): *Einführung in die Medienkulturwissenschaft*. Münster 2005, 143–157.

Mersch, Dieter: Wort, Bild, Ton, Zahl. Eine Einleitung in die Medienphilosophie. In: Ders.: *Kunst und Medium. Zwei Vorlesungen*. Kiel 2002, 131–262.

Schanze, Helmut: Integrale Mediengeschichte. In: Ders. (Hg.): *Handbuch der Mediengeschichte*. Stuttgart 2001, 207–280.

Stöber, Rudolf: *Kommunikations- und Medienwissenschaften. Eine Einführung*. München 2008.

Tomasello, Michael: *Die Ursprünge der menschlichen Kommunikation.* Frankfurt a. M. 2004.

Wiesing, Lambert: Was sind Medien? In: Stefan Münker/ Alexander Roesler (Hg.): *Was ist ein Medium?* Frankfurt a. M. 2008, 235–248.

Wiesing, Lambert: *Sehen lassen. Die Praxis des Zeigens.* Frankfurt a. M. 2013.

Jochen Venus

2. Diagramm/Diagrammatik

Das Diagramm (griech. *diagramma*: geometrische Figur, Umriss) kann in der Medienwissenschaft auf drei Arten konzipiert werden:

- *darstellungstheoretisch* als Begriff für eine historisch-konventionalisierte, materiell verkörperte Zeichenklasse, die sowohl Diagramme umfasst (z. B. Kreisdiagramme) als auch Skizzen, Karten oder algebraische Formeln;
- *erkenntnistheoretisch* als ein mit dem Schema verknüpfter Begriff für eine kognitive Anschauungsform im Rahmen interpretativer Schlussfolgerungsprozesse des sogenannten diagrammatischen Denkens;
- *sozialtheoretisch* als Begriff für ein historisch wandelbares, immanentes Ensemble materieller und diskursiver Instanzen von Subjektivierung und Erkenntnis.

Ein Verständnis des Diagramms als Medium ergibt sich aus dem Zusammenspiel dieser verschiedenen Faktoren in wechselnden sozialen und diskursiven Kontexten. Die Geschichte der Thematisierung des Diagramms als Repräsentationsmedium und Erkenntnismittel in Schlussprozessen ist ein bis in die antike Philosophie zurückreichendes Thema, das enge Verbindungen mit der allgemeinen Erkenntnistheorie, der Geometrie, der Philosophie der Mathematik, der Semiotik (s. Kap. II.2), dem Pragmatismus, aber auch der Ästhetik aufweist. Die vornehmlich in der Philosophie, der Kunstgeschichte und Bildwissenschaft (s. Kap. IV.7) entwickelte Standardsicht auf Diagramme als einem Medium, das zwischen visuell-bildlicher Anschauung und begrifflich-sprachlicher Abstraktion vermittelt, verweist auf eine für die gesamte Diagrammatik entscheidende intermediale Verschränkung zwischen den semiotischen Basismedien Bild, Schrift und Zahl (s. Kap. III.1).

Diagrammatische Formen übernehmen im Zusammenspiel dieser Basismedien darstellungstheoretisch eine eigenständige Integrations- und Übersetzungsfunktion. Diese Integrations- und Übersetzungsfunktion wird oft als eine zwischen Bild, Schrift und Zahl changierende Medialität bzw. Hybridität beschrieben (vgl. Bogen 2005b, 75 f.; Heßler/Mersch 2009, 31 f.). Semiotisch ist das Diagramm ein Relationenbild, in dem eine Menge von Elementen und die Beziehungen zwischen ihnen nach Maßgabe struktureller Ikonizität verräumlicht dargestellt wird (vgl. Wöpking 2012, 19 f.). Pragmatisch sind Diagramme dagegen Medien der Veranschaulichung und Visualisierung abstrakter Informationen, die in praktischen Handlungskontexten konkreten Erkenntniszwecken dienen und Teil der Handlungsformen analytischer und synthetischer Schlusspraktiken sind.

Über die darstellungstheoretische Betrachtungsweise erschließt sich auch das erkenntnistheoretische Potenzial von Diagrammen, das darin liegt, abstrakte und regulative Sachverhalte wie etwa Mengenverhältnisse oder Raumbeziehungen eines Bezugsobjektes in einem verräumlichten Strukturbild anschaulich zu visualisieren. Üblicherweise werden diesem Strukturbild verschiedene Leistungen wie eine besondere Ökonomie der Darstellung bzw. Reduktion von Komplexität des Dargestellten zugesprochen. Entscheidender jedoch ist, dass je nach Art der normativen Regulierung des Darstellungssystems ein Diagramm in der Lage ist, aus der Art der Konfiguration seiner räumlichen Relationen bisher über den in einem Diagramm repräsentierten Sachverhalt unbekannte Informationen hervorzubringen und zu explizieren (vgl. Wöpking 2012, 44 f.). Dieses Erkenntnispotenzial kennzeichnet auch die typische Verwendung diagrammatischer Darstellungen in experimentellen und heuristischen Praktiken. Solche Praktiken sind bisher vorrangig am Beispiel spezialisierter gesellschaftlicher Teilbereiche untersucht worden, etwa als Techniken der Sichtbarmachung in der Wissenschaft (vgl. Heßler/Mersch 2009), als Praktiken der Auslegung von impliziten Bildrelationen und ihrer intermedialen Verschränkungen in der Kunst (vgl. Bauer/Ernst 2010, 220 f.) oder in Phänomenen wie dem Aufbau geometrischer Systeme in der Mathematik (vgl. Wöpking 2012, 71 f.).

Diagramm und diagrammatisches Denken

An die erkenntnistheoretischen Implikationen von Diagrammen schließen Ansätze an, in denen es zu einer Entgrenzung des Diagrammbegriffs im Sinne der Annahme der Existenz eines kognitiv-mentalen Diagramms kommt, die Diagrammatik also zu einer Theorie von kreativen Schlussprozessen avanciert. In diesen Ansätzen wird das diagrammatische Denken mitunter vollständig von der konkreten Repräsentation einer normativ als ›diagrammatisch‹ konventionalisierten Form wie etwa eines statistischen Diagramms, einer rudimentären Skizze oder einer

Karte abgelöst und rezeptionsästhetisch als Teil eines im Interpretationsvorgang vollzogenen Gedankenexperiments betrachtet (vgl. Bauer/Ernst 2010, 17 f.). Der Vorteil einer solchen Ausdehnung des Diagrammbegriffs liegt in der Möglichkeit des Aufweises diagrammatischer Erkenntnisprozesse auch in nicht-diagrammatischen Zeichen- und Kunstformen, der Nachteil in einer drohenden Überdehnung des Diagrammbegriffs und daraus folgenden Abgrenzungsproblemen gegenüber anderen Erkenntnispraktiken und ihrer Spezifika. Für die Forschungspraxis der Medienwissenschaft stellt sich deshalb die Frage, ob die historisch konventionalisierte Form des Diagramms in den Mittelpunkt gestellt werden soll, oder der Prozess des diagrammatischen Denkens selbst. Meist sind aber beide Pole zu berücksichtigen.

Geschichte des Diagramms und der Theorie diagrammatischen Denkens

Dies zeigt bereits das Zusammenspiel aus Veranschaulichungs- und Innovationspotenzial diagrammatischer Darstellungssysteme mit einer schlussfolgernden Leistung des anschaulichen Sehens in Platons Dialog *Menon* (82b-84c). Stilprägend für die Diskussion in der Antike beschreibt Platon das Diagramm als Teil eines pädagogischen Experiments, in dem durch die Rekonfiguration von Relationen eine in der Ausgangskonfiguration nicht angelegte Information gewonnen werden kann (vgl. Krämer 2009, 112 f.). Je nachdem, wie eng oder weit der Begriff des Diagramms konzipiert wird, ist die philosophische Reflexion auf Diagramme und die Reflexion auf ihr Erkenntnispotenzial in einem Kontinuum mit der Vielfalt kultureller Praktiken der Verwendung von Diagrammen in verschiedenen Kulturtechniken (s. Kap. II.19), wie beispielsweise dem Entwerfen, zu betrachten.

Kulturwissenschaftlich ist die Geschichte des Diagramms z. B. in bautechnischen Kontexten wie etwa im römischen Ingenieurwesen oder in den Dombauhütten des Mittelalters nachweisbar (vgl. Bogen 2005a; Bonhoff 1993). Für das Mittelalter sind schlaglichtartig ferner Phänomene wie das diagrammatische System von Nikolaus von Oresme (vgl. Wöpking 2012, 155 f.), die Verwendung von Diagrammen bei Joachim von Fiore oder die diagrammatische Logik von Bilderzählungen in mittelalterlichen Domen (vgl. Bogen 2005b; Bogen/Thürlemann 2003) als Schritte in der Weiterentwicklung der Konzeption und Verwendung von diagrammatischen Darstellungssystemen beachtenswert.

In der Neuzeit avanciert das Diagramm zu einer für die Entwicklung der abendländischen Wissenschaften elementar wichtigen Zeichenklasse, z. B. in Gestalt der technischen Zeichnung (vgl. Gormans 2000). Historisch betrachtet, markiert das 18. Jahrhundert eine Zäsur sowohl in der Entwicklung der Gattung des Diagramms als auch in der Reflexion auf das diagrammatische Denken. Auf Seiten der Weiterentwicklung der Gattungsform sind für diese Zeit die Verwendung diagrammatischer Formen der Enzyklopädie bei Denis Diderot (vgl. Bender/Marrinan 2010) sowie William Playfairs wegweisende Arbeiten zur Infografik zu nennen, die in späteren Evolutionsstufen, etwa in der Gestalt von U-Bahn-Plänen, immer wieder als paradigmatische Diagramme herangezogen werden (vgl. Lischeid 2012).

Auf Seiten der Entwicklung der Theorie des diagrammatischen Denkens stehen hingegen Immanuel Kants Überlegungen zum Begriff des ›Schemas‹ als einer Vermittlungsform zwischen der Mannigfaltigkeit der Anschauung und der Abstraktionsleistung des Verstandes. Kant bringt mit dem Schema einen Begriff ins Spiel, der wesentliche, unter dem Schlagwort ›Diagrammatik‹ verhandelte Erkenntnisleistungen abdeckt und einen bedeutenden Prätext der neueren Forschung bildet (vgl. Krämer 2009, 108 f.). Begriffen wird das Schema als kognitiv-mentales Phänomen einer konkreten schematischen Gestalt, die zugleich die Funktion einer Konstruktionsanleitung im Status einer konstitutiven Regel hat. Das Schema ist in der *Kritik der reinen Vernunft* demgemäß »die Vorstellung einer Methode, einem gewissen Begriffe gemäß eine Menge (z. E. tausend) in einem Bilde vorzustellen« (Kant 1974, B 179).

Medientheoretisch lässt sich der Schemabegriff als durch die Unterscheidung zwischen Bild und Sprache resp. Bild und Schrift strukturiert lesen. Das Schema exponiert eine Art der Bildlichkeit, die eine mediale Eigengesetzlichkeit in ihrer Funktion der Vermittlung und Integration von Bild und Begriff mitführt. Verbunden werden im Schema Wahrnehmung und Denken, womit die Diskussion bei Kant sowohl der darstellungs- als auch der erkenntnistheoretischen Dimension der Diagrammatik vorgreift, die am Ende des 19. Jahrhunderts maßgeblich im Semiopragmatismus von Charles S. Peirce entwickelt wird.

Peirces' Ansatz fällt in der Geschichte der Diagrammatik eine Sonderstellung zu, weil er den bis dato auch weitreichendsten Versuch unternimmt, an das Medium des Diagramms eine Theorie des diagrammatischen Denkens anzuschließen (vgl. Hoffmann 2005; Stjernfelt 2007). Diese Theorie, die auf einer Synthese der darstellungs- und erkenntnistheoretischen Dimension von Diagrammen abzielt, steht im Peirceschen Spätwerk im Kontext des Versuchs, eine semiotische Begründung des Pragmatismus zu erreichen (vgl. Pape 2002). Angestrebt wird eine Enttranszendentalisierung des Schemabegriffs, durch welche die erkenntnis-, aber auch handlungsleitende Funktion von Schemata als einer kulturell vermittelten Eigenschaft der Semiose begreifbar gemacht werden soll.

Insbesondere relevant ist das Diagramm im Zusammenhang mit dem Begriff der Ikonizität, wobei Peirce Ikonizität nicht einfach als ein Repräsentationsverhältnis nach dem Prinzip von Ähnlichkeit begreift, sondern einen operationalen Ikonizitätsbegriff vertritt (vgl. Stjernfelt 2007, 90 f.). Die für Ikonizität kennzeichnende Ähnlichkeit zwischen Zeichen und Objekt wird pragmatisch an die Absicht gebunden, durch ikonische Ähnlichkeit etwas Neues über ein Objekt zu lernen. Ikonizität ist eine semiotische Hypothese über das Objekt, die in praktischen Handlungskontexten einen orientierenden Umgang mit dem Objekt ermöglicht und entlang der diagrammatischen Beziehung zwischen einer Karte und einem Territorium modelliert werden kann. Die so erreichte pragmatische Fundierung einer diagrammatischen Dimension in ikonischen Bezugsverhältnissen etabliert das Diagramm als ein Zeichen, das – einmal intermedial in Medien wie die Schrift oder das Bild integriert – eine erkenntnis- und handlungsleitende Funktion übernimmt.

Die Bestimmung von Semiotik als einer »objektive[n] ›Logik geistiger Vorgänge‹« (Pape 2002, 189) führt bei Peirce dazu, mit der Entwicklung seines eigenen diagrammatischen Systems der sogenannten ›Existenziellen Graphen‹ – das historisch im Kontext mit der Entwicklung ähnlicher Systeme bei Leonhard Euler und John Venn betrachtet werden muss – die Hoffnung zu verbinden, die inhärente Schlussform praktischer Handlungsprozesse in einem graphischen System hinsichtlich ihrer logisch-formalen, aber auch handlungstheoretischen Dimension reflexiv zu objektivieren (vgl. Bogen 2012). Diagrammatische Darstellungssysteme wie z. B. Graphen oder Karten werden bei Peirce folglich aus ihrem alltagsweltlichen Verwendungskontext herausgehoben und in die Position idealtypischer Reflexionsmedien des schlussfolgernden Denkens gerückt.

Die Tendenz, den Diagrammbegriff zum Stellvertreterbegriff allgemeiner Prinzipien der Erkenntnisgewinnung zu machen, verweist auch auf die historisch betrachtet relativ junge, in den Kulturwissenschaften aber breit rezipierte Ausdeutung des Begriffs in der poststrukturalistischen Philosophie bei Michel Foucault, Gilles Deleuze und Michel Serres (vgl. Gehring 1992). Das Diagramm figuriert in diesen Überlegungen als ein vom Dispositiv unterschiedener Begriff für die heterogenen Kräfteverhältnisse materieller und diskursiver Instanzen der Subjekt- und Erkenntniskonstitution. Angestrebt wird eine sowohl gesellschaftstheoretisch als auch ästhetisch relevante Deutung des Diagramms als Begriff für soziokulturelle Macht- und Strukturverhältnisse, die unter anderem in zeitgenössischen Architekturtheorien (vgl. Langer 2002), der Theaterwissenschaft (vgl. Haß 2005) und der Kunstwissenschaft ein Echo gefunden hat (vgl. Leeb 2012).

Das Diagramm in der Medienwissenschaft

Begreift man diese Tendenz zur Ausdehnung des Diagrammbegriffs als die entscheidende Weggabelung in der Geschichte der darstellungs- und erkenntnistheoretischen Stränge der Diagrammatik, lassen sich ausgehend davon auch die neueren medienwissenschaftlichen Forschungstendenzen verorten. Die medienwissenschaftliche Forschung hat sich bisher vor allem auf die Geschichte und Funktionen des Diagramms als Medium in Erkenntnispraktiken konzentriert. Hervorzuheben sind insbesondere Sybille Krämers Überlegungen zu einer ›Diagrammatologie‹ (vgl. Krämer 2009). Ähnlich wie in Peirce' operationaler Definition von Ikonizität bringt Krämer den Begriff der ›Schriftbildlichkeit‹ bzw. der ›operativen Bildlichkeit‹ in Anschlag, um auf die epistemologische Bedeutung anschaulich-visueller Schlussprozesse, so etwa der bildlichen Dimension der Schrift, in der abendländischen Ideengeschichte aufmerksam zu machen.

Das Diagramm wird epistemologisch als eine durch die Standardsicht auf die Schrift als dem Medium verschriftlichter Sprache nicht abgedeckte Dimension der Wahrnehmung der impliziten Relationen zwischen Schriftteilen aufgefasst. Abgehoben wird darauf, dass die Schrift eine visuelle Strukturalität aufweist, die als implizite diagrammatische Dimension im Prozess der textuellen Repräsentation von Informationen verstanden werden kann. Diese

kann im Prozess der interpretativen Deutung des Textes zum Tragen kommen und eine, gegenüber der Funktionszuweisung der Schrift als ›verschriftlichter Sprache‹, eigenständige Erkenntnisdimension der Schrift bilden. Aufgewertet wird damit die Beziehung von visueller Wahrnehmung und schlussfolgerndem Denken in der Rezeptions- und Verwendungspraxis von Schrift (vgl. Krämer 2003; Krämer/Cancik-Kirschbaum/Totzke 2012).

Wesentliche Impulse sowohl zur historischen als auch systematischen Klärung dieser Thesen erfährt die medienwissenschaftliche Forschung dabei durch kunst- und bildwissenschaftliche Forschungen zur Diagrammatik (vgl. u. a. Schmidt-Burkhardt 2012). Gegenüber diesen Forschungen behält die medienwissenschaftliche Sichtweise jedoch eine Eigenständigkeit. So ist es nicht nur bei Sybille Krämer ein konstantes Motiv, die Fähigkeit von Diagrammen, durch die Art der Konfiguration ihrer Relationen neues Wissen über ein Objekt zu produzieren, mit der medienphilosophischen These zu verschränken, dass den Medien als Externalisierungen kognitiv-mentaler Schlussprozesse eine selbständige Erkenntnisfunktion zufällt. Diese – so die These – kann in klassisch philosophischen Erkenntnistheorien, welche die kulturell-materielle Dimension der Erkenntnis abblenden, nicht erfasst werden (vgl. auch Wöpking 2012).

Einerseits lassen sich beispielsweise die darstellungstheoretischen Eigenschaften des Diagramms medientheoretisch interpretieren, etwa hinsichtlich des Aspektes des durch Diagramme ermöglichten und vollzogenen Medienwechsels bzw. der Transfiguration in Phänomenen wie der Diagrammatisierung abstrakter Daten in eine Fläche (vgl. Heßler/Mersch 2009; Krämer 2010). Andererseits kann die Theorie des diagrammatischen Denkens selbst auf die Operationslogik von Medien bezogen werden. Bei Gelegenheit der Erörterung seiner Graphenlogik bemerkt Peirce (2000, Bd. 3, 193), das Diagramm sei ein »sich bewegendes Bild des Denkens«. Damit liefert er eine für die Medienwissenschaft suggestive Bestimmung des Diagramms, die für mögliche Anwendungen auch der Theorie des diagrammatischen Denkens in Bewegtbildmedien wie dem Film, dem Fernsehen oder dem Computerspiel geeignet ist (vgl. auch Bauer/Ernst 2010, 194 f.).

Neuere Tendenzen der medienwissenschaftlichen Diagrammatik-Forschung zeichnen sich demgemäß dort ab, wo die Theorie des schlussfolgernden Handelns mit Diagrammen mit der strukturellen Vollzugslogik medialer Dispositive verschränkt wird.

Literatur

Bauer, Matthias/Ernst, Christoph: *Diagrammatik. Einführung in ein kultur- und medienwissenschaftliches Forschungsfeld.* Bielefeld 2010.

Bender, John B./Marrinan, Michael: *The Culture of Diagram.* Stanford 2010.

Bogen, Steffen/Thürlemann, Felix: Jenseits der Opposition von Text und Bild. Überlegungen zur Theorie des Diagramms und des Diagrammatischen. In: Alexander Patschovsky (Hg.): *Die Bilderwelt der Diagramme Joachims von Fiore. Zur Medialität religiös-politischer Programme im Mittelalter.* Ostfildern 2003, 1–22.

Bogen, Steffen: Schattenriss und Sonnenuhr. Überlegungen zu einer kunsthistorischen Diagrammatik. In: *Zeitschrift für Kunstgeschichte* 68/2 (2005a), 153–176.

Bogen, Steffen: Verbundene Materie, geordnete Bilder. Reflexion diagrammatischen Schauens in den Fenstern von Chartres. In: Horst Bredekamp/Gabriele Werner (Hg.): *Diagramme und bildtextile Ordnungen. Bildwelten des Wissens. Kunsthistorisches Jahrbuch für Bildkritik.* Themenheft. Berlin 2005b, 72–84.

Bogen, Steffen: Die Schlinge der Konstruktion. Zum Bild des Denkens bei Charles S. Peirce. In: Franz Engel/Moritz Queisner/Tullio Viola (Hg.): *Das bildnerische Denken: Charles S. Peirce.* Berlin 2012, 235–252.

Bonhoff, Ulrike Maria: *Das Diagramm. Kunsthistorische Betrachtungen über seine vielfältige Anwendung von der Antike bis zur Neuzeit.* Münster 1993 (Univ. Diss.).

Gehring, Petra: Paradigma einer Methode. Der Begriff des Diagramms im Strukturdenken von M. Foucault und M. Serres. In: Dies. u. a. (Hg.): *Diagrammatik und Philosophie.* Amsterdam 1992, 89–107.

Gormans, Andreas: Imagination des Unsichtbaren. Zur Gattungstheorie des wissenschaftlichen Diagramms. In: Hans Holländer (Hg.): *Erkenntnis, Erfindung, Konstruktion. Studien zur Bildgeschichte von Naturwissenschaften und Technik vom 16. bis zum 19. Jahrhundert.* Berlin 2000, 51–71.

Haß, Ulrike: *Das Drama des Sehens. Auge, Blick und Bühnenform.* München 2005.

Heßler, Martina/Mersch, Dieter: Bildlogik oder Was heißt visuelles Denken? In: Dies. (Hg.): *Logik des Bildlichen. Zur Kritik der ikonischen Vernunft.* Bielefeld 2009, 8–62.

Hoffmann, Michael H. G.: *Erkenntnisentwicklung. Ein semiotisch-pragmatischer Ansatz.* Frankfurt a. M. 2005.

Kant, Immanuel: *Kritik der reinen Vernunft.* Frankfurt a. M. 1974.

Krämer, Sybille: ›Schriftbildlichkeit‹ oder: Über eine (fast) vergessene Dimension der Schrift. In: Dies./Horst Bredekamp (Hg.): *Bild, Schrift, Zahl.* München 2003, 157–176.

Krämer, Sybille: Operative Bildlichkeit. Von der ›Grammatologie‹ zu einer ›Diagrammatologie‹? Reflexionen über erkennendes ›Sehen‹. In: Heßler/Mersch 2009, 94–117.

Krämer, Sybille: Übertragen als Transfiguration, oder: Wie ist die Kreativität von Medien erklärbar? In: *Zeitschrift für Medien- und Kulturforschung* 2 (2010), 78–93.

Krämer, Sybille/Cancik-Kirschbaum, Eva/Totzke, Rainer (Hg.): *Schriftbildlichkeit, Wahrnehmbarkeit, Materialität und Operativität von Notationen.* Berlin 2012.

Langer, Bernhard: Diagrammatologie. In: *UmBau* 19 (2002), 71–84.

Leeb, Susanne (Hg.): *Die Materialität der Diagramme. Kunst und Theorie.* Berlin 2012.

Lischeid, Thomas: *Diagrammatik und Mediensymbolik. Multimodale Darstellungsformen am Beispiel der Infografik.* Duisburg 2012.

Pape, Helmut: *Der dramatische Reichtum der konkreten Welt. Der Ursprung des Pragmatismus im Denken von Charles S. Peirce und William James.* Weilerswist 2002.

Peirce, Charles S.: *Semiotische Schriften.* 3 Bde. Hg. von Christian Kloesel/Helmut Pape. Frankfurt a. M. 2000.

Schmidt-Burkhardt, Astrid: *Die Kunst der Diagrammatik. Perspektiven eines neuen bildwissenschaftlichen Paradigmas.* Bielefeld 2012.

Stjernfelt, Frederik: *Diagrammatology. An Investigation on the Borderlines of Phenomenology, Ontology, and Semiotics.* Dordrecht 2007.

Wöpking, Jan: *Raum und Erkenntnis. Elemente einer Theorie epistemischen Diagrammgebrauchs.* Berlin 2012 (Univ. Diss.).

Christoph Ernst

3. Trance-Medien/ Personale Medien

Medium/Medium

Der Begriff ›Medium‹ für ein ›Trance-Medium‹ und die entsprechende Rede von einem personalen ›Mediumismus‹ sind ein bleibendes Erbe des 19. Jahrhunderts. Die Homonymie zwischen personalen und technischen ›Medien‹ kann aufgrund ihrer extremen Spannung als ein bedauerlicher Zufall erscheinen und gibt auch in der wissenschaftlichen Öffentlichkeit wiederholt Anlass zu Wortspielen und Gelächter, wurde allerdings in der deutschen Medienwissenschaft schon früh als ein aufschlussreiches medienhistorisches Forschungsproblem erkannt (vgl. Andriopoulos 2000; Hagen 2001; Holl 2002). Und tatsächlich ist die Geschichte und Vorgeschichte der deutschen, aber auch der weltweiten Medientheorie (vgl. McLuhan 1964, Kapitel 4) von Interferenzen zwischen personalen und technischen Medien geprägt, so dass ihre wissenschaftliche Klärung nicht ohne eine Wiederkehr des Verdrängten, sprich: des Heimlichen, Unheimlichen und Peinlichen, im Medienbegriff vonstattengeht. In der Homonymie von ›Medium‹ und ›Medium‹ verbirgt sich zum einen ein wichtiger Aspekt der modernen Mediengeschichte und zum anderen eine untilgbare Alterität des Medienbegriffs und seiner Geschichte.

Der moderne Medienbegriff besitzt eine zugleich physikalische und metaphysische Vorgeschichte, die im 19. Jahrhundert in der Rede von personalen und im 20. Jahrhundert in der Rede von technischen ›Medien‹ mündete (vgl. Hoffmann 2002; s. Kap. I.1). Die physikalische Seite geht auf Aristoteles zurück: Luft, Wasser und Kristalle brechen als durchscheinendes Mittleres, als *medium diaphane* das empfangene Licht durch ›Refraktionen‹. Diese Erkenntnis wird im Lauf der Frühen Neuzeit auf alle optischen Medien, alle Natur-Elemente und Kraftübertragungen ausgedehnt, insbesondere im Postulat der Existenz von noch undurchschauten ›Imponderabilien‹, feinstofflichen Kräften und Fluida wie Elektrizität, Magnetismus und Äther. Die Imponderabilien bildeten in der alten Metaphysik zugleich eine ›Mitte‹ und eine ›Vermittlung‹ zwischen Mensch und Gott; Natur selbst war ein ›Medium‹ und versprach eine naturwissenschaftliche und naturphilosophische Erforschung und gleichermaßen das Potential religiöser Offenbarung (vgl. Schott 2012). Der ›Animalische Magnetismus‹ von Franz Anton Mesmer versprach seit 1780 beides: eine am Vorbild der Elektrizität kategorisierte neue Naturkraft und einen Raum persönlicher ›höherer Erkenntnis‹ (vgl. Zander 2009). Im Gefolge der mesmeristischen Praktiken und insbesondere ihrer spiritistischen Umsetzung und hypnotischen Reduktion entstanden der Mediumismus des 19. Jahrhunderts sowie das Wort ›Medium‹, und mit ihm die Verallgemeinerung als ›Trance-Medium‹. Die semantische Brücke zwischen der Rede von personalen Medien und der sehr viel späteren Benennung technischer Medien und Massenmedien liegt im Repertoire der Massenpsychologie, das gegen Ende des 19. Jahrhunderts am Vorbild der personalen und insbesondere der hypnotischen Medien gewonnen wurde und über viele Jahrzehnte als Theorie und angewandte Theorie der ansteckenden Medienwirkung von Massenmedien fungierte (vgl. Kümmel/Löffler 2002).

Dieser kurze Abriss deutet an, dass nicht nur die Begriffsgeschichte alles andere als linear verlaufen ist. In welchen historischen und in welchen kulturanthropologischen Rahmen lässt sich die moderne Interferenz von personalen und technischen Medien stellen?

Trance-Mediumismus

Trance-Mediumismus kann weltweit auf drei Arten erlernt werden, die auch isoliert auftreten können, aber meist in Wechselbeziehung stehen:

- durch *Krankheiten und Krisen*, die als Initiationskrisen bewältigt werden, und zwar meist mit fremder Hilfe;
- durch *technische Anleitungen*, meist durch Meister-Schüler-Beziehungen, aber mitunter auch als regelgerechter Unterricht von Kindern; und
- durch die wiederholte individuelle *Versenkung in Bilder und Narrative*, die anderswo Teil eines ritualisierten Trance-Mediumismus sind und dessen Abläufe in kondensierter Form evozieren.

Diese drei Möglichkeiten der Initiation weisen darauf hin, dass hier ein Potential vorliegt, das vollständig als Kulturtechnik (s. Kap. II.19) geformt und gelehrt werden kann, nämlich durch Vorschriften, Übungen und Begabung (vergleichbar mit der antiken Trias zur Erlernbarkeit einer griechischen *techné* oder lateinischen *ars*). Die drei Aspekte verweisen zum anderen auf die anthropologische Universalität des Phänomens, deren Umsetzung allerdings starken Schwankungen der individuellen Begabung und der sozialen Bereitschaft und Ermutigung unterliegt (vgl. Lewis 1971).

Trance-Mediumismus wird immer mit einer Alterität der Person verbunden, der eine mediumistische Fähigkeit oder Manifestation zugesprochen wird. Das gilt sowohl in den Fällen, in denen ein Trance-Mediumismus dazu dient, eine unerwünschte Alterität (etwa eine Besessenheit oder Krankheit) zu bewältigen und zu behandeln, als auch dann, wenn das Versetzen in einen Trance-Zustand dazu verhilft, eine erwünschte Alterität der Person herbeizuführen. In den weitaus meisten Fällen entsteht das Potential eines Trance-Mediumismus aus Krisen und Krankheiten, aus den Erfahrungen eines unerwünschten Kontrollverlusts, um dann in ein Wechselspiel – und zum Teil auch in ein Spiel – zwischen einer forcierten Unverantwortlichkeit der Alltagsperson und einer von anderen überprüften Verantwortlichkeit der medialen Erscheinungen überführt zu werden. Die entstehende Alterität der Person kann als ›Persönlichkeitsspaltung‹ oder ›Dissoziation‹ beschrieben werden; ihre psychosomatischen Veränderungen werden in der Forschungsliteratur auch als *Altered States of Consciousness* bezeichnet. Wichtiger und meist auch differenzierter als diese ungenauen Begriffe sind die lokalen Terminologien und Diagnosen der trance-medialen Zustände. Der Ethnologe Fritz Kramer (1984) hat im Anschluss an Godfrey Lienhardt (1961) den Begriff der *passiones* vorgeschlagen, der vielen lokalen Bezeichnungen des Erleidens und Affiziertwerdens von inneren Bildern und äußeren Mächten gerecht wird.

Im subsaharischen Afrika, aber auch in afrokaribischen und afrobrasilianischen Kulten beginnt das Potential zum Trance-Mediumismus meist als ein Leiden, das sich in Niedergeschlagenheit, Krankheit und asozialem Benehmen manifestiert und dann als Besessenheit diagnostiziert wird. Es wird zur Aufgabe eines Heilers oder Priesters, die latente und unkontrolliert mit der Alltagsperson verklammerte Macht des Geistes zu benennen und für den Besessenen durch die korrekten Tanzschritte, Melodien, Rhythmen, Kleidungsstücke, Speisen, Düfte, Verbote und Bilder begreiflich zu machen, so dass eine zyklisch kontrollierte Trance möglich wird, durch die sich der Geheilte im Idiom des Geistes äußern kann. Der Patient wird nicht geheilt, indem ihm seine Leiden als ein Innerliches oder Subjektives annehmbar gemacht werden, sondern indem er die Urheberschaft seiner Leiden als eine überlegene externe Macht, als eine fremde Person erfährt und durch eine Choreographie von sich ›dissoziiert‹ (vgl.

Kramer 1987). Danach können Aushandlungsprozesse zwischen Alltagsperson und Geist eintreten, durch die beider Beziehung eine biographische und auch eine subjektive Färbung erhält. Bannung und Beschwörung – die beide zu Beginn nicht möglich waren – wechseln nun. Es entsteht Mimesis in Bewegung und in von der Bewegung abgelösten Bildern: »Der bewegte Mensch gleicht sich der Gestalt an, die ihn bewegt; und er errichtet ihr in der Regel einen Schrein, in dem er den Geist, der ihn manchmal erfüllt, als ruhendes gebanntes Gegenüber verehrt« (Kramer 1987, 73).

Diese Zusammenfassung eines vollständigen Initiationszyklus verdeutlicht zwei Sachverhalte, die auch in improvisierten und abgebrochenen Initiationsvorgängen wirksam bleiben. Es scheint einen großen Unterschied zu machen, ob man eine fremde Macht trance-medial erscheinen lässt, um sie auszutreiben (›Exorzismus‹) oder um sie zu verehren. Aber jede zyklische Beschwörung enthält eine Befriedung der aufgerufenen Macht, die ohne ihre Befriedung psychosomatische Störungen auslösen kann; und jeder Exorzismus bedient sich einer Beschwörung. Daher bleibt eine irreduzible Mehrdeutigkeit der Situation und ihrer Beschreibung bestehen (vgl. Lewis 1989). Zum anderen macht das angesprochene Wechselspiel von Bannung und Beschwörung, von Schrein und Tanz deutlich, dass es in der Mediengestaltung und Ästhetik von Trance-Medien um vier ineinandergreifende Tatbestände geht (vgl. Leiris/Delange 1968):

- um den *Körper*, der in Trance-Bewegungen und insbesondere Tanzbewegungen versetzt wird,
- um *körpernahe Medien*, die sich in alle Sinnesbereiche und Synästhesien erstrecken können,
- um *bewohnbare Medien* wie etwa einen Schrein oder die Bühne eines Rituals, und
- um von der Situation ablösbare und z. T. *transportable Medien* und Künste (z. B. Skulpturen, Malereien, Lieder, Ornamente).

Zentral bleibt die körperliche Krise, die einen Trance-Mediumismus ausmacht, auch dort, wo sie technisch erlernt und medial ausgeformt wird. Gregory Bateson hat am Beispiel des Zitterns, das vielen (aber nicht allen) Trance-Techniken und schamanistischen Zuständen zugrunde liegt, einen der wenigen Versuche einer wissenschaftlichen Klärung der Frage unternommen, warum Trance-Zustände instantan den changierenden Spielraum einer medialen Deutung hervorrufen (vgl. Bateson 1991). Aus unkontrollierbaren Körperbewegungen entstehe die

Erfahrung einer Ichfremdheit der körperlichen Bewegung und die offene Aufgabe, diese Ichfremdheit einer Quelle zuzuschreiben und ihren Verlauf zu deuten, eine Aufgabe, die auf drei Weisen bewältigt werden könne:

- durch ihre Kategorisierung als *Eindringen* einer fremden Macht,
- als *Nach-Außen-Treten* einer inneren Kraft und
- als *Verselbständigung* und Fernsteuerung von Teilen des Körpers oder der Person.

Wie I. M. Lewis festgestellt hat, changieren diese mediumistischen Attributionen und Erfahrungen innerhalb einer Séance und einer Expertise (vgl. Lewis 1989). In den mediterranen Traditionen, die für das theoretische Erbe der Darstellung ekstatischer Religionsausübung maßgeblich geblieben sind, wurden vor allem zwei komplementäre Varianten in den Mittelpunkt gestellt: das Eindringen von Mächten durch ›Besessenheit‹, und die ekstatische ›Ausfahrt‹ einer Seele (griech. *ek-stasis*). Bateson selbst rekurriert für seine Ausführungen auf eine Trance-Tradition auf Bali, die eine Beschwörung und Austreibung der Verselbständigung von Körperteilen beinhaltet und unterrichtet (vgl. Bateson/Mead 1942); für diese Wertschätzung können andere ostasiatische und südostasiatische Trance-Techniken zum Vergleich herangezogen werden, z. B. die Verbindung der taoistischen Körpertechniken mit dem Marionettentheater (vgl. Schipper 1993, Kapitel 4).

In ihrer vollständigen Ausformung werden Trance-Techniken in Gestalt von rituellen Abläufen wirksam, für die sich drei Ritual-Theorien bewährt haben:

- eine Theorie der rituellen Transformation von *Personen*,
- eine Theorie der zentralen rituellen *Handlungselemente* (rituelle *Dinge* eingeschlossen) und
- eine Theorie der rituellen Zusammensetzung von *Zeichen*.

Eine Synthese dieser drei Theorien – oder besser: Theoreme – steht noch aus, wäre aber insbesondere für eine Medientheorie von Trance-Zuständen wünschenswert, die sich auf die Mitte zwischen (1) Personen, (2) Artefakten und (3) Zeichen konzentriert.

(1) Die Theorie der rituellen *Schwellenzustände* und ihre terminologische Zusammenfassung als ›Liminalität‹ wurde von Victor Turner im Anschluss an Arnold van Genneps Theorie der Übergangsriten entwickelt (vgl. Turner 1989; Gennep 1986). Sie

besagt, dass es in allen Übergangsriten, aber auch in allen tiefgreifenden persönlichen Veränderungen und Krisen, eine mittlere Phase oder ›Schwellensituation‹ gibt, in der Motive und Merkmale der Reise, der Verwandlungsfähigkeit, der Passivität und des Leidens, von Statusumkehrungen und gemeinschaftlicher Egalität, von Geschlechtsvertauschungen, Travestie und Maskierung, Marginalisierung und Verwilderung zur Geltung kommen – rituell geformt oder durch den Rekurs auf Narrative, Bilder und Experten der Liminalität (vgl. Turner 1989, 105). Weibliche Medien, marginale und ausgeschlossene Gruppen werden eine besondere Expertise für Merkmale der Liminalität entwickeln, sofern sie aufgrund von Krisenerfahrungen gezwungen bleiben, Gestaltungsmöglichkeiten der Liminalität immer neu zu suchen und zu erfinden, und sofern sie mit größerer Präzision als andere gezwungen sind, auf mehreren Seiten einer sozialen Grenze zu denken, die sie ausschließt oder gefangen hält (vgl. Lewis 1971). Extreme Körperzustände sind weltweit Teil liminaler Praktiken; und im Gegenzug hat sich als heuristische Grundannahme bewährt, dass man in der Beobachtung ritueller Trance-Medien die gesamte Spannbreite liminaler Merkmale und ihrer Expertise erwarten darf.

(2) Arthur Maurice Hocarts Formel für eine gelungene Ritualorganisation (*principal = objective*) besagt, dass Rituale so aufgebaut sind, dass der zentrale Handlungsträger in einem Ritual (*the principal*, z. B. die Hostie in der Eucharistie) im Lauf des Rituals Schritt für Schritt mit der Quelle rituellen Ziele und Wünsche (*the objective*) identifiziert wird (vgl. Hocart 1970, 47). Diese Einsicht lässt sich auf alle Trance-Rituale anwenden, und zwar für den Fall, dass Eintritt und Abschluss einer Trance-Medialität eine zentrale rituelle Phase markieren, in welcher der Auftritt einer fremden Handlungsinitiative für die Erlangung ritueller Ziele und Wünsche sorgen soll – etwa in Heilungsritualen und Divinationen oder in der Erlangung elementarer Segenskraft und Lebenskraft, die nur durch einen Trance-Zustand zugänglich wird. Hocarts Theorie besagt, dass die rituelle Identifizierung von *principal* und *objective* so geformt und ästhetisch gestaltet wird, dass Ritualorganisatoren diese zentrale Phase eines Rituals kontrollieren und als Initiatoren der Gleichsetzung auftreten, wenn auch meist auf eine gestaffelte Weise, die es verschiedenen Parteien erlaubt, sich mit der Initiierung des zentralen Geschehens zu identifizieren, etwa durch die rituelle Durchführung, Assistenz, Finanzierung oder Auftragsertei-

lung (etwa als Priester, Impresarios, Sponsoren oder Klienten).

(3) Claude Lévi-Strauss' semiologische Theorie magischer Rituale beruht auf der Beobachtung, dass in vielen Ritualverfahren drei solche Gruppen oder Positionen unterschieden werden können: eine Öffentlichkeit von Zeugen, eine Position, die einen Reichtum an symbolischen Angeboten inszeniert, und eine Position mangelnder Artikulation (vgl. Lévi-Strauss 1967). Er konstatiert, dass durch magische Rituale und Trance-Rituale eine semiotische Vermittlung stattfindet, in der ein ›Überschuss an Signifikanten‹ einem Mangel an bezeichneten Signifikaten (oder einer Unartikuliertheit) konfrontiert wird, die beide vor Zeugen kurzgeschlossen werden müssen, damit eine kathartische Erleichterung und eine gelungene Symbolisierung möglich werden. Diese Einsicht bewährt sich für viele Rituale, in denen Trance-Zustände zur Diagnose und Beratung von Klienten dienen, insbesondere in Formen der Divination und Heilung mit ihren zuvor unartikulierten Leiden und Ratlosigkeiten, die einem Reichtum an leerlaufenden oder in sich kreisenden Symbolisierungen unterzogen werden, bis eine Diagnose kurzgeschlossen wird.

Der soziale und mediale Aushandlungsraum

Trance-Mediumismus bildet aufgrund seines Krisencharakters (vgl. Hauschild 1993) immer einen Anlass für Deutungskonflikte und damit einen sozialen und medialen Aushandlungsraum. Sowohl die sozialen Zuschreibungen, die in der Alterität von Trance-Medien aufgerufen werden, als auch die medialen Vermittlungen der betroffenen Handlungen und Artefakte werden zwischen Trance-Medien, ihren Helfern und ihren Beobachtern ständig neu ausgehandelt. In den meisten, wenn nicht in allen Gesellschaften, kann man drei Formen solcher Aushandlungsräume unterscheiden, von Räumen und Orten, an denen ein Trance-Mediumismus inszeniert und zum Diskussionsgegenstand gemacht wird (vgl. Firth 1967):

- *öffentliche Orte*, etwa öffentliche Umzüge, Bühnen und Zeremonien,
- *intime Innenräume*, zu denen der Zutritt durch eine Gruppe gewährt oder verweigert wird, und
- *versteckte Orte*, an denen nicht-öffentliche bis offiziell verbotene Praktiken zur Anwendung kommen.

Die Einteilung in öffentliche, intime und versteckte Trance-Zustände gilt auch hierzulande. Aushandelbar und damit konfliktträchtig bleibt nicht nur das Gebotene und Verbotene der jeweiligen Räume, sondern auch der Übergang von einem Ort zum anderen, z. B. in der Frage, zu welchen Anlässen eine religiöse oder eine musikalische Gemeinschaft ihre an geschützten Orten eingeübten ekstatischen Fähigkeiten bei einem Umzug zur Geltung bringen darf. Der ungeschützte Übergang von versteckten und offiziell nicht akzeptierten Praktiken in eine unbeschränkte Öffentlichkeit kann schnell zur Skandalisierung führen oder als Medienskandal inszeniert werden. Aber auch der Übergang zwischen öffentlichen und intimen Orten und ihren Praktiken bleibt konfliktträchtig. So waren in der Türkei die öffentlichen Vorführungen der Mevlevi (nach dem Verbot des Mevlevi-Ordens unter Atatürk) bis vor kurzem auf einen streng formalisierten und uniformierten Kreiseltanz (*sema*) beschränkt, der im Zuge der letzten Jahrzehnte durch ausgiebige Medialisierung und Vermarktung zu einem anatolischen Nationalsymbol des türkischen Islam aufgestiegen ist. Die in sufischen Organisationen gebräuchliche, atemtechnische und ekstatische Rezitation des Namens Gottes (*dikr* bzw. *zikr*) blieb hingegen auf geschützte Innenräume und ihre Kongregationen beschränkt und vor Außenstehenden verborgen. Diese Aufteilung scheint in den letzten Jahren gelockert zu werden, so dass ein *zikr* heute unter bestimmten festlichen Umständen vor der Fernsehkamera (oder sogar auf der Straße) inszeniert werden kann – eine riskante religionspolitische Verschiebung mit offenem Ende (vgl. Canli 2013).

Wie sich an diesem Beispiel zeigt, können Trance-Techniken und -Rituale eine eigene *politische Sprengkraft* entfalten, insbesondere wenn sie sorgsam gehegte Grenzen überschreiten oder eine fremde neue Welt und das vollständige Ende einer alten Welt versprechen – was etwa in weltweiten kolonialen Aufstandsbewegungen und Krisenbewältigungen der Fall war, sei es im ›Ghost Dance‹ nordamerikanischer Indianer (vgl. Mooney 1896), im ›Maji-Maji‹-Aufstand in Tanganyika, in dem zuerst eine Prophetin in Trance gegen die deutschen Kolonialherren auftrat, regionenübergreifend als Heilserwartung im melanesischen ›Cargo Cult‹ (vgl. Worsley 1957) und als Fremdgeisterkult im subsaharischen Afrika (vgl. Rouch 1957; Kramer 1987) oder durch das Erscheinen des Heiligen Geistes im Römischen Reich (und seitdem an vielen anderen Orten).

Allerdings wird man die politische Sprengkraft anders verorten müssen, als es die modernen Arbeitsteilungen vorsehen. Dieser Tatbestand kann in drei anthropologischen Begriffen gefasst werden: Trance-Kulte haben die Tendenz,

- sich als *fait social total* (vgl. Mauss 1990) durch das Leben ihrer Anhänger und Bewohner zu erstrecken; anders gesagt:
- Sie versprechen eine *kosmologische Beziehbarkeit* im Sinne von Émile Durkheim und Marcel Mauss (1987), d. h. sie vermitteln zwischen einer geschützten sozialen Innenwelt und der gesamten natürlichen und sozialen Außenwelt, zwischen der intimsten Innenwelt und der äußersten ungebändigten Außenwelt.
- Aufgrund dieser Grenzbeschaffenheit und ihrer Expertise bilden Trance-Kulte und Trance-Medien Wissensformen und Praktiken der *Liminalität* heraus (s. o.). Liminale Expertise wird mitsamt ihren Praktiken unweigerlich zu einer eigenen Machtquelle, aber lässt sich durch ihre elementaren Erfahrungen der Ohnmacht einerseits und eine ästhetische Lebensgestaltung andererseits keineswegs in Macht auflösen (vgl. Hauschild 2002).

Diese dreifache Charakterisierung lässt sich am Beispiel des *Schamanismus* verdeutlichen. Die Schamanin ist zweifelsohne ein Mittler und ein Medium, und die Analyse schamanischer Trommeln, Kleidung und Ausstattung eine medientheoretische Übung sondergleichen (vgl. Oppitz 1986). Das Schamanisieren und eine schamanische Séance vermitteln zwischen der intimsten Innenwelt von Krankheiten und Verhexungen, der sozialen Innenwelt des Wohlergehens einer Gruppe und der äußersten natürlichen und übernatürlichen Außenwelt. Ein Grundzug des sibirischen Schamanismus ist die mimetische Aneignung der gefährlichen und lebensnotwendigen Mächte der Außenwelt (vgl. Hamayon 1990) und sie erfolgt meist aus lebensgefährlichen Initiationskrisen. Das Schamanisieren findet sich in Zentralasien und Sibirien sowohl bei marginalen und antipolitischen Jägern und Sammlern als auch bei hirtennomadischen und von Machtpolitik bestimmten Reitervölkern (vgl. Thomas/Humphrey 1994). Die mimetische Anlage des Schamanisierens führt in beiden Gruppen dazu, dass sich die schamanischen Tätigkeiten in einem ständigen Bastelzustand befinden; und sie unterliegen auch in der betroffenen Gruppe einer ständigen Diskussion über die Echtheit, Betrugsanfälligkeit und vorübergehende Wirksamkeit der ausgeübten Tätigkeiten (vgl. Lévi-Strauss 1967). Zumindest einige der Kontroversen, die zur Theorie des Schamanismus – und seiner westlichen praktischen Adoptionen – seit dem 18. Jahrhundert geführt werden (vgl. Znamenski 2007; Voss 2011), gehen auf Debatten zurück, die seit jeher den strittigen Aushandlungsraum des Schamanisierens ausgemacht haben.

Vor diesem Hintergrund wird verständlicher, dass der Mediumismus des langen 19. Jahrhunderts und die moderne Prägung des Begriffs Medium im Rahmen einer einzigen langen Serie von Kontroversen gestaltet wurden, die um die *agency* oder ›Handlungsfähigkeit‹ der personalen Medien kreiste. Zwischen 1780 und 1890 bildete der Mediumismus zusammen mit seinen imponderablen Kräften, Fluida und Mächten ein Grenzobjekt zwischen religiösen und säkularen, wissenschaftlichen und magischen, medizinischen und ästhetischen Interessen und Gruppenbildungen (vgl. Crabtree 1993). Eine Vielzahl von Debatten um den Mesmerismus, den Spiritismus, die Hypnose und die Hysterie bildeten aufgrund der Kontinuität der zuerst im Mesmerismus begründeten Körpertechniken eine einzige Serie, die man zugleich als durchlaufende Probe auf die medizinische, staatliche, religiöse, wissenschaftliche und ästhetische Institutionalisierbarkeit des Mediumismus verstehen kann. Die Deutungsvielfalt mit ihren Kippfiguren blieb von Anfang an unbereinigt: Es ging um unerkannte und wissenschaftlich zu erforschende Naturkräfte oder ätherische bis fluidale Substanzen, aber zugleich um ein menschliches Vermögen, diese Kräfte zu akkumulieren und zu adressieren. Dieses Vermögen war die Naturkraft selbst oder ein elitär oder egalitär verteiltes soziales Vermögen.

Die personalen Medien demonstrierten durch ihre Manifestationen besondere Wissensfähigkeiten, die als den Medien immanente Größen oder als Manifestationen einer nicht-menschlichen Macht, einer ›Privatoffenbarung‹ oder ›höheren Erkenntnis‹ verstanden werden konnten. Auf die Probe gestellt wurden so elementare moderne Größen wie das Unbewusste, die angstfreie Kommunikation mit Toten, Äther (vgl. Kümmel-Schnur/Schröter 2008) und Elektrizität und die Erfindungen der Telekommunikation (vgl. Rowlands/Wilson 1994; s. Kap. III.9) und Fotografie (vgl. Chéroux 2005; s. Kap. III.10). Dieser gemeinsame kontroverse Aushandlungsraum von personalen Medien und technischen Apparaten löste sich im Zuge der Konsolidierung wissenschaftlicher, therapeutischer und ästhetischer Institutionen gegen Ende des 19. Jahrhunderts zunehmend auf, ohne dass im Zuge der neuen institutionellen Arbeitsteilungen eine verbindliche wissenschaftliche oder epistemologische Synthese ins Leben gerufen werden konnte (vgl. Hahn/Schüttpelz 2009).

Fazit: Im 19. Jahrhundert befanden sich personale und technische Medien in der Erforschung der Imponderabilien und des Mediumismus in Übergängigkeiten, die erst gegen Ende des Jahrhunderts aufgelöst wurden. Trance-Medien und insbesondere koloniale Trance-Kulte werden erst im Zuge der imperialistischen Weltordnung mit dem Zeitindex einer Anderszeitigkeit versehen und in verschiedenen wissenschaftlichen Disziplinen archaisiert, pathologisiert und physiologischen Reduktionen unterzogen. Diese Kategorisierungen wurden von religiösen Modernisierungsbewegungen des 20. Jahrhunderts zum Teil übernommen und zum Teil erfolgreich ignoriert und befinden sich auch durch die Nutzung digitaler Medien seit einigen Jahrzehnten in einem rasanten Wandel. Seit etwa 30 Jahren lässt sich weltweit eine Vielzahl lokaler und zugleich globalisierter Interferenzen zwischen Trance-Medien und neuen bis neuesten Medien beobachten, die nicht als ›Rückkehr der Religion‹ zu kategorisieren sind, weil sie sich bei genauerem Hinsehen als mediale Zusammenballungen von Modernisierungsstrategien erweisen, die eine sehr viel längere Geschichte aufweisen und meist tief in das 20. Jahrhundert zurückreichen (vgl. Behrend/Dreschke/Zillinger 2013).

Nationalisierende, folklorisierende und administrative, missionarische und medientechnische, diasporische und migrantische Modernisierungsstrategien der Trance-Medialität erzeugen durch ihre Kombinationen und Konflikte heute ein explosives Gemisch, das aufgrund seiner massenmedial-digitalen Präsenz, aber auch aufgrund seiner Migrationsverflechtungen institutionelle und wissenschaftliche Kategorisierungen neu auf die Probe stellt. Während den Kolonialisten das Potential von Trance-Kulten in Gestalt von irrationalen Aufstandsbewegungen und heidnischen Archaismen – und seit dem späten 19. Jahrhundert als Gegensatz aller modernen Apparate – erschien, manifestiert sich dieses Potential der Gegenwart in Gestalt von missionarischen und migrantischen Modernisierungsansprüchen in globalisierten Medienverbünden. Die koloniale Anderszeitigkeit der Trance-Medien hat sich verflüchtigt, ihre Interferenzen mit neuen und neuesten Medien sind ubiquitär, und viele strittige Fragen des 19. Jahrhunderts werden für Trance-Medien in der Gegenwart neu gestellt.

Medientheoretischer Ausblick

In der medientheoretischen Betrachtung von Trance-Medien wiederholen sich Fragestellungen, die auch für technische Medien formuliert worden sind. So kann man etwa für religiöse Trance-Medien postulieren, dass ihre gesamte Medialität nur dazu dient, eine ›Unmittelbarkeit‹ der Erscheinung (von Geistern, Göttern, des Heiligen Geistes oder Gottes) zu bewirken – das Medium selbst solle in der Unmittelbarkeit der Erscheinung verschwinden (vgl. Meyer 2011). Diese Zuspitzung, die in der Auseinandersetzung mit monotheistischer Theologie und ihrer aktuellen missionarischen Ekstatik entwickelt wurde, stößt auf die Schwierigkeit, dass die meisten Manifestationen von Trance-Medien unsichere, unsicher gedeutete und meist auch gestörte Phänomene bleiben – das Medium verschwindet hier nur selten hinter seiner Manifestation, sondern bleibt als störungsanfälliger Ort einer Erscheinung auch unter günstigsten Umständen deutungsbedürftig.

Die Frage der ›Unmittelbarkeit‹ des Mediums führt daher eher zu einem Paradox: Je vermittelter sie ist, desto unmittelbarer kann eine Erscheinung wirken. Das heißt ganz in Übereinstimmung mit zentralen Einsichten der Science and Technology Studies (s. Kap. IV.26) und der Akteur-Netzwerk-Theorie (s. Kap. II.15): Je länger und je stabiler die Vermittlungsketten zwischen verschiedenen Orten und Handlungswelten sind, desto realer werden die Effekte eines Trance-Mediums sein können, insbesondere durch die gekonnte oder als Notwendigkeit erfahrene Vermittlung zwischen öffentlichen, intimen und versteckten Erfahrungsräumen oder rituellen Räumen. Je länger die Vermittlungsketten sind, desto eher wird zwischen verschiedenen Praktiken und Praktikern eine Kooperation ohne Konsens möglich sein, die den Trance-Mediumismus zu einem gemeinsamen Grenzobjekt werden lässt (vgl. Zillinger 2013).

Dieser aus den Science, Technology and Society Studies bekannte Befund (vgl. Star/Griesemer 1989) wäre zugleich eine Möglichkeit, die verwirrende Tatsache zu begreifen, dass die einzelnen Manifestationen von Trance-Medien instantan einen strittigen Deutungsspielraum hervorrufen – das Potential eines »generating difference through rivalry«, das laut Paolo Israel (2014) in allen Erscheinungen steckt, die ›Geister‹ genannt werden – und andererseits eine gruppenübergreifende Harmonie, Segenskraft und Befriedung ermöglichen. Trance-Medien bleiben im Detail notwendig unterdeterminiert und trügerisch, und erzielen ihre Wirkungen durch die Länge ihrer Vermittlungsketten – wie andere Medien auch.

Literatur

Andriopoulos, Stefan: *Besessene Körper. Hypnose, Körperschaften und die Erfindung des Kinos.* München 2000.

Bateson, Gregory: Some components of socialization for trance [1974]. In: Ders.: *A Sacred Unity. Further Steps to an Ecology of Mind.* New York 1991, 73–88.

Bateson, Gregory/Mead, Margaret: *Balinese Character. A Photographic Analysis.* New York 1942.

Behrend, Heike/Dreschke, Anja/Zillinger, Martin (Hg.): *Trance Mediums and New Media.* New York 2013.

Canli, Rukiye: *Medien des Sufismus. Kulturelle Transformationen (mevlevi-)sufischer Lehren und Praktiken.* Ms. Siegen 2013.

Chéroux, Clément: *The Perfect Medium. Photography and the Occult.* New Haven 2005.

Crabtree, Adam: *From Mesmer to Freud. Magnetic Sleep and the Roots of Psychological Healing.* New Haven 1993.

Durkheim, Émile/Mauss, Marcel: Über einige primitive Formen von Klassifikation. In: Émile Durkheim: *Schriften zur Soziologie der Erkenntnis.* Frankfurt a. M. 1987, 171–256.

Firth, Raymond: Individual fantasy and social norms: Seances with spirit mediums. In: Ders.: *Tikopia Ritual and Belief.* Boston 1967, 293–329.

Gennep, Arnold van: *Übergangsriten (Les rites de passage).* Frankfurt a. M. 1986.

Hagen, Wolfgang: *Radio Schreber. Der ›moderne Spiritismus‹ und die Sprache der Medien.* Weimar 2001.

Hahn, Marcus/Schüttpelz, Erhard (Hg.): *Trancemedien und Neue Medien um 1900. Ein anderer Blick auf die Moderne.* Bielefeld 2009.

Hamayon, Roberte: *La chasse à l'âme: Esquisse d'une théorie du chamanisme sibérien.* Nanterre 1990.

Hauschild, Thomas: Krise. In: *Handbuch religionswissenschaftlicher Grundbegriffe.* Bd. III. Hg. von Hubert Cancik. Berlin 1993, 461–473.

Hauschild, Thomas: *Magie und Macht in Italien.* Gifkendorf 2002.

Hocart, Arthur Maurice: *Kings and Councillors.* Chicago 1970.

Hoffmann, Stefan: *Geschichte des Medienbegriffs.* Hamburg 2002.

Holl, Ute: *Kino, Trance & Kybernetik.* Berlin 2002.

Israel, Paolo: *In Step with the Times: Mapiko Masquerades of Mozambique.* Athens, Ohio 2014 (im Druck).

Kramer, Fritz: Notizen zur Ethnologie der *passiones.* In: *Kölner Zeitschrift für Soziologie und Sozialpsychologie,* Sonderheft 26 (1984), 297–313.

Kramer, Fritz: *Der rote Fes. Über Besessenheit und Kunst in Afrika.* Frankfurt a. M. 1987.

Kümmel, Albert/Löffler, Petra (Hg.): *Medientheorie 1888–1933. Texte und Kommentare.* Frankfurt a. M. 2002.

Kümmel-Schnur, Albert/Schröter, Jens (Hg.): *Äther. Ein Medium der Moderne.* Bielefeld 2008.

Leiris, Michel/Delange, Jacqueline: *Afrika – Die Kunst des schwarzen Erdteils.* München 1968.

Lévi-Strauss, Claude: Der Zauberer und seine Magie [1949]. In: Ders.: *Strukturale Anthropologie I.* Frankfurt a. M. 1967, 183–203.

Lewis, I. M.: *Ecstatic Religion.* Harmondsworth 1971.

Lewis, I. M.: Die Berufung des Schamanen. In: Ders.: *Schamanen, Hexer, Kannibalen: die Realität des Religiösen.* Frankfurt a. M. 1989, 105–121.

Lienhardt, Godfrey: *Divinity and Experience. The Religion of the Dinka.* Oxford 1961.

Mauss, Marcel: *Die Gabe* [1968]. Frankfurt a. M. 1990.

McLuhan, Marshall: *Understanding Media. The Extensions of Man.* New York 1964.

Meyer, Birgit: Mediation and immediacy: Sensational forms, semiotic ideologies and the question of the medium. In: *Social Anthropology (Special Issue: What is a Medium?)* 19 (2011), 23–39.

Mooney, James: *The Ghost Dance Religion and the Sioux Outbreak of 1890.* Washington 1896.

Oppitz, Michael: Die Trommel und das Buch: Eine kleine und die Große Tradition. In: Bernhard Köhler (Hg.): *Formen kulturellen Wandels und andere Beiträge zur Erforschung des Himalaya.* Sankt Augustin 1986, 53–128.

Rouch, Jean: *Les Maîtres Fous* (Film), 1957.

Rowlands, Peter/Wilson, J. Patrick (Hg.): *Oliver Lodge and the Invention of Radio.* Liverpool 1994.

Schipper, Kristofer: *The Taoist Body.* Berkeley 1993.

Schott, Heinz: Hieroglyphensprache der Natur. Ausschnitte einer Ikonographie des Medienbegriffs. In: Irene Albers/Anselm Franke (Hg.): *Animismus. Revisionen der Moderne.* Zürich 2012, 173–195.

Star, Susan Leigh/Griesemer, James R.: Institutional ecology, ›translations‹ and boundary objects: Amateurs and professionals in Berkeley's museum of vertebrate zoology, 1907–39. In: *Social Studies of Science* 19 (1989), 387–420.

Thomas, Nicholas/Humphrey, Caroline (Hg.): *Shamanism, History, and the State.* Ann Arbor 1994.

Turner, Victor: *Das Ritual. Struktur und Anti-Struktur.* Frankfurt a. M. 1989

Voss, Ehler: *Mediales Heilen in Deutschland.* Berlin 2011.

Worsley, Peter: *The Trumpet Shall Sound. A Study of ›Cargo‹ Cults in Melanesia.* London 1957.

Zander, Helmut: Höhere Erkenntnis. In: Hahn/Schüttpelz 2009, 17–56.

Zillinger, Martin: *Die Trance, das Blut, die Kamera. Trancemedien und neue Medien in Marokko.* Bielefeld 2013.

Znamenski, Andrei: *The Beauty of the Primitive. Shamanism and the Western Imagination.* Oxford 2007.

Erhard Schüttpelz

4.   Textile Medien

Textilien als ›Medium‹

Textilien können – im Sinne eines ›schwachen‹ Medienbegriffs – als ›Medium‹ verstanden werden, wenn sie neutrale materielle Träger von Bild- und Schriftzeichen sind (vgl. Schulte-Sasse 2010; Schwarz 2011). Kleider, Stickereien, Leinwandge-mälde sind Oberflächen, die der mehr oder weniger zielgerichteten Kommunikation politischer, religiö-ser oder persönlicher Botschaften dienen können. In diesem Fall sind jedoch weder die Form noch die Bedeutung der visuellen Zeichen – seien es Wörter, Symbole oder Historienbilder – und ihre Komposi-tion medienspezifisch, sondern sie werden lediglich auf ein Material aufgetragen, dessen Eigenschaften wie Faltbarkeit, Leichtigkeit und Tragbarkeit sich für den jeweiligen Kommunikationszweck und den räumlich-gesellschaftlichen Kontext (ob Sakralraum, Galerie, Schlachtfeld) als besonders geeignet erwei-sen. Aus dem Kommunikationskontext können sich formale Traditionen herausbilden, die habituell mit dem textilen Medium in Verbindung gebracht wer-den, etwa auf Fernsicht ausgerichtete, klar unter-scheidbare Muster und Farben auf Fahnen. Umge-kehrt geben die besonderen Materialeigenschaften, etwa das Raster von Kette und Schuss im Gewebe, den applizierten oder eingearbeiteten Zeichen eine medienspezifische Form. Im besonderen Fall von Textilien können Zeichen und Träger, Figur und Grund, materiell voneinander getrennt sein oder aber eine Einheit bilden, wie etwa im Fall eines ge-webten Rapports (ein Rapport ist ein sich wiederho-lendes, die Oberfläche des Stoffs strukturierendes Muster, das u. a. durch die Art des Webens, durch Einfärben oder Bedrucken hergestellt werden kann). Sie können zudem formal aufeinander Bezug neh-men, müssen dies aber nicht notwendigerweise. So kann in einem Ölgemälde die textile Struktur der Leinwand durch ein feines Gewebe und eine Grun-dierung verringert oder aber, wie etwa in der vene-zianischen Malerei des 16. Jahrhunderts, mittels ei-nes groben Stoffes als eigenes, expressives Stilmittel verwendet werden. Als bloßer Informationsträger betrachtet, der er als solcher primär nicht ist, besitzt Stoff keine konstitutive Medienspezifizität. Seine Merkmale ergeben sich allein aus dem Zusammen-spiel von Material und Nutzungskontext.

Möchte man das textile Medium in eine ›Meister-erzählung‹ der Geschichte der Kommunikations-

und Reproduktionsmedien zwischen typografischen und analogen Medien einordnen, muss man auf eine Miszelle Aby Warburgs verweisen, in der er erstmals über Tapisserien als künstlerisches, textiles Medium reflektiert: Der flandrische Bildteppich des 15. Jahr-hunderts ist für ihn nicht nur auf Grund seiner Ma-terialeigenschaften ein »bewegliches Bildervehikel«, das den burgundischen Geschmack in Italien ver-breitet. Sondern er ist auch – weil »der Weber als an-onymer Bildervermittler denselben Gegenstand technisch so oft wiederholen konnte, wie der Bestel-ler es verlangte« – »in der Entwickelung der repro-duzierenden Bildverbreiter gleichsam der Ahne der Druckkunst« und trage daher »demokratischere Züge« (Warburg 1907, 41). So wie später Walter Benjamin die Kopie eines Originals nicht von der massenhaften, technischen Vervielfältigung einer Vorlage klar unterscheidet (vgl. Benjamin 1977), deutet Warburg den handwerklichen, wirktech-nischen Vorgang der Übertragung des von einem Meister gestalteten Kartons in die von einer Werk-statt hergestellten Tapisserien als ein Reproduktions-verfahren nach dem Modell der Druckgrafik. Wandteppiche, die nur in beschränktem Maße neu aufgelegt wurden, können jedoch auf Grund des Übertragungsverfahrens allein, das ebenso auf an-dere Medien wie Wand- und Tafelmalerei angewendet wurde, keineswegs als demokratisches Mas-senkommunikationsmedium betrachtet werden. Vielmehr gehören sie zu den wichtigsten und luxu-riösesten Medien höfischer Repräsentation weltli-cher und klerikaler Eliten der Vormoderne (vgl. Brassat 1992). Die Meinung, dass der mit Loch-karten operierende Jacquard-Webstuhl der Ahne des Computers und des digitalen Bildes sei, gehört ebenso zur Technikmythologie (vgl. Schneider 2007). Textilien zählen sicherlich zu den wichtigsten Medien, die die menschliche Umwelt konstituie-ren – so zählt Marshall McLuhan Kleider zu den Er-weiterungen des Menschen (vgl. McLuhan 1968) –, doch lässt sich das textile Medium nicht wie Buch-druck, Radio, Fernsehen in eine Entwicklungsge-schichte der Kommunikationstechnologien ein-schreiben.

Die Frage, ob Textilien – im Sinne eines ›starken‹ Medienbegriffs – als ›Medium‹ begriffen werden können, das die Botschaft spezifisch prägt und mit ihm eine engere Beziehung eingeht, muss grundsätz-licher angegangen werden. Was ist ein ›Textil‹? Tex-tilien werden oft als Material bezeichnet, so etwa in der jüngsten materialästhetischen Forschung (vgl. Wagner 2001; 2002; 2010).

Weil es sich bei Textilien nicht um Natur- oder Rohmaterial handelt, sondern um ein kulturtechnisches Fabrikat, können sie allerdings nur im übertragenen Sinn als Material bezeichnet werden, und zwar als etwas mehr oder weniger Verarbeitetes, das für die Herstellung eines Endprodukts, etwa eines Zeltes, Verwendung findet. Wiederum ist das Material für die Definition des Textilen – das so Unterschiedliches bezeichnen kann wie Kettenhemden, Filzskulpturen und Einkaufsnetze – unwesentlich, so dass man auf eine spezifische Verarbeitungstechnik als Merkmal ausweichen mag. Doch auch in diesem Fall sind die Techniken, etwa diejenigen der Stickerei, der Weberei und des World Wide Web, kaum unter einen gemeinsamen Nenner zu bringen und nur auf Grund von textilen ›Familienähnlichkeiten‹ (Wittgenstein) miteinander vergleichbar. Daher kann das Textile auch als eine Metapher oder als ein Gruppe miteinander verwandter Eigenschaften verstanden werden, die alles Verknüpfte, Gewebte, Flexible bezeichnet, so etwa auch das Narrativ, die Haut, das Ornament.

Wenn die Kunstwissenschaft schließlich von einem künstlerischen Medium spricht, dann ist darunter zumeist produktionsästhetisch eine Kunstgattung zu verstehen, die auf bestimmten Techniken und Materialien beruht, wie etwa die traditionelle Bildhauerei auf Steinbearbeitung. Eine solche akademische, konventionelle Klassifizierung ist allerdings durch die Avantgarden und die zeitgenössische Kunst hinterfragt und aufgelöst worden, die daher ein besonderes Reflexionsmaterial bieten (vgl. Weddigen 2011a; 2011b). Deswegen bezeichnet Textilkunst heute eher die historischen textilen Künste sowie handwerklich orientierte Phänomene der letzten Jahrzehnte, von Fiber Art bis Guerilla Knitting, wohingegen inzwischen das Textile in der zeitgenössischen Kunst Einzug gehalten hat und sich mit anderen Medien vermischt. Es stellt sich also heraus, dass das Textile als ein Hybrid die Grenzen der üblichen Objektgattungen sprengt: Es kann ein Material, eine Technik, eine Metapher, ein Medium sein und die herkömmliche Unterscheidung von Material, Artefakt, Bild und Kunstwerk in Frage stellen. Dies kann analytisch unüberwindbare Schwierigkeiten bieten, aber auch kreativ großes Potential bergen.

Vom Textil als einem ›Medium‹ zu sprechen, wird dann erst bedeutsam, wenn es sich selbst als solches eine Identität gibt und ein Selbstbewusstsein erlangt, was vorzugsweise in der Kunst geschieht – oder was überhaupt Kunst als ein selbstreflexives Herstellen ausmacht, das sich selbst im Werk ausstellt und vorführt (vgl. Stoichita 1993; s. Kap. II.5). Im Sinne eines textilen, gattungsübergreifenden und sichtbaren Prinzips der Künste geht Gottfried Sempers Entwurf einer Entwicklungsgeschichte des Stils in den technischen Künsten von der textilen als einer Urkunst aus und stellt darin eine erste umfassende, einflussreiche Theorie dieses Mediums dar (vgl. Semper 1860–1863). Das technische Artefakt entsteht nach Semper aus dem Zusammenspiel von Zweck und Material: Die textilen Rohstoffe (Leder, Kautschuk, Lacke, Flachs, Baumwolle, Wolle, Seide) sind auf Grund gemeinsamer Materialeigenschaften (Biegsamkeit, Zähigkeit, Reißfestigkeit) bestimmt und werden mittels textilkünstlerischer Techniken (Bänder und Fäden, Knoten, Masche, Geflecht, Gewebe, Stickerei, Färberei) dazu gebracht, Grundfunktionen des Textilen zu erfüllen (Reihung, Band, Decke, Naht). Weil letztere sich auf unterschiedliche Künste übertragen lassen, kann Semper bekanntlich die Baukunst auf das anthropologische Prinzip der Bekleidung zurückführen. Bereits hier ist das textile Medium als ein Hybrid erkannt, das durch Materialien, Techniken, Funktionen und daraus resultierende Formen definiert wird.

Auf Grund seiner Hybridität muss das textile Medium von verschiedenen, sich überschneidenden disziplinären und methodischen Blickpunkten aus betrachtet werden, wenn man seinem Bedeutungspotential gerecht werden möchte. Der materialästhetische Ansatz kann Stoffe in kulturhistorischer Perspektive als ein Medium wirtschaftlichen und interkulturellen Tauschverkehrs von Materialien und Formen betrachten oder sich etwa am Materialdiskurs der Postminimal Art beteiligen (vgl. Livingstone/Ploof 2007). Darüber hinaus können die textilspezifischen Techniken als formale Sprache und Bedeutungsstruktur des Mediums analysiert werden (vgl. Emery 1994).

In der Historiographie der modernen Kunst begründen Textilien und ihre ornamentale Struktur, die sich aus Techniken und Materialien ergibt, etwa das »carpet paradigm« (Masheck 1976) der abstrakten Kunst, tragen zum Primitivismus der Moderne bei (vgl. Meyer 2000) oder sind als gewebte Stoffe, vor allem am Bauhaus, Gegenstand künstlerischer Erforschung der ästhetischen Möglichkeiten des Mediums gewesen (vgl. Droste/Ludewig 1998). Als Material und Medium deckt Kleidung eines der größten Bedeutungsfelder ab und erfordert eine stärker rezeptionsästhetische Betrachtung. In der Folge semiotischer Ansätze (vgl. Barthes 1985) und mit der postmodernen Mode, die Kleidung und Körper dekonstruiert, hat sich jüngst eine ikonologische Erforschung von Kleidung als Medium entwickelt, die Kleidung im Bild untersucht und als Bild versteht und so die traditionelle Kostümkunde und Modegeschichte ergänzt (vgl. Holenstein u. a. 2010; Zitzlsperger 2010; Ganz/Rimmele 2012).

Von einer funktionsgeschichtlichen Warte aus betrachtet, tragen Textilien seit der Antike zur rituellen und inszenatorischen Konstitution von architektonischem und sozialem Raum sowohl im profanen wie im sakralen Kontext wesentlich bei, woraus zum Beispiel das Motiv des Vorhangs entsteht (vgl. Eberlein 1982). Textilien staffierten im Mittelalter und in der frühen Neuzeit die repräsentativen Wohnräume der Eliten aus und charakterisierten noch das bürgerliche Interieur, wie Walter Benjamin bemerkt (vgl. Benjamin 1982, 281–300), bevor sie mit dem Siegeszug der ›weißen Moderne‹ in der europäischen Wohnkultur marginalisiert wurden. Mit figürlichen Tapisserien ließen sich darüber hinaus portable, flexible und kombinierbare symbolische Orte im Innen- und Außenraum ad hoc herstellen. Wenn man das Textile vor allem als Metapher versteht, erweist es sich als historisch, kulturgeografisch und medial fast omnipräsent. Ein wichtiges Bedeutungsfeld seit der Antike ist dasjenige des ›gewobenen‹ Textes (*textus*) (vgl. Scheid/Svenbro 2003; Kuchenbuch/Kleine 2005). Spezifische Techniken wie das Weben und Spinnen stehen von alters her für naturphilosophische, politische, religiöse und poetologische Ideen der Ordnung, zum Beispiel für diejenige des Weltgewebes, des Schicksals oder der Dichtung (vgl. Harlizius-Klück 2007), wie sich etwa an Platons *Staatsmann* (280 f.) zeigen lässt. Auch Materialeigenschaften können zu kulturphilosophischen Metaphern verallgemeinert werden, etwa die Falte (vgl. Deleuze 1995) oder die Grenze (vgl. Nixdorff 1999).

Textile Medien im Kunstdiskurs

Will man schließlich Textilien als selbstbewusstes, das heißt als künstlerisches ›Medium‹ verstehen, muss zuerst auf den konventionellen Kunstdiskurs verwiesen werden. Die kunsttheoretische und künstlerische Medienreflexion setzt im 15. Jahrhundert mit Leon Battista Alberti und Leonardo da Vinci an (vgl. Alberti 2000; Farago 1992) und beruht auf einem rhetorischen Vergleich oder Wettstreit (*paragone*) der Künstler und Kunstgattungen (vgl. Baader u. a. 2007; Preimesberger 2011), etwa der Malerei mit der Dichtung (vgl. Lee 1967). Aus der Gegenüberstellung von Malerei und Bildhauerei, die Be-

nedetto Varchi erstmals 1547 systematisch anstellte (vgl. Mendelsohn 1982; Varchi 2012), geht die Malerei – bis heute – als Leitmedium unter den bildenden Künsten hervor.

Mit Giorgio Vasaris zweiter Ausgabe seiner Künstlerbiografien von 1568 installiert sich ein intellektualistischer, idealistischer Kunstbegriff, der der Idee und ihrer Manifestation als Zeichnung (*disegno*) vor der handwerklichen Ausführung den Vorrang gibt (vgl. Vasari 1964–1987; Kemp 1974). Damit wurden solche Medien und Gattungen, wie etwa das Goldschmiedehandwerk oder die Glasmalerei, aus dem Kunstdiskurs, vor allem aus der publizierten Kunsttheorie verdrängt, obwohl sie bei den Auftraggebern und Sammlern bis zum 19. Jahrhundert eine hohe Wertschätzung genossen.

Gegen diese Tradition wendet sich die jüngere Forschung der *material culture*, die im künstlerischen Handwerk eine Form des ästhetischen Denkens sieht (vgl. Adamson 2007). Bei der Untersuchung der textilen Künste muss der Fokus auf den textilen Bildern liegen, insbesondere auf Tapisserien, weil nur sie der Malerei nahe genug sind, um ihre spezifische Identität vor der Folie der Malereitheorie zu umreißen. Um einen solchen historischen, kaum schriftlich fixierten Mediendiskurs des textilen Bildes zu rekonstruieren, muss der Selbstkommentar aus den Werken und ihren Kontexten herausgearbeitet werden. Als Erstes lassen sich, wie in der Malereitheorie, die Ursprungslegenden der Textilproduktion analysieren (vgl. Kruse 2003). Klassische mythologische Figuren wie Penelope (Homer: *Odyssee*, 2, 93–119), Arachne und Philomela (Ovid: *Metamorphosen*, 6, 5–150 und 441–670) personifizieren und charakterisieren in der Literatur und in den bildenden Künsten, beispielsweise in Diego Velázquez' Gemälde *Die Spinnerinnen* (Madrid, Prado, Mitte des 17. Jahrhunderts), bestimmte künstlerische und handwerkliche Tätigkeiten, damit verbundene Tugenden und Laster oder auch ästhetische Positionen wie den malerischen Kolorismus (vgl. Krieger 2002; Ballestra-Puech 2006).

In der Antike wurzelt auch die Verbindung zwischen Weiblichkeit und textiler Heimarbeit, die bis heute wissenschaftssoziologisch zu einer geschlechtlichen Konnotation des textilen Mediums geführt hat, die von der zeitgenössischen Kunst und Kunstwissenschaft analysiert und in Frage gestellt wird (vgl. Parker 1984). Auch in der jüdisch-christlichen Tradition finden sich Gründungsmythen des Textilen, etwa die Stiftshütte Mose als von Jahwe in Auftrag gegebenes textiles Bauwerk (*Exodus*, 25–27, 36–

39) oder die Bildtradition der Gottesmutter Maria, deren textiles Handwerk die Inkarnation symbolisiert (vgl. Wyss 1973; Rudy/Baert 2007). Mediale Eigenschaften von Stoff, vor allem seine Funktion des Verhüllens und Enthüllens, sind in das christliche Bildverständnis eingeflossen, dann auch in den gegenreformatorischen Kunstbegriff, und materialisieren sich in ikonischen Textilbildern und Kontaktreliquien, vor allem in jenen Stoffträgern, in denen sich das Antlitz Christi (*mandylion, vera icon,* Veronika, *sudarium*) abgebildet findet (vgl. Krüger 2001; Wolf 2002; Endres/Wittmann/Wolf 2005).

Des Weiteren kann dem *paragone* mit anderen bildenden Künsten sowie der Literatur nachgegangen werden, um die mediale Identität der Textilkünste zu definieren (vgl. Weddigen 2011a,b). Zum Beispiel imitiert Raffael in billigen Wandmalereien teure Tapisserien auf illusionistische Weise (Vatikanpalast, Anfang des 16. Jahrhunderts), womit auf die Spezifika textiler Raumdekoration angespielt wird, wie etwa auf die Schwere, Faltbarkeit, Unebenheit und Wandelbarkeit textiler Bilder.

Betrachtet man das Medium als den Träger oder Körper des Bildes (vgl. Belting 2001, 11–56), so zeigt sich die Besonderheit des Textils darin, dass es Bild und Träger zugleich sein kann und dass es, im Gegensatz zu den piktorialen Illusionsmedien, körperlich, materiell, handwerklich und opak bleibt. Weitere intermediale Effekte, wie etwa Gianlorenzo Berninis steinerne Wandbehänge, erkunden die jeweiligen Mediendifferenzen.

Textile Bilder und Räume, die sich über die Vormoderne hinaus gehalten haben und in der zeitgenössischen Kunst neu erprobt werden, bieten Anlass zu einer alternativen mediengeschichtlichen Narration der Geschichte des zentralperspektivischen, transparenten, homogenen Bildraumes (vgl. Panofsky 1927). Dadurch, dass das Textile die Wahrnehmung und die Vorstellung von Raum, Zeit und Gesellschaft mitbestimmt, kann es ein ›Medium‹ im umfassenden Sinne genannt werden. Die erst ansetzende transdisziplinäre Erforschung des textilen Mediums trägt somit zu einer umfassenderen Medienikonologie bei.

Literatur

Adamson, Glenn: *Thinking Through Craft.* Oxford/New York 2007.

Alberti, Leon Battista: *Das Standbild – Die Malkunst – Grundlagen der Malerei. De statua – De pictura – Elementa picturae.* Hg. von Oskar Bätschmann/Christoph Schäublin/Kristine Patz. Darmstadt 2000.

Baader, Hannah/Müller Hofstede, Ulrike/Patz, Kristine/Suthor, Nicola (Hg.): *Im Agon der Künste. Paragonales Denken, ästhetische Praxis und die Diversität der Sinne.* München 2007.

Ballestra-Puech, Sylvie: *Métamorphoses d'Arachné. L'artiste en araignée dans la littérature occidentale.* Genf 2006.

Barthes, Roland: *Die Sprache der Mode.* Frankfurt a.M. 1985 (frz.1967).

Belting, Hans: *Bild-Anthropologie. Entwürfe für eine Bildwissenschaft.* München 2001.

Benjamin, Walter: Das Kunstwerk im Zeitalter seiner technischen Reproduzierbarkeit. In: *Das Kunstwerk im Zeitalter seiner technischen Reproduzierbarkeit. Drei Studien zur Kunstsoziologie.* Frankfurt a.M. 1977, 7–44.

Benjamin, Walter: *Das Passagen-Werk.* Hg. von Rolf Tiedemann. Frankfurt a.M. 1982.

Brassat, Wolfgang: *Tapisserien und Politik. Funktionen, Kontexte und Rezeption eines repräsentativen Mediums.* Berlin 1992.

Deleuze, Gilles: *Die Falte. Leibniz und der Barock.* Frankfurt a.M. 1995 (frz. 1988).

Droste, Magdalena/Ludewig, Manfred (Hg.): *Das Bauhaus webt. Die Textilwerkstatt am Bauhaus.* Berlin 1998.

Eberlein, Johann Konrad: *Apparitio regis – revelatio veritatis. Studien zur Darstellung des Vorhangs in der bildenden Kunst von der Spätantike bis zum Ende des Mittelalters.* Wiesbaden 1982.

Emery, Irene: *The Primary Structures of Fabrics. An Illustrated Classification* [1966]. London/Washington [2]1994.

Endres, Johannes/Wittmann, Barbara/Wolf, Gerhard (Hg.): *Ikonologie des Zwischenraums. Der Schleier als Medium und Metapher.* München 2005.

Farago, Claire: *Leonardo da Vinci's Paragone. A Critical Interpretation with a New Edition of the Text in the Codex Urbinas.* Leiden/New York/Kopenhagen/Köln 1992.

Ganz, David/Rimmele, Marius (Hg.): *Kleider machen Bilder. Vormoderne Strategien vestimentärer Bildsprache.* Emsdetten/Berlin 2012.

Harlizius-Klück, Ellen: Weben, Spinnen. In: Ralf Konersman (Hg.): *Wörterbuch der philosophischen Metaphern.* Darmstadt 2007, 498–518.

Holenstein, André/Meyer Schweizer, Ruth/Weddigen, Tristan/Zwahlen, Sara Margarita (Hg.): *Zweite Haut. Zur Kulturgeschichte der Kleidung.* Bern 2010.

Kemp, Wolfgang: Disegno. Beiträge zur Geschichte des Begriffs zwischen 1547 und 1607. In: *Marburger Jahrbuch für Kunstwissenschaft* 19 (1974), 219–240.

Krieger, Verena: Arachne als Künstlerin. Velásquez' *Las hilanderas* als Gegenentwurf zum neuplatonischen Künstlerkonzept. In: *Zeitschrift für Kunstgeschichte* 65/4 (2002), 545–561.

Krüger, Klaus: *Das Bild als Schleier des Unsichtbaren. Ästhetische Illusion in der Kunst der frühen Neuzeit in Italien.* München 2001.

Kruse, Christiane: *Wozu Menschen malen. Historische Begründungen eines Bildmediums.* München 2003.

Kuchenbuch, Ludolf/Kleine, Uta (Hg.): *Textus im Mittelalter. Komponenten und Situationen des Wortgebrauchs im schriftsemantischen Feld.* Göttingen 2005.

Lee, Rensselaer W.: *Ut pictura poesis: The Humanistic Theory of Painting.* New York 1967.

Livingstone, Joan/Ploof, John (Hg.): *The Object of Labor. Art, Cloth, and Cultural Production.* Chicago/Cambridge, Mass. 2007.

Masheck, Joseph: The carpet paradigm. Critical prolegomena to a theory of flatness. In: *Arts magazine* 51 (1976), 82–109.

McLuhan, Marshall: *Die magischen Kanäle.* Düsseldorf 1968 (engl. 1964).

Mendelsohn, Leatrice: *Paragoni. Benedetto Varchi's Due lezzioni and Cinquecento Art Theory.* Ann Arbor 1982.

Meyer, Heinz: *Textile Kunst. Zur Kultursoziologie und Ästhetik gewebter und geknüpfter Bilder.* Frankfurt a. M. 2000.

Nixdorff, Heide (Hg.): *Das textile Medium als Phänomen der Grenze – Begrenzung – Entgrenzung.* Berlin 1999.

Panofsky, Erwin: Die Perspektive als ›symbolische Form‹. In: *Vorträge der Bibliothek Warburg* 1924–1925 (1927), 258–330.

Parker, Rozsika: *The Subversive Stitch. Embroidery and the Making of the Feminine.* Kent 1984.

Preimesberger, Rudolf: *Paragons and Paragone. Van Eyck, Raphael, Michelangelo, Caravaggio, Bernini.* Los Angeles 2011.

Rudy, Kathryn M./Baert, Barbara: *Weaving, Veiling, and Dressing. Textiles and Their Metaphors in the Late Middle Ages.* Turnhout 2007.

Scheid, John/Svenbro, Jesper: *Le métier de Zeus. Mythe du tissage et du tissu dans le monde gréco-romain* [1994]. Paris ²2003.

Schneider, Birgit: *Textiles Prozessieren. Eine Mediengeschichte der Lochkartenweberei.* Zürich/Berlin 2007.

Schulte-Sasse, Jochen: Medien/medial. In: *Ästhetische Grundbegriffe. Historisches Wörterbuch in sieben Bänden.* Hg. von Karlheinz Barck. Stuttgart/Weimar 2010, Bd. 4, 1–38.

Schwarz, Michael Viktor: Medienwissenschaft. In: Ulrich Pfisterer (Hg.): *Metzler Lexikon der Kunstwissenschaft. Ideen, Methoden, Begriffe* [2003]. Stuttgart/Weimar ²2011, 285–288.

Semper, Gottfried: *Der Stil in den technischen und tektonischen Künsten oder Praktische Aesthetik. Ein Handbuch für Techniker, Künstler und Kunstfreunde.* 2 Bde. Frankfurt a. M. 1860–1863.

Stoichita, Victor I.: *L'instauration du tableau. Métapeinture à l'aube des temps modernes.* Paris 1993.

Varchi, Benedetto: *Paragone: Rangstreit der Künste.* Hg. von Oskar Bätschmann/Tristan Weddigen. Darmstadt 2012.

Vasari, Giorgio: *Le vite de' più eccellenti pittori, scultori e architetti nelle redazioni del 1550 e 1568.* Hg. von Rosanna Bettarini/Paola Barocchi. 6 Bde. Florenz 1964–1987.

Wagner, Monika: *Das Material der Kunst. Eine andere Geschichte der Moderne.* München 2001.

Wagner, Monika (Hg.): *Lexikon des künstlerischen Materials. Werkstoffe der modernen Kunst von Abfall bis Zinn.* München 2002.

Wagner, Monika: Material. In: *Ästhetische Grundbegriffe. Historisches Wörterbuch in sieben Bänden,* Bd. 3. Hg von Karlheinz Barck. Stuttgart/Weimar 2010, 866–882.

Warburg, Aby M.: Arbeitende Bauern auf burgundischen Teppichen. In: *Zeitschrift für bildende Kunst* (1907), 41–47.

Weddigen, Tristan (Hg.): *Unfolding the Textile Medium in Early Modern Art and Literature.* Emsdetten/Berlin 2011a.

Weddigen, Tristan (Hg.): *Metatextile: Identity and History of a Contemporary Art Medium.* Emsdetten/Berlin 2011b.

Wolf, Gerhard: *Schleier und Spiegel. Traditionen des Christusbildes und die Bildkonzepte der Renaissance.* München 2002.

Wyss, Robert L.: Die Handarbeiten der Maria. Eine ikonographische Studie unter Berücksichtigung der textilen Techniken. In: *Artes minores. Dank an Werner Abegg.* Hg. von Michael Stettler/Mechthild Lemberg. Bern 1973, 113–188.

Zitzlsperger, Philipp (Hg.): *Kleidung im Bild: zur Ikonologie dargestellter Gewandung.* Emsdetten/Berlin 2010.

Tristan Weddigen

5. Geld

Spezifika und wichtige Stationen der historischen Entwicklung

Geld als Medium, das einen eigenen Beitrag in einem *Handbuch Medienwissenschaften* verdient – der Gedanke ist so selbstverständlich nicht. In den meisten unter den verbreiteten Einführungen in die Medienwissenschaften kommt Geld schlicht nicht vor. Und Studierende der Medien- und Kommunikationswissenschaften sind regelmäßig irritiert, wenn sie in einer Einführungsvorlesung nicht nur etwas über alte Medien wie Theater, Schrift und Buchdruck oder über die ihnen vertrauten neuen und neuesten Mediengeräte, sondern auch etwas über das ihnen – und sei es durch schmerzhafte Mangelerfahrungen – nicht minder vertraute Medium ›Geld‹ zu hören bekommen. Geld ist gewissermaßen zu selbstverständlich geworden, um noch als mediales Kunstprodukt wahrgenommen zu werden. Dabei lässt sich schwerlich bestreiten, dass so gut wie alle trivialen und nichttrivialen Mediendefinitionen (vgl. Hörisch 2004, Kap. ›Mediendefinitionen‹; s. Kap. I.1) auch und gerade im Hinblick auf Geld Geltung haben. Geld ist ein hochspezifisches Informationsmedium, es informiert über Knappheiten; Geld lässt sich übertragen, speichern und bearbeiten (etwa in seiner Vermehrung durch Zins); Geld ermöglicht über sehr funktionsgenaue Kanäle wie Barzahlung, Kreditkartenrechnung oder elektronische Überweisung die Kommunikation zwischen Sender und Empfänger bzw. Käufer und Verkäufer; Geld ist eine »extension of man« (Marshall McLuhan) – der Mensch kann sich Arbeitskraft, Attraktivität, Ansehen etc. kaufen; Geld koordiniert Interaktionen – nicht nur an der Supermarktkasse; Geld ist ein Absenzüberbrücker – ich kann, ohne dort körperlich anwesend zu sein, Aktien von Firmen aller möglichen Länder kaufen, ja ich kann noch für den Fall der entschiedensten Absenz, im Todesfall, ein Rechtssubjekt bleiben, wenn ich Geld und Vermögen zu testieren habe; und Geld kann Unwahrscheinlichkeit in Wahrscheinlichkeit transformieren – es ist unwahrscheinlich, dass andere mir widerstandslos ihre wertvollen Güter und Dienstleistungen zur Verfügung stellen, wenn ich dafür Geld zahle, wird aus dieser Unwahrscheinlichkeit eine hohe Wahrscheinlichkeit.

Unverkennbar ist Geld nicht ein Einzelmedium neben, gar unter anderen (wie Briefe, Bücher, Fotos, Filme, Telefone, CDs, Fernsehen oder Zeitungen), sondern zumindest in komplexen modernen Gesellschaften das Leitmedium schlechthin. Die Diskussion um den Begriff ›Leitmedium‹ ist weitläufig (vgl. Müller/Ligensa/Gendolla 2009); häufig wird unter diesem Begriff nur das für jeweilige Gruppen und Milieus am häufigsten verwendete und am meisten geschätzte Einzelmedium verstanden (etwa das Fernsehen für Senioren, das Nachrichtenmagazin *Spiegel* für Politiker oder Facebook für Jugendliche). Wenn unter ›Leitmedium‹ hingegen sinnvollerweise ein für »alle« verbindliches und unvermeidbares Medium verstanden wird, ist sofort ersichtlich, dass Geld seit langem, nämlich mit Beginn der Neuzeit, das Leitmedium schlechthin ist. Man muss heute keine Tageszeitung abonniert haben und kann sogar Fernsehen und Internet umgehen – Geld aber kann man selbst in liberalen Gesellschaften nicht bzw. nur um den Preis schärfster Sanktionen vermeiden. Wer heute nicht über Geld verfügt, ist in einem sehr handfesten Sinne aus der Welt- und Informationsgesellschaft exkommuniziert, soziologisch formuliert: exkludiert. Denn er hat (meist) keinen Zugang etwa zum Bildungs- und Rechtssystem und eben auch keinen Zugriff auf kostenintensive Medien wie Bücher, Zeitschriften, Telefone und Internet.

Zu den selten bedachten Implikationen des Leitmediums Geld gehört sein von Anfang an binärer Charakter. Geld ist das erste Binärmedium überhaupt – und bis heute das mächtigste und funktionstüchtigste. Schon zu Beginn der Münzprägung im ionischen Kulturraum um 700 v. Chr. steht fest, dass Geld anders als alle übrigen Medien binär funktioniert. Die klugen oder dummen Mitteilungen, die ich anderen mache, gehen mir nicht verloren; das Bild, das einer betrachtet, kann auch ein anderer betrachten; das Geld hingegen, das ich einem anderen zahle, ist dann nicht mehr mein Geld. Kredit und Guthaben, Geld oder Gut, Soll und Haben, mein und dein, Kopf oder Zahl – Geld binarisiert und systematisiert die Lebenswelt. Das gilt auch im Hinblick auf die beiden medialen Grundcodes Symbole (wie Bilder und Buchstaben) und Zahlen. Sie werden im Geld zusammengefügt. Und zwar prototypisch so, dass Bilder und Namen (etwa die eines Herrschers) Geld als gesetzliches Zahlungsmittel beglaubigen und verbindlich machen und so den Zahlen, die den Wert des (Münz-, Papier- oder Monitor-)Geldes anzeigen, Geltung verschaffen. Dass (je moderner die Zeiten sind, desto deutlicher) beim Geld (und nicht nur dort) der numerische den alphabetischen Code dominiert, wusste schon Goethe, der in der Papiergeld-Szene des *Faust II* den Marschall zum Kaiser sprechen lässt:

> Obschon dein Name längst die Welt beglückt,
> Man hat ihn nie so freundlich angeblickt.
> Das Alphabet ist nun erst überzählig,
> In diesem Zeichen wird nun jeder selig.
> KAISER.
> Und meinen Leuten gilt's für gutes Gold?
> Dem Heer, dem Hofe gnügt's zu vollem Sold?
> So sehr mich's wundert, muß ich's gelten lassen.

Die theologische Anspielung ist deutlich: Im Zeichen des Geldes und nicht mehr im Zeichen des christlichen Kreuzes (»in hoc signo«) kann neuzeitlich jeder selig werden. Der Preis dafür ist, dass im Zeichen des Geldes das Zählen an die Stelle des Erzählens tritt, der alphabetische Code also durch den numerischen wenn nicht überflüssig, so doch ›überzählig‹ wird.

Die uns heute noch vertraute und als klassisch erscheinende mediale Fassung des Geldes ist die geprägte Münze. Doch Geld gibt es nicht erst mit Münzen. Das klassische Münzgeld hat seine Vorgeschichte in Form von Schuldverschreibungen, die z.B. auf Tontafeln rudimentär kodifiziert werden konnten. Schulden (und Zinsen!) sind die ersten Formen des Geldes. Um das schematisch zu illustrieren: Nach einer Tierseuche leiht sich ein Hirte vom Nachbarn Tiere, um eine neue Herde zu züchten, und verpflichtet sich, ihm nach drei Jahren mehr Tiere zurückzugeben, als er selbst erhalten hat. Schuldverschreibungen sind chronologisch und logisch älter als das Tauschmedium Geld. So wie die uns vertraute Vokalalphabetschrift ihre lange Vorgeschichte hat, so auch das Geld. Umso auffallender ist es, dass das griechische Vokalalphabet und die Erfindung des klassischen Münzgeldes in dieselbe Epoche und denselben Kulturraum fallen: Beide sind um 750 v.Chr. im griechisch-ionischen Raum entstanden und haben sich erstaunlich schnell durchgesetzt (vgl. Eckhardt/Martin 2011). Beiden Medien, der Buchstabenschrift wie dem Münzgeld, liegt ein und dieselbe Abstraktionslogik zugrunde: Die Buchstabenschrift wie das Münzgeld sehen von konkreten Sachverhalten und individuellen Konstellationen ab, um vielmehr den produktiven Umweg über Laute (Phoneme) bzw. Wertäquivalenzen zu gehen.

Zu den Eigentümlichkeiten des Mediums ›Geld‹ gehört es, dass es drei unterschiedliche Funktionen in sich vereinigt: Es dient erstens als Tauschmedium, zweitens als Recheneinheit (etwa beim Preisvergleich) und drittens als Wertaufbewahrungsmedium (man muss Geld horten, um es später ausgeben zu können). Die Tauschfunktion des Geldes ist weniger trivial, als sie auf den ersten Blick zu sein scheint. Denn alles spricht dafür, dass der geldvermittelte Tausch die Lebenswelt einem ungeheuren Abstraktionsschub ausgesetzt, ja das, was wir rationale und selbstbewusste Subjekte nennen, allererst form(at)iert hat. Die faszinierende Leistung des Geldes besteht darin, Ungleiches gleich(wertig) zu setzen. Ein Krug Wein, ein Stück Stoff und eine Lebensberatung bei einem Sophisten haben phänomenal nichts miteinander gemeinsam, dennoch können sie denselben Wert haben, also äquivalent sein.

> »Preise machen, Werte abmessen, Äquivalente ausdenken, tauschen – das hat in einem solchen Maße das allererste Denken des Menschen präokkupiert, daß es in einem gewissen Sinne *das* Denken ist: hier ist die älteste Art Scharfsinn herangezüchtet worden, hier möchte ebenfalls der erste Ansatz des menschlichen Stolzes, seines Vorrangs-Gefühls in Hinsicht auf anderes Getier zu vermuten sein. Vielleicht drückt noch unser Wort ›Mensch‹ (*manas*) gerade etwas von *diesem* Selbstgefühl aus: der Mensch bezeichnete sich als das Wesen, welches Werte mißt« (Nietzsche 1966, 811).

Geld ist das Medium der Abstraktion, also des Wegsehens und des Ausblendens phänomenaler Differenzen schlechthin (vgl. Simmel 1900/1977). Und mit Rationalität und Abstraktion setzt Geld nichts Geringeres als selbstbewusste Subjekte frei (vgl. Sohn-Rethel 1972; Müller 1977; Hörisch 2011), die systematisch zwischen mein und dein, ich und andere unterscheiden. Das Geld, das der eine hat, ist per definitionem das Geld, das der andere nicht hat. Die mein/dein-Unterscheidung ist logisch wie chronologisch früher als die ich/du-Unterscheidung. Geld wird in dieser Perspektive als das Medium begreiflich, das seine Benutzer prägt – und nicht umgekehrt.

In seinen jeweils dominierenden Erscheinungsformen ist Geld engstens an den jeweiligen Stand der Medientechnik gebunden. Schuldtitel können mündlich vor Zeugen beschworen werden, sie können aber auch schriftlich bzw. schriftnah auf Tonscheiben, Pergament oder Papyrus notifiziert werden. Metallenes Münzgeld kann als substanzieller Wert (Kupfer, Silber, Gold) und zugleich als herrschaftlich sanktioniertes Stempelgeld (gesetzliches Zahlungsmittel) emittiert werden. Einen gewaltigen Aufschwung nimmt der Geldverkehr mit der Erfindung des Drucks. Immer deutlicher wird mit der Entwicklung von Papiergeld, Buchgeld, Kreditkartengeld und schließlich *Electronic Money*, dass Geld ein Informationsmedium ist, das über Knappheiten informiert, und dass es ein Versprechen (des Zugriffs auf Güter und Dienstleistungen) darstellt, von dem dahinsteht, ob es gehalten wird – mit anderen Worten, dass Geld manipulationsanfällig, sachlicher ausgedrückt: prozessierbar ist wie (fast) alle Medien.

Die naiv-kluge Frage, ob und wie Medieninhalte (ob biblische Verkündigungen oder Zeitungsberichte, Roman- und Theatertexte oder TV-Meldungen, Fotos oder Radiosendungen) von dem, was wir Realität nennen, ›gedeckt‹ sind, stellt sich beim alltäglichen Geldgebrauch nicht, in Zeiten von Finanzkrisen (Crashs, Inflationen etc.) hingegen verschärft. Der Realitätsbezug des Mediums ›Geld‹ bewährt sich, solange es problemlos in etwas anderes als Geld verwandelt werden kann, solange man also für Geld Güter und Dienstleistungen erhält. Kein zweites Medium (mit Ausnahme des Abendmahls, s. Kap. IV.1 zu Theologie) stellt eine so enge Koppelung zwischen Zeichen/Symbolen/Zahlen/Pixel und ›Realem‹ her wie Geld. Geld aber ist, um problemlos zu funktionieren, auf Beglaubigung angewiesen. Wenn dem Medium Geld selbst der Kredit entzogen wird, kollabiert es. Aus einem alltäglich milliardenfach sich bewährenden Leitmedium wird dann das Krisenmedium schlechthin (vgl. aus Sicht der Kritik der politischen Ökonomie Kurz 1995). Man muss kein ausgewiesener Medienwissenschaftler sein, um zu wissen, dass Medien die Lage bestimmen und das Medium Geld die Welt regiert.

Hauptvertreter: Aristoteles, Georg Simmel, Marshall McLuhan, Talcott Parsons, Niklas Luhmann

»Alles, was untereinander ausgetauscht wird, [muß] gewissermaßen qualitativ vergleichbar sein, und dazu ist nun das Geld bestimmt, das sozusagen zu einer Mitte wird. [...] Ohne solche Berechnung kann kein Austausch und keine Gemeinschaft sein«. So heißt es schon in der *Nikomachischen Ethik* des Aristoteles (1133a). Er begreift Geld als die Mitte (*meson*) zwischen *thesis* und *physis*, zwischen Gesetz bzw. Gesetztem und Realem und eben auch als Mitte zwischen den wirtschaftenden Menschen. Geld erleichtert den Austausch und stiftet mehr noch als andere Medien (Rede, Schrift) Gemeinschaft (griech. *koinonia*, vgl. das englische Wort für Münze: *coin*). Trotz der überragenden Autorität des Aristoteles blieb die These vom Sozial- und Interaktions-Medium Geld in der Philosophie randständig. Der Grund dafür ist leicht zu nennen: In der Tradition

der platonischen Kritik an den Sophisten verachtet die Philosophie zumeist und ausgerechnet das Abstraktionsmedium schlechthin, eben das Geld. Mit dem Ende der griechisch-römischen Antike und der weitgehend auf Realsteuern (Zehnten, Dienstpflichten etc.) beruhenden Wirtschaftsweise des Mittelalters verliert das Geld (zugunsten des Massenmediums Abendmahl) seinen leitmedialen Charakter. Umso aufschlussreicher ist es, dass Geld ab dem späten Mittelalter wieder häufiger als Medium bzw. Element (beide Begriffe werden häufig synonym gebraucht) verstanden wird, nämlich als künstliches fünftes Element, das zu den vier klassischen Elementen Luft, Feuer, Wasser und Erde hinzutritt und mitunter als alchemistische Quintessenz charakterisiert wird (so etwa vom englischen Historiker William Camden (1551–1623)). Als Kommunikationsmedium, das der erzählenden Sprache zählend Konkurrenz macht, wird Geld in John Lockes 1689 erschienenem *Essay Concerning Human Understanding* und in Adam Müllers 1816 erschienenem *Versuch einer neuen Theorie des Geldes* verstanden.

Implizit als Medium bzw. umfassendes Element komplexen Wirtschaftens wie komplexer Intersubjektivitätsbeziehungen überhaupt wird Geld erst in der 1900 erschienenen *Philosophie des Geldes* von Georg Simmel thematisiert. Geld stiftet, so Simmel, wie die Medien Brief, Telefon und Telegraphie Fernbeziehungen, die allerdings weitgehend entindividualisiert sind – und eben deshalb pointierte Ausprägungen individueller Lebensstile ermöglichen. Explizit als machtvolles Medium charakterisiert Marshall McLuhan in seinem epochalen Buch *Understanding Media* (1964) das Geld. Wie häufig kritisch angemerkt wurde, verfügt McLuhan aufgrund seiner Definition von Medien als »extension of man« über einen (zu) weiten Medienbegriff, der z. B. neben Uhren und Waffen auch Straßen und Kleidung umfasst. McLuhans These vom Geld als Medium ist hingegen überzeugend. »›Geld redet‹, weil Geld eine Metapher ist, eine Überweisung, eine Brücke. Wie Wörter oder die Sprache ist Geld ein Speicher für gemeinsame Arbeitsleistung, handwerkliches Können und Erfahrung. [...] Als umfassende gesellschaftliche Metapher, Brücke oder Umwandler, beschleunigt Geld – wie die Schrift – den Handelsverkehr und strafft die Bande gegenseitiger Abhängigkeit in jeder Gemeinschaft« (McLuhan 1970, 136 f.). In geradezu prototypischer Weise erbringt Geld die Medien funktional auszeichnenden Grundleistungen der Übertragung, Speicherung und Bearbeitung von Informationen.

Ausdrücklich als Medium begreift der amerikanische Soziologe und Begründer der Systemtheorie Talcott Parsons (1902–1979) und im Anschluss daran der deutsche Soziologe Niklas Luhmann (1927–1998) das Geld. Beide verstehen Geld als symbolisch generalisiertes Kommunikationsmedium des Wirtschaftssystems. »Symbolisch generalisierte Kommunikationsmedien sind evolutionär entstandene und bewährte Antworten auf ein Problem der doppelten Kontingenz und sind dadurch geprägt und begrenzt. Sie sind Spezialcodes, die ebendeshalb universelle Relevanz gewinnen können« (Luhmann 1988, 240). Doppelte Kontingenz heißt in diesem Kontext schlicht, dass jeder Verkäufer einen Käufer et vice versa finden muss. So wie Macht im System Politik und Wahrheit im System Wissenschaft die geltende Währung ist, derer man sich bedienen muss, wenn man in Politik bzw. Wissenschaft erfolgreich kommunizieren will, so ist Geld das generalisierbare, nämlich für alle Aktanten, Güter und Tausch-Zeiten geltende Medium ökonomischen Austauschs. Spezifisch wirtschaftstauglich ist das Medium ›Geld‹, weil es in gleich dreifacher Hinsicht indifferent ist: In sozialer Hinsicht (man verkauft auch Leuten Güter, die man nicht mag), in temporaler Hinsicht (Geld kann aus der Vergangenheit angespart, jetzt ausgegeben oder über Kreditaufnahme zukünftig zurückgezahlt werden) und in sachlicher Hinsicht (für Geld lässt sich ›alles‹ kaufen). Gerade diese häufig kultur- und moralkritisch beklagte ›Kälte‹, Indifferenz und Diabolik des Geldes macht es zum besonders effizienten und erfolgreichen Kommunikationsmedium. »Bei genauerem Zusehen liegt die Diabolik [...] darin, daß das Geld andere Symbole, etwa die der nachbarschaftlichen Reziprozität oder die der heilsdienlichen Frömmigkeit, ersetzt und eintrocknen läßt. Sie liegt also in der für Universalisierung notwendigen Spezifikation« (Luhmann 1988, 242).

In systemtheoretischer Sicht stellt sich Geld als ein Medium der zweiten künstlichen Knappheit dar, die die primäre Knappheit an Gütern und Dienstleistungen konterkariert. Weil Wertvolles per se knapp ist, muss es ein autoritatives Medium geben, das den gewaltfreien Zugang zu knappen Werten ermöglicht. Geld wird so als funktionales Äquivalent für Kämpfe um knappe Ressourcen (etwa für Diebstahl, Raub und Krieg) begreiflich. Nur wenn es seinerseits knapp ist, kann es einen vergleichsweise kultivierten Zugang zu knappen Gütern gewährleisten. Die dialektische Leistung des Mediums ›Geld‹ besteht demnach darin, die Knappheit knapp werden zu lassen.

Gesellschaften mit einem relativ inflationsfrei funktionierenden, allgemein akzeptierten Leitmedium ›Geld‹ sind volkswirtschaftlich deutlich produktiver als solche mit ›schlechtem‹, etwa inflationsbedrohtem Geld. Die Parallele zu *information-overload*-Problemen liegt nahe: Wer ›alle‹ Informationen über die Welt hat, wird in dieser Informationsflut untergehen; zu viel Geld (wie in Zeiten der Hyperinflation) lässt Geld zu wert- und informationslosem Altpapier werden; zu viel Geld sorgt für Rauschen (*noise*) statt für distinkte Signale im Wirtschaftssystem und eben nicht nur im Wirtschaftssystem.

Aktuelle Debatten

Geld steht im Fokus sehr unterschiedlicher Wissenschaftsdisziplinen, u. a. der Volks- und Betriebswirtschaft, der Soziologie, der Politologie, der Kulturgeschichte, der Psychologie, der Philosophie und eben auch der Medienwissenschaft. Zugleich ist es auffallend, dass viele der genannten Disziplinen ein eher distanziertes bis irritiertes Verhältnis zum Phänomen ›Geld‹ entwickeln. Geld ist das ausgeschlossene Eingeschlossene bzw. eingeschlossene Ausgeschlossene im Themenfeld der jeweiligen Wissenschaften – es gehört dazu und doch nicht recht dazu, wenn Volkswirte z. B. über Güter- und Arbeitsmärkte, Kunsthistoriker über die Renaissance oder Medienwissenschaftler über Einschaltquoten forschen. Ersichtlich besteht eine groteske Diskrepanz zwischen der von allen empfundenen Macht des Mediums Geld einerseits und dem Mangel einer auch nur ansatzweise verbindlichen Theorie des Geldes andererseits. Geld ist und bleibt ein rätselhaftes, im engen Sinne unheimliches Phänomen: Es ist alltäglich/heimisch vertraut und dennoch oder eben deshalb nicht ganz geheuer. Geld ist das omnipräsente und zugleich eigentümlich verborgene Begleitmedium von fast allem: Essen, trinken, wohnen, reisen, arbeiten, kleiden, lesen (auch das vorliegende Handbuch kostet Geld). Auch Wissenschaften, Recht, Bildung, Medien etc. kosten Geld, wollen aber gegenüber den Zwängen des Mediums ›Geld‹ ihre je spezifische Eigenlogik bewahren. Zumal in Zeiten um sich greifender Banken-, Finanz- und Staatsschuldenkrisen ist es nicht verwunderlich, dass Geld erneut als analyse- und theoriebedürftiges Phänomen erfahren wird. Die Fülle psychologischer, politologischer, volkswirtschaftlicher, soziologischer, kulturhistorischer etc. Diskussionen über Geld lässt sich hier nicht ausbreiten. Andeuten aber lässt sich immerhin, welche spezifisch medienwissenschaftlichen Ansätze die Theoriebildungen über Geld in letzter Zeit stimuliert haben.

Viel Aufmerksamkeit fand zurecht der 1998 erschienene Essay von Georg Franck über die *Ökonomie der Aufmerksamkeit*. Sein Grundargument lautet: Aufmerksamkeit ist wie Zeit und Geld eine knappe Ressource. Menschen, schon und gerade neugeborene, die eben deshalb schreiend auf die Welt kommen, sind elementar darauf angewiesen, dass ihnen Aufmerksamkeit zuteil wird. Medien organisieren Aufmerksamkeit und machen sie zu einer Zweitwährung. Prominenz, Prestige und Renommee werden vor allem in komplexen Mediengesellschaften zu begehrten Gütern, die sich leicht in Geld konvertieren lassen können. Wer prominent ist, kann sich z. B. als Werbeträger verdingen und so seinerseits die ihm geltende Aufmerksamkeit medial auf andere Posten (Güter, Marken, Parteien, Theorien etc.) weiterleiten. Schon das Quotendiktat, unter dem viele Medienanbieter stehen, verdeutlicht, dass Aufmerksamkeit die geldaffine Währung der Medien ist. Preise für Werbespots sind direkt an Einschaltquoten gekoppelt.

Aufmerksamkeit ist ein knappes Gut; man kann nicht allem und allen seine Aufmerksamkeit schenken oder leihen (welch ökonomieaffine Ausdrucksweisen!). Geld ist nun seinerseits ein über Knappheiten informierendes Medium. Der Umstand, dass das Bild eines Malers auf einer Auktion für einhundert Millionen Dollar den Eigentümer gewechselt hat, sichert dem Bild wie dem Maler eine ungeheure Aufmerksamkeit. Geld selbst ist also ein Medium, das die knappe Ressource ›Aufmerksamkeit‹ steuert. Theoretiker wie McLuhan oder Luhmann haben deshalb gelegentlich die Überlegung vorgetragen, ob das klassische Informationsmedium Geld in der Postmoderne nicht von reiner, computergesteuerter Information abgelöst bzw. überformt werden könne. Dieses Motiv hat im Umkreis der Postmoderne-Diskussion (vor allem bei Jean Baudrillard, Vilém Flusser und Paul Virilio) an Eigendynamik gewonnen. Geld als Zeichen, Symbol, ›Simulacrum‹ (s. Kap. II.10) verselbständigt sich gegenüber den Dimensionen, in denen sich das jeweils Bezeichnete bewegt. Die Finanzökonomie koppelt sich zusehends von der Realwirtschaft ab, wie die Banken- und Finanzkrisen der letzten Jahre eindringlich vor Augen geführt haben. Geld kappt immer mehr seine Referenzqualität und wird (in Form von Derivaten, Kreditausfallversicherungen, Terminkontrakten etc.) komplementär dazu immer selbstreferen-

tieller – wie moderne Medien, die sich immer mehr für sich selbst und immer weniger für ›die Welt, die Weltereignisse, das wirkliche Leben‹ interessieren. Man kommuniziert Kommunikation (»wir telefonieren mal wieder«, sagt man am Telefon), Medien handeln von und verhandeln Medien, und mit Geld kauft man Geld (andere Währungen, Kredite, Metakredite, Versicherungen gegen Kreditausfälle etc.).

Die enge Zusammengehörigkeit des Leitmediums ›Geld‹ mit den Einzelmedien zeigt sich in banaler, zugleich aber weitreichender Weise. Denn Medien kosten Geld, und Debatten um die Beziehung von Geld und Medien sorgen regelmäßig für Gereiztheiten: Wie hoch sollen bzw. dürfen die Pflichtgebühren für das öffentlich-rechtliche Mediensystem sein; welche Gefahren für die Demokratie drohen, wenn sich ein superreicher Politiker wie Berlusconi einflussreiche Massenmedien kaufen kann; (wie) können Bezahlmodelle für Mediennutzung im Internet funktionieren; soll bzw. darf die öffentliche Hand alte Medien wie das Theater subventionieren; bedroht der Quotendruck die Qualität von Sendungen; wie viel Werbeunterbrechungen sind Mediennutzern zuzumuten?

Überaus eng sind das Medium ›Geld‹ und die Einzelmedien auch im Hinblick auf das dauerhafte Reizthema ›Manipulation‹ verwandt. Einzelmedien können wie Geld täuschen, manipulieren, ungedeckt sein. Sprache ist das Medium von wahren Sätzen ebenso wie von Lügen; Geld kann ein verlässliches, weil gesetzlich garantiertes Zahlungsmittel sein, aber eben auch gefälscht werden. Falschgeld ist in der Sphäre ökonomischer Kommunikation, was die Lüge in der Sphäre sprachlicher Kommunikation ist. Manipulationsanfällig sind alle Medien und eben auch das Leitmedium ›Geld‹. Medien- und Geldkritik sind deshalb verschwistert. Geld wie spezifische Informationen in Einzelmedien müssen sich die Frage gefallen lassen, ob sie denn auch ›gedeckt‹ seien. Zugleich aber sind sie auf Vertrauen und kollektive Beglaubigung angewiesen, um überhaupt funktionieren zu können. Kein Mensch kann es kognitiv und mental durchhalten, auf Dauer schlechthin alle Medieninhalte anzuzweifeln, ohne schwer paranoisch zu werden. Ganze Länder, Volkswirtschaften und Weltzonen drohen in schwerste Krisen zu geraten, wenn das Leitmedium Geld kollabiert. Deutlich wird gerade in Zeiten der Krise, dass Medien und das Leitmedium Geld voran auf Beglaubigung (Kredit, Credo) angewiesen sind und in diesem Sinn Religionen verwandt sind (s. Kap. IV.1).

Literatur

Eckhardt, Benedikt/Martin, Katharina: *Geld als Medium in der Antike*. Berlin 2011.

Franck, Georg: *Ökonomie der Aufmerksamkeit – Ein Entwurf.* München/Wien 1998.

Hörisch, Jochen: *Eine Geschichte der Medien – Von der Oblate zum Internet*. Frankfurt a. M. 2004.

Hörisch, Jochen: *Tauschen, Sprechen, Begehren. Eine Kritik der unreinen Vernunft*. München 2011.

Kurz, Robert: Die Himmelfahrt des Geldes. In: *Krisis* 16/17 (1995), 21–76.

Luhmann, Niklas: *Die Wirtschaft der Gesellschaft*. Frankfurt a. M. 1988.

McLuhan, Marshall: *Die magischen Kanäle – Understanding Media*. Frankfurt a. M. 1970. (Original: *Understanding Media – The Extensions of Man* [1964]. Boston 1994.)

Müller, Daniel/Ligensa, Annemone/Gendolla, Peter (Hg.): *Leitmedien*. 2 Bde. Bielefeld 2009.

Müller, Rudolf-Wolfgang: *Geld und Geist – Zur Entstehungsgeschichte von Identitätsbewußtsein und Rationalität seit der Antike*. Frankfurt a. M./New York 1977.

Nietzsche, Friedrich: *Zur Genealogie der Moral*. In: Ders.: *Werke*, Bd. 2. Hg. von Karl Schlechta. München 1966.

Simmel, Georg: *Philosophie des Geldes* [1900]. Berlin ⁷1977.

Sohn-Rethel, Alfred: *Geistige und körperliche Arbeit – Zur Theorie der gesellschaftlichen Synthesis*. Frankfurt a. M. 1972.

Jochen Hörisch

6.   Brief/Post

Brief – Begriff und Verbreitung

Der Brief (von lat. *brevis libellus*: ›kurzes Büchlein‹, zu althochdt. *briaf, brief*: Schriftstück, Urkunde, Schreiben) ist eine schriftliche, überwiegend verschlossen versandte Mitteilung. Er setzt gewöhnlich die räumliche Trennung seiner Partner und einen Überbringer voraus. Durch Briefe verkehren Menschen seit der Antike (zum folgenden historischen Abriss vgl. die in der Literaturliste genannten historischen Darstellungen; zur Geschichte von Brief und Post außerhalb Europas vgl. u. a. Xu 1992; Campbell 1994; Majumdar 1995; John 1998; Maclachlan 2011). Aus dem alten Orient (Ägypten, Babylonien) sind zahlreiche, etwa auf Tontafeln verfasste Mitteilungen überliefert. Im klassischen Altertum Griechenlands und Roms wurden für die Niederschrift zusammenlegbare Holztäfelchen genutzt und Papyrusstreifen mit Tinte beschrieben. Briefdokumente aus der römischen Antike lassen auf persönliche Äußerungen schließen. In Briefform wurden im Mittelalter Anordnungen und Verkündungen der Päpste, Kaiser und Fürsten bekanntgemacht, durch Briefe tauschten sich gebildete Mönche untereinander aus. Auf das Ausmaß der Vernetzung der Orden und Klöster lässt ein ›Botenzettel‹ (lat. *rotula*) der Benediktiner-Abtei St. Lambrecht in der Obersteiermark mit 240 Einträgen für die Zeit zwischen Juli 1501 und April 1502 schließen. Für Kaufleute, die am Ausgang des Mittelalters nicht mehr als Händler umherzogen, sondern Filialen gründeten und sie von ihrem Hauptsitz schriftlich anwiesen, gehörten Korrespondenzen zum Geschäftsalltag. Mehr als 140.000 Briefe umfasst die Sammlung des Prateser Großkaufmanns Francesco di Marco Datini. Neben dem Florentiner Medici zählt Datini in der Geschichte des internationalen Handels zu den Begründern des bargeldlosen Zahlungsverkehrs anhand von Wechselbriefen.

Unter die diplomatische und geschäftliche Korrespondenz mischte sich in der Frühen Neuzeit der Briefwechsel Gelehrter. Er diente wissenschaftlicher Meinungsbildung, persönlicher Kontaktpflege und erreichte, sofern er publiziert wurde, eine interessierte Leserschaft. Einem wachsenden Kommunikationsbedürfnis entsprachen ›Briefsteller‹ – ursprünglich die Berufsbezeichnung für eine des Schreibens kundige Person, ab dem 17. Jahrhundert ein Lehrbuch mit Erörterungen zu Regeln, Stil, Inhalten und mit Musterbriefen. Gelehrte pflegten in der Frühen Neuzeit einen regen Briefwechsel. Von Albrecht von Haller sind 17.000, von Voltaire 21.000 und von Leibniz und Lavater jeweils 20.000 Briefe überliefert. Die Abkehr von einer steifen Barockrhetorik führte die Briefautoren des 18. Jahrhunderts zu einem persönlichen und individuell-gefühlvollen Briefstil. In seinen Abhandlungen *Briefe, nebst einer praktischen Abhandlung von dem guten Geschmacke in Briefen* (1751) beschreibt Christian Fürchtegott Gellert den Brief programmatisch als »eine freye Nachahmung des guten Gesprächs«. Die Epoche der Romantik kultivierte den Briefkontakt als Ausdruck persönlicher Freundschaft, bevor der Brief im Lauf des 19. Jahrhunderts für ein breites Bildungsbürgertum zu einem kulturellen Allgemeingut erwuchs.

Post-Begriff

Der Begriff der Post wird gewöhnlich auf entlang eines Botenkurses zwischengeschaltete Pferdewechselstationen zurückgeführt (eine Verkürzung von lat. *posita statio equorum* über ital. *pos(i)ta* zu *posta*). Das ›raumportionierende‹ Relaisprinzip dient seit jeher dem Ziel einer beschleunigten Kommunikation. Ihre Wurzeln hat die Post in altpersischen Reiterstafetten, deren Kuriere im Eiltempo über ungebahnte Wege ritten, um Botschaften, Nachrichten und Depeschen so rasch als möglich ihrer Bestimmung zuzuführen. Der Geschichtsschreiber Herodot, den die einschlägige Forschung seit Heinrich Stephans Abriss zum *Verkehrsleben im Alterthum* von 1868 als Zeugen bemüht, rühmt die Kuriere des Herrschers Kyros mit den Worten, es gebe »nichts Schnelleres unter den sterblichen Wesen«. In seinem Essay »Vom Kurierreiten« beschreibt Michel de Montaigne, wie König Kyros ermitteln ließ, »wie viel Weges ein Pferd den Tag lang in einem Ritt zurücklegen könnte, und in dieser Entfernung setzte er Leute an, deren Amt war, Pferde auf dem Stalle zu halten, um denjenigen, welche bei ihnen anlangten, Pferde zu geben«. Als ›Post‹ bezeichnet der Venezianer Marco Polo in einem Bericht seiner Handelsreise ins ferne China ein chinesisch-mongolisches Etappensystem zur eiligen Beförderung der Boten und Kuriere.

Postalische Beförderungsvermerke tragen ab dem späten 14. Jahrhundert Briefe der Visconti, einer berühmten mailändischen Familie; ein französisches Memoirenwerk noch aus dem 15. Jahrhundert erwähnt rückblickend eine unter Ludwig XI. unterhaltene ›poste‹. Als nachhaltige Einrichtung erwies sich eine 1490 unter Maximilian I. zwischen den habsburgischen Machtzentren Innsbruck und Mechelen bei Brüssel errichtete Postverbindung. Ein Eintrag von 1490 im Rechnungsbuch der Innsbrucker Hofkammer erwähnt den Empfänger, einen Johannetn Daxen, als ›Obristn postmaister‹. Am Ausgang des 15. Jahrhunderts wird die Bedeutungsvielfalt des ›Post‹-Begriffs erkennbar: In verschiedenen Poststundenzetteln ist von einem ›post bott‹, der ›Cavallari de le poste‹, dem verkürzten ›Bost‹ für den Funktionsträger und ›post‹ als Begriff für die Sendung die Rede.

Geschichte der Briefpost

Dem Postrelais-Betrieb ging ein organisierter Botenverkehr voraus. Städte und Handelsgesellschaften bedienten sich, neben Universitäten, der Kirche und religiösen Orden, ab dem 14. Jahrhundert eigener Botendienste. Hamburger Kämmereirechnungen verzeichneten seit 1350 Lohn und Aufwendungen für die dem Rat der Stadt direkt unterstellten Boten. Einer Straßburger Verordnung von 1405 zufolge wurde den Boten der Stadt neben den offiziellen Aufträgen die Beförderung privater Briefe als Nebenverdienst zugestanden. Staat und Kirche ersetzten die eigenen Boteneinrichtungen aus Kostengründen zur gleichen Zeit durch Fremdkräfte, etwa die Kuriere der Bittsteller und Gesandten. Kaufleute reagierten auf wachsenden Kostendruck durch den Zusammenschluss zu größeren Organisationen. Der 1357 gegründeten »Scarsella dei Mercanti Fiorentini« gehörten zeitweise bis zu 17 Handelsgesellschaften an. Qualifizierte Kuriere erhielten für erfolgreiche Eilzustellungen ein Vielfaches ihres gewöhnlichen Lohns. Hauptberufliche Boten legten zu Fuß rund 30 bis 50 km am Tag zurück, die Leistungen berittener Kuriere lagen weit darüber. 1492 war die Wahl Alexanders VI. zum Papst nach nur zwölf Stunden in Florenz bekannt. Reisende unterschiedlichster Herkunft wie etwa Soldaten, Pilger, Mönche und Gewerbetreibende firmierten im Briefverkehr bis weit in die Frühe Neuzeit als Gelegenheitsboten.

Als venezianisches Botenunternehmen hatte sich die Bergamasker Kurierfamilie Tassis qualifiziert, die ab 1490 für die Ausführung der unter Maximilian errichteten Postverbindung verantwortlich zeichnete. Der erste Postvertrag zwischen Maximilians Enkel Karl und Francesco de Tassis legte 1516 gegen eine jährliche Pauschalvergütung Kurierverbindungen mit den Königshöfen Spaniens und Frankreichs und mit Maximilian I. in Deutschland fest. Den erheblichen Kostenaufwand schmälerten die Taxis (wie die Tassis im deutschen Sprachraum bald hießen; ab 1650 änderte sich der Name von Teilen der Familie schrittweise in ›Thurn und Taxis‹) durch Erweiterung ihres Leistungsprofils um die Beförderung privater Briefe und durch eine Verlagerung des finanziellen Risikos auf Gastwirte als Franchise-Nehmer. Zu den ersten Privatkunden der Post zählten die Augsburger Handelshäuser von Jacob Fugger und Anton Welser.

Mit ihrer zukunftweisenden, ausbaufähigen Infrastruktur löste die Post schrittweise das traditionelle Botenwesen ab und ersetzte die in älterer Zeit im Dienst von Politik, Kirche und Wirtschaft unterhaltenen Nachrichtenstafetten. An die Stelle des ehedem hierarchisch gegliederten Nachrichtenwesens trat ein flächenhaft organisiertes Netzwerk als Grundvoraussetzung für die Einbindung einer breiten Öffentlichkeit. Hauptmerkmale der gewöhnlichen Ordinari-Post waren ihre öffentliche Zugänglichkeit, die Periodizität bei der Beförderung und eine geordnete Tarifisierung der Leistungen. Neben der Briefbeförderung wurden der Warentransport, Geldtransfer und bald auch das Reisen Teil einer präzisen logistischen Infrastruktur mit geordneten Raum-Zeit-Koordinaten. Durch regelmäßigen Wechsel der Pferde und Kuriere setzte die Post beim Beförderungstempo neue Maßstäbe. ›Es gehet wie auf der Post!‹, lautete in der Frühen Neuzeit das Sprichwort für ein Geschäft, das sich besonders rasch abwickeln ließ. Für die Strecke zwischen Innsbruck und Brüssel wurden im 16. Jahrhundert jahreszeitbedingt zwischen fünf und sechs Tage veranschlagt. Seit den 1530er Jahren verkehrten die Taxisschen Kuriere in wöchentlichem Rhythmus. Erstmals in der Geschichte der Kommunikation wurde Briefbeförderung in hohem Maße plan- und berechenbar.

Auf der Grundlage des Westfälischen Friedens, der den Dreißigjährigen Krieg beendete, gründeten die mächtigen unter den Reichsständen – Brandenburg-Preußen, Kursachsen, die braunschweigisch-lüneburgischen Staaten und Hessen-Kassel – im 17. Jahrhundert eigene Postanstalten. Kurbrandenburg (ab 1700 Preußen) verfügte neben einem weiträumigen Ost-West-Kurs, der Memel im heutigen Litauen mit Kleve nahe der holländischen Grenze verband, über ein feingliederiges Postverkehrsnetz mit vielen hundert Poststationen. Die Taxis konnten sich im 17. Jahrhundert nur auf den bereits existierenden Transitstrecken und im reichsergebenen ka-

tholischen Süden behaupten. Doch entwickelte sich das Postwesen zu einem profitablen Geschäft. Für Leonhard II. von Taxis war es bei einem jährlichen Gewinn von 100.000 Dukaten ein ›Brunnen, dahin alle Quellen zusammen fließen‹. Für den Staat Friedrichs des Großen belief sich der Überschuss der Post auf nicht weniger als die Hälfte seiner gesamten Roheinnahmen.

Parallel zu den Kursen der Post entstand ein professionelles Zeitungswesen. Postmeister nutzten ihren Informationsvorsprung bei der Beschaffung von Nachrichten und gaben Zeitungen selbst heraus. Die ab 1616 aufgelegte *Frankfurter Postzeitung* zählte über einen Zeitraum von 250 Jahren zu den führenden Nachrichtenorganen im Alten Reich. In großem Stil organisierten die Postanstalten ab der Mitte des 17. Jahrhunderts das Reisen. Die Etablierung eines fahrplanmäßigen Ordinari-Fahrpostverkehrs fügte sich prägend in die Ordnung der neuzeitlichen Kommunikation.

Verbindliche Taxverzeichnisse dokumentieren seit dem 17. Jahrhundert den Kostenaufwand bei der Nutzung des Briefpostangebots. Das Briefporto wurde nach Entfernung und Gewicht der Sendung gestaffelt errechnet. Die Entgeltordnungen unterschieden zwischen *franco*, der bei der Absendung, und *porto*, der beim Empfang beglichenen Gebühr. Wurden Ländergrenzen überschritten, war die Gebühr bis zur Grenze durch den Absender und ab da durch den Empfänger zu entrichten. Unter den gegebenen Möglichkeiten zu entscheiden, stand dem Absender frei. Ob ein Brief ›franco‹ oder ›porto‹ abgeschickt werde, bilanziert 1810 die *Ökonomisch-technologische Encyclopädie* von Johann Georg Krünitz, sei »der Post gewöhnlich gleichgültig«.

Für die Organisation des Briefalltags waren Takt und Frequenz der Postbeförderung entscheidend. Das Konzept des Briefwechsels bemaß sich am Posttag, dem Tag, an dem die Post eintraf bzw. abging. Man schrieb sich ›posttäglich‹ – und antwortete ›postwendend‹. »Ich lasse keinen Posttag ungebraucht«, berichtet der Staatswissenschaftler Theodor Hippel von seinen Schreibgewohnheiten. Fürst Pückler-Muskau ermuntert seine Muse Bettina von Arnim am 14. April 1832: »Schicke auch Deine Briefe so oft Du willst, meinetwegen jeden Posttag!«. Und Clemens Brentano verspricht der verehrten Sophie Mereau am Ende eines Briefes vom 11. Oktober 1803: »Gute Nacht, morgen früh schreibe ich wieder, morgen abend geht die Post wieder«. Auch Goethe setzte Kommunikationsschwerpunkte; an Posttagen soll er für niemanden zu sprechen gewesen sein.

Bis weit in die Frühe Neuzeit wurde ein überwiegender Teil der diplomatischen Korrespondenz verschlüsselt geführt. Montesquieu wird die Äußerung zugeschrieben, mit der Einrichtung der Post sei das Briefgeheimnis ein öffentliches Geheimnis geworden. Kirche, Politik und Militär bedienten sich im europäischen 17. und 18. Jahrhundert eines festen Mitarbeiterstabs ausgewiesener Chiffrierexperten. Noch 1851 mahnt der junge Abgeordnete Otto von Bismarck seine Ehefrau Johanna von Puttkammer zur Vorsicht, da ihre Briefe »nicht bloß von mir, sondern von allerhand Postspionen gelesen« würden. Im privaten Briefverkehr kamen Verschlüsselungen im Laufe des 18. Jahrhunderts in Mode. Gelehrte stellten sich komplizierte kryptoanalytische Aufgaben, Liebende versicherten sich ihrer Zuneigung mittels Codierungen. In die Kunst der Kryptographie wurde Marie Antoinette durch den schwedischen Grafen Hans Axel von Fersen unterwiesen, in geheimen Chiffren korrespondierten Karoline von Günderrode mit dem Philologen Friedrich Creuzer und Honoré Graf Mirabeau mit der jungen Sophie von Ruffey, der Marquise de Monnier.

Geheime Logen, in denen Briefe ›perlustriert‹ und, soweit erforderlich, dechiffriert wurden, sind seit dem 17. Jahrhundert bekannt. Frankreichs *cabinet noir* mit seinen zentral über Paris gelenkten Postverkehrswegen zählt zu den ältesten europäischen Brieflogen. Bei der Einrichtung geheimer Kabinette im Alten Reich war die Post der Thurn und Taxis federführend. Die als Zentrale der taxisschen Postlogen wohl 1716 entstandene Wiener Geheime Ziffernkanzlei stieg im 18. Jahrhundert zum führenden europäischen Geheimdienst auf. Zwischen 80 und 100 Interzepte, d. h. (teilweise oder ganze) Abschriften abgefangener Briefe, fertigten die habsburgischen Brieflogen bei voller Besetzung täglich an. In der Ära Metternich stieg der Jahresdurchschnitt der Abschriften auf bis zu 150.000 Stück.

Noch in der Postkutschenära bewährte sich die Post als Logistikunternehmen. Durch Straffung der organisatorischen Abläufe an den Poststationen konnten erhebliche Rationalisierungspotentiale freigesetzt werden, die in der Öffentlichkeit als Beschleunigung des Beförderungstempos wahrgenommen wurden. Als Eilpost verkehrten die Kutschen im Tempo der Briefkuriere. Preußen verfügte in den 1830er Jahren über annähernd 200 Schnellpostverbindungen, allein von Berlin gingen pro Woche 93 Schnellposten und 137 ordinäre Fahrposten neben weiteren 22 ordinären Reitposten ab. Mit der täglichen Postversorgung der größeren Städte endete im frühen 19. Jahrhundert die Epoche der posttäglichen Briefkorrespondenz.

Bis ins 18. Jahrhundert wurde die eintreffende Post im Postamt öffentlich zum Aushang gebracht. Innerhalb einer bestimmten Frist nicht abgeholte Briefe wurden gegen ein zusätzliches Entgelt zugestellt. Aus der Institutionalisierung der innerörtlichen Botenleistung erwuchsen Rolle und Funktion des Briefträgers. Zu größerer Unabhängigkeit von den Schaltern der Posthäuser verhalf die Installation von Briefkästen, sie setzte jedoch die nötige Akzeptanz bei der Bevölkerung voraus. Seinen Siegeszug trat der Briefkasten im Verein mit der Einführung von Postwertzeichen (in England 1840, bei den deutschen Postverwaltungen ab 1849) an. Das Ensemble aus Briefmarke und Briefkasten revolutionierte die innerbetrieblichen Abläufe. Preußen brachte seine erste Briefmarke am 15. November 1850 in Umlauf.

Auf den Eisenbahnen (in Deutschland ab 1835) verkürzte sich die Beförderungszeit für Postsendungen schrittweise. Hatte die Schnellpost 1836 von Berlin nach Frankfurt noch 65 Stunden benötigt, wurde die Strecke dank der Eisenbahn in Etappen ab 1843 in 49 Stunden und ab 1847 in 25 ½ Stunden bewältigt. Von Berlin aus erreichte ein Brief 1870 Stuttgart in einem Tag. Als Schlüssel zur effektiven Nutzung der eisenbahntechnischen Transportkapazitäten erwies sich das Prinzip der Unterwegsbearbeitung der Postsendungen. Die Verknüpfung des Brief- und Pakettransports mit seiner Sortierung war zuerst 1837 in England erprobt worden. In Deutschland fuhr die erste Bahnpost 1848 in Baden. Besonders eilige Nutzer fanden an den Waggons angebrachte Briefkästen vor.

Kürze und Sachlichkeit zeichneten die ›Correspondenzkarte‹ (ab 1872 ›Postkarte‹) aus. Unter den Bedingungen wachsender Beschleunigung und Zeitknappheit entsprach sie dem Bedürfnis nach zeitsparender Kommunikation. Als Chef der Norddeutschen Bundespost führte sie Heinrich Stephan 1870 zum Groschentarif ein. Ihren ersten Härtetest bezwang sie als Feldpostkarte während des Kriegs mit Frankreich. Neun Millionen Briefe und Postkarten beförderte das Militär in dieser Zeit über seine Feldpostämter (im Zweiten Weltkrieg waren es 30,6 Milliarden Sendungen). Durch Reduzierung der Gebühr auf die Hälfte des Briefportos wurde die Postkarte 1872 endgültig zum Aushängeschild preiswerter Kommunikation. Ab 1875 vertrieb der Oldenburger Buchhändler August Schwartz Bildpostkarten, deren Vorderseite mit Holzstichen versehen war. Für eilige Kunden richteten die Posthäuser

Schreibecken ein (zur Postkarte vgl. Diekmannshenke 2002; Starl/Tropper 2010; Holzheid 2011 und zur Postkarte als Metapher im Dienste der dekonstruktiven Theoriebildung Derrida 1987).

Länderübergreifende Absprachen führten 1874 zur Gründung des Weltpostvereins mit Sitz in Bern. Anlässlich der Gründungsversammlung verabschiedeten 22 Regierungen unter dem Vorsitz Stephans die Vereinheitlichung von 1200 Portosätzen zu einem einzigen Posttarif, der sich nur mehr am Gewicht der Sendung bemaß. Stephan war seit 1876 erster Generalpostmeister des Deutschen Reichs, 1880 folgte die Ernennung zum Staatssekretär des Reichspostamts. Ebenfalls auf Initiative Stephans entstand ab 1872 in Berlin eine Sammlung bedeutender kommunikationsgeschichtlicher Exponate, die 1898 im weltweit ersten Postmuseum in Berlins Leipziger Straße der Öffentlichkeit übergeben werden konnte.

In größeren Städten wurde die Post um 1900 täglich mehrfach zugestellt, in 47 Großstädten sechsmal, in Berlin acht- bis elfmal am Tag. Der ungleiche Botendienst konnte bei Korrespondenten zu Verwirrung führen. »Heute wieder kein Brief, nicht mit der ersten, nicht mit der zweiten Post«, rätselt Franz Kafka in einem Brief an Felice Bauer vom 20. November 1912. Tatsächlich wurde die Post im Vorkriegs-Berlin Felice Bauers achtmal am Tag zugestellt, in Kafkas Prag dagegen täglich lediglich zweimal. So gerät Felice unweigerlich ins Hintertreffen, während der Liebhaber sie unter Ausschöpfung des gesamten postalischen Medienangebots pausenlos mit einfachen und eingeschriebenen Briefen, Postkarten, Drucksachen und Expressbriefen bombardiert. Unübersichtlich wird die Lage, wenn der Ungeduldige ein Telegramm aufgibt (»Sind Sie krank?«), das sich mit Briefen Felices überkreuzt und Kafkas bereits verschickte, bei Felice aber noch nicht eingetroffene Briefe unterwegs überholt.

Zwischen 1871 und 1914 wuchs die Bevölkerung im Deutschen Reich von etwa 40 Millionen auf annähernd 68 Millionen Einwohner. Zur gleichen Zeit erhöhte sich die Zahl der Postsendungen von 334 Millionen über 3,2 Milliarden (1900) auf 6,8 Milliarden. Allein Berlin verzeichnete in nur zehn Jahren zwischen 1896 und 1906 nahezu eine Verdreifachung seines Briefaufkommens von 280 Millionen auf 676 Millionen Sendungen. Um das sprunghafte Wachstum der Briefmengen zu bewältigen, rationalisierte die Post ihre betrieblichen Abläufe in allen Bereichen der Organisation, Technik und Mechanik. Die Einführung von Stempel-, Adressier- und Frei

machungsmaschinen verkürzte die Briefbearbeitungsfristen in den 1920er Jahren um ein Vielfaches. Hatte ein geübter Postbeamter in der Briefabfertigung per Hand pro Minute rund 65 Briefe abgestempelt, bewältigte die automatische Briefstempelmaschine in der gleichen Zeit 600 bis 800 Stempelungen bei gemischter Post und bis zu 1800 Stück bei gleichem Brief- und Kartenformat.

Im frühen 20. Jahrhundert trat zur Dampfkraft die Motorkraft. Ab 1905 kombinierten Kraftpostomnibusse die Aufgaben der Personen- und Briefbeförderung und ermöglichten dazu eine flächendeckende Versorgung ländlicher Regionen; ab 1919 wurden zur Postbeförderung Flugzeuge eingesetzt. Die erste Luftpostverbindung in Deutschland verband Berlin-Johannisthal mit Weimar, wo 1919 die verfassunggebende Nationalversammlung tagte. Im Transatlantikverkehr wurde der Briefposttransport durch den Einsatz von Katapultflugzeugen beschleunigt, die dem Mutterschiff vor Erreichen der amerikanischen Küste vorauseilten.

Mit Wirkung vom 24. Mai 1949 wurde das ehemalige Sondervermögen Deutsche Reichspost in ein Sondervermögen Deutsche Bundespost überführt. Mit dem Gründungsdatum des 1. April 1950 löste die Deutsche Bundespost die Reichspost als rechtsgültiger Nachfolger ab. Im ersten Jahrzehnt der Nachkriegsära stieg die Zahl der Briefsendungen von 3,9 Milliarden im Jahr 1950 auf 8,5 Milliarden. Im bundesrepublikanischen Durchschnitt entfielen 1960 jährlich 153 Briefsendungen auf jeden Einwohner. Auf die neuerlichen Wachstumsraten im Briefverkehr reagierte die Deutsche Bundespost mit der Umstellung ihrer Briefsortierung auf maschinenlesbare Verteilungssysteme. Ab 1961 nahm sie elektronische Briefverteilungsanlagen in Betrieb. Im Folgejahr führte sie vierstellige Postleitzahlen ein. Die Zehn-Milliarden-Grenze wurde beim Briefaufkommen 1969 überschritten. Mitte der 1970er Jahre bewältigten die automatischen Briefverteilungsanlagen stündlich 120.000 Sendungen. Im Jahr 1988 lag die Zahl der beförderten Briefpostsendungen bei 13,8 Milliarden.

1989 wurde die Deutsche Bundespost in die selbständigen Unternehmensbereiche Deutsche Bundespost Postdienst, Postbank und Telekom gegliedert. Im Zuge der Wiedervereinigung erfolgte 1990 die Eingliederung der Deutschen Post der DDR in die Deutsche Bundespost POSTDIENST. Die Postreform II führte 1995 zur Gründung der Deutschen Post AG. Der Ausbau der Brief- und Logistiksparte fand seinen Niederschlag in Akquisitionen, darunter

Global Mail (USA) und Danzas. Mit der Auflösung des Bundespostministeriums 1998 wurden die verbliebenen hoheitlichen Aufgaben – etwa die Herausgabe von Briefmarken – dem Bundesministerium der Finanzen übertragen. Im Jahr 2000 erfolgte der Börsengang der Deutschen Post AG. Bereits 1993 hatte die Post ihre Briefbearbeitung auf fünfstellige Postleitzahlen umgestellt, im Juli 2010 führte sie den E-Postbrief ein.

Aktuell (2014) unterscheidet die Deutsche Post zwischen Standardbrief (0,60 €), Kompaktbrief (0,90 €), Großbrief (1,45 €), Maxibrief (2,40 €) und Postkarte (0,45 €) neben ›Plusbriefen‹ in verschiedenen Formaten und mit verschiedenen Sonderleistungen. Von täglich rund 66 Millionen durch die Post beförderten Briefen erreichen 95 Prozent ihr Ziel am folgenden Tag (›E+1‹).

Forschung

Das Übertragungsmedium Post ist Gegenstand zahlreicher Wissenszweige. Involviert sind historische Subdisziplinen bei Wirtschaft und Verwaltung, Transport und Verkehr, Technik und Kultur, Kommunikation und Medien. Eine einschlägige Postgeschichtsschreibung lässt sich bis weit ins 19. Jahrhundert zurückverfolgen. Parallel zur Herausbildung der Post zum Staatsmonopol erschienen erste Fachperiodika, während historiographische Ländermonographien zur Begründung breiter Quellensammlungen führten. Heinrich Stephans Monographie der Preußischen Post, eine Institutionen- und Verwaltungsgeschichte mit Anleihen bei der Verkehrs- und Technikgeschichte, diente nachfolgenden Historikergenerationen auf lange Sicht als Vorbild einer gelungenen Erschließung der Postvergangenheit. Ab dem frühen 20. Jahrhundert widmeten sich Postgeschichtsvereine mit jeweils eigenen Periodika der postalischen Erinnerungskultur. Die nach dem Zweiten Weltkrieg gegründete Gesellschaft für Deutsche Postgeschichte zählt bis heute zu den größten Geschichtsvereinen in Deutschland. Eine unüberschaubare Zahl an Amateurhistorikern ist mit Einzelaspekten der Postgeschichte befasst. Unter den Mitarbeitern der Nachkriegs-Postdirektionen gehörten originale Quellenfunde aus der 500-jährigen Postgeschichte zum guten Ton.

In den einschlägigen Wirtschafts- und Sozialgeschichtsschreibungen spielte die Post – mit Ausnahme von Werner Sombarts »modernem Kapitalismus« aus dem frühen 20. Jahrhundert – lange Zeit eine untergeordnete Rolle. Noch bis in die 1980er Jahre klammerten Handbücher und Standardwerke ganze Sachgruppen und Epochen aus. Meist wurden die drei ersten Jahrhunderte der Post unter dem Verdikt der Rückständigkeit zur Gänze übersprungen. Dabei hätte ein Blick in neuzeitliche Lexika – Zedler, Krünitz, Brüder Grimm – genügt, um sich einen Eindruck vom Prozesscharakter der älteren Postgeschichte zu verschaffen.

Anlässlich der 500-jährigen Wiederkehr der Einrichtung des ersten Reichspostkurses legten 1990 mehrere Posthistoriographien Schwerpunkte auf die Unternehmensgeschichte des Hauses Thurn und Taxis. Der Historiker Wolfgang Behringer stellt die frühneuzeitliche Institutionalisierung des Nachrichtenverkehrs in seiner 2003 erschienenen Habilitationsschrift *Im Zeichen des Merkur. Reichspost und Kommunikationsrevolution in der Frühen Neuzeit* auf eine Stufe mit der Erfindung des Buchdrucks. Auf breiter Grundlage wird die neuzeitliche Postverkehrsinfrastruktur in der seit 2005 erscheinenden *Enzyklopädie der Neuzeit* erörtert (vgl. Beyrer 2009). Seit den 1980er Jahren ist die Post vermehrt Gegenstand der Kulturgeschichte, die ein besonderes Gewicht auf die Erforschung des Postalltags legt.

Aus Sicht der Medientheorie erweist sich die Post als ein »Handlungsmedium, das verfügbare Kommunikationsmittel für die eigenen Leistungen organisiert« (Kempe 2004, 412). Dabei sind die Botschaft selbst, der Bote und der Akt der Übertragung metapherntauglich (vgl. Lacan 1973; Derrida 1987; Muller 1988; Winkler 2004), auch wenn sich die immateriellen Medien mit postbehördlicher Genese – Telegraphie und Telefon – erheblich leichter für Diskurse über ›Beschleunigung‹ und ›Verschwinden von Raum und Zeit‹ eignen. So verharren der Brief und sein Trägermedium Post bis an die Schwelle der elektronischen Mailpost (s. Kap. III.15 und II.17) unverändert in ihrer Materialität. Die Vereinbarkeit von Transportgeschichte und Medientheorie stellt der Medienhistoriker Bernhard Siegert unter Beweis. Seine 1993 unter dem bündigen Titel *Relais* erschienene Dissertation verhandelt »Geschicke der Literatur als Epoche der Post« – nicht irgendeiner Epoche, sondern der Zeit zwischen 1751 und 1913. Für die Institution ›Post‹ bildet sie den historischen Rahmen ihres Aufbruchs in die Moderne, und in der Briefliteratur ist sie durch Autorkoryphäen wie Georg Lichtenberg, Heinrich von Kleist und Franz Kafka vertreten. Für den Medienhistoriker Michael Kempe erschließen sich Medialitäten der Briefkommunikation aus ihrer ›Zwitterstellung‹ zwischen

Mündlichkeit und Schriftlichkeit, Privatheit und Öffentlichkeit. Ungeachtet der Tendenz einer Verlagerung der postalischen Kommunikation auf E-Mail- und SMS-Technik behält der Brief seine zentrale mediale Funktion als Ersatz für die mündliche Rede, von der schon Gellerts aufgeklärtes 18. Jahrhundert spricht, aber bis heute bei – schon wegen der bleibenden Bedeutung handschriftlich unterschriebener Dokumente (wie z. B. Verträge).

Literatur

Ambrosius, Gerold/Henrich-Franke, Christian/Neutsch, Cornelius (Hg.): *Internationale Politik und Integration europäischer Infrastrukturen in Geschichte und Gegenwart*. Baden-Baden 2010.

Behringer, Wolfgang: *Im Zeichen des Merkur. Reichspost und Kommunikationsrevolution in der Frühen Neuzeit*. Göttingen 2003.

Beyrer, Klaus: Post. In: Friedrich Jäger (Hg.): *Enzyklopädie der Neuzeit*. Bd. 10. Stuttgart/Weimar 2009, Sp. 245–253.

Beyrer, Klaus/Täubrich, Hans-Christian (Hg.): *Der Brief. Eine Kulturgeschichte der schriftlichen Kommunikation*. Heidelberg 1996.

Campbell, Robert M.: *The Politics of the Post: Canada's Postal System from Public Service to Privatization*. Peterborough, Ontario 1994.

Dallmeier, Martin: *Quellen zur Geschichte des europäischen Postwesens 1501–1806*. Kallmünz. Bde. 1 und 2 1977; Bd. 3 1987.

Derrida, Jacques: *Die Postkarte. Von Sokrates bis an Freud und jenseits* [1982]. Berlin 1987.

Diekmannshenke, Hajo: »und meld' dich mal wieder!«. Kommunizieren mittels Postkarte. In: *OBST* 64 (2002), 93–124.

Furger, Carmen: *Briefsteller. Das Medium »Brief« im 17. und frühen 18. Jahrhundert*. Köln 2010.

Hämmerle, Christa/Saurer, Edith (Hg.): *Briefkulturen und ihr Geschlecht. Zur Geschichte der privaten Korrespondenz vom 16. Jahrhundert bis heute*. Wien/Köln/Weimar 2003.

Holzheid, Annett: *Das Medium Postkarte. Eine sprachwissenschaftliche und mediengeschichtliche Studie*. Berlin 2011.

John, Richard R.: *Spreading the News. The American Postal System from Franklin to Morse*. Cambridge, Mass. 1998.

Kempe, Michael: Gelehrte Korrespondenzen. Frühneuzeitliche Wissenschaftskultur im Medium postalischer Kommunikationen. In: Fabio Crivellari (Hg.): *Die Medien der Geschichte*. Konstanz 2004, 407–429.

Lacan, Jacques: Das Seminar über E. A. Poes ›Der entwendete Brief‹. In: Ders.: *Schriften I*. Freiburg 1973, 7–60.

Maclachlan, Patricia L.: *The People's Post Office. The History and Politics of the Japanese Postal System 1871–2010*. Cambridge, Mass./London 2011.

Majumdar, Mohini L.: *Early History and Growth of Postal System in India*. Calcutta 1995.

Muller, John P. (Hg.): *The Purloined Poe: Lacan, Derrida & Psychoanalytic Reading*. Baltimore 1988.

Siegert, Bernhard: *Relais. Geschicke der Literatur als Epoche der Post*. Berlin 1993.

Starl, Timm/Tropper, Eva (Hg.): Zeigen, Grüßen, Senden. Aspekte der fotografisch illustrierten Postkarte. In: *Fotogeschichte* 30/118 (2010).

Stuber, Martin/Hächler, Stefan/Lienhard, Luc (Hg.): *Hallers Netz. Ein europäischer Gelehrtenbriefwechsel zur Zeit der Aufklärung*. Basel 2005.

Uka, Walter: Brief. In: Werner Faulstich (Hg.): *Grundwissen Medien*. München ⁵2004, 110–128.

Wiethölter, Waltraud (Hg.): *Der Brief – Ereignis & Objekt*. Frankfurt a. M. 2010.

Winkler, Hartmut: Übertragen – Post, Transport, Metapher. In: Jürgen Fohrmann (Hg.): *Rhetorik. Figuration und Performanz*. Stuttgart/Weimar 2004, 283–294.

Wolpert, Hermann: Schrifttum über das deutsche Postwesen. In: *Archiv für das Post- und Fernmeldewesen* 7 (1950), 465–586 und 4 (1952), 177–272.

Xu, Xuexia: *Jin dai Zhongguo di you zheng, 1896–1928* (Modern China's postal system, 1896–1928). China 1992.

Klaus Beyrer

7. Printmedien

Die Begriffe ›Print‹(-Medien) und ›Presse‹ heben zunächst auf den Druck ab, der dem ganzen Wirtschaftszweig und seinen Produkten den Namen gibt. Druckwerke sind die ersten technisch-maschinell reproduzierten Medien im engeren Sinne und damit Massenmedien. Dieser Primat bedingt, dass die Entfaltung der reflektierenden und später wissenschaftlichen Befassung mit Medien bis etwa 1850 praktisch ausschließlich, noch bis etwa 1950 aber überwiegend – mit nachlassender Dominanz – vom Gegenstand Printmedien geprägt wurde.

Buchdruck, frühe Zeitungen und Vorläufer der Zeitungswissenschaft im 16./17. Jahrhundert

Bücher im immateriellen Sinne als Zeichenträger existieren in materieller Form auf verschiedenen Beschreibstoffen – Schriftrollen, Steintafeln, Ziegel – handgeschrieben seit Jahrtausenden (s. Kap. III.1). Der gebundene Kodex aus rechteckigen, beidseitig beschriebenen Seiten aus Papyrus oder Pergament existiert dabei seit dem frühen römischen Prinzipat. Die Kostbarkeit und Vergänglichkeit der Beschreibstoffe und/oder der hohe Aufwand der Bearbeitung sowie die geringe Verbreitung von Lese- und Schreibfähigkeit bedeuteten ein nur allmähliches Anwachsen der Bestände, auch wenn es bereits in den ostasiatischen und altorientalischen Kulturen, in Antike und Hellenismus riesige Archive und Bibliotheken gab.

Mechanische Vervielfältigung und Druck kamen schon seit dem 8. Jahrhundert in Ostasien zum Einsatz, in Westeuropa z. B. als Blockbuch seit dem 15. Jahrhundert. Auch die Zeitungen – zunächst in der Bedeutung ›Nachricht‹, ›Kunde‹ – waren zuerst im 15. Jahrhundert in der Tradition von Kaufmannsbriefen handgeschrieben, der Empfängerkreis damit äußerst eingeschränkt, obwohl sie grundsätzlich vervielfältigt und oft auch in Kaffeehäusern öffentlich ausgelegt wurden. Der Übergang von handgeschriebenen zu gedruckten Zeitungen vollzog sich nach der neuzeitlichen Erfindung des Buchdrucks mit beweglichen Lettern durch Johannes Gutenberg im 15. Jahrhundert (1450) erst allmählich. Im Verlauf des 17. und frühen 18. Jahrhunderts setzte sich die gedruckte Zeitung durch und drängte die geschriebene an den Rand, wo sie bis heute – als Medium der

Gegenöffentlichkeit, die keinen Zugang zum Druck hat – geblieben ist (zu denken auch an Hektografie/Fotokopie). Parallel stieg die Zahl der Lesefähigen, auch durch die allgemeine Schulpflicht (im Zuge der Reformation zuerst im Herzogtum Pfalz-Zweibrücken, 1592), stark an, und damit das Publikum für Druckmedien.

Die ersten gedruckten Zeitungen (Avisen), die im Gegensatz zu Flugblättern und Flugschriften regelmäßig (periodisch) herauskamen, erschienen in deutscher Sprache im Heiligen Römischen Reich Deutscher Nation, in Straßburg (ab 1605) und Wolfenbüttel (ab 1609). Die nächsten Sprachen waren Niederländisch (Amsterdam 1618), Englisch (Amsterdam 1620), Französisch (Paris 1631), Portugiesisch (Lissabon 1641), Schwedisch (Stockholm 1645), Spanisch (Madrid 1661) und Polnisch (Krakau 1661). In den nordamerikanischen Kolonien erschien die erste Zeitung 1690. Die erste Tageszeitung waren die *Einkommenden Zeitungen* in der Messestadt Leipzig (1650).

Früh erfolgte die Einrichtung von Zensur- und Kontrollbehörden von Staat und Kirche; die katholische Kirche unterhielt neben dem *Index librorum prohibitorum* (Index der verbotenen Bücher, 1559) auch einen eigenen umfangreichen Druckapparat für die 1622 zur Mission gegründete *Congregatio de Propaganda Fide*. Die der Vorzensur abzuliefernden Stücke und Pflichtexemplare lieferten im Übrigen später vielfach den Grundstock für die (trotzdem meist nur spärliche) Überlieferung der Zeitungen in staatlichen Bibliotheken und Archiven. Die Zensur löste wiederum reflektierende Plädoyers für die Pressefreiheit aus, so mitten im englischen Bürgerkrieg die *Areopagitica* (1644) des Dichters John Milton, aber auch Kritik, so in der anonymen Streitschrift *Unvorgreifliche Reime von neuen Zeitungen und deren unzeitigen Liebhabern* (1650).

Später im 17. Jahrhundert begann die vorwissenschaftliche Reflexion über die Zeitungen, im Gegensatz zu den Blättern selbst oft noch in lateinischer Sprache. Hierbei standen sich Kritiker und Befürworter gegenüber; die bekanntesten sind Ahasver Fritsch, der gegen die Zeitungen polemisierte (*Discursus de novellarum, quas vocant Neue Zeitunge*, 1676; dt. Ausgabe: *Gebrauch und Mißbrauch der Zeitungen*), und Christian Weise (*Schediasma curiosum de lectione novellarum*, ebenfalls 1676; dt. Ausgabe: *Curieuse Gedancken von den Nouvellen oder Zeitungen*), der sie verteidigte, wie später auch Caspar Stieler (*Zeitungs Lust und Nutz*, 1695 anonym erschienen). An der Leipziger Universität wurden bereits

1672 Vorlesungen über die Zeitung gehalten, 1690 wurde eine erste Dissertation zu Zeitungen publiziert: Tobias Peucers *De relationibus novellis* (Über Zeitungsberichte), die sich mit Zeitungen als historischen Quellen befasste. Im ausgehenden 18. Jahrhundert hielt der Historiker August Ludwig von Schlözer an der Universität Göttingen regelmäßig ein ›Zeitungscollegium‹ ab, das seinen Schüler Joachim von Schwarzkopf später zu zahlreichen einschlägigen Publikationen anregte. Wichtige Autoren des 18. Jahrhunderts waren noch Johann Peter von Ludewig und Paul Jacob Marperger. Beide waren unermüdliche Vielschreiber und kompilierten große Mengen Material zur Zeitungspraxis ihrer Zeit.

Entwicklungsschub durch den Journalismus im ›langen‹ 19. Jahrhundert

Durch die Einführung des Maschinenpapiers aus Holzschliff (Papiermaschinen 1816), Verbesserungen in der Drucktechnik (Schnellpresse 1811, Rotationsdruck 1872), die Reproduktion von Fotografien (bis hin zum Vierfarbdruck 1896; s. Kap. III.10), die Mechanisierung der Satztechnik (Setzmaschinen 1884), das Aufkommen der Nachrichtenagenturen in Verbindung mit der Erfindung der Telegraphie (1844; s. Kap. III.9) sowie die Zusatzeinnahmen aus – zuvor weitgehend unbekannten – Anzeigen kam es im Verlauf des ›langen‹ 19. Jahrhunderts bis 1914 zu einer starken Expansion des Journalismus. Ab Mitte des Jahrhunderts wurden erste Versuche von historischen Überblicksdarstellungen und Materialsammlungen unternommen, so etwa von Robert Eduard Prutz, der 1845 seine *Geschichte des deutschen Journalismus* veröffentlichte. Genannt seien aber auch Heinrich Wuttke (*Die deutschen Zeitschriften und die Entstehung der öffentlichen Meinung*, 1875) und Ludwig Salomons dreibändige *Geschichte des deutschen Zeitungswesens* (1900–1906). In Bezug auf die USA wäre an Frederic Hudsons *Journalism in the United States, 1690–1872* (1873) und Isaiah Thomas' *A History of Printing in the USA* (1874) zu denken, in Bezug auf Frankreich an Eugène Hatins monumentale Sammlung *Histoire politique et littéraire de la presse en France* (8 Bde., 1859–61). Parallel begann eine oft lokalpatriotisch motivierte Auffächerung in zahlreiche Regionalgeschichten. Eine weitergehende akademische Anerkennung der Befassung mit der Presse war mit diesen vielfach kompilatorischen Grundlagen- und Fleißarbeiten aber noch nicht verbunden.

Mit dem nächsten Expansionsschritt, dem Aufkommen der billigen Massenpresse (Popular Press/ Penny Press), in Deutschland verkörpert zunächst durch August Scherls *Berliner Lokal-Anzeiger* (1883), wurde der entscheidende Schritt zur Professionalisierung getan; es entstanden Journalistenvereine, also Fachorganisationen, wie es sie für nichtperiodische (Buch-)Gewerbe schon länger gab (Börsenverein der deutschen Buchhändler seit 1825). Diese gaben eigene Zeitschriften heraus, etwa *The Journalist* (USA, seit 1884) oder *Die Redaktion* (Deutschland, seit 1902), und versuchten, das Sozialprestige des Berufs zu verbessern. Journalisten hatten kein gutes Ansehen. Beispiele dafür sind Gustav Freytags Lustspiel *Die Journalisten* (1854), aber auch die viel kolportierte Charakterisierung Otto von Bismarcks (1862, freilich aus dem Zusammenhang gerissen) der Journalisten als »ihren Lebensberuf verfehlt habende Leute[]« bezeichnete, oder Wilhelms II. Wort (1890), »die Herren Journalisten, das sind vielfach verkommene Gymnasiasten« (Nachweis der Überlieferung beider mündlichen Äußerungen bei Müller 2006, 129; zur Professionalisierung allgemein Requate 1995).

In den USA versuchte der Zeitungsverleger Joseph Pulitzer gegen erbitterte Polemik von Zeitungspraktikern, die sich jeder theoretisch-akademischen Ausbildung widersetzten, eine School of Journalism zu gründen. Die erste Gründung erfolgte dann aber 1908 durch den Journalisten Walter W. Williams an der University of Missouri, wo schon seit 1878 Journalistenkurse abgehalten worden waren. Die Pulitzer School (später Columbia University) in New York wurde dagegen erst als zweite 1912 gegründet. Diese Integration in Universitäten bedeutete einen wichtigen Strang für die weitere Entwicklung. In Paris existierte die separate École Supérieure de Journalisme ebenfalls seit 1899, verlieh jedoch erst seit 1910 akademische Abschlüsse in Journalismus.

In Deutschland gelang dies nicht; die Berliner Journalistenhochschule von Richard Wrede, der auch ein *Handbuch der Journalistik* (1902) sowie *Die Redaktion* herausgab, existierte ohne universitäre Anbindung nur kurz (1899–1906). Dagegen fanden an vielen deutschsprachigen Universitäten und Hochschulen zeitungskundliche Kurse statt, so durch Karl Bücher (später Leipzig) in Basel seit 1884 und durch Adolf Koch in Heidelberg seit 1895, was jedoch zunächst nirgends zu einer Institutionalisierung führte.

Mit der Jahrhundertwende begann als methodisch-inhaltliche Innovation die Inhaltsanalyse der Zeitungen im Unterschied zur bloßen Zeitungsstatistik (Statistik der Aufgaben und Auflagenhöhen); die wohl frühesten Beispiele stammen aus den USA (John G. Speed, 1893; Delos F. Wilcox, 1900) und Frankreich (Henri de Noussanne, 1902), gefolgt von Deutschland; so enthält schon das *Handbuch* von Wrede einige Hinweise, stärkere Ansätze finden sich bei Paul Stoklossa (1909) und Otto Groth (1915).

Institutionalisierung als Zeitungskunde/ Zeitungswissenschaft bzw. Schools of Journalism

Beide Weltkriege brachten dem Journalismus und der Propaganda und damit der Presse eine stark gesteigerte staatliche Aufmerksamkeit. Gab es 1910 in den USA nur fünf Einrichtungen der akademischen Journalistenausbildung, darunter nur die eine ausgebaute Journalism School in Missouri, so gab es 1917 bereits 84 solche Einrichtungen, 1934 dann 455, zu diesem Zeitpunkt – in der ersten Expansionsphase des Hörfunks – noch fast alle auf Pressejournalismus spezialisiert.

In Deutschland gelang die akademische Institutionalisierung 1916 im Leipziger Institut für Zeitungskunde durch Karl Bücher, der als Inhaber staats- und wirtschaftswissenschaftlicher Lehrstühle schon seit Jahrzehnten Lehrveranstaltungen zur Zeitung abgehalten hatte. In der Weimarer Republik gelang nur zögerlich ein Ausbau bei allmählichem Namenswechsel hin zur Zeitungswissenschaft; das bedeutendste Institut war das seit 1928 von Emil Dovifat geleitete Deutsche Institut für Zeitungskunde in Berlin; weitere entstanden in München, Münster, Heidelberg und Freiburg.

Die Befassung mit den Printmedien war vielfach historisch oder fachpraktisch orientiert. Die *Zeitungswissenschaft* (1926–1944) von Carl d'Ester und Walther Heide war auch noch eher eine fachpraktische als eine wissenschaftliche Zeitschrift. Immerhin schufen solche Periodika, die Bibliographien des Karl Bömer (*Bibliographisches Handbuch der Zeitungswissenschaft*, 1929; *Internationale Bibliographie des Zeitungswesens*, 1932) und schließlich das von Heide herausgegebene *Handbuch der Zeitungswissenschaft* (1940–43, kriegsbedingt unvollständig; vgl. auch das von Karl Löffler und Joachim Kirchner herausgegebene *Handbuch des gesamten Buchwesens*, 1935–37) einen ersten wissenschaftlichen Apparat,

wie ihn die Ausgestaltung einer eigenständigen Disziplin erwarten lässt. Im Rahmen der Selbstvergewisserung des jungen Fachs erschien 1931 auch eine fachgeschichtliche Dissertation (Werner Storz, *Die Anfänge der Zeitungskunde*).

Von langfristiger Bedeutung war auch die Gründung des bis heute existierenden Instituts für Zeitungsforschung in Dortmund (1926), in dem erstmals Anstrengungen gebündelt wurden, Zeitungen als Forschungsgegenstand dauerhaft und in größerem Umfang zu sichern. 1931 öffnete das auf einer Privatsammlung des 19. Jahrhunderts (Oscar von Forckenbeck) aufbauende Zeitungsmuseum in Aachen für den Publikumsverkehr.

Otto Groth (*Die Zeitung*, 4 Bde. 1928–31) und Hans Traub (*Grundbegriffe des Zeitungswesens*, 1933) leisteten wichtige theoretische Grundlagenarbeit. So definierte Groth die Zeitung in bis heute gültiger Definition als gekennzeichnet von

- Periodizität, d. h. Erscheinen in bestimmten Intervallen;
- Universalität, d. h. einer inhaltlichen Breite, die grundsätzlich kein Thema ausschließt;
- Aktualität, d. h. Konzentration der berichteten Ereignisse auf die Zeitspanne seit dem letzten Erscheinen; und
- Publizität, d. h. uneingeschränkter Zugang der Öffentlichkeit.

Die jeweils spezifischen Einschränkungen dieser Merkmale bedeuteten zugleich Ansatzpunkte für eine Einteilung der Zeitschriften. Traub seinerseits legte Grundlagen für eine Erweiterung der Zeitungswissenschaft zur Publizistik durch Erweiterung etwa um Film und Hörfunk; auch Dovifat hatte schon 1933 entsprechende Gedanken geäußert und bereits den Begriff der Kommunikationswissenschaft ins Spiel gebracht. Im akademischen Betrieb gelang Groth und Traub auch aufgrund ihrer jüdischen Herkunft jedoch schon vor 1933 nicht der Durchbruch, nach 1933 wurden sie völlig marginalisiert.

Die verschiedenen Deformationen von Forschung und Lehre in der NS-Zeit, schon vor 1933 vielfach angelegt, in Ausrichtung auf die verbrecherische Ideologie des Regimes liegen auf der Hand. Die Zeitungswissenschaft leistete ihren Beitrag zur Rechtfertigung der Zerstörung von Rechtsstaat und Demokratie und in der Organisation der Propaganda für die NS-Angriffskriege und damit auch zur Deckung des Massenmords an Juden und anderen.

Im Verlauf der NS-Zeit gab es chaotische Fraktionskämpfe, bei denen es, neben persönlichen

Machtspielen, auch um die weitere Orientierung des Fachs Zeitungswissenschaft ging. So forderte ein Teil der Lehrenden die Erweiterung auf die Gesamtheit der ›publizistischen Führungsmittel‹ und auch die Umbenennung in ›Publizistik‹, wobei zugleich ein Gegensatz zwischen den geisteswissenschaftlichen Methoden der Zeitungswissenschaft und den – zumindest auch – sozialwissenschaftlichen der Publizistik bestand. Der Funktionär Heide konnte sich bis Kriegsende mit der Beibehaltung des Namens durchsetzen, während hinter seinem Rücken noch zum Jahreswechsel 1944/45 Pläne für die Nachkriegszeit geschmiedet wurden.

In den USA der Zwischenzeit befassten sich einflussreiche Publizisten wie Walter Lippmann (*Liberty and the Press*, 1920; *Public Opinion*, 1922) mit der Rolle der Presse, mit Robert Ezra Park aber auch einer der bedeutendsten Soziologen der Chicago School (*The Immigrant Press and Its Control*, 1922). Wesentlich geprägt wurde die Befassung mit der Zeitung jedoch weiterhin von historischen und fachpraktischen Schriften aus dem Umfeld der Journalism Schools, genannt seien etwa die pressehistorischen Werke von Frank Luther Mott (*History of American Magazines*, 1931–1938; *Interpretations of Journalism*, 1937; *American Journalism*, 1941). Mott übernahm auch 1930 die Redaktion der wichtigsten wissenschaftlichen Zeitschrift, des *Journalism Quarterly* (1924 als *Journalism Bulletin* gegründet). Die von Bedenken der Praktiker außerhalb wie der übrigen Disziplinen innerhalb der Universitäten behinderte Aufwertung erreichte einen weiteren Fortschritt mit der Einrichtung der ersten Möglichkeit, einen Ph.D. in Journalismus zu erwerben (University of Iowa, 1945).

Nachkriegsentwicklung hin zur sozialwissenschaftlichen Kommunikationswissenschaft

In den USA hatte das verstärkte Interesse an Propaganda und psychologischer Kriegsführung schon im Vorfeld des Zweiten Weltkriegs, dann im Krieg sowie im Übergang zum ›Kalten Krieg‹ mit der Sowjetunion eine Tendenz weg von der fachpraktischen bzw. historischen journalistischen Orientierung eingeleitet. Massiv forciert durch Gelder einflussreicher Stiftungen (Rockefeller) und die CIA traten die mit – oft quantitativen – sozialwissenschaftlichen Methoden arbeitenden *Mass Communication Studies* mit stärkerer Betonung auf Massenbeeinflussung und

Medienpsychologie neben die klassisch journalistische Ausrichtung. Das Fach, dem bisher die methodische Kohärenz mehr noch als die thematische gefehlt hatte, orientierte sich nun stark in Richtung auf die Gesellschaftswissenschaften und auch ihre Methoden. Im Zuge dieser Entwicklung verloren die Druckmedien als Forschungsgegenstand tendenziell stark an Bedeutung gegenüber Hörfunk, Film und dem hinzukommenden Fernsehen.

In Deutschland verlief die Entwicklung nach einem erheblichen Bruch – von den prominenteren Forschern arbeitete allein Dovifat führend weiter, während Groth, der noch das Mammutwerk *Die unerkannte Kulturmacht* (1960–72) vorlegte, altersbedingt nicht mehr zum Zuge kam – parallel bzw. nachholend ähnlich. Auch in Deutschland kam es schrittweise und ungleichmäßig zu einer sozialwissenschaftlichen Umorientierung (vgl. Löblich 2010). Zunächst wurden die verbleibenden bzw. neuen Institute in der Regel in ›Publizistik‹ umbenannt, dann häufig in ›Kommunikationswissenschaft‹, wobei das Münchner Institut bis 2004 den Klammerzusatz ›ZW‹ führte. Die führende Fachzeitschrift *Publizistik* (seit 1956) existiert weiter, während *Medien & Kommunikationswissenschaft* gemäß dem früheren Titel *Rundfunk und Fernsehen* stärker den elektronischen Medien verpflichtet bleibt.

Geschichtswissenschaftliche Arbeiten bilden jedoch einen wichtigen Bestandteil der Disziplin. So verfasste der langjährige Leiter des Instituts für Zeitungsforschung, Kurt Koszyk, von 1966 bis 1986 eine dreiteilige *Geschichte der deutschen Presse* (Teil 1 1969 von Margot Lindemann) als erste Gesamtdarstellung; diese pressehistorische Tradition ist ungebrochen, wichtige Werke verfassten vor allem Hans Bohrmann, Arnulf Kutsch, Rudolf Stöber und Jürgen Wilke. Die methodischen Unterschiede sind dabei oft gering, aber die eher sozialwissenschaftlich orientierten Autoren beschränken sich meist auf eng eingegrenzte Zeiträume, die allenfalls in punktuellen Sammlungen überwunden werden (z. B. Welke/Wilke 2008), während die kulturwissenschaftlich orientierten Arbeiten etwa von Werner Faulstich oder Jochen Hörisch viel weitere Zeiträume mit umfassendem Anspruch untersuchen.

In Deutschland wie in den USA und anderswo ist Presseforschung traditionell vielfach mit der Journalismusforschung und der akademischen Journalistenausbildung verbunden, wiewohl die Bedeutung der Printmedien für den Journalismus abnimmt. Die moderne Kommunikationsforschung behandelt die Printmedien, und hier ganz überwiegend die Zeitungen (kaum jedoch Zeitschriften und Bücher), in einem Kontext mit den übrigen ›Massenmedien‹, wenn der Begriff auch im Zuge der Durchsetzung der Digitalisierung und des Aufkommens der On-line-Medien weniger benutzt wird.

Die Printmedienforschung ist heute also nur bedingt aus der allgemeinen Kommunikations- und Medienforschung herauszulösen, signifikant ist sie vielfach noch in Debatten über politische Kommunikation und Öffentlichkeit im Anschluss an oder Absetzung von Jürgen Habermas' *Strukturwandel der Öffentlichkeit* (1962, wesentlich verändert 1990), ein Gebiet, dass sich die Presseforschung freilich auch vor allem mit der Fernseh- und verstärkt mit der Online-Forschung teilen muss.

Spezifische Presseforschung findet weiter statt, hat sich aber in einer Nische eingerichtet. Wichtige Einrichtungen sind weiter das Institut für Zeitungsforschung mit dem dort angesiedelten Mikrofilmarchiv der deutschsprachigen Presse, die Deutsche Presseforschung in Bremen sowie diverse Zeitungsmuseen und -sammlungen (zum bibliothekarischen Umgang mit Zeitungen allgemein vgl. Bohrmann/Ubbens 1994). Lehrstühle, die sich auf die Untersuchung der Presse spezifizieren, werden dagegen in der Tendenz im Zuge von Neubesetzungen eher allgemeiner umgewidmet. Durch die Medienkonkurrenz, schon seit dem Durchbruch des Hörfunks, ist auch ein theoretisches Interesse an der Neupositionierung der Printmedien in der sich jeweils wandelnden Medienökologie erwacht, z. B. durch geringere Bedeutung der Aktualität, die andere Medien besser bewerkstelligen können (vor der Durchsetzung des Hörfunks erschienen führende Zeitungen in New York, London, Paris oder Berlin durchweg mehrere Male täglich). Auch Aspekte wie die Allverfügbarkeit von Zeitungen – man kann diese Medien überallhin mitnehmen, ohne zur Nutzung eines Gerätes oder eines Anschlusses zu bedürfen – müssen im Zuge des Aufkommens kleiner mobiler Endgeräte neu durchdacht werden.

Wichtige bibliographische Arbeiten speziell zur deutschsprachigen Presse hat vor allem Gert Hagelweide vorgelegt (Hagelweide 1985–2007), während die Jahresbibliographien von Wilbert Ubbens die Printmedien mit den übrigen erfassen. Die auf die Printmedien beschränkte Analyse konzentriert sich vielfach auf praktische Aspekte, so die Studien zur Pressekonzentration von Horst Röper, die zur empirischen Leserschaftsforschung von Günther Rager (von den kommerziell motivierten Auflagen- und Leserschaftsmessungen der Informationsgemeinschaft zur Feststellung der Verbreitung von Werbe-

trägern IVW und der Arbeitsgemeinschaft Media-Analyse AGMA abgesehen) und die zur Pressestatistik von Walter J. Schütz (*Zeitungen in Deutschland*, 2005). Im Zuge der Ausdifferenzierung sind zahlreiche Spezialfelder entstanden, so zur Drucktechnik, zum Pressevertrieb sowie zu Zeitungsdesign bzw. Zeitungsgestaltung und natürlich zur Pressefotografie (s. Kap. III.10), von der Ausdifferenzierung nach Ressorts bzw. Sparten (Politik-, Wirtschafts-, Kultur-, Sport-, Gerichts-/Justiz-, Wissenschaftsberichterstattung; Auslandskorrespondenten; Stilistik/Sprachverwendung u. a.) ganz abgesehen. Presserecht und Presseökonomie dagegen, oft von Juristen und Ökonomen betrieben, sind weitgehend im umfassenderen Ansatz von Medienrecht und Medienökonomie absorbiert (s. Kap. III.17 und III.15).

Die wichtigen fachlichen Nachschlagewerke (vgl. etwa Barnouw 1989; Donsbach 2008; Sterling 2009) sind jedenfalls nicht auf die Printmedien beschränkt, sondern befassen sich mit allen Massenmedien. Eine ausgeprägte Tendenz besteht dabei auch zur Internationalisierung. Bis heute ist Printmedienforschung vielfach recht provinziell, an Nationalstaaten oder doch Kulturnationen und Sprachgrenzen orientiert, da es sich ja um sprachliche Phänomene handelt – die Frankokanadier wissen nicht, was die Anglokanadier tun, und wollen es auch kaum wissen, wie auch umgekehrt; analog in Belgien. Es gibt jedoch unübersehbar Ansätze, diese (Selbst-)Provinzialisierung – in englischer Sprache – zu überwinden und damit zugleich die Gleichsetzung von Welt und USA (oder englischem Sprachraum) in den US-amerikanischen Nachschlagewerken zu relativieren.

Die Journalistik, also die akademische Journalistenausbildung, die zuerst in Journalistenschulen institutionalisiert worden war (Deutsche Journalistenschule München 1950, Henri-Nannen-Schule Hamburg, später zahlreiche Neugründungen), wenn auch teilweise in Kooperation mit Hochschulen (München), wurde als praxisorientierte Variante nur in einigen Universitäten eingerichtet (u. a. Dortmund, Eichstätt; auch in der DDR in Leipzig), während in den USA die Journalism Schools grundsätzlich gleichrangig neben denen für *Mass Communication* existierten, in vielen Fällen aber wie auch die Fachpresse zur Fusion übergingen (so änderte das *Journalism Quarterly* seinen Namen 1995 in *Journalism & Mass Communication Quarterly*). Für die Journalistenausbildung spielen die Printmedien weiter eine überdurchschnittliche Rolle, da Zeitungen in der Hauptsache mit journalistischen Inhalten gefüllt werden, was für die anderen Massenmedien – Hörfunk, Fernsehen, auch die Online-Medien – nicht annähernd gilt. Trotzdem ist eine Verschiebung weg von der Presse und hin etwa zu Online-Medien deutlich wahrnehmbar.

Zeitschriftenforschung und Buchwissenschaft

Das Hauptaugenmerk der Forschung hat vielfach auf den Zeitungen gelegen und die weniger mit der politischen Kommunikation verknüpften Zeitschriften (Ausnahmen sind folglich die Nachrichtenmagazine wie *Spiegel, Time* oder *Newsweek*) mit ihrer großen Formenvielfalt nur am Rande behandelt; gelegentliche Beiträge etwa von Walter Hagemann (*Die deutsche Zeitschrift*, 1957) oder dem bereits genannten Joachim Kirchner (*Geschichte des deutschen Zeitschriftenwesens*, 1928–1962; *Bibliographie der Zeitschriften des deutschen Sprachraums bis 1900*, 1966–1989) ändern daran wenig. In den USA hat sich nach Mott vor allem Theodore B. Peterson (*Magazines in the Twentieth Century*, 1956) systematisch mit Zeitschriften auseinandergesetzt.

Neben umfangreichen bibliographischen Arbeiten ist in der Zeitschriftenforschung die Systematisierung wichtig; die Abgrenzung von Zeitung und Zeitschrift stellt hier ebenso ein fortgesetztes Arbeitsfeld dar wie die Binnengrenzen der Zeitschrift (Publikumszeitschriften; wissenschaftliche und Fachzeitschriften; Kunden- und Hauszeitschriften). Aufgrund ihrer oft aufwändigen optischen Gestaltung gibt es eine umfangreiche Literatur zum Zeitschriftendesign (zur Forschungsgeschichte vgl. Bohrmann/Schneider 1975; Vogel/Holtz-Bacha 2002).

Die kulturwissenschaftlich orientierte Medienwissenschaft sowie etwa die Cultural Studies haben sich ungleich stärker als mit der Zeitung (und auch der Zeitschrift) mit dem Buch befasst. Zu denken wäre hier neben Werken wie *L'apparition du livre* von Lucien Febvre und Henri-Jean Martin (1958), an *Das Buch* von Ursula Rautenberg und Detlef Wetzel (2001), aber auch an Werke von Michael Giesecke und die Berücksichtigung des Buches in den allgemeinen medienwissenschaftlichen Werken etwa von Werner Faulstich (2004, darin die Lemmata zu Blatt, Buch, Heft, Plakat, Zeitschrift und Zeitung) und Helmut Schanze. Auch im Bereich der Buchforschung ist die Spezialisierung weit fortgeschritten, etwa mit Überblicksdarstellungen und Monographien zur Buchherstellung oder zum Buchhandel (umfassend im Ansatz dagegen Corsten/Füssel/Pflug 1987–2007).

Besonders stiefmütterlich behandelt (vgl. Roloff 1978) werden in der Forschung Plakate und Flugblätter (zumindest abgesehen von ihrer Blütezeit unter den Pressefrühdrucken). Hier ist jedoch seit den 1970er Jahren eine gewisse Renaissance festzustellen, die sowohl auf künstlerisch-ästhetische Aspekte abhebt als auch auf politische, indem sie den Charakter dieser Alternativmedien für die Gegenöffentlichkeit betont.

Theoretische Ansätze und neuere Kontroversen

Die Theoriebildung in der Zeitungswissenschaft war lange Zeit wenig entwickelt; die junge Disziplin hatte vielfach eher deskriptive Ansätze bzw. die theoretischen Annahmen wurden aus den Nachbardisziplinen entlehnt oder (im NS-Regime) ideologisch hergeleitet.

Mit dem Neustart nach dem Zweiten Weltkrieg erwies sich für die Theoriebildung *Four Theories of the Press* (1956) von Fred S. Siebert, Theodore B. Peterson und Wilbur Schramm als besonders einflussreich. Die Einteilung in vier Theorien – *authoritarian, libertarian, social responsibility* und *Soviet communist* – wurde in der Folge vielfach angegriffen und modifiziert, bleibt aber als Bezugsrahmen präsent. Neuansetzungen von William A. Hachten (*The World News Prism*, 1981) und J. Herbert Altschull (*Agents of Power*, 1984) haben ebenfalls eine Rolle gespielt, jedoch hat wohl Denis McQuails *Mass Communication Theory* (1983) mit ihrem Eingehen auf die Rolle des Journalismus in der Förderung eines kulturellen Pluralismus vieles aufgegriffen bzw. vorweggenommen, was heute theoretisch diskutiert wird (Gegenöffentlichkeit/Alternativmedien, Bürgerjournalismus). Explizite Pressetheorien sind heute kaum zu finden, es dominieren vielmehr allgemeinere Theorien wie Systemtheorie oder Konstruktivismus, die ggf. für die Kommunikationswissenschaft entsprechend adaptiert werden. Da diese Theorien wenige oder keine printmedienspezifische Elemente enthalten, wird hier auf Kapitel II.11 verwiesen.

In Deutschland hat es in jüngerer Zeit zwei besonders kontroverse Debatten über die fachliche Orientierung gegeben. Die ›Pöttker-Debatte‹ (ab 2001) entzündete sich an einem Beitrag von Horst Pöttker, in dem dieser die Fachgeschichte nach 1945 auch als Kontinuität zur NS-Zeitungswissenschaft deutete und die unzureichende Auseinandersetzung des Fachs mit diesem intergenerationalen NS-Erbe anprangerte. Die ›Faulstich-Debatte‹ (ab 2005) geht dagegen auf eine Intervention von Werner Faulstich zurück, in der dieser die Dominanz der sozialwissenschaftlich orientierten Kommunikationswissenschaft gegenüber der kulturwissenschaftlich orientierten Medienwissenschaft etwa in Gremien beklagte. Beide durchaus auch polemisch intendierten Vorstöße stießen auf erheblichen und zum Teil auch gut begründeten Widerspruch, die Debatten selbst erwiesen sich aber als nützlich.

Erst spät reagierte die Diskussion auf die sich schon seit den 1980er Jahren abzeichnenden Reichweitenverluste der Printmedien. Diese spitzten sich in der ›Medienkrise‹ 2000 erstmals zu, um sich schließlich parallel zur Finanzkrise – die aber nur ein Auslöser war und langfristige, durch den digitalen Umbruch begründete Strukturprobleme offenlegte – ab 2008 nochmals dramatisch zu verschärfen. Das gedruckte Buch und die Buchhandlung, aber auch die gedruckten Zeitungen und Zeitschriften stehen in Frage, die Geschäftsmodelle funktionieren nur noch in Ausnahmefällen und immer schlechter. Neben allerlei pragmatischen Überlegungen, wie die Printmedien durch Ansprache neuer Leserschichten, aber etwa auch durch verstärkte Subventionierung, gerettet werden können, ist damit auch die Frage nach dem Gegenstand der Printmedienforschung wieder auf der Tagesordnung. Die materielle, auf Papier gedruckte Manifestation mag in der Krise stecken, aber die immateriellen Güter, die transportiert werden, bleiben erhalten. Ein Buch ist in diesem zweiten Sinne ein Buch als gebundener Manuskript-Codex, als gedrucktes Buch und auch als E-Book. Ebenso sind sicher die Online-Ausgaben der Zeitungen eng verwandt mit den gedruckten Blättern. Dennoch ist der Umbruch der Manifestation alles andere als trivial (vgl. etwa Bartelt-Kircher u. a. 2010), wie es auch die verschärften Debatten über den Umgang mit dem Urheberrecht zeigen. Für die Printmedien ist die Ablösung vom Papier (auch wenn dieses auf absehbare Zeit nicht ganz verschwinden wird) eine ungelöste Aufgabe.

Literatur

Barnouw, Erik (Hg.): *International Encyclopedia of Communications*. 4 Bde. New York/Oxford 1989.

Bartelt-Kircher, Gabriele u. a.: *Krise der Printmedien: eine Krise des Journalismus?* Berlin/München 2010.

Bohrmann, Hans/Schneider, Peter: *Zeitschriftenforschung. Ein wissenschaftsgeschichtlicher Versuch*. Berlin 1975.

Bohrmann, Hans/Ubbens, Wilbert (Hg.): *Zeitungswörterbuch. Sachwörterbuch für den bibliothekarischen Umgang mit Zeitungen*. Berlin 1994.

Corsten, Severin/Füssel, Stephan/Pflug, Günther (Hg.): *Lexikon des gesamten Buchwesens*. Bisher 7 Bde. Stuttgart 1987–2007 (8. Bd. im Erscheinen, derzeit 61. Lieferung 2012).

Donsbach, Wolfgang (Hg.): *The International Encyclopedia of Communication*. 12 Bde. Malden, Mass. u. a. 2008.

Faulstich, Werner (Hg.): *Grundwissen Medien*. München 2004.

Hagelweide, Gert: *Literatur zur deutschsprachigen Presse. Eine Bibliographie. Von den Anfängen bis 1970 (Dortmunder Beiträge zur Zeitungsforschung 35)*. 20 Bde. München 1985–2007.

Löblich, Maria: *Die empirisch-sozialwissenschaftliche Wende in der Publizistik- und Zeitungswissenschaft*. Köln 2010.

Müller, Daniel: Journalistenausbildung in Deutschland. In: Werner D'Inka/Alla Bespalowa (Hg.): *Modernisierung der Journalistenausbildung*. Rostov-na-Donu 2006, 127–144.

Requate, Jörg: *Journalismus als Beruf. Entstehung und Entwicklung des Journalistenberufs im 19. Jahrhundert. Deutschland im internationalen Vergleich*. Göttingen 1995.

Roloff, Eckart Klaus: Medien im Abseits. Die Rolle von Plakaten, Flugblättern, Pressediensten, Büchern und Schallplatten für die Massenkommunikation. In: Zentrale Presse- und Informationsabteilung der Bertelsmann AG (Hg.): *Buch und Lesen*. Gütersloh 1978, 193–228.

Sterling, Christopher H. (Hg.): *Encyclopedia of Journalism*. 4 Bde. Los Angeles 2009.

Vogel, Andreas/Holtz-Bacha, Christina (Hg.): *Zeitschriften und Zeitschriftenforschung*. Wiesbaden 2002.

Welke, Martin/Wilke, Jürgen (Hg.): *400 Jahre Zeitung. Die Entwicklung der Tagespresse im internationalen Kontext*. Bremen 2008.

Daniel Müller

8. Comics

Comics haben sich in den letzten Jahren zunehmend als Gegenstand wissenschaftlicher Forschung etabliert. Dabei ist eine solche Forschung in Deutschland lange Zeit außerhalb der ›Szene‹ so gut wie nicht wahrgenommen worden, wenn sie nicht die bestehenden gesellschaftlichen Vorurteile bedient hat: So hat vor allem die Diskussion darüber, ob Comics Teil der ›Trivialliteratur‹ seien, die Auseinandersetzung mit Comics und deren Rezeption in Deutschland bis in die 1980er Jahre bestimmt. Ebenso die Frage nach faschistoider, nach kapitalistischer, aber andererseits auch anti-amerikanischer politischer Indoktrination der Jugend durch Comics, die in den 1970er und 80er Jahren vorgeherrscht hat. Dieser Wechsel der Perspektive erfolgte vermutlich auch deshalb, weil inzwischen Angehörige der Generationen, die mit Comics aufgewachsen sind, in größerer Zahl akademische Entscheidungsträger sind und entsprechend diese Gattung der Printmedien als selbstverständlichen Teil der Auseinandersetzung mit Medien, mit Narration in Bild und Text, ansehen.

Im Folgenden wird nicht die historische Entwicklung der Comic-Forschung beschrieben, sondern ihre aktuelle disziplinäre und interdisziplinäre Einordnung sowie die Kernbereiche und Perspektiven dieser systematischen Auseinandersetzung mit Comics.

Diese werden zunächst in ihrer medienspezifischen Erzählweise beschrieben und ihre historische Entwicklung kurz umrissen, um anschließend Comic-Forschung in ihren verschiedenen Ausrichtungen und Schwerpunktsetzungen darzustellen. Da Comic-Forschung in Deutschland in verschiedensten wissenschaftlichen Disziplinen betrieben wird und in zahlreichen interdisziplinären Forschungsprojekten stattfindet, ist diese Forschung sehr unterschiedlich ausgerichtet und konzentriert sich jeweils auf Diskussionen, die spezifisch für diese Einzeldisziplinen sind, ohne dabei ihren Wert für die Comic-Forschung selbst zu verlieren. Aufgrund der derzeit sehr dynamischen Entwicklung wird hier keine Diskussion aktueller Forschungsarbeiten und Veröffentlichungen vorgenommen, stattdessen versteht sich der Beitrag als Einführung und Überblick. Vertiefungen in die verschiedenen Bereiche der Comic-Forschung bieten neuere Sammelbände (vgl. z. B. Ditschke/Kroucheva/Stein 2009).

Spezifik des Comics

Im Comic wird mit einzelnen Bildern und zugleich mit Bildfolgen erzählt. Dabei muss das einzelne Bild in einen erzählerischen Kontext gesetzt, also mit anderen Bildern verbunden werden, um richtig gelesen und eindeutig verstanden werden zu können, sonst bleibt es zweideutig (vgl. Steinberg 1972). Während die Bilder zeigen, berichtet die Textebene, was nicht in den Bildern gezeigt wird. Dabei kann der Schwerpunkt des Erzählens zwischen der Text- und Bildebene hin- und herwechseln, er muss nicht auf der Bildebene liegen (vgl. Dolle-Weinkauff 1989, 103). Der Text ergänzt die Abbildungen durch Kommentare und schafft dabei ggf. abstraktere Bezüge (vgl. Krafft 1978). Wichtig ist in diesem Zusammenhang, dass Bilder vieldeutig sind, aber aufgrund ihrer Fixiertheit im Erzählzusammenhang nicht beliebig viele Bedeutungen haben. Ihr Stil und die Bildkomposition betonen zwar einzelne Bildbereiche, erzwingen aber keine detailliert lineare Reihung der Wahrnehmung und Kontextualisierung der Bildelemente. Dabei zeigen einzelne Bilder statische Zustände, die Bewegungen simulieren. Die erzählerische Dynamik entsteht in der Vorstellung der Leser/innen, die die Unterschiede zwischen den in den einzelnen Bildern dargestellten Zuständen überbrückt. Daher wird die Dramaturgie eines Comics vor allem dadurch bestimmt, ob Szenen jeweils in einem Bild zusammengefasst oder zu einer Sequenz von Bildern ausgestaltet werden.

Insgesamt kann man sich die Konstruktion der Narration im Comic als Zusammenspiel der Ebenen vorstellen, die einander wie Folien überlagern und die Geschichte darstellen: Die unterste Schicht sind die einzelnen Bildelemente, die zu jeweils einzelnen Bildern kombiniert werden. Diese Bilder werden in Sequenz gebracht, quasi montiert, und bilden das Handlungsgerüst, das durch die Erzählstränge der verschiedenen Texttypen auf ihren jeweiligen Ebenen (Sprechblasen, Gedanken, Kommentare und andere Erzählertexte) ergänzt wird.

Die Logik der bildlichen Erzählung wird nur bedingt durch Textdetails fixiert, die in den Bildern abwesende Referenzen ergänzen. Dies beschreibt den bestimmenden Unterschied zwischen illustriertem Text und Comics: In gelungenem comicalen Zusammenwirken von Text und Bild fehlen entsprechend im Text viele Details, die die Bilder selbst bieten.

Wesentlich für das Erzählen in Comics und deren Analyse ist, dass alle Bilder, die auf derselben Seite abgebildet sind, gleichzeitig zu sehen sind und sich in

ihrer grafischen Wirkung ergänzen: Vor dem Deko-
dieren der Lesereihenfolge, in der die einzelnen Bilder stehen, wird die visuelle Gestalt der ganzen Seite
wahrgenommen, die sich aus der Kombination der
Bilder, der Seitengestaltung und des Schriftbilds ergibt. All dies bildet eine grafische Einheit. Die Rezeption von Comics teilt sich entsprechend in das synchrone Lesen der Bilder jeder Seite und in deren
diachrones Lesen, das die Sequenz konstruiert. Die
Bilder wirken gemeinsam, wobei sie sich in ihrer
Wirkung gegenseitig beeinflussen, bevor sich der Leser auf jedes einzelne Bild konzentriert und die Sequenz in zeitliche Folge bringt, also diachron liest
(vgl. Groensteen 1999, 100–106). Wenn die Größe der
einzelnen Bilder variiert, entsteht ein Rhythmus, der
sich auf das Lesen der Geschichte auswirkt. Diese
Lenkung des Blicks und der Aufmerksamkeit ist wesentlich für die Erzähldynamik der Bildergeschichten.

Die Auseinandersetzung mit Comics ist in der
Regel sprachlich, und die Versprachlichung von Bildern schafft erzählenden oder analytischen Text,
verliert aber die unmittelbare Bild-Sprache des Comics, deren erzählenden Gehalt und reduziert dabei
die symbolisierende Erzählung der Bilder (vgl. Hoffmann 1998, 13). Kommunikation über Comics
schafft bereits eine Auswahl aus den möglichen Beschreibungen der Einzelbilder und Sequenzbildung.
Während die möglichen Inhalte von Bildergeschichten unendlich zahlreich sind, da sich bereits eine begrenzte Menge von Zeichen extrem variantenreich
kombinieren lässt, sind die formalen Bestandteile,
mit denen diese Geschichten erzählt werden, schnell
aufgelistet: Bildgrenzen, Bildgruppenrahmen, Text-
felder (Sprach- und Gedankenblasen, sonstige Text-
blöcke), Richtungspfeile, Sehlinien und grafische
Akzente, die Bildelemente betonen, um deren Bedeutung für den Erzählzusammenhang zu verdeutlichen (vgl. Dittmar 2011; Frahm 2010).

Geschichte des Comics

Humoristische Magazine breiteten sich im 19. Jahrhundert von Europa schnell weltweit aus und machten ihre Erzählweisen und Figuren z. B. in den USA
bekannt. Dort erschienen in den 1890er Jahren erste
Tageszeitungen mit Cartoons, also Bildwitzen, die in
der Regel aus nur einem Bild bestanden. Sonntags-
ausgaben enthielten illustrierte Beilagen, deren Cartoons sich sehr schnell zu Comics entwickelten. Ab
1907 gab es tägliche ›Comic-Strips‹, meist Abfolgen

von drei bis fünf Bildern, zunächst auf den Sportsei-
ten, später in anderen Ressorts der Zeitungen. Bereits in dieser Zeit erschienen ›Comic-Books‹ genannte Sammelbände erfolgreicher Zeitungscomics.
In den 1930er Jahren entstanden spezifische Kinder-
und Jugend-Comics, die die gerade aktuellen Vorlieben der Zielgruppen bedienten.

In Europa entwickelten sich Comics fast zeitgleich, wurden jedoch in Deutschland in der Nazi-
zeit zunehmend eingeschränkt, da sie als undeutsche
Kultur bewertet wurden. Zwischen den Weltkriegen
wurden die verwendeten Stile und Genres international zunehmend gleichförmig, nach 1945 manifestierte sich ein entsprechender Comic-Mainstream,
der jedoch weder von markanten Stilen noch von
spezifischen Diskursen beherrscht wurde. Comics
aus erstarkenden Gegenkulturen, wie z. B. der Hip-
pie-Bewegung, bewirkten in den 1960er und 70er
Jahren die zunehmende Diversifizierung in Europa
und den USA. Nach intensiver Entwicklung verschiedenster Genres und grafischer Erzählstile, einhergehend mit erheblichem wirtschaftlichem Erfolg,
geriet die westliche Comic-Industrie in den 1990er
Jahren in die Krise. Seit den 1990er Jahren haben japanische Manga in Europa und den USA Fuß gefasst
und zunehmend Markt und Erzählstile beeinflusst.
Aufgrund der fast zeitgleich beginnenden Erschließung des Internets und der wachsenden Verbreitung
digitaler Bildschirmmedien haben sich digitale Comics wesentlich schneller und besser als gedruckte
Comics etabliert, weil ihre erzählerischen Möglichkeiten sich derzeit vor allem aufgrund der technischen Möglichkeiten zügig weiterentwickeln. Heutige Comics decken die gesamte Bandbreite journalistischer, literarischer und filmischer Genres ab und
bieten eigene Genre-Mischungen, wobei z. T. mit der
Form des Comics selbst gespielt wird (vgl. Carpenter
1981; Platthaus 1998; Grünewald 2010).

Comic-Forschung

Wie bereits erwähnt, erfolgt die heutige Forschung
zu Comics in verschiedenen etablierten Fachwissenschaften und bildet darüber hinaus aber auch ein eigenständiges Feld. Die frühen Arbeiten haben Bereiche definiert und Grundlagen gelegt, auf denen die
heutige Comic-Forschung aufbaut (vgl. Eder/Klar/
Reichert 2011). Auffällig ist die begrenzte Berücksichtigung französischsprachiger Fachliteratur, die
sich von der deutschsprachigen und angloamerika-

nischen Auseinandersetzung deutlich in Bandbreite und Bezug auf verschiedene Wissenschaftsgebiete unterscheidet, und – wo immer sie einbezogen wird – wichtige Impulse gibt, wie v. a. Thomas Becker (2009) verdeutlicht und Ann Miller in ihrer Auseinandersetzung mit den Eigenheiten der *bande dessinée* (2007) vielschichtig darlegt.

Verschiedene methodische Traditionen bestimmen die Schwerpunktsetzung in der Auseinandersetzung mit Comics. In der Vergangenheit war vor allem eine nicht an den Universitäten angesiedelte Forschung und Auseinandersetzung zu und über Comics die treibende Kraft in der Erforschung dieser Literaturgattung. Universitäre Forschung wurde eher als Ausnahme wahrgenommen, fand aber durchaus statt. Die systematische Auseinandersetzung wurde in Deutschland zuerst vor allem im Rahmen der Kinder- und Jugendliteratur etabliert, so z. B. am Institut für Jugendbuchforschung der Goethe-Universität Frankfurt a. M. und in der fachübergreifenden Kinderbuchforschung der Carl von Ossietzky-Universität Oldenburg. Die Arbeitsstelle für Graphische Literatur an der Universität Hamburg (ArGL) institutionalisierte 1992 das Feld der nicht disziplinär gebundenen universitären Forschung. Mit Schwerpunkt auf deutschsprachiger Comic-Geschichte und -Kultur arbeitet seit 2005 beispielsweise die Gesellschaft für Comicforschung (ComFor), die schnell ein wichtiger Treffpunkt geworden ist, da sie die Forschung an zahlreichen Hochschulen mit außeruniversitären Institutionen, wie z. B. dem Archiv der Jugendkulturen in Berlin, verbindet und zugänglich macht. In einzelnen Arbeitsgruppen der Gesellschaft für Medienwissenschaft (GfM) wird zu kulturellen, aber auch gezielt zu medienspezifischen Aspekten von Kommunikationsmöglichkeiten des Comics geforscht. Die Deutsche Gesellschaft für Publizistik und Kommunikation (DGPuK) widmet sich in ihrer Fachgruppe Visuelle Kommunikation der Funktionsweise grafischer Literatur, wobei auch Genres wie Sachcomics und deren Einsatz zur Technikdokumentation erforscht werden. Diesem zuletzt genannten Teilbereich widmet sich auch der deutsche Fachverband für Technische Kommunikation und Informationsentwicklung (tekom). Den Stand der Forschung zu Sachcomics stellen Hangartner/Keller/Oechslin (2013) dar.

Außerhalb der Hochschulen bildeten sich deutlich früher Interessengemeinschaften, in denen sich auch an Universitäten tätige Wissenschaftler organisierten, um ihre Auseinandersetzung mit Comics zu systematisieren und zu vernetzen. Ein wichtiges Beispiel für den deutschen Sprachraum ist die seit 1970 bestehende Interessengemeinschaft Comic-Strip (INCOS) und das Magazin *Comixene*, das ab 1974 differenziert über Comics und Comic-Kultur schreibt. Einer der Herausgeber ist Andreas C. Knigge, der auch das *Comic-Jahrbuch* veröffentlichte und einer der wesentlichen Autoren zum Thema Comic im deutschsprachigen Raum ist. Aber auch kritische Forschung, Forschungssatire und Fan-Wesen verbindende Organisationen wie v. a. die Deutsche Organisation der nichtkommerziellen Anhänger des lauteren Donaldismus (D. O. N. A. L. D.) förderten die Etablierung der Comic-Forschung in Deutschland wesentlich, da sie durch ihre Arbeit und deren Platzierung in etablierten Massenmedien die allgemeine Einstellung zu Comics durchaus verbessert haben, hervorzuheben ist hierbei Andreas Platthaus und seine Tätigkeit als Feuilleton-Journalist für die *Frankfurter Allgemeine Zeitung*.

Comic-Forschung hat sich primär an den folgenden Disziplinen und deren Fragestellungen orientiert und entsprechende Schwerpunkte entwickelt: Literaturwissenschaft untersucht v. a. den sprachlichen Inhalt der Comics, Medienwissenschaft und Kunstwissenschaft erforschen deren Form, Inhalt und Geschichte. Die Publizistik ist auf die Erscheinungsformen und Geschichte des Comics fokussiert – bisher v. a. als Printmedium, wobei zunehmend der Blick auch auf digitale Comics gelenkt wird. Kommunikationsdesign untersucht die grafische Gestaltung der Bilder und Texte, sowohl als Gesamtheit als auch isoliert, wohingegen die Semiotik die Zeichenebenen und den Zeichengebrauch im Comic analysiert. Die Kulturwissenschaft setzt sich mit den meisten der hier genannten Aspekte, vor allem mit der sozialen, politischen, historischen Bedeutung der Comic-Produktion und -Rezeption in spezifischen kulturellen Kontexten auseinander.

Typisch literaturwissenschaftlich ist die Auseinandersetzung mit Themen, Motiven und Figuren. Auch die Untersuchung und Beschreibung von Genres und deren Entwicklung (z. B. Superhelden-Comics) ist in dieser Tradition verortbar, z. B. Karin Kukkonens *Neue Perspektiven auf die Superhelden* (2008). Zwischen Literaturwissenschaft und publizistischer Forschung bewegt sich die Forschung zur Geschichte, wie etwa die Editionsgeschichte von Serien und Figuren, sowie Forschung zur Rezeptionsgeschichte. Dieses letzte Feld wird, neben der Auseinandersetzung mit dem Einsatz bestimmter Zeichen im Erzählzusammenhang, vor allem kulturwissenschaftlich bearbeitet (vgl. Näpel 2011).

Die medienwissenschaftliche Forschung widmet sich all diesen Aspekten, hinzu kommt jedoch die spezifische medienanalytische Auseinandersetzung, die untersucht, wie Comics im Allgemeinen, aber auch im Einzelfall erzählen. Dabei ist die Konstruktion von Sequenzialität von Bildern, Szenen und gesamten Erzählbögen zentral. Die Forschung zum Character-Design untersucht die Comic-spezifische Verbindung von bildlicher und textlicher Information, wobei dies natürlich ebenso für die kunstwissenschaftliche Auseinandersetzung mit Comics bedeutsam ist. Interessant ist in diesem Bereich das Zusammenspiel mit literaturwissenschaftlichen Erkenntnissen zu Figurenaufbau und Konstellationen (vgl. Diekmann/Schneider 2005). Der Einsatz grafischer Mittel ist Gegenstand der semiotischen, kunstwissenschaftlichen und natürlich der medienwissenschaftlichen Forschung (vgl. Packard 2006). Diesem Bereich steht künstlerische Forschung zu Comics am nächsten, in der die Produktion und Analyse im jeweils eigenen Comic-Schaffen verbunden und reflektierend dokumentiert wird. Zwar reflektieren alle Comic-Schaffenden ihre eigene und fremde Arbeiten, aber die wenigsten verschriftlichen ihre Überlegungen und Ergebnisse oder machen diese auf andere Weise zugänglich und fortsetzbar. Eine wesentliche Ausnahme sind hierbei Scott McClouds *Understanding Comics* (1993) und Folgebände, die als Comics gestaltet sind und so den Schritt der Verbalisierung von Details oft umgehen. Diese Spezialisierung ist bisher sehr rar, einer der wenigen Vertreter dieser Forschung in Europa ist Gunnar Krantz an der Universität Malmö (vgl. z. B. Krantz 2011).

Transmediale Arbeit zu Comics wird von der Filmwissenschaft bestimmt, die sich z. B. Verfilmungen von Comics widmet. Dabei stehen eher Umsetzung, Motiv- und Themenunterschiede und dergleichen im Zentrum. Transmedial ist auch die Untersuchung von Adaptionen von Literatur und Film im Comic, die zumeist aus literaturwissenschaftlicher Perspektive erfolgt. Die Intermedialität des Comics und deren Untersuchung wiederum lässt sich disziplinär nicht zuordnen, sondern verbindet alle genannten Felder (sehr deutlich z. B. in Becker 2011).

Aller Comic-Forschung ist gemeinsam, dass sie sich mit einer visuellen Textgattung auseinandersetzt, die entweder gedruckt oder in digitalen Präsentationsformen vorliegt. Die Herangehensweisen und Schwerpunktsetzungen sind ausgesprochen vielseitig, da sich Comic-Forschung den spezialisierten Blick und das Wissen anderer Disziplinen zu

Nutze macht. Dabei werden verschiedene Schwerpunktsetzungen auf ihre Stärken und Schwächen, auf blinde Flecken gegenüber den Comics selbst untersucht, wobei auch das Wissen über Comics selbst wächst. So entwickelte die Comic-Forschung zum einen ein Methodenspektrum aus der Auseinandersetzung mit anderen Disziplinen, zum anderen konzentriert sich comicspezifisches Wissen in Methodik und Theorie zu einer eigenen wissenschaftlichen Disziplin, wie ein Vergleich mit etwa der Filmwissenschaft verdeutlicht.

Literatur

Becker, Thomas: Genealogie der autobiografischen Graphic Novel. In: Ditschke/Kroucheva/Stein 2009, 239–263.
Becker, Thomas (Hg.): *Comic: Intermedialität und Legitimität eines popkulturellen Mediums*. Bochum 2011.
Carpenter, Kevin: *Vom Penny Dreadful zum Comic*. Oldenburg 1981.
Diekmann, Stefanie/Schneider, Matthias (Hg.): *Szenarien des Comics. Helden und Historien im Medium der Schriftbildlichkeit*. Berlin 2005.
Ditschke, Stephan/Kroucheva, Katerina/Stein, Daniel (Hg.): *Comics. Zur Geschichte und Theorie eines populärkulturellen Mediums*. Bielefeld 2009.
Dittmar, Jakob: *Comic-Analyse*. Konstanz 2011.
Dolle-Weinkauff, Bernd: Praxis der Serienanalyse – Methoden und Ergebnisse. In: Siegfried Zielinski/Reiner Matzker (Hg.): *Germanistische Medienwissenschaft*. Teil 3. *Comicforschung in der Bundesrepublik Deutschland 1945–1984*. Bern 1989, 87–104.
Eder, Barbara/Klar, Elisabeth/Reichert, Ramón (Hg.): *Theorien des Comics. Ein Reader*. Bielefeld 2011.
Frahm, Ole: *Die Sprache des Comics*. Hamburg 2010.
Groensteen, Thierry: *Système de la bande dessinée*. Paris 1999.
Grünewald, Dietrich (Hg.): *Struktur und Geschichte der Comics. Beiträge zur Comicforschung*. Bochum/Essen 2010.
Hangartner, Urs/Keller, Felix/Oechslin, Dorothea (Hg.): *Wissen durch Bilder. Sachcomics als Medien von Bildung und Information*. Bielefeld 2013.
Hoffmann, Detlef: Erzählende Bilder. In: Ders. (Hg.): *Erzählende Bilder*. Oldenburg 1998, 9–13.
Krafft, Ulrich: *Comics lesen. Untersuchung zur Textualität von Comics*. Stuttgart 1978.
Krantz, Gunnar: Seriekonst och Konstserier. In: *Valör 2011/2. Konstvetenskapliga studier*. Uppsala 2011, 37–54.
Kukkonen, Karin: *Neue Perspektiven auf die Superhelden. Polyphonie in Alan Moores »Watchmen«*. Marburg 2008.
Miller, Ann: *Reading Bande Dessinée*. Chicago 2007.
Näpel, Oliver: *Das Fremde als Argument. Identität und Alterität durch Fremdbilder und Geschichtsstereotype von der Antike bis zum Holocaust und 9/11 im Comic*. Frankfurt a. M. 2011.
Packard, Stephan: *Anatomie des Comics. Psychosemiotische Medienanalyse*. Göttingen 2006.
Platthaus, Andreas: *Im Comic vereint*. Berlin 1998.
Steinberg, Leo: *Other Criteria: Confrontations with Twentieth-Century Art*. New York 1972.

Jakob Dittmar

9. Telefon/Telegraphie

Die Mediengeschichten von Telefon und Telegraphie bilden zentrale Elemente von Theorien eines kommunikativen Wandels und der Entwicklung einer *globalen Medienkultur* (Hartmann 2006), dem berühmten *Global Village* (McLuhan/Powers 1989). Die Geschichte der modernen Telekommunikation wird dabei zu einer Entwicklung *vom Flügeltelegraphen zum Internet* (Teuteburg/Neutsch 1998), von einem *Highway of Thought* – eine Bezeichnung aus dem Jahr 1855 für die elektrischen Telegraphenlinien – zum *Information Highway*. So sieht der englische Wissenschaftsredakteur Tom Standage die ersten elektrischen Telegraphensysteme als *viktorianisches Internet* (1998) – wenngleich sich zeigen muss, dass solche begrifflichen Zuspitzungen die komplexen Mediengeschichten der Telegraphie wie der Telefonie leicht allzu geradlinig erscheinen lassen.

Telegraphie

Zwar lassen sich Frühformen der Telekommunikation – d. h. Formen der Entkopplung einer Nachricht von der Geschwindigkeit ihres materiellen Trägers (Reiterboten, Brieftauben etc.) – bereits in der Antike nachweisen, etwa in Gestalt von optischen oder akustischen Relaisstrecken (z. B. Feuersignalketten, Rufposten). Die Entstehung der modernen Telekommunikationstechnik wird jedoch gemeinhin mit dem Aufbau eines weit verzweigten, dauerhaft betriebenen optischen Telegraphensystems in Frankreich Ende des 18. Jahrhunderts verbunden (vgl. etwa Aschoff 1984/1989).

1792 präsentierte der Geistliche Claude Chappe dem Nationalkonvent – der gesetzgebenden Versammlung der Französischen Revolution – seinen Entwurf eines *optischen Telegraphen* (griech. *tele*: fern, *graphein*: schreiben). 1794 entstand die erste reguläre Betriebslinie zwischen Paris und dem in Nordfrankreich gelegenen Lille, die mit 23 Zwischenstationen 225 km überbrückte. Es folgte ein rascher weiterer Ausbau, der die wichtigsten Städte Frankreichs mit dem Zentrum Paris verband. Die Errichtung der einzelnen Linien lag im politischen wie militärischen Interesse, da sie einen strategischen Kommunikationsvorteil darstellte; so diente etwa bereits die Linie Paris-Lille vor allem dazu, mit der französischen Nord-Armee in Verbindung zu bleiben.

Chappes optischer Telegraph (auch Lufttelegraph oder Flügeltelegraph genannt) bestand aus einem System von Signalmasten, die je nach Sichtbedingung in einer Entfernung von 4 bis 15 km aufgestellt waren. Jeder Signalmast – jeder *Semaphor* (griech. Zeichenträger) – verfügte über einen mittels Seilzug verstellbaren Querbalken, an dessen Enden wiederum je ein beweglicher Balken – Zeiger – angebracht war. Die verschiedenen Stellungen des *Semaphors* wurden an der nächsten Station per Fernrohr abgelesen und mit Hilfe von Codebüchern entschlüsselt. So konnten einzelne Buchstaben, Silben oder auch ganze Sätze übermittelt werden. Darüber hinaus integrierte Chappe in sein System bestimmte, vom Nachrichteninhalt unabhängige Betriebssignale, z. B. für Beginn, Ende und Unterbrechung einer Depesche. Die optische Telegraphie stellt somit ein erstes Beispiel für komplexe En- und Decodierungsverfahren bei der Nachrichtenübertragung dar.

Chappe wird oft als Erfinder der optischen Telegraphie benannt, doch waren alle technischen Prinzipien des Verfahrens – Relaisstationen, Fernrohre als Sichthilfen, geometrische Figuren und Codebücher – lange zuvor bekannt und verwendet worden. Chappes eigentliches Verdienst besteht vielmehr darin, die vorhandenen Technologien zu einem historisch günstigen Zeitpunkt in effektiver Art und Weise kombiniert und somit als ein erstes anwendungsbezogenes System etabliert zu haben. Patrice Flichy (1994) hat aufgezeigt, dass die Durchsetzung des optischen Telegraphen in Frankreich vor allem auf einen gesellschaftlichen Wandel zurückzuführen ist, der durch die Französische Revolution in Gang gesetzt und von der Aufklärung vorbereitet worden war. Im Zuge der Entstehung eines neuzeitlichen Staates entwickelte sich die Utopie einer nationalen Einheit und eines homogenen ideologischen Raums. Ein zentraler Bestandteil einer solchen Neudefinition des Nationalraums war ein schnell funktionierendes Kommunikationssystem, das das Zentrum Paris ökonomisch nützlich und militärstrategisch sinnvoll mit den Provinzen verband und dadurch die Gemeinschaft stärkte (vgl. Hartmann 2006). Dieser Zusammenhang zwischen Telegraph und Nationalstaat blieb keineswegs auf Frankreich beschränkt, sondern war später auch in anderen europäischen Ländern anzutreffen.

Auch wenn die optische Telegraphie häufig mit dem Paradigma des Netzes bzw. der Vernetzung verbunden wird, handelte es sich bei den ersten optischen Telegraphensystemen noch eher um Ketten

zwischen strategisch wichtigen Kommunikations-
stellen bzw. im Fall von Frankreich um eine strah-
lenförmig von Paris ausgehende Sternstruktur, die
nur wenige zusätzliche Querverbindungen aufwies.
Der Netzbegriff tauchte im Bereich der Telegraphie
erst um 1830 auf, meist in Zusammenhang mit der
Umstellung der städtischen Versorgungssysteme
(z. B. Wasserleitungen) von Baum- auf Netzstrukturen (vgl. Flichy 1994; s. Kap. III.18).

Die ›Erfindung‹ des *elektrischen Telegraphen* kann
wiederum nicht einer einzelnen Person zugeschrieben werden. Sie ist das Ergebnis bestimmter Entdeckungen auf dem Gebiet der Elektrizität in Kombination mit der Konstruktion verschiedener Prototypen, wie etwa dem elektrochemischen Telegraphen
von Samuel Thomas von Sömmerring von 1809.
Dennoch wird der elektrische Telegraph vor allem
mit dem Namen Samuel Morse in Verbindung gebracht. Morse stellte seine Apparatur 1837 erstmals
in den USA vor und ließ sie 1840 patentieren. 1844
telegraphierte er die erste ›elektrische Nachricht‹
von Baltimore nach Washington, ein Jahr später
folgte das Patent auf die berühmte Morse-Taste. Ein
wesentlicher Faktor für den Erfolg des Systems war
dabei – neben dem unternehmerischen wie politischen Geschick Morses – weniger die mechanische
Konstruktion des Gerätes als vor allem auch das, was
man heute die ›Software‹ nennen würde: das Morse-
Alphabet (vgl. etwa Winston 1998). Der auch heute
noch Anwendung findende binäre Punkt-Strich-
Code entwickelte sich zu einem weltweiten Standard – ein erstes Beispiel für nationale und internationale Standardisierungen, denen im Rahmen
eines Vernetzungsparadigmas gerade im Bereich
der Telekommunikation besondere Bedeutung zukommt. Die Telegraphie ist mithin auch ein frühes
Beispiel für ein ›digitales Medium‹ und insofern folgenreich für die spätere Geschichte und Theorie digitaler Medien – so hat Hartmut Winkler (2004, 213;
s. Kap. II.14) bemerkt: »Im Inneren des Computers
regiert die Telegraphie«. Ab 1848 kam der Morse-
Telegraph auch in Europa im Zuge der allmählichen
Ersetzung der optischen Telegraphenlinien zum
Einsatz, hier erstmals auf der Strecke Hamburg–
Cuxhaven.

Der große Erfolg der elektrischen Telegraphensysteme ist keineswegs allein das Ergebnis von technischen Verbesserungen, sondern wiederum von
grundlegenden gesellschaftlichen Umwälzungen. Im
19. Jahrhundert führte die Industrielle Revolution zu
einer tiefgreifenden Umgestaltung der wirtschaftlichen und sozialen Verhältnisse, die u. a. auch den

Übergang von einer staatszentrierten zu einer
marktorientierten Kommunikation ermöglichte. Die
Idee der telegraphischen Kommunikation stand somit nicht mehr nur mit politischen (und militärischen) Interessen, sondern ebenso mit den aufkommenden (markt-)liberalen Wirtschaftstheorien im
Einklang.

Zentral für den Durchbruch des elektrischen Telegraphen war seine ›Kopplung‹ mit einem neuen
Verkehrssystem – der Eisenbahn. So entstand ab
1838 ein elektrisches Telegraphennetz zunächst entlang von Bahnlinien. Aus diesem Zusammenspiel
von Telegraph und Transportmittel bzw. -weg ging
das moderne Warenzirkulationssystem und damit
letztlich eine neue Art des Börsengeschäfts hervor.
Der 1867 von dem Telegraphenoperator Edward A.
Calahan entwickelte Börsenticker wird zu einer der
wichtigsten Anwendungsformen der neuen Technologie (vgl. Preda 2006). Mit den Verkehrslinien erweiterten sich dementsprechend auch die lokalen
Handelsbeziehungen auf regionale, nationale und
später auch internationale Märkte.

Durch das erste funktionierende Tiefseekabel, das
nach diversen Fehlversuchen ab 1866 Europa und
die USA miteinander verband, veränderten sich
auch die geopolitischen Sichtweisen, indem die Telegraphie nun eine globale Kommunikation ermöglichte (vgl. Hartmann 2006).

Neben dem Warenhandel revolutionierte die
Telegraphie zudem das Nachrichtenwesen: Nicht
nur durch eine enorme zeitliche Beschleunigung
und räumliche Ausdehnung (im Sinne eines weltweit synchronisierten Wissenshorizontes), sondern
ebenso in Hinblick auf ökonomische wie medienästhetische Aspekte. So führte gerade die teure Nutzung der transatlantischen Kabel zur Bildung von
Zeitungssyndikaten und damit schließlich zur Entwicklung von modernen Nachrichtenagenturen. Zudem verlangte die eingeschränkte Kapazität der Leitungen einen knappen sachlichen Schreibstil – damals wie heute bekannt als Telegrammstil.

Als eine gerade medienwissenschaftlich hochin-
teressante Form der elektrischen Telegraphie ist
schließlich noch die seit 1843 erforschte *Bildtelegraphie* zu nennen, da diese (neben der Lochkartenweberei) einen der ersten Versuche der Auflösung eines
Bildes in einzelne Bildpunkte – also eine Art Proto-
Bilddigitalisierung – darstellt (vgl. Berz 2002). Ein
von Arthur Korn um 1900 beschriebenes Verfahren
etwa basiert auf der Abtastung eines Bildes mit Hilfe
der Halbleiter-Eigenschaften von Selen – ein chemisches Element, das seinen Widerstand unter Licht-

einwirkung ändert. Obgleich die Bildtelegraphie als Vorläufer späterer Technologien (wie etwa das Fax) gelten darf, blieb die Technik stets ein Nischenphänomen; es gibt also keine eigentliche Technikgeschichte, aber eine Wissensgeschichte der Bildtelegraphie, gewissermaßen eine *Mediengeschichte in Patenten* (vgl. Kassung/Kümmel-Schnur 2012).

Den dritten großen technischen Entwicklungsschritt in der Geschichte der Telegraphie markiert der Übergang von der elektrischen zur *drahtlosen Telegraphie* (Funktelegraphie). Auch in diesem Fall gehen der erfolgreichen Etablierung der Technik durch Guglielmo Marconi in Großbritannien seit Ende des 19. Jahrhunderts diverse physikalische Entdeckungen (insbesondere die Beschreibung der elektromagnetischen Wellen durch Heinrich Hertz 1886/87) und diverse Prototypen voraus. Marconi errichtete 1899 die erste kabellose Verbindung über den Ärmelkanal, und 1901 gelang die erste transatlantische Funkübertragung. Während die neue Technologie zunächst (wiederum) vor allem militärischen Zwecken diente, markiert der *Seefunk* den ersten Bereich einer zivilen Nutzung. Die drahtlose Telegraphie sollte sich später einerseits zum Radio, andererseits zum Mobilfunk ausdifferenzieren.

Telefon

Wie die meisten neuen Medientechnologien wurde auch das Telefon zunächst nicht als ein ›eigenständiges‹ Medium wahrgenommen und dementsprechend oftmals als »sprechender Telegraph« bezeichnet (vgl. etwa Ruchatz 2004). Als ›Erfinder‹ des Telefons gilt gemeinhin Alexander Graham Bell, ein US-amerikanischer Gehörlosenlehrer (!), der sein Patent zur elektrischen Fernübertragung von Sprache am 14. Februar 1876 anmeldete – nur zwei Stunden früher als sein Konkurrent Elisha Gray –, ein Zufall, der eine gleichermaßen berühmte wie langwierige gerichtliche Auseinandersetzung nach sich zog, aus der Bell schließlich als Sieger hervorgehen sollte.

Zum Kreis der ›Erfinder‹ des Telefons dürfen neben Bell und Gray aber genauso der US-amerikanische Arzt Charles Grafton Page (erste Experimente und Veröffentlichungen 1837), der italienische Forscher Innocenzo Manzetti (1844), der französische Telegraphenbeamte Charles Bourseul (1854) sowie der in die USA immigrierte italienische Theatermechaniker Antonio Meucci (1860) gelten. Ebenso ist der deutsche Physiker Johann Philipp Reis hier zu nennen, der seinen Fernsprecher erstmals 1860 – mit dem berühmt gewordenen Satz: »Das Pferd frisst keinen Gurkensalat« – öffentlich vorführte. Reis verkaufte seine Erfindung weltweit als ›wissenschaftliches Demonstrationsobjekt‹.

Viel interessanter als die Frage, wer nun als ›Schöpfer‹ des Telefons gelten darf, ist wiederum die Beobachtung, dass mediale Technologien in der Regel nicht einem einzelnen ›genialen Erfinder‹ zugeschrieben werden können, sondern dass Entwicklungsprozesse nicht selten parallel verlaufen (s. Kap. II.20 zu Modellen der Mediengeschichte). Insbesondere anhand der Mediengeschichte des Telefons lässt sich dabei aufzeigen, dass es im 19. Jahrhundert zu einem – nicht zuletzt durch die neuen Kommunikationsformen der Telegraphie ermöglichten – enormen Anstieg der Verbreitung technischer Ideen kam, was sich schließlich in einem bislang nicht dagewesenen technischen Fortschritt niederschlug. Indem die Forscher und Erfinder sich die Entdeckungen und Prototypen ihrer Kollegen zunutze machten, war die Grundidee der Telefontechnik – Schallwellen in elektromagnetische Schwingungen zu verwandeln, über eine elektrische Leitung zu schicken und wieder in akustische Signale zurückzuwandeln – schon lange vor der Entwicklung der ersten funktionierenden Telefon-Prototypen weit verbreitet. Darüber hinaus änderte sich auch die Organisation der Forschungstätigkeit selbst (vgl. etwa Winston 1998). Sie fand nunmehr in kleinen Teams in Laboratorien statt, aus denen sich später die modernen Technologieforschungszentren entwickeln sollten. Bells Assistent Thomas Watson verdankt seine Bekanntheit vor allem Bells berühmten Worten beim ersten erfolgreichen Test seines Telefons am 10. März 1876: »Mr Watson, come here, I want to see you.«

Bell gelang es als Erstem, das Telefon über ein Prototypenstadium hinauszuführen und die neue Technologie erfolgreich zu vermarkten. 1877 kamen die ersten Telefone von Bell auch nach Deutschland. Im selben Jahr wurde die Bell Telephone Association gegründet, aus der später die bis heute existierende American Telephon & Telegraph Corporation (AT&T) hervorging – und die 1909 die Western Union, das damals wichtigste US-amerikanische Telegraphen-Unternehmen, übernahm.

Das Telefon diente zu Beginn im Wesentlichen denselben Zwecken wie der Telegraph und wurde überwiegend für Geschäftsangelegenheiten eingesetzt. Das neue Medium Telefon löste dabei das alte Medium Telegraphie keineswegs ab, sondern entwickelte sich parallel zum Telegraphen bzw. bildete eine Ergänzung (etwa bei überlasteten Leitungen). Zunächst stellte sich die Telegraphie zudem als die überlegene Technik dar, da sie zuverlässig große Strecken überwinden konnte, während frühe Telefongeräte nur über lokale Leitungsnetze funktionierten. Damit blieb das Telefon in den ersten Jahren vor allem ein Medium der großen Städte.

Die technischen Probleme konnten erst nach und nach gelöst werden, u. a. durch die Erfindung des Kohlemikrofons 1878 und durch geeignete Signalverstärkungsmöglichkeiten. Ortsnetze wurden sukzessive zu Regionalnetzen zusammengeschaltet, erste Fernverbindungen um 1900 realisiert. Im gleichen Zeitraum wurde die manuelle Gesprächsvermittlung – das ›Fräulein vom Amt‹ – aufgrund der zunehmenden Systemkomplexität allmählich durch automatisierte Verfahren abgelöst.

Der Telegraph stellte lange Zeit eine Art ›elektronische Briefpost‹ dar, die einzig zum Absenden von Mitteilungen diente – wobei das Telegramm als Speichermedium zudem durchaus urkundliche Beweiskraft besaß –, und wurde erst seit den 1860er Jahren vereinzelt für (zeitverzögerte) ›Gespräche‹ genutzt. Auch die Kommunikationsformen des Telefons standen zunächst im Schatten seiner Vorgängertechnologie. So tendierte das Telefongespräch anfangs zum Monologischen, etwa zur Übermittlung von kurzen Dienstanweisungen an das Personal. Das private ›Plaudern‹ etablierte sich erst später. Während die Telegraphie nicht zuletzt aufgrund ihrer spezialisierten Bedienung nie ein ›echtes‹ Massenmedium war, fand das Telefon im Zuge eines sich Ende des 19. Jahrhunderts zunehmend entwickelnden Interesses an familienzentrierter und später individualisierter Kommunikation nach anfänglich geringer Nachfrage auch im privaten Sektor Verbreitung (vgl. Flichy 1994). Als Vorreiter gelten hier die USA. In Europa blieb das Telefon lange Zeit dem Adel und Großbürgertum vorbehalten. Seinen Durchbruch als Massengebrauchsartikel erlangte das Telefon in den USA in den 1920er und in Europa in den 1950er Jahren. 1973 besaß die Hälfte der Haushalte in Deutschland einen Apparat. Technisch im 19. Jahrhundert verwurzelt, erscheint das Telefon (soziokulturell) somit als Medium des 20. Jahrhunderts (vgl. Pool 1977).

Auch implizierte es grundsätzlich neue Kommunikationsverhältnisse, indem durch die Übertragung der individuellen Stimme eine Form der Telepräsenz erzeugt wurde, die damals aufgrund ihrer Neuheit oder vielmehr Fremdheit teils Irritation und Ableh-

nung hervorrief, teils wurde die sinnliche Erfahrung des Telefongesprächs – die Anwesenheit von Abwesenden – aber auch gegenüber der Telegraphie als Mehrwert empfunden (vgl. Münker 2004; Ruchatz 2004; vgl. weiterführend Peters 1999; vgl. auch Höflich 1998).

Die zeitgenössische Telefontechnik – der *Mobilfunk* – schließt an die Technologie der drahtlosen Telegraphie an. Durch seine Mobilwerdung war das Telefon nun nicht mehr an den Ort, sondern an die Person gebunden (s. Kap. III.20; vgl. Karmasin 2004). Das weltweit erste Mobilfunknetz entstand 1946 in den USA und beruhte auf der Entwicklung von Autotelefonen. In Deutschland wurde in den 1950er Jahren ein erstes Netz aufgebaut (A-Netz), ein digitales Mobilfunknetz (D-Netz) etablierte sich ab 1992. Diese zweite Generation (2G) des Mobilfunks entsprach dem europäischen Mobilfunkstandard GSM (*Global System for Mobile Communications*). Die aktuelle dritte Generation (mit dem Standard UMTS, *Universal Mobile Telecommunications System*) wird zurzeit von der vierten Generation des Mobilfunks, dem LTE-Standard (*Long Term Evolution*) abgelöst.

Das erste tragbare Funktelefon, das DynaTAC 8000X von Motorola, kam 1983 zu einem Verkaufspreis von 3.995 US-Dollar auf den Markt. Bei der Bezeichnung ›Handy‹ handelt es sich im Übrigen um einen Scheinanglizismus; im englischen Sprachraum sind die Begriffe *cell phone* (USA) oder *mobile phone* (Großbritannien) bzw. schlicht *cell*, *mobile* oder auch *portable* üblich. Die *cell phone culture* (vgl. Goggin 2006) oder auch (bezogen auf das primäre ›Bedienungswerkzeug‹ des Handys) *thumb culture* (vgl. Glotz/Bertsch 2005) wurde und wird vor allem aus sozialwissenschaftlichen und pädagogischen Perspektiven erforscht. Zentrale Themen sind die Omnipräsenz des Mobiltelefons, die Durchdringung von öffentlichem und privatem Raum, die Auswirkungen auf die soziale Kommunikation sowie die Mediatisierung des Alltags (vgl. Kavoori/Arceneaux 2006; zur Mediatisierung s. Kap. II.21). Einen ersten medienphilosophischen Ansatz zu mobilen Medien stellt Clara Völkers Arbeit zur *Genealogie des Mobilfunks und zur Ideengeschichte der Virtualität* (2010) dar.

Das technische Design der Mobilfunkgeräte redefiniert (erneut) die telefonische Kommunikation. So wirkt etwa die Nutzung von SMS-Nachrichten (ab 1992) auf den ersten Blick wie eine Rückkehr zur Schriftlichkeit und zum Telegrammstil des Vorgängermediums, doch ist diese Schriftlichkeit freilich

›quasi-oral‹ geprägt (vgl. Ruchatz 2004). Es mag dabei nicht einer gewissen medienhistorischen Ironie entbehren, dass die aktuell erfolgreichste Variante des Telefons das ›Smartphone‹ ist, eine Mischung aus Internet- und E-Mail-Device, Computerspiele-Plattform, Digitalkamera, Notizbuch, Kalender und Wecker – oder schlicht: ein Multimedia-Gerät, mit dem man nebenbei auch telefonieren kann (zu diesem *Verschwinden des Telefons* vgl. Münker 2004).

Während, wie einleitend geschildert, Telegraphie und Telefonie in medienhistorischen Ansätzen als Kerntechnologien der Kommunikationssysteme der Moderne eine zentrale Position einnehmen, sind Telegraph und Telefon als ›Einzelmedien‹ in medienkulturwissenschaftlichen Diskursen eher selten zu finden (vgl. Ronell 1989). Alexander Roesler und Stefan Münker etwa haben *Beiträge zu einer Kulturgeschichte des Telefons* (2000) zusammengestellt, die von einer Medienphilosophie des Telefons über eine Poetik des Anrufbeantworters bis hin zum Telefon als erste Form der Virtuellen Realität reichen. Eine weitere interdisziplinäre Publikation bildet der Sammelband *Dis Connecting Media. Technik, Praxis und Ästhetik des Telefons* (2011), der sich bereits vor allem auf die Mobilfunktelefonie konzentriert. Dass Telegraph und Telefon jenseits solcher vereinzelten Ansätze vergleichsweise wenig Aufmerksamkeit erfahren, mag darauf zurückzuführen sein, dass es sich nicht um Programm-Medien handelt (vgl. Ruchatz 2004). Zwar wurde seit 1880 das Telefon etwa auch zur Übertragung von Opern- und Theateraufführungen genutzt, z. B. das von Clément Ader entwickelte Theatrophon-System, das in Paris zum Einsatz kam. Doch konnte sich dieser Vorläufer des Rundfunks nicht etablieren. Darüber hinaus ist das selbst ›programmlose‹ Telefon aber immer wieder Gegenstand anderer Medien geworden, etwa der bildenden Kunst (wie Salvador Dalís ›brüchiger‹ Telefonhörer in *Le moment sublime*, 1938; Andy Warhols *Telephone*, 1961) oder der Literatur (Franz Kafkas mysteriöses – nur scheinbar per Telefon erreichbares – *Schloss*, 1922). Insbesondere *das Telefon im Spielfilm* (Debatin/Wulff 1991) wurde vermehrt Gegenstand medienwissenschaftlicher Forschungen. In solchen fiktionalen Verdichtungen wird das Telefon zur Metapher für Anonymität wie Intimität, für Vernetzung oder Entfremdung, und nicht zuletzt dient es immer wieder zur Demonstration der Störanfälligkeit von Kommunikation.

Literatur

Aschoff, Volker: *Geschichte der Nachrichtentechnik*. 2 Bde. Berlin 1984/1989.

Autenrieth, Ulla u. a. (Hg.): *Dis Connecting Media. Technik, Praxis und Ästhetik des Telefons. Vom Festnetz zum Handy*. Basel 2011.

Berz, Peter: Bildtelegraphie. In: Sabine Flach/Georg Christoph Tholen (Hg.): *Mimetische Differenzen. Der Spielraum der Medien zwischen Abbildung und Nachbildung*. Kassel 2002, 202–219.

Debatin, Bernhard/Wulff, Hans J. (Hg.): *Telefon und Kultur: Das Telefon im Spielfilm* (Telefon und Gesellschaft Bd. 4). Berlin 1991.

Flichy, Patrice: *Tele. Geschichte der modernen Kommunikation*. Frankfurt a. M. 1994.

Glotz, Peter/Bertsch, Stefan (Hg.): *Thumb Culture: The Meaning of Mobile Phones for Society*. Bielefeld 2005.

Goggin, Gerard (Hg.): *Cell Phone Culture. Mobile Technology in Everyday Life*. London/New York 2006.

Hartmann, Frank: *Globale Medienkultur. Technik, Geschichte, Theorien*. Wien 2006.

Höflich, Joachim R.: Telefon: Medienwege – von der einseitigen Kommunikation zu mediatisierten und medial konstruierten Beziehungen. In: Manfred Faßler/Wulf Halbach (Hg.): *Geschichte der Medien*. München 1998, 187–225.

Karmasin, Matthias: Telefon/Handy. In: Werner Faulstich (Hg.): *Grundwissen Medien*. München 2004, 339–357.

Kassung, Christian/Kümmel-Schnur, Albert: *Bildtelegraphie: Eine Mediengeschichte in Patenten (1840–1930)*. Bielefeld 2012.

Kavoori, Anandam/Arceneaux, Noah: *The Cell Phone Reader. Essays in Social Transformation*. New York 2006.

McLuhan, Marshall/Powers, Bruce R.: *The Global Village. Transformations in World Life and Media in the 21. Century*. New York u. a. 1989.

Münker, Stefan: Das Verschwinden des Telefons. Ein Blick zurück in die Zukunft der Telefonie. In: Lorenz Engell/Britta Neitzel (Hg.): *Das Gesicht der Welt. Medien in der digitalen Kultur*. München 2004, 127–138.

Münker, Stefan/Roesler, Alexander (Hg.): *Telefonbuch. Beiträge zu einer Kulturgeschichte des Telefons*. Frankfurt a. M. 2000.

Peters, John Durham: *Speaking Into the Air. A History of the Idea of Communication*. Chicago 1999.

Pool, Ithiel de Sola (Hg.): *The Social Impact of the Telephone*. Cambridge, Mass. 1977.

Preda, Alex: Socio-technical agency in financial markets: The case of the stock ticker. In: *Social Studies of Science* 36/5 (2006), 753–782.

Ronell, Avital: *The Telephone Book. Technology, Schizophrenia, Electric Speech*. Lincoln, Neb. 1989.

Ruchatz, Jens: Das Telefon – Ein sprechender Telegraf. In: Albert Kümmel/Leander Scholz/Eckhard Schumacher (Hg.): *Einführung in die Geschichte der Medien*. Paderborn 2004, 125–150.

Standage, Tom: *The Victorian Internet. The Remarkable Story of the Telegraph and the Nineteenth Century's Online Pioneers*. London 1998.

Teuteburg, Hans-Jürgen/Neutsch, Cornelius (Hg.): *Vom Flügeltelegraphen zum Internet. Geschichte der modernen Telekommunikation*. Stuttgart 1998.

Völker, Clara: *Mobile Medien. Zur Genealogie des Mobil-funks und zur Ideengeschichte von Virtualität.* Bielefeld 2010.

Winkler, Hartmut: Medium Computer. Zehn populäre Thesen zum Thema und warum sie möglicherweise falsch sind. In: Lorenz Engell/Britta Neitzel (Hg.): *Das Gesicht der Welt. Medien in der digitalen Kultur.* München 2004, 203–213.

Winston, Brian: *Media Technology and Society. A History: From the Telegraph to the Internet.* London/New York 1998.

Anja Griesbach/Benjamin Beil

10. Fotografie

Ob als Zeitungsfoto oder Werbebild, Handyschnapp-schuss oder Kunstwerk – das erste technische Bild-medium spielt nach wie vor eine zentrale Rolle in der visuellen Kultur der Gegenwart. Die Fotografie, eine Erfindung des Industriezeitalters, hat sich im Laufe von fast 200 Jahren im Rahmen unterschied-licher gesellschaftlicher und medialer Kontexte permanent weiter entwickelt, ausdifferenziert und transformiert; in jüngster Zeit wurde mit der Digi-talisierung des fotografischen Verfahrens die Inte-gration in den Verbund elektronischer Medien voll-zogen. Die Vielfältigkeit ihrer historischen und aktuellen Gebrauchsweisen stellt ein wesentliches Charakteristikum des Mediums dar, das sich dem-entsprechend schwer verorten lässt. So steht die Fo-tografie ebenso in einer Genealogie der Bildkünste wie der technischer Erfindungen und (proto-)wis-senschaftlicher Experimente: Sie fungiert gleicher-maßen als Aufzeichnungs-, Speicher- und Distri-butionsmedium und ist sowohl Massenmedium als auch Kulturtechnik. Sie wird in Medienverbünden ebenso wie als Einzelbild rezipiert und umfasst künstlerische wie instrumentelle Praktiken, doku-mentarische wie inszenatorische Formen.

Das mediale Dispositiv der Fotografie basiert auf zwei Konzeptionen: dem der mechanischen Auf-zeichnung einer Ansicht und dem der technischen Reproduktion von Bildern. Bei der fotografischen Aufnahme entsteht mit Hilfe einer Kamera, ggf. auch kameralos (Fotogramm), durch Lichteinwir-kung auf einen lichtempfindlich gemachten Träger (z. B. einen Film) ein dauerhaftes, zunächst latentes ›Bild‹. Durch ein chemisches Verfahren wird dieses Bild sichtbar gemacht (Entwicklung), das anschlie-ßend in Form von Abzügen vervielfältigt (Negativ-Positiv-Verfahren) oder als Dia (Positiv-Verfahren) projiziert werden kann. Bei einer Digitalkamera werden die empfangenen Lichtwerte über einen CCD-Chip in elektronische Daten umgewandelt, die als Bilddatei gespeichert und weiterverarbeitet wer-den können.

Mit dem fotografischen Verfahren konnten Prak-tiken des Abbildens wie das Porträtieren, das Doku-mentieren von Gebäuden, Gegenständen und Land-schaften, das Kopieren von Kunstwerken u. Ä., die bis dahin künstlerisch-handwerkliche waren, ver-einfacht und beschleunigt sowie deren Ergebnisse verbreitet werden. Bereits zu Beginn der Fotoge-schichte formierten sich angesichts dieser Möglichkeiten zum einen medienoptimistische, zum anderen medienkritische Diskurse, die für die Rezeption und Theoretisierung auch späterer ›Neuer Medien‹ paradigmatisch sind. Wurde die apparative Erzeugung und Vervielfältigung von Bildern auf der einen Seite als Mittel einer Demokratisierung der Künste, der Sicherung und Zugänglichmachung kultureller Güter sowie der Förderung wissenschaftlicher Erkenntnisse begrüßt, wurde ihr auf der anderen Seite die Gefährdung der traditionellen Künste, die Verbreitung minderwertiger Surrogate und der Verfall des Geschmacks angelastet (vgl. Kemp 1980, Bd. I). Zentraler und zugleich strittigster Aspekt fotografischer Medialität ist der besondere Wirklichkeitsbezug von Fotografien: ihre Rezeption unter dem Vorzeichen von Wahrheitstreue, Authentizität, Objektivität und Zeugenschaft. Daran knüpft(e) sich die medientheoretische Auseinandersetzung mit der Bedeutung der Fotografie für die Wahrnehmung der Welt, die Konstituierung des individuellen und kollektiven Gedächtnisses sowie die Herstellung und Vermittlung von Wissen.

Fotografieforschung findet in unterschiedlichen Disziplinen statt: Kunstgeschichte und Bildwissenschaft, Literatur-, Geschichts- und Kulturwissenschaft, Cultural Studies und visuelle Anthropologie u. a. (s. Kap. IV.6, IV.7 und IV.23). Im Bereich der Medienwissenschaft ist die Fotografie bislang eher unterrepräsentiert, was sich u. a. darin zeigt, dass sie nicht dem Kanon der Leitmedien zugerechnet wird, und das, obwohl ihr die Klassiker der Medientheorie epochale Bedeutung zusprechen. Für Walter Benjamin etwa begründet die Fotografie das »Zeitalter der technischen Reproduzierbarkeit«, das eine radikale Veränderung der Rezeption und Funktion von Kunst bewirkt habe (vgl. Benjamin 1936; s. Kap. II.9). Marshall McLuhan vergleicht den Bruch, den sie »zwischen rein mechanischer Industrialisierung und elektronischem Menschen« bewirkt habe, mit dem zwischen Mittalter und Renaissance durch den Buchdruck (McLuhan 1995, 291). Für Vilém Flusser löst sie als Begründerin des »Universums der technischen Bilder« die Epoche der Schrift in der Vermittlung von ›Welt‹ ab (vgl. Flusser 1999). In Zusammenhang mit der Digitalisierung wird erneut von einer epochalen Zäsur gesprochen: vom »Ende des fotografischen Zeitalters« (vgl. Wolf 2002; 2003) und vom Beginn einer »postfotografischen Ära« (vgl. Mitchell 1992).

Die Fotografie gibt es nicht. Geschichtsschreibung der Fotografie

Die Bedeutung des Medienumbruchs, der mit der Erfindung der Fotografie in Gang gesetzt wurde, verleiht der Frage nach deren Voraussetzungen ein besonderes Gewicht. Entsprechend kommt der Auseinandersetzung mit ihren epistemologischen und historischen Entstehungsbedingungen in der Geschichtsschreibung der Fotografie ein großer Stellenwert zu. Wie konnte sich das technische Konzept einer automatischen Erzeugung von Bildern entwickeln, ohne völlig utopisch zu erscheinen, und wie konnte es sich kulturell und ökonomisch durchsetzen (vgl. Frizot 1998, 15)? Bis weit ins 20. Jahrhundert wurde die Antwort auf die erste Frage in der Genialität der Erfinderpersönlichkeiten gesucht, deren jeweilige Ideen, Zielsetzungen und systematischen Forschungen die Synthese eines zum Teil bereits jahrhundertelang vorliegenden Wissens herbeigeführt hätten. Retrospektiv vom Ergebnis ausgehend, konnte eine Vorgeschichte konstruiert werden, die zum einen von der Entdeckung des Prinzips der Camera obscura über deren Instrumentalisierung als Zeichenhilfe bis zur Konstruktion der fotografischen Kamera reichte, zum anderen von der Beobachtung der Lichtwirkungen auf chemische Substanzen über deren experimentelle Erforschung bis zu ihrer Fixierung führte.

In theoretischen Konzeptionen wurden diese Entwicklungslinien wiederum in unterschiedlicher Weise aufgegriffen: So ließ sich die Fotografie über das Paradigma der Camera obscura in eine Geschichte der Wahrnehmungs- und (künstlerischen) Darstellungsweisen einschreiben (vgl. Busch 1989; Crary 1990). Der Anteil der Chemie bildete wiederum den zentralen Bezugspunkt für ontologische Theorien der Fotografie, die das Spezifische des Mediums im ›Lichtabdruck‹ verorten (s. u. »Das Paradoxon analoger Fotografie«). Neuere medienarchäologische Studien haben die teleologische Perspektive traditioneller Historiographien dekonstruiert, indem sie Versuchsanordnungen und Beschreibungen der Erfinder einer genauen Lektüre unterzogen: Was zuvor als zielgerichtete Erfindung deklariert wurde, erwies sich bei eingehender Analyse als eine »Chronologie der kleinen Entdeckungen« (Frizot 1998, 24), in der Zufälle und Irrtümer eine ebenso große Rolle spielten wie planvolle Experimente. Dem entspricht die Ambivalenz in den Selbstbeschreibungen von Joseph Nicéphore Niépce, William Henry Fox Talbot, Louis Daguerre und anderen, die ihre Tätigkeit einmal als ›Erfindung‹ einmal als ›Entdeckung‹ bezeichneten, das Fotografische also sowohl in der Kultur als auch in der Natur situierten (vgl. Batchen 1997). Als eine theoretische Konzeptualisierung dieser Oszillation bietet sich die Akteur-Netzwerk-Theorie an, die den Prozess dessen, was erst in der Nachträglichkeit als Erfindung der Fotografie benennbar wurde, als ein – gleichberechtigtes – Zusammenwirken menschlicher und nichtmenschlicher Akteure beschreibbar macht (s. Kap. II.15).

Die kulturellen Voraussetzungen der neuen Bildtechnik und ihrer breiten Durchsetzung werden in Sozialgeschichten der Fotografie in dem gestiegenen Bilderbedarf einer sich formierenden bürgerlichen Gesellschaft verortet (vgl. etwa Freund 1976). Vor diesem Horizont steht die Fotografie sowohl in der Reihe unterschiedlicher Verfahren bzw. Geräte zur Mechanisierung des Zeichenakts als auch in derjenigen vereinfachter druckgrafischer Reproduktionsverfahren wie dem der Lithographie. Einen weiteren Kontext bilden die ebenfalls im frühen 19. Jahrhundert entstandenen Bildmedien Panorama und Diorama sowie optische Spiele wie das Thaumatrop und das Phenakistiskop, die im Zusammenhang mit der Erforschung der menschlichen Sehphysiologie entwickelt wurden. Beide Aspekte, der der Adressierung einer Lust am Visuellen und der der Erzeugung eines virtuellen Bildes im Akt des Betrachtens, kommen vor allem bei stereoskopischen Fotografien zum Tragen, deren Rezeption mittels eines Sichtgeräts als ein Beispiel für die ›Modernisierung des Sehens‹ steht, die Jonathan Crary zufolge mit dem Zusammenbruch des neuzeitlichen, an der Funktionsweise der Camera obscura orientierten Betrachtermodells einherging (vgl. Crary 1990). Andererseits korrespondierten die ›mechanische Objektivität‹ der Fotografie und ihr, auf der Rationalität der zentralperspektivischen Raumordnung beruhendes, apparatives Dispositiv mit dem positivistischen Wissenschaftsverständnis des 19. Jahrhunderts, ein Aspekt, der u. a. ihre epistemologische Funktion als ein Hilfsmittel der Wissenschaft begründete (s. u. »Fotografie als Medium des Wissens«; s. Kap. IV.26).

Bereits zum Ende des 19. Jahrhunderts hatten sich die wesentlichen Funktionen und Formen der Fotografie ausdifferenziert. Am Anfang ihres vernakulären Gebrauchs steht das Porträt, das zunächst primär dem persönlichen Andenken, mit der Einführung des Visitenkartenformats in den 1850er Jahren verstärkt auch als Mittel der Selbstdarstellung und Kommunikation diente. Prominentenporträts, die gesammelt und getauscht wurden, nehmen das moderne Starbild vorweg und präfigurieren eine am ›Image‹ orientierte Selbst- und Fremdwahrnehmung. Eigens dafür gegründete Verlage vertreiben in großen Auflagen stereoskopische Reisebilder und auch mit pornografischen Fotos wird – wenn auch inoffiziell – gehandelt. Fotos werden in Büchern und Zeitungen publiziert – zunächst eingeklebt bzw. nachgestochen, später z. B. im Halbtonverfahren auch gedruckt (s. u. »Fotografie im Medienverbund«). Ende der 1880er Jahre kommt die erste Knipserkamera auf den Markt, deren Bedienung gemäß dem Slogan »You press the button, we do the rest« keine besonderen Kenntnisse mehr erfordert, die Bildproduzenten jedoch in Abhängigkeit zur Fotoindustrie bringt.

Bereits Mitte des 19. Jahrhunderts beginnt der polizeiliche Gebrauch von Fotos zur Identitätssicherung und Fahndung, gegen Ende sind die z. T. bis heute gültigen Standards des ›Verbrecherfotos‹ und der Tatortfotografie festgeschrieben. Fotografien werden gezeigt, um Empörung und Betroffenheit zu wecken – etwa von Gefallenen, um den Kriegsgegner moralisch zu diskreditieren, oder von Elendsquartieren, um die Notwendigkeit sozialreformerischer Anliegen zu untermauern. Neben ihrem instrumentellen Gebrauch in unterschiedlichen wissenschaftlichen, kulturellen und kommerziellen Kontexten wird Fotografie von Beginn an auch als Medium künstlerischen Ausdrucks erprobt. Aus Amateurclubs geht Ende des 19. Jahrhunderts eine kunstfotografische Bewegung hervor, die ihre Arbeiten in eigenen Zeitschriften und Ausstellungen präsentiert, eine Anerkennung als Kunst von Seiten des akademischen Kunstbetriebs erfährt die Fotografie jedoch erst weit in der zweiten Hälfte des 20. Jahrhunderts.

Als eine mediengeschichtlich besonders bedeutsame Phase kann im Hinblick auf die Fotografie auch die Zwischenkriegszeit gelten. Zusammen mit dem Kino sorgt der Boom fotografisch illustrierter Magazine für einen weiteren Visualisierungsschub. Die intellektuelle und künstlerische Avantgarde entdeckt die Fotografie als Medium der Moderne, mit dem man die Wahrnehmung auf die Erfordernisse des zeitgenössischen Lebens einstellen, die Kunst revolutionieren und die Masse politisieren könne. Hervorzuheben sind die medientheoretischen bzw. -historischen Reflexionen Siegfried Kracauers und Walter Benjamins, die bereits zentrale Topoi späterer Fototheorie vorwegnehmen (zu Kracauers kritischer Sicht auf die Wirkung der Bilderflut auf das Erinnerungsvermögen s. u. »Zeitlichkeit und Fotografie«).

So enthält die 1931 publizierte *Kleine Geschichte der Fotografie*, in der Benjamin verschiedene historische Phasen der Fotografie sowie unterschiedliche ästhetische Praktiken innerhalb der zeitgenössischen Fotografie erläutert und bewertet, auch Überlegungen, die auf das Fotografische an sich zielen, d. h. auf das, was phänomenologische bzw. ontologische Theorieentwürfe später als medienimmanente Eigenschaften der Fotografie konzeptualisiert haben: die Verschränkung von Technik und Magie, die Referenz auf ein notwendig reales Objekt, die Erfahrung einer paradoxen Zeitlichkeit sowie einer Kontingenz jenseits menschlicher Intentionalität (s. u. »Das Paradoxon analoger Fotografie«).

In der Nachkriegszeit gewinnt zum einen die private Fotografie an Bedeutung – nahezu jeder Haushalt verfügt nun über einen Fotoapparat –, zum anderen beginnt, zunächst in den USA, der Einzug der Fotografie in die Kunstinstitutionen und den Kunstmarkt. Historische Dokumentarfotos erfahren eine Aufwertung als Kunst, während zeitgleich Kunstrichtungen wie Pop Art, Konzeptkunst, Land Art, feministische Kunst u. a. auf das fotografische Medium rekurrieren, um traditionelle Kunstbegriffe in Frage zu stellen. Seit den 1990er Jahren vermischen sich die zwei bis dahin weitgehend getrennt verlaufenden ästhetischen Praktiken – die künstlerische Fotografie und der Einsatz von Fotografie innerhalb zeitgenössischer Kunstrichtungen – bzw. stehen im Kunstfeld gleichberechtigt nebeneinander. In den 1980er Jahren setzt schließlich der technologische Wandel der Digitalisierung ein – zunächst im Bereich der Werbung und Magazinfotografie, seit den 1990er Jahren sukzessive auch im Konsumentenbereich –, der heute weitgehend vollzogen ist. Nicht abgeschlossen ist dagegen die Analyse und Bewertung der Veränderungen, die dieser Wandel in Bezug auf das fotografische Dispositiv und die fotografischen Gebrauchsweisen nach sich gezogen hat (s. u. »Das Paradoxen digitaler Fotografie« sowie »Fotografie in der digitalen Kultur«).

Bereits dieser kurze Abriss vermittelt eine Vorstellung von der Heterogenität der Fotografiegeschichte. Traditionelle Historiographien verabsolutierten meist einen Aspekt der Fotogeschichte – etwa den der Technik oder den der Bildlichkeit. Kritik, v. a. an einer an den Kategorien der Kunstgeschichte ausgerichteten Fotogeschichte, kam Ende der 1970er, Anfang der 1980er Jahre von Seiten anglo-amerikanischer Theoretiker/innen wie Victor Burgin, Abigail Solomon-Godeau, Allan Sekula und John Tagg, deren Veröffentlichungen der Fotografieforschung

eine neue Richtung gegeben und neue Gegenstandsbereiche erschlossen haben (vgl. Holschbach 2003). Die Geschichte der Fotografie sei weder »die Geschichte bemerkenswerter Männer, geschweige denn die Abfolge bemerkenswerter Bilder, sondern die Geschichte fotografischer Gebrauchsweisen«, so etwa Solomon-Godeau in *Photography at the Dock* (1997, XXIV). Es gelte nicht die Fotografie als solche zu untersuchen, sondern das Feld der institutionellen Räume, die ihren Status als Technologie und ihre Praxis jeweils neu definieren, so Tagg in *The Burden of Representation. Essays on Photographies and Histories* (1988). Mit Rekurs auf Foucaults Analytik der Macht, auf Althussers Re-Lektüre des marxistischen Ideologiebegriffs, die strukturale Psychoanalyse Lacans und feministische Theorien wurden erstmals Bereiche wie z. B. die kriminalistische, die ethnographische oder die pornografische Fotografie untersucht: in ihrem Einsatz als Instrument von staatlicher Kontrolle der Devianz (Sekula, Tagg) und der visuellen Kolonisierung des ›rassisch‹ Anderen (Elizabeth Edwards) oder ihrer Rolle bei der warenförmigen Spektakularisierung des weiblichen Körpers (Solomon-Godeau). Auch Aspekte wie die Funktion sozialdokumentarischer Fotografie und die Nobilitierung von Gebrauchsfotografie zu Kunst wurden neu bewertet: als Abwehr bürgerlicher Ängste und Affirmation eines sozialen Gefälles bzw. als eine Ästhetisierung im Dienste der Präsentations- und Verwertungslogik von Kunstinstitutionen und Kunstmarkt (vgl. Textanthologien wie Bolton 1989; Wolf 2002; 2003; Stiegler 2010). Ein Desiderat stellt nach wie vor eine umfassendere Mediengeschichte der Fotografie dar, die eine solchermaßen diskursanalytische mit einer dezidiert medienwissenschaftlichen Perspektive verbindet.

Fotografie im Medienverbund

Laut McLuhan ist das Medium Fotografie nur in seinen Beziehungen zu anderen, alten wie neuen Medien zu begreifen (vgl. McLuhan 1995, 309). Konkrete Bedeutung erhält diese Aussage im Hinblick auf die Tatsache, dass wir Fotografien zumeist in komplexen Text-Bild-, Bild-Bild- und Bild-Grafik-Konstellationen in Medienverbünden wie Zeitungen, Büchern oder seit kurzem dem Internet rezipieren. Beginnend mit der Publikation *The Pencil of Nature* (1844–46/1969), in der Talbot an einzelnen Beispielen die Möglichkeiten des von ihm entwickelten Negativ-Positiv-Verfahrens veranschaulichte und in kurzen Texten erläuterte, spielt das Buch bis heute eine Schlüsselrolle für die Veröffentlichung und Verbreitung von Fotografien. Bereits in den 1850er Jahren wurden Verlage zum Vertrieb fotografisch illustrierter Bücher gegründet.

War deren Auflage zunächst noch beschränkt, da die Fotos entweder als Abzüge eingeklebt oder in aufwendiger manueller Drucktechnik reproduziert werden mussten, wurden mit der Entwicklung mechanisierter Reproduktionsverfahren wie der Autotypie gegen Ende des 19. Jahrhunderts und Offsetmaschinen zu Beginn des 20. Jahrhunderts die Voraussetzungen auch für den massenhaften Druck geschaffen. Angefangen mit Reiseberichten, botanischen Sammlungen, medizinischen oder astronomischen Atlanten dehnte sich das Spektrum der Themen von Fotobüchern bis in die 1950er Jahre auf alle möglichen gesellschaftlichen Bereiche aus: Tourismus, Sport, Hobby, Technik, Industrie etc. Unabhängig davon, ob sie der Unterhaltung, Propaganda, Information, Bildung, Werbung oder Kunst dienen, verbindet Fotobücher das Zusammenwirken von fotografischer Bildlichkeit und dem Format Buch, das Fotos und ggf. Texte in einer Folge von gestalteten Seiten organisiert. Als kulturelles Artefakt eigener Ordnung ist das Fotobuch erst in jüngster Zeit in den Fokus gerückt und avancierte so v. a. das Künstlerbuch zu einem gefragten Sammlerobjekt (vgl. Parr/Badger 2004; 2006). Abgesehen von fotohistorischen Einzelstudien und Analysen von Büchern prominenter Autorenfotografen, ist die Geschichte, Rezeption und v. a. mediale Bedeutung von Fotobüchern jedoch erst rudimentär erforscht (vgl. Pfrunder 2012).

Entscheidend für die Massenwirksamkeit der Fotografie war ihre Einbettung in den Medienverbund der illustrierten Presse. Das publizistische Konzept einer Berichterstattung mit Hilfe von Bildern entstand in den 1840er Jahren, also nahezu zeitgleich mit der Fotografie. Die Darstellung von Naturkatastrophen, Kriegsgeschehnissen und gesellschaftlich-politischen Ereignissen wurde jedoch zunächst noch durch Zeichner vor Ort oder nach Augenzeugenberichten ausgeführt. Die Umstellung von gezeichneter auf fotografische Illustration erfolgte in Abhängigkeit von Drucktechniken aber auch von Rezeptionsgewohnheiten erst allmählich. Bevor in den 1880er Jahren die Halbton-Rasterung entwickelt wurde, mussten Fotos ebenso wie Zeichnungen in Holzstiche übertragen werden, erst Anfang des 20. Jahrhunderts konnten Rotationsmaschinen Text und Bild gleichzeitig drucken.

Eine weitere Herausforderung stellte die räumliche Übertragung von Fotos dar: Vergingen zwischen Ereignis und Veröffentlichung von Bildern im 19. Jahrhundert noch Wochen, erlaubte die Bildtelegraphie, die 1904 erstmals erprobt, in großem Ausmaß aber erst nach dem Zweiten Weltkrieg zum Einsatz kam, schließlich eine tagesaktuelle Publikation von Fotos (vgl. Albert/Feyel 1998, 359 ff.; Kümmel-Schnur/Kassung 2012). Ein weiterer Aspekt fotografischer Aktualität ist die Nähe zum Ereignis selbst, die in Abhängigkeit zu fototechnischen Parametern sowie Arbeitsweisen der Fotograf/innen steht. Konnte man mit den Plattenkameras des 19. Jahrhunderts z. B. vom Krimkrieg (1853–56) oder dem amerikanischen Bürgerkrieg (1861–65) nur statische Ansichten von Militärlagern, von den Gefallenen nach der Schlacht oder gestellte Szenen zeigen, schufen lichtempfindliche Rollfilme und Kleinbildkameras wie die Leica in den 1920er Jahren die Voraussetzungen für den modernen Fotojournalismus, der Momentaufnahmen mitten aus dem Geschehen selbst liefert (vgl. Ritchin 1998, 590 ff.). Mit der Konjunktur illustrierter Magazine in den 1920er und 1930er Jahren entstand neben der Reportage- auch die professionelle Mode-, Werbe- und Glamourfotografie; es wurden neue Formate wie das Bildessay, die Modestrecke und der Fotoroman entwickelt. Massenmediale Bedeutung erlangten schließlich Magazine wie *Life* (gegr. 1936) und *Look* (gegr. 1937) in den USA oder in Europa *Paris Match* (gegr. 1949), *Der Spiegel* (gegr. 1947) und *Stern* (gegr. 1948), die mit ihren hohen Auflagen v. a. vor der Durchsetzung des Fernsehens die Weltsicht breiter Bevölkerungsgruppen entscheidend prägten.

Ähnlich wie das Fotobuch ist die Zeitungs- und Magazinfotografie ein Bereich, dessen medienwissenschaftliche Erschließung noch weitgehend aussteht. So konzentriert sich die Publizistik auf textorientierte Inhaltsforschung, die Fotogeschichte dagegen auf einzelne Fotograf/innen und ihre Bilder, während das veröffentlichte Foto in seinem Zusammenwirken mit Text und Layout oder auch die Wechselwirkung von Werbefotografie und Dokumentarfotos in einer Illustrierten zumeist unberücksichtigt bleiben (vgl. Weise 2012). Auch die Mechanismen im Zusammenspiel einzelner Akteure wie Verleger, Fotoagenturen, Bildautoren, Redakteure, Gestalter u. a. sowie ihrer räumlichen, zeitlichen und instrumentellen Arbeitsorganisation im Hinblick auf ihre Signifikanz für die Bedeutungsproduktion im Medienverbund Zeitung stellen ein Forschungsdesiderat dar (zum Medienverbund Fotografie und Internet s. u. »Fotografie in der digitalen Kultur«).

»Es-ist-so-gewesen«: Zeitlichkeit der Fotografie

Als Speichertechnologie steht Fotografie in engem Zusammenhang mit der Medialität historischer Überlieferung, des kulturellen Gedächtnisses und der persönlichen Erinnerung. Seit ihren Anfängen ist sie mit dem Paradigma des Archivs und seinen Ordnungen verknüpft (vgl. Wolf 2002, 13): Fotografische Sammlungen aller Art – archäologische, geografische, medizinische, ethnologische, museale – konstituieren bereits im 19. Jahrhundert ein »enzyklopädisches visuelles Register – ein Inventar, das in den Dienst der Wissenschaft, des Handels, der Physiognomie, der Nation und der Kunst gestellt werden sollte« (Solomon-Godeau 2003, 57).

Das Begehren fotografischen Archivierens richtete sich insbesondere auf die Konservierung des Verschwindenden wie etwa vom Verfall oder Abriss bedrohter Gebäude, wobei neben der Vorstellung, eine Vorlage für spätere Rekonstruktionen zu erhalten, auch diejenige kursierte, das reale Objekt durch seine fotografische Abbildung ersetzbar zu machen. Mit der Entstehung der Pressefotografie kam die Dokumentation von Ereignissen hinzu. Reportagefotos, die im Medienverbund Zeitung als Illustrationen des Tagesgeschehens fungieren, können in einem Prozess der Ikonisierung zu Schlüsselbildern eines nationalen oder globalen Bild-Gedächtnisses avancieren, indem sie über wiederholte Veröffentlichung, Rekontextualisierung in Sammelbänden, Ausstellungen, Schulbüchern und Fernsehsendungen, über *remediation* und *reenactments* zu Stellvertretern historischer Geschehnisse kanonisiert werden – ein Vorgang, der z. B. von der jungen Disziplin der *Visual History* untersucht wird (vgl. dazu die Veröffentlichungen des Historikers Gerhard Paul; s. Kap. IV.6). Diese (potentielle) Funktion als Gedächtnisikone zeichnet das stille Bild gegenüber dem Bewegtbild der Fernsehberichterstattung aus, die die journalistische Fotografie zwar nicht obsolet gemacht, ihren Stellenwert jedoch verändert hat. Die memoriale Funktion der privaten Fotografie basiert ebenfalls auf einer metonymischen Verwendung von Fotos, d. h. auf Fragmenten, die für ein Ganzes stehen (vgl. Bourdieu/Boltanski 1981). In ein Fotoalbum geklebt oder bei Facebook in eine ›Timeline‹ gestellt, werden Kinderfotos, Aufnahmen von Fami-

lienfeiern, Urlauben, Ausflügen, Partys, Schuleintritten oder Berufsjubiläen zu einer visuellen Biografie verknüpft, die sich allerdings gewöhnlich auf positiv bewertete Augenblicke des Lebens – den ›perfekten Moment‹ – beschränkt (vgl. King 2003, 173 ff.) und so einer ›Deckerinnerung‹ im Freudschen Sinne gleichkommt.

Die Rolle der Fotografie im Prozess kollektiven und individuellen Erinnerns wurde schon zu Beginn des 20. Jahrhunderts kritisch bewertet. So spricht Siegfried Kracauer angesichts der Konjunktur illustrierter Zeitschriften von einer »Flut der Photos«, die die »Dämme« des Gedächtnisses hinwegfegt und das »vielleicht vorhandene Bewußtsein entscheidender Züge zu vernichten droht« (Kracauer 1927/1977; vgl. Geimer 2009, 155 ff.). Kracauers These, dass sich die Bilder an die Stelle der Wirklichkeit setzen, die sie vermeintlich zur Anschauung bringen wollen, wird von Susan Sontag in Richtung einer wechselseitigen Bedingtheit von Fotografie und Wirklichkeit zugespitzt: Die fotografische Bilderwelt wirke auf die Realität zurück und nehme Einfluss darauf, was überhaupt als ›wirklich‹ zu gelten hat (vgl. Sontag 1978; Geimer 2009, 157). Flusser spricht in seiner *Philosophie der Fotografie* sogar davon, dass der Mensch vergessen habe, dass »er es war, der die Bilder erzeugte, um sich an ihnen in der Welt zu orientieren. Er kann sie nicht mehr entziffern und lebt von nun an in der Funktion seiner eigenen Bilder: Imagination ist in Halluzination umgeschlagen« (Flusser 1983, 10; vgl. auch Geimer 2009, 159 ff.). Bei Kracauer verlieren Fotografien spätestens mit ihrem Historisch-Werden ihre Lesbarkeit, welche sie allein ihrem aktuellen Kontext verdanken. Im ›photographischen Archiv‹ sieht er ein bloßes Speichergedächtnis, das aufgrund der Dekontextualisierung des Abgebildeten jeglichen Bezug zur (lebendigen) Erinnerung verloren habe und nur noch Zeugnis für das ›Überlebtsein‹ des Gezeigten sei.

Ein zentraler Gegenstand der Fototheorie ist das Eigentümliche der fotografischen Zeitlichkeit als solche, das bereits die Erfinder faszinierte: »Das Vergänglichste aller Dinge, ein Schatten, das sprichwörtliche Sinnbild für alles, was flüchtig und vergänglich ist, kann durch den Zauber unserer Magie gebannt und für immer festgehalten werden« (Talbot, zit. in Geimer 2009, 114). Die Herauslösung und Stillstellung eines Moments der (sichtbaren) Wirklichkeit aus einem räumlich-zeitlichen Kontinuum bricht mit der natürlichen Wahrnehmung von Zeit und ruft die paradoxe Erfahrung einer Verschränkung von Realität und Vergangenheit hervor, welche

Roland Barthes in seiner »Rhetorik des Bildes« als ein Bewusstsein des »Dagewesenseins« umschreibt: »Wir stoßen hier auf eine neue Kategorie des Raum-Zeit-Verhältnisses: räumliche Präsenz bei zeitlicher Vergangenheit, eine unlogische Verbindung des *Hier und Jetzt* mit dem *Da und Damals*« (Barthes 1990b, 39; Herv. i.O.). In der *Hellen Kammer* wird daraus die Formel des »*Es-ist-so-gewesen*«, welches Barthes zum »Noema«, zum Sinngehalt der Fotografie erklärt (Barthes 1989, 87; Herv. i.O.). Die Verschränkung von Existenzbeweis und Nachträglichkeit kann in der Betrachtung von Fotografien unterschiedlich erfahren werden: als Überbrückung der zeitlichen Kluft zwischen Betrachter und Referenten (Benjamin, Barthes) oder als Erlebnis des Gespenstischen in der Wiederkehr von etwas bereits Totem (Kracauer, Barthes).

Mit der Digitalisierung hat Zeitlichkeit in der Fotografie eine einschneidende Veränderung erfahren: Fotografien erscheinen nicht nur direkt auf dem Display, sondern können auch sofort gelöscht werden: Als ›Sofortbilder‹ dienen sie oft nur noch dem unmittelbaren Konsum, werden eher zur Selbstaffirmation und Kommunikation als für die Erinnerung aufgenommen. Und obwohl digitale Fotos als Datensatz im Unterschied zu Papierbildern im Prinzip unbegrenzt haltbar sind, ist ihr Überdauern für die Nachwelt mehr als prekär, da ihre Verfügbarkeit an Hardware und Software gebunden ist, die einem beschleunigten Wandel unterliegt (s.u. »Fotografie und digitale Kultur«).

Fotografie als Medium des Wissens

Im Kontext von Bildwissenschaften (s. Kap. IV.7), Wissenschaftsgeschichte (s. Kap. IV.26) und kulturwissenschaftlicher Medienforschung ist die Bedeutung medialer Technologien für die Vermittlung, Verbreitung und Herstellung von Wissen zunehmend zu einem prominenten Untersuchungsgegenstand avanciert. Dabei kommt der Fotografie ein exemplarischer Stellenwert zu. Selbst Ergebnis experimenteller Forschung, hat sie sich im Laufe des 19. Jahrhundert zu einem »essentiellen Bestandteil des fortschreitenden Wissensprozesses entwickelt« (Frizot 1998, 273). In Bereichen wie Botanik, Anatomie, Archäologie oder Geologie bot sich das *Aufzeichnungs*verfahren als Instrument der Datensammlung, Archivierung und Illustration an. Dass Fotografien trotz ihrer oft schlechten Abbildungsqualität und ihrer eingeschränkten druckgrafischen

Reproduzierbarkeit der Zeichnung als Darstellungsmedium vorgezogen wurden, begründet sich für die Wissenschaftshistoriker Lorraine Daston und Peter Galison aus einem Verständnis von Wissenschaftlichkeit, das jegliche Interpretation aus dem Beobachtungs- und Übersetzungsprozess ausschließen wollte.

Diesem Ideal einer »mechanischen Objektivität« entsprach die »Unmittelbarkeit des maschinell erzeugten Bildes der Natur, das die beständige Intervention des Menschen eliminierte« (Daston/Galison 2002, 87; vgl. auch Galison 2003, 384ff.). Zum Erkenntnisinstrument im engeren Sinne wurde Fotografie als eine technische Erweiterung des Sehens, die Sachverhalte erschloss, die sich aufgrund ihrer Flüchtigkeit, ihrer Entfernung, ihrer Dimension, ihrer Geschwindigkeit u.a. dem menschlichen Sehvermögen entziehen. Die ›wahre Retina des Gelehrten‹, wie der Astronom Jules Janssen die Fotografie bezeichnete, konnte etwa mit Hilfe von Spezialemulsionen schwache Lichtemissionen weit entfernter Galaxien und Sterne aufzeichnen. Mit der Entdeckung der Röntgen- und Infrarotstrahlen wurde schließlich auch der Bereich unsichtbarer Lichtwellen für eine Bildgebung nutzbar gemacht (vgl. Frizot 1998, 273ff.).

Das neben der Röntgenfotografie spektakulärste Visualisierungsverfahren des ausgehenden 19. Jahrhunderts war die serielle Aufzeichnung von Bewegungsabläufen bei Tieren und Menschen, die über ihren ursprünglichen Kontext hinaus Rückwirkungen auf die Darstellung und Auffassung von Bewegung hatte, indem sie etwa von der Avantgardekunst des 20. Jahrhunderts aufgegriffen wurde. An der sogenannten Chronofotografie lässt sich veranschaulichen, dass Fotografie erst über die Einbettung in komplexe Experimentalanordnungen – in diesem Fall eigens entwickelte Kameras, Versuchsstrecken, präparierte Versuchspersonen etc. – zu einem Medium des Wissens wird. Wie Frizot am Beispiel der Studien des Physiologen Étienne-Jules Marey zum menschlichen Gang zeigt, greifen dabei Erkenntnis und die Herstellung eines geeigneten Erkenntnisinstruments ineinander: So korrespondiere die von Marey entwickelte Methode des intermittierenden Abspulens von Filmstreifen, das eine exakte Aufzeichnung kürzester Momente ermöglichen sollte, mit dem von ihm entdeckten Algorithmus des Gehens. In Abgrenzung zu einer teleologisch argumentierenden Mediengeschichte, die die Experimente Mareys, Eadweard Muybridges u.a. rückwirkend in die Geschichte der Kinematographie einschreibt, lenkt Frizot den Blick auf die prinzipielle Ergebnis-offenheit einer solchen wechselseitigen Modellie-rung von Untersuchungsgegenstand und -instru-mentarium (vgl. Frizot 2003).

Eine besonders problematische Rolle kam der Fo-tografie in den sich im 19. Jahrhundert konstituie-renden Humanwissenschaften zu. Im Kontext von Medizin, Kriminologie, Sexualwissenschaft, Ethno-graphie bzw. Anthropologie entstand ein riesiges Bilderreservoir von sogenannten Fotografien wider Willen, die den bürgerlichen Porträts der Zeit gegen-überstehen (vgl. Sekula 2003). Für die ›fotografische Erfassung‹ (vgl. Regener 1999) menschlicher Körper wurden eigene Aufnahmestandards entwickelt, die eine Integration der Abbilder in die metrisch-statis-tischen Systeme vergleichender Taxonomien ermög-lichten, mit denen etwa die Rassentheorien um 1900 arbeiteten (vgl. Edwards 2003; Hagner 2002). Über fotografische Sichtbarkeit bzw. Sichtbarmachung sollte Evidenz hergestellt werden: etwa bei spekulati-ven Theorien wie Jean-Martin Charcots Hysterie-konzept, Francis Galtons physiognomischer Typo-logie oder Cesare Lombrosos Degenerationslehre. Ebenso wie in den Naturwissenschaften wurden Fo-tografien als ›unveränderlich Bewegliche (*immuta-ble mobile*)‹ im Sinne Bruno Latours (s. Kap. II.15) auch in den Biowissenschaften in unterschiedliche Funktions- und Interpretationszusammenhänge ge-stellt. Neuere Studien wie z. B. zur Rolle der Fotogra-fie bei der Konstituierung eines modernen Ge-schlechterwissens (vgl. Peters 2010; s. Kap. IV.25) betonen die daraus resultierende Instabilität bzw. Ambivalenz der Bilder und verweisen auf das Pro-zesshafte und Performative in der wechselseitigen Modellierung von Wissensproduktion und Medien-technik. Auch als Medium des Wissens sei Fotogra-fie weder als ein jeweils schon ›anwesender Aktant‹ anzusehen, noch determiniere sie eine spezifische Sicht- bzw. Repräsentationsweise (vgl. auch Hagner 2002).

Das Paradoxon analoger Fotografie: Ontologische versus diskursive Bestimmung fotografischer Medialität

Private, journalistische und wissenschaftliche Ge-brauchsweisen der Fotografie beruhen auf dem be-sonderen Wirklichkeitsbezug, der fotografischen Bildern zugesprochen wird. Bis in die Debatte zur Digitalisierung der Fotografie polarisiert sich die Fo-tografietheorie an den Prämissen, die aus diesem

Wirklichkeitsbezug für eine Konzeptionalisierung fotografischer Medialität abgeleitet werden. Ist er dem Medium immanent oder allein Effekt kulturel-ler Codierungen? Auf der einen Seite stehen Positio-nen wie die von André Bazin, Susan Sontag, Roland Barthes, Rosalind Krauss oder Philippe Dubois, die von einer kategorialen Differenz zwischen der Foto-grafie und anderen Künsten und Medien ausgehen. Sie argumentieren mit der physikalisch-chemischen Genese fotografischer Bilder, durch die ein spezifi-sches Verhältnis zwischen dem Abbild und seinem Gegenstand begründet wird. Dieses findet sich mal als Abdruck, mal als Spur oder als Emanation des Referenten beschrieben und wurde schließlich mit dem zeichentheoretischen Begriff der Indexikalität verknüpft (vgl. Geimer 2009, Kap. 1).

In Charles S. Peirce' semiotischem Klassifika-tionssystem steht der Begriff des Index für denjeni-gen Typus von Zeichen, die in einem Ursache-Wir-kungs-Verhältnis zu ihren Referenten stehen. Wie der Rauch eines Feuers oder der Schatten auf der Sonnenuhr kann das fotografische Bild als Ergebnis eines natürlichen Vorgangs aufgefasst werden: als Einwirkung von Licht auf Silbersalze bzw. eines Pho-tonenflusses auf eine lichtempfindliche Schicht. Ent-scheidend für die Konzeption der Fotografie als In-dex ist, dass sie dem Bestätigungsvermögen Vorrang vor der Fähigkeit zur Wiedergabe einräumt: Das fo-tografische Bild bezieht demnach seine Wirksamkeit nicht primär aus der realistischen ›Darstellungs-weise‹, sondern aus dem Verweis auf die tatsächliche ›Existenz‹ des dargestellten Gegenstands oder Ereig-nisses (vgl. etwa Barthes 1989, 99). Mit dem indexi-kalischen Dispositiv verbindet sich in der Betonung der Selbsttätigkeit der fotografischen Apparatur zu-gleich die Negierung fotografischer Autorenschaft, deren Absenz jedoch eine positive Wertung erfährt – »alle Künste beruhen auf der Gegenwart des Men-schen, nur die Fotografie zieht Nutzen aus seiner Abwesenheit« (Bazin 1980, 62) – und Fotografien in die Nähe von Naturerscheinungen oder *acheiropoie-tischer* Bilder (= nicht von Menschenhand geschaf-fen) religiöser Provenienz, wie dem Schweißtuch der Veronika oder dem Turiner Grabtuch, rückt.

Für Vertreter/innen einer soziologischen (Pierre Bourdieu), semiologischen (Victor Burgin) oder dis-kursanalytischen (Allan Sekula, John Tagg, Abigail Solomon-Godeau u. a.) Theorie der Fotografie ha-ben Vergleiche wie diese weniger mit einer Essenz des Fotografischen zu tun als mit Bedeutungszu-schreibungen, die sich im Zuge der historischen und sozialen Praxis der Fotografie herausgebildet haben.

Es gibt kein ›Wesen‹ der Fotografie jenseits ihrer unterschiedlichen kulturellen Funktionen, so die gemeinsame Prämisse dieser konstruktivistischen Positionen, deren Interesse dementsprechend nicht der Entwicklung einer alternativen Theorie der Fotografie gilt, sondern der Untersuchung der institutionellen und diskursiven Räume, die ihren Status als Technologie, ihre Produktions- und Rezeptionsweisen jeweils neu definieren (vgl. Geimer 2009, Kap. 2; Wolf 2002; s. o. »Geschichtsschreibung der Fotografie«). Eine vermittelnde Position stellt Dubois' Versuch dar, das Paradigma der Indexikalität mit Rekurs auf die Sprechakttheorie in eine ›Pragmatik des Index‹ zu überführen. Zwar leitet auch Dubois die »Originalität des fotografischen Bildes« aus dem Prozess seiner Herstellung ab, sieht diesen jedoch gekennzeichnet durch die »*Gesamtheit der Umstände, die auf allen Ebenen den Bezug des Bildes zu seiner referentiellen Situation definieren*, und zwar sowohl im Moment der Produktion [...] als auch im Moment der Rezeption« (Dubois 1998, 68), d. h. er bezieht die Aufzeichnungsszene und die der Lektüre mit allen ihren Techniken, Gesten und Räumlichkeiten usw. in die Analyse des sogenannten ›fotografischen Akts‹ ein. Die Dimension der ›natürlichen Einschreibung‹ reduziert sich dabei auf den Augenblick nach dem Auslösen eines Fotos, den Dubois als ein ›momentanes Aussetzen des Codes‹ beschreibt, eine Formulierung, die an Barthes' Beschreibung der Fotografie als ›Botschaft ohne Code‹ anknüpft (vgl. Barthes 1990a).

In seinen frühen semiologischen Texten zur Fotografie unterscheidet Barthes zwischen der denotativen Ebene eines ›natürlichen Nichtcodes‹ und der konnotativen eines ›kulturellen Codes‹, deren Zusammenwirken in einem Presse- oder Werbefoto Barthes hier noch ideologiekritisch als eine Naturalisierung kultureller Bedeutung analysiert (vgl. Barthes 1990a; 1990b). Die Bestimmung des Fotografischen ist aber bereits in diesen Schriften gleichermaßen paradox wie in den Indextheorien, da sich die uncodierte, denotative Botschaft nur rein theoretisch von der codierten, konnotativen trennen lässt. Die fotografische Medialität erweist sich, so fasst Geimer die ontologischen Ansätze zusammen, als ein blinder Fleck: Ein »winziges Fünckchen Zufall« (Benjamin), ein »Fetzen des Realen« (Georges Didi-Huberman), eine »partielle Unverfügbarkeit«, ein »Moment des Entzug« (vgl. Geimer 2009, 68 f.).

Das Paradoxon digitaler Fotografie: Theorien eines technologischen Wandels

Vor dem Hintergrund einer Theorie, die die Medienspezifik der Fotografie aus ihrer chemisch-physikalischen Genese ableitet, konnte die Digitalisierung des fotografischen Verfahrens nur als radikaler Bruch aufgefasst werden. In der Tat spricht William Mitchell, der mit *The Reconfigured Eye* die erste medienwissenschaftliche Darstellung zu Technik und Ästhetik des Image Processing vorlegte, vom »Tod der Fotografie« und dem Anbruch einer »post-fotografischen Ära«: »Der Referent haftet nicht mehr« (Mitchell 1992, 99), seit an die Stelle eines fotochemischen Films, in den sich die Lichtspur irreversibel einschrieb, ein CCD-Chip getreten ist, der analoge Signale (die durch das Objektiv einfallenden Photonen) in digitale Informationen umwandelt, die prinzipiell reversibel bzw. immanent veränderbar sind (vgl. Lunenfeld 2002, 165).

Durch diesen technologischen Wandel verliert die Fotografie, so die Argumentation von Mitchell bis Wolfgang Hagen (Hagen 2002), ihre besondere Wahrheitsfähigkeit, ihren Zeugnischarakter, ihre epistemologische Bedeutung. Digitale Fotografien sind demnach ›dubitative Bilder‹, d. h. grundsätzlich mit einem Manipulationsverdacht behaftet, so Lunenfeld, der die »*revolutionäre* Veränderung« jedoch vor allem darin verortet, dass Fotografien in der visuellen Ordnung der Computergrafik als nur eine Form digitaler Information unter anderen ihre mediale Differenz einbüßen: »Das *einmalige* Foto ist nun gezwungen, sich in die allgemeine grafische Umgebung einzufügen, wenn nicht in ihr unterzugehen« (Lunenfeld 2002, 165; Herv. i.O.). Die technologische Prämisse konsequent zu Ende gedacht, besteht das Paradoxon digitaler Fotografie darin, dass sie als ›Fotografie‹ nicht mehr existiert (vgl. Manovich 1996). Dass das digitale Bild die Fotografie zum Verschwinden bringt, ist für Lev Manovich jedoch nur die eine Seite eines dialektischen Prozesses, der auf der anderen das »Fotografische verfestigt und verewigt« (ebd., 59). Manovichs These lässt sich zum einen so verstehen, dass die Digitalisierung das Konzept der ›analogen Fotografie‹ zuallererst hervorbringt (vgl. Geimer 2009, 110) und fotografischen Bildern der Vergangenheit insgesamt die Aura der Authentizität verleiht. Zum anderen bezieht sie sich auf den ›fotografischen Look‹, der in unserer visuellen Kultur für realistische Darstellung schlechthin steht und der als solcher auch von computgenierten Bildern nachgeahmt wird. Dass letztere in der Digitalisierungsdebatte der 1990er Jahre, die u. a. vor dem Horizont des Einsatzes von Computersimulationen und elektronischen Visualisierungstechniken im ersten Golfkrieg geführt wurde, oft in einem Atemzug mit digital bearbeiteten Fotografien genannt wurden, offenbart die damalige Unschärfe des Begriffs ›digitale Fotografie‹, der inzwischen eindeutig mit dem hybriden, analog-digitalen Aufzeichnungsverfahren verknüpft ist, das die chemiebasierte Fotografie abgelöst hat.

Die These vom Realitätsverlust digitaler Fotografien blieb nicht unwidersprochen. So verweist Jens Schröter in medienarchäologischer Perspektive auf die – ihrer Nutzbarmachung im kommerziellen, künstlerischen und privaten Bereich vorausgehende – Entwicklung der digitalen Technologie im Kontext von Weltraumforschung und militärischer Spionage, welche eine störungsfreie Übertragung fotografischer Aufnahmen und die Herausfilterung relevanter Informationen ermöglichen sollte, d. h. auf eine Steigerung der Referentialität fotografischer Bilder abzielte (vgl. Schröter 2004, 335 ff.). Die Fotografin und Fototheoretikerin Martha Rosler warnte schon früh vor dem gesellschaftlichen Preis der »radikalen Entlegitimierung der Fotografie«, welche auch den Gebrauch des Mediums durch eine politisch aktive Bürgerschaft beeinträchtigen würde (Rosler 2000, 152).

Wie Mitchell und Manovich sieht auch Rosler im Einsatz von Montagen und Inszenierungen eine Kontinuität zwischen analoger und digitaler Fotografie, allerdings nicht nur als Mittel der Täuschung, sondern auch als Instrument der Wirklichkeits*annäherung*. Es stelle sich nicht die Frage, »ob Bilder manipuliert werden dürfen, sondern *wie* – und wie man sie unmittelbar dazu verwendet, ›die Wahrheit‹ zu sagen« (ebd., 152 f.). Ein gravierendes Problem sieht Rosler in der Verschiebung der Kontrolle von den Bildproduzenten zu den Bildverwertern: Der Einsatz elektronischer Bildbearbeitung erhöhe die Wahrscheinlichkeit, »dass die Entscheidung, Fotos zu verändern, nebenbei getroffen wird, und zwar von Leuten, die dazu neigen, die Feinheiten der journalistischen Ethik zu verletzen« (ebd., 138). Eine auf digitalen Kommunikations- und Wahrnehmungstechnologien gründende Gesellschaft benötigt daher eine »gut begründete, strikt verabredete Medienpolitik« (Hagen 2002, 235) – dieses Fazit lässt sich aus der Manipulationsdebatte ziehen. Eine Umsetzung dieser Einsicht stellt die Selbstverpflichtung auf die Speicherung einer Referenzdatei im Rohdaten-For-

mat dar, wie sie sich im wissenschaftlichen und journalistischen Verwendungszusammenhang etabliert hat: ein digitales Negativ, das auf Vereinbarung beruht.

Fotografie in der digitalen Kultur

Auf die fotografischen Gebrauchsweisen hat sich die Digitalisierung in unterschiedliche Richtungen ausgewirkt (vgl. Lister 1995). Praktiken der Bildbearbeitung, deren Tools sukzessive bereits in die Kameras integriert werden, haben sich inzwischen auch im Konsumentenbereich etabliert – zugleich wurde mit dem Bürgerjournalismus die dokumentarische Agenda der Fotografie re-affirmiert und mit Technologien wie der Georeferenzierung von Fotos deren indexikalische Referentialität sogar erweitert. Als die eigentliche Zäsur des Digitalen erweist sich aus heutiger Perspektive die Verbindung von Fotografie, portablen Medien und Internet. So sprechen Rubinstein/Sluis (2008, 9 ff.) angesichts der Leichtigkeit, mit der die Bilder vervielfältigt und über telekommunikative Netzwerke übertragen werden, von einer drastischen Veränderung der Ökonomie fotografischer Bilder infolge ihrer scheinbar unbegrenzten Herstell- und Verfügbarkeit.

In der Handyfotografie und in der Praxis des Bilder-Teilens, d. h. der Veröffentlichung, Kommentierung und Verlinkung von Fotos auf *Photosharing*- und Social-Media-Plattformen, zeigt sich eine Verschiebung von der memorialen zu einer kommunikativen Funktion privater Fotografie – letzteres ein Begriff, der in Bezug auf eine potentiell globale Rezipientenschaft an Geltung verliert. Die Frage, ob man daraus schließen müsse, »dass der fotografische Akt sich nunmehr in keinem anderen Horizont mehr bewegt als in jenem der Verschaltung, eines Kontakts, der keine Spuren mehr hinterließe, weder im Sozialen noch in der Geschichte«, beantwortet die Medientheoretikerin und -künstlerin Louise Merzeau (2010, 63) mit der Hypothese eines ›öffentlichen Gedächtnisraums‹, der sich über die Ansammlung und Zirkulation von Fotografien im Internet konstituiere: »eine[r] unerschöpfliche[n] und rhizomatische[n] Bilder(daten)bank, welche man das *virtuelle, imaginäre Museum* nennen könnte« (ebd., 72; Herv. i. O.). Kritisch sieht sie dagegen die Aneignung und Kommerzialisierung von bedeutenden Fotosammlungen und Beständen aufgelöster Bildagenturen oder Zeitungsarchive durch Großkonzerne wie Corbis und Getty, die nicht nur das ikonographische

Erbe zu einer Ware machten, sondern durch ihre Selektions- und Indexierungsverfahren auch unsere Weisen, »das *Bild zu denken*«, modellierten (ebd., 71; Herv. i.O.).

Die skizzierten Phänomene stellen eine Herausforderung für die medienwissenschaftliche Forschung dar, die neue Fragestellungen an das Medium Fotografie richtet sowie neue Analysemethoden erfordert (vgl. Holschbach 2012). Wie etwa lässt sich die Dynamik fotografischer Bilderansammlungen erfassen und untersuchen, die sich im Netz durch die Aktivität der User und die Algorithmen der Plattformen ständig neu konfigurieren? Welche Rolle spielen Metadaten, seien es usergenerierte Schlagworte, GPS-Koordinaten oder kameratechnische Angaben in Bezug auf die Ausbildung neuer Wissensordnungen und Archivfunktionen? Was für eine Art von Text-Bild-Verhältnis etabliert die Verknüpfung von Schlagwort und Foto im Unterschied etwa zu Foto und Bildlegende? Wie verändern sich durch die Bilderzirkulation innerhalb und außerhalb des Internets Prozesse der Ikonisierung und damit die Sedimentierung von Bildern im kulturellen Gedächtnis?

Neue Praktiken wie die Internetfotografie sind jedoch nicht nur relevant als neuer Forschungsbereich, sondern stellen auch selbst eine Ressource des Wissens dar. So eröffnen die Abermillionen von Fotografien der User und deren Kriterien der Zuordnung und Präsentation nicht nur eigener, sondern auch gefundener bzw. gesammelter Fotos Erkenntnismöglichkeiten über ästhetische Normen, Bedeutungszuschreibungen und affektive Besetzungen, die die gegenwärtige visuelle Kultur kennzeichnen. Die Erschließung dieses Bereichs erfordert eine Zusammenarbeit zwischen Fotografieforschung und neuen Disziplinen wie den Digital Humanities und der Computer Science, wobei auch genuin digitale Methoden eingesetzt werden könnten, die dem Medium ›folgen‹, indem sie etwa Online-Werkzeuge wie Statistiken, Empfehlungsdienste, *folksomomy* u. a. für die kulturwissenschaftliche Forschung umwidmen. Gefordert ist also einmal mehr Interdisziplinarität – eine Voraussetzung«, die eine medienwissenschaftliche Auseinandersetzung mit der Fotografie grundsätzlich erfüllen sollte.

Literatur

Albert, Pierre/Feyel, Gilles: Fotografie und Medien. Die Veränderungen der illustrierten Presse. In: Frizot 1998, 358–369.

Amelunxen, Hubertus von (Hg.): *Theorie der Fotografie,* Bd. IV. München 2000.

Amelunxen, Hubertus von/Iglhaut, Stefan von/Rötzer, Florian (Hg.): *Fotografie nach der Fotografie.* Dresden/Basel 1996.

Barthes, Roland: *Die helle Kammer. Bemerkungen zur Photographie.* Frankfurt a. M. 1989 (frz. 1980).

Barthes, Roland: Die Fotografie als Botschaft [1961]. In: Ders.: *Der entgegenkommende und der stumpfe Sinn. Kritische Essays III.* Frankfurt a. M. 1990a, 11–27.

Barthes, Roland: Rhetorik des Bildes [1964]. In: Ders.: *Der entgegenkommende und der stumpfe Sinn. Kritische Essays III.* Frankfurt a. M. 1990b, 28–46.

Batchen, Geoffrey: *Burning with Desire. The Conception of Photography.* Cambridge, Mass. 1997.

Bazin, André: Ontologie des fotografischen Bildes [1945]. In: Kemp 1980, Bd. II, 58–64.

Benjamin, Walter: Das Kunstwerk im Zeitalter seiner technischen Redproduzierbarkeit. In: *Zeitschrift für Sozialforschung* 5/1 (1936), 40–68.

Benjamin, Walter: Kleine Geschichte der Fotografie [1931]. In: Ders.: *Gesammelte Schriften,* Bd. 2,1. Hg. von Rolf Tiedemann/Hermann Schweppenhäuser. Frankfurt a. M. 1977, 368–385.

Bolton, Richard (Hg.): *The Contest of Meaning. Critical Histories of Photography.* Cambrigde, Mass. 1989.

Bourdieu, Pierre/Boltanski, Luc u. a.: *Eine illegitime Kunst. Die sozialen Gebrauchsweisen der Fotografie.* Frankfurt a. M. 1981.

Busch, Bernd: *Belichtete Welt. Eine Wahrnehmungsgeschichte der Fotografie.* München/Wien 1989.

Crary, Jonathan: *Techniques of the Observer. On Vision and Modernity in the Nineteenth Century.* Cambridge, Mass. 1990.

Daston, Lorraine/Galison, Peter: Das Bild der Objektivität. In: Geimer 2002, 29–99.

Dubois, Philippe: *Der Fotografische Akt. Versuch über ein theoretisches Dispositiv* [1984]. Amsterdam/Dresden 1998 (frz. 1990).

Edwards, Elizabeth: Andere ordnen. Fotografie, Anthropologien und Taxonomien. In: Wolf 2003, 335–358.

Flusser, Vilém: *Für eine Philosophie der Fotografie.* Göttingen 1983.

Flusser, Vilém: *Ins Universum der technischen Bilder.* Göttingen ⁶1999.

Freund, Gisèle: *Photographie und Gesellschaft.* München 1976.

Frizot, Michel (Hg.): *Neue Geschichte der Fotografie.* Köln 1998 (frz. 1994).

Frizot, Michel: Der menschliche Gang und der kinematografische Algorithmus. In: Wolf 2003, 456–478.

Galison, Peter: Urteil gegen Objektivität. In: Wolf 2003, 384–426.

Geimer, Peter (Hg.): *Ordnungen der Sichtbarkeit. Fotografie in Wissenschaft, Kunst und Technologie.* Frankfurt a. M. 2002.

Geimer, Peter: *Theorie der Fotografie zur Einführung.* Hamburg 2009.

Hagen, Wolfgang: Die Entropie der Fotografie. Skizzen zu einer Genealogie der digital-elektronischen Bildaufzeichnung. In: Wolf 2002, 195–238.

Hagner, Michael: Mikro-Anthropologie und Fotografie. Gustav Fritschs Haarspaltereien und die Klassifizierung der Rassen. In: Geimer 2002, 252–284.

Holschbach, Susanne: Einleitung. In: Wolf 2003, 7–21.
Holschbach, Susanne: Bilder teilen. Photosharing als Herausforderung für die Fotografieforschung. In: *Fotogeschichte. Beiträge zur Geschichte und Ästhetik der Fotografie* 32/124 (2012), 78–83.
Kemp, Wolfang (Hg.): *Theorie der Fotografie*. Bd. I-III. München 1980.
King, Barry: Über die Arbeit des Erinnerns. Die Suche nach dem perfekten Moment. In: Wolf 2003, 173–214.
Kracauer, Siegfried: Die Photographie [1927]. In: Ders.: *Das Ornament der Masse. Essays*. Frankfurt a. M. 1977, 21–39.
Kümmel-Schnur, Albert/Kassung, Christian (Hg.): *Bildtelegraphie. Eine Mediengeschichte in Patenten (1840–1930)*. Bielefeld 2012.
Lister, Martin (Hg.): *The Photographic Image in the Digital Culture*. London/New York 1995.
Lunenfeld, Peter: Digitale Fotografie. Das dubitative Bild. In: Wolf 2002, 158–177.
Manovich, Lev: Die Paradoxien der digitalen Fotografie. In: Amelunxen/Iglhaut/Rötzer 1996, 58–66.
McLuhan, Marshall: *Die magischen Kanäle. Understanding Media*. Dresden u. a. 1995 (engl. 1964).
Merzeau, Louise: Digitale Fotografien: Für einen öffentlichen Gedächtnisraum. In: *Zeitschrift für Medien- und Kulturforschung* 1 (2010), 63–75.
Mitchell, William J.: *The Reconfigured Eye: Visual Truth in the Post-photographic Era*. Cambridge, Mass. 1992.
Parr, Martin/Badger, Gerry: *The Photobook. A History*. 2 Bde. London u. a. 2004/2006.
Peters, Kathrin: *Rätselbilder des Geschlechts. Körperwissen und Medialität um 1900*. Zürich 2010.
Pfrunder, Peter: Fragen an das Fotobuch. Gedruckte Fotografie – eine unterschätzte Dimension der Fotogeschichte. In: *Fotogeschichte. Beiträge zur Geschichte und Ästhetik der Fotografie* 32/124 (2012), 42–49.
Regener, Susanne: *Fotografische Erfassung. Zur Geschichte medialer Konstruktionen des Kriminellen*. München 1999.
Ritchin, Fred: *Zeitzeugen. Das Engagement des Fotojournalisten*. In: Frizot 1998, 590–611.
Rosler, Martha: Bildsimulation, Computermanipulationen: einige Überlegungen 1988, 1995. In: Amelunxen 2000, 129–172.
Rubinstein, Daniel/Sluis, Katrina: A life more photographic. Mapping the networked image. In: *Photographies* 1 (2008), 9–28.
Schröter, Jens: Das Ende der Welt. Analoge vs. Digitale Bilder – mehr oder weniger ›Realität‹? In: Ders./Alexander Böhnke (Hg.): *Analog/Digital – Opposition oder Kontinuum. Zur Theorie und Geschichte einer Unterscheidung*. Bielefeld 2004.
Sekula, Allan: Der Körper und das Archiv. In: Wolf 2003, 269–334.
Solomon-Godeau, Abigail: *Photography at the Dock. Essays on Photographic History, Institutions, and Practices* [1991]. Minneapolis ³1997.
Solomon-Godeau: Abigail: Wer spricht so? Einige Fragen zur Dokumentarfotografie. In: Wolf 2003, 53–74.
Sontag, Susan: *Über Fotografie*. München u. a. 1978 (engl. 1977).
Stiegler, Bernd (Hg.): *Texte zur Theorie der Fotografie*. Stuttgart 2010.

Tagg, John: *The Burden of Representation. Essays on Photographies and Histories*. Minneapolis 1988.
Talbot, William Henry Fox: *The Pencil of the Nature* [1844–1846]. New York 1969.
Weise, Bernd: Zeit im Bild. Über Quellen und Recherchen zur Mediengeschichte der Pressefotografie. In: *Fotogeschichte. Beiträge zur Geschichte und Ästhetik der Fotografie* 32/124 (2012), 62–66.
Wolf, Herta (Hg.): *Paradigma der Fotografie. Fotokritik am Ende des fotografischen Zeitalters*. Frankfurt a. M. 2002.
Wolf, Herta (Hg.): *Diskurse der Fotografie. Fotokritik am Ende des fotografischen Zeitalters*. Frankfurt a. M. 2003.

Susanne Holschbach

11. Klangmedien

Unter Klangmedien (auch akustische oder auditive Medien) werden – analog zum Begriff der Bildmedien – technische Verfahren und Praktiken zur Speicherung, Wiedergabe und Übertragung sowie zur Herstellung und Gestaltung von Schallwellen verstanden, die im menschlichen Hörbereich (ca. 16 Hz bis 20 kHz) liegen und daher in Form auditiver Sinneseindrücke wahrgenommen werden können. Während unter diese Bestimmung auch die menschliche Stimme, Musikinstrumente, das Telefon oder das Radio fallen, beschäftigt sich dieser Beitrag jedoch im engeren Sinne mit Medien der ›Phonographie‹, d. h. der technischen Aufzeichnung und Wiedergabe akustischer Phänomene und ihrer medientheoretischen und -kulturellen Bedeutung.

Viele medienhistorische Arbeiten behandeln zunächst die technische Entwicklungsgeschichte der akustischen Medien (vgl. Cunningham 1998; Jaspersen 2004; Engel/Kuper/Bell 2008; Gauß 2009). Darüber hinaus nehmen die kulturellen Auswirkungen, die mit den Prinzipien der technischen Schallaufzeichnung einhergegangen sind, einen wichtigen Stellenwert im Denken der deutschen Medientheorie ein und bilden einen fundamentalen Baustein in der von Friedrich Kittler (1985) formulierten Theorie der *Aufschreibesysteme* (s. Kap. II.13). Klangmedien lassen neue Branchen, Musikstile und Subkulturen entstehen, schaffen neue Gedächtnisspeicher, rufen besondere Alltagspraxen im Umgang mit akustischen Phänomenen hervor und führen dadurch zur Ausprägung ›auditiver Medienkulturen‹ (vgl. Volmar/Schröter 2013). Seit den 1990er Jahren sind vermehrt Arbeiten entstanden, die sich insbesondere diesen medienkulturellen Auswirkungen der Phonographie zuwenden. Untersucht wurden u. a. die kulturellen Ursprünge von Klangmedien im 19. und frühen 20. Jahrhundert (vgl. Sterne 2003), die weitreichenden Veränderungen innerhalb der Musikkultur im 20. Jahrhundert infolge der Mediatisierung (vgl. Katz 2004; Milner 2009) und die Entstehung neuer akustischer Medienpraktiken (vgl. Bijsterveld/van Dijck 2009).

Prinzipien der Schallspeicherung und -wiedergabe

Zeichenbasierte Verfahren zur Aufzeichnung akustischer Ereignisse existieren seit Jahrtausenden. Insbesondere Alphabetschriften – wie das ca. im 9. Jahrhundert vor unserer Zeit entstandene griechische Vokalalphabet – ermöglichen die Speicherung und damit prinzipiell auch die Reproduktion gesprochener Sprache. Im Bereich der Musik wurden Tonhöhen, Tondauern und andere musikalische Parameter in Form von Sing- und Spielanweisungen notiert. So wurden die Buchstaben des griechischen Alphabets auch zur Bezeichnung musikalischer Intervalle verwendet. Im frühen 11. Jahrhundert entwickelte der italienische Benediktinermönch Guido von Arezzo eine musikalische Notation auf der Grundlage von vier im Terzabstand angeordneten Notenlinien. Das System ermöglichte die grafische Repräsentation von Melodieverläufen durch Notenzeichen und stellt den Vorläufer der heutigen Notenschrift dar. Bei diesen Verfahren der Klangspeicherung handelte es sich jedoch ausnahmslos um ›symbolische Notationssysteme‹, d. h. um Kulturtechniken, bei denen nicht der Klang selbst, sondern lediglich spezifische Merkmale bzw. Anweisungen zur Formung von Sprachlauten und Tönen fixiert wurden (s. Kap. II.19 und III.1).

Auf der Grundlage symbolischer Notation wurden auch mechanische Verfahren der Klangreproduktion entwickelt, die vor allem in Glockenspielen, sprechenden Automaten, Spieluhren und selbstspielenden Orchestern zum Einsatz kamen. Charakteristisch für die Sprechmaschinen und Musikautomaten (auch ›Polyphone‹ genannt) waren Klangerzeuger, die in ihrer Form der menschlichen Mundhöhle oder bestimmten Musikinstrumenten nachempfunden waren und die über Lochwalzen, Stiftwalzen oder Lochscheiben gesteuert wurden. Ende des 19. Jahrhunderts wurden selbstspielende Klaviere konstruiert, die durch ihre pneumatische Steuerung erstmals die Reproduktion einer feinstufigen Anschlagsdynamik ermöglichten. Die Firma Welte & Söhne perfektionierte dieses Prinzip in ihrem 1905 vorgestellten Klavierspielapparat *Mignon*, bei dem die mechanischen Spielbewegungen, das Betätigen von Tasten und Pedalen, ähnlich wie bei Morseschreibern in Papierstreifen (die sog. Klavierrolle) gestanzt wurden. Auf diese Weise wurde es möglich, die Darbietung eines Pianisten in allen dynamischen und agogischen (auf das Tempo bezogenen) Details zu reproduzieren. Zusammen mit dem Instrument vertrieb die Firma auch viele Aufnahmen berühmter Pianisten, darunter von Ferruccio Busoni und Vladimir Horowitz, deren Interpretationen auf diese Weise in der heimischen Stube zur Aufführung gebracht werden konnten. Computergesteuerte ›Reproduktionsklaviere‹ werden noch heute im Tonstudiobetrieb verwendet, da hier nachträgliche Korrekturen vorgenommen werden können.

Phonographische Klangmedien basieren dagegen nicht auf Nachbildungen von Klangerzeugern, sondern auf mechanischen Modellen des menschlichen Außen- und Mittelohrs. Die technische Grundlage der Tonaufzeichnung bildet – von Ausnahmen abgesehen – bis heute das Prinzip der Schallwandlung über eine schwingende Membran, das in Anlehnung an das menschliche Trommelfell (*Membrana tympani*) auch als ›tympanisches Prinzip‹ bezeichnet wird (vgl. Sterne 2003). Ziel dieses Prinzips ist die Umwandlung der akustischen Schwingungen in andere Energieformen. Den Boden für die Erfindung von Technologien der Schallspeicherung und -wiedergabe bereiteten zwei wesentliche Entwicklungen in den Naturwissenschaften des 19. Jahrhunderts: erstens das entstehende physikalische Wissen über die Erhaltung von Energie und damit einhergehend über die Möglichkeit der wechselseitigen Überführbarkeit verschiedener Energieformen (wie z. B. mechanische, elektrische oder Wärmeenergie), zweitens das wachsende physiologische Wissen über die Funktionen der menschlichen Sinneswahrnehmung. Die Tatsache, dass sowohl der Zusammenhang unterschiedlicher Energieformen als auch die Physiologie des Hörsinns erst im 19. Jahrhundert systematisch erforscht wurden, erklärt, warum Medien der Schallspeicherung trotz ihrer in technischer Hinsicht verhältnismäßig einfachen Bauweise erst zu dieser Zeit entstehen und nicht bereits früher aufkamen. Klangmedien entspringen somit, obwohl es sich zumeist um Einzelerfindungen handelt, dem spezifischen Wissen ihrer Zeit (vgl. ebd.).

Die ersten Verfahren zur tatsächlichen Aufzeichnung von Schallschwingungen verfolgten zunächst nicht das Ziel, Klangereignisse zu reproduzieren, sondern Schallwellen ›sichtbar‹ zu machen. 1857 erfand der französische Drucker und Buchhändler Édouard-Léon Scott de Martinville den sogenannten ›Phonautograph‹ (griech. etwa »Tonselbstschreiber«): eine Vorrichtung zur graphischen Darstellung von Schallwellen, die zur wissenschaftlichen Untersuchung der menschlichen Sprachlaute und anderer akustischer Ereignisse dienen sollte. Der Apparat bestand aus einem Trichter, an dessen Ende eine auf einer Membran angebrachte Schweineborste befestigt war, mit der Spuren in eine auf einen Glaszylinder aufgebrachte Rußschicht gekratzt werden konnten. Wurde der Zylinder mittels einer Kurbel in Rotation versetzt und in den Trichter z. B. hineingesprochen,

vibrierte die Borstenspitze quer zur Drehrichtung des Zylinders, so dass auf der Oberfläche wellenförmige *Phono-Graphien* oder »Schall-Schriften« entstanden, die den zeitlichen Verlauf der aufgenommenen Schallschwingungen sichtbar machten.

Anders als der Phonautograph war der 1877 von Thomas Alva Edison erfundene ›Phonograph‹ explizit zur Aufnahme und Wiedergabe akustischer Phänomene gedacht. Technisch stellt der Phonograph somit zwar eine Weiterentwicklung des Phonautographen dar, in funktionaler Hinsicht verfolgt er jedoch einen völlig anderen Ansatz. Denn bei diesem handelt es sich nicht um ein graphisches, sondern um ein dezidiert ›auditives‹ Verfahren. Um die akustische Wiedergabe der Schallschriften zu erreichen, wurde eine anstelle der Schweineborste verwendete Metallspitze nicht mehr seitlich, sondern ähnlich wie bei einer Nähmaschine auf und ab bewegt, so dass auf einer dünnen Zinnfolie (später auf Wachswalzen) vertikale Gravuren entstanden, die sogenannte Tiefenschrift. Wurde die Nadel wieder an den Anfang der Aufnahme gesetzt, folgte diese beim Betätigen der Kurbel dem Höhenverlauf der Rille, so dass ihre Bewegungen über die Membran und den Trichter wiederum hörbare Schallwellen erzeugten.

Eine technische Abwandlung des Phonographen stellt das ›Grammophon‹ (griech. etwa »Schrifttöner«) dar, das der Deutschamerikaner Emil Berliner 1887 patentieren ließ. Im Gegensatz zum Phonographen war das Gerät als reines Wiedergabemedium konzipiert, das mit flachen Schallplatten in Seitenschrift operierte, die sich wesentlich schneller und kostengünstiger herstellen ließen als die Edisonschen Walzen. Phonographien erlauben es erstmals, beliebige Klangereignisse als solche auf einem Trägermedium zu speichern und zu einem späteren Zeitpunkt wiederzugeben – zumindest scheinbar, da faktisch nicht die Klangereignisse selbst re-produziert, sondern lediglich akustische Abbilder aus den aufgezeichneten Schwingungsverläufen des ursprünglichen Ereignisses erzeugt werden. Klangmedien basieren auf möglichst präzisen Übersetzungen von Schwingungsverläufen in ein jeweils anderes physikalisches Medium. Auf diese buchstäblichen Analogien – wie hier zwischen Schallschwingung und wellenförmiger Spur – geht der Begriff der ›analogen Medien‹ zurück. Spätere Entwicklungen stellen lediglich technische Variationen dieses Prinzips dar.

Im 20. Jahrhundert werden neben der mechanischen Einschreibung weitere physikalische Medien und Wandler zur Speicherung von Schallwellen genutzt. 1900 stellte der dänische Physiker und Ingenieur Valdemar Poulsen auf der Pariser Weltausstellung mit seinem zwei Jahre zuvor erfundenen ›Telegraphon‹ das erste ›Magnettonverfahren‹ vor. Wie der Phonograph verwendete auch das Telegraphon eine Walze, allerdings fungierte nicht mehr deren Oberfläche als Speichermedium, sondern ein um die Walze gewickelter magnetisierter Stahldraht. Der Schalltrichter wurde durch ein Telefon ersetzt. Als Energiewandler diente anstelle der Kombination aus Membran und Nadel ein kleiner Elektromagnet, der am Draht entlanggeführt wurde und diesen analog zu den über das Mikrofon erzeugten Stromschwankungen magnetisierte. Die auf diese Weise hergestellten Aufzeichnungen konnten über das angeschlossene Telefon hörbar gemacht werden. Das elektromagnetische Tonaufnahmeverfahren besteht nicht mehr nur aus einem einzigen Wandlungsvorgang, sondern aus zwei Übersetzungsschritten pro Aufnahme- und Wiedergabevorgang. Als Übertragungsmedium dient zunächst – wie beim Telefon – der elektrische Strom, als Speichermedium der magnetisierte Draht. Da die Klangqualität des Verfahrens vergleichsweise schlecht war, wurde es hauptsächlich zur Speicherung von gesprochener Sprache verwendet. Der elektrische Signalweg erlaubte insbesondere die Aufzeichnung von Telefongesprächen. Ein großer Vorteil des Telegraphons bestand in seiner großen Aufnahmekapazität – so betrug die Aufnahmezeit von Geräten um 1905 bis zu vierzig Minuten. In späteren Versionen des Geräts kamen statt des Drahtes auf zwei Spulen aufgewickelte Metallbänder zum Einsatz, die bereits an die späteren Tonbandgeräte erinnern (vgl. Engel/Kuper/Bell 2008).

Bedingt durch die Möglichkeiten der elektronischen Signalverstärkung auf der Grundlage von Elektronenröhren etabliert sich nach dem Ersten Weltkrieg der elektrische Signalweg als standardmäßiges ›Arbeitsmedium‹ in der Audiotechnik. Mit Hilfe elektronischer Verstärker und optimierter Mikrofontechnik wird eine wesentlich verbesserte Klangqualität erreicht, was zur Elektrifizierung der Musikproduktion Mitte der 1920er Jahre führt. Elektronenröhren bilden zudem die technische Grundlage für die Entwicklung des Rundfunks (s. Kap. III.13). Eine direkte Auswirkung der Elektrifizierung ist die Entstehung der modernen Tonstudio-Architektur mit akustisch entkoppelten, d.h. getrennten Aufnahme- und Regieräumen sowie Möglichkeiten zur Manipulation der Tonsignale

(Tonmischung). Die Erfindung dynamischer Lautsprecher im Jahr 1925 ermöglicht außerdem die Elektrifizierung der Abspielgeräte, so dass ›elektrische Grammophone‹ keinen Schalltrichter mehr benötigen und Radiogeräte nun auch laut gehört werden können (zuvor wurde primär über Kopfhörer gehört).

Durch die elektronische Verstärkung von Audiosignalen werden für die Schallwandlung und -speicherung auch weitere Speichermedien mittels neuer medialer Übersetzungsketten erschlossen. Für den ab 1927 aufkommenden Tonfilm wird insbesondere das ›Lichttonverfahren‹ relevant, da es neben der Speicherung von Bildern erstmals die Aufnahme einer Tonspur auf Zelluloid-Streifen ermöglicht (in der Anfangsphase war zunächst das sogenannte Nadeltonverfahren verbreitet, bei dem die Filmtonspur auf übergroße Schallplatten aufgezeichnet wurde; dieses konnte sich langfristig jedoch nicht durchsetzen). Erste Experimente fanden bereits Anfang der 1920er Jahre durch Sven Berglund in Schweden, Józef Tykociński-Tykociner, Lee de Forest und Theodore Case in den USA sowie Hans Vogt, Joseph Massolle und Jo Engl in Deutschland statt. Beim Lichttonverfahren verlängern sich die medialen Übersetzungsketten um einen weiteren Zwischenschritt vom Luftschall über elektrische und optische Signale in fotografische Aufzeichnungen und zurück. Die über Mikrofone in elektrische Spannungen umgewandelten Schallschwingungen steuern dabei entweder die Lichtintensität einer Glühlampe, deren Licht durch einen Schlitz fällt und auf diese Weise den hinter dem Schlitz vorbeigeführten Filmstreifen in wechselnder Intensität belichtet (Intensitätsverfahren), oder bei konstanter Lichtquelle eine quer zum Schlitz befindliche Blende, so dass die Signale in Form von wellen- bzw. zackenförmigen Auslenkungen aufgezeichnet werden (Amplitudenverfahren). Beim Abspielvorgang wird die Filmkopie erneut an einem Schlitz und einer Lichtquelle vorbeigeführt. Eine hinter dem Film befindliche Photozelle wandelt die Lichtenergie in Abhängigkeit von der empfangenen Helligkeit in Spannungsänderungen um, die über Lautsprecher hörbar gemacht werden. Die Marktreife des Lichttons wurde ab Mitte der 1920er Jahre vor allem durch den Filmproduzenten William Fox vorangetrieben, der diesen aufgrund der Möglichkeit des gleichzeitigen Bild- und Tonschnitts zunächst in der Nachrichtenberichterstattung einsetzte. Nach der Verbreitung des Tonfilms etablierte sich das Lichttonverfahren recht schnell auch in der Spielfilmproduktion. Analoger Lichtton wird bis heute auf 35-mm-Kopien verwendet, seit den 1990er Jahren allerdings zunehmend ergänzt durch digitale Lichttonspuren wie Dolby Digital oder das SDDS-Format der Firma SONY.

Auf der Grundlage elektronischer Verstärkung wird auch die Magnettontechnik wesentlich weiterentwickelt. Ende der 1920er Jahre experimentierte Fritz Pfleumer mit Papierstreifen, die mit Metalloxidpartikeln beschichtet waren. In den 1930er Jahren entwickelte die Firma BASF schließlich strapazierfähige Kunststoff-Tonbänder; 1935 wurde auf dieser Basis das von AEG und BASF entwickelte Magnetophon K1 vorgestellt. 1940 wurde die Klangqualität durch das zufällig entdeckte Verfahren der Hochfrequenz-Vormagnetisierung deutlich verbessert, wodurch nach dem Zweiten Weltkrieg neue Einsatzgebiete des Magnettons in der Musik- und Filmindustrie entstanden: im professionellen Bereich insbesondere durch die Studiogeräte der US-amerikanischen Firma Ampex (Musik- und Filmproduktion) sowie ab den 1960er Jahren durch die tragbaren Nagra-Geräte der Schweizer Firma Kudelski (Filmproduktion). Für den Heimbereich wurden Tonbandkoffer von Grundig und ab 1963 die *Compact Cassette* von Philips vertrieben. Analoge Klangmedien wurden ab den 1980er und 1990er Jahren nach und nach durch digitale Klangmedien verdrängt, sind jedoch auch heute noch in Gebrauch.

Die ersten digitalen Audioverfahren wurden bereits in den 1930er und 1940er Jahren entwickelt. 1938 ließ der britische Ingenieur Alex Reeves das als Pulse-Code-Modulation (PCM) bezeichnete Verfahren zur digitalen Übertragung von Telefongesprächen patentieren. 1943 wurde die PCM an den Bell Telephone Laboratories zur Realisierung eines verschlüsselten transatlantischen Telefonsystems zwischen den alliierten Streitkräften im Zweiten Weltkrieg genutzt (SIGSALY). Als Wegbereiter der digitalen Nachrichtentechnik gelten die Ingenieure Bernard M. Oliver, John R. Pierce und Claude E. Shannon. Um ein digitales Signal zu erhalten, werden die Spannungswerte eines analogen elektrischen Eingangssignals

- regelmäßig in sehr kurzen, äquidistanten Zeitabständen gemessen (Abtastung, engl. *Sampling*) und
- in eine zeit- und wertdiskrete Zahlenfolge transformiert (Quantisierung).

Die Anzahl der Samples pro Sekunde bestimmt die sogenannte ›Abtastrate‹, die bei digitaler Telefonie

(ISDN) beispielsweise 8 kHz, in der Tonstudionorm 96 kHz beträgt. Das sogenannte ›Abtasttheorem‹ nach Shannon und Nyquist erleichtert dabei die Wahl der Abtastrate: Damit es nicht zu Unterabtastungen kommt, muss diese mindestens doppelt so hoch sein wie die höchste Frequenz des Nutzsignals. Der fälschlicherweise oft als Analog-Digital-*Wandlung* bezeichnete Prozess stellt jedoch keine Signalwandlung im eigentlichen Sinn dar (sowohl die analogen als auch die digitalen Audiosignale sind elektrische Signale), sondern eine Umcodierung: Das digitale Signal verläuft nicht mehr analog zum Verlauf der Schallwellen, sondern repräsentiert nun die errechneten Messwerte im Binärcode, die in symbolischen Maschinen wie z. B. Mikroprozessoren weiterverarbeitet werden können. Ingenieure sprechen daher von Analog-Digital-*Umsetzung*.

Die Entwicklung digitaler Schallspeichertechnologien wurde ab den 1960er Jahren u. a. von der japanischen Rundfunkgesellschaft (NHK) vorangetrieben: 1967 entstand zunächst ein monophoner PCM-Audiorekorder, zwei Jahre später das erste Gerät für Zweikanal-Stereoton. Als Speichermedium diente in beiden Fällen ein umfunktioniertes elektromagnetisches Videorekorder-System. In den 1970er Jahren entwickelte die Firma Nippon Columbia die Technologie unter ihrem Markennamen Denon in ein 8-Spur-Modell weiter, das zur Anfertigung einer Sammlung hochwertiger digitaler Musikaufnahmen im Bereich Klassik und Jazz verwendet wurde. Mit dem ab 1979 von SONY vertriebenen Stereo-Masteringsystem PCM-1600 hielt die digitale Aufnahmetechnik Einzug in professionelle Tonstudios. Die Einführung des gemeinsam von Philips und SONY entwickelten Compact-Disc-Systems, bestehend aus der ›digitalen Schallplatte‹ – der sogenannten *Compact Disc digital audio* (CD, urspr. CD-DA) – und dazugehörigen Abspielgeräten, leitet im Winter 1982/83 die Ära der digitalen Tonträger ein. Die Compact Disc operiert mit einer Abtastrate von 44,1 kHz bei einer Auflösung von 16 Bit und verfügt in der ursprünglichen Version über eine Speicherkapazität von 74 Min. Stereoton. Anders als ihre Vorgänger verwendet die Audio-CD kein elektromagnetisches, sondern ein thermisches Schreib- sowie ein optisches Leseverfahren, bei dem ein Laser eine auf eine Kunststoffscheibe aufgedampfte Aluminiumschicht auf Höhenunterschiede (engl. *pits* und *lands*) abtastet (zur Technikgeschichte des Compact-Disc-Systems vgl. Lang 1996).

1987 führte SONY das digitale Magnettonband *Digital Audio Tape* (DAT) als Nachfolger der analogen Compact Cassette ein. Das DAT-Verfahren konnte sich im Heimbereich allerdings nicht durchsetzen, wurde jedoch bis zur Verbreitung digitaler Festspeicher-Rekorder (*Harddisc-Recording*) in Tonstudios, im Rundfunk, in der Filmproduktion sowie für journalistische Tätigkeiten verwendet. Versuche, den Heimmarkt mit Hilfe der 1992 von SONY vorgestellten *MiniDisc* (MD) bzw. der von Philips und Matsushita entwickelten *Digital Compact Cassette* (DCC) zu erobern, waren ebenfalls nur mäßig erfolgreich. Ein maßgeblicher Grund dafür war die zunehmende Verbreitung von CD-Brennern, mit denen Compact Discs kopiert und zudem selbst zusammengestellt werden konnten (CD-R bzw. CD-ROM). Eine weitere Triebfeder der Digitalisierung war die Standardisierung des digitalen Audioformats MPEG-1/2 Audio Layer III, genannt *MP3*, im Jahr 1992. Durch verlustbehaftete Kompressionsverfahren lassen sich Audiodateien bei einem verhältnismäßig geringen Qualitätsverlust auf weniger als ein Zehntel der ursprünglichen Datenmenge reduzieren, so dass auf einer CD-R wesentlich mehr Musikstücke gespeichert werden konnten als zuvor. Das MP3-Format ermöglicht zudem das Versenden und damit das Teilen von Audiodateien über das Internet, das sogenannte *file sharing* (zur Wissensgeschichte des MP3-Formats vgl. Sterne 2012). Ende der 1990er Jahre begannen viele Firmen mit der Vermarktung tragbarer MP3-Spieler, bei denen digitale Audiodateien auf Festplatte oder Flash-Speicher gespeichert werden. Der bekannteste und bisher meistverkaufte MP3-Spieler ist der 1998 von Apple eingeführte *iPod*.

Tonträger als Konsumgut

Die kommerzielle Verwertung von Musikstücken mittels ›Tonträgern‹ ist die wohl bekannteste Nutzungsweise der Phonographie. Dabei war die technische Reproduktion von Musik nur die vierte von zehn Anwendungsmöglichkeiten, die Edison ursprünglich für seinen Phonographen vorgesehen hatte (vgl. Gelatt 1977, 29). Stattdessen vermarktete er seine Erfindung vor allem als Diktiermaschine für das im Zuge der Industrialisierung schnell wachsende Bürowesen. Die recht umständliche Bedienung, die hohen Anschaffungskosten der ersten Modelle sowie die stark nachlassende Klangqualität nach mehrmaligem Aufnehmen, Abspielen, Löschen und Wiederbespielen machten das Gerät trotz später integrierter Steuerung per Fußpedal und ›Hör-

schläuchen‹ jedoch nicht zum Verkaufsschlager. Absatz fand die Technik in Form des ›Phonautomaten‹ (u. a. auf Jahrmärkten), der bei Münzeinwurf Musik abspielte und somit als Vorläufer der Jukebox zu verstehen ist, die sich ab den 1940er Jahren in den USA und in den 1950er auch in Deutschland als »Kneipenmöbel« etablierte (Gauß 2009, 44).

Der potentielle Unterhaltungswert des Phonographen wurde zwar von Edison nachträglich erkannt (ab 1898 verlagerte er die Produktion auf günstige Phonographen ohne Aufnahmefunktion), allerdings waren die verwendeten Wachswalzen nicht darauf auslegt, oft abgespielt zu werden. Auch ihre massenhafte Vervielfältigung erwies sich als aufwändig. Für diesen Zweck war die ›Grammophon-Schallplatte‹ als Tonträger wesentlich geeigneter, denn bei ihr konnte die Musik nach dem Stempelprinzip mit dem Negativ einer entsprechenden Masterplatte auf die Schallplatten gepresst und somit in großen Mengen industriell gefertigt werden. Technische Weiterentwicklungen verbesserten das Tonträgermaterial (Schellackplatte, 1897), die Laufzeit (doppelseitig bespielbare Schallplatte à 4,5 Min., 1904), die Bedienung (elektrischer Antrieb, 1927) und die Klangqualität (durch elektroakustische Aufnahmeverfahren, elektromagnetische Tonabnehmer und Lautsprecher ab Mitte der 1920er Jahre) und führten dazu, dass sich in der entstehenden Tonträgerindustrie das Grammophon gegenüber dem Phonographen durchsetzen konnte.

Bereits um 1900 entstanden die ersten Plattenlabels wie etwa der von Emil Berliners Grammophone Company bzw. seiner Deutschen Grammophon Gesellschaft geführte Markenname *His Master's Voice*, das Berliner Label *Odeon* oder die amerikanischen *Columbia Records*. Schon bald war die Musik aus der ›Dose‹ ein medienkulturelles Phänomen, das sowohl die Produktion als auch die Aufführungspraxis und Rezeption von Musik nachhaltig beeinflussen sollte. Die Schallplatte wurde zu einer Ware, die den Konsum von Musik erschwinglich und so für ein großes Massenpublikum zugänglich machte. Mit der Verbreitung des Rundfunks und des Tonfilms entstanden zudem neue Möglichkeiten zur Vermarktung von Musik: So waren viele Filmschlager zumeist schon auf Schallplatte erhältlich, bevor sie auf der Leinwand erschienen.

Es kam aber auch zu Konflikten zwischen Rundfunk- und Schallplattenindustrie, da Letztere finanzielle Einbußen durch das Abspielen ihrer Schallplatten im Radio befürchtete. Ein Resultat dieser Auseinandersetzung war 1933 die staatliche Legitimierung und Gleichschaltung unterschiedlicher deutscher Interessenverbände zum Schutz und zur Verwertung musikalischer Urheberrechte, seit 1947 bekannt unter dem Namen ›Gesellschaft für musikalische Aufführungs- und mechanische Vervielfältigungsrechte‹ (GEMA).

Nach dem Zweiten Weltkrieg konnte die Unterhaltungsindustrie von militärischen Entwicklungen auf dem Gebiet der Kommunikationstechnik profitieren, so z. B. von dem neuen Tonträgermaterial Vinyl (Abkürzung für Polyvinylchlorid = PVC) zur Herstellung von Schallplatten. Diese waren günstiger in der Produktion, wiesen durch enger gesetzte Mikrorillen eine längere Spieldauer und eine bessere Tonqualität auf und waren zugleich leichter und stabiler als Schellackplatten. Columbia Records brachte 1948 in den USA die ›Langspielplatte‹ (LP) mit 33⅓ U/min (12 inch) auf den Markt; 1949 folgte RCA Victor mit dem konkurrierenden Format der ›Single‹ mit 45 U/min (7 inch). In den Nachkriegsjahren wurden in Deutschland allerdings zunächst einmal technisch einfachere Phonogeräte produziert, wie z. B. das ›Tefifon‹, dessen ›Endlosschallbänder‹ (ebenfalls aus PVC) in handlichen Kassetten eingefasst über vier Stunden Schlager, Marschmusik und Operetten abspielen konnten.

Ab Mitte der 1950er Jahre kristallisierten sich zwei unterschiedliche, parallel verlaufende Entwicklungen in der Phonoindustrie heraus. Einerseits kamen immer günstigere und mobilere Abspielgeräte auf den Markt, wodurch sich schließlich die robustere Vinylschallplatte gegenüber der Schellackplatte durchsetzte. Vor allem die ›Single‹ war für untere Einkommensschichten und Jugendliche erschwinglich und kam auch in der Jukebox und den ersten Abspielautomaten in Kraftfahrzeugen zum Einsatz. Somit trug sie zur rasanten Verbreitung des Rock'n'Roll und anderer Popmusik bei. Andererseits hielten die luxuriösen Phonomöbel in den deutschen Wohnzimmern Einzug, die den privaten Musikkonsum fördern sollten (zur Objektgeschichte der Phonogeräte vgl. Röther 2012). Während der ›Musikschrank‹ Radio, Plattenspieler, Lautsprecherboxen und somit auch den Klang noch hinter hochwertigem Holz verbarg, kam mit der ›Stereoschallplatte‹ 1958 und der ›Stereofonie‹ im Rundfunk 1964 das Bedürfnis nach Raumklang und hochwertigeren Hörerlebnissen auf. Reaktionen auf die gehobenen Ansprüche waren z. B. die Einführung der sogenannten High-Fidelity-Norm (Hi-Fi) im Jahr 1966, die einen technischen Mindeststandard für Abspielgeräte im Hinblick auf die Klangqualität definierte, und das

seit den 1970er Jahren aufkommende modulare System der Stereoanlagen, das die individuelle Zusammenstellung von Quellenkomponenten wie Verstärker, Radioempfänger, Plattenspieler und Kassettendeck ermöglichte. Letzteres erhielt ab 1968 mit dem Dolby-Rauschunterdrückungsverfahren für Magnettonbänder (Dolby Taste) und der neuen Bandbeschichtung für Compact-Kassetten (Chromdioxid-Band) einen deutlichen Qualitätsgewinn.

Die Kassette war ursprünglich auf Grund ihrer vergleichsweise geringen Klangqualität für Diktiergeräte konzipiert worden. Geschützt und geführt im handlichen Plastikgehäuse war kein kompliziertes Einfädeln des Tonbandes mehr nötig. Doch die ›kinderleichte‹ Bedienung, die das Abspielen und vor allem das Aufnehmen per Knopfdruck ermöglichte, machte den kompakten und vor allem preisgünstigen Kassettenrekorder zum Verkaufsschlager der Jugend, die nun im Radio gesendete Musik oder kommerzielle Tonträger mitschneiden, individuell zusammenstellen und vor allem billig kopieren konnte (Mixtape-Kultur). Die bereits ab 1948 erhältlichen Heimtonbandgeräte fanden im Gegensatz dazu keinen so breiten Umsatz. Diese anspruchsvolle Technik diente eher qualitativ hochwertigeren Mitschnitten von Konzerten bzw. Schallplatten.

Die neuen technischen Kopiermöglichkeiten führten schließlich 1965 zu einer Anpassung des deutschen Urheberrechts (s. Kap. IV.17). Unter anderem wurde für die entgangenen Einnahmen der Rechteinhaber von Werken durch Privatkopien die pauschale Abgabe einer Gebühr für Vervielfältigungstechnologien (Kopierer, Tonbandgeräte, CD + DVD-Brenner, Videorekorder etc.) und ihre entsprechenden Leermedien (Leerkassetten, Rohlinge, Festplatten etc.) festgelegt. Diese wird in der Regel auf den Verkaufspreis aufgeschlagen.

Zu einem regelrechten Statussymbol der Jugendkultur wurde der 1979 eingeführte *Sony Walkman*. Dieser kleine portable Kassettenrekorder inklusive Kopfhörern verband das sich zuvor getrennt voneinander herausgebildete individuelle, selbstbestimmte und zurückgezogene Musikhören in den eigenen vier Wänden mit dem mobilen Musikkonsum, der vornehmlich die abgrenzende und identitätsstiftende Herausbildung von Subkulturen gefördert hatte. Durch den ›personal stereo‹ drang das private Hören in den öffentlichen Raum und löste kontroverse Debatten aus (zur Genese des Walkmans zum kulturen Objekt vgl. du Gay u. a. 1997).

Ebenso wie der Sony Walkman wurde auch die Audio-CD mit einer gezielten Marketingkampagne beworben. Doch während Ersterer eher zufällig zum Kultobjekt avancierte, war Letztere speziell dafür konzipiert worden, als neuer digitaler Tonträger die Schallplatte abzulösen. Die komplexe Funktion der optischen Abtastung wurde hinter einer leichten Bedienbarkeit versteckt, der breitere Frequenzgang, die höhere Speicherkapazität und das schnelle Springen (›Skip‹-Funktion) zwischen den Liedstücken (›Song-Surfing‹) sollten die Schallplatte alt aussehen lassen. Berühmte Musiker wie Herbert von Karajan waren Befürworter und damit Wegbereiter des neuen CD-Formats. Auf die Lizenzvergabe von Philips und SONY reagierten die Hersteller von Abspielgeräten, so dass bei Markteinführung der CD 1982 bereits zwölf CD-Player-Modelle unterschiedlicher Preisniveaus erhältlich waren. Dies waren alles Umstände, die dazu verhalfen, dass sich die CD als neuer Standardtonträger zügig etablierte (vgl. Lang 1996). Im Vergleich zur Langspielplatte wuchs der Marktanteil der Audio-CD in Deutschland bereits 1990 auf das Doppelte.

Ab der zweiten Hälfte der 1990er Jahre förderten CD-Brenner, das komprimierte Audiodateiformat MP3 und schnellere Internetverbindungen die massenhafte, illegale Verbreitung von Musik. Während mit dem Überspielen auf Kassette immer ein Qualitätsverlust verbunden war, konnten dank der digitalen Technik nun verlustfreie Kopien erstellt werden. Peer-to-Peer-Netzwerke ermöglichten den Online-Tausch von Musikkopien. Dies führte dazu, dass von Seiten der Industrie Kopierschutzmechanismen eingeführt wurden, die in der Entwicklung proprietärer Datei-Formate (z. B. ATRAC für MiniDisc) bzw. entsprechender Abspielsoftware für Audiodateien (z. B. iTunes) oder elektronischer Nutzungskontrollen für digitale Dateien, das sogenannte Digital Rights Management (DRM), mündeten.

Diese technischen Schutzmaßnahmen wurden allerdings von vielen Nutzern – meist durch im Internet kursierende Programme – umgangen. Erst durch entsprechende Gesetzesänderungen, die in den USA mit dem Digital Millennium Copyright Act (DMCA) 1998 und in der Europäischen Union in den »EG-Richtlinien von 2001 zur Harmonisierung bestimmter Aspekte des Urheberrechts und der verwandten Schutzrechte in der Informationsgesellschaft« verabschiedet wurden (in Deutschland traten diese erst 2003 bzw. 2008 in Kraft), konnte die Musikindustrie gerichtlich gegen das illegale Filesharing vorgehen. Seitdem wurden viele Betreiber von Musiktauschbörsen (z. B. Napster, The Pirate Bay oder Audiogalaxy) verklagt, das Abschalten der

Server erzwungen und der legale Vertrieb von Musik im Internet durch gebührenpflichtige Downloads und Abo- bzw. werbefinanzierte Streamingplattformen vorangetrieben. Dessen ungeachtet liegt nach den Umsatzzahlen des Bundesverbandes Musikindustrie e.V. der prozentuale Anteil von ›physischen Tonträgern‹ (CD, Vinyl, MC, DVD etc.) für das Jahr 2012 bei 79,5 % des deutschen Musikverkaufs. 70,8 % der Gewinne werden durch CD-Alben erzielt. Doch auch der Verkauf von Vinylschallplatten erreicht mit einem Absatzplus von 36 % wieder einen Höchstwert seit 15 Jahren (vgl. BVMI 2012). Auch der als ›digitales Segment‹ bezeichnete Absatzmarkt für Download- und Streamingprogramme steigt weiter an. Heutige Smartphones mit ihren Internetschnittstellen machen Musik überall verfügbar und lösen sie somit nicht nur von ihren materiellen Tonträgern, sondern auch von ihren digitalen Speicherorten auf heimischen Festplatten.

Auditive Medienpraktiken

Klangmedien haben nicht nur die Kultur des Musikhörens verändert (vgl. Katz 2004), sondern hatten darüber hinaus einen großen Einfluss auf künstlerische Verfahren der Klanggestaltung. Im Bereich der klassischen Musik trugen die phonographischen Medien in der ersten Hälfte des 20. Jahrhunderts zu einer Erneuerung des westlichen Musikkanons bei (vgl. Gelatt 1977). Auch der Jazz verdankt seine rasante stilistische Weiterentwicklung der Verbreitung von auf Schallplatte veröffentlichten ›Sessions‹, denn anders als in der klassischen Musik üblich, basiert der Jazz nicht auf einer möglichst originalgetreuen Interpretation einer detaillierten Partitur, sondern auf Improvisation und kreativer Weiterentwicklung (vgl. Großmann 2013).

Klangmedien hatten aber auch direkte Auswirkungen auf musikalische Spieltechniken: So verlangte die Medialität der Aufnahmesituation in der Anfangszeit der Phonographie zunächst ein Eingehen der Musiker auf die technischen Unzulänglichkeiten der Apparatur sowie später auf die Erwartungen eines zunehmend an Tonaufnahmen gewöhnten Publikums (ein Effekt war z. B. die u. a. von John Cage kritisierte exzessive Verwendung der Vibrato-Technik und andere Verzierungen). Einige Komponisten begannen, sich an die zeitlich begrenzte Aufnahmekapazität der Schallplatte anzupassen – bekannt hierfür ist etwa die »Serenade en la (in A)« von Igor Strawinski aus dem Jahr 1925. Die Single-

Schallplatte führte ab Ende der 1950er Jahre zur Standardisierung von Pop-Titeln auf eine Länge von etwa drei Minuten.

Die phonographischen Medien sind zudem nicht nur reine Speichertechnologien, sondern öffnen durch kreative Zweckentfremdung immer wieder auch neue Räume für künstlerische Interventionen und Manipulationen. Die mit der Elektrifizierung der Aufnahmesituation entstehende Symbiose von Sänger und Mikrofon führt z. B. zu neuen Gesangstechniken wie dem sogenannten Crooning (einem intimen, raunenden Gesangsstil, für den v. a. Frank Sinatra und Bing Crosby bekannt wurden) und zunehmenden Experimenten mit räumlichen Effekten wie z. B. akustischem Nachhall (vgl. Großmann 2013). In den 1920er und 1930er Jahren brachte eine reflexive Auseinandersetzung mit der Materialität und Medialität der Tonaufzeichnung experimentelle Praktiken der Klangerzeugung in der künstlerischen Avantgarde mit sich. Die Erschaffung neuer Klangstrukturen erreichen Künstler wie László Moholy-Nagy, Arsenij Awraamow, Rudolf Pfenninger und Oskar Fischinger dabei durch die materielle Bearbeitung der Speichermedien, indem sie z. B. Rillen in unbespielte Schallplatten ritzen oder Filmtonspuren mit selbst gezeichneten Wellenformen oder Mustern belichten (vgl. Daniels/Naumann/Thoben 2010). Nach dem Zweiten Weltkrieg entwickeln sich verschiedene Formen elektroakustischer Musik, zu deren Herstellung zum einen elektronische Tongeneratoren, zum anderen aber auch Plattenspieler und Tonbandgeräte zur Klangerzeugung und -formung verwendet werden – u. a. die Tape Music in den USA, die auf Pierre Schaeffer zurückgehende Musique Concrète in Frankreich und die v. a. mit Karlheinz Stockhausen verbundene Elektronische Musik in Deutschland (vgl. Ruschkowski 2010).

Auch im professionellen Tonstudio entstehen im Laufe der 1960er Jahre neue Praktiken einer aktiven Klanggestaltung, in deren Folge dieses nicht mehr nur zur ›Aufnahme‹ von Musik dient, sondern sich zu einem Musikinstrument bzw. in ein ›Klanglabor‹ verwandelt. Das bekannteste Beispiel für diesen Übergang von der Live-Aufnahme zur aufwändigen Studio-Produktion ist die britische Band *The Beatles*, die sich in den 1960er Jahren intensiv mit den Möglichkeiten der Studioproduktion und Klanggestaltung auseinandersetzen. Das moderne Film-Sounddesign entwickelt sich in den 1970er Jahren ebenfalls durch eine unkonventionelle Nutzung von tontechnischen Übertragungswegen, Tonbandmaschinen und Medienwechseln (bekannte Filmtongestalter

sind Walter Murch und Ben Burtt). Etwa zur selben Zeit entsteht der Hip-Hop durch die kreative Umfunktionierung des Schallplattenspielers zum Musikinstrument durch die manuelle Wiederholung bestimmter Beat-Strukturen und Scratching. In der digitalen Musikproduktion ergeben sich neue Gestaltungsmöglichkeiten für die Produktion elektronischer Musik auf der Basis von Algorithmen, die direkt auf die digitale ›Schallschrift‹ zugreifen (s. Kap. III.17).

Musik- und Sprachschallaufzeichnungen prägen zudem das kollektive Gedächtnis und die gesellschaftliche wie individuelle Erinnerungskultur und Alltagskommunikation neu (vgl. Bijsterveld/van Dijck 2009). Seit den frühen Tagen der akustischen Aufnahmegeräte haben Personen der Zeitgeschichte und des öffentlichen Lebens ihre Stimmen auf Tonträgern verewigt (z. B. Kaiser Franz Joseph von Österreich auf Tondraht im Jahr 1900). Sprechendes Kinderspielzeug gehört zu den frühen Erfolgsprodukten der Phonographie. In der ersten Hälfte des 20. Jahrhunderts boten viele Länder sogenannte ›Fonopost-‹ bzw. ›Phonopost-Dienste‹ an, die es erlaubten, auf Schallplatten eingesprochene Grußbotschaften zu versenden. Bis heute verbreitet ist dagegen der ›Anrufbeantworter‹ (vgl. Levin 1998). Das Aufnehmen von Familien-Ereignissen sollten in den 1950er Jahren die Heimtonbandgeräte zum Hobby machen. Sie begeisterten jedoch meist nur einen sehr speziellen Kreis von – vornehmlich männlichen – Tonbandamateuren, die sich fortan auf die Jagd nach der perfekten und vor allem authentischen Aufnahme von Alltagsgeräuschen, Tieren etc. begaben (vgl. Bijsterveld 2004). Das Erlernen von Fremdsprachen wird durch begleitende Tonträger für Sprachkurse erleichtert und oft auch erheitert, und das ursprünglich als ›Blindenmedium‹ konzipierte ›Hörbuch‹ avancierte in den 1990er Jahren zum Bestseller – sie alle gehören zu den vielen medialen Alltagspraktiken, die ohne Tontechnik nicht denkbar wären.

Doch die tontechnischen Errungenschaften können auch Störungen verursachen, in Form von Lärm oder als psychische und sogenannte akustische Waffen (vgl. Goodman 2010). In den beiden Weltkriegen wurden Abhörvorrichtungen, Schallspeichergeräte und Tonträger für die militärische Aufklärung und die Manipulation des Gegners benutzt. Eine wesentliche und unrühmliche Bedeutung haben Klangmedien insbesondere im Kalten Krieg als Herrschaftstechnologien zur Überwachung von Staatsbürgern erlangt – und das nicht ausschließlich in Diktaturen.

Zur Aufklärung tragen Klangmedien aber auch im positiven Sinne der Erkenntnis bei, z. B. in der Luftfahrt in Form von Stimmenrekordern in Flugschreibern, als Indizien für die Medizin oder die Kriminalistik und für die Wissenschaft im Allgemeinen. Der Phonograph begleitete Forschende schon früh auf Expeditionen, um ›bedrohte‹ Sprachen, Dialekte oder Musikformen in wissenschaftliche Tondokumente zu überführen. Zeugnisse dieser akademischen Sammelwut sind u. a. das Wiener und das Berliner Phonogrammarchiv, die einen großen Fundus an kulturhistorischen Quellen in sich bergen (zur Geschichte des Wiener Phonogrammarchivs vgl. Stangl 2000). Die Umstände, unter denen die Aufnahmen meistens zustande kamen – darunter die ethnographische Erforschung ›primitiver Kulturen‹ oder wissenschaftliche Studien in Kriegsgefangenenlagern –, sind in der neueren Forschung jedoch zunehmend kritisch reflektiert worden (vgl. Lange 2013). Ein Problem der Schallarchive stellt oft die Erhaltung der historischen Tondokumente und deren Zugriff dar, denn anders als Papier haben sie noch keine Jahrhunderte überdauert und erfordern für ihre Lesbarkeit entsprechende Abspielgeräte, die inzwischen oft schon nicht mehr hergestellt werden.

Die akustischen Aufzeichnungsverfahren beeinflussten, revolutionierten oder legitimierten wissenschaftliche Disziplinen wie die Ethnomusikologie, die Ethnologie, die Anthropologie, die empirischen Kultur- und Sozialwissenschaften und die Sprachwissenschaft, darunter insbesondere die Phonetik. Die in den 1930er Jahren entstandene *Oral History*, die Alltagsgeschichte anhand von Zeitzeugen-Interviews erforscht, machte das Aufnahmegerät zu ihrem Werkzeug. Doch auch die Naturwissenschaften profitierten von der neuen Möglichkeit der akustischen Datenerhebung. So führten die technischen Schallaufzeichnungen zur Gründung eines neuen Forschungsfeldes, der Bioakustik, die mit Hilfe akustischer Daten die Lautäußerungen von Tieren und deren auditive Wahrnehmung erforscht (vgl. Willkomm 2013). Den umgekehrten Ansatz verfolgen ›Sonifikationen‹, eine wissenschaftliche Darstellungspraxis, bei der Daten aller Art mit Hilfe von Computerprogrammen in Klänge transformiert werden und auf diese Weise – als akustisches Äquivalent zu Visualisierungen und grafischen Repräsentationen – die Produktion neuer Erkenntnisse erleichtern sollen (vgl. Schoon/Volmar 2012). Zunehmend medienwissenschaftliche Aufmerksamkeit erhält daneben die Welt der ›funktionalen Klänge‹, da die Digitalisierung von Alltagsgeräten zu der Notwendigkeit führt, die Kommunikation zwischen Mensch und Maschine über Benutzeroberflächen und akustische Interfaces aktiv zu gestalten (vgl. Spehr 2009).

Literatur

Bijsterveld, Karin: ›What do I do with my tape recorder …?‹: Sound hunting and the sounds of everyday dutch life in the 1950s and 1960s. In: *Historical Journal of Film, Radio and Television* 24/4 (2004), 613–634.

Bijsterveld, Karin/van Dijck, José (Hg.): *Sound Souvenirs: Audio Technologies, Memory and Cultural Practices.* Amsterdam 2009.

Bundesverband Musikindustrie (BVMI): Musikindustrie in Zahlen. Jahrbuch 2012, http://www.musikindustrie. de/fileadmin/piclib/statistik/branchendaten/jahreswirt schaftsbericht-2012/download/Jahrbuch_BVMI_2012. pdf (07.11.2013).

Cunningham, Mark: *Good Vibrations: A History of Record Production.* Hg. von Alan Parsons/Brian Eno. London 1998.

Daniels, Dieter/Naumann, Sandra/Thoben, Jan (Hg.): *See This Sound: Audiovisuology.* 2 Bde. Köln 2010.

Du Gay, Paul/Hall, Stuart/Janes, Linda/Mackay, Hugh/Negus, Keith: *Doing Cultural Studies: The Story of the Sony Walkman.* London u. a. 1997.

Engel, Friedrich/Kuper, Gerhard/Bell, Frank: *Zeitschichten: Magnetbandtechnik als Kulturträger. Erfinder-Biographien und Erfindungen, Chronologie der Magnetbandtechnik und ihr Einsatz in der Hörfunk-, Musik-, Film- und Videoproduktion.* Potsdam 2008.

Gauß, Stefan: *Nadel, Rille, Trichter: Kulturgeschichte des Phonographen und des Grammophons in Deutschland (1900–1940).* Köln u. a. 2009.

Gelatt, Roland: *The Fabulous Phonograph, 1877–1977.* London ²1997.

Goodman, Steve: *Sonic Warfare. Sound, Affect, and the Ecology of Fear.* Cambridge, Mass. 2010.

Großmann, Rolf: Die Materialität des Klangs und die Medienpraxis der Musikkultur. Ein verspäteter Gegenstand der Musikwissenschaft? In: Volmar/Schröter 2013, 61–78.

Jaspersen, Thomas: Tonträger (Schallplatte, Kassette, CD). In: Werner Faulstich (Hg.): *Grundwissen Medien.* München 2004, 385–410.

Katz, Mark: *Capturing Sound. How Technology Has Changed Music.* Berkeley 2004.

Kittler, Friedrich A.: *Aufschreibesysteme. 1800–1900.* München 1985.

Lang, Jürgen K.: *Das Compact-Disc-Digital-Audio-System. Ein Beispiel für die Entwicklung hochtechnologischer Konsumelektronik.* Aachen 1996.

Lange, Britta: *Die Wiener Forschungen an Kriegsgefangenen 1915–1918. Anthropologische und ethnographische Verfahren im Lager.* Wien 2013.

Levin, Thomas Y.: Vor dem Piepton. Eine kleine Geschichte des Voice Mail. In: Ulrich Raulff (Hg.): *Wissensbilder: Strategien der Überlieferung.* Berlin 1998, 279–317.

Milner, Greg: *Perfecting Sound Forever: The Story of Recorded Music.* London 2009.

Röther, Monika: *The Sound of Distinction: Phonogeräte in der Bundesrepublik Deutschland (1957–1973). Eine Objektgeschichte.* Marburg 2012.

Ruschkowski, André: *Elektronische Klänge und musikalische Entdeckungen.* Ditzingen 2010.

Schoon, Andi/Volmar, Axel (Hg.): *Das geschulte Ohr. Eine Kulturgeschichte der Sonifikation.* Bielefeld 2012.

Spehr, Georg: *Funktionale Klänge: Hörbare Daten, klingende Geräte und gestaltete Hörerfahrungen.* Bielefeld 2009.

Stangl, Burkhard: *Ethnologie im Ohr: die Wirkungsgeschichte des Phonographen.* Wien 2000.

Sterne, Jonathan: *The Audible Past. Cultural Origins of Sound Reproduction.* Durham 2003.

Sterne, Jonathan: *MP3: The Meaning of a Format.* Durham u. a. 2012.

Volmar, Axel/Schröter, Jens (Hg.): *Auditive Medienkulturen. Techniken des Hörens und Praktiken der Klanggestaltung.* Bielefeld 2013.

Willkomm, Judith: Die Technik gibt den Ton an. Zur auditiven Medienkultur der Bioakustik. In: Volmar/Schröter 2013, 393–418.

Axel Volmar/Judith Willkomm

12. Film

Einleitung: Definition und Überblick

Der Begriff *film* stammt aus dem Englischen und bedeutet ursprünglich Membran, sehr dünne Schicht, Überzug, Häutchen; Trübung des Auges, feiner Nebel, Schleier; dünnes, biegsames Material. Im Kontext der Kinematographie bezeichnet ›film‹ sowohl den materiellen Träger des Bildes (Nitrat, Zelluloid) als auch dessen Projektion, bei der im Zuschauer eine Wahrnehmung von Bewegung hervorgerufen wird, sowie den Bereich seiner industriellen, arbeitsteiligen Herstellung insgesamt. Damit ist bereits die fundamentale Doppelstellung des Films zwischen technisch-institutionellen und wahrnehmungspsychologisch-subjektiven Aspekten markiert.

Worin das Wesen von Kino und Film, seine Ontologie und Spezifik besteht, wurde seit jeher diskutiert und ab 1958 in vier Bänden auf den Punkt gebracht vom französischen Kritiker und Theoretiker André Bazin (2004) mit der Frage *Was ist Film?* Wiewohl historisch darauf eine ganze Reihe unterschiedlicher Antworten gegeben wurden, stellt sie sich heutzutage, da das Kino als Institution an Bedeutung verliert, audiovisuelle Bewegtbilder im Alltag zugleich aber präsenter sind als jemals zuvor, in neuer Weise. Man könnte sagen, dass sich Bazins Frage nach dem ›Was‹ zu einer Frage nach dem ›Wo‹ gewandelt hat: Nicht mehr nach dem Wesen des Films gilt es zu fragen, sondern nach dessen Ort. Ist es noch Film, wenn ich einer öffentlichen digitalen Projektion beiwohne, wenn ich einen YouTube-Clip auf einem mobilen Endgerät ansehe oder wenn ich im Wohnzimmer eine DVD abspiele? Muss Film auf fotografischer Aufzeichnung basieren – denn es gibt ja auch animierte Bewegungsbilder (vgl. Cholodenko 1991; Bendazzi 1994; Wells 1998; Furniss 1999; Cholodenko 2007)? Schon 1946 hat Gilbert Cohen-Séat zwischen dem »fait filmique« (die filmische Tatsache) und dem »fait cinématographique« (die kinematographische Tatsache) unterschieden (vgl. Cohen-Séat 1962). Die erste bezieht sich auf die Bilder und Töne des Films, die unmittelbar zugänglich sind, also den filmischen ›Text‹, wie dies die Semiotik in den 1970er Jahren nannte. Die zweite benennt den menschlichen Einflussbereich, also Herstellungszusammenhänge ebenso wie Rezeption und soziale Rahmung, mit anderen Worten: die Institution Kino. Während demnach das Kinematografische zunehmend verschwindet oder zumindest instabil erscheint, so erweist sich das Filmische als quicklebendig und allgegenwärtig.

Wenn man vor diesem Hintergrund des post-kinematographischen Zeitalters noch einmal die Entstehungsgeschichte des Films betrachtet, ergeben sich bezogen auf den Ursprung ganz ähnliche Fragen in Bezug auf Stabilität und Identität des Mediums. Wann wurde der Film erfunden? Bereits 1879, als Eadweard Muybridge eine rasche Folge von fotografischen Einzelbildern mit dem Zooskop wieder synthetisierend zusammenfügte (Bewegungsbild); 1893, als Thomas Alva Edison mit dem *Kinetoscope* eine Art Guckkasten-Kino vorstellte (Vorführung), oder 1895, als die Brüder Auguste und Louis Lumière ihren *Cinématographe* präsentierten? Gemeinhin wird Letzteres angenommen, weil hier eine Reihe von Aspekten, die sich für die weitere historische Entwicklung als wegweisend erweisen sollten, zum ersten Mal zusammenkam: die Projektion eines Filmstreifens aus fotografisch hergestellten Einzelbildern vor zahlendem Publikum auf eine Leinwand. Diese Definition beschreibt die über lange Zeit dominanten Formen der Produktion, Distribution und Vorführung von Film. Ausgeschlossen bleibt in dieser Betrachtung allerdings die wissenschaftliche, staatliche oder militärische Verwendung von Bewegtbildern, ihr Einsatz in der industriellen Produktion oder im privaten Bereich ebenso wie der digitale Animationsfilm, dessen Einzelbilder nicht fotografisch hergestellt werden.

Film und Kino sind über weite Abschnitte des 20. Jahrhunderts als Medium, Unterhaltungsform und Industrie relativ stabil geblieben, auch wenn in Randbereichen (etwa im Übergang zum Fernsehen) dies nicht immer der Fall war. Durch den heftigen Entwicklungsschub der Digitalisierung seit den 1990er Jahren hat sich die Stabilität des Mediums zunehmend mit anderen Formen und Medien verbunden und ist als distinktes Phänomen nicht länger erkennbar. Historisch kann man die Entwicklung des Films grob in fünf Abschnitte unterteilen:

- Eine Phase der Vor- und Frühgeschichte, in der noch zahlreiche Formate, Verwertungszusammenhänge und Einsatzweisen koexistierten, führte zu einer Verstetigung von formalen Normen und industriellen Arbeitsabläufen (bis ca. 1910).
- Daran schloss sich die Phase des sogenannten ›Stummfilms‹ an (der niemals tonlos war, da Filmvorführungen mit Musik, Geräuschen oder durch Sprecher begleitet wurden), in der Film als Massenmedium in den westlichen Industrienationen durchgesetzt wurde (bis ca. 1929).
- Die Zeit des klassischen Tonfilms wird meist bis 1960 angesetzt und zeichnet sich durch eine ausgereifte industrielle Struktur aus (Oligopol, vertikale Integration) sowie durch klar umrissene ästhetische Normen.
- Der moderne Film öffnet diese formale und produktionsästhetische Geschlossenheit in Hinblick auf andere Ästhetiken und Herstellungsweisen, auf narrative Ambiguität und rezeptionsästhetische Offenheit vor allem im europäischen Kunst- und Autorenfilm.
- Seit 1990 herrscht eine Ära, für die sich noch kein Begriff durchgesetzt hat – Postklassik, Postmoderne, digitaler Film, Film im Zeitalter digitaler Netzwerke –, in der Film zunehmend in andere mediale Systeme diffundiert.

Historiographie

Der Film entstand Ende des 19. Jahrhunderts zunächst als Medium ›ohne Geschichte‹, dessen Funktion und Bestimmung umkämpft war: Während Edison von Anfang an eine kommerzielle Auswertung seines *Kinetoscope* anstrebte, hielten die Lumières Film vor allem für ein Instrument wissenschaftlicher Erkenntnis (vgl. Elsaesser 2002, 47–68). Erst im Lauf der 1920er Jahre, als der ästhetische Wert des Films allmählich anerkannt wurde, begann man, sich intensiver für Herkunft und Entwicklung des Mediums zu interessieren. So entstanden im Zuge einer sich entwickelnden Filmkultur nicht nur erste Übersichtswerke zur Geschichte des Films, sondern auch Archive und Museen wie die Filmabteilung des Museum of Modern Art in New York (1935) oder die Pariser Cinémathèque française (1936). Zu dieser Zeit waren bereits große Teile der Stummfilmproduktion verloren, da die Hersteller die Kopien ihrer Filme für wertlos hielten und vernichteten, sobald diese ökonomisch ausgewertet waren. Mit der Institutionalisierung der Filmgeschichte ging zudem eine Nationalisierung der Diskurse einher. So wurden in Frankreich Auguste und Louis Lumière als Erfinder und Charles Pathé als industrieller Pionier des Kinos gefeiert, während dieselben Leistungen in Deutschland Max und Emil Skladanowsky bzw. Oskar Messter zugeschrieben wurden. Diese nationalstaatlich geprägten Filmgeschichten wurden nach dem Zweiten Weltkrieg ersetzt durch Universalgeschichten, die zunächst stark westlich orientiert waren. In ihnen wurden vor allem die großen unabhängigen Künstlerpersönlichkeiten geehrt, die jenseits der Studios ihre Filme gedreht hatten oder in den Institutionen gescheitert waren: David Wark Griffith, Robert Flaherty, Friedrich Wilhelm Murnau, Jean Renoir oder Orson Welles.

In den 1950er Jahren setzten sich die Kritiker der Zeitschrift *Cahiers du Cinéma* dafür ein, bestimmte Regisseure nicht mehr nur als ›réalisateurs‹, als bloße Erfüllungsgehilfen der großen Studios beziehungsweise als Illustratoren literarisch wertvoller Drehbücher zu verstehen, sondern als eigenständige Künstler oder ›Autoren‹, deren je individuelle Handschrift auf der Leinwand selbst unter den Bedingungen von notwendiger Arbeitsteilung und kommerziellen Zwängen im Prozess der filmischen Produktion erkennbar bleibe. Obwohl – oder gerade weil – diese ›politique des auteurs‹ sich nie in einer rigorosen Theorie verfestigt hat, hat sich die Vorstellung von Film als Produkt der schöpferischen Kraft eines autonom agierenden ›Machers‹ so sehr durchgesetzt, dass sie weitgehend als selbstverständlich akzeptiert wird. Die Rede vom ›Autor‹ – viel zu selten: der ›Autorin‹ – erfüllt dabei eine Reihe von Funktionen: Sie erlaubt der Filmgeschichte die Subsumierung unterschiedlicher Filme in ein ›Werk‹, dessen Konstanten dann erschlossen werden können; sie kann Zuschauererwartungen beschreiben; sie ermöglicht den Vergleich des Films mit traditionellen Künsten und anderes mehr. Dabei zieht dieser Diskurs eine Reihe von Fragen und Widersprüchen nach sich. So würdigten die *Cahiers* als ›auteurs‹ zu jener Zeit gerade nicht jene Regisseure, die als Künstler längst anerkannt waren, sondern Filmemacher wie Howard Hawks, John Ford, Nicholas Ray oder Alfred Hitchcock, die bis dahin als bloße Genre-Handwerker galten und kaum künstlerisch-kritische Beachtung gefunden hatten. Heute setzen gerade groß budgetierte Produktionen darauf, durch die Etablierung eines Regisseur-Namens als Markenzeichen und dessen forcierter Sichtbarmachung im Marketing den ökonomischen Erfolg eines Films zu sichern.

Mit der Durchsetzung der Autorentheorie in den 1960er Jahren dominierte bis in die 1980er Jahre hinein eine traditionalistische Vorstellung von Filmgeschichte, nach der Meisterregisseure für große Werke verantwortlich zeichneten. Die Filmhistoriographie war biografisch, national und anekdotisch orientiert und interessierte sich für die kommerzielle Filmproduktion westlicher Industrienationen stärker als für die ›Ränder‹ (Weltkino) oder den ›Untergrund‹, die künstlerisch-experimentelle oder durch stark begrenzte Budgets (B-Movies) geprägte Filmproduktion. Im Zuge der sogenannten ›new film his-

tory‹, die sich zunächst um den frühen Film und die regionale Filmgeschichte verdient machte, lässt sich eine Orientierung auf wissenschaftliche Methoden, den Trend zur Nicht-Linearität und Offenheit sowie die Offenlegung narrativer Strukturen erkennen (vgl. Allen/Gomery 1985). Gerade Zirkulation und Rezeption, Sackgassen und gescheiterte Projekte gerieten dadurch in den Blick einer erweiterten Filmhistoriographie. Angestoßen wurde dieser Ansatz von der Forschung zum frühen Kino (bis ca. 1915), das bis dahin als ›primitive cinema‹ gegolten hatte (vgl. Elsaesser 1990). Nun begann man, anhand von Originalmaterialien (Filmkopien, Firmenpapiere, Zensurdokumente etc.) eine Kinokultur zu rekonstruieren, die nicht mehr nach dem Modell der menschlichen Entwicklung als ›Kinderzeit‹ abgetan werden konnte, die notwendig und allmählich in reifere Phasen übergeht, sondern die einen eigenen, voll entwickelten Darstellungsmodus aufwies. Tom Gunning (1990) hat dafür den Begriff des ›Kinos der Attraktionen‹ geprägt, das charakterisiert ist durch die direkte Adressierung des Publikums, eine Abfolge von inhaltlich unverbundenen Nummern und eine frontale Inszenierung, die sich nicht für die Erzeugung eines kohärenten diegetischen Raums interessiert.

Inzwischen wird das Kino gerade in seiner Anfangszeit angesehen als Teil einer Kultur der Moderne und Modernisierung – im Film manifestiert sich inhaltlich und strukturell eine Auseinandersetzung mit der modernen urbanen Welt, die den Zeitgenossen Anfang des 20. Jahrhunderts noch gänzlich neu und unerforscht erschien. In diesem Zusammenhang ist auch die Vor- und Frühgeschichte des Kinos in den Fokus einer ambitionierten Medienarchäologie gerückt, etwa hinsichtlich der Frage, ob Sehen und Visualität eine Geschichte haben und historisch veränderlich sind (vgl. Crary 1992) oder welche Rolle der Film in der Kultur der Moderne zwischen 1890 und 1925 spielt (vgl. Charney/Schwartz 1995). Ob der Film dabei als ein epistemologisches Werkzeug der Welterforschung wie in der Avantgarde, als affirmatives Trainingsmittel für die gestiegenen Wahrnehmungsanforderungen der Großstadt oder als kritische Reflektion der neuen gesellschaftlichen und kulturellen Gegebenheiten gesehen wird, ist weniger entscheidend als die Tatsache, dass das Kino für eine archäologische Durchdringung der Lebenswelt bestens geeignet erscheint – wer etwas über Mode und Verhaltensweisen, über Hoffnungen und Träume, über Gestik und Mimik der Menschen im 20. Jahrhundert wissen will, findet im Film reichhaltiges Material.

Seit den 1980er Jahren hat sich die Filmgeschichtsschreibung ausdifferenziert. Neben biografischen, nationalen und institutionellen Studien sind Fragen der Zirkulation, der Vorführung wie auch der Verwertungszusammenhänge stärker in den Blick geraten, insbesondere jenseits des kommerziellen Kinos, etwa im Einsatz in der Schule und der Industrie oder in der Untersuchung der pragmatischen und ästhetischen Dimensionen von Amateur- und Lehrfilm. Daneben sind im Rahmen der Globalisierung auch zunehmend Untersuchungen in einem transnationalen Rahmen entstanden, die sich für die weltweiten Verflechtungen des Kinos interessieren, ob zur Verbreitung des Bollywoodkinos von Malaysia bis zum Maghreb oder zum Einfluss der sowjetischen Filmtheorie auf das lateinamerikanische Filmschaffen.

Ästhetik

In heuristischer Vorläufigkeit lassen sich zwei Zugänge der Filmwissenschaft zu ihrem Gegenstand unterscheiden. Zum einen gilt ihr Interesse dem Verständnis des Films als ästhetischem Objekt: ›Wie‹ nehmen wir einen Film wahr? Wie gewinnen wir aus dem, was wir hören und sehen, Bedeutung? Eine andere theoretische Perspektive ist hingegen primär von der Frage geleitet, ›was‹ wir als Film wahrnehmen. Was sind die Bedingungen, um etwas als Film – und nicht als Theater, als Literatur, als in Bewegung gesetzte Malerei – zu erkennen und anzuerkennen? Filmtheorie geht üblicherweise vom (veränderlichen) ›Sein‹ des Films aus, während Ästhetik die (von Gewohnheiten, Konventionen oder Normen angeleitete) Wahrnehmung (*aisthesis*) erkundet, die durch die filmische Projektion im Zuschauer zustande kommt. Methodisch verfährt Theorie dabei oftmals deduktiv: Sie geht vom Allgemeinen einer These aus, um das Besondere eines Films zu erklären. Untersuchungen zur Filmästhetik hingegen bevorzugen vorwiegend induktive Verfahren und schreiten von der konkreten Beobachtung zu allgemeinen Aussagen zurück. Beide Ansätze sind mit ihren Risiken verbunden: Während die Deduktion Gefahr läuft, das Einzelwerk zu verpassen, setzt die Induktion sich dem Vorwurf aus, sich im Detail zu verlieren. Schon aus diesem Grund ist die Trennung zwischen theoretischen und ästhetischen Perspektiven keinesfalls rigoros zu ziehen – beide setzen einander voraus und sind nur aufeinander bezogen denkbar. Interessanterweise sind beide Zugänge auch dann noch gegeben, wenn man davon ausgeht,

dass der Film in seine postkinematographische Epoche eingetreten ist. Auch das ›Ende‹ des Films wird entweder ästhetisch als das Obsolet-Werden einer eigenen Form der Wahrnehmung begründet oder theoretisch zu belegen versucht, indem die Auflösung des Films in einem übergreifenden medialen Zusammenhang postuliert wird.

Eine besondere Problematik jeder Untersuchung einer filmischen Wahrnehmung liegt darin, dass sie eine zweifache Illusion berücksichtigen muss. Zum einen die physiologisch bedingte, objektive Illusion kontinuierlicher Bewegung, die insofern notwendig ist, als ohne sie kein Film, sondern nur eine Abfolge unverbundener, statischer Einzelbilder oder Lichtpunkte wahrgenommen würde. Der Effekt wird physiologisch erklärt mit dem Hinweis auf eng verwandte Aspekte von Phi(Φ)-Phänomen und Beta(β)-Bewegung, durch die das Gehirn rasch aufeinanderfolgende, nur geringfügig voneinander unterschiedene Einzelbilder (in der analogen Kinoprojektion jeweils durch kurzes Schwarzbild unterbrochen) als kontinuierliche Bewegung wahrnimmt. Und zum anderen die illusionistische Wahrnehmung des Films als ästhetisches Objekt, die mit Hilfe von selbstreferenziellen und selbstreflexiven Verfahren gezielt (wenn auch immer nur vorübergehend) aufgehoben werden kann.

Im Hinblick auf seine ästhetische Gestaltung kann Film analytisch in eine Reihe von Elementen zerlegt werden: das Bild mit seinen sichtbaren und unsichtbaren Charakteristika wie *mise en scène* und *Off* (*hors-champ*), die Montage, die akustischen Elemente (Soundtrack, Filmmusik, Dialog), Farben, Materialität und Körnung des Films und anderes mehr. Als Disziplin verstanden, bilden Filmästhetiken je eigene (zum Teil normativ geprägte) Vorstellungen des ›Filmischen‹ aus. Eine grundlegende Unterscheidung besteht in der Bestimmung des Filmbildes, das entweder als objektiv, realistisch und authentisch (aufgrund seiner Abhängigkeit vom fotografischen Prozess) oder im Gegenteil als konstruiert, irreal oder ideal (aufgrund seiner Distanz zur menschlichen Wahrnehmung) konzipiert wird. So rückte Bazin (2004) die Plansequenz ins Zentrum seiner Filmästhetik als die Ausdrucksform, die der Spezifik des Films am nächsten kam, während sich Sergej Eisenstein (2006) vor allem für die Montage als Schlüsselmerkmal des Films interessierte. Derart normativ geprägte Ansätze bestimmten die Auseinandersetzung mit dem Film bis weit über die Mitte des 20. Jahrhunderts hinaus.

Inzwischen haben sich vor allem deskriptive Ansätze durchgesetzt, denen es darum geht, jeweils die

Spezifik bestimmter Filme (oder Gruppen von Filmen) beschreibbar zu machen. Als besonders einflussreich hat sich dabei die sogenannte ›Wisconsin School‹ erwiesen, die maßgeblich von David Bordwell und Kristin Thompson entwickelt wurde und in einer Trias aus ›historischer Poetik‹ (Geschichte), ›Neoformalismus‹ (Ästhetik) und ›Kognitivismus‹ (Theorie) eine umfassende filmwissenschaftliche Gesamtschau unternimmt (vgl. Bordwell/Thompson 2010). In dieser Perspektive besteht ein Film im Wesentlichen aus audiovisuellen Hinweisen (*cues*) und Verfahren (*devices*), die vom Zuschauer mit Hilfe von kulturellem und historischem Vorwissen, von Hypothesenbildungen, bisherigen Kinoerfahrungen sowie von angeborenen und erlernten Schemata verarbeitet werden. ›Film‹ ist eine aktive Konstruktion im Kopf des Zuschauers. Sämtliche formalen Eigenschaften eines Films müssen daraufhin untersucht werden, welche Rollen sie im Prozess dieser Konstruktionsleistung spielen. Grundlegende Bedeutung kommt dabei den narrativen Strukturen zu, die sich aus den drei Grundparametern Zeit, Raum und Kausalität ergeben. Vom russischen Formalismus ist die Unterscheidung *plot/story* (dort noch: *syuzhet/fabula*) übernommen (vgl. Bordwell 1985). Aus dem Rohmaterial des *plot* (alles, was dem Zuschauer im Film visuell und akustisch präsentiert wird) entsteht als Ergebnis eines kognitiven Prozesses die chronologisch geordnete *story*, die notwendig auch Nicht-Gezeigtes umfasst. Die neoformalistisch-kognitivistische Perspektive ist nach eigenem Verständnis zunächst weder hermeneutisch noch theoretisch angelegt: Die Analyse eines Films soll keinen versteckten ›Sinn‹ des filmischen Textes erschließen, sondern rekonstruierend dessen Verfahren offenlegen. Die ›historische Poetik‹, die Bordwell/Thompson dem analytischen Ansatz, der auf den einzelnen Film zielt, an die Seite stellen, erarbeitet in einem komparatistischen Verfahren die historischen Normen und Konventionen des filmischen ›Stils‹, vor deren Folie die Rezeption eines Einzelwerkes erst verständlich wird.

Die Vorstellung einer filmischen Norm, eines dominanten Sets von Hinweisen, Verfahren und narrativen Strategien, die einige im ›klassischen Stil‹ entdeckt zu haben glauben, ist nicht unumstritten. Kritiker des Neoformalismus vermerken, dass in ihm die filmischen Elemente autonom gesetzt und gewissermaßen als Algorithmen aufgefasst werden, die ein Zuschauer lediglich nachzuvollziehen habe, dessen ›Aktivität‹ im Wortsinn ›programmiert‹ und also fremdgesteuert sei. Zudem wird darauf hingewiesen,

dass sich auch im Mainstream-Bereich erzählerische Strategien etabliert haben, die einst der Avantgarde vorbehalten waren, etwa mehrdeutige Zeitstrukturen oder psychisch gespaltene Figuren als Fokalisatoren in den sogenannten *Mind Game Movies* (vgl. Elsaesser/Hagener 2007, 195). Die Tatsache, dass Filme lange Zeit einem einheitlichen Stil folgten, war auch darauf zurückzuführen, dass in jeder Epoche der Stand der Filmtechnik ästhetische und narrative Entscheidungen begünstigte oder erst ermöglichte. Diese Beschränkung der Filmsprache durch die Rahmenbedingungen von Produktion, Ökonomie und Technik ist durch die Möglichkeit, mit Hilfe von Rechenoperationen synthetische Bilder für die Leinwand zu generieren, vielleicht nicht gänzlich aufgehoben, aber doch explosionsartig erweitert worden.

Die Konsequenzen, die sich aus dieser Digitalisierung des filmischen Prozesses in all seinen Bereichen (Produktion – Distribution – Aufführung) ergeben, sind zwar als unumgänglich erkannt worden, aber zu vielfältig, um mit einem Modell erfasst zu werden. Ein immer wieder diskutierter Aspekt betrifft den Status des Filmbildes. In elektronischen Aufnahmeverfahren hinterlassen Lichtwellen nicht länger eine Spur auf einer lichtempfindlichen Schicht. Stattdessen wird ihre Intensität von Sensoren vermessen, anschließend digital codiert, gespeichert und verarbeitet. Befürchtet wird der Verlust der Indexikalität und damit des lange Zeit als grundlegend gesetzten Versprechens des Films, einen privilegierten Zugang zur Wirklichkeit zu bieten. Dagegen wurde eingewandt, dass auch die in chemischen Verfahren produzierten Bilder gegen Manipulationen keineswegs resistent sind und daher nicht als Garanten von Wirklichkeit gelten dürfen. Zudem ist auch im Fall elektronischer Bildaufzeichnung ein lückenloser, kausaler Nexus zwischen Lichteinfall, dessen sensorischer Registrierung, Speicherung und der Ausgabe gegeben (s. Kap. III.16).

Weitreichendere Konsequenzen sind in der Rezeption von Filmen zu beobachten. Liegt ein Film im digitalen Format vor, etwa fest codiert auf einem optischen Speichermedium (DVD) oder als komprimierte Datei auf einer wieder beschreibbaren Festplatte, so ist dadurch nicht nur ermöglicht, die Bedingungen der Rezeption weitgehend selbst festzulegen, sondern der Film bietet sich in dieser Form zugleich der Intervention durch digitale Transformationen an – die Rezeption nähert sich damit potenziell der Situation der Produktion an. Die vom Neoformalismus postulierte ›Konstruktion‹ des Films durch den Zuschauer wäre damit radikal verwirklicht.

Unabhängig davon, wie die Frage nach dem Status des Filmbildes unter digitalen Bedingungen zu beantworten ist, stellen sich die ästhetischen Folgen der Digitalisierung für das Filmbild im Augenblick (noch) nicht so gravierend dar, wie es die (ohnehin eher rhetorische als reale) Entgegensetzung analog/digital impliziert – auch wenn es bemerkenswerte Entwicklungen gibt, wie die computergenerierten Filme von Pixar, in denen sich eine spezifische Ästhetik ausprägt, die überdies auf vielfältige Weise sowohl auf die Geschichte des Films, als auch auf die digitale Bildproduktion reflektiert (vgl. Elsaesser/Hagener 2010, 170–187). Nicht nur sind die meisten digitalen Filmproduktionen Hybride aus aufgezeichneter realer Aktion und digitaler Nachbearbeitung (Motion- oder Performance-Capture), sondern sie folgen zudem ästhetisch einem »perzeptuellen Realismus« (Prince 1996), der die charakteristischen Eigenschaften der natürlichen Wahrnehmung oder des anerkannten fotografischen Realismus weitgehend nachahmt. Dennoch stellt sich die Frage, ob eine eigenständige Ästhetik des Films – in Abgrenzung zu anderen audiovisuellen Medien wie Videospielen oder Fernsehen – in Zukunft noch theoretisch formulierbar sein wird.

Theorie

Während zunächst die Wirklichkeitsähnlichkeit des Filmbildes bemerkt wurde, machte diese Nähe Theoretikern des Films zu schaffen – schließlich konnte ein Film nur dann künstlerischen Wert besitzen, wenn ein menschlicher Eingriff, ein Kunstwollen darin eindeutig zu erkennen wäre. So konzentrierten sich Ansätze in den 1920er Jahren darauf, zur Begründung der Spezifik des Films gerade dessen Differenzen zur Perzeption der Außenwelt heranzuziehen. Als einflussreich erwies sich etwa Rudolf Arnheims Ansatz, all jene Parameter des Films, die ihn von der alltäglichen Wahrnehmung unterscheiden, zur Begründung des Kunstvermögens heranzuziehen: »Durch den Wegfall der bunten Farben, des stereoskopisch zwingenden Raumeindrucks, durch die scharfe Abgrenzung des Filmrahmens etc. ist der Film seiner Naturhaftigkeit aufs glücklichste entkleidet. Er ist immer zugleich Schauplatz einer ›realen‹ Handlung und flache Ansichtskarte« (Arnheim 2001, 39). Für Arnheim bedeutete die Einführung des Tonfilms allerdings eine Wasserscheide, weil der Film durch die räumlich-dreidimensionale und einschließende Wirkung des Tons naturalistisch stärker an die Wahrnehmung der Wirklichkeit heranrückte.

Ein anderer Ansatz findet sich bei Sergej Eisenstein, der die Montage, also die Möglichkeit des Films, differente Teile aneinanderzureihen und damit in Verbindung zu setzen, als zentrales Merkmal betrachtete. Die Montage greift dabei auf die Technik der Collage oder der Verbindung vorgefundener Objekte (*objets trouvés*) zurück, die in den 1920er Jahren in verschiedenen künstlerischen Avantgarde-Bewegungen (etwa Surrealismus oder Konstruktivismus) entwickelt wurden. Eisenstein, dessen Werk ebenso inspirierend wie widersprüchlich und unübersichtlich ist, entwickelte eine Klassifikation der Montageformen, die mit musikalischer Terminologie wie ›Dominante‹ oder ›Oberton‹ operiert und sich für die Einwirkung verschiedener Darstellungsformen auf den Zuschauer interessiert (vgl. Eisenstein 2006). Weitere einflussreiche Vertreter der frühen Filmtheorie wie Béla Balázs und Jean Epstein interessierten sich für die Großaufnahme und Physiognomie der Dinge bzw. für die Transformation der äußeren Welt im fotografischen Akt. Frühe Filmtheorie erblickte die Spezifik (und damit Kunstfähigkeit) des Films gerade in solchen Codes, technischen Mitteln und bedeutungtragenden Formen, die den Film von der menschlichen Wahrnehmung unterschieden.

Kamen die frühen Filmtheoretiker noch aus anderen Feldern – meist waren sie hauptberuflich als Journalisten, Autoren oder Filmschaffende tätig –, so hat sich in der zweiten Hälfte des 20. Jahrhunderts die Filmtheorie ausdifferenziert und professionalisiert, gerade auch dank ihrer Durchsetzung als universitäres Fach. Es gibt viele Möglichkeiten, Filmtheorien zu fassen und zu systematisieren; eine einflussreiche ist sicher die (schematische) Gegenüberstellung von semiotischen und phänomenologischen Ansätzen. Die Semiotik, die in den 1920er/1930er und in den 1960er/1970er Jahren Blütezeiten erlebte, interessiert sich für die Sinn- und Bedeutungskonstruktion, für gesellschaftlich-kulturelle Codes und Semantiken, die es zu entschlüsseln gilt. Für die Phänomenologie hingegen ist die Welt ein unmittelbar gegebenes Erscheinendes (*phainómenon*), das der Differenzierung in (wahrnehmendes) Subjekt und (wahrgenommenes) Objekt vorausgeht. Eine phänomenologisch orientierte Filmtheorie betont die Körperlichkeit der Wahrnehmung mit all ihren sinnlichen Dimensionen, sie interessiert sich für Erfahrung, Erscheinung und Präsenz (vgl. Sobchack 1992).

Nach dem Zweiten Weltkrieg errang die in der fotografischen Reproduktion aufgenommene Wirklichkeit wieder einen stärkeren Platz in der Filmtheorie. Für Siegfried Kracauer ist Film vor allem ein Medium, um die Wirklichkeit in der Wahrnehmung eines Zuschauers zur Erscheinung zu bringen und dadurch zu ›erretten‹: Nichts weniger als die *Errettung der äußeren Wirklichkeit* verspricht Kracauers *Theorie des Films* (1960/1985) dann auch im Untertitel. Film kann zum Mittel einer solchen ›Errettung‹ oder ›Erlösung‹ werden, insofern ihm eine ›Affinität‹ zur Welt der Dinge eigen ist. Diese bestimmt Kracauer als »rohe Natur«, das »Unbestimmbare«, das »Zufällige«, das physische Sein in seiner »Endlosigkeit« und als »Fluss der Zeit« (ebd., 4). In solch ein materialistisch verstandenes Näheverhältnis geraten auch die Zuschauer/innen selbst, die im Kino als lebendige Körper, als physiologische Wesen mit ihren gesamten Sinnen affiziert werden. Kracauer (ebd., 254) geht davon aus, dass Filmbilder »vorwiegend die Sinne des Zuschauers affizieren und ihn so zunächst physiologisch beanspruchen, bevor er in der Lage ist, seinen Affekt einzusetzen«.

Obwohl André Bazin nie eine systematische Filmtheorie verfasste, gilt sein Hauptwerk *Qu'est-ce que le cinéma?* (1958–62, dt. 2004), eine vom Autor noch selbst konzipierte, aber erst posthum veröffentlichte vierbändige Sammlung von Aufsätzen, als einer der einflussreichsten Beiträge zur Debatte. Wie Kracauer sah auch Bazin in der fotografischen Qualität und damit im Wirklichkeitsbezug das zentrale Merkmal des Films. Allerdings begreift Bazin die Beziehung des fotografischen Bildes zur Realität weder als eine der Nähe noch als eine der Repräsentation, sondern als existenziell: Zwischen Gegenstand und Bild findet eine »Wirklichkeitsübertragung« (Bazin 2004, 42) statt. Jede Fotografie fügt der Wirklichkeit etwas hinzu, anstatt diese nur zu ersetzen. Bazins theoretische Überzeugung lässt sich nicht von seiner ethischen Haltung trennen. Als Mitbegründer der *Cahiers du Cinéma* war Bazin einer der entschiedensten Fürsprecher des italienischen Neorealismus, den er in vielen Artikeln gegen Kritik verteidigte. Nachdem Bazin (wie auch Kracauer) durch die Politisierung der ästhetischen Praxis und Theorie im Laufe der 1960er Jahre sowie durch die Ablösung von phänomenologischen durch semiotische Fragestellungen zunächst als naiver und antiquierter Realist abgewertet wurde, ist er im Zuge der Indexikalitätsdebatte und der Diskussion um das Post-Kinematographische wieder entdeckt worden. Auch die Filmästhetik, die in den letzten Jahren verstärkt auf die Hinwendung zur Wirklichkeit in ihrer vielfältigen Gestalt gesetzt hat (mit Filmemachern

wie Apichatpong Weerasethakul, Brillante Mendoza, Pedro Costa, Jia Zhangke), trug zur Wiederentdeckung Bazins bei.

Unter dem Einfluss des Strukturalismus, zunächst in Frankreich, später auch anderswo, wurde seit den 1960er Jahren die Frage fokussiert, ob es bestimmte Formen und Codes gäbe, die in der Bedeutungskonstitution des Films eine zentrale Rolle spielten. Das Werk von Christian Metz, in den 1970er und 1980er Jahren einer der einflussreichsten Filmtheoretiker überhaupt, exemplifiziert die Verschiebungen und Transformationen der Filmtheorie in dieser Zeit. Zunächst war er vor allem an strukturalistischen Fragen interessiert, also daran, aus welchen bedeutungskonstituierenden Elementen der Film bestand und wie diese verkettet werden konnten. Seine ›große Syntagmatik‹ (*grande syntagmatique*) bildet den wohl wichtigsten Versuch, die unterschiedlichen Formen von narrativ bedeutungtragenden Sequenzen im Hinblick auf Konstruktion und Funktion zu ordnen und zu systematisieren (vgl. Metz 1973). Es stellte sich aber bald heraus, dass der Film nicht dieselbe Rigorosität wie eine natürliche Sprache mit ihrer doppelten Artikulationsebene besitzt, so dass die Rede vom Film als Sprache zunehmend als metaphorisch und wissenschaftlich wenig zielführend galt. In der Folge ergänzte Metz seine zunächst linguistisch gefärbte Filmtheorie durch eine Hinwendung zum Zuschauer, der über die Psychoanalyse ins Spiel gebracht wird. Das Filmbild als »imaginärer Signifikant« (Metz 2000) ruft Jacques Lacans poststrukturalistische Relektüre des Freudschen Subjektbegriffs auf und bindet unsere Fähigkeit, einer auf der Leinwand sich entfaltenden Geschichte zu folgen, an die imaginäre Verwechslung des Kleinkindes von sich selbst mit seinem (Spiegel-)Bild. Der imaginäre Signifikant des eigenen Spiegelbilds (den wir für unseren vollständigen Körper hielten) stellt ein der Kinosituation verwandtes Modell der affektiven und libidinösen Verknüpfung von Bildern mit der Genese des Subjekts bereit.

Die Verbindung semiotischer, poststrukturalistischer und psychoanalytischer Theoreme führte in den 1970er Jahren zur Entwicklung der sogenannten ›Psycho-Semiotik‹ beziehungsweise ›Screen-Theorie‹ (nach der britischen Zeitschrift, in der wesentliche Übersetzungen aus dem Französischen, Adaptionen und Weiterentwicklungen zu finden waren). In diesem Umfeld wurde auch die Apparatus-Theorie entwickelt, die sich für die Verbindung von räumlicher Ordnung im Kinosaal mit den symbolischen Codes des Films interessierte. Jean-Louis Baudry evozierte die Freudsche Traumdeutung, das Lacansche ›Spiegelstadium‹ sowie das Höhlengleichnis aus Platons *Politeia*, um ein einflussreiches Modell der subjektkonstituierenden und identitätsstiftenden Potentiale des Kinos zu schaffen. Ähnlich den gefesselten Bewohnern der Höhle, denen die Welt nur als Schattenriss zugänglich ist, sind nach Baudry die Zuschauer im Kinosessel in einem ideologischen System gefangen, das Erkenntnis eher verhindert als ermöglicht. So wirkte die visuelle Gestaltung des Films mit der Architektur von Projektion und Leinwand zusammen, um einen Verblendungszusammenhang zu schaffen, dem sich die Zuschauer/innen kaum entziehen konnten. »[D]as kinematographische Dispositiv [determiniert] einen künstlichen Regressionszustand« (Baudry 1999, 399). Diese Verbindung von räumlicher Anordnung und symbolischer Form schaffe, so Baudry, ein mächtiges Werkzeug zur Aufrechterhaltung des herrschenden Systems, an dem selbst dem Inhalt nach kritische Filme teilhaben. In dieser Perspektive war es kaum möglich, sich dem übermächtigen ›Dispositiv‹ Kino zu entziehen, bzw. dieses anders zu denken als ein Herrschaftsinstrument im Interesse des Status quo.

Da die Ontogenese des Subjektes in psychoanalytischer Hinsicht, auf die Baudry Bezug nahm, stets auch einen Geschlechterunterschied mitdachte, lag es nahe, hier feministische Positionen anzuschließen. Als Initialzündung und Stein des Anstoßes erwies sich Laura Mulveys kurzer polemischer Essay »Visual pleasure and narrative cinema« (Mulvey 1975/2003), der nicht mehr nur Fragen des Inhalts thematisiert (wie werden Frauen gezeigt?), sondern sich über das Thema der Blickstrukturen auch der filmischen Form annimmt. Ausgehend von der Freudschen Skopophilie, der Lust am Schauen, theoretisiert Mulvey die entgegengesetzten, aber aufeinander bezogenen Triebe von Voyeurismus und Exhibitionismus. Der Mann ist dabei das blickende Subjekt, die Frau wird angeblickt, der Mann kann den Raum handelnd einnehmen, die Frau wird auf ein zweidimensionales Bild reduziert: »In einer Welt, die von sexueller Ungleichheit bestimmt ist, wird die Lust am Schauen in aktiv/männlich und passiv/weiblich geteilt. Der bestimmende männliche Blick projiziert seine Phantasie auf die weibliche Gestalt, die dementsprechend geformt wird« (ebd., 397). In der Folge entwickelte sich eine breite feministische Filmtheorie, die sich einer Vielzahl von Themen – von Melodramen der 1940er Jahre und Western über Action- und Horrorfilme der jüngeren Zeit bis hin zu Experimentalfilmen – annahm. Gerade die

detaillierte Analyse einzelner Filme oder kleinerer Korpora führte zu einer Differenzierung von Mulveys Thesen, die dadurch weniger monolithisch erschienen und eine größere Bandbreite an Interpretationsstrategien und Subjektpositionen für die Zuschauer/innen bereitstellte.

Trotz der prominenten Erwähnung des Sehsinns im Titel geht Vivian Sobchacks *The Address of the Eye* (1992) nicht, wie noch Mulvey, von einem Blickverhältnis und damit einer Distanz zwischen Zuschauer und Leinwand aus. Grundlegend ist vielmehr die Anerkennung einer strukturellen Analogie zwischen körperlicher Wahrnehmung und Reflexivität des Zuschauers und verkörperter Wahrnehmung des Films selbst. »What else is a film, if not ›an expression of experience by experience‹?« (Sobchack 1992, 3). Film präsentiert nicht einfach eine vom Zuschauer getrennte Welt, Film präsentiert eine Wahrnehmung, die vom Zuschauer wiederum erfahren wird. Film ist Wahrnehmendes (Aufzeichnung in der Kamera) und Wahrgenommenes (Vorführung durch einen Projektor) zugleich – genau wie der Mensch selbst. Insofern ist es notwendig, den Film als eigenständiges Subjekt zu begreifen, das einen Körper besitzt, der sichtbar wird in der Intentionalität der Bewegungen der Kamera. Dieser Körper kann unter zweierlei Hinsichten beschrieben werden: zum einen als das vermittelnde Instrument der Kommunikation zwischen Zuschauer/innen und Filmemacher; zum anderen als die Wahrnehmung einer Welt, die nur um ihrer selbst willen besteht – als die unmittelbare Erfahrung eines eigenen Bewusstseins. Hier haben zahlreiche Studien angeschlossen, die sich auch im Hinblick auf Erweiterung und Sprengung des Kino-Dispositivs für die Intermodalität der Filmwahrnehmung, die Aktivierung des Haptischen und die Immersion als eine neue Form der Raumerfahrung interessiert haben.

Hinsichtlich der Unterscheidung zwischen ›Text‹ und ›Körper‹, zwischen semiotischen und phänomenologischen Ansätzen nehmen die beiden Bände *Kino I & II* (1989; 1991) von Gilles Deleuze eine Sonderstellung ein, weil sie beide Pole in sich aufzunehmen trachten. Sein Ansatz nimmt sowohl Bezug auf Henri Bergson und dessen Philosophie der Wahrnehmung als auch auf die Zeichentheorie von Charles S. Peirce. Von Bergson übernimmt Deleuze die Einsicht, das Bild mit der Bewegung und der Dauer zu identifizieren. Peirce liefert ihm die Konzepte, um die Bilder des Films in einer ›Taxonomie‹ zu klassifizieren. Zugleich lässt Deleuze die grundlegenden Annahmen sowohl der Semiotik als auch der

Phänomenologie hinter sich: Für ihn existieren Bilder weder als Zeichen, die zu deuten wären (wie bei Metz), noch als Inhalt einer Wahrnehmung in einem Bewusstsein (wie bei Sobchack), sondern als Materie in ständiger Bewegung. Deleuze argumentiert aus einer Position strikter Immanenz, in der Bewusstsein, Materie und Bewegung ununterscheidbar sind. Mit anderen Worten: Es kann nicht darum gehen, den Film zu beschreiben oder zu analysieren mit Hilfe von Begriffen, die von Außen an diesen herangetragen werden. Vielmehr entwickelt das Kino seine eigenen Konzepte und seine eigene Philosophie (s. Kap. II.23). Man kann Kino nur durch das Kino selbst erklären. Die beiden großen Themen des Kinos sind für Deleuze die Bewegung und die Zeit als stete Veränderung und Wandel. Das ›Bewegungs-Bild‹ steht für ein Kino der Handelnden und der Handlungen, das weitgehend nach dem Schema Wahrnehmung – Affekt – Aktion organisiert ist. Im ›Zeit-Bild‹ hingegen, das sich nicht nur, aber vor allem in den europäischen Kinematographien der Nachkriegszeit entwickelte, löst sich diese sensomotorische Verkettung auf zugunsten von ›optischen‹ und ›akustischen‹ Situationen, in denen aus Handelnden ›Sehende‹ werden und äußere Aktionen suspendiert werden.

Allgemein lässt sich in der Philosophie seit den 1990er Jahren ein verstärktes Interesse am Film ausmachen. In Deutschland ist, neben der Deleuze-Rezeption, vor allem die ästhetische Theorie zu nennen, die sich Fragen nach Fiktionalität, Erscheinung und Präsenz angenommen hat. In den Vereinigten Staaten hat ein einflussreicher Philosoph wie Stanley Cavell beträchtliche Teile seines Gesamtwerks dem Film gewidmet, während in Frankreich aktuelle Philosophen (Jean-Luc Nancy, Jacques Rancière, Alain Badiou) ethische, ästhetische und politische Fragestellungen unter starker Bezugnahme auf das Kino erörtern. Trotz teilweise erhellender und origineller Analysen und Lektüren konkreter Filme wird Film aus Sicht der Philosophie darin aber regelmäßig zum Anlass, um Aussagen über etwas anderes, Nicht-Filmisches zu treffen.

Auch in filmtheoretischer Tradition wird Film immer stärker auf das bezogen, was ihn umgibt, worin er eingebettet ist. Im Moment seines drohenden Endes gerät etwa das Kino als ›Erfahrungsraum‹ in den Fokus aktueller Forschungen – das Wahrnehmungsdispositiv wird dabei, anders als noch bei Baudry, als Bedingungen der Möglichkeit von (filmischer) Erfahrung verstanden. So kann sich eine phänomenologische Antwort auf das Problem der ›Post-Kinematographie‹ auf den Umstand berufen,

dass das Kino seinen Status als Leitmedium immer noch behauptet und sich die neuen Medien weiterhin an der Erfahrung des Kinos messen lassen müssen. Francesco Casetti weist darauf hin, dass das Publikum, obgleich es das Ende des traditionellen Kinos erkannt hat, die neuen Formen des Filmischen weiterhin als ›Kino‹ behandelt: »Indem er sich auf die Erfahrung einlässt, in deren Zentrum er steht, lässt sich der Zuschauer von der Vorstellung leiten, dass das traditionelle Kino nicht mehr existiert, das Kino, dem er seine Evidenz verleiht, allerdings sehr wohl. *Nicht-mehr-Kino* und *Noch-Kino*« (Casetti 2010, 28). Casetti beschreibt diese Einstellung als den Vollzug eines doppelten Wiedererkennens, in dem zugleich der Abstand zum Kino, wie es war, anerkannt wird *und* dessen Nachleben, wie es sich heute darstellt. Andere Autoren analysieren in diesem Zusammenhang die konkreten Elemente des Kinobesuchs: das Dunkel des Saals, die Kollektivität des Publikums, die Projektion und die Eigenzeit der Filmvorführung, die Filmstandbilder, Plakate und Werbefotografien, die den Eintritt ins Kino begleiten. Es sind gerade diese Elemente, die in jüngster Zeit verstärkt in den Fokus von Künstlern geraten sind, die sich in installativen Arbeiten häufig auf das Kino, seine Themen und Formen, seine Erfahrungsweise und Wirkung auf das Subjekt beziehen – von Jeff Wall bis Douglas Gordon, von Cindy Sherman bis Christian Marclay. Auch hierbei oszilliert das Nach- und Fortleben des Kinos zwischen der Anerkennung seiner Historizität und der anhaltenden Faszination seiner spezifischen Form.

Die Weiterentwicklung semiotischer Ansätze, etwa in der Semiopragmatik eines Roger Odin, erweitert diese um eine handlungstheoretische Dimension. Nicht der filmische Text an sich, sondern der Film als Text innerhalb bestimmter institutioneller Kontexte wird zum Gegenstand der Untersuchung. So wird ein Film in einer abendlichen Kinovorführung anders ›gesehen‹ und zu einem anderen Text, als derselbe Film, der beispielsweise im Rahmen des Schulunterrichts eingesetzt wird. Semiopragmatik begreift Film als realisierte mediale Kommunikation, in der ›Verträge‹ zwischen Zuschauer/innen und Text geschlossen werden, die den Rezeptionsmodus (oder das Spektrum möglicher Rezeptionen) festlegen – die, wie jeder Kontrakt, nicht von vorneherein feststehen, sondern Ergebnis von Aushandlungsprozessen innerhalb mehr oder minder fester Rahmenbedingungen sind. In dieser Perspektive ›gibt‹ es Konzepte wie das filmische ›Genre‹ (vgl. Kuhn/ Scheidgen/Weber 2013) oder die Differenz von

›Spiel- und Dokumentarfilm‹ nicht an sich, sondern nur innerhalb der Praxis ihres Gebrauchs und ihrer Wahrnehmung. Jeder Film kann grundsätzlich im ›dokumentarisierenden‹ oder ›fiktionalisierenden‹ Modus wahrgenommen werden, wobei die Wahrnehmungen allerdings unterschiedlich ›erfolgreich‹ verlaufen können. Der Praxis der sozialen Verwendung der Filme steht also weiterhin deren Eigensinn als ästhetisches Produkt entgegen, ohne dessen Berücksichtigung eine Kommunikation gar nicht erst zustande kommen würde. Methodisch in den Blick gerät so, ähnlich wie bei aktuellen Weiterentwicklungen der phänomenologischen Filmtheorie, der empirische Zuschauer als nicht nur wahrnehmendes, sondern als ebenso handelndes Subjekt in sozialen, ökonomischen und politischen Zusammenhängen.

Vor dem Horizont der Post-Kinematographie entdecken also semiotische wie phänomenologische Theorien aktuell den realen Zuschauer als handelndes Subjekt. Von hier scheint es nicht mehr weit zu sein zu ›starken‹ Konzepten eines partizipierenden Zuschauers oder Users wie er derzeit in Bezug auf die Handlungsdimension des Internets maßgeblich von Henry Jenkins (2006) theoretisiert wird. In dieser Hinsicht ist vielleicht sogar eine Ironie darin erkennbar, dass Filmtheorie – im Versuch, ›das Kino‹ als spezifischen Wahrnehmungsmodus zu wahren – als ›Errettung der filmischen Wirklichkeit‹ auf den ›Zuschauer‹ zurückgreifen muss, der ja doch – in seinem Beharren auf Autonomie, Handlungsfähigkeit und Partizipation – ›schuld‹ ist an Home Cinema, Urheberrechtsverletzungen, Videospielen und all den Mediennutzungen, die als Indiz und Ursache für den Niedergang des Kinos herangezogen werden. Insofern ist der Zuschauer als empirisch messbare Größe und als widersprüchliches Subjekt sowohl der Totengräber des Films, der dem Kino als Alltagsvergnügen die Allgegenwart audiovisueller Bewegtbilder auf diversen mobilen Endgeräten vorzieht, wie auch ihr Erretter, der in seinen Aneignungsgesten, affektiven Besetzungen und seinem medialen Handeln noch immer die Erinnerung an das Kino als eine starke und einzigartige Erfahrungsform wachhält.

Literatur

Allen, Robert C./Gomery, Douglas: *Film History. Theory and Practice.* New York 1985.

Arnheim, Rudolf: *Film als Kunst* [1932]. Frankfurt a. M. 2001.

Baudry, Jean-Louis: Das Dispositiv: Metapsychologische Betrachtungen des Realitätseindrucks. In: Claus Pias u.a. (Hg.): *Kursbuch Medienkultur.* Stuttgart 1999, 381–404.

Bazin, André: *Was ist Film?* Berlin 2004 (frz. 1958–62).

Bendazzi, Giannalberto: *Cartoons: One Hundred Years of Cinema Animation.* Bloomington 1994.

Bordwell, David: *Narration in the Fiction Film.* London 1985.

Bordwell, David/Thompson, Kristin: *Film Art. An Introduction.* New York ⁹2010.

Casetti, Francesco: Die Explosion des Kinos. Filmische Erfahrung in der post-kinematographischen Epoche. In: *montage/av* 19/1 (2010), 11–35.

Charney, Leo/Schwartz, Vanessa R. (Hg.): *Cinema and the Invention of Modern Life.* Berkeley 1995.

Cholodenko, Alan (Hg.): *The Illusion of Life: Essays on Animation.* Sydney 1991.

Cholodenko, Alan (Hg.): *The Illusion of Life II: More Essays on Animation.* Sydney 2007.

Cohen-Séat, Gilbert: *Film und Philosophie. Ein Essai.* Gütersloh 1962 (frz. 1946).

Crary, Jonathan: *Techniques of the Observer. On Vision and Modernity in the Nineteenth Century.* Cambridge, Mass. 1992.

Deleuze, Gilles: *Das Bewegungs-Bild. Kino 1.* Frankfurt a. M. 1989 (frz. 1983).

Deleuze, Gilles: *Das Zeit-Bild. Kino 2.* Frankfurt a. M. 1991 (frz. 1985).

Eisenstein, Sergej M.: *Jenseits der Einstellung. Schriften zur Filmtheorie.* Frankfurt a. M. 2006.

Elsaesser, Thomas (Hg.): *Early Cinema. Space, Frame, Narrative.* London 1990.

Elsaesser, Thomas: *Filmgeschichte und frühes Kino. Archäologie eines Medienwandels.* München 2002.

Elsaesser, Thomas/Hagener, Malte: *Filmtheorie zur Einführung.* Hamburg 2007.

Elsaesser, Thomas/Hagener, Malte: *Film Theory. An Introduction through the Senses.* New York 2010.

Furniss, Maureen: *Art in Motion: Animation Aesthetics.* Sydney 1999.

Gunning, Tom: The cinema of attractions: Early film, its spectators and the avant-garde. In: Elsaesser 1990, 56–62.

Jenkins, Henry: *Convergence Culture. Where Old and New Media Collide.* New York 2006.

Kracauer, Siegfried: *Theorie des Films. Die Errettung der äußeren Wirklichkeit.* Frankfurt a. M. 1985 (engl. 1960).

Kuhn, Markus/Scheidgen, Irina/Weber, Nicola Valeska (Hg.): *Filmwissenschaftliche Genreanalyse. Eine Einführung.* Berlin 2013.

Metz, Christian: *Sprache und Film.* Frankfurt a. M. 1973 (frz. 1971).

Metz, Christian: *Der imaginäre Signifikant. Psychoanalyse und Kino.* Münster 2000 (frz. 1975).

Mulvey, Laura: Visuelle Lust und narratives Kino. In: Franz-Josef Albersmeier (Hg.): *Texte zur Theorie des Films.* Stuttgart ⁵2003, 389–408 (engl. 1975).

Prince, Stephen: True lies: Perceptual realism, digital images, and film theory. In: *Film Quarterly* 49/3 (1996), 27–37.

Sobchack, Vivian: *The Adress of the Eye: A Phenomenology of Film Experience.* Princeton, NJ 1992.

Wells, Paul: *Understanding Animation.* New York 1998.

Malte Hagener/Dietmar Kammerer

13. Radio

Begriffsbestimmung

Grundlage des Hörfunks ist die drahtlose Verbreitung von Schall bzw. Audiosignalen mittels elektromagnetischer Wellen. Am Beginn des Radios stehen also funktechnische Erfindungen, die Ende des
19. Jahrhunderts auf die Entwicklung von Telegraphie und Telefonie aufbauten (vgl. Hagen 2005; s. Kap.
III.9). Im Unterschied zu diesen elektronischen Medientechniken gilt für das Radio, dass ein Sender
sich mit einem bestimmten Programmangebot nicht
mehr an einen einzelnen Empfänger oder an eine
bestimmte Nutzergruppe wendet, sondern an ein
verstreutes, ein ›disperses‹ Publikum (vgl. Maletzke
1963) bzw. an die Öffentlichkeit. Diese grundsätzlichen Aspekte des ›Rund-funkens‹ bilden den Hintergrund für Definitionen des Hörfunks als einen
Teil des Rundfunks insgesamt, also Hörfunk und
Fernsehen. Im geltenden Rundfunkstaatsvertrag
wird Hörfunk in Deutschland definiert als »linearer
Informations- und Kommunikationsdienst«, als Ver-
anstaltung und Verbreitung von Angeboten in Ton
»für die Allgemeinheit«, »entlang eines Sendeplans«,
»unter Benutzung elektromagnetischer Schwingungen« (§ 2, RStV; 15. RÄStV, 2013). Damit reagieren
die Juristen auch auf die aktuell geführten Diskussionen um immer mehr verschwimmende Konturen
von Rundfunk, speziell auf die Frage, welches Au-
dioangebot noch als Radio zu bezeichnen ist (vgl.
Kleinsteuber 2012, 15), indem sie so den Rundfunk
klar von Telemedien und Telekommunikations-
diensten unterscheiden (s. Kap. IV.17).

Organisationsformen

Was Radio in seiner Geschichte seit etwa 1900 war
und welche Ausprägungen es gegenwärtig in Deutschland und international erfährt, kann auch beantwortet werden durch einen Überblick über die
verschiedenen Formen, Hörfunk institutionell zu
organisieren. Charakteristisch für die gesamte Hör-
funkgeschichte und bis heute wirksam ist die grundsätzliche Spannung, private Anbieter zuzulassen und
staatliche Kontrolle auszuüben. Waren die ersten
Radio-Versuche in den USA am Ende des 19. Jahrhunderts noch Pioniertaten einzelner privater Erfinder und Wissenschaftler, so musste die Entwicklung
hin zu privatwirtschaftlichen, kommerziell arbeiten-

den Sendern immer auch mehr oder weniger reglementierende Rahmenbedingungen der Gesellschaft
und des Staates erhalten (vgl. Lersch/Schanze 2004).
Das zeigt auch die Entwicklung in Deutschland, wo
die erste umfassendere Nutzung der neuen technischen Möglichkeiten durch Kriegsfunker im Ersten
Weltkrieg ihre Fortführung in einer Bewegung von
Amateurfunkern in den 1920er Jahren fand. Die
großen Sendegesellschaften, die in den Metropolen
des Deutschen Reiches zwischen 1923 und 1925 gegründet wurden, waren zunächst wirtschaftliche
Unternehmen, jedoch unter einem wachsenden
staatlichen Einfluss (vgl. Dussel 2010).

Nach den Erfahrungen mit einem in der Ministe-
rialbürokratie verankerten und zu Propagandazwe-
cken genutzten Rundfunk im ›Dritten Reich‹ galt es,
den Einfluss des Staates auf den Rundfunk zu begrenzen, ohne ihn dem freien Spiel der Kräfte auf
dem Markt zu überlassen. Die wichtigste Organisati-
onsform wurde das öffentlich-rechtliche Modell, das
Mitte der 1920er Jahre in Großbritannien für die
BBC entwickelt worden war. Während der Rundfunk in der DDR ein Teil der staatlichen Behörden
wurde, regelten in Westdeutschland von 1947 bis
1949 erlassene Statute und Landesgesetze die Organisation des Rundfunks als Anstalten des öffentlichen Rechts. Mit Hilfe von genauen Regeln sollten
die Organe – meist als Rundfunk- und Verwaltungs-
rat bezeichnet – transparent handeln und der Öffentlichkeit dienen, also einen *public service* darstellen. Der staatliche Zugriff sollte so minimiert, par-
teipolitischer Einfluss möglichst ausgeschlossen
werden. Eine Wunschvorstellung, die angesichts vieler Politiker in den Gremien nie vollständig eingelöst
wurde und die die deutsche Rundfunkgeschichte zu
einem permanenten Ringen um Autonomie werden
ließ (vgl. Bausch 1980).

Radiolandschaft

Die Radiolandschaft der Bundesrepublik ist seit den
1980er Jahren geprägt vom sogenannten ›Dualen
System‹, d.h. an die Seite der öffentlich-rechtlichen
Radioanbieter sind privat-kommerzielle und privat-
nichtkommerzielle Hörfunkanbieter getreten (vgl.
Schwarzkopf 1999), nachdem diese eine entsprechende Lizenz bei einer der Landesmedienanstalten
beantragt und erhalten haben. Ein exakter Überblick
über die Anbieterentwicklung wird regelmäßig
durch die öffentlich-rechtlichen Anstalten in der
ARD gegeben (vgl. bis 2010 Arbeitsgemeinschaft der

öffentlich-rechtlichen Rundfunkanstalten der Bundesrepublik Deutschland; ab 2011 die Informationen unter: www.ard.de/intern/) bzw. durch die Landesmedienanstalten (vgl. Die Medienanstalten 2012, zuletzt das Jahrbuch 2011/12 bzw. die Informationen unter: http://www.die-medienanstalten.de/).

Demnach veranstalteten 2011 die in der ARD zusammengeschlossenen neun öffentlich-rechtlichen Rundfunkanstalten insgesamt 57 Hörfunkprogramme, davon mehrere ausschließlich digital verbreitete. Drei bundesweite Programme stammen vom Deutschlandradio. Hinzu kommt die Deutsche Welle als Rundfunkanstalt des Bundes, die Hörfunkprogramme in 16 Sprachen für das Ausland verbreitet. Daneben gab es im Jahr 2011 in Deutschland 256 kommerzielle Hörfunkprogramme. Mit 168 Hörfunkprogrammen war die Mehrzahl davon regional bzw. lokal ausgerichtet. Hinzu kommen über 3000 Webradios mit Sitz in Deutschland sowie ca. 50 Hochschulradios, 30 nicht-kommerzielle Lokalradios und 60 auf Hörfunk spezialisierte Offene Kanäle.

Das Programm

Im Zentrum der jeweiligen Radioveranstalter steht das Versprechen, ein Programm, also ein strukturiertes Angebot in einer zeitlichen Abfolge zu bieten. Die Einladung, dies zu empfangen, gilt dem Publikum insgesamt bzw. richtet sich an spezielle, immer mehr ausdifferenzierte Publikumssegmente bzw. Interessen- und Zielgruppen. Hinsichtlich dieser zunehmenden Untergliederung des Programms in verschiedene Sparten lassen sich in einem ersten Schritt beispielsweise Informations-, Jugend- und Kulturwellen unterscheiden, darüber hinaus aber auch Spezialangebote z. B. für Kinder (Radio Teddy), Christen (Domradio) oder Fußballfans (90elf).

Solchen Spartenprogrammen steht das Prinzip des Vollprogramms gegenüber, das über den Tag verteilt und z. T. auch je nach Wochentagen verschieden einzelne Interessengruppen bzw. Partikularinteressen des Einzelnen mehr oder weniger separat anspricht. Wie das Fernsehprogramm erfordert diese Programmart im Idealfall eine Programmübersicht, denn die Hörer wählen die speziellen Angebote häufig im Sinne eines ›Einschaltprogramms‹ individuell aus. Um der Heterogenität der Hörer und den häufigen inhaltlichen und formalen Wechseln des Programms Rechnung zu tragen, bieten Vollprogramme ein breites Spektrum von Musikgenres (vgl. Lüthje 2012, 184).

Klassische Vollprogramme, wie sie vom Beginn des Radios bis in die 1960er Jahre üblich waren, waren in Block- oder Kästchenprogrammierung angelegt, dessen Bestandteile höchst unterschiedlich sein und in großem Kontrast aufeinander folgen konnten. Seit den 1970er Jahren werden Vollprogramme zunehmend in Full-Service-Programmierung erstellt, die u. a. durch das Magazinformat mit der Verwebung von Wortbeiträgen und Musik sowie durch Elemente wie Trailer, die auf das folgende Programm hinweisen, Durchhörbarkeit garantieren sollen (vgl. Sturm/Zirbik 1996, 212 f.).

Formatradio

Der Begriff des Formatradios charakterisiert eine stark standardisierte Art der Programmierung, die gezielt eine geringe Vielfalt unterschiedlicher Typen von Programmelementen enthält, um den Hörbedürfnissen einer bestimmten Zielgruppe und damit einer bestimmten Werbekundschaft möglichst umfassend und ohne zeitliche Unterbrechungen zu entsprechen. »Dies geschieht, indem alle Programmelemente sowie alle anderen Aktivitäten eines Senders konsequent auf die strategischen Marketingvorhaben ausgerichtet und konstant empirisch auf ihre Hörerschaft überprüft werden« (Goldhammer 1995, 142).

Formatradios entstanden in den 1950er Jahren in den USA (vgl. Fornatale/Mills 1980, 59 f.). In Deutschland wurden sie Anfang der 1980er Jahre im Zuge der Einführung des dualen Rundfunksystems zu einer Alternative zum sendungsorientierten Blockprogramm und zum sendeplatzorientierten Vollprogramm (vgl. Goldhammer 1995) und besitzen heute große Marktanteile (vgl. Kleinsteuber 2012, 194 f.).

Wichtigstes Merkmal eines Radioformats ist die stringente Anwendung eines Musikformats (vgl. Schramm/Hofer 2008), d. h. einer Musikauswahl, die durch eine strenge Definition des stilistischen Bereichs und eine geringe Anzahl unterschiedlicher Musiktitel häufige Wiederholungen (die sogenannte Rotation) enthält, um den Hörern eine ›Musikfarbe‹ zu bieten, die sie als möglichst konsistent wahrnehmen (vgl. Peters 2008, 74).

Radioformate zeichnen sich aber auch durch eine formatspezifische Standardisierung aller weiteren Programm- und Sendeelemente aus. Dies reicht vom Wort-Musik-Verhältnis über Themenwahl und Aufmachung der informativen und unterhaltenden Beiträge bis zur Sprechweise und Präsentationsform von Moderationen, Beiträgen, Nachrichten und Serviceelementen (vgl. Meyer 2007). Wesentliches Element der Formatierung ist eine starke Schematisierung der Sendestruktur innerhalb einer Stunde, die anhand der Stundenuhr bzw. Sendeuhr genau geregelt ist, nämlich an welchen Stellen welche Sendeelemente mit welchem Inhaltstyp und welcher Länge prinzipiell weitgehend identisch erscheinen müssen.

In Deutschland sind die Formate mit der weitesten Verbreitung *Adult Contemporary* (AC), mit leichter Popmusik für eine Zielgruppe im Alter von 14 bis 49 Jahren, und *Contemporary Hit Radio* (CHR), mit aktueller Musik aus den Top 40 für eine Zielgruppe im Alter von 14 bis 24 Jahren.

Am Konzept des Formats kulminieren Auseinandersetzungen um das Verhältnis zwischen Information und Unterhaltung sowie um den qualitativen Anspruch des Radios und zeigen unterschiedliche Paradigmen des Radios in Deutschland auf. Während private Sender – den Gesetzen des Marktes und Messungen der Hörerbedürfnisse folgend – ihr Programm primär auf die Maximierung des finanziellen Ertrags ausrichten, den ein Programm durch den Verkauf von Werbe-Sendeplätzen generieren kann, richtet sich der öffentlich-rechtliche Rundfunk am rechtlich geregelten sogenannten Grundversorgungsauftrag aus, demgemäß er Information, Bildung und Unterhaltung gleichermaßen zu bieten hat. Kontroverse Debatten löst der Umstand aus, dass öffentlich-rechtliche Sender aufgrund (und erst seit!) der Konkurrenz zu privaten Hörfunkangeboten dem Druck der Hörerquoten ausgesetzt sind und aus diesem Grund ihre Programme z. T. ebenfalls formatieren (vgl. Sommer 2002).

Programm- und Sendeelemente, Darstellungsformen, Ressorts

Die beiden wesentlichen Programmelemente des Radios sind Wort und Musik. Radiophones Wort (engl. *broadcast talk*) ist als sprachlicher Beitrag zu verstehen, der den technischen und kommunikativen Bedingungen des Radios sowie den Bedürfnissen seiner Zuhörer folgt. Nach Paddy Scannell ist dies in erster Linie der Umstand des Nebenbeihörens in einem nichtöffentlichen, privaten Setting, dem der im Radio Sprechende durch eine Ansprache auf Augenhöhe mit dem Zuhörer gerecht werden muss: »Sociability is the most fundamental characteristic of broadcast's communicative ethos« (Scannell 1996, 23). Untergliedern lassen sich Wortbeiträge in

die Darstellungsformen des Journalismus (u. a. Nachrichten und verschiedene Beitragstypen wie Bericht, Interview usw.), Moderation, Fiktion, Service (Wetter und Verkehr) und Werbung (vgl. Lüthje 2012).

Die Ausstrahlung von Musik transportiert nach Andrew Crisell (1994, 64 f.) und David Hendy (2000, 168 f.) im Kontext des Radioprogramms verschiedene Mehrwerte gegenüber anderen Musikquellen, u. a. die Aufladung mit zusätzlicher Bedeutung durch die Worte des Moderators sowie den Eindruck eines gemeinschaftlichen Erlebnisses mit den anderen Hörern, zu fassen durch das Prinzip der *co-presence* (vgl. Chignell 2009, 33). Dies kann erklären, wieso das Konzept des Formatradios als musikzentriertes Programm so erfolgreich ist – neben der Einfachheit, mit der solche Musikangebote zu empfangen sind.

Unterteilt man nicht in Programmelemente sondern in die kleingliedrigere Kategorie der Sendeelemente (nach Götz Schmedes' Typen »akustischer Zeichen«), so erweisen sich neben Wort (oder Sprache) und Musik die Unterkategorien Geräusch, Atmosphäre und Stille als bedeutsam (vgl. Schmedes 2002, 68). Hinzu kommen nach Schmedes »audiophone Zeichen« wie Schnitt, Blende, Mischung oder Verfremdung (ebd.). Diese Mittel kommen in komplexeren Darstellungsformen wie dem fiktionalen Hörspiel und dem faktischen gebauten Beitrag (vgl. Bloom-Schinnerl 2002), dem Feature (vgl. Zindel/ Rein 1997), aber auch in Sendeelementen der On-Air-Promotion wie z. B. Station-ID, Trailer, Bumper oder Jingle vor (vgl. Sturm/Zirbik 1996).

Wie in der Presse, im Fernsehen oder später in den Online-Medien, hat sich auch im Radio eine große Vielfalt vor allem journalistischer, aber auch künstlerischer Darstellungsformen etabliert. Viele dieser Formen existieren namentlich in allen Massen-, Informations- und Unterhaltungsmedien, wie etwa die Nachricht, der Bericht, der Kommentar, die Glosse oder das Interview (vgl. Neuberger/Kapern 2013). In allen Fällen aber bewirken die spezifische Sinnesorientierung (allein auf das Hören) sowie die typischen Nutzungsformen des Radios (heutzutage überwiegend als Begleitmedium parallel zu anderen Tätigkeiten) radiospezifische Merkmalsausprägungen, die sich auf alle Aspekte vom Programmablauf über sprachliche und sprecherische bis hin zu formalen und ästhetischen Fragen der jeweiligen Darstellungsform erstrecken. Ressorts sind dabei als Untergliederungen redaktioneller Arbeitseinheiten auf institutioneller Ebene und damit auch auf der journalistischen Handlungsebene von großer Bedeutung, weil sie u. a. inhaltlich (Themen) und formal (Darstellungsform) Möglichkeiten und Grenzen aufzeigen.

Radionutzung

Die Nutzung des Radios wandelte sich im Verlauf der Geschichte. Nach der anfänglichen Faszination durch das neue technische Medium entwickelten sich sehr schnell feste Muster im Umgang mit dem Radio als dem zunächst einzig verfügbaren elektronischen Massenmedium in einem meist häuslichen und privaten Umfeld (zur sogenannten Domestizierung des Radios vgl. Röser 2007). Mit der Mobilisierung der Empfangstechnik (Transistorradio, Autoradio, Walkman, Smartphone) sowie mit der zunehmenden Geräteausstattung auch einzelner Familienmitglieder wurde es möglich, aus einem Set von verschiedenen Medienangeboten bedürfnisorientiert zu wählen.

Längst ist das Radio zu einem selbstverständlichen Alltagsmedium geworden, das wichtige Funktionen für die Hörer übernimmt, darunter speziell die Unterhaltungs- und Informationsfunktion. Bislang behauptete sich das Radio in der gegenwärtigen Situation der Medienkonkurrenz. 97 Prozent der Deutschen haben zu Hause ein Radiogerät, fast die Hälfte besitzt vier und mehr verschiedene Gerätearten (Stereoanlage, Transistorradio, Radiowecker, Autoradio usw.). Die Tagesreichweite des Hörfunks liegt bereits seit den 1970er Jahren zwischen 75 und 83 Prozent der Bevölkerung. Im Sommer 2012 schalteten gut drei Viertel der deutschsprachigen Bevölkerung ab zehn Jahren täglich mindestens ein Radioprogramm ein. Die Hördauer stieg in den letzten zehn Jahren an und lag zuletzt bei 240 Minuten pro Tag (vgl. Gattringer/Klingler 2012).

Ein charakteristisches Merkmal der Hörfunknutzung ist, dass die Hörer – im Gegensatz zu Fernsehzuschauern – nur relativ selten das Programm wechseln. Trotz der seit Mitte der 1980er Jahre erfolgten erheblichen Ausweitung der Zahl der verfügbaren Programme ist die Zahl der in 14 Tagen bzw. ›gestern‹ genutzten Programme kaum angestiegen: Zuletzt wurden innerhalb von 14 Tagen im Durchschnitt 4,1 Programme gehört, am Stichtag ›gestern‹ waren es nur 1,2 Programme. Dieser stabile Befund hat mit dazu geführt, dass die dominante Programmstrategie im Hörfunk der letzten Jahre darin bestand, möglichst ›durchhörbare‹ Programme zu gestalten, die keinen Anlass zum Um- bzw. Abschalten bieten.

Mit Aufmerksamkeit wird aktuell beobachtet, wie sich die Radionutzung über das Internet entwickelt. Grundsätzlich gilt es hier zwischen Radioangeboten, die nur im Internet existieren (Webradio), und Radioprogrammen, die sowohl UKW-basiert als auch online angeboten werden (Rebroadcaster) zu unterscheiden. Insgesamt steigen beide Nutzungsformen, wenngleich langsam. So gaben 32 Prozent der Befragten in der Media-Analyse des 2. Halbjahres 2012 an, schon einmal über den PC Radio gehört zu haben, über 6 Prozent haben dafür schon einmal ein Smartphone genutzt (bei der Media-Analyse erhebt und interpretiert die Arbeitsgemeinschaft Media-Analyse e.V. (agma) zwei Mal im Jahr Daten zu Reichweite und Zielgruppen von Medien, die zur Planung von Programm und Werbung benötigt werden, vgl. https://www.agma-mmc.de; Frey-Vor u. a. 2008). Vor allem bei den Jüngeren ist das mobile Radiohören schon ein Alltagsphänomen (vgl. Gattringer/Klingler 2012). Für sich genommen, weisen Webradio und Rebroadcaster jedoch sehr unterschiedliche Nutzungen auf, denn digital genutzt werden in erster Linie die Rebroadcaster, also die klassischen UKW-Radiosender. Noch ist die Nutzung von reinen Webradios, im Sinne von Online-only-Angeboten, eine »Randerscheinung« (Die Medienanstalten Jahrbuch 2011/2012, 164). Aktuelle Trends auf diesem Gebiet verfolgt u. a. die Goldmedia GmbH Strategy Consulting im Auftrag der Bayerischen Landeszentrale für neue Medien (BLM).

Hörspiel

Kultur spielt von Beginn an eine tragende Rolle im Radio. Was unter ›Kultur‹ auf der einen Seite und unter ›Kulturprogramm‹ auf der anderen Seite zu verstehen ist, war kontinuierlich Gegenstand von Diskussionen. Bestimmte Gattungen haben sich aber dauerhaft etabliert, dazu gehört an erster Stelle das Hörspiel.

Das Hörspiel gilt als die wichtigste originäre Kunstform, die das Radio in seiner Geschichte hervorgebracht hat. Viele Autor/innen schrieben und schreiben für das Medium. Zum einen, weil die Honorare der Sender mithelfen, die Existenz als freie Schriftsteller/innen zu sichern (vgl. Schneider 1991). Zum anderen reizten und reizen immer auch die speziellen künstlerischen Ausdrucksmöglichkeiten des akustischen Mediums. Zusammen mit Dramaturgen, Regisseuren, Toningenieuren und Sprechern nutzen die Autoren die neueste Studio-, Aufnahme-, Speicher- und Sendetechnik, experimentieren mit

dem gesprochenen Wort und spielen mit den klangkünstlerischen Möglichkeiten (vgl. Klippert 1977).

In der Geschichte des Hörspiels entwickelte sich
eine große Vielfalt an Formen – Sendespiele adaptieren Bühnentexte für das Radio; Wortkunsthörspiele
laden die Hörer ein, das gesprochene Wort auf einer
›inneren Bühne‹ nachzuschaffen (vgl. Wickert 1954);
›konkrete‹ Hörspielkunstwerke decken die ihnen zugrundeliegende Materialität auf und wollen, dass die
Hörer sich kritisch zu dem Dargebotenen verhalten;
spielerische Ansätze schreiben der Musik eine eigenständige Rolle zu oder setzen auf Klangexperimente.

»Alles ist erlaubt!«, postulierte Helmut Heißenbüttel im März 1968 auf der Internationalen Hör-
spieltagung in Frankfurt am Main (vgl. Heißenbüttel
1970). Der Schriftsteller und Literaturtheoretiker
formulierte damals seine Losung für eine offene
Kunstform unter dem Titel »Horoskop des Hörspiels«. Heißenbüttel, als Leiter der Redaktion Ra-
dio-Essay beim SDR auch ein Rundfunkpraktiker,
rekurrierte bewusst auf eine mehr als 35 Jahre zuvor
erschienene Schrift von Richard Kolb mit eben diesem Titel. Kolb, ein hoher Programmverantwortli-
cher, hatte 1932 die dominierende Vorstellung von
einem Innerlichkeitshörspiel festgeschrieben, wonach das dichterische Wort des Hörspiels auf einen
individuellen Hörer zielt, der das Geschehen mit
Hilfe seiner Phantasie nachschafft. Kolbs Formel,
wonach es »die Aufgabe des Hörspiels« sei, »uns
mehr die Bewegung im Menschen, als die Menschen
in Bewegung zu zeigen«, wurde stilprägend (Kolb
1932, 41). Bis in die frühen 1960er Jahre herrschte
dieser Typus vor. Viele Hörspiele der sogenannten
Blütezeit des Hörspiels in den 1950er Jahren, darunter die Arbeiten von Günter Eich, Ingeborg Bachmann, Otto Heinrich Kühner und Fred von Hoer-
schelmann, sind vor diesem hörspieltheoretischen
Ansatz zu verstehen, ebenso wie die Regiestile von
großen Regisseuren wie Fritz Schröder-Jahn (NDR),
Cläre Schimmel (SDR), Walter Ohm (BR) und Gert
Westphal (SWF).

Das bis heute oft herangezogene Kompendium
zur Dramaturgie und Geschichte des Hörspiels von
Heinz Schwitzke (1963) ist vor diesem Hintergrund
zu verstehen, da es gleichzeitig eine Rechtfertigungs-
schrift darstellt. Schwitzke, in Hamburg der Leiter
der größten Hörspielabteilung in der Bundesrepublik und in den 1950er Jahren als ›Hörspiel-Papst‹ gefeiert, hatte diesen Typus des Innerlichkeitshörspiels
entscheidend mitbefördert. Zu Beginn der 1960er
Jahre sah Schwitzke sich von neuen künstlerischen
Ansätzen herausgefordert. Der junge österreichische

Wissenschaftler Friedrich Knilli wurde mit seinem
Taschenbuch über *Mittel und Möglichkeiten eines totalen Schallspiels* (1961) zum Wortführer einer Bewegung, die zum sogenannten ›Neuen Hörspiel‹
führte (vgl. Schöning 1970; 1974; 1981).

Diese Vielfalt des deutschsprachigen Hörspiel-
schaffens der Geschichte und der Gegenwart spiegelt
sich in den Kulturprogrammen der öffentlich-rechtlichen Rundfunkanstalten der Bundesrepublik, Österreichs und der Schweiz, die in Hörspielbroschü-
ren und im Internet über ihre Programme Auskunft
geben. Jährlich werden zirka 500 neue Hörspiele
produziert, die zusammen mit Wiederholungen und
Übernahmen auf den verschiedenen Sendeplätzen
der Kulturradios ausgestrahlt werden. Rückblicke
auf die jeweils neuen Produktionen geben die vom
Deutschen Rundfunkarchiv zusammengestellten
Verzeichnisse »Hörspiele in der ARD«.

Der Fülle dieses Schaffens steht ein Bedeutungs-
verlust des Hörspiels im öffentlichen Bewusstsein
gegenüber. Hörspielkritiken erscheinen nur noch
selten in den Feuilletons, regelmäßig über Hörspiele
berichten nur noch die Fachdienste »Funk-Korre-
spondenz« und »epd medien«. Hörspielpreise, darunter die Auszeichnungen als »Hörspiel des Mo-
nats« und als »Hörspiel des Jahres«, der »Prix Europa«, der »Karl-Sczuka-Preis« für Radiokunst (vgl.
Naber/Vormweg/Schlichting 2000) sowie speziell der
seit 1951 jährlich vergebene »Hörspielpreis der Kriegsblinden« (vgl. Wagner/Kammann 2001), lenken die
Aufmerksamkeit auf das große künstlerische Potential dieser Medienkunst. Die größte Gefahr droht
den aktuell zehn Hörspieldramaturgien in der Bundesrepublik durch den steigenden Kostendruck und
die den Kulturbereich treffenden Sparmaßnahmen.
Umso wichtiger ist es für die Hörspielverantwortli-
chen, ihre Hörspiele auch öffentlich zu präsentieren
und außerhalb des Programms ihr Publikum zu finden, beispielsweise bei den »ARD-Hörspieltagen«.
Darüber hinaus werden auch Hörspiele inzwischen
vermehrt zum Download angeboten, und mit CD-
Veröffentlichungen sucht man im Windschatten der
Konjunktur des aus dem Radio erwachsenen Hör-
buchs (vgl. Häusermann u. a. 2010) erfolgreich neue
Vertriebswege.

Radiokunst

Der Begriff der Radiokunst wird gelegentlich als
Oberbegriff aller genuin radiospezifischen Kunst-
praktiken, also insbesondere des Hörspiels mit sei-

nen verwandten Formen, wie Hörstück oder künstlerisches Feature, gebraucht (vgl. Hagelücken 2006). In dieser weiten Verwendung ist der Begriff aber insbesondere im Singular quasi funktionslos, da er nichts beschreibt, was durch die untergeordneten Begriffe nicht erfasst wäre. Eine trennschärfere Definition begreift daher nur jene künstlerischen Praktiken als Radiokunst, die in ihrer Machart die besonderen Herstellungs-, Verbreitungs-, Wahrnehmungs- und Nutzungsbedingungen des Radios explizit reflektieren, also das Radio (oft aus einer historisch-kritischen Perspektive) z. B. in seinen Funktionen als Mittler politischer und sozialer Gemeinschaften oder Gegenstand privater Unterhaltung thematisieren, es auf seine inhaltlichen, formalen, kommunikativen und ästhetischen Besonderheiten untersuchen usw.

Schon 1925 formulierte Kurt Weill erstmals den Begriff:

> »Nun können wir uns sehr gut vorstellen, daß zu den Tönen und Rhythmen der Musik neue Klänge hinzutreten würden, Klänge aus anderen Sphären: Rufe menschlicher und tierischer Stimmen, Naturstimmen, Rauschen von Winden, Wasser, Blumen und dann ein Heer neuer, unerhörter Geräusche, die das Mikrophon auf künstlichem Wege erzeugen könnte, wenn Klangwellen erhöht oder vertieft, übereinandergeschichtet oder ineinander verwoben, verweht und neugeboren würden« (Weill 1925, 1627).

Weill fasst Radiokunst also als tendenziell musikalisch zu begreifende Kunst, die sich zum einen durch eine Gleichberechtigung musikalischer (d. h. instrumentaler und vokaler) und geräuschhafter bzw. alltagstypischer Klänge und Laute auszeichnet, zum anderen durch die technischen Möglichkeiten des Mikrofons, der Nachbearbeitung und der Montage gekennzeichnet ist. Ähnlich argumentierte u. a. Rudolf Arnheim, wenn er konstatierte: »Im Rundfunk enthüllten die Geräusche und Stimmen der Wirklichkeit ihre sinnliche Verwandtschaft mit dem Wort des Dichters und den Tönen der Musik« (Arnheim 2001, 14).

Während Weill (als Komponist wenig überraschend) in seinem visionären Entwurf vor allem die klangästhetische Spezifik des Radios als Gegenstand radiokünstlerischer Arbeiten annimmt, können später weitere Schwerpunkte identifiziert werden:

- die Thematisierung der Kommunikationsstruktur des Radios, etwa wenn das Merkmal der Adressierung eines räumlich dispersen, aber durch den Programmablauf in seiner Wahrnehmung synchronisierten Publikums aufgegriffen wird oder wenn die typisch sekundäre Rezeptionsweise (Radio als Begleitmedium bei anderen Tätigkeiten) in den Fokus rückt;

- die Modifikation der Kommunikationsstruktur des Radios, z. B. durch Einrichtung einer netzförmigen anstatt einer strahlenförmigen Struktur oder einer symmetrischen (mit Rückkanal ausgestatteten) anstatt einer asymmetrischen (nur einseitig vom Sender zum Empfänger verlaufenden) Struktur;

- das Aufgreifen und Verfremden radioeigener Formen wie Hörspiel, Feature, Reportage, Magazin, Werbung oder Live-Übertragung in Bezug auf Spezifika wie zeitgleiche Übertragung von einem einzelnen Ort in ein riesiges Empfangsgebiet oder Zusammenführung räumlich getrennt aufgezeichneter Klangquellen im Sendesignal.

Frühe Beispiele solcher Experimente sind das musikalische Hörspiel »Der Lindberghflug« von Bertolt Brecht (Text und Konzeption), Paul Hindemith und Kurt Weill (Musik) aus dem Jahr 1929 und »Cinque sintesi radiophonico« von Filippo Tommaso Marinetti, 1933 aus technischen Gründen nur als Textpartitur realisiert. In den 1960er Jahren entstanden im Kontext des sogenannten »Neuen Hörspiels« (Schöning 1970) vielfach Stücke, die durch Selbstreflexivität, sprachliche Experimente und Grenzüberschreitungen zwischen Künsten, Gattungen und Medien die Besonderheit und Rolle des Radios kritisch und kreativ reflektieren (z. B. »Fünf Mann Menschen« von Ernst Jandl und Friederike Mayröcker aus dem Jahr 1968 und »Hörspiel. Ein Aufnahmezustand« von Mauricio Kagel aus dem Jahr 1969).

Überblicke aktueller Praktiken (vgl. Augatitis/Lander 1994) und historisch-philosophischer Hintergründe (vgl. Kahn/Whitehead 1992) zeigen mit der Vielfalt der Ansätze auch, dass Radiokunst oft lokale, an Institutionen gebundene Ausprägungen entwickelt hat, so die weit über das Radio hinausgehenden Definition einer ›Ars Acustica‹ des Studio Akustische Kunst (WDR) oder das transmediale Modell (›On Air-On Line-On Site‹), das sich im Umfeld des ORF-Kunstradios in Wien aus dem Geist einer medien- und gesellschaftskritischen, kollaborativen Telekommunikationskunst der 1970er Jahre entwickelte (vgl. Grundmann u. a. 2008).

Radiotheorien

Als Radiotheorien sind Beschreibungen zu verstehen, die anhand beobachtbarer Merkmale, Besonderheiten und Gesetzmäßigkeiten des Radios allgemeine Schlussfolgerungen über das Wesen des Mediums ziehen. Diese können das Radio in seiner Gesamtheit betreffen, indem sie es als Einzelmedium, als Teil z. B. der Gruppe der auditiven Medien oder im Kontext aller anderen Typen von Medien charakterisieren. Sie können sich aber auch auf die Beschreibung einzelner Handlungsfelder, wie z. B. Radiojournalismus (vgl. La Roche/Buchholz 1986; Kern 2008; Overbeck 2009), Programmforschung (vgl. Klingler/Schröter 1995) oder Rezeptions-/Wirkungsforschung (vgl. Weiß/Hasebrink 1995), einzelner Programmelemente wie z. B. Musik (vgl. Schramm 2008), einzelner Gattungen bzw. Genres wie z. B. gebauter Beitrag (vgl. Bloom-Schinnerl 2002), Feature (vgl. Zindel/Rein 1997) oder Hörspiel (vgl. Döhl 1988) und einzelner Sendeelemente wie z. B. O-Ton (vgl. Maye/Reiber/Wegmann 2007) beschränken.

Mit dem Begriff ›Radiotheorie‹ ist zwar nicht notwendig der Anspruch verknüpft, das komplexe Zusammenspiel gesellschaftlicher und individueller Funktionen, journalistischer und ästhetischer Merkmale sowie institutioneller Strukturen des Mediums innerhalb einer Theorie in seiner Gesamtheit darzustellen. Um den Terminus zu rechtfertigen, müssen Spezifika aber so allgemein gefasst sein, dass sie entweder von einer allgemeinen Einzelmedientheorie des Radios deduktiv auf untergeordnete Gegenstände wie etwa journalistische bzw. künstlerische Darstellungsformen, Programmtypen und Nutzungsschemata oder induktiv von einer einzelnen Gattung wie dem Hörspiel auf das Radio im Allgemeinen übertragbar sind.

Betrachtet man die geschichtliche Entwicklung von Radiotheorien (systematisch vgl. Schätzlein 2012), so zeigt sich, dass sie insbesondere in der Anfangszeit des Radios häufig als partikulare Kritik des Status quo und als Zukunftsentwurf entstanden. Daher erscheinen diese aus heutiger Sicht oft spekulativ oder gar utopistisch und erfüllen nicht immer den Anspruch einer Beschreibung, sondern beruhen stärker auf Prognosen und normativen Forderungen. Dies gilt beispielsweise für eine lose Reihe von Vorträgen bzw. Aufsätzen Bertolt Brechts, die posthum in einer Schriftsammlung vom Herausgeber unter dem Titel »Radiotheorie« zusammengefasst wurden (Brecht 1967) und vermutlich die bekannteste ›Radiotheorie‹ darstellen, ohne dass dies vom Autor intendiert gewesen wäre. Brecht fordert hier neben finanzieller Förderung der Entwicklung »einer Rundfunk-spezifischen Ästhetik« die Umwandlung des Rundfunks aus einem Distributionsapparat in einen Kommunikationsapparat, der »[...] aus

dem Lieferantentum herausgeh[t] und den Hörer als Lieferanten organisier[t]« (ebd., 134).

Zwei damit genannte Aspekte ziehen sich durch eine große Zahl theoretischer Reflexionen des Mediums:

- Das Konzept der ›rundfunk-spezifischen‹, ›funkischen‹ oder ›radiophonen‹ (engl. meist *radiogenic*) Herstellungsweise und Ästhetik findet sich bei ersten ›Radiotheoretikern‹ wie Rudolf Arnheim (2001), bei Hörspieltheoretikern wie Heinz Schwitzke (1963) und Tim Crook (1999) sowie bei Musiktheoretikern wie Hermann Scherchen (1991).
- Das Motiv der kommunikativen Öffnung war seinerzeit gekoppelt mit der Vorstellung, das Radio könne aktiv Nationen bzw. Völker sowie Sinne bzw. Kunstformen verbinden, etwa bei Hans Magnus Enzensberger (1999).

Die Frage nach der Art und den Bestimmungsgrößen einer radioeigenen Ästhetik wird seit den ersten Jahren des Rundfunks diskutiert. Dabei dominiert eine Definition ex negativo, die das Fehlen visueller Eindrücke als quasi ›unnatürliche‹ Leerstelle interpretiert, die vom Radiohörer subjektiv durch die Imagination eigener Vorstellungen gefüllt werden muss (vgl. Kolb 1932).

Andrew Crisell zieht dafür den Begriff der *blindness* des Radios heran und kennzeichnet das Wahrnehmungsangebot des Radios als limitiert und defizitär, denn anders als bei audiovisuellen Wahrnehmungsangeboten sei der Kontext auditiver Zeichen oft nicht erkennbar und die Täuschbarkeit entsprechend hoch (vgl. Crisell 1994, 3 f.). Der negativ konnotierte Begriff der Blindheit (gegenüber Alternativen wie ›Unsichtbarkeit‹) und die Crisells Argumentation zugrundeliegende Hierarchie der Sinne (der Sehsinn ist Crisell zufolge dem Hörsinn übergeordnet) erfuhren vielfach Kritik (vgl. Crook 1999; Shingler/Wieringa 1998). Crisell selbst wie auch andere Autoren (vgl. Hilmes/Loviglio 2002) stellten dem Begriff der *blindness* das Konzept der *secondariness* gegenüber, dem zufolge Radio gerade aufgrund seiner sensuellen Beschränkung neben anderen Tätigkeiten rezipiert werden kann und das Bild nicht ausschließe, sondern einen kreativen Umgang der Hörer mit ihrer eigenen Imagination ermögliche.

Aktuelle Herausforderungen für die Radiopraxis

Im Zuge der Digitalisierung wirken etwa seit dem Jahr 2000 schwerwiegende medientechnische und -kulturelle Veränderungen auf das Radio. Bereits in den 1990er Jahren waren stufenweise digitale Distributionstechnologien entwickelt worden, die eine Lösung für die Frequenzknappheit des UKW-Bandes, bessere Audioqualität und diverse Zusatzdienste (Text- und Bildanzeige) bieten sollten. In der Bundesrepublik stand hier an erster Stelle der Standard ›Digital Audio Broadcasting‹ (DAB), der sich aber auch rund 20 Jahre nach seiner Entwicklung und diversen Einführungsversuchen nicht durchsetzen konnte.

Kleinsteuber (2006) argumentiert, dass der Standard für die Radioanbieter erhebliche Mehrkosten, für die Hörer keinen greifbaren Mehrwert und aufgrund der großflächigen Senderaster eine geringere Angebotsvielfalt im Vergleich zu UKW biete. Die Kosten für die Umstellung des Sendebetriebs und die Anschaffung neuer Empfangsgeräte erschienen damit nicht gerechtfertigt.

Aus Sicht effizienzorientierter Hörfunkanbieter erscheint es dennoch widersinnig, dass die Distribution von Radioangeboten über das Internet anstrengungslos ein Selbstläufer wurde. Die rasante Verbreitung des WWW provozierte ab Mitte der 1990er Jahre zuerst experimentelle Radioanwendungen, die die Spezifika des Internets ausloteten (vgl. Föllmer/Thiermann 2006). Um das Jahr 2000 begannen immer mehr UKW-Sender, ihr terrestrisch verbreitetes Programm zusätzlich online als Stream anzubieten.

Mit dem ›Podcasting‹ etablierte sich ab 2003 aus Graswurzelinitiativen eine Distributionspraxis, die radiophone Beitragsformen weitgehend unabhängig von einem linearen, zeitlich festgelegten Programmschema verbreitet (vgl. Bauer 2007). Viele Sender begannen kurz darauf, einzelne Beiträge oder Sendungen als Podcast, d. h. als Audiodatei, die zeit- und ortsunabhängig gehört werden kann, anzubieten (vgl. Gazi u. a. 2011). Mit der Unabhängigkeit von einem linearen Programmschema war ein definitorisches Grundkriterium des Radios in Frage gestellt, was sich auch in der Verwirrung zeigte, die aus folgenden Lizenzmodellen der GEMA und der GVL sprach.

Aktuelle Herausforderungen der Radio Studies

Seit den 1990er Jahren erschließt unter dem Begriff der ›Radio Studies‹ eine an Prämissen und Methoden der Cultural Studies (s. Kap. IV.23) und der Medienkulturwissenschaft orientierte Radioforschung neue Fragestellungen und Vorgehensweisen. Im Gegensatz zu manchen älteren radiohistorischen Lesarten, die in positivistischer Manier dazu neigen, beobachtbare Radiopraktiken allein als Folge spezifischer technologischer Innovationen zu betrachten, geht z. B. die US-amerikanische Radioforscherin Michele Hilmes davon aus, dass ein Status der Radioentwicklung sich sinnvoll nur aus der Betrachtung der Interaktion zwischen kulturellen Herstellungs- bzw. Gebrauchsformen und technischen Möglichkeiten erschließen kann (vgl. Hilmes 1997).

Fragen und Ansätze aus den Gender Studies (s. Kap. IV.25) und postkolonialistischer Perspektive (s. Kap. IV.24) sowie Fragen zur Rolle des Radios als womöglich ideales Medium für lokale Berichterstattung (vgl. Starkey 2011), kommunale Kommunikation und nichtkommerzielle Medienarbeit innerhalb von ›Community Radios‹ (vgl. Gordon 2012) spielen mittlerweile in der Radioforschung eine große Rolle. In diesem Kontext entstehen auch neue Ansätze zur Beschreibung gesellschaftlicher und individueller Auswirkungen des Radios in seiner analogen Geschichte und seiner digitalen, vernetzten Gegenwart (vgl. Hilmes/Loviglio 2013) oder etwa der ästhetischen Beschaffenheit des Alltagsprogramms (vgl. Föllmer 2013).

Literatur

Arbeitsgemeinschaft der öffentlich-rechtlichen Rundfunkanstalten der Bundesrepublik Deutschland (Hg.): *ARD-Jahrbuch*. Hamburg 2010.

Arnheim, Rudolf: *Rundfunk als Hörkunst* [1979]. Frankfurt a. M. 2001.

Augaitis, Daina/Lander, Dan (Hg.): *Radio Rethink. Art, Sound and Transmission*. Banff 1994.

Bauer, Martin: *Vom iPod zum iRadio. Podcasting als Vorbote des individualisierten Hörfunks*. Masterarbeit Hochschule Mittweida. Mittweida 2007.

Bausch, Hans: *Rundfunkpolitik nach 1945*. München 1980.

Bloom-Schinnerl, Margareta: *Der gebaute Beitrag. Ein Leitfaden für Radiojournalisten*. Konstanz 2002.

Brecht, Bertolt: *Radiotheorie* [1927–1932]. In: *Schriften zur Literatur und Kunst*. Frankfurt a. M. 1967, 121–140.

Chignell, Hugh: *Key Concepts in Radio Studies*. Los Angeles 2009.

Crisell, Andrew: *Understanding Radio*. New York 1994.

Crook, Tim: *Radio Drama. Theory and Practice.* New York 1999.

Die Medienanstalten (Hg.): *Jahrbuch 2011/12. Landesmedienanstalten und privater Rundfunk.* Berlin 2012. http://www.die-medienanstalten.de/?id=134 (03.06.2013).

Döhl, Reinhard: *Geschichte und Typologie des Hörspiels.* Köln 1988.

Dussel, Konrad: *Deutsche Rundfunkgeschichte.* Konstanz 2010.

Enzensberger, Hans Magnus: Baukasten zu einer Theorie der Medien. In: Claus Pias/Lorenz Engell/Oliver Fahle (Hg.): *Kursbuch Medienkultur. Die maßgeblichen Theorien von Brecht bis Baudrillard.* Stuttgart 1999, 264–278.

Föllmer, Golo: Theoretisch-methodische Annäherungen an die Ästhetik des Radios. Qualitative Merkmale von Wellenidentitäten. In: Axel Volmar/Jens Schröter (Hg.): *Auditive Medienkulturen. Techniken des Hörens und Praktiken der Klanggestaltung.* Bielefeld 2013, 321–338.

Föllmer, Golo/Thiermann, Sven (Hg.): *Relating Radio. Communities, Aesthetics, Access. Beiträge zur Zukunft des Radios.* Leipzig 2006.

Fornatale, Peter Thomas/Mills, Joshua E.: *Radio in the Television Age.* Woodstock 1980.

Frey-Vor, Gerlinde/Siegert, Gabriele/Stiehler, Hans-Jörg: *Mediaforschung.* Konstanz 2008.

Gattringer, Katrin/Klingler, Walter: Radionutzung in Deutschland steigt erneut an. Ergebnisse, Trends und Methodik der ma 2012 Radio II. In: *Media Perspektiven* 9 (2012), 410–423.

Gazi, Angeliki/Starkey, Guy/Jedrzejewski, Stanislaw (Hg.): *Radio Content in the Digital Age. The Evolution of a Sound Medium.* Bristol 2011.

Goldhammer, Klaus: *Formatradio in Deutschland. Konzepte, Techniken und Hintergründe der Programmgestaltung von Hörfunkstationen.* Berlin 1995.

Gordon, Janey (Hg.): *Community Radio in the Twenty-First Century.* Oxford 2012.

Grundmann, Heidi/Zimmermann, Elisabeth/Daniels, Dieter u. a. (Hg.): *Re-Inventing Radio. Aspects of Radio as Art.* Frankfurt a. M. 2008.

Hagelüken, Andreas: Radiokunst, Hörspiel, Ars Acustica. In: *Positionen* 69 (2006), 20–23.

Hagen, Wolfgang: *Das Radio. Zur Geschichte und Theorie des Hörfunks – Deutschland, USA.* München 2005.

Häusermann, Jürg/Janz-Peschke, Korinna/Rühr, Sandra: *Das Hörbuch.* Konstanz 2010.

Heißenbüttel, Helmut: Horoskop des Hörspiels. In: Schöning 1970, 18–36.

Hendy, David: *Radio in the Global Age.* Cambridge, Mass. 2000.

Hilmes, Michele: *Radio Voices. American Broadcasting, 1922-1952.* Minneapolis/London 1997.

Hilmes, Michele/Loviglio, Jason (Hg.): *Radio Reader: Essays in the Cultural History of Radio.* New York u. a. 2002.

Hilmes, Michele/Loviglio, Jason (Hg.): *Radio's New Wave.* New York u. a. 2013.

Kahn, Douglas/Whitehead, Gregory (Hg.): *Wireless Imagination. Sound, Radio, and the Avant-Garde.* Cambridge, Mass. 1992.

Kern, Jonathan: *Sound Reporting. The NPR Guide to Audio Journalism and Production.* Chicago 2008.

Kleinsteuber, Hans J.: Die Zukunft des Radios. In: Föllmer/Thiermann 2006, 94–109.

Kleinsteuber, Hans J. (Hg.): *Radio.* Wiesbaden 2012.

Klingler, Walter/Schröter, Christian: Strukturanalysen von Radioprogrammen 1985 bis 1990. Eine Zwischenbilanz der Hörfunkforschung im dualen System. In: Hans-Jürgen Bucher/Walter Klingler/Christian Schröter (Hg.): *Radiotrends. Formate, Konzepte und Analysen.* Baden-Baden 1995, 53–72.

Klippert, Werner: *Elemente des Hörspiels.* Stuttgart 1977.

Knilli, Friedrich: *Das Hörspiel. Mittel und Möglichkeiten eines totalen Schallspiels.* Stuttgart 1961.

Kolb, Richard: *Horoskop des Hörspiels.* Berlin 1932.

LaRoche, Walther von/Buchholz, Axel (Hg.): *Radio-Journalismus. Ein Handbuch für Ausbildung und Praxis im Hörfunk.* München 1986.

Lersch, Edgar/Schanze, Helmut (Hg.): *Die Idee des Radios. Von den Anfängen in Europa und den USA bis 1933.* Konstanz 2004.

Lüthje, Corinna: Programm. In: Kleinsteuber 2012, 183–207.

Maletzke, Gerhard: *Psychologie der Massenkommunikation. Theorie und Systematik.* Hamburg 1963.

Maye, Harun/Reiber, Cornelius/Wegmann, Nikolaus (Hg.): *Original/Ton. Zur Mediengeschichte des O-Tons.* Konstanz 2007.

Meyer, Jens Uwe: *Radio-Strategie.* Konstanz 2007.

Naber, Hermann/Vormweg, Heinrich/Schlichting, Hans Burkhard: *Akustische Spielformen. Von der Hörspielmusik zur Radiokunst. Der Karl-Sczuka-Preis 1955–1999.* Baden-Baden 2000.

Neuberger, Christoph/Kapern, Peter: *Grundlagen des Journalismus.* Berlin 2013.

Overbeck, Peter (Hg.): *Radiojournalismus.* Konstanz 2009.

Peters, Lars: Werbung in Radioprogrammen. In: Schramm 2008, 64–84.

Röser, Jutta (Hg.): *MedienAlltag. Domestizierungsprozesse alter und neuer Medien.* Wiesbaden 2007.

Scannell, Patty: *Radio, Television & Modern Life.* Blackwell 1996.

Schätzlein, Frank: Theorien. In: Kleinsteuber 2012, 37–62.

Scherchen, Hermann: Arteigene Rundfunkmusik. In: Joachim Lucchesi (Hg.): *Hermann Scherchen. Werke und Briefe 1.* Frankfurt a. M. 1991, 67–73.

Schmedes, Götz: *Medientext Hörspiel. Ansätze einer Hörspielsemiotik am Beispiel der Radioarbeiten von Alfred Behrens.* Münster/New York u. a. 2002.

Schneider, Irmela: ›Fast alle haben vom Rundfunk gelebt‹. Hörspiele der 50er Jahre als literarische Formen. In Justus Fetscher/Eberhard Lämmert/Jürgen Schutte (Hg.): *Die Gruppe 47 in der Geschichte der Bundesrepublik.* Würzburg 1991, 203–217.

Schöning, Klaus (Hg.): *Neues Hörspiel. Essays, Analysen, Gespräche.* Frankfurt a. M. 1970.

Schöning, Klaus (Hg.): *Neues Hörspiel O-Ton. Der Konsument als Produzent. Versuche. Arbeitsberichte.* Frankfurt a. M. 1974.

Schöning, Klaus (Hg.): *Spuren des Neuen Hörspiels.* Frankfurt a. M. 1981.

Schramm, Holger (Hg.): *Musik im Radio.* Wiesbaden 2008.

Schramm, Holger/Hofer, Matthias: Musikbasierte Radioformate. In: Schramm 2008, 113–134.

Schwarzkopf, Dietrich (Hg.): *Rundfunkpolitik in Deutschland. Wettbewerb und Öffentlichkeit.* München 1999.

Schwitzke, Heinz: *Das Hörspiel. Geschichte und Dramaturgie.* Köln/Berlin 1963.

Shingler, Martin/Wieringa, Cindy: *On Air. Methods and Meanings of Radio.* London 1998.

Sommer, H.-D.: Klassische Musik – Teppich oder Inhalt? In: Ruth Blaes/Arnd Richter/Michael Schmidt (Hg.): *Zukunftsmusik für Kulturwellen. Neue Perspektiven der Kulturvermittlung im Hörfunk.* Berlin 2002, 6–12.

Starkey, Guy: *Local Radio, Going Global.* Basingstoke 2011.

Sturm, Robert/Zirbik, Jürgen: *Die Radio-Station.* Konstanz 1996.

Wagner, Hans-Ulrich/Kammann, Uwe (Redaktion): *Hör-Welten. 50 Jahre Hörspielpreis der Kriegsblinden. 1952–2001.* Berlin 2001.

Weill, Kurt: Möglichkeiten absoluter Radiokunst. In: *Der deutsche Rundfunk* 3/26 (1925), 1627.

Weiß, Ralph/Hasebrink, Uwe: *Hörertypen und ihr Medienalltag. Eine Sekundärauswertung der Media-Analyse '94 zur Radiokultur in Hamburg.* Berlin 1995.

Wickert, Erwin: Die innere Bühne. In: *Akzente* 1 (1954), 505–514.

Zindel, Udo/Rein, Wolfgang (Hg.): *Das Radio-Feature: ein Werkstattbuch.* Konstanz 1997.

Golo Föllmer/Hans-Ulrich Wagner

14. Fernsehen/Video/DVD

Der Begriff ›Fernsehen‹ bündelt eine Vielzahl unterschiedlicher Phänomene:

- Institutionen (›Fernsehanstalten‹, ›Sender‹),
- technische Prozesse und Geräte (›Ausstrahlung‹, ›Übertragung‹ und ›Empfang‹, ›Fernsehapparat‹),
- kulturelle Formen (›Sendungen‹, ›Programme‹) und
- Praktiken (›Fernseh schauen‹, ›fernsehen‹).

Trotz dieser Heterogenität hat das Fernsehen die Vorstellung davon, was Medien sind, ganz entscheidend geprägt. Erst mit dem Hinzutreten des Fernsehens zu Presse, Radio und Film in den 1950er und 1960er Jahren werden ›die Medien‹ als ein einerseits vielgestaltiger, andererseits aber zugleich eigenständiger Phänomenbereich wahrgenommen. Auch eine der ersten allgemeinen Medientheorien, McLuhans *Understanding Media*, orientiert sich ganz entschieden am damals neuen Medium Fernsehen (vgl. Engell 2012, 28). Während McLuhan allerdings auf eine Ausweitung des Medienbegriffs zielt (so dass beispielsweise auch Verkehr, Geld etc. darunterfallen), führt die Durchsetzung des Fernsehens meist ganz selbstverständlich zu einer Gleichsetzung von Medien mit ›Massenmedien‹. Das neu etablierte Fernsehen und die Diskussionen, die dadurch über ›die Medien‹ entstanden, tragen außerdem zur Selbstwahrnehmung der Gesellschaft im Ganzen bei: Die zentrale Ausstrahlung von Programmen, die von anonymen Vielen in ihren Privatwohnungen – isoliert voneinander, aber dennoch gleichzeitig – geschaut werden, wird zum zentralen Symbol einer Massen- und Konsumgesellschaft (vgl. Bartz 2007; zur immer wieder aufkommenden Kritik am Fernsehen s. Kap. II.9).

Während das Fernsehen eng an die institutionelle und technische Struktur des schon erfolgreich etablierten Radios anschließt, verändert die Hinzufügung des visuellen Aspekts die kommunikative Struktur und auch die kulturellen Konsequenzen des Mediums weitreichend. Zugleich unterliegt das Fernsehen – trotz der starken Identitätszuschreibung als exemplarisches Massenmedium – in der zweiten Hälfte des 20. Jahrhunderts konstanten Veränderungen durch neue Formate, neue Institutionen und neue Technologien, wie beispielsweise Video und DVD. Fernsehen lässt sich deshalb weniger durch zentrale Merkmale bestimmen als durch eine Reihe von medialen Dynamiken, die in immer wieder

neuer Weise zur zeitlichen und räumlichen Re-
Strukturierung der Gesellschaft sowie zur Re-Orga-
nisation von Wissensproduktion und kultureller
Zirkulation beitragen.

Fernsehen als Konstellation medialer Funktionen

Fernsehen beruht unter anderem auf der technischen Möglichkeit, bewegte Objekte und Körper an
weit entfernten Orten sichtbar machen zu können.
Diese mediale Funktion der ›Übertragung‹ wurde
schon vor der Erfindung und Einführung von Film
und Radio ausbuchstabiert. Unter dem Namen ›elektrisches Teleskop‹ ließ Paul Nipkow 1884 ein elektro-
mechanisches Fernsehen patentieren – das er allerdings nie als tatsächliche Apparatur baute. Zur gleichen Zeit entstanden in vielen Ländern (und häufig
angeregt durch Berichte von Thomas Edisons Erfin-
dertätigkeit sowie von Alexander Graham Bells Erfindung des Telefons 1876; s. Kap. III.9) phantasti-
sche Schilderungen fernsehähnlicher Vorrichtungen; besonders elaboriert etwa das *téléphonoscope* in
Albert Robidas frühem Science-Fiction *Le vingtième
siècle* (1893), das medial zwischen Bildtelefon, Über-
wachungsanlage und Programmmedium changiert.

Kennzeichnend für die tatsächliche Entwicklung
eines voll-elektronischen Fernsehens ab den 1930er
Jahren war dann aber zusätzlich noch die – dem Radio entsprechende – mediale Funktion einer ›Ausstrahlung‹ der Signale von einem zentralen Sender
an anonyme Viele. Die ersten Fernsehausstrahlun-
gen im nationalsozialistischen Deutschland konnten
dabei nur im Kollektiv an öffentlich zugänglichen
Orten (den sogenannten Fernsehstuben) rezipiert
werden. Dieses kollektive Fernsehschauen bleibt
durch die Fernsehgeschichte hinweg präsent – etwa
in Bars oder im *public viewing* (vgl. McCarthy 2001).
Kennzeichnend für das Fernsehen und prägend für
die Entwicklung seiner kulturellen Formen wie auch
seiner politisch-ökonomischen Struktur ist allerdings die private und häusliche Rezeption.

Während die grundlegende Technik in vielfältigen Kontexten (etwa militärischen, wissenschaftlichen oder pädagogischen) in sehr unterschiedlichen
Realisierungsformen zur Anwendung kam, bildete
sich doch in den 1950er Jahren nahezu global eine
dominante Konstellation (ein ›Dispositiv‹) heraus,
die die medialen Funktionen ›Übertragung‹ und
›Ausstrahlung‹ durch weitere mediale Funktionen
ergänzte, spezifizierte und relativierte: Das häusliche

Programmmedium Fernsehen prägte die Vorstellung davon, was ein (Massen-)Medium ist und
strukturiert zumindest als Negativfolie noch heute
zahlreiche Kennzeichnungen ›neuer‹, post-televisu-
eller Medien. Viele Fragestellungen und Konzepte
der Medienwissenschaft sind in Reaktion auf diese
Konstellation und ihre kontinuierliche Transformation entstanden.

Räumliche Strukturen: Häuslichkeit – Nation – Fenster zur Welt

Mit der ›Übertragung‹ von Bildern und Tönen in die
Privatwohnungen verschaltet das Fernsehen mehrere räumliche Dynamiken. Zunächst greift der
Fernsehapparat in die familiäre Situation ein, schafft
einen neuen Ort gemeinsamer Aufmerksamkeit und
problematisiert damit die soziale Aufteilung zwischen Männern und Frauen, Eltern und Kindern, öffentlichem und privatem Bereich (vgl. Spigel 1992).
Generell trägt das Medium damit zur Durchsetzung
der Konsumkultur auf Basis von kleinfamiliärer Privatheit bei, unterstützt in vielerlei Hinsicht die gesellschaftliche Modernisierung nach dem Zweiten
Weltkrieg (vgl. Hickethier 1998) und ist zugleich
Teilelement der sehr viel breiteren Tendenz zu »*mobile privatization*« (Raymond Williams): Gemeinsam mit weiteren Medien und Konsumgütern (Telefon, Kühlschrank, Auto) ermöglicht das Fernsehen
eine intensivierte Verschränkung von erhöhter Mobilität und Rückzug in die Privatsphäre (vgl. Williams 1990, 21 f.).

Die Installation der Fernsehapparate in den privaten Haushalten geht allerdings mit einer nationalen
Organisation des Sendebetriebs einher: Ob, wie in
den USA, die Sender privatwirtschaftlich arbeiten
oder, wie in den meisten europäischen Staaten bis in
die 1980er Jahre, öffentlich-rechtlich – die technische Infrastruktur und der erklärte Anspruch des
Fernsehens zielen auf eine nationale Öffentlichkeit
(in den USA hat der Rundfunk ebenfalls sehr explizit eine öffentliche Aufgabe (*public function*), auch
wenn diese an kommerziell ausgerichtete Unternehmen delegiert wird). Zugleich präsentiert sich das
Fernsehen als ein ›Fenster zur Welt‹, das weit über
die nationalen Grenzen hinaus Ereignisse beobachtet und die Zuschauerinnen und Zuschauer von
ihren Privaträumen aus daran teilnehmen lässt. In
Europa wurde beispielsweise schon 1953 die Krö-
nung von Queen Elizabeth in mehreren Ländern
übertragen. Institutionalisiert wurde diese transna-

tionale Ausrichtung durch die Gründung der European Broadcasting Union und deren auf Programmaustausch spezialisierter Suborganisation Eurovision, die u. a. seit 1956 den »Grand Prix Eurovision de la Chanson/European Song Contest« veranstaltet.

Das räumliche Strukturierungspotential des Mediums Fernsehen, Geschehen von einem Ort an einem anderen Ort sichtbar machen zu können, führt somit in seiner dominanten Realisierungsform zu einer komplexen Verzahnung von drei sehr unterschiedlichen Räumlichkeiten: In der intimen häuslichen Privatsphäre können Zuschauerinnen und Zuschauer Geschehen aus aller Welt wahrnehmen, das sie in eine nationalstaatliche Medienöffentlichkeit einbindet; für alle drei Ebenen gilt, dass sie durch das Medium Fernsehen nicht schlicht aufeinander bezogen, sondern ganz wesentlich mit hervorgebracht und mit Bedeutung und Plausibilität versehen werden.

Zeitliche Strukturen: *Liveness*, Programm, Flow

Als zeitstrukturierendes Medium ist die in den 1950er Jahren etablierte dominante Realisierungsform von Fernsehen ebenfalls durch eine Verzahnung unterschiedlicher Dynamiken gekennzeichnet: Neben der Gleichzeitigkeit zwischen vermitteltem Geschehen und Rezeption trägt auch der segmentierte Programmablauf und der nicht-endende ›Flow‹ an Bildern und Tönen zur zeitlichen Dynamik des Mediums bei.

Auch wenn das frühe Fernsehen keineswegs immer im engeren Sinne ›live‹ war (so wurden beispielsweise von Anfang an auch Filme ›ausgesendet‹), so trägt die technische Möglichkeit der zeitlich unmittelbaren ›Übertragung‹ entscheidend zur Faszination und Definition des Mediums bei. In den Anfangsjahren wurden Formen und Inhalte gesucht, die im Sinne einer Normästhetik dem Live-Charakter des Mediums besonders angemessen schienen. In vielen Ländern gehörte die Übertragung von Sportereignissen zu den frühen Programmelementen, die das technische Potential der Live-Übertragung zur Schau stellen sollten, aber auch Fernsehspiele richteten sich mehr am ›live‹-Medium Theater aus als an der filmischen Inszenierung, um so die Qualitäten des Mediums in den Mittelpunkt zu stellen (vgl. Hickethier 1998, 85, 148). Diese Inszenierungsformen von Sport und Fernsehspielen werden dann auch bei Programmen zur Anwendung gebracht, die tech-

nisch nicht live sind, aber dennoch durch ›spontane‹, ›informelle‹, ›unkontrollierte‹ Geschehnisse *Liveness* suggerieren. Die Simultaneität der Fernsehübertragung ist darüber hinaus nicht auf die Gleichzeitigkeit von (fernem) Geschehen und (häuslichem) Wahrnehmen beschränkt, sondern zeigt sich vor allem in der Gleichzeitigkeit der verstreuten und anonymen Rezeption. Das Wissen oder zumindest die notwendige Unterstellung, dass unbekannte und ferne Andere zur gleichen Zeit dasselbe Programm schauen, strukturiert die Wahrnehmung des Geschehens und die möglichen Anschlusskommunikationen.

Diese verschiedenen Dimensionen von Gleichzeitigkeit werden im Fernsehen in der Form von Programmen, d. h. einer zeitlich strukturierten Abfolge von distinkten und heterogenen Teilelementen – den Sendungen – realisiert: Im Ablauf eines Tages, aber auch einer Woche und eines gesamten Jahres haben bestimmte Themen und Formen einen festen Platz und wiederholen sich in dieser zeitlichen Struktur in verlässlicher Weise. Kennzeichnend für die Programmstruktur ist damit auch die Ausbildung einer Vielzahl an seriellen Formen, die je spezifische Kombinationen von Wiederholung und Variation ausbilden und damit auch die Unterscheidung von Ereignis/Unterbrechung und Gewöhnlichem regulieren. Auf der einen Seite verbindet sich das Fernsehen dadurch mit den breiteren zeitlichen Rhythmen einer Gesellschaft; es greift die kulturell dominanten Zeitabläufe (Arbeitszeiten, Schlafenszeit von Kindern, Feiertage etc.) auf, stabilisiert oder transformiert diese. Auf der anderen Seite schafft das Fernsehen so ein zeitliches Raster, das (von der Produktionsseite aus) die Adressierung bestimmter Zielgruppen und (von der Rezeptionsseite aus) die Auswahl von Sendungen und Themen rationalisiert. Dies zeigt sich besonders deutlich, wenn (in vielen Ländern recht schnell nach der Einführung des Fernsehens) mehrere parallele Programme teilweise synchron zueinander verlaufen (etwa der 20:15 Uhr-Schnitt im deutschen Fernsehen durch einen großen Teil der Programme).

Als dritte zeitliche Strukturierungsebene des Fernsehens tritt die Erfahrung des Fernsehens als ›Flow‹ von Bildern und Tönen zu *Liveness* und zeitlicher Abfolge von einzelnen Sendungen hinzu. Das Fernsehprogramm besteht nicht einfach aus distinkten Sendungen, sondern aus viel kleineren Segmenten (die Meldungen in Nachrichtensendungen, die Handlungsstränge in Sitcoms oder die einzelnen Spots in Werbeblöcken), die nicht nur zu sehr zufäl-

ligen motivischen und thematischen Zusammenhängen führen (ein Schauspieler aus der Sitcom ist
auch in einem Werbespot zu sehen etc.), sondern
durch Vorankündigungen folgender Sendungen und
ständige Wiederholung mancher Segmente eine
klare Abgrenzung zwischen Sendungen unterlaufen.
Daraus resultiert die Praxis, nicht einzelne Sendungen, sondern allgemein ›Fernsehen‹ zu schauen:
Durch das Drücken eines Knopfes lässt sich der
›Flow‹ aufrufen, der potentiell den gesamten Tages-
ablauf begleitet (vgl. Williams 1990). Im Zusammenspiel mit der räumlichen Positionierung im privaten
Haushalt ergibt sich aus dem ›Flow‹ des Fernsehens
eine beispielsweise vom Kino deutlich unterschiedene Wahrnehmungsform, die zerstreut, fragmen-
tiert und nebenbei erfolgt – eher ein gelegentliches
Hinschauen (*glance*) als ein fokussiertes Zuschauen
(*gaze*) (vgl. Ellis 1992).

Die nahtlose Abfolge von heterogenen Fragmenten verleiht dem gesamten Programm einen Eindruck von *Liveness* und stützt das räumliche Versprechen, dass das Fernsehen jedes potentielle Ereignis berücksichtigen kann. Zugleich bieten der ›Flow‹
und das Programmschema eine Folie für die Akzentuierung von punktuellen, besonderen Live-Ereig-
nissen – Breaking News, Katastrophen, Sportereignissen –, die unter Betonung des Vor-Ort-Seins der
Kameras den routinierten Betrieb unterbrechen, um
dann aber in der Folge sukzessive (durch Wiederholungen besonders markanter Bilder, Nachrichtenbe-
richte etc.) doch wieder in ›Flow‹ und Programmschema einzugehen.

Textuelle Strukturen: Heterogenität, Serialität, Populäres Wissen

›Flow‹ und Programm, Häuslichkeit, nationale Reichweite und ›Fenster zur Welt‹ sind somit nicht nur
zeitliche und räumliche Dynamiken des Mediums,
sondern tragen auch zur das Fernsehen kennzeichnenden Anordnung von Themen, Formen und Wissensbeständen bei. Im Prozess der Erfindung und
Einführung des Fernsehens spielte die Frage, was
mit dem Medium ›übertragen‹ werden soll, eine untergeordnete Rolle. In der Folge eignete sich das
Medium die verschiedensten kulturellen Formen an
und modifizierte diese gemäß den Dynamiken seiner Programm-, Rezeptions- und Produktionsstruk-
turen. Entsprechend finden sich im Fernsehen fiktionale und nicht-fiktionale, narrative und nicht-nar-
rative Formen ebenso nebeneinander wie häusliche

Ratgebersendungen, nationale Politik, internationale Serien und transnationale Ereignisse. Weil diese
unvermittelte Reihung heterogener Themen und
Formen zudem auch noch innerhalb von Sendungen
(etwa Magazinformaten und Shows) dominiert,
wird die textuelle Struktur des Fernsehens gelegentlich als beliebig, inkonsistent und irrational beschrieben. Diese Heterogenität macht das Fernsehen
aber auch zu einem ›kulturellen Forum‹ (vgl. New-
comb/Hirsch 1983) und zu einem privilegierten Ort
der populären, interdiskursiven Wissensproduktion:
Das Fernsehen greift selektiv auf die verschiedensten
Wissensbestände und Ansichten einer Gesellschaft
zu und übersetzt diese – auch angesichts der Unbekanntheit des Publikums – meist in allgemein ver-
ständliche und prägnante Bilder und Narrative. Die
Integration anderer Medien, vor allem Filme, ins
Programm, die ständige selektive Wiederholung älterer Sendungen und die intensive Wiederverwer-
tung von Fragmenten (in Jahresrückblicken oder zu
›historischen‹ Anlässen) verleiht dem auf den ersten
Blick ganz auf die Gegenwart gerichteten Fernsehen
auch eine Archivfunktion.

Eine Struktur erhält das heterogene Nebeneinander unter anderem durch die nationale Ausrichtung
(die vor allem in Sport- und Nachrichtensendungen
die Auswahl von Themen und ihre Perspektivierung
strukturiert) sowie durch die Differenzierung von
Genres und deren je unterschiedliche serielle Struktur (etwa die endlose Erzählung in Soaps und die
stärker episodische Form der Sitcom). Der Pro-
grammcharakter des Fernsehens führt zur Formatierung aller Inhalte, es existieren beinahe keine Sendungen, die nicht durch die Zugehörigkeit zu einem
Genre und damit zugleich durch ihre Position im
Programmschema eine eindeutige Rahmung erhalten. Zugleich allerdings sind die Genres und die Pro-
grammplätze im Versuch, das unbekannte Publikum
zu binden, ständigen Veränderungen und Hybridisierungen ausgesetzt. Die Soap Opera wurde seit
Ende der 1970er Jahre – u. a. mit *Dallas* – von einem
v. a. an Frauen gerichteten, tagsüber ausgestrahlten
Programm zu einem inklusiveren Genre im Abendprogramm; die Reality-Formate der 1990er und
2000er Jahre greifen zum einen Elemente älterer
Formen (Ratgebersendungen, Game Shows) auf und
werden zum anderen, basierend auf einem international verkauften Format, an nationale Kontexte angepasst.

Politisch-ökonomische Strukturen: Anonymität und Intimität/ Bürger und Konsument

Die textuellen Formen des Fernsehens, vor allem aber seine politischen und ökonomischen Charakteristiken, resultieren nicht zuletzt aus der kennzeichnenden Anonymität und Verstreutheit des Publikums. Sowohl als Unterhaltungsindustrie (die Gewinne generieren will) wie auch als politisch-öffentliche Kommunikation (die auf Information und Meinungsaustausch zielt) muss das Fernsehen zunächst einmal ein Publikum herstellen: Zu den medialen Funktionen des Fernsehens gehören deshalb zum einen die Verfahren, die Menschen dazu bringen, überhaupt zuzuschauen (statt etwas anderes zu tun), zum anderen aber auch die Mechanismen, die dieses verstreute Zuschauen zu einem aggregierten und handhabbaren Gegenstand – dem Publikum oder einer Summe aus verschiedenen Zielgruppen (*target audience*) – machen. Sowohl die spezifischen Formen der Adressierung innerhalb des Programms als auch die Zuschauerforschung und die Quotenmessung sind deshalb konstitutiv für das Medium Fernsehen.

Wenn auch keineswegs alle Sendungen dadurch geprägt sind, so ist es dennoch für das Fernsehen kennzeichnend, dass es massenhafte und anonyme Kommunikationsformen mit intimen und persönlichen verbindet. Als industrielles Massenmedium standardisiert und formatiert es die Kommunikation, zugleich bietet es dabei aber strukturierte Möglichkeiten, individuelle Vorlieben auszubilden und sich persönlich angesprochen zu fühlen. Diese Doppelung zeigt sich am deutlichsten in der Adressierung des Publikums: Die an anonyme Viele gerichtete Botschaft wird dominant in einer Weise präsentiert, die sonst für die individuelle Ansprache eingesetzt wird: ›for-anyone-as-someone‹ (vgl. Scannell 2000). Anders als im Kino hat sich die direkte Adressierung der Zuschauerinnen und Zuschauer als Form im Fernsehen etabliert; viel mehr noch als im Radio ist dabei mit den sichtbaren Personen, die in die Kamera (und somit den Fernsehzuschauern ›in die Augen‹) schauen, eine Wahrnehmungsform möglich, die viele Ähnlichkeiten mit der sozialen Alltagskommunikation hat. Das serielle, regelmäßige Erscheinen wiederkehrender Figuren, ihre informelle Konversation mit Anwesenden, ihr Eingehen auf implizierte (oder teils explizite) Reaktionen von Zuschauerinnen und Zuschauern verleiht der Fernsehkommunikation den Charakter des Intimen;

im Gegensatz zu den unnahbaren Stars des Kinos stehen die Celebrities des Fernsehens (vgl. Horton/ Wohl 2002). Fernsehschauen ist somit gekennzeichnet von der Gleichzeitigkeit einer einerseits persönlichen Ansprache und einer Dominanz intimer Themen und alltäglicher Personen mit, andererseits, dem Wissen darum, dass Fernsehen mit unbekannten Anderen gemeinsam geschaut wird.

Mit den beiden dominanten Organisationsweisen des Fernsehens – öffentlich-rechtlich und privatwirtschaftlich – haben sich allerdings auch zwei konkurrierende Modellierungen des Publikums herausgebildet: Auf der einen Seite werden die Zuschauerinnen und Zuschauer als (Staats-)Bürger konzipiert, die bestimmte Sendungen benötigen, um an der politischen Öffentlichkeit und den kulturellen Prozessen (*cultural citizenship*) teilnehmen zu können: ›What does the audience need‹? Auf der anderen Seite werden sie vom kommerziellen Rundfunk als Konsumenten angesprochen, die bestimmte Programme sehen wollen: ›What does the audience want‹? (vgl. Ang 1991). Bis zur Einführung von Pay-TV war es dabei für die mediale Ökonomie des (kommerziellen) Fernsehens kennzeichnend, dass es eben keine Inhalte an Konsumenten verkauft, sondern Sendezeit an die Werbeindustrie. Die Aufgabe der Fernsehproduktion ist somit, durch die Produktion und Programmierung von Sendungen Aufmerksamkeit von Zuschauerinnen und Zuschauern so zu aggregieren, dass damit ein lohnendes ›Werbeumfeld‹ geschaffen wird.

Nicht zuletzt wegen dieser kommerziellen Struktur ist das Medium Fernsehen nicht zu trennen von einer unvermeidlichen, aber immer prekären Produktion von Wissen über das Publikum. Diese Notwendigkeit hat in allen entwickelten Fernsehindustrien zur Ausbildung von spezialisierten Organisationen geführt, die mit einer Vielzahl an selbst wiederum technisch-medialen Vorrichtungen Einschaltquoten und Zuschaueranteile ermitteln. Die daraus resultierenden Daten tragen entscheidend zur Auswahl und Anordnung von Themen und Sendungen im Programm bei, sie werden aber in der Produktion auch kontinuierlich mit informellem Wissen und Imaginationen über die Zuschauerinnen und Zuschauer, ihre Vorlieben, Bedürfnisse und Verhaltensweisen ergänzt, die die strukturelle Unbekanntheit des Publikums kompensieren (vgl. Gitlin 1994).

Stabilität und Dynamik: Kabel und Satellit

Die Konstellation eines vor allem häuslich rezipierten, national organisierten Mediums, das heterogene Inhalte zu einem Programmschema anordnet und zugleich als kontinuierlichen Programmfluss präsentiert und sowohl durch dieses konventionalisierte Schema als auch durch besondere Live-Ereignisse Praktiken synchronisiert und Öffentlichkeit/Absatzmärkte erzeugt, kann als die dominante Form des Fernsehens betrachtet werden, die die Diskussion des Mediums dominiert hat.

Diese räumlichen, zeitlichen und textuellen Dynamiken des Fernsehens können allerdings nicht als eindeutige Spezifika des Mediums betrachtet werden. In einem gewissen Maße prägen sie die dominante Konstellation des Fernsehens von den 1950er bis zum Ende der 1990er Jahre – zugleich waren sie aber in diesem gesamten Zeitraum einer fortlaufenden Transformation unterworfen. Motiviert durch ökonomische, politische oder technische Interventionen wurden die zeitlichen, räumlichen und textuellen Dynamiken immer wieder modifiziert.

Das räumliche Strukturierungspotential des Fernsehens wurde beispielsweise durch die Signalübertragung via Satellit oder Kabel (anstelle der sogenannten terrestrischen Ausstrahlung) und die parallel laufenden Kommerzialisierungs- oder Deregulierungsprojekte modifiziert. Zunächst war die Satellitenübertragung nur auf Produktionsseite relevant, etwa um eine globale Liveberichterstattung (anstelle des zeitverzögernden Transports von Filmrollen in Flugzeugen) möglich zu machen – beispielsweise für die Olympischen Spiele in Tokyo 1964. Spätestens mit der Live-Übertragung der Mondlandung 1969, die nicht nur rund um die Welt zur gleichen Zeit gesehen werden konnte, sondern auch die gesamte Welt als Erdkugel sichtbar machte, ist die Reichweite des Fernsehens tendenziell grenzenlos (vgl. Engell 2012, 134–136). Sobald die Satellitensignale auch direkt durch die Zuschauerinnen und Zuschauer (mithilfe von privaten ›Satellitenschüsseln‹ – *Direct Broadcast Satellites*) empfangen werden können, unterläuft dies die nationale Organisation des Mediums und der durch dieses kreierten Öffentlichkeit; stattdessen trägt der nun mögliche Empfang internationaler Sender im Zusammenhang mit Migrationsbewegungen zur Ausbildung von vielfältigen Diasporakulturen bei (vgl. Morley/Robins 1995). Diese kulturelle Heterogenisierung des Fernsehens zeigt sich zugleich an der Herausbildung von international rezipierten, monothematischen Spartensendern (etwa der Nachrichtensender CNN 1980 und der Musiksender MTV 1981), die durch die höhere Übertragungskapazität von Satelliten- und Kabelempfang begünstigt wurden sowie an der durch Kabelfernsehen erleichterten Einführung von Bezahlfernsehen (Pay-TV, etwa der Sender HBO seit den 1970er Jahren), welches das Prinzip des allgemeinen und anonymen Aussendens (›Rundfunk‹ bzw. Broadcasting) durch individualisierten Zugang zu bestimmten Programmangeboten unterläuft.

Speichern und *time shifting*: Video in der Fernsehproduktion

Die kontinuierliche Veränderung des zeitlichen Strukturierungspotentials des Fernsehens kann beispielhaft an den Dynamiken der Videotechnologie – insbesondere des Videorecorders – und später der DVD verdeutlicht werden. Auf der Produktionsseite ermöglichte Video eine flexible zeitliche Gestaltung in vielfältiger Hinsicht: Zunächst wurde Video zum zeitversetzten Aussenden von Sendungen genutzt – das sogenannte *time shifting* ermöglichte den Sendern in den USA beispielsweise die Anpassung an die verschiedenen Zeitzonen des Landes, so dass Programme, die an der Ostküste live ausgestrahlt wurden, an der Westküste drei Stunden später (und d. h. zur gleichen Tageszeit) gesendet werden konnten (vgl. Zielinski 1986). Viele Programme – vor allem Sitcoms und Soaps – konnten nun ›live on tape‹ produziert werden, d. h. sie wurden (wie bei der Sportübertragung) durch das Umschalten zwischen mehreren parallel laufenden Kameras geschnitten. Indem dies aber nicht live ausgestrahlt, sondern zunächst auf Videoband gespeichert wurde, konnte eine nachträgliche Bearbeitung stattfinden. Fernsehen ist damit durch eine »kontrollierte Unmittelbarkeit« (ebd.) gekennzeichnet. In den USA werden die meisten Live-Ereignisse zwischengespeichert und um wenige Sekunden verzögert ausgestrahlt, so dass bei unerwünschten Vorkommnissen noch vor der Ausstrahlung eingegriffen werden kann.

Sowohl technisch als auch stilistisch wird der Unterschied zwischen Live-Ausstrahlungen und aufgezeichneten Sendungen somit zunehmend undeutlich. Gerade Live-Ereignisse integrieren regelmäßig (auf Video- und später Computertechnik basierende) Zeitlupenwiederholungen – so wie der Einsatz von Video generell die Zweitverwendung von

Material in unterschiedlichen Kontexten (z. B. bei Jahresrückblicken oder in Musikvideos) begünstigt.

In den 1970er Jahren führte die Verfügbarkeit von tragbaren Videogeräten schließlich auch zur räumlichen und zeitlichen Flexibilisierung von journalistischen Praktiken (mit dem sogenannten *Electronic News Gathering*/ENG), die sich seitdem sukzessive durch Einbindung von Amateurvideos, Mobiltelefonaufzeichnungen und YouTube-Clips in verschiedenen Programmformen fortsetzte. Das gesamte Fernsehen wird also mit der Durchsetzung der Videotechnologie zu einem Medium, dessen kennzeichnenden Dynamiken ›Flow‹ und *Liveness* sehr stark durch Speichertechnologien mit ermöglicht und modifiziert werden.

Materialität und individueller Zugriff: Videorecorder, Fernbedienung, DVD

Eine einschneidende Veränderung der medialen Konstellation von Fernsehen ergibt sich aber vor allem aus der Einführung des Videorecorders auf der Seite der Zuschauerinnen und Zuschauer. Einerseits ist der Videorecorder ein eigenständiges Gerät, das – ähnlich wie Spielekonsolen, DVD-Player, Festplattenrecorder und diverse Set-Top-Boxen für den Empfang von Kabel- oder Satellitenfernsehen – den Fernsehapparat als Monitor benutzt; andererseits ist der Videorecorder aber ganz unmittelbar in die ökonomische und ästhetische Konstellation des etablierten Fernsehens (wie auch die des Kinos) eingebunden und verändert dieses somit grundlegend: Mit der Möglichkeit, Fernsehprogramme aufzuzeichnen, abzuspielen, anzuhalten und sie vor- und zurückzuspulen, werden die zeitlichen Charakteristika des Mediums (*Liveness*, Programmstruktur, ›Flow‹) von der Zuschauerseite aus modifizierbar. Vor allem im Zusammenspiel mit der Durchsetzung der Fernbedienung wird das Fernsehen zu einem Medium, das individuellen Zugriff auf distinkte mediale Produkte verspricht. Während die Fernbedienung mit der Möglichkeit, zwischen den Kanälen zu zappen zu einer noch stärkeren Fragmentierung des immer schon segmentierten Programms führt, wertet der Videorecorder (und dessen Fernbedienung) einerseits die einzelne Sendung gegenüber dem ›Flow‹ des Fernsehprogramms auf, macht diese aber andererseits einer selektiven und zeitlich flexiblen Rezeption von einzelnen Stellen zugänglich.

Dies gilt insbesondere für den Erwerb oder die Ausleihe von schon bespielten Videokassetten: Zum ersten Mal erhalten audiovisuelle Medien damit eine für die Konsumenten greifbare und individuell besitzbare Gegenständlichkeit, die zugleich das Anlegen von Sammlungen und Archiven von Fernsehprogrammen ermöglicht (zur Videothek vgl. Haupts/Schröter 2011). Während bespielte Videokassetten fast ausschließlich Filme enthielten, wurden mit der DVD (seit 1997) auch ganze Fernsehserien zu einer einzeln verkäuflichen und sammelbaren Ware, die so eine erhebliche kulturelle Aufwertung erfuhr. Während die Videokassette prinzipiell noch ein linear organisiertes Medium darstellt (es kann vor- und zurückgespult, aber nicht direkt zu einer bestimmte Stelle gesprungen werden), stellt die DVD (im Anschluss an die v. a. für Musik verwendete Audio-CD), die erste umfassend digitalisierte audiovisuelle Konsumententechnologie dar: Sie erlaubt einen willkürlichen Zugriff auf bestimmte Stellen des Produkts (Kapitelwahl etc.) und löst darüber hinaus durch Zusatzmaterial (etwa *Making of*), vor allem aber durch alternative Varianten ein- und desselben Produkts (verschiedene Sprachversionen, *Editor's Cut* etc.) den Zusammenhang zwischen dem materiellen Produkt (der DVD-Scheibe) und dem dadurch zugänglichen kulturellen Text auf: Eine DVD fordert von den Nutzerinnen und Nutzern, dass sie Entscheidungen treffen, was sie sehen wollen, und dass sie selbst konfigurieren, wie sie etwas sehen wollen. Zudem verschränkt die DVD das Fernsehen nicht nur mit dem Kino (wie es die Videokassette schon getan hat), sondern mit der Computertechnologie: Filme und Fernsehprogramme werden mobil, können auf verschiedenen Endgeräten konsumiert und dadurch auch mit weiteren Diensten (Games, Online-Angeboten) verbunden werden (vgl. Distelmeyer 2012). Video und DVD tragen damit sowohl technisch als auch ökonomisch zu Konvergenzprozessen bei, insofern sie Inhalte und Nutzungsformen von Kino, Fernsehen und Computer in einen engen Austauschprozess bringen.

Videorecorder, Videokassetten und DVDs changieren somit zwischen einer Einfügung in, Modifikation von und Autonomisierung gegenüber den medialen Dynamiken des Fernsehens. Insofern die bespielte Videokassette aus dem Regulierungsregime des etablierten Fernsehens herausfällt und mit der individuell handhabbaren Kassette eine (im Vergleich zum Rundfunk) viel weniger regulierte (weniger öffentliche) Verbreitung hat, trägt sie auch zur Ausbildung und Verbreitung neuer filmischer Formen und Genres – vor allem im Bereich von Horror und Porno – sowie zur Ausbildung von subkultureller Mediennutzung bei. In Ländern wie Nigeria schließlich hat sich eine ganze Filmindustrie auf Basis der – gegenüber der traditionellen Kino- und Celluloid-Konstellation viel preisgünstigeren – Videotechnologie herausgebildet. Auch durch den Einsatz von Video als Bildungsmedium und (begünstigt durch die Einführung von preiswerten, tragbaren Videokameras) als Medium von politischem Aktivismus werden Gegenentwürfe zum Fernsehen als zentralisiertem, national aussendendem Programmmedium zur Diskussion gestellt.

Die zeitlichen und räumlichen Dynamiken der Videotechnologie werden auch in der Videokunst aufgegriffen, reflektiert und transformiert: Mit Video erhielt das bewegte Bild einen umfassenden Einzug in Museen und Galerien – sei es durch die Dokumentation von Performances, durch Installationen mit Kameras, Monitoren und Projektionen, durch autobiografische Videofilme oder politische Dokumentationen. Im Gegensatz zum unbewegten Bild – etwa der Malerei – bringt das Video damit eine vorstrukturierte Zeitlichkeit ins Museum, während umgekehrt das Museum eine ganz andere zeitliche und räumliche Wahrnehmung von bewegten Bildern möglich macht als Kino und Fernsehen.

Zum Teil zielte die Videokunst darauf, die Mechanismen des hegemonialen Mediums Fernsehen in künstlerischen Formen zu ironisieren, zu kritisieren und zu unterlaufen. Zum Teil bildete sich aber auch eine ganz eigene Formensprache heraus, wobei die zeitliche Manipulierbarkeit und vor allem die Möglichkeit von Feedback-Schleifen ebenso eine zentrale Rolle spielten wie die technische Manipulierbarkeit des Bildes (sei es schlicht durch Magneten oder durch Videosynthesizer, vgl. Spielmann 2005).

Televisualität – Formen des Fernsehens

Die hier schon genannten technischen Modifikationen des Fernsehens – Satellit, Kabel, Video, DVD, Fernbedienung etc. – veränderten nicht nur die zeitliche und räumliche Struktur des Massenmediums Fernsehen, sondern auch seine Ästhetik und seine Kommunikationsstruktur und rücken damit andere mediale Dynamiken in den Vordergrund. Mit einer Vervielfältigung und Ausdifferenzierung der technischen Verbreitungswege und mit einer Flexibilisierung und Individualisierung des Zugriffs auf die zahlreicher werdenden Programme adressiert das Fernsehen immer weniger eine anonyme (und möglichst breite) Zuschauerschaft; stattdessen werden durch unterschiedliche Genres, Themen und Stile verschiedene Zielgruppen definiert. Dies hat zur Folge, dass die unterschiedlichen Sendungen auch stärker stilistisch differenziert werden und einen sofort wiedererkennbaren ›look‹ erhalten. Fernsehsendungen erlangen nicht zuletzt durch Anlehnung an filmische Inszenierungsformen oder durch Einsatz von (digitalen) Grafiken eine Identität, die sie aus dem Flow der Programme herauslöst und zugleich das (sub-)kulturelle Wissen bestimmter Zuschauergruppen aufgreift (vgl. Caldwell 1995).

Mit seiner zunehmenden visuellen Prägekraft wird das Fernsehen zugleich zu dem Medium, das mehr als alle anderen die Diskussionen darüber strukturiert, ob die Medien überhaupt Realität – wie ideologisch gebrochen auch immer – vermitteln oder diese nicht vielmehr durch Bilder nur verstellen. Die stilisierten und nur noch auf andere Bilder verweisenden Bilder der Videoclips von MTV (seit 1981) und die technisch sterilen Bilder der Kriegsberichterstattung von CNN (1980 gegründet) haben ebenso wie die schon diskutierte Tendenz des Fernsehens zur intimen Kommunikation und die inszenierte Authentizität in Reality-Formaten zu dieser Debatte über den Realitätsstatus der Bilder beigetragen.

Zugleich tragen Talk- und Reality Shows, die einerseits Affektivität und Intimität betonen, andererseits vor allem ›gewöhnliche Menschen‹ (*demotic turn*) zeigen, zu einer Veränderung der etablierten Konzepte und Unterscheidungen von öffentlich vs. privat, professionell vs. laienhaft bei, die sich in Blogs und in Sozialen Netzwerken fortsetzt.

Aktuelle Debatten

Das immer schon spannungsvolle Verhältnis zwischen den verschiedenen medialen Dynamiken des Fernsehens – zwischen Serialität und *Liveness*, zwischen Anonymität und Intimität, zwischen *citizen* und *consumer* etc. – wird gegenwärtig nochmals grundlegend neu organisiert, insofern Fernsehen eng in die Dynamiken von Social Media und von mobilen Medien (Tablets, Smartphones etc.) eingebunden wird. Diese gebrauchen und akzentuieren bestimmte Aspekte des Fernsehens, während sie andere modifizieren oder teils auch ersetzen.

Während in den 1990er Jahren entweder ein ganz anderes, ›interaktives‹ Fernsehen oder eine gänzliche Ablösung des Mediums Fernsehen durch Computermedien erwartet wurde, zeigen sich gegenwärtig zahllose Mischformen. Der Zugriff auf Programme hat sich erheblich ausdifferenziert und findet u. a. über Streams oder Downloads auf den verschiedensten Endgeräten statt.

Die zeitliche Entkoppelung von Programmstruktur und Flow wird dabei durch neue Formen crossmedialer Ordnungssysteme kompensiert, die einen *audience flow* zwischen verschiedenen Geräten und Plattformen ermöglichen. So ist etwa auch die Dramaturgie von neueren Serienformaten (z. B. *Lost*) darauf ausgerichtet, narrative Nebenstränge, Hintergrundinformationen oder Games in anderen Medien auszubilden. Zugleich bilden Plattformen wie YouTube programmähnliche Strukturen aus. Möglicherweise übernehmen zusehends Apps, die das spontane Surfen und Browsen im Netz immer stärker vororganisieren, Dynamiken der televisuellen Programm- und Flow-Struktur.

Die Individualisierung des Zugriffs wird begleitet von einer Re-Sozialisierung des Fernsehschauens durch sogenanntes ›Social TV‹: Während das Fernsehen mit seiner *Liveness* sowohl die Inhalte als auch die Rhythmen der Social-Media-Kommunikation erheblich mit strukturiert, so integrieren Fernsehsendungen immer häufiger Verfahren, die eine zur Fernsehrezeption parallel laufende Nutzung von Social Media motivieren und strukturieren. Tablets und Mobiltelefone werden so zum *second screen* – einem den Fernsehschirm ergänzenden und technisch sowie thematisch mit diesem verbundenen zweiten Display. Zu den immer schon vielschichtigen *Liveness*-Phänomenen des Fernsehens treten weitere Formen hinzu – etwa die ›Group Liveness‹ der durch verschiedene Medien ununterbrochen in Kontakt stehenden Freundesnetzwerke (vgl. Couldry 2004). Es kommt die Frage auf, wie sich das Verhältnis von (tendenziell das Fernsehen kennzeichnender) Verbreitung von Informationen zum (eher das Internet kennzeichnenden) Austausch über Informationen entwickeln wird und welche Formen die fernsehspezifische Wahrnehmung, Teil eines verstreuten Publikums zu sein, annehmen wird.

Eine eindeutige Unterscheidung zwischen dem, was Fernsehen ist, und anderen, ›neuen‹ Medien ergibt dabei immer weniger Sinn. Zu diskutieren bleibt aber zumindest auf der Ebene von einzelnen Dynamiken, inwiefern in der Geschichte des Fernsehens etablierte mediale Funktionen gegenwärtig in neuer Weise produktiv werden. ›Flow‹, *Liveness* und Programmstruktur, anonyme Adressierung, Zielgruppenklassifizierung, *citizenship* u. v. a. bleiben relevante Kategorien der Medienkultur.

Literatur

Ang, Ien: *Desperately Seeking the Audience*. London/New York 1991.

Bartz, Christina: *MassenMedium Fernsehen: Die Semantik der Masse in der Medienbeschreibung*. Bielefeld 2007.

Caldwell, John T.: *Televisuality: Style, Crisis and Authority in American Television*. Brunswick, N. J. 1995.

Couldry, Nick: Liveness, ›reality‹, and the mediated habitus from television to the mobile phone. In: *The Communication Review* 7/4 (2004), 353–361.

Distelmeyer, Jan: *Das Flexible Kino: Ästhetik und Dispositiv der DVD & Blu-ray*. Berlin 2012.

Ellis, John: *Visible Fictions. Cinema – Television – Video* (Revised Edition). London/New York 1992.

Engell, Lorenz: *Fernsehtheorie*. Hamburg 2012.

Gitlin, Todd: *Inside Prime Time* (Rev. Ed.). London/New York 1994.

Haupts, Tobias/Schröter, Jens: Die Videothek – Situation und Filmspeicher. In: Harro Segeberg (Hg.): *Film im Zeitalter Neuer Medien I. Fernsehen und Video*. München 2011, 111–136.

Hickethier, Knut: *Geschichte des deutschen Fernsehens*. (Unter Mitarbeit von Peter Hoff). Stuttgart/Weimar 1998.

Horton, Donald/Wohl, R. Richard: Massenkommunikation und Parasoziale Interaktion. Beobachtung zur Intimität über Distanz. In: Ralf Adelmann u. a. (Hg.): *Grundlagentexte zur Fernsehwissenschaft*. Konstanz 2002, 74–105.

McCarthy, Anna: *Ambient Television. Visual Culture and Public Space*. Durham/London 2001.

Morley, David/Robins, Kevin: *Spaces of Identity. Global Media, Electronic Landscapes and Cultural Boundaries*. London/New York 1995.

Newcomb, Horace M./Hirsch, Paul M.: Television as a cultural forum: Implications for research. In: *Quarterly Review of Film Studies* 8/3 (1983), 45–55.

Scannell, Paddy: For-anyone-as-someone structures. In: *Media, Culture & Society* 22/1 (2000), 5–24.

Spielmann, Yvonne: *Video. Das reflexive Medium*. Frankfurt a. M. 2005.

Spigel, Lynn: *Make Room for TV. Television and the Family Ideal in Postwar America*. Chicago 1992.

Williams, Raymond: *Television. Technology and Cultural Form*. London/New York 1990.

Zielinski, Siegfried: *Zur Geschichte des Videorecorders*. Berlin 1986.

Markus Stauff

15. Computer als Schriftmedium

Spezifika und historische Entwicklung des Mediums

Als Spezifikum des Computers gilt seine unspezifische Verwendbarkeit. So kann er u. a. als Rechenmaschine, Spielzeug, Bilddatenbank oder Schreibgerät eingesetzt werden. Bereits Ende der 1970er Jahre bezeichnete der amerikanische Informatiker Alan Kay den Computer daher als ›Metamedium‹, das die Funktionalitäten anderer Medien zu simulieren vermag. Die technische Grundlage dieser Simulationsleistung wird gemeinhin in der digitalen Codierung von Daten und der universellen Programmierbarkeit des Computers gesehen. Im einheitlichen Format digitaler Codes können Text, Bild und Ton nicht nur gleichermaßen repräsentiert, sondern auch algorithmisch modelliert und prozessiert werden. Zusammen mit den technischen und ökonomischen Vorzügen digitaler Datenspeicherung, -übertragung und -verarbeitung haben universelle Codierung und Programmierbarkeit den Computer – in Gestalt multimedialer PCs wie auch als sog. eingebettetes System in Set-Top-Boxen, MP3-Playern, Digicams usw. – viele ältere Einzelmedien (Fernsehen, Plattenspieler, Fotokamera usw.) in ihrer Funktion beerben lassen. Der Computer erweist sich so als Medium der Medienintegration.

Schwieriger zu bestimmen ist das Spezifikum des Computers als Medium der Schrift. Unbestritten ist, dass das Auftreten universell programmierbarer Digitalrechner überkommene Vorstellungen von Schriftlichkeit in einer Weise herausfordert, wie es zuvor wohl nur der Druck mit beweglichen Lettern und die elektrische Telegraphie getan haben. Auf die epistemischen Brüche, die mit der Revolution der Speicherbarkeit von Schrift durch die Druckpresse und ihrer Übertragbarkeit durch die Telegraphie einhergingen, folgt mit der computerisierten Verarbeitbarkeit von Schrift eine weitere, tiefgreifende Umwälzung ihres Verständnisses. Anstelle der linguistischen Repräsentationsfunktion von Schrift werden nun ihre im weiteren Sinne produktiven Aspekte (auch jenseits sprachlicher Vermittlungsleistungen) thematisch. Die Auffassung von Schrift als eines bloßen ›Behälters‹ für sprachliche Kommunikation weicht der Auseinandersetzung mit dem kreativen Charakter und der medialen Eigenlogik von Schriftzeichen und -systemen. Der Schriftbegriff erfährt eine Erweiterung (über den Bereich des Lautsprachlichen hinaus) und eine ›generative‹ Wen-

dung (weg von der Vorstellung eines passiven, sekundären Zeichensystems). Nicht zufällig versteht sich Jacques Derridas grammatologisches Umdenken des Schriftbegriffs (s. Kap. II.2), das diesem Wandel den philosophisch stärksten Ausdruck gegeben hat, ausdrücklich als Antwort auf die Herausforderung der vom Buchzeitalter hergebrachten Schriftform durch elektronische und digitale Medien.

Das programmgesteuerte Wirken des Computers lässt neuartige Formen von Schrift in Erscheinung treten. Mit der Ausführung des Programms – der für das Funktionieren des Computers unabdingbaren Vor-Schrift abzuarbeitender Anweisungen an die Maschine – entwickelt Schrift ein technisches Eigenleben. Ihr ›operativer Charakter‹ (Sybille Krämer), der u. a. bereits im handschriftlichen Rechnen aufscheint, erfährt eine apparative Automatisierung: Die das Programm prozessierenden Schaltungen des Computers erlauben es digital codierten Symbolen, ›mit ihren eigenen Flügeln zu fliegen‹ (Jacques Lacan), d. h. regelgeleitet Schaltvorgänge auszulösen. Auf den Schaltungen der Hardware baut die Software auf, ein vielschichtiges Gefüge wechselwirkender Zeichensysteme (vom Assemblercode und höheren Programmiersprachen über Betriebssysteme und Anwenderprogramme bis zu grafischen Benutzeroberflächen). Was bei Manuskripten und Typoskripten in einem physikalischen Trägermedium zusammenfällt, verteilt sich beim Computer auf sehr unterschiedliche technische Ebenen. Das Schriftzeichen wird zum ›flackernden Signifikanten‹ (N. Katherine Hayles), der eine Kette materieller und logischer Transformationen durchläuft: Von auf Festplatten aufgezeichneten Magnetspuren über Spannungspotentiale in Transistoren bis zu den auf Bildschirmen aufscheinenden Pixelmustern seitens der Hardware; von Tastatur-Scancodes über die Codepunkte der Zeichensätze bis zu den algorithmierten Konturen von Vektorschriften seitens der Software.

Der hier skizzierte technische Komplex bildet einerseits die Grundlage für die Spezifika, mit denen ›die‹ Schrift im Computer gerne charakterisiert wird (Unmittelbarkeit, Flüchtigkeit, Modifizierbarkeit, Nicht-Linearität, Interaktivität, Hypertextualität, Multimedialität); andererseits stellt er ihren ontischen Status in seinem Funktionieren und seinen Effekten umso mehr in Frage: Wie, wo und was ist hier (noch) Schrift? Das bedeutendste Spezifikum des Computers als Schriftmedium könnte daher die Tatsache sein, dass er einfache Antworten auf solche Fragen verunmöglicht und den Begriff der Schrift radikal problematisiert.

Historische Entwicklung des Mediums

Die Periodisierung der Computergeschichte wird üblicherweise gemäß der stufenweisen Entwicklung der Schalttechnik (nach Generationen geordnet von Relais und Vakuumröhren über Transistoren und integrierte Schaltkreise hin zu Mikroprozessoren), der Bedienung der Geräte (vom maschinennahen Codieren der ersten Computer über höhere Programmiersprachen hin zu interaktiven Terminals und grafischen Benutzeroberflächen; Jonathan Grudin), ihrer Programmierung (vom einzelgängerischen *writing* von Programmen über das arbeitsteilige, hierarchisch strukturierte *building* von Systemen hin zum kollaborativen und evolutionären *growing* von Software; Jörg Pflüger im Anschluss an den amerikanischen Informatiker Frederick P. Brooks) oder funktionalen Leitbildern vorgenommen (vom Computer als stapelverarbeitendem Rechenautomaten über das arbeitsunterstützende Werkzeug hin zum weltweit vernetzten Informations- und Kommunikationsmedium; Wolfgang Coy).

Diese stichwortartige Aufzählung lässt erahnen, dass die unspezifische Verwendbarkeit bzw. mediale Universalität von Computern als Wesensmerkmal nur ihres theoretischen Modells gelten darf. In praktischer Hinsicht kommt alles auf die technische Implementierung des Modells in je spezifischer Hard- und Software an. Über die Realisierung medientechnischer Prozesse – computergestütztes Schreiben von Texten etwa – entscheiden die konkreten Kapazitäten der Speicherung, Übertragung und Verarbeitung der Daten, die zur Verfügung stehenden Schnittstellen und Benutzeroberflächen, die Anbindung an Informationsnetzwerke, ökonomische Faktoren, die Wahlmöglichkeiten der Anwenderprogramme, die Leistungsfähigkeit von Kompressionsalgorithmen, die Kompatibilität der Dateiformate usw. Die historische Entwicklung des Computers als Medium der Schrift gliedert sich daher entlang der Schreibprozesse, welche Computer überhaupt möglich machen und die sie umgekehrt selbst ermöglichen (vgl. Heilmann 2012).

Die Vorgeschichte des Computers als Schriftmedium umfasst alle Schriften über Computer, welche die Möglichkeit universell programmierbarer Maschinen noch vor dem Bau der ersten funktionstüchtigen Geräte in theoretischer wie praktischer Art behandeln. In den 1940er Jahren beginnt mit der Programmierung der frühen relais- und röhrenbasierten Rechenautomaten die erste Phase in der Geschichte des Computers als Schriftmedium, in der Texte (die Programme zur Steuerung der Maschinen) für Computer geschrieben werden. Texte nicht nur für, sondern an Computern selbst zu schreiben, wird in der zweiten Phase mit den transistorbasierten Time-Sharing-Systemen und Minicomputern der 1960er Jahre möglich, als interaktive Textterminals den Computer für Experten zum Werkzeug ihrer eigenen Programmierung machen. In der dritten Phase dienen ab den 1970er Jahren mikroprozessorbasierte Büro- und Heimcomputer mit Textverarbeitungssoftware als ›bessere‹ Schreibmaschinen, auf denen normalsprachliche Texte auch von Laien geschrieben werden können. Seit den 1990er Jahren befinden wir uns in der vierten Phase, in welcher die zunehmende Vernetzung von Computern zu Informations- und Kommunikationsmedien einerseits und die Proliferation von Mikroprozessortechnik in mobile Geräte wie Smartphones oder Tablets andererseits das Schreiben mit Computern über die Schreibmaschinenmetapher des PCs hinaustragen und neue Textsorten wie E-Mail, Chat, Hypertext, (Mikro-)Blog und Instant Message hervorbringen.

Vor dem Computer: ›Papiermaschinen‹

Computertechnik steht am – vorläufigen – Ende einer langen und wechselvollen Geschichte schriftbasierter Informationsverarbeitung (vgl. Dotzler 1996). Noch vor der Konstruktion der ersten universell programmierbaren Computer werden Rechenautomaten als ›Papiermaschinen‹ (Alan M. Turing), d. h. zugleich im Medium der Schrift und *als* Medien der Schrift erdacht.

Die vom englischen Mathematiker Charles Babbage in den 1820er Jahren entworfene Differenzmaschine, die als gedanklicher Vorläufer des Computers gehandelt wird, soll der Produktion von Logarithmentafeln dienen. Babbages Pläne (es bleibt zu Lebzeiten bei Beschreibungen, Zeichnungen und Prototypen) zielen weniger auf die Beschleunigung von Rechenvorgängen, sondern auf das automatisierte Setzen und Drucken der Rechenergebnisse, um die häufigen Kopierfehler in den gebräuchlichen, von Hand gesetzten Tafeln zu vermeiden. Die Differenzmaschine wird somit als fehlerlose Schreibmaschine entworfen (vgl. Swade 2003). In theoretischer statt praktischer Absicht modelliert Babbages Landsmann und Fachkollege Alan M. Turing den Computer rund hundert Jahre später als Schriftmedium. Für eine mathematische Beweisführung bestimmt er den Begriff der Berechenbarkeit durch die Möglichkeit, eine

Zahl von einer Maschine – oder einem Menschen, der sich wie eine solche verhält – niederschreiben zu lassen (vgl. Turing 1987, 19). Zu diesem Zweck schildert Turing einen hypothetischen Apparat, der durch regelgeleitetes Lesen und Schreiben von Symbolen auf einem Papierband jede berechenbare Zahl erzeugen kann. Mit der Beschreibung dieser Universellen Diskreten Maschine liefert Turing 1936 ein gültiges Modell der prinzipiellen Mächtigkeit von Computern in Gestalt einer ›aufs reine Prinzip abgemagerten Schreibmaschine‹ (Friedrich A. Kittler).

Als die ersten Computer kurz nach ihrer theoretischen Modellierung durch Turing am Ende des Zweiten Weltkriegs tatsächlich gebaut werden, dienen sie häufig – wie von Babbage geplant – dem Erstellen mathematischer Tafeln (wie z. B. der Mark I in Harvard) oder – woran Turing im Auftrag des britischen Nachrichtendienstes beteiligt ist – dem Entziffern verschlüsselter Funksprüche (wie z. B. der Colossus in Bletchley Park). Auch in seinen konkreten technischen Implementierungen erscheint der Computer zu Beginn demnach als Schriftmedium.

Der Computer als Überwindung der Schrift

In Anbetracht der Tatsache, dass Computer in der Regel zunächst nur alphanumerische Zeichenketten verarbeiten können, ist es umso erstaunlicher, dass sie von der Medienwissenschaft anfangs in Opposition zur Schrift gesetzt werden: Die sog. Kanadische Schule (s. Kap. II.4) begründet in den 1960er Jahren eine bis heute wirksame Tradition, die den Computer systematisch mit Merkmalen nichtschriftlicher Kommunikation in Verbindung bringt.

Marshall McLuhan nimmt am Computer weniger dessen (später breit diskutierten) Codecharakter als vielmehr die Tatsache seiner elektrischen bzw. elektronischen Verfasstheit in den Blick. Elektrische Medien vom Telegrafen bis zum Computer würden mit ihrer quasi-instantanen Vermittlungsgeschwindigkeit die von der abendländischen Schriftkultur getragenen Ordnungsmuster der ›Gutenberg-Galaxis‹ überwinden. Anstelle der von der Alphabetschrift und dem Buchdruck durchgesetzten Prinzipien der mentalen und sozialen Segmentierung, Linearisierung und Spezialisierung trete im elektrischen Zeitalter wieder die ganzheitliche Erfahrungsweise schriftloser Kulturen, das ständige Einbezogensein ins Leben der Mitmenschen und die Gleichzeitigkeit von Grund und Folge.

McLuhans geistige Nachfolger greifen seine Überlegungen auf und führen sie in den folgenden Jahrzehnten weiter – prominent etwa Walter J. Ong im Konzept der ›sekundären Oralität‹: Nach den Epochen der primären Oralität und der Literalität kehre mit den elektronischen Medien die Grundstruktur oraler Kommunikation wieder, nun jedoch in Gestalt schriftbasierter Techniken. Zwar sieht Ong den Computer in einer Reihe mit Schrift und Buchdruck als »Meilenstein der Technologisierungsgeschichte des Wortes« (Ong 1987, 83). Der mediale Status, den die elektronische Technologie der Kommunikation verleihe, erinnere in seinen partizipativen, gemeinschafts- und gegenwartsbezogenen sowie formelhaften Zügen aber an orale Formen der Verständigung (vgl. ebd., 137). Derrick de Kerckhove spitzt McLuhans Entgegensetzung von Schrift und Computer mit gehirnphysiologischen Argumenten zu: Der Computer, genauer: der (von Kerckhove mehr imaginierte als tatsächlich existierende oder recht begriffene) ›Parallelcomputer‹, der nach dem Modell neuronaler Netzwerke arbeite, gleiche als rechtshemisphärisch orientierte ›Psychotechnologie‹ die durch die Alphabetschrift bewirkte Deformation der linkshemisphärischen ›Programmierung‹ unserer Gehirne aus: Nicht länger würden schriftinduzierte Entsinnlichung, Dekontextualisierung, Linearisierung und Atomisierung unsere Kognition bestimmen, sondern computergestützte Taktilität, Gestalt- und Mustererkennung, Simultaneität und Synthese (vgl. Kerckhove 1995).

Vilém Flusser wird nicht zur Kanadischen Schule gerechnet; sein Denken folgt aber in entscheidenden Punkten dem McLuhans. Auch in seinem Geschichtsmodell beenden die elektronischen Medien die Epoche der Schrift und errichten ein neues kulturelles Regime: Die punktuelle Logik des digitalen Codes verabschiede die lineare Ordnung geschriebener Texte und mit ihnen das moderne, historische Bewusstsein. In der nachhistorischen Phase würden Computer das in Quanten und Informationsbits zerfallene Universum zu ›technischen Bildern‹ kalkulieren und komputieren, mit denen die Welt jenseits schriftlicher Vermittlungsleistungen neu ›eingebildet‹ und wieder konkretisiert werde (vgl. Flusser 1987; s. Kap. II.3).

Der Computer als Schreibmaschine

Zeitgleich mit der Kanadischen Schule der Medienwissenschaft entsteht in den 1960er Jahren in der amerikanischen Informatik ein Nachdenken über die Möglichkeiten interaktiver Computernutzung. Wichtiger Bezugspunkt ist der Ingenieur und Wissenschaftsberater Vannevar Bush. In seinem Essay »As We May Think« macht Bush 1945 Vorschläge zur Bewältigung der sich abzeichnenden Informationsflut und beschreibt dazu einen fiktiven Schreib- und Leseautomaten namens Memex, der mikrofichierte Dokumente archiviert, darstellt, annotiert und miteinander verknüpft. Die an Bushs Vision anschließenden Arbeiten zielen auf die Umwandlung stapelverarbeitender Rechenautomaten in Werkzeuge persönlicher (textbasierter) Informationsverarbeitung und nehmen so in Teilen das Konzept des Personal Computers vorweg: Joseph C. R. Licklider skizziert 1960 eine ›symbiotische‹ Kopplung von Mensch und Maschine, in welcher der Computer seinem Benutzer als ›Schreibgehilfe‹ die zeitintensiven Routinetätigkeiten intellektueller Arbeit abnimmt. Theodor Nelson greift Bushs Idee der assoziativen Verknüpfung von Dokumenten auf und leitet daraus das Konzept des Hypertextes ab, von dem er sich eine Freisetzung kreativer Potentiale verspricht. Douglas Engelbart modelliert den Computer in Gestalt einer funktional erweiterten Schreibmaschine und stellt mit dem Augment/NLS 1968 eines der ersten Systeme zum computergestützten Schreiben und Verwalten von Dokumenten vor. Alan Kay macht in den 1970er Jahren den medialen Charakter von Computern stark und bereitet mit seinen Überlegungen zur digitalen Simulation von Buch und Schreibmaschine die moderne Textverarbeitung auf grafischen Benutzeroberflächen vor.

Als die von Nelson, Engelbart, Kay u. a. imaginierten Verhältnisse zu Beginn der 1980er Jahre mit dem Personal Computer Realität werden, tritt die medienwissenschaftliche Auseinandersetzung mit Schrift und Computer in eine neue Phase. Unter dem Eindruck der schnellen Ausbreitung des PCs mit Textverarbeitungsprogrammen und dem Erfolg (post-)strukturalistischer Theorien, die den Unterschied von gesprochener und geschriebener Sprache zugunsten eines verallgemeinerten Schrift- und Textbegriffs aufheben, wird der Computer nun – anders als in der Tradition der Kanadischen Schule – explizit als Schriftmedium behandelt.

Im deutschsprachigen Raum sind hierfür vor allem die Arbeiten von Friedrich Kittler einschlägig (s. Kap. II.13). Computer stellen für ihn konkrete Realisierungen der von Turing beschriebenen Universellen Diskreten Maschine dar, im Grunde also verallgemeinerte Schreibmaschinen. Ihr historisches Auftreten bedeute daher auch keine medientechni-

sche Überwindung der Schriftkultur, sondern habe vielmehr deren »lange Geschichte zugleich vollendet und beendet« (Kittler 2005, 75). Streicht Kittler anfangs noch die »Vorgängigkeit von Hardware« (Kittler 1993, 237) für digitale Datenverarbeitung heraus, werden im späteren Werk die Logik und Leistung von Codes wichtiger. Kulturgeschichte erschließt sich Kittler als Geschichte der Zeichensysteme, die von der »griechischen Gründertat« des Vokalalphabets über verschiedene ›Zeichenrevolutionen‹ hin zum Computercode der Gegenwart führt (Kittler 2005, 75). Der historische Prozess der Normierung und Formalisierung von Zeichen finde im Computer seinen Abschluss: Ihm gelinge es nicht nur, alle früheren Zeichensysteme – und damit zugleich Medien – ›anzuschreiben‹, d. h. mathematisch zu simulieren und zu integrieren. In Turings Maschine werde Schrift erstmals eigentlich ›poietisch‹ (also erschaffend), wenn Bits darüber bestimmten, »ob ein Ereignis eintritt oder aber vielmehr nicht«; insofern übertreffe die Schrift in computerisierter Gestalt schließlich menschliche Subjekte und Sinnbezüge: »Nicht der Mensch, wie Aristoteles lehrte, hat den logos oder die Sprache, sondern unaussprechliche Codes haben […] unter anderem uns Menschen« (ebd.). Dass der Computer neben anderem auch als Schriftmedium zum Verfassen gewöhnlicher Texte verwendet werden kann, ist so gesehen bloß trivialer Nebeneffekt einer grundlegenderen medientechnischen Transformation der Schrift.

Die Transformation von Zeichen durch den Computer und die ›Wahlverwandtschaft‹ von Schrift und Digitaltechnik ist verschiedentlich aus semiotischer Perspektive thematisiert worden, etwa im Konzept der ›syntaktischen Maschinen‹ (Sybille Krämer), des ›algorithmischen Zeichens‹ (Frieder Nake) oder der ›prozessierenden Notation‹ (Bernard Robben). Georg Christoph Tholen führt mit Bezug auf Jacques Lacans Signifikantentheorie aus, dass Sprache bzw. Schrift und Computer gleichermaßen auf das »Stellenspiel des Symbolischen« verwiesen seien (Tholen 1994, 128), also auf die Bedingung der Möglichkeit, Zeichen überhaupt als voneinander unterschiedene Stellenwerte zu setzen. Computer würden das Zeichensetzen zwar technisch positivieren, gerade deshalb (als real prozessierende Maschinen) aber nicht einfach mit dem Prinzip des Symbolischen zusammenfallen und somit auch nicht, wie Kittler und andere argumentieren, logisch über das ›Sprachwesen Mensch‹ hinausgehen (vgl. ebd., 133). Auch Hartmut Winkler (s. Kap. II.14) unterstreicht einen tieferen Bezug von Schrift und Computer, den er im Begriff der ›Isolation‹ fasst: Schrift und Computer seien (im Unterschied zu den bildhaften ›Und-Medien‹) beide ›Oder-Medien‹, die den semiotischen Mechanismen der Verdichtung und Zerlegung gehorchten, um der Welt so klare und distinkte Einheiten abzuringen (vgl. Winkler 1997, 224–225). Als medientechnische ›Apotheose der Isolation‹ sei der Computer Ausdruck einer – vornehmlich männlichen – Wunschkonstellation, alles Undeutliche, Mehrdeutige und ›Unreine‹ aus dem Reich der Zeichen auszuschließen (vgl. ebd., 321–322).

Welche Auswirkungen die Transformation der Schrift durch den Computer auf das Schreiben und die so produzierten Texte hat, wird seit den 1980er Jahren breit diskutiert. Oft wird dabei von einer Auflösung der von den älteren Schriftmedien, insbesondere dem Buchdruck, herstammenden Dauerhaftigkeit und Geschlossenheit der Textgestalt ausgegangen und computergestütztes Schreiben – der Tradition der Kanadischen Schule folgend – in die Nähe mündlicher Kommunikation gerückt. Hervorgehoben werden u. a. die ›Unbeständigkeit des elektrischen Elements‹ (Michael Heim) und die daraus resultierende ›offene Rhetorik‹ digitaler Schrift (Richard Lanham), die ›Quasi-Unmittelbarkeit des Textes‹ am Bildschirm (Jacques Derrida), aber auch die in der bloß ›virtuellen Räumlichkeit‹ des Computers ›verlorene Schrift‹ (Wolfgang Hagen) oder gar ein ›Verschwinden des Autors‹ im Strom der ›elektromagnetischen Schrift‹ (Martin Burckhardt). Gleichwohl orientiert sich die Textverarbeitung am PC an den überkommenen Medien der Schreibmaschine und des Buchdrucks und dient in der Praxis nicht zuletzt der Vorbereitung herkömmlicher, gedruckter Texte.

Der Computer als vernetztes Kommunikationsmedium

Mit der Öffnung und weltweiten Ausbreitung des Internets konzentriert sich die Forschung seit den 1990er Jahren auf neue Textformen, die als ›genuin‹ digital gelten und vor allem in den populären, hauptsächlich schriftbasierten Diensten World Wide Web (WWW), Internet Relay Chat (IRC) und E-Mail Verbreitung finden.

Besondere Beachtung gilt anfangs Hypertexten, sowohl in Gestalt eigenständiger – meist künstlerischer – Werke, als auch im globalen Maßstab des WWW. Beispielhaft für viele frühe Untersuchungen beschreibt Jay D. Bolter die Schreib- und Lesepro-

zesse in hypertextuellen Systemen emphatisch als »nicht-hierarchisch« und »demokratisch« (Bolter 1991, 117). Im elektronischen *writing space* des Computers würden die vom Buchdruckzeitalter gesetzten Grenzen zwischen Autor und Leser einerseits und denen einzelner Texte andererseits verwischen und Schreiben und Lesen in einem changierenden Geflecht intertextueller Bezüge aufgehen. George P. Landow erkennt in der Interaktivität und offenen Verweisstruktur von Hypertexten gar die ›Konvergenz zeitgenössischer Literaturtheorie mit Technologie‹ (so der Untertitel seines bekanntesten Buches).

An die frühe Hypertextforschung schließt schnell eine intensiv geführte und bis heute anhaltende Diskussion ›elektronischer‹ bzw. ›digitaler‹ (Netz-)Literatur an. Im Zentrum stehen gewöhnlich dichte Beschreibungen und Analysen einzelner Werke, die etwa im Sinne einer ›Hermeneutik der Tiefeninformation‹ auf die der Rezeption zugrundeliegende Ebene der zeichenhaften Operationen des Computers hin befragt werden (vgl. Simanowski 2002, 121). Aber auch konzeptuelle Untersuchungen zu Textformen werden angestellt, etwa die ›Textonomie‹ der Kommunikation von Espen Aarseth, die eine trennscharfe Unterscheidung maschinell organisierter Cybertexte von anderen Arten ›linearer‹ wie ›nichtlinearer‹ Texte versucht (vgl. Aarseth 1997). Mit dem nötigen zeitlichen Abstand zu den Anfängen elektronischer Literatur kommt es schließlich – befördert durch die geringe Lebensdauer der Computersysteme und die daraus entstehenden Probleme der langzeitigen Aufbewahrung digitaler Daten – zu ersten Ansätzen der Kanonisierung, Sammlung und elektronischen Archivierung ausgewählter Werke (vgl. Hayles 2008). Über künstlerische und akademische Kreise hinaus wird computergestützter Literatur nur wenig Aufmerksamkeit geschenkt.

Ungleich breitenwirksamer sind nicht-literarische Kommunikationsformen im Internet, die entsprechend großen wissenschaftlichen Widerhall finden. Gegenstand des Interesses sind speziell die in den 1980er und 1990er Jahren beliebten sog. *Multi-User Dungeons* (MUDs) und IRC-Chats, in denen Benutzer quasi-synchron textbasierte Unterhaltungen führen können. Einflussreich ist u. a. Sherry Turkles Untersuchung zur ›Kultur der Simulation‹ in Computernetzwerken, die das Internet als »Soziallabor für Experimente mit Ich-Konstruktionen und -Rekonstruktionen« beschreibt (Turkle 1998, 290). Computervermittelte Kommunikation, die auf dem Austausch schriftlicher Repräsentationen der Person fußt und so von körpergebundenen Attributen wie

Geschlecht, Hautfarbe, Alter usw. absieht, erlaube ein spielerisches Ausagieren von Identitäten.

Wird der Befund vom ›flexiblen Selbst‹ in den virtuellen Kommunikationsräumen zunächst vielseitig geteilt und die vermeintlich anarchische, emanzipatorische Struktur des Internets betont, melden sich seit der Jahrtausendwende vermehrt kritische Stimmen zu Wort, die der ›Freiheit‹ und ›Regellosigkeit‹ im Cyberspace die Steuerungs- und Kontrollaspekte digitaler Schriftlichkeit entgegenhalten. Lawrence Lessig analysiert, wie staatliche Macht und die von ihr garantierten Grund- und Bürgerrechte mit der gesellschaftlichen Durchsetzung des Internets von dessen informatischer Infrastruktur herausgefordert werden (vgl. Lessig 2001). Die codifizierende Funktion von Schrift gehe zunehmend von herkömmlichen Gesetzestexten auf die Texte der Computerprogramme über, welche den Informationsfluss im Internet regulieren: Digitale Codes würden zum faktisch geltenden Recht. Ähnlich sieht auch Alexander Galloway die den weltweiten Datenverkehr steuernden Computerprotokolle als zeitgenössische Erscheinungsform politischer Macht. Das ›Protokoll‹ – nach Galloway die Gesamtheit der schriftlich festgelegten Standards und Prozeduren wie TCP/IP und HTTP, um Computer in Netzwerken zu verbinden – bestimme, welche kommunikativen Beziehungen überhaupt eingegangen werden können (vgl. Galloway 2004, 74). In seiner auf Offenheit und Anschlussfähigkeit zielenden Anlage ermögliche das Internet zwar ›hierarchiefreie‹ Kommunikation, unterwerfe diese durch Einbindung in die Logik des Protokolls aber umso mehr dem Diktat technischer Normierung und Kontrolle.

Aktuelle Debatten

Gegenwärtig treten in den Debatten um den Computer als Medium der Schrift vor allem zwei Aspekte hervor, die beide vor dem Hintergrund der explosionsartig anwachsenden Datenbestände und ihrer kommerziellen und wissenschaftlichen Nutzung zu sehen sind: seine Rolle bei der Herausbildung neuartiger Sozialitäten und seine Funktion für die Generierung und Tradierung von Wissen.

Elektronischer Informationsaustausch spielt sich seit einiger Zeit zunehmend innerhalb sog. sozialer Netzwerke (Facebook u. a.) ab, die geschlossene User-Gemeinschaften innerhalb des Internets bilden und dessen hergebrachte Kommunikationsweisen und -dienste wie Chats, persönliche Webseiten und

Blogs, speziell aber auch die E-Mail (vgl. Siegert 2008) an Bedeutung verlieren lassen. Bemerkenswerterweise bestehen soziale Netzwerke – trotz des beträchtlichen Anteils visueller Inhalte wie Fotos und Videos – zu einem großen Teil aus Text: Persönliche Profile, Nachrichten, Kommentare der Benutzer usw. stellen Formen von Schriftlichkeit dar, die mitunter gerade in der Reduktion der Mittel (wie etwa bei den 140-Zeichen-Meldungen des Mikroblog-Dienstes Twitter) ihre spezifische Wirkung entfalten. Von medienwissenschaftlicher Relevanz sind insbesondere die sozialen und politischen Implikationen der neuen Kommunikationsformen sowie der systematischen Sammlung und wirtschaftlichen Verwertung personenbezogener Daten durch die Netzwerkanbieter.

Generell scheint die gewaltige Menge der zur Verfügung stehenden digital codierten Information (neue, d. h. ›nativ‹ digitale Daten wie auch digitalisierte ›ältere‹ Kulturgüter wie Bücher und Filme) derzeit einen *computational turn* der Geisteswissenschaften vorzubereiten, der unter dem Schlagwort ›Digital Humanities‹ (s. Kap. IV.22) verhandelt wird. Historisch aus der komputationellen Textanalyse und Linguistik heraus entstanden, versammeln die ›Digital Humanities‹ eine Vielzahl theoretischer und methodischer Ansätze, Computertechnik für geisteswissenschaftliche Frage- und Problemstellungen fruchtbar zu machen (vgl. Gold 2012). Arbeitsfelder sind u. a. digitale Editionen, Informationsvisualisierung und Langzeitarchivierung. Hinsichtlich des Computers als Medium der Schrift werden etwa Fragen der spezifischen Materialität digitaler Texte (vgl. Kirschenbaum 2008), der evolutionären Analyse literarischer Formen im Weltmaßstab (Franco Moretti) oder der Möglichkeit einer ›algorithmischen Kritik‹ poetischer Werke (Stephen Ramsay) diskutiert.

Literatur

Aarseth, Espen A.: *Cybertext. Perspectives on Ergodic Literature*. Baltimore/London 1997.

Bolter, Jay David: *Writing Space. The Computer, Hypertext, and the History of Writing*. Hillsdale/London 1991.

Dotzler, Bernhard J.: *Papiermaschinen. Versuch über COMMUNICATION & CONTROL in Literatur und Technik*. Berlin 1996.

Flusser, Vilém: *Die Schrift. Hat Schreiben Zukunft?* Göttingen 1987.

Galloway, Alexander: *Protocol. How Control Exists After Decentralization*. Cambridge, Mass. 2004.

Gold, Matthew K.: *Debates in the Digital Humanities*. Minneapolis 2012.

Hayles, N. Katherine: *Electronic Literature. New Horizons for the Literary.* Notre Dame 2008.

Heilmann, Till A.: *Textverarbeitung. Eine Mediengeschichte des Computers als Schreibmaschine.* Bielefeld 2012.

Kerckhove, Derrick de: *Schriftgeburten. Vom Alphabet zum Computer.* München 1995.

Kirschenbaum, Matthew G.: *Mechanisms. New Media and the Forensic Imagination.* Cambridge, Mass. 2008.

Kittler, Friedrich A.: Es gibt keine Software. In: Ders.: *Draculas Vermächtnis. Technische Schriften.* Leipzig 1993, 225–242.

Kittler, Friedrich A.: Buchstaben, Zahlen, Codes. In: Jochen Brüning/Eberhard Knobloch (Hg.): *Die mathematischen Wurzeln der Kultur.* München 2005, 65–76.

Lessig, Lawrence: *Code und andere Gesetze des Cyberspace.* Berlin 2001.

Ong, Walter J.: *Oralität und Literalität. Die Technologisierung des Wortes.* Opladen 1987.

Siegert, Paul Ferdinand: *Die Geschichte der E-Mail. Erfolg und Krise eines Massenmediums.* Bielefeld 2008.

Simanowski, Roberto: *Interfictions. Vom Schreiben im Netz.* Frankfurt a. M. 2002.

Swade, Doron: The ›unerring certainty of mechanical agency‹. Machines and table making in the nineteenth century. In: Martin Campbell-Kelly/Mary Croarken/Raymond Flood/Eleanor Robson (Hg.): *The History of Mathematical Tables.* Oxford 2003, 143–174.

Tholen, Georg Christoph: Platzverweis. Unmögliche Zwischenspiele von Mensch und Maschine. In: Norbert Bolz/Friedrich A. Kittler/Georg Christoph Tholen (Hg.): *Computer als Medium.* München 1994, 111–138.

Turing, Alan M.: Über berechenbare Zahlen mit einer Anwendung auf das Entscheidungsproblem (engl. 1936). In: Bernhard J. Dotzler/Friedrich A. Kittler (Hg.): *Alan M. Turing. Intelligence Service. Schriften.* Berlin 1987, 17–60.

Turkle, Sherry: *Leben im Netz. Identität in Zeiten des Internet.* Reinbek bei Hamburg 1998.

Winkler, Hartmut: *Docuverse. Zur Medientheorie der Computer.* München 1997.

Till A. Heilmann

16. Computer als Bildmedium

Bildermaschine Computer?

In der Überschrift »Computer als Bildmedium« wird das komplexe Verhältnis zwischen der universellen Rechenmaschine und ihren visuellen Hervorbringungen schon angedeutet. Der Computer ist kein originäres Bildmedium, sondern produziert und verarbeitet Bilder auf die grundsätzlich gleiche Art und Weise wie er Schrift, Zahlen oder Sprache prozessiert. Diese Ebene des Prozessierens und des Transformierens zeichnet den Computer als ein universelles Medium aus, das potentiell alle anderen Medien als Kombination von Soft- und Hardware ersetzen oder als digitale Version eines Mediums fortführen kann. Die Rede vom ›digitalen Bild‹ trägt somit zwei grundverschiedene Bedeutungen in sich: Sie ist grundsätzlich als Medienspezifik missverständlich und gleichzeitig als Differenzierungskriterium notwendig.

Diese komplexe Ausgangslage führt in den medientheoretischen Auseinandersetzungen über das Bildmedium ›Computer‹ zu sehr unterschiedlichen Positionen. Einige theoretische Ansätze gehen davon aus, dass es digitale Bilder nicht gibt, zumindest nicht auf der Ebene ihrer Materialität. Trotzdem hat die Digitalisierung zu weitreichenden Veränderungen in der Produktion, Distribution und Rezeption von Bildern geführt, so dass der Computer – neben seinen anderen medialen Operationen – auch als ein Bildmedium betrachtet werden kann. Aus der Perspektive der analogen Bildmedien wie Fotografie, Film oder Fernsehen sind die visuellen Produkte des Computers als Entdifferenzierung der Medienontologien dieser analogen Vorläufer zu verstehen.

Einen besonders plastischen Beleg dafür liefern Aufnahmegeräte vom Smartphone bis zu Camcordern, deren elementare Funktionalität Fotografieren und Filmen in sehr unterschiedlicher qualitativer Auflösung erlaubt. Der Unterschied zwischen Fotografie, Film oder Video wird dadurch medial und technisch nivelliert und besteht nur mehr als ästhetische Praxis oder als diskursive Konstruktion, die von den Diskursen der Werbung produziert wird.

Eine weitere Besonderheit des Computers als Bildmedium ist, dass er sich als Objekt oder Artefakt nicht eindeutig abgrenzen lässt. Die Vielzahl von Prozessoren, die in den unterschiedlichen Stadien der Bildaufnahme, -verarbeitung und -generierung eingesetzt werden, können in ihrer heterogenen Zusammensetzung als Beispiele für die Unschärfe des Gegenstands dienen. In der Digitalfotografie werden beispielsweise Bildstabilisatoren oder Filter direkt in der Kamera verbaut und sind Teil automatischer Bildverarbeitungsprozesse. Das *black boxing* durch das Objekt der Kamera verdeckt die vielfältigen Software- und Hardware-Prozesse, die intern ablaufen, bis das Bild z. B. auf einem Monitor erscheint. Ein weiteres Alltagsbeispiel sind die digitalen Fernsehsignale, die von der Kamera über Schnittcomputer und Distributionskanäle bis zu den Endgeräten vielerlei sogenannte Kodierungs- und Bildoptimierungsprozesse durchlaufen. Ebenso haben die optischen Aufnahmegeräte vielfältige Formen und Erscheinungen, die kein eindeutiges Objekt Computer als Bildmedium entstehen lassen, wie beispielsweise die Funktion des Bildschirmschnappschusses als Teil von Betriebssystemen eindrucksvoll belegt.

Mit diesen einleitenden Problematisierungen eines fast unüberschaubaren Gegenstandbereichs lässt sich der Computer als Bildmedium nur als Sammlung heterogener Zuschreibungen an Technik, Geschichte, Theorie und Ästhetik erfassen.

Technik

Die technische Differenz zwischen Computer und allen anderen Medien liegt in seiner Fähigkeit zur Digitalisierung quantifizierbarer Daten. Jede Eingabe wird in die Binarität von Nullen und Einsen umgewandelt. In Differenz zu analogen Medien öffnet sich dadurch eine weitere Ebene im Produktionsprozess. Dies gilt zunächst für das Medium Computer generell, hat aber für seine visuelle Produktion spezifische Bedeutung. Der zusätzliche Prozessschritt ermöglicht dem Computer als Bildmedium eine Reihe von Bildbearbeitungen oder Bildgenerierungen. Auf dieser Ebene agieren z. B. Bildbearbeitungsprogramme oder die visuelle Repräsentation Virtueller Realitäten. In den Anwendungen der *augmented reality* wird diese Ebene durch die Überlagerung von physikalischen Räumen und Datenräumen erfahrbar.

Im Unterschied zu Verfahren der Transkription bei analogen Bildmedien konvertiert der Computer das Bildmaterial in formale Relationen und abstrakte Strukturen. Vereinfacht ausgedrückt werden Zahlen gespeichert und nicht physikalische oder chemische Quantitäten und Qualitäten. Diese Zahlen sind nicht dauerhaft in das Bildmedium eingeprägt, sondern jederzeit manipulierbar. Deshalb

weist Claus Pias (2002, 47) darauf hin, dass noch niemand ein Bit gesehen hat und die Herstellung eines direkten ontologischen Begründungszusammenhangs bei digitalen Bildern schwierig ist.

Während analoge Bildmedien das Aufgenommene in andere ›ähnliche‹ Quantitäten transferieren (also z. B. Helligkeitsschwankungen in ähnliche Stromschwankungen beim Aufzeichnungsverfahren von analogem Video), verwandelt der Computer als Bildmedium die gewonnenen Daten in reine Abstraktionen, in Zahlen und Algorithmen. Die analoge Fotografie erstellt ein Bild durch die Belichtung von lichtempfindlichen Materialen. Bei der digitalen Fotografie sind durch die Entwicklung des *charged-coupled device* (CCD) Ende der 1960er Jahre Bildaufnahmen durch elektronische Bauelemente möglich, welche die einfallenden Photonen in seriell auslesbare Informationen umwandeln.

In der Literatur findet sich neben der Unterscheidung in ›analog‹ und ›digital‹ auch das Begriffspaar ›analog‹ und ›diskret‹. Dabei wird auf die zuvor angesprochene Repräsentationsebene des Digitalen hingewiesen. Meist wird die Bezeichnung ›diskret‹ in Zusammenhang mit Zeichenprozessen und der Analogiebildung zwischen Alphabet und Bit in einigen Medientheorien gebraucht (vgl. Heßler 2006).

Durch den geschilderten Abstraktionsprozess sind alle Daten im Computer durch mathematische Operationen prozessierbar. Die dadurch gewonnene technische Manipulationsfähigkeit der Bilder lässt sich mit keinem analogen Medium vergleichen (vgl. Manovich 2011). Mit diesem Prozesshaften der technischen Grundlage werden die Bilder zu Computerbildern. Auf diesen Zusammenhang von Repräsentationsebene und technischen Grundlagen verweisen sehr verschiedene Bild- und Medientheoretiker wie Hans Belting (2001, 38), Hartmut Winkler (1997, 219) oder Pias (2002, 47). Digitale Bilder existieren als Wahrnehmungsobjekte nur durch den Einsatz und die Wahl von Interface-Medien wie Bildschirm, Drucker usw.

In einigen medientheoretischen Überlegungen zum Computer als Bildmedium werden aus diesen technischen Unterscheidungen bei den Produktions- und Repräsentationsverfahren weitere Binnendifferenzierungen abgeleitet. Beispielsweise unterscheidet Jens Schröter (2004, 337) zwischen digitalisierten und generierten Bildern, Pias (2003, 100) unterteilt die Computerbilder noch einmal in mathematische Bildbearbeitungstechniken, in die Computergrafik und in die elektronische Signalspeicherung.

Die reine Quantifizierung des Visuellen im Computer ist nicht nur eine Operation der Produktion, sondern bestimmt gleichzeitig eine Reihe von Distributions- und Rezeptionsprozessen, für die ansonsten die Differenzierung in analog und digital irrelevant sein könnte. Die technischen Unterschiede zwischen dem Computerbild und der analogen Bildproduktion deuten somit nicht ausschließlich auf eine qualitative Veränderung bei der Produktion von Bildern hin.

Die Fokussierung auf kontextrelevante Forschung zum Computerbild markiert deshalb einen wichtigen Punkt für die Medienwissenschaft, weil allein mit der Durchsetzung der grafischen Oberflächen im Personalcomputersegment digitale Bilder im alltäglich gewordenen Umgang mit dem Computer eine entscheidende Rolle spielen. Hinzu kommt der alltägliche Einsatz digitaler Bilder in Fotografie, Film und Fernsehen. Jedoch reicht allein die Beschreibung des quantitativen Anteils digitaler Bilder nicht aus, um sie medienwissenschaftlich einzuordnen. Digitale Visualisierungen sind nicht einfach in die Linie von analogen visuellen Medien zu setzen, da der Computer nicht nur als ein Bildmedium zu fassen ist (vgl. Couchot 1991, 347).

Im Fotojournalismus vollzog sich die Umstellung auf digitale Fotografie auf Basis gleichbleibender Objektivitätsvorstellungen und einem unveränderten Berufsethos ohne größere Probleme, während der Gebrauch generierter Bilder tabuisiert wird oder zumindest größere Debatten auslöst. In den Naturwissenschaften können generierte Bilder und Simulationen dagegen neue Erkenntnisse hervorbringen (z. B. in der Meteorologie oder Astrophysik, vgl. Adelmann u. a. 2009; Schneider 2009). Im Alltag verändern sich über Social Network Sites oder Cloud-Dienste die Distributions- und Aufbewahrungspraktiken der privaten Bilder im Vergleich zum Fotoalbum der analogen Ära. Diese Beispiele belegen die Kontextabhängigkeit der Praktiken des digitalen Bildes und eröffnen neben technischen und medienontologischen Begründungen erweiterte Perspektiven auf den Computer als Bildmedium.

Eine Geschichte des Computers als Bildmedium

Mediengeschichtlich lässt sich der Gebrauch des Computers als Bildmedium an der Entwicklung und dem Gebrauch von visuellen Schnittstellen nachvollziehen. Exemplarisch steht hierfür – neben Drucker, Scanner usw. – der Bildschirm. Die Bedeutung der Schnittstellen zeigt sich in ihrer Definitionsmacht auf bestimmte Computerbilder, die mit den Begriffen Cyberspace, Virtuelle Realität und *augmented reality* verbunden werden. Letztlich basieren diese Zuschreibungen auf den jeweils ausführlich projektierten oder realisierten Mensch-Maschine-Schnittstellen, wie einem Datenhandschuh oder einer Datenbrille.

Ein bedeutender Schritt war die Verbindung von Computern mit Radarbildschirmen in den 1950er Jahren, deren Funktion, Informationen in Echtzeit darzustellen, nun auf ein Interface für Computerdaten und -prozesse übertragbar wurde (vgl. Buderi 1997). Die Radarbildschirme waren angepasste Kathodenstrahlröhren (z. B. Oszilloskope), wie sie in der Wissenschaft und Industrie seit Ende des 19. Jahrhunderts weit verbreitet waren. Sie hatten eine runde Form und stellten die Flugzeuge im Luftraum um die Radarantenne als leuchtende Punkte dar (*plan position indicators*). Oszilloskope wurden auch für die künstlerische Produktion von Bildern verwendet, wie bei Ben Laposkys *Oscillons* der 1950er Jahre oder bei ersten Computerspielen wie *Tennis for Two* (1958).

Ein historisch-technischer Ursprung der Virtuellen Realität liegt im Bau von Flugsimulatoren. Der erste funktionsfähige Flugsimulator, der *Link Trainer*, wurde 1931 auf Antrag von Edwin Link patentiert. Ein weiterer wichtiger historischer Schritt wurde im US-amerikanischen *Whirlwind*-Projekt (1945–1956) vollzogen, in dem der Computer einen Flugsimulator steuert, der visuelle Instrumente für die Piloten bereitstellt. Das Ziel von *Whirlwind* war es, einen universellen Flugsimulator zu schaffen, der mit Computerunterstützung die Gleichungen für Flugzeugbewegungen und -aerodynamik berechnen kann. 1949 begann man damit, auf Oszilloskopbildschirmen die Systeminformationen als graphische Muster anzuzeigen (vgl. Woolley 1994, 61 f.).

Auf dieser technischen Basis wurde später in den USA das *Strategic Air Ground Environment* (SAGE) aufgebaut, das vor einem nuklearen Angriff warnen und die Abwehr durch die Luftwaffe koordinieren sollte. Als visuelle Schnittstellen wurden Radarbildschirme verbaut, die mit einem sogenannten *light pen* manipulierbar waren (vgl. Gere 2006). Alle Geräte zur Flugsimulation strebten nach fotorealistischen Darstellungen, da man glaubte, dass nur eine wirklichkeitsgetreue Nachbildung der Flugsituation die geforderte Leistung zur Aus- und Weiterbildung von Piloten erbringt.

Die Visualisierung von Computerdaten geschah im Kontext von komplexen dynamischen Systemen wie Flugbewegungen in der Radarüberwachung, die in Echtzeit und als ganzheitliche Information erfasst und dargestellt werden sollten (vgl. Turk 2006, 64). Viele Datenströme konnten so übersichtlich als Bildraum repräsentiert werden. Der technische Weg führte über eine Darstellung von Signalen als Vektoren (zum Beispiel die Sichtbarmachung der Geschwindigkeit und der Richtung von Flugzeugen) zum Computermonitor, der prinzipiell für jede visuelle Darstellung und direkte Manipulation von Daten konzipiert ist.

Die Ausgabe von Visualisierungen wurde weiterentwickelt, Mitte der 1950er Jahre waren erste Freihandzeichnungen am Computer möglich, z.B. durch das *Scope Input Program*. Nach und nach startete die Einspeisung von vorhandenen visuellen Daten, so dass parallel zur Ausgabe visueller Daten Bilder in den Computer eingegeben und bearbeitet werden konnten. 1957 las ein Scanner die erste Fotografie in einen Computer ein. 1959 wurde ein weiteres Ausgabegerät des Computers kommerziell vertrieben, der Plotter. Der Plotter arbeitete mit im Computer erzeugten mathematischen Koordinaten, um komplexe Zeichnungen an einer Ausgabeeinheit, einer Art automatischem Zeichenbrett, zu erzeugen. Ein Forscher der *Boeing Company*, William A. Fetter, benutzte einen Plotter, um die Ergebnisse einer Software zu visualisieren, die alle möglichen Raumaufteilungen eines Flugzeugcockpits simulierte. Fetter kreierte für die entstehenden technischen Zeichnungen den Begriff *computer graphics*.

Ein wichtiger Antrieb zur Verwirklichung von Visualisierungen der Computeroperationen wird in Fetters *computer graphics* deutlich: die Simulation. Hätte Fetter auf herkömmliche Weise gearbeitet, wäre es aus Zeit- und Kostengründen nicht möglich gewesen, alle denkbaren Raumaufteilungen in einem Cockpit durchzuspielen. Bei Benutzung eines Computers mit angeschlossenem Plotter schrieb er einmalig ein Programm. Der Computer errechnete alle Möglichkeiten und visualisierte sie über den Plotter. Mit der Veränderung der entsprechenden Programmparameter ließ sich das einmal geschriebene Programm auf alle Flugzeugtypen universell applizieren. Darin lag ein enormer ökonomischer Vorteil, der die industrielle Weiterentwicklung visueller Interfaces begünstigte.

Ein weiterer Schritt in diese Richtung waren die Arbeiten von Ivan Sutherland zur Entwicklung des *Sketchpad* in den 1960er Jahren, der eine direkte Bildschirmmanipulation durch den Computernutzer ermöglichte. Damit schien die Zeitverzögerung, als Problem der früheren Arbeit mit dem Computer, ein Stück weit überwunden, auch wenn sich Sutherlands Traum von einer transparenten Mensch-Computer-Kommunikation nicht erfüllte (vgl. Sutherland 1963).

Eine Linie wird mit *Sketchpad* beispielsweise einfach auf den Bildschirm gezeichnet und dann durch Tastaturbefehle geglättet, zu einer anderen Linie parallel gesetzt, gedreht usw. Eingabe- und Ausgabeschnittstellen sind beim *Sketchpad* visuell gestaltet. Das Programm selbst muss nicht mehr durch Eingabe von mathematischen Parametern gesteuert werden. Diese Potentiale der direkten Bildmanipulation werteten das Programm ökonomisch auf. Das Schreiben eines Programms für viele Benutzer, die selbst keine Programmiersprache beherrschen, konnte industriell verwertet werden. Der Programmierer und der Anwender differenzierten sich erst in unterschiedliche Personen und dann in unterschiedliche ökonomische Bereiche aus. Sutherlands Idee einer direkten Einflussnahme auf den Bildschirm fand in der Industrie bei der Konstruktion von Fahrzeugen eine praktische Anwendung und führt bis zum *computer-aided design* (CAD). Mit der Idee des *ultimate display* entwarf Sutherland (1965) später ein erstes immersives Interface, das virtuelle und erweiterte Realitäten erschaffen sollte, die alle Sinne des Menschen adressieren. Die Durchsetzung des Computermonitors als innovatives Interface eines aufstrebenden Industriezweiges für breitere Nutzerschichten dokumentiert auch die Gründung der *Society for Information Display* 1963 und der ACM *Special Interest Group on Graphics* (Siggraph) 1969 (die Gruppe war schon seit Mitte der 1960er Jahre aktiv).

Die ersten Personalcomputer teilten sich den heimischen Fernseher als Interface. Die technische Konvergenz zeigt sich zum Beispiel an den Abmessungen der Bildformate. Film, Fotografie, Fernsehen und Computer konvergieren ihre Bildformate im Landschaftsformat. Das Portraitformat gilt mittlerweile als Spezialanwendung für bestimmte Programme und Branchen.

In einer zweiten Phase der Implementierung des Computers als Bildmedium ab Mitte der 1970er Jahre übernimmt demnach die Industrie die Weiterentwicklung von visuellen Interfaces. Aus militärischen und wissenschaftlichen Projekten werden Konsumartikel. In den 1980er Jahren kristallierten sich drei Hauptstränge der digitalen Bildproduktion heraus: Bildmanipulation, Bildgenerierung und Konstruktion Virtueller Realitäten.

Die Visualisierung von Computerdaten über ein Interface-Medium markierte einen Einschnitt in der Geschichte des Mediums Computer, der von vielen Faktoren abhängig war. Die digitale Bildproduktion basierte auf verschiedenen Elementen wie der Schaffung visueller Schnittstellen oder der Programmebene, auf der die Visualisierungen qualitativ verändert werden konnten. Generell lässt sich für die Geschichte digitaler Visualisierungen ein unablässiges Oszillieren zwischen ihrem Daten- und Bildstatus feststellen: »Images scatter into data, data gather into images« (Galison 2002, 322).

Ästhetik und Theorie

Die Bestimmung des Computers als Bildmedium lässt sich nicht nur technisch oder technikgeschichtlich durchführen – denn der Computer als Rechenmaschine ist nicht ›von sich aus‹ Bildmedium. Vielmehr erfolgt die Bestimmung zuallererst über theoretische und ästhetische Überlegungen, gewonnen anhand der Beobachtung spezifischer Praktiken. Darin unterscheidet sich der Computer als Bildmedium von zum Beispiel dem Film als Bildmedium, der sich die grundlegende Frage nach seiner genuinen Bildlichkeit nicht in dieser Form stellen muss.

Ob der Computer überhaupt (auch) als Bildmedium bestimmt werden kann, hat eine Kontroverse ausgelöst. Sie reicht von der Annahme, dass digitale Bilder nicht existieren, bis zur Befürchtung, dass im Computerbild alle Indexikalität des optisch-chemischen Bildes verlorengeht und unsere Wirklichkeit nur noch als Virtuelle Realität zu erfassen ist. Dazwischen liegen viele unterschiedliche theoretische Positionen, von denen einige zwischen diesen beiden Polen vermitteln möchten. Hinzu kommt das schon erwähnte Wechselverhältnis zwischen technischer Entwicklung und Theoriebildung. In den 1980er und 1990er Jahren wurde im Kontext der Realisierung erster errechneter Räume und deren Zugang über Datenbrille und -handschuh verstärkt über Virtuelle Realitäten diskutiert. Im neuen Jahrtausend stehen die Konzepte der *augmented reality* stärker im Vordergrund, weil gleichzeitig entsprechende Anwendungen z. B. auf mobilen Medien wie dem Smartphone getestet werden (s. Kap. III.20). In den 1990er Jahren gab es Überlegungen, dass mit der digitalen Fotografie ein postfotografisches Zeitalter ausgebrochen sei; seit Mitte der 2000er Jahre werden vermehrt die neuen fotografischen Ästhetiken und Praktiken untersucht, die mit dem Internet dazukamen. Neue digitale Technologien wie Morphing (vgl. Sobchak 2000) oder digitale Animationsfilme (vgl. Elsaesser/Hagener 2010, 170–187) scheinen den Film in den 1990er Jahren komplett zu verändern und rücken die digitalen Spezialeffekte ins Zentrum der Theoriebildung. Diese Beispiele belegen die Engführung von technischem Diskurs und medientheoretischer Reflexion. Neben diesen jeweiligen theoretischen Aktualisierungen auf Grundlage von Technikinnovationen entstehen seit den 1980er Jahren epistemologische und kulturtheoretische Überlegungen zum Computer als Bildmedium.

Von einem erkenntnisgeschichtlichen Standpunkt aus sieht Vilém Flusser (1991) keinen Widerspruch zwischen Realität und Schein. Das Komputieren und mithin das Digitale ist genauso Element neuzeitlichen Denkens wie der Drang zur Visualisierung. Der Computer als Bildmaschine bedeutet damit keinen Bruch, sondern eine Fortführung einer Zerlegung der kontinuierlichen Welt in Punktmengen und ihrer nachfolgenden neuerlichen Synthese. Der Mensch wird zum Projekt der alternativen Welten des Computers und ist nicht Subjekt einer objektiven Welt.

Winkler (1997, 209 ff.) vertritt dagegen die These, dass die schiere Menge digitaler Visualisierungen eine Krise der früheren technischen Bilder (wie Fotografie und Film) offenbart. Diese epistemische Krise erzwingt einen Prozess der Konventionalisierung von Visualisierungen, der ihnen eine strukturelle Affinität zur Sprache zuweist. Auf der Basis medienhistorischer Entwicklungen argumentiert gleichfalls Friedrich Kittler (2004), wenn er von ›errechneten Bildern‹ schreibt, die vielleicht keine Bilder mehr sind, sondern eher Anschauung statt Nachahmung. Kittler sieht eine Parallelentwicklung von Computer- und Bildentwicklung. Die Überlegung, dass es das digitale Bild nicht gibt, stellt eine Radikalisierung dieser These dar (vgl. Pias 2003).

Der Computer als Bildmedium entfacht erneut Debatten um den Realitäts- und Wahrheitsgehalt von Bildern, welche die optischen Medien von Anbeginn begleiten und nun auf den Computer als Bildmedium übertragen werden. Mit der Ebene der Prozessierung der Bilddaten verliert das Computerbild nach William J. Mitchells (1992) technikdeterministischer Interpretation jeden Anspruch auf Abbildung. In abgeschwächter Form wiederholt Peter Lunenfeld (2002) dieses Argument, wenn er vom

›dubiativen Bild‹ in Bezug auf das Computerbild schreibt. Jedoch isoliert er ein entscheidendes Unterscheidungskriterium, das in vielen anderen theoretischen Perspektivierungen wieder auftaucht: Bilder müssen – wie Schriftzeichen – im Kontext gesehen werden und aus diesem Kontext beziehen sie auch ihren Wahrheitsgehalt. In dieser kontextbetonenden Forschungsrichtung wird die theoretische Auseinandersetzung mit dem Computer als Bildmedium immer auch zu einer ästhetischen Frage, die immanent auf die Heterogenität des Bildmaterials und seiner Nutzungsformen zielt. Nicht nur die Techniken der Bildproduktion, sondern auch die Techniken des Betrachtens verändern sich aus dieser Perspektive mit dem Computerbild. Virtuelle Realitäten und *augmented reality* sind dafür treffende Beispiele, da sie häufig in Hinblick auf ihre wahrnehmungsverändernde Qualität (und auf ihre epistemologische Sprengkraft) diskutiert werden.

Diese Kontextabhängigkeit des digitalen Bildes unterstreicht auch William J. T. Mitchell (2007), indem er noch stärker den ontologischen Realismus der Fotografie bezweifelt. Seine Kritik richtet sich gegen die Verdinglichung des chemisch-technischen Prozesses der Fotografie und gegen ihre Isolation gegenüber der sozialen und kulturellen Welt. Die Fragen nach Authentizität, Wahrheit, Legitimation und Autorität digitaler Bilder ist demnach ebenso von der technischen Basis abgelöst. Im Anschluss an Raymond Williams stellt Mitchell die materiellen sozialen Praktiken in den Vordergrund. Eines seiner Beispielfelder ist die Verwendung digitaler Visualisierungen in der Wissenschaft, deren Wahrheitsgehalt trotz abstrakter, unrealistischer, nicht auf Abbild beruhender Darstellung sehr stark im Kontext ihres Gebrauchs verankert ist. Ihre Relevanz können digitale Bilder nach Mitchell auch über ihre kulturelle Zirkulation erhalten, die nichts über den authentischen Charakter des Dargestellten aussagt.

Insgesamt legen diese beispielhaft angerissenen, theoretischen und ästhetischen Auseinandersetzungen zur Frage der digitalen Bilder einen epistemologischen Einschnitt nahe, der über die einzelnen Theoriekonflikte hinausgeht: Dies führt zu weiteren Überlegungen, ob mit den Bildern ein genereller kultureller Umbruch eingeleitet wird. Die Konstatierung eines aktuellen *iconic turn* und einer aufstrebenden *visual culture* sind Anzeichen dieser Veränderung der Wissenschaftslandschaft durch den Computer als Bildmedium, die noch nicht abgeschlossen scheint.

Literatur

Adelmann, Ralf/Frercks, Jan/Heßler, Martina/Henning, Jochen: *Datenbilder. Zur digitalen Bildpraxis in den Naturwissenschaften.* Bielefeld 2009.

Belting, Hans: *Bild-Anthropologie.* München 2001.

Buderi, Robert: *The Invention that Changed the World: How a Small Group of Radar Pioneers Won the Second World War and Launched a Technological Revolution.* New York 1997.

Couchot, Edmond: Die Spiele des Realen und des Virtuellen. In: Florian Rötzer (Hg.): *Digitaler Schein. Ästhetik der elektronischen Medien.* Frankfurt a. M. 1991, 346–355.

Elsaesser, Thomas/Hagener, Malte: *Film Theory. An Introduction through the Senses.* New York 2010.

Flusser, Vilém: Digitaler Schein. In: Florian Rötzer (Hg.): *Digitaler Schein: Ästhetik der elektronischen Medien.* Frankfurt a. M. 1991, 147–159.

Galison, Peter: Images scatter into data, data gather into images. In: Bruno Latour/Peter Weibel (Hg.): *Iconoclash. Beyond the Image Wars in Science, Religion, and Art.* Cambridge, Mass./London 2002, 300–323.

Gere, Charlie: Genealogy of the computer screen. In: *Visual Communication* 5/2 (2006), 141–152.

Heßler, Martina: Von der doppelten Unsichtbarkeit digitaler Bilder. In: *zeitenblicke* 5/3 (2006), http://www.zeitenblicke.de/2006/3/Hessler/index_html (12.01.2013).

Kittler, Friedrich A.: Schrift und Zahl – die Geschichte des errechneten Bildes. In: Christa Maar/Hubert Burda (Hg.): *Iconic Turn. Die neue Macht der Bilder.* Köln 2004, 186–203.

Lunenfeld, Peter: Digitale Fotografie. Das dubitative Bild. In: Herta Wolf (Hg.): *Paradigma Fotografie. Fotokritik am Ende des fotografischen Zeitalters.* Frankfurt a. M. 2002, 158–177.

Manovich, Lev: Inside Photoshop. In: *Computational Culture. A Journal of Software Studies* (2011), http://computationalculture.net/article/inside-photoshop (12.01.2013).

Mitchell, William J.: *The Reconfigured Eye: Visual Truth in the Post-Photographic Era.* Cambridge, Mass. 1992.

Mitchell, William J.T.: Realismus im digitalen Bild. In: Hans Belting (Hg.): *Bilderfragen: die Bildwissenschaften im Aufbruch.* München 2007, 237–255.

Pias, Claus: Bilder der Steuerung. In: Hans Dieter Huber/Bettina Lockemann/Michael Scheibel (Hg.): *Bild – Medien – Wissen. Visuelle Kompetenz im Medienzeitalter.* München 2002, 47–67.

Pias, Claus: Das digitale Bild gibt es nicht – Über das (Nicht-)Wissen der Bilder und die informatische Illusion. In: *zeitenblicke* 2/1 (2003), http://www.zeitenblicke.historicum.net/2003/01/pias/index.html (12.01.2013).

Schneider, Birgit: Wissenschaftsbilder zwischen digitaler Transformation und Manipulation. Einige Anmerkungen zur Diskussion des digitalen Bildes. In: Martina Heßler/Dieter Mersch (Hg.): *Logik des Bildlichen. Zur Kritik der ikonischen Vernunft.* Bielefeld 2009, 188–200.

Schröter, Jens: Das Ende der Welt. Analoge vs. digitale Bilder – mehr und weniger ›Realität‹? In: Ders./Alexander Böhnke (Hg.): *Analog/Digital – Opposition oder Kontinuum? Zur Theorie und Geschichte einer Unterscheidung.* Bielefeld 2004, 335–354.

Sobchack, Vivian (Hg.): *Meta Morphing. Visual Transformation and the Culture of Quick-Change.* Minneapolis 2000.

Sutherland, Ivan: *Sketchpad, a Man-Machine Graphical Communication System.* Dissertationsschrift am MIT 1963.

Sutherland, Ivan: The ultimate display. In: *Proceedings of IFIP Congress* (1965), 506–508.

Turk, Stephen: Computer graphics: Tracing cybernetic flows. In: *Performance Research: A Journal of the Performing Arts* 11/1 (2006), 64–74.

Winkler, Hartmut: *Docuverse. Zur Medientheorie der Computer.* München 1997.

Woolley, Benjamin: *Die Wirklichkeit der virtuellen Welten.* Basel/Boston 1994.

Ralf Adelmann

17. Computer als Klangmedium

Ein kontinuierliches Signal, so schreibt Claude E. Shannon, lässt sich durch eine Reihe diskreter Abtastwerte verlustfrei wiedergeben, wenn die Abtastrate doppelt so hoch ist wie die höchste im Signal auftretende Frequenz (vgl. Shannon 1949). Dieses sogenannte Sampling-Theorem bildet den technischen Hintergrund des Computers als Klangmedium. War das Umgehen mit und Denken von Klängen schon spätestens seit der griechischen Antike dem Mathematischen eng verwandt, so machen Computer die Klangphänomene selbst errechenbar.

Kontinuierliche Luftdruckschwankungen, die der menschliche Sinnesapparat auditiv wahrnimmt, werden dafür nicht mehr wie bei Edison analog in ein anderes physisches Material, das Wachs der Phonographenwalze, eingeschrieben. Stattdessen werden ihre Pegel in regelmäßigen Zeitabständen (Abtastrate, Samplerate) gemessen und die erhaltenen Werte wiederum einem vorgegebenen Raster gestufter Werte zugeordnet (Quantisierung). Mithilfe dieser doppelten Rasterung lassen sich Schallwellen als definierte Zahlenreihe aufschreiben und werden so maschinenlesbar.

Während zuvor die manuellen Notationen primär Anweisungen für ›ausführende‹ Musiker/innen festhielten und die analoge Phonographie das ›Reale‹ der Klänge ohne Rücksicht auf deren (Be-)Deutung unterschiedslos mitschrieb (vgl. Kittler 1986), erhält man im Digitalen eine ›Klangschriftlichkeit dritter Ordnung‹ (vgl. dazu Großmann 2008, 131 f.). Denn in dieser lassen sich Strukturen, die Klänge selbst (als digitale Phonographie) sowie algorithmische Verfahren zu deren Erzeugung, Steuerung und Bearbeitung auf der Ebene eines gemeinsamen Codes notieren.

An diesen Differenzen wird deutlich, dass mit der digitalen Notation eine qualitativ neue Medialität und Materialität des Auditiven gegeben ist. Der Computer als Klangmedium erfordert in der Folge der daraus entstehenden technikkulturellen Veränderungen eine weitaus komplexere Beschreibung als die einer durch Berechnung erzeugten ›Computermusik‹ (s. u.). Er bildet stattdessen ein zentrales Mediendispositiv gegenwärtiger auditiver Gestaltung und Erfahrung. Als solches soll der Computer hier nicht als eine technische Apparatur, sondern als deren jeweils konkrete Verkopplung mit kulturellen und ästhetischen Praxen sowie Diskursen und Wissenskomplexen beschrieben werden. Gerade in der Art und

Weise, wie digitale Technologie Konstellationen des Gestaltens und Erlebens von Klang bestimmt, ist die spezifische Medialität des *digital audio* zu suchen. Entgegen der Annahme eines medienepochalen Bruchs, der mit dem Digitalen zwangsläufig eingezogen sei, lassen sich dabei Traditionslinien identifizieren, in denen Computer als Klangmedien stehen und in die sie dann sehr wohl – allerdings spezifisch zu benennende – Bruchlinien schlagen: Erstens die generative Nutzung algorithmischer Kalküle, zweitens die Nutzung von Technologie zur Simulation jeweils vorausgehender Mittel und Methoden sowie ihre damit einhergehende Virtualisierung und drittens die »Emanzipation der Medienklänge«, also die – nach der »Emanzipation der Dissonanz« und der »Emanzipation des Geräuschs« (Großmann 2004, 107) – grundlegende Erweiterung des ästhetischen Materials des 20. Jahrhunderts um die phonographischen Klänge. Daran anschließend werden Veränderungen durch die digitalen Netze thematisiert sowie ein kurzer Überblick über die Diskurse des Klangmediums ›Computer‹ gegeben.

Computermusik – Algorithmik der Klänge

Algorithmen – im Sinne von eindeutigen generativen Regeln – leiteten schon lange vor dem Computer musikalische Praxis an. Der Gedanke, Musik sei eine mathematische Kunst, deren Harmoniegesetze auf universalen Relationen – etwa der Bahnen der Himmelskörper – basierten, zieht sich durch viele Jahrhunderte und bestimmt die musikalische Lehre (vgl. Enders 2005). Universalgelehrte wie Athanasius Kircher skizzierten sowohl theoretische Schriften und Kompositionen und entwarfen auch Musikautomaten. Für die kompositorische Praxis formulierte etwa Johann Joseph Fux ein musikalisches Regelwerk, den *Gradus ad Parnassum* (1725) – eine »Anführung zur regelmäßigen musicalischen Composition« –, als Kontrapunktlehre aus, die bis heute Anwendung findet. Serialismus und Aleatorik führten diese Tendenz im 20. Jahrhundert in aller Konsequenz weiter. Eine wesentliche Voraussetzung für die kompositorischen Kalküle war ein geeignetes System zur Abbildung abstrakter musikalischer Strukturen, das die zu gestaltenden Parameter adressierbar machte. Die symbolisch notierten Strukturen der Notenschrift mit ihren diskreten Tonhöhen, die Guido von Arezzo zunächst anhand der Fingerglieder (lat. *digitus*) demonstrierte, waren hier bereits ein bedeutender

Schritt in die digitale Darstellung und Verarbeitung von Tonhöhenverläufen.

Mit Aufkommen der ersten Rechnersysteme ließen sich nun sowohl die Algorithmen als auch ihre Gegenstände relativ einfach maschinenlesbar implementieren. Erfolgte die Ausgabe der auf diese Weise errechneten Kompositionen wie bei der *Illiac-Suite* (1956/57) zunächst als traditionelle Notation, die immer noch der ausführenden Musikerinnen bedurfte (»Partitursynthese«; vgl. Hiller/Isaacson 1959), so lassen sich wenig später auch die Klänge selbst per digitaler Synthese berechnen und steuern. Marksteine dieser Entwicklung sind die von Max Mathews in den Bell Labs erarbeiteten Programme wie MUSIC (ab 1957) zur digitalen Klangsynthese oder GROOVE (ab 1970) zur Echtzeit-Steuerung elektronischer analoger Klangerzeuger. Mit neueren Verfahren der Klangsynthese wurden schließlich auch lang gehegte Visionen wie Vierteltonmusiken oder ein einfacher Wechsel zwischen Stimmungssystemen wie der reinen und temperierten Stimmung möglich.

Eine ›Computermusik‹ im engeren Sinne bezieht sich auf genau diese Praxis des Errechnens von Musik als Struktur und Klang. Von der regelgeleiteten Komposition des Kontrapunkts oder einer Satzlehre des Generalbasses unterscheidet sich Computermusik jedoch durch ihre Ausrichtung auf die Berechnung selbst als zentrale ästhetische Strategie. Waren Lejaren A. Hillers Experimente zunächst noch darauf ausgerichtet, klassische Musik zu analysieren und zu synthetisieren, verselbständigten sich die Strategien der Computermusik in die Richtung einer Generierung ästhetisch eigenständiger Strukturen. Die so erzeugten klingenden Strukturen verweisen nicht primär auf einen musikalischen Ausdruck menschlicher Befindlichkeit oder soziokultureller Erfahrung, sondern verstehen sich als auditive Exploration des bisher ungehörten Klangs mathematischer Kalküle. Solche Kalküle sind Variationen der Anordnung von Elementen (Permutationen), Wahrscheinlichkeiten des Auftretens von Tongruppen oder Übergängen (Stochastik) oder auch die Nutzbarmachung des Zufalls für die kompositorische Arbeit. Teilweise setzen solche Verfahren auf vorausgehenden Praxen wie der zwölftönigen Reihentechnik Arnold Schönbergs oder der Aleatorik John Cages auf, teilweise werden Programmiermodelle des Computers wie Programmschleifen (Rekursionen), z.B. in Form zellulärer Automaten, als Strukturgeneratoren genutzt.

Die große Wende von der experimentellen Praxis der Computermusik zur bis heute üblichen Praxis

der computerunterstützten Musikproduktion vollzog sich mit der Einführung des MIDI (Musical Ins-
truments Digital Interface)-Standards. Dieser 1983
eingeführte Standard ermöglicht es, Synthesizer,
Sampler und Computer durch Steuersignale zu verbinden. Mit Yamahas DX7-Synthesizer kam gleichzeitig ein Gerät im Consumer-Bereich auf den
Markt, das sowohl über eine komplexe digitale
Klangerzeugung (FM-Synthese) als auch über eine
voll implementierte MIDI-Steuerung aller wichtigen
Parameter und damit über einen großen Teil der in
der experimentellen Praxis der Computermusik
erarbeiteten Errungenschaften verfügte. Produk-
tionssysteme auf PC-Basis, die meist pattern-orien-
tiert MIDI-Steuersignale für Melodien, Harmonien
und Drum-Machines prozessierten (Sequenzer)
folgten umgehend. Zusammen mit diesen ersten
Software-Sequenzern, die in Deutschland auf Com-
modore- und Atari-PCs, in den USA auf Apple-
Computern liefen, war ein komplett integriertes
computergesteuertes Produktionssystem auch jenseits der großen Experimentalstudios für Computermusik verfügbar. Mitte der 1980er Jahre beginnt die
bis heute andauernde Verschmelzung programmier-
ter Gestaltung mit analoger und digitaler Klangerzeugung und -bearbeitung (s. u.). Computermusik
ist ab dieser Phase keine universelle musikalische
Praxis des Computers, sondern ein Genre innerhalb
der auditiven Gestaltung des Computers als Klangmedium. Gleichzeitig findet eine Verschiebung der
Schwerpunkte experimenteller Computermusik statt.
Ihre musikalisch-ästhetischen Konventionen schreiben sich heute nicht mehr wie noch bei Fux in Bücher, sondern in Software-Oberflächen und Pro-
gramm-Logiken ein. Es ist gerade diese Ebene des
Human Computer Interface (HCI), die in aktuellen
ästhetischen Strategien immer wieder thematisiert
wird.

Simulation und Virtualisierung

Eine vergleichbare oder verbesserte Klanggestaltung
zu traditionellen akustischen Instrumenten oder gar
der menschlichen Stimme gehört bereits in der
Phase analoger Klangerzeugung zu den Leitbildern
der Entwicklung elektronischer Instrumente. Die
Verfügbarkeit verschiedener Klänge – von der Kirchenorgel über Blasinstrumente bis zu Chören – in
der Hausmusik oder in kleineren Ensembles sowie
der Effizienzgedanke, mittels einer Klaviatur günstig
und ohne spezielle Ausbildung möglichst viele ver-

schiedene Instrumente spielen und im Konzert oder
einer Musikproduktion nutzen zu können, sind dabei zentrale Ausgangspunkte. Elektronische Orgeln
sind ein Musterbeispiel für diesen Instrumenten-Ty-
pus. Schon bei der Einführung der noch analogen
Hammond-Orgel (ab 1934) wird um die Bezeichnung ›Orgel‹ als Konkurrenz zur Kirchenorgel vor
Gericht gestritten, in ihrer Weiterentwicklung erhält
sie Halleffekte zur Raumsimulation sowie später Be-
gleitautomatiken wie ›Autochord‹ und ›Automatik-
rhythmus‹. Digitale Synthesizer setzen diese Tradition fort, selbst wenn sie wie der bereits erwähnte
DX7 eine hochkomplexe Parameterkontrolle aus der
Tradition der Computermusik bis hin zur Mikroto-
nalität mitbringen. Zu seinen *factory sounds* gehören
neben den obligatorischen Streichern (*Strings*) und
dem Konzertflügel (*Piano 1*) verschiedene Saiten-,
Blas- und Percussionsinstrumente (*Guitar*, *Oboe*,
Clarinet, *Timpani* etc.).

Aus der Idee der perfekten Simulation anderer Instrumente entsteht – nach ersten Workstations mit
Sampling-Funktion wie Fairlights CMI (*Computer
Musical Instrument*, 1979) – in den 1980ern schließlich eines der wichtigsten Instrumente des *digital audio*, der Sampler. Sein Vorgänger, das Mellotron, arbeitete noch mit Magnetbändern, die den jeweils einer Klaviaturtaste entsprechenden aufgezeichneten
Klang abspielten. Damit wurden nicht nur akustische Instrumente, sondern auch Geräusche und die
menschliche Stimme spielbar. Mit der digitalen Aufzeichnung entfielen die Probleme, die sich aus der
mechanischen Betätigung analoger Speichermedien
ergaben, so dass die Qualität der Reproduktion lediglich von der technischen Qualität der Speicher
und Wandler sowie des aufgenommenen Materials
abhängig ist. Projekte zur Aufnahme hochwertiger
Instrumentalsamples (z. B. die *Vienna Symphonic
Library*) zeigen, dass die Surrogatfunktion des Sampling in der Medienproduktion nach wie vor ge-
schätzt wird. Sampler können traditionelle Instrumente besonders dort ersetzen, wo eine instrument-
spezifische Spielweise oder individuelle Tonbildung
keine Rolle spielt. Auch Geräusche und Effekte für
Hörspiele und Filmvertonung werden per Sampling
produziert. Die technischen Funktionen des Samp-
lers orientieren sich an diesem ursprünglich simulativen Dispositiv: Neben Aufnahme und Wiedergabe
gehören hierzu Transposition und Loopbildung zur
tonalen und zeitlich unbegrenzten Wiedergabe an-
gehaltener Klänge.

Ein computerspezifisches Feld der Simulation ist
mit der Virtualisierung von Prozessen und Oberflä-

chen verknüpft. Einerseits arbeitet unter vertrauten Hardware-Oberflächen – z. B. bei ›virtuell-analogen‹ Synthesizern – längst Rechnertechnik, welche die analoge Klangerzeugung rechnerisch simuliert. Andererseits werden etablierte Hardware-Klangerzeuger als Software-Instrument oder Mobile-App fotorealistisch nachgebildet und so die Dispositive des Analogen in die Medienumgebungen des Computers transformiert. Auf diese Weise entstehen Kontinuitäten, deren dispositive Transformationsprozesse jedoch – jenseits der vertrauten Oberflächen – zu Ankerpunkten neuer ästhetischer Praxis werden. Versuche zur Überwindung des Simulationsparadigmas durch neuartige Oberflächen sind sowohl in der experimentellen Tradition der Computermusik, in Klanginstallationen, als auch in der Alltagskultur der Apps für Mobile Devices zu beobachten.

Medienklänge – Kulturen digitaler Phonographie

Eine der Simulation entgegengesetzte medienästhetische Traditionslinie des Computers findet sich in der gestalterischen Nutzung phonographischer Klänge, die nun als solche ästhetisch hervortreten. Diese ›Emanzipation der Medienklänge‹ nimmt ihren Ausgang wiederum bereits bei den analogen Medien, etwa bei Ernst Tochs und Paul Hindemiths Experimenten zu einer ›Grammophonmusik‹ in den 1930ern oder den unterschiedlichen Ansätzen der ›Musique concrète‹ und der ›Elektronischen Musik‹, die sich um 1950 etablieren und beide mit Nadel- oder Magnetton arbeiten. Der für die ästhetische Nutzung der Phonographie folgenreichste Umbruch geschieht jedoch gerade abseits der Diskurse europäischer Kunstmusik an den Knotenpunkten des *black atlantic* (vgl. Gilroy 1993). Dabei findet eine radikale Auseinandersetzung mit den ästhetischen Potentialen der stetig wachsenden Medienarchive der analogen Phonographie statt: In der Sound-System-Praxis des jamaikanischen Dub werden in Abwesenheit urheberrechtlicher Restriktionen die Einzelspuren eines Reggae-Tracks in Live-Performances neu gestaltet. Für die Disco- und HipHop-DJs im New York der 1970er ist eine 12-Inch-Schallplatte nicht mehr die Repräsentation einer ganzheitlichen Struktur eines Musikstücks, sondern liefert die funktionalen Versatzstücke – die *breakbeats* –, die in der Praxis des *cut & mix* nach Belieben umstrukturiert werden. Kostengünstigere Sampler, die im Laufe der 1980er Jahre auf den Markt kommen, werden jen-

seits ihrer simulativen Funktionen in diesem Umfeld einer *DJ-Culture* genutzt. Hip-Hop- und House-Musik entwickeln die am DJ-Setup entstandenen Strategien des *cutting* und *looping* auf den neuen Geräten, etwa der Sampling-Drummachine *SP-1200* der Firma E-MU Systems (1987), konsequent weiter. An den Orten kultureller Hybridisierung, den postindustriell verwahrlosten Innenstädten der nordamerikanischen und europäischen Metropolen, und damit außerhalb der Diskurse klassischer ästhetischer Theoriebildung, nehmen die Apparate der digitalen Phonographie eine vollkommen andere Position neben Computermusik und Simulation ein. Sie figurieren hier als Akteure, deren technische Eigenschaften explizit ästhetisch erfahren und eingesetzt werden – etwa die typische 12-Bit-Auflösung und das Auftreten bestimmter Aliasing-Effekte bei frühen Samplern.

Digitale Sampler werden in diesem Kontext jenseits ihrer simulativen Funktionen zu Rekombinationsinstrumenten der analogen Phonographie. Sie wenden die Medienmaterialität phonographischer Klänge vollends in ein explizit ästhetisches Material, indem sie diese neue digitale ›Klangschriftlichkeit dritter Ordnung‹ spielbar machen.

Seit Mitte der 1990er Jahre werden statt Hardware-Samplern und Drummachines mehr und mehr Software-Lösungen auf der immer leistungsfähigeren Hardware von Heim-PCs genutzt. Aktuell zeichnet sich ein Trend zu Hybrid-Systemen aus Hardware-Controllern im Stil ›klassischer‹ Sampling-Drummachines und zugehöriger Computer-Software ab. Mithilfe sogenannter *DAWs* (*Digital Audio Workstations*), also Programmen, die eine Studioumgebung aus Mehrspur-Recording, MIDI-Sequencer und virtuellen Instrumenten und Effekten auf der Hardware eines durchschnittlichen Notebooks bereitstellen, lassen sich schließlich komplette Produktionen im eigenen Schlafzimmer (*bedroom-producer*) – oder auch in Hotel-Lobbies, Flughafen-Wartehallen etc. realisieren. Neuere Programme zeichnen sich dabei gerade dadurch aus, dass sie Audiodaten (Medienklänge) und MIDI-Signale (Steuerungscodes) auf gleicher Ebene und durch gleiche Gestaltungsoptionen bearbeitbar machen und etwa die nachträgliche tonale Gestaltung auch mehrstimmiger Audioaufnahmen ermöglichen, wie sie zuvor von MIDI-Editoren bekannt war. Hier verschwimmen vormals getrennte Ebenen der Gestaltung – Tonalität, Zeitstruktur, Klangerzeugung, Editing, Effektbearbeitung – in ein immer differenzierter formbares Material des *elastic audio*.

Netz – Kommunikation

Digitale Netze – WWW, sogenannte ›Soziale Medien‹, Mobilfunknetze – bilden heute Topologien aus, innerhalb derer sich ein Großteil gesellschaftlicher Kommunikations- und Synchronisationsprozesse wie auch kultureller Praxen vollzieht. Auch das Umgehen mit und Erleben von Klängen findet hier grundlegend anders statt als in analogen Netzwerken, wie sie etwa die organisierte Distribution von gedruckten Partituren im 19. Jahrhundert darstellte. Digitale Soundfiles haben auf Grund von geeigneten Codierungen (mp3) und resultierenden geringen Dateigrößen sowie – das unterscheidet sie vom Medium Text – entsprechenden Wiedergabegeräten eine Vorreiterrolle bei der Distribution kultureller Produkte über das Internet gespielt. Dabei zeigt die seit Ende der 1990er Jahre anhaltende Debatte um Filesharing und Internet-Piraterie, wie problematisch ein Urheberrecht geworden ist, das einen an der analog-materiellen Warenzirkulation entwickelten Begriff des ›Eigentums‹ kurzerhand in ›geistiges Eigentum‹ extrapoliert. Mit Abonnement-Streaming-Diensten bilden sich mittlerweile neue Vertriebsmodelle heraus, die Aspekte der Tonträgerindustrie und des Rundfunks in sich vereinen.

Nicht nur die Distribution, auch die Prozesse auditiver Gestaltung haben sich mit der immer weiteren Verbreitung digitaler Netze verändert. Von einer ›Netzmusik‹ (vgl. Föllmer 2005) ist dabei keineswegs im Sinne einer einheitlichen Stilistik oder gar eines Genres zu sprechen, sondern es sind damit übergreifend all jene musikalischen und klangkünstlerischen Praxen angesprochen, in denen die Spezifika elektronischer Netzwerke erprobt werden. So macht etwa die Installation *Global String* von Atau Tanaka und Kasper Toeplitz (1999) die hybride Überlagerung reeller und virtueller Räume erfahrbar, indem sie mehrere, an unterschiedlichen Orten aufgespannte Stahlsaiten zu einer potentiell globalen Saite ›vernetzt‹. Durch Physical-Modelling-Synthese wird aus den Schwingungen der einzelnen Saiten eine ›virtuelle Saite‹ simuliert, die dann an den verschiedenen Orten hörbar ist.

Diskurse

Computer wurden als Klangmedium nicht nur praktisch erprobt, sondern immer auch besprochen. Ihr Einbezug in musikalisch-ästhetische Prozesse stellte klassische Auffassungen der Musik- und Kulturwissenschaften – z. B. Konzepte von Komposition, Material und legitimer Autorschaft – vor gravierende Probleme und wurde insofern von Beginn an nicht selten kontrovers diskutiert. Während Computer die technologischen An-Ordnungen (medien-)musikalischer Praxis durcheinanderbrachten, wurden diese immer auch diskursiv nachjustiert, um neue ästhetische Praxen zu etablieren oder aber abzuwehren und so unter Umständen ein unzeitgemäß gewordenes Dispositiv am Laufen zu halten. Diskurse, wie sie sich seit jeher auch um den Computer als Klangmedium ranken, sind in diesem Sinne aktiv an dessen Konstitution als ein Mediendispositiv auditiver Kultur beteiligt.

Die Debatten, welche die oben beschriebene Computermusik – im engen Sinne einer Genrebezeichnung avancierter, meist akademisch angebundener, experimenteller Erarbeitung musikalisch-ästhetischer Rechenoperationen – begleiteten, sind hierfür ein Beispiel. Wie schon im Fall der Elektronischen Musik oder der Musique Concrète wurde künstlerische Praxis oft von entsprechender Theoriearbeit flankiert (vgl. Hiller/Isaacson 1959). Seit 1977 bietet etwa das vierteljährlich erscheinende *Computer Music Journal* hierfür eine prominente Plattform. Den wohl umfassendsten Überblick über Geschichte, Technik und Ästhetik der ›Computer Music‹ hat Curtis Roads (1996) vorgelegt.

Vom Mainstream der Musikwissenschaft wurde das Problem, das technische Medien für deren Begriffs- und Theorien-Apparat bedeuten, bisher wenig beachtet. Als ein erster umfassender Versuch, der neuen technikkulturellen Situation wissenschaftlich zu begegnen, kann die Rede des Musiksoziologen Kurt Blaukopf von einer ›Mediamorphose‹ der Musik gelten (vgl. Blaukopf 1996, 185 f.). Blaukopf geht allerdings vor allem noch von einer analog-phonographischen Gestaltung aus (Mehrspur-Recording, Bandschnitt, etc.); digitale Medien spielen noch keine explizite Rolle. Dennoch finden sich mehrere Thematiken, wie sie aktuell in Bezug auf *digital audio* diskutiert werden, hier bereits angelegt: Etwa die Problematik des Urheberrechts oder auch die Hybridisierung ›glokaler‹ Musikkulturen.

Vor dem Hintergrund des Afrofuturismus und eher am Rande akademischer Institution initiiert Ende der 1990er Jahre Kodowo Eshun eine fruchtbare Auseinandersetzung mit den computertechnisch infizierten Musikkulturen des HipHop, House und Jungle (vgl. Eshun 1999). Er entwirft ein eigenes, wortschöpferisches und metaphernreiches Vokabular, um die Effekte von Sampling, Time-Stretching und anderen digitalen Verfahren nicht nur zu beschreiben, sondern auch ästhetisch anschlussfähig zu machen. Als Denkfigur nimmt er dafür mehrfach auf sein metaphorisches Konzept des *motion capturing* Bezug: Für Eshun ist bereits die Isolation der Breakbeats – also der auf Drums und Bassline reduzierten Passagen einer Funk- oder Rock-LP – durch HipHop- und House-DJs ein Verfahren proto-digitaler Abstraktion. Indem die DJs die kleinsten Einheiten der Bewegung eines Tracks herausarbeiteten, würden sie auf einer Makro-Ebene solches *motion capturing* vollziehen, ähnlich wie es ein A/D-Wandler auf der Mikro-Ebene tut.

Ein stetig wachsendes Interesse an den neuen technikkulturellen Entwicklungen auditiver Kultur äußert sich zu Beginn der 2000er Jahre im Erscheinen mehrerer Sammelbände, die historische Grundlagentexte und aktuelle Deutungsversuche zusammenbringen (vgl. Bonz 2001; Bull/Back 2003; Cox/Warner 2004). Der Band *Soundcultures* etwa führt die prominenten Diskussionen um ›Glitch‹ und ›Noise-Music‹ sowie deren Versuch, eine originäre Geräuschhaftigkeit des Digitalen zwischen Quantisierungsrauschen und Festplatten-Surren hörbar zu machen, in den deutschsprachigen Diskurs ein (vgl. Kleiner/Szepanski 2003). Fragen nach Virtualität und neuen Formen von Körperlichkeit (klang-)körperloser, weil (computer-)technisch generierter Klänge thematisiert der Band *Klang (ohne) Körper* (Harenberg/Weissberg 2010). Michael Harenberg schlägt in diesem Zusammenhang vor, dass gerade das ästhetische Experimentieren mit digitalem Sound »zum Ausgangsmaterial zur Orientierung im den noch weitgehend unbekannten, virtuellen Referenzräumen des Digitalen werden [kann]« (Harenberg 2010, 41). Zuvor hatte bereits Erik Davis (1997) empfohlen, dass ein solcher *Cyberspace* gerade im Anschluss an Marshall McLuhan als ein primär akustischer Raum gedacht werden kann. Visuelle Modelle der Erfahrung von Räumlichkeit und Subjektivität stoßen danach in den dynamischen Topologien virtueller Realitäten an ihre Grenzen und sollten durch auditive Modelle ergänzt werden – die eher Prozesse statt fixer Objekte, eher Affekt statt Lesbarkeit betonen. Ein entsprechendes Denken entlang auditiver Erfahrung wird ebenfalls von Steve Goodman (2009) vertreten.

Literatur

Blaukopf, Kurt: *Musik im Wandel der Gesellschaft. Grundzüge der Musiksoziologie* [1982]. Darmstadt ²1996.

Bonz, Jochen (Hg.): *Sound Signatures. Pop-Splitter.* Frankfurt a. M. 2001.

Bull, Michael/Back, Les (Hg.): *The Auditory Culture Reader.* Oxford 2003.

Cox, Christoph/Warner, Daniel (Hg.): *Audio Culture. Readings in Modern Music.* New York 2004.

Davis, Erik: *Acoustic Cyberspace.* Xchange Conference, Riga (1997), http://www.techgnosis.com/acoustic.html (22.05.2012).

Enders, Bernd (Hg.): *Mathematische Musik – musikalische Mathematik.* Saarbrücken 2005.

Eshun, Kodwo: *Heller als die Sonne. Abenteuer in der Sonic Fiction.* Berlin 1999 (engl. 1998).

Föllmer, Golo: *Netzmusik. Elektronische, ästhetische und soziale Strukturen einer partizipativen Musik.* Hofheim 2005.

Gilroy, Paul: *The Black Atlantic: Modernity and Double-Consciousness.* Cambridge, Mass. 1993.

Goodman, Steve: *Sonic Warfare. Sound, Affect and the Ecology of Fear.* Cambridge, Mass. 2009.

Großmann, Rolf: Signal, Material, Sampling. Zur ästhetischen Aneignung medientechnischer Übertragung. In: Sabine Sanio/Christian Scheib (Hg.): *Übertragung – Transfer – Metapher. Kulturtechniken, ihre Visionen und Obsessionen.* Bielefeld 2004, 91–110.

Großmann, Rolf: Die Geburt des Pop aus dem Geist der phonographischen Reproduktion. In: Christian Bielefeldt/Udo Dahmen/Rolf Großmann (Hg.): *PopMusicology. Perspektiven der Popmusikwissenschaft.* Bielefeld 2008, 119–134.

Harenberg, Michael: Mediale Körper – Körper des Medialen. In: Ders./Weissberg 2010, 19–43.

Harenberg, Michael/Weissberg, Daniel (Hg.): *Klang (ohne) Körper. Spuren und Potenziale des Körpers in der elektronischen Musik.* Bielefeld 2010.

Hiller, Lejaren A./Isaacson, Leonard M.: *Experimental Music. Composition with an Electronic Computer.* Westport 1959.

Kittler, Friedrich A.: *Grammophon, Film, Typewriter.* Berlin 1986.

Kleiner, Marcus S./Szepanski, Achim (Hg.): *Soundcultures. Über elektronische und digitale Musik.* Frankfurt a. M. 2003.

Roads, Curtis: *The Computer Music Tutorial.* Cambridge, Mass. 1996.

Shannon, Claude E.: Communication in the presence of noise. In: *Proceedings of the IRE*, 37/1 (1949), 10–21, http://www.stanford.edu/class/ee104/shannonpaper.pdf (01.03.2012).

Rolf Großmann/Malte Pelleter

18. Internet

Die Geschichte des Internets ist eine Geschichte der Überraschungen, auch aus der Sicht der beteiligten Akteure (s. Kap. II.20). Ungeplant, unerwartet und nicht unterstützt – »unplanned, unanticipated, and unsupported« – sei z.B. der E-Maildienst ab 1972 entstanden (vgl. Hellige 2006, 17; Siegert 2008, 212 f.). Anstelle von vereinfachten Gründungslegenden, die eine hauptsächlich militärische Motivation für die verteilte Netzarchitektur annehmen, werden mittlerweile vielfältige Faktoren für die unerwartete Entstehung des Internets benannt. Kommunikationsnetze digitaler Computer existierten bereits vor dem 1969 in Betrieb genommenen ARPANET. Insbesondere US-amerikanische und englische Banken und Fluglinien zeigten, neben amerikanischen Universitäten und dem Militär, in den 1960er Jahren das größte Interesse an der Vernetzung (*netting*) ihrer Standorte. Hierbei wurde meist auf mit Großrechnern sternförmig verbundene Terminals gesetzt, welche die kostbare Rechenzeit des Hauptrechners per ›Time-Sharing‹ gemeinsam nutzten. Für die digitale Datenübertragung wurden bestehende Telefonleitungen genutzt.

Neben den Time-Sharing-Installationen entstanden ehrgeizige Projekte für generell einsetzbare digitale Kommunikationsnetzwerke. In den USA erarbeitete Paul Baran in einer umfangreichen Artikelserie »On Distributed Communications« (1964) entsprechende Vorschläge; Joseph Carl Robnett Licklider entwickelte Vernetzungsideen im Umfeld des Time-Sharings am Massachusetts Institute of Technology; in England stellte Donald Davies 1966 ein »Proposal for a Digital Communication Network« vor. Aus Barans militärpraktischen Erwägungen kristallisierte sich eine wirkmächtige Gründungslegende heraus: Das Internet sei gebaut worden, um einen Atomschlag zu überstehen. Für den Aufbau des ARPANET spielte dies jedoch zunächst keine Rolle, obwohl der Sputnik-Schock des Kalten Krieges entscheidend für die politische Bereitschaft zur Finanzierung neuer Grundlagenforschung war. Im Falle von Davies' experimentellem Netz am Londoner National Physical Laboratory dominierten hingegen volkswirtschaftliche Erwägungen; J.C.R. Lickliders Vernetzungsprojekte bezogen sich vor allem auf die generelle Ebene (wissenschaftlicher) Kommunikation. Die maßgebliche Rechtfertigung für die von der Advanced Research Projects Agency (ARPA) vergebenen Forschungsmittel war das Teilen von Computerressourcen zwischen Universitäten. Gegen die Heterogenität der verschiedenen Großrechner setzte der Projektleiter Lawrence Roberts darauf, dass eine gemeinsame Nutzung von Rechenzeit und Programmen für alle Beteiligten attraktiv sei. Bis 1972 behielt das ARPANET seinen Charakter als experimentelles Forschungsnetz. Erst eine Washingtoner Konferenz im Oktober 1972, die alle Akteure zusammenbrachte, führte zu einer vermehrten Nutzung real bestehender Anwendungen.

Medienhistorisch markierte die Erforschung und Einführung paketorientierter digitaler Übertragungstechniken (*packet switching*) eine Zäsur gegenüber den leitungsorientierten Verfahren der Telefonie. Sie baute jedoch teils auf telegraphischen Techniken des *store and forward* als *message switching* von Nachrichten auf. Zielte die Realisierung des ARPANET noch auf genau ein aufzubauendes Netz, verstärkte sich nach den ersten Erfolgen ab 1972 die Diskussion um das *internetworking* verschiedener Netze. Zum zentralen Medium der Computervernetzung entwickelten sich Netzwerkprotokolle, denen die formale Kommunikation zwischen den verschiedenen Rechner obliegt. Pionierleistungen in diesem Bereich vollbrachten nicht nur ARPANET-Entwickler wie Vinton G. Cerf und Robert Eliott Kahn. Entscheidende Impulse für eine entsprechende Netzwerkarchitektur stammten aus der Entwicklung der lokalen Vernetzung via Ethernet, u.a. durch Robert Metcalfe.

Einflussreich war ebenso das französische CYCLADES-Projekt (1971–1978). Dessen Leiter Louis Pouzin hatte von vornehein auf ein stark softwareorientiertes Netz von Netzen gesetzt. Ein vergleichbares Konzept lag auch dem European Informatics Network (EIN) zugrunde, das auf Basis eines völkerrechtlichen Vertrags ab 1973 aufgebaut wurde. Beteiligt waren Forschungsinstitutionen in Frankreich, Italien, Jugoslawien, Norwegen, Portugal, der Schweiz, Schweden und Großbritannien, ab 1976 auch in Westdeutschland. Die Emergenz verschiedener nicht-kommerzieller und kommerzieller Netze, die sich ggf. per *internetworking* verbinden lassen, bestimmte in den 1970er und 1980er Jahren die weitere Entwicklung hin zum Internet. Dazu gehörte prominent das abgetrennt operierende MILNET, für das tatsächlich die Robustheitskriterien einer militärischen *distributed communication* wichtig wurden. Sukzessive erprobte man Zusammenschaltungen heterogener Netze, im Fall des ARPANET gelang dies erstmals erfolgreich am 22. November 1977. Diese Entwicklung blieb dabei weitestgehend auf den industrialisierten Westen beschränkt. Sieht man von Flugabwehrsystemen ab, vollzog man trotz einzelner Pläne in der Sowjetunion bis 1988 keinen flächigen Ausbau digitaler Kommunikationsnetzwerke (vgl. Gerovitch 2002, 280 f.).

Innerhalb der ARPANET-Community kristallisierten sich seit Anfang der 1970er Jahre zentrale Dienste heraus, darunter TELNET zum Fernlogin, FTP als File Transfer Protocol, (unerwarteterweise) die E-Mail und das Domain Name System (DNS) zur Verwaltung der Rechneradressierung. Als entscheidend für die Softwarebasis der Computernetze erwies sich eine Entscheidung des Telefonkonzerns AT&T. Das Betriebssystem Unix, zunächst in den hauseigenen Bell Laboratories entstanden, durfte ab 1975 an Universitäten zu niedrigen Lizenzkosten weitergegeben werden. Mit der sukzessiven Implementierung der zentralen Protokolle TCP (Transmission Control Program) und IP (Internet Protocol) in Unix wuchs eine solide technische Basis für das *internetworking*. Der Wechsel zu TCP/IP als Standardprotokoll des ARPANET am 1. Januar 1983 wurde schlussendlich mit erheblichem Druck des Militärs vollzogen.

Die 1980er Jahre gelten – etwas zu Unrecht – als die dunklen Jahre der Internetentwicklung. Denn bereits vor dem massenhaften Erfolg des World Wide Web setzte eine weitere Popularisierung von Diensten ein. Innerhalb der universitär-gegenkulturell geprägten Szene blühten ab 1980 die Unix-basierten Newsgroups, die sich dem Austausch unter Gleichgesinnten verschrieben. Aus der Szene um das Betriebssystem Unix heraus entwickelte sich auch das BITNET, durch das Mailinglisten an Beliebtheit gewannen. Zugleich entstanden neben Bulletin-Board-Systemen (BBS) lebendige Szenen um textbasierte Adventure-Spiele und Multi-User-Dungeons (vgl. Wagner 2006, 276 f.). 1988 kam der Internet Relay Chat hinzu, der die bereits bekannten Chatformen als einen eigenen Dienst etablierte.

Parallel dazu machten proprietäre Online-Zugänge weitgehend unabhängig vom Internet Karriere – eine Entwicklung, die eng mit dem Erfolg der verschiedenen Personal Computer (Apple, Commodore, Atari, IBM-PC) zusammenhing. Vorreiter dieser Entwicklung wie Telenet und Tymnet waren bereits in den 1970er Jahren aktiv. Die Firma Compuserve (1977–2009) bot, zunächst unter dem Namen MicroNet, ebenso wie der Konkurrent The Source per Modemeinwahl Kunden umfangreichen Zugang zu eigenen Online-Services. Unter den privatwirt-

schaftlich betriebenen BBS reüssierte vor allem das San Franciscoer WELL. In den Foren des Whole Earth Lectronic Link bildete sich eine frühe digitale Elite heraus, zu deren Mitgliedern John Perry Barlow und Howard Rheingold gehörten. Staatlich organisierte Telefongesellschaften bauten hingegen Dienste wie z. B. das erfolgreiche Minitel (Frankreich) und den Bildschirmtext BTX (Deutschland) auf. Als Alternative hierzu etablierten sich individuell betriebene Mailboxsysteme wie das ebenfalls einwahlbasierte FIDONET.

Die voneinander getrennten Sphären der akademisch geprägten Internetszene und privater Online-Zugänge wuchsen jedoch ab Anfang der 1990er Jahre nach und nach zusammen. Zunächst aber erwies sich die Konsolidierung des Internetzugangs amerikanischer Universitäten als langwierig. Mehrere Förderprogramme der National Science Foundation sollten hierfür die infrastrukturellen Grundlagen schaffen. Hierzu gehörte das Computer Science Network (CSNET, 1981–1983) und vor allem das National Science Foundation Network (NSFNET, 1985–1995). Mit dem nicht-kommerziellen NSFNET wurden fünf US-amerikanische Supercomputing-Center verbunden. Innerhalb seiner zweiten Ausbaustufe wurden ab 1988 sieben weitere regionale Forschungsnetze integriert. Diese Form des NSFNET mit 170 verbundenen Teilnetzen gilt als fundierende Form des heutigen globalen Internets. Im Herbst 1985 boten 2000 Computer Internetzugang, Ende 1987 fast 30.000, im Oktober 1989 bereits 159.000. Mit dem Aufschwung des Internets verlor das ARPANET rapide an Bedeutung; zudem waren die proprietären Online-Dienste so gezwungen, ihre Inhalte Stück für Stück zu öffnen. Der Einfluss des Militärs auf die Entwicklung des Internets wurde in den 1980er Jahren immer geringer, während zivilgesellschaftliche Kräfte Oberhand erlangten.

Die heterogene Entwicklung der Onlinekommunikation in den 1980er Jahren verdankte sich auch einem größeren Konflikt um die Architektur des Netzwerks. Die sog. ›Protokoll-Kriege‹ drehten sich um die strittigen Fragen der Standardisierung. Auf der einen Seite befürwortete die ›Internetfraktion‹ stark die Paketvermittlung via TCP/IP, bei der die Intelligenz in den Endgeräten verortet wird. Ein Effekt dieser Strategie war der einfache Anschluss neuer Hosts und lokaler Netzwerke ohne zentrale Steuerung. Auf der anderen Seite setzten sich Regulierer und Telekommunikationsindustrie für das X.25-Protokoll ein. Dieses operiert mit virtuellen Schaltkreisen im *packet switching* und sieht ein stärker intern steuerbares Netz vor. Der Konflikt zwischen pragmatischem Bottom-Up-Ansatz und kontrollorientierter Standardisierung brachte auch das sogenannte ›Open System Interconnection Model‹ (OSI-Modell) hervor. Bereits die ARPANET-Entwickler erkannten früh, dass es nötig sein könnte, die Netzwerkarchitektur durch die Gliederung in verschiedene Schichten stärker zu ordnen. In den idealtypischen OSI-Ebenen spiegelte sich dies wider: Sie reichen von den materiellen Kabeln (Layer 1) bis zur Anwendungsschicht (Layer 7). Das OSI-Modell entsprang eher den kontrollorientierten Standardisierungsbemühungen. Währenddessen legten Jerome H. Saltzer, David Patrick Reed und David D. Clark 1981 mit den »End-to-End Arguments in System Design« ein maßgebliches Paper vor. Die Eigenheiten von TCP/IP mit seiner prinzipiell gleichberechtigten, anwendungsneutralen Paketübertragung erklären sie darin zum wesentlichen Argument der Internetarchitektur (Ende-zu-Ende-Prinzip, nach einem späteren Begriff von Lawrence Lessig und Tim Wu ›Netzneutralität‹).

Die Verbreitung von Hypertextprogrammen erwies sich als wichtiger Faktor für die weitere Entwicklung. Theodor Nelsons 1963 geprägten Begriffe ›Hypertext‹ und ›Hypermedia‹ erlangten trotz einiger Implementationen lange Zeit vergleichsweise wenig Relevanz (vgl. Bolter 1991, 23). Spätestens mit der 1987 vorgenommenen Aufnahme des Programms *Hypercard* in Apples Betriebssystem änderte sich dies; am Ende der 1980er boomten Hypertext- und Hypermediasysteme (vgl. Gillies/Cailliau 2002, 139 f.). Tim Berners-Lee schlug 1989 mit »Information Management: A Proposal« ein neuartiges Dokumentationssystem vor, das am europäischen Kernforschungszentrum CERN in Genf entwickelt werden sollte. Das CERN hatte sich technisch wie organisatorisch bereits zuvor zu einem der wichtigsten europäischen Netzwerkorte entwickelt. Aus den experimentellen physikalischen Settings entstanden massive Anforderungen an lokale Computervernetzung und -programmierung, aber auch an die nachhaltige wissenschaftliche Dokumentation. Berners-Lee implementierte seinen Vorschlag erstmals 1990 auf einem NeXT-Computer, vor Weihnachten 1990 wurde http://info.cern.ch zugänglich gemacht. Robert Cailliau organisierte den zähen weiteren Aufbau des ›World Wide Web‹ im CERN; beworben wurde die Idee v. a. auf Konferenzen, Mailinglisten und im Usenet.

Gegenüber der parallelen Entwicklung des hierarchischen Informationssystems Gopher setzte sich das WWW durch die Entwicklung mehrerer leicht bedienbarer Browser durch. Als erstes plattformübergreifendes Programm wurde Mosaic ab Januar 1993 populär. Entwickelt hatte den Browser ein Team um Marc Andreesen für die University of Illinois in Urbana-Champaign. Der heterogene Einsatz der Hypertext Markup Language (HTML) durch schnell entstehende Browser wie Netscape und dem Internet Explorer forderte die Etablierung verbindlicher Standards heraus. Seit 1995 wurden diese im eigens gegründeten World Wide Web Consortium (W3C) verhandelt.

Mit der Etablierung des WWW setzte ein erster Kommerzialisierungsschub des Internets ein. Dieser fand maßgeblich in Nordamerika statt und war politisch dezidiert gewollt, wie Al Gores vorangegangene Gesetzesinitiativen (vgl. Géscy-Sparwasser 2003) und die flankierende Popularisierung des *information highway* zeigten. Endpunkt dessen war die 1995 erfolgende Freigabe des NSFNET zur kommerziellen Nutzung – ein Vorgang, der durch den privaten Ausbau von TCP/IP-Infrastruktur vorbereitet wurde (vgl. Abbate 2000, 97 f.). Hinzu kam das Umschwenken kommerzieller Provider wie AOL, die auf das Interesse ihrer Kunden am WWW reagieren mussten. Kommerzielle Diensteanbieter wie das 1994 entstandene Linkverzeichnis Yahoo! und Suchmaschinen wie Altavista (1995–2013) füllten Lücken, die veraltete Dienste wie Archie (FTP-Suche) und WAIS (Datenbanksuche) hinterlassen hatten. Mit dem erfolgreichen Börsengang des Browserherstellers Netscape im Jahr 1995 begann die wirtschaftliche Boomphase der Internet- und IT-basierten ›New Economy‹. Sie kam erst mit dem Platzen der sog. ›Dotcom-Blase‹, die ihren Ursprung in der überhöhten Börsenbewertung neuer Unternehmen hatte, im März 2000 zu einem vorläufigen Halt. Bis zu diesem Zeitpunkt wurden die technischen und organisatorischen Grundlagen des sog. E-Commerce in Online-Werbung (Double-Click), WWW-Shops (Amazon) und Internetauktionshäusern (eBay) gelegt. Infrastrukturunternehmen wie Cisco profitierten enorm von der wachsenden Nutzerzahl, die Ende 1999 bei ca. 248 Millionen Menschen lag. Gegenläufig zur Kommerzialisierung entwickelte sich zwischen 1999 bis zur Schließung 2001 die Onlinetauschbörse Napster zu einer der beliebtesten Anwendungen. Der massenhafte Peer-to-Peer-Tausch von Musikdateien im MP3-Format führte zu einer anhaltenden Debatte um das Urheberrecht im digital vernetzten Raum (vgl. Gillespie 2007).

In der Gründungszeit des World Wide Web entstanden weitgehend unabhängig von der Ökonomisierung zahlreiche, oft überhöhte technikutopische Programmschriften (vgl. Schröter 2004; Flichy 2007). Wirksam wurde insbesondere John Perry Barlows Unabhängigkeitserklärung für den Cyberspace, in der cyberutopisches Denken, amerikanisches *frontiering* als Eroberung eines neuen Raumes und egalitärer Bürgerrechtsdiskurs Hand in Hand gehen. Ein optimistischer Grundton kennzeichnete aber auch die kulturwissenschaftlichen Diskurse, die zum Hype um virtuelle Realitäten beitrugen. Zur allgemeinen Aufbruchsstimmung trugen auch die Erfolge freier und quelloffener Software – darunter das Betriebssystem GNU/Linux und der Webserver Apache – bei. Trotz Konflikten, etwa in der Namensraumverwaltung, entwickelten sich bestehende dezentrale Gremien zur Selbstverwaltung des Netzes der Netze weiter. Dazu gehört die 1992 gegründete Internet Society, die eine Vielzahl weiterer Gremien zu Standardisierung, Verwaltung und Internetpolitik unter ihrem Dach beherbergt. Mit dem Erfolg v. a. des World Wide Webs wurden die politischen Fragen des globalen Netzzugangs und bestehender *digital divides* als immer dringlicher wahrgenommen. Als erster Höhepunkt dieser anhaltenden Entwicklung erwiesen sich die beiden Weltgipfel zur Informationsgesellschaft, die 2003 in Genf und 2005 in Tunis stattfanden. Infolge des zweiten Gipfels wurde das Internet Governance Forum als transnationaler Treffpunkt relevanter Akteure etabliert.

Noch während der Boomzeit der ›New Economy‹ wurde 1998 Google gegründet, das ab 2002 die zunächst heterogenen Portal- und Suchmaschinenmärkte mehr und mehr dominierte. Um die Suchfunktion herum entwickelte Google – teils durch Zukauf – zahlreiche weitere Services, um seine führende Rolle als Informationsbroker und Werbeplattform auszubauen. Trotz erfolgreicher lokaler Konkurrenten, darunter Yandex in Russland und Baidu in China, hat Google über zehn Jahre sein globales Quasi-Monopol unter den Suchdiensten stabilisieren können. Mit dem Aufstieg des automatisierten Sortierens via link-orientiertem ›Page Rank‹-Algorithmus verloren redaktionell geordnete Portale und Linkverzeichnisse ihren anfänglichen Stellenwert. Die Nutzung von Metasuchmaschinen, die mehrere Indizes aufrufen, nahm parallel dazu ab. An die Stelle der teils bereits individualisierbaren Nachrichtenportale der 1990er Jahre traten Konzepte, die Websites als Plattform auffassten, von denen Teile in andere Homepages und Software integriert werden

können. Hiermit ging die Verbreitung von datenbankbasierten Content-Management-Systemen einher, die das statische Veröffentlichen von HTML-Seiten durch dynamisches Generieren ersetzten.

Als konsequente Weiterführung dieses Prinzips gilt die 2001 durch Jimmy Whales und Larry Sanger begründete Wikipedia. Die freie Enzyklopädie basiert auf der sogenannten Wiki-Technologie, die das Schreiben einer HTML-basierten Datei per Online-Editor möglich macht. Dem Selbstverständnis nach führte die Wikipedia zwar die Traditionen des aufklärerischen Enzyklopädiedenkens weiter. Sie konterkariert diese aber auch, da das Wissen nicht durch einzelne Fachexperten, sondern durch das »kollektive Laien-Expertentum« aller Mitschreibenden autorisiert wird (Pscheida 2010, 431). Getragen wird das Modellprojekt freien Wissens durch eine weltweit lokal ausdifferenzierte Community und die Vereinsstrukturen der Wikimedia Foundation.

Die strukturellen Veränderungen der Kommunikationsformen des World Wide Web wurden 2005 – das Internet zählte erstmals über eine Milliarde Nutzende – durch ein populäres Schlagwort zusammengefasst. Tim O'Reillys Artikel »What is Web 2.0. Design Patterns and Business Models for the Next Generation of Software« synthetisierte einen seit Ende 2003 laufenden Diskurs. Zentrales Kennzeichen des ›neuen‹ Webs war eine Orientierung auf offene, modularisierte Web-Services mit Datenbanken als Grundlage. Dienste sollten in *mashups* frei kombinierbar sein, permanent weiterentwickelt werden (*perpetual beta*) und die User über Bewertungen und kollektive Verschlagwortung von vornherein mit einbeziehen. Im Web 2.0 führten persönliche Weblogs (kurz: Blogs) die Traditionen des Usenet und der öffentlichen Forensysteme in der ›Blogosphäre‹ weiter. Dienste waren tendenziell dezentral angelegt – mit Peer-to-Peer-Anwendungen wie Bittorrent als radikalstem Beispiel. Zwar folgte das idealisierte Web 2.0 den Idealen der Open-Source-Kultur; O'Reilly benannte jedoch die Konkurrenz um hochwertige Daten bereits als zukünftiges Problem. Der Trend zu Social-Networking-Diensten wurde hier deutlich spürbar: Neben der Fotocommunity Flickr (seit 2004) und der kollektiven Lesezeichensammlung del.ico.us führte O'Reilly Beispiele wie Friendster, Orkut und LinkedIn ins Feld. Als explizite Reaktion auf das Platzen der Dotcom-Blase bereitete das Schlagwort vom Web 2.0 einer zweiten Kommerzialisierungswelle des Internets den Weg. Als entscheidend erwies sich hierbei zum einen die Integration sozialer Aspekte in nahezu alle Anwendungsformen.

Zum anderen wurde durch die zunehmende Verbreitung mobiler Zugangsmöglichkeiten der Raum des Netzzugangs entscheidend erweitert.

Die Karriere der Sozialen Netzwerke erreichte mit dem Aufstieg von Myspace – zunächst unter Musikern, dann unter einem überwiegend musikinteressierten Publikum – 2006 einen ersten Höhepunkt. Ebenso wie die VZ-Netzwerke in Deutschland schrumpfte Myspace mit dem Aufschwung von Facebook (seit 2004), YouTube (seit 2006), Twitter (seit 2007), Tumblr (seit 2007) und Google Plus (seit 2011), die trotz anderer lokaler Marktführer wie Vkontakte.com in Russland und Open-Source-basierter Blogsoftware wie Wordpress (seit 2004) vorerst den weltweiten Mainstream der Sozialen Netzwerke bestimmen.

Neben der Verbreitung drahtlosen Nahfunks (WiFi, dt. WLAN) und entsprechend ausgestatteter Mobilrechner verdankt sich die technische Mobilisierung des Internetzugangs insbesondere den Geräten der Firma Apple (s. Kap. III.20). Diese stellte mit *iTunes* 2001 ein Programm vor, mit dem Medienverwaltung, tragbare Musikspieler und, ab 2003, ein Onlineshop verbunden wurde. Aus der Weiterentwicklung der sog. iPods entstand 2007 mit dem iPhone das erste erfolgreiche Smartphone, das konsequent auf gestenbasierte Steuerung setzte. Um *iTunes* und die eigenen Geräte herum entwickelte sich ein geschlossenes ›Ökosystem‹ von iOS-basierten Mobilgeräten und -anwendungen (›Apps‹; iOS ist das Standard-Betriebssystem von Apple für mobile Geräte wie das iPhone oder das iPad). Der wirtschaftliche Erfolg dieser Form von Medienkonvergenz rief schnell Nachahmer auf den Plan: Sowohl Google mit dem Betriebssystem Android (seit 2008) wie auch Microsoft drängten, den Pionieren Blackberry und Apple folgend, mit eigenen ›Ökosystemen‹ in den lukrativen Mobilmarkt. Ebenso wie bei den Sozialen Netzwerken sind bei den Smartphone-Plattformen Anfang der 2010er Jahre immer stärker operationale Schließungen zu beobachten, die zu einem dritten Kommerzialisierungsschub des Internets beitragen. Das ursprünglich von Offenheit gekennzeichnete Web 2.0-Programm wird sukzessive ins Gegenteil verkehrt. Nutzerinnen und Nutzer sollen immer länger in sogenannten *walled gardens* gehalten werden, die nur einen selektiven Ausschnitt von Internet und WWW sichtbar werden lassen. Parallel dazu hat sich eine Datenindustrie etabliert, die die massenhaft anfallenden digitalen Nutzungsspuren durch großflächige Durchmusterung kommerziell auswertet. Der Trend zu Quantifizierung

und operationaler Analyse wird dabei mit dem Schlagwort ›Big Data‹ versehen, das durch einen im Juni 2008 erschienenen *Wired*-Artikel Chris Andersons bekannt wurde (vgl. kritisch Boyd/Crawford 2012).

Die 2000er Jahre zeichneten sich durch einen mittelfristigen Trend aus, mit dem sich das Internet weiter von den Diskursen um ›virtuelle Realität‹ entfernte. Paradigmatisch wurde eher eine wechselseitige Durchdringung von ›online‹ und ›offline‹, die von der Warenlogistik bis zu den stark wachsenden Datingsites reichte. Die mobile Internetnutzung auf Smartphones verstärkte diese Bewegung hin zu *mixed realities* weiter (s. Kap. III.16), während der Cyberdiskurs der 1990er Jahre zumindest kurzfristig mit dem Online-Spiel *Second Life* (seit 2003) wieder aufflackerte. Im boomenden Bereich der netzbasierten Computerspiele, etwa in der *World of Warcraft*, blieb dieser allerdings anhaltend präsent. Wie sehr sich die *mixed realities* insgesamt durchsetzten, zeigte sich ebenfalls durch die weitere Politisierung von Netzphänomenen, die seit der Frühzeit von Bürgerrechtsorganisationen wie der Electronic Frontier Foundation getragen wurde. Motiviert durch das Verbot des Bittorrent-Portals Pirate Bay gründete sich 2006 in Schweden die ›Piratpartiet‹ als erste Piratenpartei, die sich seitdem schnell internationalisierte. Mit der erfolgreichen, strategisch ausgerichteten Nutzung Sozialer Netzwerke in Barack Obamas US-Präsidentschaftskampagne 2008 konsolidierte sich die durchdringende Überkreuzung von Onlinekommunikation und Politik weiter. Enthüllungsplattformen wie Wikileaks und protestorientierte Akteursnetzwerke wie Anonymous setzten die Politisierung weiter fort. Die laufenden Debatten um die Zukunft des Internets haben mittlerweile einen neuen Politikbereich hervorgebracht, der in Deutschland als ›Netzpolitik‹ verstanden wird. Dies gehört als Teilbereich zur ›Emergenz digitaler Öffentlichkeiten‹, deren Reichweite und Dynamik sich – trotz gegenseitiger Beeinflussung – von massenmedialer Vermittlung absehbar unterscheidet (vgl. Benkler 2006, 212 f.; Münker 2009). Deutlich erkennbar ist dabei eine Transformation der Differenz von privater, öffentlicher und geheimer Kommunikation. Die 2013 dank des Whistleblowers Edward Snowden (neuerlich) bekannt gewordene massive geheimdienstliche Überwachung der Netzkommunikation stellt die Unterscheidung zwischen ›öffentlichen‹ und ›privaten‹ Daten in Frage. Die potenziell gravierenden Auswirkungen der nachrichtendienstlichen Echtzeitauswertung großer Datensätze (›Big Data‹)

auf die Formierung demokratischer digitaler Öffentlichkeiten sind noch nicht abzuschätzen.

Parcours der generellen Internetforschung

Die breite wissenschaftliche Erforschung des Internets, seiner Anwendungen und Kommunikationsräume setzte, parallel zum gesellschaftlichen und ökonomischen Erfolg des World Wide Webs, ab 1995 ein. Markant bleibt nach wie vor die Uneinheitlichkeit der Zugänge, die zudem mit der schnellen, teils sehr brüchigen Entwicklung des Mediums kaum Schritt halten können. Eine disziplinäre Ausdifferenzierung ist lediglich im Bereich einer allgemeinen Internet-Historiographie zu beobachten, die auf eine »systematische Internetgeschichte« (Tuschling 2009, 19) abzielt. Im deutschsprachigen Bereich hat sich die jährliche Lüneburger Hyperkult-Tagung als Seismograph erwiesen. Veranstalter ist seit 1991 die Fachgruppe ›Computer als Medium‹ der Gesellschaft für Informatik.

Außerhalb des historisch orientierten Zugriffs hat sich eine eher kommunikationswissenschaftlich und soziologisch orientierte Internet-Forschung mit interdisziplinärem Charakter relativ stabil etabliert (vgl. Hunsinger/Klastrup/Allen 2010; Hartley/Burgess/Bruns 2013). In der Zeitschriftenlandschaft findet diese ihre Basis in *New Media and Society* (seit 1990), dem *Journal of Computer-Mediated Communication* (seit 1995) und *Information, Communication & Society* (seit 1998). Dieser Forschungszweig ist auch, mit teils deutlicher computer- und rechtswissenschaftlicher Prägung, stärker institutionell verankert. Pioniere in diesem Feld sind das 1998 von Jonathan Zittrain und Charlie Nesson gegründete Berkman Center for Internet & Society in Harvard (1998), das von Lawrence Lessig begründete Stanford Center for Internet and Society (2000) und das Oxford Internet Institute (2001). Im deutschsprachigen Raum nimmt das Hamburger Hans-Bredow-Institut eine wichtige Rolle als Ansprechpartner für Politik und Gesellschaft ein. Teilweise organisiert sich die internationale Forschung durch Gesellschaften, darunter die Association of Internet Researchers (AoIR). Positionen der Netzkritik werden vor allem durch das auf Initiative von Geert Lovink eingerichtete Amsterdamer Institute for Network Cultures artikuliert. Innerhalb der Gesellschaft für Medienwissenschaft (GfM) ist die Erforschung der digital vernetzten Medienkultur seit 2012 in der Arbeitsgemeinschaft »Daten und Netzwerke« beheimatet.

Dem wissenschaftlichen Zugriff vorgelagert sind in der Internetforschung von Anfang an populäre Programmschriften, politische Interventionen, journalistische Erkundungen und Ad-hoc-Literatur gewesen. Deren Einfluss auf den öffentlichen Diskurs ist anhaltend hoch und bleibt der wissenschaftlichen Aufarbeitung vorgelagert. Als publizistische Heimat der US-amerikanischen Internet-Kultur fungiert nach wie vor *Wired* (seit 1993), mittlerweile flankiert von Websites wie arstechnica.com (seit 1998). In Deutschland nimmt das kritischer aufgestellte Magazin *telepolis* (zunächst gedruckt ab 1996, online seit 1998) funktional eine ähnliche Rolle ein.

Keine definitorische Einigkeit besteht hinsichtlich des Medienstatus des Internets, seiner Dienste und der interaktiven Kommunikation. Ob Intermedium, Metamedium, neues Massenmedium, Kulturtechnik, Konvergenzmedium oder Leitmedium angemessene Begriffe sind, wird in der Forschung meist nach bevorzugtem Erkenntnishorizont entschieden. Die Gesamtheit der Internetphänomene wird pragmatisch in Gestalt von ›Netzmedien‹ erforscht. Deutlich unterscheidbar sind insgesamt zwei charakteristische Stränge des medienkulturwissenschaftlichen Internet-Diskurses. Ein Teil von eher theoretisch operierenden Arbeiten widmet sich dem Internet als Ganzem. Zahlreicher sind hingegen Werke zu einzelnen Diensten und Phänomenen in der Forschung vertreten.

Theorien des Internets

Nahezu alle umfassend theoretischen Positionen argumentieren aus einer historisierenden Perspektive heraus. Besonders deutlich wird dies in primär technikhistorischen Arbeiten, die insbesondere Institutionen, Nutzungskonzepte und -praktiken in den Blick nehmen. Übereinstimmend notiert die Forschung, dass ohne die sozialen Dynamiken unter den beteiligten Computerwissenschaftlern die technische Netzwerkbildung kaum zu verstehen ist (vgl. Abbate 2000, 69 f.; Siegert 2008, 57 f.). Nachgewiesen ist gerade für die Entstehungszeit eine ausgesprochen starke Prägewirkung von Akteurskonstellationen auf die Architekturen von Rechnernetzen (vgl. Hellige 2006, 6 f.). Zentral hierfür bleiben bis heute die Formen der Selbstorganisation, seien es die schriftlichen ›Requests for Comments‹ (RFC), Gremien wie die Internet Society, das World Wide Web Consortium, die Wikimedia Foundation oder das Internet Governance Forum. Gegen die zahlreichen personenbezogenen Gründungslegenden wird davon ausgegangen, dass »eine ganze Kette von Systemarchitekten, Promotoren und Innovationsinstanzen« (Hellige 2006, 3) zur Entstehung des Internets nötig war. Trotz einiger wichtiger Programmschriften, etwa von J.C.R. Licklider, sind weite Teile der Entwicklung ohne zentrale Planinstanz verlaufen. Maßgeblich für die offene Entwicklung von vernetzten Netzen und Diensten sind aus dieser Perspektive heraus die – weitgehend unberechenbaren – Entscheidungen der Nutzerinnen und Nutzer. Dies galt schon für die kleinen Kreise der ARPANET-Gemeinde, bei denen Entwicklung und Nutzung noch eng miteinander verflochten waren, so dass ein sog. »bootstrapping« von benötigten Anwendungen stattfand (vgl. Siegert 2008, 157; 263). Die soziotechnische Verfasstheit des Internets wird so als ein weitgehend kontingenter Möglichkeitsraum aufgefasst, dessen dynamische Entwicklung auf kollektiven Präferenzen und Entscheidungen beruht.

Stärker medienepistemologisch orientierte Ansätze fokussieren weniger auf Akteursformationen, sondern u. a. auf die Protokollebene des Internets. So geht Alexander Galloway (2004) davon aus, dass sich in den dezentralen Netzwerkprotokollen eine Regelhaftigkeit manifestiert, die zugleich als Kontrolltechnik zu verstehen ist. Anstelle einer direkten, bürokratischen Kontrolle bestimmt z. B. TCP/IP die Möglichkeiten dessen, was im heterogenen und verteilten Raum der vernetzten Computer überhaupt an Verhalten möglich ist (ebd., 7 f.). Galloways materialistische Argumentation bezieht auch die leicht angreifbare, da hierarchische Adressierung im Domain Name System mit ein. Das Protokoll, so Galloway (ebd., 53) ist in distribuierten Netzwerken das universelle steuernde und regierende Prinzip. Während die Wichtigkeit der Internetprotokolle in der Forschung unbestritten ist, stehen die machttheoretischen Implikationen Galloways der konstatierten Offenheit der Netzentwicklungen konträr gegenüber. So beschreibt Martin Warnke (2011, 43) TCP/IP zwar als »Medium des Internets«, konstatiert aber ebenfalls, dass sich das Netz anders entwickelt, als es seine Entwickler intendiert hatten (ebd., 174). Die Protokolle erweisen sich so als medientechnische Grundlage emergenter kultureller Praktiken, ohne dass eine direkte Verbindung zwischen beiden herstellbar oder gar modellierbar wäre. Barbara van Schewick (2010) geht ebenfalls von der Protokollarchitektur des Internets aus. Maßgeblich für deren Verfasstheit seien jedoch die Grade von Innovation, die bestimmte Formen des Internets zulassen oder

begrenzen. Die grundsätzliche Offenheit – sowohl für Redefreiheit, neue Anwendungen und wirtschaftliche Aktivität – wird hier mit der Ende-zu-Ende-Architektur in direkten Zusammenhang gebracht. Innovationen sind wahrscheinlicher in einem Netzwerk mit neutraler Datenübertragung, das die Intelligenz in den Endgeräten und Anwendungen ›lagert‹ und in dem Neues von den Rändern aus entsteht. Die Designprinzipien des Internets haben bei van Schewick differenzierte Auswirkungen auf ökonomische und soziale Freiheiten, werden aber nicht wie bei Galloway verabsolutiert.

Neben diesen immanenten Begründungen des Internets existiert ein Feld sozioökonomisch argumentierender Ansätze, die vor allem externe Entwicklungsfaktoren heranziehen. Jens Schröter (2004) verortet das Internet als Konstellation im historischen Feld der 1990er Jahre, die Utopien einer universellen Kommunikation folgt; seine rasante Ausweitung und Aneignung erfolgte im Zuge der »[fast] weltweiten Durchsetzung des neoliberalen, postfordistischen Kapitalismus« nach 1989 (ebd., 138). Der erste Kommerzialisierungsschub des World Wide Web wird hier mit der Ermöglichung des reibungslosen, effizienzorientierten Kapitalismus und der Flexibilisierung des (überwachten) Subjekts in Zusammenhang gebracht. Weitergehende ökonomische Analysen stellen den Aufstieg der *informational economy* insgesamt in den Vordergrund und betten das Internet in diese Entwicklung ein. So bereitet bei Manuel Castells (2004) ein informationsorientierter Kapitalismus seit den 1970er Jahren den technischen Boden für Netzwerkgesellschaften. Bei Castells und Schröter wird die Selbstmodifikation bestehender Ökonomien strukturell entscheidend für die Netzentwicklung. Yochai Benkler (2006) geht hingegen stärker von wirtschaftlichen Veränderungen aus, die durch das Internet als »networked public sphere« selbst entstehen. Als Alternative zur marktbasierten Produktion hat sich laut Benkler eine gemeingüterbasierte gemeinschaftliche Produktionsform entwickelt (»commons based peer production« ebd., 60 f.). Die Netzwerkbildungen der *informational economy* werden durch Kooperation und Teilen von Ressourcen und Wissen befördert, sei es bei Open-Source-Software oder in einer vernetzten öffentlichen Sphäre.

Obwohl anders motiviert, liefern auch Raumanalysen des Internets größer angelegte kulturelle Situierungen. Nachdem in den 1990er Jahren v. a. Cyberspace-Visionen als Visionen von einem anderen, utopischen Raum beschrieben wurden (z. B. in Flichy 2007), hat sich der Fokus innerhalb des sog. *spa-*

tial turn verschoben. Zum einen betrifft dies die Verräumlichung in der Computermoderne insgesamt, die eine Vielzahl neuer Räume hervorbringt (vgl. Wagner 2006). Zum anderen haben sich mediengeografische Herangehensweisen etabliert, die gerade die Wechselwirkungen zwischen informatisierten Räumen und digitalen ›locative media‹ betonen. Im Zuge der fortwährenden Mobilisierung des Netzzugangs gewinnt dieser Forschungszweig weiter an Bedeutung (vgl. Farman 2012; s. Kap. III.20).

Im Gegensatz zu primär zeithistorisch und gegenwartsanalytisch angelegten Theorien des Internets haben sich weitere Ansätze herausgebildet, die von tieferliegenden historischen Schichten ausgehen. Dazu gehören insbesondere Arbeiten zur kulturtechnischen *longue durée* von materiellen soziotechnischen Netzwerken (vgl. Böhme 2004; Gitelman 2006; Gießmann 2014). Auch jüngere, teils an den Science and Technology Studies orientierte medientheoretische Ansätze verorten das Internet mittlerweile in einer längeren Geschichte soziotechnischer Medien, in der die Akten- und Formularförmigkeit bürokratischer Kulturtechniken in digitaler Form wiederkehrt (vgl. Vismann/Krajewski 2008; Schüttpelz 2012; Thielmann 2012).

Einzelne Dienste und Phänomene

Nach der Konjunktur der Hypertext- und Cyberspace-Forschung konzentrieren sich jüngere Arbeiten stärker auf die Geschichte einzelner Dienste. Hierzu gehört Paul Ferdinand Siegerts (2008) *Geschichte der E-Mail*, die Aufstieg und Krise des Dienstes entlang der Dynamik beteiligter Akteurskonstellationen nachvollzieht. Deutlich wird dabei vor allem, in welchem Ausmaß der E-Mail-Dienst unbestimmt war und je nach Nutzungskontext als Fernkopie, Notiz, Brief, Gespräch oder Akte konzipiert wurde. Anna Tuschlings (2009) Analyse der spezifischen Medialität des Internetchats und seiner Sprachlichkeit revidiert frühere psychoanalytische Arbeiten zur Online-Identitätskonstruktion wie Sherry Turkles *Life on the Screen* (1998) in weiten Teilen deutlich. Ausgehend von einer Normalisierung nicht-störungsfreier Kommunikation zeigt Tuschling (2009, 154) mit Freud die komplexen Figurationen von An-, Abwesenheit und Komik im Chat auf. Umfassend arbeitet Daniela Pscheida (2010) am Beispiel der Wikipedia heraus, welche Differenzen zwischen den Prozessen netzbasierter kollektiver und kollaborativer Wissensgenerierung und den

Standards des buchbasierten Expertenwissens mittlerweile bestehen. Anstelle der institutionellen Autorisierung basiert eine von den Wikipedia-Prinzipien getragene Wissenskultur auf einer vertrauensbasierten Demokratisierung geteilten Wissens.

Aufbauend auf der bestehenden Suchmaschinenforschung (vgl. Becker/Stalder 2009) liefert Theo Röhles Analyse zu Google (2010) eine relationalmachtanalytische Fallstudie, die insbesondere immaterielle Arbeit im Web 2.0, strategische Nutzer-(ein)bindung und Werbestrategien beleuchtet. Trotz der Dominanz und infrastrukturellen Bedeutung der Suchmaschine wird Google hier als »vorläufiges Resultat von Verhandlungen und Assoziationsbestrebungen« aufgefasst (ebd., 235). Der Bezug auf gouvernementale Fragen, immaterielle Arbeit und die Lebenswelten des Postfordismus kennzeichnen eine Reihe weiterer Studien (vgl. z. B. Engemann 2003) und rückt diese teils in die Nähe netzkritischer Positionen (vgl. Lovink 2012). Gerade Arbeiten zu Web 2.0-Diensten fokussieren (so. z. B. auch Snickars/Vonderau 2009 zu *YouTube*) insgesamt auf Subjektivierungsprozesse innerhalb eines größeren politisch-ökonomischem Kontextes. Weltanschaulich schwanken entsprechende Studien zwischen dem – für die westliche Selbstbeschreibung des Internets – typischen Ermächtigungs- und Demokratisierungsdiskurs einerseits und differenzierten Machtanalysen andererseits. Vor diesem Hintergrund sind Fragen der Handlungsmacht (*agency*) und Autonomie der Nutzerinnen und Nutzer insgesamt umstritten (vgl. Reichert 2013). Je nach Positionierung handelt es sich um *produser* (oder *prosumer*), die Inhalte generieren und entscheidend an onlinebasierter gemeinschaftlicher Produktion und politischen Prozessen teilhaben (vgl. Bruns 2008; Abresch/Beil/Griesbach 2009; Schäfer 2011). Oder aber man geht davon aus, dass die alltäglichen Medienpraktiken und Selbsttechniken des Web 2.0 neue Subjekte formen, für die unbezahlte immaterielle Arbeit im kognitiven Kapitalismus selbstverständlich geworden ist (vgl. Reichert 2008; Leistert/Röhle 2011). Relativiert werden diese strukturell verschiedenen Sichtweisen u. a. durch medienethnologische Arbeiten, mit denen vermehrt situierte Medienpraktiken und Normalisierungsprozesse der Internetnutzung in den Vordergrund rücken (vgl. Coleman 2010; Miller 2012). Die Erforschung aktueller Sozialitäts- und Kollektivitätsvarianten der netzbasierten ›sozialen Medien‹ folgt teils etablierten medienkulturwissenschaftlichen Mustern (vgl. DFG-Symposium 2012). International wird neben (n)ethnographischer For-

schung unterdessen vermehrt auf digitale sozialwissenschaftliche Methoden zurückgegriffen (vgl. Mar-
res/Weltevrede 2013; Rogers 2013).

Literatur

Abbate, Janet: *Inventing the Internet*. Cambridge, Mass./
London ³2000.
Abresch, Sebastian/Beil, Benjamin/Griesbach, Anja (Hg.):
Prosumenten-Kulturen. Siegen 2009.
Anderson, Chris: The end of theory. The data deluge makes
the scientific method obsolete. In: *Wired* 6 (2008), http://
www.wired.com/science/discoveries/magazine/16–07/
pb_theory (05.12.2013).
Baran, Paul: On distributed communications (1964), http://
www.rand.org/about/history/baran-list.html (05.12.2013).
Becker, Konrad/Stalder, Felix (Hg.): *Deep Search. Politik des
Suchens jenseits von Google*. Innsbruck 2009.
Benkler, Yochai: *The Wealth of Networks. How Social Pro-
duction Transforms Markets and Freedom*. New Haven/
London 2006.
Berners-Lee, Tim: Information management. A proposal
(1989/1990), http://www.w3.org/History/1989/proposal-
msw.html (05.12.2013).
Böhme, Hartmut: Netzwerke. Zu Theorie und Geschichte
einer Konstruktion. In: Ders./Jürgen Barkhoff/Jeanne
Riou (Hg.): *Netzwerke. Eine Kulturtechnik der Moderne*.
Köln 2004, 17–36.
Bolter, Jay David: *Writing Space. The Computer, Hypertext,
and the History of Writing*. Hillsdale, NJ/Hove/London
1991.
Boyd, Dana/Crawford, Kate: Critical questions for big data.
Provocations for a cultural, technological, and scholarly
phenomenon. In: *Information, Communication and Soci-
ety* 15/5 (2012), 662–679.
Bruns, Axel: *Blogs, Wikipedia, Second Life, and Beyond.
From Production to Produsage*. New York u. a. 2008.
Castells, Manuel: *Das Informationszeitalter I. Der Aufstieg
der Netzwerkgesellschaft*. Opladen 2004 (amerik. 2000).
Coleman, Gabriella: Ethnographic approaches to digital
media. In: *Annual Review of Anthropology* 39 (2010),
487–505.
Davies, Donald: Proposal for a digital communication net-
work (1966), http://www.cs.utexas.edu/users/chris/DIGI
TAL_ARCHIVE/NPL/Davies05.pdf (05.12.2013).
DFG-Symposium: Soziale Medien – Neue Massen? Reader
zum Zweiten Medienwissenschaftlichen Symposion der
DFG, 02.-04.02.2012, http://neuemassen.de/Reader.pdf
(05.12.2013).
Engemann, Christoph: *Vom User zum Bürger. Zur kritischen Theorie des Internet*. Bielefeld 2003.
Farman, Jason: *Mobile Interface Theory. Embodied Space
and Locative Media*. New York/London 2012.
Flichy, Patrice: *The Internet Imaginaire*. Cambridge, Mass.
2007.
Galloway, Alexander: *Protocol. How Control Exists after Decentralization*. Cambridge, Mass./London 2004.
Gerovitch, Slava: *From Newspeak to Cyberspeak: A History
of Soviet Cybernetics*. Cambridge, Mass. u. a. 2002.
Géscy-Sparwasser, Vanessa: *Die Gesetzgebungsgeschichte
des Internet*. Berlin 2003.

Gießmann, Sebastian: *Die Verbundenheit der Dinge. Eine
Kulturgeschichte der Netze und Netzwerke*. Berlin 2014.
Gillespie, Tarlton: *Wired Shut. Copyright and the Shape of
Digital Culture*. Cambridge, Mass./London 2007.
Gillies, James/Cailliau, Robert: *Die Wiege des Web. Die
spannende Geschichte des WWW*. Heidelberg 2002.
Gitelman, Lisa: *Always Already New. New Media, History,
and the Data of Culture*. Cambridge, Mass./London
2006.
Hartley, John/Burgess, Jean/Bruns, Axel (Hg.): *A Compa-
nion to New Media Dynamics*. Oxford u. a. 2013.
Hellige, Hans Dieter: Die Geschichte des Internet als Lern-
prozess. In: *artec-paper* 138 (2006), 1–39.
Hunsinger, Jeremy/Klastrup, Lisbeth/Allen, Matthew: *In-
ternational Handbook of Internet Research*. Dordrecht
u. a. 2010.
Leistert, Oliver/Röhle, Theo (Hg.): *Generation Facebook.
Über das Leben im Social Net*. Bielefeld 2011.
Lovink, Geert: *Das halbwegs Soziale. Eine Kritik der Vernet-
zungskultur*. Bielefeld 2012.
Marres, Noortje/Weltevrede, Esther: Scraping the social?
Issues in live social research. In: *Journal of Cultural Economy* 6/3 (2013), 313–335.
Miller, Daniel: *Das wilde Netzwerk. Ein ethnologischer Blick
auf Facebook*. Berlin 2012 (engl. 2011).
Münker, Stefan: *Emergenz digitaler Öffentlichkeiten. Die So-
zialen Medien im Web 2.0*. Frankfurt a. M. 2009.
O'Reilly, Tim: What is Web 2.0. Design patterns and business models for the next generation of software (2005),
http://oreilly.com/web2/archive/what-is-web-20.html
(08.08.2012).
Pscheida, Daniela: *Das Wikipedia-Universum. Wie das Internet unsere Wissenskultur verändert*. Bielefeld 2010.
Reichert, Ramón: *Amateure im Netz. Selbstmanagement
und Wissenstechnik im Web 2.0*. Bielefeld 2008.
Reichert, Ramón: *Die Macht der Vielen. Über den neuen
Kult der digitalen Vernetzung*. Bielefeld 2013.
Rogers, Richard: *Digital Methods*. Cambridge, Mass./Lon-
don 2013.
Röhle, Theo: *Der Google-Komplex. Über Macht im Zeitalter
des Internets*. Bielefeld 2010.
Saltzer, Jerome. H./Reed, David P./Clark, David D.: End-to-
end arguments in system design. In: *Proceedings of the
Second International Conference on Distributed Compu-
ting Systems*. Paris, April 8–10, 1981. IEEE Computer
Society, 509–512.
Schäfer, Mirko Tobias: *Bastard Culture! How User Partici-
pation Transforms Cultural Production*. Amsterdam 2011.
Schewick, Barbara van: *Internet Architecture and Innova-
tion*. Cambridge, Mass./London 2010.
Schröter, Jens: *Das Netz und die virtuelle Realität. Zur
Selbstprogrammierung der Gesellschaft durch die univer-
selle Maschine*. Bielefeld 2004.
Schüttpelz, Erhard: Was ist eine Akte? In: *Newsletter 7 des
NCCR Mediality*. Zürich 2012, 3–11.
Siegert, Paul Ferdinand: *Die Geschichte der E-Mail. Erfolg
und Krise eines Massenmediums*. Bielefeld 2008.
Snickars, Pelle/Vonderau, Patrick: *The YouTube Reader*.
Stockholm 2009.
Thielmann, Tristan: Taking into Account. Harold Garfin-
kels Beitrag zu einer Theorie sozialer Medien. In: *Zeit-
schrift für Medienwissenschaft* 6/2 (2012), 85–102.

Turkle, Sherry: *Leben im Netz. Identität in Zeiten des Internet.* Hamburg 1998 (amerik. 1995).

Tuschling, Anna: *Klatsch im Chat. Freuds Theorie des Dritten im Zeitalter elektronischer Kommunikation.* Bielefeld 2009.

Vismann, Cornelia/Krajewski, Markus: Computer Jurisdisms. In: *Grey Room* 29 (2008), 99–109.

Wagner, Kirsten: *Datenräume, Informationslandschaften, Wissensstädte. Zur Verräumlichung des Wissens und Denkens in der Computermoderne.* Freiburg 2006.

Warnke, Martin: *Theorien des Internet zur Einführung.* Hamburg 2011.

Sebastian Gießmann

19. Computerspiele

Während im englischen Sprachraum der Terminus *video games* gebräuchlich ist, werden im deutschen die Bezeichnungen Video- wie auch Computerspiel gleichermaßen – als Oberbegriff – verwendet. Teils wird hier auch differenziert: So sind mit ›Computerspielen‹ manchmal nur PC-Spiele gemeint, während ›Videospiel‹ als Bezeichnung für Konsolen- oder auch Automatenspiele dient. Einige Autoren betonen mit der Wortwahl ›*Computer*spiel‹ die Rechner-Architektur als Basis des Spiels, andere wollen mit dem Begriff ›*Video*spiel‹ vor allem auf das Merkmal der Bildlichkeit verweisen. Bezeichnungen wie ›Bildschirmspiel‹ oder ›Tele-Spiel‹ sind inzwischen kaum noch gebräuchlich. Es gibt weitere begriffliche Unterscheidungen, die sich etwa an Genres bzw. Zielgruppen (*arcade games, casual* bzw. *hardcore games*) oder auch technischen Plattformen (*mobile games, browser games*) orientieren. Im Folgenden wird die Bezeichnung ›Computerspiel‹ als Oberbegriff für alle diese Spieltypen verwendet.

Als erstes Computerspiel gilt gemeinhin *Tennis for Two*, das 1958 von William Higinbotham, einem amerikanischen Physiker am Brookhaven National Laboratory, entwickelt wurde. *Tennis for Two* bestand aus einem Analogcomputer und einem Oszilloskop. Das grafisch rudimentäre Spiel zeigt die seitliche Darstellung eines ›Tennisplatzes‹; ein von einer ›künstlichen Gravitation‹ beeinflusster ›Ball‹ muss über ein ›Netz‹ in der Bildschirmmitte gespielt werden.

Zwar gab es schon vor *Tennis for Two* erste Versuche, mit dem Computer ›zu spielen‹, etwa das *Nim*-Spiel (NIMROD-Computer, 1951) oder *Tic-Tac-Toe* (OXO-Spiel, 1951), jedoch ging Higinbothams ›Tennis-Simulation‹ erstmals über die Umsetzung solcher ›klassischen‹ (Brett-)Spiele hinaus. Die weitere Entwicklung des Computerspiels war – wie es meist auch heute noch der Fall ist – stark von der rasanten Weiterentwicklung der Computertechnologie geprägt und fand deshalb größtenteils auf den Großrechnern von Universitäten statt. Das bekannteste Beispiel ist hier *Spacewar!*, das 1962 am Massachusetts Institute of Technology (MIT) entwickelt wurde. *Spacewar!* ist nicht nur deshalb bemerkenswert, weil es zu den ersten Computerspielen gehört, sondern auch, weil es bereits ein (wenn auch rudimentäres) narratives Szenario aufweist (laut Hauptprogrammierer Steve Russell diente Edward E. Smiths *Lensmen*-Science-Fiction-Zyklus als Inspiration). Zudem handelt es sich im Grunde bereits um eine *mod* (s. u. »Gaming Cultures«), da das Programm (oft als Demo-Software) schnell auf anderen Großrechnern Verbreitung fand und dabei vielfach umprogrammiert und erweitert wurde. Zu beiden Aspekten später mehr.

Durch die Verfügbarkeit kostengünstiger Logikchips (also Mikrochips, die Informationen verarbeiten und nicht nur speichern können), gelang dem Computerspiel auf ersten Spielautomaten und -konsolen Anfang der 1970er Jahre der Sprung von den universitären Großrechnern in Spielhallen und private Haushalte. Die erste Spielkonsole war die von Ralph H. Baer entwickelte Magnavox Odyssey (1972). 1975 folgte die *Pong*-Konsole des Atari-Gründers Nolan Bushnell. *Pong* war bereits seit 1972 in Automatenform äußerst erfolgreich und trug maßgeblich zur Entwicklung des Computerspiels als Massenmedium bei. Vorherrschend waren in den 1970er und 80er Jahren vor allem sogenannte *arcade games*, simple Geschicklichkeitsspiele, die einfach zu erlernen, aber schwierig zu meistern und deshalb ideal für den Einsatz an Spielautomaten sind. Zu den berühmtesten Spielen gehören hier Klassiker wie *Space Invaders* (Taito, 1978) oder *Pac-Man* (Namco, 1980).

Durch die Einführung von Heimcomputern (u. a. Apple I/II, Commodore 64, IBM-PCs – im Folgenden ist vereinfachend von PCs die Rede) in den 1980er Jahren kam es zu einer weiteren Ausdifferenzierung der technischen Plattformen des Computerspiels.

Der sogenannte *video game crash*, ausgelöst durch überhöhte Gewinnerwartungen und eine Flut zweitklassiger Spiele (meist schlechte Klone bekannter Klassiker), führte 1983 auf dem US-amerikanischen Markt zu einem massiven Einbruch in der Erfolgsgeschichte der Computerspiel-Industrie, von dem sich insbesondere Atari nicht mehr erholen konnte. In Europa sowie Japan hatte der *crash* allerdings kaum Auswirkungen, da der europäische Markt zu diesem Zeitpunkt bereits von Heimcomputern dominiert wurde und der japanische Markt über eigene Konsolen- und PC-Modelle verfügte, darunter auch die Famicon-Konsole von Nintendo, die in den Folgejahren als Nintendo Entertainment System (NES, 1986/87) die Computerspielbranche revolutionieren sollte. Das NES und seine Nachfolgersysteme (insbesondere das Super-NES, 1991) wurden zu einem weltweiten Erfolg. Zudem sind viele der heute bekannten Computerspielgenres – etwa *jump'n'runs*, Rollenspiele, *beat'em ups* – und auch der ›klassische‹

Spiel-Controller (das *gamepad*-Design) Ende der 1980er bzw. Anfang der 1990er Jahre durch Nintendo-Konsolen geprägt worden. 1989 kamen die ersten *handhelds* auf den Markt – der Nintendo Game Boy und der Atari Lynx. Auch hier erwies sich das Nintendo-System als erfolg- wie einflussreicher.

1994 schaffte Sony mit der Playstation den erfolgreichen Einstieg in den Spielkonsolenmarkt. Die Playstation prägte den Übergang von 2D- zu 3D-Grafiken. Darüber hinaus erlaubte die Konsole dank größerer Speichermedien (CD-ROM) z. B. auch die Einbindung von Filmmaterial. Zudem gelang es mit stärker auf erwachsene Spieler ausgerichteten Inhalten – das gilt für die Komplexität der Spiele, aber auch für Faktoren wie die Darstellung von Gewalt – neue Zielgruppen zu erschließen. 2001 wurde Microsoft mit der Einführung der Xbox neben Sony und Nintendo zum dritten großen Anbieter im Markt der Spielkonsolen.

Während in Europa der PC (weiterhin) eine beliebte Spiele-Plattform darstellt, ist vor allem der US-amerikanische Computerspielmarkt durch Spielkonsolen dominiert; aufgrund des hart umkämpften Marktsegments spricht man hier auch von *console wars*. Allerdings erscheinen viele Spiele – nicht zuletzt aufgrund ähnlicher Hardware-Architekturen der Geräte – heute als sogenannte Multiplattform-Titel.

Einige ›Mediengeschichten‹ des Computerspiels orientieren sich an den Entwicklungszyklen von Spielkonsolen: So gehören die Odyssey und die *Pong*-Konsole zur ersten Generation, das Atari VCS (Video Computer System, auch bekannt als Atari 2600) zur zweiten Generation usw. Die aktuellen Konsolen – Playstation 3, Xbox 360, Nintendo Wii – sind Teil der achten Generation; im Fall der Playstation 3 und Xbox 360 spricht man auch von HD-Konsolen. Im Hinblick auf eben diese achte Generation ist vor allem der Erfolg der Nintendo Wii bemerkenswert. Obwohl die Playstation 3 wie auch die Xbox 360 der Nintendo-Konsole (leistungs-)technisch überlegen sind, gelang es der Wii-Konsole sich in den *console wars* durchzusetzen, aufgrund eines innovativen Controller-Designs, das über eine Sensorleiste sowie über Beschleunigungssensoren eine Gestensteuerung erlaubt. Zudem konnte Nintendo durch eine Konzentration auf familiengerechte *party games* und über erfolgreiche Peripheriegeräte, wie das Balance Board (eine Waage mit Drucksensoren, die in erster Linie ein Fitnessgerät und in zweiter Linie ein Spiel-Controller ist), neue Zielgruppen erschließen.

Gerade der Erfolg der Wii-Konsole zeigt die massenhafte Verbreitung, aber auch die zunehmende Ausdifferenzierung des heutigen Computerspielmarktes. Im Zuge dieser Entwicklung ist seit Beginn des 21. Jahrhunderts auch der große Erfolg von *mobile games* auf Smartphones und sogenannten *social games* auf Plattformen wie Facebook beachtenswert (s. Kap. III.20). Diese stetig wachsende Popularität von Computerspielen ist zudem mit einem Trend (oder vielmehr einer Rückkehr) zu einfachen *arcade*-Spielmechaniken verbunden, wie etwa erfolgreiche Titel wie *Angry Birds* (Rovio, 2009) oder *Cut the Rope* (ZeptoLab, 2010) zeigen. Der Computerspielforscher Jesper Juul spricht gar von einer »casual revolution« (2009).

Im Zusammenhang mit der Ausdifferenzierung des Computerspiels ist schließlich noch ein wachsender Trend zum sogenannten *retro gaming* zu nennen. Dies bezeichnet eine (Wieder-)Veröffentlichung alter Spiele (insbesondere *arcade*-Klassiker aus den 1980er und 90er Jahren) mit Hilfe von Emulatoren (also präzisen Simulationen von Computersystemen) oder auch als Remakes (meist mit ›modernisierten‹ Grafiken und Sounds). Obwohl das Computerspiel in seiner Ästhetik wie kaum ein anderes Artefakt der zeitgenössischen Medienlandschaft durch eine rasante Evolution seiner technischen Plattform gekennzeichnet ist, die vor allem durch einen grafischen Überbietungsgestus bestimmt wird, demonstriert gerade das *retro gaming* einen zunehmend selbstreflexiven Umgang des Computerspiels mit seiner eigenen Geschichte. So finden sich unter den *retro games* auch diverse *hybrid games*, die alte und neue Ästhetiken des Computerspiels vereinen; das Spiel *3D Dot Game Heroes* (Silicon Studio, 2010), eine Hommage an den Spiele-Klassiker *The Legend of Zelda* (Nintendo, 1986), zeichnet sich etwa durch eine Mischung aus 8-Bit-Pixel-Optik und 3D-Grafik mit fotorealistischen Elementen (Oberflächenreflexionen, Schattenwürfe etc.) aus. Gerade solche *hybrid games* zeigen, dass die (grafische) Entwicklungsgeschichte des Computerspiels nicht – wie gerne behauptet wird – in erster Linie einem stetigen Trend zum Fotorealismus folgt, sondern vielmehr durch eine wachsende Vielfalt grafischer Stile geprägt ist. Eine weitere Form solcher selbstreflexiven Strategien des Computerspiels bildet schließlich die künstlerische Auseinandersetzung mit dem Medium – die *game art* sowie bestimmte Varianten der *pixel art* (vgl. u. a. Bittanti/Quaranta 2006).

Game Studies

Genauso wie Computerspiele immer noch ein vergleichsweise junges (Massen-)Medium darstellen, sind auch die Game Studies ein recht neues Forschungsfeld, dessen verschiedene disziplinäre Verzweigungen sich immer noch in einer Konsolidierungsphase befinden und das bislang gerade im deutschsprachigen Raum nur in Ansätzen institutionalisiert ist (etwa in Form von Lehrstühlen; spezialisierte Studiengänge findet man eher an Privatakademien, etwa an der Games Academy in Berlin).

In der Computerspiel-Forschung galten lange die skandinavischen Länder als führend. 2001 setzte mit der Initiierung des wichtigen Online Journals *Game Studies* (gamestudies.org) und im Folgejahr mit der Gründung der Digital Games Research Association (DiGRA) ein rasantes internationales Wachstum des Forschungsfeldes ein, das bis heute anhält. Dabei zeichnen sich die Game Studies insbesondere durch einen betont multidisziplinären Charakter aus, der sich in einer Vielzahl von Methoden und Forschungsperspektiven manifestiert: Neben – mittlerweile schon ›klassischen‹ – Fragen nach der Ludizität (z. B. Eskelinen 2001; Aarseth 2004) und Narrativität (z. B. Neitzel 2000) geht es um die Medialität (z. B. Galloway 2006) und Intermedialität (z. B. King/Krzywinska 2002; Beil 2010), die Bildlichkeit und Auditivität des Computerspiels (z. B. Collins 2008; Günzel 2009; Hensel 2011), um Darstellungen seiner Geschichte, seines Designs (z. B. Salen/Zimmerman 2004), seines Einflusses auf Identitäts- und Genderkonstruktionen (z. B. Quandt 2008) sowie seiner Diffusion in die Pop(ulär)kultur (z. B. Mertens/Meißner 2008). Es gibt rezeptions- wie produktionsästhetische Annäherungsweisen genauso wie empirisch-sozialwissenschaftliche Ansätze. Computerspielforscher/innen entstammen der Literatur-, Film- oder Medienwissenschaft, der Pädagogik, der Soziologie, der Kommunikationswissenschaft oder der Informatik, um hier nur einige Fachrichtungen zu nennen. Im Folgenden wird sich dieser Blick auf das Computerspiel – dem Rahmen dieses Handbuchs entsprechend – vor allem auf den medienkulturwissenschaftlichen Zweig der Game Studies fokussieren.

Will man die genannten Ansätze nach anderen Kriterien als ihrer disziplinären Zugehörigkeit unterscheiden, so ließe sich schlicht fragen: Was ist ein Computerspiel? Ist es – wie der Name nahelegt – in erster Linie ein Spiel; oder sind gerade moderne Computerspiele eher interaktive Erzählungen? Oder ist eine ganz andere Kategorie, etwa die der Simulation, maßgeblich? Wobei sich an solche Definitionen dann natürlich wiederum die disziplinären Formationen der Game Studies anschließen lassen, etwa ludologische respektive spieltheoretische Ansätze, narratologische Untersuchungen oder auch Immersionskonzepte.

In diesem Zusammenhang wird als berühmter ›Gründungsmythos‹ der Game Studies immer wieder gerne der Streit zwischen Ludologen und Narratologen genannt, der sich, vereinfacht formuliert, an eben der Frage entzündete, ob Computerspiele nun Spiele oder Erzählungen seien, und – noch wichtiger – welches Methodenbesteck schließlich bei der Analyse des Computerspiels zum Einsatz kommen sollte. Im Fall der Narratologie geht es vor allem um die Textualität und Narrativität von Computerspielen. Eine der Wurzeln dieses Forschungszweigs ist die literaturwissenschaftliche Hypertext-Forschung der 1990er Jahre. Dementsprechend fragen die narratologischen Ansätze gewissermaßen nach dem Computerspiel als Form des *interactive storytelling*.

Demgegenüber betonen die Ludologen die spielerischen (bzw. spieltheoretischen) oder vielmehr die spielerisch-simulativen Aspekte des Computerspiels; erzählerische Elemente werden eher als ›schmückendes Beiwerk‹ gesehen, als »uninteresting ornaments or gift-wrappings«, wie es Markku Eskelinen (2001, o.S.) in seinem (polemischen) ›ludologischen Manifest‹ *The Gaming Situation* formuliert. Hierbei wird aber zudem deutlich, dass es der Ludologie im Wesentlichen auch um die Formulierung forschungspolitischer Standpunkte geht, d.h. um eine Art Gegenbewegung zu (vermeintlichen) ›Vereinnahmungen‹ – »intrusions and colonisations« (Eskelinen 2004, 36) – des jungen Mediums Computerspiel durch etablierte akademische Disziplinen (wie eben die Literaturwissenschaft bzw. Narratologie, die Filmwissenschaft etc.).

Bei genauerer Betrachtung erscheint es jedoch fraglich, ob ein solcher Streit zwischen Ludologen und Narratologen innerhalb der Game Studies überhaupt je in diesem Maße stattgefunden hat oder ob er nicht von außen – im Zuge disziplinärer Verortungen – an dieses neue Forschungsfeld herangetragen wurde, während die Game Studies selbst immer schon größtenteils ›gemäßigtere‹ Positionen vertraten.

Noch entscheidender aber ist, dass eine solche Beschreibung des Computerspiels in Form von Oppositionen gerade das Bestreben der Game Studies, die Hybridität ihres Gegenstandes ernstzunehmen, verfehlt. So ist etwa der Versuch, *Tetris* (Alexey Pajit-

nov, 1985) vornehmlich ›narratologisch‹ als Metapher des modernen (Arbeits-)Lebens zu lesen, wie es Janet Murray in ihrer berühmten Monographie *Hamlet on the Holodeck* getan hat (1997, 144), gleichermaßen skurril wie reizvoll, aber im Erkenntnisgewinn letztlich recht begrenzt; genauso wie z.B. ein erzählerisch komplexes Spiel wie *Heavy Rain* (Quantic Dream, 2010) nicht auf seine im Wesentlichen aus Quick-Time-Events (simple Reaktionstests) bestehende Spielmechanik reduziert werden kann. Denn gerade zeitgenössische Computerspiele sind nur noch selten klar strukturierte homogene Spielerlebnisse, deren Regelstruktur sich im Stil eines »avoid missing the ball« (die – einzige – Spielregel von *Pong*) hinreichend beschreiben lässt, sondern es handelt sich meist um komplexe Arrangements ganz unterschiedlicher Interaktionsformen, die durch narrative Elemente verschaltet werden. Aus dieser Perspektive ist die Ludologie vs. Narratologie-Debatte als vermeintlicher ›Gründungsmythos‹ der Game Studies zwar wissenschaftspolitisch interessant, für die Computerspielanalyse selbst sind Fragen nach Ludizität und Narrativität aber mittlerweile zwei (wenn auch nach wie vor wichtige) Aspekte unter vielen.

So reizvoll eine ›ontologische Verortung‹ des Computerspiels also gerade bei einer ersten Annäherung an diesen komplexen Untersuchungsgegenstand anmutet, da sie scheinbar zügig und prägnant das sich rasant entwickelnde Feld der Game Studies zu ordnen vermag – sie muss sich letztlich als so problematisch wie unproduktiv erweisen. Es geht vielmehr darum – und dies demonstrieren gerade viele neuere Arbeiten der Game Studies eindrucksvoll –, die Hybridität des Untersuchungsgegenstandes herauszuarbeiten, d.h. die ›innere Spannung‹ zwischen spielerischen, narrativen, simulativen und anderen Elementen gerade als Quelle der ästhetischen Komplexität (und Faszination) des Computerspiels zu sehen – nicht als unlösbare Sollbruchstelle, an der dieses noch junge Medium stetig zu scheitern droht.

Eine solche Herangehensweise verhindert zudem eine Simplifizierung der (ästhetischen) Wirkungszusammenhänge des Computerspiels, wie sie etwa in der leidigen sogenannten ›Killerspiel‹-Debatte immer wieder angeführt wird. So erscheint es denkwürdig, dass im öffentlichen Diskurs Computerspiele immer noch gerne als gefährlich oder zumindest problematisch eingestuft werden – nicht selten mit Verweis auf im Forschungsdesign zweifelhafte Studien, die weder quantitativ noch qualitativ belastbar sind (vgl. Venus 2007). Doch zeigt eine solche

Debatte letztlich auch die Notwendigkeit einer weitergehenden Erforschung des Computerspiels, etwa insbesondere der Spieler-Spielwelt-Bindung, die sich in ihrer Komplexität eben gegen solche schlichten Ursache-Wirkung-Zuschreibungen sperrt.

Genres und Involvierung

Neben den genannten disziplinären Verortungen kann die Hybridität und Komplexität des Computerspiels auch an verschiedenen medienkulturwissenschaftlichen Systematisierungsversuchen der Game Studies veranschaulicht werden.

Einen guten Ausgangspunkt – aus dem sich wiederum weitere thematische Schwerpunkte entspinnen – bilden hier etwa Genre-Systematiken des Computerspiels. Genres markieren ein Set von Konventionen, funktionieren als Kommunikationsmatrix zwischen Entwicklern, Publishern und Spielern. Genres stehen somit für bestimmte Erwartungshaltungen: Ein *arcade shooter* verspricht schnelle, unkomplizierte Action; ein rundenbasiertes Strategiespiel wird den Spieler/innen hingegen weniger Reaktionsgeschwindigkeit, aber die Einarbeitung in ein vielschichtiges Regelsystem abverlangen. Weitere Genre-Bezeichnungen wie Rollenspiel (*roleplaying game*, RPG), *adventure* oder *jump'n'run* und auch (vermeintliche) Präzisierungen wie *massively multiplayer online roleplaying game* (MMORPG), *point'n'click adventure* oder *2D jump'n'run* ließen sich ergänzen. Doch so geläufig viele dieser Kategorien in der Computerspielpraxis sein mögen, offenbart ein solches System schnell seine Unschärfen in der Theorie. So verweist das – insbesondere durch *World of Warcraft* (Blizzard, 2004) berühmt gewordene – Wortungetüm MMORPG auf eine bestimmte Form des Mehrspielermodus'; das Sub-Genre *point'n'click adventure* differenziert sich über die Steuerungsmethode; das *2D jump'n'run* über die Art der Raumdarstellung. Daneben existieren eine Reihe anderer Zuordnungskriterien, etwa narrativ-stilistische Aspekte wie im Fall des *survival horror*-Genres (z.B. die *Silent Hill*-Reihe, Konami 1999–2012). Die komplexen Genresystematiken des Computerspiels verdeutlichen gleichermaßen seine medialen Spezifika (etwa die Betonung der spielerischen Interaktivitätsformen) wie auch die intermedialen Schnittstellen (etwa in Form der Adaption filmischer Genrekategorien).

Darüber hinaus lassen sich an solchen Genrebildungen auch verschiedene Formen der Involvie-rung, d.h. der Spieler-Spielwelt-Bindung, ablesen. Britta Neitzel (2008) etwa unterscheidet zwischen acht Involvierungsarten des Computerspiels: (1) aktionale, (2) ökonomische, (3) temporale, (4) sensomotorische, (5) audiovisuelle, (6) räumliche, (7) emotionale und (8) soziale Involvierung:

(1) Aktionale Involvierung bezeichnet die Einbindung des Spielers in die Computerspielwelt über Handlungen bzw. Handlungsaufforderungen, d.h. über bestimmte Regel- bzw. Quest-Systeme. Mit Claus Pias (2002) lassen sich solche Regelsysteme – durchaus wiederum im Sinne einer grundlegenden Genre-Einteilung – differenzieren: in zeitkritische (Actionspiele), entscheidungskritische (*adventures*) und konfigurationskritische (Strategiespiele) Handlungen.

(2) Ökonomische Involvierung meint die stetige Belohnung des Spielers durch Punkte, (Spiel-)Geld, Gegenstände oder neue Spielinhalte.

(3) Die temporale Involvierung umfasst den chronologischen, in der Regel zielgerichteten Ablauf eines Spiels. Wichtig ist hier, dass Computerspiele nicht unbedingt ein konkretes ›Ende‹ haben müssen, sondern dass das Spielerlebnis oft vielmehr auf stetige (leicht variierende) Formen der Wiederholung von bestimmten Abläufen angelegt ist.

(4) Die sensomotorische Involvierung bezieht sich auf die Spieler-Spielwelt-Bindung über ein materielles Interface, das von ›klassischen‹ Gamepad-Controllern über die Computermaus bis hin zu Tanzmatten reichen kann. Die Wurzeln der Erforschung solcher Formen von sensomotorischen Rückkopplungen finden sich in den *virtual reality*-Debatten (VR) der 1990er Jahre, wobei Steuerungsformen zeitgenössischer Computerspiele zeigen, dass sich die vermeintlichen Idealvorstellungen von VR-Interfaces, wie Datenhandschuhe und *head mounted displays*, nicht durchsetzen konnten.

(5) Die audiovisuelle Involvierung stellt gewissermaßen das virtuelle Gegenstück zur sensomotorischen Involvierung dar. Es geht um Aspekte der bildlichen wie auditiven Darstellung der Spielwelt. Für das Computerspielbild ließe sich also fragen: Wird der Bildraum zwei- oder dreidimensional präsentiert? Gibt es eine Avatar-Figur, d.h. einen grafischen Stellvertreter des Spielers? Ist der Spieler über eine subjektive (*first person*) oder semi-subjektive Avatar-Perspektive (*third person view*) bildlich mit der Spielwelt verbunden? Die audiovisuelle Involvierung ist von den genannten acht Kategorien am ehesten mit dem in den Game Studies weit verbreiteten Begriff der Immersion zu vergleichen, der eine

Form des ›Eintauchens‹ in den Bildraum des Computerspiels bezeichnet. Allerdings hat das Konzept der Immersion den Nachteil, dass hier oftmals übersehen wird, dass die Immersionswirkung des Computerspielbildes zwar einen äußerst wichtigen, aber eben keinesfalls den einzigen Aspekt einer Spieler-Spielwelt-Bindung darstellt.

(6) Räumliche Involvierung steht in engem Zusammenhang mit der audiovisuellen Involvierung, bezieht sich jedoch stärker auf die Verschränkung verschiedener Arten der Raumpräsentation und -organisation im Spiel; d. h. es geht z. B. um die Frage, welche Konsequenzen der Wechsel von einer 3D-Weltansicht zu einer 2D-Karten-Darstellung für die ›Verortung‹ des Spielers innerhalb der Spielwelt hat.

(7) Die emotionale Involvierung bezieht Neitzel auf ein empathisches Mitfühlen mit den Charakteren der Spielwelt. Es geht somit vor allem um ›klassische‹ Formen einer erzählerischen Identifikation.

(8) Soziale Involvierung schließlich umfasst alle Arten von Interaktionen mit anderen Spielern bzw. mit Menschen im Umfeld eines Spiels (vgl. hierzu auch den folgenden Abschnitt zu *gaming cultures*). Diese Interaktionen können in ›klassischen‹ kompetitiven Konstellationen stattfinden, etwa in Multiplayer-Duellen; sie können aber auch komplexere Formen annehmen, z. B. in sogenannten Gilden in MMORPGs.

Gaming Cultures

Computerspiele dürfen mittlerweile als ein fester Bestandteil der Pop(ulär)kultur gelten. So findet sich etwa eine Avatar-Figur wie Pac-Man, die gelbe Scheibe, deren grafische Gestaltung der Legende nach von einer halb gegessenen Pizza inspiriert wurde, nicht nur auf den Bildschirmen unterschiedlicher Computerspiel-Plattformen, sondern genauso auf T-Shirts, Taschen oder Getränkedosen – Aldo Tolino (2010) hat hierfür den Begriff *ludic artifact* vorgeschlagen. Dabei gibt es neben klassischen *merchandising*-Produkten auch eine Vielzahl von Computerspielfans selbst hergestellten Artefakten – es geht also um prosumptive Praktiken und um performative Aneignungsstrategien, die über das eigentliche Spiel-Erlebnis hinausgehen. Anders formuliert: Neben der Interaktion *im* Spiel, kann das Computerspiel selbst (oder einzelne Elemente daraus) zum Gegenstand eines performativen Gebrauchs werden – oder bildwissenschaftlich gesprochen: Neben der innerbildlichen existiert auch eine außerbildli-

che Performativität des Computerspiels. Die Wechselwirkungen dieser verschiedenen performativen Aspekte werden meist unter dem Begriff der *gaming culture(s)* zusammengefasst.

Eine der prägnantesten Formen eines solchen prosumptiven Umgangs mit Computerspielen stellt dabei das sogenannte *modding* dar (vgl. z. B. Laukkanen 2005). Als *mod* (*modification*) kann im Grunde jede Veränderung oder Erweiterung von Level-Strukturen, Figuren, Items, Sounds oder auch Regelwerken eines Computerspiels gelten, die von Hobbyentwicklern (oder selten auch von professionellen Spieldesignern) erstellt und üblicherweise über das Internet kostenlos verbreitet wird. *Mods*, die dem Spiel in erster Linie neue Inhalte hinzufügen (etwa neue Texturen, sogenannte *skinpacks*), den ›Charakter‹ des Originalprogramms aber weitgehend intakt lassen, werden als *partial conversions* bezeichnet. Im Gegensatz dazu stellen *total conversions* größere Eingriffe dar, die das komplette Szenario eines Spiels und ggf. auch die zentralen *gameplay*-Aspekte grundlegend verändern. *Mods* werden normalerweise kostenlos angeboten, allerdings wird zum Spielen in der Regel das Hauptprogramm benötigt. Die wohl bekannteste (später professionell weiterentwickelte) *mod Counter-Strike* (Valve, 2000) hat gar die Popularität des Hauptprogramms *Half-Life* (Valve, 1998) übertroffen.

Die Geschichte des *modding* kann (verkürzend) in drei Phasen unterteilt werden: Die in der Regel unautorisierten *mod*-Projekte in den 1980er Jahren, die ersten Formen einer Zusammenarbeit von Entwicklern und *mod*-Communities Mitte der 1990er Jahre (insbesondere die zahlreichen *mods* des Klassikers *Doom*, id Software, 1993) und schließlich die Entwicklung des *modding* zu einem Business-Modell in den späten 1990er Jahren. Eine aktuelle – oftmals als *gaming 2.0* bezeichnete – Entwicklung stellen ›Editor-Spiele‹ wie *Little Big Planet* (Media Molecule, 2008) dar, die eine Verschmelzung aus ›klassischem‹ Spiel und Level-Baukasten erproben.

Mehr als nur ein Spiel

Im Zuge der einleitend beschriebenen Ausdifferenzierung diffundiert das Computerspiel auch zunehmend in Bereiche, die seinem rein unterhaltenden – im Sinne einer engeren Definition des Spielbegriffs ›zweckfreien‹ – ›Wesen‹ im Grunde entgegenstehen. Es geht um *e-sport* und *serious games*.

Der Begriff *e-sport* bezeichnet verschiedene Formen des professionellen Wettkampfs im Mehrspielerbereich. Diese Wettkämpfe werden dabei in der Regel im Rahmen großer Events ausgetragen und über spezielle *e-sport*-Ligen und deren Reglements koordiniert. Zwar kommen – im Unterschied zu den *serious games* – beim *e-sport* die ›normalen‹ Mehrspielermodi beliebter zeitgenössischer Computerspiele zum Einsatz, es zeigt sich jedoch, dass im Rahmen der professionellen Wettkämpfe bestimmte Formen von Expertenwissen generiert werden, die sich recht weit vom ›ursprünglichen‹ Spielerlebnis entfernen, indem z. B. die narrativen Aspekte eines Spiels praktisch vollständig ausgeblendet werden. Als Vorläufer solcher Wettkämpfe können die *highscore*-Tabellen der *arcade*-Automaten gesehen werden. So gab es bereits in den 1980er Jahren internationale Meisterschaften für Spiele wie *Pac-Man* oder *Donkey Kong* (Nintendo, 1981). Heutige *e-sport*-Events, wie die World Cyber Games, zeugen im Vergleich jedoch von einer wesentlichen Professionalisierung dieses Bereichs. In Europa und Nordamerika ist *Counter-Strike* der vorherrschende *e-sport*-Titel, während in Südkorea das Echtzeit-Strategiespiel *StarCraft* (Blizzard, 1998) die größte Beliebtheit genießt. Gerade in Südkorea ist *e-sport* ein Massenphänomen; erfolgreiche Spieler werden regelrecht als Pop-Stars gefeiert.

Als *serious games* werden alle Arten von ›zweckgebundenen‹ Spielen bezeichnet, d. h. Lernspiele, die nicht ausschließlich der Unterhaltung, sondern primär der Vermittlung von Wissen dienen; Ziel ist somit ein motivierendes Lernerlebnis. Die Grenze zu reiner Unterhaltungssoftware ist dabei freilich fließend (vgl. z. B. Bogost 2007). *Serious games* sind inzwischen in nahezu allen Bildungsbereichen verbreitet; dazu zählt auch sogenannte *militainment*-Software – bekanntestes Beispiel: *America's Army*. Das von der US-Armee entwickelte, zuerst 2002 veröffentlichte und seitdem kontinuierlich weiterentwickelte Programm wird als kostenloses Online-Spiel angeboten. Einerseits ist *America's Army* ein *first person shooter* mit einem Schwerpunkt auf taktischem Teamspiel. Andererseits handelt es sich aber vor allem um eine Software zur Rekrutierung. Besonders erfolgreiche (US-amerikanische) Spieler werden statistisch erfasst und schließlich von der US-Armee zwecks Anwerbung kontaktiert. Ein ›Spiel‹ wie *America's Army* wird nicht nur in den Game Studies in der Regel äußerst kritisch gesehen und immer wieder – zurecht – als Propaganda-Instrument bezeichnet. Doch auch wenn *America's Army* gerne als Beispiel für die starke Verschränkung von Computerspiel und Krieg – oder besser:

von Computerspiel- und Militärindustrie – angeführt wird, sollte nicht übersehen werden, dass solche Spiele eher ein Nischenphänomen darstellen, nicht nur wegen ihres problematischen ideologischen Hintergrunds, sondern gerade auch aufgrund ihres vergleichsweise ›realitätsnahen‹ Simulationscharakters (schließlich handelt es sich um Trainingsprogramme), die sich deutlich von den meisten populären Action-Kriegsspielen (wie etwa die *Call of Duty*-Reihe, Infinity Ward u. a., 2003–2012) unterscheiden.

Eine Variante der *serious games* ist die sogenannte *gamification*. Unter diesem Begriff werden verschiedene Arten von ›Prozessoptimierungen‹ zusammenfasst, die Computerspiel-Mechaniken nutzen, d. h. Arbeitsabläufe durch die Vergabe von Punkten (samt *highscore*-Listen), Bewertungen und Level-Systeme oder durch den Wettbewerb mit anderen ›Spielern‹ strukturieren. Auch hier geht es um Formen der Motivation, um ein verstärktes Engagement bei einer Tätigkeit, die normalerweise als lästig, schwierig oder langweilig empfunden wird. *Gamification* findet z. B. in Fitnesscentern oder auch in bestimmten Weiterbildungsprogrammen vermehrt Anwendung.

Es bleibt abzuwarten, wie ein Phänomen wie *gamification* sich im Bereich der Computerspielforschung zu integrieren vermag. In jedem Fall verdeutlicht es die (massen-)kulturelle Relevanz des Computerspiels und veranschaulicht wiederum, welch langen, ereignisreichen Weg das Medium seit *Tennis for Two* bereits zurückgelegt hat.

Literatur

Aarseth, Espen J.: Genre trouble. Narrativism and the art of simulation. In: Noah Wardrip-Fruin/Pat Harrigan (Hg.): *First Person. New Media as Story, Performance, and Game.* Cambridge, Mass. 2004, 45–55.

Beil, Benjamin: *First Person Perspectives. Point of View und figurenzentrierte Erzählformen im Film und im Computerspiel.* Münster 2010.

Bittanti, Matteo/Quaranta, Domenico (Hg.): *Gamescenes. Art in the Age of Videogames.* Mailand 2006.

Bogost, Ian: *Persuasive Games. The Expressive Power of Videogames.* Cambridge, Mass. 2007.

Collins, Karen: *Game Sound. An Introduction to the History, Theory, and Practice of Video Game Music and Sound Design.* London 2008.

Eskelinen, Markku: The gaming situation. In: *Games Studies* 1 (2001), http://www.game studies.org/0101/eskelinen/ (15.02.2012).

Eskelinen, Markku: Towards computer game studies. In: Noah Wardrip-Fruin/Pat Harrigan (Hg.): *First Person. New Media as Story, Performance, and Game.* Cambridge, Mass. 2004, 36–44.

Galloway, Alexander R.: *Gaming. Essays on Algorithmic Culture.* Minneapolis u.a 2006.

Günzel, Stephan: Simulation und Perspektive. Der bildtheoretische Ansatz in der Computerspielforschung. In: Matthias Bopp/Rolf F. Nohr/Serjoscha Wiemer (Hg.): *Shooter. Eine multidisziplinäre Einführung.* Münster 2009, 331–352.

Hensel, Thomas: *Nature morte im Fadenkreuz. Zur Bildlichkeit des Computerspiels.* Trier 2011.

Juul, Jesper: *A Casual Revolution. Reinventing Video Games and Their Players.* Cambridge, Mass. 2009.

King, Geoff/Krzywinska, Tanya: *ScreenPlay. Cinema. Videogames. Interfaces.* London u.a. 2002.

Laukkanen, Tero: *Modding Scenes – Introduction to User-Created Content in Computer Gaming.* Tampere 2005.

Mertens, Mathias/Meißner, Tobias O. (Hg.): *Ladezeit. Andere Geschichten vom Computerspielen.* Göttingen 2008.

Murray, Janet: *Hamlet on the Holodeck. The Future of Narrative in Cyberspace.* New York u.a. 1997.

Neitzel, Britta: *Gespielte Geschichten. Struktur- und prozessanalytische Untersuchungen der Narrativität von Videospielen.* Diss. Bauhaus Universität Weimar 2000.

Neitzel, Britta: Medienrezeption und Spiel. In: Jan Distelmeyer/Christine Hanke/Dieter Mersch (Hg.): *Game Over?! Perspektiven des Computerspiels.* Bielefeld 2008, 95–114.

Pias, Claus: *Computer Spiel Welten.* München 2002.

Quandt, Thorsten (Hg.): *Die Computerspieler. Studien zur Nutzung von Computergames.* Wiesbaden 2008.

Salen, Katie/Zimmerman, Eric: *Rules of Play. Game Design Fundamentals.* Cambridge, Mass. 2004.

Tolino, Aldo: *Gaming 2.0 – Computerspiele und Kulturproduktion.* Boizenburg 2010.

Venus, Jochen: Du sollst nicht töten spielen. Medienmorphologische Anmerkungen zur Killerspiel-Debatte. In: *Lili. Zeitschrift für Literaturwissenschaft und Linguistik* 1 (2007), 67–90.

Benjamin Beil

20. Mobile Medien

Die technische Beschleunigung des Menschen (durch Fahrrad, Automobil etc.) hat seit dem 19. Jahrhundert Raumvorstellungen grundlegend verändert und damit einem verstärkt mobilen Medieneinsatz Vorschub geleistet (vgl. Buschauer 2010). Insbesondere das Mobiltelefon stellt als ›offenes Projekt‹ (vgl. Fortunati 2006) und Objektträger für *Mobile Computing* einen Wendepunkt in der Betrachtung von Medienmobilität dar. Einen Überblick dazu wie auch zum gesamten Themengebiet liefern die Sammelbände von Glotz u.a. (2006), Katz (2008), Goggin/Hjorth (2009), Stingelin/Thiele (2010), Autenrieth u.a. (2011), Arceneaux/Kavoori (2012) und Snickars/Vonderau (2012).

Sämtliche Einzelmedien sind entweder von jeher mobil (wie Geld, Buch, Zeitung, Fotografie) oder wurden in ihrer Entwicklung zunehmend mobiler. Daher wird in der medienwissenschaftlichen Literatur der Begriff ›portabler Medien‹ genutzt, um zu markieren, wie elektrische und elektronische Medien neben ihrer ›Übertragungsfähigkeit‹ auch eine ›Tragfähigkeit‹ entwickelt haben. Man denke hier an Radio, Fernsehen, Telefon, Computer und selbst das Kino (Wanderkino). Während der Begriff der ›portablen Medien‹ zunächst lediglich auf die Tragbarkeit technischer Artefakte abhebt und damit das Gerätedesign auf menschliche Maßstäbe bezieht – also ein ›zu groß‹ und ›zu klein‹ der Medien anerkennt (vgl. Tischleder/Winkler 2001; Weber 2008) –, bezeichnen ›mobile Medien‹ das umfassendere, aber auch schwerer zu fassende Phänomen. Daneben stehen noch ›transportable Medien‹, die sich über das Ausschlussprinzip bestimmen lassen, nicht fixiert/stationär zu sein. Mobile, portable und transportable Medien definieren sich demnach über den unterschiedlichen Grad ihrer Beweglichkeit (vgl. Thiele/Stingelin 2010).

Die Portabilität der Medien verweist dabei darauf, dass ausdifferenzierte, kompakte und geschlossene Objekte zwischen privaten und öffentlichen Räumen verkehren und so körperlich-haptische Eigenräume schaffen (vgl. Weber 2008). Die Mobilität der Medien zeichnet sich dagegen dadurch aus, dass offene Objekte frei verkehren, Netzwerke flechten, das Private in die Öffentlichkeit tragen und damit etablierte soziale Differenzerfahrungen und Mediendispositive kaum mehr Gültigkeit beanspruchen können (vgl. Höflich 2011; Linz 2011; Morley 2011).

Insofern lässt sich im medienwissenschaftlichen Diskurs eine Fokussierung auf die Köpergebundenheit (portabler Medien) sowie auf die gleichzeitige Ortsverbunden- und -ungebundenheit (mobiler Medien) konstatieren. Während anhand der Portabilität untersucht wird, wie Medien ›verinnerlicht‹, angeeignet und ein nahezu intimer Lebensbestandteil werden, folgt der Mobilitätsdiskurs eher den aktiv hervorgebrachten ›(Ver-)Äußerungen‹ der Medien, die in Interaktions-, Produktions- und Transaktionsleistungen sichtbar werden (vgl. Levinson 2004; Thiele/Stingelin 2010; Linz 2011).

Mobile Banking for the Unbanked, handgemachte Handy-Videos, immediater Bildertausch, Mikroblogging, On-Screen-/Off-Screen-Navigation, *Casual Gaming* oder *Location-based Social Networking* sind Beispiele einer solchen Freisetzung von Medienpraktiken. Vor diesem Hintergrund gehen Mizuko Ito (2005) und Larissa Hjorth (2009) davon aus, dass mobile Medien mit ihren basalen Praktiken des *connecting, sharing, streaming* sowie ihrem ständigen Dabei- und Eingebundensein erst die Grundzüge der Netzwerkgesellschaft zum Vorschein bringen (vgl. auch Castells u. a. 2007). Die Vielschichtigkeit des Phänomenbereichs deutet darauf hin, dass man es hierbei mit einem heterogenen Feld von Objekten und Praktiken zu tun hat, das gerade erst im Begriff ist, sich zu einem Einzelmedium zu formen. Diese Herausbildung eines neuen ›Einzelmediums‹ zeigt sich u. a. daran, dass man es »nicht nur mit einem pluralen ›Medien-Werden‹ des Smartphones zu tun« hat, sondern »als-ob das Gerät Schreibmaschine, Kamera oder Aufzeichnungsgerät wäre und so […] eine (vorstrukturierte) Unbestimmtheit der Medialität« zum Ausdruck kommt (Otto/Denecke 2013, 22).

Ist von ›mobilen Medien‹ die Rede, sind in der Medienwissenschaft meist zunächst portable elektronische Endgeräte gemeint, deren logistische Handhabung alle weiteren Medienspezifika bestimmt. So ist die Tragbarkeit (in einer Hand) etymologisch in einer Vielzahl von Sprachen bedeutungstragend für das Mobiltelefon (Handy). Bereits in den 1940er Jahren wurden tragbare Funkgeräte der Firma Motorola als *Handie Talkies* bezeichnet (vgl. Agar 2004).

Historisch betrachtet, etablieren sich mobile Medien damit bislang als komplementäre Systeme und Erweiterungen zu stationären elektrischen/elektronischen Medien und Kommunikationsnetzwerken. Dies deutet bereits auf ein Spezifikum mobiler Medien hin: Der Gegenstandsbereich ist durch die kontingente und reziproke Verbindung von physisch beweglichen Medien einerseits und drahtlosen Netzwerken andererseits gekennzeichnet. Dies macht ihre genealogische Einordnung schwierig.

Vernetzte Mobilien – mobile Netzwerke

Mobile Medien lassen sich nicht ohne eine historische Betrachtung der Telegraphie (s. Kap. III.9) verstehen (vgl. Morley 2011), durch die erstmals die Limitationen physischen Informationstransports überwunden wurden. Die Entstehung des Radios (s. Kap. III.13) Ende des 19. und Anfang des 20. Jahrhunderts war geprägt vom Diskurs, eine drahtlose Version der existierenden Telegraphentechnologie zu entwickeln. Ziel der maßgeblich von Guglielmo Marconi vorangetriebenen Funkentelegraphie war es zunächst, vor allem mit schwierig zu erreichenden Orten auf See in Verbindung zu treten. Die Fixierung auf die Entwicklung eines unsichtbaren ›Luftdrahts‹ war in den Medienlaboratorien jener Zeit derart diskursbestimmend, dass Marconi die gleichförmige radiale Ausbreitung der Radiowellen primär als Problem der drahtlosen Telegraphie ansah (vgl. Douglas 1986). Infolgedessen erkannten General Electrics und Westinghouse die Potenziale der Radiotechnologie lange Zeit nicht und es blieb der Experimentierfreude von Funkamateuren vorbehalten, dem Rundfunk zum Durchbruch zu verhelfen und 1920 den ersten kommerziellen Radiosender zu etablieren.

Derartige Innovationsmodelle werden gegenwärtig auf die Entwicklung im Bereich des mobilen Internets übertragen, da auch hier Inhalte- und Infrastrukturanbieter im Wettbewerb stehen. So vertritt Harmeet Sawhney (2009) die These, dass mediale Innovationen vor allem durch die Praktiken von Medienamateuren vorangetrieben werden, die in der Lage sind, ›alte‹ Medien zu destabilisieren und die jeweils dominierenden Medieninstitutionen zu unterminieren, weshalb gerade für die Entwicklung im Bereich mobiler Medien der digitale Freiheitscharakter des Internets von großer Bedeutung sei.

Die Idee, das Erfolgsmodell ›gleichberechtigter‹ Peer-to-Peer-Netzwerke auf mobile Medien zu übertragen, folgt insofern der historischen Erfahrung, die während der Entwicklung der drahtlosen Telegraphie gesammelt wurde. So schreibt Clara Völker (2010, 14): »Mobile Medien sind im Prinzip Zwei-Wege-Radios: Sie übertragen mittels Funk- bzw. Radiowellen Informationen von einem Ort zu einem anderen.« Das gleichzeitig virtuell Ortsverbindende und physisch Ortsentbindende ist bis heute konstitutiv für mobile Medien, und zwar nicht nur in ihrer technologischen, sondern auch method(olog)ischen und ästhetischen Dimension, auf die später noch näher eingegangen wird.

Mobilfunknetze (*cellular networks*) vergrößern die Reichweite von Festnetzen (*wireline networks*) und ermöglichen es so, kommunikativen und medialen Zugang zu Orten zu erlangen, die selbst durch mobile Vehikel nicht erreicht werden können. Mobile Medien stellen somit Automobilität zur Disposition. Da die persönlichen Medienerfahrungen wie auch die agierenden Institutionen (AT&T, Ericsson etc.) die historische Entwicklung von der Festnetztelefonie zur Mobilfunktelefonie widerspiegeln, stellt traditionell die Oralität eine gemeinsame Basis für die medien- wie kommunikationswissenschaftliche Betrachtung mobiler Medien dar. Diese dient als medialer Träger für die Integration und Interoperabilität der verschiedenen Einzelmedien Brief, Buch, Hörfunk, Film, Fernsehen etc., die in einem Smartphone vereint sind. Denn mobile Medien zeichnen sich durch mediale und kommunikative Diskontinuität, Flüchtigkeit und Simultaneität aus, ein für Oralkulturen typisches Geflecht gegenseitiger Abhängigkeiten und Wechselbeziehungen, das ganz im Sinne Marshall McLuhans (1968) der Tyrannei des Ohres gehorcht. Die Sprache in ihrer Funktion als primäres Kommunikations- und Steuerungsinstrument steht in anthropologisch enger Verbindung zur Finger-/Handgestik und Taktilität, die gemeinsam die Interface-Charakteristik mobiler Medien bestimmen – man betrachte nur die derzeitige ›Hegemonie‹ von Touch-Screen-Oberflächen (vgl. Verhoeff 2012; s. Kap. IV.3) oder die Sprachsteuerung von *Google Glass*.

Aus logistischer Perspektive stellen mobile Netzwerke eine Erweiterung des Internets zu mobilen *environments* dar. Zugleich sind Mobilfunkbetreiber mit ihren Technologien (3G, UTMS, LTE, WAP, iMode etc.) darum bemüht, an den ›Rändern‹ des Internets eine Top-down-Logik einzuflechten, um die offenen Bottom-up-Strukturen einzugrenzen (vgl. Wu 2012). Dies wertet eine kritische Medienwissenschaft als Verfall der Netzkultur. Programmatisch haben wir es somit mit zwei komplementären Entwicklungen zu tun, die jeweils unterschiedliche Perspektiven auf mobile Medien und deren Forschungsdesiderate offenbaren:

- die *mediale Sichtweise*, wie sie bislang traditionell durch die kulturwissenschaftliche Medienforschung in Anspruch genommen wird: Sie untersucht, wie mobile Alltagsgegenstände zu medialen Objekten werden, indem diese in ihrer Funktionsweise zunehmend auf Internetfähigkeit angewiesen sind. Ohne drahtlose Internetanbindung kann nicht nur deren Mobilität zum Erliegen kommen.

- die *infrastrukturelle Sichtweise*, wie sie insbesondere durch die Science and Technology Studies (STS; s. Kap. IV.26) propagiert wird: Sie untersucht, wie die mobilen Extensionen des Internets – z. B. Netzwerkstrukturen, Produktions- und Vertriebsprozesse – aus dem stationären Internet in mediale Objekte einwandern und ein ›Internet der Dinge‹ formieren.

Die Schwierigkeit, zwischen der Medialisierung von Mobilien einerseits und der Mobilisierung des Internets andererseits zu trennen, trägt letztlich dazu bei, dass gegenwärtig eine Konvergenzbewegung von Medienkulturwissenschaft und Science and Technology Studies zu beobachten ist (s. Kap. II.15).

Mobile Medienpraxeologien

Der gegenwärtige Diskurs um mobile Medien fokussiert sich auf die Nutzungsweisen/-kontexte von Smartphones und Handhelds, verfolgt also wesentlich praxeologische, auf Praktiken zentrierte Ansätze. Die Analyse dieser im Wesentlichen westlichen und asiatischen Medienpraktiken einer ›digitalen Elite‹ junger *high-income optimists* (vgl. Golvin/Husson 2011) ist dabei von zwei zentralen medienhistorischen Erkenntnissen begleitet, die sich auf die Medientheoriebildung auswirken:

(1) Global betrachtet und in der Masse verändert nicht so sehr das Smartphone das soziale Medienhandeln als vielmehr die Mobiltelefonie selbst, obwohl diese in neueren Geräten in Anbetracht der Vielzahl medialer Anwendungen in den Hintergrund zu treten scheint. Im Gegensatz zum Internet, in dem immer noch das geschriebene Wort dominiert, ist die Praxeologie mobiler Medien sprachorientiert (vgl. Licoppe 2009) – darüber kann derzeit auch der vermehrte Einsatz von Touch-Screen-Oberflächen nicht hinwegtäuschen. Anspruchsvolle Untersuchungen mobiler Medien markieren diese Differenzerfahrung daher auch in Forschungsdesigns, die den situativen und sequentiellen Charakter der Interaktionserfahrung in den Mittelpunkt rücken, um so der Spezifik mobiler Medien am ehesten gerecht werden zu können.

(2) Die Fokussierung auf mobiles und insofern nomadisches Medienhandeln lenkt den Blick auf bislang vernachlässigte medienhistorische Zusammenhänge, bis in die Vormoderne und darüber hinaus. So legt Catherine Delano-Smith (2006) in ihrem historischen Abriss »Milieus of mobility« dar,

wie englische Könige bereits im Mittelalter einen Großteil ihres Lebens auf Straßen verbrachten und ihre Bibliotheken in Wägen mit sich führten. Mobile Medien sind somit kein Produkt moderner Gesellschaften und deren Mobilitätsanforderungen (vgl. auch Levinson 2004; Adelmann 2013). In einer Mobilmedien-Historiographie der *longue durée* geraten damit vermeintlich tradierte Einzelmedienontologien aus dem Fokus und Analog/Digital-Differenzen werden weniger bedeutsam (vgl. Thielmann 2008); stattdessen rücken anthropologische Konstanten und Körper- wie auch Soziotechniken in den Mittelpunkt der medienwissenschaftlichen Betrachtung (vgl. Tischleder/Winkler 2001; Licoppe 2009; Hagen 2009).

Eine Reihe von Untersuchungen tragen beiden Entwicklungen Rechnung: Dabei zeigen vor allem asiatische Studien urbaner Mobilität und mobiler Kommunikationstechnologien, dass Personen und Gruppen immer mehr ihr tägliches Leben in Bewegung organisieren (vgl. Elliott/Urry 2010). So legen Mizuko Ito und Daisuke Okabe (2005) in einer ethnographischen Pionierstudie dar, wie mobile Text-Chats die Mikrokoordination von Handlungen steuern und technosoziale Situationen der virtuellen Ko-Präsenz sowie einer erweiterten physischen Ko-Lokalisierung erzeugen.

Eine erste Überblicksstudie zum sogenannten ›TV on the Go‹ (vgl. Orgad 2009) offenbart für den westlichen Kulturraum, dass mobile Medien vornehmlich in öffentlichen Verkehrsmitteln, in Wartesituationen und während (Schul-/Arbeits-)Pausen zum Einsatz kommen – also in Situationen, in denen man sich selbst nicht aktiv bewegt. Dieses Untersuchungsergebnis hat jedoch nur Aussagekraft für die mobilisierte Fernsehnutzung und damit für ein historisch immobilisiert erfahrenes Mediendispositiv.

Navigationsanwendungen sind zentrale Beispiele für bewegte und sich bewegende Mediennutzungen. Kevin Lynchs wegweisende Studie *The Image of the City* (1960) hat eine Differenz zwischen *navigation* und *wayfinding* formuliert, um den je unterschiedlichen Einfluss der umweltbedingten *imageability* beschreiben zu können. So basiert, wie der Sozialanthropologe Tim Ingold (2000) ausführt, ›Navigation‹ auf einem Bewegungsmodus, der an eine Karte gebunden ist und als Verbindung von diskreten Orten beschrieben werden kann, während ›Wegfindung‹ eine medial und sensorisch umfassendere Einbindung in die Umgebung erforderlich macht. Aus medienwissenschaftlicher Sicht stellt sich die Frage, ob neue mobile Medien hier nicht medienanthropolo-

gisch einen kategorial neuen Weg einschlagen, der durch diese Dichotomie nicht länger hinlänglich beschrieben werden kann (vgl. Witmore 2006). Überlegungen von Michel de Certeau (1988) zufolge entzieht sich die menschliche Fortbewegung geografischen, euklidischen oder visuellen Raumkonstruktionen und formt eine ›andere Räumlichkeit‹.

Die gängigen Vorstellungen zur mediengestützten Navigation gehen davon aus, es fände eine verstärkte Loslösung vom Raum und eine Isolierung von der Umgebung statt (vgl. Kim 2010). Sylvia Söderström (2011) konnte zeigen, wie mobile Medien die räumliche Autonomie erhöhen, die Bewegungsfreiheit stärken und so das subjektive Sicherheitsgefühl befördern. Dem Autonomie-Gedanken stehen auf der anderen Seite konkrete Ablenkungsgefahren gegenüber: Antti Oulasvirta u. a. (2005) diskutieren die fragmentierte mobile Mediennutzung ›on the move‹ und wie sich einzelne 4- bis 8-sekündige Nutzungsintervalle herausbilden, die von einer Off-Screen-Orientierung im Raum unterbrochen werden. Wie unterschiedliche Mediengenres und -praktiken (Fotografieren, Filmen, Video-/Musik-Rezeption, Navigation etc.) je unterschiedlich für mobile Anwendungsbereiche adaptiert werden, ist bei Xin Xu u. a. (2010) in ein empirisches Modell der Medienkonvergenz eingeflossen.

Dieser Ansatz deckt sich mit Überlegungen aus der kulturwissenschaftlichen Medienforschung, die die Integration verschiedener Funktionalitäten und Anwendungen auf einem Smartphone bislang vor allem vor dem Hintergrund der Medienkonvergenz diskutiert haben oder mit Bezug auf die Frage, wie neue digitale Medienpraktiken analoge adaptieren (vgl. Jenkins 2006; Linz 2008; Goggin 2011). Hier zeigt sich, dass verschiedene neue Genreentwicklungen für mobile Medien zu diagnostizieren sind, wie das Programmformat der *Mobisodes* (*made-for-mobile episodes*; vgl. Orgad 2009). Programmverantwortliche erachten zudem bestimmte traditionelle Genres wie Nachrichten, Musikclips oder Animationen als besonders geeignet für die mobile Mediennutzung, da sie nicht zu Ende verfolgt werden müssen; sie beanspruchen nicht die komplette Aufmerksamkeit, und auch nach einer Ablenkung ist ein Wiedereinstieg möglich.

Diese Auswahl einschlägiger Studien macht deutlich, dass sich die Debatte derzeit an folgender Problemstellung ›festgefahren‹ hat: Insbesondere die kulturwissenschaftliche Medienforschung geht noch immer vom Dispositiv eines immobilen Mobiltelefonnutzers aus (vgl. Groening 2010), der sein Medium in einem *mobile home* (z. B. einem Automobil) nutzt und somit mobilisiert wird statt sich selbst aktiv zu bewegen. Raymond Williams (1974) und Lynn Spigel (2001) betrachten beispielsweise die Tendenz zur Privatisierung mobilen Medienerfahrens als Phänomen der Räume, die von Medien geschaffen werden und in denen sie sich bewegen, aber nicht der Medien selbst. Die so beschriebene »privatised mobility« (Spigel 2001, 69 ff.) unterstellt somit wiederum ein dominierendes immobiles Handlungsmomentum der mobilen Mediennutzung. Der von Morley, Spigel u. a. verfolgte Domestizierungsansatz geht davon aus, dass auch die Aneignung mobiler Medien an ein Zuhause gebunden und dadurch Ausdruck von persönlicher Freiheit, Autonomie und Unabhängigkeit ist. Hieran schließen sich weiterführende medientheoretische Überlegungen an:

Wie die Philosophin Karen Barad (2007) dargelegt hat, werden Menschen, Dinge und Zeichen bedeutungstragend, wenn diese aus der Bewegung heraus immobilisiert werden, wenn sie an Orten gehalten werden (z. B. als Plakate), immer wieder an den gleichen Orten gefunden werden können (z. B. als Archivalien), vorübergehend an einem Ort fixiert sind (z. B. als Graffiti), portabel (z. B. als Laptop), tragbar (z. B. als iPod), prothetisch (z. B. als Kontaktlinsen), konstitutiver Bestandteil eines Mobilitätssystems (z. B. als Fahrplan) oder codiert (z. B. als Virus) sind (vgl. auch Büscher u. a. 2011). Diese zeitlich unterschiedlich abgestuften Formen der Ortsbindung und Stillstellung machen deutlich, warum in der mobilen Medienpraxis vor allem Anwendungen dominieren, die Orts- und Bewegungsdaten für die Steuerung und Inhalteproduktion nutzen; gleichwohl ist die ›Vermessung des Ichs‹ nicht auf Lokalisierungstechnologien beschränkt und kann auch andere Sensordaten umfassen.

Unabhängig davon offenbart sich in der (temporären) Ortsgebundenheit die Spezifik des Mediums, die aufgrund der populärkulturellen ›Unsichtbarkeit‹ mobiler Medien lange Zeit verborgen blieb (vgl. Adelmann 2013):

- dass mobile Kommunikations- und Medienanwendungen (technisch) eine Lokalisierung notwendig machen (vgl. Hagen 2009),
- dass Medien nicht nur Weisen der Welterzeugung, sondern auch Werkzeuge sind (vgl. vice versa zu Krämer 2000) und
- dass mobile Medien auch nur mit mobilen Methoden (vgl. Büscher u. a. 2011) in geeigneter Weise erfasst und beschrieben werden können.

Mobile Methoden

Das Besondere an mobilen Medien ist, dass die situative Kontextabhängigkeit der mit ihnen durchgeführten Praktiken ein bestimmtes Forschungsdesign bereits nahelegt. Aus soziologischer Sicht wird dieser Methodenmix als »Mobile Methods« (Büscher u. a. 2011) bezeichnet. Er basiert im Wesentlichen auf einem ethnomethodologischen und ethnographischen Forschungsdesign (s. Kap. IV.4). Die Flüchtigkeit und Kontextabhängigkeit mobiler Medieninhalte macht es – der Maxime ›follow the object‹ (vgl. Appadurai 1996) folgend – erforderlich, dass der Beobachter in die Welt der mobilen Objekte ›herabsteigen‹ und sich mit ihnen bewegen muss. Mobile Medien sind praktische Hervorbringungsleistungen, die auch prozedurale Beschreibungen erforderlich machen (vgl. Lynch 2007).

Grundlage dieses *mobility turns* ist die Überlegung von John Urry (2007), dass die Bewegungen von Menschen, Waren, Kapital, Information und Medien soziologische Analysen bestimmen sollten, da im 21. Jahrhundert Mobilität und Technologien grundlegend mit der Art und Weise verwoben sind, wie wir Welt und uns selbst denken und imaginieren. Dies favorisiert eine handlungsanalytische Perspektive auf soziotechnische Prozesse, wie sie die Akteur-Netzwerk-Theorie propagiert (s. Kap. II.15). Für mobile Medien ist hierbei insbesondere die Identifizierung von *immutable mobiles* (›unveränderlich mobilen Elementen‹) von Interesse: eine Formkonstanz über Transformationen hinweg, durch die mobile Medien Inhalte organisieren und strukturieren (vgl. Latour 2006; Schüttpelz 2009; Siegert 2009). Dem *immutable mobiles*-Konzept Bruno Latours wird das Potenzial zugeschrieben, sich zu einer Theorie mobiler Medien zu entwickeln, weil diese Heuristik sehr konkret beschreibt, wie prozedurale Einschreibungen (Inskriptionen) gestaltet und formiert werden müssen, um sich medienästhetisch und medienorganisationell durchzusetzen (s. Kap. II.15).

Konkret findet dies vor allem in Analysen der mediengestützten Navigation Anwendung: Auch wenn eine *Navigation App* eine mobile Kommunikationstechnologie darstellt, ist deren Visualisierung erstaunlich statisch. Dies hat mit der notwendigen Bewegungskontrolle zu tun, die über ein meist kartographisches Display gewährleistet werden muss. »Here we witness the triumph of stillness as ideology at the moment at which geography is most able to pinion the mutability of its object« (Cubitt 2002, 363). Zudem sind die graphischen Visualisierungsformen selbst meist ein Produkt diskreter geografischer Bilddaten (vgl. Kim 2010). Diese Problematik berührt eine grundlegende sozial- wie medientheoretische Debatte: Wenn mobile Medien von wissenschaftlichem Interesse sind, dann solche, in denen Artefakte (z. B. Karten) als diskrete Einheiten mobilisiert werden. Die Bewegung von Dingen und Zeichen scheint immer eindeutig verortbar zu sein. Bei Navigationssystemen wird dies besonders deutlich, da hier zudem auch die sich bewegenden Personen ›lediglich‹ als adressierbare Raumpunkte in einem Koordinatensystem anwesend sind. Die in der Regel diskutierte Form der Mobilität unterstellt damit eine klare Abgrenzbarkeit von Objekten und Orten (vgl. Dourish/Bell 2011). Marianne de Laet und Annemarie Mol (2000) kritisieren vor diesem Hintergrund die Eindeutigkeit der Identitätszuschreibung und die Starrheit des analytischen Rasters, das mit der Anwendung der Akteur-Netzwerk-Theorie für Medienanalysen einhergeht.

Um dem zu entgehen, bemühen sich eine Reihe von Studien, den Aufforderungs-/Angebotscharakter von medialen Umgebungen zu untersuchen. James Gibson (1982) hat hierfür das Konzept der Affordanz (*affordance*) geprägt, die gegenwärtig den Mobilitätsdiskurs in besonderer Weise bestimmt (vgl. Best 2009; Sutko/de Souza e Silva 2011; Horst u. a. 2012). Gerade ihre Konstitution als offenes Objekt, ständiger Begleiter und integrierter Träger verschiedener Einzelmedien wirft Fragen nach dem situations- und umweltbedingten Gebrauch mobiler Medien auf, den diese phänomenal offerieren.

(Geo-)Mobile Ästhetiken

Anhand einer Analyse der kulturellen Imaginationen des Mobilen in Film und Fernsehen kommt Scott Ruston (2012) zu dem Ergebnis, dass mobile Medien eine einzigartige Kombination von fünf verschiedenen Affordanzen ausstellen, die diese von anderen Kommunikations- und Unterhaltungsmedien unterscheiden. Hierzu zählt:

- Ihre Ubiquität, d. h. dass wir diese ständig (als *wearable computer*) bei uns tragen und wir zugleich davon ausgehen können, dass fast jeder Mensch ein *mobile device* mit sich führt.
- Die Miniaturisierung der Computerkomponenten und die Verringerung des Strombedarfs aus Akkumulatoren bei gleichzeitiger Steigerung der Rechenleistung hat Medien beweglicher und portabler gemacht.

- Es ist eine Personalisierung und individuelle Konfigurierung der Medien (z. B. durch *Apps*, *Gadgets*, *Widgets* etc.) zu beobachten, die mobile Medien offen für Identifikations- und Intimitätszuschreibungen machen.
- Ihre technische Vernetzung und (*always on*) Konnektivität ist zugleich mit sozialer Verbundenheit und Verbindungsfähigkeit gekoppelt.
- Die Mobilität des Mediums ist notwendigerweise mit einer Lokalisierung der Sende-/Empfangsdaten verbunden, die technisch u. a. durch eine Funkzellenortung (anhand der Stärke von GSM-/GPRS-/UMTS-Signalen), die Auswertung von WLAN-Signalmustern oder das *Global Positioning System* (GPS) hergestellt wird.

Die globale Möglichkeit der lokalen und ortsbezogenen Erzeugung von Inhalten schafft neue ästhetische Potentiale für die Darstellung hybrider Medien- und Landschaftsräume (*Augmented Reality*, s. Kap. III.16), für Medienanwendungen, die an der Schnittstelle zwischen Online- und Offline-Welten operieren (z. B. im Bereich von Medizin, Militär oder Computerspielen), wie auch für logistische Assistenzsysteme (*Location-based Services*).

Insbesondere das letzte hier angeführte Charakteristikum hat zu einer spezifischen Subkategorisierung mobiler Medien geführt: sogenannter *Locative Media*. Hierbei handelt es sich um mobile Medien, die in erster Linie durch ihre georeferenzierende Funktion in Erscheinung treten, deren Inhalteproduktion, -distribution und -rezeption von/über einem diskreten Ort koordiniert wird (vgl. Buschauer/Willis 2013). *Location-based* bzw. *Locative Media* können nicht nur als ›Unterbewegung‹, sondern durch ihren Situations- und Ortsbezug auch als ›Gegenbewegung‹ zur phantasmatischen Fetischisierung von Mobilität verstanden werden (vgl. Fortunati 2006). Die erkenntnistheoretische Problematik bringt Peter Adey (2006) wie folgt auf den Punkt: »If mobility is everything then it is nothing.«

Gegenüber *Locative Media* sind ›Geomedien‹ weiter gefasst (vgl. Döring/Thielmann 2009). Zu Letzteren zählt einerseits die mit GPS-, WLAN- und RFID-Lokalisierungstechnologien ausgestattete Hardware und andererseits das sich ausbreitende Geoweb mit seiner laienkartographischen Software. Technisch sind die durch den digitalen Medienumbruch erst kenntlich gewordenen Geomedien ortsunabhängig, ihr Inhalt ist aber ortsabhängig. Geomedien repräsentieren gemäß Stephan Günzel (2013, 86) eine doppelräumliche Medialität: den

»Raum der Bilderscheinung zusammen mit dem Ort, der im Bild dargestellt wird«. Dadurch rücken kartographische Visualisierungsformen in das medienwissenschaftliche Interesse.

Karten dienen als Plattform für die Bereitstellung und Vermittlung unterschiedlicher Medieninhalte und Handlungszusammenhänge (vgl. November u. a. 2013). Sie bieten Orientierungswissen dadurch, dass sie der eigenen Positionierung im Raum zu einer Darstellung verhelfen und zugleich vermeintlich unveränderliche Wissensbestände repräsentieren. Zur kulturellen Rolle von Karten gibt es verschiedene Denkschulen: Die Kulturwissenschaften haben ein tendenziell eher emphatisches Verständnis von Karten und betrachten deren imaginative Bedeutung (vgl. z. B. Dünne 2011) sowie ihre Funktion als Indikator für medienkulturelle Veränderungsprozesse (vgl. z. B. Gordon/de Souza e Silva 2011). Eine Reihe von Geografen sieht durch die Kartographie insbesondere machtpolitische Zusammenhänge beschrieben (vgl. z. B. Harley 1989; Pickles 2004; Wood 2010); dieser Ansatz wird als *critical cartography* bezeichnet. Andere wiederum konzentrieren sich auf die performative Verwendung von Karten (vgl. z. B. Cosgrove 1999) und sehen in ihnen eine Reihe unterschiedlicher kultureller Praktiken verortet (vgl. z. B. Dodge u. a. 2009). Digitale Medien haben dabei nicht nur die professionelle Kartographie weitreichend verändert, sondern auch zu einer Popularisierung laienkartographischer Alltagspraktiken geführt.

Die individuelle und intuitive Anwendung geospatialer Techniken wurde in jüngster Zeit vor allem durch die Etablierung von Geobrowsern wie Google Earth (vgl. Abend 2013) sowie durch die kostenfreie Verfügbarmachung benutzerfreundlicher Mapping-Software wie Bing Maps (http://www.bing.com/maps/; früher Windows Live Maps bzw. Windows Live Local), Google Maps (https://maps.google.de) oder Here (http://here.com; früher Map24 und Nokia Maps) ermöglicht. Die wachsende Bedeutung der Geografie im und für das Social Web wird mittlerweile mit dem Schlagwort der ›Neogeografie‹ bzw. ›Neokartographie‹ belegt (vgl. Thielmann 2013). Hierzu zählt zum einen die (gemeinsame) Erstellung und das (kollektive) Teilen eigener Karten im Internet, sogenannter *Map Mashups* (vgl. Crampton 2010), und zum anderen die Georeferenzierung von Fotos, Videos oder Nachrichten (Blog Posts, Tweets etc.) durch *Geotagging* (vgl. Coyne 2010).

Die Ambiguität von Ortsmedien und Medienorten, die durch solche Geomedien umfasst wird, ist durch wechselseitige Signifikanz und Mobilität gekennzeichnet und markiert somit ein zentrales Charakteristikum der gegenwärtig zusehends algorithmisierten Bild-Zeichenkonstruktion: Manchmal verleiht ein Ort einem Bild seine Signifikanz, manchmal ist es ein Bild, das einen Ort bedeutungstragend werden lässt. Beide Dimensionen – die von *Locative Media* und *Mediated Localities* – sind für den übergeordneten Begriff der Geomedien konstitutiv und lassen unterschiedliche Formen der Mobilität erkennen: Während lokative Medien in Anwendung von *Augmented-Reality-Browsern* (wie Junaio, Layar oder Wikitude) darauf ausgerichtet sind, in Bewegung Bilder von Bewegungen vor Augen führen, sind es Geobrowser, die Bewegungen in scheinbar ›feststehenden‹ Bildern selbst offenbaren. In der medienwissenschaftlichen Konsequenz dieses ikonographischen *algorithmic turn* wird eine doppelte Mobilität zur Diskussion gestellt: die Mobilität *von* und *in* Bildern (vgl. Uricchio 2011).

Hieran schließen medienmaterialistische Überlegungen von David Morley (2011) an, der in Anlehnung an Ursula Biemann eine übergreifende *contained mobility* diagnostiziert. Vergleichbar mit der ›Containerisierung‹ in der Transport-Industrie habe die Digitalisierung verschiedene Informationen konvertiert und in intermodale Formen ›gezwängt‹, die über verschiedene Plattformen transferierbar sind.

Wie auch oben bereits diskutiert, umfasst der Mobilitätsdiskurs damit vor allem zwei Ebenen: die Bewegung von Medien (als Objekte) im Raum und die (ästhetische, digitale, epistemische) Bewegung im Medium selbst, das sich zunehmend situativ auf veränderte Umweltbedingungen einzustellen vermag. Die erst ansatzweise geführte Debatte um die Ästhetik mobiler Medien ist dabei eingebettet in einen generellen Transformationsprozess von (Einzel-)Medien zu Medienplattformen, der durch die Entwicklung drahtloser Technologien befördert wird; denn durch die Mobilisierung von Internetanwendungen und eine in der Folge entstandene *App*-Kultur sind mobile Medien zum Innovationsträger für alle übrigen Medien geworden.

Dies lässt sich auch daran belegen, wie sich der Computermarkt mittlerweile ausdifferenziert hat. Notebooks, Netbooks, Tablets und Smartphones haben den Markt für Desktop-PCs sukzessive schrumpfen lassen. Durch die Etablierung von Kleincomputerherstellern wie Google, Apple, HTC oder Samsung verschwindet das Betriebssystem *Microsoft Windows* aus Computersystemen – im Jahr 2004 steuerte *Microsoft Windows* noch 95 Prozent aller Computer, derzeit liegt der Anteil nur noch bei 20 Prozent (vgl.

Bellini u. a. 2012) –, in der Folge hat auch die Metapher vom »virtual window« (Friedberg 2006) als medienhistorisches und -theoretisches Narrativ für die Beschreibung von Interfaces vorerst ausgedient. Mit der Mobilisierung rückt stattdessen das Haptische, Taktile, Dinghafte und damit das Handhabbare und Undurchsichtige in das Zentrum medienwissenschaftlicher Betrachtungen (vgl. Verhoeff 2012).

Fazit: Mobile Medienwissenschaft

Dieses Kapitel hat anhand von Mobilisierungseffekten unterschiedliche Abstufungen der Ortsgebundenheit des Medialen skizziert: von ortsverbindend/-entbindend (mobile Medien) über ortsdarlegend (Geomedien) bis zu ortend (*Locative Media*) lassen sich je unterschiedliche funktionale Priorisierungen in den Mittelpunkt der medienwissenschaftlichen Analyse stellen. Durch den Mobilitätsdiskurs erschließt sich zudem ein neuer Gegenstandsbereich für die Medienwissenschaft: Alltagsmedien werden zu kulturell bedeutungsfähigen Analysegegenständen. Insgesamt lassen sich damit drei Kategorien mobiler Medien differenzieren:

- Vernetzte Medien und Kommunikationsmittel, wie Telefon, Fernschreiber, Terminals, Kleincomputer, Spielekonsolen etc., die sich durch neue drahtlose Technologien und Medienintegration/-konvergenz zu mobilen Medien bzw. qualitativ höherwertigen Objekten einer *Wireless Fidelity* wandeln (vgl. Mackenzie 2010).
- Technische Kommunikationsmittel und Werkzeuge, wie Akten, Skizzen, Diktier-/Tonbandgeräte, Projektoren, Kameras, Messinstrumente etc., die immer schon portabel waren – diesen wird im Zuge ihrer Computerisierung, Displayisierung, Softwareisierung und Vernetzung ein eigenständiger medialer Charakter zugeschrieben (vgl. Manovich 2013). Als Folge dessen sind diese Hilfsmittel im Begriff, als ein Einzelmedium wahrgenommen und untersucht zu werden. Sie sind zunehmend in ihrer Allgemeingültigkeit und nicht mehr allein in ihrem Funktionszusammenhang von medienwissenschaftlicher Bedeutung.
- Bewegliche Objekte, die bislang nicht unter ›Medienverdacht‹ standen, wie Automobile, Brillen, Haushaltswaren, Möbel, Uhren etc. – diese werden im Zuge der oben beschriebenen Digitalisierungseffekte zu mobilen Medien transformiert und historisch neu bewertet (vgl. Hackenschmidt/Engelhorn 2011).

Damit erweisen sich mobile Medien insbesondere als Wegbereiter einer mobilen Medienwissenschaft, die Medien nicht länger als ›unverrückbare‹ Artefakte begreift, sondern in ihrer Performanz und Praxeologie beschreibt, die die ›festen Pfade‹ der Kulturwissenschaft verlässt, sozialwissenschaftliche Methoden und Theorien in ihr Analysespektrum integriert und sich beweglich auf Situationen und Problemstellungen einlässt, in denen mobile Medien in ihrer gesamten Diversität zum Einsatz kommen.

Das skizzierte Spektrum macht deutlich, dass sich eine mediale Durchdringung von Alltagsgegenständen/-leben beobachten lässt und mithin ein breites Spektrum von beweglichen Inskriptionen (Gesten, Touchs, Bits, Pixel, Zeichen etc.) in ein mobiles medientheoretisches ›Fahrwasser‹ gerät. Aus der Mobilisierungs- und Mobilitätsperspektive kann somit u. a. eine Differenzierung in Primär-, Sekundär-, Tertiär- und Quartärmedien (vgl. Faßler 1997) nicht länger Gültigkeit beanspruchen – mit weitreichenden Folgen: Bislang wurden in der Mediengeschichte und darüber hinaus in der Medientheorie Medien als etwas Stillstellendes angesehen, die etwas Mobiles (Daten) prozessieren und an sich binden (speichern). Die Etablierung mobiler Medien erlaubt nun stattdessen vielmehr, Daten (Software) als etwas Gegebenes anzusehen, die Medien (Hardware) mobilisieren. Diese Heuristik führt Daten als etwas Gegebenes (lat. *dare*: geben) auf ihren etymologischen Ursprung zurück – mehr noch: Wählt man nicht das Stationäre (PC, TV, Installationen, Museen, Immobilien etc.) als Ausgangspunkt der Betrachtung, sondern das Mobile (*hand-held devices*, Papier, *immutable mobiles* etc.), eröffnet sich ein neues disziplinäres Feld (*Software Studies*) und formiert sich Mediengeschichte neu. Aus dieser Perspektive erscheint konsequenterweise das Mobile als etwas Vorgängiges und das Stationäre als Übergangsstadium.

Literatur

Abend, Pablo: *Geobrowsing – Google Earth und Co. Nutzungspraktiken einer Digitalen Erde*. Bielefeld 2013.

Adelmann, Ralf: Die Normalitäten des *Long Tail*. Zur ›Sichtbarkeit‹ von mobilen Medien und Nischenkulturen. In: Jan-Hendrik Passoth/Josef Wehner (Hg.): *Quoten, Kurven und Profile. Zur Vermessung der sozialen Welt*. Wiesbaden 2013, 89–103.

Adey, Peter: If mobility is everything then it is nothing. Towards a relational politics of (im)mobilities. In: *Mobilities* 1/1 (2006), 75–94.

Agar, Jon: *Constant Touch: A Global History of the Mobile Phone*. Cambridge, Mass. 2004.

Appadurai, Arjun: *Modernity at Large: Cultural Dimensions of Globalization*. Minneapolis, Minn. 1996.

Arceneaux, Noah/Kavoori, Anandam (Hg.): *The Mobile Media Reader*. New York 2012.

Autenrieth, Ulla u. a. (Hg.): *Dis Connecting Media. Technik, Praxis und Ästhetik des Telefons: Vom Festnetz zum Handy*. Basel 2011.

Barad, Karen: *Meeting the Universe Halfway: Quantum Physics and the Entanglement of Matter and Meaning*. Durham, North Carolina 2007.

Bellini, Heather u. a.: Clash of the Titans. Goldman Sachs Global Investment Research Report. New York, 7.12.2012, http://www.technologyinvestor.com/wp-content/uploads/2012/12/AAPL-by-Goldman-Sachs.pdf (01.05.2013).

Best, Kirsty: When mobiles go media: Relational affordances and present-to-hand digital devices. In: *Canadian Journal of Communication* 34 (2009), 397–414.

Buschauer, Regine: *Mobile Räume: Medien- und diskursgeschichtliche Studien zur Tele-Kommunikation*. Bielefeld 2010.

Buschauer, Regine/Willis, Katherine S. (Hg.): *Locative Media: Medialität und Räumlichkeit – Multidisziplinäre Perspektiven zur Verortung der Medien*. Bielefeld 2013.

Büscher, Monika/Urry, John/Witchger, Katian (Hg.): *Mobile Methods*. Abington/New York 2011.

Castells, Manuel u. a.: *Mobile Communication and Society: A Global Perspective*. Cambridge, Mass. 2007.

Certeau, Michel de: *Die Kunst des Handelns*. Berlin 1988.

Cosgrove, Denis (Hg.): *Mappings*. London 1999.

Coyne, Richard: *The Tuning of Place. Sociable Spaces and Pervasive Digital Media*. Cambridge, Mass. 2010.

Crampton, Jeremy: *Mapping: A Critical Introduction to Cartography and GIS*. Chichester, Maryland 2010.

Cubitt, Sean: Visual and audiovisual: From image to moving image. In: *Journal of Visual Culture* 1 (2002), 359–368.

Delano-Smith, Catherine: Milieus of mobility. Itineraries, route maps and road maps. In: James R. Akerman (Hg.): *Cartographies of Travel and Navigation*. Chicago 2006, 16–68.

Dodge, Martin u. a.: *Rethinking Maps. New Frontiers in Cartographic Theory*. London 2009.

Döring, Jörg/Thielmann, Tristan: Mediengeographie: Für eine Geomedienwissenschaft. In: Dies. (Hg.): *Mediengeographie. Theorie – Analyse – Diskussion*. Bielefeld 2009, 11–66.

Douglas, Susan: Amateur operators and american broadcasting: Shaping the future of radio. In: Joseph J. Corn (Hg.): *Imagining Tomorrow: History, Technology and the American Future*. Cambridge, Mass. 1986, 35–57.

Dourish, Paul/Bell, Genevieve: *Divining a Digital Future: Mess and Mythology in Ubiquitous Computing*. Cambridge, Mass. 2011.

Dünne, Jörg: *Die kartographische Imagination: Erinnern, Erzählen und Fingieren in der Frühen Neuzeit*. München 2011.

Elliott, Anthony/Urry, John: *Mobile Lives*. New York 2010.

Faßler, Manfred: *Was ist Kommunikation?* München 1997.

Fortunati, Leopoldina: Das Mobiltelefon als technologisches Artefakt. In: Peter Glotz u. a. 2006, 171–184.

Friedberg, Anne: *The Virtual Window: From Alberti to Microsoft*. Cambridge, Mass. 2006.

Gibson, James J.: *Wahrnehmung und Umwelt*. München 1982 (engl. 1979).

Glotz, Peter u. a. (Hg.): *Daumenkultur. Das Mobiltelefon in der Gesellschaft*. Bielefeld 2006.

Goggin, Gerard/Hjorth, Larissa: *Mobile Technologies. From Telecommunications to Media*. London 2009.

Goggin, Gerard: *Global Mobile Media*. London/New York 2011.

Golvin, Charles S./Husson, Thomas: *The Global Mainstreaming of Smartphones. Understanding Global Smartphone Adoption Today and Tomorrow*. Forrester Research Report. Cambridge, Mass. 2011.

Gordon, Eric/de Souza e Silva, Adriana: *Net Locality: Why Location Matters in a Networked World*. Chichester 2011.

Groening, Stephen: From ›a box in the theater of the world‹ to ›the world as your living room‹: Cellular phones, television, and mobile privatization. In: *New Media & Society* 12/8 (2010), 1331–1347.

Günzel, Stephan: Ort des Mediums – Raum der Medialität. In: Inga Gryl/Tobias Nehrdich/Robert Vogler (Hg.): *geo@web. Medium, Räumlichkeit und geographische Bildung*. Wiesbaden 2013, 77–90.

Hackenschmidt, Sebastian/Engelhorn, Klaus (Hg.): *Möbel als Medien. Beiträge zu einer Kulturgeschichte der Dinge*. Bielefeld 2011.

Hagen, Wolfgang: Zellular – Parasozial – Ordal. Skizzen zu einer Medienarchäologie des Handys. In: Döring/Thielmann 2009, 359–382.

Harley, John Brian: Deconstructing the map. In: *Cartographica* 26 (1989), 1–20.

Hjorth, Larissa: *Mobile Media in the Asia-Pacific: Gender and the Art of Being Mobile*. Abingdon/New York 2009.

Höflich, Joachim R.: *Mobile Kommunikation im Kontext. Studien zur Nutzung des Mobiltelefons im öffentlichen Raum*. Berlin 2011.

Horst, Heather/Hjorth, Larissa/Tacchi, Jo (Hg.): Rethinking digital ethnography today. Special issue of *Media International Australia* 145 (2012).

Ingold, Tim: *The Perception of the Environment: Essays on Livelihood, Dwelling and Skill*. London/New York 2000.

Ito, Mizuko: Intimate visual co-presence. UbiComp Conference Paper Tokyo 2005, http://www.itofisher.com/mito/archives/ito.ubicomp05.pdf (01.05.2013).

Ito, Mizuko/Okabe, Daisuke: Technosocial situations: Emergent structuring of mobile e-mail use. In: Dies./Misa Matsuda (Hg.): *Personal, Portable, Pedestrian: Mobile Phones in Japanese Life*. Cambridge, Mass. 2005, 257–273.

Jenkins, Henry: *Convergence Culture: Where Old and New Media Collide*. New York 2006.

Katz, James E. (Hg.): *Handbook of Mobile Communication Studies*. Cambridge, Mass. 2008.

Kim, Soochul: Moving around Seoul. In: *Cultural Studies – Critical Methodologies* 10/3 (2010), 199–207.

Krämer, Sybille: Das Medium als Spur und als Apparat. In: Dies. (Hg.): *Medien – Computer – Realität*. Frankfurt a. M. 2000, 73–94.

Laet, Marianne de/Mol, Annemarie: The Zimbabwe bush pump: Mechanics of a fluid technology. In: *Social Studies of Science* 30/2 (2000), 225–263.

Latour, Bruno: Drawing Things Together: Die Macht der unveränderlich mobilen Elemente. In: Andréa Belliger/David J. Krieger (Hg.): *ANThology. Ein einführendes*

Handbuch zur Akteur-Netzwerk-Theorie. Bielefeld 2006, 259–307.

Levinson, Paul: *Cellphone: The Story of the World's Most Mobile Medium and How it has Transformed Everything!* New York 2004.

Licoppe, Christian: Recognizing mutual ›proximity‹ at a distance: Weaving together mobility, sociality and technology. In: *Journal of Pragmatics* 41 (2009), 1924–1937.

Linz, Erika: Konvergenzen. Umbauten des Dispositivs Handy. In: Irmela Schneider/Cornelia Epping-Jäger (Hg.): *Formationen der Mediennutzung III: Dispositive Ordnungen im Umbau*. Bielefeld 2008, 169–188.

Linz, Erika: Mobile Me – Zur Verortung des Handys. In: Autenrieth u. a. 2011, 161–172.

Lynch, Kevin: *The Image of the City*. Cambridge, Mass./London 1960.

Lynch, Michael: The origins of ethnomethodology. In: Stephen P. Turner/Mark W. Risjord (Hg.): *Philosophy of Anthropology and Sociology*. Amsterdam/Oxford 2007, 485–515.

Mackenzie, Adrian: *Wirelessness: Radical Empiricism in Network Cultures*. Cambridge, Mass. 2010.

Manovich, Lev: *Software Takes Command*. New York 2013.

McLuhan, Marshall: *Die Gutenberg-Galaxis: Das Ende des Buchzeitalters*. Düsseldorf/Wien 1968 (engl. 1962).

Morley, David: Communications and transport: The mobility of information, people and commodities. In: *Media, Culture and Society* 33/5 (2011), 743–759.

November, Valérie/Camacho-Hübner, Eduardo/Latour, Bruno: Das Territorium ist die Karte. Raum im Zeitalter digitaler Navigation [engl. 2009]. In: Tristan Thielmann/Erhard Schüttpelz (Hg.): *Akteur-Medien-Theorie*. Bielefeld 2013, 583–614.

Orgad, Shani: Mobile TV: old and new in the construction of an emergent technology. In: *Convergence* 15/2 (2009), 197–214.

Otto, Isabell/Denecke, Mathias: WhatsApp und das prozessuale Interface. Zur Neugestaltung von Smartphone-Kollektiven. In: *Sprache & Literatur* 111 (2013), 14–29.

Oulasvirta, Antti/Tamminen, Sakari/Roto, Virpi/Kuorelahti, Jaana: Interaction in 4-second bursts: The fragmented nature of attentional resources in mobile HCI. In: *Proceedings of the SIGCHI Conference on Human Factors in Computing Systems*. Portland, Oregon (2005), http://research.nokia.com/files/InteractionIn4Second-Bursts.pdf (01.05.2013).

Pickles, John: *A History of Spaces: Cartographic Reason, Mapping and the Geo-coded World*. London 2004.

Ruston, Scott W.: Calling ahead: Cinematic imaginations of mobile media's critical affordances. In: Arceneaux/Kavoori 2012, 23–39.

Sawhney, Harmeet: Innovations at the edge: The impact of mobile technologies on the character of the internet. In: Goggin/Hjorth 2009, 105–117.

Schüttpelz, Erhard: Die medientechnische Überlegenheit des Westens. Zur Geschichte und Geographie der *immutable mobiles*. In: Döring/Thielmann 2009, 67–110.

Siegert, Bernhard: Weiße Flecken und finstre Herzen. Von der symbolischen Weltordnung zur Weltentwurfsordnung. In: Daniel Gethmann/Susanne Hauser (Hg.): *Kulturtechnik Entwerfen. Praktiken, Konzepte und Medien in Architektur und Design Science*. Bielefeld 2009, 19–47.

Snickars, Pelle/Vonderau, Patrick (Hg.): *Moving Data. The iPhone and the Future of Media*. New York 2012.

Söderström, Sylvia: Staying safe while on the move. In: *Young: Nordic Journal of Youth Research* 19/1 (2011), 91–109.

Spigel, Lynn: Portable TV: Studies in domestic space travel. In: Dies.: *Welcome to the Dreamhouse: Popular Media and Postwar Suburbs*. Durham, North Carolina 2001, 60–106.

Stingelin, Martin/Thiele, Matthias (Hg.): *Portable Media. Schreibszenen in Bewegung zwischen Peripatetik und Mobiltelefon*. München 2010.

Sutko, Daniel M./de Souza e Silva, Adriana: Location-aware mobile media and urban sociability. In: *New Media & Society* 13/5 (2011), 807–823.

Thiele, Matthias/Stingelin, Martin: *Portable Media*. Von der Schreibszene zur mobilen Aufzeichnungsszene. In: Stingelin/Thiele 2010, 7–21.

Thielmann, Tristan: Der ETAK Navigator: Tour de Latour durch die Mediengeschichte der Autonavigationssysteme. In: Georg Kneer u. a. (Hg.): *Bruno Latours Kollektive. Kontroversen zur Entgrenzung des Sozialen*. Frankfurt a. M. 2008, 180–218.

Thielmann, Tristan: Auf den Punkt gebracht: Das Un- und Mittelbare von Karte und Territorium. In: Inga Gryl/Tobias Nehrdich/Robert Vogler (Hg.): *geo@web. Medium, Räumlichkeit und geographische Bildung*. Wiesbaden 2013, 35–59.

Tischleder, Bärbel/Winkler, Hartmut: Portable Media. Beobachtungen zu Handys und Körpern im öffentlichen Raum. In: *Ästhetik & Kommunikation* 112 (2001), 97–104.

Uricchio, William: The algorithmic turn: Photosynth, augmented reality and the changing implications of the image. In: *Visual Studies* 26/1 (2011), 25–35.

Urry, John: *Mobilities*. Oxford 2007.

Verhoeff, Nana: *Mobile Screens: The Visual Regime of Navigation*. Amsterdam 2012.

Völker, Clara: *Mobile Medien. Zur Genealogie des Mobilfunks und zur Ideengeschichte von Virtualität*. Bielefeld 2010.

Weber, Heike: *Das Versprechen mobiler Freiheit: Zur Kultur- und Technikgeschichte von Kofferradio, Walkman und Handy*. Bielefeld 2008.

Williams, Raymond: *Television: Technology and Cultural Form*. London 1974.

Witmore, Christopher L.: Vision, media, noise and the percolation of time: Symmetrical approaches to the mediation of the material world. In: *Journal of Material Culture* 11/3 (2006), 267–292.

Wood, Denis: *Rethinking the Power of Maps*. New York 2010.

Wu, Tim: *Der Master Switch. Aufstieg und Niedergang der Medienimperien*. Heidelberg 2012.

Xu, Xin/Ma, Will Wai-Kit/See-To, Eric W. K. (2010): Will mobile video become the killer application for 3G? A theoretical framework for media convergence. In: *Information Systems Frontiers* 12/3 (2010), 311–322.

Tristan Thielmann

21. Dreidimensionale Bilder

Als ›dreidimensionale Bilder‹ werden eine Reihe von sehr verschiedenen technischen Verfahren bezeichnet, die in der Lage sind, mehr Rauminformation zu liefern als die zentralperspektivisch projizierten Bilder der Fotografie (s. Kap. III.10). Sie liefern aber auch mehr und andere Rauminformationen als die serialisierten Bilder des Films (s. Kap. III.12). Sie sind in der Mediengeschichte randständig und tauchen in Standardwerken wie z. B. der Geschichte der optischen Medien von Friedrich Kittler (2002) kaum auf. Dennoch sind sie keineswegs marginal oder unwichtig – sie spielen nur keine zentrale Rolle im – systemtheoretisch gesprochen (s. Kap. II.11) – System der Massenmedien oder im Kunstsystem, weswegen sie in der oft um diese Systeme zentrierten Medienwissenschaft nicht beachtet werden. Dennoch ist eine Technologie wie die Holografie wegen ihrer stark begrenzten Reproduzierbarkeit allgegenwärtig auf Geldscheinen (s. Kap. III.5), auf Dokumenten staatlicher Verwaltungen oder Verpackungen – mit dem Zweck der Echtheitssicherung. Einen Überblick über die Geschichte, Theorie und Medienästhetik dreidimensionaler Bilder bietet Schröter (2009a). Hier sollen nur die zwei wichtigsten Verfahren kurz vorgestellt werden: Stereoskopie und Holografie.

Stereoskopie

Als Stereoskopie (von griech. *stereos*: ›räumlich‹ und *skopeo*: ›betrachten‹) wird eine Reihe verschiedener, im 19. Jahrhundert entwickelter Verfahren bezeichnet, um die Operationsweise des menschlichen räumlichen Sehens nachzustellen und so einen starken bildlichen Raumeindruck zu erzeugen – allerdings gibt es einen gewissen Prozentsatz von Menschen bei denen das nicht funktioniert (vgl. Richards 1970). In der Stereoskopie werden in Analogie zu den zwei verschiedenen Bildern, die die beiden menschlichen Augen empfangen (binokulares Sehen) und aus denen kognitiv der räumliche Seheindruck erzeugt wird, zwei Bilder gezeichnet, fotografiert oder computergeneriert, die zumeist ein Objekt oder eine Szene aus zwei, um den durchschnittlichen menschlichen Augenabstand differierenden, Blickpunkten zeigen. Der Abstand zwischen den beiden Blickpunkten kann auch deutlich höher liegen als der Augenabstand (Hyperstereoskopie), insbeson-

dere wenn es um die Gewinnung von Rauminformationen über weiter entfernte Gegenstände geht. Wird das für das linke Auge gemachte Bild dem linken, das für das rechte Auge gemachte Bild dem rechten Auge zugeführt, entsteht ein räumlicher Bildeindruck. Eine derartige Bildproduktion kann auch sequentialisiert erfolgen, um stereoskopisches Kino oder Fernsehen – oft ungenau als ›3D‹ bezeichnet – herzustellen.

Zur Trennung der beiden Teilbilder wurden historisch verschiedene Verfahren eingesetzt: Zu Beginn wurde eine rein mechanische Trennung, wie etwa in dem ersten Stereoskop von Charles Wheatstone, verwendet, was aber nur für eine Einzelbetrachtung funktioniert. Für die später aufkommenden Versuche einer Stereoprojektion, die für mehrere Zuschauer zugleich wahrnehmbar sein sollen, mussten andere Verfahren erwogen werden. So arbeitete man mit der verschoben überlagerten Projektion rot/grün eingefärbter Teilbilder (anaglyphische Stereoskopie), wobei eine entsprechend eingefärbte Brille die jeweils gleichfarbigen Teilbilder ausfiltert. Dieses Verfahren kann aber keine Farbe darstellen. Später wurden unter Rückgriff auf wellenoptische Erkenntnisse unterschiedlich polarisierte Teilbilder mit einer entsprechenden Brille kombiniert, was auch farbige Stereoprojektion erlaubt (dies ist das heute in weiterentwickelter Form verwendete Verfahren für 3D-Kino). Auch kommen Shutter-Verfahren zum Einsatz, bei denen die beiden Teilbilder abwechselnd gezeigt werden und ein Mechanismus in einer speziellen Shutter-Brille das jeweils nicht zuständige Auge abdeckt. Daneben gibt es sogenannte ›autostereoskopische‹ Verfahren, die über Parallaxbarrieren (vgl. Kaplan 1952) oder Linsenraster (vgl. Schröter 2009a, Kapitel 5) die Teilbilder trennen und daher ohne Brille betrachtet werden können. Solche Verfahren kommen neuerdings auch in hochauflösenden 3D-Fernsehgeräten oder in autostereoskopischen Displays wie dem der Spielkonsole *Nintendo 3DS* zum Einsatz. Schließlich gibt es auch noch sogenannte computererzeugte Random-Dot-Stereogramme (vgl. Julesz 1960), die sich in den 1990er Jahren unter dem Titel ›Magic Eye‹ einer gewissen Beliebtheit erfreuten (vgl. Baccei 1994). Im Folgenden sei zunächst die Geschichte der Stereoskopie und ihre Popularität im 19. Jahrhundert dargestellt. Dann geht es um militärische, natur- und ingenieurwissenschaftliche Einsätze, die das 20. Jahrhundert geprägt haben. Im Zusammenhang mit der abschließenden Diskussion des gegenwärtig erneuten Booms des stereoskopischen Kinos werden

Fragen nach der Medienästhetik des stereoskopischen Bildes behandelt.

Frühgeschichte der Stereoskopie

Obwohl es eine kontroverse Diskussion darüber gab, ob ein Bildpaar des Malers Jacopo Chimenti etwa von 1600 bereits als Stereoskopie zu verstehen sei (vgl. Eder 1979, 70; Wade 2003), herrscht heute Einigkeit darüber, dass die Stereoskopie eine Entwicklung des 19. Jahrhunderts ist und wird Charles Wheatstone (1838/1983) zugeschrieben. Der Text von 1838, in dem das Konzept des Stereoskops vorgeschlagen wird, enthält in seinem Titel nicht zufällig einen Hinweis auf die ›Physiology of Vision‹, d. h. Wheatstone war an der Erforschung der körperlichen Bedingungen des Sehens interessiert, also an der physiologischen Optik (vgl. Helmholtz 1896). Wheatstone demonstriert den plastischen Bildeindruck, der durch die Nutzung seines Stereoskops erzeugt werden sollte, an Zeichnungen. Obwohl heute praktisch nur noch als Form der Präsentation von fotografischen (und zunehmend von computergrafisch gerenderten, wie etwa Pixars Film *Up* von 2009) Bildern bekannt, entstand die Stereoskopie unabhängig von der Fotografie – die offizielle Vorstellung der Fotografie erfolgte erst 1839 in Paris durch François Arago, also ein Jahr nach der Publikation von Wheatstones Text.

Die Stereoskopie ist weniger ein neuer Bildtyp als eine neue Weise der Anordnung von Bildern. Zeichnerisch sind gute Stereopaare – wie man auch am Chimenti-Paar sehen kann, wenn es denn ein Stereo-Paar sein sollte und nicht einfach zwei Kopien desselben Bildes – sehr schwierig zu konstruieren, daher benutzte Wheatstone einfache Grundformen; erst durch die kontingente Kombination von Stereoskopie und Fotografie wurde das stereoskopische Verfahren populär.

Nach Wheatstones erster Konzeption der Stereoskopie entwickelten sich bald verschiedene, handlichere Geräte (vgl. Brewster 1851; 1856; Gill 1969). Der öffentliche Durchbruch des Stereoskops – neben seiner Rolle als Forschungsinstrument in der physiologischen Optik – soll 1851 durch die Weltausstellung im Crystal Palace erfolgt sein (vgl. Hick 1999, 276 f.; dort generell 275–287 zur Geschichte der Stereoskopie; Eder 1979, 532–538; Earle 1979; Senf 1989). Es kam zu einer relativ großen Popularität der stereoskopischen Fotobetrachtung. Wolfgang Kemp (1980, 113) berichtet, dass die London Stereo-

scopic Company um 1860 bereits ca. 100.000 verschiedene Stereokarten im Angebot hatte. Stereokopien wurden u. a. – vor dem Aufkommen des Massentourismus – zur Betrachtung von Sehenswürdigkeiten fremder Länder genutzt. Auch wurde die plastische Bildanmutung schon bald für erotischen und pornographischen Bilderkonsum verwendet (vgl. Solomon-Godeau 2009). Einer der noch heute viel zitierten Autoren, der für die Popularität des Stereoskops im 19. Jahrhundert hellsichtig und weitreichend kommentiert hat, war Sir Oliver Wendell Holmes. Bei ihm entfaltet sich an der Stereoskopie eine Medientheorie, die die Sammlung von Information, deren Archivierung, Standardisierung und Zirkulation und die damit verbundenen Wissens- und Machteffekte zusammendenkt – was auch die Bedeutung der Stereoskopie für die Archäologie des Wissens der Medienwissenschaft unterstreicht (vgl. Schröter 2014).

Der Einsatz stereoskopischer Bilder in Militär und Naturwissenschaften

Jonathan Crary (1990, 132 f.), der davon spricht, das Stereoskop sei am Ende des 19. Jahrhunderts verschwunden, hat nur die massenmediale Popularität im Blick, bei der das Stereoskop in der Tat von der Amateurfotografie, der Postkarte, dem Kino und nicht zuletzt von den zunehmenden Reisemöglichkeiten bedrängt und schließlich weitgehend verdrängt wurde. Jedoch kann davon, dass das »stereoscope […] disappeared« (ebd., 127) sei, keine Rede sein: Schon im Ersten Weltkrieg war das von Holmes genau beschriebene Potential der Erfassung räumlicher Information durch die Stereoskopie von großer Bedeutung für die französische (vgl. Goussot 1923) und deutsche (vgl. Seiling 1935) Luftaufklärung. Und noch im Vorfeld des Zweiten Weltkriegs hieß es bei Hermann Lüscher (1936, 43): »Alle Fliegeraufnahmen in unserer Wehrmacht werden stereoskopisch gemacht«. Fotografien aus großer Höhe ›plätten‹ das Terrain, so dass u. U. nicht mehr entschieden werden kann, was Berg, was Tal oder was ein Gebäude ist. Stereoskopische Aufnahmen übermitteln diese zusätzliche Rauminformation, wobei es durch die große Höhe der Flugzeuge keinen Sinn machen würde, Bilder in Differenz des Augenabstands aufzunehmen. Denn bei solcher Höhe wäre die relative Differenz zwischen den Teilbildern viel zu gering, um einen stereoskopischen Effekt auszumachen. Bei näheren Objekten ist der stereoskopische Eindruck stärker, umgekehrt kann man bei weiter entfernten Objekten den Tiefeneindruck dadurch verstärken, dass man die Augenpunkte weiter auseinanderrückt, was jedoch wiederum zu bizarren Verzerrungen (sogenannter Hyperstereoskopie) führen kann (vgl. Treece 1955; Mach 1987).

Neben den militärischen Einsätzen wurden stereoskopische Fotografien bald zu zentralen Mitteln der naturwissenschaftlichen Forschung. Wenn es um die räumliche Struktur von Daten geht, kann ein Abbildungsverfahren, das mehr räumliche Information transportiert, hilfreich sein. So etwa in der Teilchenphysik: Von Charles R. T. Wilson wurde schon in den um 1911 entwickelten Wolkenkammern ab 1914 die Stereoskopie eingesetzt (vgl. Chaloner 1997, 371) sowie auch in Blasenkammern (vgl. Bassi u. a. 1957) für die Aufzeichnung von Spuren von Teilchenprozessen. Die diversen Spuren im Detektorvolumen können nur dann richtig interpretiert werden, wenn ihre relative räumliche Lage zueinander klar ist und wenn bei der Auswertung der fotografischen Aufnahmen die Prozesse im Detektor nicht verschiedene Spuren aus verschiedenen Tiefenebenen scheinbar auf einer Ebene zusammenliegen und so zusammenzugehören scheinen. Aber auch viele andere Disziplinen und Praktiken profitierten – jenseits von Massenmedien und Kunstsystem – im 20. Jahrhundert von der Rauminformation, die die Stereoskopie liefern konnte, so z. B. das Vermessungswesen (vgl. Pulfrich 1923) oder die Meteorologie (vgl. Lorenz 1989). Sie wurde auch genutzt zur Veranschaulichung z. B. geometrischer Figuren (vgl. Himstedt 1884; Pál 1961) oder proteinkristallographischer Strukturen (vgl. McRee 1993).

Medienästhetik der Stereoskopie

In den frühen 1950er Jahren kam es zum ersten größeren Boom des zunächst zumeist anaglyphischen stereoskopischen Kinos, obwohl es Experimente mit stereoskopischem Kino praktisch seit Beginn des Kinos gegeben hatte (vgl. Gosser 1977; Hayes 1989; Zone 2007; Wegener u. a. 2012, 21–43; materialreich zu den Techniken des stereoskopischen Kinos – und Fernsehens – vgl. Smith u. a. 2011). Mit der weiteren Verbreitung von Polarisationsfiltern konnte auch farbiges 3D-Kino realisiert werden.

Es scheint, als ob stereoskopisches (›3D‹-)Kino v. a. ab dem Zeitpunkt von der Filmindustrie favorisiert wird, als der Kinobesuch Medienkonkurrenz bekam. In den 1950er Jahren war es das sich gerade in den USA ausbreitende Fernsehen, in den frühen 1980er Jahren (wobei es sich hierbei allerdings nur um einige wenige Filme handelte) Video und die Videotheken, und in den letzten Jahren schließlich dürfte es die Konkurrenz durch den Filmdownload aus dem Netz und Computerspiele sein (s. Kap. III.18 und III.19), die die Filmindustrie dazu bewegt hat, 3D wieder zur Steigerung des Attraktionswerts des Kinos einzusetzen (vgl. Wegener u. a. 2012, 15; dort wird von einem Zuschauerschwund der Kinos von 2001–2008 berichtet, während im ersten neuen ›3D-Jahr‹ 2009, welches insbesondere durch den Film *Avatar* (USA 2009, R: James Cameron) geprägt war, die Zahlen wieder anstiegen, um danach allerdings wieder abzufallen). Das gegenwärtige 3D-Kino – auf neueren Formen der Polarisations-Stereoskopie beruhend (vgl. Vogel 2009) – ist zudem technisch und qualitativ stark verbessert; gegenwärtig hat sich eine Ausdifferenzierung herausgebildet, dergestalt, dass es in jedem Multiplex ein oder mehrere 3D-fähige Kinos für entsprechende Blockbuster gibt, während andere Filme weiterhin in 2D gezeigt werden. Es könnte sein, dass sich dieser Zustand mittelfristig stabilisiert und es weder zu einem vollständigen Verschwinden des 3D-Kinos kommt, noch dazu, dass bald alle Filme nur noch in 3D gezeigt werden.

Anders als etwa bei der Farbe oder beim Ton ist stereoskopisches Kino jedenfalls derzeit noch von der Frage begleitet, ob es sich stabil und längerfristig durchsetzen wird. Diese Unsicherheit berührt zentrale Aspekte der Medienästhetik und der Pragmatik des stereoskopischen Bildes. Zunächst kann die Nutzung von Stereobrillen als komfortmindernd erfahren werden, weswegen es gute Argumente für den ästhetischen oder spektakulären Mehrwert von Stereoskopie im Kino geben sollte. Dieser liegt aber gerade im Fall des erzählenden Films nicht unbedingt auf der Hand, denn im narrativen Kino wird die räumliche Information durch narrative Strategien transportiert (vgl. Bordwell 1985, Kapitel 7 und zur besonders leicht verständlichen Raumkonstruktion im ›classical hollywood mode of narration‹ siehe Kapitel 9). Alle Rauminformationen, die die Zuschauer brauchen, um den filmischen Raum zu verstehen, werden narrativ vermittelt, die zusätzliche Rauminformation durch die Stereoskopie ist überflüssig. Außerdem gibt es eine klare und sehr bald langweilig wirkende Bevorzugung von Kamerabewegungen in die Tiefe sowie die Neigung, auffällige Gegenstände im Vordergrund zu platzieren bzw. auf die Kamera hin zu bewegen, da sich die beiden Blickwinkel auf nähere Objekte stärker unterscheiden und dadurch eine größere plastische Wirkung erzielt werden kann.

Dass also Stereoskopie für das klassische Erzählkino tendenziell überflüssig ist, ja eine Reihe eher störender Effekte erzeugt, mag für ein weniger auf Narration als auf Spektakel setzendes Blockbuster-Kino der Gegenwart unproblematisch sein. Daher ist auch die zentrale Rolle der Stereoskopie für besonders immersive Formen des Kinos, wie z. B. die Präsentationen in IMAX-Kinos naheliegend (vgl. Hayward/Wollen 1993). Die Vermutung drängt sich auf, dass Genres, die weniger um narrativ erzeugten Raum, sondern um selbst stark räumlich verfasste Sujets organisiert sind, eher für stereoskopisches Kino geeignet sind: Filme bzw. Fernsehsendungen, die am Sport oder etwa am Tanz, als dezidiert raumbezogener Kunstform, orientiert sind, sollten davon profitieren. Daher ist es nicht überraschend, dass Wim Wenders einen stereoskopischen Film über die Choreografin Pina Bausch, *Pina* von 2011 gemacht hat (vgl. Schröter 2011b). Der aktuelle Boom des 3D-Kinos hat eine Reihe von Forschungen nach sich gezogen, die sich mit historischen und medienästhetischen Aspekten (vgl. Distelmeyer u. a. 2012), aber auch quantitativer und qualitativer Rezeptionsforschung beschäftigen (vgl. Wegener u. a. 2012).

Abschließend sei nur knapp bemerkt, dass die zusätzliche Rauminformation, die stereoskopische Bilder liefern, für nicht allein narrative, sondern auch interaktive und spielerische mediale Formen wie das Computerspiel interessant sein könnte, insofern mindestens bestimmte Genres des Computerspiels immer schon um die Durchquerung von Räumen organisiert sind (vgl. Günzel 2012; Schröter 2011c). In den frühen 1990er Jahren kam es zudem mit dem aufgeregten Diskurs um die ›Virtual Reality‹ zu einer vorübergehenden Popularität von Datenbrillen, die ebenfalls auf dem Prinzip der Stereoskopie basieren (vgl. Schröter 2004, 152–276). Auch haben verschiedene Künstler/innen mit Stereoskopien experimentiert, so z. B. Marcel Duchamp (vgl. Blunck 2008; Schröter 2009a, 196–198) oder Thomas Ruff (vgl. Urban 2000).

Holographie

Die Holographie ist das Verfahren, die Interferenzmuster, die sich bei der Überlagerung von zwei kohärenten Wellenfronten ergeben, aufzuzeichnen.

Die fotografische Aufzeichnung dieser Muster wird Hologramm genannt. Ein solches Hologramm erlaubt die Rekonstruktion der ›Objektwelle‹, d. h. eines dreidimensionalen Bildes des aufgezeichneten Gegenstandes. Dieses ungewöhnliche Verfahren wurde um 1948 von Dennis Gabor theoretisch entworfen. Seit der Entwicklung des Laserlichts Anfang der 1960er Jahre kommt es in zahlreichen, keineswegs nur im engeren Sinne bildlichen, Verfahren zum Einsatz. Die holographischen Bilder weichen in vielerlei Hinsicht von allen anderen bekannten technischen Bildern ab und waren mit wenigen Ausnahmen (vgl. Rieger/Schröter 2009) bislang kaum Gegenstand der kunst-, medien- oder bildwissenschaftlichen Forschung. Im Folgenden wird zunächst Geschichte und Verfahren der Holographie skizziert sowie die Bildlichkeit der Hologramme beschrieben; zudem sind die Einsatzgebiete der Holo-Interferometrie, HOEs (= Holographisch-Optische Elemente) und Kopierschutz angeführt. Abschließend wird ein kurzer Blick auf die holographische Metaphorik geworfen.

Geschichte und Verfahren der Holographie

Die epistemologische Bedingung der Möglichkeit der Holographie liegt in der Beschreibung des Lichts als transversaler Wellenfront, also in der Wellenoptik (vgl. Schröter 2009a, 239–261). Diese Beschreibung wurde schon im 17. Jahrhundert von Christiaan Huygens vorgeschlagen, da Phänomene wie die Beugung mit dem zu dieser Zeit dominierenden Modell der geometrischen Optik (Licht als Bündel gerader Lichtstrahlen) nicht erklärbar waren. Zunächst konnte sich diese Beschreibung aber nicht durchsetzen. Erst als Anfang des 19. Jahrhunderts Thomas Young seine Doppelspaltexperimente durchführte, wurde die Beschreibung des Lichts als Welle unabweisbar, auch wenn es noch einige Zeit und weiterer Forschung bedurfte, bis sich dieses Modell endgültig durchsetzte (vgl. Buchwald 1989). Seit den Forschungen von Max Planck und insbesondere seit Albert Einsteins Vorschlag einer Erklärung des photo-elektrischen Effekts von 1905, wird Licht als Welle und Partikelstrom zugleich verstanden; dies ist das Feld der Quantenoptik (vgl. Fox 2006). Die Wellenoptik erlaubt nicht nur die Erklärung der Beugung, sondern auch die der Interferenz, also die Überlagerung von Wellen, die wegen der partiellen Auslöschung bzw. Verstärkung von Wellen zu Interferenzmustern führt. 1901 hat der Physiker Aimé Cotton zum ersten Mal vorgeschlagen, die Interferenzmuster zweier Lichtwellenfronten ohne Benutzung eines Objektivs aufzuzeichnen, was dem Konzept eines Hologramms schon sehr nahe kommt.

Als eigentlicher ›Erfinder‹ der Holographie gilt jedoch Denis Gabor, der 1948 in *Nature* einen kurzen Aufsatz (2009) veröffentlichte, in dem es darum geht, die Begrenzung der Auflösung von Elektronenmikroskopen zu umgehen. Sein Vorschlag ist, auf die Linsen – genauer: Elektronenlinsen – zu verzichten und die Aufzeichnung des Interferenzmusters zwischen der einfallenden Welle (sogenannter Referenzwelle) und dem vom Objekt gebeugten Teil der Welle (sogenannter Objektwelle) zu nutzen, um die ursprüngliche Objektwelle später wieder zu rekonstruieren. Gabor bekam für dieses Konzept 1971 den Nobelpreis für Physik. Allerdings war sein Versuch von zwei Problemen belastet:

- Gabors experimentelle Anordnung hatte eine ›inline‹-Struktur, d. h. die bei der Wellenfrontrekonstruktion entstehenden zwei Bilder (reelles und virtuelles Bild) überlagern sich, wodurch die Rekonstruktion verunklart wird.
- Kohärent sind zwei Wellen, wenn sie in einer festen Phasenbeziehung zueinander stehen. Gabor hatte aber keine wirklich kohärente Lichtquelle. Daher konnte er keine sehr guten Interferenzmuster erzeugen. Erst mit dem Laser, der ab ca. 1960

völlig unabhängig von den Forschungen Gabors u. a. entstand (vgl. Bertolotti 2005), steht eine solche Lichtquelle zur Verfügung.

1963 erzeugten dann Emmeth Leith und Juris Upatnieks mit einer Offline-Anordnung und Laserlicht die ersten bildhaften Hologramme, die sofort die größte Aufmerksamkeit auf sich zogen – insofern diese Holographien zu ihrer Erstellung Laserlicht benötigen, gehen sie also nicht nur auf die Wellen-, sondern auch auf die Quantenoptik zurück. Objektwellen des vom Objekt reflektierten (gestreuten) Laserlichts werden vor der hochauflösenden Hologramm-Platte mit der Referenzwelle überlagert (s. Abb. 1). Die Platte speichert kein Bild des Objekts, sondern das Interferenzmuster, das sich visuell unter dem Mikroskop als wirre Anordnung schwarzer und weißer Linien zeigt. Zur Rekonstruktion der ursprünglichen Objektwelle wird das zur Aufnahme verwendete Licht wieder durch die Platte geleitet (s. Abb. 2), wobei diese Welle an den schwarz/weißen-Interferenzmustern gebeugt und so die ursprüngliche Objektwelle wieder hergestellt wird. Es entstehen ein virtuelles und ein (pseudoskopisches) reelles Bild. Das virtuelle Bild erscheint als dreidimensionales Bild der beleuchteten Seite des Objekts. So erzeugte Hologramme kann man nicht in weißem Licht als holographische Bilder sehen – sondern nur im zur Aufnahme verwendeten Laserlicht (Laser-Transmissionslicht-Holographie).

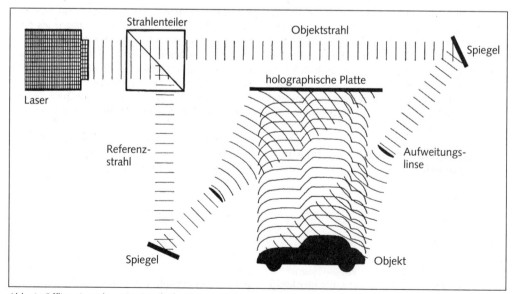

Laser

Strahlenteiler

Objektstrahl

Spiegel

holographische Platte

Referenz-
strahl

Aufweitungs-
linse

Spiegel

Objekt

Abb. 1: Offline-Anordnung zur Aufnahme eines Hologramms (Zec 1987, 66)

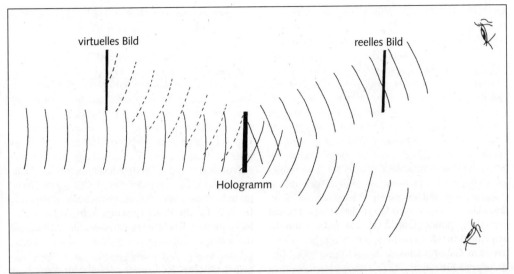

Abb. 2: Rekonstruktion des Hologramms bei einer Offline-Anordnung. Das reelle und das virtuelle Bild werden an verschiedenen Orten rekonstruiert und überlagern sich also nicht (Zec 1987, 65)

Es existieren allerdings noch andere Anordnungen, um Hologramme aufzuzeichnen (z. B. Denisyuk-Hologramme); Verfahren, um Hologramme herzustellen, die man auch in weißem Licht sehen kann (Volumenhologramme, Denisyuk-Hologramme gehören etwa dazu; aber auch sog. Regenbogenhologramme); Verfahren, um vollfarbige Hologramme aufzunehmen; Verfahren, um Hologramme mit Computern zu generieren oder schließlich Verfahren, um Film und Holographie zu verknüpfen, wie in der sog. Multiplex-Holographie (vgl. Schröter 2011a). Dann gibt es noch die bis heute experimentell gebliebenen Bemühungen um holographischen Film im engeren Sinne u. v. m. Sehr ausführliche und hilfreiche Erläuterungen zu all diesen Verfahren wie zur Geschichte der Holographie findet man bei Peter Zec (1987) und Sean Johnston (2006).

Bildliche Eigenheiten und Einsatzgebiete der Holographie

Die Holographie, obwohl sie auf fotochemischen Emulsionen beruht, unterscheidet sich von konventionellen Fotografien (s. Kap. III.10) und auch von Stereoskopien deutlich: Eine Holographie ist im Allgemeinen einfarbig – da sie mit monochromatischem Licht hergestellt werden muss; allerdings gibt es auch vollfarbige Hologramme, die unter gleichzeitiger Nutzung roter, grüner und blauer Laser hergestellt werden können. Die Holographie stellt meistens isolierte Objekte in einem dunklen Umraum dar, da das Bild in absoluter Dunkelheit aufgenommen werden muss, um zu vermeiden, dass das Interferenzmuster durch Streulicht gestört wird. Holographische Bilder sind irideszent, d. h. sie erscheinen nur aus bestimmten Blickwinkeln bzw. können ihre Farbigkeit je nach Blickwinkel verändern (so etwa beim holographischen Kopierschutzelement auf Banknoten). Holographien können außerordentlich plastisch wirken, man kann – anders als etwa bei Stereoskopien – die abgebildete Seite der Objekte aus verschiedenen Positionen betrachten und dabei verschiedene Aspekte sehen, man kann auch verschiedene Bildebenen fokussieren. Das macht Holographien im künstlerischen Bereich v. a. für Installationen interessant (vgl. Bryson 2009; Schmid 2009).

Es gibt prinzipiell keine holographischen Negative, die Bilder sind immer Positive – da eine Umkehrung des Interferenzmusters nichts an seinen Beugungseigenschaften ändert. Auf jeder holographischen Platte können durch leichte Veränderung der Frequenz des kohärenten Lichts bzw. durch Veränderung des Einfallswinkels des Referenzstrahls im Prinzip beliebig viele Bilder gespeichert werden, die sich gegenseitig nicht stören – das ist genau die Eigenschaft, die man seit Jahrzehnten als Ausgangspunkt für holographische Speichermedien zu nutzen gedenkt (bis heute stockt diese Entwicklung aber erheblich). Die aufzunehmenden Objekte dürfen sich keinesfalls bewegen, so führt die leiseste Bewegung bei der Aufnahme zur starken Verrauschung bis völligen Zerstörung des Musters etc. – aber diese Störanfälligkeit des Aufzeichnungsprozesses ist zugleich Ausgangspunkt einer wichtigen Anwendung der Holographie, der Holo-Interferometrie (vgl. Schröter 2009, 262–276). Allerdings ist es seit Ende der 1960er Jahre durch ebenso helle wie kurz gepulste Laser möglich, auch bewegte Objekte, wie etwa lebende Menschen, aufzunehmen. Aber vor allem benötigt die Holographie keine Linse. Sie kennt daher keine Probleme mit abnehmender Tiefenschärfe. Dass die in der Öffentlichkeit eher bekannten Weißlichthologramme in der Regel unscharfe Ebenen aufweisen, liegt daran, dass sie holographische Abbildungen nur einer Ebene eines eigentlich sehr tiefreichenden dreidimensionalen Laser-Transmissionslicht-Masterhologramms sind. Holographien können nur Objekte zeigen, die (je nach Abstand) der Größe der Platten entsprechen, da ohne Linse auch nicht verkleinert und vergrößert werden kann. In gewisser Weise ist ein Hologramm selbst eine hochkomplexe Linse – denn so wie gewöhnliche Linsen das Licht fokussieren, so beugt das Hologramm das Licht, um die Wellenfront zu rekonstruieren.

Das holographische Bild unterliegt nicht der geometrischen Optik und somit auch nicht der perspektivischen Projektion sowie der damit gegebenen 1:1-Korrelation von Bild- und Objektpunkten – wie sie für analoge wie digitale Fotografie, Film, Video und sogar für die heute dominanten (›fotorealistischen‹) Formen der Computergrafik beherrschend ist. Vielmehr ist jeder Objektpunkt mit jedem Bildpunkt korreliert. Das führt zu einer weiteren eigentümlichen Eigenschaft des holographischen Bildes: Jeder Splitter einer zerbrochenen Hologramm-Platte enthält das gesamte Bild, wenn auch mit proportional zur Teilgröße fallender Auflösung und eingeschränktem Blickwinkel. Der Informationsgehalt holographischer Aufzeichnungen ist mithin enorm, was noch auf lange Zeit den Versuchen, holographisches Fernsehen zu etablieren, im Wege stehen dürfte (vgl. Winston 1996, 109–118).

Durch ihre zahlreichen eigentümlichen Eigenschaften stellen holographische Bilder ein erhebliches Irritationspotenzial für die Medien- wie Kunst- und Bildgeschichte bzw. -theorie dar (vgl. Fahle 2009). In Geschichten optischer Medien taucht die Holographie nicht auf. Das könnte daran liegen, dass die meisten Formen von Medien-, Kunst- und Bildwissenschaft um das System der Massenmedien bzw. das

Kunstsystem zentriert bleiben und daher Verwendungsweisen technologischer Bildmedien außerhalb dieser Systeme kaum in den Blick nehmen (vgl. Schröter 2009a, 285–308; Jung 2003). Trotz schon früher Einsätze des Mediums immerhin durch Salvador Dalí oder Bruce Nauman hat die Holographie – im Vergleich etwa zum annähernd zeitgleich entstehenden Medium Video – den Durchbruch im Kunstsystem nicht geschafft. Die Gründe dafür sind komplex (vgl. Fahle 2009; Schröter 2009a, 285–308). Allerdings zeigt das auch, dass bildwissenschaftliche Diskurse sich nicht einseitig auf Bildmedien konzentrieren sollten, die im Kunstsystem erfolgreich waren (z. B. Malerei oder Fotografie). Diese Fokussierung führt zu Bildbegriffen, die trotz aller Verallgemeinerungsversuche implizit um bestimmte Medien zentriert bleiben. Methodisch fordert die Beschäftigung mit der Holographie und anderen ›marginalen‹ Bildmedien also eine selbstkritische Befragung der Bildwissenschaft (s. Kap. IV.7) auf ihre impliziten Vorannahmen.

So finden sich oft methodische Voraussetzungen, die die Holographie von vornherein exkludieren. So schreibt Friedrich Kittler (2002, 85) in *Optische Medien* über »Linsensysteme, wie alle optischen Medien bis heute sie voraus[setzen]« – unter einer solchen Prämisse kann das linsenlose Bild der Holographie nicht Gegenstand einer Geschichte der optischen Medien sein. Das ist umso problematischer, als verschiedene Formen holographischer Bilder in zahlreichen, wichtigen Gebieten eingesetzt werden:

- Die Störanfälligkeit des Aufzeichnungs- und Rekonstruktionsprozesses kann genutzt werden, um die inneren Eigenschaften und Spannungszustände von Bauteilen und anderen Materialien (sogenannte Holo-Interferometrie) sehr genau zu analysieren (vgl. Schröter 2009a, 262–276).
- Da die Wellenoptik epistemologisch die geometrische Optik einschließt, können wellenoptische Medien alle auf geometrischer Optik basierenden Bildtechnologien einschließen (holographierte Linsen z. B. vergrößern immer noch hinter ihnen liegende Objekte). Aber umgekehrt können auf geometrischer Optik basierende Bildtechnologien nicht die wellenoptischen Technologien einschließen; d. h. es gibt die Möglichkeit, komplexe geometrisch-optische Anordnungen (Linsensysteme) holographisch abzubilden (›Holographisch-Optische Elemente‹), was bedeutet, sie platzsparend nutzen zu können (vgl. Schröter 2009a, 276–284). Dies kann z. B. für optische Systeme in Satelliten wichtig sein und wird auch in manchen Formen alltäglicher Scannerkassen eingesetzt. Die

spezifischen optischen Eigenschaften der Holographie sind hier nicht an die Augen von Betrachtern adressiert, sondern werden zur Informationsverbreitung genutzt.

Vor diesem Hintergrund können manche Einsätze der Holographie ein guter Beleg für die Differenz optischer (auf optischem Wissen beruhender) und visueller (an die visuellen Sinne gerichteter) Medien sein. Mit computergenerierten Hologrammen können überdies optische Systeme erzeugt werden, die nicht physikalisch, also mit Linsensystemen, herstellbar sind. Außerdem bedeutet das, dass viele Eigenschaften wellenoptischer Bilder (Irideszenz, dreidimensionaler Bildeindruck) mit geometrisch-optischen Technologien (z. B. den optischen Systemen in Fotokopierern) nicht reproduzierbar sind, daher haben Holographien (und auch die Lippmann-Fotografie) ein wichtiges Einsatzfeld auf dem Gebiet der Echtheitssicherung; so etwa Hologramme auf Geldscheinen, Kreditkarten, staatlichen Dokumenten, Originalverpackungen etc. (vgl. Schröter 2009b; 2010). In diesem Bereich sind holographische Bilder ganz alltäglich und in ständigem ›massenmedialem‹ Einsatz, dabei ist an ihrer Bildlichkeit ihre bloße Differenz zu anderen Typen von Bildlichkeit entscheidend, die als Beleg gelten kann für den Originalstatus des betreffenden Produkts.

Holographische Metaphorik

Die eigentümlichen Eigenschaften der Holographie haben immer wieder und auf verschiedene Weise ihre Nutzung als Metapher nahegelegt. So wurde sie

- Metapher für den vollendeten Illusionismus, in dem die Bildlichkeit sich selbst aufhebt – was auch immer wieder als Argument gegen ihre Kunstwürdigkeit verwendet wurde, so etwa von Jean Baudrillard (1981). In populären Science-Fiction-Formaten wie Star Trek – The Next Generation spielen Begriffe wie das ›Holodeck‹ – eine fiktive technische Vorrichtung, die eben einen solchen vollendeten Illusionismus ermöglicht – auf die Holographie an.
- zur Metapher für andere Formen der Speicherung bzw. des Gedächtnisses, die eine Totalität zu speichern vermögen. Stefan Rieger (2009) hat herausgearbeitet, wie die Holographie zur Metapher eines All-Gedächtnisses wurde. Interessanterweise ist die Eigenschaft der Holographie, auf einem zweidimensionalen Bildträger die Information

über die dreidimensionale Struktur eines Objekts speichern zu können, inzwischen auch zur Metapher in neueren Ansätzen kosmologischer Forschung geworden – die dreidimensionale Welt, die wir erleben, ist dann in gewisser Weise auf einem zweidimensionalen ›Horizont‹ gespeichert (vgl. Bousso 2002). Dann wäre das holographische Bild Metapher der Welt überhaupt.

Literatur

Baccei, Tom: Das magische Auge: dreidimensionale Illusionsbilder. München 1994.

Bassi, Piero u. a.: Stereoscopy in bubble chambers. In: Il Nuovo Cimento 5/6 (1957), 1729–1738.

Baudrillard, Jean: L'Hologramme. In: Ders.: Simulacres et Simulation. Paris 1981, 155–161.

Bertolotti, Mario: The History of the Laser. Bristol/Philadelphia 2005.

Blunck, Lars: Duchamps Präzisionsoptik. München 2008.

Bordwell, David: Narration in the Fiction Film. New York u. a. 1985.

Bousso, Raphael: The holographic principle. In: Reviews of Modern Physics 74 (2002), 825–874.

Brewster, David: Description of several new and simple stereoscopes for exhibiting, as solids, one or more representations of them on a plane. In: Transactions of the Royal Scottish Society of Arts 3 (1851), 247–259.

Brewster, David: The Stereoscope. Its History, Theory and Construction. London 1856.

Bryson, Norman: Auch Bücher haben ihr Schicksal. Wenyon & Gambles Bibliomancy. In: Rieger/Schröter 2009, 153–160.

Buchwald, Jed Z.: The Rise of the Wave Theory of Light. Chicago 1989.

Chaloner, Clinton: The most wonderful experiment in the world: A history of the cloud chamber. In: British Journal for the History of Science 30 (1997), 357–374.

Crary, Jonathan: Techniques of the Observer. On Vision and Modernity in the Nineteenth Century. Cambridge, Mass. u. a. 1990.

Distelmeyer, Jan/Andergassen, Lisa/Werdich, Nora Johanna: Raumdeutung. Zur Wiederkehr des 3D-Films. Bielefeld 2012.

Earle, Edward W. (Hg.): Points of View: The Stereoscope in America. A Cultural History. Rochester 1979.

Eder, Josef Maria: Geschichte der Photographie [1932]. Bd. 1 und 2. New York 1979.

Fahle, Oliver: In einem Raum. Bildtheoretische Bestimmungen der Holographie. In: Gundolf Winter/Jens Schröter/Joanna Barck (Hg.): Das Raumbild. Bilder jenseits ihrer Flächen. München 2009, 315–330.

Fox, Mark: Quantum Optics. An Introduction. Oxford 2006.

Gabor, Denis: Ein neues mikroskopisches Prinzip (engl. 1948). In: Rieger/Schröter 2009, 13–16.

Gill, A. T.: Early stereoscopes. In: The Photographic Journal 109 (1969), 545–599; 606–614; 641–651.

Gosser, H. Mark: Selected Attempts at Stereoscopic Moving Pictures and Their Relationship to the Development of Motion Picture Technology, 1852–1903. New York 1977.

Goussot, M. [sic]: La photographie aérienne. In: *Revue militaire française* (1923), 27–36; 168–188.

Günzel, Stephan: *Egoshooter. Das Raumbild des Computerspiels*. Frankfurt a. M./New York 2012.

Hayes, R. M.: *3D-Movies. A History and Filmography of Stereoscopic Cinema*. Jefferson, NC. 1989.

Hayward, Philip/Wollen, Tana: The bigger the better: From cinemascope to IMAX. In: Dies. (Hg.): *Future Visions: New Technologies of the Screen*. London 1993, 148–165.

Helmholtz, Herrmann von: *Handbuch der physiologischen Optik*. Hamburg/Leipzig 1896.

Hick, Ulrike: *Geschichte der optischen Medien*. München 1999.

Himstedt, August: *Über Lissajous'sche Curven*. Freiburg 1884.

Johnston, Sean: *Holographic Visions. A History of New Science*. Oxford 2006.

Julesz, Bela: Binocular depth perception of computer generated patterns. In: *Bell Systems Technical Journal* 39/5 (1960), 1125–1162.

Jung, Dieter (Hg.): *Holographic Network*. Bramsche 2003.

Kaplan, Sam H.: Theory of parallax barriers. In: *Journal of the SMPTE* 59/7 (1952), 11–21.

Kemp, Wolfgang (Hg.): *Theorie der Fotografie I. 1839–1912*. München 1980.

Kittler, Friedrich A.: *Optische Medien. Berliner Vorlesung 1999*. Berlin 2002.

Lorenz, Dieter: Die Stereobild- und Stereomeßtechnik in der Meteorologie. In: Gerhard Kemner (Hg.): *Stereoskopie. Technik, Wissenschaft, Kunst und Hobby*. Berlin 1989, 61–70.

Lüscher, Hermann: Mehr Raum dem Raumbild! In: *Das Raumbild. Monatszeitschrift für die gesamte Stereoskopie und ihre Grenzgebiete* 2/2 (1936), 43.

Mach, Ernst: Wozu hat der Mensch zwei Augen? [1923] In: Ders.: *Populärwissenschaftliche Vorlesungen*. Wien u. a. 1987, 78–99.

McRee, Duncan E.: *Practical Protein Crystallography*. San Diego 1993.

Pál, Imre: *Darstellende Geometrie in Raumbildern*. Berlin 1961.

Pulfrich, Carl: *Die Stereoskopie im Dienste der Photometrie und Pyrometrie*. Berlin 1923.

Richards, Whitman: Stereopsis and stereoblindness. In: *Experimental Brain Research* 10/4 (1970), 380–388.

Rieger, Stefan: Holographie. Das Versprechen der Ganzheit. In: Rieger/Schröter 2009, 87–106.

Rieger, Stefan/Schröter, Jens (Hg.): *Das holographische Wissen*. Zürich/Berlin 2009.

Schmid, Gabriele: Zwischen Bildern. Die holographische Installation als Handlungsfeld. In: Rieger/Schröter 2009, 161–180.

Schröter, Jens: *Das Netz und die Virtuelle Realität. Zur Selbstprogrammierung der Gesellschaft durch die universelle Maschine*. Bielefeld 2004.

Schröter, Jens: *3D. Zur Theorie, Geschichte und Medienästhetik des technisch-transplanen Bildes*. München 2009.

Schröter, Jens: Das holographische Wissen und die Nicht-Reproduzierbarkeit. In: Rieger/Ders. (Hg.): *Das holographische Wissen*. Zürich/Berlin 2009b, 77–86.

Schröter, Jens: Das Zeitalter der technischen Nichtreproduzierbarkeit. In: Ders. u. a. (Hg.): *Kulturen des Kopierschutzes I*. Siegen 2010, 9–36.

Schröter, Jens: Technologies beyond the still and the moving image. The case of the multiplex hologram. In: *History of Photography* 35/1 (2011a), 23–32.

Schröter, Jens: Das Raumbild des Theaters und sein Double. In: Jürgen Schläder/Jörg von Brincken/Tobias Staab (Hg.): *Spielarten. Perspektiven auf Gegenwartstheater*. München 2011b, 44–49.

Schröter, Jens: 3D. In: Benjamin Beil/Thomas Hensel (Hg.): *Game Laboratory Studies (= Navigationen. Zeitschrift für Medien- und Kulturwissenschaften* 11/2 [2011c]), 15–19.

Schröter, Jens: Technik, Form, Macht: Am Beispiel der Stereoskopie. In: Rainer Leschke/Jochen Venus (Hg.): *The Shape that Matters. Form als medientheoretischer Grundbegriff*. Bielefeld 2014 (im Druck).

Seiling, Albrecht: Flieger-Stereoskopie (Weltkrieg 1914–1918). In: *Das Raumbild. Monatszeitschrift für die gesamte Stereoskopie und ihre Grenzgebiete* 1/6 (1935), 127–128.

Senf, Erhard: Entwicklungsphasen der Stereofotografie. In: Gerhard Kemner (Hg.): *Stereoskopie. Technik, Wissenschaft, Kunst und Hobby*. Berlin 1989, 18–32.

Smith, Michael D./Ludé, Peter/Hogan, Bill (Hg.): *3D Cinema and Television Technology. The First 100 Years*. White Plains/NY 2011.

Solomon-Godeau, Abigail: Reconsidering erotic photography. In: Notes for a project of historical salvage. In: Dies.: *Photography at the Dock, Essays on Photographic History, Institutions, and Practices*. Minneapolis 2009, 220–237.

Treece, Walter A.: Estimation of vertical exaggeration in stereoscopic viewing of aerial photographs. In: *Photogrammetric Engineering* 21/4 (1955), 518–527.

Urban, Annette: Versuchsanordnung über Photographie. Die Nachtbilder und Stereoaufnahmen von Thomas Ruff. In: Monika Steinhauser (in Zusammenarbeit mit Ludger Derenthal) (Hg.): *Ansicht Aussicht Einsicht. Architekturphotographie*, Ausstellungskatalog. Düsseldorf 2000, 106–113.

Vogel, Michael: Großes Kino in 3D. In: *Physik Journal* 8/12 (2009), 52–53.

Wade, Nicholas J.: The Chimenti controversy. In: *Perception* 32/2 (2003), 185–200.

Wegener, Claudia/Jockenhövel, Jesko/Gibbon, Mariann: *3D-Kino. Studien zur Rezeption und Akzeptanz*. Wiesbaden 2012.

Wheatstone, Charles: Contributions to the physiology of vision – part the first. On some remarkable, and hitherto unobserved phenomena of binocular vision [1838]. In: Nicholas J. Wade (Hg.): *Brewster and Wheatstone on Vision*. London u. a. 1983, 65–93.

Winston, Brian: *Technologies of Seeing: Photography, Cinematography and Television*. London 1996.

Zec, Peter: *Holographie. Geschichte, Technik, Kunst*. Köln 1987.

Zone, Ray: *Stereoscopic Cinema & The Origins of 3-D Film, 1838–1952*. Lexington/KY 2007.

Jens Schröter

22. Quantencomputer/ Quantenkryptographie

Quantencomputer existieren zur Zeit fast nur im Labor, sie sind Gegenstand intensiver Forschung. Ihre Funktionsweise unterscheidet sich grundlegend von klassischen Computern, sowohl im technischen Aufbau wie in der Anwendung (vgl. Williams/Clearwater 2000). Die Forschung an solchen Systemen zeigt deutlich, dass die Mediengeschichte nicht mit den ›digitalen Medien‹ an ein Ende gelangt, sondern dass es in der Zukunft neue Technologien geben wird, die wie die Quantencomputer vielleicht wieder analogen Verfahren nahestehen (vgl. Warnke 2005).

Quantencomputer verwenden zur Repräsentation von Informationen nicht Ein-Aus-Schalter wie klassische Computer, die sogenannten Bits, sondern quantenphysikalische Materiezustände, die unterschiedliche Ausprägungen annehmen, etwa die Polarisationsrichtung von Photonen (Lichtteilchen) oder den Spin (Eigendrehimpuls) von Elektronen (vgl. Feynmann 1964; Zeilinger 2003). Elementare Quantencomputer-Speicherelemente heißen Qubits, sie lassen sich durch quantenphysikalische Verschränkung zu Registern zusammenschalten, die dann mehrstellige Qubit-Muster speichern können. Ein Quantenalgorithmus besteht aus einer Messanordnung, die die gezielt für die jeweilige Problemlösung ausgewählte Verschaltung von Qubits beobachtet. Statt des klassischen computationellen Ablaufs Eingabe-Verarbeitung-Ausgabe (EVA) besteht eine Quantencomputer-Berechnung aus *Prepare*, *Evolve* und *Measure*: ein Qubit-Register wird mit einem Zustandsmuster präpariert, man überlässt in der Zeit das quantenpysikalische System seiner spezifisch quantenalgorithmischen Entwicklung, zum Schluss beobachtet man den Endzustand, in dem sich das Ergebnis manifestiert. Ein wichtiger Quantencomputer-Algorithmus ist derjenige von Peter Shor (1994), der eine Zahl in ihre Primfaktoren zerlegen kann, eine Operation, die für die Verschlüsselung von Nachrichten von außerordentlicher Bedeutung ist (s. u. »Quantenkryptographie«).

Der große Vorteil eines Quantenalgorithmus besteht darin, dass sich die Qubits, anders als beim klassischen Speicherelement, nicht nur in jeweils einem Schaltzustand befinden, sondern synchron alle möglichen Zustandswerte in Form einer Überlagerung annehmen können. Dieses seltsame Verhalten heißt Superposition von Quantenzuständen und ist nach der allgemein anerkannten Kopenhagener Deutung der Quantenphysik eine fundamentale Eigenschaft von Quantensystemen. Jede Beobachtung, also Messung, eines Quantensystems hinterlässt dieses in einem reinen Zustand, aber zwischen Messungen, unbeobachtet, evolviert es in Mischzuständen. So kann ein Photon zugleich Zustandsanteile senkrechter wie waagerechter Polarisation aufweisen, ein Elektron kann sich in einer Überlagerung von *Spin up* oder *Spin down* befinden. Misst man dann Mischzustände, ergeben sich nichtdeterministisch statistisch zufällig verteilte Ergebnisse, je nach Anteil der Reinzustände an der Superposition. So wird man also im statistischen Mittel die Hälfte der Photonen als waagerecht messen, wenn sie sich vor der Messung in einem Zustand befinden, der gleich große Anteile an waagerechter und senkrechter Polarisierung enthält. Die Fähigkeit zum Mischzustand erlaubt es einem Quantencomputer nun, nicht nur eine Belegung seines Registers mit reinen Qubit-Werten, sondern alle kombinatorisch möglichen verschiedenen Zustände in Überlagerung synchron und auf einen Schlag durchzurechnen. Bei einem acht Bit breiten klassischen Register sind die 256 Zustände von (00000000) über (00000001) und (00000010) bis schließlich (11111111) auch in 256 unterschiedlichen Rechengängen auszuwerten; bei einem acht Qubit breiten Quantenregister, das in Verschränkung von acht Mischzuständen eines zweiwertigen Quantenzustands präpariert wurde, besitzen alle Qubits Anteile an beiden Zuständen, tragen also synchron zu allen Kombinationen bei. Die Verarbeitung aller 256 Zustandskombinationen erfolgt dann in einem Berechnungsgang, das Ergebnis weist die Überlagerung aller Ergebnisse aller Reinzustände auf. Je breiter das Qubit-Register, desto mehr Eingabewerte lassen sich in einem Rechenablauf verarbeiten, was dann eine umso größere Steigerung der Rechenleistung bedeutet. Probleme, die auf klassischen Computern aufgrund exzessiver Rechenzeit praktisch unlösbar sind, könnten dadurch auf Quantencomputern in vertretbarer Zeit gelöst werden.

Diese Eigenschaft der Quantenparallelität weisen allerdings nur bestimmte Algorithmen auf, nämlich solche, die den Gesetzen der Quantenphysik gehorchen. Parallel rechnende Quantencomputer können prinzipiell daher auch nur Spezialprobleme lösen, etwa die Primfaktorzerlegung nach Shor (1994) oder die Suche in einer ungeordneten Liste nach Grover, diese dann aber in einer mit klassischen Computern unerreichbaren Geschwindigkeit.

Quantenkryptographie

Quantenkryptographie nennt man quantenphysika-
lisch konstruierte Systeme, die zur Ver- und Entschlüsselung von Nachrichten eingesetzt werden
(vgl. Singh 2000, 383–422). Die Entschlüsselung von
Nachrichten, wie sie mit klassischen Computern vor
allem seit Durchsetzung des Internets massenhaft
praktiziert wird, hat einen entscheidenden quanten-
computationellen Aspekt. Dazu sei die Technik der
Ver- und Entschlüsselung kurz erläutert: Die Ver-
und Entschlüsselungstechnik auf offenen Kanälen,
und ein solcher ist das Internet, beruht darauf, dass
das Verschlüsseln, das die Nachricht unlesbar macht
und in eine nicht mehr interpretierbare Folge
scheinbar zufälliger Zeichen überführt, sehr viel
schneller mit Computern auszuführen ist als der
umgekehrte Vorgang, die Entschlüsselung, wenn der
Abhörer der Nachricht den Schlüssel nicht kennt. Es
muss also einen so großen Aufwand bedeuten, den
Schlüssel durch Probieren zu raten und so eine
Nachricht ohne Kenntnis des Schlüssels auf den
schnellsten verfügbaren Rechnern wieder zu entschlüsseln, dass sich der Versuch nicht lohnt.

Zur Verschlüsselung von Nachrichten wird eine
sogenannte Falltürfunktion benutzt: Sie geht in die
eine Richtung schnell, in die andere nur mit sehr
großem Aufwand auf. Im Kern besteht eine solche
Falltürfunktion aus der Multiplikation mit einer großen Zahl. Das Bitmuster, aus dem die Nachricht besteht, wird mit einer großen ganzen Zahl multipliziert, wodurch ein neues, unlesbares Bitmuster entsteht. Kennt man den Schlüssel, dann liefert eine
einfache Division wieder den Klartext. Kennt man
den Schlüssel nicht, muss man das Ergebnis der
Multiplikation, die verschlüsselte Nachricht, in seine
Faktoren zerlegen, um mögliche Schlüssel auszupro-
bieren. Dieses ist eine sehr rechenintensive Operation, zumindest für klassische Computer. Der Aufwand bei der Faktorisierung einer großen Zahl steigt
mit der Größe der Zahl so stark an, dass man durch
Verlängerung des Schlüssels den Aufwand zur unbe-
rechtigten Entschlüsselung auf ein so hohes Maß he-
raufsetzen kann, dass sich der Versuch für den Abhörer nicht lohnt.

Die Faktorisierung mit dem Quantencomputer-
Algorithmus von Shor ist nun gerade eine der Operationen, die auf Quantencomputern so viel schneller als auf klassischen Computern ablaufen kann,
dass Kodes durch Erraten des Schlüssels durch
Quantencomputer doch wieder brechbar werden –
wegen des parallelen Durchrechnens aller mögli-

chen Eingabewerte des Qubit-Registers auf Grundlage der quantenphysikalischen Superposition von
Zuständen. Das einzige System, das bekannterweise
Faktorisierung ganzer Zahlen bereits praktisch um-
gesetzt hat, war eines, in welchem unter Nutzung
von sieben Qubits die Zahl 15 in ihre Faktoren 5 und
3 zerlegt werden konnte (vgl. Vandersypen u. a. 2001).
Da allerdings die 15 klein ist, bleibt dies nur von
prinzipieller Bedeutung. Die Schwierigkeit beim
Brechen von Kodes mit Quantencomputern besteht
also darin, Shors Algorithmus auf langen Qubit-Re-
gistern zum Laufen zu bringen. Ob das möglicherweise im Geheimen schon der Fall ist, wissen wir natürlich nicht (zu verschiedenen Verschlüsselungs-
verfahren, die sicher gegenüber Quantencomputern
sein könnten, vgl. Bernstein/Buchmann/Dahmén
2009).

Auf der anderen Seite sind Quantenkryptogra-
phie-Verfahren nützlich, um prinzipiell unbrechbare
Kodes praktisch einzusetzen. Es gibt sie bereits als
kommerzielle Systeme, die aufgrund spezifischer
Schwächen der verwendeten Technologien allerdings durchaus noch gehackt werden können (vgl.
Lydersen u. a. 2010). Prinzipiell verwendet man in
der Quantenkryptographie zufällige Einmalschlüssel, die mindestens so lang sein müssen wie die
Nachricht selbst, etwa eine sehr lange Kette von Zu-
fallszahlen, die den Klartext Bit für Bit verschlüsseln.
Wo eine Null im Schlüssel steht, belässt man z. B. das
Ausgangszeichen an derselben Stelle, wo eine Eins
steht, klappt man den Bitwert um. Auf diese Weise
verschlüsselte Kodes sind prinzipiell weder jetzt
noch in Zukunft brechbar, so lange der Schlüssel ge-
heim bleibt, weder klassisch noch quantencomputa-
tionell (vgl. http://de.wikipedia.org/wiki/One-Time-
Pad, 07.04.1212). Der sichere Einsatz von Einmal-
schlüsseln beruht also auf der sicheren und nicht
abgehörten Übertragung des Schlüssels.

Hier setzen jetzt quantenphysikalische Verfahren
an: Im Gegensatz zur klassischen Rechnertechnik
kann eine Information in einem Quantensystem
nicht verdoppelt, also abgeschrieben werden, denn
in der Quantenphysik ist das dazu erforderliche Lesen eine Messung und jede Messung verändert
nichtdeterministisch das Quantensystem. Verein-
baren also die beiden Partner einer verschlüsselten Kommunikation die Übertragung des Einmalschlüssels auf einem quantenphysikalischen Kanal,
etwa einer Glasfaserleitung mit polarisierten Photonen als Trägern der Information, würde das Mitlesen
durch einen Eindringling offenbar. Denn bei sogleich erneuter Übertragung des Einmalschlüssels

müssten sich an den beiden Endpunkten des Kanals so große Unterschiede zwischen den beiden übertragenen Schlüsseln durch das Abhören ergeben, dass der Einmalschlüssel offenkundig diskreditiert und damit unbrauchbar wäre. Es würden so lange weitere Einmalschlüssel generiert und doppelt übertragen, bis einer erkennbar unabgehört ausgetauscht worden wäre. Dieser würde für Ver- und Entschlüsselung verwendet, so dass die Nachricht abhörsicher übertragen wäre (vgl. Kurtsiefer u.a. 2002). Dies kann von Vorteil zum Schutz der Privatsphäre und von sensibler (z.B. monetärer, aber auch politischer) Information sein. Nachteilig könnte die Unbeobachtbarkeit von krimineller oder terroristischer Kommunikation sein.

Zukünftige quantenbasierte Kommunikationssysteme werden also Fragen nach Privatheit und Öffentlichkeit, nach der legalen und illegalen Zugänglichkeit von Information in verschärfter Weise aufwerfen.

Literatur

Bernstein, Daniel J./Buchmann, Johannes/Dahmén, Erik: *Post-Quantum Cryptography*. Berlin 2009.

Feynman, Richard P.: *The Feynman Lectures on Physics. Vol. III: Quantum Mechanics. Chapter One*. Boston 1964.

Kurtsiefer, C./Zarda, P./Halder, M./Weinfurter, H./Gorman, P.M./Tapster, P.R./Rarity, J.G.: Quantum crypto-graphy: A step towards global key distribution. In: *Nature* 419 (2002), 450.

Lydersen, Lars/Wiechers, Carlos/Wittmann, Christoffer/Elser, Dominique/Skaar, Johannes/Makarov, Vadim: Hacking commercial quantum cryptography systems by tailored bright illumination. In: *Nature Photonics* 4 (2010), 686–689.

Shor, Peter W.: Algorithms for quantum computation. Discrete logarithms and factoring. In: *35th Annual Symposium on Foundations of Computer Science*. Los Alamitos (1994), 124–134.

Singh, Simon: *Geheime Botschaften: Die Kunst der Verschlüsselung von der Antike bis in die Zeiten des Internet*. München 2000.

Vandersypen, Lieven M.K./Steffen, Matthias/Breyta, Gregory/Yannoni, Costantino S./Sherwood, Mark H./Chuang, Isaac L.: Experimental realization of Shor's quantum factoring algorithm using nuclear magnetic resonance. In: *Nature* 414 (2001), 883–887.

Warnke, Martin: Quantum computing. In: Martin Warnke/Wolfgang Coy/Georg Christoph Tholen (Hg.): *Hyper-Kult II – Zur Ortsbestimmung analoger und digitaler Medien*. Bielefeld 2005, 151–172.

Williams, Colin P./Clearwater, Scott H.: *Ultimate Zero and One – Computing at the Quantum Frontier*. New York 2000.

Zeilinger, Anton: *Einsteins Schleier. Die neue Welt der Quantenphysik*. München 2003.

(o.V.), (o.J.): http://de.wikipedia.org/wiki/One-Time-Pad (07.04.1212).

Martin Warnke

IV. Schnittstellen

1. Theologie

Schnittmengen und Differenzen von Medien und Religion

Der meistzitierte und meistdiskutierte Satz der Medientheorie überhaupt stammt von Marshall McLuhan (1911–1980) und lautet »The medium is the message«. Nur selten ist vermerkt worden, dass dieser lakonische Grundsatz nichts anderes als die medienwissenschaftliche Fassung der christlichen Kernbotschaft ist. Jesus Christus ist (für christliche Gläubige) nicht wie etwa Moses oder Mohammed der Überbringer einer göttlichen Botschaft, vielmehr ist er selbst die Botschaft. »Ich bin der Weg und die Wahrheit und das Leben; niemand kommt zum Vater denn durch mich«, lässt der Evangelist Johannes Jesus Christus sagen (Joh. 16,4). Das Medium Jesus Christus, in dem das Wort Fleisch (Joh. 1,14) und Gott Mensch wurde, ist die inkarnierte frohe Botschaft, an die übrigens auch der zum Katholizismus konvertierte hochreligiöse Medientheoretiker McLuhan glaubte (s. Kap. II.4).

Nicht nur die christliche Religion ist Medientheorie avant la lettre (und Medienpraxis; s. u.). Auch die zentralen Ereignisse der *Thora* bzw. des *Alten Testaments* sind durchweg Medienereignisse. Die *Genesis* berichtet davon, wie Gott kraft seiner Sprache die Schöpfung hervorbringt, also systematisch Bits in Atome verwandelt: Gott sprach, es werde x,y,z (etwa Licht, Land, Lebewesen) – und es ward x,y,z. Schon bald stellen sich zwischen dem Schöpfer und seinen Geschöpfen schwere Kommunikationsprobleme wie der Sündenfall, die Sintflut oder der Turmbau zu Babel ein, die medienanalytische Aufmerksamkeit verdienen, weil sie Medienprobleme bezeichnen. Die babylonische Sprachverwirrung (der Heilige Geist wird sie neutestamentarisch im Pfingstereignis überwinden), die Umstellung von Mündlichkeit auf Schriftlichkeit bei der Übergabe der Tafel mit den zehn Geboten aus der Hand Gottes an Moses oder die Sakralisierung der Schrift in der *Thora*-Rolle sind nur einige wenige der zahlreichen Medienereignisse, von denen das *Alte Testament* berichtet. Auch der *Koran* kommt ohne zumindest implizite Medientheorie nicht aus (man denke etwa an den außerordentlichen Stellenwert des Heiligen Buches oder die kommunikative Rolle des Engels Gabriel). Das gilt in unterschiedlicher Weise von allen Religionen. Denn sie müssen deutlich machen, wie und durch welche Medien (Heiliges Buch, Gebet, Gesang, Predigt, Visionen, Meditation, Mission etc.) sich eine kategorial überlegene Instanz Menschen mit begrenzten Kommunikationsmöglichkeiten verständlich machen kann – et vice versa.

Nicht nur aus pragmatischen, sondern auch aus systematischen und strukturellen Gründen ist dieser Beitrag auf die Schnittstellen zwischen Medien und christlicher Religion fokussiert. Denn viele Indizien sprechen dafür, dass die spezifische Dynamik der Entwicklung medialer Techniken und Kulturen an das Christentum gebunden ist, so wie es z. B. Max Weber zufolge einen strukturellen Zusammenhang zwischen kapitalistischer Wirtschaftsweise und protestantischer Religiosität gibt. Christentum ist auf den Mittler Jesus Christus konzentriert, der als Medium die Botschaft ist. Auffallend ist, dass viele religiöse Begriffe zugleich zentrale Begriffe der Mediensphäre sind und umgekehrt: Die frohe Botschaft, das göttliche Wort und die Heilige Schrift machen deutlich, dass Religion ohne Medien schlicht nicht denkbar ist; Begriffe wie Exkommunikation, Kommunion, (E-)Mission oder Sendung stellen klar, dass das religiöse Projekt an eine mediale Infrastruktur gebunden ist – und umgekehrt, dass den medientechnischen Projekten ein religiöser Impuls innewohnt. So ist z. B. die Tele-Vision, also der Versuch, Einblick in fernste himmlisch-göttliche Sphären zu erlangen, der heiße Kern des theologischen Geschäfts, das in der Fernsehtechnik irdisch-profan schaltbar wird.

Nicht nur begriffsgeschichtlich, sondern auch realhistorisch ist offenbar, dass alle großen Religionsereignisse Medienereignisse sind, die Medieninfrastrukturen frei- oder voraussetzen. Ohne das römische Straßennetz (*cursus publicus*) und Kommunikationssystem wäre der manische Briefschreiber Paulus – er muss als eigentlicher Begründer des Christentums gelten – chancenlos gewesen (Jesus hat ja bekanntlich keine Schriften hinterlassen). Ohne die revolutionäre Medientechnologie des

Buchdrucks wäre die Reformationsbewegung des Mediengenies Martin Luther aussichtslos gewesen. Ohne die TV-Tauglichkeit katholischer Liturgien, des urbi-et-orbi-Segens, eines Konklave oder eines Medien-Papstes wie Johannes Paul II. wäre die katholische Kirche noch krisenanfälliger. Ohne die Möglichkeit, in seinem Exil in einem Pariser Vorort ein Tonband nach dem anderen zu besprechen und zu Kopierzwecken in den Iran zu versenden, wäre unter vielen anderen Religionsereignissen mehr, auch die islamische Revolution Chomeinis von 1979 nicht denkbar gewesen. US-TV-Evangelisten haben Medien und Religion (und das Medium Geld!) zur Symbiose gebracht. Der intime Zusammenhang von Medien(technik) und Religion ist fast ein wenig zu deutlich, um ausdrücklich zur Kenntnis genommen zu werden – wohl auch deshalb, weil Religion als etwas Uraltes erscheint, Medien hingegen als etwas spezifisch Modernes gelten. Fromme Köpfe sind häufig irritiert, wenn sie auf ihre enge Koppelung an Medientechnologie hingewiesen werden; Medientheoretiker sind nicht immer so fromm wie McLuhan und verdrängen gerne, wie viel religiöser bzw. theologischer Bodensatz in Medien steckt.

Dabei ist kaum sinnvoll zu bestreiten, dass zumindest diejenigen Religionen, die den Missionsbefehl kennen, auf massiven Medieneinsatz angewiesen sind. Wer dazu auffordert, alle Völker zu lehren und zu Jüngern der wahren Religion zu machen (Matthäus 28, 19; Markus 13,10), wird kein Medienabstinenzler sein dürfen. Die katholische Kirche bezeichnet sich deshalb ja auch als ›allumfassend‹ (griech. *katholikós*). Sie ist der erste Global Player mit einer verbindlichen Botschaft und Messeliturgie für ›alle‹ in einer supranationalen, wenn auch den meisten Laien unverständlichen, nämlich lateinischen Sprache. Und sie implementiert mit dem Abendmahl ein frühes Massen- und Leitmedium, dem es erfolgreich gelingt, das frühere Leitmedium Geld (s. Kap. III.5), ja das Medium der allgemeinverständlichen Sprache zu relativieren. Nicht nur im Hinblick auf ihre Tiefenstruktur, auch im Hinblick auf ihre all- wie sonntägliche Praxis ist die christliche Religion Medienreligion.

Als frühes Massen- und Leitmedium, das man nur um den Preis der hochriskanten Exkommunikation vermeiden kann, muss das Abendmahl gelten, weil es in geradezu paradigmatischer Weise alle Definitionskriterien für ›Medien‹ erfüllt (vgl. Debray 1991; Hörisch 1992 und 2009). Medien (wie Briefe, Telefonate, TV-Nachrichten oder E-Mails) überbrücken Abwesenheit – das Abendmahl lässt den abwesenden Gottessohn in Brot und Wein präsent sein. Medien machen Unwahrscheinliches (wie die Ereignisse von 9/11) plausibel – dass der jungfräulich geborene Gottessohn unsere Sünden auf sich nimmt, sich für uns opfert und mit uns im Abendmahl vereint, ist sehr unwahrscheinlich und gerade deshalb ein medial ritualisiertes, stets erneut abrufbares Ereignis. Medien sind ›extension of men‹ – könnte eine Körperextension eindringlicher ausfallen als die, die im Abendmahl erfahrbar wird? Medien sind Interaktionskoordinatoren – ein klassisches Beispiel dafür ist das Messegeschehen. Medien organisieren und strukturieren Zeitlichkeit – wie das Erinnerungsmahl, das mit der Gegenwart Christi in den eucharistischen Elementen einen Ausblick auf zukünftige Erlösung gewährt. Medien verschaffen Zugang zur knappen Ressource Sinn – und genau dies ist die Kernfunktion des Abendmahls.

Gerade die prototypische Massen- und Leitmedienfunktion des Abendmahls kann verständlich machen, dass die christlichen Kirchen aller Konfessionen ein distanziertes bis gereiztes Verhältnis zu anderen Medien entwickeln – handelt es sich doch um Konkurrenzverhältnisse. Aus Sicht einer Kirche, die das entscheidende Medium, das die Botschaft ist (Jesus Christus), zum von ihr verwalteten Leitmedium Abendmahl macht, müssen alle anderen Medien (wie Geld, Buchdruck, schöne Literatur, Theater, Presse, Film, Fernsehen, Internet; s. Kap. III) als profan erscheinen und einen allenfalls dienenden Rang einnehmen. Deshalb ist es verständlich, wenn die Medieninstitution schlechthin, eben die Kirche, andere Medien systematisch zu zensieren versucht.

Unübersehbar ist jedoch, dass das christliche Mediendispositiv unterschiedlich geschaltet werden kann. Das katholische Mediendesign darf mit Fug und Recht als klassisch charakterisiert werden: Eine autoritative Zentrale sendet an alle. »Roma locuta, causa finita« (der Bischof von Rom hat gesprochen, die Angelegenheit ist damit entschieden). Die viel diskutierte Unfehlbarkeit des Papstes (so er ex cathedra spricht) ist seit dem Beschluss des ersten vatikanischen Konzils von 1870, das in eine Zeit explodierender Medieninnovationen (wie Fotografie, Telegraphie, Massenpresse) fiel, herrschende Lehre. Streng geregelt ist nach katholischer Lehre auch der Zugriff auf das entscheidende Medium des Abendmahls. In beiderlei Gestalt (Wein und Brot) genießen darf es nur der geweihte Priester, der die Transsubstantiation der Hostie und des Weins in Christi Fleisch und Blut herbeiführt.

Dem widerspricht in unterschiedlicher (etwa Zwingli oder Calvin folgender) Ausprägung das protestantische Mediendispositiv, das nicht von der realen, sondern nur symbolischen Präsenz Christi in den Abendmahlelementen ausgeht. Es lehrt überdies das Priestertum aller Gläubigen und lässt Rückkoppelungen zwischen Sendern und Empfängern durchweg zu. Die Heilige Schrift ist allen Gläubigen zugänglich; Predigt und Gemeindegesang spielen im protestantischen Gottesdienst eine größere Rolle als in der katholischen Messfeier. Bilder wie die von Christi Kreuzesstationen haben in evangelischen Kirchen ein geringeres Gewicht. Der Katholizismus ist auf Bilder, der Protestantismus hingegen auf Wort und Schrift fokussiert. Was bis heute heißt: Der Katholizismus punktet in einer nicht nur sinn-, sondern auch sinnenreichen Liturgie und im Fernsehen, der Protestantismus in der Schriftexegese und im Radio. Individualisierende Medien wie das Internet sind ›protestantisch‹ verfasst, zentralisierende Medien haben eine starke Affinität zum Katholizismus. Bei allen weitreichenden Differenzen aber haben Medien und Religionen aller Ausprägungen ein Problem gemeinsam: das ihrer Glaubwürdigkeit. Fromme Botschaften aus himmlischen Sphären können ebenso beargwöhnt werden wie mögliche Medienmanipulationen. Wirkungsvolle Religionskritik aber ist nicht weniger auf Medien angewiesen als Religion selbst. Auch dieser Umstand spricht dafür, Medien als religiöse Macht zu begreifen, nämlich als das Absolute, immer schon Vorausgesetzte.

Zentrale Fragestellungen, Schwerpunkte, Vertreter

Die enge Verbindung zwischen Religion und Medien ist kein bevorzugtes Thema von Theologie und Medienwissenschaft. Was nicht aus-, sondern einschließt, dass Theologie Medientheorie avant la lettre ist. Theologische Spekulationen und Bibelexegesen etwa über die Funktion des Heiligen Geistes, der Engel, der Heiligen, des Gottessohnes, des Pfingstereignisses oder des Verhältnisses von Priestern und Laien sind ohne zumindest implizite Medientheorie nicht denkbar. Schon die griechisch-römische Götterwelt bedenkt in Gestalt des Hermeneutik-Gottes Hermes bzw. Merkur Medien-, Sendungs- und Kommunikationsprobleme zwischen den olympischen Göttern einerseits und zwischen Unsterblichen und Sterblichen andererseits. Bemerkenswert ist dabei der durchaus unseriöse Charakter von Hermes (vgl.

Hörisch 2011), der häufig erst die Kommunikations- und Verständnisprobleme schafft, die er dann lösen zu können vorgibt, und der auch als Gott der Kaufleute und der Diebe fungiert. Die christliche Religion geht hingegen von der Verlässlichkeit der Propheten, Apostel und Engel aus, die frohe oder auch bedrohliche Botschaften verkünden.

Explizite Thematisierungen des Zusammenhangs von Religion und Medien haben in der Medienwissenschaft zu Unrecht einen eher marginalen Status. Weitgehend implizit bleiben die religiös-theologischen Bezüge von Siegfried Kracauers klassischer *Theorie des Films* (1960). Ihr deutscher Untertitel – *Die Errettung der äußeren Wirklichkeit* – verstellt die Pointe des englischsprachigen Originals: *The Redemption of Physical Reality* (Die Erlösung der Physis). Kracauers These lautet: Der Film ist, anders als die auf Sinn fixierte Schrift, per se auf Sinnesdaten fokussiert, also ›realistisch‹ an dieser Welt und dieser Wirklichkeit interessiert. Der Film ist deshalb antimetaphysisch, im philosophischen Sinn materialistisch – selbst dann, wenn er religiöse und metaphysische Motive und Themen aufweist. Um stark zu pointieren, was Kracauer nur andeutet: Die »Verwindung der Metaphysik« (Martin Heidegger) ist ein Effekt der ›realistischen‹ Medieninnovationen (insbesondere Fotografie, Film) des 19. Jahrhunderts (vgl. auch die weitere Untersuchung des Zusammenhangs zwischen Religion und Film in der gleichnamigen Zeitschrift der University of Nebraska; vgl. auch Bohrmann/Veit/Zöller 2009)

Ausdrücklich bedacht wird der intime Zusammenhang von Religion und Medien vor allem bei französischen Theoretikern wie Michel Serres, der u. a. von 1968 bis 1980 ein fünfbändiges Werk Hermes I–V vorlegte. In moderner Medientechnik, so Serres, erfüllen sich alte religiöse Phantasien und Vorstellungen von überschießender Kommunikation zwischen Himmel und Erde, von ewigem Gedächtnis oder von engelhaft privilegierter Kommunikation. Ohne Übertragung(smedien) gibt es keinen Sinn. Und ohne das parasitäre Rauschen, das jeden Sinn bedroht, gibt es keine Botschaft. »Die Engel [...] übertragen. Wenn diese Botschaften endlich verstummen, wird das Wort Fleisch« (Serres 1995, 274). Das zentrale christliche Medium des Abendmahls steht auch im Mittelpunkt der von Régis Debray 1991 vorgelegten ambitionierten Mediologie (s. Kap. II.16). Sie versteht sich nicht ›nur‹ als Medientheorie, sondern als umfassende Kulturtheorie der Mediatisationen bzw. Vermittlungen, die in johanneischer Tradition aus Worten Fleisch, aus Bits

Atome und aus Algorithmen Sachverhalte werden lassen. Die Vertreibung aus dem Paradies der Unmittelbarkeit verpflichtet Menschen dazu, im Zustand der Mittelbarkeit und der medialen Vermittlung zu leben. Debray geht es durchweg darum, zu zeigen, wie Informationen über Schaltungen zu Realitäten werden, wie also in historischer und gegenwartsbezogener Sicht Sinn sinnliche Präsenz und Gewalt annimmt, sich etwa in Institutionen inkarniert. Im Anschluss u. a. an Serres und Debray hat Sybille Krämer eine Kleine Metaphysik der Medialität veröffentlicht. Sie kreist um das religiöse Phantasma aller gelungenen Kommunikation: dass der Bote, der die Distanz zwischen Sender und Empfänger markiert, wegfällt, wenn das Ziel, das Eschaton, erreicht ist, wenn das nur medial in Aussicht Gestellte sich realisiert hat.

Die dekonstruktiven Einwände etwa von Jacques Derrida oder Slavoj Žižek gegen alle Medientheologien der kommunikativen Erfüllung, des Umschlags von Kommunikation in Kommunion (zwischen Sterblichen und Unsterblichen), hat die breit angelegte Studie von Matthias Wallich @-Theologie – Medientheologie und Theologie des Rests (2004) aufgegriffen und weiterentwickelt. Sie liefert einen umfassenden Überblick zur einschlägigen Literatur. Ihr Kernargument: Medien und das aus christlicher Sicht privilegierte Medium Jesus Christus, das die Botschaft ist, kann es nur geben, wenn und weil es Reste und Paradoxien gibt, die selbst ein allmächtiger Gott nicht vermitteln kann. Dass es Medien auch und gerade in der religiösen Sphäre gibt, ist mehr als nur ein Indiz dafür, dass Differenz und Dissens und nicht etwa Einheit(sgrund) und Konsens das erste und letzte Wort haben. Die Schlange und der Teufel sind dauerpräsent, wenn zwischen der göttlichen und der irdischen Sphäre kommuniziert wird. Sie verhindern, dass aus Kommunikation Kommunion wird. Sie wissen, dass noch in religiösen Sphären der Dissens und nicht der Konsens das letzte Wort hat – und in irdischen Sphären sowieso.

Literatur

Bohrmann, Thomas/Veith, Werner/Zöller, Stephan (Hg.): *Handbuch Theologie und Populärer Film*, 2 Bde. Paderborn [2]2009.

Debray, Régis: *Cours de médiologie générale*. Paris 1991.

Hörisch, Jochen: *Brot und Wein – Die Poesie des Abendmahls*. Frankfurt a. M. 1992.

Hörisch, Jochen: *Bedeutsamkeit – Über den Zusammenhang von Zeit, Sinn und Medien*. München 2009.

Hörisch, Jochen: *Die Wut des Verstehens – Zur Kritik der Hermeneutik*. Berlin [3]2011.

Kracauer, Siegfried: *Theory of Film. The Redemption of Physical Reality*. New York 1960.

Krämer, Sybille: *Medium, Bote, Übertragung – Kleine Metaphysik der Medialität*. Frankfurt a. M. 2008.

Serres, Michel: *Hermes I-V*. Berlin 1992–93 (frz. 1968–1980).

Serres, Michel: *Die Legende der Engel*. Frankfurt a. M. 1995 (frz. *La légende des anges*. Paris 1993).

Wallich, Matthias: *@-Theologie – Medientheologie und Theologie des Rests*. St Ingbert 2004.

Journal of Religion and Film (University of Nebraska, seit 1997).

Jochen Hörisch

2. Medienphilosophie

Das Kompositum ›Medienphilosophie‹ hat sich Ende der 1990er Jahre in der deutschsprachigen Forschung durchgesetzt. Die Bezeichnung steht für ein heterogenes Ensemble von Forschungsprogrammen, die an der Schnittstelle von Medien(-wissenschaften) und Philosophie arbeiten. Mit dem Begriff ist zugleich die kulturpolitische Frage verbunden, ob und wenn ja, in welcher Gestalt die Etablierung einer eigenständigen Disziplin namens Medienphilosophie sinnvoll wäre. Verhandelt wird vor diesem Hintergrund auch die wissenschaftsphilosophische Frage nach den zeitdiagnostischen Aufgabenfeldern der Kultur- und Medienwissenschaften sowie die metaphilosophische Frage nach dem sich wandelnden Selbstverständnis von praktischer und theoretischer Philosophie im 21. Jahrhundert.

Nachdem sich Medienphilosophie zunächst in der deutschsprachigen Fachliteratur etabliert hat, gewinnt der Begriff gegenwärtig auch in anderen Sprachen an wissenschaftlicher Bedeutung. Den Auftakt der deutschen Medienphilosophiediskussion stellt die 1992 von Rudolf Fietz veröffentlichte Studie *Medienphilosophie: Musik, Sprache und Schrift bei Friedrich Nietzsche* dar (vgl. Fietz 1992). Darauf folgten eine Reihe weiterer deutschsprachiger Monographien und Aufsatzsammlungen, bei denen das Wort ›Medienphilosophie‹ im Titel steht (vgl. Funken 1996; Hartmann 2000; Sandbothe 2001; Münker u. a. 2003; Sandbothe/Nagl 2005; Konitzer 2006; Margreiter 2007; Engell/Siegert 2010). Eine frühe und wichtige Scharnierstelle zur internationalen Medienphilosophie-Debatte bildet das Buch *Imagologies: Media Philosophy* von Mark Taylor und Esa Saarinen (1994). Sowohl Fietz als auch Taylor/Saarinen stehen am Anfang einer bemerkenswerten Begriffs- und Publikationskonjunktur, deren Horizonte, Themen und Zugänge zum Teil weit über die Gründungsdokumente hinausweisen. Auch kam es im deutschen Sprachraum zu einer teilweisen Institutionalisierung der Medienphilosophie, wie sich etwa an entsprechend denominierten Professuren (z. B. Lorenz Engell, Weimar: Professur für Medienphilosophie; Erich Hörl, Bochum: Professur für Medientechnik und Medienphilosophie), Forschungszentren (z. B. Internationales Kolleg für Kulturtechnikforschung und Medienphilosophie in Weimar) oder einer Arbeitsgruppe »Medienphilosophie« in der Gesellschaft für Medienwissenschaft zeigt.

Ursprünge der Medienphilosophie

Das Aufkommen von Medienphilosophie lässt sich als Antwort auf die globalen Veränderungen betrachten, unter deren Eindruck es selbstverständlich geworden ist, unsere Gesellschaft als Informations- und Mediengesellschaft bzw. unsere Kultur als Medienkultur zu beschreiben. In diese Richtung weist Stefan Webers Plädoyer für eine empirische Medienepistemologie, die er als »Philosophie der (Massen-)Medialisierung« (Weber in Münker u. a. 2003, 178) entwirft. Der Begriff der Medialisierung (s. Kap. II.21) zielt dabei auf eine Ausweitung massenmedialer Kommunikation, deren Effekte für die Konstruktion von Wirklichkeit theoretisch zu reflektieren und empirisch zu überprüfen sind (vgl. Weber in Münker u. a. 2003, 176). Während Webers Verständnis von Medienphilosophie als Trendforschung sich vorrangig auf die Beobachtung eines *quantitativen* Bedeutungszuwachses von Massenmedien stützt, entdecken andere in dem Siegeszug der in den 1990er Jahren noch als neu apostrophierten digitalen Medien in erster Linie einen *qualitativen* Umbruch, der tiefgreifende Transformationen des gesellschaftlichen und kulturellen Lebens nach sich zieht, die nicht zuletzt auch die Stellung des Menschen in der Welt, die Erkennbarkeit dessen, was ist, und den Status von Wirklichkeit insgesamt betreffen.

Bedingt durch die rasante Fortentwicklung immer leistungsfähigerer Digitaltechnologien sind Computer mehr und mehr zu einem alltäglichen Bestandteil von Berufswelt und Privatleben geworden. Hinzu kommt die Ausbreitung des World Wide Web, mit dem die seit den 1960er Jahren diskutierte Idee des Internets als weltumspannendes Informations- und Kommunikationsnetz breitenwirksam realisiert wurde (s. Kap. III.18). Im Zuge der Digitalisierung wurde die auf Unilinearität beruhende Funktionslogik der Medienkultur des Gutenberg-Zeitalters durch einen auf höheren Graden von Interaktivität, Multimedialität, Hypertextualität und Virtualität basierenden Prozessmodus überformt und partiell ersetzt. Das Bedürfnis, diesen Wandel, der sich im Bereich der technischen Medien vollzogen hat, theoretisch auf seine Auswirkungen auf unser Denken, Wahrnehmen, Erfahren sowie Erkennen und praktisch auf die hieraus entstehenden Gestaltungspotenziale hin zu befragen, hat das Einsetzen einer philosophischen Auseinandersetzung mit Medien stimuliert (vgl. Taylor/Saarinen 1994; Hartmann 2000; Sandbothe 2001; Hansen 2004).

Alternativ bzw. parallel dazu kann Medienphilosophie auch als ausbalancierende Gegenbewegung zu der von Geoffrey Winthrop-Young als »*German media theory*« (Winthrop-Young 2008, 118; Herv. i. O.) bezeichneten Tradition betrachtet werden. Diese hat seit Mitte der 1980er Jahre im Anschluss an die Arbeiten Friedrich Kittlers das Technische der Medien im Sinne eines medienhistorischen Apriori in den Vordergrund gerückt (s. Kap. II.13). Charakteristisch für diese Position ist ein spezifisch antiphilosophischer Gestus. Nicht mehr die auf Subjekt, Bewusstsein und Geist gerichtete *Philosophie*, sondern eine als *Medienarchäologie* verstandene Medientechnikforschung vermag dieser Auffassung zufolge die Lage angemessen in den Blick zu bringen, in der sich die Welt heute befindet (vgl. Kittler 1986, 3 f.).

Der Rekurs auf die Materialität der Kommunikation wird hierbei zur medientechnischen Letztbegründung, die der vermeintlichen Souveränität des Menschen einerseits und der Vorrangstellung der medial vermittelten Inhalte andererseits entgegengestellt wird (vgl. Filk u. a. 2004, 44). Medienarchäologie beansprucht nicht nur die Deutungshoheit über Medien, sondern über die technische Konstruktion einer als transhuman konzipierten Determinante von Sein überhaupt. Diese zunächst von Außen an die Philosophie herangetragene Provokation wird durch die Medienphilosophiedebatte aufgegriffen und innerhalb des philosophischen Fachdiskurses auf produktive Weise nutzbar gemacht.

Die daraus resultierende Transformation der akademischen Philosophie wendet sich vor allem gegen die einseitige Fokussierung auf Sinn, Bedeutung und Funktion von (sprachlichen) Zeichen. Im medienphilosophisch erweiterten Fachhorizont erlangen »die nichtsinnhaften, materialen Bedingungen der Entstehung von Sinn, die stummen, prä-signifikativen Prozeduren der Signifikation, die ›Nahtstelle‹ von Sinn/Nicht-Sinn« (Krämer 2008, 88 f.) eine zentrale Stellung. Insofern stellt die von der technischen Medientheorie vollzogene Hinwendung zur Materialität der Kommunikation ein einflussreiches Korrektiv dar. Zugleich aber gilt, dass die meisten medienarchäologischen Ansätze einseitig technikdeterministisch argumentieren, weshalb Medienphilosophie stets auch als »eine programmatische Absetzbewegung zur ›Medientheorie‹« (Filk u. a. 2004, 44) verstanden werden kann. Medienphilosophen erkennen die spezifische Relevanz der technischen Medienmaterialitäten für die Genese von Sinn und Bedeutung zwar an, interpretieren diese jedoch nicht als medientechnisches Apriori bzw. als technikmetaphysische Letztbegründung.

Konturen möglicher Medienphilosophien

Unter der Überschrift ›Medienphilosophie‹ wird ein breit gefächertes Spektrum von theoretischen Problemkonstellationen und praktischen Aufgabenbestimmungen diskutiert (vgl. Münker u. a. 2003; Margreiter 2007). Die Debatte umfasst einerseits Positionen wie jene Elena Espositos, derzufolge es aus erkenntnistheoretischen Gründen gar keine Medienphilosophie geben kann (vgl. Esposito in Münker u. a. 2003). Andererseits werden Auffassungen vertreten wie die von Lorenz Engell, demzufolge Medienphilosophie die von den Medien selbst hervorgebrachte Philosophie ist (vgl. Engell in Münker u. a. 2003; s. Kap. II.23). Innerhalb des Gesamtspektrums der unterschiedlichen Selbstbeschreibungen von Medienphilosophie lassen sich stärker systematisch akzentuierte Forschungsprogramme von eher edukativ ausgerichteten Wissenspraktiken abheben. Während die systematischen Medienphilosophen grundlegende Fragen wie die nach der medialen Bedingtheit des menschlichen Selbst- und Weltverhältnisses ins Zentrum stellen (vgl. Krämer 2008), konzentrieren sich die bildenden Medienphilosophen auf politische Relevanzfragen, praktische Interessenszusammenhänge und demokratische Nützlichkeitshorizonte (vgl. Sandbothe 2001, 104 f.).

Eine zentrale Bedeutung kann der Medienphilosophie auch im Kontext der Medienwissenschaften zukommen, insoweit sie als Hilfswissenschaft betrieben wird und zur Klärung von medienwissenschaftlichen Grundlagenfragen beiträgt. Vom kritischen Blick der Medienphilosophie erhofft sich etwa Barbara Becker »wichtige Impulse für die Deutung des Beobachtbaren« (Becker in Münker u. a. 2003, 105). Zu den Grundlagenfragen der Medienwissenschaften gehört auch die Unklarheit darüber, was durch den Begriff ›Medium‹ bezeichnet wird (s. Kap. I.1). Da die Arbeit an Begriffen zum Metier philosophischer Reflexion gehört, besteht eine der Kernaufgaben der Medienphilosophie in der Bestimmung des Medienbegriffs (vgl. Münker/Roesler 2008). Infrage steht aber auch das weiter reichende Problem, wie die Medialität der Medien zu denken ist. An die Stelle der Frage nach dem *Was* tritt hierbei die Frage nach dem *Wie* der Medien. Wie schreiben sich Medien in unser Selbst- und Weltverhältnis ein, wie bedingen sie das, was wir erfahren, erkennen, kommunizieren? Von dem Sachverhalt ausgehend, dass Medien keine passiven Werkzeuge sind, klärt Medienphilosophie darüber auf, wie Medien bedingen, was durch sie vermittelt wird (vgl. Krämer und Mersch in Engell/Siegert 2010).

Obwohl die Frage nach der Medialität der Medien von grundlegender Bedeutung ist, warnt Münker vor einer allzu großen Medienversessenheit der Medienphilosophie. Polemisch bringt er dies in der These zum Ausdruck, Medienphilosophie habe »es nicht mit Medien zu tun« (Münker in Münker u. a. 2003, 18). Sich der Streitbarkeit dieser Behauptung durchaus bewusst, weist Münker auf eine weitere Dimension medienphilosophischer Reflexion hin. Medien sind nicht nur unmittelbar, sondern auch und gerade auf mittelbare Art und Weise für die Philosophie von Belang. Das ist der Fall, wenn durch die Etablierung neuer Medien philosophische Grundbegriffe problematisch werden. So sind die traditionellen Wirklichkeitsbegriffe zum Beispiel durch die mit Computern erzeugten Erfahrungs-, Handlungs- und Interaktionsräume in Frage gestellt geworden (vgl. Münker in Münker u. a. 2003, 19 f.). Medienphilosophie ist aus dieser Perspektive auf diejenigen begrifflichen Herausforderungen hin zu öffnen, die sich im philosophischen Vokabular, in unserer Alltagssprache und in den Grundbegriffen der wissenschaftlichen Disziplinen als Folgeprobleme des Medienwandels (s. Kap. II.20) ergeben.

Von der linguistischen Wende zum *medial turn*

In der medienphilosophischen Fachliteratur erscheint die schrittweise Hinwendung zum Leitthema ›Medien‹ als zentrale Herausforderung sowohl für die Philosophie als auch für die Kulturwissenschaften im 21. Jahrhundert. Die aktuelle Transformationssituation greift dabei auf die sprachkritische Wende zurück, die das geisteswissenschaftliche Denken und Forschen im 20. Jahrhundert vollzogen hat (vgl. Rorty 1975). Auf den *linguistic turn* folgten in den Kulturwissenschaften im ausgehenden 20. Jahrhundert eine Reihe weiterer Richtungswechsel, wie z. B. der *performative turn*, der *interpretive turn*, der *iconic turn*, der *spatial turn* sowie der *medial turn*, die sich auf eine je eigene Weise an der sprachanalytischen Wende abarbeiten (vgl. Bachmann-Medick 2010).

Reinhard Margreiter zufolge nimmt die medienkritische Wende in diesem Rahmen eine Sonderstellung ein. Aus seiner Sicht begründet der *medial turn* eine neue *prima philosophia*, die als folgerichtige Entwicklung philosophischer Positionen, die von der Transzendentalphilosophie Kants über die Sprachphilosophie hin zur Zeichen- und Symbolphilosophie führt, »eine kombiniert *symbolisch-mediale* Beschreibung unserer verschiedenen Orientierungssysteme« (Margreiter in Münker u. a. 2003, 170; Herv. i. O.) möglich werden lässt. Dagegen warnt Münker vor der Überhöhung der Medienphilosophie zur *prima philosophia* und plädiert dafür, sie als eine dezidierte Bereichs- oder Bindestrichphilosophie zu begreifen (vgl. Münker in Münker u. a. 2003, 23).

In der medienphilosophischen Debatte dominieren zwei Spielarten des *medial turn*, die in einem gewissen Spannungsverhältnis zueinander stehen, das sich an der Frage entfaltet, ob bzw. inwiefern die Sprache ein Medium ist. Die erste Spielart kann als horizontale Ausweitung des *linguistic turn* betrachtet werden. Zurückgewiesen wird hierbei die Fokussierung auf Sprache als ausgezeichnetem Ausdrucksmittel für Gedanken. In Anerkennung der Tatsache, dass neben Sprache andere Formen der Bildung und Artikulation von Gedanken zu berücksichtigen sind (Bild, Schrift, Tanz, Theater, Musik u. a.), treten Medien an diejenige Stelle, die vormals der Sprache zuerkannt wurde. Der Medienbegriff dient in diesem Zusammenhang als Oberbegriff für sämtliche menschliche Ausdrucksmittel, zu denen nicht zuletzt die Sprache zählt. Theoretisch ausformuliert findet sich diese Variante des *medial turn* bei Matthias Vogel (2001).

Die zweite Spielart des *medial turn* stellt eine vertikale Überschreitung der linguistischen Wende dar. Der traditionelle Gegenstandsbereich der Sprachphilosophie wird hierbei nicht um andere Ausdrucksmittel erweitert. Vielmehr wird die sprachkritische Perspektive durch eine medienkritische Sichtweise abgelöst, in deren Rahmen die materiellen und technischen Bedingungen der Produktion von Sinn in den Blick kommen. Krämer zufolge lassen sich Medien nicht »in die Erbfolge des sprachkritischen Apriori einrücken« (Krämer 2008, 25). An die Stelle eines transzendentalen Sprachbegriffs treten materielle Verkörperungsformen wie Oralsprache und Schriftsprache. Gefragt wird hierbei nicht nach den Bedingungen der Möglichkeit von Sinn – dies sei Gegenstand der Zeichentheorie. Hingegen wird eine metaphysische Frageperspektive eingenommen, die hinter den Sinn zurücktritt und die materialen Bedingungen medialer Kommunikation thematisiert (vgl. Krämer 2008, 27; vgl. auch Hörl 2005).

Philosophiehistorisch: Medienreflexion, Medienvergessenheit und Antimedialismus

In der Medienphilosophiedebatte wird der klassischen Philosophie häufig eine gewisse Medienvergessenheit unterstellt. Diese These wird von Martin Seel kritisiert. Seines Erachtens handelt es sich um eine Legende, welche die *Geschichts*vergessenheit derjenigen belegt, die diese Auffassung vertreten. In Platons *Phaidros* oder in Hegels *Ästhetik* lassen sich Ansätze zu einer philosophischen Medienreflexion finden, die zwar nicht immer mit zeitgenössischen Positionen in Einklang zu bringen sind, aber dennoch nicht ignoriert werden sollten (vgl. Seel in Münker u. a. 2003, 14; Haase 2005). Ein weiterer Hinweis dafür, dass die pauschal behauptete Medienvergessenheit der Philosophie sich nicht aufrecht erhalten lässt, ist die Anschlussfähigkeit der von Aristoteles in *De anima* entwickelten Wahrnehmungstheorie in der zeitgenössischen Mediendiskussion (vgl. Alloa 2011).

Obwohl in den klassischen Texten der Philosophie bereits (Einzel-)Medien bzw. mediale Vermittlungsvorgänge thematisiert werden, wurden diese noch nicht auf eine Philosophie des Medialen hin entworfen. Eine genuine Auseinandersetzung mit Medien als Medien setzt nach Ansicht Margreiters in der Philosophie erst mit dem Aufkommen der digitalen Medien ein (vgl. Margreiter in Münker u. a. 2003, 167 f.). Philosophiehistorisch kann Medienphilosophie in dieser Hinsicht in die Tradition der Moderne eingerückt werden, in der »die grundsätzliche *Mediatisiertheit* des menschlichen Daseins bereits in unterschiedlichen Facetten thematisiert« (Hartmann 2003, 295; Herv. i. O.) wurde. Das Denken von Medien vor der Medienphilosophie erscheint aus dieser Perspektive dann als von einem »strikten *Antimedialismus*« (ebd., 298; Herv. i. O.) geprägt.

Dieser tritt auf paradigmatische Weise in Platons Ablehnung von Bildern und in seiner im *Phaidros* formulierten Schriftkritik zum Vorschein. Medien werden von Platon nicht dahingehend thematisiert, welchen positiven Beitrag sie an den menschlichen Erfahrungs-, Kommunikations- und Erkenntnismöglichkeiten haben. Stattdessen werden sie negativ auf ihre dysfunktionale Mittelbarkeit hin analysiert, die im Fall der Schrift das Gedächtnisvermögen der Menschen schmälert und im Fall von Bildern die Einsicht in das Wesen der Ideen durch illusorische Suggestivkraft gefährdet, die bildlichen Ausdrucks-

formen innewohnen soll. Der philosophische Antimedialismus zeigt sich aber auch in vermeintlich affirmativen Positionen, wie zum Beispiel den Sprachphilosophien von Humboldt und Saussure. Diese beruhen auf der normativen Privilegierung der Sprache gegenüber anderen Ausdrucksformen, die mit der Zuschreibung einer transparenten Unmittelbarkeit begründet wird (vgl. Jäger 2004, 49).

Begriffsdebatten: Fragen nach dem Medienbegriff

Antimedialistische Positionen beruhen auf einem Medienverständnis, demzufolge Medien die Stellung eines bloß instrumentellen Mittlers einnehmen (sollen). Medien fungieren hierbei als passive Container für die durch sie vermittelten Inhalte. Darum sind Medien diesem Verständnis zufolge immer dann dysfunktional, wenn sie sich im Prozess der Vermittlung bemerkbar machen, sich in diesen einschreiben und die vermittelten Inhalte verändern. Diesem Verständnis steht eine andere Verwendungsweise des Medienbegriffs gegenüber, welche die Eigenleistung von Medien, ihr schöpferisches Potenzial erfassen und erklären will (vgl. Krämer in Münker u. a. 2003).

Unklarheit herrscht darüber, was genau durch den Medienbegriff bezeichnet wird. So stellen Münker und Roesler in dem Vorwort zu dem 2008 von ihnen herausgegebenen Sammelband *Was ist ein Medium?* fest: »Fatalerweise meinen die meisten, sie meinten das Gleiche, wenn sie den Begriff Medium verwenden« (Münker/Roesler 2008, 11). Tatsächlich wird der Medienbegriff auf vielfältige und mehrdeutige Weise als Bezeichnung für ein breites Spektrum von Phänomenen gebraucht. Das Begriffsfeld reicht von den traditionellen Massenmedien (Radio, Film, Fernsehen) und dem Internet über Bild, Sprache, Schrift, Tanz, Theater und Musik bis hin zu den sinnlichen Wahrnehmungsmedien (Raum, Zeit, Körper, Sinnesorgane) oder den symbolisch generalisierten Medien der Systemtheorie (z. B. Liebe und Macht; s. Kap. II.11). Aus diesem Grund hat Sandbothe für eine gebrauchstheoretische Bestimmung des Medienbegriffs plädiert, welche die Heterogenität seiner Gebrauchsformen im Alltag und in den Wissenschaften anerkennt. Eine an Wittgensteins Konzept der Familienähnlichkeiten orientierte Analyse lässt unterschiedliche Verwendungsweisen des Wortes erkennen, auf deren Grundlage eine Typologie von Medien entwickelt werden kann, die zwischen sinnlichen Wahrnehmungsmedien, semiotischen

Kommunikationsmedien und technischen Verbreitungsmedien unterscheidet (vgl. Sandbothe 2001; Sandbothe/Nagl 2005). Gegen diesen Systematisierungsvorschlag ist eingewendet worden, dass dadurch die Frage nach einer begrifflichen Definition von ›Medium‹ bzw. ›Medien‹ nicht beantwortet und die Frage nach der Medialität der Medien unterlaufen wird. Die pragmatisch motivierte Weigerung, den Medienbegriff zu definieren, steht in Einklang mit Positionen, die an der Notwendigkeit und Möglichkeit einer solchen Bestimmung des Medienbegriffs zweifeln (vgl. Hartmann in Münker u. a. 2003, 140).

Dennoch ist die Frage nach dem Medienbegriff ein zentrales Problem, dem in den aktuellen medienphilosophischen Debatten viel Aufmerksamkeit geschenkt wird. Unter der Vielzahl der vorgebrachten Positionen zeichnen sich zwei unterschiedliche Strategien ab, sich dem Medienbegriff zuzuwenden. Auf der einen Seite wird versucht, durch die Auseinandersetzung mit dem Begriff den Gegenstandsbereich des Medialen zu umreißen, wohingegen auf der anderen Seite der Medienbegriff von der Medialität der Medien her gedacht wird.

Der Versuch, das Feld derjenigen Phänomene zu definieren, die gerechtfertigt als Medium angesprochen werden können, reagiert auf die als beliebig empfundene Offenheit des Begriffs. So erwartet Vogel von einer belastbaren Mediendefinition, dass sie nicht nur die interne Unterscheidung verschiedener Medien, sondern auch und vor allem die externe Abgrenzung von Medien und Nichtmedien gestattet (vgl. Vogel 2001, 333). Der von Vogel entwickelte handlungstheoretische Definitionsvorschlag fasst Medien als sozial geteilte Artikulations- und Interpretationspraktiken, die »konstitutive Mittel der Individuierung von Gedanken sind« (Vogel in Münker u. a. 2003, 132). Neben der Sprache sind dieser Definition zufolge Musik, Malerei, Tanz und weitere Ausdrucksformen als Medien zu bezeichnen. Techniken, wie z. B. Radio, Fernsehen, Computer und Internet, fallen demgegenüber aus dem Bereich einer sinnvollen Verwendung des Medienbegriffs heraus und werden als ›mediale‹ bzw. ›intermediale‹ Werkzeuge beschrieben (vgl. Vogel 2001, 350 f.).

Bei der Bestimmung des Medienbegriffs anhand der spezifischen Medialität der Medien richtet sich die grundlegende Perspektive auf die Beschreibung des schöpferischen Potenzials von Medien. Dies stellt eine Herausforderung dar, weil sich Medien in ihrem Gebrauch verbergen, sie bleiben unsichtbar, insofern in, durch und mit ihnen etwas vermittelt wird. Hierin besteht ein grundlegendes Merkmal von Medien, die, indem sie funktionieren, gerade nicht zur Erscheinung kommen. Die operative Unsichtbarkeit von Medien bildet die Basis, auf deren Grundlage die unterschiedlichen Beschreibungen des Leistungsvermögens von Medien unternommen werden (vgl. Tholen 2002; Krämer 2008; Mersch in Münker/Roesler 2008).

Exemplarisch hierfür steht der von Dieter Mersch entwickelte Ansatz einer negativen Medientheorie, dem zufolge eine erschöpfende Bestimmung der Medialität der Medien unmöglich ist (s. Kap. II.18). Aufgezeigt werden können stets nur einzelne Aspekte eines Mediums, die als unabgeschlossene und unabschließbare Aneinanderreihung dasjenige ausmachen, was als das Mediale eines Mediums bezeichnet werden kann (vgl. Mersch in Engell/Siegert 2010, 188 f.). Vor diesem Hintergrund schlägt Mersch vor, sich den Mit-Wirkungen von Medien an Erfahrung, Kommunikation und Erkenntnis dadurch anzunähern, indem »die Materialität von Übergängen sowie die Praktiken der Verwandlung *von etwas in etwas ›durch‹ etwas anderes*« (Mersch in Engell/Siegert 2010, 201; Herv. i. O.) beschrieben werden.

Dabei gilt es, wie Krämer durchaus in Einklang mit Merschs Position eingefordert hat, dem Impuls zu widerstehen, Medien eine demiurgische Schaffenskraft zuzuschreiben, da der Alltagserfahrung Rechnung getragen werden muss, dass mit Medien etwas vermittelt wird. Medien operieren heteronom, sie sind fremdbestimmt. Paradigmatisch zeigt sich dies am Modell des Boten, der Nachrichten überträgt, ohne sie selbst hervorzubringen. Zugleich schreiben sich Medien in den Prozess der Übertragung ein, indem sie das Vermittelte wahrnehmbar machen. Hierin besteht der Spurcharakter von Medien, an dem sich Krämer zufolge ihre Eigenlogik, die ihnen innewohnende Opazität entziffern lässt (vgl. Krämer 2008, 379).

Als problematisch an der Bestimmung von Medien anhand ihrer Medialität erweist sich der damit verbundene generalistische Anspruch, der sich an der zumeist implizit bleibenden Tatsache bricht, dass die vorgebrachten Positionen stets anhand partikularer Medien bzw. medialer Praktiken entwickelt werden. Das Wissen, was als Medium betrachtet werden kann bzw. soll, wird unter der Hand vorausgesetzt, aber nicht explizit gemacht. So bleibt unklar wie sich Sprache, Schrift, Buchdruck, Zeitung, Schreibmaschine, Telefon, Computer etc. als Medien zueinander verhalten.

Anschlussfragen künftiger Medienphilosophien

Medienphilosophie bezeichnet ein offenes Diskursgefüge, in dem vielfältige Probleme erörtert und zum Teil konträre Positionen vertreten werden. Als ein im Entstehen befindliches Forschungsfeld sieht sich Medienphilosophie mit einer Vielzahl ungelöster Probleme und offener Fragen konfrontiert. Eine davon ist die Frage, wie Medien zwischen Sinn, Sinnlichkeit und Technik zu verorten sind. Auch wenn sich Medien möglicherweise einer präzisen Lokalisierung entziehen, besitzt diese Frage im Zeitalter digitaler Medientechnologien besondere Brisanz. Die Frage, inwiefern Computer und Internet die Bedingungen des Medialen und damit des menschlichen Selbst- und Weltverhältnisses verändern, stand am Anfang der Medienphilosophie. Ihre Beantwortung steht noch aus.

Zugleich gilt es, den Blick über die Grenzen der deutschsprachigen Medienphilosophiedebatte hinaus zu erweitern. So hat sich im englischsprachigen Raum in Reaktion auf die zunehmende Digitalisierung unserer Lebenswelt die *Philosophy of Information* etabliert (vgl. Floridi 2011). Gerade weil sie die Frage nach Medien nicht explizit stellt, eröffnet die Informationsphilosophie interessante Reibungs- und Anknüpfungspunkte für die medienphilosophische Auseinandersetzung mit den digitalen Medien. Vor diesem Hintergrund kann darüber hinaus auch die Frage nach dem Verhältnis von Medien zu Information und Kommunikation gestellt werden. Diesbezüglich hatte beispielsweise bereits Weber die Frage gestellt, warum nur von *Medien*philosophie und nicht auch von *Kommunikations-* und *Informations*philosophie gesprochen wird (vgl. Weber in Münker u. a. 2003, 179). Einen Vorschlag, wie sich die drei kulturwissenschaftlichen Grundbegriffe Information, Kommunikation und Medien in einem ›triadischen Modell‹ zusammen denken lassen, hat in der deutschsprachigen Forschung Michael Giesecke (2002) vorgelegt. Dieser Ansatz wird jedoch medienphilosophisch bisher nicht ausreichend diskutiert.

Ein weiterer offener Problembereich lässt sich durch die Frage nach dem Verhältnis von Mensch und Medium markieren. Dieses zu klären, ist Aufgabe einer noch auszuarbeitenden Medienanthropologie, die in Anerkennung der Eigenlogik von Medien nach der spezifischen Verfasstheit der menschlichen Subjektivität fragt (vgl. Hartmann 2003, 296 f.; s. Kap. IV.3). Ein noch skizzenhafter Vorschlag, der

in diese Richtung weist, wurde von Christiane Voss unterbreitet, die gegen die Spaltung von Mensch und Medium für eine Betrachtung ›anthropomedialer‹ Relationen plädiert, da in »der Verschränkung von Mensch und Medium jeweils spezifische Existenzformen freigespielt werden, die sich auf keine der beiden Seiten dieser Verhältnisse mehr verrechnen lassen« (Voss in Engell/Siegert 2010, 171). Fragen nach menschlicher Wahrnehmung führen auf das Feld der Medienästhetik (vgl. Schnell 2000; s. Kap. IV.7), Fragen nach menschlichem Handeln und seiner Darstellung auf das Feld der Medienethik (vgl. Leschke 2001).

Eine Vielzahl offener Fragen verbindet sich darüber hinaus auch mit dem Verhältnis von Einzelmedien und genereller Medientheorie einerseits und mit der Orientierung an der Kunst oder der Populärkultur (s. Kap. IV.23) andererseits. Die Frage, wie die philosophische Betrachtung einzelner Medien mit der generellen Reflexion von Medialität in Verbindung stehen und wie diese zueinander in Beziehung gesetzt werden können, ist bisher noch nicht hinreichend geklärt worden. Ebenso wenig wurde bisher ausreichend diskutiert, inwiefern die Betrachtung von Kunst den geeigneten Ausgangspunkt für medienphilosophische Reflexionen darstellt oder ob diese Orientierung am Besonderen den Blick für das Normale, für den Mainstream medialer Praktiken verstellt. Eng damit verbunden ist die Frage, welche Rolle Beispiele in medienphilosophischen Argumentationen spielen und welchen Beispielen welcher Status beigemessen wird.

Literatur

Alloa, Emmanuel: *Das durchscheinende Bild: Konturen einer medialen Phänomenologie.* Zürich 2011.

Bachmann-Medick, Doris: *Cultural turns: Neuorientierungen in den Kulturwissenschaften.* Reinbek bei Hamburg 2010.

Engell, Lorenz/Siegert, Bernhard (Hg.): *ZMK Zeitschrift für Medien- und Kulturforschung: Schwerpunkt »Medienphilosophie«* 2 (2010).

Fietz, Rudolf: *Medienphilosophie. Musik, Sprache und Schrift bei Friedrich Nietzsche.* Würzburg 1992.

Filk, Christian u. a.: Was ist ›Medienphilosophie‹ und wer braucht sie womöglich dringender: die Philosophie oder die Medienwissenschaft? Ein kritisches Forschungsreferat. In: *Allgemeine Zeitschrift für Philosophie* 29/1 (2004), 39–65.

Floridi, Luciano: *The Philosophy of Information.* Oxford 2011.

Funken, Michael: *Jenaer Vorsätze zu einer Multimedia-Philosophie.* Würzburg 1996.

Giesecke, Michael: *Von den Mythen der Buchkultur zu den Visionen der Informationsgesellschaft: Trendforschungen zur kulturellen Medienökologie.* Frankfurt a. M. 2002.

Haase, Frank: *Metaphysik und Medien. Über die Anfänge medialen Denkens bei Hesiod und Platon*. München 2005.

Hansen, Mark B. N.: *New Philosophy for New Media*. Cambridge, Mass. 2004.

Hartmann, Frank: *Medienphilosophie*. Wien 2000.

Hartmann, Frank: Medienphilosophische Theorien. In: Stefan Weber (Hg.): *Theorien der Medien: Von der Kulturkritik bis zum Konstruktivismus*. Konstanz 2003, 290–320.

Hörl, Erich: *Die heiligen Kanäle. Über die archaische Illusion der Kommunikation*. Berlin 2005.

Jäger, Ludwig: Störung und Transparenz: Skizze zur performativen Logik des Medialen. In: Sybille Krämer (Hg.): *Performativität und Medialität*. München 2004, 35–73.

Kittler, Friedrich A.: *Grammophon, Film, Typewriter*. Berlin 1986.

Konitzer, Werner: *Medienphilosophie*. München 2006.

Krämer, Sybille: *Medium, Bote, Übertragung: Kleine Metaphysik der Medialität*. Frankfurt a. M. 2008.

Leschke, Rainer: *Einführung in die Medienethik*. München 2001.

Margreiter, Reinhard: *Medienphilosophie: Eine Einführung*. Berlin 2007.

Münker, Stefan/Roesler, Alexander (Hg.): *Was ist ein Medium?* Frankfurt a. M. 2008.

Münker, Stefan/Roesler, Alexander/Sandbothe, Mike (Hg.): *Medienphilosophie: Beiträge zur Klärung eines Begriffs*. Frankfurt a. M. 2003.

Rorty, Richard (Hg.): *The Linguistic Turn: Recent Essays in Philosophical Method*. Chicago 1975.

Sandbothe, Mike: *Pragmatische Medienphilosophie: Grundlegung einer neuen Disziplin im Zeitalter des Internet*. Weilerswist 2001.

Sandbothe, Mike/Nagl, Ludwig (Hg.): *Systematische Medienphilosophie*. Berlin 2005.

Schnell, Ralf: *Medienästhetik. Zu Geschichte und Theorie audiovisueller Wahrnehmungsformen*. Stuttgart u. a. 2000.

Taylor, Mark C./Saarinen, Esa: *Imagologies: Media Philosophy*. London 1994.

Tholen, Georg Christoph: *Die Zäsur der Medien. Kulturphilosophische Konturen*. Frankfurt a. M. 2002.

Vogel, Matthias: *Medien der Vernunft: Eine Theorie des Geistes und der Rationalität auf Grundlage einer Theorie der Medien*. Frankfurt a. M. 2001.

Winthrop-Young, Geoffrey: Von gelobten und verfluchten Medienländern: Kanadischer Gesprächsvorschlag zu einem deutschen Theoriephänomen. In: *Zeitschrift für Kulturwissenschaften* 2 (2008), 113–127.

Marcus Burkhardt/Mike Sandbothe

3. Medienanthropologie

Schon 1997 findet sich in dem von Christoph Wulf herausgegebenen *Handbuch Historische Anthropologie* mit dem Obertitel *Vom Menschen* eine Sektion zu ›Medien und Bildung‹, die auch zwei Aufsätze zu Medien im engeren Sinne, verfasst von Friedrich Kittler und Norbert Bolz, enthält (vgl. Wulf 1997, 649–678). In dem 2003 erschienenen Sammelband *Homo medialis* heißt es: »Medienanthropologie ist en vogue« (Pirner/Rath 2003, 11). Anfang 2013 erschien das Heft der *Zeitschrift für Medien- und Kulturforschung* mit dem ›Schwerpunkt Medienanthropologie‹. In einem Beitrag wird betont, dass sich »das Projekt einer medialen Anthropologie [...] heute aufdrängt« (Deuber-Mankowsky 2013, 133). Dabei ist zu beachten, dass der Begriff der ›Anthropologie‹ heute mindestens drei Bedeutungsdimensionen aufweist (vgl. Uhl 2009, 75):

- Damit kann ein Anschluss an eine naturwissenschaftliche, v. a. evolutionsbiologische Erforschung ›des Menschen‹ gemeint sein, die so begründete Universalien in Medieninhalten oder Mediengebrauchsweisen aufzufinden sucht (s. Kap. IV.5).

- Damit kann, insbesondere wenn hergeleitet vom amerikanischen *media anthropology*, das gemeint sein, was im deutschen Sprachraum eher als Medienethnologie oder Medienethnographie firmiert (s. Kap. IV.4). Diese Linie ist auch gemeint, wenn Schüttpelz (2006) eine »medienanthropologische Kehre der Kulturtechniken« (s. Kap. II.19) ausruft.

- Schließlich kann damit eine Fortentwicklung der v. a. deutschen Tradition der philosophischen Anthropologie gemeint sein. Dieser Anschluss steht hier im Mittelpunkt.

Im Folgenden sollen zunächst verschiedene Begründungsversuche für eine solche Medienanthropologie in der Tradition der philosophischen Anthropologie und ihre Potentiale vorgestellt werden. Darauf folgen die Hauptperspektiven, unter denen der Körper (oder mit Plessner 1975, 230 f. und 237 f.: Körper und Leib; vgl. Fischer 2009, insb. 217), eine in der Anthropologie und mithin in einer Medienanthropologie irreduzible Größe, in den Blick genommen wird. Die Grundfrage der Medienanthropologie richtet sich, um es möglichst voraussetzungslos zu formulieren, auf die Verbindungen von Körper und Medien, eine Verbindung, die aus anderer Perspektive auch von den Gender Studies (s. Kap. IV.25) und

den Postcolonial Studies (s. Kap. IV.24) thematisiert
wird.

Begründungen von Medienanthropologien

Die klassische Frage der philosophischen Anthropologie (vgl. Marquard 1971; zur Kritik vgl. Rölli 2011; Welsch 2011) ist »Was ist der Mensch?«. Seit Aristoteles ist damit die Thematisierung des Menschen als Körper- und Sinnenwesen (ergänzend zu seiner Behandlung als soziales und vernunftbegabtes Wesen) gemeint (vgl. Wulf 1997, 407–585). Für Immanuel Kant umfasst die philosophische Anthropologie die Fragen, was die Natur aus dem Menschen macht (physiologische Anthropologie) und was er selbst als frei handelndes Wesen aus sich macht (vgl. Kant 2000). Für die deutsche Diskussion spielt weiterhin die Frage nach dem ›ganzen Menschen‹ eine Rolle (vgl. Schings 1994): In der Moderne stehen zahlreiche, aber immer nur Ausschnitte und Einzelaspekte berührende Repräsentations- und Beschreibungsweisen des Menschen zur Verfügung. Nach Michel Foucault wirft die Verdoppelung (oder präziser Vervielfältigung) der Diskurse, die ab ca. 1800 ›den Menschen‹ (empirisch oder transzendental, vgl. Foucault 1974, 384 ff.) zu erfassen behaupten, erst das Problem einer fehlenden Beschreibung des Menschen in seiner Gesamtheit auf. Die deutsche philosophische Anthropologie des 20. Jahrhunderts (Max Scheler, Helmuth Plessner, Arnold Gehlen) nähert sich der Frage nach dem Menschen daher unter Rekurs auf unterschiedliche Disziplinen (Sozialpsychologie, Soziobiologie, Evolutionsbiologie, Linguistik). Plessner postuliert, dass Körper, Gesellschaft, Kultur und Denken den Menschen zwar jeweils historisch kontingent festlegen, dass diese Festlegung aber einer grundlegenden Unbestimmtheit, Ergänzungsbedürftigkeit und Reflexionsfähigkeit entspringt (›exzentrische Positionalität‹, vgl. Plessner 1975, 288 ff.). Bei Gehlen (1940) steht die Kompensationshypothese im Vordergrund; der Mensch werde als Mängelwesen geboren und bedürfe der Kultur als Ergänzung.

Diese Überlegungen berühren sich mit Fragestellungen der Ästhetik (Bezug zur Wahrnehmung) und der Symboltheorie (Ernst Cassirer); beide sind im Anschluss an die französische Annales-Schule in den Kulturwissenschaften auch unter der Bezeichnung ›historische Anthropologie‹ fortgeführt worden (vgl. Gebauer u. a. 1989; ein wichtiges Organ ist

auch die Zeitschrift *Paragrana*) und werden im Rahmen einer Theateranthropologie (Richard Schechner, Victor Turner) thematisiert. Die spezifischere Frage, welche Rolle Medien für das Mensch-Sein des Menschen spielen, stellt sich in Hinsicht auf die folgenden Aspekte:

- Das Wissen vom Menschen
- Wahrnehmung und Sinne
- Medien als Prothesen und Extensionen des Körpers
- Körperbilder und das Imaginäre

Gerade in der Filmtheorie haben sich diese verschiedenen Aspekte vielfach überlagert, weswegen in einem eigenen Abschnitt auf die diesbezügliche Diskussion eingegangen wird. Vor dem Fazit wird noch ein Blick auf die Potentiale medienanthropologischer Theoriebildung zur Beschreibung der digitalen Medien geworfen.

Medienanthropologische Theorieangebote beziehen ihre Legitimation aus der Synthese und Entgrenzung bestehender, einzeldisziplinärer und begrifflich trennscharfer Theorien, die – so der Vorwurf – den Menschen immer nur in Einzelaspekten beobachten (z. B. als Subjekt, als Sinnenwesen, als biologisches Wesen usw.). Dies führt einerseits zu tendenziell transhistorischen, kulturübergreifenden bis hin zu universalistischen Aussagen. Andererseits können anthropologische Modelle ein Ausgangspunkt für die detailreichen historischen Rekonstruktionen eben der Differenzierungs- und Syntheseprozesse sein, die jeweils gültige Vorstellungen und Repräsentationen ›des ganzen Menschen‹ konstruieren.

Systematisch kann die Persistenz medienanthropologischer Fragen und Themen einerseits als Reaktion auf euphorische wie apokalyptische Visionen der Entkörperlichung verstanden werden, die, zumal in den frühen 1990er Jahren, mit den sich ausbreitenden digitalen Medien verbunden waren. Andererseits bezieht sie Stellung gegen Medientheorien, die sich etwa zeitgleich etablierten und die der Anthropologie kritisch gegenüberstanden: Strukturalismus, Poststrukturalismus (vgl. Kamper 1980; Rölli 2011, 491 f.) und Systemtheorie. Diese Theorien bieten Erklärungsmodelle an, die Medien ohne Rekurs auf ›den Menschen‹ modellieren. So schreibt Friedrich Kittler (1993, 188): »Ohne Referenz auf den oder die Menschen haben Kommunikationstechniken einander überholt [...]«. Dieses Zitat zeigt, dass genau wegen der anderen Bezugnahme auf den Menschen Kittlers Position nicht mit Marshall McLuhans These von Medien als Extensionen des Menschen (s. u.) verwechselt werden darf. Bei Kittler ist daher dezidiert von »sogenannten Menschen« (1995, 247) oder »sogenannte[n] Personen« (ebd., 379) die Rede und er warnte immer wieder vor einer »modische[n] Überbetonung des Körpers« (Kittler 2002, 199). Die Position Kittlers (s. Kap. II.13) wurde schon früh unter expliziter Berufung auf eine »historische Anthropologie der Medien« (Reck 1996) kritisiert.

Die Entscheidung, Menschen als ›Systemumwelten‹, als systemtheoretisch nicht beobachtbar auszuklammern, ist von Peter Fuchs und Andreas Göbel (1994) kritisch hinterfragt worden. Aber gerade auch neuere Ansätze, die ausdrücklich eine Symmetrie zwischen ›menschlichen und nicht-menschlichen Akteuren‹ fordern, wie die Akteur-Netzwerk-Theorie (s. Kap. II.15), müssen um dieser Symmetrie willen auch dem Menschen einen Platz einräumen. Die z. T. radikalen Betonungen der Medientechnik in der deutschen Medientheorie der 1990er Jahre machen also einem wohl differenzierteren Bild Platz.

Medien und das Wissen vom Menschen

In einem Aufsatz, der in dem 2003 von Manfred L. Pirner und Matthias Rath herausgegebenen Band *Homo Medialis. Perspektiven und Probleme einer Anthropologie der Medien* zu finden ist, konzentriert sich Matthias Rath auf verschiedene, historisch entstandene Menschenbilder, z. B. den *homo oeconomicus* oder den *homo sociologicus*. Mit Cassirers Philosophie der symbolischen Formen, die den Menschen als *animal symbolicum* deutbar macht, als Wesen, das notwendig Symbole und Zeichen verwendet, kann er argumentieren: »Das Symbol und die Medialität der Welt wird zum anthropologischen Datum, das sich zwar unter den Gegebenheiten der jeweiligen Kultur wandelt, aber als Faktum unhintergehbar ist« (Rath 2003, 24; vgl. Schwemmer 2002). Abschließend thematisiert Rath einige Schwierigkeiten in der Formulierung des Menschenbilds des *homo medialis*.

Andere Ansätze wie z. B. Stefan Riegers Studien zur Wissens- und Mediengeschichte des Menschen im 19. Jahrhundert entfalten eine solche grundlegende Positionsbestimmung auf komplexere Weise. Rieger (2001; 2002; 2003; 2013) geht davon aus, dass Menschenbilder zwar in diskurs-, ideen- oder begriffsgeschichtlicher und metaphorologischer Hinsicht zu rekonstruieren sind, zugleich aber auch in ihren medientechnischen und institutionellen Vor-

aussetzungen beobachtet werden müssen. Zusätzlich muss mit Rückwirkungen auf diese diskursiven, technischen und institutionellen Rahmen gerechnet werden. Er argumentiert zudem, dass Mensch-Medien-Verhältnisse auf der Ebene von Prozessen und Performanzen (und nicht allein auf der Ebene der Diskurse oder Techniken) betrachtet werden sollten (vgl. Rieger 2001, 14). Für Rieger steht nicht der ›ganze Mensch‹ oder dessen fundamentale Bestimmung im Mittelpunkt, sondern seine medial-diskursiven ›De-‹ und ›Rekompositionen‹ (vgl. Rieger 2001, Kap. 1 und 3): Welche einzelnen Aspekte des Menschen (z. B. Reaktionszeiten, Bewegungsmuster) machen Medientechnologien erfassbar, welche blenden sie aus? Wie werden die Einzelaspekte wieder zu Menschenbildern oder -begriffen kombiniert?

Riegers Position entspricht weitgehend dem Umriss zur Medienanthropologie, den Lorenz Engell und Bernhard Siegert im Editorial des Heftes der *Zeitschrift für Medien- und Kulturforschung* 1/2013 vorlegen. Es gehe darum, die »philosophische Leitfrage nach dem Menschen medientheoretisch und kulturtechnisch zu grundieren« (Engell/Siegert 2013, 5): »Nicht so sehr was, sondern wo und wann, unter welchen Bedingungen und mithilfe welcher Instrumente und Operationen der Mensch sei, darum, so der Ausgangsgedanke, geht es der Medienanthropologie« (ebd.). Dabei wird sofort auch die Frage nach dem Körper eingeführt – medienanthropologisch scheint es klar, dass der Mensch nicht nur einen »biologischen, sondern darüber hinaus oder gar an Stelle dessen einen technischen, semiotischen und einen artefaktischen Körper benötigt« (ebd.). Diese zusätzlichen Körper existieren nur mit und durch mediale Operationen, wie überhaupt alles am Menschen prozessual und medial zu begreifen ist: »Menschen werden gemacht, durch Messungen und Beobachtungen, durch Darstellungen und Durchleuchtungen, durch Klassifizierung und Regulierung, durch Vermittlung an die Welt, an andere Menschen, an sich selbst, an das, was nicht Mensch sein soll, an Ahnen und Götter, an Tiere, Kunstwerke und andere Dinge. Medien sind dabei die Werkzeuge solcher Verfertigung« (ebd., 6; zur ›Klassifizierung und Regulierung‹ am Beispiel der Fotografie vgl. Edwards 1992).

Hier sind Medien Bedingung des Mensch-Seins überhaupt. In diesem Sinne ist der Mensch ein *homo medialis*. Folglich drängt sich die Frage nach der »Medienspezifik« (Engell/Siegert 2013, 7) auf, also danach, ob verschiedene mediale Ordnungen ver-

schiedene Fassungen und Verfertigungen des Menschen zur Folge haben:

> »Eine an die Arbeiten von Michel Foucault anschlie-
> ßende Medienanthropologie würde dies zweifellos beja-
> hen: eine auf Universität, einer Pädagogik der Selbstkor-
> rektur, dem monopolisierenden Medium des Buches,
> dem Diskurs der Sexualität aufbauende Anthropologie
> konzipierte den Menschen als Beamten: eine auf ana-
> loge und digitale Medien, Rückkopplungen, Biologie
> und Kybernetik aufbauende Anthropologie dagegen als
> Maschine« (ebd.; zur ›kybernetischen Anthropologie‹
> vgl. Rieger 2003; 2013).

Im Licht dieser Fragen wird nach spezifischeren,
z. B. einer »kinematographischen Anthropologie«
(Engell/Siegert 2013, 9) gefragt (s. u.). Jedenfalls
geht es für die Autoren weder darum, einseitig den
Anthropozentrismus zurückzuweisen, noch den
Menschen unkritisch in den Mittelpunkt zu rücken,
sondern vielmehr die verteilten und heterogenen
Ensembles aus Körpern, Technologien, Regeln, Texten u. v. m., die erst so oder so ›den Menschen‹ bilden, beschreibbar zu machen.

Wahrnehmung und Sinne

Einen etwas anderen Begründungsansatz liefert
Christa Karpenstein-Eßbach in ihrer *Einführung in
die Kulturwissenschaft der Medien* von 2004. Das
erste Kapitel heißt »Medien und Sinne« und widmet
sich, angeleitet von der Frage nach einer »Anthropologie der Sinne« (ebd., 13–30), detailliert und ausführlich der Frage nach dem Verhältnis von menschlichen Sinnen und Medien. Dabei geht sie wesentlich
von Plessners These der »exzentrischen Positionalität« des Menschen aus (vgl. ebd., 19 ff.): »Exzentrische Positionalität als menschliches Vermögen bedeutet, daß wir uns reflexiv zu uns und zur bloßen
Umwelt verhalten können, daß uns im Unterschied
zu Tieren die Fähigkeit gegeben ist, uns in ein ver-
neinendes Verhältnis zu ihr zu setzen, aus ihr und
von uns zurückzutreten, obwohl wir dabei noch immer in unserem Leib stecken« (ebd., 21). Obwohl es
eine offene Frage bleibt, ob Medien (wie schon die
Sprache) diese Exzentrizität hervorbringen oder auf
ihr aufruhen, kann doch eine klare medienanthropologische Bestimmung gegeben werden: »Medien
sind Apparate, die eine exzentrische Positionalität
gegenüber der Wahrnehmung ermöglichen. Damit
wird die Spezifik der einzelnen Sinnestätigkeiten allererst erkennbar« (ebd., 24). Nach Ansicht der Ver-
fasserin scheinen sich unterschiedliche Sinne unter-

schiedlich gut für ihre ›exzentrische Positionierung‹
zu eignen – es werden klassisch die Distanzsinne Sehen und Hören bevorzugt (vgl. ebd., 25 f.; obwohl
man die Frage stellen könnte, ob in modernen Formen des Kochens, die durchaus im Kunstkontext
goutiert werden, so etwa Ferran Adrià auf der documenta 12, nicht auch ähnliche Prozesse stattfinden;
zur Rolle des Popcorn-Essens im Kino vgl. Hediger
2001).

Dabei geht es keineswegs nur um die Isolierung
und Spezifizierung einzelner Sinne, sondern es kann
ebenso um ihr Zusammenspiel und ihre Einheit
gehen (vgl. Karpenstein-Eßbach 2004, 59 ff.). Dies
spiegelt sich in den gleichzeitigen Tendenzen moderner Kunst, einerseits immer puristisch-medien-
spezifischer zu werden (s. Kap. II.5), andererseits
aber intermediale Strategien auszubilden (s. Kap.
II.22). Die exzentrische Positionalität des Menschen
entfaltet sich so in ganz verschiedener Weise auch als
spielerische Inszenierung, etwa der Stimme (vgl.
Epping-Jäger/Linz 2003), der Geste und Mimik
(vgl. Bickenbach/Klappert/Pompe 2003) oder des
Gesichts (vgl. Löffler/Scholz 2004; Belting 2013).
Auch eine Anthropologie der Musik ist vorstellbar
(vgl. Suppan 1984).

Medienanthropologie findet hierin Anschluss an
medienästhetische Fragen nach der Historizität und
Medialität der Wahrnehmung (s. Kap. IV.7; vgl.
Crary 1999), wie oftmals im Anschluss an Walter
Benjamin ausgeführt wurde. Indem Medien in der
Moderne die Sinne in extremer Wiese isolieren und
trennen, also den optischen vom akustischen, den
taktilen vom emotiven Sinn, wird diese Mediendif-
ferenzierung zur anthropologischen Frage der Sin-
nesdifferenzierung und ihrer synästhetischen Aufhebung. Letztere scheint in den multimedialen
Kombinationsmöglichkeiten der digitalen Plattform
eine Entsprechung zu finden, die in völlig neuer
Weise Bild und Ton, Schrift und Bild, Text und
Musik synthetisieren kann. Die hier anklingende
Frage nach dem Verhältnis von Sinnen und Technik
wird gesondert von Karpenstein-Eßbach diskutiert
(vgl. 2004, 63 f.), wobei sie in Absetzung z. B. von
McLuhan betont: »Die Anthropologie der Medien
fragt nach der Differenz von leiblich gebundener
und medial-technischer Sinnestätigkeit. Mit der
Technisierung der Sinne entsteht ein neuer Modus
des Sinns und eine Modifikation der Sinnestätigkeit.
Technische Medien sind keine einfachen Analogien
zu oder Ausweitungen von Sinnesorganen des Leibes« (ebd., 68).

Medien als Prothesen und Extensionen des Körpers

Wie bereits Ernst Kapp (1877) begreift auch Sigmund Freud den Menschen 1930 als prothetisches Wesen, das seine Organe durch Werkzeuge und technische Medien (Telefon, Grammophon, Mikroskop u. a.) ergänzt und potenziert, und das Kultur (z. B. Sprache, Architektur) zum Zweck der psychischen Wunscherfüllung hervorbringt. »Der Mensch«, so Freud (1999, 450 f.), sei »eine Art Prothesengott geworden, recht großartig, wenn er alle seine Hilfsorgane anlegt, aber sie sind nicht mit ihm verwachsen und machen ihm gelegentlich noch viel zu schaffen«. Medien als Prothesen suggerieren dem psychoanalytischen Subjekt einen Status ohne Mangel, der an den primären Narzissmus des Säuglings anknüpft. Neben der schützenden Wirkung verletzen mediale Ausweitungen des Körpers das Subjekt jedoch auch permanent, da sie in ihrer Schutzfunktion an den basalen Mangelzustand erinnern.

Analog zu Freuds psychoanalytischer Kulturtheorie und zu Vertretern der philosophischen Anthropologie wie Gehlen und Plessner konzipiert auch Marshall McLuhans (1968) einflussreiche Medientheorie, die man eine Medienanthropologie nennen kann (zur Kritik vgl. Schröter 2008), Technologien als Extensionen des menschlichen Körpers. Sein Medienbegriff umfasst – scheinbar ähnlich wie bei Karpenstein-Eßbach (2004, 64 f.), die sich aber von McLuhan distanziert – alle Erweiterungen der menschlichen Sinne: Das heißt, Medium ist das, was zwischen Körper und Umgebung vermittelt. Es dient als Technologie der Kompensation für ›mangelhafte‹ organische Funktionen: Mit dem Radio lässt sich ›weiter hören‹, mit dem Fernsehen ›weiter sehen‹ etc. Durch Konzentration auf einen spezifischen Sinn jedoch entstünden Ungleichgewichte: »Der Mensch als werkzeugschaffendes Lebewesen, handle es sich um die Sprache, die Schrift oder das Radio, ist schon lange damit beschäftigt, das eine oder andere seiner Sinnesorgane so zu erweitern, daß dadurch alle seine anderen Sinne und Anlagen gestört werden« (McLuhan 1968, 9). Für McLuhan fördern bzw. negieren differente apparative Medien auch differente Sinne des Menschen (z. B. Radio adressiert Hörsinn, ›vernachlässigt‹ aber Sehsinn). Wie McLuhan veranschaulicht, verändert sich die Wahrnehmung des Menschen und damit die Perzeption von Körpern jeweils mit der Einführung neuer Medien (die ›Botschaft‹ eines Mediums). Allerdings schließt McLuhan wie Freud auch zahlreiche Tech-

nologien ein, die nicht immer im engeren Sinne als Medium bezeichnet werden (z. B. Kleidung oder Waffen), so dass gefragt werden kann, ob es sich bei seinem Ansatz nicht eher um eine Kultur- oder Technikanthropologie handelt (vgl. Sigaut 1994). Vergleichbare Überlegungen wurden 1990 in dem von Jochen Hörisch und Michael Wetzel herausgegebenen Band *Armaturen der Sinne* weiterverfolgt.

Manche Ansätze lassen sich von den vermeintlichen Funktionsäquivalenzen und den metaphorischen Analogien zwischen Medien und Körpern faszinieren. Roland Barthes hat dies in seinem Buch *Die helle Kammer* (1989) in besonders plastischer und metaphorischer Sprache formuliert. Die Einstiegsfrage: »Was weiß mein Körper von Photographie?« (ebd., 17) weitet sich im Laufe des Buches zu einer körperlichen Beschreibung der Fotografie aus: »Eine Art Nabelschnur verbindet den Körper des photographierten Gegenstandes mit meinem Blick: das Licht ist hier, obschon ungreifbar, doch ein körperliches Medium, eine Haut, die ich mit diesem oder jener teile, die einmal photographiert worden sind« (ebd., 91). Er diskutiert weiterhin, wie bestimmte Elemente den denotierten oder konnotierten Sinn der Repräsentation aus dem Gleichgewicht bringen und das Subjekt direkt adressieren, an seine Affekte und Assoziationen zugleich appellieren: Dieses Element, von Barthes als »Punctum« bezeichnet, ist jenes Aleatorische, das sofort auffällt und den Blick dabei attackieren will, das also auch »verwundet, trifft« (ebd., 36).

Der Körper als ›Vorlage‹ für Medien spielt auch in andersgelagerten medienhistorischen Ansätzen wie dem von Jonathan Crary (1990) eine Rolle – dort geht es um das Wissen über den Körper, wie es durch die Wissenschaften vom Menschen (Medizin etc.) ab dem 19. Jahrhundert erzeugt und zur Grundlage von Medientechnologien wie dem Stereoskop (Nutzung der Binokularität des Menschen) und des Kinos (Nutzung der sogenannten ›Trägheit des Auges‹ des Menschen) wurde. In diesem Sinne sind Stereoskop und Kino ›Extensionen‹ des menschlichen Körpers.

Körperbilder und das Imaginäre

Das Ineinandergreifen von Körperrepräsentation und verinnerlichten Körperbildern ist ein zentrales Anliegen bild- und medienanthropologischer Ansätze, und es wird mit unterschiedlichen Schwerpunktsetzungen diskutiert: Zunächst kommt die Materialität bzw. ›Körperlichkeit‹ des Trägermediums selbst in den Blick. Mediale Repräsentationen in Fotografie, Fernsehen, Film, Video oder digitaler Audiovisualität lassen das Medium als aktuellen Träger respektive virtuellen Körper erscheinen (vgl. Belting 2001, 13; 19; 21), von dem die Repräsentation ihre Gestalt verliehen bekommt. Medien machen andererseits Körper präsent, während die Repräsentation auf ein Abwesendes rekurriert, das von ihr stellvertretend repräsentiert wird. Schließlich wird die Affizierung des menschlichen Körpers durch mediale Artefakte und mediale Repräsentationen diskutiert, wiederum mit Bezug auf die Rolle von Affekten und die Rolle des Imaginären. Die Begrifflichkeit differenziert – ganz im Sinne der synthetisierenden Logik medienanthropologischer Theoriebildung – nicht immer sorgfältig zwischen diesen Aspekten.

Medien greifen, wie Thomas Macho (2011) formuliert, auf den Körper des Rezipienten zu, dessen Eigen- wie Fremdwahrnehmung sie durch ihre ›vorahmenden‹ Strukturen bedingen und modifizieren. Der rezipierende Körper wiederum entkörperlicht zunächst die objektive Repräsentation, bis er sie dann selbst als ›organisches‹ Medium neu verkörpert. Diese sekundäre Verkörperung separiert imaginativ zwischen Medium und Repräsentation, um einen virtuellen Körper zweiter Ordnung herzustellen. Das Medium fungiert daher nicht als bloßer Mittler zwischen Repräsentation und wahrnehmendem Subjekt. Trägermedium und Rezeptionskörper vertauschen vielmehr ihre Rollen im Perzeptionsakt, wobei die Repräsentation zwischen Medium und Körper ›wandert‹. Dass Medien nicht nur Körper abbilden, sondern so auch quasi-sensorische und somatisch-affektive Reaktionen provozieren und das sedimentierte ›Körperwissen‹ ansteuern, gehört zu bestimmten Positionen der Medientheorie (vgl. Krämer 2000; zur sozialen Bedingtheit und Sedimentierung insbesondere ästhetischer Affektdispositionen vgl. Reckwitz 2010, 17 f., 155 f., 309 ff., Kap. 3.2.3, 4.2.3.).

Der Begriff des ›Imaginären‹ dient in K. Ludwig Pfeiffers medienanthropologischem Ansatz dazu, den Ort des Zusammentreffens von körperlich-affektiven und sensorischen Dispositionen, kulturell generalisierten Formen für solche Dispositionen und ihren material-technischen Infrastrukturen zu umschreiben. Pfeiffer ist in erster Linie an Medien als Ermöglichungsbedingungen *von*, aber auch als kulturelle Formen *für* »packende, faszinierende Erfahrungen« (Pfeiffer 1999, 22) interessiert. Das Imaginäre ist wie bei Jacques Lacan, Cornelius Castoriadis und Wolfgang Iser in eine Begriffstriade eingebunden und fungiert als Gelenkstelle zwischen Medienkonfigurationen und dem Realen. Es ist aber nicht einem logisch-rationalen Subjekt zugeordnet, sondern als ›despezifiziertes‹, auch affektives Erfahrungspotential bestimmt (vgl. Pfeiffer 1999, 58 ff.). Medien kommen nicht als Einzelmedien in Hinsicht auf Einzelsinne, sondern als ›Medienkonfigurationen‹ (von Technologien und Körpertechniken, Diskursen und Bildern) in den Blick. Die doppelte Suchmaske Medienkonfigurationen/affektiv-aisthetische Erfahrung ermöglicht es Pfeiffer, historisch relativ kontinuierliche Kopplungen (wie z. B. opernähnliche Inszenierungsformen) ausfindig zu machen und diese auch kulturübergreifend (z. B. in der japanischen Kultur) aufzusuchen.

Die Relation von Körper, Medium und Repräsentation beschäftigt in ähnlicher Weise vor allem jüngere Tendenzen der Bildwissenschaft (vgl. etwa Belting 2001; Bredekamp 2010, Abschnitt IV; vgl. auch Heller/Prümm/Peulings 1999). Hans Belting macht auf die Schwierigkeit aufmerksam, Bilder als rein materiale oder technische Artefakte zu konzipieren, da sie immer auch als Produkte der Wahrnehmung (›innere Bilder‹) und als »Resultat einer persönlichen oder kollektiven Symbolisierung« (Belting 2001, 11) aufzufassen sind. Der Mensch muss folglich als der ›Ort‹ der Bilder, als Schnittpunkt, an dem Trägermedien, Kollektivsymbole und konkrete Wahrnehmung zusammentreffen, in Bildtheorie einbezogen werden (vgl. ebd., 12). Rückwirkend betrifft dies das Körperbild, das Menschen von sich entwickeln. Belting begreift auch den Körper immer schon als Repräsentation, auch wenn er noch nicht von Repräsentationen zweiter Ordnung dargestellt wird: »Der Körper ist selbst ein Bild, noch bevor er in Bildern nachgebildet wird« (ebd., 89). Und: »Die Abbildung ist nicht das, was sie zu sein behauptet, nämlich *Reproduktion* des Körpers. Sie ist in Wahrheit *Produktion* eines Körperbilds, das schon in der Selbstdarstellung des Körpers vorgegeben ist« (ebd.; Herv. i. O.). Als kulturelles Konstrukt ist der Körper eine Verbindung zwischen stofflichem Leib und symbolischer Präsenz, zwischen – wie Engell und Siegert formulieren – biologischem und artefaktischem Körper.

Körper und Film

Auf ähnliche Weise ist das filmische Bewegtbild auf seine körperbezogenen Wirklichkeitseffekte hin untersucht worden und hat anthropologische Theorieansätze inspiriert (vgl. Engell 2013; Elsaesser/Hagener 2007, 13). In der Filmtheorie bieten anthropologisch grundierte, d. h. auf Sensorik, Affekt und Körperrepräsentation fokussierte Ansätze eine Ergänzung zu formalistisch-kognitiv arbeitenden Modellen wie dem Neoformalismus (David Bordwell) und der Semiologie (Christian Metz), schreiben aber auch psychoanalytische Film-und Blicktheorien im Anschluss an Lacan (Laura Mulvey, Kaja Silverman, Teresa de Lauretis) fort (s. Kap. III.12).

Das Zuschauersubjekt unterwirft sich scheinbar von jeher lustvoll jenen seduktiven Strategien, die die filmische Inszenierung für es bereithält (vgl. Fuery 2000, insb. Kapitel 4 und 8). Seit den charismatischen Stars der Stummfilmära läuft die Verführung des Publikums über den präsentierten, konstruierten Körper, dessen dezidiert »performative Qualität« (Stiglegger 2006, 198 ff.) zu vereinnahmen versteht. Die Körper der Stars sind Projektionsflächen von Wünschen und Begehren, selbst im alternden und versehrten Zustand (vgl. Ritzer 2012; zu Stars generell vgl. Lowry 1997; Ludes 1998, 173–188).

Nicht zuletzt ist der Film so wirksam, weil er das Zuschauersubjekt korporeal affiziert. Linda Williams schreibt speziell sogenannten Körpergenres das Potential zu, ihr Publikum somatisch zu adressieren. Für Williams können im Besonderen das Melodram, der Horrorfilm und Pornografie reziproke Feedbackeffekte zwischen dargestellten Körpern und Rezipientenempfinden hervorbringen. Der Körper des Zuschauersubjekts ist sowohl Adressat der Inszenierung wie auch Objekt der Mise-en-scène und Fläche des filmischen Ausdrucks. Dadurch konstituiert sich das Potential eines »augenscheinlich[en] Mangel[s] an ästhetischer Distanz, eine[r] Art Über-Verstricktheit in Körperempfindung und Gefühl« (Williams 2009, 15). Der Körper besitzt so einen libidinösen Überschuss für das Publikum, das ihn auf Basis seiner eigenen Leiblichkeit wahrnimmt.

Wird in Williams' psychoanalytisch gedachtem Modell (s. Kap. II.12) noch recht mechanisch vom Begehren des Subjekts auf somatische Mimesis geschlossen, haben andere Theoretiker/innen wie Steven Shaviro, Vivian Sobchack, Patricia MacCormack und Thomas Morsch nicht nur Williams' Thesen von ihrer Bezogenheit auf spezifische Genres befreit und eine generelle Dominanz des Somatischen apostrophiert, sie heben auch ein kinästhetisches Subjekt hervor, das offen zwischen dem Ausdruck der Wahrnehmung auf der Leinwand und der Wahrnehmung des Ausdrucks steht.

Nach Shaviro (1993) ist Filmrezeption präreflexiv und tritt hinter die symbolische Ordnung zurück. Das filmische Bild entzieht sich so der Ordnung der Repräsentation. Shaviro betrachtet Filmerfahrung als einen schockartigen Akt, der den Körper des Rezipientensubjekts angeht, bevor sich dieses dessen intellektuell bewusst wird. Der somatische Effekt geht der bewussten Wahrnehmung voraus. Seine Vereinnahmung des unfreiwillig passiven Publikums gleicht einer masochistischen Disposition. Diese Strategie einer intendierten Unterwerfung des Zuschauersubjekts unter die sinnlichen (audiovisuellen) Eindrücke appelliert an ein körperliches Empfinden. Filmrezeption konfrontiert also nicht nur mit medialen Abbildern des Körpers, sondern zielt per se selbst auf den Körper des Rezipienten ab.

Wie Shaviro postuliert auch Vivian Sobchack (1992) für jede filmische Erfahrung einen transitiven Körper, der sich aus der untrennbaren Kopplung von Zuschauersubjekt und Repräsentation ergibt. Er konstituiert als basaler Garant zum einen ganz generell den Konnex von Wahrnehmung und Bedeutung, zum anderen aber auch eine konkrete Sinnzuweisung des Somatischen, die in lebensweltlichen, d. h. körpergrundierten Erfahrungen des Subjekts beheimatet ist. Damit geht Sobchack von einem intersubjektiven Film-Körper aus, der das einzelne Körper-Subjekt sowohl einbezieht als auch transzendiert.

Patricia MacCormack (2008) begreift filmische Audiovisionen als einen Deleuzeschen ›organlosen Körper‹, zu dem das Auge als reduziertes Geschlechtsorgan in ein sinnliches Verhältnis tritt. Dem audiovisuellen Medium selbst kommt ungeachtet seiner Phantomhaftigkeit somit eine körperliche Qualität zu: Es wird zu einem Film-Körper, dem sich der menschliche Sinnesapparat in einem quasi sexuellen Akt hingibt. In ihrem Theoriemodell plädiert MacCormack deutlich für eine performative Körperlichkeit dieser Medien (durch Textur, Licht, Schatten, letztlich alle gebotenen ›Sensationen‹), die unabhängig von einer bloßen Abbildung des (menschlichen) Körpers besteht und jenseits von symbolischen und semantischen oder gar kulturspezifischen Zuschreibungen funktioniert.

Einen meta-diskursiven Ansatz bietet Thomas Morsch (2011). Besonderes Interesse gilt hier dem so flüchtigen wie intensiven Ereignischarakter des Filmerlebens mit seinem starken Appell an das Körpergedächtnis des jeweiligen Zuschauersubjekts. Für Morsch fungiert der Körper des Publikums letztlich als unhintergehbare Prädisposition eines jeden bewegungsbildlichen Ausdrucks, auch wenn er dafür plädiert, Inszenierungsstrategien je nach ihrem Körperappell zu differenzieren. Das »Medium des Sinns« bildet in jedem Fall aber zugleich »de[n] Körper auf der Leinwand, de[n] Körper des Zuschauers, aber vor allem de[n] Körper des Films« (Morsch 2011, 310).

Eine differenzierte Studie zur Entstehung, Veränderung und Diversifizierung von Kinopublika zu Beginn des 20. Jahrhunderts hat Miriam Hansen (1991) im Anschluss an die Kritische Theorie und Oskar Negts und Alexander Kluges Begriff der Öffentlichkeit vorgelegt (s. Kap. II.9). Für sie ist die Frage nach der Modellierung von affektiver, auch an Körperbilder gekoppelter Kino*erfahrung* zentral: Sie beobachtet die Spannungen zwischen Erfahrungsmöglichkeiten und den formalen und normativen Rahmungen, die der Kinoerfahrung durch filmische Strukturen und (moralisierende, pädagogische) Begleitdiskurse vorgegeben wurden. So treffen z. B. im frühen ›Attraktionenkino‹ (Tom Gunning) die Rezeptionshaltungen der »Wild West, minstrel and magic shows, the burlesque, the playlet, the dance number, pornographic displays, acrobatics, and animal acts« (ebd., 29) auf Versuche, die Kinoerfahrung zu domestizieren und zu kommerzialisieren. Hansen argumentiert aber, dass das Kino gerade durch das absichtliche oder zufällige Gewähren von Spielräumen für diverse, auch affektiv aufgeladene Rezeptionsweisen nicht auf eindeutige Subjektpositionen (wie den ›male gaze‹ oder die linear-kognitive Rezeption von Narrativen) festzulegen ist (vgl. ebd., 119 ff.). Insbesondere für Frauen boten Körperinszenierungen sehr heterogene und weder eindeutig patriarchale noch eindeutig emanzipatorische Identifikationsmöglichkeiten (vgl. ebd., 125).

Lynn Spigel (1992) hat in ähnlicher Weise die Situierung des Zuschauerkörpers in Fernsehdiskursen (hier: Werbeanzeigen der 1950er Jahre) rekonstruiert und beobachtet, wie ideale männliche Rezeptionsweisen an Freizeit- und Entspannungspraktiken anschließen, weibliche jedoch in häusliche Arbeitskontexte eingebunden werden.

Körper und digitale Medien

Die Ansätze von am Körper orientierter und insofern anthropologischer Filmtheorie können zugleich als eine Herausforderung in der Betrachtung anderer audiovisueller Medien verstanden werden, deren Medien-Körper weniger an das Imaginäre bzw. die Selbst-Vorstellung als vielmehr an eine sinnliche Re-

zeption der medialen Performanz appellieren – auch wenn die ›Avatarbilder‹ in Computerspielen (s. Kap. III.19) immer auch Körperbilder sind (vgl. Beil 2012). So rekurriert Serjoscha Wiemer (2006) auf Walter Benjamins ›Mimesis‹-Konzept, um die sensomotorische Synchronisierung des Spielers und den daraus resultierenden immersiven Distanzverlust zwischen Subjekt- und Bildraum zu erklären (vgl. auch Deuber-Mankowsky 2013). Jörg von Brincken (2012) geht dagegen von der These aus, dass der Spieler die virtuelle Welt vorrangig visuell erkennend erschließt. Andererseits entwickelt er unter Rekurs auf Georges Bataille die These, dass die symbolische Körperlichkeit des Avatars als ein ›semiotischer Körper‹ (vgl. Krämer 2000) eng verknüpft mit dem tatsächlichen Empfinden des Spielers bleibt und ein performatives Ausleben der Grenzen in Form symbolischer Körperlichkeit ermöglicht.

Eine Medienanthropologie des Computerspiels könnte also darauf verweisen, dass hier das Verhältnis des »biologischen« zum »technischen, semiotischen und […] artefaktischen Körper« (Engell/Siegert 2013, 5) spielerisch variiert und erprobt wird. Mit Karpenstein-Eßbach gesehen, erlauben Computerspiele eine exzentrische Positionalität gegenüber der eigenen Körperlichkeit. Beide Befunde widersprechen der in euphorischer wie apokalyptischer Absicht geäußerten Diagnose, mit den digitalen Medien sei ein Reich der Körperlosigkeit angebrochen (vgl. auch Müller-Funk 1999, 41 und 64 f.). Medienanthropologisch gesehen, kann eine solche Körperlosigkeit auch nie gegeben sein – zu fragen ist vielmehr, in welche neuen, medienspezifischen Konfigurationen Körperlichkeit gerückt wird. Dieser Befund wird auch von den Studien von Sherry Turkle (1998) gestützt – in Selbstdarstellungen im Internet wird nicht der Körper zurückgelassen, sondern vielmehr eine spielerische, *andere* Inszenierung der eigenen Körperlichkeit gesucht (vgl. White 2006).

Fazit

»Medienanthropologie hat Konjunktur« (Rath 2003, 17). Diese Aussage gilt – wie das Heft 1/2013 der *Zeitschrift für Medien- und Kulturforschung* zeigt – noch heute. In aktuellen theoretischen Diskussionen tauchen medienanthropologische Fragen immer wieder auf. In einem Text von 2009 diskutiert z. B. Erhard Schüttpelz die Frage, ob man mit Blick auf die theoretische Debatte der Akteur-Netzwerk-Theorie (s. Kap. II.15) davon sprechen könne, dass im Verhältnis von Medien und Menschen ein ›anthropometrischer Maßstab‹, d. h. letztlich eine wechselseitige Anpassung der Praktiken von Menschen an die technologischen Medien und umgekehrt der technologischen Medien an den Körper der Menschen, anzunehmen sei: »Es könnte sein, dass hier – gegen Latours ursprüngliche Absicht und hinterrücks zur Entstehung dieser These aus der Labor- und Wissenschaftsforschung eine echte medienanthropologische Einsicht zu Tage getreten ist, die noch einer unabsehbaren komparativen Anstrengung bedarf, um in ihren ganzen Konsequenzen verstanden zu werden« (Schüttpelz 2009, 84).

Literatur

Barthes, Roland: *Die helle Kammer. Bemerkung zur Photographie*. Frankfurt a. M. 1989.

Beil, Benjamin: *Avatarbilder. Zur Bildlichkeit des zeitgenössischen Computerspiels*. Bielefeld 2012.

Belting, Hans: *Bild-Anthropologie. Entwürfe für eine Bildwissenschaft*. München 2001.

Belting, Hans: *Faces. Eine Geschichte des Gesichts*. München 2013.

Bickenbach, Matthias/Klappert, Annina/Pompe, Hedwig (Hg.): *Manus Loquens. Medium der Geste – Gesten der Medien*. Köln 2003.

Bredekamp, Horst: *Theorie des Bildakts*. Berlin 2010.

Brincken, Jörg von: Es kommt darauf an, den Körper zu verspielen. Körperlichkeit zwischen Ideologie und Transgression beim Computerspielen. In: Ivo Ritzer/Marcus Stiglegger (Hg.): *Global Bodies. Mediale Repräsentationen des Körpers*. Berlin 2012, 88–105.

Crary, Jonathan: *Techniques of the Observer. On Vision and Modernity in the Nineteenth Century*. Cambridge, Mass./London 1990.

Crary, Jonathan: *Suspensions of Perception: Attention, Spectacle, and Modern Culture*. Cambridge, Mass./London 1999.

Deuber-Mankowsky, Astrid: Mediale Anthropologie, Spiel und Anthropomedialität. In: *Zeitschrift für Medien- und Kulturforschung*, Schwerpunkt Medienanthropologie 1 (2013), 133–148.

Edwards, Elizabeth (Hg.): *Anthropology and Photography*. New Haven u. a. 1992.

Elsaesser, Thomas/Hagener, Malte: *Filmtheorie zur Einführung*. Hamburg 2007.

Engell, Lorenz: The Boss of it All. Beobachtungen zur Anthropologie der Filmkomödie. In: *Zeitschrift für Medien- und Kulturforschung*, Schwerpunkt Medienanthropologie 1 (2013), 101–118.

Engell, Lorenz/Siegert, Bernhard: Editorial. In: *Zeitschrift für Medien- und Kulturforschung*, Schwerpunkt Medienanthropologie 1 (2013), 5–10.

Epping-Jäger, Cornelia/Linz, Erika (Hg.): *Medien/Stimmen*. Köln 2003.

Fischer, Joachim: Philosophische Anthropologie. In: Eike Bohlken/Christian Thies (Hg.): *Handbuch Anthropolo-*

gie. *Der Mensch zwischen Natur, Kultur und Technik*. Stuttgart/Weimar 2009, 216–225.

Foucault, Michel: *Die Ordnung der Dinge. Eine Archäologie der Humanwissenschaften* [1966]. Frankfurt 1974.

Freud, Sigmund: Das Unbehagen in der Kultur. In: Ders.: *Gesammelte Werke*, Bd. XIV. Frankfurt a. M. 1999, 419–506.

Fuchs, Peter/Göbel, Andreas (Hg.): *Der Mensch – das Medium der Gesellschaft?* Frankfurt a. M. 1994.

Fuery, Patrick: *New Developments in Film Theory*. New York 2000.

Gebauer, Gunter/Kamper, Dietmar/Lenzen, Dieter/Mattenklott, Gert/Wulf, Christoph/Wünsche, Konrad: *Historische Anthropologie. Zum Problem der Humanwissenschaften heute oder Versuche einer Neubegründung*. Reinbek bei Hamburg 1989.

Gehlen, Arnold: *Der Mensch. Seine Natur und seine Stellung in der Welt*. Berlin 1940.

Hansen, Miriam: *Babel and Babylon: Spectatorship in American Silent Film*. Cambridge, Mass. 1991.

Hediger, Vinzenz: Das Popcorn-Essen im Kino als Vervollständigungshandlung der synästhetischen Erfahrung des Kinos. Anmerkungen zu einem Defizit der Filmtheorie. In: *montage/av* 10/2 (2001), 67–75.

Heller, Heinz B./Prümm, Karl/Peulings, Birgit (Hg.): *Der Körper im Bild: Schauspielen – Darstellen – Erscheinen*. Marburg 1999.

Hörisch, Jochen/Wetzel, Michael (Hg.): *Armaturen der Sinne. Literarische und technische Medien 1870–1920*. München 1990.

Kamper, Dietmar: Die Auflösung der Ich-Identität. Über einige Konsequenzen des Strukturalismus für die Anthropologie. In: Friedrich A. Kittler (Hg.): *Austreibung des Geistes aus den Geisteswissenschaften. Programme des Poststrukturalismus*. Paderborn u. a. 1980, 79–86.

Kant, Immanuel: *Anthropologie in pragmatischer Hinsicht* [1796/97]. Hamburg 2000.

Kapp, Ernst. *Grundlinien einer Philosophie der Technik. Zur Entstehungsgeschichte der Cultur aus neuen Gesichtspunkten*. Braunschweig 1877.

Karpenstein-Eßbach, Christa: *Einführung in die Kulturwissenschaft der Medien*. Paderborn 2004.

Kittler, Friedrich A.: Geschichte der Kommunikationsmedien. In: Jörg Huber/Alois Martin Müller (Hg.): *Raum und Verfahren*. Basel/Frankfurt a. M. 1993, 169–188.

Kittler, Friedrich A.: *Aufschreibesysteme 1800/1900* [1985]. München ³1995.

Kittler, Friedrich A.: *Optische Medien*. Berliner Vorlesung 1999. Berlin 2002.

Krämer, Sybille: ›Performativität‹ und ›Verkörperung‹. Über zwei Leitideen für eine Reflexion der Medien. In: Claus Pias (Hg.): *Neue Vorträge zur Medienkultur*. Weimar 2000, 85–197.

Löffler, Petra/Scholz, Leander (Hg.): *Das Gesicht ist eine starke Organisation*. Köln 2004.

Lowry, Stephen: Stars und Images. Theoretische Perspektiven auf Filmstars. In: *montage/av* 6/2 (1997), 10–35.

Ludes, Peter: *Einführung in die Medienwissenschaft. Entwicklungen und Theorien*. Berlin 1998.

MacCormack, Patricia: *Cinesexuality*. Farnham 2008.

Macho, Thomas: *Vorbilder*. Paderborn 2011.

Marquard, Odo: Anthropologie. In: Joachim Ritter u.a. (Hg.): *Historisches Wörterbuch der Philosophie*, 13 Bde. Basel u.a. 1971, Bd. 1, Sp. 362–374.

McLuhan, Marshall: *Die Gutenberg-Galaxis – Das Ende des Buchzeitalters*. Düsseldorf/Wien 1968.

Morsch, Thomas: *Medienästhetik des Films. Verkörperte Wahrnehmung und ästhetische Erfahrung im Kino*. München 2011.

Müller-Funk, Wolfgang: *Junos Pfau. Studien zur Anthropologie des inszenierten Menschen*. Wien 1999.

Pfeiffer, K. Ludwig: *Das Mediale und das Imaginäre. Dimensionen kulturanthropologischer Medientheorie*. Frankfurt a.M. 1999.

Pirner, Manfred L./Rath, Matthias: Einführung. In: Dies. (Hg.): *Homo medialis. Perspektiven und Probleme einer Anthropologie der Medien*. München 2003, 11–16.

Plessner, Helmuth: *Die Stufen des Organischen und der Mensch*. Berlin/New York 1975.

Rath, Matthias: Homo medialis und seine Brüder – zu den Grenzen eines (medien-)anthropologischen Wesensbegriffs. In: Pirner/Rath 2003, 17–30.

Reck, Hans-Ulrich: »Inszenierte Imagination«. Zu Programmatik und Perspektiven einer »historischen Anthropologie der Medien«. In: Wolfgang Müller-Funk/Ders. (Hg.): *Inszenierte Imagination. Beiträge zu einer historischen Anthropologie der Medien*. Wien/New York 1996, 231–244.

Reckwitz, Andreas. *Das hybride Subjekt. Eine Theorie der Subjektkulturen von der bürgerlichen Moderne zur Postmoderne* [2006]. Weilerswist 2010.

Rieger, Stefan: *Die Individualität der Medien. Eine Geschichte der Wissenschaft vom Menschen*. Frankfurt a.M. 2001.

Rieger, Stefan: *Die Ästhetik des Menschen. Über das Technische in Leben und Kunst*. Frankfurt a.M. 2002.

Rieger, Stefan: *Kybernetische Anthropologie. Eine Geschichte der Virtualität*. Frankfurt a.M. 2003.

Rieger, Stefan: Medienanthropologie. Eine Menschenwissenschaft vom Menschen? In: *Zeitschrift für Medien- und Kulturforschung*, Schwerpunkt Medienanthropologie 1 (2013), 191–206.

Ritzer, Ivo: Are They Expendable? Der alternde Körper im Aktionsbild. In: Ders./Marcus Stiglegger (Hg.): *Global Bodies. Mediale Repräsentationen des Körpers*. Berlin 2012, 310–327.

Rölli, Marc: *Kritik der anthropologischen Vernunft*. Berlin 2011.

Schings, Helmut (Hg.): *Der ganze Mensch. Literatur und Anthropologie im 18. Jahrhundert*. Stuttgart 1994.

Schröter, Jens: Von Heiß/Kalt zu Analog/Digital. Die Automation als Grenze von McLuhans Medienanthropologie. In: Derrick de Kerckhove/Martina Leeker/Kerstin Schmidt (Hg.): *McLuhan neu lesen. Kritische Analysen zu Medien und Kultur im 21. Jahrhundert*. Bielefeld 2008, 304–320.

Schüttpelz, Erhard: Die medienanthropologische Kehre der Kulturtechniken. In: *Archiv für Mediengeschichte 6* (2006), 87–110.

Schüttpelz, Erhard: Diskussionsbeitrag. Ein Maßstab für alle Medien? Eine anthropometrische These im Anschluss an Bruno Latour. In: *Sprache und Literatur 40/2* (2009), 79–90.

Schwemmer, Oswald: Die symbolische Existenzform des Menschen – Zur Anthropologie der Medien. In: Jörg Albertz (Hg.): *Anthropologie der Medien – Mensch und Kommunikationstechnologien*. Berlin 2002, 9–36.

Shaviro, Steven: *The Cinematic Body*. Minnesota 1993.

Sigaut, François: Technology. In: Tim Ingold (Hg.): *Companion Encyclopedia of Anthropology*. London 1994, 420–459.

Sobchack, Vivian: *The Address of the Eye. A Phenomenology of Film Experience*. Princeton 1992.

Spigel, Lynn: *Make Room for TV. Television and the Family Ideal in Postwar America*. Chicago/London 1992.

Stiglegger, Marcus: *Ritual & Verführung. Schaulust, Spektakel und Sinnlichkeit im Film*. Berlin 2006.

Suppan, Wolfgang: *Der musizierende Mensch. Eine Anthropologie der Musik*. Mainz 1984.

Turkle, Sherry: *Leben im Netz. Identität im Zeitalter des Internets*. Reinbek bei Hamburg 1998.

Uhl, Matthias: *Medien – Gehirn – Evolution. Mensch und Medienkultur verstehen. Eine transdisziplinäre Medienanthropologie*. Bielefeld 2009.

Welsch, Wolfgang: *Immer nur der Mensch? Entwürfe zu einer anderen Anthropologie*. Berlin 2011.

White, Michele: *The Body and the Screen. Theories of Internet Spectatorship*. Cambridge, Mass. 2006.

Wiemer, Serjoscha: Körpergrenzen: Zum Verhältnis von Spieler und Bild in Videospielen. In: Britta Neitzel/Rolf F. Nohr (Hg.): *Das Spiel mit dem Medium. Partizipation – Immersion – Interaktion*. Marburg 2006, 244–260.

Williams, Linda: Filmkörper: Gender, Genre und Exzess. In: *montage/av 2* (2009), 9–30.

Wulf, Christoph (Hg.): *Vom Menschen. Handbuch Historische Anthropologie*. Weinheim u.a. 1997.

Nicola Glaubitz/Andreas Käuser/
Ivo Ritzer/Jens Schröter/Marcus Stiglegger

4. Medienethnologie/ Medienethnographie

Seit Beginn der wissenschaftlichen Forschung über andere Kulturen sind Ethnologen von Medien fasziniert. Vom 19. Jahrhundert an nutzte man Film, Grammophon, Fotografie und andere Geräte und Techniken, um Aufzeichnungen über die Aufenthalte an fernen oder unbekannten Orten anzufertigen. Traditionelle Medien wie Felsbilder, Rauchsignale, Trommel- oder Pfeifsprachensysteme und Knotentafeln wurden wie selbstverständlich in die laufenden Untersuchungen mit einbezogen. Fernseher, Computer und Muschelhörner vermitteln Bedeutung durch ihren Inhalt, aber auch durch die sozialen Beziehungen, die sich durch ihre Nutzung konstituieren. In den letzten 50 Jahren hat sich die Medienethnologie (im Englischen *media anthropology*) als ein Teilbereich der Ethnologie (*cultural anthropology, social anthropology*) herausgebildet. Medienethnologie trägt in sich die zentrale anthropologische Fragestellung: »Was bedeutet es, Mensch zu sein?« und geht allen Aspekten der Medien und der Vermittlung (*mediation*) im menschlichen Leben nach (s. Kap. IV.3).

Innerhalb dieses Teilbereichs entstanden zwei miteinander verbundene Richtungen. Die eine Richtung vermittelt ethnologische Inhalte im Sinne von Wissenschaftskommunikation an die Öffentlichkeit (vgl. Eiselein/Tropper 1976; Allen 1994), die andere betreibt Forschung über Medien und Vermittlung (*mediation*) in unterschiedlichen Kulturen. Heute ist es hauptsächlich dieses letztere Verständnis, auf das sich Fachvertreter beziehen, wenn sie über Medienethnologie sprechen. Dieser Beitrag betont die Forschungsseite und den Einsatz der ethnographischen Methoden, bei der durch Teilnahme am fremden Alltagsleben immer direkter Kontakt mit Menschen hergestellt wird.

Medienethnologie untersucht die symbolische Vermittlung von Kultur in den vielgestaltigen globalen Medienlandschaften der Moderne (*mediascapes* nach Appadurai 1990). Dies geschieht unter Verwendung einer holistischen und vergleichenden Perspektive, die in Kombination mit ethnographischen Methoden das besondere Kennzeichen der Ethnologie ist.

Hintergrund

Eine wichtige Voraussetzung für gelungene ethnographische Untersuchungen ist es, fremde kulturelle Äußerungen verstehen zu lernen. Dazu gehört es, eigene Vorurteile im Forschungsprozess zu reflektieren und die Rolle von wissenschaftlicher Autorität und deren Repräsentation im Auge zu behalten (s. Kap. IV.24). Diese berechtigten Forderungen an die Forschungsethik und die Kritik an der wissenschaftlichen Konstruktion von ›Kultur‹ sind aus der ›Writing Culture‹-Debatte und der ›Krise der Repräsentation‹ in den 1980er Jahren hervorgegangen (vgl. Clifford/ Marcus 1986). Das ist umso dringender, als nicht nur kulturelle Voreingenommenheiten bei Forschern selbst existieren, sondern auch die wissenschaftlichen Methoden von kulturellen Prägungen nicht frei sind.

Spricht man heute in der Ethnologie über Medien und Vermittlung (*mediation*), bezieht man sich meist auf ein Verständnis von Medien im Sinne von Kommunikation (vgl. Boyer 2012, 411). Ethnologen referieren auf Medien, die als Kommunikationsmittel dienen, und die wegen ihrer großen Verbreitung generell als ›Mainstream-Medien‹ oder auch als ›Massenmedien‹ bezeichnet werden: Fernsehen, Fotografie, Film, Video, Printmedien, Telefonie und das Internet. Nun untersuchen Ethnologen praktisch immer eher kleine, von ihnen einigermaßen überschaubare Gruppen. Eine unspezifische ›Masse‹ von Menschen als eine nicht differenzierbare Einheit ist kein Forschungsfeld. Erschwerend für eine ethnologische Sicht auf ›Massenmedien‹ ist die im Wort versteckte Annahme, dass sich die Menschen als homogene ›Masse‹ verhalten und tendenziell manipuliert werden (vgl. Mazzarella 2004, 350). Medienethnologen interessieren sich hingegen dafür, wie Menschen in ihrem Alltag mit dem Einsatz von Medien ihre Beziehungen leben, verändern, kreativ neu gestalten und ihren Praktiken Sinn verleihen. Die ethnographische Methode der Ethnologie erlaubt es, sich im Kontext von Alltagshandlungen auf die konkrete Medienpraxis zu konzentrieren – die in der Medienwissenschaft oft sehr allgemein behandelten Medien erfahren in diesen Praktiken ihre »kulturelle Konkretion« (Wendl 2004). Dadurch eröffnet sich ein Raum für die Untersuchung der medialen Produktion von Sinn und Bedeutung, d. h. von Kultur. Die alltäglichen Medienpraktiken sind über das Lokale hinaus in globale Medienlandschaften (*mediascapes*) eingewoben. Diese stellen komplexe Repertoires zur Verfügung, in denen sich Warenwelten, Politik und Nachrichten vermischen.

Die Moderne ist gekennzeichnet von Ungleichzeitigkeiten in der Entwicklung von Konsum und materiellen Besitztümern, die zwischen den Kulturen eine Hierarchie von Machtbeziehungen etablieren (vgl. Miller 1995). Manche Wissenschaftler machen sich Sorgen, dass beispielsweise indigene Kulturen untergehen, wenn dort nicht-autochthone, globale Medien Einzug halten; andere befürchten, dass nicht-westliche Kulturen unter dem Einfluss der Moderne ihre Authentizität verlieren (vgl. Weiner 1997). Jahrelang herrschte die Vorstellung, dass die Medienmoderne alle Kulturen vereinheitlichen und nivellieren würde, sie mit amerikanischer Popkultur überschwemmen und auslöschen könne (vgl. z. B. Fischer 1994). Diese kulturgebundene Phantasie hat sich als übertrieben entpuppt. Viele Kulturen sind im Gegenteil durch die mediale Verbreitung der Vorstellungen von kulturellem Erbe gefestigt worden, und können auch ihre Wertvorstellungen über alle verfügbaren Kanäle verbreiten. Religiöse Gruppen stellen sich gegen westliche Einflüsse (z. B. *Boko Haram* aus Nigeria, deren Name in der lokalen Sprache Hausa »Westliche Bildung verboten« bedeutet), per Mobiltelefon werden Guerillakriege gesteuert, politische Aktivisten verständigen sich über soziale Medien und werben dort für ihre Anliegen (vgl. Howe 2013; Postill 2011; Zayani 2011) und nutzen sie zur Organisation von Aufständen wie beispielsweise während des ›arabischen Frühlings‹ (vgl. Elyachar/Winegar 2012; Taki/Coretti 2013). Auch die Geopolitik der Medienlandschaft hat sich verändert, denn nicht mehr allein westliche Medienunternehmen bestimmen, wer was wo wann sieht, hört und nutzt, sondern Sender wie Al-Dschasira besetzen ihrerseits Medienräume im ›Westen‹ (vgl. Curran/Park 2000). Auf der ganzen Welt entstehen Filmindustrien, Softwarefirmen und Designfabriken, die an lokale Medienpraktiken anknüpfen. Sie verleihen den Menschen, die bisher ungehört blieben, eine Stimme (vgl. Ganti 2002, 282).

Medien spielen in einer Ethnologie der Gegenwart eine wichtige Rolle, denn neue Medientechnologien und sich stets wandelnde globale Lebenswirklichkeiten bringen kulturelle Phänomene hervor, die sich in dezentralen sozialen Netzwerken manifestieren und Menschen miteinander verbinden (vgl. Rabinow u. a. 2008). Heute konzentrieren sich medienethnologische Studien zunehmend auf digitale und mobile Medien. Im Folgenden wird beschrieben, welche Arbeiten die Medienethnologie hervorgebracht hat und worin deren Methode besteht. Im weiteren Verlauf wird ein Überblick über wichtige

Themen, Studien und Richtungen gegeben, die für die Konsolidierung der Forschungsrichtung entscheidend waren und sind.

Ethnographie

Medienethnologie und Medienethnographie werden oft synonym verwendet. Das ist genau betrachtet nicht korrekt, denn Medienethnographie bezeichnet stets die Methode, während Medienethnologie auf den größeren Kontext innerhalb der Disziplin der Ethnologie verweist. Beide Bezeichnungen sind miteinander eng verwoben, wobei die eine jeweils ohne die andere nicht denkbar ist. Nicht nur die westliche, sondern auch eine transkulturelle Perspektive auf Medien ist notwendig.

Um den Sinn zu verstehen, den Menschen mit Medien in ihrer Lebenswelt zum Ausdruck bringen, wenden Ethnologen die Methode der Ethnographie an. Ethnographie ist aus dem Griechischen entlehnt: *ethnos* steht für das fremde Volk und *graphein* für (be-)schreiben. Ethnographie bezeichnet den gesamten Prozess der Forschung, den Akt des Aufschreibens und den fertigen Text – die holistische Darstellung einer Kultur in einer Monographie. Kennzeichnend für die Ethnographie ist eine langandauernde Feldforschung vor Ort, oder heute auch an mehreren Orten im Sinne einer »multi-sited ethnography« (Marcus 1995). Vergleichbar mit dem Erlernen einer Sprache, benötigt man für das Unternehmen Ausdauer, Zeit und Geduld. Renato Rosaldo (1993, 25) sagt dazu knapp: »There are no shortcuts«. Während der Forschungszeit kommt eine Vielzahl von unterschiedlichsten Methoden zum Einsatz: Gespräche, offene und narrative Interviews, Inhaltsanalysen, Umfragen, historische Dokumentationen, visuelle und auditive Techniken und viele andere mehr (vgl. Bachmann/Wittel 2006). Die wichtigste Methode der Ethnographie jedoch ist die teilnehmende Beobachtung. So wie man eine fremde Sprache über eine lange Zeit lernen muss, bis man sie beherrscht, dauert es auch lange, bis man sich in einer fremden Kultur sicher bewegen und die Sinnhaftigkeit der Zeichen, Symbole und Medien entziffern kann. Man muss den kulturellen Kontext erfassen, in dem menschliche Handlung und Medienpraxis stattfindet. Teilnehmende Beobachtung ermöglicht das Verstehen fremdkultureller Phänomene auch in Situationen, wo Sprechen und Befragen nicht möglich ist, oder wo klassische wissenschaftliche Methoden wie Umfragen, Befragungen,

Fragebögen als ›Herrschaftswissen‹ gelten und abgelehnt werden. Oder wo standardisierte Fragen zu abstrakt sind und nur einsilbige Antworten provozieren, da sich die wissenschaftliche Welt und die Denkräume der Befragten oft grundsätzlich unterscheiden. Es gibt neben dem Sprachproblem auch ein Problem der Verständigung.

Gerd Spittler (2001) bezeichnet teilnehmende Beobachtung als »dichte Teilnahme«, um in Anlehnung an den Begriff der ›dichten Beschreibung‹ (vgl. Geertz 1973) darauf hinzuweisen, dass es in der Ethnographie auch um die Erfahrung, das körperliche Spüren, um das Miterleben und um sinnliches Erleben geht. Wichtig sind die langen Phasen des Miteinanders; Zeiträume, in denen grundlegendes Verständnis und Vertrauen aufgebaut wird. Diese lange Phase ermöglicht es erst, die richtigen Fragen zu stellen. Ethnographische Beobachtungen sind sehr zeitaufwendig (vgl. Spittler 2001, 16), man ›hängt herum‹ (»deep hanging out«; Geertz 1998), oft passiert nicht viel Relevantes für die Forschung. Ein paar Beispiele: Wenn man mit Jugendlichen über ihre Mediennutzung forscht (vgl. Hinkelbein 2013; Welling 2008), und wenn diese tagelang vor den Bildschirmen abhängen, dann dösen auch die Ethnologen vor sich hin. Man redet vielleicht ein wenig miteinander, schaut zu, wie Mobiltelefone und Social Media benutzt werden, welche Programme wichtig sind, wer mit wem in welchen Anwendungen spricht oder textet (vgl. Ito u. a. 2009). In einer anderen Untersuchung verbrachten Forscher monatelang viel Zeit vor dem Fernseher mit Familien und jungen Leuten; sie waren bei Gesprächen über die neuesten Ereignisse in den Serien anwesend und lernten dabei, wie über diese Geschichten alle Fragen von Ethnizität, Nationalität und Zugehörigkeit verhandelt wurden (vgl. Gillespie 1995). Der Ethnologe Jeff Himpele nahm zum Beispiel als Beobachter an der Produktion einer bolivianischen TV-Sendung im Fernsehstudio teil, als er plötzlich vom Moderator vor die laufenden Kameras geholt und als exotischer Besucher in die Sendung integriert wurde (vgl. Himpele 2008, 29). Ethnologen und Medienproduzenten stellen einen *parallax effect* her, wie Faye Ginsburg (1994, 65 f.) den Moment benennt, in dem Medienproduzenten und Ethnologen jeweils ihre eigenen Repräsentationen über dasselbe Phänomen verfertigen und sich dabei beobachten.

Für den Prozess der Ethnographie ist es die Erfahrung der geteilten Zeit und der geteilten Praktiken, die es erlaubt, Zusammenhänge zu verstehen und zu lernen, die richtigen Fragen zu stellen und die Me-dienkontexte zu teilen. So gibt es auch in der ethnographischen Erforschung von Videospielen und von digitalen Welten keine klaren Grenzen zwischen den Alltagswelten der Forscher und der Informanten. Die Frage, ob man jetzt gerade spielt oder arbeitet ist irrelevant, denn zu forschen bedeutet teilzunehmen, und das schließt Spiel und Forschung gleichzeitig ein (vgl. Boellstorff u. a. 2012, 69; Hinweise zur Ethnographie in virtuellen Welten geben z. B. Boellstorff u. a. 2012; Dracklé 2014; Hine 2000; 2005; Postill/Pink 2012).

Einzelne ethnographische Methoden werden nicht nur von Ethnologen angewandt, sondern kommen auch in anderen verwandten Wissenschaften zum Einsatz, besonders in der Soziologie, in den Cultural Studies (s. Kap. IV.23) und in den Medien- und Kommunikationswissenschaften. Zwischen allen diesen Fächern gibt es international gesehen eine ausgeprägte interdisziplinäre Zusammenarbeit. Ein wichtiger Unterschied liegt nach wie vor in der Betonung der langandauernden Feldforschung, der holistischen Perspektive und dem Kulturvergleich als der Besonderheit ethnologischer Forschung. Robert Kozinets (2010), ein kanadischer Wirtschaftswissenschaftler, entwarf die von ihm so benannte »netnography« (eine Kombination aus *internet* und *ethnography*) als Instrument, um mit Hilfe der empirischen Sozialwissenschaft Konsumverhalten im Netz zu studieren. Er wendet damit zwar kurzzeitig ethnographische Methoden (ausschließlich online) an, jedoch zum Zweck, Markenmanagement zu betreiben und Marketinginstrumente zum besseren Verkauf von Produkten zu entwickeln. Es handelt sich nicht um Forschung im medienethnographischen Sinne. Mit den Cultural Studies und angrenzenden Disziplinen wie Geschichte (s. Kap. IV.6), Theaterwissenschaft (s. Kap. IV.10), Philosophie (s. Kap. IV.2), Wirtschaft (s. Kap. IV.15) und Literaturwissenschaft (s. Kap. IV.9) überschneiden sich die Interessen an Populärkultur, der Textdimension von Medien und an der Intermedialität (vgl. Latham 2012, 72). Für die Medienethnologie ist der ethnographische Ansatz kennzeichnend und das Verständnis von Produktion, Nutzung, Zirkulation und Rezeption in einem *cultural flow* (vgl. Appadurai 1990, 22).

Geschichte

Auch wenn Ethnologen sich von Beginn an mit Medien beschäftigt haben, so hat sich die Medienethnologie als eigenständiger Teilbereich innerhalb des

Faches erst seit etwa den 1960er Jahren herausgebildet. In den 1940er und 1950 Jahren gab es in der amerikanischen Ethnologie bereits Studien über Medien, die sich an die Schule der ›Kultur und Persönlichkeit‹ anlehnten. Daraus entstand die Beschäftigung mit ethnologischen und psychologischen Nationalcharakterstudien, die im Zweiten Weltkrieg beispielsweise von Ruth Benedict, Margret Mead und Gregory Bateson durchgeführt wurden. Unter dem Einfluss des Einsatzes von Radio und Film als Propaganda durch die Faschisten in Deutschland untersuchten sie Möglichkeiten, selbst auf fremde Kulturen – speziell auf Nazideutschland – einzuwirken. Hortense Powdermaker (1950) wiederum sah die Gefahr der Manipulation durch die Filmindustrie und führte die erste Feldforschung in einer Filmproduktionsfirma in Hollywood durch. In den 1960er Jahren, mit dem Aufblühen und der Ausbreitung der Popkultur, gewann die Beschäftigung mit Medien neue Relevanz.

Seit den 1970er Jahren hat sich der Teilbereich Medienethnologie konsolidiert und substantielle Studien hervorgebracht. Überblicksartikel und -bücher umreißen das Arbeitsfeld und geben je unterschiedliche Einschätzungen der Geschichte, der Einordnung im Fach und der wichtigsten Aussagen (vgl. Eiselein/Tropper 1976; Spitulnik 1993; Dracklé 1999; 2005; Peterson 2003; Mazzarella 2004; Coleman 2010; Boyer 2012; Latham 2012; Bender/Zillinger 2014; vgl. auch eine Diskussion zum Stand der Medienethnologie in *Social Anthropology* mit John Postill und Mark Allen Peterson (2009)). Einige grundlegende Sammelbände vermessen das Feld ausführlich (vgl. Ginsburg u. a. 2002), andere tragen die wichtigsten Arbeiten auf dem Gebiet als Lehrbuch zusammen (vgl. Askew/Wilk 2002). Es gibt auch den Versuch von Medienwissenschaftlern, Medienethnologie (*media anthropology*) als interdisziplinäres Feld zu begründen (vgl. Rothenbuhler/Coman 2005). Medienethnologie wurde besonders auch für jüngere Nachwuchswissenschaftler interessant, die mit dem Internet akademisch aufgewachsen sind, sich in Chaträumen austauschten oder durch Cyberanthropology und damit verbundene Phantasien angezogen wurden. Cyberanthropology wurde das Arbeitsfeld digitale Ethnologie (*digital anthropology*) zu Beginn der Internetnutzung in den 1990er Jahren genannt. Hier wurde die Verbindung zwischen Mensch und Maschine von verlockenden Phantasien der Auflösung begleitet (vgl. Budka 2013; Downey/Dumit 2000; Gray 1995; Knorr 2011). Medien waren plötzlich allgegenwärtig, auch im Feld

der Ethnologie: So nutzte in meiner eigenen Forschung im Süden Portugals Anfang der 1990er Jahre mein Hauptinformant, der Bürgermeister, bereits lässig ein Mobiltelefon – und war damit den Deutschen voraus. Auf Heiligenfesten und politischen Versammlungen wurde ich, die Ethnologin, mit neuesten Videokameras gefilmt – und nicht etwa umgekehrt.

Nicht zuletzt der Boom der neuen Medien war und ist für viele junge Wissenschaftler ein attraktives Feld. Anfang des neuen Jahrtausends bildete sich im europäischen Berufsverband der Ethnologen, European Association of Social Anthropologists (EASA), ein Netzwerk Medienethnologie heraus, das sich durch eine Mailingliste über die ganze Welt ausgebreitet hat und mittlerweile über 1200 Mitglieder verfügt. Die Mitgliedschaft ist nicht nur auf Ethnologen beschränkt, und so hat sich ein interdisziplinäres Feld gebildet, in dem sich alle diejenigen zusammenfinden, die sich für diesen speziellen Blick auf Medienwelten interessieren. Es finden regelmäßig e-Seminare statt, bei denen eine Person ihre Forschung vorstellt, ein Koreferent bzw. Diskutant kommentiert, und dann beteiligen sich die Mitglieder der Gruppe an einer ein- bis zweiwöchigen Diskussion über das Thema. Bisher haben 44 solcher Seminare stattgefunden, die auf der Homepage des Netzwerks nachgelesen werden können (http://www.media-anthropology.net; dort sind weitere Hinweise, Bibliographien und Dokumente, zum Beispiel die Artikel und Diskussionen der e-Seminare abgelegt). Mittlerweile gibt es einige englische und amerikanische Universitäten, an denen man einen Abschluss in Medienethnologie machen kann, z. B. an den Instituten für Ethnologie in Harvard, an der New York University; in London an der SOAS und in Manchester, in Manchester und New York in Verbindung mit Visueller Ethnologie/Anthropologie. Zu erwähnen ist auch der Abschluss MSc *Digital Anthropology* am University College in London.

Im deutschsprachigen Raum hingegen gibt es in ethnologischen Instituten einzelne Forschungsstellen und Lehrstühle zum Thema Medienethnologie oder ähnlicher Ausrichtung, z. B. Heike Behrend (bis 2012) und Dorothea Schulz an der Universität zu Köln (vgl. Behrend 1990; 2009; Schulz 2012), Christiane Brosius an der Universität Heidelberg (vgl. Brosius/Wenzlhuemer 2011), Stefan Beck an der Humboldt-Universität Berlin (vgl. Beck 2000), Matthias Krings an der Universität Mainz (vgl. Krings/Okome 2013) und Dorle Dracklé, Universität Bremen. Jedoch gibt es kein eigenes Master- oder Doktorandenprogramm, sondern nur die Kombination mit Visueller Ethnologie (*visual anthropology*). Medienethnologie ist z. B. ein Anteil im Masterprogramm »Visual and Media Anthropology« an der FU in Berlin. An der LMU München kann man im MA Ethnologie einen Schwerpunkt in Visueller Ethnologie setzen. An der Universität Siegen gibt es seit 2012 das DFG-Graduiertenkolleg »Locating Media«, in dem eine Reihe medienethnologisch bzw. medienethnographisch orientierter Arbeiten entstanden und entstehen (http://www.uni-siegen.de/locatingmedia/).

Technikwandel hat in den letzten Jahren die Verbindung zwischen Visueller Ethnologie und Medienethnologie befördert, Medienkonvergenz verbindet beide Bereiche im Digitalen. Visuelle Ethnologie konzentriert sich auf die Ethnographie mit Fotografie und Film (vgl. Morton/Edwards 2009; Pink 2001; 2010), die als eigenständige Methoden im ethnographischen Prozess gelten. Im 20. Jahrhundert, mit der Entwicklung der neuen und bequemeren Filmtechnik, wurde es immer einfacher, Kameras und Filmmaterial auch in entfernte Gebiete der Welt unter klimatisch schwierigen Bedingungen mitzunehmen. Video und die neuen Medien ermöglichen partizipativen oder kollaborativen Film (vgl. Gruber 2013; Walter 2012). Ein Beispiel dafür ist das große Forschungsprojekt »MyStreet«, angesiedelt am University College in London. Dieses Projekt schließt ethnographische Erfahrungen und Arbeiten von Anwohnern mit ein, die aufgefordert sind, Dokumentarfilme über ihre Straße zu erstellen und diese auf eine Plattform hochzuladen. Zusammen mit dem Blog ist ein einzigartiges kollaboratives Projekt entstanden, das allen Beteiligten dient, inklusive derer, die sich für Nachbarschaften und Geschichten von Menschen interessieren. So ist ein Archiv des Alltagslebens entstanden (vgl. Stewart 2013; zugänglich unter: http://www.mystreetfilms.com).

Indigene Medien/Activist Media

Einem weiten Publikum in den westlichen Ländern wurden indigene Medien bekannt, als die Kayapó aus Brasilien mit Videofilmen auf die Bedrohung ihres Lebensraums durch ein gigantisches Stauseeprojekt international auf sich aufmerksam machten. Der Ethnologe Terence Turner, der seit vielen Jahren als Ethnologe vor Ort arbeitete, dokumentierte mit einem BBC-Team ihren Widerstand (vgl. Turner 1992; 1995). Im Verlauf der Filmaufnahmen übergab Turner einzelnen Kayapó Kameras, und sie begannen, ei-

gene Filme zu drehen. Durch diese Filme wurden Künstler auf die Kayapó aufmerksam und setzten sich für deren Sache ein (z. B. Sting). Mit Erfolg, denn die Weltbank zog ihre Unterstützung Ende der 1980er Jahre zurück und der Staudamm bei Altamira wurde zunächst nicht gebaut (heute hat sich die Situation erneut verändert – der frühere Präsident Lula hat dem Bau 2010 endgültig zugestimmt und die jetzige Präsidentin Rousseff führt den Bau des drittgrößten Stausees der Welt im Reservat und Naturschutzgebiet Xingu weiter fort, trotz aller Proteste).

Terence Turner begleitete die Aneignung von Video durch die Kayapó als Moderator und Experte, wenn er gebraucht wurde, hielt sich sonst jedoch zurück. Die Kayapó entwickelten ihre eigene Vorstellung davon, was wichtig ist, gefilmt zu werden, etwa Filme über bedeutende Zeremonien. Der Anschluss an das brasilienweite Netzwerk »Video in den Dörfern« (*video nas aldeias*; zugänglich unter: http://www.videonasaldeias.org.br/2009/) half ihnen, ihre Filme zu schneiden und aufzubewahren. Bereits in den 1980er Jahren arbeitete der Ethnologe Eric Michaels (1991) mit australischen Aborigines und ermöglichte ihnen, Fernsehproduktionen für eigene Sender zu entwerfen. Wie Turner für Brasilien, berichtet Michaels aus Australien, dass sich Produktionsweise und Ästhetik deutlich von denen anderer Kulturen unterscheiden. Dasselbe gilt für Themen, die sich um die Landschaft, Sprache, Genealogie und zeremonielle Inhalte drehen und die aufgenommen werden, um sie für zukünftige Generationen zu dokumentieren (vgl. Ginsburg 2002, 51).

Indigene Medien tragen immer verschiedene Aspekte in sich, die mit internationalen Medien korrespondieren. Mit Aufkommen des Internets werden indigene Medien noch intensiver als Mittel des politischen Aktivismus eingesetzt (vgl. Budka/Bell/Fiser 2009; Fernandes Ferreira 2009; Ginsburg 2008; Landzelius 2006), gleichzeitig dokumentieren sie traditionelle Praktiken für den eigenen Gebrauch. Der Inuit-Film *Atanarjuat* (2000) beispielsweise erzählt alte, mythische Geschichten, macht sie über Nunavut (Kanada) hinaus bekannt und vermittelt so Ansichten über die Bedeutung des Menschen in der Welt aus einer anderen Perspektive. Diese Filme verstehen sich explizit als Stimme in der globalen Medienlandschaft, sie sprechen mit und sprechen zurück (vgl. Ginsburg 2002, 51; 1999). Die ethnographische Position der Forscher ist hierbei nicht distanziert beobachtend, sondern im Gegenteil fördernd und mitten im Geschehen engagiert. In diesen Situationen gibt es kein ›Außen‹.

Seifenopern, Telenovelas, Serien

Seifenopern sind als Radiogeschichten in den 1920er Jahren in den USA entstanden. Ein Seifenfabrikant sponsorte Hörspiele für Hausfrauen, die am Vormittag – der klassischen Zeit zum Putzen und Radiohören – ausgestrahlt wurden und daher guten Werbeplatz boten. Später wanderte dieses Format wegen seines Erfolgs in das Abendprogramm und vom Radio zum Fernsehen. Eine der ersten weltweit ausgestrahlten Serien war *Dallas*. Sie wurde auch von Forschern angesehen und ausführlich ethnographisch untersucht; man fragte sich: Wer sieht Dallas an, wie interpretieren es die Menschen in verschiedenen Ländern der Welt, wo hat die Serie Erfolg und wo nicht, sehen Frauen und Männer unterschiedlich etc. (vgl. Ang 1985; Katz/Liebes 1994; s. Kap. IV.23)? Sogar die Inuit haben ihre Jagdausflüge entsprechend der Sendezeiten gelegt (vgl. Graburn 1982, 11). Das Phänomen der Seifenopern drängte sich Ethnologen wie z. B. Daniel Miller auf (1992), als plötzlich die Informanten in Trinidad keine Zeit für ihn hatten, weil sie die neueste Folge einer populären Serie sehen wollten. Durch die medienethnographische Methode konnte er nachvollziehen, wie Elemente aus der Seifenoper Teil der Alltagskultur wurden, wie sehr die Alltagsunterhaltungen von Themen beeinflusst waren, die auch in der Serie verhandelt wurden: Skandale, Sexgeschichten, Familienstreitigkeiten, Freundschaftsdramen.

In Brasilien hat sich seit Anfang der 1960er Jahre die Produktion von Serien zu einer beindruckend großen Filmindustrie entwickelt. Täglich laufen mehrere *telenovelas* (wörtlich: Fernsehromane), die alle möglichen aktuellen Themen wie Reichtum, Armut, Drogen, AIDS, religiöse Kulte, Korruption oder Familiendramen behandeln und weltweit zirkulieren. Brasilianische Serien sind in Europa und in Amerika zu sehen, indische Filmserien haben einen starken Absatzmarkt in Afrika (vgl. Larkin 2008), dort entstehen auch eigene Film- und Videoindustrien (vgl. Krings/Okome 2013) und arabische Serien verbreiten sich in der gesamten islamischen Welt. Lila Abu-Lughod (1995) forschte über die Zirkulation und den Einfluss ägyptischer TV-Serien und konzentrierte sich auf die Diskussion moderner Werte, die darin thematisiert werden, wie zum Beispiel, ob die Interessen des Individuums höher einzuschätzen sind als die der Verwandtschaft.

Besonders populär sind Serien, die während der jährlichen muslimischen Fastenzeit ausgestrahlt werden. In diesen vier Wochen werden die neuesten extra für den Ramadan produzierten Serien ausgestrahlt. Man schaut sie in der Öffentlichkeit und besonders abends in der Familie, zum Fastenbrechen. Alle sehen sie und man spricht darüber. In Syrien, wo sich eine große, in die ganze arabische Welt exportierende Filmindustrie entwickelte, haben sich in den Jahren des Assad-Regimes Standards für Geschichten über den Einfluss von Beduinen und anderen ethnischen Gruppen herausgebildet. Diese Geschichten vermitteln Nationalstolz und unterliegen staatlicher Zensur (vgl. Salamandra 1998). Im Ramadan 2008 wurde die Serie *Fingan ad-Dam* (Ein Becher voll Blut) plötzlich wegen ›Erregung tribaler Ärgernisse‹ verboten. Die Geschichte dreier fiktiver Beduinenstämme war zu nahe an der politischen Realität und den Stammeskämpfen entworfen worden (vgl. Lange 2012). Beduinenstämme aus den Ebenen des Landes, die verwandtschaftliche und ökonomische Beziehungen in den gesamten arabischen Raum haben, sind mit der jungen, modernen, reichen und gebildeten Elite in Damaskus nur durch fragile Beziehungen verbunden; in diesem Fall musste die Filmindustrie, immerhin der nach der Ölindustrie wichtigste Wirtschaftszweig, zurückstecken (vgl. ebd.).

Journalismus

Die Produktion von Medien ist eine kulturelle Praxis. Medien werden kulturell ›gelesen‹ und interpretiert. Auch die Medienproduzenten lassen ihre Einstellungen und Haltungen in den Prozess einfließen. Journalisten haben kulturell geprägte Vorstellungen, sie legen ihr Wissen aus und geben es an Leser und Kunden weiter und beziehen gleichzeitig die Bedürfnisse ihrer Arbeitgeber mit ein. Ulf Hannerz (2004) führte in seiner Studie mit Auslandskorrespondenten Interviews mit Journalisten in Johannesburg, Tokio und Jerusalem durch. Er folgte der transnationalen Zirkulation von Nachrichten und untersuchte den Aspekt der Produktion von Nachrichten sowie das Wissensmanagement über fremde Kulturen. Was wir über die Welt ›da draußen‹ erfahren, wird uns durch Repräsentationen von Auslandskorrespondenten, den Spezialisten für das Andere, vermittelt. Hannerz beschreibt, wie Nachrichten entstehen, wie Korrespondenten arbeiten, wie sie den Kontakt zur Heimatredaktion halten und mit den dortigen Erwartungen an ihre Geschichten umgehen. Verbindungen zu einem Netzwerk von Mitarbeitern vor Ort sind für die Informationen und kulturellen Übersetzungen von fremden in die heimischen Mediengewohnheiten unerlässlich (vgl. Dreßler 2008).

Die Lebenswelten von Kriegsberichterstattern beschreibt Mark Pedelty (1995) in seiner Studie über journalistische Arbeit im Krieg von El Salvador. Er unternahm eine multilokale ethnographische Feldstudie, fuhr mit den Journalisten an den Ort der Geschehnisse und begleitete sie in ihre Redaktionen. Auch sein Buch dokumentiert ethnographisch, welche kulturellen Praktiken Nachrichten über den Krieg hervorbringen, vor allem aber, welchen Einfluss heimische Redaktionen und Zwänge des Medienmarktes allgemein auf die Gestaltung der Artikel und ihrer zentralen Aussagen haben (einen Überblick über das Themengebiet gibt Bird 2010. Rao 2010 behandelt Politik und Journalismus als kulturelles Phänomen in Indien; Boyer 2005 unternahm Feldforschung bei Journalisten in Deutschland; Dracklé 2010 beschäftigt sich mit Amateurjournalisten in Portugal).

Medien und Migration

Medienethnographische Studien zu Migration und Diaspora handeln von medial vermittelten Fernbeziehungen. Das Spektrum reicht von telefonischen Kontakten über Videobotschaften und den Austausch von Fotografien und Filmen zu sozialen Medien und zum Satellitenfernsehen, das aus der Heimat empfangen werden kann. Ethnographische Studien zeigen, dass z. B. deutsche und türkische Migranten sowohl in ihrer Herkunftsgesellschaft als auch in der Einwanderungsgesellschaft sozial, ökonomisch, kulturell und politisch eingebunden sind (vgl. Çağlar 2002, 154). Medien werden bi-national flexibel genutzt, und es entsteht ein transkulturelles Kontinuum, ein Netzwerk von Beziehungen, das erneuert und weitergeführt wird. Studien von Ayşe Çağlar (2002), Kira Kosnick (2007) sowie von Mirca Madianou und Daniel Miller (2012) zeigen, dass Migranten keineswegs in ein homogenes ›Heimatland‹ eintauchen, sobald sie Fernseher, Radio oder Internet anstellen. Vielmehr sind es komplexe Austauschprozesse, die sich durch Medien ereignen (vgl. Dracklé 2007).

Für viele Migranten rücken Einwanderungsland und Leben in der Diasporagemeinschaft näher als das frühere Leben im Herkunftsland, das sich ebenfalls verändert. Viele türkische Migranten berichten, dass sie die Türkei nicht mehr verstehen – eine Türkei, die sie über lange Zeit nur noch aus den Medien kennen. Dass dort beispielsweise sehr viel freizügigere und offenere Sitten eingeführt worden sind, als dies zu der Zeit der Fall war, als sie noch dort lebten (vgl. Aksoy/Robins 2000, 10 ff.). In ihrer ethnographischen Studie in Berlin untersuchte Kosnick (2007) verschiedene Medien türkischer Migranten in Berlin. Das 24 Stunden sendende türkischsprachige Radio gehört genauso dazu wie die Sender, die per Satellit aus der Türkei empfangen werden. Kosnick sprach mit lokalen türkischen Medienproduzenten, nahm selbst an der Produktion von Sendungen teil und entwickelte eine eigene Sicht auf die diskursiven Räume, in denen in Deutschland Migrantenleben entworfen wird. Inklusion und Exklusion von Migranten spiegeln sich in der Sphäre der Medien (vgl. Bangstad 2013). Martin Zillinger (2013) hat z.B. untersucht, wie der Einsatz neuer Medien marokkanische Sufi-Rituale und die Anbindung an die marokkanische Diaspora verändert hat.

Digitale Medien

In den letzten Jahren sind digitale Welten in den Mittelpunkt ethnographischer Untersuchungen gerückt, und damit auch die Aufmerksamkeit für kulturelle Vermittlung, die mit den Technologien entsteht (s. Kap. III.15–III.18). Die früher so bedeutsame Unterscheidung zwischen den Bereichen der Produktion, Distribution, Zirkulation und Rezeption von Medien löst sich auf oder verändert sich hin zu netzwerkorientierten Konzepten, die besser in der Lage sind, die komplexen Bewegungen der digitalen Welt zu erfassen. Die erste Ethnographie des Internets legten Daniel Miller und Don Slater (2000) vor. Beide hatten langandauernde Feldforschungen in Trinidad gemacht und sich dabei nicht nur auf das Phänomen des Online-Seins beschränkt, sondern die sozialen, politischen und kulturellen Kontexte ausgelotet sowie die lokalen und die globalen Bezüge nachgezeichnet.

Mit den digitalen Medien erweitern sich die ethnographischen Methoden, ohne allerdings die zentralen Ausgangspunkte ethnographischer Feldforschung wesentlich zu verändern, wie die Anforderung an lange Dauer des Feldaufenthalts, die holistische Perspektive und den Kulturvergleich. Die Techniken werden den Bedürfnissen der Online-Situation angepasst (vgl. Boellstorff u.a. 2012). Forschung über digitale Kultur erfordert, sich den neuen Technologien, den neuen Beziehungen, den politischen und sozialen Strukturen auszusetzen. In der ersten euphorischen Zeit des Internets entstanden *online communities*; die Ästhetik und Plastizität der Computerwelten, beispielsweise in Spielen und in Konträumen (vgl. Boellstorff 2008; Nardi 2010), erlauben Erfahrungen von Gemeinschaft über Grenzen aller Art hinweg. Sogar Körperlichkeit an sich wird im Internet mit dem Aufkommen von Avataren in Frage gestellt oder prophetisch als überholt empfunden; es ist die Zeit der großen Mythen, der Hoffnung auf neue Welten, kosmopolitisch und unbegrenzt, die Gegensätze zwischen Leben und Technologie überwindend.

Genevieve Bell (die mit Paul Dourish die Mythen des Internets vom Heiligen ins Profane verfolgt hat, vgl. Dourish/Bell 2011) leitet als Ethnologin die Abteilung »Interaction and Experience« der Firma Intel. Die Materialität der neuen Technologie hat die Erfahrungen der Menschen tiefgreifend beeinflusst, so wie auch die Alltagspraktiken der Menschen sich durch digitale Medien stark veränderten (Überblicksartikel zu ethnographischen Studien über Digitale Welten vgl. z. B. Budka 2013; Coleman 2010; Horst/Miller 2012; Miller/Slater 2000; Wilson/Peterson 2002). Digitale Kultur wird in ethnographischen Studien als Ausdruck von materieller Kultur behandelt. Wir Menschen stellen unsere Sozialität durch Tausch und über den Umgang mit Dingen her, das gilt auch für die digitale Kultur (vgl. Horst/Miller 2012).

Digitalität verändert die Bedeutung von Wirtschaftsformen, Machtbeziehungen und Gemeinschaft. Grundlegende menschliche Eigenschaften wie Zugehörigkeit, Identität, Geschlecht, Ethnizität und Verwandtschaft werden neu verhandelt. Liebe und Sexualität werden über das Netz gesucht (vgl. Dombrowski 2011); man schließt sich an und aus (vgl. Gershon 2010); neue Formen von Protest und bürgerschaftlichem Engagement entstehen (vgl. Juris 2008, 2012; McLagan 1996), und direktere und unmittelbare Formen der Teilhabe und der Regierung durch das Netz (*e-government*) werden erprobt (vgl. Hinkelbein 2014; Mazzarella 2006; Postill 2011; Strauss 2007). Virtuelle Kriege finden statt (vgl. Bräuchler 2005). Der Imperativ, online zu gehen breitet sich aus, mit Wissen und Information als notwendigen Voraussetzungen (vgl. Green u. a. 2005). Gleichzeitig erweitern und eröffnen die sozialen Medien neue Möglichkeiten des Kontakts, der Gemeinschaftsbildung und des Austauschs (Beispiele ethnographischer Studien zu Facebook vgl. z. B. Miller 2011; zum Bloggen und Mikrobloggen (Twitter)

vgl. Doostdar 2004; Krauss 2012; Postill 2011; zu methodischen Überlegungen der digitalen Ethnographie vgl. Horst/Hjorth/Tacchi 2012 und Saka 2008; Erkan Saka ist ein aktiver Blogger, sein Artikel handelt von methodischen Fragen der Ethnographie in und mit Blogs).

Das Internet, soziale Netzwerke und Smartphones wurden so überraschend schnell in unseren Alltag eingebaut, dass kaum mehr auffällt, wie sich die Anwendungen zu einer normativen Instanz entwickelt haben (vgl. Horst/Miller 2012, 28 f.). Im Jahr 2013 sind ›big data‹ ein Thema, die flächendeckende Überwachung von Nutzerdaten durch Geheimdienste und Internetfirmen (zu Corporate Culture und Design vgl. Hakken 1999; Kjaerulff 2010; Malaby 2009). Internetaktivisten von Anonymous und Wikileaks, Hacker und ›Whistleblower‹ machten diese Vorgänge öffentlich (vgl. Coleman 2012).

Mobile Medien

Bei aller Euphorie über die Möglichkeiten, sich über das Internet zu verbinden, wird selbst von Forschern meist vergessen, dass nur 70 % der Weltbevölkerung an das Internet angeschlossen sind, hingegen 80 % der Weltbevölkerung mobil telefonieren (vgl. Maurer u. a. 2013; die Zahlen sind der neuen Studie der International Telecommunications Union von 2013 entnommen). In Afrika, Asien und Lateinamerika sind Mobiltelefone sogar wesentlich verbreiteter als in westlichen Ländern. Die Geräte sind einfacher zu handhaben, billiger und leicht zu bedienen. Die Verbraucherzahlen sprechen für sich: Rein statistisch gesehen besitzt jeder afrikanische Einwohner ein Mobiltelefon. In Kenia zeigt sich beispielsweise, dass viele Personen mehrere Geräte besitzen, je nachdem welche Art von Geschäften sie zu erledigen haben und welche Art von Technologie dafür nötig ist. Festnetzanschlüsse gibt es hingegen kaum, nur 10 % aller afrikanischen Telefone laufen über feste Infrastrukturen (vgl. ebd.). Besondere Bedeutung haben Mobiltelefone für *mobile banking*, denn in weiten Teilen der afrikanischen Provinz gibt es keinen Zugang zu Bankinstituten. In Kenia hat sich in den letzten Jahren ein sehr erfolgreicher einheimischer Bankservice etabliert, M-PESA (Pesa heißt auf Suaheli Geld), der über Mobiltelefon erledigt wird. Dieser Geldtransferservice und vergleichbare andere Angebote haben sich in afrikanischen und asiatischen Ländern mit großen Erfolg etabliert (vgl. Boellstorff 2013; Mauerer u. a. 2013). In Europa und anderen westlichen Ländern sind die Services kaum bekannt, nur Einwanderer aus diesen Ländern nutzen sie.

Sirpa Tenhunen (2008) berichtet aus ihrer Feldforschung in Südindien, dass die Bedeutung der Familie und der Verwandtschaft für den Einsatz von Mobiltelefonen sehr wichtig ist. Ihr fiel die unterschiedliche Nutzung nach Geschlecht auf, da Frauen traditionell an das Haus gebunden sind. Heiratsverhandlungen sind nun einfacher über das Telefon zu erledigen. Töchter können nach der Heirat, wenn man üblicherweise zum Ehemann in andere Dörfer oder Städte gezogen ist, mit ihren Müttern besser Kontakt halten. Sehr bedeutend sind in verwandtschaftsorientierten Kulturen Riten, die nach dem Tod eines Angehörigen durchgeführt werden. Mit Mobiltelefonen ist es möglich, die Verwandtschaft schnell zur Abhaltung der Rituale zusammenzurufen, auch wenn man weiter auseinander wohnt (vgl. ebd.).

Als »Polymedien« bezeichnen Madianou/Miller (2012) die vielfältigen Kombinationen der Mediennutzung, etwa wenn Migranten mit ihren Familien über Mobiltelefon, Skype, SMS, Facebook und Twitter gleichzeitig oder nebeneinander Kontakt halten. Polymedien kommen auch zum Einsatz, wenn etwa Kleinunternehmer ihre Warenangebote über verschiedene Medien anbieten und für sie werben, oder wenn über diese Technologien eingekauft wird (vgl. Boellstorff 2013; Horst/Miller 2006; Rafael 2003; Sun 2012).

Medienethnologie zwischen Medium und Vermittlung

In grenzüberschreitenden Medienlandschaften (*mediascapes*) zirkulieren populärkulturelle Semantiken, und diese transportieren Vorstellungen über Kultur und Identität, die sich als Grundlage für eigene Geschichten eignen. Man stellt sich vor, wie andere Menschen leben, in anderen Teilen der Welt, und dies eröffnet einen großen Raum für eigene Erzählungen.

Medienethnologen untersuchen vor Ort und direkt im Kontakt, wie Menschen im Alltag elektronische und nichtelektronische Medien zur Interaktion verwenden (ethnographische Studien zum Thema Religion und Medien, insbesondere durch die bahnbrechenden Arbeiten von Birgit Meyer und der verbundenen Forschergruppe, beschäftigen sich mit dem Aspekt der Unmittelbarkeit in der Vermittlung von Erfahrung, vgl. z. B. Eisenlohr 2011; Meyer 2009;

2011). Die ethnographischen Fallstudien stehen in einem vergleichenden, globalen Kontext. In der globalen Verbindung setzt die kulturelle Bedeutung der Dinge den Rahmen, innerhalb dessen sich das Kontinuum von Medien und Vermittlung (*mediation*) entfaltet. Die Einbettung von Medien in den Prozess von Kultur verweist wieder auf ihre Materialität. Aus dieser menschlichen Konstante, dem Umgang mit Dingen im Prozess der Erfindung von Kultur, ist einer der wichtigen Zweige medienethnologischer Studien hervorgegangen. Die Ergebnisse aus den ethnographischen Forschungen dieser vielversprechenden Richtung, etwa hinsichtlich digitaler und mobiler Medien, weist über eine Begrenzung auf die Materialität (also auf die Technik) weit hinaus. Es ist zwecklos, sich mit der Frage aufzuhalten, was ein Medium *ist* – die Begrenzung auf einen technischen Apparat schränkt den Blick zu sehr ein. Statt in dieser Sache den kleinsten gemeinsamen Nenner zu finden, konzentriert sich die ethnographische Forschung auf die Frage, ob man stattdessen nicht besser von einer Ethnologie der Vermittlung (*mediation*) spricht. Aus der ethnologischen Perspektive geht es niemals um das Ding an sich allein, reduziert auf seinen Kommunikationsaspekt, also ein Radiogerät, eine Zeitung, einen Fernseher, ein Mobiltelefon, oder um Inhalte, Texte, Bilder, die damit transportiert werden. Vielmehr entsteht in einer Ethnographie, in einer Fallstudie, eine komplexe Verwobenheit von Menschen in ihren sozialen und kulturellen Beziehungen durch das Medium, eine Verwobenheit zwischen lokalen und globalen Sphären, den *mediascapes*.

Literatur

Abu-Lughod, Lila: The objects of soap opera: Egyptian television and the cultural politics of modernity. In: Miller 1995, 190–210.

Aksoy, Asu/Robins, Kevin: Thinking across spaces: Transnational television from Turkey. In: *European Journal of Cultural Studies* 3/3 (2000), 345–365.

Allen, Susan (Hg.): *Media Anthropology: Informing Global Citizens.* Westport 1994.

Ang, Ein: *Watching Dallas: Soap Opera and the Melodramatic Imagination.* Minneapolis 1985.

Appadurai, Arjun: Disjuncture and difference in the global cultural economy. In: *Public Culture* 2/2 (1990), 1–24.

Askew, Kelly/Wilk, Richard (Hg.): *The Anthropology of Media. A Reader.* Oxford 2002.

Bachmann, Götz/Wittel, Andreas: Medienethnographie. In: Ruth Ayaß/Jörg Bergmann (Hg.): *Qualitative Methoden der Medienforschung.* Reinbek 2006, 146–182.

Bangstad, Sindre: Inclusion and exclusion in the mediated sphere: The case of Norway and its Muslims. In: *Social Anthropology* 21/3 (2013), 356–370.

Beck, Stefan (Hg.): *Technogene Nähe. Ethnographische Studien zur Mediennutzung im Alltag.* Münster 2000.

Behrend, Heike: Rückkehr der gestohlenen Bilder, Ein Versuch über »wilde« Filmtheorien. In: *Anthropos, Internationale Zeitschrift für Völker- und Sprachenkunde* 85 (1990), 564–570

Behrend, Heike: Geisterfotografie: Bruchstücke einer interkulturellen Mediengeschichte der Fotografie. In: Volker Gottowik/Holger Jebens/Editha Platte (Hg.): *Zwischen Aneignung und Verfremdung. Ethnologische Gratwanderungen.* Festschrift für Karl Heinz Kohl. Frankfurt a. M. 2009, 547–562.

Bender, Cora/Zillinger, Martin (Hg.): *Handbuch der Medienethnographie.* Berlin 2014 (im Druck).

Bird, S. Elizabeth (Hg.): *The Anthropology of News and Journalism. Global Perspectives.* Bloomington 2010.

Boellstorff, Tom: *Coming of Age in Second Life. An Anthropologist Explores the Virtually Human.* Princeton 2008.

Boellstorff, Tom: Landscaping mobile social media and payments in Indonesia. In: *Institute for Money, Technology and Financial Inclusion* (2013), 1–38, http://www.imtfi.uci.edu/files/imtfi/docs/2013/final_report-landscaping_mobile_media_in_indonesia.pdf (01.09.2013)

Boellstorff, Tom u.a. (Hg.): *Ethnography and Virtual Worlds: A Handbook of Method.* Princeton 2012.

Boyer, Dominic: *Spirit and System: Media, Intellectuals, and the Dialectic in Modern German Culture.* Chicago 2005.

Boyer, Dominic: From media anthropology to the anthropology of mediation. In: Richard Fardon/Oilvia Harris/Trevor H. J. Marchand/Chris Shore/Veronica Strang/Richard A. Wilson/Mark Nuttall (Hg.): *The Sage Handbook of Social Anthropology.* Los Angeles 2012, 411–422.

Bräuchler, Birgit: *Cyberidentities at war. Der Molukkenkonflikt im Internet.* Bielefeld 2005.

Brosius, Christiane/Wenzlhuemer, Roland (Hg.): *Transcultural Turbulences. Towards a Multi-Sited Reading of Image Flows.* Berlin/Heidelberg 2011.

Budka, Philipp: Digitale Medientechnologien aus kultur- und sozialanthropologischer Perspektive. Überlegungen zu Technologie als materielle Kultur und Fetisch. In: *Medien und Zeit* 28/1 (2013), 22–34.

Budka, Philipp/Bell, Brandi L./Fiser, Adam: MyKnet.org: How northern Ontario's first nations communities made themselves at home on the World Wide Web. In: *The Journal of Community Informatics* 5/3 (2009), http://ci-journal.net/index.php/ciej/article/view/568/450 (01.09. 2013).

Çağlar, Ayşe: Die Verwicklungen des Medienkonsums deutscher Türken. In: Jörg Becker/Reinhard Behnisch (Hg.): *Zwischen Autonomie und Gängelung. Türkische Medienkultur in Deutschland.* II. Rehburg-Loccum 2002.

Clifford, James/Marcus, George: *Writing Culture. The Poetics and Politics of Ethnography.* Berkeley 1986.

Coleman, E. Gabriella: Ethnographic approaches to digital media. In: *Annual Review of Anthropology* 39 (2010), 487–505.

Coleman, E. Gabriella: *Coding Freedom: The Ethics and Aesthetics of Hacking.* Princeton 2012.

Curran, James/Park, Myung-Jin (Hg.): *De-Westernizing Media Studies.* London 2000.

Dombrowski, Julia: *Auf der Suche nach der Liebe im Netz. Eine Ethnographie des Online-Dating.* Bielefeld 2011.

Doostdar, Alireza: The vulgar spirit of blogging: on language, culture, and power in Persian weblogestan. In: *American Anthropologist* 106/4 (2004), 651–662.

Dourish, Paul/Bell, Genevieve: *Divining a Digital Future. Mess and Mythology in Ubiquitous Computing.* Cambridge, Mass. 2011.

Downey, Gary Lee/Dumit, Joseph (Hg.): *Cyborgs & Citadels: Anthropological Interventions in Emerging Sciences and Technologies.* Santa Fe 2000.

Dracklé, Dorle: Medienethnologie: Eine Option auf die Zukunft. In: Dies./Waltraud Kokot (Hg.): *Wozu Ethnologie?* Berlin 1999, 261–290.

Dracklé, Dorle: Vergleichende Medienethnografie. In: Andreas Hepp (Hg.): *Globalisierung der Medienkommunikation.* Wiesbaden 2005, 187–208.

Dracklé, Dorle: Verbinden und Trennen: Migration und Medien. In: Britta Schmidt-Lauber (Hg.): *Ethnizität und Migration.* Berlin 2007, 30–48.

Dracklé, Dorle: Gossip and resistance. Local news media in transition: A case study from the Alentejo, Portugal. In: Bird 2010, 199–214.

Dracklé, Dorle: Ethnographische Medienanalyse: Vom Chaos zum Text. In: Bender/Zillinger 2014 (im Druck).

Dreßler, Angela: *Nachrichtenwelten. Hinter den Kulissen der Auslandsberichterstattung. Eine Ethnographie.* Bielefeld 2008.

Eiselein, E. B./Tropper, Martin: Media anthropology. A theoretical framework. In: *Human Organization* 35/2 (1976), 113–123.

Eisenlohr, Patrick: The anthropology of media and the question of ethnic and religious pluralism. In: *Social Anthropology* 19/1 (2011), 40–55.

Elyachar, Julia/Winegar, Jessica: Revolution and counter-revolution in Egypt a year after January 25th. In: *Cultural Anthropology* (Hot Spot) (2012), http://www.culanth.org/fieldsights/208-revolution-and-counter-revolution-in-egypt-a-year-after-january-25th (01.09.2013).

Fernandes Ferreira, Eliane: *Von Pfeil und Bogen zum »Digitalen Bogen«. Die Indigenen Brasiliens und das Internet.* Bielefeld 2009.

Fischer, Hans: Rezension: Web, Michael, Lokal music. Lingua franca song and identitiy in Papua New Guinea. In: *Zeitschrift für Ethnologie* 119 (1994), 315–318.

Ganti, Tejaswini: »And yet my heart is still indian«: The Bombay film industry and the (h)indianization of Hollywood. In: Faye D. Ginsburg/Lila Abu-Lughod/Brian Larkin (Hg.): *Media Worlds. Anthropology on New Terrain.* Berkeley 2002, 281–300.

Geertz, Clifford: Thick description: Toward an interpretative theory of culture. In: Ders.: *The Interpretation of Cultures.* New York 1973, 3–32.

Geertz, Clifford: Deep hanging out. In: *New York Review of Books* 45/16 (1998), 69–72.

Gershon, Ilana: *Breakup 2.0. Disconnecting Over New Media.* Ithaka 2010.

Gillespie, Marie: *Television, Ethnicity and Cultural Change.* London 1995.

Ginsburg, Faye: The parallax effect: The impact of aboriginal media on ethnographic film. In: *Visual Anthropology Review* 11/2 (1994), 64–76.

Ginsburg, Faye: Shooting back: From ethnographic film to the ethnography of the media. In: Richard G. Fox/Orin

Starn (Hg.): *Between Resistance and Revolution: Cultural Politics and Social Protest.* London 1999, 118–144.

Ginsburg, Faye: Screen memories: Resignifying the traditional in indigenous media. In: Dies./Abu-Lughod/Larkin 2002, 39–57.

Ginsburg, Faye: Rethinking the digital age. In: David Hesmondhalgh/Jason Toynbee (Hg.): *The Media and Social Theory.* New York 2008, 127–144.

Ginsburg, Faye/Abu-Lughod, Lila/Larkin, Brian (Hg.): *Media Worlds. Anthropology on New Terrain.* Berkeley 2002.

Graburn, Nelson: Television and the Canadian Inuit. In: *Etudes Inuit Studies* 6/1 (1982), 7–17.

Gray, Chris Hables (Hg.): *The Cyborg Handbook.* London 1995.

Green, Sarah/Harvey, Penelope/Knox, Hannah: Scales of place and networks: An ethnography of the imperative to connect through information and communication technologies. In: *Current Anthropology* 46/5 (2005), 805–826.

Gruber, Martin: »*Liparu Lyetu – Our Life*«. Participatory ethnographic filmmaking in applied contexts. Universität Bremen 2013: Unveröffentlichte Dissertation.

Hakken, David: *Cyborgs@Cyberspace? An Ethnographer Looks to the Future.* New York 1999.

Hannerz, Ulf: *Foreign News. Exploring the World of Foreign Correspondents.* Chicago 2004.

Himpele, Jeff: *Circuits of Culture: Media, Politics, and Indigenous Identity in the Andes.* Minneapolis 2008.

Hine, Christine: *Virtual Ethnography.* London 2000.

Hine, Christine (Hg.): *Virtual Methods. Issues in Social Research on the Internet.* Oxford 2005.

Hinkelbein, Oliver: Black Box »Digitale Medien von Migranten«. Ethnographische Fallstudien in Deutschland. Bielefeld 2014 (im Druck).

Horst, Heather A./Miller, Daniel: *The Cell Phone. An Anthropology of Communication.* Oxford 2006.

Horst, Heather A./Miller, Daniel: The digital and the human: A prospectus for digital anthropology. In: Dies. (Hg.): *Digital Anthropology.* Oxford 2012, 3–38.

Horst, Heather/Hjorth, Larissa/Tacchi, Jo: Rethinking digital ethnography today. In: *Media International Australia* 145 (2012). 86–93.

Howe, Cymene: *Intimate Activism: The Struggle for Sexual Rights in Postrevolutionary Nicaragua.* Durham 2013.

Ito, Mizuko/Horst, Heather u. a. (Hg.): *Hanging Out, Messing Around, and Geeking Out: Kids Living and Learning With New Media.* Cambridge, Mass. 2009.

Juris, Jeffrey S.: *Networking Futures: The Movements Against Corporate Globalization.* Durham 2008.

Juris, Jeffrey S.: Reflections on #occupy everywhere: Social media, public space, and emerging logics of aggregation. In: *American Ethnologist* 39/2 (2012), 259–279.

Katz, Elihu/Liebes, Tamar: *The Export of Meaning. Cross-cultural Readings of Dallas.* Cambridge, Mass. 1994.

Kjaerulff, Jens: *Internet and Change: An Anthropology of Knowledge and Flexible Work.* Hojbjerg 2010.

Knorr, Alexander: *Cyberanthropology.* Wuppertal 2011.

Kosnick, Kira: *Migrant Media. Turkish Broadcasting and Multicultural Politics in Berlin.* Bloomington 2007.

Kozinets, Robert: *Netnography: Doing Ethnographic Research Online.* Thousand Oaks 2010.

Krauss, Werner: Ausweitung der Kampfzone: Die Klimablogosphäre. In: *Soziale Bewegungen* 25/2 (2012), 83–89.

Krings, Matthias/Okome, Onookome (Hg.): *Global Nollywood. The Transnational Dimensions of an African Video Film Industry.* Bloomington 2013.

Landzelius, Kathryn (Hg.): *Native on the Net: Indigenous and Diasporic People in the Virtual Age.* London 2006.

Lange, Christoph: *Beduinität und Authentizität im syrischen Fernsehdrama. Eine medienethnologische Analyse am Beispiel der Serie Fingan ad-Dam.* Halle 2012.

Larkin, Brian: *Signal and Noise. Media, Infrastructure, and Urban Culture in Nigeria.* Durham 2008.

Latham, Kevin: Anthropology, media and cultural studies. In: Richard Fardon/Oilvia Harris/Trevor H. J. Marchand/Chris Shore/Veronica Strang/Richard A. Wilson/Mark Nuttall (Hg.): *The Sage Handbook of Social Anthropology.* Los Angeles 2012, 72–88.

Madianou, Mirca/Miller, Daniel: *Migration and New Media: Transnational Families and Polymedia.* London 2012.

Malaby, Thomas M.: *Making Virtual Worlds. Linden Lab and Second Life.* Ithaka 2009.

Marcus, George: Ethnography in/of the world system: The emergence of multi-sited ethnography. In: *Annual Review of Anthropology* 24 (1995), 95–117.

Maurer, Bill/Nelms, Taylor C./Rea, Stehen C.: »Bridges to cash«: Channeling agency in mobile money. In: *Journal of the Royal Anthropological Institute* (N. S.) 19/1 (2013), 52–74.

Mazzarella, William: Culture, globalization, mediation. In: *Annual Review of Anthropology* 33 (2004), 345–367.

Mazzarella, William: Internet X-Ray: E-Governance, transparency and politics of immediation in India. In: *Public Culture* 18/3 (2006), 473–506.

McLagan, Meg: Computing for Tibet: Virtual politics in the post-cold war era. In: George E. Marcus (Hg.): *Connected. Engagements with Media.* Chicago 1996, 159–194.

Meyer, Birgit (Hg.): *Aesthetic Formations. Media, Religion, and the Senses.* New York 2009.

Meyer, Birgit: Mediation and immediacy: Sensational forms, semiotic ideologies and the question of the medium. In: *Social Anthropology* 19/1 (2011), 23–39.

Michaels, Eric: Aboriginal content: Who's got it – who needs it? In: *Visual Anthropology* 4/3–4 (1991), 301–324.

Miller, Daniel: The young and the restless in Trinidad: A case of the local and the global in mass communication. In: Roger Silverstone/Eric Hirsch (Hg.): *Consuming Technologies. Media and Information in Domestic Spaces.* London 1992, 163–182.

Miller, Daniel (Hg.): *Worlds Apart: Modernity Through the Prism of the Local.* London 1995.

Miller, Daniel: *Tales from Facebook.* Cambridge, Mass. 2011.

Miller, Daniel/Slater, Don: *The Internet. An Ethnographic Approach.* Oxford 2000.

Morton, Christopher/Edwards, Elizabeth: *Photography, Anthropology and History.* Farnham 2009.

Nardi, Bonnie: *My Life as a Night Elf Priest. An Anthropological Account of World of Warcraft.* Ann Arbour 2010.

Pedelty, Mark: *War Stories: The Culture of Foreign Correspondents.* New York 1995.

Peterson, Mark Allen: *Anthropology and Mass Communication. Media and Myth in the New Millenium.* New York 2003.

Pink, Sarah: *Doing Visual Ethnography.* London 2001.

Pink, Sarah: *Doing Sensory Ethnography*. Los Angeles 2010.

Postill, John: *Localizing the Internet. An Anthropological Approach*. Oxford 2011.

Postill, John/Peterson, Mark Allen: What is the point of media anthropology? In: *Social Anthropology* 17/3 (2009), 334–344.

Postill, John/Pink, Sarah: Social media ethnography: The digital researcher in a messy web. In: *Media International Australia* 145 (2012), 123–134.

Powdermaker, Hortense: *Hollywood, the Dream Factory. An Anthropologist Looks at the Movie Makers*. New York 1950.

Rabinow, Paul/Marcus, George/Faubion, James/Rees, Tobias: *Designs for an Anthropology of the Contemporary*. Durham 2008.

Rafael, Vincente: The cell phone and the crowd: Messianic politics in the contemporary Philippines. In: *Public Culture* 15/3 (2003), 299–425.

Rao, Ursula: *News as Culture. Journalistic Practice and the Remaking of Indian Leadership Traditions*. Oxford 2010.

Rosaldo, Renato: *Culture and Truth. The Remaking of Social Analysis*. London 1993.

Rothenbuhler, Eric/Coman, Mihai (Hg.): *Media Anthropology*. Thousand Oaks 2005.

Saka, Erkan: Blogging as a research tool for ethnographic fieldwork. In: EASA Media Anthropology Network e-seminar Working Paper (2008), http://www.media-anthropology.net/ (01.09.2013).

Salamandra, Christa: Moustache hairs lost: Ramadan television serials and the construction of identity in Damascus, Syria. In: *Visual Anthropology* 10 (1998), 227–246.

Schulz, Dorothea: *Muslims and New Media in West Africa: Pathways to God*. Bloomington, Indiana 2012

Spittler, Gerd: Teilnehmende Beobachtung als Dichte Teilnahme. In: *Zeitschrift für Ethnologie* 126 (2001), 1–25.

Spitulnik, Debra: Anthropology and mass media. In: *Annual Review of Anthropology* 22 (1993), 293–315.

Stewart, Michael: Mysteries reside in the humblest, everyday things: Collaborative anthropology in the digital age. In: *Social Anthropology* 2/3 (2013), 305–321.

Strauss, Paul: *Fibre Optics and Community in East London: Political Technologies on a »Wired-Up« Newham Housing Estate*. University of Manchester 2007: School of Social Sciences. Unveröffentlichte Dissertation.

Sun, Wanning: Amateur photography as self-ethnography: China's rural migrant workers and the question of digital-political literacy. In: *Media International Australia* 145 (2012), 135–144.

Taki, Maha/Coretti, Lorenzo (Hg.): *The Role of Social Media in the Arab Uprisings – Past and Present. Westminster Papers in Communication and Culture*, Sonderheft 9/2 (2013), 1–122

Tenhunen, Sirpa: Mobile technology in the village: ICTs, culture, and social logistics in India. In: *Journal of the Royal Anthropological Institute* (N.S.) 14 (2008), 515–534.

Turner, Terence: Defiant images: The Kayapó appropriation of video. In: *Anthropology Today* 8/6 (1992), 5–16.

Turner, Terence: Representation, collaboration and mediation in contemporary ethnographic and indigenous media. In: *Visual Anthropology Review* 11/2 (1995), 102–106.

Walter, Florian: *»On the Road with Maruch«. Filming Culture as a Transcultural Partnership Process*. Universität Bremen 2012: Unveröffentlichte Dissertation.

Weiner, James F.: Televisualist anthropology. Representation, aesthetics, politics. In: *Current Anthropology* 38/2 (1997), 197–235.

Welling, Stefan: *Computerpraxis Jugendlicher und medienpädagogisches Handeln*. München 2008.

Wendl, Tobias: Medien und ihre kulturelle Konkretion. Eine ethnologische Perspektive. In: Jürgen Fohrmann/ Erhard Schüttpelz (Hg.): *Die Kommunikation der Medien*. Tübingen 2004, 37–67.

Wilson, Samuel/Peterson, Leighton C.: The anthropology of online communities. In: *Annual Review of Anthropology* 31 (2002), 449–67.

Zayani, Mohamed: Toward a cultural anthropology of Arab media: Reflections on the codification of everyday life. In: *History and Anthropology* 22/1 (2011), 37–56.

Zillinger, Martin: *Die Trance, das Blut, die Kamera. Trance-Medien und Neue Medien im marokkanischen Sufismus*. Bielefeld 2013.

Dorle Dracklé

5. Medien und Evolutionstheorie

Fernsehzuschauer sorgen sich bei Problemen in der *Lindenstraße*, Kinogänger fürchten um das Leben von James Bond, Computerspieler fühlen sich angezogen von Lara Croft. Und das, obwohl nur einzelne Lichtpunkte auf einer Leinwand oder auf einem Bildschirm für Sekundenbruchteile aufleuchten. Selbst geschriebene oder digital gespeicherte oder erzeugte Wörter sind in der Lage, Emotionen auszulösen. Erklärungen auf rational-kognitiver oder auf ästhetischer Grundlage sind kaum in der Lage, diese Phänomene befriedigend zu erklären. Die Frage, die sich hier stellt, lautet: Wie müssen Medien gestaltet sein, damit wir deren Inhalte als Repräsentationen von realen oder fiktionalen Ereignissen akzeptieren? Die Passung zwischen Mediengestaltung und Medieninhalten einerseits und menschlicher Psyche und Wahrnehmungsapparat andererseits muss dabei geklärt werden. Für das Phänomen der Passung von Umwelt und Organismus hat die Evolutionstheorie hilfreiche Antworten parat.

Es geht also nicht um die ästhetischen und technischen Veränderungen der Medien von der Höhlenmalerei bis zum Bildschirm. Die evolutionär orientierte Medien- und Kommunikationswissenschaft befasst sich mit Rezeptionserleben und Verhalten unter den Bedingungen menschlicher Informationsverarbeitung, wie sich diese im Lauf der Evolution herausgebildet hat.

Mediennutzer leben in einer modernen Gesellschaft mit einem Gehirn, das sich – wie jedes andere Organ auch – im Lauf der Evolution ausgebildet hat, um spezifische Probleme der jeweiligen Umwelt zu lösen. Evolutionspsychologen, die sich mit Medien befassen, sind an Aspekten interessiert, die im Rahmen der natürlichen und sexuellen Selektion entstanden sind, um das Überleben und die Reproduktion zu sichern. Menschen leben seit Jahrtausenden in kooperativen Gemeinschaften, die spezifische Anforderungen stellen, die ebenfalls einen besonderen, nämlich sozialen Selektionsdruck entfaltet haben. Medienauswahl, wie auch die Zuwendung zu Medieninhalten und deren Wahrnehmung, Verarbeitung und Wirkung werden – das ist die These der Evolutionspsychologie – durch evolvierte mentale Prozesse bestimmt (vgl. Schwender 2006). Verhalten und Erleben im Umgang mit Medien sind demnach nicht nur das Ergebnis aktueller Lernprozesse und zurückliegender eigener Erfahrungen, sie sind stets auch ein Produkt der Evolution des Menschen.

Charles Darwin deutete die Möglichkeit, die Theorie der Evolution auf den Menschen und dessen Psyche auszudehnen, nur vorsichtig als Ausblick an: »In einer fernen Zukunft sehe ich die Felder für noch weit wichtigere Untersuchungen sich öffnen. Die Psychologie wird sich mit Sicherheit auf den von Herbert Spencer bereits wohlbegründeten Satz stützen, daß nothwendig jedes Vermögen und jede Fähigkeit des Geistes nur stufenweise erworben werden kann. Licht wird auf den Ursprung der Menschheit und ihre Geschichte fallen« (Darwin 1992, 564).

Heute ist die Evolutionspsychologie die Disziplin, die diesen Weg eingeschlagen hat. Wenn Wahrnehmung und Kommunikation zentrale Bestandteile des menschlichen Wesens sind, muss es nicht nur erlaubt, sondern geradezu angeraten sein, die modernen Mittel und Formen der Kommunikation unter der Sichtweise der Evolutionstheorie zu betrachten. Evolutionspsychologie ist also keine psychologische Teildisziplin, sondern eine Sammlung von Theorien über die Entstehung und die Funktionen der Psyche.

Im Folgenden soll ein Überblick über die aktuelle evolutionstheoretisch ausgerichtete Diskussion hinsichtlich der Rolle der Medien gegeben werden. Dabei wird auf die wichtigsten einschlägigen Quellen verwiesen, es werden aber auch relevante Themen aus Tagungen und Kongressen angeführt. Die Darstellung entscheidender Publikationen – Zeitschriften und Monographien – verdeutlicht, welche Fragen und Probleme in der Debatte aktuell von Bedeutung sind.

Prämissen, Entwicklungen und wichtige Vertreter

In den 1970er Jahren entstanden erste Aufsätze, die sich der Evolutionspsychologie im engeren Sinn zurechnen lassen. Als Ausgangspunkt der aktuellen Diskussion lässt sich der Aufsatz »Darwin and Evolutionary Psychology« von Michael Ghiselin identifizieren, der 1973 in der Zeitschrift *Science* erschien. 1992 wurde das erste und bis heute zentrale Sammelwerk publiziert, das die Grundgedanken und Konzepte der Theorie zusammenträgt: *The Adapted Mind* von Jerome H. Barkow, Leda Cosmides und John Tooby vereint exemplarisch Ansätze, Theorien und Erklärungen zum Gehirn als einem an spezifische Umweltbedingungen angepassten Organ. Zwei weitere zentrale Überblickswerke sind seitdem erschie-

nen: *Handbook of Evolutionary Psychology* (Craw-
ford/Krebs 1998) und – auch auf deutsch – *Evolutionäre Psychologie* (Buss 2004), die diese Arbeit
fortführen und die Diskussion auf einen aktuelleren
Stand bringen (vgl. auch Workman/Reader 2008).
Diese Bände sowie die Literatur, die den einzelnen
Aufsätzen zu Grunde liegt, stellen die Basis der Debatte dar. Dabei sind deren theoretische Fundierun-
gen nicht neu. Man beruft sich explizit und uneinge-
schränkt auf Charles Darwin und auf moderne Evo-
lutionstheoretiker wie Richard Dawkins (2006).

Die Hauptthese der Evolutionspsychologie ist:
Die modernen Menschen sind in ihren Anlagen und
in ihrem Verhalten das Ergebnis des evolutionären
Anpassungsprozesses. Der Körper, ebenso wie das
Gehirn, hat sich durch die Anpassung an die Umwelt
entwickelt. Der Geist ist darauf eingestellt, Probleme
zu lösen, die bereits bestanden, als unsere Vorfahren
noch als Sammler und Jäger durch die Savannen und
Steppen zogen. Das Verhalten in der Gegenwart
wird demzufolge weitgehend von informationsverarbeitenden Mechanismen gesteuert, die existieren,
weil sie adaptive Probleme in der Vergangenheit gelöst haben (vgl. Cosmides/Tooby 1997).

Die Wissenschaftsdisziplinen, aus denen man sich
bei der Generierung von Hypothesen bedient, sind
breit gefächert. Man zitiert Erkenntnisse aus Paläon-
tologie, Anthropologie, Biologie, Primatenforschung,
Ethologie, Neurophysiologie, Linguistik, Psychologie
und Soziologie. Im Kontext der Medien kommen
auch noch Literatur- und Kulturwissenschaft (vgl.
Eibl 2009; Boyd/Carrol/Gottschall 2010) sowie Kom-
munikations- und Medienwissenschaft (vgl. Lee
2004) hinzu. Darum gibt es nicht die oder den
zentrale/n Vertreterin oder Vertreter der Theorie, es
handelt sich vielmehr um eine lose Vereinigung von
Wissenschaftler/innen, die jeweils aus ihrem Fach
evolutionäre Fragen und Antworten formulieren.

Zusammenfassend sind es drei Merkmale, die es
sinnvoll erscheinen lassen, dass ein mentales Phänomen oder ein psychischer Mechanismus als Anpassung betrachtet werden sollte:

*   Der in Frage stehende Mechanismus tritt spezies-
    weit (beim Menschen: interkulturell) auf und ent-
    wickelt sich (ontogenetisch) verlässlich bei den
    Mitgliedern der betreffenden Spezies, solange
    ihre Umwelt der evolutionären Umwelt genügend
    ähnlich ist.
*   Es gibt ein Anpassungsproblem, das dieser Me-
    chanismus löst, und er löst es besonders effizient.
*   Seine Existenz kann nicht besser durch die An-
    nahme erklärt werden, dass er ein Nebenprodukt

einer anderen Anpassung oder eine zufällige Entwicklung darstellt. (vgl. Meyer/Schützwohl/Rei-
senzein 1997, 185).

Bislang gibt es eine zentrale und viel zitierte deutschsprachige Monographie, die evolutionäre Sichtweisen auf Mediengestaltung und Medienrezeption
anwendet. Clemens Schwenders *Medien und Emotionen – Evolutionspsychologische Bausteine einer
Medientheorie*, die erstmals 2001 und dann 2006 in
der zweiten überarbeiteten Auflage erschien. Hier
werden die Themen der Evolutionspsychologie den
unterschiedlichen Medien-Genres zugeordnet, theoretisch hergeleitet und exemplarisch empirisch
überprüft. Frank Schwabs (2010) *Lichtspiele – Eine
Evolutionäre Medienpsychologie der Unterhaltung*,
der seinerseits auf Schwender verweist, erweitert den
Ansatz und bezieht ihn auf emotionale Medienwirkung und Unterhaltungsmotivation und -erleben.

Schwab (2007) ist auch Herausgeber eines The-
menhefts der *Zeitschrift für Medienpsychologie* und
zeigt darin, dass die Anwendung der Evolutionspsychologie auf medienwissenschaftliche und medienpsychologische Fragestellungen zunehmend an Bedeutung gewinnt. Gerhild Nieding und Peter Ohler
schreiben über Unterhaltung aus einer explizit evolutionären Perspektive (vgl. Ohler 2001; Ohler/Nie-
ding 2006a; 2006b). Die Siegener Forschergruppe
»Soziale und anthropologische Faktoren der Mediennutzung« um Peter Hejl hat sich bemüht, die
Debatte zu intensivieren. In diesem Zusammenhang
entwickelt Matthias Uhl (2009) »eine transdisziplinäre Medienanthropologie«. Peter Vorderer, Francis
F. Steen und Elaine Chan (2006) beschreiben die Unterhaltungsmotivation als Produkt der Evolution.
Kwan Min Lee (2004) diskutiert evolutionäre Aspekte des Präsenzerlebens, Geoffrey Miller (2009)
und Gad Saad (2007) betrachten menschliche Werbekommunikation und Konsumverhalten als ein
Produkt der sexuellen Selektion. Torben Grodal
(2009) versteht Film aus einer Darwinschen Perspektive. Bryan Boyd, Joseph Carrol und Jonathan
Gottschall (2010) bündeln in ihrem Herausgeber-
werk Darwinsche Erklärungen von Film- und Lite-
raturphänomenen.

Wie kann man sich die evolutionäre Basis unseres
Umgangs mit Medien vorstellen? Höhere Primaten
besitzen eine kognitive Fähigkeit, die als Probehandeln in einem inneren Umweltsimulator beschrieben
werden kann und mit Phantasie oder produktivem
Denken gleichzusetzen ist (vgl. Bischof 1985). Dieser
mentale Wirklichkeitssimulator kann als Schutzme-

chanismus beschrieben werden, da er ein inneres Testen flexibler Handlungsoptionen zulässt. Handlungsalternativen können in der Phantasie geprüft werden und – falls als erfolgversprechend erachtet – zum Einsatz gelangen (vgl. »Poppersche Geschöpfe« nach Dennett 1997). Informationen, vor allem, wenn sie soziale Sachverhalte beschreiben, werden bei komplexeren Lebewesen nicht mehr durch programmierte Reaktionen beantwortet. Menschen sind in der Lage, dezidiert zu Informationen und Reizen Stellung zu nehmen, indem sie sie erst einmal detailreich analysieren. Probehandeln, Planen und Überlegen bauen auf einem inneren mentalen Modell der Realität auf. Literatur, Medien und Kunst können solche inneren Vorstellungen verbal in Schrift oder Sprache und durch statische oder bewegte Abbildungen auslösen. Sie können dazu eingesetzt werden, gesellschaftliche Ideen und Ideale in Formen zu bringen, die leichter fixiert, leichter erinnert und leichter kommuniziert werden können. Man kann sie in ihrer kommunikativen Funktion als Probehandeln begreifen, die Realität als virtuelle Möglichkeit auffassen, thematisieren und sozial konstruieren. Subjektive Vorstellungen und Phantasien werden so zu explizierbaren, fixierbaren und gesellschaftlich verhandelbaren Vorstellungen und Fantasien, zu Entwürfen und Angeboten möglichen Handelns. In diesem Sinne sind Medien vergleichbar mit Attrappen. Diese müssen so gestaltet sein, dass sie als Wahrnehmungen akzeptiert werden und sie müssen Sachverhalte thematisieren, die für das soziale Miteinander und das Überleben wichtig sind. Ähnlich wie ein Vogel auf eine Vogelscheuche, reagiert der Mensch emotional auf Medien. Probehandlungen sind somit präventive Problemlösungsstrategien, Mediendarstellungen sind deren audio-visuelle Darstellung, die so kommunikativ verhandelbar werden. Lewis Dean und seine Kollegen konnten nachweisen, dass Menschen im Gegensatz zu Primaten in der Lage sind, Probleme zu lösen, indem sie ihre Gedanken in einem sozialkognitiven Prozess austauschen. Dies sehen die Autoren als eine der zentralen Grundlagen einer kumulativen Kultur (vgl. Dean u. a. 2012). Medien – so eine These der evolutionären Medientheorie – sind Instrumente, die den Austausch befördern.

Thesen, Themen und Interessen

Medial-fiktionale Darstellungen müssen sich keineswegs sklavisch an einer physikalischen Realität orientieren. Warp-Antrieb und Beamen erregen bei den meisten Science-Fiction-Fans keinen Widerstand, solange es um nachvollziehbare Motivationen und Emotionen der Akteure geht. Motive und Emotionen sind die Art und Weise, wie unsere Gene uns mitteilen, was ihnen wichtig erscheint. Sie sind das »Flüstern der Gene« im menschlichen Entscheidungsprozess (Schwab 2004; Schwab/Schwender 2010). Das Denken als Probehandeln ist vorrangig bestimmt durch evolutionär relevante Inhalte (vgl. Schwender 2006):

- Wie finde und halte ich Geschlechtspartner?
- Wie finde und halte ich Kooperationspartner?
- Wie stelle ich mich positiv dar?
- Wie werde ich Rivalen los?
- Wie behüte ich mich, meine Lieben und meine Nachkommen vor Schaden?
- Woran erkennt man Betrüger, wie findet man sie und wie sollen sie bestraft werden?

Es wundert also nicht, dass die Grundthemen medialer Unterhaltung und Berichterstattung eng verwurzelt scheinen mit unserem evolvierten Motiv- und Affektsystem. Dieses ist weitgehend ein Produkt des ›sozialen Treibhauseffekts‹ als eines zentralen Selektionsdruckes der Hominisation. Deshalb sind Menschen vornehmlich an sozialen Inhalten interessiert. Nach Barkow (1992) sind die grundlegenden Ziele von der Biologie vorgegeben, während Unterziele und komplexe Handlungspläne offen sind für kulturelle Verhandlungen. Viele dieser gesellschaftlichen Aushandlungen werden heute über Medien geführt.

Themen, die in den Medien dominant sind, sind es auch für die mentale Beschäftigung. Medien zeigen nicht, was ist, sondern was wichtig ist. Damit werden Medien zum Indikator für Angelegenheiten von privater und gesellschaftlicher Relevanz.

Zu den dominierenden Medieninhalten gehören sicher moralische Debatten. Moral muss gesellschaftlich immer wieder aufs Neue verhandelt werden. Talk-Shows, Politmagazine, Nachrichten, Geschichten über Helden des Alltags oder über Superhelden behandeln immer wieder moralische Gefühle, wo es um Normen und Regeln und die Verletzung dieser Regeln in reziprok altruistisch organisierten Gruppen geht. Hier wird verhandelt, welches Verhalten akzeptabel ist. Immer wieder geht es um die Ausbeutung einer Gruppe oder eines Gruppenmitglieds und die Verteidigung gegen Ausbeuter (vgl. Trivers 2002; Cosmides/Tooby 1992; Schwender 2006; Schwab 2004). Emotionen, die hier eine Rolle spielen, sind Liebe, Stolz, Verachtung, Scham, Schuld und moralische Aggression. Diese sind Teil unserer mentalen Architektur, die sich während der Ontogenese entwickelten, und werden ausgeformt durch die jeweilige Gesellschaft. Durch die Medien erhalten wir einen Teil der Feinjustierung unserer moralischen Gefühle (vgl. Schwender 2006; Schwab 2004). Filme und TV-Shows bieten in einer sich rasant ändernden kulturellen Umwelt eine Möglichkeit, Gut und Böse zu erörtern und gesellschaftlich anzupassen.

Die Theorien zur Entstehung und Funktion von Klatsch und Tratsch (vgl. Barkow 1992; Dunbar 2002; 2004) helfen, die Rolle der Medien zu verstehen. Nimmt man die Definition von Klatsch und Tratsch, die sich im Austausch sozialer Information über Personen, die nicht anwesend sind, beschreiben lässt, ergeben sich zwei Fragen: Wer sind die anderen Personen? Und um welche sozialen Informationen geht es dabei? Jerome H. Barkow erwartet in diesem Zusammenhang, dass über bestimmte Personen vorrangig gesprochen wird: »Verwandte, Gegner, Geschlechtspartner, Nachkommen, Partner im sozialen Austausch und die Hochrangigen« (Barkow 1992, 628). Es sind Personen, deren Wohlergehen einen Einfluss auf das eigene Wohlergehen hat. Ein wichtiger Nutzen der Sprache ist es also, dass sie den Informationsaustausch über andere Menschen ermöglicht und damit die mühevollen Prozesse abkürzt, ihr Verhalten jeweils selbst zu erkunden. Auch die relevanten Themen der Kommunikation lassen sich aus der Evolutionstheorie herleiten: »Relative Hierarchie und alles, was diese beeinflusst, Kontrolle über Ressourcen, sexuelle Aktivitäten, Geburt und Tod, gegenwärtige Allianzen, Freundschaften und politische Einbindungen, Gesundheit und der Ruf über Verlässlichkeit als Partner im sozialen Umgang« (ebd.). Barkow klassifiziert diese Liste als fitnessrelevante Themen. Langfristig sind diese Themen bedeutsam für den Reproduktionserfolg, was in der Evolutionstheorie mit dem Begriff der Fitness umschrieben wird. Kurz- und mittelfristig handelt es sich um Kriterien für das Wohlergehen des Einzelnen als sozialem Bestandteil einer Gruppe. Zumeist geht es um die Organisation des direkten und indirekten sozialen Netzwerkes.

Ob man sich direkt mit anderen unterhält oder ob man den Mediendebatten folgt, ist dabei nicht zentral. Medien als Artefakte ähneln dem vorgeschichtlichen Lagerfeuer, um das sich unsere Vorfahren versammelten, um Erfahrungen auszutauschen. Die aus der Theorie abgeleiteten Hypothesen zu relevanten Themen können sowohl bei der Individualkommunikation (vgl. Schwender 2011) als auch bei der Massenkommunikation (vgl. Schwender 2006) nachgewiesen werden. Klatsch und Tratsch erfüllen eine sinnvolle und wichtige soziale Funktion. Robin Dunbar (2004) betrachtet den aus seiner Sicht ursprünglichen Zweck der Sprache als Instrument des Gruppenzusammenhalts und sieht Klatsch und Tratsch damit als den zentralen Motor der menschlichen Evolution, die verantwortlich ist für die Entwicklung der Intelligenz und des sozialen Lebens. Dunbar identifiziert eine wesentliche Funktion der menschlichen Kommunikation im Austausch von sozialen Informationen. Er sieht vier Aspekte:

- Mit dem, was man hört, bleibt man auf dem Laufenden über andere Individuen innerhalb des Netzwerkes.
- Mit dem, was man beiträgt, annonciert man seine eigenen Vorteile als Freund, Kooperations- oder Geschlechtspartner. Dabei lassen sich auch die Nachteile eines möglichen Rivalen unterbringen.
- Wenn man kommentierte Geschichten über andere hört, lassen sich diese auch nutzen als Wegweiser für eigenes Handeln. Man erfährt so auch Rat bei persönlichen Problemen.
- Und, schließlich, lassen sich soziale Betrüger, also Menschen, die gegen den impliziten oder expliziten Sozialkontrakt der Gemeinschaft verstoßen, identifizieren. Diese werden zurechtgewiesen oder gar bestraft, man kann sich bei eigenen Interaktionen mit ihnen darauf einrichten und sie bei Bedarf in Zukunft meiden.

Betrachtet man medial vermittelte Nachrichten unter evolutionärer Perspektive, lassen sich auch hier die gleichen Themen identifizieren: Gefahren und Konflikte, worunter auch explizit Gefahren sozialen Ursprungs zu verstehen sind, relative Hierarchie zwischen Gruppen und Untergruppen, Ressourcen von Gruppen und Individuen, Gruppenidentität, wo sich Gruppen durch Gedenken und Rituale zusammenfinden. Selbst der Wetterbericht, der in keiner Nachrichtensendung fehlt, hat seine evolutionäre Dimension, denn die Vorhersage und die Kontrolle über atmosphärische Ereignisse sind nicht erst seit der Verbreitung des Ackerbaus von überlebenswichtiger Bedeutung, und jede Information dazu sollte Gegenstand des kollektiven Diskurses sein.

Kommunikation und insbesondere medienvermittelte Kommunikation dient unter den Prämissen der Evolutionstheorie der Organisation von Netzwerken vom Familien- und Freundeskreis bis zu Nationen oder überstaatlichen Gebilden. Die wichtigen

Fragen gelten den Ursachen und Folgen von Gefahren, der eigenen und der kollektiven Identität und der Abgrenzung von anderen Individuen und Gruppen sowie den moralischen Richtlinien des eigenen und kollektiven Handelns. Dazu können dokumentarische Berichte ebenso ihren Beitrag leisten wie fiktionale Auseinandersetzungen. In beiden Fällen ist man eingeladen, sich moralisch und ästhetisch zu positionieren.

Literatur

Barkow, Jerome H.: Beneath new culture is old psychology: Gossip and social stratification. In: Barkow/Cosmides/Tooby 1992, 627–637.

Barkow, Jerome H./Cosmides, Leda/Tooby, John (Hg.): *The Adapted Mind. Evolutionary Psychology and the Evolution of Culture.* New York 1992.

Bischof, Norbert: *Das Rätsel Ödipus.* München 1985.

Boyd, Bryan/Carroll, Joseph/Gottschall, Jonathan (Hg.): *Evolution, Literature, and Film: A Reader.* New York 2010.

Buss, David M.: *Evolutionäre Psychologie.* München 2004.

Cosmides, Leda/Tooby, John: Cognitive adaptations for social exchange. In Barkow/Cosmides/Tooby 1992, 163–228.

Cosmides, Leda/Tooby, John: *Evolutionary Psychology: A Primer* (1997), http://www.psych.ucsb.edu/research/cep/primer.html (01.04.2012).

Crawford, Charles/Krebs, Dennis L. (Hg.): *Handbook of Evolutionary Psychology. Ideas, Issues, and Applications.* Mahwah, NJ 1998.

Darwin, Charles: *Über die Entstehung der Arten durch natürliche Zuchtwahl oder die Erhaltung der begünstigten Rassen im Kampf um's Dasein.* Hg. von Gerhard H. Müller. [9]1992 (engl. 1859).

Dawkins, Richard: *Das egoistische Gen* [Jubiläumsausgabe]. Berlin/Heidelberg/New York 2006.

Dean, Lewis G./Kendal, Rachel L./Schapiro, Steven J./Thierry, Bernard/Laland, Kevin N.: Identification of the social and cognitive processes underlying human cumulative culture. In: *Science* 335/6072 (2012), 1056–1057.

Dennett, Daniel C.: *Darwins gefährliches Erbe.* Hamburg 1997.

Dunbar, Robin: *Klatsch und Tratsch. Wie der Mensch zur Sprache fand.* München 2002.

Dunbar, Robin: Gossip in evolutionary perspective. In: *Review of General Psychology* 8/2 (2004), 100–110.

Eibl, Karl: *Kultur als Zwischenwelt: Eine evolutionsbiologische Perspektive.* Frankfurt a. M. 2009.

Ghiselin, Michael T.: Darwin and evolutionary psychology. In: *Science* 179/4077 (1973), 964–968.

Grodal, Torben K.: *Embodied Visions: Evolution, Emotion, Culture, and Film.* New York 2009.

Lee, Kwan Min: Why presence occurs: Evolutionary psychology, media equation, and presence. In: *Presence: Teleoperators and Virtual Environments* 13 (2004), 494–505.

Meyer, Wolf-Uwe/Schützwohl, Achim/Reisenzein, Rainer: *Einführung in die Emotionspsychologie.* Bd 2. Bern 1997.

Miller, Geoffrey F.: *Spent: Sex, Evolution, and Consumer Behavior.* New York 2009.

Ohler, Peter: *Spiel, Evolution, Kognition. Von den Ursprüngen des Spiels bis zu den Computerspielen.* Bad Heilbrunn 2001.

Ohler, Peter/Nieding, Gerhild: An evolutionary perspective on entertainment. In: John Bryant/Peter Vorderer (Hg.): *Psychology of Entertainment.* Hillsdale, NJ 2006a, 423–433.

Ohler, Peter/Nieding, Gerhild: Why play? An evolutionary perspective. In: Peter Vorderer/John Bryant (Hg.): *Playing Computer Games: Motives, Responses, and Consequences.* Hillsdale, NJ 2006b, 101–113.

Saad, Gad: *The Evolutionary Bases of Consumption.* Mahwah, NJ 2007.

Schwab, Frank: *Evolution und Emotion: Evolutionäre Perspektiven in der Emotionsforschung und der angewandten Psychologie.* Stuttgart 2004.

Schwab, Frank: Themenheft: Evolutionäre Medienpsychologie. In: *Zeitschrift für Medienpsychologie,* 2007.

Schwab, Frank: *Lichtspiele. Eine Evolutionäre Medienpsychologie der Unterhaltung.* Stuttgart 2010.

Schwab, Frank/Schwender, Clemens: The descent of emotions in media: Darwinian perspectives. In: Katrin Döveling/Christian von Scheve/Elly Konijn (Hg.): *The Routledge Handbook of Emotions and Mass Media.* New York 2010, 15–36.

Schwender, Clemens: *Medien und Emotionen. Evolutionspsychologische Bausteine einer Medientheorie.* Wiesbaden [2]2006.

Schwender, Clemens: Feldpost als Medium sozialer Kommunikation. In: Veit Didczuneit/Jens Ebert/Thomas Jander (Hg.): *Schreiben im Krieg – Schreiben vom Krieg – Feldpost im Zeitalter der Weltkriege.* Essen 2011, 127–138.

Trivers, Robert: *Natural Selection and Social Theory. Selected Papers of Robert Trivers.* Oxford 2002.

Uhl, Matthias: *Medien – Gehirn – Evolution. Mensch und Medienkultur verstehen. Eine transdisziplinäre Medienanthropologie.* Bielefeld 2009.

Vorderer, Peter/Steen, Francis F./Chan, Elaine: Motivation. In: John Bryant/Peter Vorderer (Hg.): *Psychology of Entertainment.* Mahwah, NJ 2006, 3–18.

Workman, Lance/Reader, Will: *Evolutionary Psychology: An Introduction.* Cambridge, UK [2]2008.

Clemens Schwender/Frank Schwab

6. Geschichtswissenschaft

Die Geschichtswissenschaft war schon immer eine Medienwissenschaft. Seit ihren wissenschaftlichen Anfängen im 19. Jahrhundert beschäftigt sie sich mit zentralen Konzepten der Medienwissenschaften – Quellen, Dokumenten und Überlieferungspraktiken. Und sie hat sich seit jeher den methodischen Problemen von Speicherung, Übertragung und Interpretation unter Bedingungen von zeitlicher Distanz und Datenverlust gewidmet. Die These, dass die jüngste Erneuerung der Geisteswissenschaften in Deutschland ausgerechnet mit den methodischen Prämissen einer überaus traditionellen Disziplin verwandt sei, stammt vom amerikanischen Medienwissenschaftler John Durham Peters: »Das Medium ist auch in der Geschichtswissenschaft die Botschaft«, so behauptet Peters (2009, 83). Was hat es mit dieser These auf sich? Hält sie einer wissenschaftshistorischen Betrachtung stand, welche die Untersuchungsgegenstände und Methoden von Geschichts- und Medienwissenschaften historisch auffächert? Wo liegen die Berührungspunkte und Differenzen in dieser von Peters heraufbeschworenen Wahlverwandtschaft ungleicher Disziplinen?

Historik

Johann Gustav Droysen schlug zur Mitte des 19. Jahrhunderts vor, sein Projekt einer Geschichtswissenschaft »Historik« zu nennen (vgl. Droysen 1977). Dem Unterfangen, die Geschichte als empirisch wissenschaftliche Disziplin zu erörtern, widmete er zwischen 1857 und 1883 Vorlesungen, deren Manuskripte *ex-post* zu einem Grundlagentext von Methodenlehre und Theorie der deutschen Geschichtswissenschaft avancierten. Droysens Geschichtswissenschaft versteht sich als eine Anthropologie (d. h. als Erforschung der ›Menschenwelt‹). Sie positioniert sich als Heuristik (d. h. als Suche mithilfe einer Frage), wobei das historische Material erst während des Frage- und Suchprozesses durch Kombinieren von scheinbar fehlendem oder ungenügendem Material geschaffen wird. Die anschließende Kritik des historischen Materials umfasst dessen Prüfung (auf Echtheit, Entstellungen, historische Richtigkeit) sowie die eigentliche Quellenkritik, die das Material als Produkte einer bestimmten Gegenwart, als Hervorbringungen seiner Zeit sowie als »Medium, durch welches die dargestellten Dinge hindurchscheinen«, untersucht (ebd., 146).

Weil das Sprechen aus vergangenen Zeiten oft unverständlich geworden oder kaum mehr hörbar ist, vermag erst die Interpretation die Einzelheiten, Bruchstücke und »Lückenhaftigkeiten mancher Art« (ebd., 28) zum Sprechen zu bringen und schließlich auch erzählend darzustellen. Droysen unterscheidet zwischen unmittelbaren Überresten (wie Urkunden, Inschriften und Kunstwerke) und den schriftlichen und mündlichen Nachrichten (wie Korrespondenzen, Streitschriften und historische Lieder). Die Vorstellung einer Unterscheidbarkeit von Unmittelbarkeit einerseits und durch Erinnerung vermittelter Überlieferung andererseits ist in der Geschichtswissenschaft zentral geblieben, und auch die Auseinandersetzung mit Praktiken der Erinnerung und ihren Überformungen beschäftigt sie bis heute. Wenn in der Historik in der Tradition Droysens Heuristik, Kritik, Interpretation und Darstellung als ineinander verwobene Methoden verstanden werden, ist es dennoch die Hermeneutik, die den Kern der historischen Methode ausmacht: »Es gilt zu verstehen«, so verkündete Droysen schon 1857 (vgl. ebd., 22).

Historische Hilfswissenschaften

Das Verstehen der Botschaft ist in der Folge zur Königsdisziplin der Geschichtswissenschaft geworden, während die Kritik des Mediums ganz im Dienst der Hermeneutik steht und von den historischen Hilfswissenschaften sowie den Verwaltungs- und Archivwissenschaften im Rahmen der Urkundenlehre und Aktenkunde übernommen wurde, deren Ursprünge ins 17. Jahrhundert zurückreichen (vgl. Brandt 2007). Diese vom Archivaren und Historiker Ahasver von Brandt sinnigerweise als ›Werkzeuge des Historikers‹ bezeichneten Methoden der Quellenkunde umfassen genuin medienwissenschaftliche Themen wie die Paläographie, die sich mit den Beschreibstoffen (Stein, Metall, Wachs, Papyrus, Pergament, Papier), der Schriftentwicklung und den Schreibgeräten beschäftigt.

Die Urkunden- und Aktenlehre, die der Rechtswissenschaft entstammt, ist in der Geschichtswissenschaft ein Instrument der Quellenkritik. Sie beschäftigt sich mit der Entstehung von Schriftlichkeitspraktiken im Kontext von mündlichen Formen der Rechtshandlung sowie mit der Fixierung von Rechtsakten durch Urkunden und Beglaubigungsmedien wie dem Siegel, der Kontrasignatur, der beglaubigten Signatur oder der Ratifikation bei Verträgen. Auch die Beschäftigung mit den Überlieferungen von Urkunden durch Abschriften mit Rechtskraft (Transsumpte), den unbeglaubigten Entwürfen (Konzepten) und den Abschriften in Registerbüchern, Registraturen und Briefbüchern in der Kanzlei ist quellenkritisch motiviert und eine Forschungsstrategie im Umgang mit Fälschungen von Urkunden. Das massenweise Vorkommen gefälschter Urkunden des Mittelalters war im 17. Jahrhundert ein Auslöser für die Entstehung der Urkundenwissenschaft im juristischen Kontext gewesen. Die Akten (lat. *acta:* das Verhandelte) entstanden als Techniken der Bürokratisierung und Mittel der Informationssicherung im verwaltungsmäßigen oder geschäftlichen Handeln. Die Aktenkunde entwickelte sich erst im 20. Jahrhundert als historische Hilfswissenschaft und spiegelt die bis vor kurzem herrschende Dominanz der Beschäftigung mit Behördenakten in der Neueren Geschichte (vgl. Meisner 1935).

Hermeneutikkritik der Gesellschaftsgeschichte

Dass die hilfswissenschaftlichen Traditionen im Dienst der Historik (zumindest was die Neueste Geschichte betrifft) in der zweiten Hälfte des 20. Jahrhunderts abbrachen, ist u. a. der Gesellschaftsgeschichte geschuldet, die den historischen Diskurs Deutschlands seit den 1960er Jahren zeitweise dominierte und sich dabei auch als Hermeneutikkritik verstand. Die soziologisch und ökonomisch erweiterte Sozialgeschichte der ›Bielefelder Schule‹ stellte sich gegen die »Verstehenslehre des Historismus« und kritisierte sie als »zustimmendes Nachempfinden« (Wehler 1973, 27). Ebenso verfuhr die Gesellschaftsgeschichte mit den ›traditionellen Quellengattungen‹ in der Tradition des Historismus, die bloß die Motive von Individuen *verstehen* und *darzustellen* vermögen würden.

Demgegenüber seien die ›modernen Theorien‹ des wirtschaftlichen Wachstums, des sozialen Wandels und der Sozialpsychologie im Stand, die strukturellen Prozesse, die sich über die Köpfe der Einzelnen hinweg durchgesetzt hätten, zu *erklären.* Indem die Hermeneutikkritik auch ein Misstrauen gegenüber den Quellen und der Quellenkritik des Historismus pflegte, wurde ein implizites Medienbewusstsein, das die Geschichtswissenschaft seit dem 19. Jahrhundert mit sich führt, in den Hintergrund gedrängt und den marginalisierten historischen Hilfswissenschaften überlassen.

Auch Klio dichtet

Der New Historism eines Hayden White (vgl. White 1986), die Vertreter der italienisch inspirierten Mikrohistorie in der Tradition Carlo Ginzburgs (vgl. Ginzburg 1995) sowie die Exponentinnen der Wissenschaftsgeschichte wie Lorraine Daston (vgl. Daston 2000) griffen seit den 1980er Jahren die Fäden des 19. Jahrhunderts kritisch auf und führten damit das geschichtswissenschaftliche Interesse von einem Verstehen der Botschaft zu einer vermehrten Betrachtung der Übertragungskanäle.

Hayden White wandte sich im Zusammenhang mit seinem Konzept der ›Metahistorie‹ den von Droysen zwar erwähnten, jedoch nicht weiter untersuchten Darstellungen des historischen Materials zu und betrachtete sie in den Kategorien literarischer Kunstwerke. White stellt den historistischen Vorstellungen einer Wiedergabe der Vergangenheit seine Idee eines fiktionalen Charakters des historischen Erzählens gegenüber. Gleichzeitig nimmt er eine Fährte von Droysen auf, wenn er auf die Erfahrung der Fremdheit der Quellen verweist, die dem Historiker zu Beginn seiner Forschung widerfahre und ihn daran hindere, Reproduktionen der historischen Ereignisse herzustellen. Er besitze vielmehr eine ›skrupellose Fähigkeit‹, bestimmte Fakten auszuschließen und andere zu Bestandteilen verstehbarer Geschichte zu machen. Dieses spezifische Gespür und Verständnis des Historikers manifestiere sich darin, dass er die Vergangenheit mittels einer figurativen Sprache derart zu kodieren versteht, dass das Unvertraute vertraut werde. Denn das ›Tatsächliche‹ könne nur vermittelt über das ›Vorstellbare‹ erkannt werden.

Während Hayden White an die literarische Einbildungskraft als Quelle der Stärke und der Erneuerung der geschichtswissenschaftlichen Disziplin appelliert, spricht Carlo Ginzburg von einer spezifischen Epistemologie (dem Indizienparadigma), welche die Geschichtswissenschaften mit anderen kulturellen Praktiken (wie etwa den Tätigkeiten des Detektivs, des Psychoanalytikers oder des Jägers) teile. Es seien die Symptome (bei der Psychoanalyse), die Indizien (beim Detektiv) oder die Fährten (beim Jäger), die es erlauben würden, aus den scheinbar nebensächlichen empirischen Daten eine tiefere, sonst nicht erreichbare Realität einzufangen. Ginzburg versteht Geschichte als indirekte, durch Indizien vermittelte und konjekturale Wissensformation. Dennoch sind auch diese Epistemologien in der Vorstellung von Carlo Ginzburg historisch geprägt: Es waren gerade die immer komplexeren sozialen Strukturen im ausgehenden 19. Jahrhundert, die spezifische Techniken hervorbrachten, die darauf zielten, die ›undurchsichtige‹ Realität entzifferbar zu machen. Ein Beispiel hierfür ist die Psychoanalyse Sigmund Freuds, die sich aus der Hypothese herausbildete, dass scheinbar nebensächliche Eigenschaften tiefgründige Phänomene von großer Bedeutung enthüllen können.

Ginzburg setzt Droysens Projekt einer Fundierung der Geschichte als Wissenschaft eine Epistemologie des Spürsinns und der Intuition gegenüber. Die in den Sinnen wurzelnde Intuition sei dem höheren Wissen fern (mit Ausnahme weniger Auserwählter wie Sigmund Freud) und befinde sich vielmehr im Besitz der Jäger, Seeleute und Frauen. Ginzburgs Indizienepistemologie ist nicht frei von den Vorstellungen edler Wilder, die bei ihm als Kontrastfolie zu den etablierten Humanwissenschaften figurieren. Sie können jedoch in einer freien Lesart durchaus als Radikalisierung der Droysenschen Ideen verstanden werden, dem ja die Idee eines Mediums, durch welches die Dinge hindurchscheinen, vertraut war.

Die unerschütterliche Praxis der Geschichtswissenschaft

Der in den 1990er Jahren von Vertretern des Historismus und der Sozialgeschichte mit der neuen Kulturgeschichte in Zusammenhang gebrachten These einer Krise der Geschichtswissenschaft konnte die Wissenschaftshistorikerin Lorraine Daston nicht viel abgewinnen. Sie betont demgegenüber einen tiefen Konsens in der altehrwürdigen Disziplin darüber, wie Geschichte praktisch zu betreiben sei.

Das Fundament der historiographischen Praxis, in Jahrhunderten entwickelt und weltweit in Seminaren gelehrt, sei nach wie vor in fast jedes von einem professionellen Historiker geschriebene Werk eingewoben. Diese ›unerschütterliche Praxis‹ manifestiere sich in der Unterscheidung zwischen Quellen und Literatur, dem Kult des Archivs, dem Handwerk der Fußnoten, der sorgfältig erstellten Bibliographie, dem intensiven und kritischen Lesen von Texten und der riesengroßen Angst vor Anachronismen. Die unerschütterliche Praxis, so Daston, sichere auch in Zeiten der theoretischen Krise die Kontinuität der Disziplin. Daston forderte die Historiker auf, vermehrt Selbsthistorisierung zu betreiben und die epistemischen Grundlagen ihrer Disziplin (wie Fußnoten, Quellen und Archive) mittels der Methoden der Geschichtswissenschaft zu untersuchen.

Die Aufmerksamkeit gegenüber den Praktiken von Schrift- und Schreibkulturen seit den 1980er und 1990er Jahren (die u. a. durch Heinrich Bosse und Friedrich Kittler entwickelt wurden und zum Aufstieg der kulturwissenschaftlich orientierten Medienwissenschaften beitrugen; vgl. dazu Bosse 1981; Kittler 1995) verstand sich als Anti-Hermeneutik und berührte damit Interessen der an den Rändern der Geschichtswissenschaften angesiedelten historischen Hilfswissenschaften. Dabei ist nicht zu vergessen, dass es bereits in der ersten Hälfte des 20. Jahrhunderts Historiker gab, welche die mediale Verfasstheit ihrer Forschungsmaterialen reflektierten, u. a. Robert Binkley, der in den 1930er Jahren die Folgen der Mikroverfilmung für die Geisteswissenschaften reflektierte und dabei auch das Copyright als Forschungshindernis in seinen Betrachtungen mit einschloss (vgl. Binkley 1936; Dommann 2010). Der jüngste Aufstieg der Digital Humanities (s. Kap. IV.22), die neben vielen Zukunftserwartungen durchaus auch selbstreflexive medientheoretische Forschungsfelder eröffnet haben, ist vor diesem Hintergrund auch als ein Unterfangen mit archiv- und hilfswissenschaftlichen Traditionen zu sehen.

Seit dem Jahr 2000 sind im Grenzgebiet zwischen Geschichts- und Medienwissenschaften wichtige Beiträge zu der von Daston geforderten Historisierung der Geschichtswissenschaften entstanden. Beispielhaft hierfür ist die inzwischen zum Klassiker avancierte Studie von Cornelia Vismann, welche die Akten als Agenten und Effekte des Rechts medienarchäologisch untersucht (vgl. Vismann 2001). Dass die Akten und die sie beherbergenden Archive in politische Machtpraktiken und Gewaltakte verstrickt sind, zeigt die Studie von Astrid Eckert über die Rückgabeverhandlungen über beschlagnahmtes deutsches Archivgut durch die Westalliierten nach dem Zweiten Weltkrieg (vgl. Eckert 2004). Die Vereinigten Staaten ließen es sich nicht nehmen, die Akten vor der Rückgabe ans Bundesarchiv in Deutschland mikroverfilmen zu lassen. Das Verfilmungsprojekt manifestiert das Misstrauen der amerikanischen Geschichtswissenschaft gegenüber den deutschen Historikern und Archivaren und spiegelt die politischen und wissenschaftspolitischen Implikationen von Archivbesitz und Medientechnikgebrauch wider.

Neben den Aktenhandlungen und Archivpraktiken sind neuerdings auch die Editionsunternehmungen in die Aufmerksamkeit wissenschaftshistorischer Studien gerückt, insbesondere die umfangreichen Urkundeneditionen des Historismus im

19. Jahrhundert. Wie Daniela Saxer für die Geschichtswissenschaft Österreichs und der Schweiz zwischen 1850 und 1890 gezeigt hat, standen die Editionsunternehmen im Dienst der jungen Nationen und schufen neue nationale Geschichtstraditionen (vgl. Saxer 2010). Diese Herstellung eines nationalen Traditionsbewusstseins bediente sich eines regelrechten Arsenals medialer Praktiken (Transkriptionen, fotografische Reproduktionen, Kollationen, Registrierungen etc.) und verfolgte dabei auch wissenschaftspolitische und politische Ziele, indem durch Bricolage lokale und religiöse Traditionen der Geschichtsschreibung durchschnitten und aus dem neuen geschichtswissenschaftlichen Kanon ausgeschlossen wurden. Leider sind solche Forschungsprojekte bislang noch eher rar geblieben und würden gerade von einer Zusammenarbeit zwischen der Geschichts- und der Medienwissenschaft profitieren können.

Das mediale Fundament der Historiographie und das Vetorecht der Quellen

Wenn John Durham Peters die Historiker/innen unlängst an die medialen Prämissen ihrer Disziplin erinnert hat, so ist diesem Verdikt vorsichtig zuzustimmen. Die Geschichtsschreibung widmete sich seit dem Historismus der Deutung von Botschaften. Dass die hierfür notwendige Quellenkritik auch Medienwissenschaft *avant la lettre* ist, dessen war sie sich bislang viel zu wenig bewusst. Was für die Geschichtswissenschaft bloßes Mittel zum Zweck und als Hilfswissenschaft marginalisierte Nebensache war, hat die Medienwissenschaft (insbesondere die Medienarchäologie, s. Kap. II.13) inzwischen zur Hauptsache eines Forschungsfeldes erhoben.

Die Historiographie versteht sich als eine Anthropologie, d. h. als eine Wissenschaft vom Menschen und seiner Kulturen. Demgegenüber besann sich die medienwissenschaftliche Kulturtechnikforschung auf die etymologischen Ursprünge des Kulturtechnikbegriffes in den Ingenieurswissenschaften des 19. Jahrhunderts und rückte die Erforschung der Kultivierung von Sachen ins Zentrum (s. Kap. II.19). Während die Medienwissenschaften von den bei Gaston Bachelard und Michel Foucault entliehenen Vorstellungen diskontinuierlicher Brüche durch *ruptures épistémologiques* geleitet sind, gibt es in der Geschichtswissenschaft seit ihrer Erneuerung durch die französische Annales (u. a. Marc Bloch, Fernand Braudel, Roger Chartier) ein Interesse an Phänomenen der *longue durée*, an langfristigen Zeitstrukturen, an den Beharrungseffekten zivilisatorischer Grundentscheidungen und an den Mentalitäten größerer Gruppen von Menschen als »Gefängnisse langer Dauer« (Ernest Labrousse; s. Kap. II.20).

Wenn die Geschichtswissenschaft sich neben Texten den audiovisuellen Quellen (Bildern und Tönen) zugewandt hat, dann liegt es nahe, dass sie diese zuallererst als Dokumente und mit dem Misstrauen einer langen Tradition der Quellenkritik behandelt. Demgegenüber betrachten die Medienwissenschaften beispielsweise Historienfilme als Formen des *re-enactments*, die sich nicht in den binären Oppositionen zwischen Dokument und Fiktion auflösen lassen. Gertrud Koch hat darauf hingewiesen, dass die fiktionalen Historienfilme ausgezeichnete historische Dokumente sind, weil sie durch ihre registrierende Funktion Auskunft über zeitspezifische Deutungsmuster geben und als Museum von Gesten und Gegenständen auch zu unbeabsichtigten Enthüllungen beitragen (vgl. Koch 2003).

Wenn die Historiographie inzwischen die Frage der Medialität ihrer Daten und der Fiktionalität ihrer Darstellungen auch als epistemisches Problem entdeckt hat, gibt es vielleicht doch eine letzte Differenz zwischen den mittlerweile oft spekulativen Medienwissenschaften und den zutiefst faktenorientierten Geschichtswissenschaften, das sich mit Reinhart Kosellecks Verdikt des »Vetorechts der Quellen« umschreiben ließe (vgl. Spode 1995). Eine Historikerin darf nichts behaupten, was anders aus der Quelle zu lesen ist. Das Vetorecht der Quellen bleibt das wichtigste Gebot Klios (der Muse der Geschichtsschreibung) und bestimmt die Geschichtswissenschaft als zutiefst empirische Disziplin. Weil dabei den Quellen immer zu misstrauen ist, haben die Geschichts- und ihre Hilfswissenschaften hierfür Methoden entwickelt, mit deren Hilfe Fälschungen wie die Hitler-Tagebücher einwandfrei überprüft werden können. Wenn im Fall der Hitler-Tagebücher nachgewiesen werden konnte, dass die dabei verwendeten Materialien erst in den 1950er Jahren auf den Markt kamen, dann steckte in der Tat im Medium die für den Historiker relevante Botschaft.

Literatur

Binkley, Robert C.: *Manual on Methods of Reproducing Research Materials. A Survey Made for the Joint Committee on Materials for Research of the Social Science Research Council and the American Council of Learned Societies.* Ann Arbor 1936.

Bosse, Heinrich: *Autorschaft ist Werkherrschaft. Über die Entstehung des Urheberrechts aus dem Geist der Goethezeit.* Paderborn u. a. 1981.

Brandt, Ahasver von: *Werkzeuge des Historikers. Eine Einführung in die historischen Hilfswissenschaften* [1958]. Stuttgart u. a. [17]2007.

Daston, Lorraine: Die unerschütterliche Praxis. In: Rainer Maria Kiesow/Dieter Simon (Hg.): *Auf der Suche nach der verlorenen Wahrheit. Zum Grundlagenstreit in der Geschichtswissenschaft.* Frankfurt a. M. u. a. 2000, 13–25.

Dommann, Monika: Recording Prints, Reading Films. Mikrofilme, amerikanische Kosmopoliten und die Entdeckung des Copyrightproblems in den 1930er Jahren. In: *Zeitschrift für Medienwissenschaft* 2/2 (2010), 73–83.

Droysen, Johann Gustav: *Historik: historisch-kritische Ausgabe, Bd. 1: Rekonstruktion der ersten vollständigen Fassung der Vorlesungen (1857), Grundriss der Historik in der ersten handschriftlichen (1857–1858) und in der letzten gedruckten Fassung (1882).* Hg. von Peter Leyh. Stuttgart-Bad Cannstatt 1977.

Eckert, Astrid M.: *Kampf um die Akten. Die Westalliierten und die Rückgabe von deutschem Archivgut nach dem Zweiten Weltkrieg.* Stuttgart 2004.

Ginzburg, Carlo: Spurensicherung. Der Jäger entziffert die Fährte, Sherlock Holmes nimmt die Lupe, Freud liest Morelli – Die Wissenschaft auf der Suche nach sich selbst. In: Ders. (Hg.): *Spurensicherung. Die Wissenschaft auf der Suche nach sich selbst.* Berlin 1995, 7–44.

Kittler, Friedrich A.: *Aufschreibesysteme 1800/1900.* München 1995.

Koch, Gertrud: Nachstellungen. Film und historischer Moment. In: Eva Hohenberger/Judith Keilbach (Hg.): *Die Gegenwart der Vergangenheit.* Berlin 2003, 216–229.

Meisner, Heinrich Otto: *Aktenkunde. Ein Handbuch für Archivbenutzer, mit besonderer Berücksichtigung Brandenburg-Preußens.* Berlin 1935.

Peters, John Durham: Geschichte als Kommunikationsproblem. In: *Zeitschrift für Medienwissenschaft* 1/1 (2009), 81–92.

Saxer, Daniela: Archival objects in motion: Historians' appropriation of sources in nineteenth-century Austria and Switzerland. In: *Archival Science* 3/10 (2010), 315–331.

Spode, Hasso: Ist Geschichte eine Fiktion? Interview mit Reinhart Koselleck. In: *NZZ Folio* 3 (1995), http://www.nzzfolio.ch/www/d80bd71b-b264–4db4-afd0–277884b93470/showarticle/dd30ca32–4681-4eb3–994b-c36fe565dd49.aspx (11.12.2012).

Vismann, Cornelia: *Akten. Medientechnik und Recht.* Frankfurt a. M. 2001.

Wehler, Hans-Ulrich: *Geschichte als historische Sozialwissenschaft.* Frankfurt a. M. 1973.

White, Hayden: *Auch Klio dichtet oder Die Fiktion des Faktischen. Studien zur Tropologie des historischen Diskurses.* Stuttgart 1986.

Monika Dommann

7. Kunstwissenschaft/ Bildwissenschaft

Die seit dem 19. Jahrhundert akademisch etablierte Kunstwissenschaft reflektiert Werke, Geschichte und Theorie der bildenden Künste von der Spätantike bis zur Gegenwart. Seit Beginn der 1990er Jahre hat sich in ihr mit dem *iconic* und *pictorial turn* (vgl. Boehm 1994, 13; Mitchell 1992) ein Paradigmenwechsel vollzogen. Die von der Kunstwissenschaft geprägten Termini beschwören jene Wende in den Geisteswissenschaften, die eine Hinwendung von der mit dem *linguistic turn* einhergehenden Leitvorstellung der ›Kultur als Text‹ zu derjenigen einer ›Kultur als Bild‹ bezeichnet (vgl. Bachmann-Medick 2006). Dabei hat die Kunstgeschichte Konkurrenz durch jüngere Fächer wie die Medienwissenschaft und die Visual Culture Studies (vgl. u. a. Morra/Smith 2006) bekommen, die ebenfalls bildwissenschaftliche Kompetenz für sich reklamieren (vgl. z. B. Heßler 2006; Heßler/Mersch 2009; Günzel/Mersch 2014 (in Vorb.)). In Reaktion darauf erweiterte die Kunstwissenschaft den ihr angestammten Gegenstandsbereich der Kunstbilder und nahm sich auch sogenannter nicht-künstlerischer Bilder wie technischer Zeichnungen oder wissenschaftlicher Diagramme an (vgl. z. B. Elkins 1999; Holländer 2000; Kemp 2003). Darüber hinaus wird die Kunstwissenschaft durch die Philosophie herausgefordert, die sowohl in semiotischer und pragmatischer (vgl. Scholz 2004), als auch in phänomenologischer Hinsicht (vgl. Wiesing 2005) Bildtheorien vorgelegt hat. Das Bild als wahrnehmungsnahes Zeichen definierend, fordert Klaus Sachs-Hombach eine die verschiedenen Grundlagendisziplinen der Bildforschung integrierende und systematisierende Bildwissenschaft (vgl. Sachs-Hombach 2003).

In diesem Spannungsfeld betrachtet auch (und gerade) eine allgemeine Bildwissenschaft die Kunstwissenschaft als durch »die älteste und differenzierteste Tradition bildtheoretischen Nachdenkens« (ebd., 17 f.) ausgezeichnet. Die Autorität der Kunstwissenschaft beruht im Wesentlichen auf dem historischen Tiefenwissen des Fachs sowie auf einem speziell an Bildern, für und durch Bilder entwickelten methodisch-analytischen Instrumentarium zur Deutung von Form und Inhalt (vgl. Belting u. a. 2008). Auch wenn innerhalb des Fachs vereinzelt noch versucht wird, nicht-künstlerische Bilder aus dem Kanon auszuklammern, lassen starke Indizien doch auf ein weithin verbreitetes Verständnis von

Kunstwissenschaft als Bildwissenschaft schließen: unter anderem die Stabilisierung eines diesbezüglichen Kommunikationsnetzes mittels periodisch erscheinender, sich explizit dem Bild zuwendender Fachzeitschriften (vgl. z. B. Bredekamp/Bruhn/Werner 2003 ff.), die Kanonisierung des Wissensgebietes durch Handbücher, Sondernummern in kunst- und kulturwissenschaftlichen Zeitschriften oder Ausstellungen (vgl. z. B. Beyer/Lohoff 2005; Bredekamp/Schneider/Dünkel 2008), die Selbstrekrutierung in entsprechenden Forschungsverbünden und Netzwerken (z. B. »eikones – NFS Bildkritik. Macht und Bedeutung der Bilder«), an einschlägig (um-)benannten Instituten und Seminaren (z. B. Institut für Kunst- und Bildgeschichte, HU Berlin) oder die Einrichtung von Curricula und Professuren mit einer Denomination auch für Bildwissenschaft (z. B. Professur für Kunstgeschichte/Bildwissenschaften, Universität Passau; Professur für Historische Bildwissenschaft/Kunstgeschichte, Universität Bielefeld).

Neben der unübersehbaren Rolle von Bildern in den Naturwissenschaften und ihrer Bedeutung als Erkenntnisinstrumente sowie der ständig zunehmenden Verbreitung von Bildtechnologien, liegt ein anderer Beweggrund für die forcierte Erweiterung des Gegenstandsbereichs der Kunstwissenschaft in dem Wunsch begründet, bildwissenschaftliche Überlegungen aus der Frühzeit des Faches fortzuführen und anzureichern. Das kunstwissenschaftliche Methodenrepertoire zur Bestimmung und Deutung von Bildern ist keineswegs nur auf das Verständnis historischer Phänomene der sogenannten Hochkunst beschränkt. Zu Recht wird immer wieder betont, dass sich seit ihren Anfängen führende Vertreter der Kunstwissenschaft wie Julius von Schlosser, Alois Riegl, Erwin Panofsky und Aby M. Warburg auch und gerade mit Bildwerken beschäftigt haben, die zu ihrer Zeit als Erzeugnisse der Alltagskultur massenhaft produziert worden sind – eine Tradition, die in Deutschland infolge von Emigration um 1933 und das darauf folgende intellektuelle Vakuum zeitweilig in Vergessenheit geraten ist.

Als *spiritus rector* einer historischen Bildwissenschaft, die den Hiatus zwischen ›High-‹ und ›Low-Art‹ zu überbrücken trachtete, sprach Warburg 1925 explizit von »unseren methodologischen Versuchen, von der Kunstgeschichte zur Wissenschaft vom Bilde fortzuschreiten« (WIA, GC, Aby Warburg an Moritz von Geiger, 17.11.1925). Vermutlich das erste Mal fällt jener programmatische Begriff in Warburgs Sammlung »Grundlegende Bruchstücke zu einer pragmatischen Ausdruckskunde (monistischen

Kunstpsychologie)«; hier formulierte der 23-Jährige am 18. März 1890 die Idee einer »Wissenschaft von den Bildern« (WIA, III.43.1.1., 1890, 28).

Kunst/Bild und Medium

Eine sich dergestalt als Bildwissenschaft verstehende Kunstwissenschaft hat sich mehrfach dezidiert zum Verhältnis von Kunst respektive Bild und Medium geäußert. Für Hans Belting etwa gewinnt der Medienbegriff seine Bedeutung erst in einer Korrelation mit Körper und Bild. Das Medium sei durch einen »doppelte[n] Körperbezug« ausgezeichnet (Belting 2001, 13): Zum einen würde der Mensch die Trägermedien der Bilder als deren symbolische Körper betrachten, als »stellvertretende[n] Ersatz und Re-Präsentation eines nicht präsenten oder rein imaginären Körpers« (Schulz 2005, 124), zum anderen wirkten die Medien auf die körperlich verfasste Wahrnehmung des Rezipienten ein und veränderten diese. In dieser bildanthropologischen Perspektive gewährleisten Medien also, dass Bilder sich verkörpern können, sich damit überhaupt erst als Bilder wahrnehmen lassen. Durch die Affizierung des menschlichen Wahrnehmungskörpers können wiederum neue Bilder entstehen, die sich qua Medien erneut verkörpern (s. Kap. IV.3).

Eine zweite zentrale Position markiert die Bildontologie Gottfried Boehms, der in Übereinstimmung mit Niklas Luhmann Medien als lose Koppelungen von Elementen betrachtet, aus denen sich feste gekoppelte Formen herausdifferenzieren lassen, die z. B. als Bilder adressiert werden können (s. Kap. II.11). Darauf aufbauend (und in Anlehnung an Martin Heideggers Rede von der ›ontologischen Differenz‹), bestimmt Boehm als das minimale Definiens eines (künstlerischen) Bildes die sogenannte ikonische Differenz, d. h. »die gleichzeitige Wahrnehmbarkeit von Darstellungsebene und Dargestelltem, von medialer Prämisse und ikonischer Formung« (Boehm 1999, 173). Wenn Boehm von Medien als Vorbedingungen ikonischer Formungen spricht, bewegt er sich auf Augenhöhe mit einer Grundannahme der Medienwissenschaft, gemäß der Medien wenn nicht hinreichende, so doch notwendige Möglichkeitsbedingungen jedweder Erkenntnis- und Wissensformierung und damit auch von Bildproduktion, -rezeption und -distribution sind. Eine solche Sichtweise, die Wechselwirkungen zwischen Produktionstechniken und Repräsentationsfertigkeiten beobachtet, kündigt sich in der Kunstwissenschaft schon mit der frühneuzeitlichen Gründerfigur der Kunsthistoriographie, mit Giorgio Vasari an, der in seiner Vita des Antonello da Messina die Überlegenheit der Ölmalerei über andere Verfahren feststellt, mit Blick etwa auf die Möglichkeit, Licht und Schatten illusionistisch wiedergeben zu können.

Ein dritter Vertreter der neueren Bildwissenschaft ist Horst Bredekamp, der u. a. 2000 am Hermann von Helmholtz-Zentrum für Kulturtechnik der Humboldt-Universität zu Berlin das Projekt »Das Technische Bild« (vgl. Bredekamp/Schneider/Dünkel 2008) und die Kolleg-Forschergruppe »Bildakt und Verkörperung« ins Leben rief. Seine Forschungen zur Form und Funktion technischer Bilder sowie zur Performativität und Körperbezogenheit von Bildern sind relevant für vergleichbare Fragen in der Medienwissenschaft. Sein programmatischer Aufsatz »Bildmedien«, zu finden in einer einschlägigen Einführung in die Kunstwissenschaft (vgl. Belting u. a. 2008, 363–386), beginnt mit dem Satz: »Kunstgeschichte ist auch eine Medienwissenschaft«. Er weist darauf hin, dass die Kunstgeschichte bzw. Kunstwissenschaft ihre Methoden stets »nach Maßgabe der sich wandelnden Bildmedien« (ebd., 363) verändert hat und methodisch immer schon auf Bildmedien angewiesen war. Im Folgenden gibt er einen knappen Überblick über die Mediengeschichte und darüber, welche Fragen sie für die Kunstwissenschaft aufgeworfen hat, wobei er seinen Medienbegriff sowohl auf Marshall McLuhan (s. Kap. II.4), als auch auf Luhmanns Medium/Form-Unterscheidung abstützt. Er kritisiert die Medienwissenschaft dafür, das Erbe der Kunst bzw. der Kunstwissenschaft allzu leichtfertig zu ignorieren und so für die »Formspezifika des Bildes und dessen historische[] Tiefenschichten« (ebd., 364) unempfänglich zu sein.

Diese Kritik legt nahe, die Blickrichtung umzukehren und nach Bezugnahmen der Medienwissenschaft auf das Bild zu fragen. Man kann feststellen, dass sich die meisten ihrer Ausprägungen – die kulturwissenschaftliche, die sozialwissenschaftliche und die technikhistorisch orientierte – auf bildliche Phänomene konzentriert haben (was neuerdings von den Sound Studies kritisiert wird, s. Kap. IV.11).

Die erste Ausprägung folgt der Grundannahme, nach der Medien als Möglichkeitsbedingungen jeglicher, auch und gerade bildlicher Erkenntnis zu betrachten seien. Im Zuge der kulturwissenschaftlichen Orientierung kam es überdies zur Übernahme kunsthistorisch etablierter Methoden, etwa der von Panofsky entwickelten Ikonographie und Ikonologie (vgl. Heller u. a. 2000).

Die zweite Ausprägung beschreibt die zentrale Rolle des Bildes als Informationsträger und Übermittlungskanal für ihren Gegenstand, die Massenkommunikation.

Die dritte Ausprägung unterstreicht die Einsicht, dass die Interaktivität ihres zentralen Gegenstandes, des Rechners, als Bedingung eine graphische, als Bild adressierbare Benutzeroberfläche voraussetzt, durch die hindurch der Computer allererst steuerbar wird. Gerade diese dritte Spielart demonstriert den das Bild aufwertenden Paradigmenwechsel der Medienwissenschaft: Nachdem der ontologische Status digitaler Bilder grundlegend problematisiert, deren Existenz unter den Verdacht eines »unangebrachte[n] Essentialismus« (Pias 2003, Abs. 50) gestellt und die Ikonizität der Benutzeroberflächen als »wackelige[s] Gerüst schiefer Metaphern« (Heidenreich 1998, 86) herabgewürdigt worden waren, hat sich in jüngerer Vergangenheit eine Sichtweise etabliert, die diese gleichsam ikonoklastische Position durch ein Konzept des sich aus binärem Code und Bildschirmerscheinung zusammensetzenden »doppelten Bildes« (Nake 2005) abfedert.

Allgemein lässt sich mit Joachim Paech konstatieren, dass die Medienwissenschaft an Universitäten in der Bundesrepublik Deutschland Mitte der 1970er Jahre installiert wurde, um das »Universum der technischen Bilder« (Flusser 1985), sprich die Fotografie, den Film, das Fernsehen oder das Video, akademisch zu reflektieren. Bilder gehören demnach zu den »wichtigsten ›Schnittstellen‹ interdisziplinärer Forschung, die die Medienwissenschaft mit den traditionellen geisteswissenschaftlichen Fächern […] ursächlich verbinden« (Paech 2005, 80). Die Kunstwissenschaft hat diese Reflexion schon sehr früh geleistet (vgl. Bredekamp 2003): Nicht nur, um lediglich ein Beispiel herauszugreifen, wurde bereits Mitte der 1930er Jahre am New Yorker Museum of Modern Art eine ›Film Library‹ eingerichtet oder durch Panofskys Essay »On Movies« (1936) der – von der Medienwissenschaft als ihr Untersuchungsgegenstand und ›Leitmedium‹ apostrophierte – Film in den Kanon kunstwissenschaftlicher Betrachtung aufgenommen; auch modellierte die Medialität von Fotografie und Film schon kurz nach der Jahrhundertwende historiographische und epistemologische Entwürfe der Kunstwissenschaft, wurden fotografische Medien mithin nicht nur zu einem Objekt, sondern auch zu einem Subjekt kunsthistorischer Forschung.

Die Medialität/-sforschung der Kunstwissenschaft

Die Kunstwissenschaft wurde zu einer Bildwissenschaft nicht nur durch die Ausweitung ihres Gegenstandsbereichs auf nicht-künstlerische Bilder, auf »Bild- und Wortquellen aller qualitativen Grade und medialen Formen« (Böhme 1997, 140). Vielmehr wurde die Kunstwissenschaft zu einer Bildwissenschaft, weil sie in ihrer Struktur wesentlich durch bildgebende Technologien geprägt wurde und infolgedessen grundlegende kunst-, respektive bildwissenschaftliche Methoden hervorgebracht hat (vgl. Hensel 2011). In der jüngeren Fachgeschichte hat darauf zuerst Heinrich Dilly am Beispiel des Zusammenspiels von fotografischer Reproduktion und vergleichendem Sehen (Diaprojektor), insbesondere mit Bezug auf Heinrich Wölfflin, hingewiesen (vgl. Dilly 1975; Bader/Gaier/Wolf 2010). André Malraux (1987) beschreibt kurz nach dem Zweiten Weltkrieg, wie mit den fotografischen Reproduktionstechnologien ein ›imaginäres Museum‹ der Weltkunst, in dem Werke verschiedenster (zeitlicher wie geografischer) Herkunft nebeneinander erscheinen können, möglich wurde – dadurch seien Fragen nach stilistischer, formaler wie inhaltlicher Kontinuität und Differenz zwischen verschiedenen Epochen und Kulturen überhaupt erst formulierbar geworden.

Medien als notwendige, wenn auch nicht hinreichende Möglichkeitsbedingungen kunstwissenschaftlichen Arbeitens zu reflektieren und insofern Medialitätsforschung zu betreiben, ist indessen keinesfalls eine Leistung erst der jüngeren Kunstwissenschaft, sondern war bereits ein Anliegen in der Frühzeit des Fachs. So räumt Herman Grimm gleich zu Beginn eines oftmals als Referenzwerk zitierten Aufsatzes über »Die Umgestaltung der Universitätsvorlesungen über Neuere Kunstgeschichte durch die Anwendung des Skioptikons« (1897) die produktive Eigendynamik dieses Projektionsapparates ein, der künstliches Licht verwendete und das Projizieren von Diapositiven und damit die ersten Lichtbildvorträge erlaubte.

Grimms Argumente sind so plastisch und wegweisend, dass es sich lohnt, sie genauer in den Blick zu nehmen. Die Projektion von Fresken in Originalgröße etwa gewähre, so Grimm, neue Erkenntnisse und die dadurch bedingte Konzentration des Auditoriums auf den Gegenstand ermögliche eine gesteigerte Auffassungs- und Vermittlungsgabe des Dozierenden:

»Ich hatte Cimabue's Gemälde in Assisi öfter gesehen, ich besaß die Photographien seit vielen Jahren: jetzt

aber, wo sie in ihren ächten Größenverhältnissen wieder vor mir standen und mit meinen Augen zugleich die so vieler junger Leute darauf ruhten, welche Belehrung enthielt dieser Anblick nun auch für mich! Sie zeigten sich mir wie zum ersten Male und es war, als ob die Theilnahme meiner Zuhörer die Schärfe meiner Auffassung erhöhte. Genöthigt, mich auszusprechen, fand ich inhaltsreichere Worte als mir ohne diese Umgebung zu Gebote gestanden hätten« (ebd., 290).

Den Studierenden ermögliche die Lichtbildprojektion eine besonders einprägsame Verknüpfung des Geschauten: »Ich kann im Laufe einer einzigen Stunde bei vollkommener Stille des Auditoriums diesem eine Reihe von Anschauungen gewähren, die sich tief in das Gedächtnis einnisten und die bei der Gleichmäßigkeit der Anschauungen festen organischen Zusammenhang gewinnen« (ebd., 282). Ferner befördere das Projektionsverfahren – eo ipso und gänzlich überraschend – die Einsicht in Entwicklungszusammenhänge, bei Grimm linear teleologisch gedacht:

»Noch eindrucksreicher aber werden diese Anblicke, wenn nicht nur einzelne Werke, sondern Serien vorgeführt werden, aus denen die Entwickelungsgeschichte eines Künstlers klargelegt wird, das heißt im Hinweise auf eine Folge zusammengehöriger Arbeiten desselben Künstlers gezeigt wird, wie er zu größerer Vollkommenheit sich steigert. Hier leistet das Skioptikon heute Dienste, die sich nicht voraussehen ließen, da bei den bisherigen Hilfsmitteln an die Darlegung solcher innerer Entfaltungen nicht gedacht werden konnte. Ich war eben so überrascht wie meine Zuhörer« (ebd., 285 f.).

Und schließlich sei es das Verdienst des Lichtbildes, einem im Original kleiner dimensionierten Kunstwerk durch die Projektion zu seiner eigentlichen Größe und wahren Schönheit zu verhelfen:

»Und endlich erschienen zwei Ansichten des Kopfes der Statue [Michelangelos *David*, T. H.] allein: einmal von vorn, das anderemal in Profil, beide in herrlicher Beleuchtung und in ungeheurer Größe, zugleich nun aber so in ihrem eigentlichen Formate gleichsam. Denn es schien, so groß das Werk ist, als habe es dem Geiste des Künstlers colossaler noch vorgeschwebt. Die wunderbare Schönheit des Kopfes trat jetzt erst völlig hervor« (ebd., 284).

Grimm war seinerzeit nicht der einzige Protagonist des Fachs, der die Medialität der Kunstwissenschaft zu denken unternahm. Bruno Meyer, Professor für Kunstgeschichte in Karlsruhe und einer der »größten Medienoptimisten seiner Zeit« (Matyssek 2005, 231), hatte wenige Jahre zuvor einen ähnlich argumentierenden Aufsatz publiziert (vgl. Meyer 1879/1880), und ebensolches sollte 1906 auch der Altphilologe Karl Krumbacher tun. Krumbachers prägnante Abhandlung *Die Photographie im Dienste der*

Geisteswissenschaften (1906) liest sich wie eine Anleitung für den Ausbau des Medienrepertoires der Kunstwissenschaft, in der insbesondere die Bedeutung der Fotografie als »Basis [...] für eines der wichtigsten Lehrmittel der Neuzeit, den *Lichtbildapparat*« (ebd., 6; Herv. i. O.) hervorgehoben wird.

Das Paradigma Aby M. Warburg

Warburg (1866–1929) erachtete mit vergleichbarem Aplomb die Fotografie wie die Lichtbildprojektion für seine Theoriebildung als essentiell: »Ohne den Photographen im Hause würde die Entfaltung der ›neuen Methode‹ nicht möglich sein« (Warburg 2001, 186). Die mediale Transformation, etwa von Malerei in Fotografie, betrachtete er keinesfalls nur als eine Option, sondern vielmehr als eine Notwendigkeit, die sogar noch vor der nahsichtigen Betrachtung des Originals firmiere. So findet sich im Tagebuch der Kulturwissenschaftlichen Bibliothek Warburg (K. B. W.) die das Medium adelnde Notiz: »Im Kultraum am Viale Manzoni. In den Photographien mehr zu sehen als in Wirklichkeit« (ebd., 425).

Um die Bedeutsamkeit der Fotografie, wie deren Projektion für Warburg und die Kunstwissenschaft besser verstehen zu können, ist ein Blick auf die für die Arbeit des Kunsthistorikers kardinale Praxis des vergleichenden Sehens aufschlussreich. Schon in Grimms Aufsatz fällt das Schlüsselargument – dass nämlich die Doppel- oder Mehrfachprojektion ein für die kunstwissenschaftliche Arbeit unabdingbares vergleichendes Sehen ermögliche: »Das Skioptikon gewährt aber noch mehr. Eine Hauptaufgabe des Lehrers der Neueren Kunstgeschichte ist, Darstellungen derselben Scene seitens verschiedener Meister zu vergleichen: indem die Bilder nun zu gleicher Zeit sichtbar gemacht werden, tritt die vergleichende Betrachtung sofort in Wirksamkeit« (Grimm 1897, 282). Durch die Ermöglichung einer derartigen Zusammenschau erweise sich das Studium der Reproduktion gar als demjenigen des Originals überlegen. Auch Warburgs Einsicht in die komparatistische Tragweite der Fotografie artikuliert sich unmissverständlich in Bemerkungen über jenes Zusammenspiel von fotografischer Reproduktion und vergleichendem Sehen, für das ein Dreivierteljahrhundert später Dilly wieder sensibilisieren sollte: »Dank der photographischen Hilfsmittel kann die Bildvergleichung jetzt weitergeführt [...] werden« (Warburg 1998, 209).

Wie sehr Warburg seine Bildkonvolute nicht nur nach inhaltlichen Gesichtspunkten strukturierte, sondern auch bezüglich ihrer medialen Potenz reflektierte, demonstriert u. a. ein wegen seiner Kürze zunächst marginal erscheinender, wiewohl paradigmatischer Aufsatz über »Arbeitende Bauern auf burgundischen Teppichen« von 1907. Gleich zu Beginn des Textes, in einer komplexen Verschränkung funktionsanalytischer, soziologischer sowie medienarchäologischer Argumente, denkt er nicht nur die Bilder selbst, sondern auch die Medien ihrer technischen Reproduktion:

> »[D]enn das Wesen des gewebten Teppichs, des Arazzo, beruhte nicht auf einmaliger origineller Schöpfung, da der Weber als anonymer Bildvermittler denselben Gegenstand technisch so oft wiederholen konnte, wie der Besteller es verlangte; ferner war der Teppich nicht wie das Fresko dauernd an die Wand gefesselt, sondern ein bewegliches Bildervehikel; dadurch wurde er in der Entwicklung der reproduzierenden Bildverbreiter gleichsam der Ahne der Druckkunst, deren wohlfeileres Erzeugnis, die bedruckte Papiertapete, die Stellung des Wandteppichs folgerichtig im bürgerlichen Hause völlig usurpiert hat« (Warburg 1998, 223).

Während Warburg Medien hier bereits nicht mehr nur als Objekte historischer Darstellung würdigt, artikuliert er sein Wissen um die medientechnische Bedingtheit der Formation von Kultur und deren Geschichte vor allem in der Einleitung zu seinem Bilderatlas *Mnemosyne*. Hier räsoniert Warburg in einer programmatischen Passage über den Prozess der Stilbildung und die Faktoren, die diesen steuern. Mit Blick auf Tapisserie, Kupferstich und Holzschnitt erkennt er klar die frühmoderne Reproduktionstechnologie samt ihren flexiblen und dynamischen Bildträgern als mediale Möglichkeitsbedingung für die Variabilität einer kulturellen Größe wie Stil (vgl. Warburg 2003, 5).

Auch wenn Warburg keine Medientheorie *expressis verbis* vorgelegt hat, so hat er doch explizit medientheoretisch argumentiert – und hierin ist er exemplarisch, keinesfalls eine Ausnahme. So erscheinen selbst ideengeschichtliche Antipoden Warburgs, wie der einer formalistischen Betrachtung Vorschub leistende Kunsthistoriker Heinrich Wölfflin, aus heutiger Sicht als Stichwortgeber jüngerer Medientheorie: Das »Phantasma vom Menschen als Medienerfinder« (Kittler 1986, 5 f.) weist Wölfflin mit seiner von ihm so apostrophierten Kunstgeschichte ohne Namen genauso in seine Schranken, wie dies später Friedrich Kittler tun sollte (s. Kap. II.13). In der Tat lassen sich innerhalb der Kunstwissenschaft Positionen und Ansätze aufweisen, die schon seit langer Zeit mit Fragen und Problemen befasst sind, die (in ähnlicher Form) wieder in der Medienwissenschaft auftauchen – das gilt sogar für jene Fragen, die heute im Zusammenhang mit der Rezeption der Akteur-Netzwerk-Theorie in der Medienwissenschaft gestellt werden (vgl. Hensel/Schröter 2012; s. Kap. II.15).

Kunstwissenschaftliche Positionen nach Warburg – Bilder zwischen Materialität und Gesellschaft

Diese theoretischen Positionen in der Kunstwissenschaft, die medienwissenschaftlichen Fragestellungen, speziell zum Bild, ähneln, verdienen wenigstens kursorische Erwähnung. Sie changieren zwischen den beiden Polen Materialität und Gesellschaft.

Einer der Texte, die heute als wichtiger Schritt zur Herausbildung der Medienwissenschaft genannt werden, ist der von Hans Ulrich Gumbrecht und K. Ludwig Pfeiffer herausgegebene Band *Materialität der Kommunikation* (1988). In durchaus vergleichbarer Weise plädiert Monika Wagner für eine Einbeziehung des Materials in die kunstgeschichtliche Analyse und möchte dadurch die Analyse der Form modifiziert wissen. Die Form könne nicht mehr selbstverständlich als »unveränderliches Ergebnis gestalterischer Arbeit am Material« betrachtet werden, sondern müsse als »variable Größe und Resultat von Materialeigenschaften« selbst gelten (Wagner 2001, 12). Material nicht mehr nur als eine technische Gegebenheit hinnehmend, sondern als ästhetische Kategorie würdigend, fragt dieser Ansatz nach den Aufgaben, die einzelne Materialien in konkreten historischen Zusammenhängen übernehmen, nach deren physikalischer Beschaffenheit wie auch deren geschichtlicher, zeitgebundener und damit wandelbarer Bedeutung.

Historisch betrachtet, hat diese Position prominente Vorläufer. Auch wenn er nicht mitnichten ausschließlich als Kunstmaterialist und Vorreiter eines modernen ästhetisierenden Materialverständnisses adressiert werden kann, war es der Architekt und Architekturtheoretiker Gottfried Semper, der schon um die Mitte des 19. Jahrhunderts dem Material besondere Beachtung schenkte. Mehr noch suchte er den Zusammenhang zwischen Kunstwerk und den Faktoren, die dieses konstituieren, gar in einer mathematischen Formel zu erfassen. Als deren variable Faktoren waren laut Semper neben dem Material auch lokale, klimatische, ethnologische, religiöse und politische Bedingungen sowie persönliche ›Einflüsse‹ von Künstlern oder Auftraggebern ins Kalkül zu ziehen. Deren Zusammenwirken präge laut Semper (1884) letztlich das, was unter ›Stil‹ zu verstehen sei.

Auch zum Pol der Frage nach dem sozialen Kontext seien nur einige wenige Positionen benannt: Michael Baxandall lässt das erste Kapitel seines Buchs *Die Wirklichkeit der Bilder* (1980, 9) mit dem programmatischen Satz anheben: »Die Malerei des 15. Jahrhunderts ist Ausdruck einer gesellschaftlichen Beziehung«. Im Folgenden nimmt auch er sich des Stils von Kunstwerken an, den er als einen Gegenstand der Sozialgeschichte begreift: »Gesellschaftliche Tatsachen […] führen zu der Herausbildung spezifischer visueller Fertigkeiten und Gewohnheiten; und diese Fertigkeiten und Gewohnheiten verdichten sich zu identifizierbaren Elementen im Stil des Malers« (ebd., 7). Diese gesellschaftlichen Tatsachen, darunter religiöse genauso wie kommerzielle, werden anhand von Verträgen, Briefen oder Rechnungen dingfest gemacht, und der Stil der frühneuzeitlichen Malerei wird zu Kulturtechniken (s. Kap. II.19), hier noch »Erfahrungsbereiche« genannt (ebd., 7), wie dem Predigen, dem Tanzen oder dem Ausmessen von Fässern in Beziehung gesetzt. So gelingt es Baxandall zu demonstrieren, dass Malerei sich nicht zuletzt merkantiler Geometrie verdankt, dass es mithin ein kaufmännisches, auf den Warenhandel zugeschnittenes Rechnen war, das tief in die Kunsttheorie und -praxis der Renaissance eingelassen war.

Wie Baxandall auf der Gewissheit aufbauend, dass die Künste sich im Feld gesellschaftlicher Kräfte bewegen, plädiert Martin Warnke in seiner wegweisenden, wohlweislich nicht bebilderten kunsthistorischen Habilitationsschrift für eine, wie er es nennt, »Bedingtheitsforschung«, welche die Geschichte gesellschaftlicher Institutionen reflektiert (Warnke 1996, 12). Auf der Suche nach den prägenden Vermittlungsinstanzen wendet er sich vom individuellen Auftraggeber oder Besteller ab und der Pluralität verwaltenden Institution zu – verstanden als eine »Vermittlungsinstanz […], in de[r] sich vielfältige Bedürfnisse, Normen und Handlungsstrategien organisieren« (ebd., 13). Als ein »Ausgleichserzeugnis unterschiedlich interessierter Subjekte« ist es insbesondere der Hof, der als »Umschlagplatz der Gesellschaft« und »spannungsreiches Gebilde« funktioniert, »in dem Fürsten und Prinzen, Günstlinge und Minister, bürgerliche Räte und adlige Kammerdiener, Frauen und Parvenüs, Zwerge, Narren und Handwerker aufeinander einwirken« (ebd., 13).

Während Baxandall vom Konzept des Stils ausgeht und Warnke die Instanz des Hofes samt dessen

Beziehungsgeflecht zum Ausgangspunkt seiner Überlegungen erklärt, nimmt Svetlana Alpers (1989) wieder das Individuum in den Blick. Doch thematisiert sie weniger das autonome Künstlergenie, als dasjenige, was sich hinter dem ›Namen‹ eines Künstlers verbirgt. Rembrandt als Maler, als Schauspieler, als Regisseur und als Unternehmer vorführend, fokussiert Alpers Aspekte von Atelierpraxis und Markt ebenso wie Sprachgebrauch und zeitgenössische Interpretationen des Theaterspiels. Damit vermag sie, das ›Label‹ Rembrandt sowohl ästhetisch als auch sozial zu erklären und die beiden in der Kunstwissenschaft miteinander konfligierenden, hier nur kurz angerissenen Traditionen, den (an Form und Material der Bildwerke orientierten) Internalismus und den (am sozial- und kulturgeschichtlichen Kontext der Bildwerke orientierten) Externalismus, zu versöhnen.

Tatsächlich also, so lässt sich alleine schon aufgrund der hier skizzierten Positionen festhalten, war der modernen Kunstwissenschaft immer schon eine Dynamik zu eigen, die nicht selten die Dichotomie von Subjekt und Objekt unterlief, neben dem viel beschworenen Genie auch Materialitäten und gesellschaftliche Rahmungen und neben intrinsischen auch extrinsische Variablen zu reflektieren erlaubte. Wenn die Kunstwissenschaft der Medienwissenschaft herkömmlicherweise als eine Disziplin gilt, die lediglich Werk, Autor und kulturellen Kontext berücksichtigt und sich nur selten über die Hermeneutik singulärer Werke hinaus mit deren Medialität und Rolle in einer von Massenmedien geprägten modernen Gesellschaft befasst, dann mag jene Dynamik aufweisen, dass Kunst- und Medienwissenschaft mehr miteinander gemeinsam haben als gemeinhin angenommen. Schon die Ausbreitung und die zunehmende Bedeutung einer wie auch immer näher definierten ›Medienkunst‹ (vgl. z. B. Frieling/Daniels 2004; Grau 2007) seit dem späten 20. Jahrhundert sind wohl nur noch interdisziplinär zwischen Kunst- und Medienwissenschaft verhandelbar; genauso wie die zeitgleich stark werdende Wortschöpfung ›Medienästhetik‹ (vgl. Schnell 2000; Faulstich 2004, 90–94; Schröter 2013) nichts Geringeres als einen Brückenschlag bezeichnet.

Literatur

Alpers, Svetlana: *Rembrandt als Unternehmer. Sein Atelier und der Markt* [1988]. Köln 1989.

Bachmann-Medick, Doris: *Cultural Turns. Neuorientierungen in den Kulturwissenschaften.* Reinbek bei Hamburg 2006.

Bader, Lena/Gaier, Martin/Wolf, Falk (Hg.): *Vergleichendes Sehen.* München 2010.

Baxandall, Michael: *Die Wirklichkeit der Bilder. Malerei und Erfahrung im Italien des 15. Jahrhunderts* [1972]. Frankfurt a. M. 1980.

Belting, Hans: *Bild-Anthropologie. Entwürfe für eine Bildwissenschaft.* München 2001.

Belting, Hans/Dilly, Heinrich/Kemp, Wolfgang/Sauerländer, Willibald/Warnke, Martin (Hg.): *Kunstgeschichte. Eine Einführung.* Berlin ⁷2008.

Beyer, Andreas/Lohoff, Markus (Hg.): *Bild und Erkenntnis. Formen und Funktionen des Bildes in Wissenschaft und Technik.* Aachen/München/Berlin 2005.

Boehm, Gottfried: Die Wiederkehr der Bilder. In: Ders. (Hg.): *Was ist ein Bild?* München 1994, 11–38.

Boehm, Gottfried: Vom Medium zum Bild. In: Yvonne Spielmann/Gundolf Winter, unter Mitarbeit von Christian Spies (Hg.): *Bild – Medium – Kunst.* München 1999, 165–177.

Böhme, Hartmut: Aby M. Warburg (1866–1929). In: Axel Michaels (Hg.): *Klassiker der Religionswissenschaft. Von Friedrich Schleiermacher bis Mircea Eliade.* München 1997, 133–156.

Bredekamp, Horst: A neglected tradition? Art history as *Bildwissenschaft.* In: *Critical Inquiry* 29/3 (2003), 418–428.

Bredekamp, Horst: Bildmedien. In: Belting/Dilly/Kemp/Sauerländer/Warnke ⁷2008, 363–386.

Bredekamp, Horst/Bruhn, Matthias/Werner, Gabriele (Hg.): *Bildwelten des Wissens. Kunsthistorisches Jahrbuch für Bildkritik.* Berlin 2003 ff.

Bredekamp, Horst/Schneider, Birgit/Dünkel, Vera (Hg.): *Das Technische Bild. Kompendium zu einer Stilgeschichte wissenschaftlicher Bilder.* Berlin 2008.

Dilly, Heinrich: Lichtbildprojektion – Prothese der Kunstbetrachtung. In: Irene Below (Hg.): *Kunstwissenschaft und Kunstvermittlung.* Gießen 1975, 153–172.

Elkins, James: *The Domain of Images.* Ithaca/London 1999.

Faulstich, Werner (Hg.): *Grundwissen Medien.* München 2004.

Flusser, Vilém: *Ins Universum der technischen Bilder.* Göttingen 1985.

Frieling, Rudolf/Daniels, Dieter (Hg.): *Medien – Kunst – Netz.* 2 Bde. Wien u. a. 2004.

Grau, Oliver (Hg.): *MediaArtHistories.* Cambridge, Mass. u. a. 2007.

Grimm, Herman: Die Umgestaltung der Universitätsvorlesungen über Neuere Kunstgeschichte durch die Anwendung des Skioptikons [1892/1893]. In: Ders.: *Beiträge zur Deutschen Culturgeschichte.* Berlin 1897, 276–395.

Gumbrecht, Hans Ulrich/Pfeiffer, K. Ludwig (Hg.): *Materialität der Kommunikation.* Frankfurt a. M. 1988.

Günzel, Stephan/Mersch, Dieter (Hg.): *Bild. Ein interdisziplinäres Handbuch.* Stuttgart 2014 (in Vorb.).

Heidenreich, Stefan: Icons: Bilder für User und Idioten. In: Birgit Richard/Robert Klanten/Stefan Heidenreich (Hg.): *Icons.* Berlin 1998, 82–86.

Heller, Heinz B. u. a. (Hg.): *Über Bilder Sprechen. Positionen und Perspektiven der Medienwissenschaft.* Marburg 2000.

Hensel, Thomas: *Wie aus der Kunstgeschichte eine Bildwissenschaft wurde. Aby Warburgs Graphien.* Berlin 2011.

Hensel, Thomas/Schröter, Jens: Die Akteur-Netzwerk-Theorie als Herausforderung der Kunstwissenschaft. Eine Einleitung. In: Dies. (Hg.): *Zeitschrift für Ästhetik und Allgemeine Kunstwissenschaft* 57/1 (2012): Schwerpunktthema »Akteur-Netzwerk-Theorie«, 5–18.

Heßler, Martina (Hg.): *Konstruierte Sichtbarkeiten. Wissenschafts- und Technikbilder seit der Frühen Neuzeit.* München 2006.

Heßler, Martina/Mersch, Dieter (Hg.): *Logik des Bildlichen. Zur Kritik der ikonischen Vernunft.* Bielefeld 2009.

Holländer, Hans (Hg.): *Erkenntnis, Erfindung, Konstruktion. Studien zur Bildgeschichte von Naturwissenschaften und Technik vom 16. bis zum 19. Jahrhundert.* Berlin 2000.

Kemp, Martin: *Bilderwissen. Die Anschaulichkeit naturwissenschaftlicher Phänomene* [2000]. Köln 2003.

Kittler, Friedrich A.: *Grammophon, Film, Typewriter.* Berlin 1986.

Krumbacher, Karl: *Die Photographie im Dienste der Geisteswissenschaften.* Leipzig 1906.

Malraux, André: *Das imaginäre Museum.* Frankfurt a. M. 1987 (frz. 1947).

Matyssek, Angela: ›Entdecker‹ und ›Erfinder‹. Über die fotografische Wissensproduktion der Kunstgeschichte und die Probleme der Reproduktion von Kunstwerken. In: *Berichte zur Wissenschaftsgeschichte* 28 (2005), 227–235.

Meyer, Bruno: Die Photographie im Dienste der Kunstwissenschaft und des Kunstunterrichtes. In: *Westermanns Illustrierte Deutsche Monatshefte* 47 (1879/1880), 196–209 und 307–318.

Mitchell, William J. T.: The pictorial turn. In: *Artforum* 3 (1992), 89–94.

Morra, Joanne/Smith, Marquard (Hg.): *Visual Culture.* 4 Bde. London u. a. 2006.

Nake, Frieder: Das doppelte Bild. In: *Bildwelten des Wissens. Kunsthistorisches Jahrbuch für Bildkritik* 3/2 (2005) (»Digitale Form«), 40–50.

Paech, Joachim: Medienwissenschaft. In: Klaus Sachs-Hombach (Hg.): *Bildwissenschaft. Disziplinen, Themen, Methoden.* Frankfurt a. M. 2005, 79–96.

Panofsky, Erwin: On movies. In: *Bulletin of the Department of Art and Archaeology of Princeton University* 6 (1936), 5–15.

Pias, Claus: Das digitale Bild gibt es nicht – Über das (Nicht-)Wissen der Bilder und die informatische Illusion. In: *zeitenblicke* 2/1 (2003), http://www.zeitenblicke. de/2003/01/pias/ (01.02.2013).

Sachs-Hombach, Klaus: *Das Bild als kommunikatives Medium. Elemente einer allgemeinen Bildwissenschaft.* Köln 2003.

Schnell, Ralf: *Medienästhetik. Zu Geschichte und Theorie audiovisueller Wahrnehmungsformen.* Stuttgart u. a. 2000.

Scholz, Oliver: *Bild, Darstellung, Zeichen. Philosophische Theorien bildlicher Darstellung.* Frankfurt a. M. ²2004.

Schröter, Jens: Medienästhetik, Simulation und »Neue Medien«. In: *Zeitschrift für Medienwissenschaft* 8/1 (2013), 88–100.

Schulz, Martin: *Ordnungen der Bilder. Eine Einführung in die Bildwissenschaft.* München 2005.

Semper, Gottfried: *Kleine Schriften.* Hg. von Hans Semper/Manfred Semper. Berlin u. a. 1884.

Wagner, Monika: *Das Material der Kunst. Eine andere Geschichte der Moderne.* München 2001.

Warburg, Aby: *Die Erneuerung der heidnischen Antike. Kulturwissenschaftliche Beiträge zur Geschichte der europäischen Renaissance.* Reprint der von Gertrud Bing unter Mitarbeit von Fritz Rougemont edierten Ausgabe von 1932, neu hg. von Horst Bredekamp/Michael Diers (Warburg, Aby: *Gesammelte Schriften. Studienausgabe.* Hg. von Horst Bredekamp/Michael Diers/Kurt W. Forster/Nicholas Mann/Salvatore Settis/Martin Warnke. Erste Abteilung, Bde. I. 1 und 2). Berlin 1998.

Warburg, Aby: *Tagebuch der Kulturwissenschaftlichen Bibliothek Warburg.* Mit Einträgen von Gertrud Bing und Fritz Saxl. Hg. von Karen Michels/Charlotte Schoell-Glass (Warburg, Aby: *Gesammelte Schriften. Studienausgabe.* Hg. von Horst Bredekamp/Michael Diers/Kurt W. Forster/Nicholas Mann/Salvatore Settis/Martin Warnke. Siebte Abteilung, Bd. VII). Berlin 2001.

Warburg, Aby: MNEMOSYNE. Einleitung. In: Ders.: *Der Bilderatlas MNEMOSYNE.* Hg. von Martin Warnke unter Mitarbeit von Claudia Brink (Warburg, Aby: *Gesammelte Schriften. Studienausgabe.* Hg. von Horst Bredekamp/Michael Diers/Kurt W. Forster/Nicholas Mann/Salvatore Settis/Martin Warnke. Zweite Abteilung, Bd. II. 1) [2000]. Berlin ²2003, 3–6.

Warburg Institute Archive (WIA), General Correspondence (GC).

WIA, III.43.1.1. »Grundlegende Bruchstücke zu einer pragmatischen Ausdruckskunde (monistischen Kunstpsychologie)«, Bd. 1: 1888–1895.

Warnke, Martin: *Hofkünstler. Zur Vorgeschichte des modernen Künstlers* [1985]. Köln 1996.

Wiesing, Lambert: *Artifizielle Präsenz. Studien zur Philosophie des Bildes.* Frankfurt a. M. 2005.

Thomas Hensel/Jens Schröter

8. Sprachwissenschaft

Medialität der Sprache, Multimodalität der sprachlichen Kommunikation

Mediale Aspekte der Sprache werden vom strukturalistischen »Mainstream-Typus« der modernen Sprachtheorie (Jäger 2007, 12), der das sprachliche System mit seinen diversen Ebenen – vom Laut bis zum Text – als »eine gegen jegliches ›Andere‹ isolierte Größe« (Ehlich 1998, 9) in den Mittelpunkt stellt, programmatisch ausgeklammert. Dies ist insofern folgerichtig, als ›ein Medium sein‹ – im Unterschied zum ›Struktur‹-Begriff – ein beziehungsstiftendes Prädikat darstellt, und zwar unabhängig davon, ob damit nur eine mittlere, ›vermittelnde‹ Stellung (z. B. Sprache als ein Bindeglied zwischen Kognition und Kommunikation) oder auch eine ›Mittel-Zweck‹-Relation (z. B. Sprache als ein Instrument, das Kommunizierende nutzen) ausgesagt wird (vgl. Ehlich 1998, 10). Eine Betrachtung »der medialen Eigenschaften des Sprachgeräts« (Bühler 1934/1982, s. XXII) und seiner Stellung zwischen »Außenwelt und Innenwelt« (ebd., 24) stellt sprachliche Zeichen in einen kommunikativ-funktionalen Zusammenhang und baut auf der Einsicht auf, dass kein Mensch sein sprachliches Wissen und seine kommunikativen Intentionen direkt in das mentale System eines Kommunikationspartners hinein übertragen kann; vielmehr muss der sprechende Mensch Sinn an kulturell geformte, materialisierte Zeichen (im Kontext kultureller Lebensformen) knüpfen, die für den anderen wahrnehmbar und verstehbar sind: »Keine Kommunikation ohne Medialität« (Holly 2011, 144). Medientheoretisch fundierte Forschungsrichtungen in der Sprachwissenschaft fragen daher nach den materialen, sozialen und kulturellen Bedingungen für die ›Übertragbarkeit‹ und für die ›Verstehbarkeit‹ sprachlicher Zeichen (vgl. Jäger 2007, 16f.) und betonen, dass Sprache »nicht nur nicht für sich, sondern […] auch nicht aus sich heraus und nicht für sich allein bestimmbar« ist (Ehlich 1998, 11).

Diese Ansicht stellt für die akademische Disziplin der Linguistik ein prinzipielles Ärgernis dar (vgl. ebd., 11). Ihm wirken seit dem späteren 19. Jahrhundert in verschiedenen historischen Begründungszusammenhängen Anstrengungen zur Autonomisierung des Gegenstandsbereichs entgegen (vgl. ebd., 9). Einer Öffnung der Sprachwissenschaft für kommunikativ-funktionale Erklärungen von Struktur-

elementen ebenso wie für Untersuchungen des sprachlichen Handelns und der Interaktion (vgl. Auer 1999), wie sie seit den 1970er Jahren in Auseinandersetzung mit Ansätzen der analytischen Sprachphilosophie und der Mikrosoziologie in der linguistischen Pragmatik verfolgt wird (vgl. Habscheid 2012), stehen Bestrebungen gegenüber, den Gegenstandsbereich der Pragmatik dahingehend zu kanalisieren, dass lediglich ›komplementäre‹, von der Grammatiktheorie nicht mehr erfassbare Aspekte bzw. – in Verbindung mit kommunikativen Funktionen – stets ›zugleich‹ formale Strukturen des Sprachsystems im Mittelpunkt stehen. In diesem Kontext werden bis heute zahlreiche Aspekte sprachlichkommunikativer Praxis, die sich einer derartigen Verengung des Gegenstandsbereichs widersetzen, in den Zuständigkeitsbereich der ›Angewandten‹ Sprachwissenschaft verschoben (vgl. Ehlich 1998, 11).

Eine wissenschaftshistorische Verstärkung erfuhr die »Medialitätsvergessenheit der Sprachtheorie« (Jäger 2007, 10) im Zuge der kognitionswissenschaftlichen »Revolution« (ebd., 11), die in ihren Hauptströmungen mit der biblisch-aristotelisch-cartesischen Tradition verbunden ist, »jener dominanten Triade des 17. Jahrhunderts«, die im 18. Jahrhundert durch die Sprachphilosophen der Aufklärung – John Locke, Giovanni Battista Vico, Étienne Bonnot de Condillac, Jean-Jacques Rousseau, Johann Gottfried Herder – und dann in gewissem Sinne auch durch Wilhelm von Humboldt abgelöst worden war (vgl. Trabant 1998, 173): Der biblischen *lingua adamica*, der vorbabylonischen, allen Menschen gemeinsamen Sprache des Paradieses, entsprechen eine angeborene Universalgrammatik (vgl. Chomsky 1966) und das »Mentalesische« (Pinker 1996), ein Bestand universeller Konzeptualisierungen, die sich aus dem Zusammenspiel ergeben »zwischen einer universalen menschlichen Natur und den Bedingungen, die das Leben in einem Menschenkörper auf diesem Planeten mit sich bringt« (ebd., 466). Gegenüber dieser internen ›Sprache‹ des menschlichen Geistes, die ihrem epiphänomenalen Erscheinen in der Kommunikation im Sinne einer »Zwei-Welten-Ontologie« (Krämer 2008) vorgeordnet ist (vgl. auch Jäger 2007, 11), unterscheiden sich die Einzelsprachen in erster Linie in ihren äußeren Formen, den in der Kommunikation verwendeten Ausdrücken (*voces*). Dagegen stellen die Konzepte (*conceptus*) im Wesentlichen biologisch gebrochen Widerspiegelungen der Dinge (*res*) dar, die durch die Semantik und Grammatik der Einzelsprachen allenfalls einer vergleichsweise oberflächlichen Subkategorisierung unterworfen werden (vgl. Trabant 1998, 157–163; Jäger 2007, 11).

Zwar wird auch in der kognitiven Semantik insofern ›konstruktivistisch‹ argumentiert, als »die reale Welt, die wir mittels sensorischer Rezeptoren so unmittelbar als real und objektiv erleben«, als ein »Konstrukt unseres Gehirns« aufgefasst wird, »das die Reize der Umgebung, in der der menschliche Organismus lebt, auf eine artspezifische Weise verarbeitet und zu einem globalen Weltkonzept zusammensetzt« (Schwarz 1992, 40). Die elementaren konzeptuellen Strukturen werden aber gemäß dieser Auffassung nicht in der kommunikativ-kulturellen Praxis erzeugt, sondern nur sekundär durch ›Versprachlichung‹ an ein bestimmtes Zeichensystem gebunden.

Demgegenüber leiten medientheoretisch fundierte Forschungsrichtungen der Sprachwissenschaft Strukturen der Sprache und der Sprachverwendung wesentlich aus ihrer kommunikativ-kulturellen Verankerung und den damit verbundenen Zwecken ab: »Erkenntnisstiftung im Medium Sprache (gnoesologische Funktion), die Praxisstiftung vermittels Sprache (teleologische Funktion) und die Gesellschaftsstiftung durch das Medium Sprache (kommunitäre Funktion)« (Ehlich 1998, 9). Damit werden Wahrnehmung und ›Kognition‹ (vom Ordnen über die Abstraktion bis zur Planung und hypothetischen Weltentwürfen), kommunikatives und weit über die Kommunikation hinausreichendes ›Handeln‹ und die Konstruktion von ›Identität‹ und Beziehung an die »symbolischen Verfahren« gebunden, »in denen sie prozessiert werden« und »durch die die anthropologische Verfassung des Menschen als mediale Verfassung bestimmt ist« (Jäger 2007, 19, der zur Stützung dieser sprachphilosophischen Auffassung auch auf Erkenntnisse der neueren evolutionsbiologischen und paläoneurologischen Forschung verweist).

Vor diesem Hintergrund erscheint in der Tradition der Sprachwissenschaft des 18. Jahrhunderts das sprachlich-kommunikative Repertoire einschließlich der in ihm eingelassenen formalen Inventare als ein Schlüssel zum Verständnis kultureller Lebensformen, »als Menge der stabilisierten Problemlösungen in Bezug auf die Erkenntnisstiftung im Medium Sprache« (Ehlich 1998, 16). Kulturelle Bedeutungen als »in der Regel stillgestellte, aber jederzeit aktivierbare semantische Generierungsprozeduren« (Jäger 2007, 19 f.) bilden Grundlage und Ergebnis kommunikativer Prozesse, und sie stellen für den Einzelnen die »mediale Spur« dar, »auf der

das mentale System zugleich seine eigene Zeichen-Aktivität im Netzwerk sozialer Sprachspiele ›liest‹ und sie für andere lesbar macht« (ebd., 22). Kommunikation und Kognition sind daher auf der Grundlage der »Sprachzeichen-Medialität« (ebd., 9) als untrennbar miteinander verwoben zu denken.

Zwar werden in einer pragmatischen Perspektive Medien von den Handelnden auch individuell ›gebraucht‹, die kommunikativen Intentionen werden aber erst auf dem Hintergrund der medialen Vorgeformtheit kommunikativen Handelns wahrnehmbar und verstehbar. Medien stellen daher einen Speicher materialisierter Sinnstrukturen dar, aus dem sich Kommunizierende in flexibler und kreativer Weise bedienen. So verändern sich in kollektiver Auseinandersetzung mit medialen Bedingungen der Kommunikation auf längere Sicht kulturelle Ordnungen einschließlich der medialen Strukturen selbst.

Im Alltag kommt die Sprache wie andere Medien immer dann ins Bewusstsein, wenn kommunikative Störungen auftreten, die es erforderlich machen, den medialen Grundlagen der Kommunikation Aufmerksamkeit zu widmen (vgl. Jäger 2007, 19 ff.). So kann zum Beispiel ein Zeitungsleser, dem ein Wort nicht geläufig ist, in einem Wörterbuch nach einer Bedeutungsbeschreibung oder einem Synonym suchen, um das Verständnis des Textes sicherzustellen. Wer nicht ohne weiteres erschließen kann, was auf einem Bild dargestellt ist, kann die Bildunterschrift zu Rate ziehen. In solchen Fällen werden sprachliche Äußerungen »transkribiert« (ebd., 20; Jäger 2010), d. h. im selben oder einem anderen Medium auf andere Weise lesbar gemacht. Von Sprache und anderen Medien ist Kommunikation freilich auch dort abhängig, wo ihre Medialität nicht auf die Bewusstseinsebene gelangt.

Derartige Einsichten im Blick auf die Sprache rückten im Kontext der »sprachkritischen Wende« in den Mittelpunkt *philosophischer* Reflexion (Krämer 2008, 22 ff.), lange bevor sie von der medientheoretischen Wende im Kontext der *Kulturwissenschaften* auf einen stark erweiterten Gegenstandsbereich bezogen wurden (vgl. ebd.). Beide Denkfiguren weisen insofern eine »Familienähnlichkeit« auf, als sie darauf gerichtet sind, »Phänomene des Transitorischen und des Sekundären gerade in ihrer Opazität und Eigengesetzlichkeit zu rekonstruieren, also zu zeigen, dass etwas, was als abgeleitet und nachrangig galt, sich realiter als eine strukturprägende und ordnungsstiftende Kraft erweist« (ebd., 23). Einer Integration der beiden Diskurse stand einstweilen nicht nur der ›Mainstream-Typus‹ der Sprachtheorie entgegen, sondern auch der Umstand, dass die kulturwissenschaftliche Medientheorie – wie zuvor bereits die geisteswissenschaftliche Kultursemiotik – eine nähere Beschäftigung mit Sprache glaubte übergehen zu können (vgl. Jäger 2007, 10). Vor allem gerieten angesichts der Komplexität und Variabilität technisierter Kommunikationsformen die (im Vergleich zur Schriftlichkeit) vermeintlich ›primitivere‹ Medialität körpergebundener Sprache sowie Stimme und Gebärden als materiale Grundlagen vor, neben und innerhalb technisierter sprachlicher Kommunikation tendenziell aus dem Blickfeld (vgl. ebd., 12 ff.).

In jüngerer Zeit zeichnet sich eine Annäherung von Forschungsrichtungen der Medienwissenschaft und der medientheoretisch fundierten Linguistik ab, wozu auch die – zeitlich verschobene – Rezeption kommunikationstheoretisch orientierter Richtungen der Wissenssoziologie (vgl. Knoblauch 2006) in beiden Fächern beigetragen hat. Unter anderem gilt das Interesse dem Zusammenspiel verschiedener sensueller Modes und semiotischer Codes bei der situierten interaktionalen Herstellung und Aufführung sozialer Ordnung im kommunikativen Wirklichkeitsvollzug (Bergmann 1981, 22 f.). Fragt man in diesem Sinne nach den medialen Bedingungen von Kommunikation, kommen neben den Sinnstrukturen der Zeichen (Sprache; nonverbale Zeichen; an Sprache gebundene, paraverbale Zeichen, z. B. Typographie) auch die biologischen, physikalischen und technischen Grundlagen ins Blickfeld, auf denen die Wahrnehmbarkeit der Zeichen, an die ein bestimmter Sinn geknüpft wird, beruht. Unter einen weiten Medienbegriff fallen zudem komplexe Arrangements räumlicher, technischer und organisatorischer Art, nach denen kulturell eingespielte Kommunikationsprozesse in Institutionen gestaltet sind. Auf der Grundlage audiovisueller Dokumentationsverfahren im Kontext der empirischen sozialwissenschaftlichen Feldforschung (vgl. Heath/Hindmarsh/ Luff 2010) erlangen neben den sprachlichen und parasprachlichen vielfältige körpergebundene, räumliche und materielle Ressourcen systematisch Aufmerksamkeit. Auch in der linguistischen Textforschung kommen in jüngerer Zeit verstärkt Textarten ins Blickfeld, die nur unter Berücksichtigung ihrer materiellen und praktischen Situierung – als »symphysische« und »empraktische« Zeichen (Bühler 1934/1982, 158, 52) – und nur als multimodale Kommunikation angemessen analysiert werden können (vgl. z. B. Kesselheim/Hausendorf 2008).

Ein wegweisendes Raster zur Analyse komplexer ›geosemiotischer‹ Strukturen entwickelten Ron

Scollon und Suzie Wong Scollon (2003): Die Grundeinsicht besteht darin, dass verschiedene semiotische Systeme auf der Basis ihrer Relation zu Materialien und Orten zueinander in Beziehung gesetzt werden. Im Einzelnen handelt es sich um

- ›die Ordnung der Interaktion‹ (im Sinne Erving Goffmans 1963; 1971), also die Art und Weise, wie Individuen sich auf der Basis verschiedener Modalitäten (visuell, auditiv, taktil etc.) und Codes (Blickverhalten, Sprache, Proxemik etc.) in der einen oder anderen Art von Relation zu anderen positionieren;
- den sozialen Akteur und dessen ›Habitus‹ (im Sinne Pierre Bourdieus 1998), mithin die Art und Weise, wie der (von anderen wahrgenommene) Ausdruck eines Individuums – Sprache und Körpersprachliches, örtliche und soziale Umgebung, Kleidung, Haartracht, technische Ausstattung etc. – zugleich auf seine Stellung in der Gesellschaft und deren soziokulturelle und soziopolitische Ordnung verweist;
- den Analyserahmen der ›visuellen Semiotik‹ (nach Kress und Leeuwen 1996; 2001), der sich besonders für die Analyse durch Rahmen abgegrenzter zweidimensionaler Bilder, Schrifttexte und multimodaler Kommunikate (z. B. Werbeplakate, Hinweistafeln, digitale Displays etc.) eignet, etwa unter dem Gesichtspunkt von informationsstrukturellen Kompositionsprinzipien oder der visuellen Repräsentation sozialer Ordnungsstrukturen;
- das von Scollon/Scollon (2003) – auch in Relation zu den anderen geosemiotischen Strukturen – elaborierte System der Ortssemiotik (*Place Semiotics*), das sich u. a. auf ein Set von Relationen zwischen Äußerungen und ihren räumlich-materialen Umgebungen bezieht (u. a. Wahl der Codes; Verschriftlichung; Anbringung des Trägermediums; Überschichtung von Zeichen durch andere Zeichen; Beachtung und Verletzung von Regeln für die Anbringung von Zeichen im öffentlichen Raum).

Sprache in technischen Medien

Im Verlauf der menschlichen Kulturgeschichte wurde und wird die sprachliche und körpergebundene Kommunikation im Zusammenhang mit technologischen Innovationen in immer neue Konstellationen gestellt (vgl. Jäger 2007, 20), die eine Übertragung sprachlicher Zeichen ermöglichen, dabei dem Sprachge brauch in kommunikationsstruktureller und materieller Hinsicht Bedingungen auferlegen, ihn in diverse intermediale Gefüge einbetten und die so an der Konstruktion von Wirklichkeit im Kommunikationsvollzug beteiligt sind. Einen Grundbegriff zur Analyse derartiger Relationen kann der durch Karl Ermert (in Anknüpfung an den Begriff ›Kommunikationsart‹ von Elisabeth Gülich und Wolfgang Raible 1975) ausgearbeitete Begriff ›Kommunikationsform‹ darstellen (Ermert 1979, vgl. dazu ausführlich Holly 2011): In analytischer Unterscheidung von sprachlich-kulturell geprägten Verfahren des kommunikativen Handelns und der sozialen Interaktion zielte das Konzept primär auf eine systematische Beschreibung von Aspekten der *Situation*, die (bis zu einem gewissen Grad) unabhängig von *spezifischen* Sprachhandlungen dem Kommunikationsprozess ihre Bedingungen auferlegen (freilich eignet sich nicht jede Kommunikationsform für jede Art von kommunikativer Praxis). Dabei galt ein besonderes Interesse den natürlichen und technischen, z. T. institutionell gefestigten Bedingungen der kommunikativen Situation: So handelt es sich z. B. beim Liebesbrief oder beim Werbebrief um komplexe Konventionen des sprachlichen Handelns, während der Brief als solcher, etwa im Unterschied zum Face-to-face-Gespräch oder zum Telefonat, als eine ›Kommunikationsform‹ angesprochen werden kann (vgl. Ermert 1979), auf deren struktureller Basis unterschiedliche kommunikative Handlungen realisiert werden können.

Im Gefüge einer Kommunikationsform wirken sich physikalische, biologische und technische Rahmenbedingungen in vielfältiger Hinsicht aus (vgl. Holly 1997; Schmitz 2004): auf Ressourcen der Textproduktion; die Verwendbarkeit bestimmter Codes; örtliche Kopräsenz vs. Distanz der Kommunikationspartner; (annähernde) Synchronität vs. Asynchronität von Produktion und Rezeption; Ermöglichung sozialer Interaktion vs. Unidirektionalität; Speicherkapazität; Schnelligkeit; Anzahl der Kommunikationspartner und Art der sozialen Beziehung (z. B. privat, offiziell, öffentlich); Prozesse der Textrezeption (z. B. fokussiert vs. ›nebenbei‹).

Mit diesen Rahmenbedingungen setzen sich Kommunizierende auseinander, indem sie die Codes (z. B. ein Schriftsystem oder eine Sprache) in den Grenzen der Kommunikationsform entsprechend ihren Handlungszielen kreativ nutzen und weiterentwickeln. Untersuchungen zu den Charakteristika des Sprachgebrauchs unter den Bedingungen einer bestimmten Kommunikationsform (›Sprache in den

Massenmedien‹, ›Sprache in E-Mails‹, ›SMS-Sprache‹ etc.) und nach dem Einfluss bestimmter Kommunikationsformen auf längerfristige Entwicklungen des Sprachwandels unterschätzen häufig diese Variabilität des sprachlichen Handelns und neigen zu korrelativer Statik: »Fallstricke der Grammatik [...], eine vereinfachende Bequemlichkeit im Denken und der Wunsch nach Übersicht [...] lassen uns immer wieder Einheitlichkeit in unsere Kommunikationsweisen projizieren, wo bewegliche Vielfalt herrscht« (Schmitz 2004, 33).

Bei näherem Hinsehen geht die Entwicklung von »Sprache in modernen Medien« (ebd.) – von Buch und Presse über Hörfunk, Fernsehen und Kino, Telefon und Fax bis zu den Kommunikationsformen auf der Basis des vernetzten Computers – mit einer Zunahme von Komplexität in dreierlei Hinsicht einher (vgl. ebd., 33–45):

- Im Spektrum der Kommunikationsformen sind zunehmend mehr Konstellationen von Merkmalen verfügbar (Ausdifferenzierung);
- Das gesamte Kommunikationssystem wächst in technischer, funktionaler und sprachlicher Hinsicht zusammen (Integration);
- Aufgrund kreativer Nutzung, auch in Verbindung mit einer institutionellen Verdichtung von Kapazitäten und professionellen Kompetenzen, bilden sich immer wieder neue Kommunikationspraktiken aus, werden sprachliche Mittel und Ausdrucksformen (in modifizierter Form) aus der einen in eine andere Kommunikationsform übernommen.

Angesichts der Komplexität technisch basierter Kommunikationsformen und ihrer soziokulturellen Implikationen sollte nicht in Vergessenheit geraten, dass Medienkulturen stets charakterisiert sind »durch die Spannung von anthropologisch-sprachlicher und nicht-sprachlicher Medialität« (Jäger 2007, 16). Fragt man vor diesem Hintergrund in kulturwissenschaftlicher Perspektive danach, wie »im medialen Modus performativer Vollzüge« (ebd., 21) aus wahrnehmbaren und verstehbaren Hinweisen und Spuren kommunikativen Handelns zusammenhängende Lektüreeinheiten (Texte) gebildet (vgl. z. B. Hausendorf/ Kesselheim 2008) und deren vielfältige Sinndimensionen im Diskurs erschlossen werden (vgl. z. B. Habscheid 2009), so stellt sich die Herausforderung, dem situierten Zusammenspiel all der verschiedenen Codes und Modalitäten im Sinne einer verstehenden Erklärung gerecht zu werden. Dabei spielt neben sozial stabilisierten Bedeutungs- und Funktionszuschreibungen für bestimmte zeichenhafte Elemente auch deren wechselseitige strukturelle Bezogenheit (Transkriptivität, vgl. Jäger 2010) in der Situation eine Rolle, ebenso wie die Relationen, die erst durch den wahrnehmenden und verstehenden Rezipienten dynamisch hergestellt werden (vgl. Steinseiffer 2011, mit weiteren Literaturangaben).

Literatur

Auer, Peter: *Sprachliche Interaktion. Eine Einführung anhand von 22 Klassikern*. Tübingen 1999.

Bergmann, Jörg R.: Ethnomethodologische Konversationsanalyse. In: Peter Schröder/Hugo Steger (Hg.): *Dialogforschung*. Düsseldorf 1981, 9–51.

Bourdieu, Pierre: *Practical Reason. On the Theory of Action*. Stanford 1998.

Bühler, Karl: *Sprachtheorie. Die Darstellungsfunktion der Sprache* [1934]. Stuttgart/New York 1982 (ungekürzter Neudruck der Ausgabe Jena 1934).

Chomsky, Noam: *Cartesian Linguistics. A Chapter in the History of Rational Thought*. New York/London 1966.

Ehlich, Konrad: Medium Sprache. In: Hans Strohner/Lorenz Sichelschmidt/Martina Hielscher (Hg.): *Medium Sprache*. Frankfurt a. M. 1998, 9–21.

Ermert, Karl: *Briefsorten. Untersuchungen zur Theorie und Empirie der Textklassifikation*. Tübingen 1979.

Goffman, Erving: *Behavior in Public Places. Notes on the Social Organization of Gatherings*. New York 1963.

Goffman, Erving: *Relations in Public*. New York 1971.

Gülich, Elisabeth/Raible, Wolfgang: Textsorten-Probleme. In: *Linguistische Probleme der Textanalyse. Jahrbuch 1973 des Instituts für deutsche Sprache*. Düsseldorf 1975, 144–197.

Habscheid, Stephan: *Text und Diskurs*. Paderborn 2009.

Habscheid, Stephan: Sinnreich und chaosversiert. Eine Positionierung des Bandes in linguistischer Perspektive. In: Werner Holly: *Sprache und Politik. Pragma- und medienlinguistische Grundlagen und Analysen*. Hg. von Sonja Ruda und Christine Domke. Berlin 2012, xi–xii.

Hausendorf, Heiko/Kesselheim, Wolfgang: *Textlinguistik fürs Examen*. Göttingen 2008.

Heath, Christian/Hindmarsh, Jon/Luff, Paul: *Video in Qualitative Research. Analysing Social Interaction in Everyday Life*. London 2010.

Holly, Werner: Zur Rolle von Sprache in Medien. In: *Muttersprache* 107 (1997), 64–75.

Holly, Werner: Medien, Kommunikationsformen, Textsortenfamilien. In: Stephan Habscheid (Hg.): *Textsorten, Handlungsmuster, Oberflächen. Linguistische Typologien der Kommunikation*. Berlin/New York 2011, 144–163.

Jäger, Ludwig: Medium Sprache. Anmerkungen zum theoretischen Status der Sprachmedialität. In: Werner Holly/Paul Ingwer (Hg.): *Medialität und Sprache. Mitteilungen des Deutschen Germanistenverbandes* 54/1 (2007), 8–24.

Jäger, Ludwig: Intermedialität – Intramedialität – Transkriptivität. Überlegungen zu einigen Prinzipien der kulturellen Semiosis. In: Arnulf Deppermann/Angelika Linke (Hg.): *Sprache intermedial. Stimme und Schrift,*

Bild und Ton (Jahrbuch des Instituts für Deutsche Sprache 2009). Berlin/New York 2010, 301–324.

Kesselheim, Wolfgang/Hausendorf, Heiko: Die Multimodalität der Ausstellungskommunikation. In: Reinhold Schmitt (Hg.): *Koordination. Analysen zur multimodalen Interaktion*. Tübingen 2008, 399–410.

Knoblauch, Hubert: Diskurs, Kommunikation und Wissenssoziologie. In: Reiner Keller/Andreas Hirseland/Werner Schneider/Willy Viehöver (Hg.): *Handbuch Sozialwissenschaftliche Diskursanalyse. Band 1: Theorien und Methoden* [2001]. Wiesbaden ²2006.

Krämer, Sybille: *Medium, Bote, Übertragung. Kleine Metaphysik der Medialität*. Frankfurt a. M. 2008.

Kress, Gunther/Leeuwen, Theo van: *Reading Images. The Grammar of Visual Design*. London 1996.

Kress, Gunther/Leeuwen, Theo van: *Multimodality*. London 2001.

Pinker, Steven: *Der Sprachinstinkt. Wie der Geist die Sprache bildet*. München 1996 (engl. 1994).

Schmitz, Ulrich: *Sprache in modernen Medien. Einführung in Tatsachen und Theorien, Themen und Thesen*. Berlin 2004.

Schwarz, Monika: *Kognitive Semantiktheorie und neuropsychologische Realität. Repräsentationale und prozedurale Aspekte der semantischen Kompetenz*. Tübingen 1992.

Scollon, Ron/Scollon, Suzie Wong: *Discourses in Place. Language in the Material World*. London/New York 2003.

Steinseifer, Martin: Die Typologisierung multimodaler Kommunikationsangebote – Am Beispiel der visuellen Aspekte seitenbasierter Dokumente. In: Stephan Habscheid (Hg.): *Textsorten, Handlungsmuster, Oberflächen. Linguistische Typologien der Kommunikation*. Berlin/New York 2011, 164–189.

Trabant, Jürgen: *Artikulationen. Historische Anthropologie der Sprache*. Frankfurt a. M. 1998.

Stephan Habscheid

9. Literaturwissenschaft

Literaturwissenschaft ist eine der Disziplinen, die ihren Gegenstand nicht vorfinden, sondern ihn im Austausch mit wechselnden historischen Kontexten konstituieren. Der Schwerpunkt der Literaturwissenschaft liegt auf interpretierbaren Texten im weitesten Sinne im Hinblick auf ihre Bedeutung, Struktur, Pragmatik, Funktion und Geschichte. Interpretierbarkeit wird in den meisten gängigen Literaturbegriffen an Polyvalenz/Poetizität und/oder Fiktionalität geknüpft. Weitere Merkmals- und Funktionszuschreibungen treten in unterschiedlichen Epochen, Kulturen und Theorien hinzu (vgl. Jannidis/Lauer/Winko 2009). Seit ihrer universitären Einrichtung zu Beginn des 19. Jahrhunderts steht die Literaturwissenschaft vor den oft konfligierenden Aufgaben, kulturpolitisches Orientierungswissen zu liefern und den Kriterien wissenschaftlicher Objektivität zu entsprechen.

Die Literaturwissenschaften sind durch eine Vielfalt an Methoden und Theorien geprägt, die sie aus diversen Bezugsdisziplinen beziehen: Philosophie, Geschichte, Linguistik, Psychologie, Gesellschafts- und Kulturwissenschaften, Kognitionswissenschaften u. a. Die literaturwissenschaftliche Gegenstandskonstitution variiert mit der jeweiligen Bezugsdisziplin, wobei ältere und neuere Theorien und Methoden koexistieren. Die literaturwissenschaftlichen Fächer orientieren sich an Epochen, Kultur- und Sprachräumen (z. B. in Deutschland Alt- und Neuphilologien, Mediävistik; Anglistik, Amerikanistik, Germanistik, Romanistik, Slavistik, Komparatistik u. a. Diese im 19. Jahrhundert eingeführte Aufteilung erfüllt heute nur noch eine pragmatisch-orientierende Funktion im Feld der Weltliteratur.) Literaturwissenschaft als Disziplin gliedert sich heute in die folgenden Felder:

- Die *Philologie*, seit der Antike als Textkommentierung und -erschließung betrieben und seit dem 19. Jahrhundert Universitätsfach, widmet sich der Sicherung, Datierung, Erschließung und Vermittlung historischer Texte. Die Editionsphilologie sucht z. B. aus voneinander abweichenden Handschriften einen authentischen Text zu rekonstruieren und/oder dokumentiert seine Entstehung (Textkritik; *critique génétique, new philology*); hier werden auch sprachwissenschaftliche Aspekte (Grammatik, Etymologie) relevant. Kommentare erschließen den kulturhistorischen Kontext und die Sachdimension; darüber hinaus gehört die Analyse und Interpretation auf Basis genauer Lektüre zur Philologie.
- Die Beschreibung von *Textsorten* und *Textstrukturen* greift auf die vormodernen Traditionen und Termini der Gattungstheorie, Rhetorik und Poetik zurück.
- *Literaturkritik* gewinnt im 18. Jahrhundert ihre moderne Form als ästhetische und moralische Bewertung von Literatur, die nicht länger normativen Richtlinien (Regelpoetik) folgt, sondern ihre Kriterien im Werk selbst sucht. Texte werden als individuelle, autonome Kunstwerke und nach ihrem Status innerhalb der Literaturgeschichte bewertet. Im französisch- und englischsprachigen Bereich werden die Begriffe *critique littéraire/literary criticism* oftmals als Synonyme für Literaturtheorie verwendet.
- *Literaturgeschichte* konstruiert seit dem 19. Jahrhundert nationale geistesgeschichtliche Entwicklungszusammenhänge anhand von Einzelwerken und Autoren, auch ausgehend von Epochen, Stilen und Strömungen. Diese Selektions- und Relationierungskriterien sind inzwischen problematisch geworden. Gegenwärtige Literaturgeschichten verwenden eine funktions- oder sozialgeschichtliche Heuristik oder rekonstruieren Austauschprozesse zwischen Regionen, Gruppen und Kulturen im Horizont einer Weltliteraturgeschichte.
- Unter *Literaturtheorie* sind erstens Theorien *der* Literatur zu verstehen, d. h. systematische Erklärungsansätze, die Literatur bestimmen und von anderen Texten oder Medien abgrenzen. ›Literaturtheorie‹ bezeichnet zweitens ein breites Spektrum an Begriffs- und Methodenreflexionen, die oft auf Paradigmen aus Bezugsdisziplinen zurückgreifen. Hierunter fallen Ansätze, die Literatur in Relation zu oder mit Rekurs auf folgende Phänomene begreifen: transmediale Strukturen (z. B. Narratologie, Strukturalismus, Semiotik), semiotische Prozesse (z. B. Dekonstruktion; s. Kap. II.2), nichtliterarische/andere literarische Texte (Textualitäts- und Intertextualitätsforschung), Imagination, Bewusstsein und Kognition; Körper und Sinne (z. B. Phänomenologie, Hermeneutik, Rezeptionsforschung, Cognitive Poetics, Literaturanthropologie), Gesellschaft (z. B. Literatursoziologie/Sozialgeschichte der Literatur, kritische Theorie der Literaturwissenschaft, systemtheoretische Literaturwissenschaft, New Historicism) und soziopolitische Problemfelder (z. B. Feminismus, Gender Studies, Cultural Studies, Postkolo-

nialismus, Globalisierung, Ethical und Ecological Criticism), Wissen/Macht (z. B. Wissenspoetik, Diskursanalyse), Konventionen und Institutionen des Literatursystems (z. B. empirische Literaturwissenschaft).

Seit den 1980er Jahren ist die *medienkulturwissenschaftlich orientierte Literaturwissenschaft* ein weiterer Bereich literaturwissenschaftlicher Forschung und Theoriebildung. In den 2000er Jahren verstärkt sich diese Entwicklung auch im englischsprachigen Raum (Adaptation Studies, Media Ecology, Digital Humanities). Vor allem in Deutschland haben sich Teile der Medienwissenschaft aus der Literaturwissenschaft entwickelt: Einflussreiche Medienwissenschaftler wie Marshall McLuhan (s. Kap. II.4) und Friedrich Kittler (s. Kap. II.13) waren ursprünglich Literaturwissenschaftler, ebenso der für die Medienwissenschaft reklamierte Walter Benjamin (s. Kap. II.9). Das Verhältnis zwischen Literatur- und Medienwissenschaft ist seit den 1970er Jahren Gegenstand einer intensiven und zuweilen polemischen Debatte über fachspezifische Leistungspotentiale (Begriffe, Theorien und Methoden) und über gemeinsam beanspruchte Zuständigkeiten für Probleme und Gegenstände (vgl. Knilli 1974; Kreuzer 1977; Stanitzek 2001; Jahraus 2003, 52). Zumindest was die Gegenstände und Problematiken angeht, haben sich die Literaturwissenschaften unwiderruflich auf das Feld der Medien bewegt: Sie untersuchen v. a. fiktional-narrative Genres in Film (s. Kap. III.12), Fernsehen (s. Kap. III.14), Comics (s. Kap. III.8) und Games (s. Kap. III.19).

Aufschluss über Schnittstellen und Differenzen zu medienwissenschaftlichen Fragestellungen verspricht nicht so sehr die Frage nach gemeinsamen oder spezifischen Gegenständen, sondern die Frage, wie und mit welchen Zielen die Literaturwissenschaft ihre Gegenstände definiert und erforscht und inwiefern sich ihre Heuristik mit medienwissenschaftlichen Ansätzen berührt. Da sich Medienbegriff und Medienwissenschaft erst im frühen bzw. späten 20. Jahrhundert etablieren, ist jede Rekonstruktion von Vorläuferdiskursen und Schnittstellen notwendig eine Rückprojektion, die sich zudem hier an der deutschen Situation orientiert. Mit diesen Einschränkungen ist der folgende historisch-systematische Überblick über zentrale Problembezüge und Kategorien zu verstehen, der im folgenden Abschnitt zunächst ältere Formen der Literatur- und Medienreflexion vor 1800 thematisiert, die Ausdifferenzierung sprach- und textzentrierter Wissenschaften (Philolo-

gien) im 19. Jahrhundert beleuchtet und dann die Entwicklung von ›Literaturwissenschaft‹ und ›Medienphilologien‹ im 20. Jahrhundert beschreibt.

Entwicklung, Problembezug und Kernkategorien der Literaturwissenschaft

Ein Literaturbegriff, der mit dem gegenwärtigen kompatibel ist, entsteht erst um 1800. ›Litteratur‹, abgeleitet vom lateinischen *litterae*, bezeichnet bis ins 18. Jahrhundert sowohl ›Schrifttum‹ als auch ›Gelehrsamkeit‹ im Allgemeinen. Die um 1770 eingeführten Spezifizierungen ›schöne Literatur‹ – vgl. *belles lettres/polite literature* – und ›National-Literatur‹ machen schon 50 Jahre später die Kernbedeutung des Begriffs ›Literatur‹ aus (vgl. Weimar 1989, 13). Der erste Lehrstuhl für Philologie wurde in Deutschland 1801 (Münster) eingerichtet, ein erstes Germanistisches Seminar 1858 (Rostock); in den meisten westlichen Ländern etablieren sich vergleichbare Fächer im 19. Jahrhundert (vgl. Baasner/ Zens 2001, 45).

Vorläufer literaturwissenschaftlicher Fragestellungen lassen sich dort finden, wo Probleme der Überlieferung und der Auslegung von Texten aufgrund historischer und sprachlicher Differenz bestehen und systematisch gelöst werden müssen (Antike: Mythendeutung, Kommentierung poetischer Texte; Mittelalter: Lehre vom vierfachen biblischen Schriftsinn) oder wo der epistemologische und ästhetische Status von Textsorten zur Frage steht (Aristoteles: *Poetik*). Die Rhetorik, eine zwischen Antike und dem 18. Jahrhundert verbindliche Praxis und Wissensordnung, wird von Literatur- und Medienwissenschaftlern gleichermaßen als Vorläuferin reklamiert (vgl. Schanze 2000). Die Rhetorik befasst sich mit der (mündlichen) Rede und ihrer Wirkung und stellt, wie die ihr beigeordnete Grammatik (Schreibkunst) und Poetik (Dichtkunst), zugleich Reflexions- und Praxiswissen bereit. Reden, Schreiben und Dichten werden im Hinblick auf materiale, performative, inhaltliche, logische und wirkungsästhetische Dimensionen verhandelt. Die Systematik und die Begriffe der Rhetorik werden auch auf die anderen Künste übertragen (vgl. die Idee der ›Schwesterkünste‹ Dichtung und Bild, die von Horaz bis zu den heutigen Interart Studies poetologische und ästhetische Reflexionen anleitet. Ähnliches gilt für Begriffe der philosophischen Ästhetik wie das Schöne und Erhabene, die medienunabhängige Wirkungen und Effekte beschreiben).

Die Rhetorik verliert im 18. Jahrhundert an Geltung (vgl. Campe 1990), und kulturelles Wissen wird nicht mehr mit Rekurs auf ihre Systematik geordnet. Anlass zur Reflexion sind nun weniger die Ähnlichkeiten, sondern die wahrgenommenen Differenzen zwischen Schriftlichkeit/Mündlichkeit, Wort/Bild, Geist/Materie sowie die Geschichtlichkeit von Sprache, Kultur und Literatur. Die Philologien und wenig später die Abteilungen für Literaturgeschichte orientieren sich zwischen ca. 1850 bis 1910 an positivistischen Modellen der Natur- und Geschichtswissenschaft (Faktenbezug, Suche nach historischen Gesetzmäßigkeiten; Biographik, Quellenkritik). Zu Beginn des 20. Jahrhunderts entsteht die bis in die Nachkriegszeit prägende Geistesgeschichte, die sich von naturwissenschaftlichen Modellen abwendet, sich an der Ideengeschichte orientiert und die Interpretation als Methode favorisiert (vgl. Baasner/Zens 2001, 55–65). Wichtige Impulse lieferte hier die zunächst in der Bibelexegese praktizierte, dann verallgemeinerte Hermeneutik. Friedrich Schleiermacher sieht das Eruieren eines verborgenen, selbst dem Autor nicht vollständig zugänglichen Sinns ›hinter‹ dem literarischen Text als ihre Kernaufgabe; für Wilhelm Dilthey ist das einfühlende Verstehen (und nicht das Erklären) literarischer Werke zentral. (Hans-Georg Gadamer schließt mit *Wahrheit und Methode* 1960 an die hermeneutische Tradition an.)

Die Philologien und die Literaturgeschichte definieren Geist, Schrift und Sprache als Kernobjekte eines Orientierungswissens für die entstehenden Nationalstaaten und die sich funktional differenzierende Gesellschaft. Sie konstituieren ein kulturelles Erbe, indem sie Text- und Sprachzeugnisse sammeln, konservieren und vermitteln. Sprache und Dichtung gelten als direkter Ausdruck des ›Geistes‹ oder ›Wesens‹ einer als homogene Einheit konzipierten Nation oder Kultur. Zentrale systematische Bedeutung erlangen im 19. Jahrhundert die Kategorien ›Autor‹, ›Werk‹ und ›Interpretation‹. Der Autor verkörpert das bürgerliche Idealsubjekt (Genialität, Einzigartigkeit, Transzendierung von Epochen- und Kulturnormen). Er kann allerdings zugleich als exemplarischer Repräsentant einer Epoche oder Kultur und damit als Element einer überindividuellen Geistesgeschichte betrachtet werden. Die Zurechnung von Autorschaft zeichnet einen Text als singuläres Kunst-Werk bzw. ein abgeschlossenes Korpus von Schriften aus. Dichtung und Literatur werden als Teil des Schulunterrichts ab Mitte des 19. Jahrhunderts, aber auch als Gegenstand der florierenden außeruniversitären Literaturkritik zum Leitmedium

bürgerlicher Selbstverständigung und bürgerlicher Subjektkonstitution: Man schreibt ihnen eine moralische Bildungs- und existenzielle Sinnstiftungsfunktion zu, die sie als Gegengewicht zu den Werten der ökonomisch, naturwissenschaftlich und technisch geprägten Alltagswelt privilegiert (diese Tendenz ist vor allem im früh industrialisierten Großbritannien deutlich – z. B. bei Matthew Arnold – und setzt sich im 20. Jahrhundert mit Ivor Armstrong Richards und Frank Raymond Leavis bis in die Zwei-Kulturen-Debatte der 1960er Jahre mit Charles Percy Snow und Hans-Georg Gadamer fort).

Da sich die Philologien und die Literaturkritik an einer übergeordneten Traditionsvermittlungs- und Sinnstiftungsfunktion ausrichten, nehmen sie Texte in erster Linie als Ausdruck idealer, geistiger Zusammenhänge wahr und konzentrieren sich unter Rekurs auf die philosophische Ästhetik auf Dichtung, d. h. Sprachkunstwerke. Die materialen, technischen und sozialen Bedingungen der Möglichkeit von literarischer Kommunikation – Aspekte also, für die sich später die Medienwissenschaften interessieren – werden kaum berücksichtigt.

Die Bezeichnung ›Literaturwissenschaft‹ beginnt in den 1920er Jahren die älteren Bezeichnungen Philologie und Literaturgeschichte zusammenzufassen und z. T. zu ersetzen. Damit ist das Programm einer erneuten Verwissenschaftlichung verbunden. Es schlägt in der Germanistik jedoch erst in den 1960er Jahren durch, u. a. getragen von der Aufarbeitung der Fach- und Methodengeschichte im Nationalsozialismus (vgl. Baasner/Zens 2001, Kap. III, 3). Charakteristisch ist die Entwicklung von Theorien der Literatur und die Kritik der textimmanenten Interpretation (im angloamerikanischen Raum: des *close reading*) als leitender Methode. Literarizität soll unabhängig von normativen Annahmen anhand von sprachlichen und strukturellen Merkmalen von Texten begründet werden; es überwiegen deskriptive und analytische Methoden, die sich an der Linguistik orientieren. Unterschiede zu den Funktionen der Alltagssprache/-kommunikation stehen hier im Mittelpunkt (Verfremdung, vgl. Šklovskij 1994; Selbstreferenz, vgl. Jakobson 1971). Unter dem Paradigma des *linguistic turn*, der in den 1960er Jahren aus der Sprachphilosophie übernommen wird, tritt die Eigenlogik von Sprache und Text auf allgemeinere Weise ins Zentrum des Interesses, nämlich im Hinblick auf ihre problematische, doch unhintergehbare Funktion als Erkenntnismedium. Die wissenschaftliche Beschäftigung mit Sprache und Text lässt sich auch in diesem Kontext epistemologisch (und nur sekundär kulturpolitisch) begründen.

Die objektive Nachvollziehbarkeit von Interpretationen und eine Orientierung an formalen Textmerkmalen reklamieren auch Ansätze in der Tradition der Philologie und Hermeneutik für sich (der angloamerikanische New Criticism wendet sich z. B. gegen moralisierende Deutungspraktiken und favorisiert die genaue, formalanalytische Textlektüre – *close reading* – als Methode). Bestehen bleibt allerdings die Annahme einer qualitativen Differenz des ›seltenen‹, polyvalenten Sinns sprachlicher Kunstwerke (vgl. Jannidis u. a. 2003, 4) zur vermeintlich abgenutzten Alltagssprache und zur Trivialität massenkultureller Phänomene. Diese bleiben außerhalb des literaturwissenschaftlichen Gegenstandsbereichs.

Charakteristisch ist v. a. für strukturalistische Strömungen die Prominenz des Textbegriffs, der sowohl den Werkbegriff als auch in den 1960er Jahren den Autorbegriff zurückdrängt (vgl. die 1967 von Roland Barthes angestoßene Debatte um den ›Tod des Autors‹). Rezeptionstheoretische Positionen (Hans Robert Jauß, Roman Ingarden, Wolfgang Iser) betonen die prozessuale Konstitution des Textes in (historisch variablen) Lektürevorgängen. Poststrukturalistische Positionen dynamisieren den Textbegriff: Das Konzept der Intertextualität (Julia Kristeva) und die Vorstellung von Sprache als eines unabschließbaren Verweisungsprozesses von Signifikanten (Jacques Derrida) stellen die Annahme eines begrenzten Textes mit fixierbarer Bedeutung grundlegend in Frage. Dekonstruktion erwies sich aber dennoch anschlussfähig für eine kulturpolitisch orientierte Literaturwissenschaft (v. a. in den USA), da sie sich zur Freilegung normativer Prämissen in Texten (und in literaturwissenschaftlicher Interpretationspraxis selbst) eignete.

Trans- und intermediale Ansätze, Philologie der Medien

Semiotische Ansätze, die mit einem Code-Modell der Sprache arbeiten, ermöglichen eine Erweiterung des Textbegriffs auf nichtliterarische und andersmediale Zeichenzusammenhänge (zur Sprache, Grammatik und Semiotik des Films vgl. Christian Metz, Umberto Eco und Juri Lotman; Barthes' Untersuchungen zur Alltagskultur). Eine ähnliche Erweiterung des Gegenstandsbereichs ermöglicht die Narratologie, die sich in den 1920er Jahren innerhalb der formalistisch-strukturalistischen Literaturwissenschaft entwickelte und schon früh mündliche und Alltagstexte untersuchte (Vladimir Propp, Algirdas Greimas; mit Seymour Chatman und David Bordwell findet die Narratologie seit den 1970er Jahren Eingang in die Filmanalyse; s. Kap. III.12). Die Literaturwissenschaft erschloss mit diesen Ansätzen das Gegenstandsfeld der audiovisuellen Medien und der populären Kultur. Ausschlaggebend für diese Erweiterung war u. a. eine Revision von Kanon- und Werkbegriffen (maßgeblich: Helmut Kreuzer, »Trivialliteratur als Forschungsproblem«, 1967), aber auch eine Neuperspektivierung des Vorbehalts gegen die ›Kulturindustrie‹ in der Kritischen Theorie. Letztere betrieben in den 1960er Jahren v. a. Vertreter der britischen Cultural Studies wie Raymond Williams, Stuart Hall und John Fiske (s. Kap. IV.23).

›Medienphilologische‹ Ansätze sind in der Literatur- wie in der Medienwissenschaft erstmals in den 1920er Jahren anzutreffen. Rainer Leschke beschreibt Medienphilologie als ein Verfahren der Gegenstandskonstitution, das einzelne Medienprodukte, Mediengenres oder Einzelmedien insgesamt als interpretierbare Texte behandelt (vgl. Leschke 2003, 109, 299 ff.). Die Zuschreibung von Fiktionalität oder Polyvalenz (entweder auf der Ebene der Strukturen oder der Rezeptionsweise) wird, wie in der Literaturwissenschaft gängig, zur Voraussetzung für eine (interpretierende) Sinnzuweisung. Ferner kann das Historisieren und die formalästhetische Bewertung und Deutung des Materials, das die Literatur- und die frühe Filmwissenschaft mit den Kunstwissenschaften teilt, als Anwendung philologischer Konzepte gesehen werden. Die Orientierung an Werken, das Autorkonzept (*auteur*), der Gattungsbegriff und Termini der Rhetorik prägen Teile der Filmwissenschaft und insbesondere die Filmphilologie (Klaus Kanzog). Die *Intermedialitäts*forschung orientiert sich (so beobachtet dies z. B. Irina Rajewsky 2008, 48) ebenfalls häufig an Einzelwerken, z. B. Literaturverfilmungen (vgl. Schneider 1981; Paech 1997) oder thematisiert Bezugnahmen zwischen Medien anhand exemplarischer Einzeltexte (s. Kap. II.22). Eine höhergradig generalisierte Auffassung von Mediendifferenz setzt Wolfgang Iser an, wenn er Literatur als Medium bestimmt. Iser betrachtet nicht Einzeltexte, sondern literarische Fiktion im allgemeinen Sinne als Konstituens von Subjektivität (sie ermöglicht kognitive Neuorientierung und Selbstinszenierung); dies zeichnet Literatur gegenüber anderen Medien aus (vgl. Iser 1990). Medienphilologien werden auch gegenwärtig neu- und weiterentwickelt (Computerphilologie, Digital Humanities; vgl. McGann 2013; Leschke 2003, 302–304; s. Kap. IV.22). Aktuelle Einführungen in die Literaturwissenschaften enthalten in der Regel Kapitel zur Filmanalyse.

Literatursystem, Literatur als Medium

Zu Beginn der 1970er Jahre orientieren sich die Literaturwissenschaften auch umgekehrt an der Struktur- oder Systemperspektive, die sozial- und kommunikationswissenschaftliche Ansätze der Medienforschung bieten. Literatursoziologische Ansätze (vgl. Fügen 1964; Bourdieu 1999) verschieben den Fokus von einzelnen Werken/Werkgruppen auf die Bedingungen der Produktion, Rezeption und Zirkulation von literarischen Texten (vgl. auch Sozialgeschichte der Literatur, Buchmarktforschung). Die Empirische Literaturwissenschaft (Siegfried J. Schmidt) führte diese Linie seit den späten 1970er Jahren fort und beobachtete Literatur als System. Textbedeutung wird nicht mehr als Resultat eines Kommunikationsakts zwischen Autor und Leser aufgefasst, sondern als Konstrukt, das im Zusammenspiel von Handlungsrollen und konventionsabhängigen Zuschreibungen entsteht. Auch Literarizität ist eine Sache historisch spezifischer Zuschreibungskonventionen. In der Lese-/Leserforschung (vgl. Groeben 1972) kommen quantitative Erhebungsmethoden (z. B. Leserbefragungen) zur Anwendung.

Die Systemtheorie Niklas Luhmanns und insbesondere ihre zentralen Begriffe Kommunikation und Sinn (später auch Medium/Form) werden in den 1990er Jahren zur Grundlage nichtempirischer Beschreibungen des Literatursystems (einen Überblick liefert Werber 2011; s. Kap. II.11). Zunächst konzentriert sich die systemtheoretische Literaturwissenschaft auf die rezeptions- und distributionstheoretische Frage, ob sich Literatur als ausdifferenziertes Funktionssystem beschreiben lasse und welcher Leitdifferenz es folge. Ging es hier vorrangig um die Reformulierung von literaturgeschichtlichen und -soziologischen Zusammenhängen in Form einer subjektlosen Funktionsgeschichte der Literatur, boten die Medium/Form-Unterscheidung und die in Luhmanns *Kunst der Gesellschaft* (1995) eingeführte Differenz Wahrnehmung/Kommunikation auch die Möglichkeit, traditionelle literaturwissenschaftliche Konzepte neu zu begründen und Fragen der medialen Grundlagen literarischer Kommunikation zu adressieren (zu Schrift vgl. Binczek 2000).

Systemtheoretische Medienbegriffe sind maßgeblich für neuere Theorieentwürfe, die Literatur explizit als Medium fassen. Bei Oliver Jahraus (2003) ist die systemtheoretische Annahme eines wechselseitigen Konstitutionsverhältnisses von Medium (lose Kopplung von Elementen) und Form (feste Kopplung) und der daraus resultierende Komplexitätsaufbau zentral. Sprache kann als Form des Mediums Sinn betrachtet werden, Schrift fungiert wiederum als (nicht-mündliche) Form für Sprache als Medium, Text wird Form von Schrift usw., Literatur erweist sich als Medium für ›schriftliche Verstimmlichung‹ und Vergegenwärtigung von Abwesendem (vgl. Jahraus 2003, Kap. 6), die wiederum eine besondere Kopplung von Wahrnehmung und Kommunikation evoziert: nämlich Interpretation, die zugleich ein Sinnprozess und die Erfahrung von Subjektivität ist (vgl. ebd., 92, 612–617). Jahraus weist so moderne Literatur (seit 1800) und moderne Subjektivität als wechselseitig konstitutiv aus, verbunden im Medium der Interpretation. Er versucht nachzuweisen, dass sich moderne Literatur zwar als Medium modellieren lässt, dass spezifische literaturwissenschaftliche Probleme, allen voran die Frage der Interpretation, von bestehenden Medientheorien jedoch nicht abgedeckt werden (vgl. ebd., 67).

Christoph Reinfandt, der schon seit längerem mit systemtheoretischen Ansätzen arbeitet, greift auf weitere Medienbegriffe zurück (Sybille Krämer: Medialität; Luhmann: Erfolgs- und Verbreitungsmedien, Differenz Mitteilung/Information/Verstehen; vgl. Reinfandt 2009, 168; 176). Er erreicht wie Jahraus eine theoretisch fundierte Verknüpfung und Präzisierung literaturwissenschaftlicher Wissensbestände, Begriffe und Fragestellungen, erweitert aber zugleich das Feld möglicher beobachtbarer Bezüge zwischen Literatur und Medialität und stellt die Übertragbarkeit des Modells auf andere Medien in Aussicht. Spricht man von Bedeutungs- und Subjektkonstitution als einer zentralen Funktion der Literatur, so ist diese nicht unabhängig von ihrer ›Textur‹ denkbar (vgl. Reinfandt 2013; Baßler 1994): d. h. dem jeweils verfügbaren Spektrum von Speicher- und Distributionsmedien und Diskursen, die jeweils zulässige Textformen und die Art und Weise der imaginären (auch akustisch-stimmlichen) Realisierung von Textbedeutung definieren. Der aus dem Kunstsystem stammende Begriff der Textur zielt auf diejenigen Aspekte des Literarischen, die nur potentiell zeichen- und sinnhaft sind, also auf die Art und Weise der Bedeutungskonstitution (einschließlich ihrer Störung, Verfremdung oder Veränderung)

Einfluss nehmen und u. U. selbst zu Bedeutungsträgern werden können.

Die technologischen Bedingungen der Produktion, Distribution und Speicherung literarischer Texte – also einen Teilbereich dieser nicht direkt sinntragenden Elemente – hatte Friedrich Kittler als Gegenstand einer »Literaturwissenschaft technischer Medien« (1993, 10) ausgewiesen. Kittler entwickelte seine Medienarchäologie in den 1980er Jahren v. a. als Abwendung von einer geistesgeschichtlich-hermeneutischen Fachtradition und einer von der Kritischen Theorie geprägten Literatursoziologie (s. Kap. II.13). Die wechselnden Schreib- und Aufzeichnungstechnologien (v. a. Schreiben und Print in Kontrast zu technischen Medien wie Film und Grammophon; Digitalisierung) und nicht etwa Autoren- und Lesersubjekte sind für Kittler die wesentlichen Agenten des literarischen Schreibens und Lesens. Diese Technologien stehen in einem systemischen Kontext (›Aufschreibesystem‹, vgl. Kittler 1985) aus Institutionen, Diskursen und Machtverhältnissen. An diese diskurshistorische, aber auch medienwissenschaftliche Perspektive schließen z. Z. Vertreter der Literaturwissenschaft in Australien (vgl. Murphet 2009) und den USA an (vgl. Gitelman 1999).

Überlegungen, die Literaturwissenschaften in Richtung einer ›allgemeinen Kulturwissenschaft‹ (vgl. Kurz 1994, 45) oder einer ›Medienkulturwissenschaft‹ umzugestalten, mehren sich in den 1990er Jahren und gelten inzwischen als *fait accompli* (vgl. Jäger/Switalla 1994; Huber/Lauer 2000). Die *medienkulturwissenschaftliche* Perspektive ist z. T. durch neue Probleme motiviert (vgl. dazu den nächsten Abschnitt), z. T. erfüllt sie eine Legitimationsfunktion. Seit der Nachkriegszeit reflektieren die Literaturwissenschaften intensiv ihre Selbstverortung und stellen diese Diskussion (nicht nur in Deutschland) zumeist unter das Zeichen einer ›Krise des Fachs‹. Legitimationsdefizite wurden in den 1960er bis 1980er Jahren in der fraglichen Wissenschaftlichkeit des Fachs und im Hinblick auf Gesellschaftsrelevanz wahrgenommen, inzwischen ist die optimale Sicherung finanzieller Ressourcen der primäre Diskussionsanlass (vgl. Jahraus 2003, 22–24). Die zurzeit unbefragte soziale und politische Relevanz insbesondere der digitalen Medien legt die Bezugnahme auf die Medienwissenschaft daher nahe und regt Literaturwissenschaftler/innen dazu an, Kernbegriffe wie ›Text‹, ›Bedeutung‹ und ›Interpretation‹ aus medienwissenschaftlichen Perspektiven zu fassen oder sie zumindest mit ihnen zu verbinden.

Digitalisierung: Probleme und Desiderate

Die Umstellung von Print auf elektronisch gestütztes und z. T. vernetztes Schreiben, Publizieren und Archivieren lässt Medien auf grundlegendere Weise für die Literaturwissenschaft relevant werden. Zunächst wurde diese Umstellung am Phänomen der Netzliteratur augenfällig, das den Textbegriff und das Modell der Autor-Leser-Kommunikation auf den Prüfstand stellte. Hypertext und in geringerem Maße Interaktivität ließen sich in traditionellen Begriffen nicht beschreiben (vgl. Lauer 2003; Gendolla/Schäfer 2007; Simanowski 2009). Die Digitalisierung betrifft jedoch alle Akteure im Literatursystem – Autoren, Leser, Distributeure, Verleger, Kritiker, Forscher. Eine flächendeckendere Revision oder Neufassung von Methoden und Begriffen bahnt sich mit der Digitalisierung von historischen Textbeständen, Katalogen und Archiven an. Bereits in den frühen 1970er Jahren wurden Texte digitalisiert, um sie einer linguistischen und philologischen Auswertung (z. B. Wortfrequenz-, Stilanalysen) zugänglich zu machen. Damit ist seitdem die basale Frage verbunden, welche methodischen Arbeitsschritte auf welche Weise formalisierbar sind und wie mit großen Datenmengen umgegangen werden soll, die individuelle Lesekapazitäten übersteigen. International werden solche Fragen im Rahmen der Digital Humanities diskutiert (vgl. Schreibman/Unsworth/Siemens 2004; Gold 2012; s. Kap. IV.22), in Deutschland wurden erste Professuren für Computerphilologie eingerichtet.

Bei der Digitalisierung und Archivierung von Printbeständen sind zurzeit Kombinationen medienwissenschaftlicher Expertise mit den Methoden und Modellen der Editionsphilologie gefragt, wenn es z. B. um die Frage geht, welche Aspekte den Text und seine Bedeutung konstituieren – und welche Relevanz die Materialität und Textur von Papier und Einband, das Seitenformat, die Typographie, die Bebilderung usw. haben. Für die (Neu-)Erschließung des Materials und die Aktualisierung des methodischen und theoretischen Rahmens ist dabei auch eine wissens- und diskurshistorische Aufarbeitung des historischen Stellenwerts von Schrift, Bild, Typographie usw. erforderlich (vgl. Frank 2006, 85). Die Philologien machen in diesem Kontext programmatisch ihre Funktion der Traditionspflege und -vermittlung geltend, mahnen aber die Einbeziehung der traditionell vernachlässigten material-medialen Ebene an (vgl. McGann 2013, 334; 338; Jäger/Switalla 1994,

14; 20). Die Literaturwissenschaften stehen insgesamt vor der Aufgabe, Kriterien für die Selektion und Ordnung immenser Daten- und Materialmengen finden zu müssen (vgl. Liu 2008; Moretti 2005), sich zu neuen Publikations-, Rezeptions- und Textformen zu positionieren (elektronische und Netzliteratur, E-Books), und schließlich vor der Aufgabe, Fragestellungen für neue interdisziplinäre Arbeitszusammenhänge (mit Informatikern, Buchwissenschaftlern, Historikern, Typographen, Bild- und Medienwissenschaftlern) zu entwickeln.

Literatur

Baasner, Rainer/Zens, Maria: *Methoden und Modelle der Literaturwissenschaft: Eine Einführung.* Berlin 2001.

Baßler, Moritz: *Die Entdeckung der Textur. Unverständlichkeit in der Kurzprosa der emphatischen Moderne 1910–1916.* Tübingen 1994.

Binczek, Natalie: *Im Medium der Schrift. Zum dekonstruktiven Anteil in der Systemtheorie.* München 2000.

Bourdieu, Pierre: *Die Regeln der Kunst. Genese und Struktur des literarischen Feldes.* Frankfurt a. M. 1999.

Campe, Rüdiger: *Affekt und Ausdruck.* Tübingen 1990.

Frank, Gustav: Textparadigma kontra visueller Imperativ: 20 Jahre Visual Culture Studies als Herausforderung für Literaturwissenschaft. In: *Internationales Jahrbuch für Sozialgeschichte der deutschen Literatur* (IASL) 31/2 (2006), 26–89.

Fügen, Hans Norbert: *Die Hauptrichtungen der Literatursoziologie und ihre Methoden.* Bonn 1964.

Gadamer, Hans-Georg: *Wahrheit und Methode. Grundzüge einer philosophischen Hermeneutik.* Tübingen 1960.

Gendolla, Peter/Schäfer, Jörgen (Hg.): *The Aesthetics of Net Literature. Writing, Reading and Playing in Programmable Media.* Bielefeld 2007.

Gitelman, Lisa: *Scripts, Grooves, and Writing Machines. Representing Technologies in the Edison Era.* Stanford 1999.

Gold, Matthew K. (Hg.): *Debates in the Digital Humanities.* Minneapolis 2012.

Groeben, Norbert: *Literaturpsychologie. Literaturwissenschaft zwischen Hermeneutik und Empirie.* Stuttgart 1972.

Huber, Martin/Lauer, Gerhard (Hg.): *Nach der Sozialgeschichte. Konzepte für eine Literaturwissenschaft zwischen Historischer Anthropologie, Kulturgeschichte und Medientheorie.* Tübingen 2000.

Iser, Wolfgang: *Das Fiktive und das Imaginäre. Perspektiven literarischer Anthropologie.* Frankfurt a. M. 1990.

Jäger, Ludwig/Switalla, Bernd: Sprache und Literatur im Wandel ihrer medialen Bedingungen: Perspektiven der Germanistik. In: Dies. (Hg.): *Germanistik in der Mediengesellschaft.* München 1994, 7–23.

Jahraus, Oliver: *Literatur als Medium. Sinnkonstitution und Subjekterfahrung zwischen Bewußtsein und Kommunikation.* Weilerswist 2003.

Jakobson, Roman: Linguistik und Poetik [1960]. In: Jens Ihwe (Hg.): *Literaturwissenschaft und Linguistik. Ergebnisse und Perspektiven.* 3 Bde. Frankfurt a. M. 1971, 512–548.

Jannidis, Fotis/Lauer, Gerhard/Martínez, Matías/Winko, Simone: Der Bedeutungsbegriff in der Literaturwissenschaft. Eine historische und systematische Skizze. In: Dies. (Hg.): *Regeln der Bedeutung. Zur Theorie der Bedeutung literarischer Texte.* Berlin/New York 2003, 3–30.

Jannidis, Fotis/Lauer, Gerhard/Winko, Simone: Radikal historisiert. Für einen pragmatischen Literaturbegriff. In: Dies. (Hg.): *Grenzen der Literatur. Zu Begriff und Phänomen des Literarischen.* Berlin/New York 2009, 3–37.

Kittler, Friedrich A.: *Aufschreibesysteme 1800/1900.* München 1985.

Kittler, Friedrich A.: *Draculas Vermächtnis. Technische Schriften.* Leipzig 1993.

Knilli, Friedrich: Die Literaturwissenschaft und die Medien. In: *Jahrbuch für internationale Germanistik* 5/1 (1974), 9–44.

Kreuzer, Helmut: Trivialliteratur als Forschungsproblem. Zur Kritik des deutschen Trivialromans seit der Aufklärung. In: *Deutsche Vierteljahrsschrift für Literaturwissenschaft und Geistesgeschichte* 41 (1967), 173–191.

Kreuzer, Helmut: Literaturwissenschaft – Medienwissenschaft. Bemerkungen zu einer Tagung, einem Band und einem Titel. In: Ders. (Hg.): *Literaturwissenschaft – Medienwissenschaft.* Heidelberg 1977, X-XVI.

Kurz, Gerhard: Die Literaturwissenschaft in der Konkurrenz der Wissenschaften. In: Jäger/Switalla 1994, 37–46.

Lauer, Gerhard: Die zwei Schriften des Hypertexts. Über den Zusammenhang von Schrift, Bedeutung und neuen Medien. In: Jannidis/Lauer/Martínez/Winko 2003, 527–555.

Leschke, Rainer: *Einführung in die Medientheorie.* München 2003.

Liu, Alan: *Local Transcendence. Essays on Postmodern Historicism and the Database.* Chicago/London 2008.

Luhmann, Niklas: *Die Kunst der Gesellschaft.* Frankfurt a. M. 1995.

McGann, Jerome: Philology in a new key. In: *Critical Inquiry* 39/2 (2013), 327–346.

Moretti, Franco: *Maps, Graphs, Trees: Abstract Models for A Literary History.* Stanford 2005.

Murphet, Julian: *Multimedia Modernism. Literature and the Anglo-American Avant-Garde.* Cambridge, Mass. 2009.

Paech, Joachim: *Literatur und Film.* Stuttgart 1997.

Rajewsky, Irina O.: Intermedialität und *remediation.* Überlegungen zu einigen Problemfeldern der jüngeren Intermedialitätsforschung. In: Joachim Paech/Jens Schröter (Hg.): *Intermedialität analog/digital. Theorien – Methoden – Analysen.* München 2008, 47–60.

Reinfandt, Christoph: Literatur als Medium. In: Simone Winko/Gerhard Lauer/Fotis Jannidis (Hg.): *Grenzen der Literatur. Zu Begriff und Phänomen des Literarischen.* Berlin/New York 2009, 161–187.

Reinfandt, Christoph: ›Texture‹ as a key term in literary and cultural studies. In: Rüdiger Kunow/Stephan Mussil (Hg.): *Text or Context. Reflections on Literary and Cultural Criticism.* Würzburg 2013, 7–21.

Schanze, Helmut: Rhetorik. In: Ralf Schnell (Hg.): *Metzler Lexikon Kultur der Gegenwart.* Stuttgart/Weimar 2000, 448–449.

Schneider, Irmela: *Der verwandelte Text. Wege zu einer Theorie der Literaturverfilmung.* Tübingen 1981.

Schreibman, Susan/Unsworth, John/Siemens, Ray (Hg.): *A Companion to Digital Humanities.* Malden, Mass. 2004.

Simanowski, Roberto: Literatur, Bildende Kunst, Event? Grenzphänomene in den Neuen Medien. In: Simone Winko/Gerhard Lauer/Fotis Jannidis (Hg.): *Grenzen der Literatur. Zu Begriff und Phänomen des Literarischen.* Berlin/New York 2009, 612–638.

Šklovskij, Viktor: Die Kunst als Verfahren [1916]. In: Juri Striedter (Hg.): *Russischer Formalismus.* München 1994, 3–35.

Stanitzek, Georg: Kriterien des literaturwissenschaftlichen Diskurses über Medien. In: Ders./Wilhelm Voßkamp (Hg.): *Schnittstelle. Medien und kulturelle Kommunikation.* Köln 2001, 51–76.

Weimar, Klaus: Literatur, Literaturgeschichte, Literaturwissenschaft. Zur Geschichte der Bezeichnungen für eine Wissenschaft und ihren Gegenstand. In: Christian Wagenknecht (Hg.): *Zur Terminologie der Literaturwissenschaft. Akten des IX. Germanistischen Symposions der Deutschen Forschungsgemeinschaft, Würzburg 1986.* Stuttgart 1989, 9–23.

Werber, Niels: *Systemtheoretische Literaturwissenschaft. Begriffe, Methoden, Anwendungen.* Berlin 2011.

Nicola Glaubitz

10. Theaterwissenschaft

Die Theaterwissenschaft ist eine geisteswissenschaftliche Fachdisziplin, die sich mit theatralen Praktiken und Diskursen beschäftigt. Zu ihrem Gegenstandsbereich zählen im engeren Sinne die Aufführungskünste Theater, Tanz (s. Kap. IV.12), Musiktheater und Performance. Das Feld des Theatralen und Performativen reicht aber weit über diese Kunstformen hinaus (vgl. Schramm 2005). ›Theatralität‹ verweist – abgeleitet von dem griechischen *theatròn* (Schauplatz; Ort, von wo man schaut) – auf Praktiken des Schauens und Betrachtens sowie auf die komplementären Tätigkeiten des Zeigens und Darstellens. ›Performativ‹ werden Handlungsformen und Prozesse genannt, die (im Rückbezug auf vorgängige Diskurse) etwas hervorbringen oder verändern. Indem sich die Theaterwissenschaft diesem weiten Feld zuwendet, hat sie es nicht nur mit den Künsten, sondern mit kulturellen Aufführungen aller Art (Ritualen, Zeremonien, Festen) sowie mit medialen Praktiken und Dispositiven zu tun. Das Fach analysiert zudem die darauf bezogenen Diskurse, also symbolische Systeme, Denk- und Sprechweisen, die auf Topoi des Zeigens und Verbergens, des Hervorhebens und Maskierens rekurrieren. Themen wie Bewegung und Körper, Repräsentation und Darstellung, Wahrnehmung und Medialität, Öffentlichkeit und Publikum gehören zu den traditionellen Erkenntnisinteressen der Theaterwissenschaft. Der für die Theaterwissenschaft der letzten Jahrzehnte eminent wichtige Begriff der Performativität ähnelt dem Medialitätsbegriff in der Tendenz, die Aufmerksamkeit auf Prozesse der Hervorbringung von Wirklichkeit zu lenken (vgl. Krämer 2004).

Als universitäre Fachdisziplin hat sich die Theaterwissenschaft in den frühen Jahrzehnten des 20. Jahrhunderts etabliert (zur Fachgeschichte vgl. von Herrmann 2005; Hulfeld 2007). Die theoretische Reflexion über Theater und Theatralität reicht aber viel weiter zurück – im Grunde bis in die Antike, als über Formen, Funktionen und Wirkungen von Theater bereits intensiv nachgedacht wurde. In der frühen Neuzeit waren Reflexionen dieser Art in Reiseberichten, Traktaten und autobiografischen Schriften zu finden. Erst in der Moderne erhielt das Nachdenken über Theater einen festen, bald auch institutionalisierten Platz an den geisteswissenschaftlichen Fakultäten großer deutschsprachiger Universitäten (so etwa in Berlin, München, Köln und Wien). In den meisten Fällen waren es Germanisten bzw. Literaturhistoriker, die, wie etwa Max Herrmann in Berlin, die Notwendigkeit einer eigenständigen Wissenschaft vom Theater proklamierten. Sie waren zu der Überzeugung gelangt, dass die wissenschaftliche Beschäftigung mit Aufführungen ein anderes Vorgehen erfordere als die Interpretation von Texten. Da Aufführungen flüchtiger erschienen als Texte, hielten die ersten Theaterwissenschaftler Ausschau nach Methoden, die der Ephemerität des Gegenstandes angemessen sein sollten. Aufführungsgeschichte, zunächst als ›Rekonstruktion‹ von Aufführungen gefasst, wurde zum zentralen Anliegen der jungen Theaterwissenschaft. Erst in den 1960er Jahren setzte ein Theorieschub ein: Wichtige Impulse kamen von der Kommunikationstheorie, der Semiotik, der philosophischen Phänomenologie und der Performancetheorie, in jüngerer Zeit dann von der Medientheorie und von den Diskussionen um Interkulturalität und Postkolonialismus. Mit der Aufführungsanalyse bildete sich in den 1980er Jahren zugleich eine fachspezifische Methodik heraus.

Seither steht neben der Erforschung der Geschichte des Theaters und anderer kultureller Aufführungen die analytische Beschäftigung mit aktuellen Theaterformen im Vordergrund. Dies sorgt für einen engen Austausch mit der künstlerischen Praxis. Etliche theaterwissenschaftliche Institute haben ihre Curricula um künstlerisch-praktische Kurse ergänzt. Im Sinne einer ›Angewandten Theaterwissenschaft‹ wird versucht, wissenschaftliche Vorhaben mit experimenteller künstlerischer Praxis zu verbinden. Der Unterschied zu den Studienangeboten von Schauspiel- und Regieschulen bzw. Kunsthochschulen bleibt dennoch erheblich. Auch dort, wo die Theaterwissenschaft szenische Arbeitsweisen integriert, gilt das Hauptinteresse der theoretischen Reflexion über ästhetische, mediale und politische Fragen, die sich an theatrale und performative Prozesse knüpfen. Der Theaterwissenschaft in Deutschland, Österreich und der Schweiz entsprechen im angloamerikanischen Sprachraum die Fächer Theatre Studies und Performance Studies. Wichtige Nachbardisziplinen sind Germanistik, Allgemeine und vergleichende Literaturwissenschaft, Medienwissenschaft, Geschichte und Kunstgeschichte, Philosophie, Soziologie und Ethnologie.

Differierende Ausrichtungen

Das Fach wird in unterschiedlichen Ausrichtungen betrieben. Kunstbezogene, allgemein kulturwissenschaftliche und medientheoretische Fragestellungen koexistieren und gehen in der Forschungspraxis vielfältige Verbindungen ein.

Eine als Kunstwissenschaft verstandene Theaterwissenschaft konzentriert sich auf die Beschäftigung mit den theatralen Kunstformen Theater, Tanz, Musiktheater und Performance. Es geht ihr um den Formwandel in diesen Künsten, um relevante Kontexte und die Beziehungen zu anderen Ausdrucksformen und Medien. Sofern sich das Interesse auf die Gegenwart richtet, kommt häufig die Methode der Aufführungsanalyse zur Anwendung. Sie ähnelt in mancher Hinsicht der in der Ethnologie verbreiteten ›Teilnehmenden Beobachtung‹, denn analysieren kann man strenggenommen nur Aufführungen, denen man selbst beigewohnt hat. Diese Prämisse wird damit begründet, dass wichtige Dimensionen der Aufführung (Gerüche, Atmosphären, raumbezogene Effekte, aber auch konkrete Publikumsreaktionen) medial kaum dokumentierbar sind. Der Analysierende ist deshalb aufgefordert, seine Eindrücke aus der Erinnerung heraus zu reflektieren. Jede Aufführung wirft durch die Geschichtlichkeit ihrer Formen zugleich genealogische und historiographische Fragen auf – bis hin zu einzelnen Gesten und Mienen, die in Hinblick auf die sich in ihnen manifestierenden Darstellungstraditionen untersucht werden können. Auf einer anderen Ebene liegt die Frage, wann und auf welche Weise Theater im Lauf der Geschichte überhaupt Kunststatus gewonnen hat, wie sich spezifische Sprachen des Theaters herausgebildet haben und welche interkulturellen, intertextuellen und intermedialen Prozesse am Wandel theatraler Ausdrucksformen beteiligt waren.

Wird Theaterwissenschaft in einem allgemeineren Sinne als Kulturwissenschaft verstanden, so ist die Beschäftigung mit den theatralen Künsten nur eine Aufgabe unter mehreren. Das Fach erweitert sich zu einer Wissenschaft von ›Theatralitätsgefügen‹ (vgl. Münz 1998), die alle Bereiche gesellschaftlicher Praxis betreffen. Ins Zentrum des Erkenntnisinteresses rückt die Frage, wie sich die theatralen Künste zu anderen theatralen Praktiken und Diskursen der Gesellschaft verhalten. Diese anderen, nicht den Künsten zuzuordnenden Praktiken sind jedoch schwer zu überschauen, weil Formen von Theatralität und Performativität in allen Lebensbereichen von Bedeutung sind: Im Alltag stellen sich den Akteuren, schon allein wenn es um die eigene Selbstdarstellung geht, permanent einfachere oder komplexere Inszenierungsanforderungen. In sozialen Beziehungen werden zum Teil hoch artifizielle Darstellungsstrategien verfolgt. In der Politik kommt der theatralen

Vermittlung von Machtpositionen, Programmen und Entscheidungen unbestritten hohes Gewicht zu. Alle diese Varianten von ›Lebenstheater‹ sind für die Theaterwissenschaft relevant.

Daneben müssen Formen berücksichtigt werden, die sich spielerisch, reflektierend, ironisierend auf das gegebene Kunst- und Lebenstheater beziehen. Solche elaborierten Formen von ›Theaterspiel‹ (Parodie, Improvisation, Imitation etc.), die weder dem Alltag noch der Kunst eindeutig zuzurechnen sind, aber auf beide Bezug nehmen, können in verschiedenen Kulturen ganz unterschiedlich ausgeprägt sein – ein klassisches historisches Beispiel wäre die *commedia dell'arte*. Schließlich wächst in den letzten Jahrzehnten das Bewusstsein dafür, dass auch Theaterfeindlichkeit und Theaterverbote (›Antitheater‹) höchst aussagekräftig für die Theatralität einer Kultur oder einer Epoche sind. Erst in der Zusammenschau von ›Kunsttheater‹, ›Lebenstheater‹, ›Theaterspiel‹ und ›Antitheater‹ bzw. ›Nichttheater‹ ergibt sich ein differenziertes Bild der Theatralität einer Gesellschaft oder Epoche.

Eine medientheoretisch ausgerichtete Theaterwissenschaft fragt nach der Medialität theatraler Prozesse, nach deren materiellen Grundlagen und technologischen Implikationen (vgl. Schoenmakers u. a. 2008). Dabei hat die wenig produktive Kontroverse darüber, ob Theater insgesamt als Medium bezeichnet werden soll, lange Zeit zu viel Aufmerksamkeit auf sich gezogen. Da ein historisch übergreifender Begriff von Theater kaum vorstellbar ist, lässt sich die Frage ohnehin nur für spezifische Kontexte sinnvoll diskutieren. Unstrittig ist, dass theatrale Prozesse eine mediale Dimension haben, deren begriffliche Konturierung jedoch unterschiedlich ausfallen kann. Die Begriffe ›Aufführung‹ und ›Dispositiv‹ kommen dafür gleichermaßen in Frage, eröffnen aber eine je andere Perspektive auf den Gegenstand: Während der Aufführungsbegriff die temporäre leibliche Ko-Präsenz von Akteuren und Zuschauern als mediale Spezifik des Theaters betont, verweist ›Dispositiv‹ auf längerfristig wirksame Wahrnehmungsanordnungen, wie sie sich etwa in der Theaterarchitektur oder in verfestigten Relationen von Schrift und Bild manifestieren. Vergleichsweise gut erforscht sind die Beziehungen zwischen Theater und verschiedenen technischen Medien (bes. Film, Fernsehen, Video, Internet). Wenn theaterwissenschaftliche Intermedialitätsstudien diese Beziehungen behandeln, müssen sie berücksichtigen, dass Aufführungen immer schon *in sich* als intermediale Strukturen (etwa von Körper, Stimme, Licht, Raum,

Schrift, Bild etc.) beschrieben werden können. Unter dem Schlagwort ›Theater in der Mediengesellschaft‹ wird schließlich erörtert, welchen Ort die theatralen Künste in einer Gesellschaft einnehmen, die in wachsendem Maße von technischen Medien geprägt ist.

Theater als Medium?

Die Relevanz medientheoretischer Konzepte für die Theaterwissenschaft tritt gerade dann hervor, wenn eine vorschnelle Eingemeindung von Theater in den Reigen der verschiedenen ›Einzelmedien‹ in Frage gestellt wird. Anders gesagt: Theater verhält sich im Konzert der Medien unter verschiedenen Blickwinkeln dissonant. Es lohnt sich, diesen Dissonanzen nachzugehen.

Aus einer Perspektive, die Inszenierungen als Kunstformen betrachtet, erscheint der Medienbegriff deshalb problematisch, weil er die Funktion der Vermittlung nahelegen kann. Mit Blick auf die neuere Theatergeschichte ergeben sich aber Zweifel, ob Theater diese Funktion übernehmen kann und soll. Denn spätestens seit den Avantgarden hat sich der Eindruck verfestigt, dass moderne Kunst nichts ›vermitteln‹ möchte: Nicht zufällig reagieren viele zeitgenössische Künstler auf den Topos der Vermittlung mit Argwohn (s. Kap. II.5). Wenn der Wert der Kunst gerade in der Konfrontation, der Irritation, der Unterbrechung von Wahrnehmungskonventionen und dem Entzug von Bedeutung gesehen wird, wie es in Avantgardediskursen geschieht, dann weist die mit dem Medienbegriff häufig einhergehende Idee der Vermittlung in eine falsche Richtung. Zwar finden Medien überall in den Künsten Verwendung, auch im Theater, aber der Rückgriff auf Medien bedeutet nicht, dass die so konstituierten Werke bzw. Aufführungen auf die Vermittlung von Gedanken, Gefühlen, ›Inhalten‹ oder gar ›Botschaften‹ abzielten. ›Hervorbringung‹ scheint hier gegenüber ›Vermittlung‹ das treffendere Konzept. Von daher sind für die Theaterwissenschaft gerade solche Medientheorien von Interesse, die nicht den Vermittlungsaspekt, sondern die hervorbringende, performative Kraft von Medien betonen.

Eine in medientheoretischen Diskursen verbreitete Denkfigur unterstreicht die Tendenz von Medien, sich selbst zum Verschwinden zu bringen (s. Kap. II.3 und II.18). Ein Medium, das seine Funktion(en) störungsfrei erfüllt, wird für den Rezipienten oft gar nicht wahrnehmbar: Es verschwindet hinter dem, was es vermittelt hat. Weder auf das

Theater im Allgemeinen noch auf den Schauspieler im Besonderen lässt sich diese Beobachtung übertragen. Wer ins Theater geht (und sich dafür womöglich eine Eintrittskarte gekauft hat), wird während der Aufführung kaum je vergessen, dass er/sie eine Theatervorstellung sieht. In neueren schauspieltheoretischen Diskussionen wird zudem konstatiert, dass Schauspieler selten ganz hinter der von ihnen verkörperten Figur zurücktreten. Wer *Hamlet* sieht, vergisst darüber nicht den Schauspieler, der die Rolle des Hamlets übernommen hat. Der Körper des Schauspielers bleibt wahrnehmbar und gibt der Figur Hamlet eine unverwechselbare Prägung. Die viel beschworene Bereitschaft des Mediums, hinter der zu vermittelnden Botschaft zurückzustehen, ist im Theater selten anzutreffen. Umso wichtiger erscheint die Frage, wann und auf welche Weise in einer Theateraufführung Medien selbst zum Erscheinen kommen. Unter welchen Voraussetzungen kann der Zuschauer im Theater Medien wahrnehmen? Wie verhält sich ein solcher Eindruck des Medialen zum Gesamtensemble der Aufführung?

Folgt man der Luhmannschen Unterscheidung zwischen Medium und Form (s. Kap. II.11), dann fällt es schwer, Theater auf der Seite des Mediums anzusiedeln. Nicht zufällig wird beim Sprechen über Theater bevorzugt auf die Kategorie der Form und an sie anschließende Komposita zurückgegriffen. So ist von ›Theaterformen‹, ›raumzeitlichen Formen‹, ›szenischen Formen‹ etc. die Rede. Theater begegnet dem Wahrnehmenden in Gestalt einer Form, d. h., noch einmal mit Niklas Luhmann gesprochen, als ›feste Kopplung‹ eher denn als ›lose Kopplung‹. Eine Theateraufführung lässt sich auf konstitutive Elemente (Schauspielerin A, Schauspieler B, Möbelstück C, Lichtstimmung D, Geste E, Farbe F, Bewegung G usw.) zurückführen, aber diese Elemente treten nicht einzeln in Erscheinung, sondern sind für den Zuschauer immer schon zu konkreten Formen bzw. Situationen verdichtet. Deshalb fällt es so schwer, Theater im Singular als Medium zu bezeichnen. Eher bietet es sich an, eine gegebene Theaterform auf die verschiedenen in ihr wirksamen und miteinander korrespondierenden Medien zu befragen – oder die Medialität dieser Theaterform selbst zu problematisieren.

Medialität des Theaters: Die Aufführung, das Dispositiv

Eine Möglichkeit, die Medialität von Theater zu bestimmen, bietet der Aufführungsbegriff. Aufführungen sind definierbar als eine Interaktion von Akteuren und Zuschauern, die sich zur selben Zeit im selben Raum befinden (vgl. Fischer-Lichte 2010, 24–65). Zu jeder Aufführung gehört die Gegenüberstellung einer Akteurs- und einer Zuschauerposition, zwischen denen es Austausch und Wechselwirkungen gibt, die aber kaum völlig in eins fallen können. Zwar können Akteure zu Zuschauern und Zuschauer zu Akteuren werden – solche Positionswechsel sind im Gegenwartstheater sogar verbreitet. Richtig ist auch, dass Agierende im Theater stets auch Wahrnehmende sind; sie müssen ihre Mitspieler und die Zuschauer wahrnehmen, damit Interaktion überhaupt zustande kommen kann. Aber ein minimaler Spalt zwischen Akteuren und Publikum muss erhalten bleiben, damit eine Situation als Aufführung identifiziert werden kann. Nähe und Distanz zwischen denen, die agieren, und denen, die ihnen dabei zuschauen, sind immer wieder neu auszuhandeln, wenn Menschen zur selben Zeit am selben Ort zusammentreffen. Diese gleichzeitige Anwesenheit und ihre Folgen werden unter dem Begriff der ›zeiträumlichen Kopräsenz‹ erörtert. Phänomenologische Aufführungstheorien haben die leiblichen Erfahrungspotenziale unterstrichen, die aus einer solchen Kopräsenz erwachsen können.

Aus einem so umrissenen Aufführungsbegriff lassen sich elementare Arbeitsfragen ableiten, die das Erkenntnisinteresse vieler Aufführungsanalysen ausmachen: Wer oder was handelt, und wer schaut zu? Wie könnte man die Akteure und die Zuschauer der Aufführung näher charakterisieren? Um was für eine Art von Handlung, um was für Formen des Austauschs geht es? Welches Verhältnis entsteht zwischen Akteuren und Zuschauern? Wie verändert sich im Lauf der Aufführung der Abstand zwischen den beiden Gruppen? Welche Techniken werden von Seiten der Akteure angewandt, um die Distanz zu den Zuschauern zu vergrößern oder zu verringern? Gibt es Momente, in denen die Trennung zwischen beiden Gruppen tatsächlich ganz aufgehoben wird?

Wenn im Theater Ideen vermittelt, Gefühle evoziert oder Eindrücke hervorgebracht werden, dann zumeist in jener situativen Konstellation, die der Aufführungsbegriff bezeichnet. Von daher erscheint es legitim, den Begriff zur Bestimmung der Medialität von Theater heranzuziehen. Die Medialität des Theaters wäre dann durch das gleichzeitige Gegenüber von Akteuren und Zuschauern mit seinen vielfältigen Implikationen gekennzeichnet. Sowohl in der Theaterwissenschaft als auch in den Performance Studies wurde in den 1990er Jahren ausführlich über die Frage diskutiert, ob sich Live-Aufführungen grundsätzlich von technisch fundierten audiovisuellen Medienprodukten unterscheiden (vgl. u. a. Phelan 1993; Auslander 1999). Dafür spricht, dass Live-Aufführungen im Gegensatz zu den Produkten technischer Medien nicht wiederholt werden können. Gegen eine dichotomische Gegenüberstellung von *live* und *recorded* lässt sich aber auf die faktische Vermischung beider Bereiche in der gegenwärtigen Kultur hinweisen: Kaum eine Theateraufführung kommt heute ohne die Integration technischer Medien aus. Die Steuerung von Bühnenmaschinerie, Ton und Beleuchtung erfolgt an größeren Häusern inzwischen meist auf der Basis digitaler Medientechnik. Entsprechend muss ein Großteil von Live-Aufführungen heute als mediatisiert gelten. Die Dichotomie von *live* und *recorded* wird aber auch aus umgekehrter Richtung in Frage gestellt: Viele der Wirkungen, die Live-Aufführungen zugeschrieben werden, insbesondere Gefühle und Momente des leiblichen Spürens, sind womöglich auch als Effekte technischer Medien (etwa des Fernsehens) vorstellbar.

So wie Theater u. a. als Aufführung, Diskurselement, soziale Situation, Kommunikationssystem oder Institution verstanden werden kann, ist es auch möglich, Theater als mediales Dispositiv zu begreifen, d. h. als eine Wahrnehmungsanordnung, in der bestimmte Relationen des Zeigens und Zuschauens vorstrukturiert sind. Aus dieser Perspektive wird zum Beispiel die räumliche Ausgestaltung von Theateraufführungen zu einem zentralen Forschungsthema. Der Theaterraum, der seinerseits durch historische Konventionen und Wissensbestände der Architektur, der bildenden Künste, der Handwerke, der industriellen Produktion, der Medientechnik und des Designs bestimmt ist, konfiguriert konkrete Möglichkeiten der Darstellung und der Wahrnehmung. Wer einen Theaterraum betritt, wird durch die räumliche Anordnung auf bestimmte Blickrelationen, Wahrnehmungshaltungen und Interaktionsmöglichkeiten hin orientiert. Von daher ermöglicht die Analyse von Theaterräumen als medialen Dispositiven sowohl ein vertieftes Verständnis von theatralen Prozessen als auch von deren Zusammenspiel mit Kontexten der Medien-, Kultur- und Wissensge-

schichte (vgl. Haß 2005). Gegenüber dem Flüchtigen, Ephemeren, Transitorischen, das der Aufführungsbegriff konnotiert, lässt der Dispositivbegriff mittel- und längerfristige strukturierende Kräfte des Theaters hervortreten.

Das Verständnis von Dispositiven als Wahrnehmungsanordnungen wird erweitert durch einen anders gearteten, an Michel Foucault orientierten Dispositivbegriff, der auf ein netzförmiges Ensemble folgender Elemente verweist: »Diskurse, Institutionen, reglementierende Entscheidungen, Gesetze, administrative Maßnahmen, wissenschaftliche Aussagen, philosophische, moralische oder philanthropische Lehrsätze« (Foucault 1978, 119 f.). Ein so angelegter Dispositivbegriff verlangt – auch in Bezug auf Theater – nach breit angelegten, multizentrischen Analysen, die darauf abzielen, das Sprechen über/von Theater (oder, noch allgemeiner gefasst: theatrale Diskursfiguren) in Relation zu theatralem Handeln und institutionellen Arrangements zu setzen.

Medien im Theater: Körper, Stimme, neue Medien

Unter den vielfältigen Medien des Theaters sind Körper und Stimme von der Theaterwissenschaft besonders eingehend reflektiert und analysiert worden. Es bestand allerdings keine Einigkeit darüber, ob Körper und Stimme überhaupt als Medien klassifiziert werden sollten. Nicht nur im Theater changieren Körper und Stimme zwischen Zeichenhaftigkeit und Dinglichkeit bzw. Lautlichkeit, zwischen Möglichkeiten des (auch technischen) Gebrauchs und Residuen einer Unverfügbarkeit, die in theaterwissenschaftlichen Forschungen unterschiedlich stark gewichtet werden. Dies berührt auch das theaterpraktische Problem, inwieweit schauspielerische Bewegungs- und Darstellungsformen und deren Wirkungen überhaupt kontrollierbar sind bzw. in fest umrissene Figuren münden können. Eine zentrale theoretische Referenz zu diesen Fragen war und ist Antonin Artaud, dessen Schriften zum Theater aus den 1930er Jahren Wege einer Befreiung von Körper und Stimme aus herrschenden Symbolsystemen andeuteten, die für die Theateravantgarde der zweiten Jahrhunderthälfte inspirierend wirkten. Auch die von Gilles Deleuze und Félix Guattari und anderen aufgegriffene Idee des ›organlosen Körpers‹, der sich jeglichen Segmentierungen und Instrumentalisierungen entzieht, wurde zum Ausgangspunkt zahlreicher performativer Projekte und theoretischer Reflexion.

Ein etabliertes Forschungsgebiet ist daneben die Beschäftigung mit neueren Medien des Theaters, darunter Film, Fernsehen, Video und Internet (vgl. Balme/Moninger 2004; Meyer 2006; Kotte 2007). Im Rahmen der fächerübergreifenden Intermedialitätsdebatte (s. Kap. II.22) gehen Studien dieser Art zum Beispiel der Frage nach, auf welche Weise und mit welchen Funktionen Videoprojektionen – teils live, teils vorproduziert – in gegenwärtige Theaterinszenierungen integriert werden. Neben dem Aspekt der Zitation spielt beim Einsatz von Live-Kameras nicht selten die Unterbrechung theatraler Wahrnehmungskonventionen eine Rolle. Es kann darum gehen, den (scheinbar) direkten Blick des Zuschauers auf die Handlung gezielt zu unterbinden. So werden Schauspieler etwa in Inszenierungen von Frank Castorf oder René Pollesch hinter Kulissen, Fensterläden oder Brandmauern verborgen, um mittels Live-Kamera auf neue Weise (z. B. größer, indirekter, ins Groteske verzerrt) sichtbar zu werden. Zugleich können film- und fernsehgeschichtliche Bezüge aufgerufen werden. Andere intermediale Ebenen von Aufführungen sind erst auf den zweiten Blick erkennbar: Zum Beispiel die Integration von Schauspielkonventionen aus Spielfilmen oder populären Fernsehserien, oder die Verwendung von Power-Point-Folien in Performances. Historisch weit zurückverfolgen lässt sich die Adaption von Techniken der bildenden Kunst (Malerei, Plastik, Installation) in der Gestaltung von Bühnenbildern. Solche Wechselwirkungen werden unter dem Begriff ›Interart‹ diskutiert.

Wechselwirkungen zwischen Theater und Medien

Für die Theaterhistoriographie (als Teilgebiet der Theaterwissenschaft) stellt sich die Frage nach der Bedeutung unterschiedlicher Formen von Theater in der Genese von Medien oder Medienverbünden. Es geht sowohl um eine mögliche Beeinflussung der Repräsentationspraxis des Theaters durch mediale Neuerfindungen (vgl. Dixon 2007) als auch um die Orientierung neuer Medien an historischen Theaterformen und -ästhetiken. Ein geläufiger Topos der Mediengeschichte ist die Bezugnahme des frühen Films bzw. Kinos auf Ästhetiken und Rezeptionsformen des zeitgenössischen Unterhaltungstheaters: Übernahmen reichen vom Aufgreifen dramaturgischer Muster eines ›Theaters der Attraktionen‹ (Akrobatik, Tanz, körperliche Abnormitäten, Effekte des

Staunens und der Überraschung) über den notorischen Blick der ersten Stummfilmdarsteller ›ins Publikum‹ (d. h. in die Kamera) bis hin zu der Integration der ersten Filmdarbietungen in die Nummernprogramme von Varietétheatern. Das frühe 20. Jahrhundert ist aber zugleich ein Beispiel dafür, wie nachhaltig medientechnische Erfindungen Theatersprachen transformieren können. So wird die Montagetechnik des Films nicht nur mit ähnlichen Montageverfahren im Avantgardetheater, sondern darüber hinaus – in ihren kontrastiven Ausprägungen – mit einer ›Ästhetik der Unterbrechung‹ in Verbindung gebracht, die für Theater und Tanz der klassischen Moderne prägend wurde: Gesten, Sprechakte, Handlungen und ganze Szenen wurden nicht mehr in zusammenhängenden Erzählungen und Spannungsbögen verbunden, stattdessen blieben sie in schroffer Eigensinnigkeit nebeneinander stehen, so dass der Wahrnehmende mit deutungsresistenten Zäsuren zwischen den Darstellungen konfrontiert wurde.

Kulturkritisch konturierte Zukunftsspekulationen richten sich auf die Frage, wie sich die Kunstform Theater in einer von elektronischen und digitalen Medien dominierten Gesellschaft behaupten wird. Die Sorge, Theater könnte in einer solchen Medienkonkurrenz am Ende verdrängt werden, ist angesichts der Durchsetzungskraft aggressiv vermarkteter Produkte neuer Medien zwar verständlich, erscheint aus historischer Perspektive allerdings unbegründet. Tatsache ist, dass Theater seit seinen Anfängen immer wieder mit neuen Medien konfrontiert war – und sich im Wechselspiel mit diesen Medien stetig verändert hat. Dabei hat sich nicht nur die materielle Struktur des Dispositivs Theater verändert, sondern vor allem die Vorstellung davon, was Theater ist oder sein könnte. So würde etwa ein pflanzenkundliches Bestimmungsbuch, das in der frühen Neuzeit als *theatrum botanicum* firmierte, heute nicht mehr unbedingt als ›Theater‹ bezeichnet werden. Dagegen kann das gemeinsame Anschauen von Live-Aufzeichnungen auf einer Kinoleinwand, das vor dreißig Jahren noch kaum mit ›Theater‹ in Verbindung gebracht worden wäre, heute – nach entsprechenden Experimenten einer Vielzahl von Theaterregisseuren und Performancegruppen – ohne weiteres als solches empfunden werden. Die Erforschung dieses Vorstellungswandels kann als bleibende Aufgabe der Theaterwissenschaft betrachtet werden.

Literatur

Auslander, Philip: *Liveness. Performance in a Mediatized Culture.* London/New York 1999.

Balme, Christopher/Moninger, Markus (Hg.): *Crossing Media. Theater – Film – Fotografie – Neue Medien.* München 2004.

Dixon, Steve: *Digital Performance. A History of New Media in Theater, Dance, Performance Art, and Installation.* Cambridge, Mass. 2007.

Fischer-Lichte, Erika: *Theaterwissenschaft. Eine Einführung in die Grundlagen des Faches.* Tübingen/Basel 2010.

Foucault, Michel: *Dispositive der Macht. Über Sexualität, Wissen und Wahrheit.* Berlin 1978.

Haß, Ulrike: *Das Drama des Sehens. Auge, Blick und Bühnenform.* München 2005.

Herrmann, Hans-Christian von: *Das Archiv der Bühne. Eine Archäologie des Theaters und seiner Wissenschaft.* München 2005.

Hulfeld, Stefan: *Theatergeschichtsschreibung als kulturelle Praxis. Wie Wissen über Theater entsteht.* Zürich 2007.

Kotte, Andreas: *Theater im Kasten. Rimini Protokoll – Castorfs Video – Beuys & Schlingensief – Lars von Trier.* Zürich 2007.

Krämer, Sybille (Hg.): *Performativität und Medialität.* München 2004.

Meyer, Petra Maria (Hg.): *Performance im medialen Wandel.* München 2006.

Münz, Rudolf: *Theatralität und Theater. Zur Historiografie von Theatralitätsgefügen.* Berlin 1998.

Phelan, Peggy: *Unmarked. The Politics of Performance.* London/New York 1993.

Schoenmakers, Henri/Bläske, Stefan/Kirchmann, Kay/Ruchatz, Jens (Hg.): *Theater und Medien. Theatre and the Media. Grundlagen – Analysen – Perspektiven. Eine Bestandsaufnahme.* Bielefeld 2008.

Schramm, Helmar: Theatralität. In: Karlheinz Barck u. a. (Hg.): *Ästhetische Grundbegriffe. Historisches Wörterbuch in sieben Bänden.* Bd. 6. Stuttgart/Weimar 2005, 48–73.

Matthias Warstat

11. Musikwissenschaft/ Sound Studies

Das Fach Musikwissenschaft etabliert sich ab dem 19. Jahrhundert an Universitäten und Hochschulen zunächst innerhalb Westeuropas (insbesondere in Österreich, Deutschland und Frankreich), ab den 1920er Jahren auch in weiteren europäischen Ländern sowie in den USA. Ungeachtet einer langen, bis in die griechische Antike zurückreichenden Tradition der theoretischen, philosophischen, mathematischen und theologischen Reflexion von Musik geht die Institutionalisierung der Musikwissenschaft mit der Entstehung einer Fachstruktur einher, die in jeweils historisch und national variierenden Ausprägungen Musikgeschichte, Musikanalyse und Musiktheorie, Musikästhetik, Musiksoziologie, Musikpsychologie und Akustik (mitunter auch Musikphilosophie) sowie Musikethnologie und Musikanthropologie umfasst. Dieses Feld wird insbesondere in den letzten Jahrzehnten immer wieder um neue Bereiche, wie z. B. Musiktheaterwissenschaft, Musikinformatik und Biomusikologie, erweitert. Darüber hinaus zeichnen sich seit den 1990er Jahren einige grundsätzliche Veränderungen im Hinblick darauf ab, was unter dem Gegenstand ›Musik‹ überhaupt zu verstehen ist: Inspiriert durch Entwicklungen innerhalb der Geistes- und Kulturwissenschaften sowie durch technische und ästhetisch-künstlerische Innovationen im Umgang mit akustischem Material werden nun vermehrt auch Positionen artikuliert, die auf eine Neujustierung der Disziplin als ganzer zielen. Solche primär von der angloamerikanischen Musikwissenschaft ausgehenden und von der deutschsprachigen Musikwissenschaft zunächst eher zögerlich aufgenommenen Impulse führten zur Herausbildung einer *New* oder *Cultural Musicology*. Unter diesem neuen Label werden tradierte musikwissenschaftliche Paradigmen einer kritischen Revision unterzogen.

Diese Entwicklungen treten wiederum in eine produktive Wechselbeziehung zu kultur- und medienwissenschaftlichen Untersuchungen, die ihre Aufmerksamkeit in jüngerer Zeit verstärkt auch der Dimension des Auditiven zuwenden. Dieses Interesse der Geistes- und Kulturwissenschaften an akustischen Phänomenen, Technologien, Praktiken und Wissensbeständen führt nach der Jahrtausendwende zur Entstehung der Sound Studies. Ähnlich wie im Fall der Visual Studies handelt es sich bei den Sound Studies nicht um eine eigenständige Fachdisziplin, sondern um ein interdisziplinäres Forschungsfeld,

dessen Vertreter/innen sich primär Untersuchungs-
gegenständen zuwenden, die sich gerade nicht mehr
unter einem traditionellen Verständnis von ›Musik‹
subsumieren lassen. Dazu gehören z. B. die Soundscape-Forschung, die Kultur- und Wissenschaftsgeschichte der Akustik und der akustischen Medien
sowie die Erforschung der auditiven Kultur (etwa
unter den Schlagwörtern *auditory history* und *auditory culture*). Da technische Medien eine zentrale
Stellung innerhalb der auditiven Kultur einnehmen,
ergeben sich zwangsläufig Fragen hinsichtlich der
Medialität und Materialität akustischer Phänomene.
Die Konvergenz all dieser verschiedenen Impulse
führt zu einer wechselseitigen Integration musik-
und kulturhistorischer, klangästhetischer und soziologischer, psychoakustischer, physiologischer, technologischer und anthropologischer Untersuchungs-
bereiche. Erst vor einem solchen Hintergrund
gewinnen medienwissenschaftliche Fragestellungen
für die Musikwissenschaft an systematischer Relevanz, die über vereinzelte – und zudem oftmals aus
der Perspektive des ›Hochkulturschemas‹ heraus:
hochgradig limitierte – Bezugnahmen wie etwa
›Musik in den Massenmedien‹ hinausgeht.

Musikwissenschaft

Die komplexe Entwicklung des Musikbegriffs
(griech. *mousikē*, lat. *musica*) verweist auf wech-
selnde Konturierungen eines Phänomens, dessen
Grenzen und Zuordnungen sich im historischen
Verlauf und im Kontext jeweils dominierender Wis-
sensformationen immer wieder verschieben. Umfasst der Begriff in der vorklassischen griechischen
Zeit die von den Musen verliehenen Fertigkeiten in
Poesie, Gesang, Instrumentalspiel und Tanz, so wird
im weiteren historischen Verlauf *mousikē* u. a. als ein
wichtiges Medium der Erziehung, als ein Gegenstand der Ethos- und Affektenlehre, als Teil der
mathēmata und als Ausgangspunkt einer die Ordnung des Tonmaterials reflektierenden *theōría* verstanden; im Mittelalter und in der frühen Neuzeit
verbinden sich mit *musica* als Musiktheorie schließlich auch konkrete Anleitungen für eine musi-
kalisch-kompositorische Praxis. Der bereits im 17. Jahrhundert in der deutschen Übersetzung von Athanasius Kirchers *Musurgia universalis* auftretende Begriff
›Music=Wissenschaft‹ bezeichnet, ganz im Sinne einer theologischen Adaption der pythagoreischen
Musiktradition, die Lehre vom *numerus sonorus*, von
der ›klingenden Zahl‹, deren proportionale Grund-

strukturen Mikrokosmos und Makrokosmos unter
der Kategorie *harmonia* in analoge Relationen zu
setzen erlaubt und deren intelligible Anlage zugleich
auf einen ›höchsten Werckmeister‹ als Schöpfer zu-
rückverweist (vgl. Kircher 1970).

Gemeinsam ist all diesen, hier nur fragmentarisch
angedeuteten (und zudem auf den europäischen
Raum begrenzten) Varianten bis zum 18. Jahrhundert, dass der Begriff ›Musik‹ selbst immer zwischen
Kunstausübung und theoretischer Reflexion changiert. Erst in der zweiten Hälfte des 18. Jahrhunderts
wird diese Einheit im Zuge fundamentaler gesamt-
gesellschaftlicher Umbrüche zugunsten einer klaren
Unterscheidung zwischen Wissenschaft und Musik
aufgelöst. Eng einhergehend mit allgemeinen Tendenzen einer Historisierung von Kunst- und Wis-
sensbereichen sowie der Entstehung der modernen
Universität Humboldtscher Prägung, werden auf
diesem Wege die Voraussetzung für eine eigene Disziplin ›Musikwissenschaft‹ geschaffen, die sich gegenüber der theoretisch-praktischen Ausbildung der
Musiker und Komponisten an den Akademien
(heute den Musikhochschulen) weitgehend abgrenzt
und stattdessen das Feld der Musikgeschichte, der
Musikästhetik und der Musikanalyse als genuin
geisteswissenschaftliche Tätigkeit zu konturieren beginnt. Neben zahlreichen Schriften zeugt die – wenn
auch zunächst nur transitorische – Einrichtung einzelner Professuren (z. B. 1826 in Bonn) von dieser
Entwicklung.

In diesem Stadium wird erstmals auch ein Medienbegriff explizit. Lässt sich mit Niklas Luhmann
(s. Kap. II.11) in den Jahrhunderten zuvor die immer
stärker selbstreferentiell operierende, über Begriffe
wie ›Manier‹ oder ›Stil‹ sich dokumentierende Systematisierung künstlerischer Formen als zunehmende
Reflexion des Mediums *avant la lettre* interpretieren,
so tritt in musikästhetischen Schriften um 1800 Musik nun dezidiert als ein »Medium« hervor, dessen
»idealische« Qualitäten es zu einem bevorzugten,
›reinen‹, nur der »Luft« verhafteten, Ausdrucksweise
von »erhabenen Formen« und Ideen machten (Michaelis 1997, 190, 192, 237). Diese in vielfältigen Varianten repetierte philosophisch-ästhetische Bestimmung umreißt eine Grundkonstellation, die gravierenden Einfluss auch auf die wissenschaftliche
Beschäftigung mit Musik hat: Als medienontolo-
gisch argumentierende Reflexion des Mediums ›Musik‹ annulliert sie aus der Perspektive des Idealismus
heraus zugleich die präfigurierende Kraft von Medien respektive medialen Substraten und findet ihr
wissenschaftliches Pendant dann in musikalischen

Analyseverfahren, die Geist (als Intention des Komponisten) und musikalische Form unmittelbar in hermeneutischen Zirkeln engführen. Auf diese Weise werden nicht nur im beginnenden 19. Jahrhundert, sondern auch noch viele Jahrzehnte später – und mitunter bis in unsere Gegenwart hinein – mediale Effekte (später auch diejenigen von technischen Medien) invisibilisiert oder als pures Additum einer mit sich selbst identischen Werkstruktur marginalisiert. Die Etablierung des Fachs Musikwissenschaft – 1861 bzw. 1870 wird mit Eduard Hanslick der erste Lehrstuhl für Geschichte und Ästhetik der Musik in Wien eingerichtet, 1868 gründet sich ein erster Fachverband – steht ganz im Zeichen dieser wissenschaftlichen Prämissen. Parallel zu und weitgehend separiert von diesen Entwicklungen verzeichnet die naturwissenschaftliche Forschung im 19. Jahrhundert (mit Hermann von Helmholtz als zentralem Akteur) zugleich wichtige Fortschritte auf den Gebieten der Visualisierung von Schall, der Klanganalyse, der Akustik, der Hörphysiologie und der Hörpsychologie. Diese Grundlagenforschung führt in Verbindung mit technischen Konstruktionen schließlich zu jenen einschneidenden medialen Innovationen der Klangaufzeichnung und -wiedergabe sowie auch zu ersten Ansätzen der Klangsynthese (wie etwa Helmholtz' Apparat zur künstlichen Produktion der Vokalklänge).

In der von Eduard Hanslicks Nachfolger in Wien, Guido Adler, verfassten und 1885 in der ersten Nummer der *Vierteljahrsschrift für Musikwissenschaft* publizierten Strukturierung der Musikwissenschaft finden beide wissenschaftliche Bereiche (die idiographisch-geisteswissenschaftlich und die nomothetisch-naturwissenschaftlich operierenden Verfahren) einen ersten Reflex in der Untergliederung des Faches in eine historische und eine systematische Musikwissenschaft, die – mehrfach modifiziert und um ein eigenes, drittes Gebiet der Musikologie respektive der vergleichenden Musikwissenschaft oder Musikethnologie ergänzt – bis heute für die deutschsprachige Musikwissenschaft charakteristisch ist (vgl. Adler 1885). Mit Carl Stumpf werden zu Beginn des 20. Jahrhunderts die Aufzeichnungs- und Speichermedien (Phonograph, Wachswalzen und Schellackplatten, die heute im Berliner Phonogrammarchiv zusammengefasst sind) erstmals systematisch für Musik- und Feldstudien eingesetzt und treten in dieser Funktion von Beginn an als wichtiges Korrektiv zu den bislang ungebrochen ›abendländisch‹ geprägten Imaginationen der ›Musik fremder Völker‹ deutlich in das Bewusstsein.

Dominiert wird das Fach in Forschung und Lehre allerdings über viele Jahrzehnte von der historischen Musikwissenschaft – und dies nicht nur in einem quantitativen Sinne, sondern auch in der Konturierung der leitenden Fragestellungen für das gesamte Fach. Der wissenschaftliche Horizont, der wie angedeutet die Eigenlogik medialer Effekte zugunsten einer – historisch in Gattungen, Epochen und Musikstile diversifizierten – Formanalyse unberücksichtigt lässt oder ihren Einfluss marginalisiert, findet nur schwer Anschluss an medienwissenschaftliche Perspektivierungen. Die Aufgabe, die Bereiche ›Musik und Medien‹ sowie ›Musik in den Medien‹ zu untersuchen, wird primär der systematischen Musikwissenschaft, insbesondere der Musiksoziologie, Musikpsychologie und der Popularmusikforschung zugewiesen – und somit Teilgebieten, die über lange Zeit gleichsam an der Peripherie des Fachs operieren und deren Ergebnisse (z. B. im Bereich von Wirkungsforschung oder der Analyse massenmedialer Effekte) nicht den Kern einer eng mit werkästhetischen Prämissen verknüpften Musik- und Kompositionsgeschichte tangieren.

Die angloamerikanische Musikwissenschaft hat – wie auch diejenige anderer europäischer Länder – diese Trennung in eine historische und eine systematische Musikwissenschaft nie mit vollzogen und verweist in der Enzyklopädie *Grove Music Online* auf die vielfältigen Divergenzen zwischen den Teildisziplinen der systematischen Musikwissenschaft, die im deutschen Sprachraum allein durch ihre pure Gegenüberstellung zur historischen Musikwissenschaft geeint würden. Stattdessen hat sie – und sicherlich auch deshalb, weil die bindende Kraft der aus dem 19. Jahrhundert stammenden Denkfiguren und ästhetisch-wissenschaftlichen Traditionen leichter aufzubrechen war – ab den frühen 1990er unter dem Schlagwort der *New Musicology* bzw. der *Cultural Musicology* eine Reihe von neuen Impulsen zu setzen vermocht (vgl. Kramer 1995). Diese bestanden vorrangig darin, formalanalytische Untersuchungen durch kulturelle Kontextualisierungen des Gegenstandes ›Musik‹ im Anschluss an poststrukturalistische Theorien sowie an die Cultural (s. Kap. IV.23), Postcolonial (s. Kap. IV.24) und Gender Studies (s. Kap. IV.25) zu erweitern oder ganz zu ersetzen. Die in diesem Feld diskutierten wissenschaftlichen Ansätze führen – ganz anders als in der deutschsprachigen Musikwissenschaft – direkt in das Zentrum der bis dahin dominierenden Praktiken von Musikanalyse und der Musikgeschichtsschreibung: Fragen einer westlich – und männlich – dominierten Kanonbildung werden ebenso problematisiert wie die Prämissen formanalytisch ausgerichteter und scheinbar kontextloser Werkanalysen.

Schnittstellen zwischen Musik- und Medienwissenschaft

Die Grundimpulse einer solchermaßen kulturwissenschaftlich ausgerichteten Musikwissenschaft öffnen sich auf diese Weise auch für Untersuchungen zur Medienkultur, die nun über den einstmals prägenden Nexus zwischen Popularmusik, Massenmedien und Unterhaltungsindustrie hinausgehend auch der weitgehend ›medienvergessenen‹ deutschsprachigen Musikwissenschaft insgesamt neue Anknüpfungspunkte zu vermitteln vermögen. Darüber hinaus bereitet sie eine Erweiterung des primär an Artefakte der Kunst gebundenen Musikbegriffs durch die Kategorie ›Klang‹ bzw. ›Sound‹ vor, die sich auf die Fülle und Vielfalt *akustischer* (auf Schall bezogener) und *auditiver* (auf die Hörwahrnehmung bezogener) Phänomene in medienkulturellen und kulturhistorischen Zusammenhängen bezieht.

Dass die Kategorie ›Sound‹ erst sehr spät die Aufmerksamkeit der Musikwissenschaft findet, ist insofern erstaunlich, als die Musikkultur des 20. Jahrhunderts selbst von fundamentalen Mediatisierungsprozessen geprägt ist. So war beispielsweise die rasante Entwicklung der Jazzmusik – ein Musikstil, der weitgehend auf Improvisation statt auf Notation beruht – nur auf der Grundlage der Medien Schallplatte und Radio möglich. Auch Persönlichkeiten des ›klassischen Musiklebens‹ (wie z. B. Glenn Gould) nutzen intensiv die technischen Möglichkeiten des Tonstudios und die kommunikativen Potentiale der Massenmedien – nicht zuletzt auch in ästhetischer und klangexperimenteller Hinsicht. Ebenso beginnen bereits Jahrzehnte zuvor Avantgarde-Künstler wie der italienische Futurist Luigi Russolo oder wie John Cage, technische Klangerzeuger und akustische Medien in ihre Werke zu integrieren, um das Repertoire klassischer Musikinstrumente zu erweitern oder ganz zu ersetzen. Diese künstlerischen Vorstöße zur Mediatisierung der Musik führen nach dem Zweiten Weltkrieg schließlich zur Entwicklung der elektroakustischen Musik mit verschiedenen Ausprägungen in Deutschland (z. B. Elektronische Musik), Frankreich (z. B. *musique concrète*) oder den USA (z. B. *tape music*). An der Schnittstelle zwischen Musik und Bildender Kunst entstehen außerdem die Bereiche Klangkunst

(*sound art*) und Klanginstallation. Neben diesen avantgardistischen Strömungen entwickelt sich der Begriff des Sounds, der im Jazz zunächst den spezifischen Klang einer Big-Band-Formation bezeichnete, zur prägenden Kategorie in der Rock- und Popmusik. Diese künstlerischen Entwicklungen in der Musik des 20. Jahrhunderts sowie technische Verfahren der Musikproduktion und Musikformen, die speziell in akustischen und audiovisuellen Medien Verwendung finden (wie z. B. Filmmusik), sind in Deutschland vor allem von der systematischen Musikwissenschaft thematisiert worden.

Den klanglichen Aspekten der Musik- und Medienkultur, die über eine Fixierung auf den Gegenstandsbereich ›Musik‹ hinausgehen, widmen sich auch Kultur- und Medienwissenschaften. So wird insbesondere die Gestaltung der Tonebene in technischen Medien wie Rundfunk oder Film adressiert (s. Kap. III.12 und Kap. III.13). Charakteristisch für den film- und fernsehwissenschaftlich geprägten Strang der Medienwissenschaft ist dabei die Beschäftigung mit dem Akustischen *in* den Medien, d. h. mit akustischen Medien und der Gestaltung von Klang im Rahmen der sogenannten Einzelmedienforschung (vgl. Segeberg/Schätzlein 2005). Fragen nach den epistemischen Voraussetzungen und kulturellen Bedeutungen historisch wechselnder Mediatisierungen des Auditiven stellt seit den 1980er Jahren eine den Einfluss medialer Phänomene reflektierende Geistes- und Kulturwissenschaft, die nicht zuletzt von den Arbeiten des Literaturwissenschaftlers Friedrich A. Kittler geprägt ist (s. Kap. II.13). Dieser führt ›Sound‹ dezidiert als Differenzbegriff zu Musik ein und etabliert ihn zugleich als Gegenstand einer medientheoretischen Reflexion. Unter ›Sound‹ wird hier jener ›Rest‹ an akustischen Phänomenen verstanden, der sich nicht mithilfe symbolischer Zeichensysteme (wie z. B. Alphabet, musikalische Notation oder Lautschrift) erfassen lässt, für den aber spezifische Kulturtechniken wie etwa »die Kunst, dem eigenen Sprechen zuzuhören« (Kittler 2006, 91), zu sensibilisieren vermögen und der mittels technischer Medien der Schallspeicherung (s. Kap. III.11) – historisch beginnend mit dem von Thomas A. Edison 1877 erfundenen Phonographen – auch aufgezeichnet werden kann.

Die Auseinandersetzung mit Sound im Zuge einer Problematisierung der Differenz zwischen symbolischer und technisch-analoger Aufzeichnung hat auf diese Weise wesentlich dazu beigetragen, die Verschiebung und Öffnung der auf das Medium ›Schrift‹ fixierten Literaturwissenschaft in Richtung einer Medienwissenschaft zu legitimieren. So verfolgt Kittler im ersten Teil seines Buchs *Grammophon, Film, Typewriter* (1986) die Auswirkungen akustischer Medientechnologien auf die Literatur- und Kulturgeschichte seit dem ausgehenden 19. Jahrhundert. Durch diese Perspektive rücken einerseits Geräusche und Rauschphänomene, andererseits aber auch die Geschichte der naturwissenschaftlich-mathematischen Beschreibung, der technischen Speicher- und Reproduzierbarkeit sowie der kulturellen Einbettung von Klangphänomenen in den Fokus medienwissenschaftlicher Forschung (vgl. Hagen 2005; Gethmann 2010). Einen eigenen Komplex bildet die kultur- und medienwissenschaftliche Erforschung der Stimme unter dem Blickwinkel von Körperlichkeit, Performativität und Medialität (vgl. Kittler/Macho/Weigel 2002).

Sound Studies

Nach der Jahrtausendwende hat sich aus den unterschiedlichen fachspezifischen Fragestellungen in Bezug auf akustische und auditive Phänomene, Praktiken und Technologien das Gebiet der Sound Studies herausgebildet. Die Sound Studies sind im Gegensatz zur Musikwissenschaft keine etablierte Fachdisziplin, sondern ein interdisziplinäres Forschungsfeld mit zum Teil sehr unterschiedlichen Ausrichtungen (es gibt allerdings bereits einige Studiengänge in Deutschland, die die Bezeichnung ›Sound Studies‹ im Titel tragen, z. B. an der Universität der Künste in Berlin und der Universität Bonn). Was dieses heterogene Feld eint, ist – neben der Klassifizierung der eigenen Arbeiten als ›Sound Studies‹ – insbesondere das Wissen um die Vielfalt der möglichen methodischen Ansätze und theoretischen Konzepte. Anders als etwa natur- und ingenieurswissenschaftlich mit Klang befasste Fächer beschäftigen sich die Sound Studies nicht primär mit der ›Natur‹ akustischer Phänomene und des Hörens, sondern – wie es ja bereits der an Cultural Studies und Visual Studies angelehnte Name schon vermuten lässt – insbesondere mit den ›Bedeutungen‹, die diesen innerhalb von lokalen sozio-kulturellen und historischen Kontexten zukommen. Der kanadische Medienwissenschaftler Jonathan Sterne hält darüber hinaus die Einnahme einer ›kritischen Perspektive‹ für einen konstitutiven Aspekt der Sound Studies. Diese setze voraus, dass sich eine im weitesten Sinne geistes- und kulturwissenschaftliche Auseinandersetzung mit klangkulturellen Phänomenen nicht nur auf die Forschungsge-

genstände selbst richten dürfe, sondern immer auch die eigenen Vorannahmen und den eigenen Standpunkt zu hinterfragen habe (vgl. Sterne 2003; 2012, 4 f.). Gelegentlich ist daher von einem *sonic* bzw. *acoustic turn* in den Geisteswissenschaften die Rede (vgl. Meyer 2008).

Einen historischen Vorläufer der Sound Studies bilden die Arbeiten des kanadischen Musikwissenschaftlers und Komponisten R. Murray Schafer. Diese widmen sich seit den späten 1960er Jahren der Untersuchung akustischer Umgebungen, den sogenannten ›Soundscapes‹ – ein Begriff, der die englischen Begriffe *sound* und *landscape* vereint (vgl. Schafer 2010). Bei Soundscapes bzw. Klanglandschaften handele es sich Schafer zufolge nicht um natürliche akustische Habitate, sondern um Kulturlandschaften, deren lokale und historische Besonderheiten die Soundscape-Forschung zu untersuchen hätten. Exemplarische Studien stellen beispielsweise dar, wie sich bestimmte Klangumwelten infolge von Industrialisierungs- bzw. Deindustrialisierungsprozessen verändert haben und welche Folgen sich wiederum aus diesen ergeben haben. Mit diesem Ansatz gilt Schafer als Begründer der sog. Klangökologie (*acoustic ecology*). Die US-amerikanische Wissenschaftshistorikerin Emily Thompson nutzt das Konzept der Soundscapes zur wissenschaftshistorischen Rekonstruktion der modernen Raum- und Bauakustik in der ersten Hälfte des 20. Jahrhunderts (vgl. Thompson 2002), andere Arbeiten widmen sich urbanen und medialen Klangräumen und -umgebungen.

Als wegweisend für eine an akustischen Phänomenen ausgerichtete Geschichtswissenschaft gilt die Arbeit des französischen Historikers Alain Corbin über die Geschichte der Glocke im Frankreich des 18. und 19. Jahrhunderts (vgl. Corbin 1995). Corbin arbeitet hier die kulturellen Bedeutungen von Glockenklängen heraus und beschreibt verschiedene Versuche nach der Französischen Revolution, kraft politischer Macht Einfluss auf diese Bedeutungen zu nehmen, insbesondere hinsichtlich einer Säkularisierung des Glockenklangs. Seitdem sind zahlreiche Studien zur auditiven Kultur-, Sinnes- und Sozialgeschichte erschienen, von denen viele den Ansätzen der Cultural Studies verpflichtet sind.

Akustische Ereignisse sind heute zu einem großen Teil technisch vermittelt, daher nehmen Fragen nach den materiellen Bedingungen und Mediatisierungen der auditiven Kultur eine besondere Stellung innerhalb der Sound Studies ein. Viele Arbeiten der Sound Studies widmen sich dementsprechend dem Verhältnis zwischen Klängen, Technologien und ihren kulturellen Kontexten. Anknüpfend an die medienhistorische Perspektive Friedrich Kittlers – allerdings erweitert um Fragestellungen der Cultural Studies – hat Jonathan Sterne (2003) die kulturellen Ursprünge technischer Schallreproduktion rekonstruiert. Trevor Pinch und Karin Bijsterveld haben in einer Sonderausgabe der Zeitschrift *Social Studies of Science* aus dem Jahr 2004 dafür plädiert, Aspekte der auditiven Kultur mit den Ansätzen der Science and Technology Studies (STS) zu untersuchen. Hieraus hat sich mittlerweile einer der produktivsten Zweige der Sound Studies entwickelt, der aufgrund seiner theoretischen wie methodischen Ausrichtung eine große Nähe zu medienwissenschaftlichen Forschungsansätzen und -fragen aufweist. Zu den behandelten Gegenständen zählen z. B. die Geschichte des Synthesizers, Lärm als Problem und Auslöser sozialer Aushandlungsprozesse, Technologien akustischer Gewaltausübung und Verfahren wissenschaftlicher ›Sonifikation‹ (dem akustischen Pendant zur wissenschaftlichen Visualisierung). Die Sound Studies erfahren auch innerhalb der Wissenschaftsgeschichte eine wachsende Bedeutung. So hat die von der History of Science Society herausgegebene Zeitschrift *Osiris* dem Thema Musik und Klang im Labor unlängst ein eigenes Themenheft gewidmet (vgl. Hui/Kursell/Jackson 2013). In diesen Grenzbereichen von Musik und Wissenschaft werden ebenfalls medienwissenschaftliche Fragen behandelt.

Insgesamt befinden sich die Sound Studies gegenwärtig in einer ersten Konsolidierungsphase. Dieser Umstand äußert sich nicht zuletzt in Form einer zunehmenden Institutionalisierung der Publikationstätigkeit des Feldes. Seit 2008 existiert eine deutschsprachige Buchreihe mit dem Titel ›Sound Studies‹. Auf europäischer Ebene wurden 2011 gleich drei englischsprachige Fachzeitschriften gegründet, das *Journal of Sonic Studies*, *Sound Effects* und *Interference*. Im Jahr 2012 und 2013 erschienen zudem umfangreiche Handbücher und Textsammlungen zur Einführung in englischer Sprache (vgl. Pinch/Bijsterveld 2012; Sterne 2012; Bull 2013). Ebenfalls im Jahr 2012 wurde die Fachgesellschaft European Sound Studies Association (ESSA) gegründet.

Das wachsende Feld der Sound Studies hat auch innerhalb der Medienwissenschaft zu einer Erweiterung des Blickwinkels in Form neuer Gegenstände und Methoden geführt. Während, wie bereits angedeutet wurde, die Erforschung akustischer Medien und mediatisierter Klänge bislang mehrheitlich im Rahmen der Einzelmedienforschung stattfand, setzen sich medienwissenschaftliche Arbeiten seit einigen Jahren zunehmend auch mit Bereichen auditiver Kultur auseinander, die außerhalb der institutionalisierten Mediensysteme Rundfunk, Film und Fernsehen liegen. Untersucht werden dabei sowohl Experten- als auch Amateurkulturen, die sich durch gemeinsame Diskurse, Techniken des Hörens oder Praktiken der akustischen Gestaltung auszeichnen. Dazu gehören Arbeiten zu den historischen Vorläufern akustischer Medientechnologien in der wissenschaftlichen Experimentalkultur und zur Entwicklungsgeschichte digitaler Audioformate (wie z. B. MP3) ebenso wie theoretisch, historisch und praxeologisch ausgerichtete Studien zu auditiven Medienkulturen (vgl. Volmar/Schröter 2013).

Literatur

Adler, Guido: Umfang, Methode und Ziel der Musikwissenschaft. In: *Vierteljahresschrift für Musikwissenschaft* 1/1 (1885), 5–20.

Bull, Michael (Hg.): *Sound Studies: Critical Concepts in Media and Cultural Studies*. Abingdon, Oxon 2013.

Corbin, Alain: *Die Sprache der Glocken. Ländliche Gefühlskultur und symbolische Ordnung im Frankreich des 19. Jahrhunderts*. Frankfurt a. M. 1995.

Gethmann, Daniel: *Klangmaschinen zwischen Experiment und Medientechnik*. Bielefeld 2010.

Hagen, Wolfgang: *Das Radio. Zur Geschichte und Theorie des Hörfunks – Deutschland/USA*. München 2005.

Hui, Alexandra/Kursell, Julia/Jackson, Myles (Hg.): In: *Osiris*. Bd. 28. Themenheft »Music, Sound, and the Laboratory from 1750–1980«. Chicago 2013.

Kircher, Athanasius: *Musurgia universalis* [1650]. Hg. von Ulf Scharlau (Reprogr. Nachdr. d. Ausg. Rom 1650). Hildesheim 1970.

Kittler, Friedrich A.: *Grammophon, Film, Typewriter*. Berlin 1986.

Kittler, Friedrich A.: *Musik und Mathematik. Bd.1: Hellas, Teil 1: Aphrodite*. München 2006.

Kittler, Friedrich A./Macho, Thomas/Weigel, Sigrid (Hg.): *Zwischen Rauschen und Offenbarung. Zur Kultur- und Mediengeschichte der Stimme*. Berlin 2002.

Kramer, Lawrence: *Classical Music and Postmodern Knowledge*. Berkeley 1995.

Meyer, Petra Maria (Hg.): *Acoustic Turn*. München 2008.

Michaelis, Christian Friedrich: *Ueber den Geist der Tonkunst und andere Schriften*. Hg. von Lothar Schmidt. Chemnitz 1997.

Pinch, Trevor/Bijsterveld, Karin (Hg.): *Special Issue on Sound Studies: New Technologies and Music*. Bd. 34 (2004). Social Studies of Science 5. http://www.jstor.org/stable/4144355 (30.05.2011).

Pinch, Trevor/Bijsterveld, Karin: *The Oxford Handbook of Sound Studies*. Oxford/New York 2012.

Schafer, R. Murray: *Die Ordnung der Klänge. Eine Kulturgeschichte des Hörens* [1977]. Mainz 2010.

Segeberg, Harro/Schätzlein, Frank (Hg.): *Sound. Zur Technologie und Ästhetik des Akustischen in den Medien*. Marburg 2005.

Sterne, Jonathan: *The Audible Past. Cultural Origins of Sound Reproduction.* Durham 2003.

Sterne, Jonathan: *The Sound Studies Reader.* London u. a. 2012.

Thompson, Emily: *The Soundscape of Modernity. Architectural Acoustics and the Culture of Listening in America, 1900–1933.* Cambridge, Mass. 2002.

Volmar, Axel/Schröter, Jens (Hg.): *Auditive Medienkulturen: Techniken des Hörens und Praktiken der Klanggestaltung.* Bielefeld 2013.

Bettina Schlüter/Axel Volmar

12. Tanzwissenschaft

Körper – Bewegung – Choreografie

Der Tanz als künstlerische (Bühnen-)Form ist immer schon verwoben in mediale Anordnungen, daher verfolgt die Tanzwissenschaft implizit oder explizit auch medienwissenschaftliche Fragestellungen. Entgegen einem holistischen Verständnis vom ›Körper‹ zeigt sich dieser im Tanz als ein doppeltes Gebilde zwischen Materialität und Medialität (s. Kap. IV.3). Er ist von Tanztechniken informiert, so etwa im Ballett, aber auch in zeitgenössischen Tanzpraktiken, die gezielt mit dem Terminus der Körper- oder Bewegungs*technik* in kreativen Prozessen operieren (vgl. Diehl/Lampert 2011). Körper und Technik sind in diesem Zusammenhang folglich nicht als Antipoden im Sinne von Natur versus Kultur zu verstehen. Gleichwohl befindet sich der tanzende Körper in einem Spannungsfeld: Einerseits wird der Körper in Anlehnung an ein bis Descartes zurückreichendes Modell als Instrument, in diesem Fall als eine »tanzende Maschine« (McCarren 2003) verstanden. Andererseits ist er eine leibliche Erfahrungsinstanz, wird also zugleich als (denkendes und fühlendes) »Objekt und Subjekt« der (Bühnen-)Darstellung aufgefasst (Huschka 2002, 26). Insofern kann der Körper als ein ambivalentes Medium bezeichnet werden: Er ist nicht ausschließlich Vermittler tanztheatral hervorgebrachter Wirkungen oder gar Bedeutungen und zeigt sich vielmehr als widerständiges ›Material‹ besonders innerhalb zeitgenössischer Tanzformen (vgl. Foellmer 2009). Zu fassen wäre ein solches mediales Hinein- und Hinausgleiten des Körpers vermittels seines gestischen Vermögens, das nach Giorgio Agamben besonders im Tanz »Austragung und Darbietung des medialen Charakters der Körperbewegung« ist (Agamben 2006, 54).

Das Mittel des Tanzes ist mithin die Bewegung, die spätestens seit der Erfindung des Kinos nicht mehr getrennt von der Medienästhetik sog. laufender Bilder – der ›Movies‹ – betrachtet werden kann. Seine zweite mediale Entsprechung findet der Tanz als Bühnenkunst schließlich in der Choreografie. Als (kreativ) vorausschauende oder (dokumentierend) rückerinnernde ›Raumschrift‹ wird die *Choreo-Grafie* im buchstäblichen Sinne zu einer ersten Übersetzung des noch kommenden oder bereits geschehenen und erinnernd notierten Tanzereignisses, das den abwesenden Körper in das Medium einer Bewegungspartitur überträgt. Folglich ist Tanz als

Kunstform eng mit seinen ›Aufschreibesystemen‹ (s. Kap. II.13) verknüpft: Der Begriff der Choreografie umfasst dabei als Hybrid sowohl den Modus der Notation als auch die Inszenierung des Tanzes auf der Bühne selbst (vgl. Jeschke 2003, 264 f.).

Ein problematischer Aspekt ist dabei jeweils die Frage des Verlustes, der mit der Aufzeichnung einer Tanzaufführung in ein schriftliches (oder auch bildliches, filmisches) Medium einhergeht, mangelt es der nachgeordneten Ebene doch jeweils an den Möglichkeiten eines kopräsenten Mit-Erlebens von körperlichen Bewegungen, die sich in Zeit und Raum entwerfen. Die Aufführung, deren zentrales Merkmal die Nicht-Reproduzierbarkeit ist, scheint dabei ihr entscheidendes Wesensmerkmal zu verlieren (vgl. Phelan 1993, 146). Medienwissenschaftliche Perspektiven in der Tanzwissenschaft wiederum wenden diesen vordergründigen Aura-Verlust in ein produktives Moment des Übertragens von Tanz, das nicht nur das Speichermedium selbst verändert (s. u. »Tanz als/im Bild«). Zugleich vermag die Aufzeichnung auch Tanz neu und anders (wieder-)erscheinen zu lassen (vgl. Brandstetter 2005, 206 f.). Daraus folgt eine doppelte Konsequenz: So ist der leibliche Einfluss auf das Aufgezeichnete je mit zu berücksichtigen (vgl. Meyer 2006, 45) und umgekehrt auch danach zu fragen, inwiefern Tanz ontologisch ausschließlich an den menschlichen Körper zu binden ist. Die entsprechenden Debatten kreisen besonders um folgende Themen:

- Tanz und Technologie,
- Tanz als/im Bild,
- Bewegte Bilder sowie
- die Herausforderungen des Digitalen.

Tanz und Technologie

Der enge Zusammenhang von Tanzkunst und Technik wird in seinem Erscheinen auf der Theaterbühne evident. So wirken in Inszenierungen immer multiple mediale Ebenen zusammen, wie Licht, Ton oder auch Bühnenbild, in denen sich der Tanz als polymediales Gefüge aus Körper, Bewegung und Choreografie ereignet. In diesem Sinne zeigt sich »Intermedialität […] als zentrales Theaterdispositiv« (Meyer 2006, 65 f.; s. Kap. II.22). Spätestens mit dem Ballett wird die Verbindung von Tanz und Technik etwa durch die Einführung des Spitzentanzes und die entsprechenden Schuhe als Extension des Körpers augenfällig (vgl. Evert 2003, 23). Um die Wende des 20. Jahrhunderts experimentiert die Tänzerin

Loïe Fuller mit dem gerade erfundenen elektrischen Licht und langen, den Körper umhüllenden Stoffbahnen, mit denen sie mobile Lichtskulpturen entwirft, die den Körper als Erzeuger der Bewegung nahezu verschwinden lassen (vgl. Brandstetter/Ochaim 1989; Albright 2007).

Mit dem Film wird es nicht nur möglich, Tanz zu dokumentieren: Darüber hinaus halten Methoden der Bewegungsgenerierung Einzug, die ein kritischeres und funktionaleres Verständnis von Tanzkreation gegenüber einer durch intuitive oder emotionale Impulse geleiteten Choreografie erlauben. So arbeiten Tänzerinnen wie Valeska Gert mit ›filmischen‹ Modi von Zeitlupe, Montage oder synkopischer Unterbrechung (vgl. Brandstetter 1995, 449 ff.; Foellmer 2006, 63 ff.). Der Künstler Oskar Schlemmer wiederum erprobt in seinem *Triadischen Ballett* (1922) eine Mechanisierung und Subjektferne der Körperbewegung im Sinne des Kleistschen Marionettentheaters und strebt eine Grafisierung und Geometrisierung des tanzenden Körpers an (vgl. Scheper 1988).

Für die Tanzwissenschaft ist hierbei sowohl die Perspektive auf Körper und Bewegung als ›Medien‹ des Tanzes von Interesse als auch die Migration von Tanz in andere Künste wie Film oder bildende Kunst. Damit einher gehen Veränderungen oder Erweiterungen der jeweiligen Kunstformen in entsprechenden intermedialen Konfrontationen oder Fusionen, die von der historischen Avantgarde über die multimedialen Experimente der 1960er Jahre – wie etwa von Merce Cunningham, John Cage und Robert Rauschenberg – bis in die Jetztzeit reichen (vgl. Ploebst 2011; Rosiny 2013, 94, 310 ff.). Dabei betätigen sich Choreograf/innen selbst im Feld künstlerischer Forschung, loten Möglichkeiten der Bewegungskreation zwischen Körper und Technik aus und dokumentieren diese in Texten oder Manifesten der Avantgarde (Valeska Gert) oder im Rahmen von digitalen und Online-Publikationen (William Forsythe).

Tanz als/im Bild

Die seit der Wende zum 20. Jahrhundert bestehende Verbindung von Tanz und Film lenkt den Blick auf die (medialen) Ontologien der jeweiligen Kunstformen, die in Gilles Deleuzes Theorie vom *Bewegungs-Bild* (des Films) eine mögliche Schnittstelle finden. Deleuze spricht unter anderem von der Bewegung, die durch Schnitte in der Zeit Bilder erzeuge (vgl.

Deleuze 1997, 88). Er greift dabei auf den Paradigmenwechsel vom Ballett zum Modernen Tanz zurück, in dem das Stellen von Posen in eine freiere Anordnung von »Momente[n]« im Raum überführt worden sei (ebd., 20). Gabriele Brandstetter wiederum situiert die (Tanz-)Pose entsprechend als Kippfigur, im Wechselspiel zwischen Stillstand und potentieller Bewegung (vgl. Brandstetter 2012, 46). Für den Tanz selbst führt sie wiederum den »Topos des ›Stills‹« ein, der als Gegenfigur zur Bewegung diese jedoch als konstituierende Bedingung benötige (Brandstetter 2005, 66). Im Kontext zum Kino, das etwa zeitgleich zum Modernen Tanz entsteht, wird jene Wechselbeziehung von ›Still‹ und ›Motion‹ zu einem der prägenden Elemente der Rezeption von Tanz seit dem 20. Jahrhundert: Die tanzende Bewegung zeigt sich dabei immer schon in ihrer »medialen[n] Übersetzung« (Deleuze 1997, 68).

Laut Deleuze ist wiederum der wahrnehmende Mensch »der Ort, an dem sich geschlossene Systeme, ›gerahmte Bilder‹, konstituieren können« (ebd., 91). Daraus lässt sich schließen, dass die scheinbar ›unfassbare‹ Bewegung des Tanzes in seiner medialen Konstellierung als (vorübergehendes) temporäres Bild erfahren werden kann – dies umso mehr, wenn Tanz Kollaborationen mit Bild- oder Videokünstler/innen eingeht, wie das Beispiel von Meg Stuart zeigt (vgl. Jochim 2008).

Solche Bildkonzepte werden in der Tanzwissenschaft zudem in historiographischen Untersuchungen aufgegriffen. In Ermangelung eines live erlebbaren Tanzereignisses werden neben der Diskursanalyse historischer Quellen und der Analyse von Notationen oftmals fotografische oder Gemäldesammlungen konsultiert. Die Erfahrung von Tanz als Bewegung, die sich je schon im Zwischenraum von Ruhe und Bewegung aufhält, ermöglicht hierbei einen Zugriff auf das sich sonst visuell und kinästhetisch entziehende Tanzgeschehen. Das Modell des Körperbildes etwa ermöglicht vergleichende Analysen von Bewegungsmustern als ästhetischer und sozialer Ausdruck kultureller Konventionen im historischen wie zeitgenössischen Tanz (vgl. Brandstetter 1995, 43 ff.; Foellmer 2009, 116 ff.).

Im Hinblick auf die dokumentarische Funktion der Fotografie von Tanz wiederum wird ein kritischer Blick auf einen möglichen (medienwissenschaftlichen) Bildpositivismus geworfen (s. Kap. III.10). So kann Fotografie nicht für sich beanspruchen, ein adäquates Substrat für den Tanz zu liefern, das einen befriedigenden Nachvollzug des abwesenden Ereignisses ermöglichen würde. Vielmehr zeigt

sich der Tanz fragmentarisch und verweist auf sein Abwesendes (vgl. Kuhlmann 2003, 204). Darüber hinaus jedoch wohnt auch dem Bild das Moment der Bewegung inne: Besonders die Pose ist es, in der die Bewegung temporär im Bild gerinnt und die mithin einen »intermedialen Zwischenraum [bildet], der zwischen Erinnern und Vergessen oszilliert« (Drexler 2012, 116).

Die Modulierung von Bewegung, die sich als – nicht endgültig still gestelltes – Bild zu visualisieren vermag, ermöglicht schließlich auch eine komplementäre Auffassung von Bildwahrnehmung, die sich als zeitliche und mithin bewegte ereignet und Forschungen zur Analyse von Bewegung etwa in Gemälden nach sich zieht: Denn wenn die Wahrnehmung von Bewegung bildhaft sein kann, so liegt es nahe, auch das Bewegungspotential im »MedienSprung [in einen] statischen Rahmen« (Wortelkamp 2008, 100) von Bildern aufzusuchen. Neben der dokumentarischen Untersuchung von Bildern wird hierbei eine tanzwissenschaftlich phänomenologische Perspektive eingenommen, die einerseits die (physische) Bewegung des Auges zur Grundbedingung der visuelle Wahrnehmung statischer Bilder macht und andererseits in Bildern selbst wiederum Effekte von Bewegung diagnostiziert und mithin eine zeitliche Dimension in der ästhetischen Erfahrung bildender und fotografischer Kunst aufspannt (vgl. ebd., 100 f.).

Bewegte Bilder

Die Affinität zwischen Tanz und Film (s. Kap. III.12) im Sinne einer »Interart-Ästhetik« (Köhler 2009, 36) zeigt sich bereits mit Beginn des Kinos: Schon in frühen Filmexperimenten wird Tanz als Sujet filmischer Experimente genutzt (vgl. Jordan/Allen 1993, V). Gegenstände der Tanzwissenschaft sind in diesem Zusammenhang gefilmte Dokumentationen (etwa von Tanzaufführungen), Tanz in Kino und Fernsehen, Choreografie als gestalterisches Moment besonders in den Filmexperimenten der historischen Avantgarde sowie das Genre des Videotanzes (später: Screendance).

In der Verbindung von Tanz und Film liegt dabei der Fokus besonders auf der Frage nach der Übertragbarkeit des genuin ephemeren Tanzes in ein Reproduktionsmedium. Im Hinblick auf die Funktion der Dokumentation von Tanz etwa für Analysezwecke läuft besonders das Aufführungsvideo (oder historische Filmfragment) einer schriftlichen Notation wie etwa der von Rudolf von Laban entwickelten bald den Rang ab, so bietet das Video visuell günstigere Möglichkeiten, das vergangene Aufführungsgeschehen nachzuvollziehen. Nach wie vor jedoch steht die Aufführung im Mittelpunkt der tanzwissenschaftlichen Analyse von zeitgenössischem Tanz, in der das Video lediglich als Erinnerungsreservoir zum Nachvollzug etwa bestimmter Bewegungsanordnungen dient. Für historiographische Untersuchungen wiederum gilt es, die Bedingungen der Aufzeichnung zu kontextualisieren, handelt es sich hier doch meist um nachträglich erstellte Filme von Tanz, die nicht im Zuge einer Aufführung stattgefunden haben (z. B. Mary Wigman, Valeska Gert). In diesen Kontexten gibt es eine Spannung zwischen dem Tanz als flüchtiger Kunstform und der Speicherfunktion von Bild oder Film. Damit einher geht der Aspekt der sogenannten ›Liveness‹ der Aufführung (vgl. Auslander 1999), wobei der Tanz bei seiner Überführung in andere Speichermedien dort wiederum Präsenzeffekte erzeugen kann. Methodische Herausforderungen ergeben sich dabei etwa im Zusammendenken von Bewegungsanalyse und den je medialen Bedingungen von Bild oder Film (vgl. Wortelkamp 2008; Rosiny 1999, 109 ff.), in der Untersuchung von intermedialen Wechselwirkungen zwischen Tanz und analogen wie digitalen Medien (vgl. Rosiny 2013), aber auch im Bereich soziologischer und marktökonomischer Aspekte (vgl. Dodds 2005).

Allegra Fuller Synder unterscheidet in der Kategorisierung von Tanz und/im Film zwischen Dokumentationen (von Aufführungen), sogenannten Notations-Filmen (für gezielte Analyse- und Aufbewahrungszwecke) und dem »choreo-cinema«, das die spezifische, hybride Kunstform des Screendance umfasst (vgl. Rosiny 1999, 22). Ein Schwerpunkt der Diskussion ist dabei die Verbreitung von Tanzfilmen im Fernsehen, im Hollywood-Genre, als Musical, als Ballettverfilmung oder Musikvideo in MTV-Ästhetik. Dabei wird der Einfluss auf massenmediale Wahrnehmungen und das qualitative wie quantitative Konsumverhalten des Fernsehpublikums untersucht sowie die Frage gestellt, inwiefern Filme von Choreografinnen wie Yvonne Rainer alternative »Logiken der Narration« in die Erzählweisen von Kino wie TV einzubringen vermögen (Allen 1993, 3 ff.). Daneben stellen choreografische Filme als Screendance eine ästhetische Herausforderung besonders für den Tanz dar. Arthur Maria Rabenalt zieht eine Linie zwischen Tanz in Spielfilmen, der hier zumeist eine »dramaturgische Funktion« hat,

und dem sogenannten »reine[n] Tanzfilm«, der als choreografisch-künstlerisches Gefüge den Aspekt der Handlung in den Hintergrund stelle (Rabenalt 1960, 11, 14).

Dabei ist Tanz nicht die dem Film untergeordnete Kunstform, sondern migriert in dessen ästhetische Produktionsweisen. Die von Rabenalt analysierten tanzfilmischen Verfahren, die wiederum zu einer »›Filmisierung‹« des Tanzes führten (Köhler 2009, 42), rücken die Prinzipien der (bildrhythmischen) Montage und der Kameraeinstellung als explizit choreografische Elemente in den Blick (vgl. Rabenalt 1960, 19 ff.). Bereits in den 1940er Jahren benennt die Tanzfilmerin Maya Deren diese Praktiken als explizite Techniken choreografischen Filmens und betont etwa die räumlichen (illusionären) Erweiterungsmöglichkeiten von Tanz im Medium Film (vgl. Deren 1984). Konrad Karkosch und Merce Cunningham fordern in den 1960er Jahren eine Kamera, die sich gleichsam in tänzerischer Weise mit bewegt (vgl. Köhler 2009, 42; Rosiny 1999, 203). Besonders Cunningham nutzt neben seinen tanzfilmerischen Arbeiten mit Charles Atlas (vgl. Vaughan 2002; Rosiny 2013, 232 ff.) seit dieser Zeit bereits die Videokamera als erweiterte, medienspezifische ›Seh-Hilfe‹ in seiner choreografischen Arbeit: Somit wird der autoritative Blick des Choreografen auf die Tanzenden ein bereits medial überformter, sekundärer, der den »›video-grafischen‹ Raum […] [als] aktive[s] Element der Choreografie« integriert (Meyer 2001, 233).

Tanzwissenschaftliche Untersuchungen betonen zumeist die Hybridisierung beider Kunstformen im Screendance als eigenständigem Genre, in dem sich neben den Schnitt-Techniken besonders Kamera und Tänzerkörper als gleichsam doppeltes choreografisch mediales Interface erweisen: Beiden eignet die Eigenschaft, »Bewegungskörper und Wahrnehmungskörper« zu sein (Köhler 2009, 42). In diesem Zusammenhang ist besonders die Ähnlichkeit zu Verfahren in modernen (avantgardistischen) wie zeitgenössischen Tanzstilen von Interesse, die wiederum Bewegungen im Modus von (filmischen) Konzepten der Unterbrechung, Wiederholung oder innerhalb anagrammatischer Konstellationen generieren (vgl. Brandstetter 1995, 461; Rosiny 1999, 119 ff.; Rückert 2006, 207). Dabei wird außerdem deutlich, dass der tanzende Körper als ein bereits durch Technik informiertes Gebilde im Tanzfilm weitere Formierungen erfährt: Einerseits physisch, als durch die Bedingungen der Filmproduktion anders zu gestaltende Bewegungsproben und -anordnungen. Andererseits kritisch, im Rahmen der Konsumästhetik von z. B. Musikvideos, die den Körper innerhalb idealisierter Konzepte von Schönheit darbieten (vgl. Dodds 2005, 126 ff.).

Als weiterer Aspekt kommt die Frage nach der Ontologie von Tanz und Choreografie ins Spiel, wenn Tanz als rhythmisch strukturierendes Prinzip in den Film migriert, so bei René Clairs Film *Entr'acte* (1924) oder Walter Ruttmanns *Berlin, die Sinfonie der Großstadt* (1927), in denen etwa großstädtische Alltagsszenen antinarrativ und gleichsam choreografisch inszeniert werden, oder auch in den Revuefilmen Busby Berkeleys, in denen die Körper der Tänzerinnen zu ornamentalen Mustern gerinnen (vgl. Rosiny 2013, 149 ff.). Das *International Journal of Screendance* widmet sich seit 2010 solchen aus der Fusion von Tanz und Film entstehenden Fragestellungen.

Bilden Tanz und Film als Hybrid eine neue Kunstform, so wird der Einsatz von Film und Video *auf der Tanzbühne* als ambivalentes Verhältnis von Medialität und Unmittelbarkeit des live/filmisch agierenden Körpers betrachtet. Entgegen einem konkurrierenden Verhältnis von Apparatur versus Leib wird jedoch das Augenmerk auf Reibungen und Überlagerungen gelegt, so etwa in theatralen Anordnungen, in denen Tanz und Film durch komplexe Bühnenaufbauten nahezu miteinander verschmelzen und die Frage nach ›live‹ und ›recorded‹ obsolet wird (vgl. Schulze 2004, 156) oder im Einsatz der Leinwand unter dem Stichwort des »Expanded Cinema«, das Extensionen des (gefilmten) Körpers in den Bühnenraum hinein ermöglicht (Rosiny 1999, 12). Wird in diesen Anordnungen in der Regel mit vorproduzierten Videos/Filmen gearbeitet, so oszillieren im Einsatz der Videokamera als Schnittstelle – die das Tanzgeschehen auf der Bühne in Echtzeit überträgt –, der live dargebotene und der medial vermittelte Körper in Verräumlichungsszenarien, die beide Ebenen ineinanderschieben (vgl. Rosiny 2013, 138 ff.). Tanzwissenschaftlich sind hierbei die Aspekte fiktiver und realer Räume sowie der Moment der Bewegungs-Erinnerung im Blick-Wechsel zwischen Tänzer/in und Leinwand relevant (vgl. Foellmer 2008).

Die Herausforderung des Digitalen

Befinden sich die obigen medialen Anordnungen noch in einem analogen Rahmenwerk, das Friktionen von Aufführung und (filmischer) Abbildung erzeugt, so werden jene Ästhetiken mit dem Einsatz digitaler Technologien in der choreografischen Praxis noch weitergeführt. In den Mittelpunkt rückt dabei der sich bewegende Körper als Interface. Hierbei konkurriert die Auffassung von Tanz als durch seine Flüchtigkeit medial nicht fassbare Erscheinung, welche die Medien der Aufzeichnung durch seine schlussendliche Uneinholbarkeit herausfordere (vgl. Birringer 1998, 29), mit der Perspektive, dass gerade die sogenannten Neuen Medien den Körper im Tanz als »kinetisches und taktiles Sensorium« hervorheben (Leeker 1995, 247 f.). Entgegen den Ansichten vom ›obsoleten‹ Körper in posthumanistischen Szenarien (vgl. Evert 2003, 194 ff.) rückt der Körper folglich durch die tänzerische Verschaltung mit digitalen Medien explizit in seiner Leiblichkeit in den Vordergrund und setzt in dieser Konstellation den »anthropologische[n] Raum« wieder ins Werk (Leeker 1995, 248).

Untersucht werden hierbei Verfahren von *closed-circuit*-Installationen, in denen die Kamera fixiert ist (vgl. Birringer 1998, 157 ff.), bis hin zu Experimenten, die den sich bewegenden Körper im Raum und in Echtzeit abzubilden vermögen, für die seit den 1990er Jahren u. a. die Motion-Capture-Technologie eingesetzt wird (vgl. deLahunta 2002, 81 ff.). Für die Tanzwissenschaft ist dabei der Fokus sowohl auf die körperliche Bewegung als auch die Sensualität essentiell: Der Tanz verliert sich nicht in einem körperlosen Cyberspace, sondern wird gerade wieder in seiner visuell und taktil erfahrbaren Bewegung bedeutsam, als Grundbedingung für die Aufzeichnung in Echtzeit etwa über Motion-Capture-Verfahren (vgl. Manning 2009, 62).

Hierbei ergeben sich Fragestellungen nach den Möglichkeiten, die Neue Medien im Tanz hinsichtlich eines erweiterten Körperkonzepts bieten. So in der Aufhebung der Schwerkraft durch die Software *Life Forms*, die z. B. Merce Cunningham als choreografisches Werkzeug diente, mit dem sich animierte Figuren beliebig gestalten lassen und den anschließenden tänzerischen Nachvollzug durch die anatomische Begrenztheit der Bewegung herausfordern: Sie generieren neue Lösungswege, die in analogen choreografischen Verfahren nicht unbedingt evident würden (vgl. Birringer 1998, 120; Evert 2003, 65 ff.; Huschka 2000a). Die im Tanzfilm mögliche Erweiterung und Öffnung der illusionären und imaginativen Räume als Extension der Bühne (vgl. Rosiny 1999, 136 ff.) wird im Hinblick auf temporäre wie spatiale Überlagerungsverhältnisse fortgeführt und entsteht nun im Wechselspiel des sich live bewegenden Körpers mit seinem oft mehrfach gedoppelten

Medienbild auf der Tanzbühne (vgl. Meyer 2001, 191 f.; Rosiny 2013, 133 ff.).

Vor diesem Hintergrund ergeben sich weitere Forschungsfelder: Im Hinblick auf den Modus der Interaktivität (vgl. Rosiny 2013, 292) und den ›Ursprung‹, von dem eine Bewegung ausgeht, treten veränderte Konzepte von Autorschaft in den Blick. So z. B. in den Performances der Gruppe Troika Ranch, in denen der Körper überdies als ›synästhetisches Instrument‹ aktiv wird, etwa zur Erzeugung von Klang über ein softwaregesteuertes Programm (vgl. Evert 2003, 171 ff.). So veranlassen diese Experimente eine Neukonturierung von Tanz als ein ›Denken in Bewegung‹, das vor dem Einsetzen der Bewegung selbst ein vielfältiges Potential an Möglichkeiten entwirft, *vor* dem Moment einer schließlich körperlichen Aktualisierung: Denken und vorgeplante Bewegung werden eng an das kreative Tun gekoppelt (vgl. Manning 2009, 1 f.) und digitale Technologien erzeugen die hierfür nötigen Reibungsmomente in einem interaktiven Handlungsraum. Als Vorreiter derartiger Entwicklungen gilt Merce Cunningham, der bereits vor der Verwendung digitaler Software aleatorische Verfahren für die Erzeugung choreografischer Strukturen nutzte und damit als ›Autor‹ und Planer von Bewegungsmustern in den Hintergrund rückt (vgl. Huschka 2000b, 375 ff.). Dies zeigte sich bereits in der Performance *Variations V* (1965), in der Musik (John Cage) und Bewegung über analoge Antennen als Bewegungs- und Klangauslöser miteinander verkoppelt wurden (vgl. Evert 2003, 161 ff.).

Schließlich ist die ›Erweiterung notationeller Systeme‹ über neue Technologien von Interesse für die Tanzwissenschaft, besonders im Hinblick auf digitale Speicherverfahren wie etwa William Forsythes CD-ROM-Projekt *Improvisation Technologies* aus dem Jahr 1999, das in Kooperation mit dem Zentrum für Medientechnologie in Karlsruhe als Arbeitsinstrument für seine Compagnie entwickelt wurde (vgl. Sommer 2000). Ähnliche, teils durch Software wie *EyeCon* gestützte choreografische ›Tools‹ (vgl. etwa das Projekt *Double Skin/Double Mind* von Emio Greco/PC; Bevilacqua/Schnell/Alaoui 2011) finden aktuell eine Fortführung in Forsythes Idee von Choreografie als transformatorischem Trägerobjekt zur Generierung von (Bewegungs-)Formen in anderen Feldern wie der Architektur (vgl. Shaw 2011).

Literatur

Agamben, Giorgio: Noten zur Geste. In: Ders.: *Mittel ohne Zweck. Noten zur Politik*. Berlin 2006, 47–56 (ital. 1996).

Albright, Ann Cooper: *Traces of Light. Absence and Presence in the Work of Loïe Fuller*. Middletown 2007.

Allen, Dave: Screening dance. In: Jordan/Ders. 1993, 1–35.

Auslander, Philip: *Liveness. Performance in a Mediatized Culture*. London/New York 1999.

Bevilacqua, Frédéric/Schnell, Norbert/Alaoui, Sarah Fdili: Gesture capture: Paradigms in interactive music/dance systems. In: Gabriele Klein/Sandra Noeth (Hg.): *Emerging Bodies. The Performance of Worldmaking in Dance and Choreography*. Bielefeld 2011, 183–193.

Birringer, Johannes: *Media and Performance. Along the Border*. Baltimore 1998.

Brandstetter, Gabriele/Ochaim, Brygida Maria: *Loïe Fuller. Tanz – Licht-Spiel – Art Nouveau*. Freiburg 1989.

Brandstetter, Gabriele: *Tanz-Lektüren. Körperbilder und Raumfiguren der Avantgarde*. Frankfurt a. M. 1995.

Brandstetter, Gabriele: *Bild-Sprung. TanzTheaterBewegung im Wechsel der Medien*. Berlin 2005.

Brandstetter, Gabriele: Pose – Posa – Posing. Zwischen Bild und Bewegung. In: Dies./Bettina Brandl-Risi/Stefanie Diekmann (Hg.): *Hold It! Zur Pose zwischen Bild und Performance*. Berlin 2012, 41–51.

deLahunta, Scott: Periodische Konvergenzen. Tanz und Computer. In: Söke Dinkla/Martina Leeker (Hg.): *Tanz und Technologie. Auf dem Weg zu medialen Inszenierungen*. Berlin 2002, 66–87.

Deleuze, Gilles: *Das Bewegungs-Bild. Kino 1* [1983]. Frankfurt a. M. 1997.

Deren, Maya: Choreography for the camera [1945]. In: Dies.: *Notes, Essay, Letters* [1965]. Berlin 1984, 61–65.

Diehl, Ingo/Lampert, Friederike (Hg.): *Tanztechniken 2010. Tanzplan Deutschland*. Leipzig 2011.

Dodds, Sherril: *Dance on Screen. Genres and Media from Hollywood to Experimental Art*. New York 2005.

Drexler, Isabelle: Von Phantomen, Schwanenfrauen und anderen Mischwesen. Das ›Nachleben‹ der Klassik in der zeitgenössischen Tanzfotografie. In: Gabriele Brandstetter/Bettina Brandl-Risi/Stefanie Diekmann (Hg.): *Hold It! Zur Pose zwischen Bild und Performance*. Berlin 2012, 112–131.

Evert, Kerstin: *DanceLab. Zeitgenössischer Tanz und Neue Technologien*. Würzburg 2003.

Foellmer, Susanne: *Valeska Gert. Fragmente einer Avantgardistin in Tanz und Schauspiel der 1920er Jahre*. Bielefeld 2006.

Foellmer, Susanne: ›Andere Räume‹. Oszillationen zwischen Körper und Kamera. In: Joachim Paech/Jens Schröter (Hg.): *Intermedialität Analog/Digital. Theorien – Methoden – Analysen*. München 2008, 471–480.

Foellmer, Susanne: *Am Rand der Körper. Inventuren des Unabgeschlossenen im zeitgenössischen Tanz*. Bielefeld 2009.

Forsythe, William: *Improvisation Technologies. CD-ROM. A Tool for the Analytical Dance Eye*. In: zkm digital arts edition: special issue. 1999.

Huschka, Sabine: Merce Cunningham und sein Projekt, alle ›Formen des Lebens‹ ästhetisch zu explorieren. In: Gabriele Klein (Hg.): *Tanz, Bild, Medien*. Hamburg 2000a, 143–165.

Huschka, Sabine: *Merce Cunningham und der Moderne Tanz. Körperkonzepte, Choreographie und Tanzästhetik.* Würzburg 2000b.

Huschka, Sabine: *Moderner Tanz. Konzepte – Stile – Utopien.* Reinbek bei Hamburg 2002.

Jeschke, Claudia: Inszenierung und Verschriftung. Zu Aspekten der Choreographie und der Choreo-Graphie im 19. Jahrhundert. In: Katharina Keim/Peter M. Boenisch/ Robert Braunmüller (Hg.): *Theater ohne Grenzen. Festschrift für Hans-Peter Bayerdörfer zum 65. Geburtstag.* München 2003, 256–265.

Jochim, Annamira: *Meg Stuart: Bild in Bewegung und Choreographie.* Bielefeld 2008.

Jordan, Stephanie/Allen, Dave: *Parallel Lines. Media Representations of Dance.* London 1993.

Köhler, Kristina: ›So wird es schließlich Dein Bild sein, das für Dich tanzt‹. Theoriegeschichtliche Konzepte einer Interart-Poetik von Film und Tanz. In: Reinhold Görling/Timo Skrandies/Stephan Trinkaus (Hg.): *Geste. Bewegungen zwischen Film und Tanz.* Bielefeld 2009.

Kuhlmann, Christiane: *Bewegter Körper – Mechanischer Apparat. Zur medialen Verschränkung von Tanz und Fotografie in den 1920er Jahren.* Frankfurt a. M. 2003.

Leeker, Martina: *Mime, Mimesis und Technologie.* München 1995.

Manning, Erin: *Relationscapes. Movement, Art, Philosophy.* Cambridge, Mass./London 2009.

McCarren, Felicia: *Dancing Machines. Choreographies of the Age of Mechanical Reproduction.* Stanford 2003.

Meyer, Petra Maria: *Intermedialität des Theaters. Entwurf einer Semiotik der Überraschung.* Düsseldorf 2001.

Meyer, Petra Maria: Performance im medialen Wandel. Einleitender Problemaufriss. In: Dies. (Hg.): *Performance im medialen Wandel.* München 2006.

Phelan, Peggy: *Unmarked. The Politics of Performance.* London/New York 1993.

Ploebst, Helmut: Apparat und Abstraktion. Die Konstruktion des Körpers in der transmedialen Choreographie. In: Ders./Nicole Haitzinger (Hg.): *Versehen. Tanz in allen Medien.* München/Wien 2011, 52–72.

Rabenalt, Arthur Maria: *Tanz und Film.* Berlin 1960.

Rosiny, Claudia: *Videotanz. Panorama einer intermedialen Kunstform.* Zürich 1999.

Rosiny, Claudia: *Tanz Film. Intermediale Beziehungen zwischen Mediengeschichte und moderner Tanzästhetik.* Bielefeld 2013.

Rückert, Friederike: Die choreographierte Kamera. Im Schachspiel von Maya Deren. In: Petra Maria Meyer (Hg.): *Performance im medialen Wandel.* München 2006, 203–221.

Scheper, Dirk: *Oskar Schlemmer. Das Triadische Ballett und die Bauhausbühne.* Berlin 1988.

Schulze, Janine: ›Greetings From Paradise‹ mit einem Schuss vodka konkav. Zwei Versuche, intermediale Momente zwischen Tanz und Film auf der Bühne zu produzieren beziehungsweise zu beschreiben. In: Christopher Balme/Markus Monninger (Hg.): *Crossing Media. Theater – Film – Fotografie – Neue Medien.* München 2004, 147–159.

Shaw, Norah Zuniga: Synchronous objects, choreographic objects, and the translation of dancing ideas. In: Gabriele Klein/Sandra Noeth (Hg.): *Emerging Bodies. The Performance of Worldmaking in Dance and Choreography.* Bielefeld 2011, 207–221.

Sommer, Astrid: Improvisation Technologies. Ein Projekt mit William Forsythe und dem ZKM/Karlsruhe. In: Gabriele Klein (Hg.): *Tanz, Bild, Medien.* Hamburg 2000, 137–142.

Vaughan, David: Merce Cunningham's choreography for the camera. In: Judy Mitoma (Hg.): *Envisioning Dance on Film and Video.* New York/London 2002, 34–38.

Wortelkamp, Isa: Tanz der Figuren – Zur Darstellung von Bewegung in den Bildern des Hans von Marées. In: Henri Schoenmakers/Stefan Bläske/Kay Kirchmann/ Jens Ruchatz (Hg.): *Theater und Medien. Grundlagen – Analysen – Perspektiven. Eine Bestandsaufnahme.* Bielefeld 2008, 99–107.

Susanne Foellmer

13. Kommunikationsforschung/ Medienwirkungsforschung

Kommunikationsforschung umfasst ein Bündel heterogener Forschungsfragen, deren Bearbeitung interdisziplinäres Vorgehen erfordert. Weil Kommunikation ein ebenso grundlegender wie komplexer Prozess menschlicher Kultur und Gesellschaft ist, treffen in der Kommunikationsforschung geistes- und kulturwissenschaftliche (Semiotik, Linguistik, Philosophie, Geschichtswissenschaft) mit sozialwissenschaftlichen Disziplinen (Soziologie, Psychologie, Sozialpsychologie, Wirtschafts- und Politikwissenschaften) zusammen. Es herrscht ausgeprägte Methoden- und Theorienvielfalt, zumal es keine umfassende Theorie der Medienwirkung gibt, sondern Ansätze und Theorien mittlerer Reichweite (s. Kap. II.7). Die unterschiedlichen sozialen Ebenen menschlicher Kommunikation (interpersonale, Gruppen-, öffentliche Kommunikation) und die verschiedenen Formen nonverbaler, sprachlicher und medialer Vermittlung sind Erkenntnisgegenstand der Kommunikationsforschung.

Entlang des Kommunikationsprozesses lassen sich aus sozialwissenschaftlicher Sicht vier zentrale, nahezu ausschließlich am Gegenstand der öffentlichen Kommunikation (Publizistik) empirisch untersuchte Forschungsfelder unterscheiden:

- Die *Kommunikatorforschung* untersucht mithilfe psychologischer und soziologischer Ansätze und Methoden die Ausgangs- und Vermittlungspartner öffentlicher Kommunikation. Empirisch geht es im Kern um Journalismus- und Redaktionsforschung, zunehmend auch um die Kommunikatoren der Public Relations und bislang kaum um Werbekommunikatoren.
- Die *Medieninhalteforschung* analysiert mithilfe qualitativer und quantifizierender Analysen Strukturen und Inhalte von (publizistischen) Kommunikaten, meist im Hinblick auf ihre Aussagen, Bedeutungen und Kontexte (Berichterstattungsmuster, Frames sowie Tendenzen von Thematisierung und Kommentierung).
- Die *Mediennutzungs- und Rezeptionsforschung* untersucht mithilfe soziologischer (meist: handlungstheoretischer) und motivationspsychologischer Konzepte, wer welche Medienangebote auswählt (Selektion), wahrnimmt und verarbeitet (Rezeption).
- Die *Medienwirkungsforschung* fragt nach den Effekten und Folgen von Medienrezeption: Medien

bzw. Medienaussagen werden als Ursache (unabhängige Variable) betrachtet, die Veränderungen bei Menschen auslöst (abhängige Variable). Die Medienwirkungsforschung sucht nach Kausalerklärungen, ohne jedoch eine Monokausalität der Medien zu unterstellen, wie dies in der öffentlichen Debatte in Gestalt pauschaler Schuldzuweisungen oder Manipulationsthesen oft geschieht.

Systematik der Medienwirkungen

Es lassen sich fünf Dimensionen von Medienwirkungen unterscheiden:

(1) Bei der Frage nach dem *Wirkfaktor* geht es darum, ob einzelne Medieninhalte (konkrete Aussagen), deren formale Gestaltung und Präsentation, der mediale Kontext eines Programms bzw. einer Ausgabe, ein bestimmtes Genre oder Medienformat, oder gar das Medium als Ganzes (etwa im Sinne von McLuhans Mediumtheorie, s. Kap. II.4) wirken.

(2) Die zweite Dimension beschreibt das *Objekt bzw. die Ebene* der Medienwirkung: Geht es um individuelle Effekte (Mikroebene), die Wirkung auf Familien, Gruppen oder Organisationen (Mesoebene) oder um gesellschaftliche und kulturelle Medienwirkungen (Makroebene).

(3) Auf der Mikroebene individueller Medienwirkungen kann weiter nach der *Art des Effektes* differenziert werden: Analytisch können affektive (gefühls- und stimmungsbezogene), kognitive (wissensbezogene) und konative (verhaltensbezogene) Wirkungen und Folgen differenziert werden. Die Effektart impliziert bereits eine Medienwirkungsstärke, denn die Änderung von Einstellungen, Überzeugungen oder gar Verhaltensweisen (Wahl- oder Konsumentscheidung) kann als folgenreich gelten, während Informations- oder gar vorübergehende Unterhaltungseffekte enger begrenzt erscheinen. Die Wirkung von Medien kann zu manifesten oder latenten Veränderungen beim Wirkobjekt führen, sie kann aber auch in einer Stabilisierung oder Verstärkung des Ausgangszustandes bestehen.

(4) Zur Beschreibung der *Modalitäten* von Medienwirkungen bedient sich die Kommunikationsforschung polarer Begriffspaare, die ein Wirkungskontinuum bzw. eine Skala aufspannen:

- kurzfristige vs. langfristige Wirkungen;
- direkte, d. h. durch den unmittelbaren Kontakt von Medium und Rezipient ausgelöste vs. indirekte, etwa durch andere Menschen und Anschlusskommunikationen ausgelöste Wirkungen;

- vom Kommunikator beabsichtigte, also intendierte vs. nicht intendierte Effekte sowie
- schwache vs. starke (Intensität) und
- verbreitete vs. vereinzelte Effekte (Extensität).

(5) Und schließlich können Medienwirkungen nach dem *Zeitpunkt* ihres Auftretens im Kommunikationsprozess beschrieben werden: Medien können bereits in der präkommunikativen Phase auf die Nutzungsmotivation und das Selektions- und Rezeptionsverhalten wirken.

Einige Wirkungen, etwa Unterhaltung oder Entspannung, treten vor allem in der kommunikativen Phase auf, während kognitive und konative Wirkungen insbesondere in der postkommunikativen Phase, zum Teil mit langer Verzögerung auftreten und sich dabei im Zeitablauf verändern. Gerade mit wachsendem Abstand von der Rezeption steigt die Wahrscheinlichkeit, dass Medieneinflüsse sich wechselseitig überlagern oder mit anderen Faktoren interagieren; sie können sich dabei verstärken oder abschwächen.

Entwicklung der Medienwirkungsforschung

Die Frage nach den Wirkungen von Kommunikation lässt sich bis in die antike Rhetorik zurückverfolgen. Die Wurzeln der modernen Kommunikations- und Medienwirkungsforschung liegen im 19. Jahrhundert und hängen eng mit der Entwicklung der Massenpresse sowie später von Film und Hörfunk zusammen. Das Feld der Medienwirkungsforschung hat sich mit der Erweiterung der Medien rasch auf die Fernseh- und Onlinewirkungsforschung sowie auf Spezialgebiete wie die Onlinespieleforschung etc. ausgeweitet. Die Motive für die Erforschung von Wirkungsfragen lassen sich dabei in drei Gruppen einteilen:

(1) Politisch motiviert und im Zuge der beiden Weltkriege sowie des Kalten Krieges entsprechend intensiv gefördert war die Propagandaforschung. Bis heute ist die Frage nach den politisch relevanten Medienwirkungen auf die öffentliche Meinung, insbesondere in den Wahlkampfstudien, von großer Bedeutung. Im Kern geht es um die Frage, ob und wie Medienberichterstattung auf die Bildung der öffentlichen Meinung wirkt.

Als eines der frühen Schlüsselwerke zur Öffentlichen Meinungsbildung gilt die 1922 erschienene Monographie *Public Opinion* von Walter Lippmann, in der sich bereits viele Ansätze einer sozialpsychologischen Medienwirkungsforschung finden. Die empirische Erforschung politischer Medienwirkungen wurde Mitte der 1920er Jahre von dem Politologen Harold D. Lasswell begründet. Diese quantitativ angelegte Propagandaforschung kombinierte Inhaltsanalysen mit Befragungsergebnissen. Kognitionspsychologen wie Carl Hovland untersuchten im Auftrag der U.S.-Army die Wirkungen persuasiver Kommunikation und die Bedeutung der Glaubwürdigkeit für die Medienwirkung (vgl. Hovland/Janis/Kelley 1953). Als weiterer Meilenstein sind die Radio Research-Projekte unter der Leitung von Paul Felix Lazarsfeld aus den 1940er Jahren zu nennen. In dieser Zeit wurden auch die ersten Medienwirkungsstudien im Zusammenhang mit (U.S.-Präsidenten-)Wahlen durchgeführt, bei der dieselben Menschen vor und nach der Mediennutzung befragt wurden. Im Rahmen eines solchen Paneldesigns sollen Medienwirkungen möglichst eindeutig nachgewiesen werden. Ein ganz anderes Konzept als die empirisch-quantitativ und methodologisch reduktionistisch ausgerichteten Wirkungsstudien mit sozialpsychologischem und psychologischem Theoriehintergrund verfolgte die Kritische Kommunikationsforschung. Vertretern der marxistisch argumentierenden Frankfurter Schule (wie Max Horkheimer und Theodor W. Adorno) ging es um langfristige ideologische Medieneffekte einer Kulturindustrie, die zur Stabilisierung (Affirmation) spätkapitalistischer Klassengesellschaften beiträgt (s. Kap. II.8 und II.9).

(2) Die Werbewirkungsforschung und partiell auch Studien zur Wirksamkeit von Public Relations sind an kommerziellen Interessen orientierte, angewandte Auftragsforschung. Es geht hier vor allem darum, pragmatische Entscheidungshilfen für die werbetreibende Wirtschaft zu geben, also zu ermitteln, ob und wie stark Werbung in den Medien die intendierten Wirkungen (Produktbekanntheit und -image, Kaufentscheidung) hervorruft. Theoretische Erklärungen sind allenfalls von untergeordneter Bedeutung, denn man bedient sich hier meist des sog. Kontaktmodells. Dabei können die Anzahl der Medien- bzw. Werbekontakte durch die Mediennutzungsforschung, die Wirkungen durch Befragungen oder gar tatsächliche Transaktionen (Kaufakte, Feedbacks, Klickzahlen im Web etc.) und die Werbeinvestitionen in Entgeltsummen quantifiziert werden.

(3) Aus pädagogischer Sicht stehen potentiell schädliche Medienwirkungen auf Kinder und Jugendliche im Mittelpunkt (Jugendschutz). Vor allem der populäre Film und Comic Strips (s. Kap. III.8) war-

fen seit den 1930er Jahren die Frage nach potenziell schädlichen Wirkungen auf die Gewaltbereitschaft von Kindern und Jugendlichen auf.

Zwei Mythen durchziehen viele wissenschaftshistorische Darstellungen der Medienwirkungsforschung: Oftmals gilt die sozialwissenschaftlich-empirische Forschung als amerikanische Erfindung, was allerdings keineswegs zutrifft. Es waren maßgeblich die von den Nationalsozialisten verfolgten und vertriebenen europäischen Sozialwissenschaftler, die sowohl die theoretischen Ansätze als auch die methodischen Instrumente für diese Art der Medienforschung entwickelt haben. Der Siegeszug der empirischen Medienwirkungsforschung in Deutschland und Europa nach dem Zweiten Weltkrieg gleicht daher einem Re-Import. Der zweite Mythos besteht in der Annahme, ursprünglich sei man von sehr starken, direkten und kurzfristigen Medienwirkungen im Sinne des ›Stimulus-Response-Modells‹ ausgegangen. Erst im Laufe der Zeit habe sich mit der Zunahme empirischer Erkenntnisse diese Theorie der starken Medienwirkungen abgeschwächt. Insgesamt verlaufe die Medienwirkungsforschung in Phasen, beginnend bei der Vermutung der Allmacht der Medien (1900–1940) über die Annahme, Medien seien wirkungslos (1940–1965) bis zur Wiederkehr der starken und schließlich der selektiven Medienwirkungshypothesen. Tatsächlich muss diese Sichtweise deutlich relativiert werden. Zwar griff Lasswell 1927 bei der Untersuchung von Propaganda zunächst auf den deterministischen ›Stimulus-Response-Ansatz‹ aus der zeitgenössischen Psychologie zurück. Doch bereits für die frühe Phase der Propagandaforschung lässt sich feststellen, dass das einseitige und direkte Reiz-Reaktions-Modell der Medienwirkung durch eine Reihe von intervenierenden Variablen (*mediating factors*) relativiert wurde: Aufmerksamkeit und kognitive Verstehensleistung der Mediennutzer (Rezipienten) sowie die Akzeptanz der Medienbotschaften wurden durchaus bedacht, auch wenn diese intervenierenden Variablen in den empirischen Studien nicht immer ausgiebig berücksichtig wurden. Bereits die Studien zu den starken Medienwirkungen, etwa die Studie von Cantril (1940) zur Wirkung des Hörspiels *War of the Worlds* von H. G. Wells, waren von Beginn an als Untersuchung selektiver Medienwirkungen konzipiert und berücksichtigten eine ganze Reihe personaler und sozialer Faktoren als intervenierende Variablen. Es ging darum herauszufinden, warum die Wirkungen auf einige Individuen besonders stark (bis hin zur Panik), auf die meisten jedoch eher schwach waren (vgl. Brosius/Esser 1998, 346 f.).

Zentrale Fragestellungen

In der Medienwirkungsforschung dominieren *medienpsychologische Fragestellungen* (s. Kap. IV.18) auf der *Mikroebene*: Es geht um die Wirkung von Medienaussagen auf das Fühlen, Denken, Wissen und Verhalten sowie auf die Wertvorstellungen und Weltbilder von Individuen. Auf der Individualebene spielen Selektivität und Modus der Medienzuwendung und -rezeption (*selective exposure*) eine wichtige Rolle für die Medienwirkung: Aus soziologischer wie aus motivationspsychologischer Sicht kann Mediennutzung als intentionales, motiviertes Medienhandeln verstanden werden. Aus einem großen Angebot wählen Mediennutzer aktiv nach mehr oder weniger rationalen Kalkülen und Heuristiken oder gewohnheitsmäßig (habitualisiert) bestimmte Angebote aus (aktiver Rezipient). Den Ausschlag gibt der antizipierte oder erfahrungsgemäße subjektive Nutzen, den die Rezeption verspricht (*Uses-and-Gratifications Approach*, Nutzenansatz). Die Medien fungieren im Alltag vielfach als Zeitgeber, wenn sie habitualisiert oder gar ritualisiert genutzt werden. Sie bewirken dann eine Strukturierung des individuellen Tagesablaufs, mitunter sogar die Synchronisation von Familien, Gruppen oder der Gesellschaft insgesamt.

Die Wahrscheinlichkeit individueller Medienwirkungen bzw. die Intensität solcher Wirkungen hängt stark vom Rezipienten ab: Nach der zunächst oberflächlichen Wahrnehmung und Selektion folgt die eigentliche Medienrezeption. Das ›Elaboration-Likelihood-Modell‹ unterscheidet dabei situativ zwei verschiedene Rezeptionsmodalitäten mit Folgen für die Medienwirkungen: Die aufmerksame Mediennutzung mit großer innerer motivationaler Beteiligung (*involvement*) führt zu einer sorgfältigen und reflektierten Auseinandersetzung mit den Medienbotschaften und Argumenten. Die eher flüchtige, ggf. durch andere Tätigkeiten begleitete Mediennutzung mit geringem *involvement* führt zu einer oberflächlichen Rezeption mit vermutlich eher kurzfristigen Wirkungen. Selektions- und Verstehensprozesse werden durch die Medien nicht determiniert, sie verlaufen vielmehr individuell unterschiedlich bzw. in Abhängigkeit von psychischen, sozialen und situativen Faktoren.

Die Wirkung der Medien auf den Einzelnen wird moderiert durch seine Annahmen darüber, wie die Medien auf andere Rezipienten wirken. Bei Befragungen geben viele Rezipienten an, selbst nicht von den Medien beeinflusst zu sein, allen anderen hingegen unterstellen sie vergleichsweise starke Beeinflussung durch Medien. Möglicherweise wird die Medienwirkung auf die eigene Person dadurch begrenzt, dass man sich sozial von diesen dritten Personen reflexiv unterscheiden möchte (*third-person-effect*).

Langfristige Effekte speziell des Fernsehens auf das Weltbild der Zuschauer untersucht der ›Kultivierungsansatz‹. Hierbei gibt es empirische Anzeichen dafür, dass Vielseher des US-Unterhaltungsfernsehens das Kriminalitätsrisiko deutlich überschätzen, vermutlich weil ihr Medienalltag erheblich mehr Gewaltverbrechen bietet als der reale Alltag, das Fernsehen aber als ›Fenster zur Welt‹ prägenden Einfluss erlangt hat.

Einen der avanciertesten Versuche, Medienwirkung und Mediennutzung in den gesamten Prozess öffentlicher Kommunikation zu integrieren und dabei der aktiven Rolle der Rezipienten Rechnung zu tragen, stellt der ›dynamisch-transaktionale Ansatz‹ dar (vgl. Früh/Schönbach 1982): Von den Kommunikatoren selektierte und präsentierte Medienbotschaften erregen demnach die Aufmerksamkeit aktiver Rezipienten, die aus einem umfangreichen Medienangebot auswählen (*Intertransaktion*). Bei den Rezipienten wird vorhandenes Wissen aktiviert, was der Rezeption, dem Verstehen und weiterer Medienzuwendung für Informationszwecke förderlich ist (*Intratransaktion*). Bei den Kommunikatoren kommt es zu vergleichbaren Aktivationsprozessen bei der Gestaltung von Medienbotschaften. Kommunikatoren und Rezipienten stehen in Wechselwirkung, denn auch öffentliche Kommunikation ist kein einseitiger (Wirkungs-)Prozess: Die Rezipienten sind nicht nur passive Empfänger, sondern geben den Kommunikatoren mittelbare Rückmeldungen (Feedback), z. B. über Einschaltquoten und Verkaufszahlen oder per Post, Telefon, E-Mail, Chat usw. Kommunikatoren und Rezipienten entwickeln wechselseitig Bilder und Erwartungen voneinander (*Intertransaktionen*). Der transaktionale Ansatz vollzieht die Abkehr von einfach gerichteten und konstanten Kausalvorstellungen. Er trägt der Möglichkeit Rechnung, dass sich Wirkungen und Rezipienten während des Kommunikationsprozesses aufgrund der Intra- und Intertransaktionen selbst verändern.

Befunde aus der ›konstruktivistischen‹ Kognitionswissenschaft belegen, dass die menschlichen Wahrnehmungs- und Denkapparate (kognitiven Systeme) einen hohen Freiheitsgrad besitzen, also nicht wie programmierte Maschinen durch äußere Reize determiniert und manipuliert werden. Die Signale der Medien werden von Menschen als Zeichen gelesen und interpretiert, und zwar in jeweils unterschiedlicher, aber nicht beliebiger Weise. Entgegen klassischer Kommunikations- und Medienwirkungskonzepte wird durch die Medien keine objektive Information transportiert, die beim Empfänger bestimmte Wirkungen verursacht. Information wird vielmehr als individuelle Konstruktion von Sinn verstanden, die auf der Grundlage medialer Signale und Zeichen vonstatten geht. Diese interindividuelle Varianz erklärt, warum derselbe mediale Reiz (Stimulus) unterschiedliche Wirkungen (Responses) hat. An die Stelle kausaler Wirkung tritt interne Reflexivität, d. h. die kognitiven Systeme der Mediennutzer operieren selbstbezüglich, so dass deren eigene Struktur sowie das Wissen über die natürliche und soziale Welt über die Konstruktion von Information entscheiden und nicht eine externe Ursache. Diese Sichtweise trägt der Selektivität und Verschiedenartigkeit von Medienwirkungen in hohem Maße Rechnung, ohne diese der Beliebigkeit preiszugeben. Kognitive Autonomie bedeutet nicht absolute subjektive Willkür, sondern die Bindung der Interpretationen von Medienbotschaften an die kognitionsbiologischen Grundlagen und vor allem an die biographischen, sozialen und kulturellen Strukturen (vgl. auch Merten 1999, 354).

Aus kommunikationswissenschaftlicher Sicht interessieren Medienwirkungen vor allem auf der sozialen Meso- und Makroebene, denn neben den psychologischen Aspekten weisen die Medien auch ›gesellschaftliche Wirkungen‹, insbesondere hinsichtlich öffentlicher Meinung und gesellschaftlicher Integration auf.

Die Berichterstattung der Medien beruht notwendigerweise auf der Auswahl von Themen (Selektion), d. h. es können nicht alle Ereignisse zur Nachricht und damit potenziell zum Thema des öffentlichen Diskurses werden. Die Medien erbringen eine wichtige gesellschaftliche Leistung, indem sie eine Tagesordnung aus Themen für die öffentliche Kommunikation zusammenstellen (*agenda setting*). Diese Medien-Agenda wirkt sich dann auf die Publikums-Agenda aus, wenn die Medienthemen tatsächlich in der sozialen Anschlusskommunikation aufgegriffen werden. Die Medienberichterstattung beeinflusst demnach zwar, *worüber* nachgedacht und kommuniziert wird, aber nicht, *was* über dieses Thema gedacht und welche Meinung dazu vertreten wird (vgl. McCombs/Shaw 1972). Medien wecken also die Aufmerksamkeit (*awareness*) für Themen, sie können bestimmte Themen auch als wichtig hervorheben (*salience*) und sogar eine Rangfolge der Publikumsagenda (*priority*) mitbestimmen. Um empirisch zu klären, ob die Medien-Agenda tatsächlich kausal die Publikums-Agenda bestimmt, und es sich nicht umgekehrt verhält, werden Befragungen zu verschiedenen Zeitpunkten mit Inhaltsanalysen kombiniert. Zu beachten ist auch, dass politische und andere gesellschaftliche Akteure eine eigene, interessengeleitete Themenagenda mithilfe professioneller Public Relations durchsetzen möchten. Als Ursache hinter der Medien-Agenda kann daher eine Policy-Agenda stehen. Letztlich stehen Medien-, Publikums- und Policy-Agenda in einem wechselseitigen Funktionszusammenhang, der den Nachweis von Kausalwirkungen zu einer anspruchsvollen Aufgabe macht.

Medien können durch ihre Berichterstattung bestimmte Themen oder Aspekte in den Vordergrund rücken (*priming*) und damit zu einem ausschlaggebenden Kriterium für die Meinungsbildung erheben. Sie geben dann zwar keine explizite Meinung zu einem Thema oder einer Person vor, legen aber bestimmte Bewertungen nahe. Ein ähnlicher Effekt wird durch die inhaltliche Rahmung einer Nachricht, also die Kontextualisierung und damit die Vorgabe eines Interpretationsrahmens (*framing*) erzielt. Solche Medienframes können die Nachrichtenselektion von Journalisten steuern, legen den Rezipienten aber auch bestimmte Sichtweisen nahe.

Vergleichsweise starke und aus demokratischer Sicht dysfunktionale Medienwirkungen postuliert die Theorie der ›Schweigespirale‹ (vgl. Noelle-Neumann 1982). Den Medien kommt dabei die Rolle zu, die Rezipienten nicht nur über Ereignisse von öffentlichem Interesse zu informieren oder diese zu kommentieren. Sie informieren uns auch darüber, was die Mehrheit der Bevölkerung über bestimmte Fragen denkt. Vor allem bei grundsätzlichen, normativ aufgeladenen Konflikten orientieren sich viele Menschen aus Furcht vor sozialer Isolation an dem, was sie für die öffentliche Meinung halten. Hierfür sind sie auf die Medienberichterstattung angewiesen, die ein falsches und politisch verzerrtes Bild der öffentlichen Meinung zeichnen kann. Aufgrund dieser – womöglich strategisch motivierten – Mängel der Medienberichterstattung und des sozialen Konformitätsdrucks tritt ein Spiraleffekt der öffentlichen Meinung ein: Diejenigen, die sich aufgrund der Medienberichte in der Minderheitsposition fühlen (auch wenn sie es tatsächlich gar nicht sind), verschweigen ihre Meinung im Diskurs. Ihre Stimme wird im Alltag wie in den Medien immer leiser, während sich die Vertreter der vermeintlichen Mehrheitsmeinung durchsetzen.

Soziale Faktoren, insbesondere der Grad der formalen Bildung und der sozioökonomische Status eines Rezipienten, moderieren die potentiellen Wirkungen von Medien erheblich. So erwerben nicht alle Rezipienten in gleichem Maße Wissen durch die Mediennutzung, nicht einmal wenn es sich um identische Medienangebote handelt. Gesamtgesellschaftlich können Medien zu zeitweiligen ›Wissensklüften‹ beitragen, indem sie vorhandene Wissensunterschiede zwischen formal höher gebildeten und sozioökonomisch gehobenen Schichten und formal geringer gebildeten, sozioökonomisch schlechter gestellten Milieus verstärken (vgl. Tichenor/Donohue/Olien 1970). Die Wissenskluftperspektive bietet Ansatzpunkte für normative Debatten über Funktionen bzw. Dysfunktionen von Medien für die soziale Gleichheit: Zunächst wurden Wissensklufteffekte vor allem als bildungsbedingte soziale Wissensdefizite, mittlerweile stärker als motivations- und interessenbasierte Wissensdifferenzen interpretiert. Kritik knüpft sich an die Operationalisierung des Wissensbegriffs und die Frage, ob dasselbe Wissen wirklich für alle Gruppen situations- und lebenslagenübergreifend dieselbe Bedeutung hat. Oft wird übersehen, dass die Wissensklufthypothese von vorübergehenden Klüften ausgeht, die sich im Zeitverlauf schließen (Deckeneffekte der Informiertheit) und daher nicht zwingend dauerhafte gesellschaftliche Spaltungen hervorrufen.

Auch die Medientheorien der Kanadischen Schule enthalten (s. Kap. II.4) Aussagen über die Wirkung der Medien: Medien werden hier vor allem als kulturelle und epistemische Form, als Weisen der Weltwahrnehmung, verstanden. Kulturgeschichtliche Phasen wie die orale Stammeskultur, die Manuskriptkultur, die Gutenberg-Galaxis oder das Elektronische Zeitalter (McLuhan) gründen auf Mediendispositiven, die unser Denken, Handeln und Fühlen grundlegend prägen. Es sind demnach nicht die einzelnen Medienaussagen, sondern es ist das Medium selbst, das die wirksame Botschaft darstellt, unsere soziale Raumordnung prägt oder revolutioniert (Meyrowitz) und eine nahezu allmächtige Medienökologie des Menschen begründet (Postman). Diese weitreichenden Wirkungsvermutungen mögen theoretisch und historisch plausibel erscheinen, einer empirischen Prüfung sind sie kaum zugänglich.

Forschungsstand und zentrale Befunde

Für die populäre Annahme starker Medienwirkungen finden sich in der Kommunikationsforschung weder überzeugende empirische Belege noch plausible theoretische Erklärungen. Bereits erste Befunde aus den 1940er Jahren (vgl. Lazarsfeld/Berelson/Gaudet 1944) deuten eher auf schwache und selektive Medienwirkungen. Schwache Medienwirkung bedeutet dabei, dass die Rezeption von Medienaussagen nur im Ausnahmefall zu einer Veränderung der Meinung (Konversion) führt, während eine Verstärkung bereits bestehender Einstellungen und Meinungen weitaus wahrscheinlicher ist. Die Anhänger einer Meinung oder politischen Partei können durch eine entsprechende Medienberichterstattung aktiviert werden, für die Wahlentscheidung sind aber letztlich sozialstrukturelle und andere Faktoren weitaus bedeutsamer. Die Medien wirken keineswegs isoliert, sondern im Zusammenspiel mit interpersonaler Kommunikation. Medienbotschaften werden zum Gegenstand alltäglichen Gesprächs, sie durchlaufen mitunter mehrere Stufen der Anschlusskommunikation in einem Netzwerk individueller Akteure. Relevanz, Bedeutung und Sinn von Medienaussagen unterliegen damit einem nicht mehr vollständig von den Medien kontrollierten Interpretationsprozess. Je nach Thema können dabei bestimmte Personen zu Meinungsführern (*opinion leaders*) werden. Mithilfe psychologischer Ansätze lässt sich erklären, warum Medien selektiv genutzt und warum manche Botschaften individuell ganz anders interpretiert werden als vom Kommunikator intendiert: Menschen streben nach kognitiver Konsonanz, sind also bemüht, neue Nachrichten mit ihrem bisherigen Wissen und Meinen in Einklang zu bringen. Rezipienten neigen deshalb dazu, Medien und Nachrichten zu meiden, die hierzu im Widerspruch (Dissonanz) stehen oder sie deuten die Neuigkeiten so um, dass sie als passend empfunden werden.

Für die Wirkung der Medien auf die Veränderung von Wissen gibt es überzeugendere empirische Belege, allerdings wirken die Medien auch hier selektiv, wie die These von der wachsenden Wissenskluft und die hieran anschließende Forschung belegen (s. o.).

Insgesamt deuten die Befunde der empirischen Medienwirkungsforschung darauf hin, dass Einstellungen und Meinungen nur in geringem Maße durch Medien verändert werden: Die Wahrscheinlichkeit solcher Medienwirkungen steigt in dem Maße, wie die Medien insgesamt einheitlich und damit einseitig berichten (konsonante Berichterstattung). Dies trifft auf zentral gesteuerte autoritäre Mediensysteme zu. Die Gefahr konsonanter Medienberichterstattung steigt aber auch in freiheitlichen Gesellschaften aufgrund von Medienkonzentration und Kommerzialisierung. Auch Verhaltensänderungen (zum Beispiel Kauf- und Wahlentscheidungen) durch Medieneinfluss sind nicht sehr wahrscheinlich.

Brosius (2003, 138 f.) fasst es so zusammen: »Die Wirkung der Medien ist [...] unter normalen Umständen begrenzt [...] In der normalen Rezeptionssituation kommt es eher zu schwachen Verhaltens-, Wissens- oder Meinungsänderungen. [...] Wirkungen sind dabei selektiv: Bei einigen Rezipienten haben bestimmte Medienbotschaften wohldefinierte Wirkungen, in anderen Konstellationen kommt es zu keinerlei Effekt«. Berelson hatte unter Hinweis auf die Vielzahl der Variablen Vergleichbares schon 1948 formuliert: »Some kinds of *communication* on some kinds of *issues*, brought to the *attention* to some kinds of *people* under some kinds of *conditions*, have some kinds of *effects*« (zit. n. Jäckel 2008, 73).

Methoden

Die empirische Medienwirkungsforschung zielt letztlich auf den Nachweis von Kausalität(en), wobei als Ursache ein Medienphänomen, sei es ein konkreter Inhalt, ein Genre oder ein Medium insgesamt, und als Wirkung eine nachweisbare Veränderung oder ein anderer Effekt bei einzelnen Rezipienten, bestimmten Rezipientengruppen oder dem gesamten Medienpublikum gilt. Aus dieser Grundkonstellation und der Vielzahl der am komplexen Kommunikationsprozess beteiligten Faktoren ergibt sich die Aufgabe, die einzelnen Variablen zu kontrollieren, um tatsächlich nur die Wirkung der Medien zu bestimmen bzw. zu messen (*Validitätspostulat*). Die Kontrolle des Medieninhaltes erfolgt in der Regel durch Inhaltsanalysen, mit deren Hilfe diejenigen Medienaussagen intersubjektiv überprüfbar rekonstruiert werden, um deren potentielle Wirkung es geht. Die Mediennutzung wird entweder über Befragungen oder im Falle von Feldexperimenten und Laborexperimenten durch Beobachtung kontrolliert, d. h. die Forscher/innen können selbst feststellen, welche Medieninhalte genutzt wurden bzw. sie können diese Medieninhalte oder deren Präsentationsform zu Versuchszwecken gezielt variieren. Persönlichkeitsfaktoren, die für Art und Umfang von Medienwirkungen mitverantwortlich sind und individuell unterschiedliche Wirkungen (*differentielle*

Medienwirkungen) erklären können, versucht man durch Befragungen zu erfassen. Hierbei bedient man sich oftmals psychologischer Standardinstrumente. Am schwierigsten zu kontrollieren sind die externen Drittfaktoren, die außer den Medien noch auf die Rezipienten einwirken oder die Wirkungen der Medien modulieren.

In alltäglichen Situationen und bei Forschungsdesigns, die im Kern auf Panel-Befragungen (dieselben Mediennutzer werden vor und nach der Rezeption befragt) oder dem Vergleich verschiedener Nutzergruppen (*Versuchs- und Kontrollgruppe*) beruhen, lassen sich diese Einflüsse der sozialen Umwelt kaum kontrollieren (Validitätsproblem). Dies ist hingegen in Laborexperimenten gut möglich, allerdings um den Preis, dass es sich um eine künstliche Mediennutzungssituation handelt, die das Rezipientenverhalten und damit die Medienwirkung durchaus beeinflussen kann (*Reaktivität*). Aussagen über die tatsächliche Medienwirkung im Alltag sind damit allenfalls sehr begrenzt möglich (*Problem der externen Validität*). Zwischen der Feldforschung und dem Laborexperiment sind sog. Quasi-Experimente angesiedelt. Hierbei nutzt man reale, möglichst klar abgrenzbare Medienereignisse (politische Wahlen, Informationskampagnen, Großereignisse) und erhebt zu zwei Zeitpunkten, nämlich vor und nach der jeweiligen Berichterstattung, die Einstellungen und Meinungen der potentiellen Mediennutzer. Diese Panel-Befragung wird durch Medieninhaltsanalysen und im Idealfall die Erhebung der tatsächlichen Mediennutzung begleitet (Mehrmethodendesign). Im Gegensatz zur Feldforschung können Medieninhalte dabei variiert werden, z.B. indem man Bevölkerungsgruppen miteinander vergleicht, die unterschiedliche Regionalzeitungen lesen.

Nutzung, Rezeption und partiell auch die Wirkung von Medien können zudem mithilfe qualitativer Methoden offen oder halbstandardisiert erforscht werden: In Einzel- und Gruppeninterviews artikulieren Mediennutzer während oder nach der Rezeption ihre Empfindungen und Gefühle sowie die reflexiv wahrgenommenen Medienwirkungen. Das durch solche Gesprächsverfahren oder die Methoden des Lauten Denkens erzeugte Material wird anschließend mittels hermeneutischer oder inhaltsanalytischer Verfahren ausgewertet. Bei der Interpretation können die Mediennutzer kommunikativ einbezogen werden (Dialog-, Konsens- sowie Struktur-Lege-Verfahren). Zudem können teilnehmende Beobachtungen in realen sozialen Gruppen durchgeführt und dabei Medienwirkung zum Teil direkt

beobachtet werden. Der Vorteil dieser qualitativen Verfahren liegt im engen Kontakt zu realen Mediennutzern und ihrer Lebenswelt, die Nachteile bestehen vor allem in der mangelnden Reliabilität (Messgenauigkeit und Wiederholbarkeit) sowie der hohen Reaktanz: Weil die ›Probanden‹ wissen, dass sie beobachtet werden, verändert sich der zu erforschende Mediennutzungs- und Wirkungsprozess.

Probleme, Desiderate und Schnittstellen

Die sozialwissenschaftlich ausgerichtete Kommunikationsforschung geht ganz überwiegend aussagen- und rezipientenzentriert vor: Medienwirkungen werden als Wirkungen konkreter, inhaltsanalytisch beschriebener Aussagen oder als Wirkungen der journalistischen Selektion, Präsentation, der Tendenz und Framings etc. betrachtet. Berücksichtigt werden in zunehmendem Maße auch die Eigenschaften und Nutzungsweisen der Rezipienten. Sinnvoll erscheint aber eine Ergänzung um die Medienperspektive, also eine explizite Berücksichtigung der medialen, d.h. technischen und semiotischen Form. Viele kommunikationswissenschaftliche Analysen, vor allem die quantifizierenden, vernachlässigen die mediale Form. Dabei ließe sich McLuhans polemische These »The Medium is the Message« durchaus von der gesellschaftlichen Makroebene auf die Mikroebene der Rezeption übertragen. Bislang arbeiten sogar Wirkungsstudien zum Fernsehen auf der Basis von Inhaltsanalysen, die nur die Wortebene berücksichtigen, die fernsehspezifischen Gestaltungs- und Wirkungspotentiale aber weitgehend ausblenden. Hier bieten qualitative Forschungsdesigns auf der Basis von Medientheorien (bzw. Mediumtheorien), aber auch quantitative Laborstudien mit rezeptionspsychologischer Ausrichtung noch reichhaltige Möglichkeiten.

Die Suche der quantifizierenden Wirkungsforschung nach möglichst exakten Messungen und darauf aufbauenden Erklärungen stößt aufgrund der Vielfalt der Faktoren an enge Grenzen, und die empirischen Befunde werden oftmals durch eine geringe externe Validität (Laborsituationen) erkauft.

Aus kommunikations- und medienwissenschaftlicher Sicht trägt die psychologisch begründete Konzentration auf die Mikroperspektive der individuellen Medienwirkung nur begrenzt zur Beantwortung der interessanteren Fragen auf der sozialen Meso- und Makroebene bei. Das Beispiel der Medienwirkung auf die öffentliche Meinung zeigt, dass deutlich zwischen der öffentlichen Meinung und der Meinung der – wie auch immer zu messenden – Mehrheitsmeinung unterschieden werden muss. Das für die Sozialwissenschaften typische Aggregationsproblem stellt sich auch in der Medienwirkungsforschung: Die empirischen Erhebungen setzen zwangsweise auf der individuellen Mikroebene an, aber durch einfache Summierung oder Aggregation von Individualdaten ergeben sich noch keine Erklärungen für soziale Schichten und Milieus oder den gesellschaftlichen Prozess der öffentlichen Meinung insgesamt. Notwendig sind Brückenhypothesen, die zwischen den verschiedenen sozialen Ebenen vermitteln und es damit erlauben, aus individuell messbaren Medienwirkungen Aussagen über gesellschaftliche *Funktionen* von Medien abzuleiten.

Vielfach operieren Medienwirkungsstudien mit einem unterdefinierten Wirkungsbegriff, der auf beobachtbare und messbare Veränderungen auf der Individualebene reduziert wird, obwohl auch Stabilisierung ein Effekt von Mediennutzung sein könnte. Die Fixierung auf einfache oder komplexe Kausalmodelle steht im Widerspruch zu systemischen Betrachtungsweisen, die Selbstbezüglichkeit, Strukturdeterminiertheit und Mehrebenenphänomenen mehr Raum geben.

Besonderes Augenmerk sollte auch langfristigen Medienwirkungen gelten, die selbst im Zeitverlauf einem Wandel unterliegen können.

Literatur

Bonfadelli, Heinz/Friemel, Thomas N.: *Medienwirkungsforschung*. Konstanz ⁴2011.

Brosius, Hans-Bernd: Medienwirkung. In: Günter Bentele/Hans-Bernd Brosius/Otfried Jarren (Hg.): *Öffentliche Kommunikation. Handbuch Kommunikations- und Medienwissenschaft*. Wiesbaden 2003, 128–148.

Brosius, Hans-Bernd/Esser, Frank: Mythen der Wirkungsforschung. Auf der Suche nach dem Stimulus-Response-Modell. In: *Publizistik* 43/4 (1998), 341–361.

Cantril, Hadley: *The Invasion from Mars. A Study in the Psychology of Panic*. Princeton 1940.

Früh, Werner/Schönbach, Klaus: Der dynamisch-transaktionale Ansatz. Ein neues Paradigma der Medienwirkungen. In: *Publizistik* 27/1–2 (1982), 74–88.

Hovland, Carl/Janis, Irving L./Kelley, Harold H.: *Communication and Persuasion. Psychological Studies of Opinion Change*. New Haven/London 1953.

Jäckel, Michael: *Medienwirkungen. Ein Studienbuch zur Einführung*. Wiesbaden ⁴2008.

Lasswell, Harold D.: *Propaganda Technique in the World War*. London 1927.

Lazarsfeld, Paul F./Berelson, Bernard/Gaudet, Hazel: *The People's Choice. How the Voter Makes Up his Mind in a Presidential Campaign*. New York 1944.

Lippmann, Walter: *Public Opinion*. New York 1922.

McCombs, Maxwell E./Shaw, Donald L.: The agenda-setting function of mass media. In: *Public Opinion Quarterly* 36 (1972), 176–187.

Merten, Klaus: *Einführung in die Kommunikationswissenschaft. Bd. 1: Grundlagen der Kommunikationswissenschaft*. Münster/Hamburg/London 1999.

Noelle-Neumann, Elisabeth: *Die Schweigespirale. Öffentliche Meinung – unsere soziale Haut*. Frankfurt a. M./Wien/Berlin 1982.

Schenk, Michael: *Medienwirkungsforschung*. Tübingen ³2007.

Tichenor, Philip/Donohue, George/Olien, Clarice: Mass media flow and differential growth of knowledge. In: *Public Opinion Quarterly* 34 (1970), 159–170.

Klaus Beck

14. Politikwissenschaft

Theoretischer wie empirischer Fluchtpunkt der politikwissenschaftlichen Beschäftigung mit Medien ist das Verhältnis zwischen Medien und Demokratie. Da öffentliche Kommunikation im 21. Jahrhundert grundsätzlich medienvermittelt ist, ist Demokratie, so die einhellige Einschätzung, nur noch als ›Mediendemokratie‹ vorstellbar. Medien sollen, so der über demokratietheoretische Grenzen hinweg feststellbare Konsens, eine »leistungsfähige Infrastruktur für die öffentliche Kommunikation« bereitstellen (Pfetsch/ Marcinkowski 2009, 11). Differenzierter bringt die britische Politikwissenschaftlerin Pippa Norris, abgeleitet von liberalen Demokratievorstellungen, die normativen Ansprüche an die Leistungen von Medien in der Demokratie auf die Begriffstrias von:

- »Civic Forum«, verstanden als Bereitstellung ausgewogener und allgemein zugänglicher Informationen zur Gewährleistung eines fairen politischen Wettbewerbs im Kampf um politische Macht;
- »Mobilizing Agent«, verstanden als Vermittlung von handlungspraktischem Wissen, politischem Interesse und Motivation zu bürgerschaftlichem Engagement und politischer Partizipation sowie
- »Watchdog« im Sinne der herrschaftsunabhängigen und effektiven Berichterstattung über Machtmissbrauch, politische Skandale und Leistungsdefizite von Regierungen (2000, 24).

Inwiefern gelingt es den Medien tatsächlich, eine funktionsfähige kritische Öffentlichkeit zu generieren und möglichst viele Bürger zur politischen Partizipation zu motivieren und zu befähigen? Hinsichtlich der Beurteilung der effektiven Leistungen der Massenmedien driften die Einschätzungen in der Politikwissenschaft deutlich auseinander: Die Mehrzahl der empirisch-analytisch arbeitenden Forscher zieht eine eher positive Bilanz und attestiert der Medienöffentlichkeit »eine historisch einmalige Leistungsfähigkeit« (Pfetsch/Marcinkowski 2009, 11). Demgegenüber sehen eher normativ ausgerichtete Autoren eine große Kluft zwischen dem Ideal einer kritischen, aufgeklärten Öffentlichkeit und den empirischen Befunden über die Medienwirklichkeit.

Wir leben in einer »Mediokratie«, resümiert z. B. Thomas Meyer seine Kritik an der *Kolonisierung der Politik durch die Medien* (2001). Dabei setzt die kritische Auseinandersetzung mit der Medialisierung der Politik auf drei unterschiedlichen Ebenen an:

- Auf der ›Makro-Ebene‹ wird, wie das Stichwort der »Mediokratie« indiziert, eine politische Entwicklung kritisiert, nach der sich im Zuge gesellschaftlicher Ausdifferenzierung das Mediensystem aus den Zwängen der politischen Bevormundung gelöst und eigene Selektions- und Inszenierungslogiken in Abhängigkeit von kommerziellen Gewinnmaximierungsinteressen entwickelt hat. Diese Medienlogik schlage nun auf das Funktionieren des politischen Systems selbst zurück. Der mediale Raum entferne sich, so die Argumentation, aufgrund der kommerziellen Verwertungslogik immer mehr vom politischen Raum, er werde entertainisiert und dadurch entpolitisiert. Da jedoch politische Macht die Generierung von Aufmerksamkeit und die Generierung von Definitionsmacht in den Medien voraussetze, seien die Akteure des politischen Systems zu weitreichenden Anpassungen an das Mediensystem gezwungen.
- Dies führe auf der ›Meso-Ebene‹ der politischen Organisationen zu weitreichenden Anpassungszwängen. Gemeint ist die Einstellung von Spin Doctors und anderen Experten der politischen PR, sowie grundlegende Veränderungen der Parteiorganisationen: Verwiesen wird auf die Entmachtung der Funktionäre des mittleren Managements und die Aufwertung der Parteieliten; die Entwicklung der Parteien zu Dienstleistungsparteien, die sich mit Hilfe moderner Meinungsumfragetechniken weniger an ethischen Prinzipien und Parteiprogrammatiken als an den wechselnden Voten ihrer Wählerklientel orientieren. Auch zivilgesellschaftliche Akteure wie Nichtregierungsorganisationen seien von diesem Prozess nicht ausgeschlossen, sondern ebenso in den Sog der Anpassung an die Inszenierungslogik unterhaltungsorientierter TV-Medienberichterstattung geraten.
- Auf der ›Mikro-Ebene‹ der individuellen Mediennutzer dominiert ein eher eindimensionales Verständnis von Bürgern als passiven und manipulierbaren Medienkonsumenten.

Annahmen einer generellen Medialisierung der Politik wird vor allem ein zu pauschaler Umgang mit dem Medienbegriff vorgeworfen. Medien würden mit kommerzialisierten Massenmedien gleichgesetzt und im unterstellten eindimensionalen Zusammenspiel von Medien und Politik die Unterschiedlichkeit in der Vielzahl der Medientechnologien, -organisationen und -formate ignoriert. Dennoch halten sich im politikwissenschaftlichen wie öffentlichen Diskurs die generalisierten Annahmen einer einseitigen und demokratieschädlichen Abhängigkeit der Politik von den Medien erstaunlich hartnäckig.

Das Verhältnis zwischen Medien und Demokratie ist, so soll im Folgenden an unterschiedlichen Forschungsperspektiven und -ergebnissen erläutert werden, historisch wandelbar und differenziert zu beurteilen. Da vor allem die Schnittstellen zwischen Medien- und Politikwissenschaft erläutert werden sollen, werden die von Seiten der Kommunikationswissenschaft vorgelegten umfangreichen Arbeiten zur quantitativen empirischen Medieninhaltsanalyse und Medienwirkungsforschung weniger dargestellt (s. Kap. IV.13) als grundlegende politikwissenschaftliche Beiträge zur Analyse der Beziehungen zwischen Massenmedien und Politik. Mit der Entwicklung und Verbreitung digitaler Medien erhielt die theoretische Debatte um die demokratiebezogenen Wirkungen der Medien einen wichtigen neuen Impuls. Die zentralen Annahmen und erste empirische Befunde zur digitalen Demokratie sollen im abschließenden Kapitel zusammengefasst und kontrastiert werden.

Historische Perspektiven: Politik und Medien – ein ambivalentes Verhältnis

Der Soziologe Zygmunt Baumann hat mit seiner an die *Dialektik der Aufklärung* von Max Horkheimer und Theodor Adorno anknüpfenden Schrift *Moderne und Ambivalenz* (1992) die grundsätzliche Widersprüchlichkeit von Prozessen der Modernisierung herausgestellt. Die Entwicklung des Verhältnisses zwischen Medien und Politik ist ein integraler Aspekt dieses allgemeinen Modernisierungsprozesses und wird deshalb in der historischen Erforschung des Zusammenhangs zwischen Medien- und Demokratieentwicklung als ambivalenter Prozess bewertet: Die Demokratisierung der europäischen Gesellschaften im 17. und 18. Jahrhundert ist systematisch verknüpft mit der Entstehung der modernen Massenmedien. Die großen medientechnologischen Veränderungen, angefangen von der Erfindung des Buchdrucks hin zur Entwicklung von Radio, Kino und Fernsehen sowie des Internets, sind demokratiebezogen weitgehend neutral. In der Vergangenheit bargen sie jeweils das Potenzial zur Expansion der Reichweite öffentlicher Kommunikation und führten zu »Politisierungsschüben« (Bösch/ Frei 2006, 8) moderner nationaler Gesellschaften wie

aber auch zur Politisierung transnationaler, wenn nicht gar globaler Räume. Sie wurden je nach historisch spezifischem Kontext als Instrumente der Demokratisierung und der Herrschaftskritik wie auch der Absicherung diktatorischer Herrschaft benutzt.

Die deutsche Geschichte hält Beispiele für beide Instrumentalisierungsrichtungen parat: So war das Radio, dem Bertolt Brecht in den frühen 1930er Jahren noch das Potenzial zur grundlegenden Demokratisierung der Politik zusprach, zentrales Sprachrohr der NS-Propaganda. Das Fernsehen der Bundesrepublik mit seiner eskapistischen Unterhaltungskultur lieferte nicht nur Anreize zur gesellschaftlichen Individualisierung und zum privatistischen Rückzug aus der Politik. Das West-Fernsehen bot zugleich vielen DDR-Bürgern die Möglichkeit, die Zensurzwänge des eigenen geschlossenen und vermachteten Raums medialer Nicht-Öffentlichkeit zu transzendieren. Die Einführung von Meinungsumfragen und die Verdichtung von Demokratie in Tortengrafiken wird zwar einerseits als diskursabträglich kritisiert, doch weist die Forschung zu Recht darauf hin, dass die ›Responsivität‹ politischer Parteien – ein Begriff, der in Deutschland erst in den 1960er Jahren im Zuge der Verbreitung von Meinungsumfragen geläufig wird – andererseits ein Gewinn an Volkssouveränität und eine Ausrichtung von politischen Zielen am Wählerwillen bedeutete.

Politik als massenmediale Inszenierung – Perspektiven der politischen Kulturforschung

Nachdem sich die politische Kulturforschung lange Zeit fast ausschließlich mit Fragen der politischen Einstellungen und Wertorientierungen der Bürger beschäftigt hat, lässt sich seit den 1990er Jahren eine Öffnung der politikwissenschaftlichen Forschung für umfassendere kultur- und medienwissenschaftliche Fragestellungen feststellen. Während Arbeiten zur Wirkung von Medien auf der ›Mikro-Ebene‹ von Bürgern als Fernsehkonsumenten eher kommunikationswissenschaftlichen Paradigmen der quantitativen Medienwirkungsforschung folgen, sind Untersuchungen zur Personalisierung, Privatisierung und zunehmenden Unterhaltungsförmigkeit des Politischen primär an qualitativen Forschungsmethoden der medien- und kulturwissenschaftlichen Inszenierungsforschung orientiert.

Die Untersuchung politischer Inszenierungen geht in der deutschen Politikwissenschaft insbesondere auf die Rezeption der zuerst 1964 erschienenen Abhandlung von Murray Edelman, *Politik als Ritual. Die symbolische Funktion staatlicher Institutionen und politischen Handelns*, zurück. Politische Akteure, so die Kritik Edelmans, inszenierten und dramatisierten das politische Geschehen, so dass eine rationale Aufklärung und sachliche Problemlösung verhindert werde und Politik zum reinen Ritual oder Spektakel verkomme (vgl. Edelman 1990).

Ulrich Sarcinelli nahm als erster deutscher Politikwissenschaftler in seiner Habilitationsschrift zur politischen Inszenierung von bundesdeutschen Wahlkämpfen die Analyseperspektive Edelmans auf. Politik ist, so eine seiner Kernthesen, in modernen Mediengesellschaften nicht mehr unmittelbar erfahrbar, sondern nur noch mittelbar als medial erzeugte Realität. Da politische Herrschaft in demokratischen politischen Systemen der regelmäßigen legitimatorischen Absicherung durch Wahlen bedürfe, und Wählergewinnung wesentlich von der Erzeugung öffentlicher Aufmerksamkeit abhänge, passten Politiker ihre öffentliche Darstellung den systemischen Erfordernissen einer massenmedialen Selektionslogik an. Erfolgreiche Medieninszenierung bedeute in kommerzialisierten Medien eine immer professioneller werdende Ausrichtung an den Unterhaltungsbedürfnissen eines an Politik in der Regel eher wenig interessierten Massenpublikums. Vor allem in Wahlkämpfen werde, so das Ergebnis von Sarcinelli, politische Wirklichkeit dramatisch in Szene gesetzt und ein Austausch von Sachargumenten durch symbolische Politikinszenierung ersetzt (vgl. Sarcinelli 1987).

Erst seit der Jahrtausendwende wird diese Vorstellung einer systematischen Trennbarkeit von symbolischer und sach- oder realitätsbezogener Ebene politischen Handelns in der Politikwissenschaft deutlich infrage stellt. Mit Rückgriff auf Ernst Cassirer kritisiert Gerhard Göhler die binäre Unterscheidung zwischen einer eigentlichen und einer präsentierten Wirklichkeit und die damit zusammenhängende Differenzierung zwischen einer Sachlogiken folgenden Entscheidungspolitik und einer der medialen Dramatisierungslogik folgenden Darstellungspolitik. Realität und damit auch politische Realität sei, so Göhlers Kritik, prinzipiell symbolisch konstituiert (vgl. Göhler 2005, 61–63).

Neuere politikwissenschaftliche Arbeiten bestätigen zwar eine Anpassung politischer Selbstdarstellungen an die Inszenierungs- und Selektionslogiken kommerzialisierter Massenmedien, doch halten sich viele Forscher nicht zuletzt aufgrund der Erkennt-

nisse medienwissenschaftlicher Rezeptionsforschung mit unterstellten Wirkungsannahmen eher zurück. Als hermeneutische Phänomene sind politische Inszenierungen, seien es Auftritte bei Wahlkampfveranstaltungen oder in Talkshows, stets interpretationsbedürftig. Eine generell herrschaftsstabilisierende oder herrschaftskritische Wirkung kann nicht aus dem Inhalt, sondern nur aus der Kenntnis der Rezeption abgeleitet werden. Gegen eindimensionale Deutungen von Unterhaltungsangeboten im Fernsehen wird die prinzipiell gegebene Möglichkeit zu subversiven und produktiven Lesarten sowie das gewachsene Medien-, Image- und Inszenierungswissen der Rezipienten betont. Insbesondere Andreas Dörner weist in *Politainment* (2001), seiner Arbeit zur Mischung von Politik und Entertainment in unterhaltenden Formaten, auf die auch demokratieförderlichen Potenziale einer Politikvermittlung im Modus des Unterhaltungsfernsehens hin.

Kultur- und medienwissenschaftlich inspiriert und für die politikwissenschaftliche Inszenierungsforschung zukunftsweisend sind vor allem neuere Arbeiten zur Körperpräsenz in politischen Inszenierungen. Auf der Studie von Ernst Kantorowicz *Die zwei Körper des Königs* aufbauend, in der er zwischen dem politisch-symbolischen und physisch-natürlichen Körper des Monarchen unterscheidet, werden z. B. in den Arbeiten von Paula Diehl politische »Körperinszenierungen« als wichtige Formen der symbolischen Repräsentation moderner Politiker untersucht. Wie Symbolen allgemein, so wird auch Politiker-Inszenierungen im Besonderen, weil sie Politik »erfahrbar und vermittelbar« (Diehl 2010, 254) machen, eine integrative Funktion zugewiesen. Nicht zuletzt infolge der zunehmenden Verwischung der Grenzen zwischen Information und Unterhaltung in kommerzialisierten Medien entstehe, so die Annahme Diehls, jenseits der von Kantorowicz charakterisierten Dualität ein neuer Bereich bzw. ein »dritter Körper« durch gezielte Selbstinszenierung des Privaten in der massenmedialen Öffentlichkeit.

Neben den medialen Strategien von Spitzenpolitikern, Parteien und Regierungsinstitutionen werden in der Politikwissenschaft auch Medieneinsatz und Inszenierungsformen ressourcenärmerer politischer Protestakteure untersucht. Medienabstinenz, Medienkritik und Angriffe auf Medienunternehmen, Anpassungen an die Selektionslogik der Massenmedien sowie die Kommunikation über alternative Medien bilden danach die zentralen Medienstrategien von sozialen Bewegungen und Nichtregierungsorganisationen (vgl. Rucht 2004). Neben der Unterscheidung nach der jeweiligen politischen Machtposition von Akteuren ist in der politikwissenschaftlichen Forschung auch auf die in medienwissenschaftlichen Arbeiten oft vernachlässigte Bedeutung politischer Systemunterschiede für die unterschiedliche Form und Intensität politischer Inszenierungen hingewiesen worden. Anpassungsleistungen von Politikern an massenmediale Selektionslogiken sind nicht nur abhängig vom konkreten Führungsstil gewählter Repräsentanten, sondern maßgeblich von den institutionellen Strukturen der jeweiligen politischen Systeme, wie etwa den Differenzen zwischen präsidialen und parlamentarischen Systemen, beeinflusst.

Regulierung der Medien durch die Politik – Perspektiven von Medienpolitik und *Media Governance*

Ein wichtiger Forschungszweig der politikwissenschaftlichen Auseinandersetzung mit Medien ist auch die Analyse von Prozessen der politischen Regulierung des Mediensystems. Während Forschungen zu Inszenierungen politischer Akteure primär von Anpassungsleistungen von Professionsrollen im politischen System an Handlungslogiken des Mediensystems ausgehen, belegen Arbeiten zur Medienregulierung eher die grundsätzliche Abhängigkeit des Mediensystems von den strukturellen Steuerungsvorgaben durch die Politik. Auf der ›Policy-Ebene‹ des Politischen, der Analyse medienpolitischer Regulierungen, wird in neueren Arbeiten insbesondere die Verlagerung des räumlichen Bezugspunktes hin zur Analyse der Medienregulierung durch europäische (EU, Europarat) und globale Akteure (UNESCO, WTO, ICANN) untersucht. Damit verbunden ist ein theoretisch-konzeptioneller Wandel von steuerungstheoretischen Fragen der Medienpolitik hin zum Regulierungsparadigma einer von staatlichen, zivilgesellschaftlichen und privaten Akteuren getragenen »Media Governance« (Donges 2007), die neben staatlichen Medienregulierungen auch Formen der Co-Regulierung und Selbstregulierung umfasst.

Einen zentralen Gegenstand der Untersuchung medienpolitischer Steuerungen in Deutschland bildet die Rundfunkpolitik der Länder. Bezogen auf die Rundfunkpolitik bietet sich eine Orientierung an Konzepten der *Multilevel Governance* insofern an, als Interaktionsprozesse in einem außerordentlich komplexen Handlungssystem zu untersuchen sind:

Neben der Interaktion zur Abstimmung der Länderinteressen auf der horizontalen Ebene sind Einflüsse durch rechtliche Vorgaben und politische Akteure auf Bundes- und EU-Ebene einzubeziehen. Darüber hinaus werden in *Governance*-orientierten Analysen auch die vielfältigen Akteure der Medienwirtschaft, der öffentlich-rechtlichen Rundfunkanstalten wie der Zivilgesellschaft und der Medienkonsumenten/ Nutzer in ihren Interessen, Handlungsstrategien und Einflusschancen berücksichtigt (vgl. Gerlach 2011).

Insbesondere die Entstehung und Verbreitung neuer digitaler Informations- und Kommunikationsmedien bringen große Herausforderungen für die medienpolitische Steuerung mit. Tradierte Unterscheidungen wie vor allem die zwischen Inhalt und Technik der Verbreitung, die in der Vergangenheit zu einer mehr oder weniger klaren Differenzierung zwischen Rundfunk- und damit Länderpolitik auf der einen und Telekommunikations- und damit Bundespolitik auf der anderen Seite geführt haben, sind aufgrund der Verbreitung von Inhalten über das Internet fraglich geworden. Soll Medienpolitik mit der dynamischen Entwicklung des Internets Schritt halten, so bedarf es allgemein akzeptierter Zielvorstellungen wie effektiver neuer politischer Steuerungsinstrumente, um diese Ziele auch in netzspezifische Regulierung umzusetzen. Bisherige Praxen der Steuerungsanpassung über Ländervereinbarungen zu Rundfunkänderungsstaatsverträgen sind, wie bisherige Forschungen zeigen, wenig zielführend, da weder dem komplexen Medium Internet, noch den gewachsenen Transparenz- und Partizipationsbedürfnissen der Mediennutzer angemessen.

Es zeigt sich, dass Legitimationsdefizite, die in der Forschung im Allgemeinen mit politischer Regulierung in Systemen der *Multilevel Governance* verbunden werden, auch für die Medienpolitik nachgewiesen werden können: An Einfluss verloren haben vor allem die demokratisch gewählten Parlamente, insbesondere die Landtage. Der Schwäche von Parteien und gering organisierten Interessengruppen im Politikgestaltungsprozess steht ein Einflussgewinn von Wirtschaftsvertretern auf nicht-öffentliche Verhandlungsprozesse gegenüber. Es fehlt zugleich eine öffentliche Arena, auf der medienpolitische Grundfragen unter Beteiligung zivilgesellschaftlicher Akteure diskutiert werden können.

Diese Defizite einer demokratischen medienpolitischen Steuerung werden vor allem hinsichtlich der drängenden Herausforderungen einer nationalen und internationalen Netzregulierung virulent. Fragen des Urheberschutzes und geistigen Eigentums, der Vorratsdatenspeicherung oder der Regulierung des *Domain Name Systems* des WWW sind gesellschaftlich heftig umstritten und insofern Schwerpunkte einer in Deutschland noch wenig entwickelten politikwissenschaftlichen *Internet Governance-Forschung.*

Demokratie im Netz – zwischen Utopien und Dystopien

Die grundlegende Frage politikwissenschaftlicher Medienforschung, die Frage nach dem Verhältnis von Medien und Demokratie, wird seit Einführung und Verbreitung des Internets neu und kontrovers diskutiert. Zahlreiche Autoren sahen Mitte der 1990er Jahre im *Cyberspace* eine neue Form der athenischen Agora im Sinne einer weltweiten Bürgerversammlung entstehen. In diesem Zusammenhang wurde eine Abkehr von der ›Zuschauerdemokratie‹ mit ihren eher passiven Medienkonsumenten und eine Hinwendung zu einer ›Beteiligungsdemokratie‹ prognostiziert. Neue interaktive technische Möglichkeiten der politischen Information und Kommunikation wurden als innovative Möglichkeitsstrukturen für ältere Konzepte einer direkten, assoziativen oder deliberativen Demokratie betrachtet, die in der Vergangenheit nicht zuletzt auch an den hohen Transaktionskosten der hierfür nötigen *Many-to-many-*Kommunikation scheiterten. Dagegen warnten skeptische Stimmen vor elektronischem Populismus, politischer Radikalisierung sowie vor der voranschreitenden Fragmentierung der politischen Öffentlichkeit durch das Internet. Gegenwärtig dominieren differenzierte Aussagen des Sowohl-als-auch die theoretische Diskussion, wobei die Etablierung von Social Web-Anwendungen erneut Hoffnungen, insbesondere im Feld partizipativer, republikanischer Demokratietheorien, entfachte (vgl. z. B. Benkler 2006).

Demokratische Innovationen werden vor allem von der Einführung internetgestützter Formen der Bürgerbeteiligung erwartet, wie sie zum Beispiel mit den Bürgerhaushalten in vielen deutschen Großstädten entwickelt wurden. Kennzeichnend für diese in Deutschland noch recht neuen Formen mediengestützter politischer Konsultation ist eine komplexe Verknüpfung von Kommunikation in deterritorialisierten Online- und lokalen Offline-Räumen. Erste Analysen internetbasierter politischer Deliberation zeigen, dass deren demokratisches Potenzial wesentlich vom spezifischen Design abhängt. Im Rahmen der Erforschung neuer Möglichkeiten einer ›E(lektronischen)-Demokratie‹ werden neben Verbesserungen der Beziehung zwischen Regierung und Bürgern durch *E-Government* vor allem Nutzungsformen und -folgen für ›E-Partizipation‹ und transnationale politische Protestmobilisierung untersucht (vgl. Baringhorst 2009). Insbesondere der Medien-Mix von Internet und Handy eröffnet neue politische Mobilisierungs- und Aktionsformen, die sich klassischen Organisationsprinzipien widersetzen, staatliche Kontrollmechanismen unterlaufen und raumzeitlich ständig neu formieren.

Gegen anfängliche Annahmen einer Revitalisierung der Demokratie durch das Internet werden in der Politikwissenschaft in den letzten Jahren verstärkt kritische Stimmen laut. Claus Leggewie, einer der ersten deutschen Politikwissenschaftler, der die Bedeutung des Medienumbruchs zu digitalen Medien für die Politik erkannte und in den 1990er Jahren noch die der Technologie inhärenten Demokratisierungspotenziale betonte, prognostiziert inzwischen eher demokratieschädigende Gesamtfolgen der ›Medienevolution‹: Zwar werde mit dem WWW die politische Inklusion, d. h. die Möglichkeit zur politischen Teilhabe aller Bürger, in einem »Höchstmaß« erreicht, »doch um den Preis einer hochgradig dispersen, (im doppelten Sinne) ›zerstreuten‹ Öffentlichkeit, die von den Fiktionen und Konsensen bürgerlicher Partizipation ausdrücklich Abschied genommen hat und insofern eine simulative Pseudo-Beteiligung erlaubt« (2009, 81). Ob das WWW tatsächlich eher ›postdemokratische‹ Zustände oder Möglichkeiten einer ›digitalen Demokratie‹ fördern wird, ist ein zentraler Fokus zukünftiger politikwissenschaftlicher Medienforschung.

Literatur

Baringhorst, Sigrid: Politischer Protest im Netz – Möglichkeiten und Grenzen der Mobilisierung transnationaler Öffentlichkeit im Zeichen digitaler Kommunikation. In: *Politische Vierteljahresschrift,* Sonderheft 42 (2009), 585–608.

Baumann, Zygmunt: *Moderne und Ambivalenz. Das Ende der Eindeutigkeit.* Hamburg 1992.

Benkler, Yochai: *The Wealth of Networks. How Social Production Transforms Markets and Freedom.* New Haven/London 2006.

Bösch, Frank/Frei, Norbert (Hg.): *Medialisierung und Demokratie im 20. Jahrhundert.* Göttingen 2006.

Diehl, Paula: Zwischen dem Privaten und dem Politischen – Die neue Körperinszenierung der Politiker. In: Sandra Seubert/Peter Niesen (Hg.): *Die Grenzen des Privaten.* Baden-Baden 2010, 251–266.

Donges, Patrick (Hg.): *Von der Medienpolitik zur Media Governance*. Köln 2007.

Dörner, Andreas: *Politainment. Politik in der medialen Erlebnisgesellschaft*. Frankfurt a. M. 2001.

Edelman, Murray: *Politik als Ritual. Die symbolische Funktion staatlicher Institutionen und politischen Handelns*. Frankfurt a. M./New York 1990 [Original:. *The Symbolic Uses of Politics*, 1964].

Gerlach, Frauke: *Media Governance. Moderne Staatlichkeit in Zeiten des Internets. Vom Rundfunkstaatsvertrag zu medienpolitische Verhandlungssystem*. Köln 2011.

Göhler, Gerhard: Symbolische Politik – Symbolische Praxis. Zum Symbolverständnis in der deutschen Politikwissenschaft. In: *Zeitschrift für Historische Forschung*, Beiheft 35 (2005), 57–71.

Kantorowicz, Ernst: *Die zwei Körper des Königs. Eine Studie zur politischen Theologie des Mittelalters*. München 1990 (engl. 1957).

Leggewie, Claus: Die Medien der Demokratie. Eine realistische Theorie der Wechselwirkung von Demokratisierung und Medialisierung. In: *Politische Vierteljahresschrift*, Sonderheft 42 (2009), 70–83.

Meyer, Thomas: *Mediokratie. Die Kolonisierung der Politik durch die Medien*. Frankfurt a. M. 2001.

Norris, Pippa: *A Virtuous Circle. Political Communications in Postindustrial Societies*. Cambridge, Mass. 2000.

Pfetsch, Barbara/Marcinkowski, Frank (Hg.): Problemlagen der »Mediendemokratie« – Theorien und Befunde zur Medialisierung von Politik. In: *Politische Vierteljahresschrift* Sonderheft 42 (2009), 11–36.

Rucht, Dieter: The quadruple ›a‹. Media strategies of protest movements since the 1960s. In: Wim Van De Donk/Brian D. Loader/Paul G. Nixon/Dieter Rucht (Hg.): *Cyberprotest. New Media, Citizens and Social Movements*. London/New York 2004, 29–56.

Sarcinelli, Ulrich: *Symbolische Politik*. Opladen 1987.

Sigrid Baringhorst

15. Medienökonomie

Der Ausdruck ›Medienökonomie‹ als Bezeichnung für eine akademische Disziplin, die zwischen Medienwissenschaft und Wirtschaftswissenschaft ressortiert, entstand erst im Verlauf der 1980er Jahre. Noch am Ende der 1990er Jahre hatte sie »keinen festen wissenschaftlichen Ort« und zeichnete sich durch inhaltliche »Konzeptionslosigkeit« aus (Kiefer 2001, 37). In Deutschland durch nur sechs Lehrstühle repräsentiert, führte das aufstrebende Fach die unterschiedlichen ökonomischen Probleme zusammen, die zuvor unverbunden innerhalb der Spezialdisziplinen der Publizistik, der Filmwissenschaft und der (Medien-)Soziologie diskutiert wurden (vgl. Altmeppen/Karmasin 2003, 22f.). Dies erschien schon deshalb zweckmäßig, weil die bundesdeutsche Medienlandschaft zur gleichen Zeit ebenfalls im Begriff war, zu einer umfassenden Medienwirtschaft zusammenzuwachsen. Waren die meisten Unternehmen (s. Kap. IV.16) zuvor noch überwiegend in einzelnen Feldern des bundesdeutschen Mediensystems aktiv, als spezialisierte Presse- und Verlagsunternehmen, als öffentlich-rechtliche Rundfunk- und Fernsehanstalten oder Film- oder Musikproduzenten, entstanden nun integrierte Medienunternehmen, die gleichzeitig in vielen Geschäftsfeldern tätig waren.

Begann damit auch die Medienökonomie zunächst als eine Ansammlung der ökonomischen Theorieversatzstücke, die in den unterschiedlichen Feldern der ausdifferenzierten Medienwirtschaft jeweils relevant waren, wurden diese Einzelthemen im Verlauf der 1990er Jahre immer stärker zu einem allgemeinen Paradigma verdichtet, das die Bewirtschaftung von Medien als ein Sonderproblem ökonomischer Ressourcenverteilung grundsätzlich in den Mittelpunkt stellte. Der Integration der ›Neuen Medien‹, wie die digitalen Medien anfänglich genannt wurden (vgl. Löffelholz 2003) in das medienökonomische Paradigma kam hierbei eine Schlüsselfunktion zu. Diese waren nämlich nicht nur der Ursprung für die fundamentale Transformation der Medienwirtschaft. Sie stellten zahlreiche klassische Konzepte der Wirtschaftswissenschaft in Frage, weil sie auch die Organisation, den Absatz und das Marketing von Unternehmen in Wirtschaftssektoren außerhalb der Medienwirtschaft zutiefst veränderten. Weil medienökonomische Fragen damit in der Wirtschaftswissenschaft an vielen Stellen gleichzeitig immer wichtiger wurden, erhielt die Medienökonomie steigende Aufmerksamkeit von der akademischen Wirtschaftswissenschaft, während sie anfänglich noch aus den Sozialwissenschaften und der Publizistik heraus betrieben wurde. Ihr Gegenstandsbereich wie auch der Theoriepluralismus vergrößerte sich hierdurch weiter (vgl. Hutter 2006). Die ›Fachgruppe Medienökonomie‹ der Deutschen Gesellschaft für Publizistik und Kommunikationswissenschaft führt heute 56 Professoren als Mitglieder auf, wobei nicht alle Medienökonomen Mitglied in dieser Vereinigung sind.

›Medienprodukte‹ (also Zeitungen, Filme, Computerspiele usw.) weisen einige produktionstechnische Besonderheiten auf, die sie von den meisten Wirtschaftsgütern unterscheiden. Dieser Aspekt der Ökonomie der Medien soll im ersten Abschnitt des Beitrags erläutert werden. Eine weitere Besonderheit der Medienwirtschaft besteht darin, dass ihre Existenz heute in den meisten Gesellschaften mit einem freilich unkonkreten, aber gleichwohl vorhandenen gesellschaftlichen Interesse verknüpft wird, was Staaten dazu veranlasst, besondere Rahmenbedingungen für die Medienwirtschaft zu erlassen. Dieser Aspekt der ›öffentlichen Regulierung‹ der Wirtschaft, der an sich kein Spezifikum der Medienwirtschaft ist und in ähnlicher Weise auch für das Verkehrssystem oder die Bildung beschrieben werden könnte, wird in einem zweiten Abschnitt erläutert. Der abschließende dritte Abschnitt beschäftigt sich sodann mit der Frage, in welcher Weise die Durchdringung der Wirtschaft mit Medienphänomenen, ihre ›Medialisierung‹, in der jüngeren Vergangenheit die Wirtschaft selbst verändert hat und wie diese Entwicklung in der heutigen Wissenschaftslandschaft einen Niederschlag gefunden hat.

Zur Ökonomie der Medien

Die moderne Wirtschaftswissenschaft ist im 18. Jahrhundert entstanden, um alltägliche Formen der Produktion und der Verteilung von knappen Gütern zu begreifen. Ökonomen dachten an Brot und Kleidung, wenn sie sich mit dem Markttausch beschäftigten. Medienprodukte unterscheiden sich aber grundsätzlich von diesen Gütern, jedenfalls wenn man davon ausgeht, dass die Information der Kern der Medienprodukte ist und nicht das Ding (DVD, Schallplatte oder Buch). Während das Brot durch den Konsum verbraucht wird, reduziert die Nutzung einer Information die insgesamt verfügbare Menge nicht. Ökonomen sprechen von der »Nicht-Rivali-

tät« von Mediengütern (Kiefer 2001, 132). Ein weiterer Unterschied ergibt sich aus dem Herstellungsverfahren. Die Herstellung von Brot ist bei einer bestimmten Menge besonders günstig. Der Backofen fasst eine bestimmte Anzahl von Broten und wenn mehr gebacken werden sollen, reduziert das die durchschnittlichen Produktionskosten nicht weiter, sondern erhöht sie. Bei Medienprodukten fallen sämtliche Kosten bereits bei der Herstellung der ersten Produktionseinheit an und alle weiteren Kopien verursachen keine oder geringe weitere Kosten, so dass der Gewinn des Produzenten mit zunehmender Auflage immer weiter steigt. Im Gegensatz zu vielen anderen Gütern gibt es damit bei den meisten Medienprodukten faktisch keine Obergrenze, ab der sich die Produktion nicht mehr lohnt, weshalb die Erzielung hoher Auflagen für Medienunternehmen besonders interessant ist (vgl. Beck 2011, 5–8). Allerdings sind Medienunternehmen in besonderer Weise dem Risiko einer vollständig unkalkulierbaren Nachfrage ausgeliefert. Die Nachfrage nach Brot lässt sich jedenfalls grob schätzen. Ob ein Spielfilm nachgefragt wird, ist höchst unsicher und Filmproduktionsfirmen produzieren – wie die meisten Medienunternehmen – zu einem großen Teil Flops, deren Kosten durch die wenigen Block-Buster kompensiert werden. Medienunternehmen gehörten daher zu den ersten Unternehmen, die begannen, systematisch Informationen über die Wünsche und Bedürfnisse ihrer Kunden zusammenzutragen. Die Marktforschung und Erforschung der Konsumenten entwickelte sich sehr früh im Zusammenhang mit Medienunternehmen und wurde zu einem eigenen wichtigen Zweig der heutigen Medienwirtschaft (vgl. Bakker 2003; Brückweh 2011).

Schließlich sind Medienprodukte in der Regel ›komplementäre‹ Güter. Das bedeutet, dass sie nicht ohne den Konsum anderer Güter konsumiert werden können. Brot kann unmittelbar verzehrt werden. Für den Konsum einer DVD oder einer MP3-Datei benötigen die Konsumenten aber Abspielgeräte, für den Kinofilm ein Kino. Es hat daher bei Medien noch weniger Sinn als bei anderen Gütern, den isolierten Konsum oder die Nutzung einer Einheit eines Gutes zu betrachten, der aber noch heute die Grundlage für die meisten wirtschaftstheoretischen Überlegungen darstellt.

Diese hier (unvollständig) aufgezählten Eigenschaften und theoretischen Probleme von Medienprodukten bzw. der Natur des Medienkonsums, die die Anwendung der herkömmlichen ökonomischen Theorie erschweren, finden sich durchaus auch bei anderen Produkten und bei anderem Konsum. Medien und Information sind keineswegs durchweg spezifische Güter, gleichsam eine andere ökonomische Welt. Sie verdichten höchstens die Allokationsprobleme, die mit herkömmlicher Wirtschaftstheorie nicht erklärt werden können, in besonderer Weise.

Die Wirtschaftswissenschaft begann sich bereits in den 1960er Jahren mit solchen besonderen Problemen zu befassen. Die Frage des mit dem Gütertausch verbundenen Informationsproblems stand im Zentrum der sich damals herausbildenden ›Informationsökonomie‹: Nur wenn die Informationen über ein Gut vollständig und für jedermann transparent verfügbar sind – so die Ökonomen damals –, findet ein regulärer Markttausch statt, wie ihn sich die konventionelle Wirtschaftstheorie vorstellt. Weil dies aber nur selten der Fall ist, seien die Prozesse der Informationsgewinnung und der Bewertung der Produktqualität mit einzubeziehen (vgl. Wessling 1991, 83–92). Die Bedeutung der Information über die gehandelten Güter bezog allerdings anfänglich die Informationsmedien überhaupt nicht mit ein, sondern wurde auf der Grundlage des schwierigen Markttauschs von komplexen Wirtschaftsgütern diskutiert, die hohe Ansprüche an die technischen Kenntnisse und das Urteilsvermögen von Käufern stellen. Die Studie des Nobelpreisträgers George Akerlof über Gebrauchtwagenmärkte illustriert genau diese Informationsproblematik des Markttausches in hervorragender und auch allgemeinverständlicher Weise (vgl. Akerlof 1970).

Medien spielten in dieser Diskussion anfänglich überhaupt keine Rolle. Sie wurden höchstens als Instrumente zur Reduktion der Kosten der Informationsbeschaffung angesehen. In den 1980er Jahren wurde dieser Aspekt im Rahmen der ›Neuen Institutionenökonomie‹ weiterentwickelt. Die Güterproduktion verursache nicht nur direkte Produktionskosten, sondern auch viele unterschiedliche ›Transaktionskosten‹, von denen ein großer Teil auf die Beschaffung von Informationen über Preise, Produktqualitäten sowie Werbung und Marktforschung entfällt (vgl. Furubotn/Richter 2005). Medien können nach diesem Theoriezweig dabei helfen, solche ›Transaktionskosten‹ zu reduzieren, sowohl außerhalb des Unternehmens (das Internet ist sicher das beste Beispiel hierfür), als auch innerhalb des Unternehmens. Ronald Coase, der Urahn dieses Theoriezweiges, wies schon 1937 auf die durch den Einsatz von Telefonen zur Steuerung von Großunternehmen eingesparten Transaktionskosten hin (vgl. Coase 1937/1996).

Diese Perspektive, bei der Medien nur instrumentell im Rahmen der Befriedigung anderer Konsum- oder Informationsbedürfnisse betrachtet werden, wird mit der Beschreibung von Medien als Dienstleistungen fortgeschrieben, die sich ebenfalls häufig in der Medienökonomie finden. Im Gegensatz zum Gütertausch weisen Dienstleistungen ganz allgemein ebenfalls einige Besonderheiten auf: Beispielsweise fällt die Produktion und der Konsum einer Dienstleistung zusammen (›uno-actu-Prinzip‹), während konventionelle Güter gelagert und transportiert werden. Live-Unterhaltung oder das Telefonieren wären klassische Beispiele für die Dienstleistungsfunktion der Medienwirtschaft, während die DVD oder die App Beispiele dafür sind, dass Medienprodukte sich eben keineswegs in Dienstleistungen erschöpfen. Auch ein zweites Kriterium, das herkömmlicherweise mit Dienstleistungen verbunden wird, dass sie nämlich kaum ›Produktivitätsfortschritte‹ vorweisen und so mit dem gleichen Arbeitseinsatz durch technische Innovationen ein immer größerer Output erzielt werden kann, lässt sich für die Medienwirtschaft der letzten Jahre wohl kaum anwenden. Die Verortung der Medienwirtschaft als Bestandteil des modernen Dienstleistungssektors, die in der Medienökonomie noch weithin vorherrschend ist (vgl. Kiefer 2001, 142), ist danach wohl eher skeptisch zu beurteilen. Die ›Neue Medienökonomie‹, die die Produktion von Informationen als Selbstzweck und in einer Eigendynamik erklärbar macht, stellt in dieser Hinsicht einen weiterreichenden Ansatz dar (vgl. Hutter 2006, 21).

Die gesellschaftliche Bedeutung der Medienwirtschaft

Informationen und Medienprodukte bzw. der Kontext ihres Konsums weisen also viele Besonderheiten auf, die eine Modifikation herkömmlicher ökonomischer Theorien notwendig machen, um die ›Ökonomie der Medien‹ zu verstehen. Von diesen Besonderheiten – die, um es nochmals zu betonen, kein Spezifikum von Medienprodukten sind – sind die gesellschaftlichen Rahmenbedingungen der Medienwirtschaft zu unterscheiden. Die meisten Gesellschaften erachten heute die Herstellung von Medienprodukten und Informationen und damit auch die Existenz der Medienwirtschaft als wünschenswert. Angesichts eines auf demokratischer Meinungsbildung fußenden Systems gesellschaftlicher Steuerung erscheinen komplexe und umfassende Informationssysteme sogar zentral für moderne Gesellschaften. In marktwirtschaftlich verfassten Gesellschaften werden Güter aber nur hergestellt, wenn der Produzent sich von der Herstellung Gewinne erhofft. Dies ist bei vielen Medienprodukten aber nicht immer möglich. Ein terrestrisch ausgestrahltes Fernsehprogramm ist beispielsweise von jedem zu empfangen, der im Besitz eines entsprechenden Empfangsgerätes ist, ganz gleich ob er hierfür eine Gebühr entrichtet oder nicht. Es ist kein ›Konsumausschluss‹ möglich. Die unkontrollierte Reproduktion von Musik- und Videodateien ist heute als ähnliches Problem der fehlenden Möglichkeiten des ›Konsumausschlusses‹ zu interpretieren, auch wenn dieser technisch prinzipiell möglich ist.

Güter, auf die diese Rahmenbedingungen zutreffen, werden in der ökonomischen Theorie als ›öffentliche Güter‹ bezeichnet. Ist Konsumausschluss zwar prinzipiell möglich, das Medienprodukt würde aber aufgrund der hohen Kosten oder der hohen Preise dennoch nicht hergestellt (wie beispielsweise Theater- oder Opernvorstellungen), ist häufig auch von »meritorischen Gütern« die Rede (Beck 2011, 9). Die Bereitstellung von öffentlichen oder meritorischen Gütern erfordert daher in der Regel staatliche Intervention. Hierbei sind zwei sehr unterschiedliche Formen vorstellbar: Zum einen treten Staaten selbst als Anbieter der Medienprodukte auf, wie das beispielsweise im öffentlich-rechtlichen Rundfunk der Fall ist. Weil die Gesellschaften übereingekommen sind, dass ihr Informationsbedürfnis über Radio- und Fernsehprogramme befriedigt werden soll, werden staatliche Mittel (neben den von den Nutzern eingeforderten Rundfunkgebühren) aufgewendet, um diese Programme zu produzieren. Diese öffentliche Bewirtschaftung des Rundfunks war anfänglich noch mit einem gesetzlichen Konkurrenzverbot verbunden, schon weil anfangs die verfügbaren Sendefrequenzen knapp waren (vgl. ebd., 35 ff.). In anderen Bereichen, beispielsweise in der Filmproduktion, existiert in der Bundesrepublik keine eigene staatliche Produktionsorganisation, aber die Filmherstellung wird mit erheblichen Mitteln staatlich gefördert.

Zum anderen – und dies ist heute der wesentlich häufigere Fall – unterwerfen die Staaten die Medienwirtschaft sehr weitreichenden gesetzlichen ›Regulierungen‹, damit sich die Herstellung von Medienprodukten lohnt (s. Kap. IV.16). Das Verbot der Kopie von Musiktiteln ist beispielsweise ein rechtliches Instrument, das die ganz typischen technischen Möglichkeiten der qualitätserhaltenden Vervielfältigung

von Informationen beschränkt, um dem Urheber Einnahmen zu garantieren (vgl. Hutter 2006, 47–51). Diese Form des Urheberschutzes (die in ähnlicher Weise auch in vielen anderen Bereichen vorkommt, z.B. beim Patentschutz oder Markenschutz) ist in der Wirtschaftswissenschaft durchaus umstritten, weil sie letztlich eine Abkehr vom Ideal des freien Wettbewerbs darstellt, das von den meisten Ökonomen heute vertreten wird. Für viele Medienprodukte ist der Urheberschutz aber die zentrale Voraussetzung dafür, dass sie überhaupt auf Märkten als Güter gehandelt werden können.

Die staatliche ›Regulierung‹ bestimmt die Produktionsbedingungen der Medienwirtschaft aber noch an vielen anderen Stellen. Weil in der Bundesrepublik die ›Meinungsvielfalt‹ als besonderer Ausdruck der demokratischen Meinungsbildung gepflegt werden soll, wird der Wettbewerb in besonderer Weise geschützt, damit durch die wirtschaftliche Stärke von einzelnen integrierten Medienunternehmen keine Meinungsmonopole entstehen (vgl. Beck 2011, 51–55). An anderer Stelle der Medienwirtschaft sind Monopole dagegen wünschenswert, so z.B. bei der Infrastruktur. Gäbe es beispielsweise für alle Telefonanbieter ein eigenes, technisch nicht kompatibles Telefonnetz oder würde der Computer von einem Hersteller Datenaustausch nur mit Computern desselben Herstellers ermöglichen, so würde sich der Nutzen für die Anwender stark reduzieren. Um die technischen Standards für solche Netz-Infrastrukturen herzustellen und zugleich aber zu verhindern, dass ein einziger Anbieter eines Netzes Monopolgewinne erwirtschaften kann, wird insbesondere die Bereitstellung der Infrastruktur und deren Benutzung heute in den meisten Staaten durch zentrale Regierungsinstitutionen geregelt. In der Bundesrepublik ist seit 2005 die Bundesnetzagentur dafür zuständig (vgl. Picot 2008). Damit wird auch auf ein weiteres Problem der Medienwirtschaft reagiert, das insbesondere in den ›Netzwerk‹-Industrien auftritt: Wenn die Informationsübertragung zwischen unterschiedlichen Medien durch ein technisch geschlossenes Netzwerk realisiert wird (ein Telefonnetz oder auch drahtlose Netzwerke), so erhalten die bereits im Netzwerk befindlichen Nutzer durch jeden zusätzlichen Nutzer, der an das Netzwerk angeschlossen wird, eine Nutzensteigerung, für die sie nicht bezahlen müssen. Ökonomisch wird eine Nutzenverbesserung, die nicht in den Preis eingeht, als ›externer Effekt‹ bzw. in Bezug auf Netze als ›Netzwerkexternalität‹ bezeichnet. Auch solche Netzwerkexternalitäten führen dazu, dass der Marktmechanismus in der Medienwirtschaft nicht vollständig funktioniert und durch staatliche Regulierung korrigiert werden muss (vgl. Picot 2008).

Angesichts dieser Vielzahl von Anlässen und Zielen, aus denen eine staatliche oder öffentliche Regulierung der Medienwirtschaft entweder wünschenswert oder gar unausweichlich ist, widmet sich ein großer Teil der Medienökonomie der Frage, auf welche Weise die Medienwirtschaft jeweils reguliert werden soll. Denn die Form der Regulierung ist für das Ergebnis durchaus entscheidend. In Deutschland besteht beispielsweise die Buchpreisbindung, durch die alle Bücher regulär zu dem Preis verkauft werden müssen, den der das Buch produzierende Verlag vorgibt, ganz gleich ob das Buch über Groß- und Zwischenhandel im kleinen Buchladen verkauft wird oder über Internetbuchhändler. Hierdurch sind insbesondere die stark nachgefragten Bücher mit hohen Auflagen deutlich teurer als im Ausland, während Bücher mit kleinen Auflagen und Nischenverlage profitieren.

Auf sehr komplizierte Weise sind in Deutschland Rundfunk und Fernsehen reguliert, ein zentrales Thema der Medienökonomie. Wenige ›öffentlich-rechtliche Rundfunkanstalten‹ werden größtenteils durch eine gesetzlich vereinbarte Zwangsabgabe für alle Besitzer von Empfangsgeräten finanziert, wozu seit 2013 auch Computer gerechnet werden. Weil auf diese Weise eine Grundfinanzierung des Rundfunk- und Fernsehprogramms gesichert ist, kann dieses zweckfrei von anderen ökonomischen Interessen produziert und verbreitet werden – so die Einschätzung, die dieser Marktordnung zugrunde liegt. Daher wurde gleichzeitig vereinbart, dass andere Einnahmequellen für den öffentlich-rechtlichen Rundfunk begrenzt werden sollen. Werbung darf in diesen Programmen nur in sehr engen Grenzen ausgestrahlt werden, die privaten Radio- und Fernsehsender finanzieren sich dagegen entweder aus einer besonderen Nutzungsgebühr der Teilnehmer (Pay-TV), oder durch Werbeeinnahmen. Hierdurch verändert sich ihre Ökonomie aber vollständig, was ebenfalls bereits 1965 von Ronald H. Coase (1965) luzide beschrieben wurde: Ein auf Werbeeinnahmen fußendes Fernsehprogramm stellt nicht etwa ein kostenloses Unterhaltungsangebot dar, sondern vielmehr die Produktion eines bestimmten Zuschauersegmentes durch die ›Programmierung‹ von interessenspezifischen Inhalten, welches dann an die werbenden Unternehmen verkauft wird.

Nicht nur durch Werbung finanziertes Rundfunk- und Fernsehprogramm funktioniert heute nach diesem Prinzip, sondern auch die zahlreichen kostenlosen Anzeigenzeitungen und diverse Angebote im Internet, von denen die ›Suchmaschine‹ Google wohl die bekannteste ist. Kompliziert wird diese regulatorische Architektur insbesondere dadurch, dass sehr häufig mehrere ökonomische Aspekte in einer einzigen Information verknüpft sind. Ein und dieselbe Fernsehserie kann qualitätsvolles Programm sein, für das die Zuschauer eine bestimmte Zahlungsbereitschaft aufweisen, gleichzeitig aber auch Programmierung einer Zuschauergruppe, die zur Isolierung einer besonderen Zielgruppe im Interesse gezielter Werbeanstrengungen dient. Letztlich lässt sich die Information gleich mehrmals in unterschiedliche Richtungen an unterschiedliche Käufer verkaufen. Dieser *dual good*-Charakter zeichnet die Tauschvorgänge auf vielen Medienmärkten aus und erschwert ebenfalls die Regulierung.

Wenige Teile der Medienwirtschaft bauen heute auf vollkommen freien, d. h. nicht regulierten Märkten auf. Die Aufmerksamkeit der Medienökonomie als akademischer Disziplin war daher von Beginn an (zumal in Deutschland) stärker auf die Frage der möglichst ›effizienten‹ Marktregulierung konzentriert und beschäftigt sich noch heute intensiv mit der Übertragung etablierter Theorien der Regulierung, die insbesondere im Bereich der ›Industrieökonomik‹ entwickelt wurden, auf die Medienwirtschaft.

Neue Medienökonomik – Ausblick

Bei der Diskussion der ökonomischen Grundlagen von Mediensystemen scheint es heute wenig hilfreich, systematische Unterscheidungen entlang der ideologischen Grabenkämpfe zwischen unterschiedlichen Wirtschaftstheorien vorzunehmen (vgl. Kiefer 2001, 38). Denn kritische ›heterodoxe‹ oder gar ›marxistische‹ Wirtschaftstheorien erweisen sich gegenüber den ökonomischen Aspekten der Medienwirtschaft genauso blind wie die ›klassische-neoklassische Wirtschaftstheorie‹ oder ›Mainstream-Ökonomie‹, wie diese häufig bezeichnet wird. Die in den 1990er Jahren populäre ›Neue Institutionsökonomie‹, die schnell auch in der Medienökonomie Anhänger fand (vgl. Heinrich/Lobigs 2003), stellte letztlich eine erweiterte Form der Neoklassik dar, in der Medien wiederum als reine Instrumente zur Senkung von Transaktionskosten erschienen. Auch die ›Politische Ökonomie‹, wie sie von Marie Luise

Kiefer vertreten wird, weil damit der grundlegend politischen Gestaltung der Medienwirtschaft am besten Rechnung getragen wird, kann der großen Eigendynamik der Medienwirtschaft letztlich nicht vollständig gerecht werden.

Michael Hutters *Neue Medienökonomik* stellt dem gegenüber tatsächlich einen fundamentalen Neuansatz dar, weil er der Produktion von Informationsgütern eine eigene Qualität zuspricht, die letztlich die Gesamtwirtschaft in den letzten Jahren stark verändert habe. In diesem Ansatz ist nicht mehr die Produktion und Distribution einer als Ding vorgestellten ›Information‹ der Kern des ökonomischen Tauschs, auf dem die Medienwirtschaft aufbaut, sondern die Information führt zu ihrer Reproduktion durch den Nutzer, wobei die Neuheit das Kriterium darstellt, das über die Reproduktion entscheidet (vgl. Hutter 2006, 23–32). Diese neue Interpretation der Medienwirtschaft trägt vielen Gesichtspunkten Rechnung, die in anderen Zweigen der Medienwissenschaft bereits ausführlich diskutiert wurden, am meisten vielleicht der aktiven Rolle des Rezipienten. Die ›Verwender‹ von Informationsgütern (wie Hutter es bezeichnet) sind als ›Konsumenten‹ im Sinne der neoklassischen Wirtschaftstheorie nämlich nur sehr unvollständig beschrieben, fungieren sie doch zugleich immer auch als ›Produzenten‹ von Neuheit (in der Theorie Hutters), zumindest aber als Produzenten von artikulierten Konsumbedürfnissen und Zielgruppenprofile, die selbst als marktfähige Güter veräußert werden können. Eine analytische Trennung von Konsum und Produktion wird in der neuen Medienwirtschaft insgesamt angreifbar. Treibt man diesen analytischen Dekonstruktivismus der ökonomischen Theorie weiter, so lassen sich weitere grundlegende Begriffe hinterfragen: Was genau ist unter einem ›Markt‹ oder gar einem ›freien Markt‹ zu verstehen, wenn es sich hierbei faktisch um sich überlagernde, virtuelle Netzwerke mit hohen Exklusivitätsgraden handelt? Die Stärke der Medienökonomie als akademischer Disziplin besteht heute sicherlich darin, aus den empirischen Erkenntnissen über die ökonomische Funktionsweise der Medienwirtschaft zu einer Generalkritik der üblicherweise auf sie angewandten klassisch-neoklassischen Begriffe zu kommen: »Mit den Leitsätzen einer Theorie, die sich modellhaft an der Herstellung von Nähnadeln und der Förderung von Steinkohle orientiert, ist im Fall von Informationsproduktion wenig erklärt« (ebd., 13).

Literatur

Akerlof, George: The market for ›lemons‹: Quality uncertainty and the market mechanism. In: *Quarterly Journal of Economics* 84/3 (1970), 488–500.

Altmeppen, Klaus-Dieter/Karmasin, Matthias: Medienökonomie als transdisziplinäres Lehr- und Forschungsprogramm. In: Dies. (Hg.): *Medien und Ökonomie. Bd. 1/1: Grundlagen der Medienökonomie: Kommunikations- und Medienwissenschaft, Wirtschaftswissenschaft.* Köln 2003, 19–53.

Bakker, Gerben: Building knowledge about the consumer: The emergence of market research in the motion picture industry. In: *Business History* 45/1 (2003), 101–127.~

Beck, Hanno: *Medienökonomie. Print, Fernsehen und Multimedia.* Heidelberg ³2011.

Brückweh, Kerstin (Hg.): *The Voice of the Citizen Consumer. A History of Market Research, Consumer Movements and the Political Public Sphere.* Oxford 2011.

Coase, Ronald H.: Evaluation of public policy relating to radio and television broadcasting: Social and economic issues. In: *Land Economics: A Quarterly Journal of Planning, Housing & Public Utilities* 41 (1965), 162–167.

Coase, Ronald H.: The nature of the firm [1937]. In: Peter J. Buckley/Jonathan Michie (Hg.): *Firms, Organizations and Contracts. A Reader in Industrial Organization.* London 1996, 40–58.

Furubotn, Eirik G./Richter, Rudolf: *Institutions and Economic Theory: The Contribution of the New Institutional Economics.* Ann Arbor ²2005.

Heinrich, Jürgen/Lobigs, Frank: Neue Institutionenökonomik. In: Altmeppen/Karmasin 2003, 245–268.

Hutter, Michael: *Neue Medienökonomie.* München 2006.

Kiefer, Marie Luise: *Medienökonomik. Einführung in eine ökonomische Theorie der Medien.* München 2001.

Löffelholz, Martin: Von »neuen Medien« zu »dynamischen Systemen«. Eine Bestandsaufnahme zentraler Metaphern zur Beschreibung der Emergenz öffentlicher Kommunikation. In: Altmeppen/Karmasin 2003, 53–90.

Picot, Arnold: Theorien der Regulierung und ihre Bedeutung für den Regulierungsprozess. In: Ders. (Hg.): *10 Jahre Wettbewerbsorientierte Regulierung von Netzindustrien in Deutschland. Bestandsaufnahme und Perspektiven der Regulierung.* München 2008, 9–35.

Picot, Arnold/Neuburger, Rahild: Internet-Ökonomie. In: Klaus-Dieter Altmeppen/Matthias Karmasin (Hg.): *Medien und Ökonomie. Bd. 3: Anwendungsfelder der Medienökonomie.* Wiesbaden 2006, 121–145.

Wessling, Ewald: *Individuum und Information. Wissen und Information in ökonomischen Handlungstheorien.* Tübingen 1991.

Jan-Otmar Hesse

16. Medienunternehmen

Medien haben auch eine ökonomische Dimension, sowohl für den einzelnen Medienschaffenden als auch für die Gesellschaft. Von besonderer Bedeutung sind dabei Medienunternehmen, in denen Medienschaffende zusammenwirken. Nachfolgend werden Sinn und Zweck von Medienunternehmen erklärt, die Spezifika der Produkte und Dienstleistungen von Medienunternehmen beschrieben, die besonderen Rahmenbedingungen für Medienunternehmen erläutert und dann ein Überblick über wichtige betriebswirtschaftliche Handlungsfelder von Medienunternehmen gegeben.

Sinn und Zweck von Medienunternehmen

Medienunternehmen sind jene Unternehmen, deren Geschäftszweck die Bereitstellung von Inhalten mittels Massenmedien ist (vgl. Schumann/Hess 2009, 1; Sjurts 2011). Ganz früher mag es einmal Medienunternehmen gegeben haben, die alle Stufen der Entstehung eines Produkts oder einer Dienstleistung, von dem Schreiben einzelner Beiträge bis zur Verteilung der Inhalte an die Kunden (die sogenannten Wertschöpfungsstufen), abdeckten sowie alle Massenmedien adressierten. Heute ist die Welt der Medienunternehmen wesentlich ausdifferenzierter: Medienunternehmen fokussieren sich typischerweise auf ausgewählte Wertschöpfungsstufen und einen Teil der verfügbaren Massenmedien. So konzentriert sich ein Zeitschriftenverlag z. B. auf das Zusammenstellen von Meldungen und Berichten, erstellt diese aber nur zum Teil selbst. Nur selten verfügt er noch über eine eigene Druckerei, den Transport der fertigen Zeitung überlässt er üblicherweise spezialisierten Dienstleistern. In seltenen Fällen bringen Zeitschriftenverlage ihre Inhalte dann auch ins Fernsehen.

Generell kann die Abdeckung der Wertschöpfungsstufen als Orientierungspunkt für die Einordnung eines konkreten Unternehmens verwendet werden. Als Wertschöpfungsstufen in der Medienbranche sind das Erstellen einzelner Inhalte(-bausteine), das Zusammenführen dieser Inhaltebausteine sowie deren Distribution zu unterscheiden (vgl. Schumann/Hess 2009, 12). Ergebnis der ersten Stufe sind Texte, Bilder, Videosequenzen usw., die für den Endkunden isoliert nicht interessant bzw. vor ihrer technischen Aufbereitung nicht nutzbar sind. Das Zusammenführen einer Vielzahl kleiner Inhaltebausteine nach den Bedürfnissen der Kunden und gegebenenfalls deren technische Aufbereitung erfolgt in der zweiten Stufe. Ergebnis der zweiten Stufe ist die sogenannte Urkopie (*First Copy*). Ein typisches Beispiel ist die fertig zusammengestellte Tageszeitung oder die abrufbare Website. In der dritten Stufe erfolgt deren Distribution. Hier kommt das Massenmedium erstmals konkret ins Spiel, gleichwohl determinieren dessen Eigenschaften schon die beiden vorangehenden Produktionsstufen.

Abbildung 1 zeigt die drei Wertschöpfungsstufen der Medienbranche schematisch und stark generalisiert im Überblick. Unternehmen, die lediglich auf der 3. Wertschöpfungsstufe tätig sind, werden nur bedingt zur Medienbranche gezählt. Hintergrund ist, dass sie keinesfalls ausschließlich für die Unternehmen der ersten beiden Stufen tätig sind. Man denke nur z. B. an Logistikunternehmen, die Bücher, aber genauso auch Post ausliefern.

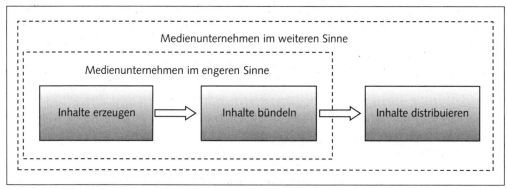

Abb.1: Wertschöpfungsstufen der Medienbranche

In einem noch weiteren Verständnis lassen sich all jene Unternehmen, die unterstützend zum Erstellen, Bündeln und Verteilen von Inhalten tätig sind, der Medienbranche zurechnen. Zu dieser Gruppe zählen z. B. Werbeagenturen, aber auch Hersteller von Endgeräten, wie z. B. iPods, E-Book-Readern oder Rundfunkgeräten.

Traditionell wird neben den Wertschöpfungsstufen auch das Massenmedium als Differenzierungskriterium herangezogen. In diesem Sinne wird zwischen Printunternehmen (Zeitungs-, Zeitschriften- und Buchverlage) und Rundfunkunternehmen (Radio- und TV-Anbieter) sowie zwischen Internet-Unternehmen (der ersten und der zweiten Generation) unterschieden (vgl. Schumann/Hess 2009, 12). Eine derartige Unterscheidung war sinnvoll, solange Medienunternehmen ihre Inhalte primär über einen Medientyp bereitgestellt haben. Dies ist aber mittlerweile eher die Ausnahme, denn fast jedes Medienunternehmen bietet seine Inhalte auch zusätzlich über das Internet an. Zudem wird das klassische Verteilnetz des Rundfunks schrittweise auf digitale Netze, typischerweise auf Basis der auch für das Internet verwendeten Technologien, umgestellt. Eine neue Typologie hat sich jedoch noch nicht herausgebildet.

Spezifika der Produkte und Services von Medienunternehmen

Die von Medienunternehmen bereitgestellten Produkte oder Dienstleistungen zeichnen sich durch eine Reihe von Spezifika aus, die nachfolgend skizziert sind (vgl. vertiefend Shapiro/Varian 1998; Fehl/Oberender 2004). Diese Merkmale haben direkten Einfluss auf die Planung und Steuerung solcher Unternehmen.

(1) Dualer Charakter: Die von Medienunternehmen bereitgestellten Produkte und Dienstleistungen lassen sich analytisch in zwei Bestandteile zerlegen. Zu nennen sind hier einerseits die Inhalte (z. B. ein Spielfilm) und andererseits das als Träger für diese Inhalte fungierende Medium (in unserem Beispielfall etwa eine DVD oder das Internet). Erst beide Teile zusammen ergeben für den Nutzer (sei es der private Konsument oder der Mitarbeiter eines Unternehmens) das nutzbare Medienprodukt. Früher waren beide Teile eng miteinander verbunden, so konnte z. B. ein Buch nur als Ganzes weitergegeben werden. Durch die Digitalisierung ist diese Trennung aufgehoben.

(2) Potentielles Marktversagen: Güter, deren Konsum nicht-rival ist und von deren Konsum andere Konsumenten nicht ausgeschlossen werden können, werden als öffentliche Güter bezeichnet. Für öffentliche Güter funktioniert der Markt als Koordinationsinstrument nicht. Es kommt zum sogenannten Marktversagen. Für einen Teil der von Medienunternehmen bereitgestellten Produkte besteht die Gefahr eines solchen Marktversagens. Exemplarisch sei auf Musikdateien verwiesen. Diese verlieren durch Gebrauch nicht an Wert (Nicht-Rivalität) und deren Verwendung lässt sich – einmal z. B. in ein Peer-to-Peer-Netzwerk eingeschleust – nicht mehr einschränken (Nicht-Ausschließbarkeit).

(3) Erfahrungsgutcharakter: Erfahrungsgüter zeichnen sich dadurch aus, dass eine Qualitätsbeurteilung im Vorfeld des Erwerbs nicht möglich ist, sondern dass erst während oder nach dem Konsum eine Bewertung durchgeführt werden kann. So lässt sich die individuell wahrgenommene Qualität eines Musikstücks oder eines Films im Vorfeld nur von Hilfsindikatoren wie dem Bekanntheitsgrad des Künstlers, Rezensionen oder bisherigen Erfahrungen abschätzen. Eine endgültige Beurteilung ist erst nach dem eigentlichen Konsum möglich.

(4) Doppelter Absatzmarkt: Medienprodukte und -dienste werden häufig auch als Verbundgüter bezeichnet, da sie oft Information, Unterhaltung oder Bildung in Verbindung mit einer Werbebotschaft umfassen. Derartige Verbundgüter werden auf zwei Märkten gleichzeitig angeboten. Zum einen werden von den Produktkäufern direkte Erlöse erzielt. Zum anderen zahlt das werbetreibende Unternehmen für die Bereitstellung des Werbeplatzes, um das Kaufverhalten der Rezipienten positiv zu beeinflussen.

(5) Zweifache Wirkung: Medienprodukte und -dienste können ihre Wirkung in zwei Bereichen entfalten: Zum einen dienen sie der individuellen Bedürfnisbefriedigung des Nutzers und teilweise auch der Zielerreichung einzelner werbetreibender Unternehmen, zum anderen sind sie Teil des öffentlichen Kommunikationsprozesses. Letzteres zeigt sich z. B. besonders bei überregionalen Zeitungen oder vergleichbaren TV-Angeboten.

(6) Netzeffektgutcharakter: Eine weitere Besonderheit von Medienprodukten und -diensten ist, dass ihr Wert unter Umständen mit der Anzahl an Nutzern steigt. Dahinter steht der sogenannte Netz(-werk-)effekt. Er beschreibt die Abhängigkeit des Nutzens eines Produktes von dessen Verbreitung. Bei direkten Netzeffekten steigt der Nutzen des Gutes mit seiner Verbreitung selbst. In sozialen Netz-

werken lässt sich dies aktuell gut beobachten: Je mehr Personen in einem Netzwerk angemeldet sind, umso wertvoller wird dieses auch für den Einzelnen, da man sich so mit einer größeren Personenzahl austauschen kann. Indirekte Netzeffekte sind dadurch gekennzeichnet, dass der Nutzen für den Konsumenten nicht mit der Verbreitung des Gutes selbst, sondern mit dem Absatz von Komplementärgütern zusammenhängt. Das Angebot an Miniprogrammen für Smartphones (Apps) ist ein Beispiel dafür, dass deren Angebotsvielfalt nicht von der Anzahl der eigenen Apps, sondern von der Anzahl der dafür geeigneten Smartphones abhängig ist. Der Nutzer profitiert von einem breiten App-Angebot, sobald der Anwendungsmarkt groß genug ist.

(7) Starke Stückkostendegression: Der Ressourceneinsatz und damit die Kosten für das Erstellen der oben bereits erwähnten Urkopie sind in der Medienbranche typischerweise hoch, die zusätzlichen Kosten für die Distribution des Produkts oder die Bereitstellung des Dienstes sind dagegen eher gering. Beides zusammen führt dazu, dass die Kosten für jede weitere Produktkopie oder jeden abgerufenen Service sehr schnell fallen. Ein starker Rückgang der Kosten pro abgesetztem Gut wird als Stückkostendegressionseffekt bezeichnet. Er ist in der Medienbranche ganz besonders hoch, wenn das Gut über das Internet bereitgestellt wird und die Verbreitung des Inhalts nahezu kostenlos ist.

Spezifische Rahmenbedingungen für Medienunternehmen

Neben den erwähnten Guteigenschaften werden Medienunternehmen von zwei besonderen Rahmenbedingungen tangiert. Diese sind nachfolgend kurz beschrieben.

Prägend für die Ausgestaltung eines Medienguts ist das Medium, das an der Schnittstelle zum Nutzer eingesetzt wird. Medienunternehmen sind daher sehr stark von der technologischen Entwicklung an dieser Stelle abhängig. Hierbei sind zwei Generationen von Technologien zu unterscheiden. Seit Gutenberg ist die Verteilung eines einmal erstellten Inhalts an eine große Gruppe von Nutzern möglich. Genau so sind die klassischen Unternehmen der Segmente Print und Rundfunk positioniert: Sie alleine erstellen die Inhalte und distribuieren sie; eine unmittelbare Rückkopplung oder auch eine Ansprache des einzelnen Nutzers ist in der Regel nicht möglich. Mit der Verbreitung des Internets steht nun eine zweite

Generation von Medien bereit, die erstmals unmittelbare Interaktion zwischen dem Medienunternehmen und Nutzern sowie sogar zwischen den Nutzern untereinander ermöglichen. In Folge dessen kann der früher passive Nutzer selber Inhalte erstellen und bei der Produktion von Medieninhalten für ein Medienunternehmen mitwirken. Gleichwohl kann und will er das jedoch nicht in allen Gebieten. Diese tradierte Aufgabenabgrenzung von Medienunternehmen ist dadurch heute grundlegend in Frage gestellt.

Deutsche Medienmärkte unterliegen, wie in anderen Ländern, einer staatlichen Regulierung mit dem Ziel, das Marktverhalten, die Marktstruktur oder das Marktergebnis zu beeinflussen. In Deutschland werden die staatlichen Eingriffe damit begründet, monopolistische Strukturen zu verhindern und die öffentliche Meinungsbildung zu schützen. Seit 1883 sind Händler in Deutschland und Österreich zunächst vertraglich an die Preisbindung der Verlage gebunden, um den Erhalt einer diversifizierten Buchhandelslandschaft zu fördern. Der Zusammenschluss von Medienunternehmen unterliegt einer zusätzlichen Kontrolle. Aber auch auf inhaltlicher Ebene übernimmt der Staat Verantwortung: Im Rundfunk-Sektor existieren z. B. neben privatwirtschaftlichen Anbietern auch öffentliche Anbieter, welche die Versorgung der breiten Öffentlichkeit mit objektiven Informationen übernehmen sollen.

Leistungs- und finanzwirtschaftliche Fragen in Medienunternehmen

Medienunternehmen beschaffen sich Vorprodukte, kombinieren diese mit Hilfe von Menschen und Maschinen und verkaufen diese an Konsumenten bzw. andere Unternehmen. Sie erhalten dafür Geld, allerdings erst relativ spät. Vorab benötigen sie finanzielle Mittel, z. B. um Arbeitsverträge abzuschließen und Computer zu kaufen. In beiden Feldern sind wichtige und zum Teil interdependente Entscheidungen zu treffen, so z. B. welches Produkt zu welchem Preis am Markt angeboten werden soll oder aber in welchem Umfang Bankkredite genutzt werden. Die wichtigsten Handlungsfelder in beiden Gebieten sind nachfolgend beschrieben (vgl. vertiefend Schumann/Hess 2009; Wirtz 2010).

(1) Beschaffung: Grundlegend stellt sich hier die Frage, welche Güter ein Unternehmen selbst herstellt bzw. von spezialisierten Unternehmen beschafft. So können Filme und Serien von einem

Fernsehsender mit eigenen Ressourcen produziert oder aber von spezialisierten Unternehmen zugekauft werden. Neben dieser Grundsatzentscheidung beschäftigt sich die Beschaffung auch mit der Entscheidung zwischen alternativen Anbietern und dem Abwickeln der Beschaffungsvorgänge.

(2) Produktion: Abhängig von der Positionierung in der Wertschöpfungskette geht es hier um das Erstellen von Inhalten, deren Kombination oder Aufbereitung für den Transport zum Kunden. Operativ geht es um die Steuerung der Produktion, z. B. im Hinblick auf einen Publikations- oder Sendetermin. Der Fokus liegt meist auf den Herstellungskosten. Strategisch stellt sich insbesondere die Frage nach dem Maschineneinsatz. Während die Distribution schon weitgehend automatisiert ist, hält die Automatisierung beim Erstellen oder Bündeln von Inhalten (z. B. zum Erstellen einer Zeitschrift) erst schrittweise Einzug.

(3) Absatz: Das einmal hergestellte Gut ist über den Absatzmarkt möglichst gewinnmaximal zu verkaufen. Operativ geht es darum, ein Produkt möglichst häufig im gegebenen Rahmen zu verkaufen. Dieser Rahmen wird durch strategische Entscheidungen vorgegeben. Diese betreffen u. a. die Gestaltung des Produkts bzw. der Dienstleistung und dessen Preis. Als Ausgangspunkt für die Gestaltung dienen die Abgrenzung der Zielgruppen und das Identifizieren ihrer Anforderungen. Dabei gilt die Konzentration immer den Endnutzern des Produkts, d. h. für eine Fachzeitschrift für Tennis z. B. den Tennisspielern und deren Informations- und Unterhaltungsbedürfnissen. Umfasst das Medienprodukt auch Werbung, dann ist zu überlegen, für welche Art von Unternehmen welche Form von Werbung interessant ist und wie sich diese in das Heft integrieren lässt. Bei der Preissetzung geht es um die Identifikation geeigneter Erlösquellen sowie in einem zweiten Schritt um die Festlegung der konkreten Konditionen. Grundsätzlich gilt, dass die Nachfrage nach einem Gut mit steigendem Preis fällt, wenn auch in unterschiedlichem Umfang. Daneben ist aber auch zu berücksichtigen, dass günstigere Konditionen gegebenenfalls durch zusätzliche Werbeeinnahmen überkompensiert werden und dass bei Angeboten über das Internet andere Unternehmen an der Schnittstelle zum Kunden (z. B. die Hersteller von Endgeräten oder die Betreiber von Netzen) starken Einfluss auf die Preisgestaltung nehmen können.

(4) Kapitalbeschaffung: Das grundlegende Problem jedes neuen Unternehmens besteht darin, dass am Anfang Kosten stehen, z. B. der Mitteleinsatz für die Beschaffung oder die Herstellung und den Vertrieb von Gütern, die erst durch Einnahmen aufgrund des späteren Verkaufs gedeckt werden können. Das Unternehmen muss demzufolge in Vorleistung gehen, wobei sich die Frage nach der angemessenen Mittelbeschaffung stellt. Bei der Eigenfinanzierung werden dem Unternehmen durch Einlagen der Unternehmenseigner oder durch den Gewinn des Unternehmens (Selbstfinanzierung) Finanzmittel gewährt. Fremdkapital wird dem Unternehmen von außen, z. B. durch eine Kreditaufnahme, zugeführt. Anders als Fremdkapitalgeber (Gläubiger) haften Eigenkapitalgeber mit ihrer Einlage für Verbindlichkeiten und Risiken der Unternehmung, haben aber auch Anspruch auf eine Gewinnbeteiligung. Fremdkapitalgeber haben für ihre zeitlich begrenzte Beteiligung einen Anspruch auf Verzinsung sowie Rückzahlung des eingesetzten Kapitals.

(5) Kapitalverwendung: Neben der Frage nach der Kapitalherkunft ist zu entscheiden, wie das gewonnene Kapital bestmöglich eingesetzt werden kann. In einer Unternehmung konkurrieren gewöhnlich alternative Investitionsmöglichkeiten um knappes Kapital. Die Investitionsrechnung bietet verschiedene Lösungsansätze, um den Einsatz der finanziellen Mittel abzuschätzen. Die statischen Rechenverfahren, auch als kalkulatorische Verfahren bekannt, haben sich in der Praxis aufgrund ihrer einfachen Durchführbarkeit bewährt. Auf Basis von jährlichen Durchschnittswerten wie Kosten, Gewinn oder Rentabilität werden sie zur Beurteilung der Vorteilhaftigkeit einer Investition herangezogen. Statische Verfahren haben den Nachteil, dass sie den Zeitpunkt einer Ein- oder Auszahlung nicht berücksichtigen. Dynamische Verfahren tragen diesem Umstand Rechnung, sie berücksichtigen ebenfalls den Zeitpunkt einer Ein- oder Auszahlung.

Steuerung von Medienunternehmen

Übergreifend, d. h. sowohl im leistungswirtschaftlichen als auch im finanzwirtschaftlichen Bereich, treten Fragen nach der Erfassung und Abbildung des betrieblichen Geschehens sowie der Steuerung der arbeitsteiligen Organisation eines Unternehmens auf. Dies gilt für alle Arten von Unternehmen, natürlich auch für Medienunternehmen. Für Details sei hier auf die einschlägige Literatur verwiesen (vgl. Schumann/Hess 2009; Gläser 2010). Nur einige wenige Aspekte sollen abschließend festgehalten werden.

(1) Rechnungswesen: Das betriebliche Rechnungswesen hat die Aufgabe, dem Unternehmen einen Überblick über seinen betrieblichen Leistungs- und Finanzprozess zu gewährleisten. Je nach Adressatenkreis wird zwischen externem und internem Rechnungswesen unterschieden. Externe Adressaten beziehen sich auf Personen oder Institutionen, die aus einem Vertragsverhältnis Forderungen gegenüber dem Unternehmen haben, d. h. Anteilseigner, Kreditgeber, der Staat für die Bemessung von Steuern etc. Im Fokus stehen dabei Informationen, die Auskunft über die wirtschaftliche Situation des Unternehmens und damit die Zahlungsfähigkeit und Schuldendeckungsmöglichkeiten geben. Die Ausgestaltung des externen Rechnungswesens ist weitgehend gesetzlich normiert, z. B. im Aktiengesetz (AktG) und im Handelsgesetzbuch (HGB). Typischerweise ist es periodisch ausgerichtet, d. h. es berichtet über ein Jahr oder einen anderen festgelegten Zeitraum. Wesentliche Bestandteile sind die Bilanz sowie Gewinn- und Verlustrechnung. Bei Medienunternehmen stellt sich die spezifische Frage, inwieweit immaterielle Vermögensgegenstände wie Rechte und Lizenzen ausgewiesen werden. Diese sind stark von der Nachfrage der Konsumenten abhängig und unterliegen somit unvorhersehbaren Schwankungen. Folglich kann die Bilanz, welche die Vermögens- und Kapitalstruktur eines Unternehmens zu einem Stichtag festhalten soll, nur schwer einer adäquaten Finanzberichterstattung gerecht werden.

(2) Managementsystem: In Unternehmen trifft eine Vielzahl an Personen mit unterschiedlichen Funktionen aufeinander, die gemeinsam zum Erreichen der Unternehmensziele beitragen (sollen). Wegen der vielfältigen Arbeitsteilung innerhalb eines Unternehmens muss systematisch sichergestellt werden, dass das Handeln aller Beteiligten auf die Unternehmensziele ausgerichtet ist und z. B. nicht nur an den individuellen Zielen einzelner. Dazu dient das Managementsystem eines Unternehmens. Die wesentlichen Bestandteile eines solchen Managementsystems sind das Planungs-, das Kontroll-, das Informations-, das Organisations- und das Personalsystem. Hier seien nur einige für Medienunternehmen besonders relevante Aspekte hervorgehoben: Das Organisationssystem stellt das koordinierte Zusammenwirken aller Personen unter Berücksichtigung der Arbeitsteilung mithilfe struktureller Regeln sicher. Weiterführend regelt es die Frage nach der passenden Organisationsstruktur, koordiniert die Kommunikationsbeziehungen (Leitungsprinzipien) zwischen den Arbeitsstellen und regelt das

Ausmaß an Entscheidungsdelegation, d. h. die Kompetenzabstufung innerhalb eines Unternehmens. Letzteres spielt insbesondere in Medienunternehmen eine wichtige Rolle, da die Gestaltung von Handlungsspielräumen und Verantwortungsbefugnissen maßgeblich auf die Motivation und Kreativität von Mitarbeitern Auswirkung hat. Das Personalsystem umgreift die Thematik der Personalführung, die sich mit der zielorientierten Steuerung des Produktionsfaktors Mensch beschäftigt. In vielen Medienunternehmen spiegeln die personellen Qualifikationen, wie die Fachkompetenz, Motivation und Kreativität der Personen, zentrale Kernkompetenzen wider. Personal gilt als kritischer Produktionsfaktor und ist nur schwer imitier- und substituierbar.

Literatur

Fehl, Ulrich/Oberender, Peter: *Grundlagen der Mikroökonomie.* München ⁹2004.

Gläser, Martin: *Medienmanagement.* München ²2010.

Schumann, Matthias/Hess, Thomas: *Grundfragen der Medienwirtschaft.* Berlin ⁴2009.

Shapiro, Carl/Varian, Hal R.: *Information Rules: A Strategic Guide to the Network Economy.* Boston, Mass. 1998.

Sjurts, Insa: *Lexikon Medienwirtschaft.* Wiesbaden ²2011.

Wirtz, Bernd W.: *Medien- und Internetmanagement.* Wiesbaden ⁷2010.

Matthias Schumann/Thomas Hess

17. Medienrecht

Einleitung: Medienrecht und Schrift

Medienrecht knüpft an den Gebrauch von Medien wie Buch, Film, Radio, Fernsehen und Internet an, ein Gebrauch, der seinerseits auf technischen Medien wie der Druckpresse, der Elektronik schaltbarer Bilder oder dem Computer basiert. Die Geschichte des Medienrechts beginnt in gewisser Weise mit der Schrift. Mittels Schrift können Texte in dingliche Schriftwerke ausgelagert werden. Deshalb ermöglichte der Schriftgebrauch bereits in der Antike eine stärkere Distanzierung vom gelebten Augenblick und damit eine Kritik an der oral und rituell eingebetteten Überlieferung. Auch wenn die Zahl zirkulierender Papyrusrollen oder Pergamentkodizes überschaubar und Literalität auf eine kleine (aristokratische) Minderheit beschränkt blieb, eröffnete die Schrift etwa dem Judentum die Chance der Bindung des Ritus an die Schrift (vgl. Assmann 2000, 164), und den Griechen, dialektisches und philosophisches Argumentieren gegen die homerische *padeia* in Anschlag bringen zu können (vgl. Havelock 1963, 234 ff.). Alle medienbezogenen Regeln, wie etwa die schon in der babylonischen Kultur bekannte Wortlautformel (»nichts hinzufügen, nichts wegnehmen«), blieben aber integraler Bestandteil der Auslegungspraktiken von Textgemeinschaften, deren Kanon es zu schützen galt. Das gilt auch für die Spätantike und das christlich-römische Recht, wie beispielsweise für Justinians Verbot der Digestenkommentierung (die Digesten sind eine Zusammenstellung römischer Rechtstexte, die 533 n. Chr. von Kaiser Justinian in Konstantinopel als geltendes Recht verkündet wurden). Diese Einheit von Mediengebrauch und Medienkontrolle hatte zur Folge, dass medienbezogene Normen bis zur frühen Neuzeit innerhalb lokaler und partikularer Textgemeinschaften verankert wurden oder, im Fall des Christentums, durch den Aufbau einer hierarchischen Organisation mit einem die Einheit und Wahrheit der göttlichen Botschaft sichernden Letztentscheidungsrecht an der Spitze (Papsttum).

Diese Lage ändert sich sichtbar und nachhaltig mit dem Aufstieg des Buchdrucks seit dem 15. Jahrhundert. Der Buchdruck vereinfacht die Herstellung, Distribution und Speicherung von Information und Wissen, wird zum Träger von Neuerungen und erlangt nicht zuletzt eine konstitutive Rolle für die Bildung des modernen liberalen Rechts (s. Kap.

III.7). Dieses differenziert dann seinerseits medienbezogene Normen und Rechte aus, um die neuen kulturellen Formen und Strukturen zu stabilisieren. Es kommt einerseits zu einer wachsenden Kritik an der katholischen Kirche und dem Primat des Papsttums, die sich mittels gedruckter Flugblätter und Bilder wie ein Lauffeuer verbreitet und schließlich zur Spaltung des westlichen Christentums führt. Andererseits (und damit teilweise einhergehend) entstehen jetzt weiträumige künstlerische, wissenschaftliche und literarische Publikumsöffentlichkeiten mit Ansprüchen auf selbständiges Urteilsvermögen, eigene Rechte, Regeln und Konventionen. Diese Entwicklung erfasst seit dem späten 17. Jahrhundert England und das französische Ancien Régime, dessen umfassende Repräsentationskultur paradoxerweise selbst die Entstehung einer vom Staat unabhängigen Öffentlichkeit forciert, wobei die Musik ein frühes Experimentierfeld für die Einübung einer neuartigen, vom Geschmack des Königs abweichenden Meinungsfreiheit gewesen zu sein scheint (vgl. Blanning 2006, 39 ff., 105 ff., 329 ff.).

Im 18. Jahrhundert ist es der moderne Roman, der eine sich von der Tradition und ihren Regeln lösende (freie) Kommunikation vorantreibt: Indem der Roman das Schreiben von Texten und die Selbstlektüre des Subjekts aneinander koppelt, befördert er eine neue Kultur der Sensibilität, ohne die die Idee universaler Menschen- und Bürgerrechte nicht hätte popularisiert, ja nicht hätte erfunden werden können (vgl. Hunt 2007). Die neue Kultur der Sensibilität beeinflusst auch die bürgerliche Verfassungsbewegung in den englischen Kolonien (vgl. Knott 2009). Freie Buchmärkte, Leihbüchereien und Lesegesellschaften tragen in den Vereinigten Staaten noch im 19. Jahrhundert dazu bei, eine neuartige nationale Verfassungskultur und die Werte der Freiheit und Selbstbestimmung im öffentlichen Bewusstsein zu verankern (vgl. Meltzer 2005).

Die auf dem Buchdruck basierenden Öffentlichkeiten bringen darüber hinaus das moderne Urheberrecht hervor. Ein Urheberrecht im Sinne eines Rechts an literarischen Werken kam im antiken und mittelalterlichen Recht nicht vor. Auch das gelehrte römische Zivilrecht kannte nur Eigentum an Schriftwerken in ihrer dinglichen, materialen Gestalt als Rolle oder Kodex, nicht aber an Gedichten, Geschichten oder Reden (vgl. Institutionen 2.1.33). Allerdings sichert das frühe Urheberrecht – und noch das englische *Copyright-Law* von 1709/10 – zunächst nur die Vervielfältigungsrechte an Buchtexten. Erst im Zuge des Aufstiegs der modernen Literatur entsteht die Vorstellung der Autorschaft, des Werkes und des geistigen Eigentums.

Das Urheberrecht wird um die Form eines subjektiven Rechts zentriert, das den Autor als Urheber von Neuheit und Originalität schützt (in England bereits ab 1774), nicht aber mehr die Überlieferung als solche (vgl. Bender/Wellbery 1990, 3 ff., 16). Daran schließt die deutsche Diskussion an, die das Urheberrecht zunächst als Persönlichkeitsrecht konstruiert, aber im 19. Jahrhundert um den Gedanken eines personenunabhängigen Immaterialgüterschutzes ergänzt. Dieser Entwicklung steht auf dem europäischen Kontinent jedoch noch lange eine umfangreiche Zensurpraxis und -gesetzgebung gegenüber, die die Verbreitung von Druckwerken aller Art einzuschränken und die öffentliche Kommunikation auch inhaltlich zu beeinflussen versucht, im absolutistischen Frankreich beispielsweise im Fall von Gedichten, die Ludwig den XV. als Monster bezeichneten. Auch das Allgemeine Preußische Landrecht kannte einen Hunderte von Vorschriften umfassenden Kanon zum Schutz des preußischen Staates und seines Oberhauptes vor Beleidigungen (vgl. ALR II.20.2, §§ 91 ff.).

Mit der Durchsetzung der Meinungs- und Pressefreiheit in den Verfassungsrevolutionen des letzten Viertels des 18. Jahrhunderts verliert die monarchische Zensurpraxis langsam an Bedeutung. In Frankreich wird die Pressefreiheit, angeregt durch die Grundrechtsdeklarationen von Massachusetts und Virginia, aber eingerahmt durch das Gesetz, in die Erklärung der Menschen- und Bürgerrechte von 1789 aufgenommen (Artikel XI). In den Vereinigten Staaten ist sie seit 1791 durch einen Zusatzartikel geschützt. Während dabei im revolutionären Frankreich die Lösung der öffentlichen Meinungsbildung von klerikaler Bevormundung im Vordergrund steht, kommt es mit dem Aufkommen des Massenmediums Zeitung auch im übrigen Europa zu einer umfangreichen Deregulierung des Pressemarktes. Diese schließt unter anderem die Aufhebung des Konzessionszwangs ein, wie er für den monarchischen Staat üblich war. Auch wenn diese Bewegung hin zur Institution einer freien Presse gerade in Deutschland immer wieder von Rückschlägen gekennzeichnet ist (Karlsbader Beschlüsse, Sozialistengesetze, Kriegszensur), erweitert sich doch allmählich das Spektrum der Möglichkeiten: Die Massenpresse steigt im letzten Drittel des 19. Jahrhunderts zum zentralen Organ der öffentlichen Meinungsbildung auf, und ihre ›Freiheit‹ wird im Reichspressegesetz von 1874 vom Staat prinzipiell

anerkannt. Darauf reagiert auch das entstehende Allgemeine Staatsrecht, das – wie schon zuvor die praktische Philosophie – beginnt, die neue Publikumsöffentlichkeit als zentrales kollektives Phänomen der Fremd- und Selbstbeobachtung des Staates wahrzunehmen. Die Massenpresse mutiert zur ›vierten Gewalt‹.

Presserecht

In diesem Kontext entsteht das Presserecht als bis heute relativ klar begrenztes Feld des Medienrechts. Seine ordnungsrechtliche Struktur wird für das liberale Medienrecht paradigmatisch: Wie schon die Freiheit als solche nach liberalem Verständnis durch die Schadensgrenze limitiert wird (*harm principle*), so findet nun auch die Freiheit der Presse ihre Handlungsgrenzen in Gestalt allgemeiner Gesetze, die auf potentielle Schädigungen verweisen. Das bedeutet, dass jeder Autor, Verleger, Journalist usw. seine Sicht auf das kulturelle oder politische Geschehen grundsätzlich frei wählen kann, solange er nicht subjektive Rechte anderer verletzt und solange sein Handeln keine Gefahr für die öffentliche Sicherheit und Ordnung darstellt.

Auch die Pressegesetze der Länder sind bis heute – von wenigen Ausnahmen abgesehen (innere Pressefreiheit, Pressesubventionierung) – am Vorbild des liberalen Ordnungsrechts orientiert. Nur noch das Pressekartellrecht ist ein primär grenzziehendes Recht: Es überlässt die Entwicklung des Pressemarktes den ihm eigenen Mechanismen und interveniert erst dann, wenn der Pressemarkt durch Marktbeherrschung und/oder Fusionen in seiner Funktionsfähigkeit gefährdet erscheint (§ 36 Gesetz gegen Wettbewerbsbeschränkungen). Eine liberale Sicht auf das Medienrecht wird bis heute etwa im Verband der Deutschen Zeitschriftenverleger, dem Studienkreis für Presserecht (seit 1956) sowie in wissenschaftlichen Periodika wie dem *Archiv für Presserecht* (seit 1963) gepflegt.

Das ordnungsrechtliche Modell ist keinesfalls spannungsfrei vorzustellen. Vielmehr hat die Beschränkung der Pressefreiheit durch allgemeine Gesetze und Grenzbegriffe immer wieder grundlegende Konflikte provoziert und die weitere Ausdifferenzierung des Medienrechts vorangetrieben. Ein erstes Feld, auf dem sich das beobachten lässt, sind die Fälle der Störung der öffentlichen Ordnung, der sich die Meinungs- und Pressefreiheit schon in der französischen Erklärung der Menschen- und Bürgerrechte von 1789 unterordnen musste (während die Amerikaner die Freiheit in ihren Deklarationen aussprachen, ohne sie sogleich wieder einzuschränken). Die dadurch eröffneten Beschränkungsmöglichkeiten der Pressefreiheit sind von staatlicher Seite immer extensiv gehandhabt worden. Hier genügt es vielleicht, an das politische Strafrecht zu erinnern, das der Meinungs- und Pressefreiheit noch bis in die Zeit des Kalten Krieges hinein enge Grenzen gezogen hat, sobald die freiheitlich demokratische Grundordnung und/oder der Tatbestand des Landesverrats durch öffentliche Meinungsäußerungen berührt worden sind (Spiegel-Affäre). Auch die »Gotteslästerung« ist in der Form der friedensstörenden »Verletzung religiöser Gefühle« bis in die Gegenwart weiter tradiert worden (§ 166 Strafgesetzbuch).

Zu den Grenzen der Pressefreiheit gehört ferner der unter anderem in §§ 185, 186 Strafgesetzbuch verankerte Ehrenschutz. Der Ehrenschutz schließt in Europa an das aristokratische Moment des »Respekts« und der »Satisfaktionsfähigkeit« gegenüber anderen an – und wird dementsprechend bis in das 20. Jahrhundert hinein unabhängig von Erfahrungen mit der Massenpresse bestimmt (vgl. Ladeur 2007, 11, 12). Noch im Bürgerlichen Gesetzbuch von 1900 fand ein medienbezogenes Persönlichkeitsrecht keinen Platz: § 823 Abs. 2 BGB und die an ihn geknüpften Schadenersatzansprüche verweisen auf den herkömmlichen strafrechtlichen Ehrenschutz wie Beleidigung und Verleumdung, während § 824 BGB lediglich die in erster Linie wirtschaftlich zu verstehende Kreditwürdigkeit schützt. Der Aufstieg der Massenpresse forciert dann jedoch rasch die Evolution spezifisch medienbezogener Schutz- und Persönlichkeitsrechte. Durch immer neue ›Skandale‹ wird die Eigendynamik und Eigenrationalität der Medien forciert, und die damit entstehenden neuen Persönlichkeitsrechte überlagern allmählich das alte Regime des Ehrenschutzes sowie die ihn tragenden gesellschaftlichen Konventionen.

Das zeigte sich schnell im Fall des »Rechts am eigenen Bild«. Dieses Recht nimmt zwar erst im 19. Jahrhundert juristische Konturen an, beruht aber auf der alten Infrastruktur der rhetorischen Ökonomie des Bildes, dem *decorum*, das man in der Literatur zu Recht als protojuristische Lehre der Angemessenheit von Bilddarstellungen charakterisiert hat (vgl. Steinhauer 2009, 119 ff., 102 ff., 174 ff.). Hier geht es weniger um eine Persönlichkeitsverletzung durch öffentliche Herabsetzung im Sinne einer Verletzung sozialer Geltungsansprüche, sondern eher

um Fragen der Zulässigkeit und des Formats des Abdrucks von Fotos von Prominenten. Das neuartige Recht auf das eigene Bild, das zunächst im Zivilrecht formuliert wird, tritt zum ersten Mal im Bismarckfall – im Streit um die Veröffentlichung von heimlich aufgenommenen Fotos Bismarcks auf dem Sterbebett – in das öffentliche Bewusstsein. Dieser Konflikt hat sich heute vor allem auf Auseinandersetzungen von Prominenten mit der Regenbogenpresse und *people magazines* verlagert, bei denen nicht zuletzt das Verfassungsrecht und die europäische Menschenrechtskonvention von 1950 und die darauf jeweils Bezug nehmende Rechtsprechung des Bundesverfassungsgerichts sowie des Europäischen Gerichtshofs für Menschenrechte an Bedeutung gewonnen haben.

Neuartige Konflikte evoziert die Massenpresse auch durch eine die Erziehung von Kindern und Jugendlichen gefährdende Verbreitung von ›Schmutz- und Schund‹. Erziehung war bis in das späte 19. Jahrhundert hinein in eine kulturelle Normalitätsunterstellung eingebettet, die ›ordentliche Erziehung‹, die auf das ›Schickliche und Gemeine‹ verwies und deren Kehrseite die ›Verrohung‹ und ›Verwahrlosung‹ von Heranwachsenden bildete. Diese Verankerung des Jugendschutzes in einer kollektiven (geteilten) Infrastruktur von gesellschaftlichen Regeln, Konventionen, Verhaltens- und Bewertungsmustern, die in die (bürgerlichen) Lebensformen eingeschrieben waren (vgl. Ladeur 2009, 159, 160), wird nach dem Zweiten Weltkrieg mehr und mehr durch medienrechtliche Regeln und eine sie begleitende Fachexpertise ersetzt.

Der Jugendmedienschutz wird damit sehr stark auf eine (pädagogische und juristische) Expertenpraxis verlagert. Diese wird inzwischen auch auf andere Medien wie Fernsehen und Online-Medien erstreckt und innerhalb eines Netzwerks aus Landesmedienanstalten, öffentlich-rechtlichen Anstalten, privaten Rundfunkunternehmen und den darin integrierten Jugendschutzbeauftragten sowie einer darauf bezogenen Gutachtenindustrie produziert und reproduziert. Das ist auch insofern eine nicht unproblematische Entwicklung, als das Paradigma des liberalen (Presse-)Ordnungsrechts im Jugendmedienschutz bis heute dominant geblieben ist: Die Eingriffsschwelle wird an eine besondere Form der Gefahrengrenze – die »Jugendgefährdung« bzw. »Entwicklungsbeeinträchtigung« (vgl. § 4 Abs. 2 Nr. 2, § 5 Abs.1 Jugendmedienschutzstaatsvertrag) – geknüpft, die jetzt aber subjektiv, personenbezogen interpretiert wird. Das hat in der Praxis zum Aufstieg empirischer Kausalitätsstrategien geführt, dem Nachweis von Ursache-Wirkungszusammenhängen beim individuellen Konsum etwa gewalttätiger oder pornographischer Inhalte, ein Verfahren, das die notwendige Bindung von Erziehungsleistungen an Lebensformen und deren Gepflogenheiten aus dem Blick zu verlieren droht.

Rundfunkrecht

Mit der Emergenz der elektronischen Massenmedien im 20. Jahrhundert entwickelt sich neben dem liberalen Presserecht das Rundfunkrecht. Dadurch wird das Medienrecht in ein komplexes ›Mehrebenensystem‹ transformiert. Auch wenn die Rechtsprechung des Bundesverfassungsgerichts den Schutz der Pressefreiheit seit jeher auf die Produktionsbedingungen der Presse als Medium der öffentlichen Meinungsbildung (und nicht nur auf die inhaltliche und wirtschaftliche Betätigungsfreiheit von Verlegern) bezieht (st. Rpsr. seit BVerfGE 10, 118, 121), stellt sich das Presserecht doch eher als ein Recht der Mittelbarkeit und des Institutionenschutzes dar.

Dagegen ist das Rundfunkrecht von Anfang an weiter für regulatorische Ansprüche und politische Einflussnahmen geöffnet. Das hängt vermutlich mit der – besonders von Friedrich Kittler betonten – ursprünglich engen Verknüpfung der technischen (Übertragungs-)Infrastrukturen des Rundfunks mit militärischen Interessen zusammen, wohingegen sich die Presse in größerer Distanz zum Staat als privatrechtliche Institution hat entwickeln können. Möglicherweise deshalb und auch aufgrund der großen staatspolitischen Bedeutung, die man Radio und Wochenschau bereits in der Weimarer Republik zumisst, erfahren die elektronischen Medien im Weimarer Staats- und Verfassungsrecht eine erhöhte Aufmerksamkeit. Das gilt insbesondere im Hinblick auf ihre Einflussmöglichkeiten in der (politischen) Öffentlichkeit, die sich hier in der Annahme einer wachsenden Abhängigkeit der staatlichen Willensbildung von den neuen Medien und ihrer thematischen Bündelungsfunktion geltend macht; Carl Schmitt etwa beschwört in seiner Parlamentarismuskritik das Verschwinden des Austauschs von Argumenten zu Lasten einer »plakatmäßig eindringlichen Suggestion« (Schmitt 1985, 11). Die Suggestivkraft der audiovisuellen Massenmedien haben sich auch die großen totalitären Bewegungen des 20. Jahrhunderts – allen voran der Nationalsozialismus – zu Nutze gemacht, indem sie Radio, Wochenschau und Film aus ihren Verankerungen in der Privatrechtsgesellschaft gelöst und in effektvolle ›Propagandainstrumente‹ unter staatlicher Kontrolle verwandelt haben.

Auf der Grundlage der Neustrukturierung der Medienlandschaft durch die Alliierten kann sich das Rundfunkrecht in der Bundesrepublik schnell als eigene Subsparte des Medienrechts etablieren. Inhaltlich ist das Rundfunkrecht zunächst auf eine materiale Regulierung von Organisationen festgelegt, die anfänglich ausschließlich die öffentlich-rechtlichen Rundfunkanstalten betrifft. Insbesondere in Gestalt eines aus Art. 5 Abs. 1 Grundgesetz entwickelten richterrechtlichen Rundfunkverfassungsrechts zielt das Rundfunkrecht einerseits auf die Sicherung der Autonomie des öffentlich-rechtlichen Rundfunks gegenüber dem Staat (BVerfGE 12, 205 ff.), andererseits auf die dauerhafte Stabilisierung seiner Öffnung gegenüber dem Gruppenpluralismus der Nachkriegszeit und seinen parteipolitischen und verbändeförmigen Milieus. Dazu wird der Gesetzgeber verpflichtet, die Rundfunkfreiheit durch ein Organisationsgesetz zu realisieren und dem Rundfunk eine »positive Ordnung« zu geben (BVerfGE 57, 295, 320), die auch verfahrensförmig auf Verwirklichung und Aufrechterhaltung von Programmvielfalt angelegt ist. Ein so verstandenes gruppenpluralistisches Rundfunkrecht wird bis heute auf juristischen Lehrstühlen, meistens solchen des öffentlichen Rechts, und zugeordneten (Universitäts-)Instituten gepflegt. Dazu gehören etwa das Hans-Bredow-Institut (seit 1950), das Kölner Institut für Rundfunkrecht (1967) oder das Mainzer Medieninstitut. Es entstehen rundfunkrechtliche Monographien, auch als Habilitationsschriften und Dissertationen, außerdem Publikationsmöglichkeiten in Zeitschriften wie *Rundfunk und Fernsehen* (seit 1953), dem *Archiv für Presserecht* (seit 1963) und der *Zeitschrift für Urheber- und Medienrecht* (seit 1957).

Seitdem der Konsens über die Ausgestaltung der Rundfunkordnung im politischen Raum in den 1980er Jahren zerbrochen ist, ist das öffentlich-rechtliche durch ein kommerzielles Rundfunkregime ergänzt worden. Damit hat das Medienrecht seine interne Komplexität ein weiteres Mal gesteigert: Das kommerzielle Rundfunkregime folgt in seinem Handeln viel unmittelbarer spezifisch medienwirtschaftlichen und kulturökonomischen Zwängen als der öffentlich-rechtliche Rundfunk, d. h. Bedingungen, die sowohl durch die Abhängigkeit des privaten Rundfunks von der Werbefinanzierung als auch durch die Zwänge der massenmedialen »Ökonomie der Aufmerksamkeit« gesetzt sind (Hutter 2006, 95 ff., 104, 184; vgl. auch Franck 1998). Darauf haben die Rechtsprechung des Bundesverfassungsgerichts und die Medienpolitik der Länder mit der Konstruktion eines ›dualen Rundfunksystems‹ reagiert, das seit 1991 in einem ›Rundfunkstaatsvertrag‹ (RStV) verankert ist und innerhalb dessen Rahmen die jeweiligen Landesmediengesetze unter Einschluss laufender Updates koordiniert werden.

Der Kern des Rundfunkstaatsvertrags besteht in einer präventiven Zulassungskontrolle mit Erlaubnisvorbehalt (§§ 20 ff. RStV), an die eine konzentrationsrechtliche Überprüfung von Medienunternehmen anschließt (§§ 25 ff. RStV). Diese ist inzwischen – durch Zusatzeinrichtungen wie die Kommission zur Ermittlung der Konzentration im Medienbereich (KEK, § 35 RStV) und die Kommission für Zulassung und Aufsicht (ZAK, § 35 RStV) – leicht unübersichtlich geworden. Auf das duale Rundfunksystem und seine Probleme bezieht sich eine umfangreiche medienrechtliche Literatur in Form von Lehrbüchern, Handbüchern, Kommentaren, Fallsammlungen, Monographien und Aufsätzen, die im *Archiv für Presserecht*, in der *Zeitschrift für Urheber und Medienrecht* und in *Kommunikation und Recht* ihre wichtigsten Organe haben. Eher medienpolitische Debatten werden auch in *epd-medien* und in der *Funkkorrespondenz* geführt.

Die inzwischen lang anhaltende (medienrechtliche) Diskussion über das duale Rundfunksystem hat die Problematik seiner Konstruktion offensichtlich gemacht: Der öffentlich-rechtliche Rundfunk gilt normativ als maßstabsbildend. Das gilt sowohl für das öffentlich-rechtliche Programm als dem eigentlich vielfältigen Programm mit »besonderen normativen Erwartungen« (BVerfGE 119, 181, 217) als auch für die Formulierung von Anforderungen an die organisatorische Ausgestaltung der gesamten Rundfunkverfassung. Diese hierarchische Konstruktion erweist sich jedoch immer weniger als adäquat: Mit der Zulassung des privaten Rundfunks sind auch die Produktionsbedingungen des öffentlichen-rechtlichen Rundfunks grundlegend verändert worden: Der öffentlich-rechtliche Rundfunk muss in einem einheitlichen Rundfunkmarkt und damit in einer Wettbewerbsbeziehung zum privaten Rundfunk agieren, der sich mehr und mehr auch als Intermedienwettbewerb etwa zwischen Rundfunk, Presse und Internet darstellt (Tagesschau-App). Dieser Wettbewerb ist aber nicht nur publizistisch determiniert (wie das Bundesverfassungsgericht annimmt), sondern wird zumindest auch durch medienökonomi-

sche und spezifisch medienkulturelle Parameter wie die schon angesprochene Ökonomie der Aufmerksamkeit bestimmt. Das hat zur Folge, dass der öffentlich-rechtliche Rundfunk sein Programm – das gilt insbesondere während der Prime Time – den Zwängen einer neuartigen ereignisbasierten Unterhaltungsöffentlichkeit hat anpassen müssen und seit langem auch angepasst hat. Das schlägt sich auch in einer Auflösung des alten ›Integrationsrundfunks‹ in eine Vielzahl von Programmschienen nieder, ein Prozess der Fragmentierung der Rundfunköffentlichkeit, die im Radio noch weiter als im Fernsehprogramm fortgeschritten ist.

Medienrecht und digitale Medien

Damit ist die Frage nach der Zukunft des Medienrechts in einer Welt digitaler (Speicher-)Medien bereits angesprochen. Vom Rundfunkrecht her gesehen, scheint die jüngste Entwicklung eine Ausfransung des herkömmlichen Programmrundfunks nach mehreren Seiten auszulösen. Mit der Ingebrauchnahme und Vernetzung von Computern und der neuen Ubiquität digitaler Kommunikation (via Handy, Laptop, iPad etc.) sind eine neuartige Universalmaschine und ein darauf basierendes »Netzwerk von Netzwerken« (s. auch Kap. III.18) entstanden, das alle anderen Medien transformiert, ja ›kassiert‹. Die Konsequenzen dieses ›Medienumbruchs‹ sind insgesamt schwer abschätzbar, jedenfalls weitreichend: Computer und Internet destabilisieren die Unterscheidung der Medien selbst, sie unterlaufen die Unterscheidung zwischen Individual- und Massenkommunikation, von Öffentlichkeit und Privatheit sowie die alte Unterscheidung zwischen Medieninhalt und (Übertragungs-)Technik. Alle diese Differenzierungen sind jedoch für die Herausbildung der herkömmlichen Rundfunkordnung und des Rundfunkrechts konstitutiv gewesen.

Der (Rundfunk-)Gesetzgeber hat auf diesen Transformationsprozess jüngst mit der Unterscheidung von linearem Programmrundfunk und Telemedien innerhalb des Rundfunkstaatsvertrages reagiert und dessen Regulierungsregime damit der Sache nach weiter aufgespalten. Die Telemedien (als Teil der Internetkommunikation) werden damit einer presseähnlichen Minimalregulierung unterworfen (§§ 54 ff. RStV), wie es auch verfassungsrechtlich geboten erscheint. Es erscheint aber zweifelhaft, ob das neue Netzwerk der (medialen) Netzwerke auch künftig sinnvoll in einem Rundfunkstaatsvertrag reguliert werden kann, der allein auf ordnungsrechtliche und gruppenpluralistische Komponenten setzt. Hier wird es künftig vielmehr darauf ankommen, das ›Mehrebenensystem‹ des Medienrechts auf noch mehr Komplexität einzustellen und ein Modell zu entwerfen, das das relativ starre, auf der Verhaltenskontrolle nach ex ante formulierten allgemeinen Gesetzen und Grenzbegriffen basierende Ordnungsrecht nicht nur um gruppenpluralistische Organisations- und Verfahrenslösungen ergänzt, sondern um Strategien der Institutionenbildung in Form der Prozeduralisierung sowie der Anregung von Selbstorganisation und Selbstregulierung in Netzwerken (zuletzt vgl. Ladeur 2012).

Begreift man Medientechniken wie Schrift, Buchdruck, Fernsehen und Computernetzwerke als Träger von Kultur und Sprache (und nicht nur als ›Kanäle‹ oder ›Mittel‹ der Kommunikation), liegt die Dramatik des Übergangs zur Digitalisierung in einer weiteren Fragmentierung und Hybridisierung der sozialen Kommunikationsströme, insbesondere der Auflösung der Öffentlichkeit in immer kleinere Teilforen und Netzöffentlichkeiten, in denen auch die Grenze zwischen Privatheit und Öffentlichkeit durchlässiger wird; man denke nur an soziale Medien wie Facebook oder neuere Kommunikationsformen wie Blogs. Die amerikanische Federal Communications Commission (FCC) hat diesen Trend einer Zerklüftung der Medienlandschaft in immer kleinere Bruchstücke kürzlich treffend als ein *great unbundling* charakterisiert. Die ›große Entbündelung‹ bedeutet nicht nur eine Schrumpfung der herkömmlichen Programmformate, mit ihr ist darüber hinaus die Gefahr verbunden, dass bestimmte Formate und Inhalte künftig ganz verlorengehen.

Wenn Kultur das Symbol für ein ursprüngliches, latentes, gesellschaftlich geteiltes Wissen ist (wie der Philosoph Claude Lefort einmal formuliert hat) und die Öffentlichkeit seit dem 17. und 18. Jahrhundert das Forum repräsentiert, auf dem das gesellschaftlich geteilte Wissen in Form eines kollektiven Bestands von Themen zirkulieren kann, dann liegt die Herausforderung für ein Medienrecht in der Erhaltung der Durchlässigkeit der vielen Teilforen und Netzöffentlichkeiten für eine multimediale ›Hintergrundkultur‹, auf die sich alle beziehen können. Die neue Kultur der Netzwerke, die auch die soziale Epistemologie und damit das Wissen und die Verfahren der Wissensgenerierung überhaupt verändert, wirft mit anderen Worten die Frage auf, wie ein gemeinsames Wissen über gesellschaftliche Entwicklungen, die alle betreffen, erhalten werden kann –

und ein Informationsniveau, das der erreichten Komplexität der Gesellschaft angemessen ist. Es geht also um die Erhaltung eines Wissens, auf dessen Grundlage komplexe Entscheidungen in einem öffentlichen Raum einigermaßen sinnvoll diskutiert werden können – und nicht nur jeweils system- und organisationsspezifisch, etwa ausschließlich innerhalb des Politikbetriebs oder der Finanzmarktindustrie. Von hier aus ließe sich ein normativer Ansatzpunkt gewinnen (und im Medienrecht verankern), der den Umbau der Medienverfassung leiten und zur Institutionalisierung der digitalen Kommunikation, zum Aufbau einer »Rechtsverfassung der Internetkommunikation« (Ladeur 2012), beitragen könnte.

Ein solches Modell wird allerdings nur an Kontur gewinnen können, wenn es die Ebene des Allgemeinen verlässt und sektorspezifisch differenziert wird. In einer Art Rückkopplungsschleife müsste die dabei gewonnene Diversität dem Allgemeinen dann wieder zugeführt werden, um die allgemeine Ebene selbst mit mehr Differenz anreichern zu können.

Zusammenfassung

Mit Blick auf das herkömmliche (publizistische) Rundfunkrecht stellt sich die Notwendigkeit seiner Ergänzung durch ein horizontales Regelwerk, das den Wettbewerb zwischen öffentlich-rechtlichem und privatem Rundfunk etwa auf der Ebene der Refinanzierung der Programme genauer konturiert (Sportrechte, Filmrechte, Werbung etc.). Es müsste des Weiteren darum gehen, den wachsenden Wettbewerb zwischen früher getrennten Medien, wie etwa Presse- und Rundfunkunternehmen, bei konfliktintensiven Überlappungen, wie sie beispielsweise anlässlich der Tagesschau-App aufgetreten sind, durch meta-förmige Kollisionsregeln genauer zu konturieren.

In einem solchen Modell müsste und könnte auch das Persönlichkeitsrecht besser auf die neue Welt digitaler Kommunikationsformen eingestellt werden. Hier käme es etwa darauf an, die Persönlichkeitsrechte genauer mit der Eigenlogik der Medien zu konfrontieren und etwa medienbezogene Strategien des Aufbaus von Prominenten als Marke und ›Persönlichkeitsrechte‹ deutlicher zu unterscheiden lernen. Persönlichkeitsrechte müssen auch in neuen Kommunikationsforen zur Geltung gebracht werden können. Auch das Urheberrecht müsste viel mehr als Institutionenschutz unter neuen Bedingungen begriffen werden: Die Karriere des Plagiats (in der Musik, in der Literatur, in der Wissenschaft) kann nur im Zusammenhang mit tiefgreifenden Veränderungen der Form der (literarischen) Subjektivität begriffen werden, in der das Zusammenfügen und Überstülpen vorgedachter und geliehener Versatzstücke Authentizität und personale Verantwortung für Texte abgelöst hat; aber diese Verantwortung kann nicht einfach durch Mischen, Sampeln und das ›Recht zum Kopieren‹ ersetzt werden (vgl. Theisohn 2012, 40, 49, 57). Dieser Gedanke lässt sich auch auf andere Konflikte der neuen Netzwerkkultur übertragen, etwa den Streit um das Einfordern neuartiger ›Leistungsschutzrechte‹, die die Zeitungsverleger gegenüber der Zweitverwertung von Schlagzeilen und ›Snippets‹ durch Google einfordern. Auch in diesem Kontext wird versucht, eine Form der Zweitverwertung von Texten zu etablieren, die nichts Neues schafft, aber die medialen Produktions- und Reproduktionsbedingungen zu Lasten innovativer und reflexiver Formate verändert.

Der Katalog ließe sich weiter fortsetzen und beispielsweise auch auf Fragen des Telekommunikationsrechts oder des Datenschutzrechts beziehen. Es dürfte aber deutlich geworden sein, dass der Übergang zu einer neuartigen Kultur der Netzwerke das Medienrecht derzeit vor große Herausforderungen stellt.

Literatur

Assmann, Jan: *Religion und kulturelles Gedächtnis. Zehn Studien*. München 2000.

Behrends, Okko/Knütel, Rolf/Kupisch, Berthold/Seiler Hans H.: *Corpus Iuris Civilis I – Institutionen*. Heidelberg ²1997.

Bender, John B./Wellbery, David E.: Rhetoricality. On the modernist return of rhetoric. In: Dies. (Hg.): *The Ends of Rhetoric. History, Theory, Praxis*. Stanford, Cal. 1990, 3–39.

Blanning, Tim C.W.: *Das alte Europa 1660–1789. Kultur der Macht und Macht der Kultur*. Darmstadt 2006.

Franck, Georg: *Ökonomie der Aufmerksamkeit – ein Versuch*. München 1998.

Havelock, Eric A.: *Preface to Plato*. Cambridge, Mass. 1963.

Hunt, Lynn A.: *Inventing Human Rights. A History*. New York 2007.

Hutter, Michael: *Neue Medienökonomik*. München 2006.

Knott, Sarah: *Sensibility and the American Revolution*. Chapel Hill 2009.

Ladeur, Karl-Heinz: *Das Medienrecht und die Ökonomie der Aufmerksamkeit. In Sachen Dieter Bohlen, Maxim Biller, Caroline von Monaco u. a.* Köln 2007.

Ladeur, Karl-Heinz: Theoretische Überlegungen zu einer Neukonzeption des Jugendmedienschutzes. Von der Jugendgefährdung zum Risikomanagement? In: Reinhard Bork/Tilman Repgen (Hg.): *Das Kind im Recht*. Berlin 2009, 159–184.

Ladeur, Karl-Heinz: Ein »Leistungsschutzrecht« für Presseverlage und die Rechtsverfassung der Internetkommunikation. In: *AfP (Archiv für Presserecht)* 43 (2012), 420–427.

Meltzer, Mitchell: *Secular Revelations. The Constitution of the United States and Classic American Literature*. Cambridge, Mass. 2005.

Schmitt, Carl: *Die geistesgeschichtliche Lage des heutigen Parlamentarismus* [1926]. Berlin 1985.

Steinhauer, Fabian: *Bildregeln. Studien zum juristischen Bilderstreit*. München 2009.

Theisohn, Philip: *Literarisches Eigentum. Zur Ethik geistiger Arbeit im digitalen Zeitalter*. Stuttgart 2012.

Thomas Vesting

18. Medienpsychologie

Institutionalisierung des Fachgebietes Medienpsychologie

Als eigenständige Disziplin kann die Psychologie heute auf eine mehr als 130-jährige Tradition zurückblicken: Im Jahr 1879 gründete Wilhelm Wundt an der Universität Leipzig das erste Labor zur Erforschung psychologischer Vorgänge beim Menschen und legte damit den Grundstein für die moderne experimentelle Psychologie. In psychologischen Untersuchungen wurden schon immer Medien eingesetzt (z. B. Tonband- oder Videoaufzeichnungen als Reizmaterialien für Untersuchungen oder zur Beobachtung und Analyse von Versuchspersonenreaktionen), jedoch taucht die Bezeichnung ›medienpsychologisch‹ in Titeln von Forschungsprojekten, Publikationen, Lehrveranstaltungen oder Arbeitsgruppen bei Tagungen und Kongressen vermehrt erst seit Ende der 1980er Jahre auf. Im Jahr 1989 wurde von Jo Groebel, Peter Vitouch und Peter Winterhoff-Spurk die im Westdeutschen Verlag erschienene Fachzeitschrift *Medienpsychologie – Zeitschrift für Individual- und Massenkommunikation* gegründet, die heute im Hogrefe-Verlag als *Journal of Media Psychology – Theories, Methods, and Applications* fortgeführt wird und für den europäischen Raum ein zentrales Publikationsorgan für die medienpsychologische Forschung darstellt. Zehn Jahre später (1999) erschien der erste Jahresband der von Routledge verlegten internationalen Fachzeitschrift *Media Psychology*. Im Frühjahr 2000 wurde in der *Deutschen Gesellschaft für Psychologie* (DGPs) die Fachgruppe Medienpsychologie gegründet, was einen weiteren wichtigen Schritt in Richtung Institutionalisierung des Fachgebietes darstellte. Die Fachgruppe hat zum Ziel, medienpsychologische Forschungsaktivitäten zu bündeln und zu unterstützen und den wissenschaftlichen Austausch (z. B. durch die Organisation der im zweijährigen Rhythmus stattfindenden Fachgruppentagung) zu fördern. Als weitere Ziele werden die Etablierung eines Curriculums als Grundlage für die Vermittlung medienpsychologischer Inhalte in der akademischen Lehre sowie die Förderung des wissenschaftlichen Nachwuchses verfolgt. Gegenwärtig verzeichnet die Fachgruppe etwa 120 Mitglieder (mit ansteigender Tendenz) und gehört damit zwar nicht zu den ›großen‹, aber auch nicht zu den kleinsten Fachgruppen der DGPs.

Nicht zuletzt dank des Engagements der Fachgruppenmitglieder ist es gelungen, an vielen Universitäten und Hochschulen als ›medienpsychologisch‹ ausgewiesene Lehrinhalte in den Studien- und Prüfungsordnungen zu verankern. Auch in Nachbarfächern werden medienpsychologische Inhalte im Studium vermittelt und medienpsychologische Publikationen rezipiert. Allerdings konnte in den Prüfungsordnungen der universitären Psychologie-Studiengänge das Fach Medienpsychologie nicht als (anwendungsbezogener) Studienschwerpunkt (gleichwertig neben Fächern wie *Klinische Psychologie*, *Markt- und Werbepsychologie* oder *Pädagogische Psychologie*) verankert werden. Entsprechend finden sich an deutschsprachigen Universitäten kaum psychologische Lehrstühle bzw. Professuren, deren alleiniges oder zumindest überwiegendes Lehr- und Forschungsgebiet die Medienpsychologie ist. In der Hochschullandschaft ist die Medienpsychologie somit ein psychologisches Teilgebiet, das zwar nicht zu einem eigenständigen Berufsabschluss führt, das aber von den Studierenden häufig in Kombination mit anderen Fächern (wie der Sozialpsychologie, der Arbeits- und Organisationspsychologie oder der Pädagogischen Psychologie) gewählt wird.

Für die Publikation von Ergebnissen aus medienpsychologischen Untersuchungen können Forscherinnen und Forscher die bereits erwähnten beiden Fachzeitschriften *Journal of Media Psychology* (primär für den europäischen Raum) und *Media Psychology* (international) nutzen. Darüber hinaus werden medienpsychologische Arbeiten auch in anderen wissenschaftlichen Zeitschriften mit kommunikations- bzw. medienwissenschaftlichen Bezügen publiziert (z. B. in *Communication Research*, *European Journal of Communication*, *Human Communication Research*, *Journal of Broadcasting & Electronic Media*, *Journal of Business and Media Psychology*, *Journal of Communications*, *Medien & Kommunikationswissenschaft* oder *Presence*). Das erste deutschsprachige *Lehrbuch der Medienpsychologie* wurde 2004 von Roland Mangold, Peter Vorderer und Gary Bente herausgegeben und bietet in insgesamt 32 Kapiteln zu den Teilgebieten ›Grundlagen‹, ›Methoden‹ sowie ›Problemfelder und Anwendungen‹ Beiträge von 38 Autorinnen und Autoren aus allen Bereichen der medienpsychologischen Forschung. Inzwischen sind weitere Lehrbücher u. a. von Ulrike Six, Uli Gleich und Roland Gimmler (2007) sowie von Bernad Batinic und Markus Appel (2008) erschienen. Eine Einführung in die Medienpsychologie liegt von Peter Winterhoff-Spurk (2004) nunmehr schon in der zweiten Auflage vor; ein Nachschlagewerk zu den zentralen Konzepten und theoretischen Ansätzen haben Nicole Krämer, Stephan Schwan, Dagmar Unz und Monika Suckfüll (2008) veröffentlicht. Wichtige Standardwerke in englischer Sprache wurden von Richard Jackson Harris (2004), von Jennings Bryant und Mary Beth Oliver (2009), von Robin Nabi und Mary Beth Oliver (2009) sowie von Charles Berger, Michael Roloff und David Roskos-Ewoldson (2010) herausgegeben.

Aufgaben und Ziele der Medienpsychologie

In medienpsychologischen Forschungsstudien werden alle Arten psychischer Phänomene untersucht, die im Hinblick auf den menschlichen Umgang mit Medien eine Rolle spielen. Zu den Medien zählen einmal als ›Distributionsmedien‹ bzw. ›Massenmedien‹ Printmedien und audiovisuelle Medien, aber auch Medien zur Individualkommunikation (Telefon, E-Mail) sowie Lehrmedien (Multimedia, Edutainment, E-Learning). Weiterhin liefern Medienpsychologen Beiträge zur nutzerzentrierten Gestaltung von Softwareoberflächen oder Interfaces von Webangeboten (*usability* bzw. *user experience*). ›Vernetzte Computer‹ nehmen als Medien insofern eine Sonderstellung ein, als diese Geräte aufgrund ihrer vielseitigen Einsetzbarkeit in allen zuvor genannten Bereichen als Mittler dienen und sich hier die bisher übliche Trennung der am Kommunikationsprozess beteiligten Rollen in Medienproduzent und Medienrezipient aufzulösen beginnt (s. u.).

Im Anschluss an Winterhoff-Spurk (2004) kann Medienforschung auf der Makroebene (Sozialschicht, Nation, Kultur), auf der Mesoebene (Kleingruppen) oder auf der Mikroebene (Individuum) betrieben werden. Da in der Medienpsychologie die psychischen Prozesse beim Umgang des Einzelnen mit Medien im Vordergrund stehen, bewegt sich folglich diese mit ihren Erklärungen auf der Mikroebene, wohingegen sich Nachbardisziplinen der Erforschung von Phänomenen auf einer anderen Ebene oder sogar auf mehr als einer Ebene widmen. Mit Blick auf eine umfassende Beurteilung der Bedeutung von Medien für Menschen erweisen sich Forschungskooperationen zwischen Medienpsychologie und Nachbardisziplinen als außerordentlich fruchtbar, da jede Disziplin ihre für die jeweilige Ebene spezifischen Theorieansätze und Methoden in gemeinsame Projekte einbringen kann. Allerdings

muss bei derartigen Mehrebenen-Analysen durch die Heranziehung geeigneter ›Brückentheorien‹ dafür Sorge getragen werden, dass keine Erklärungsbrüche entstehen.

In Anlehnung an das Sender-Empfänger-Modell unterscheidet Winterhoff-Spurk (2004), ob psychische Phänomene bei der Produktion (Medienproduktionspsychologie) oder bei der Rezeption von Medienbotschaften (Medienrezeptionspsychologie) im Zentrum des Forschungsinteresses stehen. Dagegen sind Botschafts- bzw. Medienanalysen in der Medienpsychologie weniger bedeutsam und werden mit dem Ziel einer detaillierten Reiz- bzw. Materialbeschreibung lediglich ergänzend zur Auswertung von Versuchspersonenreaktionen vorgenommen.

Die Medienpsychologie ist einerseits eine Grundlagenwissenschaft. Zur Erforschung des menschlichen Umgangs mit Medien bedient sich die Medienpsychologie des gesamten Inventars an Theorien und Erkenntnissen sowie an Forschungsmethoden der Psychologie und ist in dieser Hinsicht vollständig in das ›Mutterfach‹ integriert. Allerdings hat sich gezeigt, dass es zur adäquaten Beantwortung von im Hinblick auf die Mediennutzung auftretenden Fragestellungen erforderlich sein kann, die Entwicklung spezifischer theoretischer Ansätze voranzutreiben und neue Methoden zu entwickeln. Beispielsweise unterscheiden sich bei der Rezeption von Spielfilmen auftretende emotionale Begleiterscheinungen in charakteristischer Weise von affektiven Zuständen im Alltag; die Funktion solcher ›Mediengefühle‹ wurde jedoch in der Emotionspsychologie bislang weitgehend ignoriert. Erst durch medienpsychologische Arbeiten zu emotionalen Medienwirkungen traten diese Unterschiede hervor und wurden als erklärungsbedürftig erkannt. Bewährte medienpsychologische Theorieansätze und Methoden werden umgekehrt von der Psychologie aufgegriffen und dort in den Theorien- und Methodenbestand integriert. Andererseits ist die Medienpsychologie aber auch ein Anwendungsfach, in dem die gefundenen Erkenntnisse zur Medienproduktion und Mediennutzung für die Planung und Entwicklung verbesserter Medienangebote herangezogen werden.

Im Hinblick auf die Setzung von Schwerpunkten und die Besonderheiten der Vorgehensweise gibt es zwischen der Medienpsychologie und der in einer kultur-, geistes- oder sprachwissenschaftlichen Tradition stehenden Medienwissenschaft eine Reihe prägnanter Unterschiede. Insbesondere ist die Forschungsmethodik eine andere: In medienpsychologischen Studien werden in der Regel Versuchsbedin-

gungen variiert und die Auswirkungen einer solchen
Variation auf die erfassten abhängigen Variablen beobachtet und analysiert. Nur wenn in (labor-experi-
mentellen) Untersuchungsanordnungen Versuchs-
bedingungen gezielt herbeigeführt sowie kontrolliert
und dadurch Konfundierungen mit anderen Faktoren ausgeschlossen werden, können Kausalbeziehun-
gen zwischen unabhängigen und abhängigen Variablen nachgewiesen werden. Überschneidungen mit
der Medienwissenschaft bestehen eher bei den
theoretischen Ansätzen; so fließen Ergebnisse medienwissenschaftlicher Medienanalysen als Hinter-
grundwissen in die medienpsychologische Forschungstätigkeit ein und nicht selten bilden medienwissenschaftliche Theorien die Grundlage für die
Herleitung spezifischer experimenteller Hypothesen. Ein Beispiel hierfür stellt Marshall McLuhans
Ansatz dar (s. Kap. II.4), der eine Reihe medienpsychologischer Studien zu den Langzeitwirkungen einer intensiven und zeitlich ausgedehnten Mediennutzung ausgelöst hat und hierfür die Basis bildet.
Allerdings ist aufgrund der methodologisch deutlich
unterschiedlichen Ausrichtung beider Disziplinen
die Beziehung der Medienpsychologie zu der in der
Tradition der Sozialwissenschaften stehenden Kommunikationswissenschaft (s. Kap. II.7 und IV.13)
deutlich enger als zur Medienwissenschaft.

Fragestellungen der Medienpsychologie

Wie schon angedeutet, sind medienpsychologische
Forschungsarbeiten auf die Untersuchung der psychischen Umstände bei der Produktion oder der Rezeption von Medienbotschaften ausgerichtet. Dabei
ist die Forschungsaktivität zu rezeptionsorientierten
Fragestellungen intensiver als zu produktionsorien-
tierten, da (zumindest bei den Distributionsmedien)
die Zahl von Rezipienten sehr viel größer ist als die
Zahl der Produzenten von Medienbotschaften und
somit der Erforschung von Wirkungen eine größere
Bedeutung beigemessen wird. Möglicherweise wird
sich diese Asymmetrie insbesondere bei der Erforschung von Internetmedien der zweiten Generation
(*Social Media*, *Web 2.0*) auflösen, wenn die Mediennutzer in zunehmendem Maße gleichermaßen Rezipienten wie Produzenten von Medieninhalten sind.

Im Rahmen der Medienrezeptionsforschung war
es bislang üblich, zwischen Selektions- und Wirkungsforschung zu unterscheiden. Im Rahmen der
Selektionsforschung steht die Frage im Vordergrund, welche bei der Person des Mediennutzers

oder aber in der Rezeptionssituation verankerten
Faktoren bewirken, dass der Nutzer ein spezifisches
Medium bzw. eine spezifische Medienbotschaft für
die Rezeption auswählt (*selective exposure*). Insbesondere in Verbindung mit der Beteiligung zahlreicher privatfinanzierter Fernsehkanäle an der Versorgung der Zuschauer (zunächst in den USA, später
auch in der BRD) stellte es ein zunehmend wichtiges Anwendungsziel medienpsychologischer Forschungstätigkeit dar, auf der Grundlage der dabei
herausgefundenen Nutzungsmotive das Medienangebot besser auf die Bedürfnisse der Zuschauer ab-
stimmen zu können. Diese *Nutzungsmotiv*-Forschung
wurde später im ›Uses-and-Gratifications‹-Ansatz
weitergeführt. Da die Zahl der verfügbaren Infor-
mationskanäle und Medienbotschaften immer weiter zunimmt, spielen gerade heute Nutzungsmotive
bzw. medienbezogene Gratifikationen im Hinblick
auf die Medienwahl eine wichtige Rolle. So wird beispielsweise gegenwärtig in der Medienpsychologie
intensiv diskutiert, welche Gratifikationen zur Rezeption von Spielfilmen führen, die bei den Zuschauern negative bzw. ambivalente emotionale Reaktionen auslösen (s. u.). Aber auch im Hinblick auf
Auswahl von Inhalten aus dem fast unüberschaubaren Informationsangebot im Internet gewinnt die
Frage nach den damit verbundenen Gratifikationen
mehr und mehr an Bedeutung.

In medienpsychologischen Untersuchungen werden (neben der Verhaltensbeobachtung) Indikatoren für kognitive, für motivationale und für emotionale Prozesse bei der Verarbeitung der dargebotenen
Medieninhalte registriert. In diesem Zusammenhang erwies sich die lange Zeit in der Psychologie
vorherrschende Trennung zwischen kognitionspsychologischen und emotionspsychologischen Phänomenen, also zwischen Kognitions- und Emotionspsychologie, zunehmend als hinderlich; gerade in
der Medienpsychologie ist eine integrative Betrachtung von Zuständen und Abläufen aus dem kognitiven und dem emotionalen Bereich bedeutsam. Entsprechend beinhaltet etwa das aktuell elaborierteste
Modell der Verarbeitung von Medienbotschaften,
das *Least Capacity Model of Human Mediated Message Processing* von Annie Lang, sowohl ein (kogniti-
ves) Teilsystem für die Aufnahme, Verarbeitung und
Speicherung von Informationen aus einem Medium
als auch ein motivational-emotionales Teilsystem,
das über den Mechanismus der Verteilung einer begrenzten Menge von Verarbeitungskapazität auf die
ablaufenden Prozesse einwirkt und deren Verarbei-
tungstiefe bzw. Verarbeitungsergebnis beeinflussen

kann. Beispielsweise kann auf der Grundlage dieses Modells erklärt werden, wie emotionale Bilder in Nachrichten das Gedächtnis für vermittelte Nachrichteninhalte beeinflussen oder wie Rezipienten medienvermittelte Inhalte in positiver Stimmung anders verarbeiten als in negativer.

Auch die bereits beschriebene Trennung von Selektions- und Wirkungsforschung wird in zunehmendem Maße als künstlich und hinderlich empfunden, da sich bei der Medienrezeption eine Selektions- und eine Wirkungsphase zeitlich nicht voneinander abgrenzen lassen. Vielmehr sind im Verlauf der Nutzung eines Mediums beide Aspekte eng miteinander verschränkt – die Auswahl einer Medienbotschaft bedingt spezifische Medieneffekte, diese wiederum beeinflussen nachfolgende Selektionsentscheidungen usw. Dem trägt etwa die ›Uses-and-Gratifications‹-Forschung dadurch Rechnung, dass dort zwischen erwarteten (*gratifications expected*) und erhaltenen Gratifikationen (*gratifications obtained*) unterschieden wird: Wenn der Mediennutzer zum Ende einer Sendung feststellt, dass er die zu Beginn erwarteten Gratifikationen nicht erhalten hat, wird dieses Defizit seine nachfolgende Selektionsentscheidung beeinflussen. Es ist sogar vorstellbar, dass eine kontinuierliche rezeptionsbegleitende Bewertung erzielter Gratifikationen schon zu einem frühen Zeitpunkt zu einem veränderten Rezeptionsstil des Zuschauers (beispielsweise mit einer geringeren Aufmerksamkeitszuwendung zur Botschaft und einer stärkeren Hinwendung zu Sekundärtätigkeiten) führt. Vor diesem Hintergrund wird die Notwendigkeit der Entwicklung von Medienzutzungsmodellen deutlich, in denen sowohl Selektions- als auch Wirkungsphasen erfasst und in ihrem Wechselspiel erklärt werden.

Aktuelle Forschungsfelder, Fragestellungen und Probleme der Medienpsychologie

Die in der gegenwärtigen medienpsychologischen Forschung bearbeiteten Fragestellungen sind zum einen Ausdruck der bereits angedeuteten Fortentwicklung der theoretischen Ansätze hin zu umfassenderen und stärker unterschiedliche Teilaspekte integrierenden Erklärungsmodellen. Sie spiegeln aber auch die Besonderheiten der sich rapide verändernden Medienlandschaft und die damit einhergehenden veränderten Nutzungsgewohnheiten der Menschen (z.B. von Internetangeboten im Unter-

schied zu Hörfunk und Fernsehen) wider. Nachfolgend werden spezifische Forschungsfragen und Problemfelder umrissen, die aktuell in der Medienpsychologie intensiv erforscht und diskutiert werden. Bei der Auswahl wurden solche Bereiche vorgezogen, die auch in der Medienwissenschaft diskutiert werden und bei denen sich mögliche Schnittstellen zwischen beiden Disziplinen andeuten:

(1) Informieren und Unterhalten als Funktion der Medien: Befragungen haben ergeben, dass sich die von den Programmanbietern vorgenommene Trennung in Informations- und Unterhaltungssendungen in der Sichtweise der Zuschauer nicht widerspiegelt: Jede Sendung ist für den Zuschauer sowohl mehr oder weniger informativ als auch mehr oder weniger unterhaltend. Beispielsweise bieten Infotainment- und Edutainment-Angebote eine unterhaltsame Informationsvermittlung, während Quizsendungen neben der Unterhaltungswirkung auch das Wissen der Zuschauer vergrößern. Im Kontext des ›Uses-and-Gratification‹-Ansatzes demonstriert Lawrence Wenner mit Hilfe seines *gratification web*, dass selbst die eindeutig dem Informationsgenre zurechenbaren Fernsehnachrichten von den Zuschauern nicht nur zur Orientierung, sondern auch für soziale Zwecke (z.B. als Gesprächsstoff bei der Anschlusskommunikation), für die eigene Unterhaltung oder für den Aufbau parasozialer Beziehungen genutzt werden. Da es nur für einen geringen Teil der mit der Rezeption von Nachrichten verbundenen Gratifikationen überhaupt erforderlich ist, dass die Nachrichten tief verarbeitet und im Gedächtnis gespeichert wurden, wird auf der Grundlage des *gratification web* verständlich, dass in Studien die für Fernsehnachrichten beobachteten Verstehens- und Gedächtnisleistungen recht gering ausgefallen sind und auch durch stilistische Verbesserungen der Darbietungsform nicht wesentlich gesteigert werden konnten. Auch im Hinblick auf die Vorstellung von Unterhaltungsangeboten als Medienbotschaften, deren alleiniges oder zumindest vordergründiges Ziel es ist, dem Rezipienten Vergnügen zu bereiten, vollzieht sich gegenwärtig ein Wandel der Sichtweise. So hebt Mary Beth Oliver im Kontext der Beschreibung von Studien zu bedeutungsvoller Unterhaltung (*meaningful entertainment*) hervor, dass Zuschauer nicht nur *enjoyment* suchen, sondern dass rezeptionsbegleitend erlebte Emotionen auch ein Ausgangspunkt für Reflexions- und Lernprozesse sein können und die Basis für neue Erkenntnisse, Identifikation und Austausch mit anderen Personen bilden können. Dabei zeigt sich, dass für dermaßen

bedeutungsvolle Unterhaltungswirkungen insbesondere ambivalente emotionale Zustände von Bedeutung sind, wie sie etwa bei der Rezeption von berührenden Dramen empfunden werden (s. u.).

(2) Narration und Transportation: Melanie Green und Timothy Brock befassen sich seit dem Jahr 2000 mit der Frage, warum narrative Inhalte von Romanen und Spielfilmen eine so große Anziehungskraft auf die Medienrezipienten ausüben, diese in sich ›hineinziehen‹ und so emotionsähnliche Zustände auslösen, die dem ›Flow‹ nahestehen – zusammengefasst unter dem Begriff der Transporation (vgl. Green 2008; Green/Brock 2002). Der Grad der bei der Medienrezeption erlebten Transportation kann mit Hilfe standardisierter Fragebögen erfasst werden. In einer Reihe von Arbeiten konnte gezeigt werden, dass der durch *story telling* bei den Lesern bzw. Zuschauern bewirkte Transportationsgrad zu einer verstärkten Überzeugungskraft des Textes bzw. Filmes und einem besseren Gedächtnis für Details führen kann. Weitere Ergebnisse deuten darauf hin, dass der Zustand der Transportation genutzt werden kann, um das Gedächtnis für Nachrichteninhalte zu verbessern; außerdem wird dieser Mechanismus in zunehmendem Maße in der Werbung zur Verbesserung der Einstellung zur Werbung (und damit auch der Einstellung zum Produkt) eingesetzt.

(3) Ambivalente Emotionen: In einer aus dem Jahr 1993 stammenden Arbeit beschreibt Oliver das *sad film paradoxon*, wonach sich Filmzuschauer bei ergreifenden Filmen (*tear jerkers*) freiwillig negativen Emotionen (wie z. B. Traurigkeit) aussetzen und diesen Zustand – anders als im Alltag – als etwas Positives und Erstrebenswertes empfinden. Vergleichbare Überlegungen werden für weitere (positiv bewertete) negative Gefühle wie Furcht bzw. Angst, Ärger, Verachtung und Ekel angestellt. Zur Erklärung der widersprüchlichen Mediennutzungsmotive wurde eine Reihe unterschiedlicher Ansätze vorgelegt, ohne dass bis heute eine umfassende und vollständige Erläuterung gefunden werden konnte. Offensichtlich ist, dass es sich hier um ein medienspezifisches Phänomen handelt, bei dem negative bzw. ambivalente emotionale Zustände gezielt aufgesucht und dabei spezifische, über das reine Vergnügen hinausgehende emotionale Gratifikationen erhalten werden. Eine solche Gratifikation könnte bei der Mediennutzung beispielsweise darin bestehen, die aktuell vorherrschende Stimmung zu beeinflussen und im Hinblick auf ein spezifisches Ziel anzupassen.

(4) Stimmungs- bzw. Emotionsregulation durch Medien: Nach der Theorie des Stimmungsmanagements von Dolf Zillmann nutzen Rezipienten Medien, um ihren emotionalen Zustand zum Positiven zu verändern. So wird ein Zuschauer, der sich in einem unangenehmen emotionalen Zustand befindet, einen solchen Film bevorzugen, von dem er annimmt, dass er ihn in eine positivere Stimmung bringen und ihn von seinen Problemen ablenken wird. Jedoch sind zahlreiche Ergebnisse aus empirischen Studien nicht oder nur schwer mit dem hedonistischen Prinzip des *mood management* in Übereinstimmung zu bringen. Vielmehr deuten Befunde darauf hin, dass bei Mediennutzern weniger die generelle Stimmungsverbesserung im Vordergrund steht, sondern dass sich insbesondere Zuhörer und Zuschauer durch Medien gezielt in eine solche (durchaus auch negative) Stimmung bringen, die ihren aktuellen Zielen (z. B. der Bewältigung von Liebeskummer oder der Revanche für eine erlittene Provokation) am dienlichsten ist (*mood adjustment*). Passend hierzu beschreiben theoretische Ansätze, wie z. B. das Emotionen-Metaemotionen-Regulations-Modell von Werner Wirth und Holger Schramm, Strategien, durch die mit Hilfe von Medien der aktuelle Stimmungszustand verändert und den verfolgten Zielen angepasst werden kann.

(5) Wirkungen von Mediengewalt: In der medienpsychologischen Forschung wird zu den Wirkungen von Mediengewalt weitgehend die Überzeugung geteilt, dass sie die Gefahr nachteiliger Wirkungen auf die Nutzer in sich birgt. Craig Anderson und Brad Bushman fassen in einer Reihe von Übersichtsarbeiten die potentiell schädlichen Wirkungen zusammen: Ein intensiver Konsum von Mediengewalt führt häufiger zu aggressivem Verhalten, zu gesteigerten Befürchtungen, Opfer einer Gewalttat zu werden, und eher zu einer Abstumpfung empathischer Reaktionen. Die Autoren räumen zwar ein, dass die Effekte eher gering ausfallen und zumeist nur in Verbindung mit anderen negativen Faktoren bei gefährdeten Personen auftreten, jedoch ist die gesellschaftliche Bedeutung eines solchen Zusammenhangs aufgrund der ausgesprochen nachteiligen Konsequenzen sehr hoch. Interessanterweise schätzen die Autoren das Gefährdungspotenzial von Computerspielen aufgrund der erlebten, von den Spielern erfahrenen Selbstwirksamkeit, der Perspektivenübernahme und des überwiegenden Auftretens in der Täterrolle höher ein als etwa das der von gewalthaltigen Filmen und Fernsehsendungen ausgehenden Wirkungen. Im *General-Aggression-*Modell von Craig Anderson und Nicholas Carnagey werden die Zusammenhänge zwischen kognitiven,

motivationalen und emotionalen Strukturen und Prozessen im Vorfeld des Auftretens impulsiver und nicht kontrollierter aggressiver Handlungen beschrieben. Insbesondere macht dieses Modell deutlich, dass aggressive Verhaltensweisen das Verhältnis zur sozialen Bezugsgruppe stören, dass dies zu einer anderen Rezeptionshaltung der Person gegenüber Mediengewalt führt und dass dadurch wiederum (als *circulus vitiosus*) das Gefahrenpotenzial vergrößert wird.

(6) Kultivierungseffekte: Seit den Untersuchungen der Arbeitsgruppe von George Gerbner zur »Scary World of TV's Heavy Viewer« werden auch in der Medienpsychologie mögliche langfristige Auswirkungen einer intensiven Mediennutzung unter dem Stichwort ›Kultivierungseffekte‹ diskutiert und erforscht. Aus methodischer Sicht stellt es für die medienpsychologische Forschung allerdings ein Problem dar, dass sowohl aus technischen als auch aus ethischen Gründen laborexperimentelle Studien mit kontrollierter Bedingungsmanipulation nicht oder nur begrenzt (z. B. mit nur kurzen Nachwirkungszeiten von Gewaltdarbietungen) durchführbar sind. Somit können lediglich Feldexperimente gemacht werden, bei denen die Menschen entsprechend ihren Nutzungszeiten in Gruppen von Wenignutzern oder Vielnutzern von Mediengewalt eingeteilt werden, oder es werden Ergebnisse von Längsschnittstudien ausgewertet. Ungeachtet solcher methodischen Einschränkungen liegen zahlreiche (auch meta-analytische) Studien zum Einfluss der Mediennutzung auf spezifische Einstellungen (*cultivation of beliefs*), auf kognitive Fähigkeiten (*cultivation of cognitive skills*) und auf das Emotionserleben (*cultivation of emotions*) vor. Neuerdings werden auch Kultivierungseffekte der intensiven Internetnutzung diskutiert; so wird etwa angenommen, dass durch die permanente Verfügbarkeit und Abrufbarkeit von Informationen im Internet die Tendenz zur Speicherung von Inhalten im Langzeitgedächtnis abnimmt und vielmehr das Behalten von Speicherorten (*transactive memory*) in den Vordergrund tritt. Entsprechende weiterführende Studien hierzu stehen jedoch noch aus.

Literatur

Batinic, Bernad/Appel, Markus (Hg.): *Medienpsychologie.* Heidelberg 2008.

Berger, Charles R./Roloff, Michael E./Roskos-Ewoldsen, David R. (Hg.): *The Handbook of Communication Science.* Thousand Oaks, CA ²2010.

Bryant, Jennings/Oliver, Mary Beth (Hg.): *Media Effects. Advances in Theory and Research.* New York ³2009.

Green, Melanie C.: Transportation theory. In: Wolfgang Donsbach (Hg.): *International Encyclopedia of Communication.* Oxford 2008, 5170–5175.

Green, Melanie C./Brock, Timothy C.: In the mind's eye. Transportation-imagery model of narrative persuasion. In: Melanie C. Green/Jeffrey J. Strange/Timothy C. Brock (Hg.): *Narrative Impact. Social and Cognitive Foundations.* Mahwah, NJ 2002, 315–341.

Harris, Richard Jackson: *A Cognitive Psychology of Mass Communication.* Mahwah, NJ. ⁴2004.

Krämer, Nicole C./Schwan, Stephan/Unz, Dagmar/Suckfüll, Monika (Hg.): *Medienpsychologie. Schlüsselbegriffe und Konzepte.* Stuttgart 2008.

Mangold, Roland/Vorderer, Peter/Bente, Gary (Hg.): *Lehrbuch der Medienpsychologie.* Göttingen 2004.

Nabi, Robin L./Oliver, Mary Beth (Hg.): *The SAGE Handbook of Media Processes and Effects.* Thousand Oaks, CA 2009.

Six, Ulrike/Gleich, Uli/Gimmler, Roland (Hg.): *Kommunikationspsychologie und Medienpsychologie.* Weinheim 2007.

Winterhoff-Spurk, Peter: *Medienpsychologie. Eine Einführung.* Stuttgart ²2004.

Roland Mangold

19. Mediensoziologie

Institutionalisierung einer Bindestrichsoziologie

Als eigenständige wissenschaftliche Disziplin entwickelte sich die Soziologie um die Wende vom 19. zum 20. Jahrhundert. Seither beschäftigt man sich damit, wie sich Gesellschaft beschreiben und erklären lässt, wie sich das Zusammenleben der Individuen gestaltet und verändert und nach welchen Regeln und Gesetzmäßigkeiten Menschen kommunizieren und interagieren. In ihren Ursprüngen kann die Soziologie als Gesellschaftslehre verstanden werden, die sich je nach Problemstellung und methodischem Zugang als grundlegende Sozialwissenschaft auf die empirisch-theoretische Erforschung sozialen Handelns und der gesellschaftlichen Strukturen und Prozesse konzentriert (vgl. Hillmann/Hartfiel 2007, 837 f.). Die Gesellschaft ist das »spezifische Bezugsproblem« (Corsten 2011, 24) der Soziologie, das vielschichtig und uneinheitlich betrachtet und erforscht wird. Gesellschaft ist ein Abstraktum, das in Form und Struktur kaum zu fassen ist. Versucht man Gesellschaft zu bestimmen, so kann man sie als ein Gefüge von Menschen bzw. von menschlichem Handeln beschreiben, das auf die Befriedigung individueller und gemeinsamer Bedürfnisse abzielt. Gesellschaft kann als das mehr oder weniger dauerhafte und organisierte Zusammenwirken von Individuen zur Erreichung bestimmter Ziele und Zwecke verstanden werden. Sie lässt sich als unbestimmter Rahmen, als System, als vorgegebene Struktur vorstellen, in der Menschen Orientierung und Ordnung, Regelhaftigkeit und Bedeutungsgehalte suchen und finden (vgl. Hillmann/Hartfiel 2007, 289). Auch wenn die Gesellschaft nicht unmittelbar sichtbar und wahrnehmbar ist, spielt sie dennoch eine entscheidende Rolle für das alltägliche Handeln von Menschen (vgl. Nassehi 2008, 103 f.).

In ihren Anfängen waren die meisten Vertreter der Soziologie um eine problemorientierte Perspektive auf die Gesellschaft als Ganzes bemüht. Empirie und Theoriearbeit standen dabei in einem dynamischen Wechselverhältnis, wobei generell werturteilsfrei geforscht wurde (vgl. Hillmann/Hartfiel 2007, 838). Mit zunehmender Komplexität und Ausdifferenzierung der modernen Gesellschaft entwickelten sich neben den eher universalistisch ausgerichteten Ansätzen auch mikrosoziologische Forschungsanstrengungen. Die makrosozialen Themen fokussie-

ren bis heute auf die »gesellschaftliche Ordnung« und den »sozialen Wandel« sowie auf das Vorhandensein von »sozialen Ungleichheiten«, die mikrosozialen auf die Erklärung des sozialen Verhaltens bzw. Handelns (ebd., 839). Herausgebildet haben sich zahlreiche spezielle Soziologien, die sich mit Teilsystemen und besonderen Institutionen der Gesellschaft sowie mit Teilbereichen des gesellschaftlichen Lebenszusammenhangs beschäftigen. Die Deutsche Gesellschaft für Soziologie (DGS) verfügt derzeit über 36 Sektionen und zusätzlich noch Arbeitsgemeinschaften, die zusammen die Themengebiete, mit denen sich die Soziologie aktuell auseinandersetzt, gut abbilden. Im *Handbuch Spezielle Soziologien* (Kneer/Schroer 2010) werden 40 Bindestrichsoziologien ausführlich vorgestellt, die sich weitgehend mit den vorhandenen Sektionen und Arbeitsgemeinschaften decken.

Die Sektion Medien- und Kommunikationssoziologie der DGS verkörpert eine der 40 Bindestrichsoziologien. Sie wurde erst im Jahr 1992 gegründet, obgleich Medien und Kommunikation von Beginn an Gegenstand soziologischer Analysen gewesen sind und erste Studien zur Funktion und Bedeutung der Massenkommunikation bereits Ende des 19. Jahrhunderts durchgeführt wurden (vgl. Jäckel/Grund 2005, 16 ff.; Jäckel 2010, 278 ff.). Im Jahr 2014 verzeichnet die Mitgliederdatei 102 Personen. Neben der Sektion Medien- und Kommunikationssoziologie existiert eine Fachgruppe »Soziologie der Medienkommunikation« innerhalb der Deutschen Gesellschaft für Publizistik- und Kommunikationswissenschaft (DGPuK), die 2013 insgesamt 174 Mitglieder zählt.

Ein systematisches Lehrbuch zur Mediensoziologie, das sich mit der Geschichte, der Theoriebildung und den umfänglichen Forschungsansätzen und -feldern beschäftigt sowie historische und zeitgenössische Erkenntnisse dokumentiert, liegt bislang nicht vor. Eine komprimierte Einführung in die Mediensoziologie wurde 2006 von dem Soziologen Andreas Ziemann verfasst, die 2012 in zweiter Auflage erschienen ist. Ziemann arbeitet in seinem Werk anschaulich die Wechselwirkungen von Gesellschaftsstrukturen und Medienwandel heraus und betont die Relevanz einer sinnhaften Verknüpfung von Gesellschafts- und Medientheorien. Noch weitaus dezidierter behandelt er den komplexen Zusammenhang von Medienkultur, Subjektkultur und Gesellschaft sowie die damit verknüpften ambivalenten Entwicklungen in seiner Habilitationsschrift zum Thema *Medienkultur und Gesellschaftsstruktur* (2011). Einen selektiven Einblick in die wesentlichen Grundbegriffe der Mediensoziologie und in ausgewählte soziologische Medientheorien gewährt der Band *Medien- und Kommunikationssoziologie* (Neumann-Braun/Müller-Doohm 2000). Operationalisiert werden die Begriffe Medien, Medienkommunikation, Kommunikationsmedien und Öffentlichkeit. Referiert werden zudem die Kritische Medientheorie (s. Kap. II.9), die systemtheoretische (s. Kap. II.11) und poststrukturalistische Sicht (s. Kap. II.10) auf Medien der Gesellschaft und Ansätze der Cultural Studies (s. Kap. IV.23). Ferner wird das handlungstheoretische Modell der Rezeptionsforschung präsentiert. Ein weiterer Sammelband (vgl. Jäckel 2005) liefert mit 20 Aufsätzen einen Überblick zu den Grundfragen der Mediensoziologie und präsentiert exemplarisch einige sowohl klassische als auch aktuelle Forschungsfelder. Wichtige Standardwerke in englischer Sprache wurden u. a. von Arthur A. Berger (2012), Denis McQuail (2010) und Joshua Meyrowitz (1985) publiziert. Neuere Entwicklungen werden in den Werken von Nick Couldry (2012), Paul Hodkinson (2011) und Nick Stevenson (2002) aufgegriffen.

Wie oben ausgeführt, kann die Mediensoziologie nicht losgelöst von soziologischen Gesellschaftstheorien agieren, zugleich finden sich ihre Forschungsinteressen immer auch in anderen Bindestrichsoziologien wieder. Zu nennen wären hier die Kultursoziologie, die Jugendsoziologie, die Konsumsoziologie, die Soziologie der Politik und der Freizeit, des Körpers und der Migration sowie der sozialen Ungleichheiten, die Wissenssoziologie und die Techniksoziologie. Ferner bestehen enge Verbindungen zur Musik-, Film- und Kunstsoziologie sowie zur soziologischen Netzwerkforschung. Die Mediensoziologie verfügt derzeit für den deutschsprachigen Raum nicht über ein themenspezifisches, *peer-reviewed* Journal. Mediensoziologische Beiträge werden in den soziologischen Fachzeitschriften veröffentlicht, wobei sie dort eher randständig vertreten sind, und in den kommunikationswissenschaftlichen und interdisziplinären Zeitschriften wie zum Beispiel *Medien- und Kommunikationswissenschaft* (Nomos) oder dem Online-Journal *kommunikation@gesellschaft*. International von Bedeutung sind die Zeitschriften *Media Culture & Society*, die nunmehr im 35. Jahrgang bei Sage erscheint, sowie *Mass Communication and Society*, die seit 1998 bei Routledge publiziert wird.

Aufgaben und Ziele der Mediensoziologie

Die Mediensoziologie konzentriert sich auf die Untersuchung der reziproken Beziehungen von Individuum, Medien und Gesellschaft. Diese Trias findet sich im Grunde in allen Theoriemodellen und empirischen Studien wieder, die sich der Mediensoziologie verpflichtet fühlen, wenngleich die Gewichtungen von zwei oder drei Zusammenhängen durchaus verschieden sein können. Laut Ziemann richtet die Mediensoziologie »ihre Forschungs- beziehungsweise Theoriearbeit auf eine adäquate phänomenale Beschreibung, Interpretation und funktionale Erklärung damit verbundener Prozesse, Strukturen und Formbildungen aus« (2012; im Original kursiv). Im Mittelpunkt der Betrachtungen steht die Mensch-Medien-Interaktion, die als soziales Handeln mit und durch Medien oder einfach auch als Medienhandeln bezeichnet wird (vgl. u. a. Renckstorf 1989; Renckstorf/McQuail/Jankowski 1996). Menschen interagieren und kommunizieren mittels Medien und mit Medien. Ihr ›Medienhandeln‹ erfolgt nicht losgelöst von ihrer sozialen Einbettung in eine Gruppe respektive in die Gesellschaft. Medien sowie das Medienhandeln, d. h. die Zuwendung zu und Auseinandersetzung mit Medieninhalten, können dazu beitragen, dass sich Individuen über die Werte und Normen der Gesellschaft, in der sie leben, informieren. Medien übernehmen orientierende Funktionen, geben Auskunft über die Erwartungen der »generalisierten Anderen« (Mead 1934) und tragen wesentlich zur ›Sozialintegration‹ der Individuen bei. Sie strukturieren den Alltag, geben Impulse für die eigene Lebensführung, dienen der Unterhaltung und Wissensaneignung. Medien sind unverzichtbare Elemente der sozialen und politischen Partizipation in einer demokratisch verfassten Gesellschaft.

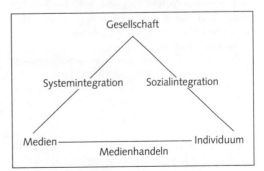

Abb. 1: Mediensoziologisches Dreieck
(nach Ziemann 2012, 12)

Teilbereiche der Gesellschaft, wie z. B. Wirtschaft, Politik, Wissenschaft, Recht und Kunst, werden über Medien für die Individuen zugänglich und können über Medienkommunikation erst aufeinander bezogen oder auch abgegrenzt werden. Sie funktionieren im Grunde nur, in dem über sie berichtet wird. Die mediale Informationspolitik trägt zudem zu ihrer Legitimation und ›Systemintegration‹ bei (vgl. Ziemann 2012, 12 f.). Gerade die Echtzeitmassenmedien – so Ziemann (vgl. ebd.) – ermöglichen und stellen maßgeblich die zeitlich-sachliche Koordination von Themen und Entscheidungen her. Sie können als die entscheidenden Agenturen für die Anfertigung von gesellschaftlichen Selbstbeschreibungen betrachtet werden.

Die Aufgabe der Mediensoziologie besteht in der Beobachtung und Beschreibung der Funktionszusammenhänge und Wechselwirkungen von Individuum, Medien und Gesellschaft und ihren Konsequenzen für das Zusammenleben von Menschen sowie der Organisation von Gesellschaft. Wie es für die Soziologie generell üblich ist, werden dabei sozialhistorische Entwicklungen analysiert, um Gegenwartsdiagnosen vornehmen zu können. Ziel ist dabei stets aufzuzeigen, inwieweit sich der soziale und der mediale Wandel einander bedingen. So bedürfen etwa neue Medientechnologien immer eines gesellschaftlichen Resonanzbodens, und sie müssen den Bedürfnissen moderner Menschen entsprechen, andernfalls setzen sie sich nicht durch (s. Kap. II.20). Zugleich generiert der soziale Wandel Interessen, Bedürfnisse und Sehnsüchte z. B. nach effektiver Informationsverarbeitung und Wissensaneignung, die wiederum von neuen Medientechnologien, von Anwendungen und Programmen bedient werden können. Um keine Missverständnisse aufkommen zu lassen, sei darauf hingewiesen, dass Medien aber auch eigene Logiken und Dynamiken entfalten, auf die die Individuen dann reagieren, aufklärerisch und steuernd einwirken (müssen), um das soziale Zusammenleben bzw. die soziale Ordnung nicht zu gefährden.

Ziel der mediensoziologischen Forschung und Theoriebildung ist die Bedeutung und Funktion der Medien auf der Makroebene, der Mesoebene und der Mikroebene verstehen und deuten zu können.

- Die *Makroebene* umfasst dabei gesamtgesellschaftliche inklusive globale Prozesse,
- die *Mesoebene* beleuchtet die Institutionen und Systeme, in denen und bei denen Medien füreinander eine zentrale Rolle spielen
- und die *Mikroebene* fokussiert auf das beobacht-

bare Medienhandeln von Individuen und dessen individuelle und soziale Folgen.

Entsprechend den verschiedenen Erklärungsansprüche mediensoziologischer Theorien variieren ihre jeweiligen Reichweiten. Die Vertreter konstruktivistischer (z. B. Sutter 2010) und systemtheoretischer Ansätze (z. B. Luhmann 1996) zur Beschreibung der Massenmedien, ihrer Bedeutung und Funktionen, sind um größtmögliche Erkenntnisse bemüht und entsprechend komplex und abstrakt (s. Kap. II.11). Die dazugehörigen Theorien werfen einzelne empirisch überprüfbare Fragestellungen auf und erlauben die Entwicklung von Hypothesen, sie sind aber an sich – das heißt in ihrer ganzen Komplexität – empirisch nicht verifizierbar (vgl. Donges/Leonarz/Meier 2005, 106). Gleiches gilt für die Kritische Theorie (vgl. Horkheimer/Adorno 1969) und die Theorie des kommunikativen Handelns (vgl. Habermas 1981). Anders als die Kommunikationswissenschaft operiert die Mediensoziologie gegenwärtig mehrheitlich mit komplexen Theorien und kaum mit Theorien mittlerer Reichweite. Zudem sind in allgemeinen soziologischen Gesellschaftsdiagnosen Medien zentrale Einheiten, Systeme und Organisationen, die bestimmte Gesellschaftsformationen erst ermöglichen. Zu nennen wären hier etwa die Kommunikationsgesellschaft (vgl. Münch 1991) oder die Informations- bzw. Netzwerkgesellschaft (vgl. Castells 1996) sowie die noch nicht abschließend konzeptionierte Mediengesellschaft (vgl. z. B. Imhof 2006; Saxer 2004).

Fragestellungen der Mediensoziologie

Mediensoziologische Fragestellungen sind nicht nur in der Soziologie, sondern auch den Medien-, Kommunikations- und Kulturwissenschaften sowie in der Pädagogik und den Erziehungs- und Bildungswissenschaften zu finden. Historisch betrachtet, bestimmten die folgenden Fragen die mediensoziologische Forschung (vgl. Jäckel/Grund 2005):

- Inwieweit tragen Medien einerseits zum Zusammenhalt von Menschen und andererseits auch zur sozialen Differenzierung bei?
- Welche Rolle spielen Medien im Hinblick auf den sozialen Wandel und inwieweit fördern und unterstützen sie die Entwicklung von Moral und Werten sowie die Genese eines kooperativen bzw. kollektiven Bewusstseins?
- Wie entsteht eine öffentliche Meinung und welche Funktion übernehmen dabei Medien?

Im Zentrum der Betrachtungen standen vornehmlich distribuierende Medien wie die Zeitung, das Radio und lange Zeit das Fernsehen. Diese Medien, ihre Verbreitung, ihre Inhalte und deren Rezeption, wurden im Hinblick auf ihren gesellschaftlichen Einfluss in der Regel kritisch analysiert (vgl. Funken/Ellrich 2008, 228 ff.). In jüngster Zeit rücken zunehmend auch digitale, interaktive Medien ins Zentrum der Betrachtung und das Forschungsinteresse an einem breiten Spektrum medialer Angebote und Produkte wird im Allgemeinen größer.

Während sich, wie oben erwähnt, mediensoziologische Fragestellungen zunächst eher im Kontext übergeordneter soziologischer Forschungsinteressen ergaben oder innerhalb der Soziologie – man möchte sagen – beiläufig behandelt wurden, spezialisierte man sich im Zuge der Etablierung der Massenkommunikation dann stärker. Medien und die Wirkungsweise ihrer Angebote auf das Individuum und die Gesellschaft wurden zum Ausgangspunkt der Betrachtung. Medien wurden nicht nur als Teilelement eines gesellschaftlichen Systems begriffen, sondern als Machtinstrument, das sozialen Wandel forcieren kann und ein kollektives Bewusstsein beeinflussen und bestimmen kann. Bis heute prominent ist die sogenannte Manipulationsthese, mit der Horkheimer und Adorno (1969) vor der Massenkultur gewarnt haben, da sie industriell und mechanisch standardisierte Unterhaltung produziert, ohne aufzuklären und die Massen zu Wort kommen zu lassen. Aus ihrer Sicht würden Medien sicherlich zur Zerstreuung und Regeneration in der Freizeit beitragen, sie würden aber von der eigenen sozialen Lage und den eigentlichen Bedürfnissen der Menschen einer kapitalistischen Gesellschaft ablenken, ihr Bewusstsein trüben und die Emanzipation der Individuen hemmen. Die Kritische Theorie (der sogenannten ›Frankfurter Schule‹) rekurrierte auf eine kritisch-marxistisch orientierte Analyse der modernen Gesellschaft, in der den Medien – zugehörig zur Kulturindustrie – und den Konsumenten eine besondere Bedeutung zukam. Die Analysen und Prognosen der beiden Sozialforscher wurden über die disziplinnahen Wissenschaftskreise hinaus rezipiert. Die medienkritischen Perspektiven wurden weiterentwickelt und haben unter anderem Eingang in die Cultural Studies gefunden (s. Kap. IV.23), in der die Systemanalyse von Kultur und Gesellschaft bis heute fester Bestandteil des Forschungsprogramms ist.

Nachdem in den 1970er und 1980er Jahren durch den *Uses-and-Gratification Approach* und andere kommunikations- und medienpsychologische Erklärungsmodelle zur Mediennutzung die Rezipienten stärker in das Blickfeld der Forscher gerieten, wurden die Annahmen und Analysen von Horkheimer und Adorno in Teilen relativiert. Es galt sich nunmehr bewusst zu machen, dass das Publikum keine homogene Masse ist, die sich kollektiv lenken lässt, sondern dass die einzelnen Rezipienten unterschiedliche soziale und psychologische Bedürfnisse haben und individuelle Erwartungen an die Medien stellen. Es setzte sich die Auffassung durch, dass Rezipienten nicht grundsätzlich passiv sind und Medieninhalte konsumieren, sondern dass sie aktiv darüber entscheiden, ob ein Kommunikationsprozess stattfindet oder nicht. Zudem wissen sie um die ihnen zur Verfügung stehenden Alternativen zur Bedürfnisbefriedigung und sind nicht den Massenmedien – wie von Horkheimer und Adorno postuliert – ausgeliefert.

Wissenschaftler, die sich eher symbolisch interaktionistischen Paradigmen verpflichtet fühlten, präferierten ebenfalls einen wertfreien Blick auf Medien, die als »neutral delivery system« (Meyrowitz 1985, 15) betrachtet werden sollten und als »cultural environments« (ebd., 16 ff.), die Kommunikation und vor allem gesellschaftliche Teilhabe ermöglichen. Medien und die Auseinandersetzung mit ihren Inhalten und Akteuren sollte als selbstverständlicher Teil der Sozialisation und der alltäglichen Lebenswelt moderner Individuen betrachtet werden. Meyrowitz kritisierte die bis dato gängige Medienforschung, die sich vorzugsweise auf die Reaktionen und Wirkungen medialer Inhalte konzentriere und davon ausgehe, dass medial vermittelte Einstellungen und Verhaltensweisen von den Rezipienten weitgehend unreflektiert imitiert und adaptiert würden. Dabei würden seiner Ansicht nach jedoch wesentliche Aspekte des alltäglichen sozialen Verhaltens und auch die Lebensumstände von Menschen vernachlässigt werden. Sein Anliegen war es, die zeitgenössischen Medientheorien (vor allem den Ansatz von Marshall McLuhan, s. Kap. II.4) und den Symbolischen Interaktionismus (vor allem vertreten von Erving Goffman) miteinander zu verknüpfen, um umfassend und ›gegenstandsgerecht‹ die Bedeutung (*impact*) der Medien auf das soziale Verhalten (*social behavior*) beschreiben und deuten zu können. Mediale Systeme und soziale Räume sollten nicht weiterhin getrennt analysiert und gedacht werden. Zudem sollte der Blick für die diffizilen medialen und sozialen Prozesse geschärft werden, für die Mediendynamiken, die Rollenveränderungen bewirkt haben und sicherlich noch immer ermöglichen.

Auch im deutschsprachigen Raum differenzierten sich zum Ende des letzten Jahrhunderts die
Theorieperspektiven deutlich aus, wurden Medien
als Systeme, Kontexte und auch Instanzen der Sozialisation betrachtet, somit also verstärkt als Ressource
und nicht als Machtinstrument verstanden. Im Zuge
der Auseinandersetzungen mit den Annahmen der
Cultural Studies und verschiedener korrespondierender soziologischer Untersuchungen – zu nennen wären hier beispielhaft Charlton/Neumann
(1986), Charlton/Neumann-Braun (1992) und Winter (1995) – wird deutlich, dass das Handeln mit Medien im sozialen Raum immer als etwas Prozesshaf-
tes und Produktives im Rahmen von (sich verändernden) Strukturen erfasst werden kann. Zu fragen
ist demzufolge:

- Präkommunikativ: Was geht der Medienzuwendung voraus? Welche situativen und welche ent-
  wicklungsbedingten Bedürfnisse sind vorhanden? Was ist die Ursache für welche Art von Zuwendung? Wie wird die Rezeptionssituation
  gestaltet? Nach welchen Kriterien erfolgt die Auswahl der Medien und ihrer Inhalte?
- Kommunikativ: Was passiert während der Medienzuwendung? Wie wird die Rezeption von wem
  gesteuert? Inwieweit handelt es sich bei der Erfassung von Medieninhalten um ein thematisch vor-
  eingenommenes Sinnverstehen? Welche Deco-
  dierungsfähigkeiten sind bei den Rezipienten
  vorhanden und inwieweit verhandeln sie (über)
  Medieninhalte?
- Postkommunikativ: Wie werden Medieninhalte
  verarbeitet und gespeichert? Inwieweit wirkt sich
  die Medienkommunikation auf soziale Beziehungen aus und verändert diese? Inwieweit werden
  die rezipierten Inhalte mit der eigenen Lebenslage
  in Verbindung gesetzt und dienen sie zur Bewältigung des Alltags und der Identitätskonstruktion?

Der Begriff der Medienaneignung setzt sich sukzessive durch und ist mittlerweile gängig. Er betont den
eigensinnigen, produktiven Umgang mit Medieninhalten – in den Cultural Studies wird von Texten
gesprochen –, die vielfältig interpretiert und in den
eigenen Lebenskontext integriert werden können.
Dabei werden Inhalte verschieden decodiert, Deutungen ausgehandelt, Botschaften verändert. Die
Aneignung eines Medieninhalts bzw. eines Textes
vollzieht sich mit Rückgriff auf die sozialen Erfahrungen, die man gemacht hat, und das Erleben und
der Bedeutungszuschreibung von Kultur sowie historischer Ereignisse, um die man weiß. Die Aneig-

nung von Medien ist grundsätzlich eine kontextuell
verankerte gesellschaftliche Praxis (vgl. u. a. Winter
1997; Göttlich 2006). Medien (dem Fernsehen und
anderen Formen der Medienkultur) wird eine
Schlüsselrolle bei der Strukturierung einer zeitgenössischen Identität attestiert (vgl. Kellner 1995,
237). Aktuell beschäftigen sich – nicht zuletzt im
Kontext der Mediensozialisations- und Mediatisierungsforschung (s. Kap. II.21) – mediensoziologische Fragestellungen umfassend und facettenreich
mit der Rolle der Medien bei der Identitätskonstruktion (vgl. u. a. Krotz 2007; Wegener 2008; Hartmann/
Hepp 2010; Hoffmann 2013).

Aktuelle Forschungs- und Problemfelder

Das Spektrum an Forschungsfeldern der Mediensoziologie hat sich in den vergangenen Jahren deutlich erweitert und ist im Grunde kaum in Gänze zu
überblicken. Versucht man, auch internationale
Forschungsbemühungen, Studien sowie Theorieentwicklungen mit zu berücksichtigen, ergibt sich ein
thematisches Sammelsurium, das noch einer Systematisierung und Ordnung bedarf. Themendomi-
nanzen und Themenkonjunkturen lassen sich nur
schwer ausmachen. Erschwerend kommt hinzu, dass
zwischen soziologischen, kommunikations-, kultur-
und medienwissenschaftlichen Forschungsfeldern
oft nicht unterschieden wird und die Grenzen de
facto auch verwischen (vgl. u. a. Keppler 2000;
Schmidt 2002). Sicherlich sind Themen wie z. B. ›interpersonale Kommunikation‹, ›politische Kommunikation‹, ›die Transformation von Öffentlichkeiten‹
und ›die Konstruktion sozialer Wirklichkeit‹ soziologische Forschungsfelder, aber sie werden multi-
disziplinär erforscht. Im Gegenzug beschäftigen sich
Mediensoziologen mit Themen, die man mitunter
eher in pädagogischen Disziplinen verorten würde,
wie etwa Medienkompetenz, oder in kommunikationswissenschaftlichen, wie die ›Inszenierung von
Glaubwürdigkeit‹ oder ›Werbekommunikation‹ (vgl.
z. B. Sutter 2010; s. Kap. IV.20).

Die Offenheit sowohl für Themen- und Problemfelder als auch für interdisziplinäre Ansätze und
methodische Vielfalt ist – folgt man dem Selbstverständnis der Sektion Medien- und Kommunikationssoziologie – beabsichtigt (eine Auswahl qualitativer Methoden der Medienforschung, die der Soziologie zugeordnet werden können, findet sich bei
Ayaß/Bergmann (2006)). Aus ihrer Sicht sind Medien und ihre gesellschaftlichen Wirkungen ein Pro-

blemkomplex, »der in den Kategorien und Methoden einer einzelnen Disziplin – und schon gar nicht
einer einzelnen Bindestrich-Soziologie – aufgeht«
(vgl. http://www.soziologie.de/en/sections/sektionen/
medien-und-kommunikationssoziologie/selbstver
staendnis.html [Zugriff am 28.5.2013]). Der bewusste
Verzicht auf einen festgelegten Theorie- und Metho-
denkanon lässt sich einerseits nachvollziehen (vgl.
auch Faßler 2003), andererseits wäre eine Profil-
schärfung gerade im Hinblick auf die Förderung von
mediensoziologisch relevanter Forschung respektive
soziologischer Medienforschung sicherlich von Vorteil.

Allgemein kann man konstatieren, dass die Pro-
blemperspektiven und Gegenstandsbereiche der Mediensoziologie in Abhängigkeit von den gesellschaftlichen und technologischen Entwicklungen variieren. Soziologische Gegenwartsanalysen, in denen
Medien eine zentrale Rolle zukommt, und die mit
Etikettierungen wie z. B. Wissens-, Informations-,
Medien- und Netzwerkgesellschaft in die öffentliche
Diskussion gebracht werden, fordern Mediensoziologen zum Diskurs heraus (vgl. Ziemann 2006). Sie
bedürfen der kritischen Überprüfung durch die ihnen zur Verfügung stehenden Theorien und empirischen Befunde (vgl. Ziemann 2012, 101 ff.). Neben
den soziologischen Gegenwartsanalysen und soziologischen Gesellschaftstheorien (vgl. Schimank 2000,
15 ff.) sind Mediensoziologen aber auch mit neuen
sozialen Phänomenen auf der Alltagsebene oder der
politischen Kommunikation und Partizipation konfrontiert, die es im Hinblick auf die oben genannten
Aspekte der Sozial- und Systemintegration einzuschätzen gilt. Als Beispiele können hier etwa die mobile Kommunikation via Smartphones (oder Tablets) oder sogenannte Social Media-Aktivitäten genannt werden (s. Kap. III.20). Anhand zahlreicher
aktueller Beispiele ließe sich zeigen, wie diese soziologisch zu bearbeiten und zu beforschen wären.

Dabei gibt es, wie oben erwähnt, keinen konsensuellen Idealtypus, aber doch maßgebende Komponenten, die für die Mediensoziologie charakteristisch sind: Sie fokussiert »entweder von gesellschaftlichen Strukturen, Medientechnologien und
Medienangeboten auf das Individuum; oder vom Individuum und seinem Medienhandeln oder Rezeptionsprozess auf soziale Situationen und Vergesell-
schaftungsbereiche; oder schließlich vom Feld der
Massenmedien auf andere Gesellschaftsbereiche
und *vice versa*« (Ziemann 2012, 101; Herv. i. O.). In
Anlehnung an Ziemann (vgl. ebd.) lässt sich festhalten, dass man in der Mediensoziologie in der Regel

mit den Mitteln soziologischer Gesellschafts- und
Kulturtheorien oder/und denen einer soziologi-
schen Handlungstheorie operiert. Wie in anderen
Bereichen der Soziologie auch, wechselt man je nach
Untersuchungsfeld zwischen Makro- und Mikro-
ebenen des Sozialen, ist man hinsichtlich der Erklä-
rung und Deutung sozialer Phänomene mit der
Frage konfrontiert, wie sich Struktur und Handeln
bedingen, wie sie zusammenspielen und funktionie-
ren, und warum sie nach bestimmten Mustern und
Gesetzmäßigkeiten erfolgen (vgl. Giddens 1997;
Schimank 2002).

Literatur

Ayaß, Ruth/Bergmann, Jörg (Hg.): *Qualitative Methoden
der Medienforschung*. Reinbek bei Hamburg 2006.

Berger, Arthur Asa: *Media and Society. A Critical Perspective* [2003]. Oxford ³2012.

Castells, Manuel: *The Information Age: Economy, Society,
and Culture, Volume 1: The Rise of the Network Society*.
Oxford/Malden, Mass. 1996.

Charlton, Michael/Neumann, Klaus: *Medienkonsum und
Lebensbewältigung in der Familie. Methode und Ergebnisse der strukturanalytischen Rezeptionsforschung – mit
fünf Falldarstellungen*. München 1986.

Charlton, Michael/Neumann-Braun, Klaus: *Medienkind-
heit – Medienjugend. Eine Einführung in die aktuelle
kommunikationswissenschaftliche Forschung*. München
1992.

Corsten, Michael: *Grundfragen der Soziologie*. Konstanz
2011.

Couldry, Nick: *Media, Society, World. Social Theory and Digital Media Practice*. Cambridge, Mass./Malden 2012.

Donges, Patrick/Leonarz, Martina/Meier, Werner A.: Theorien und theoretische Perspektiven. In: Heinz Bon-
fadelli/Otfried Jarren/Gabriele Siegert (Hg.): *Einführung
in die Publizistikwissenschaft*. Bern/Stuttgart/Wien ²2005,
103–146.

Faßler, Manfred: Soviel Medien waren nie. Quo vadis Mediensoziologie und Kommunikationssoziologie? In: Barbara Orth/Thomas Schwietring/Johannes Weiß (Hg.): *Soziologische Forschung: Stand und Perspektiven. Ein Handbuch*. Opladen 2003, 251–276.

Funken, Christiane/Ellrich, Lutz: Kommunikation & Medien. In: Nina Baur/Hermann Korte/Martina Löw/Mar-
kus Schroer (Hg.): *Handbuch Soziologie*. Wiesbaden
2008, 219–236.

Giddens, Anthony: *Die Konstitution der Gesellschaft.
Grundzüge einer Theorie der Strukturierung*. Frankfurt
a. M. 1997.

Göttlich, Udo: *Die Kreativität des Handelns in der Medienaneignung. Zur handlungstheoretischen Kritik der Wir-
kungs- und Rezeptionsforschung*. Konstanz 2006.

Habermas, Jürgen: *Theorie des kommunikativen Handelns.
Bd. 1: Handlungsrationalität und gesellschaftliche Rationalisierung. Bd. 2: Zur Kritik der funktionalistischen Vernunft*. Frankfurt a. M. 1981.

Hartmann, Maren/Hepp, Andreas (Hg.): *Die Mediatisierung der Alltagswelt*. Wiesbaden 2010.

Hillmann, Karl-Heinz/Hartfiel, Günter (Hg.): *Wörterbuch der Soziologie* [1972]. Stuttgart ⁵2007.

Hodkinson, Paul: *Media, Culture and Society. An Introduction.* London/Thousand Oaks/New Delhi/Singapore 2011.

Hoffmann, Dagmar: Das Sozialisationsprimat und der Identity Turn – Mediales Handeln und Subjektentwicklung. In: Anja Hartung/Achim Lauber/Wolfgang Reißmann (Hg.): *Das handelnde Subjekt und die Medienpädagogik. Festschrift für Bernd Schorb.* München 2013, 41–56.

Horkheimer, Max/Adorno, Theodor W.: *Dialektik der Aufklärung. Philosophische Fragmente* [1947]. Frankfurt a. M. 1969.

Imhof, Kurt: Mediengesellschaft und Medialisierung. In: *Medien- und Kommunikationswissenschaft* 54/2 (2006), 191–215.

Jäckel, Michael (Hg.): *Mediensoziologie. Grundfragen und Forschungsfelder.* Wiesbaden 2005.

Jäckel, Michael: Mediensoziologie. In: Kneer/Schroer 2010, 277–294.

Jäckel, Michael/Grund, Thomas: Eine Mediensoziologie – aus Sicht der Klassiker. In: Jäckel 2005, 15–32.

Kellner, Douglas: *Media Culture. Cultural Studies, Identity and Politics between the Modern and the Postmodern.* London/New York 1995.

Keppler, Angela: Verschränkte Gegenwarten. Medien- und Kommunikationssoziologie als Untersuchung kultureller Transformationen. In: Richard Münch/Claudia Jauß/Carsten Stark (Hg.): *Soziologie 2000. Kritische Bestandsaufnahmen zu einer Soziologie für das 21. Jahrhundert.* Soziologische Revue Sonderheft 5. München 2000, 140–152.

Kneer, Georg/Schroer, Markus (Hg.): *Handbuch Spezielle Soziologien.* Wiesbaden 2010.

Krotz, Friedrich: *Fallstudien zum Wandel von Kommunikation.* Wiesbaden 2007.

Luhmann, Niklas: *Die Realität der Massenmedien.* Opladen ²1996.

McQuail, Denis: *Mass Communication Theory* [1983]. London/Thousand Oaks/New Delhi/Singapore ⁶2010.

Mead, George Herbert: *Mind, Self and Society: From the Standpoint of a Social Behaviorist.* Chicago 1934.

Meyrowitz, Joshua: *No Sense of Place. The Impact of the Electronic Media on Social Behavior.* New York 1985.

Münch, Richard: *Dialektik der Kommunikationsgesellschaft.* Frankfurt a. M. 1991.

Nassehi, Armin: *Soziologie. Zehn einführende Vorlesungen.* Wiesbaden 2008.

Neumann-Braun, Klaus/Müller-Doohm, Stefan (Hg.): *Medien- und Kommunikationssoziologie. Eine Einführung in zentrale Begriffe und Theorien. Grundlagentexte Soziologie.* Weinheim/München 2000.

Renckstorf, Karsten: Mediennutzung als soziales Handeln: Zur Entwicklung einer handlungstheoretischen Perspektive der empirischen (Massen-) Kommunikationsforschung. In: Max Kaase/Winfried Schulz (Hg.): *Massenkommunikation: Theorien, Methoden, Befunde.* Sonderheft der Kölner Zeitschrift für Soziologie und Sozialpsychologie 30. Opladen 1989, 314–336.

Renckstorf, Karsten/McQuail, Denis/Jankowski, Nick: *Media Use as Social Action: A European Approach to Audience Studies.* Michigan 1996.

Saxer, Ulrich: Mediengesellschaft: auf dem Weg zu einem Konzept. In: Kurt Imhof/Roger Blum/Heinz Bonfadelli/Otfried Jarren (Hg.): *Mediengesellschaft. Strukturen, Merkmale, Entwicklungsdynamiken.* Wiesbaden 2004, 139–155.

Schimank, Uwe: Soziologische Gegenwartsdiagnosen – Eine Einführung. In: Ders./Ute Volkmann (Hg.): *Soziologische Gegenwartsdiagnosen I. Eine Bestandsaufnahme.* Opladen 2000, 9–22.

Schimank, Uwe: *Handeln und Strukturen. Einführung in die akteurstheoretische Soziologie.* Weinheim/München 2002.

Schmidt, Siegfried J.: Medienwissenschaft und Nachbardisziplinen. In: Gebhard Rusch (Hg.): *Einführung in die Medienwissenschaft. Konzeptionen, Theorien, Methoden, Anwendungen.* Opladen 2002, 53–68.

Stevenson, Nick: *Understanding Media Cultures.* London ²2002.

Sutter, Tilmann: *Medienanalyse und Medienkritik. Forschungsfelder einer konstruktivistischen Soziologie der Medien.* Wiesbaden 2010.

Wegener, Claudia: *Medien, Aneignung und Identität. »Stars« im Alltag jugendlicher Fans.* Wiesbaden 2008.

Winter, Rainer: *Der produktive Zuschauer. Medienaneignung als kultureller und ästhetischer Prozeß.* München 1995.

Winter, Rainer: Cultural Studies als kritische Medienanalyse: Vom »encoding/decoding«-Modell zur Diskursanalyse. In: Andreas Hepp/Ders. (Hg.): *Kultur – Medien – Macht: Cultural Studies und Medienanalyse.* Opladen 1997, 47–63.

Ziemann, Andreas: Reflexionen der »Mediengesellschaft«. In: Ders. (Hg.): *Medien der Gesellschaft – Gesellschaft der Medien.* Konstanz 2006, 183–206.

Ziemann, Andreas: *Medienkultur und Gesellschaftsstruktur. Soziologische Analysen.* Wiesbaden 2011.

Ziemann, Andreas: *Soziologie der Medien* [2006]. Bielefeld ²2012.

Dagmar Hoffmann

20. Medienpädagogik

Seit dem Entstehen der Massenmedien – Presse, Film, Rundfunk und später Fernsehen – waren die jeweils im Vordergrund stehenden Massenmedien ein Gegenstand der pädagogischen Diskussion. So betont Ludwig Issing (1987, 19):

> »Unter Hinweis auf die durch den Gebrauch der Massenmedien bewirkte oder befürchtete kulturelle Verarmung suchten Medienpädagogen seit dem Ende des 19. Jahrhunderts beim Aufkommen neuer Medien immer wieder, durch moralische Appelle, durch die Forderung von Verboten und Zensurmaßnahmen und durch Angebote ›guter‹ bzw. alternativer Medien Einfluß auf den Medienkonsum von Kindern, Jugendlichen und Erwachsenen zu nehmen«.

Als erziehungswissenschaftliche Disziplin hat sich die Medienpädagogik allerdings erst seit den 1960er Jahren etabliert, wobei sie zu Beginn nicht unumstritten war. So erwähnt Arnold Fröhlich (1980) eine geradezu »babylonische Sprachverwirrung«, die in diesem Gebiet herrsche – mit Termini wie Medienerziehung, Kommunikationslehre, Kommunikationspädagogik, Medienkunde, Mediendidaktik, Unterrichtstechnologie etc. Noch Dieter Baacke, der heute als Doyen der Medienpädagogik gilt, verwendet den Begriff der Medienpädagogik in seiner Habilitationsschrift von 1973 nicht explizit. Im Untertitel heißt es vielmehr: »Grundlegung einer Didaktik der Kommunikation und ihrer Medien« (Baacke 1973). Hier zeigt sich die Herkunft dieser Disziplin aus kommunikationswissenschaftlichen Überlegungen. Diese verdanken sich der Tatsache, dass eine bisher nie gesehene Expansion der Medien und medialer Kommunikation nach dem Zweiten Weltkrieg mit dem Fernsehen begann und sich dann über die Entwicklung der informationsverarbeitenden Systeme weiter entwickelte. Die von Baacke angemahnte »Didaktik der Kommunikation« ist denn auch nicht primär schulisch begründet, sondern bezieht sich auf außerschulische Kontexte: Die Massenmedien verlangen eine kritische Rezeption gestörter Kommunikation: »Deshalb bedarf gerade die Pädagogik als Handlungswissenschaft einer nicht auf ihr spezielles ›Erziehungsfeld‹ (Bildungssysteme, offiziöse Erziehungsbereiche) reduzierten Kommunikationstheorie« (Baacke 1973, 39).

Medienpädagogik als Medienerziehung

Die Bedeutsamkeit der medienpädagogischen Ansätze Baackes zeigt sich beim Vergleich mit dem damaligen zeitgenössischen Diskurs zur Medienerziehung, der stark bewahrpädagogisch (dieser Begriff beschreibt eine präventiv-normative Medienpädagogik, welche das Ziel verfolgt, Bürger vor den Medien zu schützen) gefärbt war. Die Zunahme der Medien in den Haushalten (Fernsehen, Tonbandgeräte, Filmkameras etc.) hatte dazu geführt, dass sich Eltern zunehmend unsicher in medienerzieherischen Belangen fühlten. Thesen, wonach Kinder und Jugendliche von den unheilvollen Einflüssen der Medien zu bewahren seien, nahmen nahtlos eine Tradition der Medienkritik auf, die im 20. Jahrhundert von den ›Kämpfen‹ gegen Schundliteratur und Comics zur Kritik am Einfluss des damaligen Leitmediums Fernsehen führte. Die bürgerlichen Maßstäbe einer hochkulturellen Bildung wurden dabei gegen die Gefahr einer seichten und oberflächlichen Massenkultur ausgespielt. Die wehrlosen Adressaten der ›geheimen Miterzieher‹ wurden als Opfer einer Reizüberflutung durch die Medien gesehen: Bei Ulrich Beer (1960) galt die Illustrierte als Bibel der Analphabeten, der Film als Traumaltar, der Fernseher als elektrische Großmutter und der Rundfunk als Schalldusche. Anstatt sich mit den Problemen des realen Lebens auseinanderzusetzen, so Beer, lenkten die Massenmedien von ihnen ab, indem sie in eine Traumwelt (ver-)führten.

In den 1980er Jahren bekamen bewahrpädagogische Thesen mit den Arbeiten von Neil Postman (1983) erneuten Auftrieb, indem sie in den Massenmedien eine Einflussgröße sahen, die das traditionale Konzept der bürgerlichen Familie zu zerstören drohte. Denn Sozialisation habe immer bedeutet, dass Kinder schrittweise an die ›Geheimnisse‹ des Erwachsenenlebens (Sex, Gewalt etc.) herangeführt würden, wie dies noch in der Buchkultur praktiziert wurde. Das Fernsehen mache hingegen alles umstandslos für jeden zugänglich. Postman spricht vom »Verschwinden der Kindheit« in einer Medienwelt, wo die Erwachsenen über nicht mehr Autorität verfügten als die Jungen (vgl. Postman 1983, 101 ff.).

Eine kulturkritische Einschätzung der entstehenden Medienkultur findet sich aber auch in den gesellschaftskritischen Arbeiten der Frankfurter Schule (s. Kap. II.9), die den Massenmedien die Zerstörung einer auf Reflexion angelegten Hochkultur anlastet. So kritisiert z. B. Theodor W. Adorno (1970, 61) die ideologische Verschleierung der Wirklichkeit durch das Fernsehen:

»Das sind unsagbar verlogene Gebilde, in denen zwar scheinbar sogenannte Probleme behandelt, diskutiert und dargestellt werden, damit es, wie man das so schön nennt, zeitnah ist und die Menschen mit wesentlichen Fragen konfrontiert […]. Ich glaube, daß man da, wo einem nur die leisesten Tendenzen zu dieser Harmonisierung der Welt begegnen, mit der äußerten Schärfe dagegen anzugehen hat, und daß gerade die als zersetzend verschrienen Intellektuellen, wenn sie diesen Schwindel aufdecken, damit der Humanität einen Dienst erweisen«.

Es war der Verdienst Baackes, dass er aus den Konzepten der Frankfurter Schule die Notwendigkeit von Medienkritik als Grundgedanke in die Medienpädagogik übertrug, dabei aber die Medien als kulturelle Ressource und nicht als Ausdruck des Verfalls der Hochkultur betrachtete. In der medienbezogenen Produktion und in der Mediengestaltung sieht er Möglichkeiten, Medien positiv im Rahmen von Bildungsprozessen einzusetzen (vgl. Baacke 1997, 31 ff.).

Mediendidaktik

Als ein zweiter Zweig der Medienpädagogik ist die Mediendidaktik zu nennen; sie beschreibt die zunehmende Nutzung von audio-visuellen Unterrichtsmitteln in den Schulen ab den 1970er Jahren. ›Audio-Vision‹ bedeutete dabei den kombinierten Einsatz von akustischen und optischen Techniken wie bei Tonbildschauen und im Tonfilm (vgl. Ashauer 1974, 9). Die sinnvolle methodisch-didaktische Nutzung technischer Geräte wie Diaprojektoren, Tonbandgeräte und Video-Recorder im Unterricht bestimmte hier die Diskussion. Besonders intensiv wurde der ›Programmierte Unterricht‹ diskutiert, der Lernprozesse von Individuen zu objektivieren versprach. Dabei versuchte man, behavioristische Annahmen über Lernprozesse praktisch umzusetzen. Der Lernstoff wurde in kleinste Einheiten (*frames*) aufgegliedert, die von den Schüler/innen individualisiert und ohne Dazwischentreten einer Lehrperson bearbeitet werden sollten. Der Vierschritt von Informationspräsentation, Frage, Antwort und Lernkontrolle wurde zuerst in Büchern realisiert, dann zunehmend in maschineller Form (von mechanischen Seitenumwendern bis hin zu den ersten Computern vgl. Bönsch 1973, 33).

Vor allem im Schulbereich wurde das Verhältnis zwischen ›Medien‹ und ›Didaktik‹ diskutiert, seit Heimann/Otto/Schulz (1965) die Medien als eigenständiges Entscheidungsfeld der Unterrichtsplanung

bezeichneten. Noch im damals weitverbreiteten *Wörterbuch der Erziehung* (Wulf 1974, 407 ff.) findet sich unter »Medien« ausschließlich ein Verweis auf die Medien(-Didaktik): In der Didaktik werde zunehmend von ›Medien‹ als Träger und Vermittler von Informationen gesprochen. Diese stünden aber im Mittelpunkt eines vornehmlich auf die Rationalisierung und Optimierung der Lehr-/Lernprozesse bezogenen Interesses.

Allerdings haben sich die Hoffnungen auf ein über technische Mittel rationalisiertes Lernen in der Folge nur zu einem kleinen Teil erfüllt. Das zeigt die Geschichte des sogenannten programmierten Unterrichts und der damals häufig von ›innovativen‹ Schulen angeschafften Sprachlabors, die an vielen Orten kaum genutzt wurden und buchstäblich verstaubten. Aber auch die leitenden Lernkonzepte veränderten sich in den 1980er Jahren: So wurden die behavioristischen Lernkonzepte immer stärker durch kognitivistische und konstruktivistische Lernmodelle abgelöst, da auf behavioristischer Grundlage das Lernen von Zusammenhängen, der Aufbau eines tieferen Verständnisses und der Erwerb von Fähigkeiten kaum möglich ist. Lernarrangements, die durch Probleme, Fälle oder Projekte zum Lernen herausfordern, waren demnach besser geeignet (vgl. Kerres 2008, 118).

Medienpädagogik als übergeordneter Begriff

Als übergeordneter Begriff tauchte ›Medienpädagogik‹ bereits in den 1970er Jahren auf. Fröhlich (1980, 20) bezeichnet ihn als Sammelbegriff, der geeignet sei, das »schwerfällige Aufzählen der Einzelbegriffe« zu vermeiden: Unter dem Sammeletikett ›Medienpädagogik‹ würden alle medienpädagogischen Erscheinungen, Probleme und Aktivitäten der Bereiche Medienkunde, Mediendidaktik, Medienerziehung und Medienforschung zusammengefasst. Auch inhaltlich war dieses Gebilde sehr heterogen zusammengesetzt – mit theoretischen Konstrukten aus der Kommunikationstheorie, mit Überlegungen zur Sozialisations- und Erziehungstheorie, mit soziologischen Konstrukten zur Funktion und Bedeutung der Massenmedien, mit didaktischen und lernpsychologischen Konzepten des Lernens etc. Je nach fachlicher Herkunft der jeweiligen Vertreter von medienpädagogischen Ansätzen stand die eine oder andere disziplinäre Ausrichtung im Zentrum. Diese inhaltliche Heterogenität dauert bis heute an, zumal sich mit Entwicklungen wie PC, Internet, soziale Netzwerke etc. die Problemstellungen weiter differenziert haben und sich weitere Bezugswissenschaften mit ihrem Vokabular in die Diskussionen eingeschaltet haben (von der Informatik bis zum Wissensmanagement, zur Kriminologie oder zur Neuropsychologie).

Die Förderungen von Medienkompetenzen

Es fehlte in der Folge allerdings nicht an Bemühungen zur Entwicklung integrativer Konzepte, an denen sich die entstehende Disziplin der Medienpädagogik orientieren konnte. Ein erster Versuch zur Fokussierung stammt von Baacke, der die Förderung von Medienkompetenzen in den Mittelpunkt stellte. In klarer Abgrenzung von bewahrpädagogischen Hintergründen ging es ihm um eine aktive Förderung von Medienkompetenzen und die Auseinandersetzung mit Medien im Rahmen von Medienprojekten. Durch den Umgang mit Medien werde das Subjekt mit Widerstandsmöglichkeiten ausgerüstet – ohne in kulturkritische Ablehnung der neuen Kulturtechniken zu verfallen. Der Rückgriff auf handlungs- und wahrnehmungsorientierte Medienarbeit erlaube es, kommunikative Kompetenz und Medienkompetenz zusammenzubinden und auszuarbeiten (vgl. Baacke 1997, 68).

Mit Bezug auf den Habermasschen Ansatz der »kommunikativen Kompetenz« (vgl. Habermas 1971) betont Baacke in diesem Zusammenhang die Wichtigkeit, Kommunikations- und Medienkompetenz zu vermitteln – und zwar für alle Menschen: »Jeder Mensch ist ein prinzipiell ›mündiger Rezipient‹, er ist aber zugleich als kommunikativ-kompetentes Lebewesen auch ein aktiver Mediennutzer, muß also in der Lage sein (und die technischen Instrumente müssen ihm dazu zur Verfügung gestellt werden!), sich über das Medium auszudrücken« (Baacke 1996, 7). In der klassischen Formulierung von Baacke umfasst Medienkompetenz die folgenden Bereiche:

- Medienkritik, die dazu befähigt, sich analytisch, ethisch und reflexiv auf Medien zu beziehen;
- Medienkunde als Wissen über Medien im Sinne der Informiertheit über das Mediensystem wie auch im Rahmen einer instrumentell-qualifikatorischen Fähigkeit, die entsprechenden Geräte bedienen zu können;
- Mediennutzung sowohl durch Rezeption als auch aktiv als Anbieter;

- innovative und kreative Mediengestaltung (vgl. Baacke 1996, 8).

Fast jede medienpädagogische Arbeit nimmt in der Folge dieses Modell zur Strukturierung von Bereichen der Medienkompetenz auf, wobei die Bereiche von Baacke zum Teil erweitert und ergänzt werden. Norbert Groeben (2002) betont zum Beispiel die Notwendigkeit eines Medialitätsbewusstseins sowie die medienbezogene Genussfähigkeit. Oder man kann zwischen technischen Kompetenzen, kulturellen Kompetenzen, sozialen Kompetenzen und reflexiven Kompetenzen unterscheiden (vgl. Moser 2000, 217 f.)

Aus einer stärker schulpädagogischen Perspektive betont Tulodziecki (1998) die Fähigkeit, in Medienzusammenhängen sachgerecht, selbstbestimmt, kreativ und sozial verantwortlich zu handeln. Daraus ergeben sich für die Schule fünf Aufgabenbereiche:

- Auswahl und Nutzung von Medienangeboten unter Beachtung von Handlungsalternativen;
- Eigenes Gestalten und Verbreiten von Medienbeiträgen;
- Verstehen und Bewerten von Mediengestaltungen;
- Erkennen und Aufarbeiten von Medieneinflüssen;
- Durchschauen und Beurteilen von Bedingungen der Medienproduktion und Medienverbreitung.

In den letzten zehn Jahren ist die Kompetenzdiskussion im Gefolge von PISA auch außerhalb der Medienpädagogik zu einem zentralen Bestandteil des Diskurses um das Bildungswesen geworden. Über die Formulierung von verbindlichen Standards soll festgelegt werden, welche Kompetenzen die Schülerinnen und Schüler in einem bestimmten Fach zu einem bestimmten Zeitpunkt zu erwerben haben (vgl. Klieme 2006). Dabei hat sich allerdings gezeigt, dass die medienpädagogischen Kompetenzen wenig operationalisiert erscheinen, so dass sie sich nicht direkt an die erziehungswissenschaftliche Kompetenzdiskussion im Umkreis um PISA anschließen lassen. Immerhin hat die breite Diskussion um Medienkompetenz günstige Bedingungen für eine Aufnahme der Diskussion um kompetenzorientierte Bildungsstandards geschaffen – wobei bis heute konkrete Entwicklungsvorhaben zu wenig konsequent vorangetrieben wurden (vgl. Moser 2012; Tulodziecki 2012). Dies dürfte auch damit zusammenhängen, dass medienpädagogische Inhalte im schulischen Bildungskanon überfachlich nach wie vor eher am Rande stehen und die Medienpädagogik in der Schule fachübergreifend vermittelt wird; damit sehen sich die bildungspolitischen Entscheidungsträger in diesem Bereich nicht unter vorrangigem Handlungsdruck.

Media Literacy – das Kernkonzept der englischsprachigen Diskussion

Im angelsächsischen Raum gibt es einen ähnlich zentralen Begriff für die Beschreibung medienpädagogischer Aktivitäten wie derjenige der Medienkompetenz – nämlich das Konzept der *Media Literacy*. Dabei stellt Silke Grafe zu Recht fest, dass die deutschsprachige Medienpädagogik im anglo-amerikanischen Raum, und damit auch in den USA, nur selten zur Kenntnis genommen wird (vgl. Grafe 2011, 58), was im Übrigen auch umgekehrt gilt. Während der deutschsprachige Kompetenzbegriff stark kommunikations- und handlungswissenschaftlich verortet ist, bezieht sich *Media Literacy* stärker auf einen sprachwissenschaftlichen Begriff der Literalität, der ausgeprägt medienanalytisch geprägt ist. Im Zentrum steht die Fähigkeit, die über Medien vermittelten Symbole zu encodieren und zu decodieren, sowie die Fähigkeit, Medienbotschaften zu analysieren und zu produzieren. Dabei bezieht sich der Textbegriff allerdings auf erweiterte Texte, die auch Bild und Film einbeziehen – ähnlich wie es Christian Doelker (1997) für die deutschsprachige Medienpädagogik vorgeschlagen hatte.

Wie eng der amerikanische Begriff der *Media Literacy* mit einem kognitiv orientierten Verständnis der Aufklärung über Medien verbunden ist, zeigt z. B. die Ausformulierung von James Potter (1998), der zwischen sieben grundlegenden Fähigkeiten (»seven skills«) unterscheidet:

- Analysis, wo eine Botschaft in ihre bedeutungsvollen Elemente aufgespalten wird;
- Evaluation, also die Bewertung der Elemente;
- Gruppieren, also bestimmen, welche Elemente zusammenpassen;
- Induktion, also über ein kleines Set von Elementen auf ein Muster schließen;
- Deduktion, d. h. allgemeine Prinzipien in nur einer Erklärung herausarbeiten;
- Synthesis, in der man die Elemente in einer neuen Struktur zusammenfasst;
- Abstrahieren, d. h. die Essenz der Botschaft in einer klaren und knappen Beschreibung formulieren (vgl. Potter 1998, 15).

Verfolgt man den Diskurs der amerikanischen Medienpädagogik seit dem Anfang dieses Jahrhunderts, so fällt auf, dass er seine abstrakte und kognitiv orientierte Ausrichtung in jüngster Zeit zu verlieren beginnt und sich den deutschsprachigen Überlegungen zur Medienkompetenz annähert (obwohl ein Rest der ausgeprägt analytischen Ausrichtung bleibt). Deutlich wird dies an der Definition von *Media Literacy*, die Renee Hobbs (2011), eine der bekanntesten amerikanischen Vertreterinnen der aktuellen Medienpädagogik in den USA, vornimmt. Schon im Sprachgebrauch nimmt sie den Begriff der kommunikativen Kompetenz auf, indem sie betont, dass *Media Literacy* »fünf kommunikative Kompetenzen als fundamentale Praktiken der Literalität« umfasse:

- Zugang finden: das Finden und Austauschen von geeigneten und relevanten Informationen, bzw. die Nutzung von Medientexten und technologischen Werkzeugen.
- Analysieren: die Nutzung des kritischen Denkens, um Botschaften und empfangendes Publikum in die Analyse einzubeziehen.
- Gestalten: Inhalte entwickeln und gestalten, um Kreativität und Vertrauen im Selbstausdruck zu finden.
- Reflektieren: die Auswirkungen der medialen Botschaften und der technischen Werkzeuge auf unser Denken und Handeln im Alltag beziehen.
- Handeln: individuell und gemeinsam arbeiten, um Wissen auszutauschen und Probleme in der Familie, am Arbeitsplatz und in der Community zu lösen (vgl. Hobbs 2011, 12).

Diese Formulierungen unterscheiden sich nur noch graduell von den Medienkompetenzen der deutschsprachigen Diskussion; Gestalten und Handeln erhalten auch bei Hobbs eine zentrale Bedeutung. Zu einer ähnlichen Beurteilung kommt Grafe in ihrem Vergleich zwischen der deutschsprachigen und der anglo-amerikanischen Auseinandersetzung mit Medien. Sie stellt fest, dass auf der Ebene der anvisierten Fähigkeiten und Fertigkeiten zahlreiche Gemeinsamkeiten zur *Media Literacy* bestehen (vgl. Grafe 2011, 76). Diese konzeptuelle Annäherung deutet darauf hin, dass die Chancen für einen verstärkten internationalen Diskurs und die Entwicklung gemeinsamer Positionen insgesamt größer geworden sind.

Medienbildung

In den letzten Jahren hat sich in der deutschsprachigen Medienpädagogik das Konzept einer ›Medienbildung‹ etabliert – dies häufig in offener Konkurrenz zum Begriff der Medienkompetenz. So betont Manuela Pietraß (2005, 44), dass Medienbildung ihre Bedeutung weniger aus dem Mediensystem erhalte, sondern auf die Relation Mensch-Medien gerichtet sei, was als eine wesentliche Erweiterung von Medienkompetenz zu verstehen sei. Medienkompetenz und Medienbildung stehen denn auch nach Dieter Spanhel (2011, 97) für ganz unterschiedliche Zugangsweisen, Beschreibungen und Abgrenzungen des Feldes der Medienpädagogik. Während Kompetenztheorien, so Spanhel, sich auf spezifische Ausprägungen der allgemeinen menschlichen Handlungsfähigkeit richten, beschreiben Bildungstheorien »grundlegende Merkmale und Aspekte des als autonom gedachten menschlichen Bildungsprozesses und die in der Person und ihrer Umwelt liegenden Bedingungen« (Spanhel 2011, 97). Vermittelnde Positionen betonen dagegen die Möglichkeit der Verknüpfung der beiden Konzepte, da sich der Begriff der Medienbildung für die Bezeichnung des Prozesses nutzen lasse, in dessen Rahmen die Weiterentwicklung von Medienkompetenz erfolgt (vgl. Tulodziecki 2010, 52).

Was sind nun die Kerngedanken, die innerhalb von Überlegungen zur Medienbildung zum Ausdruck kommen? Der von Marotzki/Jörissen (2008) vertretene Ansatz einer »strukturalen Medienbildung« betont die reflexiven Orientierungsleistungen von Bildung. Bildung bezieht sich dabei auf ein reflektiertes Selbst- und Weltverhältnis, in dem vorhandene Strukturen und Muster der Weltaufordnung (d. h. von Selbst- und Weltbildern) über Bildungsprozesse durch komplexere Sichtweisen auf Welt und Selbst ersetzt werden. Die Bedeutung der Medienbildung sehen sie vor allem darin, dass »*mediale soziale Arenen* in den Neuen Medien eine immer größere Bedeutung für Bildungs- und Subjektivierungsprozesse einnehmen« (ebd., 103). Daran anknüpfend greift Ben Bachmair (2009) auf Wilhelm von Humboldts Gedanken von kulturellen Manifestationen zurück: Bildung entwickle sich in einem reflexiven Verhältnis der Kinder zu ihrer sozialen, kulturellen und dinglichen Umwelt sowie zu ihrer emotionalen und kognitiven Innenwelt. Bildung bedeutet danach die Entfaltung der Kräfte der Kinder, damit diese sich ihre kulturelle Umwelt aneignen und gestalten können (vgl. Bachmair 2009, 17 f.).

Medienbildung kann zudem in den Zusammenhang mit Entfremdungstheoremen gebracht werden (vgl. Moser 2012, 41 ff.): Im Rahmen der gesellschaftlichen Mediatisierung hat sich zwischen Mensch und Welt ein Mediensystem geschoben, das Erfahrungsmöglichkeiten präformiert und bestimmt. Diese werden von den Individuen nicht mehr als Produkt von Menschen wahrgenommen, die sie selbst für ihre Bedürfnisse entwickelt haben. Die Massenmedien setzen sich ihnen vielmehr als objektive Realität einer globalen »Mediascape« (Appadurai 1996, 37 f.) entgegen. Medienbildung hat in diesem Rahmen die Aufgabe, wieder daran zu erinnern, dass die Menschen selbst am Ursprung dieser Mediatisierung (s. Kap. II.21) stehen – und dass es möglich und notwendig ist, sich diese Mediensphäre aktiv anzueignen.

Diese aktive Aneignung wird z. B. vom Ansatz der Cultural Studies verfolgt, der die Rezipienten als ›aktive Leser‹ von Medienbotschaften sieht und ihre Bedeutung beim Schaffen von Bedeutungen (*meaning-making*) betont (vgl. Hall 1999; s. Kap. IV.23). Dies setzt sich einem Verständnis entgegen, das die Medienrezipienten (hier: vor allem die Kinder) als wehrlose Opfer von Medieneinflüssen betrachtet. Besonders Studien zum Fan-Verhalten belegen die aktive und manchmal subversive Position der Rezipienten, etwa wenn sie den offiziellen Geschichten von Fernsehserien die eigene Fan-Fiction gegenübersetzen (vgl. Jenkins 1992). Mit dem Web 2.0 verbinden sich ebenfalls Überlegungen zur Aneignung der Medienwelt mit der Entwicklung einer Partizipation, bei der der User auch Produzent von Medienbotschaften wird. Medienbildung im 21. Jahrhundert bedeutet mit dem ›Social Web‹ immer mehr die Herausforderung durch eine partizipative Kultur, wobei jedoch strittig ist, wie weit die Möglichkeiten des Netzes von den Nutzern auch aktiv genutzt werden. Henry Jenkins betont denn auch zu sozialen Communities: »Nicht jedes Mitglied muss beitragen, aber alle müssen überzeugt sein, dass sie frei sind, etwas beizutragen, wenn sie bereit sind, und dass das, was sie beitragen, in geeigneter Form gewürdigt wird« (Jenkins 2006, 7).

Die institutionelle Verankerung der Medienpädagogik

Die Konsolidierung der Medienpädagogik, wie sie sich in der Etablierung von disziplinären Diskursen manifestiert, lässt sich auch institutionell ablesen. So

besteht seit den 1990er Jahren in der Deutschen Gesellschaft für Erziehungswissenschaft ein Zusammenschluss der Medienpädagogen, der heute als
Sektion geführt wird. Dies zeigt, dass die Medienpädagogik innerhalb der Erziehungswissenschaft
eine gewisse Bedeutung erlangt hat. Auf die
Publizistikwissenschaft bezogen, ist das die Fachgruppe Medienpädagogik der Deutschen Gesellschaft für Publizistik- und Kommunikationswissenschaft (DGPuK). Weiterhin haben sich Medienpädagogen in der 1984 gegründeten Gesellschaft
für Medienpädagogik und Kommunikationskultur
(GMK) zusammengeschlossen, die als bundesweiter
Zusammenschluss von Fachleuten aus den Bereichen Bildung, Kultur und Medien nicht zuletzt im
außerschulischen Bereich verwurzelt ist. Auch die
Gesellschaft für Medien in der Wissenschaft e.V.
(GMW) hat eine pädagogische Ausrichtung, wie sie
auf ihrer Homepage schreibt: »Die GMW fördert die
Erprobung mediengestützter Lernszenarien und
treibt die kritische Reflexion über die Potenziale
neuer Medien in allen Entwicklungsfeldern der
Hochschule voran« (http://www.gmw-online.de/). In
der Gesellschaft für Medienwissenschaft (GfM) gibt
es eine AG »Medienkultur und Bildung«, die 2013
ein entsprechendes Positionspapier vorgelegt hat.

Wichtig sind zudem die seit 1998 erscheinenden
Kinder- und Jugendstudien des Medienpädagogischen
Forschungsverbundes Südwest (http://www.mpfde).
Die JIM- und KIM-Studien weisen jährlich das Me-
diennutzungsverhalten von Kindern und Jugendlichen aus. Sie sind dabei sowohl für die medienpädagogische Diskussion wie für die Bildungspolitik eine
wichtige Quelle geworden. Ebenfalls sind in den
letzten Jahren mehrere Handbücher entstanden, die
den Stand der Medienpädagogik zusammenfassen –
so das *Handbuch Medienpädagogik* (Sander/von
Gross/Hugger 2008) und das *Handbuch Mediensozialisation* (Vollbrecht/Wegener 2010). Bedeutsam
für den Diskurs innerhalb der Medienpädagogik
sind zudem die von der Sektion Medienpädagogik
herausgegebenen Jahrbücher, die im VS Verlag für
Sozialwissenschaften erscheinen (bisher 9 Bände).

Dennoch findet sich die Medienpädagogik in ihrem Selbstverständnis gesellschaftlich noch zu wenig anerkannt. Deshalb wurde 2010 das Manifest
»Keine Bildung ohne Medien« von den wichtigsten
medienpädagogischen Organisationen in Deutschland herausgegeben. Das Manifest erkennt an, dass
die Medienpädagogik in den beiden vergangenen
Jahrzehnten beachtliche Fortschritte in Theorie,
Forschung und Praxis erzielt hat. So sei eine Reihe

notwendiger, aber längst nicht hinreichender medienpädagogischer Fundamente geschaffen worden.
Daneben werden aber auch gravierende Defizite
konstatiert, wenn es heißt:

> »Es gibt eine Fülle an hervorragenden medienpädago-
> gischen Materialien für die Praxis, eine Vielzahl an
> überzeugenden Modellversuchen und eindrucksvollen
> Leuchtturmprojekten – aber es fehlt an der erforder-
> lichen Nachhaltigkeit. Es mangelt nach wie vor an der
> Infrastruktur und an den organisatorischen Rahmenbe-
> dingungen in den Bildungseinrichtungen sowie an der
> medienpädagogischen Qualifikation der pädagogischen
> Fachkräfte« (http://www.keine-bildung-ohne-medien.
> de/medienpaed-manifest).

Literatur

Adorno, Theodor W.: *Erziehung zur Mündigkeit*. Frankfurt
a.M 1970.
Appadurai, Arjun: *Modernity at Large*. Minneapolis/Lon-
don 1996.
Ashauer, Günter: Einführung in audio-visuelles Lehren
und Lernen. In: Ders. (Hg.): *Handbuch des audio-visuellen Lehrens und Lernen*. Stuttgart 1974, 7–16.
Baacke, Dieter: *Kommunikation und Kompetenz. Grundlagen einer Didaktik der Kommunikation und ihrer Medien*. München 1973.
Baacke, Dieter: Medienkompetenz als Netzwerk. Reichweite und Fokussierung eines Begriffes, der Konjunktur
hat. In: *Medien Praktisch* 20/2 (1996), 4–10.
Baacke, Dieter: *Medienpädagogik*. Tübingen 1997.
Bachmair, Ben: *Medienwissen für Pädagogen. Medienbil-
dung in Erlebniswelten*. Wiesbaden 2009.
Beer, Ulrich: *Geheime Miterzieher der Jugend*. Düsseldorf
1960.
Bönsch, Manfred: Zum Lernen mit Programmen. In: Ders.
(Hg.): *Unterricht mit audiovisuellen Mitteln*. Donau-
wörth 1973, 29–43.
Doelker, Christian: *Ein Bild ist mehr als ein Bild: Visuelle
Kompetenz in der Multimedia-Gesellschaft*. Stuttgart 1997.
Fröhlich, Arnold: *Handlungsorientierte Medienerziehung –
Grundlagen für einen Lehrplan*. Zürich 1980.
Gesellschaft für Medienwissenschaft: Medienkultur und
Bildung. Positionspapier der GfM 2013. http://www.
gfmedienwissenschaft.de/gfm/webcontent/files/Papier_
Medienkultur&Bildung_GfMWebsite.pdf (05.01.2014).
Grafe, Silke: ›media literacy‹ und ›media (literacy) educa-
tion‹ in den USA: ein Brückenschlag über den Atlantik.
In: Heinz Moser u. a. (Hg.): *Medienbildung und Medien-
kompetenz. Beiträge zu Schlüsselbegriffen der Medienpädagogik*. München 2011, 59–77.
Groeben, Norbert: Dimensionen der Medienkompetenz. Deskriptive und normative Aspekte. In: Ders./Bettina Hurrel-
mann (Hg.): *Medienkompetenz. Voraussetzungen, Dimensionen, Funktionen*. Weinheim/München 2002, 160–194.
Habermas, Jürgen: Vorbereitende Bemerkungen zu einer
Theorie der kommunikativen Kompetenz. In: Ders./Ni-
klas Luhmann: *Theorie der Gesellschaft oder Sozialtechnologie – Was leistet die Systemforschung?* Frankfurt a. M.
1971, 101–141.

Hall, Stuart: Encoding/Decoding. In: Roger Bromley/Udo Göttlich/Carsten Winter (Hg.): *Cultural Studies. Grundlagentexte zur Einführung*. Lüneburg 1999, 92–110.

Heimann, Paul/Otto, Gunter/Schulz, Wolfgang: *Unterricht: Analyse und Planung*. Hannover 1965.

Hobbs, Renee: *Digital and Media Literacy. Connecting Culture and Classroom*. Thousand Oaks 2011.

Issing, Ludwig J. (Hg.): *Medienpädagogik im Informationszeitalter*. Weinheim 1987.

Jenkins, Henry: *Textual Poachers: Television Fans and Participatory Culture*. New York 1992.

Jenkins, Henry: Confronting the challenges of participatory culture: Media education for the 21st Century. Cambridge (2006), http://digitallearning.macfound.org/atf/cf/%7B7 E45C7E0-A3E0-4B89-AC9C-E807E1B0AE4E %7D/ JENKINS_WHITE_PAPER.PDF (20.05.2012).

Kerres, Michael: Mediendidaktik. In: Sander/von Gross/ Hugger 2008, 116–123.

Klieme, Eckhard u. a.: *Zur Entwicklung nationaler Bildungsstandards. Eine Expertise*. Bonn 2006, http://www.bmbf. de/pub/zur_entwicklung_nationaler_bildungsstandards. pdf#search=%22klieme%20bildungsstandards%20expertise %22 (25.06.2012).

Marotzki, Wilfried/Jörissen, Benjamin: *Wissen, Artikulation, Biographie: Theoretische Aspekte einer Strukturalen Medienbildung*. In: Johannes Fromme/Werner Sesink (Hg.): *Pädagogische Medientheorie*. Wiesbaden 2008, 51–70.

Moser, Heinz: *Einführung in die Medienpädagogik. Aufwachsen im Medienzeitalter*. Opladen 2000.

Moser, Heinz: Bildungsstandards im Medienbereich. In: Renate Schulz-Zander u. a. (Hg.): *Jahrbuch Medienpädagogik 9*. Wiesbaden 2012, 249–269.

Pietraß, Manuela: Für alle alles Wissen jederzeit. Grundlagen von Bildung in der Mediengesellschaft. In: Hubert Kleber (Hg.): *Perspektiven der Medienpädagogik in Wissenschaft und Bildungspraxis*. München 2005, 39–50.

Postman, Neil: *Das Verschwinden der Kindheit*. Frankfurt a. M. 1983.

Potter, James W.: *Media Literacy*. Thousand Oaks ⁴1998.

Sander, Uwe/von Gross, Friederike/Hugger, Kai-Uwe (Hg.): *Handbuch Medienpädagogik*. Wiesbaden 2008.

Spanhel, Dieter: Medienbildung als Grundbegriff der Medienpädagogik. Begriffliche Grundlagen für eine Theorie der Medienpädagogik. In: Heinz Moser u. a. (Hg.): *Medienbildung und Medienkompetenz. Beiträge zu Schlüsselbegriffen der Medienpädagogik*. München 2011, 95–120.

Tulodziecki, Gerhard: Entwicklung von Medienkompetenz als Erziehungs- und Bildungsaufgabe. In: *Pädagogische Rundschau 52* (1998), 693–709.

Tulodziecki, Gerhard: Medienkompetenz und/oder Medienbildung? Ein Diskussionsbeitrag. In: *merz. medien + erziehung 54/3* (2010), 48–53.

Tulodziecki, Gerhard: Medienpädagogische Kompetenz und Standards in der Lehrerbildung: In: Renate Schulz-Zander u. a. (Hg.): *Jahrbuch Medienpädagogik 9*. Wiesbaden 2012, 271- 297.

Vollbrecht, Ralf/Wegener, Claudia (Hg.): *Handbuch Mediensozialisation*. Wiesbaden 2010.

Wulf, Christoph (Hg.): *Wörterbuch der Erziehung*. München 1974.

Heinz Moser

21. Medieninformatik

Medien und Informatik sind seit den 1990er Jahren so weit zusammengekommen, dass heute mit der Medieninformatik eine eigene Fachrichtung besteht, die sich in Forschung und Ausbildung mit der Konzeption, Entwicklung und Evaluation digitaler Medien beschäftigt. Digitale Medien sind alle Medien, die mithilfe von Computern erstellt, bearbeitet oder in vernetzten Computersystemen zur Verfügung gestellt werden. Durch die fortschreitende Digitalisierung von Inhalten, Kommunikations- und Interaktionsformen lösen die digitalen Medien klassische Medien immer mehr ab und schaffen neue Formen von interaktiven und allgegenwärtigen Medien, die keine analogen Vorbilder haben. Dazu gehören z. B. Computerspiele (s. Kap. III.19), Netze und soziale Medien (s. Kap. III.18) sowie ortsbezogene und mobile Informationssysteme (s. Kap. III.20). Die Grenzen der Medieninformatik zu anderen Bereichen sind – wie oft bei jungen und sehr dynamischen Themengebieten – fließend. So ist die Überlappung innerhalb der Informatik, die sich mit der maschinellen Verarbeitung von Daten beschäftigt, zur Mensch-Computer-Interaktion und zu interaktiven Systemen oder Computergrafik groß. Aber auch zu angrenzenden Gebieten wie der Medien- und Kommunikationswissenschaft und zur Medienpsychologie (s. Kap. IV.18) gibt es fließende Übergänge. Insofern lässt sich die Medieninformatik weniger durch ihre Grenzen als durch ihren Kern beschreiben: Die Medieninformatik befasst sich mit Systemen, bei denen Menschen, Medien und Technologien zusammenspielen. Die Auffassung des Computers als Medium in der Medieninformatik beschreibt technische Artefakte, die zwischen Menschen oder zwischen Mensch und Technik stehen (vgl. historisch Licklider/Taylor 1968). Dabei kann die Rolle des Mediums die sein, Daten zu speichern, zu verarbeiten, zu visualisieren oder zu übertragen. Das digitale Medium als zentrales Untersuchungsobjekt in der Medieninformatik wird in seinem Lebenszyklus zeitweise oder durchgehend digital repräsentiert und mithilfe von Computern bearbeitet oder gespeichert.

Der Begriff ›Medieninformatik‹ wurde erstmals 1990 für einen Studiengang an der Hochschule Furtwangen verwendet. Seitdem haben sich im deutschsprachigen Raum über 70 Studiengänge an Hochschulen und Universitäten gebildet. Darüber hinaus ist Medieninformatik als Vertiefungsfach oder Lehrangebot in weiteren Studiengängen vertreten. Entsprechend wurden an vielen Einrichtungen Professuren und Arbeitsgruppen eingerichtet. Aufgrund der interdisziplinären Ausrichtung und der vielfältigen Wurzeln in der Informatik, Gestaltung, Medienökonomie, -theorie, -produktion und -gestaltung haben die Studiengänge und Professuren unterschiedliche Schwerpunkte und inhaltliche Verankerungen in den jeweiligen Heimatdisziplinen. In den meisten Fällen ist die Medieninformatik allerdings Teil der Informatik. Als eine Art Initialzündung für eine Erweiterung der Perspektive innerhalb der Informatik von zumeist mathematisch-technischen Fragestellung hin zu sozialwissenschaftlichen und philosophischen Fragen kann das Werk von Terry Winograd und Fernando Flores *Understanding Computers and Cognition* aus dem Jahr 1986 angesehen werden. Hierin wurde erstmals von einem renommierten Informatiker ein gestaltungsorientiertes Verständnis für die Mensch-Maschine-Interaktion formuliert – die Computerwissenschaft entdeckte die Medieninformatik. Allerdings erst seit 2007 gibt es in der Gesellschaft für Informatik eine Fachgruppe Medieninformatik, die dort wiederum im Fachbereich Mensch-Technik-Interaktion verankert ist.

Obwohl die Medieninformatik nach fast einem Vierteljahrhundert als Fach etabliert ist, ist der Begriff nahezu völlig auf die Lehre bezogen. Wie in anderen sogenannten Bindestrich-Informatiken finden die meisten wissenschaftlichen Aktivitäten in den jeweiligen Teildisziplinen statt. Entsprechend sind die wichtigen Tagungen und Zeitschriften der Medieninformatik in den Bereichen der Mensch-Technik-Interaktion (*Computer-Human-Interaction*), Computergrafik, Informationssysteme, Medientheorie bis hin zur künstlichen Intelligenz angesiedelt. Darüber hinaus gibt es eine Reihe von regelmäßigen Veranstaltungen außerhalb der Informatik, die insbesondere in den Überlappungsbereichen zu anderen Disziplinen von großer Bedeutung sind, wie z. B. die jährliche Ars Electronica, ein Festival für digitale Kunst. Auf internationaler Ebene gibt es keine direkte Entsprechung für den deutschen Begriff der Medieninformatik, sondern im englischsprachigen Raum wird häufig der Begriff *Human-Computer-Interaction* verwendet, auch wenn er nicht das gesamte Spektrum der Medieninformatik abdeckt. Neben den relevanten Teildisziplinen (Mensch-Technik-Interaktion, Computergrafik etc.) wird auch der Begriff ›Multimedia‹ verwendet – oft jedoch vor allem in Bezug auf technische Fragestellungen. So liegt der Schwerpunkt der Top-Journals (*IEEE Transactions on Multimedia*, *IEEE Multimedia*, *ACM Transactions on Multimedia Computing, Communications, and Applications* etc.) auf technischen Fragestellungen.

Analog zu anderen Begriffsbestimmungen werden in der Medieninformatik digitale Medien auf unterschiedlichen Ebenen bzw. Dimensionen betrachtet:

- Es gibt die *technische Ebene*, auf der insbesondere mathematische und informatische Methoden relevant sind, die z. B. dazu dienen, Medientypen mit Hilfe von Algorithmen und Datenstrukturen effizient zu kodieren oder zu komprimieren.
- Darauf aufbauend stellt sich in der *Interaktionsebene* die Frage, wie bedeutungsrelevante Artefakte entstehen und wie mit technischen Systemen interagiert werden kann.
- Auf der *kulturellen und institutionellen Ebene* schließlich geht es um die soziale, rechtliche und ökonomische Bedeutung digitaler Medien in ihrem jeweiligen gesellschaftlichen Anwendungskontext.

Die Medieninformatik beschäftigt sich mit allen drei Ebenen und stellt insbesondere auch Querbezüge her. So spielen algorithmische Fortschritte auf der technischen Ebene eine wichtige Rolle für die Interaktion, können aber auch gesellschaftliche Implikationen haben. Dies kann man z. B. bei der Entwicklung der Musikindustrie sehen, die sich aufgrund der technischen Entwicklungen der digitalen Medien grundlegend verändert hat (s. Kap. IV.15–17).

Zentral für die Medieninformatik ist dabei das Spannungsfeld Mensch-Maschine-Medium (vgl. Malaka u. a. 2009). Da digitale Medien stets für Menschen gemacht werden, sind menschliche Faktoren wesentlich, und somit müssen psychologische, soziale und ökonomische Bedingungen bei der Entwicklung von digitalen Medien berücksichtigt werden. Die menschliche Wahrnehmung bestimmt, wie verschiedene Medientypen rezipiert werden und wie Menschen mit ihnen interagieren können. Sie ist die Grundlage der Interaktion, bei der sich Akteure mit Zeichen und Symbolen verständigen.

Digitale Medien sind aber auch gestalterische Produkte, die neue Ausdrucksmöglichkeiten ermöglichen. Nicht nur bei der Ästhetik und Formgebung von Softwareprodukten, die einen bestimmten Zweck erfüllen, sondern auch in der digitalen Kunst sind digitale Medien Ausdrucksmittel für Kreative, und die Medieninformatik schafft die Grundlage für neue Kulturprodukte in Form von Computeranimationen, Filmen, digitalen Performances oder Computerspielen.

Medieninformatik ist somit als Teilgebiet der Informatik nicht nur eine technische Disziplin. Es geht nicht nur darum, Computer zu programmieren und Daten zu übertragen oder zu bearbeiten. Vielmehr spielen viele interdisziplinäre Fragestellungen eine Rolle, und je nach Schwerpunktsetzung spiegelt sich dieses Spektrum auch in den unterschiedlichen Studien- und Forschungsprogrammen wider.

Bereiche der Medieninformatik

Die Bereiche der Medieninformatik sind so vielfältig wie die der Medien. In Analogie zu klassischen Medien kann man die digitalen Medien einerseits getrennt nach Medientypen, also z. B. visuellen, auditiv-akustischen oder audio-visuellen Medien betrachten. Andererseits sind auf den unterschiedlichen Betrachtungsebenen die technischen, interaktionsbezogenen und kulturellen Aspekte zu unterscheiden.

Das Besondere der Medieninformatik ist, dass nicht nur Daten von Maschinen verarbeitet werden, sondern Daten, die von Menschen genutzt werden. Das heißt, Menschen sehen, hören oder interagieren mit digitalen Medien. Computer können dabei als Automaten fungieren, die vordefinierte Abläufe in immer gleicher Weise abarbeiten. Der Computer kann aber auch ein Werkzeug sein, das hilft, Probleme zu lösen oder auch Medien zu erstellen und mit ihnen effizient umzugehen. Und zum Dritten kann der Computer als Universalmaschine selbst zum Medium werden, das Kommunikation prägt (Esposito 1993; Schelhowe 1997). Leistungsfähige Speicher, Prozessoren, Sensoren und Netze ermöglichen im Zusammenspiel, dass digitale Medien heute jederzeit und überall in großem Umfang genutzt werden können.

Digitale Medien, die der zentrale Betrachtungsgegenstand der Medieninformatik sind, kann man in verschiedene Medientypen klassifizieren, wobei sich komplexere Medientypen aus einfacheren Medientypen zusammensetzen.

(1) *Einfache Medien*: Zu den einfachen Medientypen gehören Audio-, Bild- und Text-Medien (vgl. Malaka u. a. 2009). Hierbei wird zwischen Medien unterschieden, die anhand analoger Vorlagen digitalisiert werden und solchen, die komplett synthetisch am Computer erzeugt werden. Diese Trennung wird in der Praxis allerdings oft aufgehoben und beide Medientypen werden gemischt (s. Kap. III.15–17).

(2) *Zusammengesetzte Medien*: Komplexere Medientypen erweitern die einfachen Medien zu audio-visuellen, zeitlichen und dreidimensionalen Medien. Hierzu gehören digitale Videos, Animationen, 3D-Grafiken oder Webseiten mit multimedialen Inhalten. Viele dieser digitalen Medien haben analoge Vorbilder. Mit der digitalen Technik haben sich aber auch hier die Arbeitsprozesse und die Ausdrucksmöglichkeiten gewandelt. Mit digitalen Effekten, Animationen und der Möglichkeit der digitalen Montage und Postproduktion hat sich die Filmindustrie insgesamt erheblich verändert.

(3) *Interaktive und vernetzte Medien*: Die einfachen und auch die komplexeren Medien haben nur begrenzte Interaktionsmöglichkeiten. Nutzer können in Filmen vor- oder zurückspulen oder auf Webseiten Links folgen. Mit interaktiven digitalen Medien rückt neben den Inhalten die Interaktion in den Vordergrund. Dabei liegen der Mehrwert und die Nutzererfahrung nicht so sehr beim Abruf der Inhalte, sondern vielmehr im direkten Umgang mit den digitalen Medien. Beispiele für solche interaktiven digitalen Medien sind Computerspiele, Werkzeuge für die Kooperation, Kommunikation und Koordination in Gruppen bzw. Organisationen (vgl. Schwabe u. a. 2001) oder multimediale Lernumgebungen (vgl. Kerres 2001). Dabei sind die Übergänge nicht immer eindeutig, und digitale Medien decken häufig mehrere Aspekte ab. Ein modernes Computerspiel kann z. B. filmische Sequenzen enthalten, mit einem Online-Forum im Web verbunden sein und Tutorials enthalten. In sozialen Netzwerkplattformen finden sich ebenso vielfach hybride Ausprägungen digitaler Medien, in denen statische, dynamische und interaktive Inhalte vernetzt sind.

Anwendungskontexte digitaler Medien

Außer durch diese Medientypen ist die Medieninformatik stets durch die Einbettung digitaler Medien in ihren Anwendungskontext geprägt. Dahinter steht die Vorstellung, dass digitale Medien nur gestaltet werden können, wenn es ein Grundverständnis der Anwendungsszenarien und der Anforderungen der Nutzer/innen gibt. Dabei kann man einerseits den Kontext der Erstellung und Speicherung und andererseits den der Nutzung unterscheiden. Systeme zur Erstellung, Bearbeitung und Verwaltung digitaler Medien können Authoring-Werkzeuge, multimediale Datenbanken und Infrastrukturen im Internet sein. Dabei ist der Trend sichtbar, dass diese Systeme immer mehr auch von Laien genutzt werden. Damit wird die Grenze zwischen Produzenten und Konsumenten immer mehr aufgehoben. Versierte Laien können auf hohem Niveau Bilder bearbeiten oder komplexe dreidimensionale Animationen erstellen. Die Publikation von Texten oder Bildern ist in Social Networking Sites für jeden möglich. Dienste wie Twitter, Facebook oder Wikipedia, bei denen Nutzer/innen Inhalte im Internet publizieren, stellen die traditionelle Medienproduktion von Nachrichtenagenturen oder Nachschlagewerken in Frage. Unter dem Schlagwort Web 2.0 sind solche Formen des nutzergenerierten Contents mit und durch digitale Medien zu einem alltäglichen Phänomen geworden. In Bezug auf die Nutzungskontexte können folgende typischen Elektronik-Bereiche unterschieden werden:

(1) *E-Business:* Gestaltung digitaler Medien z. B. zur Optimierung von Geschäftsprozessen und zum Online-Handel (E-Commerce), zur Umsetzung neuer Geschäftsmodelle – zwischen Unternehmen (Business-to-Business, B2B), zwischen Unternehmen und Konsumenten (Business-to-Customer, B2C), zwischen Konsumenten (Customer-to-Customer, C2C) –, zur Unterstützung von inner- und zwischenbetrieblichen Kooperationsprozessen, zur Abwicklung von Transaktionen (E-Payment) oder Beschaffungsprozessen (E-Procurement) (vgl. Meier/Stormer 2012; Wirtz 2010a).

(2) *E-Entertainment:* Gestaltung digitaler Medien zur Unterhaltung in der Regel in Spielen (E-Gaming) oder von Spielelementen in Nicht-Spielkontexten wie Gesundheit oder Lernen (*Gamification*). Die Spieleindustrie hat nicht nur in der Softwareentwicklung (Computergrafik, Animation etc.), sondern auch bei der Hardware (Spielekonsolen, schnelle Prozessoren etc.) viele andere Bereiche der Informationstechnologie beeinflusst. E-Entertainment ist ein wesentlicher Faktor in der Unterhaltungs- und Medienindustrie (vgl. Aarseth 1997; Chatfield 2011)

(3) *E-Government:* Gestaltung digitaler Medien z. B. zur Unterstützung der Information und Kommunikation zwischen Bürger und Verwaltung (Citizen-to-Government, C2G), zwischen Verwaltungen (Government-to-Government, G2G), zwischen Verwaltungen und Vermittlern, insbesondere in Bezug auf rechtsverbindliche Kommunikation sowie die Optimierung von Verwaltungsprozessen jeweils auf allen Ebenen der Verwaltungen (Kommune, Land, Bund und EU) (vgl. Breiter u. a. 2007; Wirtz 2010b; Schwabe 2011).

(4) *E-Health:* Gestaltung digitaler Medien zur Unterstützung von Patienten und Ärzten (*Health Literacy,* Therapiesysteme), zur Diagnose, Aufnahme, Speicherung und Visualisierung komplexer Gesund-heitsdaten (Bild-/Videodaten), zur Unterstützung von Prozessen im Krankenhaus und als Bestandteil von interaktiven Medizintechniksystemen (vgl. Hübner/Elmhorst 2008; Johner/Bachmann/Haas 2009).

(5) *E-Learning:* Gestaltung digitaler Medien zur Unterstützung von individuellen und kollaborativen Lern- und Lehrprozessen (z. B. indirekt als Lernmanagementsysteme, direkt als Lernprogramme) in allen Bereichen des formalen und informellen Lernens (Kindergarten, Schule, Hochschule, Jugendbildung, Erwachsenenbildung, betriebliche Weiterbildung, Freizeitbildung); die Bereitstellung kann lokal oder auch online (im Sinne von Telelernen) stattfinden (vgl. Back/Bendel/Stoller-Schai 2001; Breiter/Welling/Stolpmann 2010, Kerres 2001; Schulmeister 2006; s. Kap. IV.22).

(6) *E-Science:* Gestaltung digitaler Medien zur Unterstützung von Forschungstätigkeiten. Dies reicht von technischen Infrastrukturen zur Bereitstellung und Erschließung von multimedialen Datenbanksystemen über die statistische Datenanalyse und deren Visualisierung bis zur Unterstützung qualitativer Datenanalysen und deren Visualisierung (vgl. Hey/Trefethen 2005; Taylor u. a. 2007).

Ziele und Forschungsfragen der Medieninformatik

In der Medieninformatik werden digitale Medien unterschiedlicher Ausprägung (einfach, komplex, interaktiv), auf Basis wissenschaftlicher Methoden konzipiert, entwickelt, gestaltet und deren Wirkungen und Nutzen mit Hilfe empirischer Methoden evaluiert. Der Untersuchungsgegenstand der Medieninformatik kann auf unterschiedlichen Ebenen betrachtet werden, die jeweils einen engen Bezug zu anderen Disziplinen aufweisen:

- auf der physikalisch-technischen Ebene (mit Bezug zur Physik und Elektrotechnik),
- auf der Interaktionsebene zwischen Maschine und Mensch (mit Bezug zur Psychologie, Kognitionswissenschaft)
- und im Rahmen der gesellschaftlichen Einbettung (mit Bezug zur Soziologie, Wirtschaftswissenschaft, Rechtswissenschaft, Gesundheitswissenschaft, Kulturwissenschaft usw.).

Auf der technischen Ebene geht es um die effiziente, effektive, sichere und zuverlässige Realisierung von digitalen Medien und von Systemen, die Daten digital speichern, bearbeiten oder übertragen. In den

Anfängen der Medieninformatik standen vor allem die Kodierung und Kompression von Einzelmedien im Vordergrund. Dabei wurden effiziente verlustfreie und verlustbehaftete Kompressionsverfahren entwickelt, die psychophysische Wahrnehmungsphänomene, mathematische Kodierungs- und Kompressionsverfahren und Signaltransformationen zu Standard-Formaten wie JPEG, MP3 und MPEG führten, die ganz wesentlichen Anteil am Erfolg der digitalen Medien hatten (vgl. Furht 2008). Mit der ubiquitären Verfügbarkeit und der rasant wachsenden Anzahl von Inhalten sind Systeme zur Verwaltung, Bearbeitung sowie zur Erschließung und Auffinden (Retrieval) wichtige Themen für die Medieninformatik. Auf technischer Ebene sind zudem Entwicklungen im Bereich der Hardware – vor allem für Interaktionsgeräte – in der Forschung ein Feld, das in den letzten Jahren an Bedeutung gewonnen hat. Mit Touchscreens, Multi-Touch-Tischen, Motion-Tracking, Tangible Interaction wurden in den letzten Jahren vielfältige Alternativen zu den über Jahrzehnten dominierenden PC-Schnittstellen mit Maus, Bildschirm und Tastatur entwickelt (vgl. Robben/Schelhowe 2012).

Forschungsfragen auf der Interaktionsebene in Bezug auf die Nutzer suchen nicht nur nach neuen technischen Lösungen für wohldefinierte Problemstellungen, sondern erforschen das Wechselspiel der Interaktion von Mensch und Technik nach Lösungen für digitale Medien, die Menschen nutzen und die für sie nützlich sind. Einige typische Interaktionsformen digitaler Medien haben sich bereits sehr erfolgreich durchgesetzt. Dazu gehört z. B. Hypertext, der im World Wide Web überall anzutreffen ist. Neue Formen der allgegenwärtigen Verfügbarkeit (*ubiquitous computing*) oder der Alltagsumgebungen (*ambient intelligence*) werden hinzukommen und müssen auf ihre Benutzbarkeit und Akzeptanz hin untersucht werden (vgl. Weiser 1991; Mühlhäuser/Gurevych 2008; Malaka 2008).

Ausgehend von Forschungsfragen, die in den 1970er Jahren in der Software-Ergonomie entwickelt wurden, hat sich das Forschungsgebiet der Mensch-Technik-Interaktion entwickelt, bei dem lange Zeit der Begriff der *usability* im Vordergrund stand (vgl. Nielsen/Mack 1994). Diese zielte zum Teil noch im Sinne der Ergonomie im Arbeitskontext eingesetzter Software auf Effizienz, Effektivität, Lernbarkeit aber auch Nutzerzufriedenheit ab. Stellvertretend hierfür stand der internationale Standard ISO 9241 mit seiner Definition der Gebrauchstauglichkeit. Da heute viele interaktive digitale Medien auch privat und für

Zwecke der Unterhaltung genutzt werden, ist in den letzten Jahren die Berücksichtigung der Nutzererfahrung (*user experience*) immer bedeutender geworden (und in der ISO 14915 festgeschrieben). Deshalb werden auch in der Forschung neue Systeme und Anwendungen in Bezug auf ihre *usability* und die *user experience* entwickelt, wobei besonders die Nutzung im Alltagskontext untersucht wird (vgl. Hassenzahl/Tractinsky 2006). Daher wurden auch neue Ansätze der Softwareentwicklung wie Scrum entwickelt (vgl. Gloger 2013), um der dynamischen Umgebung einerseits und der kontinuierlichen Einbeziehung der Nutzer/innen andererseits Rechnung zu tragen.

Im Zuge der Mediatisierung (s. Kap. II.21) sind digitale Medien allgegenwärtig und immer in einen gesellschaftlichen Kontext eingebettet. Sie sind nicht nur technische Artefakte, sondern haben auch kulturelle, soziale und ökonomische Bedeutung, da sie immer mit Menschen in ihren sozialen Kontexten zu tun haben und über Medien gesellschaftliche Wirklichkeit konstruiert wird. Sie haben das Potential, in gesellschaftlichen Zusammenhängen prägend zu sein. Sie beeinflussen nachhaltig die kulturellen, ökonomischen, sozialen und ethischen Rahmenbedingungen der Gesellschaft. Daher sind auch Rechtsfragen und Gestaltungsfragen zu Datenschutz, Privatheit und Informationssicherheit Bestandteile der Forschungsfragen in der Medieninformatik. Hierbei werden technische Lösungen für Urheberrechtsfragen (z. B. *Digital Rights Management*) ebenso adressiert wie Technologien für das Identitätsmanagement oder für sichere Transaktionen im Internet (vgl. Eckert 2013).

Zunehmend werden mehr Lebensbereiche von digitalen Medien durchdrungen: Arbeit, Freizeit, Lernen, Pflege, Gesundheit, Logistik etc. sind heute stark von digitalen Medien geprägt. Dies betrifft auch klassische Produkte, die zunächst keinen Medien-Charakter hatten. Ein Auto ist heute z. B. in hohem Maß auch ein digitales Medium, das über Navigations- und Assistenzsysteme ein Vermittler zwischen Mensch und Umwelt ist. Mit Production-on-Demand und 3D-Druckern werden künftig auch immer mehr Alltagsprodukte mit digitalen Medien verwoben und können von jedem Nutzer und jeder Nutzerin selbst konzipiert und erstellt werden. In Gesamtkonzepten wie *Ambient Assisted Living* (AAL) bzw. *Cyber-Physical Systems* (vgl. Broy 2010) spielen Entwicklungen der Medieninformatik eine zentrale Rolle zur Gestaltung von Alltagsumgebungen, die Menschen bei ihren alltäglichen Aktivitäten proaktiv unterstützen können – dies gilt insbesondere für die Herausforderungen der alternden Gesellschaft. Dies soll in Zukunft mithilfe der Kombination von Sensor- und Aktortechnik, Analyse- und Steuerungssoftware und Vernetzungstechnik (Hard- und Software) erfolgen.

Theorie(n) der Medieninformatik

Aufgrund ihrer interdisziplinären Wurzeln hat die Medieninformatik keine eigene Kerntheorie entwickelt, sondern sie ist – je nach Perspektive und Forschungsgegenstand – mit unterschiedlichen theoretischen Gerüsten anderer Disziplinen verbunden. Diese liegen in der Informationstheorie, der Kommunikations- und Medienwissenschaften, der theoretischen Informatik und Mathematik, der Psychologie oder den Kognitionswissenschaften. Entsprechend finden sich in der Medieninformatik ganz unterschiedliche Theoriegebäude aus unterschiedlichen wissenschaftlichen Gebieten:

(1) *Informationstheorie:* Insbesondere die Arbeiten von Claude E. Shannon haben zentrale Grundlagen zur Digitalisierung, Kodierung und Kompression geliefert (vgl. Shannon 1948; s. Kap. II.16). Auf dieser Basis kann man beschreiben und analysieren, wie aus analogen Daten kompakte und möglichst fehlerfreie digitale Repräsentationen entstehen. Anwendung finden diese Grundlagen bei Bildern, Audio, Videos und anderen Medientypen in der Digitalisierung, Speicherung und Übertragung.

(2) *Mathematische, physikalische, elektrotechnische Technik-Grundlagen:* Hierzu gehören insbesondere die Transformationen in Frequenzräume sowie mathematische Verfahren im Umfeld der Computergraphik (vgl. Furht 2008). Daten und Signale werden mathematisch repräsentiert und können in unterschiedlichen Koordinatensystemen oder unterschiedlichen Datenräumen dargestellt werden. Oft haben unterschiedliche Darstellungsräume bestimmte Vorteile, die bei der Kodierung, Bearbeitung oder Kompression nützlich sind.

(3) *Semiotik:* Die Lehre von Charles S. Peirce von den Zeichen und ihrer Bedeutung (vgl. Hartshorne/ Weiss 1931; s. Kap. II.2) ist eine der theoretischen Grundlagen der Informatik und damit auch der Medieninformatik. Dabei ist vor allem die Interpretation der Symbole und Zeichen auf semantischer und pragmatischer Ebene von herausragender Bedeutung für die Gestaltung der Mensch-Maschine-Interaktion, da hierüber überhaupt erst ein theoretisches Verständnis des Nutzerwissens gewonnen werden kann (vgl. Nake 1993).

(4) Die Theorien zur Interaktion zwischen Mensch und Maschine sind oftmals aus der Kognitions- bzw. Neurowissenschaft, der Psychologie und der Philosophie entlehnt. Insbesondere die Entwicklung intelligenter adaptiver Nutzungsschnittstellen basiert auf deren Grundlagenforschung und wird dann in der Medieninformatik weiterentwickelt bzw. erlaubt durch die Erprobung Rückschlüsse auf die Eignung der Theorien. In letzter Zeit haben vor allem theoretische Ansätze des Embodiment (also des Verkörpert-Seins in einer konkreten Situation) eine große Bedeutung bei der Entwicklung innovativer Mensch-Maschine-Systeme erfahren (vgl. Dourish 2004; Malaka/Porzel 2009; s. Kap. IV.3).

(5) Ansätze aus der Medien- und Kommunikationswissenschaft, insbesondere zur Mediatisierung (vgl. Krotz 2007; Hepp 2013; s. Kap. II.21) und Medienwirkungsforschung (vgl. Jäckel 2011; Schenk 1987; s. Kap. IV.13) und der Wissens- und Techniksoziologie (vgl. Keller u.a. 2012; Rammert 2007; Weyer 2007; Latour 2007; s. Kap. II.15; IV.26) haben das Verständnis von Kommunikation und Interaktion auch für die Medieninformatik im Sinne sozio-technischer Systeme geprägt. Dabei sind vor allem die konstruktivistischen Theorien hervorzuheben (s. Kap. II.11), die verdeutlicht haben, dass die Interaktion mit und die Kommunikation über Medien soziale Wirklichkeit überhaupt erst konstruieren und daher nur begrenzt a priori in die technischen Systeme einprogrammiert werden können und die Systeme ihrerseits wieder bestimmte soziale Situationen aufgrund der implementierten Abläufe und Interaktionskonzepte als ›Akteure‹ prägen.

Methoden der Medieninformatik

Entsprechend den verschiedenen Betrachtungsebenen und der theoretischen Bezüge reichen die Forschungsfragen von technischen und algorithmischen Fragen über kognitive Aspekte bis hin zu gesellschaftlichen Fragen. Die wissenschaftliche Betrachtung digitaler Medien kann sich z.B. auf die Konzeption, Analyse oder Gestaltung, den Entwurf, die Analyse von Wirkungen oder der Nutzerakzeptanz, das Management oder die Wirtschaftlichkeit beziehen. Entsprechend vielfältig stellt sich auch der Methodenkatalog dar:

- Das Repertoire der Informatik (Entwicklungsumgebungen, Programmiersprachen, Datenbanksysteme, Computergrafik usw.) hilft vor allem bei Analyse, Entwurf und Umsetzung digitaler Medien (vgl. Balzert 2009).

- Zur ingenieurmäßigen Entwicklung von digitalen Medien wird beim Media Engineering auf Methoden des Software Engineerings zurückgegriffen. Diese reichen von Projektmanagementmethoden über Vorgehensmodelle bis zur systematischen Bewertung und Dokumentation von Entwicklungsergebnissen (vgl. Sommerville 2011).
- Statistische Verfahren aus der Psychologie oder den Kognitionswissenschaften zur Untersuchung menschlicher Faktoren und der Wechselwirkung zwischen digitalen Medien und Individuen (vgl. Dix u. a. 2004).
- Design-Prinzipien (wie z. B. Gestalt-Gesetze; s. Kap. IV.27) helfen bei der Umsetzung und Gestaltung innovativer Mensch-Maschine-Schnittstellen (vgl. Böhringer u. a. 2008).
- Qualitative und quantitative Methoden der empirischen Sozialforschung helfen bei der Berücksichtigung von Nutzeranforderungen und der Bewertung neuer Endgeräte und Interaktionsformen (vgl. Preece u. a. 2011) sowie bei der Analyse der Wechselwirkungen auf gesellschaftliche Teilbereiche und in den Anwendungskontexten (s. Kap. IV.4).
- Nutzwertanalysen und Wirtschaftlichkeitsbetrachtungen dienen als Methoden aus der Wirtschaftsinformatik zur Analyse der Wirkungen in Arbeitskontexten, aber auch zur Abschätzung von Rationalisierungspotenzialen und der Machbarkeit (vgl. Laudon u. a. 2009).

(Internationale) Community

Die Idee des digitalen Mediums wurde international besonders durch das MIT Media Lab geprägt. Mit dem Media Lab wurde die Idee des Computers als Medium sowie auch eine weitreichende Interpretation des Begriffs der digitalen Medien international etabliert (vgl. Brand 1987). Trotz dieser internationalen Wurzeln ist der Begriff der Medieninformatik fast noch stärker als der Begriff der Informatik ein deutsches Phänomen. Die deutsche Community aus der Medieninformatik findet sich international in den Forschungsrichtungen:

- Human Computer Interaction
- Ubiquitous Computing
- Entertainment Computing
- Information Systems (Wirtschaftsinformatik)
- Media and Communication Studies

Dabei ist bemerkenswert, dass die Teilmengenbeziehungen nicht eindeutig sind. Während man einerseits die *Human Computer Interaction* (HCI) als Teilgebiet der Medieninformatik sehen kann, ist in den Strukturen der deutschen Gesellschaft für Informatik die Medieninformatik eine Fachgruppe innerhalb des übergeordneten Fachs Mensch-Technik-Interaktion (bzw. HCI).

Problematisch für die Disziplin ist sicher, dass es keine eindeutige Entsprechung auf internationaler Ebene gibt. So finden sich Facetten im Bereich *Human Computer Interaction* ebenso wieder wie im Software Engineering oder den Fachdisziplinen, die auf Methoden und Werkzeuge der Medieninformatik rekurrieren (E-Learning, E-Government usw.). Bei Fachzeitschriften und wissenschaftlichen Tagungen findet sich die Medieninformatik somit auch in den unterschiedlichen wissenschaftlichen Teilbereichen wieder.

Die eher technischen Aspekte werden gut durch die Special Interest Group »Multimedia« der Association for Computing Machinery (ACM) repräsentiert. Die Journals *IEEE Transactions on Multimedia, ACM Transactions on Multimedia Computing, Communications, and Applications* und die Tagungen »ACM Multimedia Conference« und »International Conference on Multimedia Computing« gehören zu den zentralen Publikationsforen. Aber auch der angrenzende Bereich der Computergraphik hat mit der SIGGRAPH als einer der herausragenden Informatik-Tagungen sehr große Bedeutung für die Medieninformatik.

Im Bereich der Interaktion sind die CHI-Tagungen (ACM Conference on Computer Human Interaction), die UIST (User Interface Software and Technology) und die IUI (Intelligent User Interfaces) wichtige jährliche Tagungen mit zum Teil einigen tausend Teilnehmer/innen. Zu den wichtigsten Journals zählt hier z. B. die *ACM Transactions on Computer-Human Interaction*.

Daneben gibt es noch zahlreiche Spezialtagungen und Zeitschriften für einzelne Aspekte der Medieninformatik wie z. B. »Entertainment Computing« (ICEC und *International Journal on Entertainment Computing*) oder »Kooperative Arbeitsumgebungen« (CSCW) sowie für die speziellen Anwendungsgebiete wie E-Business (z. B. *Information Systems Journal*), Bildung (*Interdisziplinäre Zeitschrift für Technologie und Lernen, IEEE Educational Technology and Society*) oder computerunterstützte Kommunikation (*Journal of Computer-Mediated Communication*).

Perspektive

Die Medieninformatik ist eine junge Disziplin, die in Deutschland in zahlreichen Professuren und Studiengängen bereits im akademischen Leben und in der Ausbildung etabliert ist. Die Produkte der Medieninformatik sind allgegenwärtig und haben durch die Verbreitung des Internets, von PCs, Tablet Computern und Smartphones sämtliche Lebensbereiche in der modernen Welt erreicht. Die interdisziplinäre Verbindung von technischen Aspekten der Informatik mit kognitiven und gesellschaftlichen Aspekten erlaubt einen ganzheitlichen Blick auf digitale Medien, den die Einzeldisziplinen nicht ermöglichen. Damit kann die Medieninformatik auch in Zukunft wesentliche Beiträge zur Entwicklung, Gestaltung und Analyse von digitalen Medien liefern.

Wichtig ist dabei eine enge interdisziplinäre Verknüpfung, um die Rolle digitaler Medien als soziotechnische Systeme in der Gesellschaft zu begreifen und gleichzeitig die Methoden und Modelle der Medieninformatik für ein Verständnis des durch Medien geprägten gesellschaftlichen Wandels zu verstehen. Hierzu ergeben sich Verbindungslinien sowohl auf theoretischer Ebene (z. B. zur Mediatisierungsforschung, s. Kap. II.21) als auch auf methodisch-methodologischer Ebene (qualitative und quantitative Ansätze der Medienforschung, s. Kap. IV.4; s. Kap. IV.13).

Literatur

Aarseth, Espen J.: Cybertext: Perspectives on Ergodic Literature. Baltimore 1997.

Back, Andrea/Bendel, Oliver/Stoller-Schai, Daniel: E-Learning im Unternehmen. Grundlagen – Strategien – Methoden – Technologien. Zürich 2001

Balzert, Helmut: Lehrbuch der Softwaretechnik: Basiskonzepte und Requirements Engineering. Heidelberg ³2009.

Böhringer, Joachim/Bühler, Peter/Schlaich, Patrick: Kompendium Mediengestaltung. Konzeption und Gestaltung für Digital- und Printmedien. Berlin/Heidelberg 2008.

Brand, Stewart: The Media Lab: Inventing the Future at MIT. New York 1987.

Breiter, Andreas/Beckert, Bernd/Hagen, Martin: Staatliche Initiativen auf dem Weg in die Informationsgesellschaft. Ein Vergleich von Multimedia-Pilotprojekten in ihrem politischen Kontext: Deutschland und USA. Wiesbaden 2007.

Breiter, Andreas/Welling, Stefan/Stolpmann, Björn Eric: Medienkompetenz in Schulen. Berlin 2010.

Broy, Manfred (Hg.): Cyber-Physical Systems: Innovation durch softwareintensive eingebettete Systeme. Berlin 2010.

Chatfield, Tom: Fun Inc.: Why games are the 21st Century's most serious business. London 2011.

Dix, Alan J./Finlay, Janet E./Abowd, Gregory D./Beale, Russel: Human-Computer Interaction. Harlow ³2004.

Dourish, Paul: Where the Action is: The Foundations of Embodied Interaction. Cambridge, Mass. 2004.

Eckert, Claudia: IT-Sicherheit: Konzepte, Verfahren, Protokolle. Wiesbaden ⁸2013.

Esposito, Elena: Der Computer als Medium und Maschine. In: Zeitschrift für Soziologie 22/5 (1993), 338–354.

Furht, Borko (Hg.): Encyclopedia of Multimedia. New York 2008.

Gloger, Boris: Scrum. Produkte zuverlässig und schnell entwickeln. München ⁴2013.

Hartshorne, Charles/Weiss, Paul (Hg.): Collected Papers of Charles Sanders Peirce. Bde. I–VI. Cambridge, Mass. 1931.

Hassenzahl, Marc/Tractinsky, Noam: User experience – a research agenda. In: Behaviour & Information Technology 25/2 (2006), 91–97.

Hepp, Andreas: Medienkultur. Die Kultur mediatisierter Welten. Wiesbaden ²2013.

Hey, Tony/Trefethen, Anne E.: Cyberinfrastructure for e-science. In: Science 308/5723 (2005), 817–821.

Hübner, Ursula/Elmhorst, Marc A. (Hg.): eBusiness in Healthcare: From eProcurement to Supply Chain Management. Berlin 2008.

Jäckel, Michael: Medienwirkungen: Ein Studienbuch zur Einführung. Wiesbaden 2011.

Johner, Christian/Bachmann, Werner/Haas, Peter: Praxishandbuch IT im Gesundheitswesen: erfolgreich einführen, entwickeln, anwenden und betreiben. München 2009.

Keller, Reiner/Knoblauch, Hubert/Reichertz, Jo (Hg.): Kommunikativer Konstruktivismus. Theoretische und empirische Konturen eines neuen wissenssoziologischen Ansatzes. Wiesbaden 2012.

Kerres, Michael: Multimediale und telemediale Lernumgebungen: Konzeption und Entwicklung. München ²2001.

Krotz, Friedrich: Mediatisierung: Fallstudien zum Wandel von Kommunikation. Wiesbaden 2007.

Latour, Bruno: Eine neue Soziologie für eine neue Gesellschaft – Einführung in die Akteur-Netzwerk-Theorie. Frankfurt a. M. 2007.

Laudon, Kenneth C./Laudon, Jane P./Schoder, Detlef: Wirtschaftsinformatik. Eine Einführung. Berlin ²2009.

Licklider, J.C.R./Taylor, Robert: The computer as a communication device. In: Science and Technology 76 (1968), 21–31.

Malaka, Rainer: Intelligent user interfaces for ubiquitous computing. In: Mühlhäuser/Gurevych 2008, 470–486.

Malaka, Rainer/Hußmann, Heinrich/Butz, Andreas: Medieninformatik: Eine Einführung. München 2009.

Malaka, Rainer/Porzel, Robert: Design principles for embodied interaction: The case of ubiquitous computing. In: Bärbel Mertsching/Marcus Hund/Zaheer Aziz (Hg.): KI 2009: Advances in Artificial Intelligence. 32nd Annual German Conference on AI, Paderborn, Germany, September 15–18, 2009. Proceedings. Berlin/Heidelberg/New York 2009, 711–718.

Meier, Andreas/Stormer, Henrik: eBusiness & eCommerce: Management der digitalen Wertschöpfungskette. Berlin/Heidelberg ³2012.

Mühlhäuser, Max/Gurevych, Iryna (Hg.): Handbook of Research on Ubiquitous Computing Technology for Real Time Enterprises. Hershey 2008.

Nake, Frieder (Hg.): Die erträgliche Leichtigkeit der Zeichen. Ästhetik, Semiotik, Informatik. Baden-Baden 1993.

Nielsen, Jakob/Mack Robert L. (Hg.): *Usability Inspection Methods*. New York 1994.

Preece, Jenny/Rogers, Yvonne/Sharp, Helen: *Interaction Design: Beyond Human-Computer Interaction*. New York ³2011.

Rammert, Werner: *Technik – Handeln – Wissen. Zu einer pragmatistischen Technik- und Sozialtheorie*. Wiesbaden 2007.

Robben, Bernard/Schelhowe, Heidi: *Be-greifbare Interaktionen – Der allgegenwärtige Computer: Touchscreens, Wearables, Tangibles und Ubiquitous Computing*. Bielefeld 2012.

Schelhowe, Heidi: *Das Medium aus der Maschine. Zur Metamorphose des Computers*. Frankfurt a. M. 1997.

Schenk, Michael: *Medienwirkungsforschung*. Tübingen 1987.

Schulmeister, Rolf: *eLearning: Einsichten und Aussichten*. München 2006.

Schwabe, Gerhard (Hg.): *Bürgerservices. Grundlagen – Ausprägungen – Gestaltung – Potenziale*. Berlin 2011.

Schwabe, Gerhard/Streitz, Norbert/Unland, Rainer (Hg.): *CSCW-Kompendium. Lehr- und Handbuch zum computerunterstützten kooperativen Arbeiten*. Berlin 2001.

Shannon, Claude E.: A mathematical theory of communication. In: *Bell System Technology Journal* 27 (1948), 379–423, 623–665.

Sommerville, Ian: *Software engineering*. Harlow ⁹2011.

Taylor, Ian J./Deelman, Ewa/Gannon, Dennis B./Shields, Matthew (Hg.): *Workflows for e-Science: Scientific Workflows for Grids*. London 2007.

Weiser, Mark: The computer for the 21st century. In: *Scientific American* 265/3 (1991), 94–104.

Weyer, Johannes: *Techniksoziologie. Genese, Gestaltung und Steuerung sozio-technischer Systeme*. Weinheim 2007.

Winograd, Terry/Flores, Fernando: *Understanding Computers and Cognition. A New Foundation for Design*. Norwood, NJ 1986.

Wirtz, Bernd: *Electronic Business*. Wiesbaden ³2010a.

Wirtz, Bernd (Hg.): *E-Government: Grundlagen, Instrumente, Strategien*. Berlin 2010b.

Rainer Malaka/Andreas Breiter

22. Digital Humanities

Die Digital Humanities stellen ein heterogenes Forschungsfeld an der Schnittstelle zwischen der Informatik sowie den Kultur- und Geisteswissenschaften dar. Seit etwa 2000 haben sie vor dem Hintergrund der gestiegenen Verfügbarkeit digitaler Daten stark an Bedeutung gewonnen. Der Begriff der ›Digital Humanities‹ setzte sich erst mit der Verbreitung des Internets durch und ersetzte die seit dem Aufkommen des Computers in den 1960er Jahren gebräuchlichen Begriffe ›Computational Science‹ und ›Humanities Computing‹, die sich hauptsächlich mit der methodologischen und praktischen Entwicklung von digitalen Werkzeugen, Infrastrukturen und Archiven beschäftigt haben.

In Anknüpfung an die wissenschaftstheoretischen Sondierungen von Davidson (2008), Svensson (2010), Burdick u. a. (2010) und zuletzt Gold (2012) können die Digital Humanities dementsprechend in drei richtungsweisende Theorieansätze gegliedert werden, mit welchen gleichermaßen die historischen Entwicklungen und wissenspolitischen Verschiebungen des Forschungsfeldes gut abgesteckt werden können:

(1) Im Zentrum der ›Digital Humanities‹ stehen die geistes- und kulturwissenschaftliche Computeranwendung und die Digitalisierung von ›Ausgangsdaten‹. Die Digitalisierungsprojekte umfassen dabei einerseits digitalisierte Portfolios und andererseits die computerphilologischen Nutzungstools zur Anwendung der Sekundär- oder Ergebnisdaten. Diese elementaren Methoden der ›Digital Humanities‹ speisen sich bis heute aus der Tradition der Philologie, die das evidenzbasierte Sammeln und Ordnen der Daten zur Grundlage von Hermeneutik und Interpretation erklärte. Über die engere Methodendiskussion hinausführend, reklamiert das computergestützte Vermessen der Geistes- und Kulturwissenschaften mediale Objektivitätspostulate der modernen Wissenschaften. Im Unterschied zum textwissenschaftlichen Fächerkanon der 1950er und 1960er Jahre des »Humanities Computing« (McCarty 2005) hat sich das Forschungsfeld der Fachdisziplinen indes heute erheblich ausdifferenziert und auf die Kunst-, Kultur- und Sozialgeschichte, die Medienwissenschaft, die Ethnologie, die Archäologie und die Geschichts- und Musikwissenschaften ausgeweitet (vgl. Gold 2012).

(2) Entsprechend der zweiten Phase entwickeln sich zusätzlich zur quantitativen Digitalisierung von

Texten Forschungspraktiken, die sich mit den Methoden und Verfahren zur Herstellung, Analyse und Modellierung von digitalen Forschungsumgebungen für die geisteswissenschaftliche Arbeit mit digitalen Daten beschäftigen. Dieser Ansatz wird mit dem Begriff ›Enhanced Humanities‹ umschrieben und versucht, neue methodische Ansätze der qualitativen Nutzung von erzeugten, aufbereiteten und gespeicherten Daten für die Rekonzeptionalisierung traditioneller Forschungsgegenstände zu finden (vgl. Ramsey/Rockwell 2012, 75–84).

(3) Die Entwicklung der Humanities 1.0 zu den »Humanities 2.0« (Davidson 2008, 707–717) markiert den Übergang von der digitalen Methodenentwicklung im Bereich der ›Enhanced Humanities‹ zu den ›Social Humanities‹, welche die Möglichkeiten des Web 2.0 zum Aufbau vernetzter Forschungsinfrastrukturen nutzen. Die ›Social Humanities‹ nutzen zur Vernetzung und Interdisziplinarität des wissenschaftlichen Wissens Open-Access-, Social-Reading-Angebote und Open-Knowledge-Software, indem sie die Möglichkeiten kooperativer und kollaborativer Forschungs- und Entwicklungsarbeit für die Wissenschaft nutzbar machen und online zur Verfügung stellen. Auf der Basis der neuen digitalen Infrastrukturen des Social Web (Hypertextsysteme, Wikitools, Crowdfunding-Software u. Ä.) überführen diese Projekte die rechnergestützten Verfahren der früheren Entwicklungsgeschichte der Digital Humanities in die digitale Vernetzungskultur der ›Social Humanities‹. Heute sind es die ›Blogging Humanities‹ (digitale Publikations- und Vermittlungsarbeit in Peer-to-Peer-Netzwerken) und die ›Multimodal Humanities‹ (Wissensinszenierung und -repräsentation in multimedialen Softwareumgebungen; zur kulturwissenschaftlichen Untersuchung von Software siehe auch das neue Forschungsfeld der ›Software Studies‹, vgl. Manovich 2013), die für die technische Modernisierung des akademischen Wissens eintreten (vgl. McPherson 2008) und dafür gesorgt haben, dass die Digital Humanities beanspruchen, eine paradigmatisch alternative Form der Wissensgenerierung darzustellen. Vor diesem Hintergrund ist es angebracht, die kultur- und medientechnischen Grundlagen der computergesteuerten Erkenntnisverfahren in der geistes- und kulturwissenschaftlichen Forschung datenkritisch, wissensgenealogisch und medienhistorisch zu reflektieren, um ihr Rollenverständnis unter den Vorzeichen der digitalen Wissensproduktion und -distribution angemessen beurteilen zu können (vgl. Thaller 2012, 7–23).

Geschichte der Digital Humanities

Die medien- und wissenschaftsgeschichtliche Aufarbeitung der Digital Humanities wurde erst vereinzelt in den letzten Jahren eingeleitet (vgl. Hockey 2004). Eine Historisierung der Wechselbeziehungen zwischen den Geistes- und Kulturwissenschaften und dem Einsatz der computergestützten Verarbeitungsverfahren relativiert den Evidenz- und Wahrheitsanspruch der digitalen Methoden und stärkt die Argumentation, dass sich die Digital Humanities aus einem Geflecht historischer Wissenskulturen und Medientechnologien entwickelt haben, deren Anfänge bis in das ausgehende 19. Jahrhundert reichen.

Die einschlägige Forschungsliteratur zum historischen Kontext und zur Genese der Digital Humanities sieht in Roberto Busas lochkartenbasierter Thomas-von-Aquin-Konkordanz einer der ersten Projekte genuin geisteswissenschaftlicher Computeranwendung (vgl. Vanhoutte 2013, 126). Der italienische Jesuitenpater Roberto Busa (1913–2011) gilt vielen als der Pionier der Digital Humanities, was bereits früh zu einer weitgehenden Vereinheitlichung der Geschichtsschreibung der ›Computational Science‹ geführt hat (vgl. Schischkoff 1952). Busa, der seit 1949 gemeinsam mit Thomas Watson, dem Gründer von IBM, den korpuslinguistischen ›Index Thomisticus‹ entwickelte (vgl. Busa 1951; 1980), wird in der einschlägigen Historiographie als ›Gründungsvater‹ der Schnittstelle von Geisteswissenschaften und Informatik angesehen. Die erste digitale Edition auf Lochkarten initiierte eine Reihe von textphilologischen Folgeprojekten:

> »In den sechziger Jahren folgte eine erste elektronische Fassung der ›Modern Language Association International Bibliography‹ (MLAIB), einer periodischen Fachbibliographie aller modernen Philologien, die mit Telefonkopplern durchsucht werden konnte. Dann setzte die retrospektive Digitalisierung des kulturellen Erbes ein, die immer mehr Werke und Lexika wie etwa das Deutsche Wörterbuch der Brüder Grimm, historische Wörterbücher wie den Krünitz oder Regionalwörterbücher umfasste« (Lauer 2013, 104).

Im Vorfeld haben sich aber zahlreiche andere Disziplinen und nicht-philologische Bereiche herausgebildet, wie die Literatur-, Bibliotheks-, und Archivwissenschaften, die eine längere Wissensgeschichte im Feld der philologischen Case Studies und der praktischen Informationswissenschaft aufweisen und sich seit dem Aufkommen der Lochkartenmethode mit quantitativen und informatikwissenschaftlichen Verfahren für wissensverwaltende Einrichtungen befasst haben. So gesehen, sind weder die Forschungsfrage noch die methodischen Verfahren von Busa voraussetzungslos und können in einer breiter angelegten Wissensgeschichte und Medienarchäologie (s. Kap. II.13) verortet werden. So finden sich bereits in den Schriften des Schweizer Archivars Karl Wilhelm Bührer (1861–1917) Modellentwürfe eines mechanisch kombinierungsfähigen Wissensapparates (vgl. Bührer 1890, 190 ff.). Diese Denkfigur flexibilisierter und modularisierter Informationseinheiten wurde später zum konzeptionellen Inbegriff der mechanischen Datenverarbeitung. Die Archiv- und Bibliothekswissenschaften waren auch direkt am historischen Paradigmenwechsel der Informationsverarbeitung beteiligt, denn es ist der Arzt und spätere Direktor der National Medical Library, John Shaw Billings, der die von Hermann Hollerith im Jahr 1886 entwickelte Apparatur zur maschinellen Verarbeitung von statistischen Daten mitentwickelte (vgl. Krajewski 2007, 43). Folglich verdankt die Lochkartentechnik ihre Entstehung also auch teilweise der technischen Pragmatik der bibliothekarischen Wissensorganisation; auch wenn erst später – unter den Vorzeichen der Rationalisierungsbewegung der 1920er Jahre – die bibliothekarischen Arbeitsverfahren gezielt mechanisiert wurden.

Die weiterführenden Projekte der Datenverarbeitung zeigen, dass die maschinelle Erstellung eines ›Index‹ oder einer ›Konkordanz‹ für die Lexikographie und für den Katalogapparat der Bibliotheken den Beginn der computergestützten Geistes- und Kulturwissenschaften markiert. Im Zentrum der ersten Anwendungen der maschinellen Methode zur Erschließung großer Textmengen stand bis in die späten 1950er Jahre das Hollerith-Verfahren der Lochkarteisysteme. Das medientechnische Verfahren der Lochkarte veränderte die Lektürepraktiken der Texterschließung, indem es das Medium Buch in eine Datenbank transformierte und die linear-syntagmatische Ordnung des Textes in eine sachliche und begriffliche Systemordnung übersetzte.

Bereits im Jahr 1951 etablierte sich eine zeitgenössische Debatte in akademischen Zeitschriften. Sie beurteilte die Anwendungsmöglichkeiten der Lochkarteisysteme überwiegend positiv und verknüpfte sie mit ökonomisch motivierten Rationalitätsvorstellungen. Vom 13. bis 16. Dezember 1951 veranstaltete die Deutsche Gesellschaft für Dokumentation in Zusammenarbeit mit dem Rationalisierungskuratorium der Deutschen Wirtschaft eine Arbeitstagung zum Studium von Fragen der Dokumentationsmechanisierung, die vom Philosophen Georgi Schischkoff begeistert besprochen wurde. Er

sprach von einer »großen Vereinfachung und Beschleunigung [...] durch ein mechanisches Gedächtnis« (Schischkoff 1952, 290). Vertreter der computergestützten Geisteswissenschaften erblickten in dem sich Anfang der 1950er Jahre formierenden ›Literary Computing‹ ein erstes, eigenständiges Forschungsfeld, das eine vermeintlich objektive »Erfassung des exakten Wissens« (Pietsch 1951) erlauben sollte. In den 1960er Jahren erschienen die ersten computerlinguistischen Studien zur automatischen Indizierung umfassender Textkorpora und publizierten computergestützte Analysen zum Wortindex, zu Worthäufigkeiten und zu Wortgruppen.

Die automatischen Auswertungsverfahren von Texten für die literaturwissenschaftliche Editorik wurden in der frühen Phase des ›Humanities Computing‹ (vorangetrieben durch dessen Teilbereiche ›Computerphilologie‹ und ›Computerlinguistik‹) auf der Grundlage von zwei zentralen Diskursfiguren beschrieben, die bis heute gültig sind. Die eine Diskursfigur beschreibt die Errungenschaften des neuen Werkzeuggebrauchs mit der instrumentellen Verfügbarkeit der Daten (›Hilfsmittel‹), die andere Diskursfigur fokussiert die ökonomische Erschließung der Daten und betont das Effiziente und Effektive der maschinellen Methode bei der Dokumentation. Die mediale Figur der Automatisierung wurde schließlich in beiden Fällen mit der Erwartung zusammengeführt, interpretative und subjektive Einflüsse aus der Informationsverarbeitung und Informationserschließung systematisch auszuschließen. In den 1970er und 1980er Jahren etablierte sich die Computerlinguistik als ein institutionell verankerter Forschungsbereich inklusive universitärer Einrichtungen, Vereinszeitschriften (*Journal of Literary and Linguistic Computing*, *Computing in the Humanities*), Diskussionsforen (HUMANIST) und Konferenzaktivitäten. Das rechnergestützte Arbeiten in der historisch-sozialwissenschaftlichen Forschung erlebte damit einen ersten großen Aufschwung, wurde aber in den Arbeitsberichten weniger als eigenständige Methode, sondern hauptsächlich als ein Hilfsmittel bei der Textkritik und als eine Erleichterung bei der Quantifizierung der jeweiligen Gegenstände angesehen (vgl. Jarausch 1976, 13).

Ein nachhaltiger Medienumbruch sowohl im Bereich der Produktion als auch im Bereich der Rezeptionsästhetik ergab sich mit der Verwendung von standardisierten Textauszeichnungen wie der 1986 etablierten *Standard Generalized Markup Language* (SGML) und softwarebasierten Textverarbeitungsprogrammen. Sie stellten eine zusätzliche Reihe digitaler Module, analytischer Werkzeuge und Text-funktionen zur Verfügung und transformierten den Text in ein Datenbankmodell. Texte konnten unter diesen Vorzeichen als strukturierte Informationen abgerufen werden und wurden optional als (relatio-nale) Datenbanken verfügbar. In den 1980er und 1990er Jahren wurden die technische Entwicklung und die Textwahrnehmung also weitgehend vom Datenbank-Paradigma beherrscht.

Mit der schrittweisen Durchsetzung des World Wide Web veränderten sich die Forschungs- und Lehrpraktiken der Kultur- und Geisteswissenschaf-ten auf radikale Weise: Die Fachkommunikation er-hielt durch die digitale Vernetzungskultur öffentlich zugänglicher Online-Ressourcen, E-Mail-Verteiler, Chats und Foren eine breite Dynamik und ist durch die mediale Feedbackmentalität der Rankings und der Votings hochgradig responsiv geworden. Mit ihrem Anspruch, die hierarchischen Strukturen des akademischen Systems durch ein Re-Engineering des wissenschaftlichen Wissens zu überwinden, sor-gen die Digital Humanities 2.0 in diesem Sinne für eine Wiederbelebung der Ideale von Egalität, Frei-heit und Allwissenheit.

Im Unterschied zu ihren Anfängen in den 1950er Jahren vertreten die Digital Humanities heute auch den Anspruch, das gesellschaftliche Wissen neu zu organisieren und verstehen sich daher »sowohl als wissenschaftliches wie auch als sozialutopisches Pro-jekt« (Hagner/Hirschi 2013, 7). Mit dem Einzug der Social Media in die Geistes- und Kulturwissenschaf-ten haben sich nicht nur die technologischen Mög-lichkeiten und die wissenschaftlichen Praktiken der Digital Humanities weiterentwickelt, sondern sie ha-ben auch neue Phantasmagorien wissenschaftlicher Distribution, Qualitätsprüfung und Transparenz im World Wide Web angeregt (vgl. Haber 2013). Vor diesem Hintergrund haben Bernhard Rieder und Theo Röhle in ihrem 2012 veröffentlichten Aufsatz »Five challenges« fünf zentrale Herausforderungen für die aktuellen Digital Humanities identifiziert: die Verlockung der Objektivität, die Macht der visuellen Evidenz, Black-Boxing (Unschärfen, Problematik der Stichprobenziehung etc.), institutionelle Turbu-lenzen (konkurrierende Serviceeinrichtungen und Lehrfächer) und das Streben nach Universalität. Computerunterstützte Forschung wird in der Regel von der Auswertung der Daten dominiert, und man-che Forscher sehen fortgeschrittene Analyseverfah-ren im Forschungsprozess gar als Ersatz für eine gehaltvolle Theoriebildung. Forschungsinteressen könnten so fast ausschließlich durch die Daten selbst getrieben werden. Diese evidenzbasierte Konzentra-tion auf das mit den Daten Mögliche kann Forscher aber dazu verleiten, heuristische Aspekte ihres Ge-genstandes zu vernachlässigen.

Da das Social Net nicht nur als ein machtneutra-ler Lesekanal von Forschungs-, Schreib- und Publi-kationsressourcen firmiert, sondern auch als eine neue gouvernementale Machtordnung des wissen-schaftlichen Wissens verstanden werden kann, schließt eine – hier erörterte – epistemologische Sondierung der sozialen, politischen und ökonomi-schen Kontexte der Digital Humanities auch eine datenkritische und historisierende Befragung ihrer computergestützten Reformagenda mit ein (vgl. Schreibman 2012, 46–58).

Fazit

Was hat sich mit Einsatz der Computertechnologie für die Kultur- und Geisteswissenschaften grund-lagentheoretisch verändert? – Computer haben die Quantifizier- und Kalkulierbarkeit des wissenschaft-lichen Wissens neu organisiert und beschleunigt; sie haben das metrische Paradigma in den Kul-tur- und Geisteswissenschaften verankert und die hermeneutisch-interpretativen Ansätze durch eine mathematische Formalisierung des Gegenstandsfel-des herausgefordert. Neben diesen epistemologischen Verschiebungen hat sich gegenwärtig auch die For-schungspraxis innerhalb der Digital Humanities ver-schoben, denn Forschung und Entwicklung wird als projektbezogen, kollaborativ sowie netzförmig auf-gefasst und wird in der Netzwerk-Sichtweise selbst zum Forschungsgegenstand der Netzwerkanalyse, die sich mit der Aufdeckung von Korrelationen und Beziehungsmustern der digitalen Kommunikation wissenschaftlicher Netzwerke befasst (s. Kap. II.15).

Literatur

Bührer, Karl Wilhelm: Ueber Zettelnotizbücher und Zettel-katalog. In: *Fernschau* 4 (1890), 190–192.
Burdick, Anne/Drucker, Johanna/Lunenfeld, Peter/Pres-ner, Todd/Schnapp, Jeffrey: *Digital_Humanities*. Cam-bridge, Mass. (2010), http://mitpress.mit.edu/sites/default/files/titles/content/9780262018470_Open_Access_Edition.pdf (20.12.2013).
Busa, Roberto: *S. Thomae Aquinatis Hymnorum Ritualium Varia Specimina Concordantiarum. Primo saggio di indici di parole automaticamente composti e stampati da mac-chine IBM a schede perforate*. Milano 1951.
Busa, Roberto: The annals of humanities computing: The Index Thomisticus. In: *Computers and the Humanities* 14/2 (1980), 83–90.

Davidson, Cathy N.: Humanities 2.0: Promise, perils, predictions. In: *Publications of the Modern Language Association* (PMLA) 123/3 (2008), 707–717.

Gold, Matthew K. (Hg.): *Debates in the Digital Humanities*. Minneapolis 2012.

Haber, Peter: ›Google Syndrom‹. Phantasmagorien des historischen Allwissens im World Wide Web. In: David Gugerli/Michael Hagner/Caspar Hirschi/Andreas B. Kilcher/Patricia Purtschert/Philipp Sarasin/Jakon Tanner (Hg.): *Zürcher Jahrbuch für Wissensgeschichte*. Bd. 9. Zürich 2013, 175–190.

Hagner, Michael/Hirschi, Caspar: Editorial digital humanities. In: David Gugerli/Michael Hagner/Caspar Hirschi/Andreas B. Kilcher/Patricia Purtschert/Philipp Sarasin/Jakon Tanner (Hg.): *Zürcher Jahrbuch für Wissensgeschichte*. Bd. 9. Zürich 2013, 7–11.

Hockey, Susan: History of humanities computing. In: Susan Schreibman/Ray Siemens/John Unsworth (Hg.): *A Companion to Digital Humanities*. Oxford 2004.

Jarausch, Konrad H.: Möglichkeiten und Probleme der Quantifizierung in der Geschichtswissenschaft. In: Ders.: *Quantifizierung in der Geschichtswissenschaft. Probleme und Möglichkeiten*. Düsseldorf 1976, 11–30.

Krajewski, Markus: In Formation. Aufstieg und Fall der Tabelle als Paradigma der Datenverarbeitung. In: David Gugerli/Michael Hagner/Michael Hampe/Barbara Orland/Philipp Sarasin/Jakob Tanner (Hg.): *Nach Feierabend. Zürcher Jahrbuch für Wissenschaftsgeschichte*. Bd. 3. Zürich/Berlin 2007, 37–55.

Lauer, Gerhard: Die digitale Vermessung der Kultur. Geisteswissenschaften als Digital Humanities. In: Heinrich Geiselberger/Tobias Moorstedt (Hg.): *Big Data. Das neue Versprechen der Allwissenheit*. Frankfurt a. M. 2013, 99–116.

Manovich, Lev: *Software Takes Command*. London/New York 2013.

McCarty, Willard: *Humanities Computing*. London 2005.

McPherson, Tara: Dynamic Vernaculars: Emergent Digital Forms in Contemporary Scholarship. Lecture presented to HUMLab Seminar, Umeå University, 4 March 2008, http://stream.humlab.umu.se/index.php?streamName=dynamicVernaculars (20.12.2013).

Pietsch, Erich: Neue Methoden zur Erfassung des exakten Wissens in Naturwissenschaft und Technik. In: *Nachrichten für Dokumentation* 2/2 (1951), 38–44.

Ramsey, Stephen/Rockwell, Geoffrey: Developing things: Notes toward an epistemology of building in the digital humanities. In: Gold 2012, 75–84.

Rieder, Bernhard/Röhle, Theo: Digital methods: Five challenges. In: David M. Berry (Hg.): *Understanding Digital Humanities*. London 2012, 67–84.

Schischkoff, Georgi: Über die Möglichkeit der Dokumentation auf dem Gebiete der Philosophie. In: *Zeitschrift für Philosophische Forschung* 6/2 (1952), 282–292.

Schreibman, Susan: Digital humanities: Centres and peripheries. In: Manfred Thaller (Hg.): *Controversies Around the Digital Humanities*. Special Issue *Historical Social Research* 37/3 (2012), 46–58.

Svensson, Patrik: The landscape of digital humanities. In: *Digital Humanities Quarterly* (DHQ) 4/1 (2010), http://www.digitalhumanities.org/dhq/vol/4/1/000080/000080.html (20.12.2013).

Thaller, Manfred: Controversies around the digital humanities: An agenda. In: Ders. (Hg.): *Controversies Around the Digital Humanities*. Special Issue *Historical Social Research* 37/3 (2012), 7–23.

Vanhoutte, Edward: The gates of hell: History and definition of digital humanities. In: Melissa Terras/Julianne Tyham/Edward Vanhoutte (Hg.): *Defining Digital Humanities*. Farnham 2013, 120–156.

Ramón Reichert

23. Cultural Studies

Unter der Bezeichnung ›Cultural Studies‹ versammelt sich eine Vielzahl an akademischen Projekten, die aktuelle Entwicklungen – Krisen, Umbruchsituationen, Machtverschiebungen – zum Anlass nehmen, um mithilfe von theoretischer Reflexion und empirischer Analyse ein Wissen zu produzieren, das zugleich eine Intervention in diese Entwicklungen ermöglicht: »Cultural studies then ›is‹ (I use this normatively, not descriptively) an academic practice of strategically deploying theory to gain knowledge which can help reconstitute political strategies« (Grossberg 1996, 142).

Gegenstand der Untersuchungen sind die kulturellen Praktiken und Produkte von historisch spezifischen Konstellationen (*conjunctures*), deren komplexe Verwobenheit mit anderen – politischen, technischen, ökonomischen – Dynamiken je neu zu bestimmen ist. Cultural Studies sind somit eine entschieden kontextualisierende, historisch spezifizierende und intervenierende Form von Kulturwissenschaft, die von einem breiten, aber stets ambivalenten Kulturbegriff ausgeht.

Für die Medienwissenschaft sind Cultural Studies nicht nur bedeutsam, weil viele ihrer Untersuchungen Medien zum Gegenstand haben, sondern auch weil sie grundlegende Fragestellungen der Medienwissenschaft mit neuen Perspektiven versehen haben: So z. B. die Themen Repräsentation, Identität/Subjektivität, mediale Praktiken/Rezeption, (Kultur-)Technologien. Um dies im Detail nachvollziehen zu können, werden hier, einem durchaus problematischen Mainstream der Darstellungen folgend, vor allem die englischen/britischen Cultural Studies diskutiert – obwohl Cultural Studies, schon aufgrund ihrer Fokussierung von historischen Konstellationen, nicht nur gegenwärtig global sehr unterschiedliche Ausprägungen haben (s. Kap. IV.24), sondern auch sehr vielfältige Vorgeschichten und Entwicklungsstränge kennen.

Cultural Studies in England – Centre for Contemporary Cultural Studies

Der Einfluss der englischen/britischen Cultural Studies auf die Medienwissenschaft ist deshalb am deutlichsten, weil diese am ehesten international als ein mehr oder weniger kohärentes Projekt wahrgenommen wurden und mit dem Centre for Contemporary

Cultural Studies (CCCS), das von Richard Hoggart 1964 in Birmingham gegründet und zwischen 1968 und 1979 durch Stuart Hall geleitet wurde, auch die sichtbarste Institutionalisierung erfuhr. Erst seit Ende der 1980er Jahre wurde dann mit mehreren internationalen Konferenzen und Zeitschriftenprojekten (u. a. *Cultural Studies*, 1987; *European Journal of Cultural Studies*, 1998; *International Journal of Cultural Studies*, 1998) eine internationale Institutionalisierung sichtbar.

Eine erste Kristallisierung der kennzeichnenden Fragestellungen der englischen Cultural Studies resultiert aus der Arbeit in der Erwachsenenbildung. Drei der zentralen Bezugsfiguren der Cultural Studies – die Literaturwissenschaftler Richard Hoggart und Raymond Williams sowie der Historiker E. P. Thompson – begannen in diesem Kontext das seinerzeit dominante akademische Konzept von Kultur zu hinterfragen. Alle drei publizierten in den 1950er und 1960er Jahren Monographien, die in unterschiedlicher Weise die Entwicklung des Kulturbegriffs und insbesondere die Entwicklung der Arbeiterkultur diskutierten – etwa Hoggarts *The Uses of Literacy, Changing Patterns in English Mass Culture* (1957), Williams' *Culture and Society: 1780–1950* (1958) und Thompsons *The Making of the English Working Class* (1963). Sie richteten die Aufmerksamkeit dabei auf den Stellenwert von Kultur für die Herausbildung der Arbeiterklasse und ihrer politischen Kämpfe, auf das Spannungsverhältnis zwischen ›offizieller‹, ›hoher‹ Kunst (v. a. Literatur) und Arbeiterkultur sowie auf die Konsequenzen der Konsum- und Medienkultur für Identitätsbildung und Alltagspraktiken.

Dies führte zunächst zu einer deutlichen Ausweitung des Kulturbegriffs, insofern auf der einen Seite (auch ›hohe‹) Literatur in gewisser Weise soziologisch – d. h. als Ausdruck von Werten und als Artikulation von Krisenerfahrungen – analysiert wurde, insofern aber auf der anderen Seite ein analoges methodisches Verfahren auf textuelle Produkte jenseits von Literatur (Zeitungen, Arbeiterpresse) und auf Praktiken angewendet wurde, denen dadurch kulturelle und ästhetische Relevanz zugesprochen wurde. Kultur wird damit gleichgesetzt mit den historisch und sozial spezifischen Mustern, die quer zu den unterschiedlichen Praktiken der Sinn- und Bedeutungserzeugung festzustellen sind. Raymond Williams, der es selbst vorzog, nicht einen Kulturbegriff zu definieren und stattdessen dafür plädierte, die unterschiedlichen Aspekte der geläufigen Varianten des Begriffs in Bezug zueinander zu setzen, sprach

u. a. von einem »whole way of life« sowie von einer »structure of feeling«, um die breite Relevanz von Kultur zu beschreiben. Schon in den ersten Studien, die innerhalb des CCCS erarbeitet wurden, wurden etwa Zeitungen und Filme weder als Information/ Manipulation noch als autorisierte Kunst analysiert, sondern als Ausdruck von und Einsätze in gesellschaftlichen Umbrüchen und Identitätsverschiebungen.

Neben dieser Ausweitung des Kulturbegriffs sind die Anfangsjahre der englischen Cultural Studies damit von einer Kontextualisierung des Kulturbegriffs geprägt, die verhindert, dass Kultur zu einem alles erklärenden Konzept wird: Durchgängig wird die Bezugnahme von kulturellen zu anderen Praxisformen – ökonomischen, sozialen, politischen etc. – als zentrale Fragestellung betrachtet. Auch hier geht es weniger um eindeutige Definitionen und Abgrenzungen als um eine ständige Neubestimmung von Interrelationen. Als die zentrale Aufgabe einer Theorie der Kultur beschreibt Williams entsprechend die Bestimmung der Beziehungen zwischen den verschiedenen Elementen des »whole way of life« (Williams 1981, 147). Während dieser breite, kontextuelle Kulturbegriff Praktiken, Erfahrungen und Emotionen durchaus umfasst (und diese auch gegen jede theoretische Abstraktion verteidigt), ergibt sich durch das vornehmliche Interesse an Sinn und Bedeutung eine methodologische Textualisierung von Kultur. Insofern diese Debatten, die – angestoßen von der Erwachsenenbildung – zunächst in historischen Untersuchungen systematisiert wurden, einerseits an eine spezifisch englische Tradition der Kulturkritik (etwa bei Matthew Arnold, William Morris, T. S. Eliot, F. R. Leavis) anschließen und andererseits vornehmlich die Identitätskämpfe in der englischen Arbeiterklasse untersuchen, sind diese zunächst tatsächlich alleine als ›englische‹ Cultural Studies zu bezeichnen (vgl. Lee 2003).

Diese Fragestellungen wurden von den neuen linken politischen und akademischen Bewegungen (der ›New Left‹ in den 1950ern und der ›New New Left‹ in den 1960ern, an denen zumindest Thompson und Williams aktiv beteiligt waren) gleichermaßen mit angeregt wie in variierender Form angeeignet – und nicht zuletzt durch deren Publikationsorgane (etwa *New Left Review*, deren Herausgeber von 1960 bis 1962 Stuart Hall war) institutionalisiert. Vor allem durch die Rezeption internationaler neomarxistischer Theorien (und gestützt durch die post- und neo-kolonialen Ereignisse wie die Suez-Krise) wurde die dominant englische Perspektive radikal ausgeweitet und die Reflexion des Kulturbegriffs mit konzeptueller Schärfe versehen. Beispielhaft ist hier zum einen die Diskussion der Arbeiten von Louis Althusser und Antonio Gramsci zu nennen, die das Konzept der Kultur sehr viel deutlicher als zuvor mit der Frage von Macht und Ideologie in einen unlösbaren Zusammenhang stellten. Von Althusser wurde dabei vor allem das Konzept von Gesellschaft als einer komplexen Formation übernommen, um die ›relative Autonomie‹ von Kultur gegenüber anderen Praxisbereichen genauer zu beschreiben; nicht weniger wichtig war Gramscis Konzept der Hegemonie, das dazu führte, dass Elemente von Arbeiter- und Populärkultur gleichzeitig als Teil von Machtstrukturen und Kommodifizierung wie auch von Widerstand und Eigensinn gedacht werden konnten und mussten. Ebenso beispielhaft ist zum anderen die Diskussion und Aneignung von (post-)strukturalistischen Theorien der Bedeutungs- und Subjektgenerierung (z. B. Roland Barthes, Claude Lévi-Strauss, Michel Foucault), die sowohl ein konkretes Instrumentarium zur Analyse kultureller Texte lieferten, als auch theoretische Konzepte zur kritischen Reflexion der Effekte dieser Texte.

Durch die Auseinandersetzung mit neo-marxistischer und strukturalistischer Theorie ergibt sich eine erste Dynamik, die die Cultural Studies viel mehr prägt als einzelne Definitionen oder vermeintlich sie kennzeichnende Ansätze: Die Produktivität der Cultural Studies ergibt sich aus den kontinuierlichen Auseinandersetzungen um das Verhältnis zwischen Kultur und Gesellschaft/Ökonomie, zwischen textuellen Strukturen und Praktiken, zwischen ideologischer Subjektivität und Agency sowie – theoretisch abstrakter – zwischen Kulturalismus und Strukturalismus, wie es Stuart Hall (1981) einmal in einer seiner Standortbestimmungen formuliert hat.

Eine zweite entscheidende Dynamik ergibt sich für die historisch spezifischen, kontextuellen und intervenierenden Cultural Studies aus den bestehenden Kämpfen, den Transformationen und Brüchen der Gegenwartskultur: Waren die Anfangsjahre (und deren konzeptuelle Diskussionen) noch von der Frage nach der englischen Arbeiterkultur – in ihrem Verhältnis zu Massen- und Populärkultur – geprägt, so wurden sukzessive auch Fragen von Rassismus, Post-Kolonialismus (so z. B. in den Studien *Policing the Crisis*, 1978 und *The Empire Strikes Back*, 1982), Jugendkultur (*Resistance through Rituals*, 1975) und Feminismus (*Women Take Issue*, 1978) aufgegriffen, die keineswegs nur eine bloße Ausweitung des Analysegegenstands bedeuteten, sondern eine notwendige Neubestimmung des theoretischen und methodologischen Instrumentariums.

Die Arbeiten, die am CCCS zwischen 1964 und den frühen 1980er Jahren entstanden, basieren in der Regel auf kollektiver, projektorientierter Forschung, die die Einteilung der etablierten Disziplinen unterläuft, indem selbstbewusst der Anspruch erhoben wird, dass die eigene Perspektive Fragen, die traditionellerweise in der Soziologie oder in der Literaturwissenschaft behandelt wurden, angemessener in den Blick nimmt. Fallstudien wechseln sich dabei ab mit Bänden, die systematisch immer wieder neue theoretische Paradigmen auf ihre Brauchbarkeit für die kontextualisierenden, interventionistischen Projekte der Cultural Studies diskutieren (z. B. *On Ideology*, 1978; *Culture, Media, Language*, 1980).

Cultural Studies und medienwissenschaftliche Fragestellungen

Seit Mitte der 1980er Jahre lässt sich eine internationale Ausbreitung der Cultural Studies beobachten, die – auch wenn sie lokal sehr unterschiedliche Entwicklungsstränge kennt – häufig mit dem englischen Modell in Bezug gesetzt wird. In Fortführung des selbstreflexiven und wissenschaftskritischen Gestus der Cultural Studies wird sowohl ihre zunehmende Institutionalisierung an Universitäten weltweit, wie auch die – teils daraus resultierende – Reduktion des Projekts zu einem standardisiert einzusetzenden Paradigma aus den Cultural Studies heraus kritisch beobachtet und analysiert (vgl. Grossberg 1996; Morris 1990). Im deutschsprachigen Bereich findet eine breitere Rezeption (und vor allem die medienwissenschaftliche Auseinandersetzung) erst sehr spät – seit Mitte der 1990er Jahre – statt und bleibt bis heute marginal; eine banalisierende Wahrnehmung von Cultural Studies als ›Rezeptionsmodell‹ dominiert weiterhin. Die frühe Rezeption im Rahmen von neo-marxistischen Diskussionen (etwa im Kontext der Zeitschrift *Das Argument*, wo auch vier Bände mit Schriften von Stuart Hall herausgegeben wurden) hatten im Gegensatz zur internationalen Debatte kaum Einfluss auf die deutschsprachige Medienwissenschaft.

Auch wenn eine explizite Reflexion auf den Medienbegriff (oder noch breiter: Konzepte der Mediatisierung) in den Cultural Studies kaum anzutreffen ist, so finden sich sowohl in ihren empirischen Forschungen wie auch in den theoretischen Reflexionen zahlreiche entscheidende Anregungen für die medienwissenschaftlichen Debatten seit den 1980er Jahren.

Medien als kulturelle Praktiken

Von Anfang an waren die Massenmedien – v. a. Presse, Film, Fernsehen – ein zentraler Untersuchungsgegenstand der Cultural Studies, weil jene als treibende Kräfte kultureller Umbrüche (zunächst vor allem einer sich verändernden Arbeiterkultur) betrachtet wurden. Der entscheidende Schritt war dabei, Medien und Populärkultur als kulturelle Praktiken zu definieren, das heißt als Praktiken, die in einem komplexen, von vielen Faktoren bestimmten Feld auf Sinneffekte zielen und dabei zugleich Gruppenzugehörigkeiten, Identitäten, Ausgrenzungen und Hierarchien mit verhandeln (zur deutschen Rezeption dieser Diskussion vgl. Holert/Terkessidis 1996; Hecken 2012).

Entsprechend wurden nicht einzelne Texte untersucht, sondern Musterbildungen quer zu verschiedenen Produkten – wobei diese Musterbildungen unter Rückgriff auf Konzepte wie ›structure of feeling‹ (Williams), Ideologie (Althusser), Interdiskurs (Pêcheux, Foucault) oder Hegemonie (Gramsci) wiederum unterschiedlich spezifiziert wurden. Außerdem wurden die textuellen Strukturen (und ihre Sinneffekte) durch ihre Rückbindung an Praktiken der Produktion und Rezeption relationiert und relativiert: Die Bedeutung eines Einzeltextes muss nicht nur in Bezugnahme auf andere Texte analysiert werden, sondern auch in Bezug auf Praktiken, die textuelle Strukturen selektiv, modifizierend und in immer neuen Zusammenhängen realisieren.

Entsprechend haben die Cultural Studies zum einen zur Ausdifferenzierung bestehender text- und diskursanalytischer Verfahren innerhalb der Medienwissenschaft beigetragen, indem beispielsweise semiotische Kategorien wie Denotation/Konnotation, Polysemie, Mythos etc. aufgegriffen wurden, um die realitätsstrukturierende Macht der medialen Symbolproduktion zu erfassen. In ständiger Auseinandersetzung mit den stärker polit-ökonomischen Ansätzen des Neo-Marxismus und unter Bezugnahme auf Gramscis Hegemoniekonzept zielte das analytische Instrumentarium auch darauf, zu zeigen, wie die konkreten Formen von Medienprodukten zwar durch ihre industrielle Produktion und die dominante Ideologie mit bestimmt sind, sich aber nie komplett darauf reduzieren lassen. Schon aus ökonomischen Gründen (z. B. Adressierung eines heterogenen Publikums) aber auch aus ideologischen (selektive Integration der kulturellen Elemente von machtlosen Gruppen) sind die Texte der technischen Medien immer heterogene Verbindungen vielfältiger kultureller Dynamiken. In diesem Kontext geraten dann auch die charakteristischen Formbildungen von Einzelmedien in den Blick: Wie verändern der ›Flow‹ des Fernsehprogramms, die Endloserzählung der Soap Opera oder die Übertreibungen der ›Tabloid Press‹ die Bedingungen zur Erzeugung, zur Festschreibung und zur Unterminierung konsistenter Bedeutung?

Zum anderen haben die Cultural Studies Verfahren zur Analyse medialer Praktiken, zunächst vor allem Praktiken der Aneignung und Aushandlung von Texten, in die Medienwissenschaft eingebracht. Dies betrifft sehr konkrete methodologische Fragen, wie etwa die angemessenen Formen qualitativer, ethnomethodologischer Forschung. Im Zentrum des Interesses steht nicht die individuelle Rezeption distinkter Texte, sondern die gestreute, vielfältige Relevanz medialer Elemente in den Alltagspraktiken (vgl. Brunsdon 1997; Ang 1996). Damit wird auch die Frage aufgeworfen, wo und wann mediale Praktiken in diesem weiten Sinne am besten zu beobachten sind – und was ihre strukturierenden Voraussetzungen sind: Die konkrete familiär-häusliche Einbettung kann dabei ebenso relevant sein wie die Klassenzugehörigkeit, die Peer Group, der Arbeitsplatz und andere vorstrukturierte soziale Situationen, die die weitere Zirkulation von textuellen Elementen mit formen. An die Stelle einer ›Rezeption‹ von einzelnen Medienprodukten tritt somit die differenzierte, sozial strukturierte Aushandlung von Bedeutung in einem Feld heterogener Texte. Vor allem am Beispiel von Sub- und Fankulturen wurden die medienkulturellen Praktiken (u. a. unter Bezug auf die Arbeiten Michel de Certeaus) als taktisches Basteln und Wildern (*poaching*) beschrieben sowie als Ausbildung eines populären Wissens, das dem ›offiziellen‹ Wissen misstrauisch gegenüber bleibt (vgl. Willis 1991; Fiske 1993). Aber auch über diese besonders expliziten Beispiele hinaus haben die Cultural Studies gezeigt, dass Medien nur in der Verflechtung mit kulturellen Praktiken zu verstehen sind, weil sie schon vorliegende Formen und Wissensbestände weiter verarbeiten und weil ihre Botschaften immer auf Ressourcen angewiesen sind, die sie selbst nicht mit ›transportieren‹.

Konzeptuell werden diese beiden Stränge – textuelle Strukturen und Aneignungspraktiken – prägnant in Stuart Halls Aufsatz »Encoding/Decoding« (1992, zuerst erschienen 1980) zusammengeführt, insofern dieser sowohl die Produktion als auch die Rezeption von Medienprodukten als kulturelle Praktiken beschreibt, die der medial zirkulierenden Zeichenstruktur abhängig von weiteren Bedeutungsressourcen – ›maps of meaning‹ – vorübergehend und situativ, d. h. auch abhängig von sozialen Positionierungen, Sinn verleihen. Dieses Modell, das noch Züge eines Übertragungsmodells von Kommunikation aufweist und zum Teil als bloßes Modell von Medienrezeption aufgefasst wurde, zeigt letztlich auf, wie Medien als dynamische Scharniere in einer endlosen aber fragilen Kette von Zeichenprozessen und sozialen Praktiken fungieren. Gerade eine Fokussierung von Medien als ›signifying practices‹, die der semiotischen Struktur eine Eigendynamik zugesteht, erlaubt es Hall zufolge, das Problem der immer fragilen Übersetzungsprozesse deutlich zu machen. Mit dem Begriff der Artikulation verweist er darauf, dass die Wechselwirkungen und Übergänge zwischen den verschiedenen Momenten eines massenmedialen Kommunikationsprozesses weder ›natürlich‹ noch ›notwendig‹ sind; vor allem können sie nicht aus der Form eines der beteiligten Elemente abgeleitet werden (wie es geschieht, wenn von der Form eines kulturellen Produkts entweder auf sein Publikum oder auf das Produktionsinteresse geschlossen wird). »While each of the moments in articulation is necessary to the circuit as a whole, no one moment can fully guarantee the next moment with which it is articulated« (Hall 1992, 129).

Zugleich werden in diesem Modell die ›eigenwilligen‹ Funktionsweisen der drei Instanzen (Produktion – Text – Rezeption) auf externe Einflüsse zurückgeführt (Ideologien, ökonomische und politische Faktoren etc.), die somit keineswegs nur als ›Störungen‹ medialer Eigenlogik fungieren, sondern konstitutive Faktoren der Kommunikation sind. Während Hall also einerseits die selbstverständlichen Verbindungen zwischen den Instanzen der Kommunikation kappt, indem er diese jeweils als heterogene Mechanismen konzipiert, erstellt er andererseits neue und stärker vermittelte Wechselwirkungen, indem er die Instanzen als soziale und diskursive Praktiken konzipiert und so ihre Verkopplung mit übergreifenden kulturellen und sozialen Mechanismen herausarbeitet. Während die frühe Diskussion des Encoding-Decoding-Modells innerhalb der Cultural Studies häufig nur das Moment der Rezeption zum Thema machte (wobei vor allem das Ausmaß der ›Aktivität‹ und des ›Eigensinns‹ der Rezeption gegenüber dem Text debattiert wurde), richtete sich die Aufmerksamkeit später immer mehr auf die umfassendere Problematik der kulturellen Zirkulation (vgl. Gay u. a. 1997).

In den theoretischen und analytischen Konzeptualisierungen dieser Scharnierpunkte medialer Kommunikation liegt ein zentraler medienwissenschaftlicher Beitrag der Cultural Studies. Mit Blick auf das zunehmende Interesse an vielfältigen kulturellen Differenzierungen und Hierarchisierungen (*race*, *class*, *gender* etc.) wurde beispielsweise immer wieder das Konzept der Repräsentation reformuliert, um zu beschreiben, wie nicht nur bestimmte Gruppen und Tatsachen in den Medien sichtbar und sagbar werden, sondern wie zugleich bestimmte Gruppen und Tatsachen überhaupt erst durch die Darstellungsstrukturen der Medien Realität und Identität erhalten.

In zahlreichen Untersuchungen wurde zum Beispiel nachgewiesen, dass in westlichen Medien verschiedenste Themen, Erzählungen und Berichte durch eine implizite ›weiße‹ Sichtweise strukturiert sind, die Menschen mit nicht-weißer Haut markiert und so entweder zu einem ›Problem‹ oder zu einem Spektakel der Andersheit werden lässt. Gleichzeitig können sich beispielsweise jugendliche Migrant/innen auf ebendieses Medienmaterial beziehen, um ihrer eigenen Positionierung zwischen der Kultur ihrer Eltern und der dominanten Kultur eine Repräsentation zu verleihen (vgl. Gillespie 1995; s. Kap. IV.24).

Ebenso wurde gezeigt, dass die Darstellungsweisen in, aber auch der Gebrauch von Medien von kontinuierlichen Geschlechterdifferenzierungen durchzogen sind. So ermöglicht beispielsweise die Klassifizierung von bestimmten Genres oder bestimmter Medien als ›weiblich‹ überhaupt erst die Reproduktion bestimmter Ideen von Weiblichkeit (etwa in der Kopplung zu Attributen wie ›passiv‹, ›emotional‹, ›häuslich‹). Ohne dass diese stereotypen Konzepte von Weiblichkeit dabei notwendigerweise übernommen werden, können diese ›weiblichen‹ Genres zugleich im Mediengebrauch zum Bezugspunkt für die Artikulation selbstbewusster weiblicher Identität werden (s. Kap. IV.25).

Repräsentation ist hier also weder eine einfache Widerspiegelung noch eine manipulative Missrepräsentation, sondern ein Prozess, in dem immer wieder aufs Neue außerhalb der Medien bestehende Sachverhalte durch mediale Darstellungsformen adressiert und modifiziert werden; ein Prozess zugleich, in dem sich heteronome und autonome Dynamiken verschränken: Gruppen bilden ›sich‹ durch gemeinsame Bezugnahme auf bestimmte Produkte, Stile, Formen, die sie als ›ihre‹ Repräsentationen fungieren lassen, während diese Gruppen zugleich ›von außen‹ durch Medientexte objektiviert und kommodifiziert werden (vgl. Hall 1997).

Kulturelle Technologien/ Kulturelle Institutionen

Neben der Auseinandersetzung mit der textuellen, sinnhaften Struktur von Medienprodukten und den darauf Bezug nehmenden kulturellen Praktiken ist vor allem auch der kulturelle Materialismus der Cultural Studies von entscheidender Bedeutung für die Medienwissenschaft gewesen: Medien lassen sich demnach eben keineswegs auf ihre Symbolfunktion beschränken, sondern greifen in die räumliche Strukturierung von Alltagspraktiken sowie von globalen Austauschprozessen ein.

Besonders prägnant für die Konsequenzen, die das Konzept der kulturellen Praktiken für die Medienwissenschaft haben kann, ist Raymond Williams' frühes Buch zum Fernsehen – *Television. Technology and Cultural Form* (1974). Hier lehnt er es – in Abgrenzung von den wissenschaftlichen, aber auch populären Diskussionen über die Effekte des Fernsehens – explizit ab, von ›einem‹ Medium oder ›einer‹ Technologie zu reden (s. Kap. III.14). Mit einer solchen Verdinglichung verdeckt man, Williams zufolge, die verstreuten und heterogenen Dynamiken, die das, was man abkürzend ›Fernsehen‹ nennt, möglich machen. Eine Kulturwissenschaft (die hier noch als ›cultural science‹ bezeichnet wird) hat zur Aufgabe, diese Abstraktionen zu durchbrechen. Zu Beginn des Bandes stellt er technikdeterministische und symptomatische (bzw. instrumentalistische) Modelle der Mediengeschichtsschreibung einander gegenüber, um sein eigenes Modell von ›cultural technologies‹ dagegen abzugrenzen. Dieses insistiert zum einen darauf, dass ein Medium – hier das Fernsehen – als Resultat unterschiedlicher Entwicklungen und Interessen zu Stande kommt und dass es zum anderen eine bestimmte Form erhält, weil es damit zur Transformation einer Gesellschaft und das heißt eines Kommunikationssystems beiträgt, das etwa auch Kirche, Schulen und Befehlsketten an Arbeitsplätzen einschließt. Im spezifischen Fall des Rundfunks ist dessen technische Form – die durch die Spannung zwischen privater, häuslicher Rezeption und anonymer, massenhafter Ausstrahlung gekennzeichnet ist – untrennbar von der kulturellen Tendenz zu *mobile privatization*, d.h. einer durch Telefon und Automobil, Konsumkultur und Produktionsverhältnissen gestützten Verbindung zwischen gesteigerter Beweglichkeit bei gleichzeitig zunehmender Relevanz des Privatraums.

An diesem Beispiel werden nochmals die Konsequenzen der die Cultural Studies kennzeichnenden radikalen Kontextualisierung deutlich: Einzelmedien werden nicht nur hinsichtlich ihrer symbolischen Formen und ihrer Repräsentationsfunktion in den Kontext sehr viel breiterer ›maps of meaning‹ und kultureller Praktiken gestellt; auch ihre basalen medialen Funktionen für die Strukturierung von Zeit und Raum werden immer hinsichtlich ihrer Wechselwirkung mit weiteren Strukturierungsmechanismen analysiert. Williams' Hinweis auf die Verzahnung zwischen Medien, Kommunikationssystemen, Verkehrsinfrastrukturen und Haushaltstechnologien wird innerhalb der Cultural Studies wiederholt aufgegriffen und häufig als Argument gegen einen radikalen Bruch etwa zwischen analogen und digitalen Medien oder zwischen Massen- und Netzwerkkommunikation stark gemacht (vgl. Morse 1998; Packer 2003; Morley 2011).

Einen deutlichen Schwerpunkt in den Untersuchungen der Cultural Studies bilden dabei die situativen Konstellationen aus Medientechnologien, sozialen Räumen und kulturellen Praktiken. Zum einen wird die Produktivität von Medien im Kontext der ›moralischen Ökonomie‹ (vgl. Silverstone/Hirsch 1992) des familiären Haushalts verortet, deren Generations- und Geschlechterstrukturen zur Differenzierung der Medien beitragen, die zugleich zur Re-Strukturierung der Generationen- und Geschlechterverhältnisse führen. Hier spielt auch die objekthafte Materialität eine zentrale Rolle, insofern die räumliche Positionierung des Fernsehapparats sowie die Kontrolle über Fernbedienung, Videorekorder und Spielkonsole als Strategien innerhalb dieser ›moralischen Ökonomie‹ verortet werden.

Zum anderen werden die medialen Praktiken hinsichtlich des in ihnen realisierten Spannungsverhältnisses zwischen lokalen und globalen Dynamiken untersucht, wobei auch hier entgegen homogenisierenden Thesen einer zunehmenden Globalisierung vor allem die ständig neuen Artikulationsformen zwischen den beiden Polen im Mittelpunkt stehen. Die zunehmend globale Zirkulation von Medientechniken und -formen wird dabei beispielsweise in Beziehung gesetzt zu Migrationsbewegungen, zu Diasporakulturen sowie zu lokal differenzierten Konzeptionen des Globalen. Die räumlichen Konsequenzen von, beispielsweise, Satellitenfernsehen oder von sozialen Netzwerken ergeben sich aus einer komplexen Verflechtung von technischen Standards, politischer Regulierung, ästhetischen Formen und kulturellen Praktiken. Medien werden somit nicht nur als Kulturtechnologien bezeichnet, weil sie Kultur strukturieren, sondern auch, weil sie erst durch kulturelle Praktiken ihre Konturen erhalten (s. Kap. II.19).

Eine wiederum leicht andere Akzentuierung hat dieses Konzept der Kulturtechnologien im Kontext der sogenannten Governmentality Studies erhalten. Kultur, so das zentrale Argument, wurde im Verlauf des 19. Jahrhunderts in Institutionen wie Schulen, Museen und Bibliotheken als ein eigener Phänomenbereich isoliert, der systematisch zur Erziehung von Bevölkerung und Individuen und allgemeiner zur Verhaltensregulierung eingesetzt werden konnte (vgl. Bennett 1998). Durch eine Klassifizierung und Hierarchisierung der kulturellen Objekte (Literatur, Kunst etc.) konnten systematisch bestimmte gesellschaftliche Gruppen adressiert werden, um diese dann durch die Zusammenstellung und räumliche Anordnung der Kultur zu einem selbstkontrollierten Verhalten anzuleiten. Medien werden innerhalb der Cultural Studies nun in ganz ähnlicher Weise als Kulturtechnologien betrachtet, die durch ihre inhaltlichen Auswahlmöglichkeiten, aber auch durch ihre technische Manipulierbarkeit und Gestaltbarkeit – etwa vermittels von Computerinterfaces, die individuelle Handlungssouveränität inszenieren (vgl. Chun 2011) – zu einer ständigen Optimierung der eigenen Medienpraktiken auffordern. Auch hier geht es letztlich weniger darum, die Eigenheiten von Medien (oder gar einzelner Medien) zu bestimmen, als zu zeigen, wie Medien durch kulturelle Praktiken artikuliert werden und ihre lokal, historisch spezifische Produktivität im Kontext vielfältiger kultureller Praktiken erhalten. Es geht außerdem auch hier darum, ein Wissen zu gewinnen, das es erlaubt, die vorhandenen Hierarchisierungen und Klassifizierungen von Praktiken und Objekten in Frage zu stellen.

Die hier gelieferte Übersicht zu den Cultural Studies und ihrer Relevanz für die Medienwissenschaft fokussiert auf den Zeitraum zwischen den 1960er und 1990er Jahren und damit auch auf die nun schon ›alten‹ Medien Presse, Film, Rundfunk. Dies hat zunächst damit zu tun, dass in dieser Phase das Projekt Cultural Studies die deutlichsten Konturen hatte und Debatten führte sowie Konzepte etablierte, die eine deutliche Strahlkraft auf zahlreiche andere Disziplinen und spätere Projekte hatte, die hier nicht ausführlich besprochen werden können (etwa Visual Culture, s. Kap. IV.7; Gender und Queer Studies, s. Kap. IV.25; Governmentality Studies, Science and Technology Studies, s. Kap. II.15 u. a.). Aus medienwissenschaftlicher Perspektive kann es als eine gewisse Beschränkung angesehen werden, dass die zentralen Debatten und Konzepte in Auseinandersetzung mit Massenmedien entwickelt wurden und deshalb für digitale und Netzwerkmedien teils nicht mehr relevant erscheinen (etwa die Auseinandersetzungen um ›aktive‹ Rezeption oder die semiotische ›Offenheit‹ von Texten). Gerade aber weil Cultural Studies Medien schon immer als kulturelle Praktiken betrachtet haben, konnten zahlreiche ihrer Fragestellungen für die Analyse von neuen Medien fruchtbar gemacht werden. Die Verschränkung unterschiedlicher und unterschiedlich mediatisierter Räumlichkeiten, wie sie in Williams' Idee der *mobile privatization* schon angedacht und in der Diskussion zu diasporischen und ›glokalen‹ Medienpraktiken systematisch analysiert wurde, sind etwa für den *spatial turn* in den Kulturwissenschaften und die Untersuchung von *locative media* im Besonderen relevante Bezugspunkte. Noch sehr viel allgemeiner geben die kontinuierlichen Umbrüche der Medientechnologien und -formen auch stets erneuerte Anlässe, um die damit verbundene Reorganisation des Verhältnisses zwischen strukturierenden Konstellationen und (sei es menschlicher oder nicht-menschlicher) *agency* zu untersuchen.

Literatur

Ang, Ien: *Living Room Wars. Rethinking Audiences for a Postmodern World*. London/New York 1996.

Bennett, Tony: *Culture. A Reformer's Science*. London/Thousand Oaks/New Delhi 1998.

Brunsdon, Charlotte: *Screen Tastes. Soap Opera to Satellite Dishes*. London/New York 1997.

Chun, Wendy Hui Kyong: *Programmed Visions: Software and Memory*. Cambridge, Mass. 2011.

Fiske, John: *Power Plays – Power Works*. London/New York 1993.

Gay, Paul du u. a. (Hg.): *Doing Cultural Studies. The Story of the Sony Walkman*. London/Thousand Oaks/New Delhi 1997.

Gillespie, Marie: *Television, Ethnicity and Cultural Change*. London/New York 1995.

Grossberg, Lawrence: Toward a genealogy of the state of cultural studies. The discipline of communication and the reception of cultural studies in the United States. In: Cary Nelson/Dilip P. Gaonkar (Hg.): *Disciplinarity and Dissent in Cultural Studies*. London/New York 1996, 131–147.

Hall, Stuart: Cultural Studies: Two paradigms. In: Tony Bennett u. a. (Hg.): *Culture, Ideology and Social Process: A Reader*. London 1981, 19–37.

Hall, Stuart: Encoding/Decoding. In: Ders. u. a. (Hg.): *Culture, Media, Language. Working Papers in Cultural Studies (1972–1979)* [1980]. London/New York 1992, 128–138.

Hall, Stuart (Hg.): *Representation. Cultural Representations and Signifying Practices*. London/Thousand Oaks/New Delhi 1997.

Hecken, Thomas: *Theorien der Populärkultur. Dreißig Positionen von Schiller bis zu den Cultural Studies*. Bielefeld ²2012.

Holert, Tom/Terkessidis, Mark (Hg.): *Mainstream der Minderheiten: Pop in der Kontrollgesellschaft*. Berlin/Amsterdam 1996.

Lee, Richard E.: *Life and Times of Cultural Studies: The Politics and Transformation of the Structures of Knowledge*. Durham, NC/London 2003.

Morley, David: Communications and transport: The mobility of information, people and commodities. In: *Media, Culture & Society* 33/5 (2011), 743–759.

Morris, Meaghan: Banality in cultural studies. In: Patricia Mellencamp (Hg.): *Logics of Television. Essays in Cultural Criticism*. Bloomington, Ind. 1990, 14–43.

Morse, Margaret: *Virtualities: Television, Media Art, and Cyberculture*. Bloomington, Ind. 1998.

Packer, Jeremy: Disciplining mobility. Governing and safety. In: Jack Z. Bratich/Jeremy Packer/Cameron McCarthy (Hg.): *Foucault, Cultural Studies, and Governmentality*. Albany 2003, 135–161.

Silverstone, Roger/Hirsch, Eric (Hg.): *Information and Communication Technologies and the Moral Economy of the Household*. London/New York 1992.

Williams, Raymond: *Television. Technology and Cultural Form*. London 1974.

Williams, Raymond: The analysis of culture. In: Tony Bennett u. a. (Hg.): *Culture, Ideology and Social Process: A Reader*. London 1981, 43–52.

Willis, Paul: *Jugend-Stile. Zur Ästhetik der gemeinsamen Kultur*. Hamburg 1991.

Markus Stauff

24. Postcolonial Studies

Postcolonial Studies sind keine ›postkoloniale Medienwissenschaft‹, die sich mit ›Afrika im Film‹ beschäftigt. Vielmehr ist es eine Wissenschaft, die um ihre wissenschaftshistorischen Bedingungen weiß, und das heißt wie für jede europäische Disziplin: Sie reflektiert, wie sich ihre Begriffe in Verschränkung mit Weltbildern herausgeformt haben, die zum Beispiel ›Afrika‹ als ihr Anderes setzten. Nicht erst die Aufklärung hat eine solche Geschichte: Schon der Perspektive liegt die ›Perspectiva‹ des arabischen Mathematikers Alhazen zu Grunde (vgl. Saliba 2007; Belting 2008); William Mitchells *Iconology* sieht das Konzept medialer Ikonizität und Arbitrarität entlang der Abgrenzungslinien zu primitiver Kultur entwickelt (vgl. Landau 2002); Susan Buck-Morss (2011) hat rekonstruiert, wie die erste Befreiung aus der Sklaverei auf Haiti 1791–94 als verschwiegene Quelle von Georg Hegels Philosophie zu lesen ist, usw. Auch ein jüngeres Fach wie Medienwissenschaft steht in dieser Geschichte von Natur/Kultur, Repräsentation, Authentizität und Macht, fragt nach der Medialität im Wissen von der Welt, nach Einzelmedien in kolonialen und postkolonialen Gesellschaften, aber auch nach Möglichkeitsbedingungen von Darstellung, die sich in Bezug auf den/die Anderen herausgebildet haben. Dass Medien eine große Rolle für die Globalisierung spielen, ist in der Rede von den weltumspannenden Netzen unmittelbar einsichtig; Beschleunigung, Exotisierung oder Vereinheitlichung sind mögliche Effekte einer globalen Kommunikation, deren Epistemologien ebenso zu befragen sind (zur Kritik am Begriff ›postkolonial‹ vgl. u. a. Hall 1997, 220). Eine solche Wissenschaftsgeschichte der Medien profitiert von der Intersektionalitätsforschung (also der Erforschung der Überlagerung verschiedener Formen von Diskriminierung), um der Komplexität in den Überlagerungen von *race*, *class* und *gender* Rechnung tragen zu können. Sie wird bei den vielleicht ältesten Medien beginnen (Sprache, Schrift), verschiedene Disziplinen durchqueren (Whiteness/Cultural Studies), Visualität und Film ebenso wie Raum und Globus befragen und medienanalytische wie wissenskritische Perspektiven entwerfen.

Sprache, Schrift und Subaltern Studies

Sprache und Literatur waren die ersten Medien postkolonialer Reflexion: Sprache war neben der Gestik das erste Medium beim Kontakt der Kolonisatoren mit den sogenannten Ureinwohnern in einer *border zone*. Die aus Afrika verschleppten Sklaven wurden ihrer Sprachen und Kulturen beraubt und entwickelten neue kreolische Sprachen, eine »Poetik der Relation« (Glissant 2005). Antonio Gramsci hat Subalterne als diejenigen beschrieben, denen der Zugang zur hegemonialen Repräsentation verwehrt ist (vgl. Steyerl/Rodríguez 2003, 7). Umgekehrt kann es auch nicht einfach einen authentischen Ausdruck geben (vgl. Spivak 2007 und die Subaltern Studies). Thematische und methodologische Vorläufer finden sich in Comparative Studies und Übersetzungstheorie (vgl. translate/eipcp 2008). Rey Chow hat sich scharf gegen Funktionalisierungen von *third worldist scholars* in den Eliteuniversitäten des Westens, gegen das Ignorieren von Klassenunterschieden zwischen postkolonialen Eliten, Beforschten und kosmopolitisch Reisenden, aber auch gegen die ›dekonstruktive‹ Auffassung gewandt, Subalterne kämen vielleicht nicht selbst zur Sprache, aber seien in den Spalten des Systems, den *gaps of language* mitartikuliert (vgl. Chow 1993, 35). Wo Gayatri Spivak oder Rey Chow immer auch die Verwobenheit der westlich sozialisierten postkolonialen Intellektuellen reflektieren, fordert Walter Mignolo heute das *delinking*, eine ›Entkoppelung‹ des dekolonialen Denkens (vgl. Mignolo 2012).

Eine Überhöhung westlicher Schriftlichkeit sieht Édouard Glissant in der kolonialen Herabsetzung oraler Kulturen. Auch Jacques Derridas *Grammatologie* (1974) kritisiert den Ethnozentrismus der Schriftgeschichtsschreibung, der seit Jean-Jacques Rousseaus »Essay über den Ursprung der Sprache« nichtwestliche Schriften exotisiere bzw. Pikto- und Ideographien als wild und barbarisch bezeichnete. Im 16. Jahrhundert teilten die spanischen Missionare den Zivilisationsgrad von Menschen danach ein, ob diese die Alphabetschrift hatten oder nicht (vgl. Werkmeister 2010). Epistemologische Dimensionen kolonialer Techniken verfolgte Mary Louise Pratt mit den *Imperial Eyes* des 17. und 18. Jahrhunderts in den *contact zones* von Kolonisatoren und Kolonisierten und der Entstehung eines *planetary consciousness* aus dem Geiste Europas durch Kartographierung der Welt und Systematisierung der Natur (vgl. Pratt 1992, 30). Die Migration im 16. Jahrhundert, als konvertierte Juden und Mauren aus

Spanien nach Amerika auswanderten, setzte neue Formationen von Schrift, Formularen und Akten in Gang: Abstammungsregister, Konvertierungslisten und Passagierscheine banden ›Passagiere und Papiere‹ aneinander (vgl. Siegert 2006; zum prä-kolumbianischen Lateinamerika und seiner Kolonisation vgl. Mignolo 1994). Die Formel der (nationalen) *imagined communities* leitet sich von Sprache und Schrift her (vgl. Anderson 1993). Als nach 1640 immer weniger Bücher in Latein und immer mehr in den jeweiligen Landessprachen erschienen, zeigte sich daran die Erosion der großen Gemeinschaften im Zuge des entstehenden *print capitalism*.

Whiteness und Cultural Studies

Schon der Begriff der Rasse stammt keineswegs aus der Biologie und ihrer Ordnung von Sichtbarkeiten, sondern aus der Religionsgeschichte und dem Problem der Unsichtbarkeit der religiös Konvertierten, genauer: Der getauften Juden und Muslime durch die spanische Reconquista bis Mitte des 15. Jahrhunderts, in deren Zuge die Abstammung und nicht das Bekenntnis zum Zugehörigkeitsmerkmal wurde, ›Rasse‹ also qua Stammbaum zum Ordnungsmerkmal wurde und nicht etwa per Hautfarbe. Das hat Konsequenzen für Visualität und Sichtbarkeit im Verhältnis zu Wissen und Normalität. Die Critical Whiteness Studies fragen dementsprechend: Wie kann sich eine Normkultur etablieren, die als dominante eigentlich der Repräsentationen bedarf, die aber gleichzeitig als unsichtbare Norm fungiert? (vgl. Eggers u. a. 2005; Amesberger/Halbmayr 2008; Dietze 2012). Nur ›die anderen‹, dunkleren Farben werden markiert, der als universal gesetzte Maßstab nicht. Die Farbe Weiß erscheint wie der Nullpunkt, von dem aus sich das Koordinatensystem für die anderen Punkte allererst aufspannt, der aber nicht selbst sichtbar mit in die Darstellung eingeht. Das wäre auch auf die forschenden und medialen Subjekte zu beziehen.

In den Cultural Studies, die sich seit Jahrzehnten mit Alltags- und Populärkultur mittels Kategorien wie *race, class* und *gender* beschäftigen, sind Arbeiten zur Post-/Kolonialität selbstverständlicher Anteil, etwa in Analysen rassistischer Stereotype in der Werbung, der Frage nach selbstbestimmten Bildern zduktionsbedingungen, sexualisierter schwarzer Männlichkeit in *King Kong* oder der Kommerzialisierung von Hip-Hop (vgl. Mercer 1994; Reichardt 2008; 2010). Marie-Hélène Gutberlet und Sissy

Helffs (2011) fragen mit Bezug auf Kino, zeitgenössische Kunst, Literatur, digitale Medien, Architektur, Computerspiele u. a. nach einer »Ästhetik der Migration«. Eurozentrismuskritik vor dem Hintergrund von Medien und Populärkultur, von Hollywood bis zu Alternativmedien verbanden Ella Shoat und Robert Stam auch mit Kritik an neuen Nationalismen auch in der ›Dritten Welt‹ (vgl. 2007; 2003). Innerhalb der Postcolonial Studies selbst sind ›Medien‹ mitgedacht, aber peripher (vgl. McClintock u. a. 1997; Ashcroft u. a. 2004; auch in der Okzidentalismuskritik vgl. Dietze 2009).

Im Anschluss an die Cultural Studies sind in der deutschsprachigen Kommunikationswissenschaft mehrere Bände erschienen, die diese Perspektiven auf Einzelmedieninhalte, auf Massenmedienanalysen oder Identitätskonstruktionen beziehen, etwa auf die Repräsentation migrantischer Jugendlicher in Talkshows, ›Identitätsbildung durch Medienangebote‹ oder transnationale Medienkonzerne; insbesondere Andreas Hepp untersucht die Medienkommunikation in transnationalen Netzwerken (2004). Während hier stärker kapitalismus- und institutionenkritische Texte Eingang finden als in dekonstruktiv-philosophischen Ansätzen, bleiben Begriffe von Subjekt, Wissen oder Geschichte epistemologisch unberührt (vgl. Hepp/Krotz/Winter 2005).

Visualität und Film

Zwar geht es Paul Gilroys Film *Black Atlantic* auch um »Black Music and the Politics of Authenticity«, um die Doppeltheit nicht nur des kolonialen Blicks, von dem William DuBois sprach, sondern auch des Hörens (vgl. Gilroy 1993, 99), aber zentral für postkoloniale Studien bleibt die Visualität, etwa mit Homi Bhabhas Thematisierung von Rahmung, Blick und Perspektive, von *I* und *eye* (vgl. Bhabha 2000, 59–136, bes. 78). Bhabha bezeichnete mit ›Hybridität‹ eine mehrfache Produktivität der kolonialen Macht: Insofern der Kolonisierte sich dem Herrscher angleicht, verliert er vielleicht seine Identität, gewinnt aber einen Handlungsspielraum aus Camouflage, Mimikry und nichtauthentischen Gesten (vgl. Bhabha 2000, 168–180).

Das Medium ›Film‹ steht mehrfach im Fokus einer postkolonial-wissenskritischen Betrachtung: Wer hat wen wann gefilmt, welcher Begriff von Natürlichkeit haftet dem Film an, welche Medium-Mensch-Verbünde produzieren z. B. ethnographisches Wissen? Wie Ute Holl (2002) schreibt, tragen

Kybernetik, Reflexologie (die Lehre von den Refle-xen, ein Teilbereich der Medizin), aber auch die Filme etwa von Jean Rouch oder Maya Deren zu ei-ner ›Kinotrance‹ bei, die nicht nur Thema ethnogra-phischer Dokumentarfilme, sondern Effekt eines Zusammenschlusses von menschlichen und maschi-nellen ›Datenträgern‹ ist. Richard Dyers filmwis-senschaftliche Analysen von Schwarz und Weiß be-trachten Figuren und Narrative für schwarze und weiße Schauspieler/innen, Ikonizität von Hell und Dunkel, von Weisheit und Aufklärung und gleich-zeitig die Geschichte der Technologien, die eben nicht neutrale Dokumentaristen des Lichteinfalls sind, sondern hart erarbeitet werden mussten, bis Filmbeschichtungen, Schminke und Beleuchtungen Weiße wirklich weiß zeigten und Blonde blond (vgl. Dyer 1997). Arbeiten zu Filmgeschichte und *Postco-lonial Theory* oder *Transnational Cinema* schließen hier an. *Accented Cinema*, markiert durch Diaspora und Exil, lässt perspektivisch Hollywood als einen *accent* unter vielen erscheinen, schreibt Hamid Na-ficy (2001) und ›provinzialisiert‹ damit auch die Hochsprachen. Auch Kunst- und Kulturwissen-schaft erforschen post-koloniale Visualität und Aus-stellungspraktiken (vgl. Schmidt-Linsenhoff 2010; Schnittpunkt 2009). In ihrer Untersuchung zur Un-sichtbarkeit von *race* im Internet findet Lisa Naka-mura neben neuen Modi der Selbstrepräsentation auch Variationen rassifizierter Stereotype (vgl. Na-kamura 2008, 208 f.). Der Folgeband zur »Color Line« im Internet diagnostiziert nach dem *visual turn* einen *genetic turn* und die Verzahnung von ge-netischer Datenbanksuche und dem Netz (vgl. Na-kamura/Chow-White 2012, 4).

Bilder von der Welt

Arjun Appadurai hat neben den *ethnoscapes* ›media and migration‹ als die beiden zusammenhängenden Antriebskräfte der Moderne beschrieben: Insbeson-dere durch digitale Medien korrespondierten die Vorstellungen von Nähe und Ferne, die Auswahl möglicher Selbstbilder und ein positiv besetzter Kosmopolitanismus mit realen Bewegungen (vgl. Appadurai 1996, 3 f.). Dieser »Raum der Imaginatio-nen« sei weder einfach emanzipatorisch noch nur disziplinierend oder kommerzialisiert und bringe unvorhersehbar neue *agencies* hervor.

Nicht von Imaginationen, sondern Vermessun-gen der Welt geht ein weiteres medienwissenschaft-lich relevantes Feld aus, dem Blick *auf* den Globus,

einem symbolischen Bezugspunkt seit dem Kosmo-politismus der europäischen Aufklärung. Die Ikone des blauen Planeten steht in einer Kontinuität von Weltabbildung, die in der Kartographie mit Herr-schaftswissen von Handelsreisen bis hin zur Kriegs-führung verknüpft ist und nun durch weltweite Ver-fügbarkeit von Bildern von der Welt, per Satelliten und Google Earth, ebenso demokratisiert wie priva-tisiert wird (vgl. Parks 2005; Bergermann u. a. 2010).

Im Zuge des *spatial turn* in den Kulturwissen-schaften hat sich auch die Medienwissenschaft dem Raum zugewandt. Der Versuch, ›Mediengeografie‹ als neues Paradigma zu situieren, hat sich weniger für Perspektiven des »situierten Wissens« und Beob-achterstandpunkte interessiert (Döring/Thielmann 2009), aber diese erwiesen sich durch den Rekurs auf Bruno Latour als unvermeidlich. Denn dessen Mo-derne-Begriff kommt nicht ohne die Unterschei-dung von Wilden und Zivilisierten aus – sein medi-enwissenschaftlich produktives Konzept der *immu-table mobiles* hat Latour am Seefahrer Jean-François de La Pérouse und seiner Umsetzung indigenen Wissens entwickelt (vgl. Latour 2009 111, 114). Er-hard Schüttpelz' Weltmediengeschichte beginnt ent-sprechend mit einer Rekonstruktion von Klischees zur medientechnischen Überlegenheit des Westens. Mit Latour beschreibt er die Kennzeichen der Me-dien, die die Wege zu einer westlichen Dominanz-kultur ebnen sollten, und verweist auf die Trennung der Welt in moderne und nichtmoderne Kulturen (vgl. Schüttpelz 2009).

Wissenskritik

Latours »abendländische Sehnsucht, der eigenen Be-fangenheit dadurch zu entkommen, dass man sich aus der Perspektive der Anderen betrachtet«, kriti-siert Richard Rottenburg (2008, 405) als einen selbstverliebten Multikulturalismus, eine implizierte Funktionalisierung des Anderen, aber auch als einen ökonomievergessenen Kulturalismus. Ähnlich be-merkt Slavoj Žižek (2009, 87): Es helfe nicht weiter, nun die Hybridität als einen Ort des Universalen auszurufen. Der neue europäische Universalismus hieße Pluralismus, kritisiert Oliver Marchart (2012). Wie dem entkommen? Durch eigene »Provinzi-sierung« oder »Ethnologisierung« (Därmann 2007; zu deren Funktionalisierung in der Philosophie vgl. Dies. 2005)? Provinzialisierung macht Europa zu ei-nem Punkt unter vielen, der seinen Anspruch, Aus-gangspunkt und Maßstab zu sein, aufzugeben hat;

Ethnologisierung macht Europa ebenfalls zu einem beforschten Objekt unter vielen. Iris Därmann kritisiert universale Geltungsansprüche kultur- und medienwissenschaftlicher Forschungsthemen: Es gebe »wohl kaum einen Kulturwissenschaftler, der sich etwa bei der Verwendung solch genereller Kategorien wie ›Fremder‹, ›Bild‹, ›Text‹, ›Zahl‹, ›Oralität‹, ›Gedächtnis‹, ›Körper‹, ›Inszenierung‹, ›Techniken‹, ›Geschichte‹, ›Codierung‹ Rechenschaft über deren spezifisch fremdkulturelle Bedeutung ablegt« (Därmann 2007, 18 f.).

An neuralgischen Punkten von Mediengeschichtsschreibung finden sich dagegen Passagen, in denen auf ›die Wilden‹ Bezug genommen wird, wo es um medial induzierte Unterschiede von Ursprünglichkeit und Zivilisation, Natur und Abstraktion gehen soll. Das Fach hat es mit eigenen Universalismen zu tun und mit der Idee der weltweiten medialen Verbundenheit, der *connectivity* oder gar der *connectedness*. Der rückblickend als Fachbegründer adressierte Marshall McLuhan verband mit Medien als *extensions of man* das Zentralnervensystem mit dem globalen Netz (vgl. McLuhan 2002, 159): Das »globale Dorf« zeichne sich durch eine Hinwendung zu den Nahsinnen aus, wodurch neue Kollektive entstünden, ähnlich denen der Herrschaft des Visuellen in der oralen Stammeskultur. Ebenfalls zu befragen wäre die Figur des ›Wilden‹ in frühen Texten der Kybernetik: Für Norbert Wiener (*Kybernetik*, 1948) wie für William Ross Ashby (*Einführung in die Kybernetik*, 1956) diente sie beispielhaft der Programmierbarkeit eines unbeschriebenen Gehirns.

Das Ziel wäre insgesamt, den weichen, aber dennoch gegebenen Kanon der Medienwissenschaft gegenzulesen mit dem Blick auf seine Verfahren des *otherings*. Eine Reflexion von Fremderfahrung als Konstituens der Moderne hat wiederum Schüttpelz unternommen. Nach der Untersuchung »koloniale[r] Mobilität von Personen, Dingen und Zeichen« (Schüttpelz 2005, 11) rekonstruiert er Marcel Mauss' Konzept der »Körpertechniken« in den 1920er Jahren: Hier sei »das erste Objekt und Mittel technischer Tätigkeiten der Körper« (Schüttpelz 2010, 110), Medien entstünden an den Rändern dieser Techniken. Aus der anthropologischen Formulierung wird so ein wissenskritischer Bereich erschlossen, der auch ein post-kolonialer ist. Dipesh Chakrabartys vielzitierte Formel des ›Provinzialisierens von Europa‹, das damit vom unmarkierten Maßstab für Zentren und Provinzen zu einer ebenfalls markierbaren Provinz werden soll (vgl. Chakrabarty 2010), kann ebenso auf die euro-amerikanischen Wissens-

produktionen bezogen werden (vgl. Reuter/Villa 2010; die Filmwissenschaft untersucht so die *Europeanness* in europäischer Filmtheorie, vgl. Trifonova 2009). Selbstreflexivität, Fragen nach Alterität und eigenen Universalismen werden die bleibenden Themen einer postkolonialen Medienwissenschaft sein.

Literatur

Amesberger, Helga/Halbmayr, Brigitte: *Das Privileg der Unsichtbarkeit. Rassismus unter dem Blickwinkel von Weißsein und Dominanzkultur*. Wien 2008.

Anderson, Benedict: *Die Erfindung der Nation. Zur Karriere eines folgenreichen Konzepts*. Frankfurt a. M. ²1993 (engl. 1983).

Appadurai, Arjun: *Modernity at Large. Cultural Dimensions of Globalization*. Minneapolis/London 1996.

Ashcroft, Bill/Griffiths, Gareth/Tiffin, Helen (Hg.): *The Post-Colonial Studies Reader* [1995]. London/New York ⁷2004.

Belting, Hans: *Florenz und Bagdad. Eine westöstliche Geschichte des Blicks*. München 2008.

Bergermann, Ulrike/Heidenreich, Nanna (Hg.): *total. Universalismus und Partikularismus in post-kolonialer Medientheorie*. Bielefeld 2014.

Bergermann, Ulrike/Otto, Isabell/Gabriele Schabacher (Hg.): *Das Planetarische. Kultur – Technik – Medien im postglobalen Zeitalter*. München 2010.

Bhabha, Homi K.: *Die Verortung der Kultur*. Tübingen 2000 (engl. 1994).

Buck-Morss, Susan: *Hegel und Haiti. Für eine neue Universalgeschichte*. Berlin 2011 (engl. 2009).

Chakrabarty, Dipesh: *Europa als Provinz. Perspektiven postkolonialer Geschichtsschreibung*. Frankfurt a. M./New York 2010 (engl. 2000).

Chow, Rey: *Writing Diaspora. Tactics of Intervention in Contemporary Cultural Studies*. Bloomington, Ind. 1993.

Därmann, Iris: *Fremde Monde der Vernunft. Die ethnologische Provokation der Philosophie*. München 2005.

Därmann, Iris: Statt einer Einleitung. Plädoyer für eine Ethnologisierung der Kulturwissenschaft(en). In: Dies./Christoph Jamme (Hg.): *Kulturwissenschaften. Konzepte, Theorien, Autoren*. München 2007, 7–33.

Derrida, Jacques: *Grammatologie* [1967]. Frankfurt a. M. 1974.

Dietze, Gabriele: Okzidentalismuskritik. In: Dies./Claudia Brunner/Edith Wenzel (Hg.): *Kritik des Okzidentalismus. Transdisziplinäre Beiträge zu (Neo-)Orientalismus und Geschlecht*. Bielefeld 2009, 23–54.

Dietze, Gabriele: *Weiße Frauen in Bewegung: Genealogien und Konkurrenzen von Race- und Genderpolitiken*. Bielefeld 2012.

Döring, Jörg/Thielmann, Tristan (Hg.): *Mediengeographie. Theorie – Analyse – Diskussion*. Bielefeld 2009.

Dyer, Richard: *White*. London 1997.

Eggers, Maureen Maisha/Kilomba, Grada/Piesche, Peggy/Arndt, Susan (Hg.): *Mythen, Masken und Subjekte. Kritische Weißseinsforschung in Deutschland*. Münster 2005.

Gilroy, Paul: *The Black Atlantic. Modernity and Double Consciousness*. London/New York 1993.

Glissant, Édouard: *Kultur und Identität. Ansätze zu einer Vielfalt.* Heidelberg 2005 (frz. 1996).

Gutberlet, Marie-Hélène/Helffs, Sissy (Hg.): *Die Kunst der Migration. Aktuelle Positionen zum europäisch-afrikanischen Diskurs.* Bielefeld 2011.

Hall, Stuart: Wann war der »Postkolonialismus«? Denken an der Grenze. In: Elisabeth Bronfen u. a. (Hg.): *Hybride Kulturen. Beiträge zur anglo-amerikanischen Multikulturalismusdebatte.* Tübingen 1997, 219–246 (engl. 1996).

Hepp, Andreas: *Netzwerke der Medien. Medienkulturen und Globalisierung.* Wiesbaden 2004.

Hepp, Andreas/Krotz, Friedrich/Winter, Carsten (Hg.): *Globalisierung der Medienkommunikation. Eine Einführung.* Wiesbaden 2005.

Holl, Ute: *Kino, Trance und Kybernetik.* Berlin 2002.

Kusser, Astrid: *Körper in Schieflage. Tanzen im Strudel des Black Atlantic um 1900.* Bielefeld 2013.

Landau, Paul S.: Introduction. In: Ders./Deborah D. Kaspin (Hg.): *Images & Empires. Visuality in Colonial and Postcolonia Africa.* Berkeley/Los Angeles/London 2002, 1–40.

Latour, Bruno: Die Logistik der *immutable mobiles* [engl. 1987]. In: Döring/Thielmann 2009, 111–144.

Marchart, Oliver: Ein Universalismus des anderen. In: Ludwig Jäger/Gisela Fehrmann/Meike Adam (Hg.): *Medienbewegungen. Praktiken der Bezugnahme.* München 2012, 163–174.

McClintock, Anne/Mufti, Aamir/Shohat, Ella (Hg.): *Dangerous Liaisons. Gender, Nation, and Postcolonial Perspectives.* Minneapolis/London 1997.

McLuhan, Marshall: Medien verstehen – Die Ausweitung des Menschen. In: *absolute Marshall McLuhan.* Hg. von Martin Baltes/Rainer Höttschl. Freiburg 2002, 138–174 (engl. 1964).

Mercer, Kobena: *Welcome to the Jungle. New Positions in Black Cultural Studies.* New York/London 1994.

Mignolo, Walter D.: Afterword: Writing and recorded knowlegde in colonial and postcolonial situations. In: Elizabeth Hill Boone/Walter D. Mignolo (Hg.): *Writing Without Words. Alternative Literacies in Mesoamerica and the Andes.* Durham/London 1994, 292–310.

Mignolo, Walter D.: *Epistemischer Ungehorsam. Rhetorik der Moderne, Logik der Kolonialität und Grammatik der Dekolonialität.* Wien/Berlin 2012 (span. 2006).

Naficy, Hamid: *An Accented Cinema. Exilic and Diasporic Filmmaking.* Princeton/Oxford 2001.

Nakamura, Lisa: *Digitizing Race. Visual Cultures of the Internet.* Minneapolis 2008.

Nakamura, Lisa/Chow-White, Peter A.: Introduction – Race and digital technology: Code, the color line, and the information society. In: Dies. (Hg.): *Race After the Internet.* New York/Abingdon 2012, 1–17.

Parks, Lisa: *Cultures in Orbit. Satellites and the Televisual.* Durham, NC 2005.

Pratt, Marie Louise: *Imperial Eyes. Travel Writing and Transculturation.* London/New York 1992.

Reichardt, Ulfried (Hg.): *Die Vermessung der Globalisierung. Kulturwissenschaftliche Perspektiven.* Heidelberg 2008.

Reichardt, Ulfried: *Globalisierung: Literaturen und Kulturen des Globalen.* Berlin 2010.

Reuter, Julia/Villa, Paula-Irene: Provincializing Soziologie. Postkoloniale Theorie als Herausforderung. In: Dies. (Hg.): *Postkoloniale Soziologie.* Bielefeld 2010, 11–45.

Rottenburg, Richard: Übersetzung und ihre Dementierung. In: Georg Kneer/Markus Schroer/Erhard Schüttpelz (Hg.): *Bruno Latours Kollektive.* Frankfurt a. M. 2008, 401–424.

Saliba, George: *Islamic Science and the Making of the European Renaissance.* Cambridge 2007.

Schmidt-Linsenhoff, Viktoria: *Ästhetik der Differenz. Postkoloniale Perspektiven vom 16. bis 21. Jahrhundert.* Marburg 2010.

Schnittpunkt (Hg.): *Das Unbehagen im Museum, Postkoloniale Museologien.* Wien 2009.

Schüttpelz, Erhard: *Die Moderne im Spiegel des Primitiven. Weltliteratur und Ethnologie 1870–1960.* München 2005.

Schüttpelz, Erhard: Die medientechnische Überlegenheit des Westens. Zur Geschichte und Geographie der *immutable mobiles* Bruno Latours. In: Döring/Thielmann 2009, 67–110.

Schüttpelz, Erhard: Körpertechniken. In: *Zeitschrift für Medien- und Kulturforschung* 1 (2010), 101–120.

Shohat, Ella/Stam, Robert (Hg.): *Multiculturalism, Postcoloniality, and Transnational Media.* New Brunswick/New Jersey/London 2003.

Shohat, Ella/Stam, Robert: *Unthinking Eurocentrism. Multiculturalism and the Media* [1994]. London/New York 2007.

Siegert, Bernhard: *Passagiere und Papiere. Schreibakte auf der Schwelle zwischen Spanien und Amerika (1530 bis 1600).* München 2006.

Spivak, Gayatri Chakravorty: *Can the Subaltern Speak? Postkolonialität und subalterne Artikulation.* Wien 2007 (engl. 1988).

Steyerl, Hito/Rodríguez, Encarnación Gutiérrez: Einleitung. In: Gayatri Chakravorty Spivak: *Spricht die Subalterne deutsch? Migration und postkoloniale Kritik.* Münster 2003, 7.

translate/eipcp (Hg.): *Borders, Nations, Translations. Übersetzung in einer globalisierten Welt.* Wien 2008.

Trifonova, Temenuga (Hg.): *European Film Theory.* New York/Abingdon 2009.

Werkmeister, Sven: *Kulturen jenseits der Schrift.* München 2010.

Žižek, Slavoj: *Ein Plädoyer für die Intoleranz.* Wien 2009.

Ulrike Bergermann

25. Gender Studies

Das Verhältnis von Medienwissenschaft und Gender-Forschung ist kein bloß additives, bei dem sich der Medienwissenschaft ein paar feministische oder geschlechterrelevante Themen zufügen lassen oder die Gender Studies sich auch einmal mit medialen Fragen befassen. Der Zusammenhang ist enger. Dazu gehört zum einen, dass die feministische Filmtheorie maßgeblich zur Herausbildung der Film- und Medienwissenschaft beigetragen hat, und dass zum anderen Geschlechterfragen in frühen medientheoretischen Texten wie selbstverständlich behandelt wurden. Beides ist sicherlich je unterschiedlich motiviert – im ersten Fall als politische Macht- und Institutionenkritik, im zweiten geht es um Kulturanalysen, die nicht an sich schon emanzipatorisch ausgerichtet sind. Dennoch wird eine Gemeinsamkeit zwischen ›Gender‹ und ›Medien‹ deutlich: Wenn Medien dadurch charakterisiert sind, dass sie zwar Wahrnehmungen strukturieren, dabei aber selbst unsichtbar bleiben, dann lässt sich ähnliches für ›Gender‹ sagen. Denn Geschlecht und geschlechtliche Konnotationen bleiben oft unbemerkt, nicht-thematisiert oder auch verleugnet, obgleich sie sowohl in medialen Darstellungen und Gebrauchsweisen als auch in technischen Apparaten und deren Metaphorisierungen wirksam sind.

Die Bedeutung medialer Repräsentationen für eine Beschäftigung mit Gender liegt auf der Hand. Wie z. B. Frauen im Film dargestellt werden, welche kulturellen Imaginationen, Stereotype und Mythen dabei zur Geltung kommen, wie Geschlechterbilder und Geschlechterzuschreibungen sich in verschiedensten Medienkonstellationen wiederholen und damit auch verfestigen, das ist in den feministischen Theorien seit den späten 1960er Jahren untersucht worden. Im Feminismus war und ist die Repräsentationskritik nicht von einer emanzipatorischen Politik zu trennen, ebenso wenig wie in den Gender Studies, die seit den 1990er Jahren die kulturelle und historische Verfasstheit von Weiblichkeit und Männlichkeit in den Blick rücken. Auch in den Queer Studies, die sich mit sexuellen und geschlechtlichen Subjektivitäten jenseits des binären Geschlechtermodells befassen, ist der Aspekt der medialen Repräsentation und damit die Politik der Sichtbarkeit entscheidend.

Die Aufmerksamkeit für Geschlechterfragen ist in der Medienwissenschaft aber noch in ganz anderer Hinsicht verankert. In seiner ersten Buchveröffentlichung hat Marshall McLuhan (1996), der nach wie

vor als Diskursbegründer der Medienwissenschaft gilt (s. Kap. II.4), Werbeanzeigen auf ihre Darstellung von Weiblichkeit und Männlichkeit hin analysiert. Für McLuhan zeigen sich Medien und Körper, Technik und Geschlecht als miteinander verwoben. Auch wenn seine Analysen von dem Impuls getragen sind, bestehende Vorstellungen von Männlichkeit, Weiblichkeit und Geschlechterhierarchie zu bewahren, kann man seine Aufmerksamkeit für ›Seifenopern‹ und ›Pferdeopern‹ zumindest als Symptom lesen: Medientheorie und Gender Studies sind miteinander verstrickt (vgl. Bergermann 2008). Auch Friedrich Kittler (1985) hat in seiner Diskursanalyse der Medien nicht nur Geschlechterverhältnisse thematisiert, sondern sogar deren Veränderung beschrieben: Die allgemeine Alphabetisierung um 1800 sei an die Mutter gebunden, die mit dem Kind Lautierübungen macht, und der ›Muttermund‹ bzw. ›die Frau‹ Basis klassisch-romantischer Dichtung. Für die *Aufschreibesysteme 1900* (ebd.) lassen sich zahlreiche Liaisons von Medientechniken und Frauen aufführen: Telefonistin, Röntgenassistentin, Sekretärin. Mit der Schreibmaschine, so Kittler, wanderte die Schrift vom geistig tätigen Mann in die Hände tippender Frauen, die Schrift und Schreiben seither verwalten.

Geschlecht ist auch dann relevant, wenn Medien als institutionelle und kulturelle Praktiken untersucht und beschrieben werden. Zum Beispiel ist das frühe Kino nicht nur als ›weibliches‹ Medium charakterisiert worden, weil es Frauen in besonderer Weise als Publikum adressierte, sondern auch, weil es ihnen eine ansonsten eingeschränkte Möglichkeit der Teilhabe an Öffentlichkeit und Freizeitkultur ermöglichte (vgl. Schlüpmann 1990). Insbesondere in historischen Umbruchsituationen werden Medien oftmals mit geschlechtlichen Konnotationen versehen. In der Regel geht es dabei um die Irritationen, die neue Medien im Hinblick auf kulturelle Hegemonien, Wissensbestände und soziale Praktiken jeweils auslösen. Neben dem Kino wurden auch Fernsehen und Internet in ihren jeweiligen Etablierungsphasen mit Weiblichkeit konnotiert. Abgesehen vom Verführungspotenzial, das neuen Medien zugesprochen wird, stand im Fall des Fernsehens dessen Häuslichkeit und damit Anbindung an eine weibliche Sphäre im Zentrum (vgl. Spigel 1992).

Die Begriffe ›Medien‹ und ›Gender‹ haben also einerseits eine konkrete Bedeutungsebene, andererseits können sie Verfahren des Fragens bezeichnen: Wo und wie sind Geschlechtervorstellungen in Medien wirksam? Und umgekehrt, wie strukturieren Medien Geschlechtervorstellungen? Die Auseinandersetzung mit diesen Fragestellungen ist eng an dominante Methoden und Paradigmen der Medienwissenschaft gebunden, verändert sich mit diesen fortlaufend und ist geprägt von einem heterogenen Gefüge theoretischer und epistemologischer Prämissen. Zugleich markiert die Forschung zu Gender und Medien auch eine Schnittstelle zwischen sozialpolitischen Bewegungen, künstlerischen Praktiken und akademischer Forschung. Im Folgenden sollen wichtige Begriffsfelder und Debatten nachgezeichnet werden, die die feministische Filmtheorie ebenso wie die Queer Media Studies betreffen.

Feministische Filmtheorie

Neben der feministischen Auseinandersetzung um Weiblichkeit und Schreiben (vgl. z. B. Irigaray 1979), die in die Schriftlichkeit als männliche Domäne und Herrschaftsbereich (›Phallogozentrismus‹ nach Derrida) intervenierten und diese dekonstruierten, nimmt der Feminismus in der sich erst seit den späten 1960er und 1970er Jahren etablierenden Filmwissenschaft von Anfang an einen zentralen Stellenwert ein (s. Kap. III.12). Das methodisch-theoretische Spannungsfeld, das sich im europäischen Kontext u. a. anhand der Zeitschriften *Screen* und *Frauen und Film* (seit 1974) ablesen lässt, umfasst nicht nur die Theorie und Kritik von Medientexten (insbesondere Film und Fernsehen). Es beinhaltet auch die Auseinandersetzung mit avantgardistischen Filmpraxen von Frauen.

Die Dynamik dieser Zeit ist geprägt von äußerst heterogenen Perspektiven, in denen Fragen der Repräsentation von Geschlechtsidentitäten, von textimmanenten und empirisch-sozialen Zuschauersubjekten sowie Fragen nach den Relationen zwischen filmischen und außerfilmischen Wirklichkeiten diskutiert werden. Ihre Anfänge findet die feministische Filmtheorie in Arbeiten, die sich auf die Beschäftigung mit (genrespezifischen) Frauenrollen und Frauenbildern konzentrierten (vgl. z. B. Haskell 1973) und diese Auseinandersetzung mit Forderungen nach alternativen Weiblichkeitsentwürfen und der medialen Darstellung weiblicher Lebensrealitäten verknüpften. Ihren zentralen Stellenwert in der Forschung zu Gender und Medien beweist die feministische Filmtheorie, da sie die feministische Kritik auf die Ebene der sogenannten Filmsprache bezieht. Psychoanalytische Ansätze und solche der Apparatustheorie bilden die Basis für die Thematisierung und Analyse der Funktionsweisen des filmischen

Apparats, seiner Art der Blickkonstruktion und damit Identifikationskonstellationen (s. Kap. II.12). Daneben werden auch Analysen filmischer Erzählweisen, von Montage, Lichtsetzung, Figuren- und Raumkonstellationen vorgenommen. Dieses ›Lesen‹ der Filme diente sowohl dazu, Rückschlüsse auf sich verändernde gesellschaftliche Zustände zu ziehen, als auch Abweichungen von hegemonialen Diskursen innerhalb der Filme auf die Spur zu kommen. In Abgrenzung zur Annahme einer Abbildung vorfilmischer Wirklichkeiten gilt die Aufmerksamkeit dem Kino als bedeutungserzeugende Praxis. Semiotik, (Post-)Strukturalismus und Psychoanalyse geben hierzu die wesentlichen Impulse.

Mit der Analyse der kinematographischen Codierung von Weiblichkeit geraten zugleich wesentliche Faktoren der filmischen Bedeutungsproduktion in den Blick. Untersucht wird die spezifische Weise, in der Weiblichkeit durch Kameraführung, Dauer und Länge der Einstellungen, Lichtsetzung, Kadrierung, Kostüme etc. ›ins Bild gesetzt wird‹. Die vom Mainstream-Kino angebotenen Weiblichkeitsentwürfe werden nicht als Darstellung von (realen) Frauen thematisiert, sondern als imaginäre und zugleich symbolisch (d. h. hier: patriarchal) verankerte Projektionen analysiert. Bilder von Frauen zeigen demnach ›die Frau als Bild‹ (Eiblmayr 1993).

Was das Verhältnis von Film und Zuschauer/innen betrifft, ist Laura Mulveys 1975 erschienener Aufsatz »Visual pleasure and narrative cinema« (vgl. Mulvey 1980) wegweisend. Durch die für das klassische Hollywood-Kino übliche Unterordnung sowohl des Kcamerablicks als auch des Zuschauerblicks unter die diegetische Blickdramaturgie, die den männlichen Protagonisten zum Träger des Blicks und die weibliche Darstellerin zum angesehenen Objekt macht, verweist Mulvey auf eine – von der geschlechtlichen Identität der Zuschauer/innen unabhängige – Vergeschlechtlichung bzw. Vermännlichung der Zuschauerperspektive. Kaja Silverman bekräftigt die von Mulvey beschriebene ›to-be-looked-at-ness‹ mit einer Analyse des Zusammenhangs von Stimme und Bild. Aus filmhistorischer Sicht bestimmt Silverman die körperlose Voice-Over-Stimme, die gehört, aber nicht ›gesehen‹ wird, als symbolisch machtvoll und männlich konnotiert, während der weiblichen Position die umgekehrte Funktion (»to be seen but not heard«) zukommt (Silverman 1984, 134). Ausgegangen wird hier von der Annahme, dass die genannten ästhetischen (erzählerischen, visuellen und auditiven) Verfahren männliche und weibliche Subjektpositionen begründen und eine Form der symbolischen Machtverteilung generieren.

Ausgehend von Mulveys Modell kommt es in den 1980er Jahren auch zu Verschiebungen innerhalb der feministisch-psychoanalytischen Filmtheorie. Es entstehen Konzeptionen des Kino-Dispositivs als mütterlich umschließender Raum der prä-ödipalen Schaulust (vgl. Koch 1980) oder der masochistischen Verknüpfung von männlichem Blick und Bild, die etwa im Horrorfilm (vgl. Clover 1993) untersucht wird. Viele der Arbeiten, nicht zuletzt von Mulvey (1981) selbst, loten die Bedingungen und Möglichkeiten gegengeschlechtlicher Identifikationen aus.

Agency

Der Fokus auf Agency etabliert sich in der Medienwissenschaft im Rahmen eines Paradigmenwechsels, in dem Psychoanalyse und Apparatustheorie in den Hintergrund rücken, während Diskurstheorie und Dekonstruktion (Foucault, Derrida), Kulturanthropologie, empirische Sozialforschung und Hegemonie- und Machttheorien (Gramsci, Althusser) unter dem Begriff der ›Cultural Studies‹ zusammengeführt werden (s. Kap. IV.23). Einen wichtigen Anknüpfungspunkt für die Frage der Agency liefert Stuart Halls (2002) Modell Encoding/Decoding, das Lesarten und Umgangsweisen mit Texten und Bildern pluralisiert und an ›Rasse‹, Klasse- und Gender-Kategorien strukturell anknüpft. Arbeiten, die sich auf das Encoding-Decoding-Modell stützen, unterscheiden die Ebenen der Produktion, der Repräsentation und der Rezeption, die jeweils eigenen Logiken folgen. Die an Cultural Studies orientierten Arbeiten betonen das Tätig-Sein im Rezeptionsprozess. Auf der Basis von ethnographischer Forschung und Textanalyse entwickelt Janice Radway (1984) die These, dass das Lesen von Liebesromanen Leserinnen nicht nur eine spezifische (und vergnügliche) Beschäftigung mit einer patriarchal organisierten Kultur bereithält, sondern insbesondere der Akt des Lesens selbst im ›weiblichen‹, auf Familienangehörige bezogenen Alltag, die Reklamation von Freiräumen ermöglicht. Das Abwägen von Vergnügen (*pleasure*) und ideologischen Implikationen ist auch im Rahmen der Forschungen zu Daily Soaps und Serien zentral (vgl. Warth 1987).

Technologien der Repräsentation

Teresa de Lauretis' 1987 erschienener Text »The technology of gender« markiert im Hinblick auf das Verhältnis von Gender und Medien eine entscheidende Wende. Von dem Vorhaben angetrieben, das Geschlecht aus der binären Konzeption sexueller Differenz herauszulesen, rücken Psychoanalyse und Semiotik (s. Kap. II.2) in den Hintergrund, während die Foucaultschen Arbeiten zur Diskursgeschichte der modernen Sexualität zum zentralen Anknüpfungspunkt werden. Foucault hatte gezeigt, dass Sex (bzw. biologisches Geschlecht) dem Körper nicht naturhaft inhärent ist, sondern durch ein heterogenes Ensemble diskursiver und institutioneller Praktiken ›eingepflanzt‹ wird (vgl. Foucault 1983). Lauretis überträgt diese »Technologie des Sexes« auf die »Technologie des Geschlechts« und liefert damit eine Perspektive nach, die sie bei Foucault vermisst (Lauretis 1996, 59).

Im Sinne der Subjektkonstituierung kommen die Technologien des Geschlechts als Repräsentationsverfahren in den Blick. Das heißt, Technologien des Geschlechts werden konzipiert als Technologien der Repräsentation, wobei der filmische Apparat als Modell dient. Geschlechtlich differenzierte Subjekte werden aus dieser Perspektive nicht mehr in Relation zur Maskulinität gesehen, sondern anhand heterogener Machtstrategien untersucht. Damit geht eine Verlagerung einher, bei der vom Fokus auf Weiblichkeit abgerückt und schwul/lesbische Subjektivitäten einbezogen werden; die Fixierung auf Geschlechterdifferenz als Verhältnis von Weiblichkeit zu Männlichkeit wird durch andere Identitäten aufgeweicht. Statt Unterscheidungen zwischen Männlichkeit und Weiblichkeit, Zuschauerpositionen und Leinwandgeschehen vorauszusetzen, kann das Kino als (eine unter anderen) Technologie gedacht werden, die Geschlecht diskursiv hervorbringt.

Nicht zuletzt ausgehend von Teresa de Lauretis' These, Geschlecht sei eine Repräsentation, ist der Begriff der Repräsentation für die feministische Kritik sowie für Gender- und Queer Studies seit den 1990er Jahre enorm wichtig geworden. Mit Lauretis' Unterscheidung von Frauen als historisch-empirischen Subjekten einerseits und ›der Frau‹ als imaginärer, fiktiver Figur andererseits ist eine repräsentationstheoretische Perspektive eröffnet. Das Konzept der Repräsentation umfasst die rhetorische und imaginäre Verfasstheit von Gender und entkoppelt es vom biologischen Geschlecht, das soziale ›Rollen‹ vermeintlich determiniert. ›Gender‹ – das englische Wort wird im Zuge dieser Entkoppelungsbewegung auch im Deutschen gebräuchlich – als Repräsentation zu fassen, heißt, Geschlecht als einen Komplex von Bedeutungen und ihren Effekten zu verstehen, mithin als eine historische und kulturelle Konstruktion. Da Gender-Konstruktionen in (medialen) Repräsentationen gefasst und zugleich durch sie immer wieder in Kraft gesetzt werden, bezeichnet Lauretis (1996, 63) »Geschlecht als Produkt und Prozess von Repräsentation«.

Sowohl in der Filmwissenschaft als auch der Kunstwissenschaft und besonders in dem sich herausbildenden Feld der Visuellen Kultur (s. Kap. IV.7), das Bildlichkeit und Sichtbarkeit in Bezug auf Machtfragen untersucht, werden Repräsentationen nicht länger als Abbilder realer Frauen bzw. der Wirklichkeit der Geschlechterverhältnisse analysiert und kritisiert, sondern vor allem als kulturelle Imaginationen oder als Allegorien übergeordneter Werte wie Nation oder Gerechtigkeit. Ein solches Verständnis von Repräsentation hat bezogen auf (nicht nur weibliche) Geschlechterfiguren ebenso wie auf Darstellungen von ›Rasse‹ eine große Produktivität entfaltet. Dabei lässt sich Repräsentation im politischen Sinn als Vertretung, im ästhetischen Sinn als Darstellung sowie als imaginäre Vorstellung oder Vergegenwärtigung verstehen, wobei all diese Bedeutungsebenen zueinander in Beziehung treten.

Dem Blickregime begegnen

Für das politische Projekt, das Feminismus, Gender- und Queer Studies letztlich immer verfolgen, steht auch in einer repräsentationsanalytischen Perspektive die Frage nach Gegenbildern, anderen Repräsentationen und möglichen Selbstrepräsentationen im Raum. Diese Frage geht nicht mehr im Ruf nach ›realistischen‹ Bildern auf, wie ihn die zweite Frauenbewegung zunächst formulierte, um sich gegen sexistische Bildwelten zu rüsten. Zum einen ist offenbar geworden, wie sehr soziale und mediale Technologien Repräsentationen steuern und bedingen, noch bevor Bildinhalte ins Spiel kommen – z. B. die Kameraführung als männlicher Blick, der Raum des Fernsehens als weiblich konnotierter, die Beleuchtungstechnik des Films als Agent von Whiteness. Zum anderen hat sich die Idee eines außerdiskursiven Raums, in dem weibliche Subjekte sich und ihre Repräsentation völlig neu erfinden könnten, im Zuge poststrukturalistischer Theorien aufgelöst.

In einer Untersuchung der fotografischen Selbstinszenierungen der Gräfin von Castiglione aus dem späten 19. Jahrhundert veranschlagt die Kunst- und Fototheoretikerin Abigail Solomon-Godeau (1994) den Raum des eigenen Bildes folglich als komplett verstellt: Castiglione hatte sich immer wieder im Studio fotografieren lassen, besonders ihre nackten Beine und Füße wurden zum Sujet. Doch scheinen Solomon-Godeau diese Fotografien den Codes der Theater- bzw. der pornografischen Fotografie zu unterliegen und sich damit dem Blick und dem Begehren des (männlichen) Anderen zu unterwerfen. Auch Kaja Silverman (1996) schreibt in Anlehnung an die Psychoanalyse Jacques Lacans von einem kulturellen Bildrepertoire, das jedem Subjekt schon vorgängig ist und das sie einen Screen, einen Bildschirm nennt. Subjekte konstituieren sich über diesen Screen und sind umgeben von einem Blickregime, das nicht auf ein konkretes Subjekt zurückzuführen ist, sondern auf die Blicke der anderen. In Abgrenzung zu Lacan, bei dem die Subjekte gewissermaßen auf Geheiß des Blickregimes handeln, geht es Silverman jedoch um die Möglichkeiten, sich dem Blickregime zu widersetzen. Diese Möglichkeit bestünde in einem Wahrnehmbarmachen des Screens, wie das z. B. die Künstlerin Cindy Sherman mit ihren Selbstinszenierungen unternommen hat, in denen sie sich in bekannten Filmposen selbst inszeniert, diese aber zugleich auch verfehlt oder übersteigt.

Die Fotografien Cindy Shermans sind zu häufig besprochenen Exempeln für Gender(selbst)repräsentationen avanciert, weil Sherman heterosexuelle Vorstellungen und Bilder von Weiblichkeit thematisiert und diese mit einer gewissen Überaffirmation vorführt und verarbeitet. Ähnliches wurde und wird in den populärkulturellen Images, die Popstars wie Madonna und Lady Gaga in ihren Videos und Starimages in Umlauf setzen, gesehen. Dieses subvertierende Spielen mit und Übertreiben von Weiblichkeitsbildern kann an frühere Konzepte der Maskerade angeschlossen werden. Denn, dass es keine ›eigentliche‹ oder ›echte‹ Weiblichkeit gäbe, sondern ›Weiblichkeit als Maskerade‹ zu denken sei, als Maskerade, hinter der sich nichts verberge, hatte bereits 1929 die Psychoanalytikerin Joan Rivière formuliert. Für die Filmwissenschaftlerin Mary Ann Doane, die die bei Laura Mulvey unbeantwortet gebliebene Frage nach weiblicher Zuschauerschaft aufgreift, eröffnet das Konzept der Maskerade anders als das der Identifikation die Möglichkeit, als Zuschauerin in der Position des Angesehen-Werdens nicht vollends aufzugehen. Es bleibt eine gewisse Distanz zwischen der Zuschauerin und dem Bild: Die Maskerade verdoppelt die Repräsentation (vgl. Doane 1994).

Unsichtbare Normen

Obwohl Medien einen erheblichen Aufwand betreiben, um nicht nur Weiblichkeit, sondern auch
Männlichkeit ›ins Bild zu setzen‹, sind diese Männ-
lichkeitsbilder lange Zeit in einem allgemeinen, geschlechtlich unmarkierten Subjektbegriff unterge-
gangen. Im deutschsprachigen Raum hatte Klaus
Theweleit bereits Ende der 1970er Jahre seine zwei-
bändige Studie über Männlichkeit im Naziregime
unter dem Titel *Männerphantasien* (1977/78) vorgelegt, in der er das Männlichkeitsbild des Soldaten im
deutschen Faschismus untersucht. In Großbritannien legt Richard Dyer in den 1980er Jahren Arbeiten über das Sichtbarwerden von Männlichkeit vor,
z. B. über die Darstellungen von Pin-Up-Boys, in denen er analysiert, wie sich die ›to-be-looked-at-ness‹
(das Angesehen-Werden) auf Männer, die zum Bild
werden, auswirkt. Dyer (1986) macht auf die ambivalente Struktur der Pin-Up-Boys aufmerksam, die
zwar zum Bild, aber nicht (nur) zum Objekt werden.
In den 1990er Jahren etablieren sich in den USA, in
Frankreich und Großbritannien die Men's Studies
und Gay Studies, die nach und nach auch in den
deutschsprachigen Raum Eingang finden.

Mit der Verschiebung der Perspektive »from margin to center« (hooks 1984) geht auch die Hervorhe-
bung der Intersektionalität, der engen Verknüpfung
der Kategorien ›Rasse‹/Ethnizität, Klasse und Gender einher. Mit dem zunächst in der Rechtswissenschaft geprägten Begriff der Intersektionalität ist
gemeint, dass sich Diskriminierungen (wie auch Pri-
vilegien) aus einer Reihe sich überlagernder, inter-
dependenter Aspekte speisen, die z. B. eine Migran-
tin in ganz anderer Weise betreffen als eine weiße
Mittelschichtsfrau. Obgleich dieses Konzept die
Gefahr allzu kleinteiliger Kategorisierungen und damit Festlegungen birgt, ist eine Fokuserweiterung,
wie sie nicht zuletzt von den Postcolonial Studies
und der Kritischen Weißseinsforschung herrührt
(s. Kap. IV.24), für die Gender Studies unerlässlich,
um einer tendenziellen Verengung auf Beschäfti-
gungen mit binären Geschlechterkonstruktionen
entgegenzuwirken. So zeigen nicht nur Untersuchungen zu Männlichkeit (als komplementäre Gen-
derfigur zu Weiblichkeit), sondern auch filmische
Repräsentationsstrategien von Whiteness (vgl. Dyer
1997) die kulturelle Bedeutung, Herstellung und
Verteilung von Sichtbarkeit und Nicht-Sichtbarkeit.
Dyers Analyse richtet sich insbesondere auf die Bild-
strategien (Blickführung, Lichtsetzung, Filmmaterial), die weiße Körper als unsichtbare Norm etablie-

ren, während andere/nicht-weiße Körper als Abweichung inszeniert werden. Beides, die unsichtbare
Norm und die sichtbare Abweichung, muss im einzelnen Bild sowie in filmischen, televisuellen Narra-
tionen, in digitalen Kontexten usw. jeweils neu hergestellt werden.

Sichtbarkeit und Anerkennung

Das Verhältnis von unsichtbarer Norm und sichtbarer Abweichung wird auch im Kontext der Queer
Studies zu einem wesentlichen Anhaltspunkt. Bild-
kompositionen, Gesten und narrative Muster werden auf die Herstellung und Naturalisierung der heterosexuellen Norm hin untersucht. Repräsentati-
onskritische Ansätze der medienwissenschaftlichen
Queer Studies beschäftigen sich darüber hinaus mit
dem ambivalenten Umgang medialer Formate mit
nicht-heterosexuellen oder geschlechtlich unein-
deutigen Protagonist/innen sowie mit der Rolle von
Medien im Rahmen queerer Subkulturen. So hat
sich Judith Jack Halberstam mit filmischen Repräsentationen von Transgender-Personen befasst anhand des Films *Boys Don't Cry* (R: Kimberley Pierce,
USA 1999), in dem sie zumindest punktuell einen
›transgender gaze‹ aufscheinen sieht, der die Ideologien eines ›männlichen‹ und ›weiblichen‹ Blicks verdeutlicht und die heterosexuelle Ausrichtung des
Liebesfilm-Genres auszuhebeln vermag (vgl. Halberstam 2005).

Sichtbarkeit ist ein Dreh- und Angelpunkt der
Queer Theory, weil visuelle Repräsentation mit der
Möglichkeit politischer Präsenz, mit Subjektstatus
und Handlungsfähigkeit verbunden ist. Der Begriff
der Sichtbarkeit ist hier ein doppelter: Er meint konkrete Bilder innerhalb der visuellen Kultur sowie
das, was in einer bestimmten historischen Situation
überhaupt wahrgenommen werden kann und was
man mit Michel Foucault ›das Sichtbare und Sag-
bare‹ oder mit Jacques Rancière ›das Sinnliche‹ nennen kann. Innerhalb eines Systems, das Hetero-
sexualität und eine binäre Geschlechterordnung als
(natur-)gegeben voraussetzt und Familien- und Ver-
wandtschaftsverhältnisse strukturiert, ist die Sichtbarmachung und das Sichtbarwerden marginali-
sierter Gruppen ebenso ein politisches Ziel wie die
Kritik stereotypisierender Repräsentationen von
Schwulen, Lesben, Transgender-Personen und In-
tersexuellen in alltagskulturellen Medienbildern.
Die Vereinnahmung z. B. von Repräsentationen
Schwuler für hedonistisch-individualistische Zwe-

cke wie auch der Umstand, dass Sichtbarwerden mit Diffamierung und/oder einer rigiden Identitätspolitik einhergehen kann, hat dazu geführt, auch für Nicht-Sichtbarsein oder Opazität einzutreten. Eine dezidiert medienwissenschaftliche Perspektive könnte diese Repräsentationskritik erweitern, indem sie nach institutionellen Praktiken, technischen Apparaturen, nach Produktionsprozessen und Gebrauchsweisen fragt, also nach den (unsichtbaren) Rahmungen, die Sichtbarkeit erst ermöglichen und hervorbringen.

Performativität von Gender und Medien

Gender- und Queer-Theorien stehen vor der Aufgabe, die Möglichkeiten von Veränderung und Transformationen unter der Voraussetzung zu denken, dass die heteronormative Ordnung nicht durch vereinzeltes Gegenhandeln zu erschüttern ist. Zu sehr geht Judith Butler, die ein geradezu diskursbegründendes Konzept vorgelegt hat, davon aus, dass Normen den einzelnen Subjekten voraus- und über sie hinausgehen (vgl. Butler 1991). Butler argumentiert, dass Geschlecht durch permanente Wiederholung hergestellt und in seiner Gültigkeit perpetuiert wird. Es ist ein unbewusstes Tun aller, das Geschlechteridentitäten stabilisiert und als gegeben erscheinen lässt. Das heißt, Gender wird durch Gesten, Rituale und Sprechakte hervorgebracht, so dass auch denkbar wird, dass in diesen performativen Hervorbringungen Verschiebungen und Resignifikationen stattfinden können. Butler argumentiert dabei ohne Aufmerksamkeit für die medialen Bedingungen, unter denen sich Subjektivierungen immer ereignen.

Womöglich ist auch aufgrund dieses Mangels an Konkretion einzig Butlers Beispiel für die Destabilisierung der Heteronormativität, das ›Drag‹, paradigmatisch geworden – sowohl in der queeren Praxis als auch in der Theorie, wo es an Maskerade-Konzepte anknüpft. ›Drag‹ steht für eine Aufführung von Geschlechternormen, die diese Normen in ihrer Nicht-Natürlichkeit ausstellt und damit essentialistische Identitätskonzepte unterhöhlt. In der Rezeption Butlers hat die Privilegierung des Drag auch zu Missverständnissen und Verkürzungen geführt: Performativität wird häufig auf Theatralität, auf Performance reduziert, was nicht nur eine gewisse Intentionalität auf Seiten der Subjekte suggeriert, sondern auch das Parodistische stark in den Vordergrund schiebt. Butler selbst hat hingegen immer wieder betont, dass sich Gender-Performativität maßgeblich in nicht-intentionalen und alltäglichen Situationen vollzieht (vgl. Butler 1995).

Auch in kunst-, theater- und medienwissenschaftlichen Analysen ist das Drag-Konzept häufig aufgegriffen worden, um Mechanismen der Essentialisierung sowie Strategien, diese zu subvertieren, beschreiben zu können. Wie aber vollzieht sich Gender-Performativität in Praktiken, die sich auf der Achse Subversion und Affirmation nicht plausibel analysieren lassen? Wie kann Subjektivierung tatsächlich jenseits von Kategorien wie männlich/weiblich gedacht werden, weder parodistisch noch essentialistisch? Diese Fragen tangieren die Medienwissenschaft schon deswegen, weil Gender-Performativität sich immer in Medien vollzieht. Zudem steht die Frage im Raum, wie sie sich mit dem Konzept der medialen Performativität zusammendenken lässt, wenn also Medien nicht in einem substanziellen Sinn begriffen werden, sondern das Hervortreten medialer Funktionsweisen und Bedeutungen im Gebrauch und in Zitationsprozessen untersucht wird (vgl. Seier 2007).

Körperdiskurse

Bezugnahmen auf den Körper (s. Kap. IV.3) sind in der feministischen Theorie und Praxis immer zentral gewesen, entweder um das ›Eigene‹ dem patriarchalen Zu- und Übergriff zu entziehen oder die Effekte dieses Zugriffs mindestens zu reflektieren. Es ist wiederum Judith Butler, mit deren Thesen gewichtige Auseinandersetzungen um den Körper in den 1990er Jahren verbunden sind. Butler hebt die bis dahin gängige Unterscheidung von biologischem und sozialem Geschlecht in einem übergeordneten Gender-Begriff auf. Mit diesem Konzept lässt sich der Körper nicht mehr als Refugium des Weiblichen unter Schutz stellen oder als Hort des Widerstands auffassen, wie es einige (nicht nur) feministische Theorien tun. Der Körper ist gemäß Butler nichts Außerkulturelles, existiert nicht außerhalb von Diskursen und ist keine Materialität jenseits von Macht.

Im Zentrum steht der Begriff der Materialität. Butler besteht darauf, dass auch der Körper nie ohne Signifikation ist: Materie hat Geschichte, sie ist angefüllt mit Diskursen – z. B. mit der Geschichte der Geschlechterdifferenz oder der Homosexualität, mit der Diagnostik der Transsexualität und Intersexualität, mit sprachlichen Festlegungen, Identifizierungen, diskriminierender Rede, mit Rassismen sowie mit kulturell spezifischen Körpertechniken. Was Körper und Geschlecht allererst bezeichnet und wahrnehmbar macht, ist nach Butler ein Prozess der Materialisierung. So ist die Unterscheidung zwischen Sex (als biologischem Geschlecht) und Gender (als sozialem Geschlecht) selbst eine, die im Zuge der medizinischen Sexualforschung der 1950er und 1960er Jahre aufgekommen ist (Dietze 2006). Im Forschungsfeld zwischen Gender Studies, Wissenschaftsgeschichte und Medienwissenschaft sind Arbeiten entstanden, die die historische Konstitution von Geschlechterdifferenz und sexuellen Identitäten nachzeichnen und dabei mediale Aspekte in den Blick rücken, auf denen der wissenschaftliche Positivismus des 19. Jahrhunderts und die Evidenzproduktion am und mit dem Körper maßgeblich beruhen, etwa grafische Verfahren oder Aufzeichnungstechniken wie Fotografie und Film (vgl. z. B. Peters 2010).

In einem aktuellen Fokus auf ›Leben‹ und die Lebenswissenschaften werden Gefüge von wissenschaftlichen, gesellschaftlichen und moralischen Bezeichnungspraxen, Laboren und Technologien thematisiert. Reproduktions- und Gentechnologie sowie medizinisch-technische Praxen (z. B. Transplantations- und prothetische Chirurgie) durchkreuzen tradierte Kultur/Natur-Grenzen. Damit wird einerseits Geschlecht neu formiert und andererseits muss aus der Perspektive der Gender Studies auf die kulturelle und historische Genese der Vorstellungen von Leben, Gesundheit, Tod, Familie und Verwandtschaft hingewiesen werden; Vorstellungen, die in den Lebenswissenschaften virulent sind, aber unthematisiert bleiben (vgl. Deuber-Mankowsky/Holzhey/Michaelsen 2009). Auch Biopolitik als Regierungsform, die sich mittels Statistik, Versicherungswesen, Gesundheitsvorsorge bis hin zu Lebensmittelökonomie auf die Regulierung der Bevölkerung richtet, ist nicht zuletzt daraufhin zu untersuchen, welche Leben aus dieser – heteronormativen – Ordnung ausgeschlossen werden und damit gefährdet sind.

Pornografie

Zum Verhältnis von Medien, Körper und Geschlecht gehört auch die kritische Beschäftigung mit Pornografie, die vor allem in Hinblick auf ihr Verhältnis zur Realität zwischen Männern und Frauen seit der zweiten Frauenbewegung sehr kontrovers diskutiert worden ist: zunächst als libertärer Diskurs oder sogar Sexualaufklärung, von Feministinnen aber zunehmend als Anreiz zu gewaltförmigen Akten oder an sich schon als Gewalt, zumindest aber als Phantasma eines

hierarchischen Geschlechterverhältnisses, das sich als problematisches zeigt. Inwiefern in der Pornografie die Medien der Aufzeichnung eine entscheidende Rolle spielen, ist von Linda Williams in einer historischen Untersuchung thematisiert worden. Williams (1995) hat Fotografie und Film als Dispositive »maximaler Sichtbarkeit« beschrieben und deren inhärente voyeuristische Struktur bereits in der apparativen Konstellation in Eadweard Muybridges Serienfotografien von Bewegungsabfolgen vom Ende des 19. Jahrhunderts ausgemacht. Seither ist die deterministische Tendenz dieser Argumentation mit der Post-Porn-Bewegung wieder zurückgenommen worden, insofern ›andere‹, queere Sex Performances jenseits heterosexueller Standards und Formate in den Blick rücken. Zugleich bleiben mit der Internet-Pornografie, die durchaus auch den Mainstream bedient, Fragen nach heterosexuellen Phantasmen, nach Konsum, Zugänglichkeit und Rückkopplungen zur Offline-Realität virulent; wie auch der Diskurs um Internet-Pornografie die Durchsetzung des Mediums mit einer sexuell-geschlechtliche Konnotation umringt.

Digitalität und Geschlecht

Bekommt man es derzeit beim Thema Internet-Pornografie wie auch beim Diskurs um das Computerspiel bald mit der Figur sozial problematischer Männlichkeit und dem Topos ›Sucht‹ zu tun, so war die Durchsetzungsphase des Internets von einiger feministischer Emphase begleitet, mit der auch darauf hingewiesen wurde, dass vor der Durchsetzung von Software Programmierungen in den 1940er Jahren von Frauen geleistet wurden. Was man Cyberfeminismus nennen kann, ist ein verzweigtes Netz von Überlegungen und Aktivitäten, die um Techniken der Simulation kreisen und um die Frage, wie digitale Medien Geschlechteridentitäten durcheinanderbringen. Es schien die Möglichkeit auf, die ›wirklichen‹ Körper mit den ›virtuellen‹ Körpern zu verschalten, im Netz Geschlechterwechsel zu erproben (oder gar nicht mehr als menschliche Gestalt aufzutreten) und an den binären Code und den Automatismus von Rechenprozessen fluide Identitäten zu knüpfen (vgl. Angerer 1999). Die Wissenschaftsforscherin Donna Haraway hat, anders als zuvor in der feministischen Technikkritik üblich, keine weibliche Entfremdung durch Technik diagnostiziert, sondern ganz im Gegenteil ihren berühmt gewordenen politischen Cyborg-Mythos entwickelt (vgl. Haraway 1985): Ausgehend von der Kybernetik entwirft sie eine Post-Gender-Welt, in der durch Automatisierung und Mensch-Maschine-Kopplungen jene binären Dichotomien ungültig geworden sind, die die patriarchalen Kulturen strukturieren. Weder die Geschlechterdifferenz noch die Differenz zwischen Natur und Kultur, zwischen Technischem und Biologischem oder Tieren und Menschen wären dann mehr wirksam.

Das Internet als Social Network umreißt heute in ganz anderer Weise Online-Identitäten, als es sich die Internettheorie der frühen 1990er Jahre ausgemalt hat (s. Kap. III.18). Diskutiert werden in der kritischen Internetforschung nun Kontrollregime sowie Technologien des Selbst, die mit individualisierten Selbstdarstellungen, mit Selbstmanagement, Freundschaftstechniken und Like-Ökonomien einhergehen. Auch den Aspekt affektiver Arbeit und deren ökonomische Nutzbarmachung gilt es, auf ihre de- und rekonstruktiven Effekte hinsichtlich der Kategorie ›Geschlecht‹ zu untersuchen. Kulturwissenschaftliche Medienwissenschaft wird längst nicht mehr nur auf der Ebene der Benutzeroberflächen, sondern ebenso im Bereich der Informations- und Datenverarbeitung betrieben. Im interdisziplinären Feld der Software Studies ist es daher weniger der Computer oder das Internet, sondern die Software selbst, die als technologisches Artefakt zum Objekt der Untersuchung wird. Ausgegangen wird dabei von der These, dass Software als teils offenkundiger, teils gar nicht wahrgenommener Bestandteil des täglichen Lebens geworden ist, der nicht nur Wirtschaft, Industrie und Politik, sondern auch Kunst, Kultur, Privatleben und damit auch Geschlechterverhältnisse und ethnische Grenzverläufe wesentlich prägt (vgl. Chun 2011). Die Programmierbarkeit geschlechtlicher und ethnischer Identitäten wird in diesem Zusammenhang zum Thema.

Posthumane Performativität

Die Frage nach der Handlungs- und Wirkmächtigkeit von Apparaturen ist in der Medienwissenschaft fest verankert und dabei vor allem an den Begriff des Dispositivs gekoppelt. An der Schnittstelle von Science- und Gender Studies wird diese Frage in Weiterführung der Arbeiten von Judith Butler, Donna Haraway, Bruno Latour und Michel Foucault unter dem Stichwort der posthumanen Performativität aufgegriffen und vorangetrieben. Mit dem Hinweis darauf, dass sich die Arbeiten von Michel Foucault und Judith Butler vorrangig mit der prozesshaften Materialisierung humaner Körper befasst

haben, auch wenn diese an apparativ gestützte Macht-Wissen-Komplexe und den daraus resultierenden regulativen sozialen Praktiken zurückgebunden wurde, wird mit dem Begriff der posthumanen Performativität das Anliegen formuliert, das diskursiv-dispositive Verständnis von Materialität zu aktualisieren. Nicht als passives Endprodukt von Diskursen, sondern als »Tätigkeit« bzw. eine »Substanz in ihrem intraaktiven Werden« (Barad 2012, 40) erscheint Materialität in der von Karen Barad entwickelten Konzeption eines agentiell-realistischen Verständnisses von Performativität. Hinsichtlich der Gender-Theorie zielen die Überlegungen zur posthumanen Performativität auf die Analyse einer Neu-Konzeption von Natur, die als mediengebunden, variierbar und unabgeschlossen gilt und damit nicht nur Geschlechtsidentitäten, sondern auch die Frage der sexuellen Differenz neu formuliert.

Medien als Technologien des Selbst

In der gegenwärtigen Auseinandersetzung über die gouvernementale Funktion von Medien, die sich vor allem auf Praktiken der Selbstregierung beziehen, spielt sexuelle Differenz eine wesentliche Rolle. Geschlechtliche und sexuelle Identität ist demnach wichtiger Bestandteil einer Arbeit am Selbst, die den (panoptischen) Blick von außen internalisiert und als narzisstischen Blick auf sich selbst aneignet. Attraktivität und Schönheit werden in Reality-Fernsehen und TV-Serien als optionale ›tools‹ der Selbstermächtigung thematisiert, die nicht (nur) für die ›to-be-looked-at-ness‹ bestimmt sind, sondern eng mit Vorstellungen von Selbstverwirklichung, Fitness und Gesundheit einhergehen. Das Konzept des ›Doing Gender‹ erfährt hier eine entscheidende Umdeutung. In dem Maße, in dem Geschlechtsidentitäten – durch die Bereitstellung vielfältiger Möglichkeiten der Selbstbearbeitung – zu einer Frage der Handlungsmacht werden, die zunehmend Entscheidungsprozesse ermöglicht, aber auch verlangt, erhalten Medien in Form von Selbstbeobachtung und Selbstüberwachung eine konstitutive Funktion. Wenn Geschlechterdifferenz und insbesondere Weiblichkeit im Reality-Fernsehen als körperliche Eigenschaft redefiniert wird, passiert dies auf der Basis eines Körperverständnisses, das Prozesse der Entscheidung und Wahl, sei es im Sinne der Möglichkeiten oder der Zumutungen, immer schon einbezieht.

Mit ihrer Analyse sogenannter postfeministischer Medienkulturen zielt Angela McRobbie (2010) darauf ab, die distinkten Artikulationen von Geschlechterdifferenzen in aktuellen Medien zu bestimmen und sie von denjenigen der 1970er, 1980er und 1990er Jahre abzugrenzen. Als Kennzeichen derzeitiger postfeministischer Medienkulturen wird das ironische und teils historisierende Aufgreifen des Feminismus in populären Medienformaten benannt, ein bewusst übertriebener und ironisch gewendeter Einsatz von Sexismen sowie das in Werbung und Popkultur beobachtete Auftauchen von Retro-Sexismen, die durch die historische Rückdatierung genießbar werden.

Literatur

Angerer, Marie-Luise: *Body Options. Körper, Spuren, Medien, Bilder.* Wien 1999.

Barad, Karen: *Agentieller Realismus. Über die Bedeutung materiell-diskursiver Praktiken.* Frankfurt a. M. 2012.

Bergermann, Ulrike: 1,5 Sex Model. Die *Masculinity Studies* von Marshall McLuhan. In: Derrick de Kerckhove/Martina Leeker/Kerstin Schmidt (Hg.): *McLuhan neu lesen. Kritische Analysen zu Medien und Kultur im 21. Jahrhundert.* Bielefeld 2008, 76–94.

Butler, Judith: *Das Unbehagen der Geschlechter.* Frankfurt a. M. 1991 (engl. 1990).

Butler, Judith: *Körper von Gewicht. Die diskursiven Grenzen des Geschlechts.* Berlin 1995 (engl. 1993).

Chun, Wendy: *Programmed Visions. Software and Memory.* Cambridge, Mass. 2011.

Clover, Carol: *Men, Women and Chain Saws. Gender in Modern Horror Film.* Princeton 1993.

Deuber-Mankowsky, Astrid/Holzhey, Christoph F./Michaelsen, Anja (Hg.): *Der Einsatz des Lebens. Lebenswissenschaften, Medialisierung, Geschlecht.* Berlin 2009.

Doane, Mary Ann: Film und Maskerade: Zur Theorie des weiblichen Zuschauers. In: Liliane Weissberg (Hg.): *Weiblichkeit als Maskerade.* Frankfurt a. M. 1994, 66–89 (engl. 1982).

Dietze, Gabriele: Schnittpunkte. Gender Studies und Hermaphroditismus. In: Dies./Sabine Hark (Hg.): *Gender kontrovers. Genealogien und Grenzen einer Kategorie.* Sulzbach/Taunus 2006, 46–49.

Dyer, Richard: »Don't Look Now«. Die Unstimmigkeiten des männlichen Pin-up. In: *Frauen und Film* 40 (1986), 13–19.

Dyer, Richard: *White. Essays on Race and Culture.* London 1997.

Eiblmayr, Silvia: *Die Frau als Bild. Der weibliche Körper in der Kunst des 20. Jahrhunderts.* Berlin 1993.

Foucault, Michel: *Sexualität und Wahrheit. Bd.1. Der Wille zum Wissen.* Frankfurt a. M. 1983 (frz. 1976).

Hall, Stuart: Kodieren/Dekodieren. In: Ralf Adelmann/Jan-Otmar Hesse/Judith Keilbach/Markus Stauff/Matthias Thiele (Hg.): *Grundlagentexte zur Fernsehwissenschaft. Theorie – Geschichte – Analyse.* Konstanz 2002, 105–124 (engl. 1973).

Halberstam, Judith: *In a Queer Time and Place. Transgender Bodies, Subcultural Lives.* New York/London 2005.

Haraway, Donna: Manifesto for cyborgs. Science, techno-logy and socialist feminism. In: *Socialist Review* 80 (1985), 65–108.

Haskell, Molly: *From Reverence to Rape. The Treatment of Women in the Movies.* New York 1973.

hooks, bell: *Feminist Theory from Margin to Centre.* Cambridge, Mass.1984.

Irigaray, Luce: *Das Geschlecht, das nicht eins ist.* Berlin 1979 (frz. 1977).

Kittler, Friedrich A.: *Aufschreibesysteme 1800/1900.* München 1985.

Koch, Gertrud: Warum Frauen ins Männerkino gehen. Weibliche Aneignungsweisen in der Filmrezeption und einige ihrer Voraussetzungen. In: Gislind Nabakowski/Helke Sander/Peter Gorsen (Hg.) *Frauen in der Kunst,* Bd. 1. Frankfurt a. M. 1980, 15–29.

Lauretis, Teresa de: Die Technologie des Geschlechts. In: Elvira Scheich (Hg.): *Vermittelte Weiblichkeit. Feministische Wissenschafts- und Gesellschaftstheorie.* Hamburg 1996, 57–93 (engl. 1987).

McLuhan, Marshall: *Die mechanische Braut.* Hamburg 1996 (engl. 1951).

McRobbie, Angela: *Top Girls. Feminismus und der Aufstieg des neoliberalen Geschlechterregimes.* Wiesbaden 2010.

Mulvey, Laura: Visuelle Lust und narratives Kino. In: Gislind Nabakowski/Helke Sander/Peter Gorsen (Hg.) *Frauen in der Kunst,* Bd. 1. Frankfurt a. M. 1980, 30–46 (engl. 1975).

Mulvey, Laura: Afterthoughts on »Visual Pleasure and Narrative Cinema« inspired by King Vidor's »Duel in the Sun«. In: *Framework* 15/16/17 (1981), 12–15.

Peters, Kathrin: *Rätselbilder des Geschlechts. Körperwissen und Medialität um 1900.* Zürich/Berlin 2010.

Radway, Janice: *Reading the Romance. Women, Patriarchy and Popular Literature.* Columbia, SC 1984.

Rivière, Joan: Womanliness as masquerade. In: *The International Journal of Psycoanalysis* 10 (1929), 303–313.

Schlüpmann, Heide: *Unheimlichkeit des Blicks. Das Drama des frühen deutschen Kinos.* Frankfurt a. M. 1990.

Seier, Andrea: *Remediatisierung. Die performative Konstitution von Gender und Medien.* Berlin 2007.

Silverman, Kaja: Dis-embodying the female voice. In: Mary Ann Doane/Patricia Mellencamp/Linda Williams (Hg.): *Re-Vision. Essays in Feminist Film Criticism.* Los Angeles 1984, 131–149.

Silverman, Kaja: *The Threshold of the Visible World,* New York/London 1996.

Solomon-Godeau, Abigail: Die Beine der Gräfin. In: Liliane Weissberg (Hg.): *Weiblichkeit als Maskerade.* Frankfurt a. M. 1994 (engl. 1986).

Spigel, Lynn: *Make Room for TV. Television and the Family Ideal in Postwar America.* Chicago 1992.

Theweleit, Klaus: *Männerphantasien.* Bd. 1: *Frauen, Fluten, Körper, Geschichte.* Frankfurt a. M. 1977. Bd. 2: *Männerkörper. Zur Psychoanalyse des Weißen Terrors.* Frankfurt a. M. 1978.

Warth, Eva: And That's My Time. Daytime Soap Operas als Zeitkorsett im weiblichen Alltag, In: *Frauen und Film* 42 (1987), 24–34.

Williams, Linda: *Hard Core. Macht, Lust und die Traditionen des pornographischen Films.* Basel/Frankfurt a. M. 1995 (engl. 1989).

Kathrin Peters/Andrea Seier

26. Wissenschaftsforschung

In den letzten Jahren ist eine beachtliche Konvergenz der Felder Medienwissenschaft und Wissenschaftsforschung zu beobachten. Während sich die Wissenschaftsgeschichte zunehmend für mediale Apparaturen und Inskriptionen interessiert, bezieht sich die (deutschsprachige) Medienwissenschaft der letzten Jahre vor allem auf den Ansatz der Akteur-Netzwerk-Theorie (ANT), insbesondere auf die Arbeiten Bruno Latours (s. Kap. II.15). Die ANT wird in diesem Zusammenhang vor allem im Hinblick auf die Netzwerkstrukturen technischer und nicht-technischer Medien produktiv gemacht. Der Blick in den größeren Kontext der Wissenschaftsforschung und Wissenschaftsgeschichte zeigt darüber hinaus Verbindungen zu einer Reihe von theoretischen und methodologischen Verschiebungen in der Medienwissenschaft und bietet zudem Anregungen zu einer Diskussion der Möglichkeitsbedingungen und Gegenstandskonstitution des Fachs. Die Beschäftigung mit Geschichte und Konzepten der Wissenschaftsforschung fordert vor diesem Hintergrund zu einer Reflexion der spezifischen Geschichtlichkeit medienwissenschaftlicher Objekte und Methodologien sowie der jeweils im- und expliziten Vorstellungen vom Verhältnis des Mediums bzw. von Medialität zu Technik, Natur, (Um-)Welt, Gesellschaft und Mensch heraus.

In der Beschäftigung mit Naturwissenschaften der letzten Jahrzehnte können verschiedene Konjunkturen, Interessensverschiebungen und theoretische Umbrüche ausgemacht werden, welche die Generierung von Wissen auf jeweils sehr unterschiedliche Weise fassen. Das Feld verschiebt sich – grob skizziert – von teleologisch-positivistischen Wissenschaftsgeschichten hin zu diskursanalytischen und sozialkonstruktivistischen Ansätzen, die mittlerweile wiederum von einer stärkeren Fokussierung auf Dinghaftigkeit und Materialität sowie ontologische und performative Perspektiven abgelöst werden. Die folgenden Ausführungen setzen an der Debatte um wissenschaftlichen Fortschritt und Objektivität an, um von hier aus die Schwerpunktverlagerungen der Wissenschaftsforschung systematisch darzustellen. Ein Exkurs umreißt ausgehend von den Laborstudien zentrale Themen und Fragestellungen der Wissenschaftsforschung und ihre Anschlusspunkte an die Medienwissenschaft.

Die Wissenschaftsforschung bzw. – mit einem Fokus auf Naturwissenschaft und Technik – die

Science & Technology Studies (STS) sind ein ausgesprochen transdisziplinär angelegtes Feld: Es wird sowohl von Forscher/innen mit einem naturwissenschaftlichen Hintergrund getragen, die sich ihren Feldern aus wissenschaftsforschender Perspektive nähern, als auch von Forscher/innen, die aus anderen Disziplinen heraus das Forschungsfeld Naturwissenschaften im Hinblick auf seine Erkenntnis- und Wissensproduktion analysieren und reflektieren. Insbesondere im angloamerikanischen Raum haben sich die Science & Technology Studies mittlerweile als eigenständige Lehr-Disziplin etabliert, während sie im deutschsprachigen Raum bisher nur als Teilbereich der Geschichte, Soziologie und Philosophie sowie mittlerweile auch der Kulturwissenschaft, Ethnologie und Medienwissenschaft operieren.

Problematisierungen von Fortschritt und Objektivität

Wissenschaftsgeschichte wurde lange Zeit als Fortschrittsgeschichte menschlicher Entdeckungen und Erfindungen geschrieben. In dieser positivistischen Sichtweise auf Naturwissenschaften stehen sich zwei voneinander unabhängige Pole gegenüber: das aktive Forscherindividuum auf der einen Seite und die passive Natur als vom Menschen zu entdeckend und zu formend auf der anderen Seite. Beschrieben findet sich diese Vorstellung von Naturwissenschaften bereits in Francis Bacons Utopie *Neu-Atlantis* (1624), die als ein Gründungstext moderner Wissenschaften gelesen werden kann. Diese Perspektive des Positivismus und Realismus gerät im Zuge der Quantenphysik im ersten Drittel des 20. Jahrhunderts innerhalb der Naturwissenschaften selbst ins Wanken: Im Herzen der Physik – die lange als Leitwissenschaft galt – wird problematisiert, dass jede Messung bereits in die experimentelle Anordnung interveniert und auf diese Weise das Ergebnis der Beobachtung mitbestimmt. Der Beobachter und die Beobachtungssituation erscheinen auf diese Weise als an der Hervorbringung des Beobachteten Mitbeteiligte. Während der Wahrheitsanspruch der Naturwissenschaften sich nun auch in der Physik von den Gesetzmäßigkeiten Newtonscher Physik in das Dispositiv der Statistik und Wahrscheinlichkeit verlagert, wird gleichzeitig die klare Trennung zwischen Beobachtersubjekt und Beobachtungsobjekt obsolet.

Diese radikale erkenntnistheoretische Verschiebung bedeutet eine Möglichkeitsbedingung für eine grundlegende Relativierung des abendländischen Wissenschaftsverständnisses in der Wissenschaftsforschung. Der Immunologe und Wissenschaftstheoretiker Ludwik Fleck – dessen Arbeiten bis in die zweite Hälfte des 20. Jahrhunderts kaum rezipiert wurden – hatte bereits Ende der 1920er Jahre eine Hinterfragung von Fortschrittsdenken, Objektivitäts- und Wahrheitsansprüchen der Naturwissenschaften angeregt, die von den neuen Erkenntnissen in der Quantenphysik dezidiert inspiriert war (vgl. Fleck 1929/1983). Viel zitierter und diskutierter Wendepunkt der Science & Technology Studies wurden allerdings erst die Fallstudien des US-amerikanischen Physikers und Wissenschaftsphilosophen Thomas S. Kuhn (1962/1967), der in den 1960er Jahren – sich im Vorwort nur kurz auf Fleck beziehend – den Fortschrittsglauben in der Geschichte der Wissenschaften durch seine Theorie revolutionärer Wendungen bzw. Umwälzungen grundlegend problematisiert. In seinem Ansatz der ›Paradigmenwechsel‹ entwirft Kuhn ein Modell periodischer Abläufe in der Wissenschaft, die vom Stadium der ›Normalwissenschaft‹ über eine ›Krise‹ und revolutionäre Wendung hin zu einem neuen ›Paradigma‹ und neuem Stadium von ›Normalwissenschaft‹ führen. Von hier aus nehmen laut Ian Hacking auch die Konjunkturen des Paradigmabegriffs bis heute ihren Lauf (vgl. Hacking 1996, 28). Kuhns vieldeutiges Modell des Paradigmas und die Problematik seiner Übertragbarkeit in andere Disziplinen sind viel kritisiert worden, sein starrer Entwurf einer periodischen Ablösung des jeweils gültigen Wissens gilt inzwischen als überholt. Dessen ungeachtet liegt seine Bedeutung jedoch darin, die Vorstellungen von einem kontinuierlichen linearen Voranschreiten der Naturwissenschaften erschüttert und ein neues Verständnis von der Entwicklung der Wissenschaften ermöglicht zu haben.

Für die Wissenschaftsforschung implizierte diese Konzeption eine ›Historisierung‹ von Wissen, welche die Vorstellung eines linearen wissenschaftlichen Fortschritts mit einem sich beständig vermehrenden Wissensbestand, dessen Summe sich gleichsam teleologisch dem Fluchtpunkt der Allwissenheit nähert, problematisiert. Demgegenüber wird nun fokussiert, inwiefern ein solches Fortschrittsdenken den jeweils aktuellen Standpunkt der Forschung und den gegenwärtigen Stand des Wissens auf frühere Wissensbestände derart rückprojiziert, dass diese als rückständig und falsch erscheinen. Mit der Historisierung von Wissen wird aber nicht nur dieser Prozess der Projektion unterbrochen, sondern gleicher-

maßen eine Entuniversalisierung und Entuniformisierung der Naturwissenschaften vorgenommen.

Der naturwissenschaftliche Anspruch auf Objektivität und Universalität wird seit den späten 1970er Jahren insbesondere durch die feministische Wissenschaftsforschung grundlegend in Frage gestellt. Wissenschaftskritische Arbeiten weisen mit Bezugnahme auf die Kategorie ›Geschlecht‹ auf die spezifische Situiertheit des Wissenschaftlersubjekts, auf die Standortgebundenheit des entstehenden Wissens sowie die gesellschaftlich-kulturellen Kontexte der Wissensproduktion hin. Standpunkttheorien (vgl. Harding 1986/1990) und Fragen der Situiertheit des Wissens (vgl. Haraway 1988/1995) in der feministischen Wissenschaftsforschung und der Wissenschaftsphilosophie betonen die soziale und kulturelle Gebundenheit wissenschaftlichen Wissens (s. Kap. IV.25). In diesem Zusammenhang werden auch zentrale Kategorien der wissenschaftlichen Selbstbeschreibung wie Rationalität, Objektivität oder Wertneutralität historisch und sozial verortet. In den Blick geraten auf diese Weise bereits die sozialen Gefüge, in denen Wissen jeweils entsteht, die weit verzweigten Netzwerke, durch die Wissen sich verbreitet sowie die Machtbeziehungen, die für die Universalisierung von Wissen konstitutiv werden. Pointiert nimmt Donna Haraway in ihrem einflussreich gewordenen Text »Situiertes Wissen« (1988/1995) die Ideologie wissenschaftlicher Objektivität im Hinblick auf die Verschaltung wissenschaftlicher Großinstitutionen mit militärischen und kolonialistischen Bestrebungen sowie weißer hegemonialer Männlichkeit in den Blick. Die Radikalität von Haraways Objektivitätskritik spiegelt sich im essayistischen und manifestartigen Stil ihrer kritischen Praxis des Schreibens: Statt einer einfachen Negation fordert sie unter Bezugnahme auf poststrukturalistisch-dekonstruktivistische Ansätze dezidiert den partikularen Blick verkörperter feministischer Subjekte.

Historisierend statt kritisierend nähern sich die Wissenschaftshistoriker/innen Lorraine Daston und Peter Galison dem Thema wissenschaftlicher Objektivität an. Der Blick in die Geschichte der Naturwissenschaften zeige, dass die heutige Vorstellung von Objektivität keineswegs von Beginn an im wissenschaftlichen Denken verankert oder durch die Jahrhunderte immer gleich geblieben sei (vgl. Daston/Galison 2007). In ihrer historischen Studie beschreiben Daston und Galison verschiedene Konzeptionen von Objektivität und deren Gegenüberstellung zu Subjektivität in Naturwissenschaften und Philosophie. Sie zeigen, wie sich Objektivitätskonzeptionen – die sie als jeweils zeitgenössische ›wissenschaftliche Tugenden‹ fassen – historisch spezifiziert und ausdifferenziert haben. Besondere Aufmerksamkeit richten sie dabei auf die sogenannte ›mechanische Objektivität‹, die sich im Zuge einer »Moralisierung der Objektivität« im 19. Jahrhundert herausgebildet und das Prinzip der ›Naturtreue‹ abgelöst habe (Daston/Galison 2002, 30). Die mechanische Objektivität erscheint dabei als ›nicht-intervenierende Objektivität‹, in der dem Wissenschaftler Selbstdisziplin, Zurückhaltung und Askese abverlangt werden. In einer früheren Kurzfassung zum 2007 erschienen Band *Objektivität* untersuchen Daston/Galison bereits die enge Verbindung ›mechanischer Objektivität‹ mit dem zunehmenden Einsatz von technischen Medien der Aufzeichnung, insbesondere der Fotografie: Medien erscheinen hier als Mittler, die wissenschaftliche Erkenntnisse vor der Subjektivität des Forschers ›bewahren‹, denn: »Interpretation, Selektivität, Kunst und das Urteilsvermögen selbst begannen alle als subjektive Versuchungen zu gelten, die mechanischen oder technischen Schutz erforderlich machten« (Daston/Galison 2002, 57). Im besten Falle schreiben sich die Objekte nunmehr ganz unabhängig vom Forscher selbst – entsprechend der Vorstellung vom Abbildrealismus der Fotografie, den William Fox Talbots Titel *Pencil of Nature* (1844–1846) artikuliert. Diese Betrachtungsweise der Fotografie birgt Potential für die fotografiehistorische Forschung (s. Kap. II.10) und ist in der medienwissenschaftlichen Beschäftigung mit den Visualisierungsmedien in der Wissensproduktion aufgenommen worden.

Während Haraways Einsatz zum Thema Objektivität auf eine radikale Kritik aktueller Naturwissenschaften sowie auf neue wissenschaftsforschende Methoden und Praktiken abzielt, eröffnen Daston und Galison mit ihrem sorgfältig historischen Durchdeklinieren verschiedener Objektivitätsweisen ein Verständnis für zeitgebundene Objektivitätsformen: Jede Zeit habe demzufolge ihr eigenes anerkanntes Wissen und ihre eigene Wahrheit, die nicht leichtfertig als unwissenschaftlich, naiv oder rückständig abgetan werden könne. Der verstörenden Radikalität Haraways wird auf diese Weise freilich die Spitze genommen.

Die mit Haraway und Daston/Galison umrissenen grundlegenden Problematisierungen von Objektivität in den Wissenschaften bieten zentrale Anschlusspunkte an aktuelle medienwissenschaftliche Perspektiven, welche die grundlegende mediale Vermitteltheit und kulturelle Gebundenheit von Wissen in den Blick nehmen. Medienwissenschaftlich reformuliert: Während Haraway die semiotischen und materiellen Hybridisierungen von medialen, technischen, sozialen und historischen Prozessen herausarbeitet, beschäftigen sich Daston und Galison am Beispiel von Zeichnung und Fotografie mit dem Einsatz von Einzelmedien in Naturwissenschaften und Medizin und den damit je verbundenen Zuschreibungen.

Zum Sozialen der Naturwissenschaft

Vor dem Hintergrund von Flecks und Kuhns Problematisierungen eines teleologischen Wissenschaftsverständnisses sowie der Überlegungen zur Situiertheit naturwissenschaftlichen Wissens wird nicht nur eine Historisierung des Wissens vorgenommen, sondern auch seine soziale Verortung. Das Soziale der Wissenschaft gerät bereits bei Ludwik Fleck (1929/1983; 1935/1980) in den Fokus, der als Naturwissenschaftler gleichermaßen historische und sozialwissenschaftliche Naturwissenschaftsstudien betreibt. In den 1930er Jahren betont er mit den Begriffen des ›Denkstils‹ und ›Denkkollektivs‹ den kollektiven Charakter von Wissenschaft. Nicht nur fließen in den ›Denkstil‹ eines ›wissenschaftlichen Kollektivs‹ soziale Faktoren mit ein, sondern die Erkenntnisverfahren selbst werden als soziale Aushandlungsprozesse verstanden – darauf verweist später insbesondere Karin Knorr-Cetina (1981/ 1991). In diesen Konzeptionen wird die Annahme eines voraussetzungslosen Betrachtens negiert, jede wissenschaftliche Praxis erscheint vielmehr als durch und durch soziale Tätigkeit. Wandlungen in Denkstilen geschehen laut Fleck zudem nicht in revolutionären Brüchen (wie Kuhn formuliert), sondern eher unauffällig und ›unter der Hand‹. Der Forschungsgang wird bei Fleck beschrieben als Zick-Zack-Linie, als von Zufällen, Irrwegen und Irrtümern gekennzeichnet.

In den späten 1960er, frühen 1970er Jahren wenden sich die Sozialwissenschaften den Naturwissenschaften als Untersuchungsfeld zu: Ausgehend von der ›Edinburgh School‹ um David Bloor und andere beginnt sich die Ausrichtung ›Sociology of Scientific Knowledge‹ (SSK) zu etablieren, die mit dem sogenannten *Strong Programme* auch die Naturwissenschaften als durch und durch sozial fundiert zu begreifen sucht. Postuliert wird ein wissenschaftstheoretisches und methodologisches ›Symmetrieprinzip‹, in dessen Zuge nunmehr Naturwissenschaften wie andere gesellschaftliche Bereiche auch im Hinblick auf ihre sozialen Dimensionen untersucht werden. David Bloor etwa analysiert an der britischen Debatte des 17. Jahrhunderts, ob Materie als belebt oder unbelebt zu gelten habe, inwiefern Erkenntnisse und Klassifikationen entsprechend der jeweiligen sozialen und politischen Interessen der Akteure angeordnet wurden (vgl. Bloor 1976). Es geht Bloor hierbei nicht um den Nachweis bewusster Manipulation oder Fälschung von Forschungsergebnissen; seine These ist vielmehr, dass jedes Wissen durch soziale und politische Faktoren mitbestimmt ist.

Weitere Stoßrichtung des Symmetrieprinzips ist eine methodologische Kritik an bisherigen Wissenschaftsforschungen, in denen ausschließlich wissenschaftliche Fehler, Irrtümer, Revidierungen usw. im Hinblick auf ihre sozialen Bedingungen in den Blick genommen werden, nicht jedoch die für wahr befundenen Erkenntnisse. In einer solchen Unterteilung von Wissenschaft und Ideologie stehe Wissenschaft immer auf der Seite des ›Wahren‹ (die Natur selbst gilt als Erklärungsprinzip für Wahrheit), während Irrtümer, Fehler usw. nur durch Ideologie zustande gekommen sein können (die Gesellschaft gilt als Erklärungsgrundlage für Fehler). Solchen Konzeptionen wirft Bloor Asymmetrie in ihren Begründungszusammenhängen vor und plädiert demgegenüber mittels des Symmetrieprinzips dafür, Irrtum und Wahrheit mit *denselben* Mitteln zu erklären: Nicht nur die Fehler/Irrtümer usw. seien als gesellschaftliche zu begreifen, während das Wahre sich quasi (von) selbst erkläre. Vielmehr sei auch das Wahre erklärungsbedürftig, und zwar nicht durch die Natur, sondern ebenfalls gesellschaftlich/kulturell/sozial. Der Fokus des für die STS einflussreich gewordenen *Strong Programmes* der Edinburgh School bedeutet also: Die Natur begründet weder Wahrheit noch Falschheit, vielmehr sind sowohl wissenschaftliche Erkenntnis als auch Irrwege durch ›die Gesellschaft‹, durch das Soziale zu erklären. Diese ›symmetrische‹ Zugangsweise zu sowohl ›klassisch‹ sozialwissenschaftlichen Gegenstandsbereichen als auch den Naturwissenschaften verwirft die ›realistische‹ Perspektive. Dabei gerät allerdings die Materialität von Forschungsprozessen und ›Natur‹ in ihren potentiellen Eigendynamiken aus dem Blick.

Die Berücksichtigung der sozialen Bedingungen, Strukturen und Konsequenzen wissenschaftlichen Arbeitens wurde nicht nur im Feld der Soziologie angeregt aufgenommen. Die Perspektive auf das Soziale der Wissenschaften erwies sich zudem als anschlussfähig an konstruktivistische und diskursanalytische Ansätze im Zuge strukturalistischer Denkweisen der 1960er und 1970er Jahre, wie sie auch für die Literatur-, Film- und später die Medienwissenschaft grundlegend wurden: In den Blick gerieten die Konstruiertheit von Wissen, die semiotisch-textuelle Dimension der Erkenntnisproduktion, die Einschreibung von Geschlechterdifferenzen und die Artikulation von Machtstrukturen.

Michel Foucaults Studien zur Genealogie und Archäologie – v. a. das zum Modell von Macht und Wissen ausformulierte Benthamsche Panoptikon (vgl. Foucault 1976/1994) – und ihre Rezeption in der Wissenschaftstheorie markieren einen Wendepunkt der Epistemologie hin zu einer Beschäftigung mit den Macht- und Wissenseffekten auch räumlicher Strukturen. Der Fokus auf das strukturierende und konfigurierende Potential der Benthamschen Gefängnisarchitektur stellt eine Verbindung zwischen der Strukturierung von Raum und einer Ordnung der Sichtbarkeit her. Dieses »panoptische Prinzip« (ebd., 277) durchzieht laut Foucault als Strukturprinzip der Disziplinarmacht die gesamte Gesellschaft. Foucault bezieht die Produktivität dieses Prinzips auch auf die Funktionsweise der Naturwissenschaften und verbindet es neben anderen mit dem spezifischen Ort des Labors als einem panoptischen Modell. Benannt werden in diesem Zuge sowohl die panoptischen Strukturen des Labors und der naturwissenschaftlichen Forschung als auch die Ausweitung des Labors in die Gesellschaft: »Das Panopticon funktioniert als eine Art Laboratorium der Macht« (ebd., 263).

Während mit der Rezeption Foucaults in der Medien- und Kulturwissenschaft eine Beschäftigung mit dem Verhältnis von Macht, Wissen und Diskurs verbunden ist, die von historischen und zeitgenössischen Archivmaterialien ausgeht, wendet sich die Naturwissenschaftsforschung ab Ende der 1970er Jahre den ›Praktiken‹ der Wissenschaft zu. Das zeitgenössische Labor wird in diesem Zusammenhang zum Hauptfokus der Sciences & Technology Studies, an dem wissenschaftliche Praktiken unmittelbar untersucht werden können. Das Labor wird hierbei als der zentrale Ort der Wissensproduktion ausgemacht, der heute allenfalls durch den Computer übertroffen wird. Karin Knorr-Cetina, Bruno Latour, Steve Woolgar u. a. begleiten in einer Reihe von Vorhaben Naturwissenschaftler/innen im Labor und studieren dabei konkret und en détail, wie in der naturwissenschaftlichen Praxis Wissen hergestellt wird. Sie unternehmen ihre Laborstudien als ethnographische Studien ›naturwissenschaftlicher Kulturen‹ und visieren die ›Praxis‹ Wissenschaft an: »Science in Action« (Latour 1987; s. Kap. IV.4). Dabei entstehen umfangreiche Analysen verschiedenster Labore und der dort situierten Praktiken und Prozesse der Wissensgenerierung; in diesem Zusammenhang setzt auch eine verstärkte Rezeption der Arbeiten Flecks ein. Die hier in Gang gesetzte Konjunktur von Laborstudien ist bis heute aktuell und findet ihren Niederschlag auch in medienwissenschaftlichen Arbeiten.

Exkurs: Das Labor

Am Forschungsgegenstand Labor lassen sich Themen, Perspektivverschiebungen und Fragen der aktuellen Wissenschaftsforschung sowie sich im Zusammenhang mit den Laborstudien neu eröffnende Felder exemplarisch skizzieren:

(1) Das Labor steht für eine konkrete *Situierung* der Wissensproduktion. Die Untersuchungen beschäftigen sich sowohl mit den Binnen- wie mit den Außenverhältnissen dieses spezifischen Ortes. Sie richten sich auf die Wissensgenerierung im ›Innen‹ sowie auf die Austauschbeziehungen zwischen dem Labor und seinem ›Außen‹.

(2) Die Beschäftigung mit dem Labor verschiebt den Fokus von der Analyse von Texten, Diskursen, Repräsentationen hin zu den wissenschaftlichen *Praktiken* – damit verbunden ist ein Interesse für das Prozessuale naturwissenschaftlicher Forschung. Naturwissenschaften werden in diesem Zusammenhang als spezifische ›Kultur‹ begriffen, der sich wie einer ›fremden Kultur‹ zu nähern sei. Die Verfahren der Laborstudien werden demzufolge in methodischer Anlehnung an Ethnographie und Kulturanthropologie entwickelt: Laborforschungen operieren methodologisch als Laborethnographien.

(3) In einem solchermaßen geschulten Blick auf das Labor wird die *Kollektivität* wissenschaftlicher Forschung anvisiert: Fortwährend finden Verhandlungen über die Auswertung von Ergebnissen, die Konzeption von Experimenten sowie das weitere Vorgehen statt. Während die Frage nach den Verständigungsweisen im Labor u. a. mit Bezugnahme auf Flecks Konzept des Denkstils beschrieben werden kann, bietet die Frage nach der interdisziplinären Kommunikation zwischen heterogenen sozialen Gruppen in der arbeitsteiligen Welt der Naturwissenschaften Anschluss an das Konzept der »boun-

dary objects«, deren Produktivität und interdisziplinäre Anschlussfähigkeit gerade durch eine Offenheit der Begrifflichkeit und Konzepte gewährleistet wird (Star/Griesemer 1999).

(4) Die Beobachtungen und Analysen von Laborpraktiken führen zudem zur wissenschaftstheoretischen Betonung des *Ereignishaften* naturwissenschaftlicher Forschung, der grundsätzlichen Offenheit des Experimentierens, des Bastelns, der Bricolage bzw. des Tinkering sowie des Zirkulären und Arbiträren der Wissensgenese.

(5) Die im Labor untersuchte *Natur* unterscheidet sich eklatant von der ›Natur‹ außerhalb des Labors, insofern erstere für das Labor isoliert und präpariert, also grundlegend transformiert wird. Zugleich gerät auch die Dinghaftigkeit und Materialität der verwendeten Objekte und Geräte in den Blick. Vor diesem Hintergrund steht die Frage nach dem Verhältnis von Konstruktivismus und Positivismus, von ›Kultur‹ und ›Natur‹ erneut zur Debatte.

(6) Als ein zentrales Verfahren des Labors wird die Herstellung von *Inskriptionen* ausgemacht, d. h. von Aufzeichnungen, die nach bestimmten Regeln in andere Aufzeichnungen transformiert werden können. Dies gilt sowohl mit Blick auf die Ersetzung bzw. ›Reduktion‹ des Dinglichen als auch mit Bezug auf ›Verschmelzungen‹ mit dem Dinglichen etwa im Präparat. In den Blick gerät, dass im Labor insbesondere mit den durch Aufzeichnungsapparaturen hergestellten ›Spuren‹ von ›Natur‹, ihren graphematischen Evidenzen oder Einschreibungen gearbeitet wird. Bruno Latour entwirft in diesem Zusammenhang einen Ansatz zu einem Neuverständnis naturwissenschaftlicher Referenz, die erst innerhalb eines Systems lückenlos aufeinander bezogener Inskriptionen – Inskriptionsketten – entstehe (vgl. Latour 2006b; 1996b).

(7) Mit der Herstellung von Inskriptionen als ›unveränderliche Bewegliche‹ (*immutable mobiles*), deren Bedeutungsgehalt über weite Strecken konstant bleibt, ist darüber hinaus ein Moment räumlicher wie zeitlicher Mobilität und Transportabilität angesprochen, das als Möglichkeitsbedingung zu einer Ausweitung des Labormodells in die Gesellschaft gelten kann. Maßgebend ist auch hier Latour, der unter dem ironischen Titel »Gebt mir ein Labor und ich werde die Welt aus den Angeln heben« (Latour 2006a) die ›Verrückungen‹ und ›Übersetzungen‹ zwischen verschiedenen Orten inner- und außerhalb des Labors im Zuge der Laborpraxis beschreibt. Programmatisch wird das Labor als ›Hebel‹ (*lever*) verstanden, der geläufige Dichotomien zwischen In-

nen und Außen, zwischen Mikro- und Makroperspektiven destabilisiert und Handlungshierarchien invertiert.

(8) Mit der Ausdehnung der Laborsituation, ihrer Bedingungen und Strukturen in die gesamte Gesellschaft – »transforming society to a vast laboratoy« (Latour 2006a, 166) – ist zudem die grundlegende *Strukturierung* der Welt nach gleichmäßigen Konstanten und Skalen angesprochen, wie sie v. a. in wissenschaftshistorischen Untersuchungen zur Herausbildung statistischer Verfahren beschrieben werden: Die Konstruktion von Äquivalenzräumen durch die Vereinheitlichung von Längen- und Volumenmaßen, Zeit- und Gewichtseinheiten usw. wird zur Möglichkeitsbedingung für die daran ansetzende mathematisch-statistische Wissensproduktion und ihre eigentümlichen sozialen Räume der Vergleichbarkeit und Verrechenbarkeit erhobener Daten (vgl. Porter 1986). Alain Desrosières (2005, 37) beschreibt einen solchen Prozess für die sogenannte »Adunation« Frankreichs als »die gewollte Vereinheitlichung der Bezugssysteme«.

(9) Mit den Standardisierungen geraten – auch außerhalb der Laborforschung – Fragen von *Kategorisierung* und *Archivierung* in den Fokus der Aufmerksamkeit (vgl. Bowker/Star 1999). Neben erkenntnistheoretischen und wissenschaftstheoretischen Fragen, welche die Vorbedingungen jeglichen Wissens in den naturwissenschaftlichen Methoden selbst verorten (vgl. Böhme 1993), öffnet sich das Forschungsfeld hier zudem in Richtung Datenbanken, Algorithmen, Hard- und Software als auch zu den Feldern Archivierung und Speicherungen von Präparaten in Biobanken. Der Fokus der Wissenschaftsforschung verschiebt sich vor diesem Hintergrund derzeit verstärkt zu Fragen von Infrastrukturen und hochgradig verteilten Netzwerken wissenschaftlicher Forschung.

Diese Aspekte der Laborforschung haben vielfältige Bezugspunkte zu medienwissenschaftlichen Fragestellungen und sind in mehrerlei Hinsicht produktiv aufgegriffen worden: Das Moment der *Situierung* der Wissensproduktion und den Innen-Außen-Verhältnissen etwa spielt in Untersuchungen von massenmedialen Popularisierungen von Naturwissenschaften eine – wenn auch nicht immer explizierte – Rolle. Die Aufmerksamkeit für die *Praktiken* hat auch das in der Medienwissenschaft berücksichtigte Material über Diskurse und Techniken hinaus erweitert: Interviews und Laborethnographien im weitesten Sinne finden sich z. B. in medienwissenschaftlichen Forschungen zu naturwissenschaftli-

chen Visualisierungsprozeduren. In diesem Zusammenhang ist insbesondere Latours Konzept der *Inskriptionen* mit Blick auf ein neues Konzept von Referenz jenseits von Realismus und Konstruktivismus rezipiert worden. Interferenzen finden sich hier zudem zu medienwissenschaftlichen Fragestellungen wie etwa der Technik- und Mediengeschichte von Aufzeichnungsapparaturen über Wissenschaftstheorien des Präparats zwischen Inskription und Ding bis hin zu Medienphilosophien der Schriftbildlichkeit. Von hier aus eröffnet sich das Forschungsfeld zu Fragen epistemischer Bilder und bildgebender Verfahren der Medizin und Naturwissenschaften sowie zu Debatten um Graphematik und Diagrammatik (s. Kap. III.2) und dem gesamten Feld der Bildwissenschaften. Das medienwissenschaftliche Paradigma einer medialen Vermitteltheit von Welt ist in diesem Zusammenhang mit der Perspektive auf die im Labor als grundlegend transformiert erscheinende *Natur* verbindbar.

Medientechnologische, -historische und -systematische Forschungen zur Konstitution, Erschließung und *Strukturierungen* von Raum sowie die Beschäftigung mit *Kategorisierungen* und Standardisierungen finden dabei schon lange in einem unscharfen Grenzfeld zwischen Science & Technology Studies und Kultur-/Medienwissenschaft statt, während das relativ junge Interesse der Wissenschaftsforschung für Fragen des Archivs und der Datenbank wiederum durch medienwissenschaftliche Forschungen inspiriert scheint.

Mit den Aspekten der *Ereignishaftigkeit* und dem *Status von Natur* sind zudem zwei im Zuge der Laborforschung initiierte epistemologische Umbrüche in der Wissenschaftsforschung angesprochen, die als wesentlicher Antrieb für die Annäherungen medienwissenschaftlicher und wissenschaftsforschender Perspektiven ausgemacht werden können: ein neues Verständnis von den Dingen (v. a. ›der Natur‹) zwischen Konstruktivismus und Realismus sowie eine Ereignishaftmachung naturwissenschaftlicher Wissensgenese im Anschluss an ein dekonstruktivistisches Denken (s. Kap. II.2).

Die Handlungsmacht der Dinge

Während die frühen Laborstudien ganz im Sinne von Knorr-Cetinas Buchtitel *Die Fabrikation von Erkenntnis* (1981/1991) einer eher konstruktivistischen Perspektive folgen, gerät seit den späten 1980er Jahren im Zuge der Laborethnographien die dingliche und materielle Seite von Forschungsprozessen stärker in den Blick. Gerade die Analyse von Laborpraktiken legte nahe, die strukturalistische Geschiedenheit von Kultur und Natur in Zweifel zu ziehen. Der französische Wissenschaftssoziologe Bruno Latour etwa, in den 1970er Jahren selbst an einflussreichen sozialkonstruktivistischen Laborstudien beteiligt (vgl. Latour/Woolgar 1979), tritt seit den 1990er Jahren als Umdenker der gesamten wissenschaftsforschenden Tradition auf. Auch außerhalb der Laborethnographien stellen insbesondere die Arbeiten Donna Haraways, einer maßgeblichen Denkerin des Posthumanismus, die Gegenüberstellungen von natürlichen, technischen, sozialen und diskursiven Dingen in Frage. Mit Bezugnahme auf Entwicklungen in der Kommunikations- und Biotechnologie entwirft Haraway (1985) mit der Figur ›der Cyborg‹ einen ironischen technopolitischen, dekonstruktivistischen und gleichermaßen sozialistisch-materialistischen Mythos, der sich gegen die zentralen abendländischen Dichotomien Natur/Kultur, Mensch/Tier, Organismus/Maschine sowie Physikalisches/Nichtphysikalisches wendet.

Zur gleichen Zeit und in gegenseitiger Bezugnahme wird von Bruno Latour, John Law, Michel Callon, Madeleine Akrich u. a. der Ansatz der Akteur-Netzwerk-Theorie (ANT) kollektiv entwickelt, der in Abgrenzung zum Positivismus wie gleichermaßen zum Konstruktivismus den Dingen in der Wissenschaftsforschung wieder einen Platz zu verschaffen sucht. Programmatisch fordert Latour (1991/1995) unter kritischer Bezugnahme auf Bloor eine »verallgemeinerte symmetrische Anthropologie«, die Gesellschaft und Natur gleichermaßen in den Blick nimmt und einer methodischen Gleichbehandlung ›menschlicher‹ wie ›nicht-menschlicher‹ Wesen‹ folgt. In Callons viel beachteter Fallstudie über die »Domestikation der Kammmuscheln und der Fischer der St. Brieuc-Bucht« (1986/2006) wird dieser Zugang modellhaft reflektiert. In seiner Analyse skizziert Callon, wie die Forscher, die Fischer, aber auch die Kammmuscheln selbst als Aktanten in einem Netzwerk der ›Problematisierung‹, des ›Interessements‹, des ›Enrolments‹ und der ›Mobilisierung‹ verstrickt werden und allesamt durch einen sogenannten *obligatory passage point* hindurchmüssen, um sich überhaupt erst zu einem produktiven Netzwerk zu verbinden.

In den bei Callon angerissenen Möglichkeiten des Scheiterns – die Rede ist von Dissidenz, Verrat, Betrug, Kontroversen und stillem Meutern, das die Konfiguration und das Funktionieren der Netzwerke jederzeit unterlaufen kann – ist eine Figur angelegt, die bei John Law explizit als ›Widerstand‹ ausbuchstabiert wird: Die Konstitution eines Netzwerks generiert einen Widerstand der menschlichen wie nicht-menschlichen Elemente, der überwunden werden muss (vgl. Law 2006). Während Latours Formulierungen den Dingen selbst eine Handlungsmacht (*agency*) zuzusprechen scheinen, kann Widerstand bei Law weniger als ontologische Zuschreibung denn als durch das Netzwerk selbst erst erzeugt verstanden werden. Im Gegensatz zu Latours Abgrenzungen gegen Marxismus, Epistemologie, Strukturalismus und Poststrukturalismus bemüht sich Law dabei um einen Anschluss an machttheoretische Reflexionen der Gender und Postcolonial Studies (s. Kap. IV.25 und IV.24).

Eine vornehmliche Brisanz des Akteur-Netzwerk-Theorie-Ansatzes liegt darin, auch Dinge, Natur und Technik als Aktanten mit einem gewissen ›Eigensinn‹, als sogenannte ›nicht-menschliche Wesen‹ in die wissenschaftsforschende Analyse einzubeziehen – Latour geht sogar so weit, ein *Parlament der Dinge* (2001) zu fordern, in dem menschlichen wie nicht-menschlichen Aktanten gleiche Rechte zugesprochen werden. Am Beispiel von Louis Pasteurs Entdeckung/Erfindung/Konstruktion des Milchsäureferments im 19. Jahrhundert formuliert Latour (2002, 345): »Laborwissenschaftler machen autonome Fakten«. Latour entwirft hier das Konzept eines *fait-faire*: Pasteur ermögliche in seinen Experimenten dem Milchsäureferment, selbst zu reagieren, zu ›beben‹ und als Ferment zu agieren. Er schaffe auf diese Weise die Möglichkeit, dass sich das Ferment als solches überhaupt erst ›ereignen‹ könne. Im Zuge dieser Transformation finde aber nicht nur eine Umwandlung dieses Substrats, sondern der gesamten Konstellation von Forscher, Laboratorium, Académie Française usw. statt. Die im Reagenzglas des Naturwissenschaftlers vor sich gehenden Dinge und Reaktionen, aber z. B. auch das »Ozonloch« – so ein oft zitiertes Beispiel Latours – seien dann weder einfache Naturvorgänge noch rein gesellschaftliche Konstruktionen, noch Repräsentationen. Sie werden vielmehr als Netzwerke begriffen, als ›hybride Gebilde‹ im Dazwischen von chemischen, physikalischen, diskursiven, experimentellen Anordnungen, denen eine grundlegende Geschichtlichkeit zu eigen ist.

Während insbesondere seine polemische Schreibweise Latour mancherorts den Vorwurf einer Re-ontologisierung der Dinge/Phänomene einträgt, ist mit dem Ansatz der Aktanten-Netzwerke eine spezifische Weise der Zeitlichkeit verbunden, die einer einfachen vorgängigen Seinsweise der Dinge entgegensteht: Die Dinge werden durch und in den Netzwerken erst zu dem, als was sie agieren. Die Gegenstände sind also nicht einfach gegeben, sondern konfigurieren sich erst in einem komplexen Interaktionsfeld. Ein Skandalon der Akteur-Netzwerk-Theorie liegt daher in der Annahme einer grundlegenden Geschichtlichkeit und Relationalität, welche die Transformationen eines ganzen Wissensfeldes, des Forschungskontextes, aller Aktanten, und eben auch eine ›Geschichtlichkeit der Dinge selbst‹ umfasst. Diese unterliegt im Zuge einer Naturalisierung der Dinge einer eigentümlichen paradoxalen zeitlichen Struktur, denn: »Sobald Pasteur es im Jahre 1857 entdeckt hat, ist das Milchsäureferment immer schon dagewesen« (Latour 1996a, 95).

Die Konzeption der Akteur-Netzwerk-Theorie beinhaltet konstitutiv Aspekte der Unvorhersehbarkeit, die in die Frage der Wissensproduktion, aber auch der technischen Konzepte und Planungen bzw. Planbarkeit eine grundlegende Offenheit und Unsicherheit einführen. Allerdings wird diese Ereignishaftigkeit naturwissenschaftlicher Erkenntnisprozesse in der Akteur-Netzwerk-Theorie nicht besonders betont oder gar wissenschaftstheoretisch ausgearbeitet.

Die Akteur-Netzwerk-Theorie gehört zu den in der Medienwissenschaft am intensivsten rezipierten Ansätzen der Science & Technology Studies und hat erheblichen Anteil an der Konvergenz beider Bereiche (s. Kap. II.15). Die Schnittstelle beider Felder hat sich in den letzten Jahren als medienwissenschaftliche Forschungsrichtung etabliert und neue medientheoretische und methodologische Perspektiven jenseits von Technikdeterminismus und Konstruktivismus inspiriert.

Experimentalisierung und Ereignishaftigkeit

Mit der Rezeption kulturwissenschaftlicher, literaturtheoretischer und philosophischer Perspektiven ist die Wissenschaftsforschung im Umfeld von Hans-Jörg Rheinberger verbunden, die seit den 1990er Jahren den Fokus auf die Experimentalisierung der Wissenschaften legt. Rheinberger, Biochemiker und Wissenschaftsforscher sowie neben Hanns Zischler Übersetzer der *Grammatologie* von Jacques Derrida (dt. 1983), fasst ebenfalls das eigentümlich paradoxale Moment der Geschichtlichkeit der Dinge ins Auge. Mit Rheinberger beginnt in der Wissenschafts- und Technikforschung die analytische Hinwendung zum Experiment, das bereits bei Bacon als zentrale Technik des Zugangs zur Welt beschrieben wird. Mit dem Konzept der »Experimentalsysteme« werden die im Labor situierten »kleinste[n] funktionelle[n] Einheiten der Forschung« auf ihre spezifische epistemische Struktur und Produktionsweise untersucht (Rheinberger 1992, 25). Programmatisch und ähnlich wie in der Akteur-Netzwerk-Theorie wird dabei eine Amalgamierung von »Forschungsobjekt, Theorie, Experimentalanordnung, Instrumente[n] sowie disziplinäre[n], institutionelle[n] und soziale[n] Dispositive[n]« (Rheinberger/Hagner 1993, 9) konstatiert. Die Bezugnahme auf Foucaults Dispositiv-Begriff verdankt sich hierbei einer produktiven Verbindung der Wissenschaftsforschung mit poststrukturalistischen Ansätzen aus Geistes- und Kulturwissenschaften. Rheinberger beschreibt mit Referenz auf Derrida eine Ereignishaftigkeit (in) der Wissensproduktion, die den Gedanken des planvollen kontinuierlichen Wissenszuwachses durch das Unvorhergesehene und Unvorwegnehmbare des Experiments durchkreuzt. Gleichzeitig gerät dabei die Brüchigkeit, Arbitrarität und Heterogenität der Prozesse der Wissensgenerierung in den Blick.

Unter Bezugnahme auf Ludwik Fleck und François Jacob stellt Rheinberger das Experiment als »eine Maschine zur Herstellung von Zukunft« (François Jacob nach Rheinberger 1992, 25) und als »Vorrichtung zur Materialisierung von Fragen« (ebd., 25) dar. Ihre ›Zweckmäßigkeit‹ geht daher mit einer notwendigen Offenheit einher. Vor dem Hintergrund seiner Analysen der Wissensproduktion in Experimentalsystemen formuliert Rheinberger eine grundlegende Einsicht in die epistemische Struktur naturwissenschaftlicher Wissensproduktion und konstatiert, dass »Unvorhersehbarkeit […] zur Natur des Wagnisses Wissenschaft« gehöre (ebd., 52). Diese Akzentuierung der Unvorhersehbarkeit unterläuft die Annahme einer geradlinig und zielgerichtet arbeitenden Forschung. Betont werden demgegenüber Verfahren empirischen Umherirrens und blinder Taktik, in der unerwartet Überschuss produziert werde, »der jenseits dessen liegt, was man gewollt hat, ja was man überhaupt hat wollen können« (ebd., 18 f.). Rheinberger beschreibt daher die Produktivitätserfordernis für Experimentalsysteme als Spannungsfeld gleichzeitiger »ausreichende[r] reproduktive[r] Stabilität und der ausreichenden Durchlässigkeit für den Einbruch des Unvorhergesehenen« (ebd., 55). Im hierdurch ermöglichten Ereignis – dem ›Einbruch des Unvorhergesehenen‹ – verortet

Rheinberger die Quelle für das Neue in der Wissenschaft. Mit Bezug auf Derridas Begriff der *différance* rekonstruiert er naturwissenschaftliche Prozesse als ›differentielle Reproduktion‹. Mitten im Zentrum naturwissenschaftlicher Wissensgenerierung entdeckt Rheinberger auf diese Weise das Walten der von Jacques Derrida skizzierten Arbeitsweise der Dekonstruktion, in der die Dinge in einer Struktur der Historialität und Nachträglichkeit verortet sind. Exemplarisch vorgeführt wird das in seiner Untersuchung *Experimentalsysteme und epistemische Dinge*, in der er eine Fallstudie zur »Proteinsynthese im Reagenzglas« mit wissenschaftstheoretischen Reflexionen verbindet (Rheinberger 2001a).

Rheinberger präsentiert in diesem Zusammentreffen von Science Studies mit dem philosophischen und schrifttheoretischen Ansatz Derridas eine bemerkenswerte interdisziplinäre Verbindung scheinbar weit auseinanderliegender Perspektiven: Während in der naturwissenschaftlichen Praxis eine Eigendynamik sichtbar wird, die bisher für literarische und philosophische Texte in Anschlag gebracht wurde, wird der am Medium der Schrift entworfene *différance*-Begriff mit Blick auf hybride und materielle Netzwerke unterschiedlichster Aktanten erweitert. Denn trotz der Bezugnahme auf einen textwissenschaftlichen Theorie-Background interessieren sich Rheinbergers Forschungen dezidiert für die Ebene der Materialität naturwissenschaftlicher Wissensgenerierung. Er unternimmt eine »Biographie« bzw. »Genealogie der Objekte« (ebd., 10), in der diese – wie etwa Präparate – eigentümliche Hybride zwischen Materialität und Inskription gleichermaßen sein können. Zentral in diesem Blick auf die Dinge ist seine Unterscheidung zwischen ›epistemischen‹ und ›technischen Dingen‹ (vgl. ebd., 24–30): Erstere sind Dinge in einer Unbestimmtheit, über die nicht nur Wissen generiert wird, sondern die selbst noch ›im Werden‹ sind, während letztere die halbwegs gefestigten Dinge, Nährlösungen, Instrumente und Apparaturen sind, die zur Erkenntnissuche eingesetzt werden. Dass beide Typen von Dingen ihre Positionen wechseln können, technische wieder neu zu epistemischen Dingen werden können, während sich epistemische zu technischen Dingen verfestigen können, ist in der Logik der differentiellen Reproduktion der Experimentalsysteme angelegt und verweist auf eine Beweglichkeit und Unabgeschlossenheit der Dinge.

Für diskursanalytische und dekonstruktivistische Perspektiven der Medienwissenschaft bietet Rheinbergers Ansatz die Option, mit Derrida über die poststrukturalistische Fokussierung auf Sprache und Schrift hinauszugehen und die Materialität medialer Prozesse zu berücksichtigen, und dabei gleichzeitig eine Ereignishaftigkeit und Offenheit im Prozess der Wissensgenerierung in den Blick zu nehmen. Die Verortung etwa auch technischer Medien im Spannungsfeld von epistemischen und technischen Objekten und den sich hieraus ergebenden möglichen Stellungswechseln bietet hierbei insbesondere alternative Perspektiven für die Mediengeschichtsschreibung.

Materialität und Performativität

Mit Laborstudien, der Akteur-Netzwerk-Theorie und Experimentalisierung ist eine Konjunktur der Dinge, Praktiken und Materialitäten verbunden, die in angrenzenden Disziplinen breit rezipiert worden ist und sich in einer Aufmerksamkeit für Dinge und Materialitäten in den Geistes- und Sozialwissenschaften niederschlägt. In der Medienwissenschaft wird dabei insbesondere auf die Akteur-Netzwerk-Theorie und ihren prominentesten Vertreter Bruno Latour Bezug genommen. Die Hinwendung der Science and Technology Studies zur Materialität der Dinge fällt in den letzten Jahren insbesondere in Ausstellungskontexten und Museen der Wissenschaftsgeschichte und zunehmend der Kunst- und Kulturwissenschaften auf fruchtbaren Boden. Ausgehend von der – von Bruno Latour mit kuratierten – Ausstellung »Making Things Public« am ZKM Karlsruhe (2005) sind im Museumskontext derzeit häufig explizite und implizite Bezugnahmen auf die Akteur-Netzwerk-Theorie zu beobachten. Auch der »dOCUMENTA (13)« (2012) sind die Spuren dieser durch die Science and Technology Studies initiierten Hinwendung zu Dingen und zur Hybridität zwischen Natur und Kultur deutlich anzumerken.

In der Wissenschaftsforschung selbst ist die Hinwendung zur Handlungsmacht der Dinge nach wie vor umstritten, die andauernde Debatte um die Relativität des Wissens hat hier eher zu polarisierenden Diskussionen um die Wiedereinführung ontologischer Standpunkte geführt. Gleichzeitig ist insbesondere der Ansatz der Akteur-Netzwerk-Theorie von Annemarie Mol und John Law in Richtung einer ›ontologischen Politik‹ (*ontological politics*) weiterentwickelt worden, der sowohl den Begriff der Politik wie den der Ontologie in Richtung einer Multiplizität und Performativität von Realitäten verschiebt (vgl. Mol 1999). Materielle Realität wird in diesem Kontext nicht mehr als gegebene und fixe Entität, sondern als multiples Gebilde verstanden, dessen Seinsweisen – pointiert formuliert im Titel *The Body Multiple* (Mol 2002) – sich je nach Kontext bzw. Netzwerk unterscheiden. Realität, Dinge und Körper bestehen demnach in verschiedenen – manchmal miteinander verbundenen, manchmal nebeneinander bestehenden, manchmal sich widersprechenden – Versionen. Unter Bezugnahme auf auch in Medien- und Kulturwissenschaft einflussreiche Konzepte der Performativität beschreibt Mol etwa Arteriosklerose als in multiplen Formen praktizierte und verkörperte Realitäten (vgl. ebd.). Diese Multiplizität und Performativität wird dezidiert von Ansätzen des Perspektivismus und Konstruktivismus unterschieden, das bei Mol formulierte Politikverständnis setzt demgegenüber vielmehr an den ›Praktiken der Realität‹ selbst an.

Parallel zu den Debatten um die Akteur-Netzwerk-Theorie und die Post-Akteur-Netzwerk-Theorie entwirft Karen Barad (1996; 2003) einen derzeit intensiv diskutierten repräsentationskritischen Ansatz der Wissenschaftsforschung, der an Konzeptionen der materiellen Performativität diskursiver Praktiken im Umfeld Judith Butlers und der Feminist and Queer Theory anschließt. Quer zur Unterscheidung von Sozialkonstruktivismus und Realismus entwickelt Barad, ausgehend von Niels Bohrs quantentheoretischem Ansatz und dessen Problematisierungen des Verhältnisses von Beobachter und Beobachtung, den Begriff des ›agentiellen Realismus‹. Mit diesem Konzept wird ein posthumanistisches Verständnis von Performativität formuliert, das auf der ›Intra-Aktion‹ von materiellen und diskursiven, sozialen und wissenschaftlichen, humanen und nicht-humanen sowie natürlichen und kulturellen Faktoren basiert und deren kategoriale Grenzen grundlegend hinterfragt: »A posthumanist account calls into question the givenness of the differential categories of ›human‹ and ›nonhuman‹, examining the practices through which these differential boundaries are stabilized and destabilized« (Barad 1996, 808).

Diese Perspektive interferiert mit dem aktuellen Interesse in Kultur- und Medienphilosophie für Ansätze des Posthumanismus und bietet Anschlüsse an die mit Bezug auf Gilles Deleuze betriebenen Forschungen zum Affekt sowie zu Tier-Mensch-Beziehungen. Neben nach wie vor betriebenen Laborethnographien liegen weitere Schwerpunkte der Wissenschaftsforschung auf den Themen Infrastrukturen und Archive, Modelle auch der soge-

nannten ›angewandten Wissenschaften‹ sowie auf Fragen der Ökonomie: In all diesen Feldern zeichnen sich seit geraumer Zeit produktive Berührungen zwischen Medienwissenschaft und STS ab. Mit der Hinwendung zu Praktiken, Dingen und Materialitäten hat die Wissenschaftsforschung neue Impulse auch für geistes-, sozial- und kulturwissenschaftliche Methoden und Theorien gegeben, die zudem zu einer Reflexion der Möglichkeitsbedingungen der eigenen Wissensproduktion auffordern: Zur Debatte stehen dann die Gegenstände der Medienwissenschaft selbst, wie der fachliche Zugang diese (mit-) konfiguriert, welche wissenschaftstheoretischen Implikationen ihren fachlichen Zugängen zugrunde liegen und letztendlich, auf welche Weise Medienwissenschaft ihr Wissen generiert.

Literatur

Barad, Karen: Meeting the universe halfway. Realism and social construction without contradiction. In: Lynn Hankinson-Nelson/Jack Nelson (Hg.): *Feminism, Science, and the Philosophy of Science*. Dordrecht 1996, 161–194.

Barad, Karen: Posthumanist performativity. Toward an understanding of how matter comes to matter. In: *Signs. Journal of Women in Culture and Society* 28/3 (2003), 801–831.

Beck, Stefan/Niewöhner, Jörg/Sörensen, Estrid (Hg.): *Science and Technology Studies. Eine sozialanthropologische Einführung*. Bielefeld 2012.

Belliger, Andréa/Krieger, David J. (Hg.): *ANThology. Ein einführendes Handbuch zur Akteur-Netzwerk-Theorie*. Bielefeld 2006.

Bloor, David: *Knowledge and Social Imagery*. London 1976.

Böhme, Gernot: Quantifizierung – Metrisierung. Versuch einer Unterscheidung erkenntnistheoretischer und wissenschaftstheoretischer Momente im Prozeß der Bildung von quantitativen Begriffen. In: Ders.: *Am Ende des Baconschen Zeitalters. Studien zur Wissenschaftsentwicklung*. Frankfurt a. M. 1993, 65–81.

Bowker, Geoffrey C./Star, Susan Leigh: *Sorting Things Out. Classification and Its Consequences*. Cambridge, Mass./London 1999.

Callon, Michel: Einige Elemente einer Soziologie der Übersetzung: Die Domestikation der Kammmuscheln und der Fischer der St. Brieuc-Bucht [1986]. In: Belliger/Krieger 2006, 135–174.

Daston, Lorraine/Peter Galison: Das Bild der Objektivität [1992]. In: Peter Geimer (Hg.): *Ordnungen der Sichtbarkeit. Fotografie in Wissenschaft, Kunst und Technologie*. Frankfurt a. M. 2002, 29–99.

Daston, Lorraine/Peter Galison: *Objektivität*. Frankfurt a. M. 2007.

Derrida, Jacques: *Grammatologie* [1967]. Frankfurt a. M. 1983.

Desrosières, Alain: *Die Politik der großen Zahlen. Eine Geschichte der statistischen Denkweise* [1993]. Heidelberg 2005.

Felt, Ulrike/Nowotny, Helga/Taschwer, Klaus (Hg.): *Wissenschaftsforschung. Eine Einführung.* Frankfurt a. M./ New York 1995.

Fleck, Ludwik: Zur Krise der Wirklichkeit [1929]. In: Ders: *Erfahrung und Tatsache. Gesammelte Aufsätze.* Frankfurt a.M 1983, 46–58.

Fleck, Ludwik: *Entstehung und Entwicklung einer wissenschaftlichen Tatsache. Einführung in die Lehre von Denkstil und Denkkollektiv* [1935]. Frankfurt a. M. 1980.

Foucault, Michel: *Überwachen und Strafen. Die Geburt des Gefängnisses* [1976]. Frankfurt a. M. 1994.

Hackett, Edward J./Amsterdamska, Olga/Lynch, Michael/ Wajcman, Judy (Hg.): *Handbook of Science and Technology Studies.* Cambridge, Mass./London ³2007.

Hacking, Ian: *Einführung in die Philosophie der Naturwissenschaften* [1983]. Stuttgart 1996.

Hanke, Christine/Höhler, Sabine: Epistemischer Raum: Labor und Wissensgeographie. In: Stephan Günzel (Hg.): *Raum. Ein interdisziplinäres Handbuch.* Stuttgart/Weimar 2010, 309–321.

Haraway, Donna: Manifesto for cyborgs: Science, technology, and socialist feminism in the 1980's. In: *Socialist Review* 80 (1985), 65–108.

Haraway, Donna: Situiertes Wissen. Die Wissenschaftsfrage im Feminismus und das Privileg einer partialen Perspektive [1988]. In: Dies.: *Die Neuerfindung der Natur. Primaten. Cyborgs und Frauen.* Frankfurt a. M./New York 1995, 73–97.

Harding, Sandra: *Feministische Wissenschaftstheorie. Zum Verhältnis von Wissenschaft und sozialem Geschlecht* [1986]. Hamburg 1990.

Knorr-Cetina, Karin: *Die Fabrikation von Erkenntnis. Zur Anthropologie der Naturwissenschaft* [1981]. Frankfurt a. M. 1991.

Kuhn, Thomas: *Die Struktur wissenschaftlicher Revolutionen* [1962]. Frankfurt a. M. 1967.

Latour, Bruno: *Science in Action: How to Follow Scientists and Engineers Through Society.* Cambridge, Mass. 1987.

Latour, Bruno: *Wir sind nie modern gewesen. Versuch einer symmetrischen Anthropologie* [1991]. Berlin 1995.

Latour, Bruno: Haben auch Objekte eine Geschichte? Ein Zusammentreffen von Pasteur und Whitehead in einem Milchsäurebad. In: Ders.: *Der Berliner Schlüssel. Erkundungen eines Liebhabers der Wissenschaften* [1993]. Berlin 1996a, 87–112.

Latour, Bruno: Der »Pedologen-Faden« von Boa Vista – eine photo-philosophische Montage [1993]. In: Ders.: *Der Berliner Schlüssel. Erkundungen eines Liebhabers der Wissenschaften.* Berlin 1996b, 191–248.

Latour, Bruno: *Das Parlament der Dinge. Für eine politische Ökologie* [1999]. Frankfurt a. M. 2001.

Latour, Bruno: *Die Hoffnung der Pandora* [1999]. Frankfurt a. M. 2002.

Latour, Bruno: Gebt mir ein Labor und ich werde die Welt aus den Angeln heben [1983]. In: Belliger/Krieger 2006a, 103–134.

Latour, Bruno: Drawing Things Together: die Macht der unveränderlichen mobilen Elemente [1986]. In: Belliger/Krieger 2006b, 259–307.

Latour, Bruno/Woolgar, Steve: *Laboratory Life. The Construction of Scientific Facts.* Princeton, N. J. 1979.

Law, John: Notizen zur Akteur-Netzwerk-Theorie: Ordnung, Strategie und Heterogenität [1992]. In: Belliger/ Krieger 2006, 429–446.

Mol, Annemarie: Ontological politics. A word and some questions. In: John Law/John Hassard (Hg.): *Actor Network and After* [1998]. Oxford, Keele 1999, 74–89.

Mol, Annemarie: *The Body Multiple: Ontology in Medical Practice.* Durham/London 2002.

Porter, Theodore M.: *The Rise of Statistical Thinking. 1820–1900.* Princeton, NJ 1986.

Rheinberger, Hans-Jörg: *Experiment, Differenz, Schrift. Zur Geschichte epistemischer Dinge.* Marburg 1992.

Rheinberger, Hans-Jörg: *Experimentalsysteme und epistemische Dinge. Eine Geschichte der Proteinsynthese im Reagenzglas* [1997]. Göttingen 2001a.

Rheinberger, Hans-Jörg: Objekt und Repräsentation. In: Bettina Heintz/Jörg Huber (Hg.): *Mit dem Auge denken. Strategien der Sichtbarmachung in wissenschaftlichen und virtuellen Welten.* Wien/New York 2001b, 55–61.

Rheinberger, Hans-Jörg/Hagner, Michael (Hg.): *Die Experimentalisierung des Lebens. Experimentalsysteme in den biologischen Wissenschaften 1850/1950.* Berlin 1993.

Star, Susan Leigh/Griesemer, James R.: Institutional ecology, »translations«, and boundary objects. Amateurs and professionals in Berkeley's museum of vertebrate zoology, 1907–39 [1988]. In: Mario Biagoli (Hg.): *The Science Studies Reader.* New York/London 1999, 505–524.

Thielmann, Tristan/Schüttpelz, Erhard (Hg.): *Akteur-Medien-Theorie.* Bielefeld 2013.

Christine Hanke

27. Designwissenschaft

Die Designwissenschaft, die seit Anfang des 21. Jahrhunderts eine bemerkenswerte Konjunktur durchläuft, überschneidet sich mit der Medienwissenschaft in vielerlei Hinsicht. So lassen sich etwa in den
entsprechenden Debatten auf inhaltlicher und methodischer Ebene korrelierende Fragestellungen und
Themen identifizieren, die einerseits die medial-äs-
thetische Bedingtheit von Erkenntnisproduktionen
und -vermittlungen betreffen, andererseits aber auch
eine Pluralisierung und Problematisierung etablierter akademischer Gegenstände fokussieren. Darüber
hinaus weist bereits die Disziplinengeschichte von
Designwissenschaft und Medienwissenschaft trotz,
oder gerade wegen ihrer fast zeitgleich beginnenden,
aber unterschiedlich verlaufenden akademischen
Entwicklung, erkenntnisreiche Schnittstellen auf.
Sowohl die Design- als auch die Medienwissenschaft
erlangten als eigenständig konturierte Wissensgebiete in den Jahrzehnten der Nachkriegszeit akademische Sichtbarkeit; allerdings realisierte sich ihre
disziplinäre Genese auf verschiedene Weise, sie vollzog sich an anderen Orten und mündete in jeweils
unterschiedliche Resultate und Produkte.

Als sich die Medienwissenschaft in den 1970er
Jahren an den deutschen Universitäten durchzusetzen begann und seitdem als Studiengang eine erfolgreiche Entwicklung durchlaufen hat, stagnierte das
Interesse an der in den 1960er Jahren aufgekomme-
nen Designmethodologie und -forschung schon
wieder merklich. Dieser Befund spiegelt sich bis in
die gegenwärtige Wissenschaftstopologie wider. Design stellt als eigenständiges akademisches Fach an
den deutschsprachigen Universitäten bis heute eine
Ausnahme dar und wird in der Regel als berufsvor-
bereitende, praxisorientierte Ausbildung angeboten.
Erst jüngere bildungspolitische Beschlüsse zur Vereinheitlichung des europäischen Hochschulraums
um die Jahrtausendwende gaben neue wichtige Impulse zur Etablierung von Designwissenschaft an
Kunst- und Fachhochschulen. Seitdem lässt sich
auch von Seiten universitärer Fächer, wie der Me-
dien- und Kulturwissenschaft, der Soziologie, der
Kunstgeschichte oder der Organisationswissen-
schaft, ein wachsendes Interesse am Forschungsgegenstand ›Design‹ beobachten. Dieses beschränkt
sich indes nicht allein auf die Erforschung eines
neuen Themenfeldes, sondern geht mit einer Erweiterung von Methodensets und mit der Erprobung
neuer Anwendungskontexte einher.

Die Designwissenschaft gleicht der Medienwissenschaft in dem Bestreben, tradierte Techniken,
Praktiken und Darstellungsweisen wissenschaftlichen Wissens zu problematisieren und »Fragen zu
formulieren, die an die Grundbegriffe und Betriebs-
blindheiten von Wissenschaften rühren« (Pias 2011,
17). Mehr noch als die Medienwissenschaft, die zwar
zur Medienkunst eine nahe Verbindung unterhält,
versteht sich die Designwissenschaft als ein praxisbasiertes Unterfangen. In diesem soll nicht nur
das Verhältnis von Grundlagenforschung und ange-
wandter Forschung zur Diskussion gestellt werden,
sondern auch die Grenzen zwischen wissenschaftlichem Wissen und (alltags-)praktischem Können
sowie zwischen Wissenschaft und Gesellschaft insgesamt hinterfragt werden. In diesem Sinne wird
Designwissenschaft mitunter als eine ›wissenschafts-
alternative‹ Form von Forschung postuliert, wobei
aber oft unklar bleibt, gegen welche wissenschaftlichen Ideale, Kriterien oder Praktiken sich dieses
Postulat genau wenden will. In einer noch radikale-
ren Lesart soll ›Design‹ überhaupt keinen Gegenstand wissenschaftlicher Forschung mehr darstellen,
vielmehr ist diese Forschung selbst als Gegenstand
des Designs und damit als gestalterische Tätigkeit zu
verstehen, in der Design und Wissen als analysierte
und zugleich konstruierte Gegenstände ineinander
aufgehen.

Zur Geschichte der Designwissenschaft

Die Idee, dass sich im Akt des Entwerfens und in den
daraus resultierenden Artefakten Theorie und Praxis auf eine spezifische Weise verbinden, ist historisch weitaus tiefer verwurzelt, als es die bildungspolitische Aktualität der Designwissenschaft vermuten
lässt. Ihren eindeutigen Beginn festzuschreiben, ist
dennoch kaum möglich; auch kann man keinesfalls
von einer Designwissenschaft im Singular sprechen.
Das Verhältnis von gestalterischer Praxis und Wissenschaft nämlich wurde spätestens seit den künstlerischen Avantgarden Anfang des 20. Jahrhunderts
diskutiert, im Anschluss an die zunehmende Ausdifferenzierung und Spezialisierung von Kunst und
Wissenschaft, wie sie das 19. Jahrhundert etabliert
hat. Nachdem bereits in den 1920er und 1930er Jahren an Institutionen wie dem Staatlichen Bauhaus in
Weimar und Dessau oder den Höheren Künstle-
risch-Technischen Werkstätten in Moskau ein produktiver Austausch zwischen Kunst, Wissenschaft
und Technik stattgefunden hatte, verstärkte und

konkretisierte sich in den 1950er und 1960er Jahren das akademische Interesse an Design, Gestaltung und Entwurf nochmals deutlich. Einen wichtigen Hintergrund dieser Entwicklung bildet die durch militärische, akademische und industrielle Kooperationen veränderte Wissenschaftslandschaft der Nachkriegszeit, die sich unter anderem in anwendungsorientierten interdisziplinären Formen der Wissensproduktion manifestierte und sich in theoretischen Strömungen wie der Kybernetik, der Künstlichen-Intelligenz- und Kreativitätsforschung, dem Strukturalismus oder der Planungs- und Unternehmensforschung realisierte. Die Anfänge einer postindustriellen Designtheorie, die den Typus eines rational agierenden Designers vor dem Hintergrund von ›Wissenskapital‹ und ›Informationsgesellschaft‹ postuliert, fallen genau in diese Zeit. Flankierend dazu wurden in der Zwei-Kulturen-Debatte der 1960er Jahre Design- und Entwurfspraktiken auch im Hinblick auf integrative Wissensmodelle relevant. In diesem Zeitraum, also um die Mitte des 20. Jahrhunderts, lässt sich der Beginn eines tiefgreifenden Wandels im Designverständnis konstatieren, in dem Design nicht mehr nur als professionelle kunstgewerbliche oder industrielle Tätigkeit, sondern als genuiner Modus einer praxisnahen, synthetischen und projektiven Erkenntnisproduktion angesehen wurde; als eine ›Wissenschaft vom Künstlichen‹ (Herbert A. Simon), welche die Planung und Gestaltung von zukünftigen neuen Welten als idealistische Vision verfolgte.

Maßgeblich geprägt wurde der pragmatische Wandel von ›Design als Produktivkraft‹ zu ›Design als Forschung‹ in den 1960er Jahren durch die Suche nach wissenschaftlich fundierten, systematischen Entwurfsmethoden, mittels derer Entwurfs- und Planungsprozesse vermeintlich ›rational‹ durchgeführt werden sollten. Die Designtätigkeit sollte auf diese Weise aus dem Zustand einer ›blinden Ad-hoc-Praxis‹ befreit und methodisch objektiviert werden. Dieser Methoden-Pragmatismus markierte in Deutschland zumindest vordergründig einen Bruch mit dem klassischen Bildungsdenken des Deutschen Idealismus, indem Designtheorien und -praktiken nicht mehr per se an künstlerisch-ästhetischen Idealen ausgerichtet wurden, sondern den konkreten Anforderungen des Alltagslebens sowie der wachsenden technologischen Komplexität der Nachkriegszeit genügen sollten. ›Komplexität‹ avancierte mithin zu einem Schlüsselwort der emergenten Designmethodologie in den 1960er Jahren. Komplexe Probleme wurden in der Planung von Städten und

Verkehrssystemen, bei Fragen des Umweltschutzes oder in der Weltraumforschung diagnostiziert. Es wurde argumentiert, dass Planer und Designer sich bei ihren Lösungsvorschlägen nicht länger auf ›intuitive‹ Vorgehensweisen verlassen konnten, sondern effiziente, validierte Designmethoden anzuwenden hatten. Gerade in diesem Punkt aber ist die Designmethodologie als ›ziviles Produkt‹ militärischer Entwicklungen zu sehen. Die Art und Weise, wie im US-amerikanischen Militär umfassende technologische Probleme angegangen wurden, sollte auf zivile Bereiche des Entwerfens übertragen werden. Vergleichbar mit der Rolle, die medientechnologische Entwicklungen aus militärisch-industriellen Bereichen, wie Telegraphie, Rundfunk oder Fernsehen (bzw. die Kritik an ihrem Gebrauch), bei der Entwicklung von Medienwissenschaft als eigenständiger Disziplin eingenommen haben, so entwickelte sich auch die Designwissenschaft auf der Grundlage und in Abgrenzung von militärisch-industriellen Anwendungskontexten.

Die Anfänge einer organisierten Designmethodologie können relativ präzise auf die erste Konferenz zur Designmethodik 1962 in London datiert werden. Eine der Prämissen des sogenannten *Design Methods Movement* lautete, dass der Entwurfsprozess in den unterschiedlichen Disziplinen – etwa in der Architektur, der Organisationsplanung, der Informatik oder im Ingenieurwesen – eine einheitliche Struktur aufweise. Diese transdisziplinäre Strukturhomologie des Entwurfsprozesses wurde dann bestimmt als »process the pattern of which is the same, whether it deals with the design of a new oil refinery, the construction of a character, or the writing of Dante's Divine Comedy« (Gregory 1966, 3). Entsprechend weit konnte deshalb auch der Anwendungsbereich des Entwerfens bzw. des damit einhergehenden Designverständnisses gefasst werden: Jeder Mensch, der eine bestehende Situation in eine bevorzugte verändern konnte, wurde als Designer definiert, egal ob er im Bereich der Medizin, der Genetik oder der Technik tätig war (vgl. Simon 1969). So ist der Designer in der Folge als Regulator von Ist- und Soll-Zuständen bzw. das Design als kybernetischer »Gestaltungsprozess mit Feedback-Schleifen« (Bolz 2006, 31 f.) aufgefasst worden. Die Vision eines fachübergreifenden und generalisierbaren Modells des Planens, Entwerfens und Gestaltens, in dem *episteme* und *techne* nahtlos ineinander übergehen, wurde also für das Fach Design ebenso theoriebildend wie handlungsleitend.

Grundlegend gestützt wurde diese Auffassung in den 1960er Jahren noch durch die Annahme, dass die Vorgehensweisen von (Natur-)Wissenschaftlern und Designern kategorial unterschiedlich seien. Wissenschaftliche *Analysen* beschäftigen sich demnach mit den Dingen, ›wie sie sind‹, während Designer im Modus der ›Synthese‹ Dinge entwerfen, ›wie sie sein sollen‹. Diese Motive von einerseits Synthese und andererseits generalistischem Entwurfsmuster prägen die inhaltlichen und methodischen Debatten in der Designwissenschaft bis heute, wobei die Definition von Design in unentschiedener Weise zwischen »designing as a process in general« und »designing as practiced by professional designers« oszilliert (Salustri/Eng 2007, 19).

Die Nachkriegszeit bot auch im deutschsprachigen Raum Anlass und Notwendigkeit, das Verhältnis von Gestaltung und Wissenschaft neu zu bestimmen. Die Hochschule für Gestaltung Ulm (1953–1968), eine Nachfolgeinstitution des Bauhauses, entwickelte mit dem ›ulmer modell‹ (Otl Aicher) ein international beachtetes Designcurriculum, das auf einer Synthese von Gestaltung, Wissenschaft und Technik beruhte, um sich damit zunehmend vom künstlerisch geprägten Erbe des Bauhauses zu entfernen. Der Bezug zum historischen Bauhaus entzündete sich an der HfG Ulm wiederholt an der Frage, welchen Stellenwert ›intuitive‹, ›subjektive‹ oder ›kreative‹ Aspekte im Entwurf einnehmen und wie eng Gestaltung und Wissenschaft aneinander gekoppelt sein sollen (vgl. Maldonado/Bonsiepe 1964). Der Planungswissenschaftler Horst Rittel etwa vertrat die Überzeugung, dass Design »planendes Handeln« sei und »um die Kontrolle seiner Konsequenzen« bemüht sein müsse (Rittel 1987, 118 ff.). Mit seinem ›Systemansatz der zweiten Generation‹ legte Rittel eine Designtheorie vor, in der die Definition und Aushandlung eines komplexen Problems von Planungs- und Entwurfsprozessen in den Mittelpunkt der Analyse gestellt wurde, um dann eine interdisziplinäre und partizipative Herangehensweise der Problemdefinition vorzuschlagen. Designtheorie wurde damit einerseits eng an den Begriff des Problemlösens sowie an technizistische Systemtheorien gekoppelt, andererseits aber zeigten sich gerade in den konkreten gesellschaftlichen Anwendungskontexten auch die Grenzen dieser vermeintlich rationalen Planungsmethodik und die Chancen partizipativer Gestaltung.

Um 1970 war die Euphorie gegenüber einer wissenschaftlichen Designmethodologie vielerorts schon wieder verblasst. Das *Design Methods Movement* war zu dieser Zeit massiver Kritik ausgesetzt, die auch von Mitgliedern der Bewegung selber geäußert worden ist. Bemängelt wurden insbesondere die überzogene, einseitige Systematisierung und Rationalisierung von Entwurfsprozessen sowie die zunehmende Distanz der akademischen Designmethodologie von der professionellen Designpraxis (vgl. Jones 1977). Vor dem Hintergrund dieser Kritik kann beobachtet werden, dass Designforschende fortan vermehrt nach praxisnahen Zugängen zur Erforschung von Entwurfsprozessen suchten. Dabei sollten ›intuitive‹, implizite und individuelle Aspekte des Entwerfens sowie designspezifische Weisen des Wissens (»Designerly Ways of Knowing«) stärker berücksichtigt werden (vgl. Cross 1982; Lawson 1983). Während in den 1960er Jahren noch das Idealbild eines rational agierenden Designers dominierte, der wissenschaftlich-theoretisches Wissen in der Praxis zur Anwendung bringt, richteten Designstudien in den 1980er Jahren ihren Fokus vermehrt auf die Dimension eines individuell verinnerlichten, oft impliziten Erfahrungswissens, das innerhalb professioneller Handlungszusammenhänge generiert wird. Gegenstand solcher Studien sind erfahrungs- und handlungsgebundene Erkenntnismodelle wie ›Expertise‹, ›Intuition‹ (vgl. Dreyfus/Dreyfus 1986) oder ›reflektierte Praxis‹ (vgl. Schön 1983), welche die Beschreibungskompetenzen von technisch-rationalistischen Modellen erweitern und kontrastieren sollten. Designprobleme sollen damit gleichsam ›durch das Auge‹ von praktizierenden Designern gesehen und in der spezifischen Anwendungssituation verortet werden.

Unter dem Einfluss dieser Forschungsströmung sowie in Folge von Bildungsreformen im Hochschulwesen wurde spätestens seit Beginn der 1990er Jahre auch an europäischen Kunsthochschulen eine enge Verzahnung von Designforschung und -praxis angestrebt, die mit einer Reihe korrespondierender Wissens- und Methodenbestimmungen einhergeht (vgl. Mareis 2011). So wird seitens der Designforschenden und ihrer Förderinstanzen nachdrücklich eine praktische Relevanz der Designwissenschaft eingefordert. Diese aber versteht sich dann keineswegs nur als eine weitere akademische Disziplin, sondern als deren Alternative oder Korrektiv. Mit »Research through design« (vgl. Frayling 1993/94) wurde ein ausführlich rezipiertes praxisbasiertes Modell von Designforschung vorgeschlagen, in dem gestalterische Praktiken, Arbeitsweisen und Erfahrungen nicht nur die methodischen und epistemologischen Grundlagen bilden, sondern in dem auch das Verhältnis von Forschungsgegenstand und Methode problematisiert werden soll. Es wird argumentiert, dass erst dieser Zugang zur Designforschung die Produktion eines designspezifischen Wissens ermögliche, das sich von den Wissensformen in den Natur- und Geisteswissenschaften durch seine Nähe zur ›Praxis‹ unterscheide. Für die Designwissenschaft kann damit insgesamt eine Hegemonie der Designpraxis diagnostiziert werden, die aber zugleich mit einem Mangel an akademischer Aufmerksamkeit einhergeht: »Design not only suffers from a general unwillingness of the culture to grant it the status of an activity worth studying and defining [but of] an unwillingness shared by design practitioners who want design defined merely in terms of what designers do« (Dilnot 1989, 233).

Der Preis, der für die bisweilen forciert wirkende Identitätsbildung der Designwissenschaft als praxisbasierte Disziplin zu entrichten ist, liegt mithin in einem gewissen Unverständnis für die Resultate und Erkenntnisse aus benachbarten Forschungsgebieten wie etwa der Kunst- und Wissenschaftsgeschichte, der Literatur- und Kulturwissenschaft, aber vor allem auch der Medienwissenschaft. So wird beispielsweise der Befund, dass alle Wissenschaften »mit ihrem Gegenstand durch Medien der Erkenntnispraxis verbunden« seien (Engell 2011, 112) in der Designwissenschaft durchaus geteilt, explizite Bezugnahmen zum Forschungsstand in den genannten Disziplinen lassen sich jedoch nur selten finden. Erst seit kurzem kann beobachtet werden, dass neben den Positionen von Marshall McLuhan oder Vilém Flusser auch weitere Vertreter der Medientheorie wie Friedrich Kittler oder Jean Baudrillard Eingang in Grundlagentexte der Designwissenschaft gefunden haben. Hier scheint sich eine, wenngleich noch zögerliche, Öffnung des Diskurses zu realisieren.

Schnittstellen zwischen Design- und Medienwissenschaft

Eine naheliegende Schnittstelle zu Themen der Medienwissenschaft bildet der Bereich der Human-Computer-Interaction, in dem für die Designwissenschaft die Benutzeroberflächen digitaler Maschinen im Hinblick auf eine bedienungsoptimierte Gestaltbarkeit erforscht werden (s. Kap. IV.3). Die Interaktion zwischen Benutzern, Designern und technischen Systemen sowie die Möglichkeiten, diese aktiv und zielgerichtet zu modellieren, stehen im Zentrum dieser Forschungsrichtung. Die Theorieansätze, die dabei zur Anwendung kommen, stammen allerdings nur zum Teil aus der Medienwissenschaft; vielfach wurden sie auch den Berei-

chen der Kognitionspsychologie, der Aktivitätstheorie, des User-Centered Design oder des Interface-Designs entnommen. Die konzeptionell-begriffliche Dimension ›des Digitalen‹ nimmt freilich in zahlreichen dieser Theorien eine paradigmatische Stellung ein, wobei dem Aspekt der Vermittlung von materiellen und (vermeintlich) immateriellen Nutzungsdimensionen durch gestalterische Intervention eine wichtige Funktion zukommt. Eine solche anachronistisch anmutende Sichtweise spiegelt nicht nur die historische Entstehung von Interface-Design-Theorien im Fahrwasser der aufkommenden Computertechnologien der 1970er und 1980er Jahre wider, sondern sie belegt auch den Umstand, dass ›das Digitale‹ in der Designwissenschaft einen noch zu entmystifizierenden Topos darstellt. Ebenso dringen Interface- oder Web-Designer oft gar nicht auf die Ebene der Programmierung selbst vor, sondern führen ein Styling an bereits programmierten Strukturen aus – eine Sichtweise auf Design, die allerdings vor kurzem bei Bruno Latour eine positive, weil die Benutzeroberfläche aufwertende Wendung erfahren hat (vgl. Latour 2009, 373).

Auch unterscheiden sich die genannten Theorieansätze zur Mensch-Maschine-Interaktion im Hinblick auf die Komplexität der zu berücksichtigenden medialen und apparativen Konstellationen deutlich. Während in kognitionspsychologischen Modellen oft die medienwissenschaftlich längst kritisierte »Vorstellung einer Analogie zwischen menschlichem Geist und Maschine« dominiert und sich die Gestaltung von Interfaces deshalb auf die Entwicklung »kompatibler input/output-Übergänge« zwischen Mensch und Computer (bzw. vice versa) reduziert (Strübing 2005, 327), versuchen Ansätze aus der Aktivitätstheorie, stärker soziale und kontextuelle Einflüsse außerhalb des Mensch-Maschine-Systems zu berücksichtigen sowie als Subjekt-Objekt-Dichotomie insgesamt in Frage zu stellen.

Damit ist eine zweite Überschneidung benannt, die sich in einem wachsenden Interesse sowohl der Medienwissenschaften als auch der Designwissenschaft an Ansätzen der Wissenschafts- und Technikforschung manifestiert. Konkret meint dies eine Adaption und Weiterentwicklung der Akteur-Netzwerk-Theorie im Hinblick auf Fragestellungen und Methoden der Designwissenschaft: sei es im Bereich der Architektur, in ethnographischen Untersuchungen von Akteur-Netzwerken (vgl. Yaneva 2009), oder im Horizont des partizipatorischen Designs bezüglich der soziomateriellen Bedeutung von Dingen (*things* im Sinne Latours) oder gestalteten Gegenständen, in denen und durch die sich gesellschaftliche Aushandlungsprozesse materialisieren und Kontroversen visualisieren (vgl. Ehn 2011; s. Kap. II.15).

Und schließlich wäre eine dritte, in vielen Fällen sogar initiierende Schnittstelle darin zu sehen, dass sowohl die Medienwissenschaften als auch die Designwissenschaft den Produktionsprozess des Wissens als material vermittelt beschreiben. Von Seiten der Medienwissenschaften allerdings ist man in dieser Hinsicht noch zögerlich. Zwar hat sie sich seit längerem schon von ideengeschichtlichen und hermeneutischen Prämissen entfernt, bleibt aber dennoch oft der mit solchen traditionellen Ansätzen verbundenen Einschätzung, nach denen ›Außenseiten‹ bzw. ›Oberflächen‹ eine lediglich verblendende oder dekorative Rolle spielen, treu (man denke nur an Max Horkheimers und Theodor W. Adornos Zurückweisungen der ›Kulturindustrie‹, s. Kap. II.9 bzw. Friedrich Kittlers Kritik der Software und der Benutzeroberflächen, s. Kap. II.13), ein Interesse an den ästhetisch-gestalterischen Momenten der Wissensbildung aber ist dabei kaum entwickelt worden. Das gilt selbst für jene Medienwissenschaften, die sich programmatisch auf die ›Materialitäten der Kommunikation‹ (vgl. Gumbrecht/Pfeiffer 1988) bzw. die »material cultures of knowledge« (vgl. Lenoir 1998) beziehen. Aus deren Perspektiven wird einerseits die Historisierung der Instrumente, die Anordnung und Ausstattung der Experimentalsysteme sowie die Verkettung der jeweiligen Akteure beachtet und sogar in den Vordergrund gerückt; andererseits aber hat sie für das Aussehen der Gerätschaften, das Design der Laboratorien oder die Gestaltung ihrer Papiere keinen Blick. Formfragen bleiben weiterhin sekundär: Ausgelagert in einen Bereich, der erst im Anschluss an die eigentliche Wissensproduktion, nachdem die Erkenntnis schon stattgefunden hat, eine Relevanz bekommt. So ist der Medienmaterialismus bisher und besonders als Erforschung von Medientechnologien verstanden worden.

Gleichwohl gibt es seit einiger Zeit Bemühungen, am Dasein von Medien auch ihr Design zu beachten (vgl. Latour 2009), das dann nicht mehr nur verschleiert oder verhübscht, sondern anzeigt, wie sehr sich an Benutzeroberflächen Hardwarearchitekturen mit Gestaltungsfragen koppeln. Wolfgang Schäffner hat kürzlich sogar einen »Design Turn« in medienwissenschaftlichen Fragestellungen diagnostiziert und damit eine »neue Verbindung von Wissen und Gestaltung« (2010, 34) angesprochen, die in den Natur- und Ingenieurswissenschaften ebenso wie in den Kultur- und Designwissenschaften anzutreffen sei.

Als eines ihrer auffälligsten Merkmale ließe sich hervorheben, dass Herstellung und Darstellung, die Produktion und die Präsentation von Wissen, weder operational noch analytisch, in getrennte Disziplinen oder Berufe auseinandergeschoben werden. Nachdem es nämlich in den Medienwissenschaften längst üblich geworden ist, die geschichtlichen, praktischen und kulturellen Aspekte der Wissensproduktion ernstzunehmen – von Ludwik Fleck und Michael Polanyi über Gaston Bachelard und Georges Canguilhem bis zu Michel Foucault und Friedrich Kittler –, soll es nun darum gehen, dieses Ensemble durch eine Gestaltungsanalyse des Wissens zu ergänzen (vgl. Windgätter 2012). Solche Gestaltungsmomente wären dann keine Stile oder Moden mehr, sondern Standards im Umgang mit den Medien sowie in deren Produktions- bzw. Rezeptionsprozessen.

Offen bleibt an dieser Stelle allerdings, ob nicht die Diagnose eher eine Aufforderung meint. Einstweilen nämlich gilt, dass Medienwissenschaften und Designforschungen füreinander noch zu entdeckende Bereiche darstellen: sachlich verbunden, in ihrer Ausführung aber oft getrennt.

Literatur

Bolz, Norbert: *Bang-Design. Design-Manifest des 21. Jahrhunderts*. Hamburg 2006.

Cross, Nigel: Designerly ways of knowing. In: *Design Studies* 3/4 (1982), 221–227.

Dilnot, Clive: The state of design history. Part II: Problems and possibilities. In: Victor Margolin (Hg.): *Design Discourse. History. Theory. Criticsm*. Chicago/London 1989, 233–250.

Dreyfus, Hubert L./Dreyfus, Stuart: *Mind over Machine. The Power of Human Intuitive Expertise in the Era of the Computer*. New York 1986.

Ehn, Pelle: Design things: Drawing things together and making things public. In: *Tecnoscienza. Italian Journal of Science & Technology Studies* 2/1 (2011), 31–52.

Engell, Lorenz: Medien waren: möglich. Eine Polemik. In: Claus Pias (Hg.): *Was waren Medien?* Zürich 2011, 103–128.

Frayling, Christopher: Research in art & design. In: *Research Paper. Royal College of Art London* 1/1 (1993/94), 1–5.

Gregory, Sidney A.: *The Design Method*. New York 1966.

Gumbrecht, Hans Ulrich/Pfeiffer, K. Ludwig (Hg.): *Materialität der Kommunikation*. Frankfurt a. M. 1988.

Jones, John Christopher: How my thoughts about design methods have changed during the years. In: *Design Methods and Theories* 11/1 (1977), 48–62.

Latour, Bruno: Ein vorsichtiger Prometheus? In: Marc Jongen/Sjoerd van Tuinen/Koenraad Hemelsoet (Hg.): *Die Vermessung des Ungeheuren: Philosophie nach Peter Sloterdijk*. Paderborn 2009, 357–374.

Lawson, Brian: *How Designers Think: The Design Process Demystified*. Oxford 1983.

Lenoir, Thimothy (Hg.): *Inscribing Science. Scientific Texts and the Materiality of Communication.* Stanford 1998.

Maldonado, Tomáz/Bonsiepe, Gui: Wissenschaft und Gestaltung. In: *Zeitschrift ulm* 10/11 (1964), 5–42.

Mareis, Claudia: *Design als Wissenskultur. Interferenzen zwischen Design- und Wissensdiskursen seit 1960.* Bielefeld 2011.

Pias, Claus: Was waren Medien-Wissenschaften? Stichworte zu einer Standortbestimmung. In: Ders. (Hg.): *Was waren Medien?* Zürich 2011, 7–30.

Rittel, Horst: Das Erbe der HfG. In: Herbert Lindinger (Hg.): *Hochschule für Gestaltung Ulm. Die Moral der Gegenstände.* Berlin 1987, 118–123.

Salustri, Filippo A./Eng, Nathan L.: Design as …: Thinking of what design might be. In: *Journal of Design Principles and Practices* 1/1 (2007), 19–28.

Schäffner, Wolfgang: Design Turn. Eine wissenschaftliche Revolution im Geiste der Gestaltung. In: Claudia Mareis/Gesche Joost/Kora Kimpel (Hg.): *Entwerfen – Wissen – Produzieren. Designforschung im Anwendungskontext.* Bielefeld 2010, 33–45.

Schön, Donald: *The Reflective Practitioner. How Professionals Think in Action.* New York 1983.

Simon, Herbert A.: *The Sciences of the Artificial.* Cambridge, Mass./London 1969.

Strübing, Jörg: *Pragmatistische Wissenschafts- und Technikforschung. Theorie und Methode.* Frankfurt a. M./New York 2005.

Windgätter, Christof: Lob der Oberfläche oder Zur Einleitung einer Verpackungstheorie der Wissenschaften. In: Ders. (Hg.): *Verpackungen des Wissens. Materialität und Markenbildung in den Wissenschaften.* Heft 2/2012: Maske und Kothurn. Internationale Beiträge zur Theater-, Film- und Medienwissenschaft. Wien 2012, 7–12.

Yaneva, Albena: Making the social hold: Towards an actor-network theory of design. In: *Design and Culture* 1/3 (2009), 273–288.

Claudia Mareis/Christof Windgätter

V. Anhang

1. Die Autorinnen und Autoren

Ralf Adelmann, Dr., Akademischer Rat am Institut für Medienwissenschaften der Universität Paderborn (III.16 Computer als Bildmedium).

Sigrid Baringhorst, Professorin für Politikwissenschaft an der Universität Siegen (IV.14 Politikwissenschaft).

Klaus Beck, Professor für Publizistik- und Kommunikationswissenschaft an der Freien Universität Berlin (IV.13 Kommunikationsforschung/Medienwirkungsforschung).

Benjamin Beil, Dr., Juniorprofessor am Institut für Medienkultur und Theater der Universität zu Köln (III.19 Computerspiele; III.9 Telefon/Telegraphie, zus. mit Anja Griesbach).

Ulrike Bergermann, Professorin für Medienwissenschaft mit dem Schwerpunkt Geschichte und Theorie der visuellen Medien am Institut für Medienforschung der HBK Braunschweig (IV. 24 Postcolonial Studies).

Klaus Beyrer, Dr., Leitung der Abteilung Öffentlichkeitsarbeit am Museum für Kommunikation, Frankfurt a. M. (III.6 Brief/Post).

Andreas Breiter, Prof. Dr., Wissenschaftlicher Direktor des Instituts für Informationsmanagement Bremen GmbH (ifib) (IV.21 Medieninformatik, zus. mit Rainer Malaka).

Marcus Burkhardt, M. A., Wissenschaftlicher Mitarbeiter im Centre for Digital Cultures der Leuphana Universität Lüneburg (IV.2 Medienphilosophie, zus. mit Mike Sandbothe).

Darryl Cressman, Lecturer in the Philosophy of Technology, Maastricht University (II.4 Die Kanadische Schule, zus. mit Norm Friesen).

Jakob Dittmar, PD Dr., Senior Lecturer Media & Communication Studies, Malmö University (III.8 Comics).

Martina Dobbe, Professorin für Kunstgeschichte/Kunstwissenschaft an der Universität der Künste Berlin (II.5 Medientheorien des High Modernism).

Monika Dommann, Professorin am Historischen Seminar der Universität Zürich (IV. 6 Geschichtswissenschaft).

Dorle Dracklé, Professorin am Institut für Ethnologie und Kulturwissenschaft der Universität Bremen (IV.4 Medienethnologie/Medienethnographie).

Lorenz Engell, Professor für Medienphilosophie an der Fakultät Medienkultur der Bauhaus-Universität Weimar (II.23 Medientheorien der Medien selbst).

Christoph Ernst, Dr., Wissenschaftlicher Mitarbeiter am Institut für Theater- und Medienwissenschaft der Friedrich-Alexander Universität Erlangen-Nürnberg (III.2 Diagramm und Diagrammatik).

Susanne Foellmer, Juniorprofessorin am Institut für Theaterwissenschaft an der Freien Universität Berlin (IV.12 Tanzwissenschaft).

Golo Föllmer, PD Dr., Projektleiter am Institut für Medien, Kommunikation & Sport der Martin-Luther-Universität Halle-Wittenberg (III.13 Radio, zus. mit Hans-Ulrich Wagner).

Norm Friesen, Associate Professor, Boise State University, Boise ID (II.4 Die Kanadische Schule, zus. mit Darryl Cressman).

Sebastian Gießmann, Dr., Wissenschaftlicher Mitarbeiter am Medienwissenschaftlichen Seminar der Universität Siegen (III.18 Internet).

Nicola Glaubitz, Dr., Wissenschaftliche Mitarbeiterin am Institut für Sprach- und Literaturwissenschaft der Technischen Universität Darmstadt (IV.9 Literaturwissenschaft; IV.3 Medienanthropologie, zus. mit Andreas Käuser, Ivo Ritzer, Jens Schröter und Marcus Stiglegger).

Sven Grampp, Dr., Akademischer Rat am Institut für Theater- und Medienwissenschaft der Friedrich-Alexander Universität Erlangen-Nürnberg (I.4 Einführungen in die Medienwissenschaft; II.17 Medienmorphologie).

Anja Griesbach, M. A., Doktorandin am Institut für Medienwissenschaften der Universität Siegen (III.9 Telefon/Telegraphie, zus. mit Benjamin Beil).

Rolf Großmann, Professor für digitale Medien und auditive Gestaltung am Institut für Kultur und Ästhetik Digitaler Medien an der Leuphana Universität Lüneburg (ICAM) (III.17 Computer als Klangmedium, zus. mit Malte Pelleter).

Stephan Günzel, Professor für Medientheorie an der BTK, Hochschule für Gestaltung, Berlin (II.3 Phänomenologische Medientheorien; II.18 Negative Medientheorien).

Stephan Habscheid, Professor für Sprachwissenschaft an der Universität Siegen (IV.8 Sprachwissenschaft).

Malte Hagener, Professor für Medienwissenschaft an der Universität Marburg (III.12 Film, zus. mit Dietmar Kammerer).

Christine Hanke, Professorin für Medientheorie an der BTK Hochschule für Gestaltung Hamburg (IV.26 Wissenschaftsforschung).

Frank Hartmann, Professor für Geschichte und Theorie der Visuellen Kommunikation an der Bauhaus-Universität Weimar (II.16 Mediologie).

Vinzenz Hediger, Professor für Filmwissenschaft am Institut für Theater-, Film- und Medienwissenschaft der Universität Frankfurt (I.3 Medienwissenschaftliche Fachgesellschaften).

Till A. Heilmann, Dr., Wissenschaftlicher Mitarbeiter am Seminar für Medienwissenschaft der Universität Siegen (II.2 Semiotik und Dekonstruktion, zus. mit Jochen Venus; III.15 Computer als Schriftmedium).

Thomas Hensel, Professor für Kunst- und Designtheorie an der Fakultät Gestaltung der Hochschule Pforzheim (IV.7 Kunstwissenschaft/Bildwissenschaft, zus. mit Jens Schröter).

Andreas Hepp, Professor am Zentrum für Medien-, Kommunikations- und Informationsforschung der Universität Bremen (II.21 Mediatisierung/Medialisierung).

Thomas Hess, Professor am Institut für Wirtschaftsinformatik und Neue Medien der LMU München (IV.16 Medienunternehmen, zus. mit Matthias Schumann).

Christoph Hesse, Dr., Wissenschaftlicher Mitarbeiter am Institut für Publizistik und Kommunikationswissenschaft der Freien Universität Berlin (II.8 Marxistische Medientheorien).

Jan-Otmar Hesse, Professor für Allgemeine Geschichte, insbesondere Wirtschaftsgeschichte an der Universität Bielefeld (IV.15 Medienökonomie).

Dagmar Hoffmann, Professorin für Medien und Kommunikation am Medienwissenschaftlichen Seminar der Universität Siegen (II.7 Kommunikationswissenschaftliche Medientheorien; IV.19 Mediensoziologie).

Stefan Hoffmann, Dr., arbeitet als Redakteur und Autor in Mannheim (I.1 Medienbegriff).

Susanne Holschbach, Dr., Gastprofessur für Fotografie- und Filmtheorie/Gender am Institut für Geschichte und Theorie der Gestaltung an der Universität der Künste, Berlin (III.10 Fotografie).

Jochen Hörisch, Professor für Neuere deutsche Literatur und qualitative Medienanalyse an der Universität Mannheim (III.5 Geld; IV.1 Theologie).

Dietmar Kammerer, Dr., Wissenschaftlicher Mitarbeiter am Institut für Medienwissenschaft der Philipps-Universität Marburg (III.12 Film, zus. mit Malte Hagener).

Andreas Käuser, apl. Professor für Germanistik, Neuere deutsche Literaturwissenschaft der Universität Siegen (IV.3 Medienanthropologie, zus. mit Nicola Glaubitz, Ivo Ritzer, Jens Schröter und Marcus Stigglegger).

Jochen Koubek, Professor für Angewandte Medienwissenschaft und Digitale Medien an der Universität Bayreuth (II.6 Informationstheorie/Kybernetik).

Rainer Leschke, apl. Professor am Medienwissenschaftlichen Seminar der Universität Siegen (I.2 Medienwissenschaften und ihre Geschichte).

Rainer Malaka, Professor für Digitale Medien an der Universität Bremen (IV.21 Medieninformatik, zus. mit Andreas Breiter).

Roland Mangold, Professor im Studiengang Informationsdesign der Hochschule der Medien Stuttgart (IV.18 Medienpsychologie).

Claudia Mareis, Professorin am Institut für Design- und Kunstforschung an der Hochschule für Gestaltung Basel (IV.27 Designwissenschaft, zus. mit Christof Windgätter).

Harun Maye, Wissenschaftlicher Mitarbeiter am Internationalen Kolleg für Kulturtechnikforschung und Medienphilosophie der Bauhaus-Universität Weimar (II.19 Medien und Kulturtechniken).

Dieter Mersch, Professor am Institut für Theorie (ith) an der Zürcher Hochschule für Künste (II.1 Implizite Medientheorien in der Philosophie).

Heinz Moser, Professor em. im Fachbereich Medienbildung an der PH Zürich (IV.20 Medienpädagogik).

Daniel Müller, Dr., Leiter des Graduiertenprogramms der geistes- und sozialwissenschaftlichen Fakultäten an der Technischen Universität Dortmund (III.7 Printmedien).

Rolf F. Nohr, Professor am Institut für Medienforschung der HBK Braunschweig (II.14 Diskursökonomie, zus. mit Jens Schröter).

Malte Pelleter, Wissenschaftlicher Mitarbeiter am Schwerpunktbereich ›((audio)) Ästhetische Strategien‹ des Instituts für Kultur und Ästhetik Digitaler Medien (ICAM) an der Leuphana Universität Lüneburg (III.17 Computer als Klangmedium, zus. mit Rolf Großmann).

Kathrin Peters, Professorin für Geschichte und Theorie gegenwärtiger Medien am Institut für Kunst und visuelle Kultur der Universität Oldenburg (IV.25 Gender Studies, zus. mit Andrea Seier).

Matthias Plumpe, Wissenschaftlicher Mitarbeiter am Institut für Neuere deutsche Literaturwissenschaft und Medienästhetik der Fernuniversität Hagen (II.11 Systemtheoretische und konstruktivistische Medientheorien).

Irina O. Rajewsky, Juniorprofessorin für Italienische und Französische Literaturwissenschaft an der Freien Universität Berlin (II.22 Intermedialität, *remediation*, Multimedia).

Ramón Reichert, PD Dr., Dozent u. a. am Institut für Theater-, Film- und Medienwissenschaft der Universität Wien (IV.22 Digital Humanities).

Stefan Rieger, Professor für Mediengeschichte und Kommunikationstheorie an der Ruhr-Universität Bochum (II.13 Medienarchäologie).

Ivo Ritzer, Dr., wissenschaftlicher Mitarbeiter am Seminar für Mediendramaturgie der Universität Mainz (IV.3 Medienanthropologie, zus. mit Nicola Glaubitz, Andreas Käuser, Jens Schröter und Marcus Stiglegger).

Mike Sandbothe, Professor für Kultur und Medien an der Ernst-Abbe-Fachhochschule Jena (IV.2 Medienphilosophie, zus. mit Marcus Burkhardt).

Bettina Schlüter, Professorin für Musikwissenschaft/Sound Studies an der Universität Bonn (IV.11 Musikwissenschaft/Sound Studies, zus. mit Axel Volmar).

Jens Schröter, Professor für Theorie und Praxis multimedialer Systeme am Medienwissenschaftlichen Seminar der Philosophischen Fakultät der Universität Siegen (Einleitung; II.14 Diskursökonomie, zus. mit Rolf Nohr; II.15 Akteur-Medien-Theorie, zus. mit Tristan Thielmann; II.20 Modelle des Medienwandels und der Mediengeschichtsschreibung, zus. mit Gregor Schwering; III.21 Dreidimensionale Bilder; IV.3 Medienanthropologie, zus. mit Nicola Glaubitz, Andreas Käuser, Ivo Ritzer und Marcus Stiglegger; IV.7 Kunstwissenschaft/Bildwissenschaft, zus. mit Thomas Hensel).

Matthias Schumann, Professor für Anwendungssysteme und E-Business an der Universität Göttingen (IV.16 Medienunternehmen, zus. mit Thomas Hess).

Erhard Schüttpelz, Professor für Medientheorie am Medienwissenschaftlichen Seminar der Universität Siegen (III.3 Trance-Medien/Personale Medien).

Frank Schwab, Professor für Medienpsychologie am Institut Mensch-Computer-Medien der Universität Würzburg (IV.5 Medien und Evolutionstheorie, zus. mit Clemens Schwender).

Clemens Schwender, Professor für Medienpsychologie und Medienmanagement an der Hochschule der populären Künste, Berlin (IV.5 Medien und Evolutionstheorie, zus. mit Frank Schwab).

Gregor Schwering, PD Dr., Wissenschaftlicher Mitarbeiter am Germanistischen Institut der Ruhr-Universität Bochum (II.9 Kritische Medientheorien; II.20 Modelle des Medienwandels und der Mediengeschichtsschreibung, zus. mit Jens Schröter).

Andrea Seier, Dr., Universitätsassistentin (PostDoc) am Institut für Theater-, Film- und Medienwissenschaft der Universität Wien (IV.25 Gender Studies, zus. mit Kathrin Peters).

Markus Stauff, Dr., Assistant Professor am Department Media Studies, Universität Amsterdam (III.14 Fernsehen/Video/DVD; IV.23 Cultural Studies).

Marcus Stiglegger, PD Dr., Akademischer Oberrat am Institut für Medienwissenschaften der Universität Siegen (IV.3 Medienanthropologie zus. mit Nicola Glaubitz, Andreas Käuser, Ivo Ritzer und Jens Schröter).

Tristan Thielmann, Dr., Wissenschaftlicher Mitarbeiter der Universität Siegen (II.15 Akteur-Medien-Theorie, zus. mit Jens Schröter; III.20 Mobile Medien).

Anna Tuschling, Juniorprofessorin für Medien und Anthropologisches Wissen am Institut für Medienwissenschaft der Ruhr-Universität Bochum (II.12 Psychoanalytische Medientheorien).

Sebastian Vehlken, Dr., Juniordirektor der DFG-Kollegforschergruppe ›Medienkulturen der Computersimulation‹ an der Leuphana Universität Lüneburg (II.10 Postmoderne Medientheorien).

Jochen Venus, Dr., Lecturer am Medienwissenschaftlichen Seminar der Philosophischen Fakultät der Universität Siegen (II.2 Semiotik und Dekonstruktion, zus. mit Till A. Heilmann; III.1 Basismedien: Bild, Klang, Text, Zahl, Geste).

Thomas Vesting, Professor für Öffentliches Recht, Recht und Theorie der Medien an der Johann Wolfgang Goethe-Universität Frankfurt a. M. (IV.17 Medienrecht).

Axel Volmar, Dr., Wissenschaftlicher Mitarbeiter am Medienwissenschaftlichen Seminar der Universität Siegen (IV.11 Musikwissenschaft/Sound Studies, zus. mit Bettina Schlüter; III.11 Klangmedien, zus. mit Judith Willkomm).

Hans-Ulrich Wagner, Dr., Leiter der Forschungsstelle ›Geschichte des Rundfunks in Norddeutschland‹, Hans-Bredow-Institut, Hamburg (III.13 Radio, zus. mit Golo Föllmer).

Martin Warnke, Professor für Digitale Medien und Kulturinformatik an der Leuphana Universität Lüneburg (III.22 Quantencomputer und Quantenkryptographie).

Matthias Warstat, Professor für Theaterwissenschaft an der Freien Universität Berlin (IV.10 Theaterwissenschaft).

Tristan Weddigen, Professor für Kunstgeschichte der Neuzeit am Kunsthistorisches Institut der Universität Zürich (III.4 Textile Medien).

Judith Willkomm, Wissenschaftliche Mitarbeiterin am DFG-Graduiertenkolleg Locating Media der Universität Siegen (III.11 Klangmedien, zus. mit Axel Volmar).

Christof Windgätter, Professor für Medientheorie an der BTK, Hochschule für Gestaltung, Berlin (IV.26 Designwissenschaft).

2. Personenregister